ZHONGGUO HAIGUAN KOUAN
JIANGUAN SHIWU

中国海关口岸监管实务 2021

《中国海关口岸监管实务》编委会 编著

中国海关出版社有限公司

·北京·

图书在版编目（CIP）数据

中国海关口岸监管实务.2021/《中国海关口岸监管实务》编委会编著.
—北京：中国海关出版社有限公司，2022.1
　ISBN 978-7-5175-0549-5

Ⅰ.①中… Ⅱ.①中… Ⅲ.①海关—监督管理—中国—2021 Ⅳ.①F752.55

中国版本图书馆CIP数据核字（2021）第265143号

中国海关口岸监管实务2021
ZHONGGUO HAIGUAN KOUAN JIANGUAN SHIWU 2021

作　　者：	《中国海关口岸监管实务》编委会
策　　划：	左桂月
责任编辑：	刘立梅　熊　芬　李　多　叶　芳　邹　蒙
出版发行：	中国海关出版社有限公司
社　　址：	北京市朝阳区东四环南路甲1号　　邮政编码：100023
网　　址：	www.hgcbs.com.cn
编 辑 部：	01065194242-7533（电话）
发 行 部：	01065194221/4227/4238/4246（电话）
社办书店：	01065195616（电话）
	https：//weidian.com/?userid=319526934（网址）
印　　刷：	北京盛通印刷股份有限公司　　经　销：新华书店
开　　本：	889mm×1194mm　1/16
印　　张：	56.5　　字　数：1470千字
版　　次：	2022年1月第1版
印　　次：	2022年1月第1次印刷
书　　号：	ISBN 978-7-5175-0549-5
定　　价：	360.00元

海关版图书，版权所有，侵权必究
海关版图书，印装错误可随时退换

《中国海关口岸监管实务（2021）》编委会成员

（按姓氏笔画排序）

卫丽玲	马 青	马树宝	马路平	王 骁	王欣月
方 荣	龙婉兰	朱宁翌	朱青峰	孙 博	牟文彬
杨 洋	李 胜	李 璐	张 乐	张 磊	张红梅
陈 多	陈怡文	陈辉东	陈震宇	林 倩	周 力
郑子达	郑作良	居来提·苏合力提		柏亚铎	胡晓峰
贺 晨	秦 刚	袁佰增	郭相成	唐 宇	曹瑞瑛
崔 好	康 凯	葛欣月	蓝运昶	臧 冬	潘琪琳
薛 亮	瞿斐翎				

前　言

当前，经济全球化和区域经济一体化深入发展，货物、服务、资本和技术跨境流动规模持续增长；科学技术取得突破性进展，催生着新技术、新思维、新设想，商业模式创新和新型贸易业态不断出现。新形势下，地方政府、社会各界和广大进出口企业，对便捷通关和高效服务的需求越来越高，海关监管正进入一个求新、求变、求效的新时代。

为促进贸易安全与便利，近年来中国海关主动适应经济新常态，积极创新海关监管制度，对海关传统业务流程和运行模式进行根本性变革，着力提高通关效率、降低通关成本、压缩通关时间，努力为企业打造国际化、法治化、便利化的营商环境。此外，自2018年原国家质量监督检验检疫总局的出入境检验检疫管理职责和队伍划入海关总署，海关职责更宽广、队伍更壮大，海关也进入一个崭新的发展阶段。为增加海关口岸监管工作的透明度，促进企业守法便利，同时提升海关执法的公正性和统一性，《中国海关口岸监管实务》编委会组织相关业务领域专家编写了《中国海关口岸监管实务（2021）》。

本书基于关检融合后海关口岸监管业务的变化与发展，突出海关业务的实操性，贴合海关口岸监管业务的新政策、新调整和新发展，立足读者需要，对海关口岸监管工作进行了全面的阐述，解读了国家关于进出境货物、物品、运输工具监管等的最新法规，介绍了当前进出境卫生、食品、动植物、商品等的检验检疫业务与程序等，涉及海关口岸监管各类业务。同时，对当前海关口岸监管中的热点问题进行归纳与解析。内容全面、专业、新颖，突出操作性与实用性，一方面，为进出口企业及进出境人员提供了一个全面、深入了解海关口岸监管业务体系的窗口和渠道；另一方面，为从事海关口岸监管业务工作的关员提供一本全面系统的业务学习培训工具书。

海关业务在不断发展，各项制度在不断完善。由于编写人员的水平所限，书中难免存在不足之处，恳请广大读者批评指正。

编者

2021年12月

Contents

目录

第一篇　实务篇

第一章　海关口岸监管概述 …………………………………………………………… 3
　　第一节　海关的概念与职能 ………………………………………………………… 3
　　第二节　海关的管理体制与组织机构 ……………………………………………… 6
　　第三节　海关的主要业务制度 ……………………………………………………… 6
　　第四节　海关口岸监管制度 ………………………………………………………… 9

第二章　进出口货物的口岸通关管理 ………………………………………………… 14
　　第一节　进出境货物分类 …………………………………………………………… 14
　　第二节　进出口货物的口岸检查 …………………………………………………… 16
　　第三节　进出口货物的转关运输监管 ……………………………………………… 26
　　第四节　暂时进出境货物的口岸监管 ……………………………………………… 33
　　第五节　过境、转运、通运货物 …………………………………………………… 39
　　第六节　禁止或限制进出境货物的监管 …………………………………………… 40

第三章　进出境运输工具监管 ………………………………………………………… 48
　　第一节　进出境运输工具 …………………………………………………………… 48
　　第二节　境内承运海关监管货物的运输企业及其运输工具 ……………………… 64
　　第三节　装载海关监管货物的集装箱和集装箱式货车车厢 ……………………… 66
　　第四节　国际公路运输公约（TIR 公约）运输业务监管 ………………………… 68

第四章　舱单管理 ……………………………………………………………………… 72
　　第一节　舱单概述 …………………………………………………………………… 72
　　第二节　水运进出境舱单管理 ……………………………………………………… 75
　　第三节　空运进出境舱单管理 ……………………………………………………… 82
　　第四节　铁路进出境舱单管理 ……………………………………………………… 86

	第五节	公路进出境舱单管理	90

第五章　海关监管作业场所（场地）　95
　　第一节　概　述　95
　　第二节　海关监管作业场所的监督管理　96
　　第三节　海关指定监管场地的管理规范　99
　　第四节　海关监管作业场所（场地）设置规范　103
　　第五节　海关监管作业场所（场地）监控摄像头设置规范　130

第六章　通关便利化改革　163
　　第一节　长三角海关特殊货物检查作业一体化改革　163
　　第二节　铁路进出境快速通关业务模式改革　164
　　第三节　中欧班列"关铁通"项目实施　166
　　第四节　旅客智能化通关改革　167
　　第五节　"安智贸"项目实施　171

第七章　进出口食品、化妆品检验检疫　175
　　第一节　进出口食品检验检疫监管　175
　　第二节　进出口化妆品检验检疫监管　178
　　第三节　进出境中药材检验检疫监管　180

第八章　进出境动植物检疫　182
　　第一节　进出境动植物检疫概述　182
　　第二节　进境动植物检疫　183
　　第三节　出境动植物检疫　199
　　第四节　过境动植物检疫　216

第九章　进出口商品检验　221
　　第一节　进出口商品检验概述　221
　　第二节　进出口危险品检验监管规定及要求　221
　　第三节　进口大宗资源矿产品检验监管规定及要求　227
　　第四节　其他进口大宗商品检验监管规定及要求　229
　　第五节　进口机电类商品检验监管规定及要求　231
　　第六节　进口消费品检验监管规定及要求　240
　　第七节　近期法检目录调整情况　243

第十章　出入境卫生检疫监管　244
　　第一节　卫生检疫概述　244
　　第二节　出入境人员卫生检疫　247
　　第三节　出入境交通工具卫生检疫　251

第四节　货物、集装箱、行李物品、邮件、快件卫生检疫查验 …………………… 261
　　　第五节　出入境特殊物品卫生检疫查验 ……………………………………………… 264
　　　第六节　进出境废旧物品、尸体、骸骨卫生检疫查验 ……………………………… 266

第十一章　进出境旅客行李物品通关 ……………………………………………………… 271
　　　第一节　进出境旅客通关管理 ………………………………………………………… 271
　　　第二节　中国籍旅客进出境行李物品通关管理 ……………………………………… 277
　　　第三节　外国籍旅客进出境行李物品口岸监管 ……………………………………… 283
　　　第四节　定居旅客进出境安家物品口岸监管规定 …………………………………… 284
　　　第五节　过境旅客行李物品口岸监管 ………………………………………………… 285
　　　第六节　高层次人才进出境物品通关管理 …………………………………………… 286
　　　第七节　离境退税物品通关管理 ……………………………………………………… 288

第十二章　进出境邮递物品口岸监管 ……………………………………………………… 291
　　　第一节　国际邮袋通关管理 …………………………………………………………… 291
　　　第二节　邮递进出境物品通关管理 …………………………………………………… 293

第十三章　进出境特定物品通关 …………………………………………………………… 295
　　　第一节　印刷品、音像制品进出境通关管理 ………………………………………… 295
　　　第二节　美术品进出境通关管理 ……………………………………………………… 298
　　　第三节　专业摄影摄像及采访器材等设备进出境通关管理 ………………………… 300
　　　第四节　境外登山团体和个人进出境物品管理规定 ………………………………… 302
　　　第五节　禁限物品通关管理 …………………………………………………………… 304

第十四章　进出境快件口岸监管 …………………………………………………………… 314
　　　第一节　进出境快件及运营人概述 …………………………………………………… 314
　　　第二节　进出境快件运营人管理 ……………………………………………………… 314
　　　第三节　进出境快件通关 ……………………………………………………………… 315

第十五章　驻华机构及其人员进出境物品监管 …………………………………………… 318
　　　第一节　外国驻华使馆公务用品、自用物品进出境监管 …………………………… 318
　　　第二节　常驻机构及常驻人员公务用品、自用物品进出境监管 …………………… 321

第十六章　免税品、外汇免税商品和离岛免税商品管理 ………………………………… 325
　　　第一节　免税品管理 …………………………………………………………………… 325
　　　第二节　外汇免税商品管理 …………………………………………………………… 328
　　　第三节　离岛免税通关管理 …………………………………………………………… 330

第十七章　特殊监管方式下的海关监管 …………………………………………………… 335
　　　第一节　边境贸易区的海关监管 ……………………………………………………… 335

中国海关口岸监管实务 2021

  第二节 跨境经济合作区 ……………………………………………………… 336
  第三节 跨境工业园区 ………………………………………………………… 337
  第四节 跨境旅游合作区 ……………………………………………………… 343
  第五节 边境小额贸易 ………………………………………………………… 343
  第六节 边民互市贸易 ………………………………………………………… 345
  第七节 市场采购贸易 ………………………………………………………… 347
  第八节 对台小额贸易 ………………………………………………………… 348

第十八章 跨境电子商务海关监管 …………………………………………………… 351
  第一节 跨境电子商务概述 …………………………………………………… 351
  第二节 跨境电子商务通关海关管理 ………………………………………… 354
  第三节 跨境电子商务出口商品退货监管 …………………………………… 358

第二篇 问答篇

第一章 海关口岸监管概述 …………………………………………………………… 363
  1. 海关的职责任务是什么？ ……………………………………………………… 363
  2. 海关的主要业务制度有哪些？ ………………………………………………… 363
  3. 海关的管理体制有何特点？ …………………………………………………… 363
  4. 海关的组织机构如何构成？ …………………………………………………… 363
  5. 海关口岸监管制度有哪些？ …………………………………………………… 363
  6. 进出境货物监管制度有哪些？ ………………………………………………… 363
  7. 什么是海关物流监控的基本制度？ …………………………………………… 363
  8. 进出境查验、检验、检疫制度有哪些？ ……………………………………… 364

第二章 进出口货物的口岸通关管理 ………………………………………………… 365
  1. 海关对转关运输货物监管有什么要求？ ……………………………………… 365
  2. 海关可以查验过境、转运和通运货物吗？ …………………………………… 365
  3. 什么是进出境货物口岸检查？ ………………………………………………… 365
  4. 海关对实施检查的人员有何要求？ …………………………………………… 365
  5. 海关检查如何执行回避制度？ ………………………………………………… 365
  6. 海关对实施口岸检查场所有何要求？ ………………………………………… 365
  7. 海关检查是否收费？ …………………………………………………………… 366
  8. 海关决定实施口岸检查后如何告知进出口货物收发货人？ ………………… 366
  9. 进出口货物收发货人或者其代理人应如何协助海关实施检查？ …………… 366
  10. 进出口货物收发货人可不到场协助海关检查吗？ ………………………… 366
  11. 如果进出口货物收发货人或者其代理人拒绝在海关查验记录上签名，海关如何处理？ … 366

12. 在何种情形下，海关对进出口货物可以优先安排检查？ …………………………… 366
13. 海关口岸检查方式有哪些？ …………………………………………………………… 366
14. 什么是彻底查验？ ……………………………………………………………………… 366
15. 什么是抽查？ …………………………………………………………………………… 366
16. 什么是机检查验？ ……………………………………………………………………… 367
17. 什么是开箱检查？ ……………………………………………………………………… 367
18. 什么是外形检查？ ……………………………………………………………………… 367
19. 什么是掏箱作业？ ……………………………………………………………………… 367
20. 海关确定检查方式时可以优先选择机检查验吗？ …………………………………… 367
21. 对同一票货物，海关检查可以同时使用机检查验和人工检查作业方式吗？ ……… 367
22. 什么是 H986 联网集中审像作业？ …………………………………………………… 367
23. 联网集中审像作业模式有几种？ ……………………………………………………… 367
24. 什么是智能审图？ ……………………………………………………………………… 367
25. 机检查验作业有哪些步骤？ …………………………………………………………… 367
26. 人工检查作业有哪些步骤？ …………………………………………………………… 367
27. 实施人工检查前，查验人员应做好哪些准备工作？ ………………………………… 368
28. 对货物进行检查前，查验人员对装载检查货物的集装箱箱体应进行何种检查？ …… 368
29. 查验关员在何种情况下应当中止检查作业？ ………………………………………… 368
30. 进出口货物收发货人应如何协助海关对进出口货物进行取样化验？ ……………… 368
31. 海关结束查验后，对进出口货物如何处理？ ………………………………………… 368
32. 什么是复查复验？ ……………………………………………………………………… 369
33. 复查复验的作业内容是什么？ ………………………………………………………… 369
34. 已经参加过检查的查验人员可以参加对同一票货物的复验吗？ …………………… 369
35. 在何种情形下，海关可以对进出口货物实施径行开验？ …………………………… 369
36. 海关径行开验时由谁负责协助海关检查？ …………………………………………… 369
37. 转关货物办理查验业务有何特别规定？ ……………………………………………… 369
38. 进口货物的收货人可以在申报前看货吗？ …………………………………………… 369
39. 在何种情形下，被查验的货物发生损坏，海关不承担赔偿责任？ ………………… 369
40. 因查验产生海关行政赔偿的，对当事人领取赔款有何规定？ ……………………… 370
41. 海关查验人员在检查过程中违反规定行使职权，应承担何种法律责任？ ………… 370
42. 进出口货物收发货人不按照规定接受海关对进出口货物的检查，应承担何种法律
    责任？ ………………………………………………………………………………… 370
43. 海关"双随机"作业改革的内涵是什么？ …………………………………………… 370
44. 海关随机派员查验是如何操作的？ …………………………………………………… 370
45. 海关"双随机"作业的流程是怎样的？ ……………………………………………… 370
46. 当天未能实施检查的已派报关单，海关查验部门需要取消派单吗？ ……………… 370
47. 什么是移动查验单兵作业？ …………………………………………………………… 370
48. 移动查验单兵作业对查验人员的要求有哪些？ ……………………………………… 370
49. 什么是检查执法记录？ ………………………………………………………………… 371
50. 免除查验没有问题外贸企业吊装移位仓储费用全面试点工作什么时候开始推行？ …… 371
51. 免除查验没有问题外贸企业吊装移位仓储费用全面试点工作的范围是什么？ …… 371

52. 什么是吊装费？ ... 371
53. 什么是移位费？ ... 371
54. 什么是仓储费？ ... 371
55. 哪些货物属于暂时进出境货物？ ... 371
56. 暂时进出境货物填报报关单时有哪些注意事项？ ... 372
57. 暂时进出境货物办理通关手续时是否需要提供许可证件？ ... 372
58. 暂时进出境货物进出境时需要缴纳关税吗？ ... 372
59. 暂时进境的汽车需要在整车进口指定口岸进境吗？ ... 372
60. 暂时进出境货物无法在规定期限内复运出境或者复运进境时，可以办理延期手续吗？ ... 372
61. 用于装载海关监管货物的进出境集装箱可以申报为暂时进出境货物吗？ ... 373
62. 暂时进出境货物因为损坏或者灭失无法原状复运出境或者复运进境的，该如何处理？ ... 373
63. 我国ATA单证册的出证机构是海关吗？ ... 373
64. ATA单证册损坏或者灭失了，该怎么办？ ... 373
65. 暂时进出境货物都可以使用ATA单证册吗？ ... 373
66. ATA单证册项下暂时进出境货物无法在ATA单证册有效期内复运出境或者复运进境的，应当如何处理？ ... 373
67. ATA单证册项下暂时进出境货物的进出境期限也是6个月吗？ ... 373
68. 暂时进境的货物转入海关特殊监管区域或者保税监管场所的，属于复运出境吗？ ... 374
69. 暂时进境的展览品在进境前需要向海关办理备案手续吗？ ... 374
70. 展览品暂时进出境参加境内、外展览会，需要向海关办理检验检疫手续吗？ ... 374
71. 暂时进境参加境内展览会的预包装食品、化妆品需要加贴中文标签吗？ ... 374
72. 境内展览会举办期间供消耗、散发的用品需要缴纳进口关税和进口环节税吗？ ... 374
73. 暂时进境的展览品在非展期间必须存放在海关监管作业场所吗？ ... 374
74. 在商场里举行的商品展销会上进行展示的进境商品，可以向海关申报为暂时进境展览品吗？ ... 374
75. 转关有几种方式？ ... 374
76. 进口货物的转关、报关时限如何计算？ ... 374
77. 进口转关货物办理报关如何确定税率、汇率？ ... 375
78. 全面推行转关作业无纸化以后，企业是否需要以纸质提交相关单据？ ... 375
79. 进口提前报关如何办理转关手续？ ... 375
80. 出口提前报关如何办理转关手续？ ... 375
81. 进口直转货物如何办理转关手续？ ... 375
82. 出口直转货物如何办理转关手续？ ... 375
83. 进口中转的货物如何办理转关手续？ ... 375
84. 出口中转的货物如何办理转关手续？ ... 376
85. 进口汽车整车是否可以办理转关？ ... 376
86. 进口转关申报单中可填报的境内运输方式有哪些？ ... 376
87. 进口转关申报单中境内运输工具名称栏应如何填报？ ... 376
88. 进口转关申报单表体中的航次栏应如何填报？ ... 376
89. 进口转关申报单表体提单号栏应如何填报？ ... 376
90. 转关进口货物的报关单运输工具栏应如何填报？ ... 376

91. 转关进口货物的报关单提运单号栏应如何填报？ ……377
92. 转关出口货物的报关单运输工具名称栏应如何填报？ ……377
93. 转关出口货物的报关单提运单号栏应如何填报？ ……377
94. 转关申报数据放行后，承运转关货物的运输工具发生变更，如何办理？ ……377
95. 无法确定提运单信息的出口转关货物是否可以办理转关手续？ ……377
96. 转关申报数据已通过审核或已放行，企业因故申请不开展转关运输，如何办理？ ……377
97. 申请作废进口转关申报数据时，企业是否需要对相关报关单作相应处理？ ……377
98. 目前跨境快速通关业务实施的范围？ ……377
99. 跨境快速通关业务能否在水运口岸开展？ ……378
100. 限制进出口管理制度包括哪些？ ……378
101. 什么情况下，属于出口许可证管理的商品可免领出口许可证？ ……378
102. 海关对进出口许可证管理商品的溢短装有何规定？ ……378
103. 自动进口许可管理货物申报进口，海关验放依据是什么？ ……378
104. 什么情况下，属于自动进口许可证管理的机电产品可免领自动进口许可证？ ……378
105. 进口旧机电产品，海关如何验放？ ……379
106. 实行进出口管理的濒危动植物商品有哪些？ ……379
107. 对进出口濒危物种，海关如何验放？ ……379
108. 含野生动物药材成分的中成药出口，海关如何验放？ ……380
109. 出口珍稀野禽、野味（整体或分割部分）及观赏野生动物（含标本），海关如何验放？ ……380
110. 我国对犀牛角和虎骨如何管理？ ……380
111. 海关对进口音像制品如何验放？ ……380

第三章 进出境运输工具监管 ……382
1. 什么叫扫舱地脚？ ……382
2. 来往内地与香港的客运班轮是否能按照来往香港、澳门小型船舶监管？ ……382
3. 行驶惠州—香港航线的中国香港籍砂石船舶是否能按照来往香港、澳门小型船舶监管？ ……382
4. 行驶香港—澳门航线的货运船舶是否按照来往香港、澳门小型船舶监管？ ……382
5. 进出境车辆如何开通新增进出境行驶口岸许可权限？ ……382
6. 企业如何通过"单一窗口"向海关申请境内公路承运海关监管货物的运输企业、运输车辆的备案、变更以及删除？ ……382
7. 什么是国际航行船舶？ ……382
8. 什么是兼营船舶？ ……382
9. 中国籍船舶算是国际航行船舶吗？ ……382
10. 进出境船舶装卸货的规定有哪些？ ……383
11. 国际航行船舶离境时，是否应当办理结关手续？ ……383
12. 海关在哪些情况下对船舶实施登临检查？ ……383
13. 进出境船舶需要添加、起卸物料，如何办理海关手续？ ……383
14. 什么是内外贸同船运输？ ……383

15. 海关对开展内外贸集装箱同船运输及中国籍国际航行船舶承运转关运输货物的航运企业和船舶有何要求？ ... 383
16. 海关对开展内外贸集装箱同船运输及中国籍国际航行船舶承运转关运输的货物有何要求？ ... 383
17. 出境列车离境后需要向海关申报什么信息？ ... 383
18. 铁路列车进境计划表的时限传输规定是什么？ ... 384
19. 海关在什么条件下可以对进出境铁路列车实施径行检查？ ... 384
20. 海关对用于海上国际运输的集装箱有何要求？ ... 384
21. 集装箱在投入国际运输时还需办理海关手续吗？ ... 384
22. 新造集装箱如何申请中国海关批准牌照？ ... 384
23. 境内制造的集装箱可以申领外国牌照吗？ ... 384
24. 海关对集装箱和集装箱式货车车厢有哪些监管规定？ ... 384
25. 海关对集装箱和集装箱式货车车厢结构的技术标准有哪些规定？ ... 385
26. 海关对集装箱和集装箱式货车车厢的结构有哪些特殊规定？ ... 385
27. 对暂时进口的外国集装箱和集装箱式货车车厢，海关有哪些管理规定？ ... 385
28. 国际运营的集装箱调拨如何办理？ ... 386
29. 如何办理集装箱报废手续？ ... 386
30. 如何申请集装箱式货车车厢的海关牌照？ ... 386
31. 出口集装箱如何办理出口退税手续？ ... 386
32. 海关对进出境的空集装箱如何监管？ ... 386
33. TIR 车辆启运地与出境地或目的地为同一地的，该如何办理手续？ ... 386
34. TIR 运输发生未按规定时限过境运输出境等违反相关规定等情形，需支付进出口税费及滞纳利息的，海关将会如何处置？ ... 386

第四章 舱单管理 ... 387

1. 海关接受舱单申报时间是否以舱单申报人发送数据时间为准？ ... 387
2. 进出口舱单海关舱单传输时间的认定有什么不同？ ... 387
3. 海关对舱单及相关数据传输有哪些主要要求？ ... 387
4. 舱单传输人和舱单相关电子数据传输义务人可以通过哪些途径向海关传输电子数据？ ... 387
5. 在外贸业务中，经常提到的"大提单"和"小提单"是什么意思？它们之间的关系是怎样的？ ... 387
6. 总分提单结构的舱单，总提单是否可以应用于报关单上？ ... 387
7. 舱单涉及商业秘密并必须向海关提出保密要求的，应该怎样办理？ ... 388
8. 舱单通过电子申报后，传输人是否需要保存纸质舱单？如果需要，保存期限有多长？ ... 388
9. 由于计算机系统故障等原因造成单艘（次、票）无法进行舱单数据传输的，企业应当怎么办？ ... 388
10. 有人说"纸质舱单"具有法律效力，而"电子数据舱单"不具有法律效力，这种说法对不对，为什么？ ... 388
11. 舱单及相关数据传输人在没有办理备案手续的情况下能否传输舱单数据？ ... 388
12. 舱单及相关数据传输人的备案程序有哪些？ ... 388
13. 舱单传输人在境内设有分支机构的企业，办理备案手续时有哪些特殊要求？ ... 388

14. 关于企业注销舱单备案信息有没有特别的规定？ 388
15. 进境运输工具载有货物、物品的，海关对舱单数据传输的时限要求有哪些？ 389
16. 海关对预配舱单数据传输时限的要求有哪些？ 389
17. 对于进境旅客原始舱单传输的时限，海关的要求有哪些？ 389
18. 舱单传输人接收到海关反馈信息应该如何处置？ 389
19. 如果长期没有收到海关的反馈结果，舱单传输人应当如何处置？ 390
20. 进口货物舱单上的收货人是否可以按照提单上的收货人填制？还是不一定要填写真正的收货人？ 390
21. 舱单管理系统对理货报告有何要求？ 390
22. 监管作业场所经营人如何办理疏港分流手续？ 390
23. 疏港分流与分拨有什么区别？ 390
24. 没有传输预配舱单主要及其他数据的，能否办理出口货物、物品的报关手续？ 390
25. 通运的出口货物，是否需要传输舱单及相关电子数据？ 390
26. 进出口舱单是否全部必须是单票传输，海关也是逐票发送回执吗？ 390
27. 什么是运抵报告？ 391
28. 出境货物应该由谁来递交运抵报告？ 391
29. 舱单管理系统对运抵报告有何要求？ 391
30. 出口货物没有实际运抵监管作业场所的，能否向海关申请办理放行或查验手续？ 391
31. 海关对装载舱单数据传输时限有哪些要求？ 391
32. 对于装载舱单，海关审核不通过的原因有哪些？ 391
33. 直接改配是否可以多次改配？ 391
34. 对直接改配申请的主要要求有哪些？ 391
35. 出口落货改配可以修改哪些数据项？ 391
36. 舱单管理系统审核出口落货申请时，有哪些要求？ 391
37. 舱单管理系统审核出口落货改配申请时，有哪些要求？ 392
38. 大宗散货是否可以改配？ 392
39. 出口货物赶不上船期，需要改装另一船舶，该怎么办理手续？ 392
40. 承运人是否可以在发送各类舱单时都同时提交主要数据和其他数据的全部字段？ 392
41. 进境航空器所载货物、物品的原始舱单应当由谁来传输？ 392
42. 航空运输企业接受货运代理企业委托承运的舱单应当由谁来传输？ 392
43. 境外航空运输企业经营不定期飞行，且未在海关备案的，舱单应当由谁来传输？ 392
44. 如果是没有载有货物、物品的航空器，是否应当传输舱单数据？ 392
45. 进境航空器没有载旅客的，是否需传输旅客舱单数据？ 392
46. 进境船舶所载货物是过境货物的，是否应当传输舱单数据？ 392
47. 进境船舶所载货物是通运货物的，是否应当传输舱单数据？ 392
48. 未载有货物、物品的进境船舶，是否应当传输舱单数据？ 392
49. 进境船舶所载货物是多票货物集（拼）在同一集装箱中的进口货物的，应当怎样传输舱单数据？ 392
50. 同一船舶载有集装箱货物和非集装箱货物混装进境的，应当怎样传输舱单数据？ 393
51. 境内无法人资格的船舶运输企业，应当怎样传输舱单数据？ 393
52. 多家承运人共用舱位的情况下，是否可由货物操作方各自进行舱单申报？ 393

53. 调拨出境空箱，舱单传输的时限要求是什么？ ……… 393
54. 出口货物采取边运抵边装船的，海关对传输运抵报告有哪些特别要求？ ……… 393
55. 出口货物采取边运抵边装船的，传输运抵报告后，海关对于货物、物品的装载有没有时限要求？ ……… 393
56. 境外运输企业可以办理公路舱单传输吗？ ……… 393
57. 自驾车是否需要传输公路舱单？如何办理？ ……… 393
58. 公路舱单"一单多车"业务是否要逐车发送进出境确报？ ……… 393
59. 空车进出境需要传输舱单吗？ ……… 393
60. 舱单变更的方式有几种？有什么主要区别？ ……… 393
61. 运输工具负责人传输舱单资料后，需要对舱单数据进行更改，海关方面是否要收费？标准是多少？ ……… 394
62. 对于已被核注的原始舱单电子数据、预配舱单电子数据需要进行变更的，应该如何处理？ ……… 394
63. 哪些铁路舱单数据传输人需要办理备案？ ……… 394
64. 核对发现原始舱单电子数据与理货报告电子数据不相符的，海关应当如何处理？ ……… 394
65. 铁路舱单归并的"六个同一"是什么？ ……… 394
66. 因计算机或网络故障等特殊情况，铁路舱单系统无法接收舱单数据时如何处理？ ……… 394

第五章　海关监管作业场所（场地） ……… 395

1. 什么是海关监管区？ ……… 395
2. 什么是海关监管作业场所？ ……… 395
3. 海关监管作业场所（场地）的类型划分有哪些？ ……… 395
4. 什么是海关指定监管场地？ ……… 395
5. 海关指定监管场地与监管作业场所和集中作业场地的关系是什么？ ……… 395
6. 企业如何申请经营海关监管作业场所？ ……… 395
7. 海关如何办理企业申请经营海关监管作业场所的行政许可事项？ ……… 395
8. 海关监管作业场所的哪些变更事项需要办理行政许可申请，以及如何办理？ ……… 396
9. 海关如何办理申请变更海关监管作业场所的行政许可事项？ ……… 396
10. 企业如何办理注销海关监管作业场所，以及有哪些注意事项？ ……… 396
11. 海关如何办理申请注销海关监管作业场所的行政许可事项？ ……… 396
12. 海关对海关监管作业场所的经营企业的管理要求是什么？ ……… 396
13. 海关对监管作业场所内的海关监管货物的监管要求有哪些？ ……… 396
14. 海关对海关监管作业场所的监督管理手段有哪些？ ……… 397
15. 海关对海关监管作业场所的处罚手段有哪些？ ……… 397
16. 海关指定监管场地的类型有哪些？ ……… 397
17. 海关指定监管场地的选址原则是什么？ ……… 397
18. 海关指定监管场地的立项要求是什么？ ……… 397
19. 海关如何对海关指定监管场地的立项进行评估？ ……… 397
20. 海关指定监管场地建设与验收要求是什么？ ……… 398
21. 海关指定监管场地申请预验收时应当同时具备哪些条件？ ……… 398
22. 海关指定监管场地申请预验收应当提交哪些材料？ ……… 398

23. 直属海关对海关指定监管场地组织验收工作的要求是什么? ………………………… 398
24. 海关指定监管场地的实地验核工作程序是怎样的? ……………………………… 398
25. 海关指定监管场地何时可以正式开展特定进境高风险动植物及其产品的海关监管
    业务? ……………………………………………………………………………………… 398
26. 海关指定监管场地的变更事项应该如何办理? ………………………………… 398
27. 海关指定监管场地改扩建或新建应该如何办理? ……………………………… 399
28. 如何办理放弃经营海关指定监管场地? ………………………………………… 399
29. 海关指定监管场地有哪些情况应当重新申请立项? …………………………… 399
30. 海关监管作业场所(场地)内的功能区是如何划分的? ……………………… 399
31. 《海关监管作业场所(场地)设置规范》的适用原则是什么? ……………… 399
32. 2个或多个海关监管作业场所(场地)是否可以共用区域与设施? ………… 399
33. 要求安装监控摄像头的海关监管作业场所(场地)有哪些? ………………… 399
34. 海关监管作业场所(场地)内的功能区,其监控摄像头设置有什么要求? … 400
35. 海关监管作业场所(场地)监控摄像头的重点监控范围或区域是什么? …… 400
36. 海关监管作业场所(场地)监控摄像头和视频监控系统的选型标准是什么? … 400
37. 海关监管作业场所(场地)联网与监控清晰度要求是什么? ………………… 400
38. 海关对海关监管作业场所(场地)监控摄像头的控制权是怎么规定的? …… 400

第六章 通关便利化改革 …………………………………………………………… 401

1. 长三角海关特殊货物检查作业一体化改革的背景是什么? ………………… 401
2. 长三角海关特殊货物检查作业一体化改革的总体目标是什么? …………… 401
3. 长三角海关特殊货物检查作业一体化改革的试点海关范围是什么? ……… 401
4. 长三角海关特殊货物检查作业一体化改革先行启动试点包括哪些海关? … 401
5. 长三角海关特殊货物检查作业一体化改革的试点货物范围是什么? ……… 401
6. 长三角海关特殊货物检查作业一体化改革的试点企业范围是什么? ……… 401
7. 企业参与长三角海关特殊货物检查作业一体化改革需要办理什么备案手续? … 401
8. 口岸海关对长三角海关特殊货物检查作业一体化改革试点企业备案货物实施口岸检查时,
   采用什么检查方式? …………………………………………………………… 401
9. 长三角海关特殊货物检查作业一体化改革中,口岸检查指令如何处理? … 401
10. 长三角海关特殊货物检查作业一体化改革试点企业备案货物在口岸检查时发现异常,
    口岸海关如何处理? ………………………………………………………… 402
11. 长三角海关特殊货物检查作业一体化改革试点企业备案货物抵达目的地后,目的地
    海关如何处理? ……………………………………………………………… 402
12. "快通"的全称是什么? ……………………………………………………… 402
13. 舱单相关电子数据传输人应当在进境快通货物运抵指运地时,向海关传输什么数据? … 402
14. 什么货物不允许开展快通业务? …………………………………………… 402
15. 什么是"安智贸"项目? ……………………………………………………… 402
16. "安智贸"项目开展的背景是什么? ………………………………………… 402
17. "安智贸"项目开展的意义是什么? ………………………………………… 402
18. "安智贸"项目的总体目标是什么? ………………………………………… 402
19. "安智贸"项目含哪些参与者及其地位? …………………………………… 403

20. "安智贸"项目的优先合作领域是什么？ ……… 403
21. 五个优先合作领域具体内容分别是什么？ ……… 403
22. "安智贸"项目给企业带来哪些益处？ ……… 403
23. "安智贸"项目目前的进展情况如何？ ……… 403
24. "安智贸"项目试点企业的选取标准是什么？ ……… 404
25. "安智贸"项目的贸易航线如何确定？ ……… 404
26. "安智贸"项目通过什么方式进行数据传输？ ……… 404
27. 中欧海关10个共同风险指标包括哪些？ ……… 404
28. "安智贸"项目出口货物如何申报？ ……… 404
29. "安智贸"项目进口货物如何申报？ ……… 404
30. 安智贸试点企业报关时应注意哪些事项？ ……… 404
31. 什么是CEN系统？ ……… 404
32. 什么是UCR？ ……… 404
33. 什么是AEO制度？ ……… 405

第七章 进出口食品、化妆品检验检疫 ……… 406

1. 什么是企业注册及备案制度？ ……… 406
2. 什么是食品进口和销售记录制度？ ……… 406
3. 什么是境外出口商、境外生产企业审核制度？ ……… 406
4. 什么是检疫审批制度？ ……… 406
5. 进口预包装食品标签如何监管？ ……… 406
6. 化妆品的概念是什么？ ……… 407
7. 出口化妆品不合格怎么办？ ……… 407
8. 出口食品生产企业有什么监管要求？ ……… 407

第八章 进出境动植物检疫 ……… 408

1. 检疫准入的程序是什么？ ……… 408
2. 在哪能查到进境动植物及其产品的准入名单？ ……… 408
3. 已经完成检疫准入的动植物及其产品都可以进口吗？ ……… 408
4. 所有的进境动植物及其产品都需要向海关总署办理检疫审批吗？ ……… 408
5. 进境的动物检出检疫性传染病怎么办？ ……… 408
6. 携带宠物进境需要注意些什么？ ……… 408
7. 非食用动物产品都包括什么？ ……… 409
8. 哪些非食用动物产品需要到指定生产加工单位定点加工？ ……… 409
9. 海关对进口水生动物有什么要求？ ……… 409
10. 进口的水生动物遇到什么情况需要做处理？ ……… 410
11. 国际植物保护公约是什么？ ……… 410
12. 为什么要求输出国（地区）出具植物检疫证书？ ……… 410
13. 输入植物、植物产品和其他检疫物，经检疫发现有植物危险性病、虫、杂草的，应采取何种措施？ ……… 411
14. 植物检疫处理有哪些方法？ ……… 411

15. 违反植物检疫规定的行为有哪些？ 411
16. 公民在植物检疫方面有什么义务？ 411
17. 过境植物检疫适用场景范围？ 411
18. 出境植物繁殖材料生产企业注册登记有效期为多长时间？ 411
19. 经检疫合格的出境植物及其产品，在哪些情形下货主或其代理人应当重新报关？ 411
20. 出境植物及其产品检疫不合格的，无有效方法处理的，如何处置？ 412

第九章 进出口商品检验 413

1. 如何快速判断进出口商品是否属于危险化学品？ 413
2. 当进出口商品不符合上述条件时，如何判断是否属于危险化学品？ 413
3. 如何判断进出口商品是否属于危险货物？ 414
4. 如何申请出口危险货物包装生产企业代码？ 414
5. 各类出口危险货物包装需要通过哪些性能检验项目？有哪些特殊要求？ 414
6. 出口危险货物包装使用鉴定应满足哪些一般要求？ 415
7. 空运危险货物包装使用鉴定有哪些特殊要求？ 415
8. 各类出口危险货物包装的使用鉴定还须满足哪些特殊要求？ 416
9. 进口涂料的备案机构有哪些？ 416
10. 进口煤炭各项指标应满足什么要求？ 416
11. 什么是平行进口车？ 417
12. 什么是车辆识别代号（VIN）？ 417
13. 我在车展看到一款喜欢的进口车，能不能在车展直接购买？ 417
14. 购买进口汽车应注意哪些问题？ 417
15. 我的"进口机动车辆随车检验单"丢失了怎么办？ 417
16. 以前买进口车的时候，我记得还要办理"入境货物检验检疫证明"，现在买进口车还需要办理这个证明吗？ 417
17. 我从其他人手里买了一台行驶了2万公里的进口车，想知道怎么确定是否为合法渠道正常进口的车辆？ 417
18. 请问可不可以进口国外二手车？ 417
19. 留学生在国外购买的汽车能否带回国内？ 417
20. 是不是所有进口汽车零部件都可以享受"先声明后验证"便利化措施？ 418

第十章 出入境卫生检疫监管 419

1. 《国际卫生条例（2005）》赋予各成员国的卫生检疫管理范围有哪些？ 419
2. 《国境卫生检疫法》规定的检疫传染病和监测传染病有哪些？ 419
3. 入境的交通工具和人员是否可以在最后离开的口岸接受检疫？ 419
4. 出境的交通工具和人员是否可以在启运地口岸接受检疫？ 419
5. 入境交通工具上的人员及行李、货物、邮包等虽没有征得国境卫生检疫机关许可，但在特殊情况下，是否可以在征得交通工具负责人同意后上下交通工具和提前装卸？ 419
6. 对发现申报有症状、有接触史或暴露史、核酸检测阳性史、就诊服药史等出入境人员应采取哪些措施？ 419
7. 对旅客不配合健康申报的，有哪些处置措施？ 419

8. 体温复测有哪些要求？ 419
9. 流行病学调查的主要内容有哪些？ 419
10. 经医学排查，哪些症状/体征怀疑为经呼吸道途径传播的传染病？ 420
11. 经医学排查，哪些症状/体征怀疑为经消化道途径传播的传染病？ 420
12. 经医学排查，哪些症状/体征怀疑为经蚊媒途径传播的传染病？ 420
13. 航空器的登临检疫方式有哪些？ 420
14. 船舶的登临检疫方式有哪些？ 420
15. 登临检疫的人员准备有哪些要求？ 420
16. 航空器登临检疫申报资料核查的重点有哪些？ 420
17. 船舶登临检疫申报资料核查的重点有哪些？ 421
18. 货物卫生检疫重点查验内容有哪些？ 421
19. 集装箱现场检疫查验主要内容有哪些？ 421
20. 进出境邮件、快件卫生检疫查验重点内容有哪些？ 422
21. 进出境行李物品卫生检疫查验重点内容有哪些？ 422
22. 不同风险等级的特殊物品检疫查验有哪些区别？ 422
23. 特殊物品类货物检疫查验的重点有哪些？ 422
24. 邮寄、携带的特殊物品检疫查验重点有哪些？ 423
25. 特殊物品检疫查验过程中发现哪些情况予以退运或者销毁？ 423
26. 进出境废旧物品经卫生处理后，需在开箱实施现场查验时符合哪些卫生标准？ 423
27. 进出境废旧物品卫生检疫查验不合格的如何处置？ 423
28. 需经口岸入境的尸体、骸骨，入境前，托运人或其代理人应当向口岸隶属海关申报，需要提供哪些材料？ 424
29. 尸体、骸骨需经口岸运送出境的，出境前，托运人或其代理人应当向所属的隶属海关申请出境检疫，需要提供哪些材料？ 424

第十一章 进出境旅客行李物品通关 425

1. 什么是进出境旅客通关？ 425
2. 什么是行李物品申报？ 425
3. 旅客申报的基本要求有哪些？ 425
4. 什么是"申报通道"和"无申报通道"通关制度？ 425
5. 旅客应如何选择通道通关？ 425
6. 通关时误选了"绿色通道"但向海关提交了申报单，是否属于有效申报方式？ 426
7. 海关所指的"自用合理数量"，如何认定？ 426
8. 什么是进出境旅客旅行自用物品？包括哪些物品？ 426
9. 旅客携带需复带进境的手提电脑等自用物品出境，需要向海关申报吗？ 426
10. 旅客携带超过折合5000美元的外币现钞入境，并有可能复带出境，入境通关时需要向海关办理哪些手续？ 426
11. 旅客进境时申报的现金未在出境时复带出境，能否在下次来时再携带出去？ 426
12. 经海关登记需复带出境的暂时进境物品，是否可由他人代为复带出境？ 427
13. 旅客携带超过多少额度的人民币现钞出境，需要向海关申报？ 427
14. 旅客携带超出折合5000美元的外币现钞出境，海关有哪些规定？ 427

15. 旅客携带金银饰品进出境，海关有何规定？ ……………………………………………… 427
16. 海关发现个人携带或者邮寄进出境的物品涉嫌侵犯知识产权，会如何处理？ ………… 427
17. 旅客入境时已经在边检交验过护照了，为什么过海关时仍会再次被要求出示护照呢？ … 427
18. 旅客携带的所有物品，海关都能查验吗？ ………………………………………………… 427
19. 在通关过程中，海关对旅客的查问，旅客可否不予回答？ …………………………… 427
20. 海关是否可以复印旅客的个人资料？ …………………………………………………… 428
21. 通关时，为何有些旅客的行李被要求检查，而有些却可以直接通关？ ……………… 428
22. 海关查验旅客行李物品时，旅客有哪些义务？ ………………………………………… 428
23. 海关加施的封志，物品所有人可否予以开启？ ………………………………………… 428
24. 享受免验礼遇的人员主要有哪些？ ……………………………………………………… 428
25. 对享受免验的人员有什么要求？ ………………………………………………………… 428
26. 民航机机组人员，在携带物品进出境方面需要遵守哪些海关规定？ ………………… 428
27. 分离运输行李是指什么？旅客如有分离运输行李，在进出境时需要向海关办理哪些
    手续？ ………………………………………………………………………………………… 428
28. 中国籍旅客的范围包括哪些？ …………………………………………………………… 429
29. 中国籍旅客进境行李物品的税收政策有哪些改变？ …………………………………… 429
30. 中国籍旅客携带进境物品是否有免税政策？如有，具体是怎样规定的？ …………… 429
31. 我国驻美国使馆的普通工作人员回国，如何办理进境物品的免税手续？暂予保留免税
    物品规定的中国籍旅客如何办理进境物品的免税手续？ ……………………………… 429
32. 留学生如何办理进境物品的免税手续？ ………………………………………………… 429
33. 劳务人员如何办理免税物品的进境手续？ ……………………………………………… 429
34. 海关对援外人员的行李物品有什么管理规定？ ………………………………………… 429
35. 海员办理免税物品手续要出具什么证件？ ……………………………………………… 429
36. 不属于暂予保留免税待遇的中国籍旅客有哪些？海关如何验放其行李物品？ ……… 430
37. 中国籍旅客携带出境的物品，海关如何验放？ ………………………………………… 430
38. 海关办理留学人员行李物品免税手续有何要求？ ……………………………………… 430
39. 海关对中国籍非居民长期旅客进境物品有什么规定？ ………………………………… 430
40. 海关对短期内多次来往港澳地区的旅客和经常出入境人员及边境地区居民携带的物品
    有何规定？ …………………………………………………………………………………… 430
41. 海关对不满16周岁者如何验放其物品？ ………………………………………………… 430
42. 长短期外国籍旅客怎样区分？ …………………………………………………………… 430
43. 外国籍短期旅客携带物品进出境有什么规定？海关如何验放？ ……………………… 430
44. 外国籍长期旅客携带物品进境有什么规定？海关如何验放？ ………………………… 431
45. 外国籍长期旅客可否以分离运输方式进境自用物品？ ………………………………… 431
46. 外国籍长期旅客进境自用物品如何申请？ ……………………………………………… 431
47. 外国籍长期旅客在华期间临时进出境所带物品有什么规定？怎样办理海关手续？ … 431
48. 外国籍长期旅客带进机动交通工具有什么规定？ ……………………………………… 431
49. 留学回国人员购买国产免税汽车需提供哪些单证？ …………………………………… 431
50. 留学人员向海关申请办理购车审批手续是否有期限限制？ …………………………… 432
51. 留学回国人员购买国产免税汽车和免税商品如何计算指标？ ………………………… 432
52. 留学回国人员是否可以在汽车交易市场购买国产免税小汽车？ ……………………… 432

53. 留学人员购买的国产免税汽车都减免了哪些税费？ ……………………………………… 432
54. 在港澳地区学习的内地留学生可否购买国产免税汽车？ ……………………………… 432
55. 什么叫定居旅客？ …………………………………………………………………………… 432
56. 海关对定居旅客进境物品是如何管理的？ ……………………………………………… 432
57. 海关对定居的中国籍非居民旅客进境物品有什么管理规定？ ………………………… 432
58. 定居旅客进境的自用及安家的物品中属应税的物品有哪些？ ………………………… 433
59. 什么叫过境旅客？ …………………………………………………………………………… 433
60. 过境旅客在过境期限内离开海关监管区应如何办理海关手续？ ……………………… 433
61. "非居民留学生"的范围是什么？ ………………………………………………………… 433
62. 外国留学生如何办理自用物品进境手续？ ……………………………………………… 433
63. 来内地学习的港澳地区学生、来大陆学习的台湾地区学生、来中国学习的华侨学生如何
办理进境自用物品的手续？ ………………………………………………………………… 433
64. 来华工作的外国专家进境自用物品如何办理海关手续？ ……………………………… 433
65. 来华工作的外国专家，可否进境自用车辆？如何办理海关手续？ …………………… 434
66. 符合什么条件的驻外馆员可以携运进境自用小汽车回国？ …………………………… 434
67. 驻外馆员离任回国后如何办理自用车辆进境手续？ …………………………………… 434
68. 驻在国为右舵车国家的驻外馆员携带汽车进境有什么规定？ ………………………… 434
69. 驻外馆员进境的小汽车是否受海关监管？ ……………………………………………… 434
70. 回国的驻外馆员如再次出国任职，车辆可以转让吗？ ………………………………… 435
71. 高层次留学人才和海外科技专家（统称高层次人才）以随身携带、分离运输、邮递、
快递等方式进出境科研、教学和自用物品，海关如何验放？ ………………………… 435
72. 高层次人才的身份如何确定？ ……………………………………………………………… 435
73. 高层次人才可以免税进境哪些自用物品？ ……………………………………………… 435
74. 高层次人才可否免税进境科研、教学物品？ …………………………………………… 435
75. 高层次人才如何办理自用物品和科研教学物品的进境手续？ ………………………… 436
76. 高层次人才进境的机动车辆可以转让吗？ ……………………………………………… 436
77. 高层次人才运进自用物品境内所需的长期居留证件或者"回国（来华）定居专家证"
可使用告知承诺书吗？ ……………………………………………………………………… 436
78. 什么是离境退税？ …………………………………………………………………………… 436
79. 离境退税退的是什么税？是关税吗？ …………………………………………………… 436
80. 离境退税的币种是什么？退税方式是怎样的？ ………………………………………… 436
81. 境外旅客具备哪些条件可办理有关购物离境退税手续？ ……………………………… 436
82. 如何办理离境退税签章手续？ …………………………………………………………… 436
83. 海关不予办理境外旅客购物离境退税签章手续的情形有哪些？ ……………………… 437

第十二章　进出境邮递物品口岸监管 ……………………………………………………… 438

1. 什么是进出境邮递物品？ …………………………………………………………………… 438
2. 海关对个人邮递物品管理的基本原则是什么？ ………………………………………… 438
3. 个人邮寄物品有无限值？是如何规定的？ ……………………………………………… 438
4. 邮寄进境的邮包有没有免税优惠？ ……………………………………………………… 438
5. 进出境邮递物品的价值是如何确定的？ ………………………………………………… 438

6. 邮寄药品有何限制？ ··· 438
　　7. 邮寄进境的个人物品应如何办理海关手续？ ·· 438
　　8. 邮寄出境物品需要办理哪些手续？ ·· 439
　　9. 哪些物品禁止邮寄进出境？ ··· 439
　　10. 哪些物品限制邮寄进出境？ ··· 440
　　11. 文物能不能邮寄出境，如何办理手续？ ··· 440
　　12. 个人寄递烟、酒有何规定？ ··· 441
　　13. 个人邮寄的物品为什么征税？ ·· 441
　　14. 我前阶段收到了一个电话，说我的国际邮件被海关扣了，对方自称是海关工作人员，
　　　　说需要缴纳保证金才能放行并提供了相关银行账户，我在网上查了一下，没有查到
　　　　邮件保证金的相关内容，请问这是不是骗子的诈骗电话？ ······················· 441
　　15. 邮寄肉类、燕窝等食品进境可以吗？ ·· 441
　　16. 收到的邮包有破损问题，是否为海关查验造成的？ ································ 441
　　17. 化妆品、奶粉允许邮寄进境的数量是多少？如果数量很大可以分批邮寄进境吗？ ···· 442
　　18. 个人不知道邮寄的是否为假名牌服装，可以邮寄出境吗？ ························ 442
　　19. 邮寄进出境货物如何办理海关手续？ ·· 442
　　20. 对于放弃的进境邮递物品，海关如何处理？ ··· 442

第十三章　进出境特定物品通关 ··· 443
　　1. 海关监管的进出境印刷品、音像制品主要指哪些？ ···································· 443
　　2. 海关对于进出境的私人信件是否也要检查？ ·· 443
　　3. 哪些印刷品、音像制品禁止进出境？ ·· 443
　　4. 印刷品、音像制品进境是否要申报？ ·· 443
　　5. 旅客带多少书进出境可以免税？ ··· 443
　　6. 留学生的回国行李中的图书，海关如何监管？ ··· 443
　　7. 个人携带超过免税规定数量的书刊进出境，海关如何征税？ ······················ 443
　　8. 单位进口印刷品、音像制品应该办理什么手续？ ····································· 444
　　9. 携带邮寄进出境印刷品、音像制品应注意什么事项？ ······························ 444
　　10. 什么是美术品？ ·· 444
　　11. 美术品的进出口经营活动需要在哪个部门办审批？ ································· 444
　　12. 个人携带、邮寄美术品进出境，应如何办理海关手续？ ·························· 444
　　13. 禁止进境物品有哪些？ ·· 444
　　14. 禁止出境物品有哪些？ ·· 445
　　15. 海关对携有禁止进出境物品的情况如何处理？ ······································· 445
　　16. 国家限制进境物品包括哪些？ ·· 445

第十四章　进出境快件口岸监管 ··· 446
　　1. 什么是进出境快件？ ·· 446
　　2. 什么是进出境快件运营人？ ·· 446
　　3. 进出境快件运营人办理登记应具备的条件是什么？ ·································· 446
　　4. 海关对进出境快件的报关时限有何规定？ ··· 446

5. 进出境快件如何分类？ 446
  6. 海关对进出境快件中的个人物品如何验放？ 447
  7. 海关对进境个人物品类快件的限值规定是什么？ 447
  8. 如何办理文件类进出境快件的报关？ 447
  9. 如何办理个人物品类进出境快件的报关？ 447
  10. 如何办理低值货物类进出境快件的报关？ 447
  11. 如何办理其他货物、物品的报关？ 447
  12. 海关对进出境快件查验时，运营人需要做什么？ 447
  13. 办理进境个人物品类快件通关时，必须要提供收件人身份证影印件吗？ 448
  14. 文件类、个人物品类、低值货物类快件是否都向新快件通关系统申报？ 448

第十五章 驻华机构及其人员进出境物品监管 449

  1. 常驻机构指的是什么？ 449
  2. 刚刚成立的外商常驻代表机构，是否必须向海关注册备案？有何具体规定？ 449
  3. 办理常驻机构海关注册备案所需的主管部门颁发的注册证明复印件可使用告知承诺书吗？ 449
  4. 常驻机构在海关办理备案手续后，如"常驻机构备案证"涉及的内容有变更，应当如何办理手续？ 449
  5. 常驻机构申报进境公用物品有何规定？怎样办理手续？ 449
  6. 常驻机构是否可以多次申报进境公用物品？ 449
  7. 哪些人员属于常驻人员？ 450
  8. 非居民长期旅客的定义是什么？ 450
  9. 海关对常驻人员申报进境的机动车辆有什么要求？ 450
  10. 常驻人员申报进境自用机动车辆如何办理海关手续？ 450
  11. 常驻人员申报进境自用机动车辆时所需的本人有效身份证件可使用告知承诺书吗？ 450
  12. 常驻人员进境的机动车辆可以转让吗？ 450
  13. 常驻人员进境的征税机动车辆如何办理过户转让手续？ 450
  14. 常驻人员免税进境的机动车辆如何办理解除海关监管手续？ 451
  15. 外国驻华使馆的公务用品、自用物品的概念和范围是什么？ 451
  16. 外交官和领事官的身份是如何确定的？ 451
  17. 使领馆及外交代表、领事官进出境物品如何办理海关手续？ 451
  18. 使领馆运进运出公务用品，外交官、领事官托运、邮递进出境自用物品如何办理报关手续？ 451
  19. 使领馆应如何向主管海关备案？ 451
  20. 使领馆及使领馆人员进境的公务用品、自用物品能否转让？ 452
  21. 使领馆及使领馆人员的机动车辆有无监管期？ 452
  22. 使领馆及使领馆人员车辆因事故报废，可否再次进境机动车辆？ 452
  23. 使领馆公务人员自用物品进出境的海关手续如何办理？ 452
  24. 外交信使进出境有何规定？ 452
  25. 怎样办理外交邮袋、领事邮袋的进出境手续？ 452

26. 使领馆人员的家属持非外交护照或者普通签证短期来华携带物品进出境如何办理海关手续？ ……… 453
27. 使领馆是否可以进境由其主办或者参与的非商业活动物品？ ……… 453

第十六章　免税品、外汇免税商品和离岛免税商品管理 ……… 454

1. 免税品和免税外汇商品有什么区别？ ……… 454
2. 经海关总署批准设立的免税商店，应具备什么条件才能开展经营业务？ ……… 454
3. 免税店的销售对象都是什么人员？ ……… 454
4. 旅客在口岸免税店购买的免税品，海关是否一律放行？ ……… 454
5. 在境内免税外汇商品供应单位购买免税外汇商品，要具备哪些条件？ ……… 455
6. 在境内免税商店购买免税外汇商品有无次数限制？ ……… 455
7. 旅客在境内如何办理购买免税外汇商品手续？ ……… 455
8. 驻华使领馆及其人员如何在免税店购买商品？ ……… 455
9. 旅客在境内购买免税外汇商品与携带入境的物品是否合并计算？ ……… 455
10. 在境内免税外汇商品供应部门购买物品可否委托他人办理？ ……… 455
11. 什么叫离岛旅客？ ……… 455
12. 什么是离岛免税？ ……… 455
13. 具有免税品经营资格的经营主体申请离岛免税商店时需要提交什么材料？ ……… 455
14. 离岛免税品有哪些品种？可以购买20种国家不予减免税的商品吗？ ……… 456
15. 离岛旅客可凭哪些身份证件在离岛免税店购买免税品？ ……… 456
16. 居民旅客每年可离岛购物几次？ ……… 456
17. 免税购物金额、数量和重量是多少？ ……… 456
18. 哪些离岛旅客在3年内不得享受离岛免税购物政策？ ……… 458
19. 离岛旅客可以在哪里进行离岛免税购物？ ……… 458
20. 旅客可否邮递购买的离岛免税商品？ ……… 458

第十七章　特殊监管方式下的海关监管 ……… 459

1. 进出"霍尔果斯国际边境合作中心"需要办理什么手续？ ……… 459
2. 海关对进出"霍尔果斯国际边境合作中心"游客携带物品如何监管？ ……… 459
3. 货物从区外进入珠澳跨境工业区珠海园区应如何征税？ ……… 459
4. 货物从珠澳跨境工业区珠海园区运往区外应如何征税？ ……… 459
5. 什么企业可以开展边境小额贸易？ ……… 459
6. 边境小额贸易可以在哪些地点开展交易？ ……… 459
7. 申请边境小额贸易企业应具备哪些条件？ ……… 459
8. 什么人可以开展边民互市贸易？ ……… 460
9. 什么商品可开展边民互市贸易？ ……… 460
10. 边民互市贸易进口商品中关于限量限值是如何规定的？ ……… 460
11. 从事市场采购贸易企业应具备哪些条件？ ……… 460
12. 市场采购贸易的简化申报政策是什么？ ……… 460
13. 实施检验检疫的商品通过市场采购贸易方式申报出口，能否应用简化申报政策？ ……… 460
14. 什么是对台小额贸易公司？ ……… 460

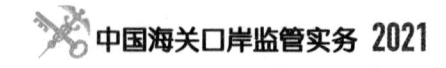

15. 对台小额贸易可以在任一开放口岸进行吗？ ………………………………………… 460
16. 对台小额贸易指定口岸经什么部门审批？ ……………………………………… 460
17. 对台小额贸易进口货物可以是非原产于台湾地区的货物吗？ ………………… 460
18. 对台小额贸易试点口岸试行"双放开"措施是指什么？ ……………………… 460
19. 对台小额贸易货物税收征管有什么要求？ ……………………………………… 461
20. 海关以什么方式确认对台小额贸易进口货物的原产地？ ……………………… 461
21. 对台小额贸易船舶带进的航行物料可以作为货物进行交易吗？ ……………… 461
22. 对台小额贸易货物需要许可证吗？ ……………………………………………… 461

第十八章　跨境电子商务海关监管 …………………………………………………… 462
1. 参与跨境电子商务零售出口业务的企业，需要在海关办理注册登记吗？ …… 462
2. 跨境电子商务支付企业有什么资质要求？ ……………………………………… 462
3. 什么是跨境电商 B2B 出口？ ……………………………………………………… 462
4. 完税价格超过 5000 元人民币单次交易限值的商品可以通过跨境电商零售渠道进口吗？ …………………………………………………………………………… 462
5. 跨境电商企业对消费者的提醒告知义务具体是什么？ ………………………… 462

第三篇　法律法规篇

主席令 …………………………………………………………………………………… 465
中华人民共和国特种设备安全法 …………………………………………………… 465
中华人民共和国食品安全法 ………………………………………………………… 477
中华人民共和国进出口商品检验法 ………………………………………………… 500
中华人民共和国国境卫生检疫法 …………………………………………………… 504
中华人民共和国农产品质量安全法 ………………………………………………… 507
中华人民共和国海关法 ……………………………………………………………… 512
中华人民共和国进出境动植物检疫法 ……………………………………………… 522
中华人民共和国生物安全法 ………………………………………………………… 527
中华人民共和国动物防疫法 ………………………………………………………… 537

国务院令 ………………………………………………………………………………… 551
中华人民共和国进出境动植物检疫法实施条例 …………………………………… 551
医疗器械监督管理条例 ……………………………………………………………… 558
特种设备安全监察条例 ……………………………………………………………… 574
突发公共卫生事件应急条例 ………………………………………………………… 587
中华人民共和国进出口关税条例 …………………………………………………… 592
中华人民共和国海关行政处罚实施条例 …………………………………………… 600
中华人民共和国进出口商品检验法实施条例 ……………………………………… 608

国务院关于加强食品等产品安全监督管理的特别规定 ……………………………………… 614
　　中华人民共和国食品安全法实施条例 ………………………………………………………… 618
　　中华人民共和国国境卫生检疫法实施细则 …………………………………………………… 626
　　中华人民共和国传染病防治法实施办法 ……………………………………………………… 639
　　中华人民共和国国境口岸卫生监督办法 ……………………………………………………… 647

海关总署令 ……………………………………………………………………………………… 651

　　中华人民共和国海关对我国兼营国际国内运输船舶的监管规定 …………………………… 651
　　中华人民共和国海关对国际航行船舶船员自用和船舶备用烟、酒的管理规定 …………… 652
　　边民互市贸易管理办法 ………………………………………………………………………… 653
　　中华人民共和国海关关于境内公路承运海关监管货物的运输企业及其车辆的管理办法 ……… 654
　　中华人民共和国海关关于转关货物监管办法 ………………………………………………… 657
　　中华人民共和国海关对进出境快件监管办法 ………………………………………………… 660
　　中华人民共和国海关对用于装载海关监管货物的集装箱和集装箱式货车车厢的监管办法 ……… 663
　　中华人民共和国海关关于来往香港、澳门公路货运企业及其车辆的管理办法 …………… 666
　　中华人民共和国海关进出口货物查验管理办法 ……………………………………………… 668
　　中华人民共和国海关珠澳跨境工业区珠海园区管理办法 …………………………………… 670
　　中华人民共和国海关进出境运输工具舱单管理办法 ………………………………………… 675
　　中华人民共和国海关进出境运输工具监管办法 ……………………………………………… 680
　　国际航行船舶出入境检验检疫管理办法 ……………………………………………………… 684
　　供港澳蔬菜检验检疫监督管理办法 …………………………………………………………… 688
　　进出口商品复验办法 …………………………………………………………………………… 693
　　进境动植物检疫审批管理办法 ………………………………………………………………… 695
　　进出口化妆品检验检疫监督管理办法 ………………………………………………………… 697
　　进出境中药材检疫监督管理办法 ……………………………………………………………… 702
　　进出境粮食检验检疫监督管理办法 …………………………………………………………… 707
　　进出境转基因产品检验检疫管理办法 ………………………………………………………… 715
　　保税区检验检疫监督管理办法 ………………………………………………………………… 716
　　进口涂料检验监督管理办法 …………………………………………………………………… 718
　　进出口煤炭检验管理办法 ……………………………………………………………………… 720
　　进口棉花检验监督管理办法 …………………………………………………………………… 721
　　进口旧机电产品检验监督管理办法 …………………………………………………………… 725
　　进口汽车检验管理办法 ………………………………………………………………………… 729
　　进出口玩具检验监督管理办法 ………………………………………………………………… 730
　　出入境邮轮检疫管理办法 ……………………………………………………………………… 733
　　出入境特殊物品卫生检疫管理规定 …………………………………………………………… 739
　　出入境尸体骸骨卫生检疫管理办法 …………………………………………………………… 743
　　国境口岸突发公共卫生事件出入境检验检疫应急处理规定 ………………………………… 746
　　国境口岸食品卫生监督管理规定 ……………………………………………………………… 750
　　出入境快件检验检疫管理办法 ………………………………………………………………… 753
　　出口烟花爆竹检验管理办法 …………………………………………………………………… 756

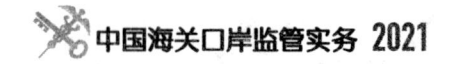

中华人民共和国进口食品境外生产企业注册管理规定 ··· 757
中华人民共和国进出口食品安全管理办法 ··· 760
中华人民共和国海关进出口货物商品归类管理规定 ··· 768

海关总署公告 ··· 771
关于在粤港地区实施来往香港公路车辆快速通关改革 ··· 771
关于调整进出境个人邮递物品管理措施有关事宜 ··· 773
关于增列海关监管方式代码的公告 ··· 773
关于增列海关监管方式代码的公告 ··· 774
关于启用新快件通关系统相关事宜的公告 ··· 774
关于增列海关监管方式代码的公告 ··· 775
关于机检查验正常放行货物查验记录签字有关问题的公告 ··· 776
关于启动实施 TIR 公约试点有关事项的公告 ··· 776
关于发布进出境舱单水运、空运货物舱单电子报文格式 V1.2 的公告 ··································· 778
关于试点实施 TIR 公约有关事项 ··· 779
关于调整水空运进出境运输工具及货运舱单管理有关事项的公告 ······································· 779
关于修订跨境电子商务统一版信息化系统企业接入报文规范的公告 ····································· 782
关于升级新版快件通关管理系统相关事宜的公告 ··· 784
关于调整部分进口矿产品监管方式的公告 ··· 784
关于启用进出境邮递物品信息化管理系统有关事宜的公告 ··· 785
关于实时获取跨境电子商务平台企业支付相关原始数据有关事宜的公告 ································· 786
关于实时获取跨境电子商务平台企业支付相关原始数据接入有关事宜的公告 ··························· 786
关于全面开展舱单及相关电子数据变更作业无纸化 ··· 787
关于调整进出境舱单水运、空运货物舱单电子报文格式的公告 ··· 788
关于全面推行转关作业无纸化的公告 ··· 788
关于跨境电子商务零售进出口商品有关监管事宜的公告 ··· 789
关于跨境电子商务企业海关注册登记管理有关事宜的公告 ··· 793
关于调整出口危险货物包装生产企业代码的公告 ··· 794
关于扩大实施 TIR 公约试点有关事项的公告 ··· 794
关于已取消行政审批事项相关事宜的公告 ··· 795
关于全面实施 TIR 公约的公告 ··· 795
关于调整水空运舱单管理相关事项的公告 ··· 796
关于调整进口大宗商品重量鉴定监管方式的公告 ··· 798
关于进一步规范进口机动车环保项目检验的公告 ··· 799
关于调整进出境水运和空运货物舱单电子报文格式的公告 ··· 800
关于修订市场采购贸易监管办法及其监管方式有关事宜的公告 ··· 800
关于不再验核《外商投资企业批准证书》的公告 ··· 801
关于新型冠状病毒肺炎疫情期间海关查验货物时收发货人可免于到场的公告 ··························· 802
关于调整进口棉花监管方式的公告 ··· 802
关于全面推广跨境电子商务出口商品退货监管措施有关事宜的公告 ····································· 803
关于跨境电子商务零售进口商品退货有关监管事宜的公告 ··· 803

关于调整进出境铁路列车及其所载货物、物品舱单电子数据申报传输有关事项的公告 ……… 804
关于调整进口铁矿检验监管方式的公告 …………………………………………………… 805
关于开展跨境电子商务企业对企业出口监管试点的公告 ………………………………… 806
关于进一步推进运输工具进出境监管作业无纸化的公告 ………………………………… 807
关于扩大跨境电子商务企业对企业出口监管试点范围的公告 …………………………… 808
关于进一步调整水空运进出境运输工具监管相关事项的公告 …………………………… 808
关于调整进口原油检验监管方式的公告 …………………………………………………… 810
关于调整公路进出境运输工具及货运舱单管理有关事项的公告 ………………………… 810
关于发布进出境公路运输工具货运舱单电子传输报文格式 V1.1 的公告 ……………… 813
关于进出口危险化学品及其包装检验监管有关问题的公告 ……………………………… 813
关于明确来往香港、澳门小型船舶监管有关事项的公告 ………………………………… 815
关于实施铁路进出境快速通关业务模式的公告 …………………………………………… 816
关于调整必须实施检验的进出口商品目录的公告 ………………………………………… 818
关于在全国海关复制推广跨境电子商务企业对企业出口监管试点的公告 ……………… 818
关于对定居证明等证明事项实施告知承诺制的公告 ……………………………………… 819
关于全面推广跨境电子商务零售进口退货中心仓模式的公告 …………………………… 820
关于调整必须实施检验的进出口商品目录的公告 ………………………………………… 821

其 他

………………………………………………………………………………………………… 822
查检邮件中夹带外币或外币票据暂行处理办法 …………………………………………… 822
进出境邮寄物检疫管理办法 ………………………………………………………………… 823
进口医疗器械检验监督管理办法 …………………………………………………………… 825
机电产品进口管理办法 ……………………………………………………………………… 830
有机产品认证管理办法 ……………………………………………………………………… 835
新食品原料安全性审查管理办法 …………………………………………………………… 841
商品煤质量管理暂行办法 …………………………………………………………………… 843
保健食品注册与备案管理办法 ……………………………………………………………… 845
特殊医学用途配方食品注册管理办法 ……………………………………………………… 853
邮电部、海关总署关于办理国际特快专递信函业务和使用详情单的联合通知 ………… 859
国务院关于边境贸易有关问题的通知 ……………………………………………………… 860
外经贸部、海关总署关于印发《边境小额贸易和边境地区对外经济技术合作管理办法》的
　　通知 ……………………………………………………………………………………… 862
交通运输部关于在上海试行中资非五星旗国际航行船舶沿海捎带的公告 ……………… 865
关于印发《无法投递又无法退回邮件管理办法》的通知 ………………………………… 867
关于发布《进口食品接触产品检验监管工作规范》的公告 ……………………………… 870
质检总局　环境保护部　商务部关于公布进口铜精矿中有毒有害元素限量的公告 …… 870
财政部　发展改革委　工业和信息化部　生态环境部　农业农村部　商务部　人民银行
　　海关总署　税务总局　市场监管总局　药监局　密码局　濒管办关于调整扩大跨境
　　电子商务零售进口商品清单的公告 …………………………………………………… 871
农业农村部　海关总署公告第 470 号 ……………………………………………………… 871

CHAPTER 1

第一篇 实务篇

第一章　海关口岸监管概述

第一节　海关的概念与职能

一、海关的定义

海关是依据本国（或地区）海关法律、行政法规行使进出境监督管理职权的国家行政机关。中国海关是依据《中华人民共和国海关法》（以下简称《海关法》）和有关法律、行政法规，代表国家对进出关境的运输工具、货物、物品等行使监督管理职权的行政执法机关。现行《海关法》规定："中华人民共和国海关是国家的进出关境（以下简称进出境）监督管理机关。海关依照本法和其他有关法律、行政法规，监管进出境的运输工具、货物、行李物品、邮递物品和其他物品（以下简称进出境运输工具、货物、物品），征收关税和其他税、费，查缉走私，并编制海关统计和办理其他海关业务。"

《京都公约》中规定："海关"指负责海关法的实施、税费的征收并负责执行与货物的进口、出口、移动或储存有关的法律、法规和规章的政府机构；"海关办公机构"指负责办理海关手续的海关行政单位以及为此由主管机构批准开设的办公地点或其他场所。

二、海关的性质

（一）海关是国家行政机关

海关从属于国家行政管理体制，是国家行政机关。中华人民共和国海关总署（以下简称海关总署）是国务院直属机构。海关的权力来自国家，具有国家权力的基本特点，即主权性和强制性。

（二）海关是国家进出关境监督管理机关

海关是由国家设立，代表国家专门对所有进出关境的运输工具、货物、物品实施监督管理的行政机关。海关依据法律和行政法规赋予的权力，制定具体的海关行政规章和行政措施，对进出关境活动实施监督管理，并对相关违法行为依法实施处罚。

（三）海关是国家行政执法机关

海关是执行国家行政管理有关制度的行政执法机关。海关的监督管理活动包括行政监督、行政处理、行政处罚、行政强制执行等执法行为。海关执法的依据是：有关法律，即全国人民代表大会或者全国人民代表大会常务委员会制定的与海关监督管理相关的法律规范，如《海关法》、《中华人民共和国进出口商品检验法》（以下简称《进出口商品检验法》）、《中华人民共和国进出境动植物检疫法》（以下简称《进出境动植物检疫法》）、《中华人民共和国国境卫生检疫法》（以下简称《国境卫生检疫法》）、《中华人民共和国食品安全法》（以下简称《食品安全法》）等；行政法规，即国务院制定的法律规范。此外，海关总署可以根据法律和国务院的行政法规、决定、命令，制定规章，作为执法依据的补充和细化。

三、海关的职能、任务及工作方针和总体要求

（一）海关的职能

1. 海关职能的内涵

海关职能属于政府职能，是指海关依法对涉外经济活动进行监督管理所具有的职责和作用。不同类型国家的海关职能各有不同，同一国家不同历史时期的海关职能也会有所不同。监管、征税、缉私、统计是中国海关的传统职能。

随着社会发展和国家形势的变化，海关职能逐步发生变革。中国加入世界贸易组织以后，中国海关在履行传统职能的同时，又承担起维护贸易安全与便利、保护知识产权、履行原产地管理职责、协助解决国际贸易争端、实施贸易救济和贸易保障、参与反恐和防止核扩散及口岸规划管理等非传统职能。2018年3月17日，第十三届全国人民代表大会根据一次会议审议通过国务院机构改革方案，中华人民共和国国家质量监督检验检疫总局（以下简称国家质检总局）的出入境检验检疫管理职责和队伍划入海关总署。至此，海关职责变得更宽广，队伍也更壮大，海关进入了一个崭新的发展阶段。

2. 海关职能的特性

海关职能的基本特点主要包括执行性、多样性和动态性。

（1）执行性。海关职能相对于国家权力机关的立法职能而言，具有明显的执行性质。其对内职能的性质被定为贯彻执行国家对外开放和经济体制改革政策及国家有关安全、外贸、关税、外交等进出口政策、法律、法令的重要工具。作为依照特定法规行政的国家机关，海关依照特定的调整特定社会关系的法律法规（《海关法》《进出口商品检验法》《进出境动植物检疫法》《国境卫生检疫法》《食品安全法》等），保证国家政策、法规的统一与有效实施。

（2）多样性。海关职能的多样性主要体现在以下方面：实施国际贸易管理，监督执行口岸管理体制和知识产权边境保护制度，维护国际贸易秩序；征收关税，执行反倾销和反补贴税制度、关税配额制度，保证国家财政收入；制止国际贸易中的不正当竞争，惩罚违法犯罪活动，促进国民经济健康发展，保障国家的政治、经济和公共安全；向进出口贸易及其他国际交往提供优质服务，提高国际贸易效率；组织实施出入境卫生检疫，出入境动植物检疫，进出口食品和化妆品的安全、卫生、质量监督检验和监督管理，进出口商品法定检验和监督管理等。海关监督管理的运行有监管、检验检疫、征税、保障、稽查、查私、统计、加工贸易监管、通关管理、海关估价与归类、特定减免税、海关事务担保、结关放行、电子数据交换、电子商务等各种不同内容与层次的具体职能。

（3）动态性。海关职能具有动态性。海关职能是变化发展的，这是由社会经济、政治和文化的不断发展，国家形势和任务的不断变化所决定的。海关监督管理是一个管理过程，是由各种主客观要素构成的动态系统，因此，海关职能不是静止不变的，行政环境的变化，国家政治、经济、科学技术的发展，都将持续地推动海关职能的范围、内容、主次关系等发生变化。

3. 海关职能的自身特点

（1）"把关"。海关是国家进出境监督管理机关，顾名思义，海关就是一道"关"。从传统意义上说，海关就是以守住关口、征收税款和实施贸易管制为基本职能。因此，海关首先要把好国门。

（2）"服务"。海关管理既要执法把关，还必须为贸易提供便利，通过规范进出口经济秩序，提高通关效率和贸易效率，为提升本国的产业竞争力和企业竞争力服务。

（3）"把关"与"服务"的平衡。海关关徽由金钥匙和商神杖组成，意味着海关既要坚守国家经济大门，又要促进国际贸易的繁荣和发展。"把关"与"服务"的平衡，是提高我国企业竞争力和国家经济竞争力对海关管理的必然要求。

(二) 海关的任务

《海关法》第二条规定了海关的基本任务："海关依照本法和其他有关法律、行政法规，监管进出境的运输工具、货物、行李物品、邮递物品和其他物品（以下简称进出境运输工具、货物、物品），征收关税和其他税、费，查缉走私，并编制海关统计和办理其他海关业务。"这条规定明确了海关监管、海关征税、海关缉私和海关统计是中国海关的4项基本任务。

海关的基本任务是海关在不同历史时期，通过长期的监管实践活动逐步形成的，并由国家以法律形式加以认定。随着国家改革开放的进一步深入、社会经济的快速发展，国家通过相关法律、行政法规赋予海关一些新的职责，如口岸管理、原产地规则协调、知识产权海关保护、对进境固体废物的管制等。因此，以海关的四大任务为基础，海关的职能有了进一步的拓展，主要承担税收征管、查缉走私、通关监管、加工贸易及保税监管、海关统计、海关稽查和口岸管理7项职责。

随着出入境检验检疫管理职责划入海关，新时期海关的主要职能有：组织推动口岸"大通关"建设、海关监管工作、进出口关税及其他税费征收管理、出入境卫生检疫和出入境动植物及其产品检验检疫、进出口商品法定检验、海关风险管理、国家进出口货物贸易等海关统计、全国打击走私综合治理工作、制定并组织实施海关科技发展规划，以及实验室建设和技术保障规划、海关领域国际合作与交流等。

其中，监管是海关职责任务中最基本、最核心的业务，是海关全部监督管理工作的基础，其他任务均由监管派生而来。

(三) 海关工作方针和总体要求

1. 海关工作方针

在我国社会主义建设的各个不同历史时期，海关始终根据国家对海关职能作用的不同要求，及时调整并实行不同的海关工作方针。现阶段，我国海关以习近平新时代中国特色社会主义思想为指引，强化监管优化服务，锻造"政治坚定、业务精通、令行禁止、担当奉献"的准军事化纪律部队，全面推进政治建关、改革强关、依法把关、科技兴关、从严治关，马上就办、真抓实干，奋力建设新时代中国特色社会主义新海关。

2. 海关工作的总体要求

根据我国政治、经济形势发展的需要及党和国家对海关工作提出的要求，海关总署党委提出要"更好统筹发展和安全，强化监管优化服务"。"强化监管"是海关职责所在和立足之本，"优化服务"是海关促进科学发展的必然要求。其中，"强化监管"是关键，是对海关工作第一位的要求，无论在任何时候、任何情况下，都要强化监管。

强化监管，核心是严守国门安全。以风险管理为主线，加快建立风险信息集聚、统一分析研判和集中指挥处置的风险管理防控机制，监管范围从口岸通关环节向出入境全链条、宽领域拓展延伸，监管方式从分别作业向整体集约转变，进一步提高监管的智能化和精准度，切实保障经济安全，坚决将"洋垃圾"等危害生态安全和人民健康的货物物品及传染病、病虫害等拒于国门之外。

优化服务，主要是促进贸易便利。具体包括：优化通关流程，压缩通关时间；整合各类政务服务资源与数据，加快推进国际贸易"单一窗口"，实现企业"一次登录、全网通办"；加快"互联网+海关"建设，通关证件资料一地备案、全国通用，一次提交、共享复用；加快建设服务进出口企业的信息公共服务平台，收集梳理各国进出口产品准入标准、技术法规、海关监管政策措施等，为进出口企业提供便捷查询咨询等服务，实现信息免费或低成本开放。

第二节 海关的管理体制与组织机构

一、海关的垂直管理体制

海关实行集中统一垂直领导体制。《海关法》第三条规定："国务院设立海关总署，统一管理全国海关。……海关的隶属关系，不受行政区划的限制。海关依法独立行使职权，向海关总署负责。"从而在法律上确立了海关系统集中统一的垂直领导体制。

海关层级管理为海关总署、直属海关、隶属海关三级建制，形成国务院直接领导海关总署，海关总署直接领导广东分署、天津特派办、上海特派办、各直属海关、海关院校、在京直属企事业单位和社团，各直属海关直接领导其隶属海关单位的组织结构。

海关系统实施的集中统一、垂直领导体制，使全国海关在海关总署的直接领导下，坚决贯彻执行国家统一的政策、法律、法规，严格依法行政，确保中央政令统一、严肃、畅通，信息反馈快捷、准确。坚持与维护集中统一、垂直领导体制，是各级海关领导干部必须遵守的组织意识和政治纪律，也是全体海关工作人员必须遵循的基本职业道德规范之一。

二、海关的组织机构

现行《海关法》确定的海关设关原则是："国家在对外开放的口岸和海关监管业务集中的地点设立海关。海关的隶属关系，不受行政区划的限制。"根据这一设关原则，中国沿海、边境、沿江及内地重镇各开放口岸和进出口业务集中的地方均设立了海关机构。

全国海关在组织结构上分为3个层次：第一层次是海关总署；第二层次包括广东分署，天津、上海2个特派员办事处，42个直属海关；第三层次包括设立在全国的隶属海关和办事处。此外，海关总署管辖2所海关学院，即上海海关学院和中国海关管理干部学院，并在布鲁塞尔、莫斯科、华盛顿等地设有派驻机构。

总体上，海关不论级别，对外统称"中华人民共和国海关"，均代表国家行使对进出境运输工具、货物和物品的监督管理权。但就具体海关业务来说，各个海关机关有其具体事权的分配。其职能事权划分基本为：总署负责决策、监督和调控；直属海关负责监督、监控和协调；隶属海关负责具体执行并从事现场物流监管。海关总署作为国务院正部级直属机构，统一管理全国海关机构和人员编制及业务。

第三节 海关的主要业务制度

一、监管制度

按照世界海关组织海关术语词汇表中的定义，海关监管是指"为确保海关负责执行的法律、法规的实施而采取的措施"。根据《海关法》的有关规定，海关监管是指海关在实际进出关境的环节上，依据《海关法》和其他有关法律法规的规定，将国家贸易政策主管部门的行政审批、许可、鉴定，与进出关境活动当事人或其代理人的申报或申请和实际进出关境的活动有机联系起来，进行审核、检查、核对、查验、检验或检疫等，确定运输工具、货物、物品的进出境活动是否合法或合理，以维护社会公共利益和进出口贸易有关各方的合法权益，维护正常的进出口秩序的行政执法行为或行政执法活动。海关监管旨在维护进出境正常秩序，保证运输工具、货物、物品合法进出，保障食品安全，保障商品质量合格，防止违法违规进出境，防止传染病、动物传染病、寄生虫病和植物危险性病虫害传入、传出国境，并为海关征税、统计、缉私工作提供必要和切实可靠的原始单证及资料线索，其根本目的是实施对进出关境活动的宏观控制，维护国家主权和利益，促进对外开放，适应社会主义市场经济的发展需要。

海关监管是一个由前期管理、现场监管、后续管理3个部分构成的紧密联系、协调配合的完整体系，这是通常所说的"大监管"概念。海关监管工作则通常是指现场监管这一部分，由于海关口岸监管是现场监管的实体，所以在很大程度上又认定海关口岸监管就是海关监管工作，这是"小监管"概念。在海关管理实践中，海关监管的前期管理、现场监管、后续管理是3个相互衔接、紧密联系的阶段。

（一）前期管理阶段的工作内容

1. 通过办理开展进出境业务企业的注册手续，由海关确认其经营或报关资格。例如，办理报关单位的注册登记手续，外商投资企业的注册登记手续，进出境运输企业的注册登记手续等。

2. 通过办理"物"进出境前的备案或审批手续，确认"物"进出境的合法条件和海关监管方式。例如，进出口货物许可证及进出口批文的备案，进口货物减免税审批手续，进出境动植物检疫审批手续等。

3. 通过受理"物"的进出境预申报，提前进行风险评估，确认分类管理的具体方式。

（二）现场监管阶段的工作内容

1. 办理基本手续。按照先后顺序排列为：受理申报（初审和审单）——选择查验（或检查、检验、检疫）——复核放行（或合格评定、签证）。几乎所有的"物"在进出境时都必须通过这3个基本环节的监管。

2. 进口货物两段准入手续。针对"是否允许货物入境"和"是否允许货物进入国内市场销售或使用"分别实施口岸检查和属地查检，分段实施"准许入境""合格入市"监管。

3. 办理特殊手续。其主要包括转关运输手续、附条件提离和担保手续。是否要办理转关运输手续，取决于货物是否需要在海关监管下运输至指运地办理报关手续或在启运地报关放行后运输至口岸海关离境，并具备海关监管条件；是否要办理附条件提离手续，取决于货物类型和准入风险情况等；是否要办理担保手续，则要看"物"进出境前的申报情况、担保人的愿望及担保条件等。

（三）后续管理阶段的工作内容

1. 核查，包括定期或不定期地核查有关企业向海关报送的反映进出境业务经营情况的报表，并根据监管需要进一步核查企业会计账册，必要时还可以清查实物的实存数。

2. 监督使用，主要是监督有关"物"在境内的使用是否符合海关限定的条件。

3. 按实际去向办理海关手续，对保税或暂准进出境的"物"在复出（进）口时或者经批准转为正式进出口时，均须办理相应的手续。

4. 核销或监管时限到期结案，对在确定实际去向后须办理相应手续的"物"，必须在办理核销手续后方能解除监管。而对享受关税减免优惠进境的"物"，在海关规定的监管年限到期后，也应在办理核销手续后解除海关监管。

前期管理、现场监管、后续管理3个阶段构成了海关监管工作的整体，3个阶段在海关监管工作中前后照应、按序衔接、互为补充，海关监管的所有活动都贯穿其中。

二、关税制度

海关依照《海关法》和相关法律、行政法规，监管进出境的运输工具、货物、行李物品、邮递物品和其他物品，征收关税和其他税、费，查缉走私等。进口货物自进境起到办结海关手续止，出口货物自向海关申报起到出境止，过境、转运和通运货物自进境起到出境止，应接受海关监管。准许进出口的货物，由海关依法征收关税。

《中华人民共和国进出口关税条例》（以下简称《关税条例》）对关税税率的利用、完税价格的审定、税额的缴纳和退补、关税的减免及审批程序，以及申诉程序等做了规定。《中华人民共和国进出口税则》（以下简称《税则》）是《关税条例》的组成部分，具体规定商品的归类原则、商品的税目、税号、商品描述和适用的相关税率。国务院关税税则委员会负责制定或修订《关税条例》《税则》的方针、政策、原则，审议《税则》修订草案，制定暂定税率，审定局部调整税率。

三、统计制度

海关统计工作是搜集、整理、分析我国对外贸易进出口货物原始资料，并形成海关统计资料的过程。海关统计资料是反映我国进出口货物情况的数据和资料。

海关统计是依法对进出口货物贸易的统计，是国民经济统计的组成部分。编制海关统计是《海关法》规定的海关4项任务之一，海关总署负责组织管理全国海关统计工作。

海关统计的任务是对进出口货物贸易进行统计调查、统计分析和统计监督，进行进出口监测预警，编制、管理和发布海关统计资料，提供统计服务，为国家制定对外贸易政策、进行宏观经济调控、实施海关严密高效管理提供依据。同时，海关统计信息也是研究我国对外贸易经济发展和国际贸易关系的重要资料。

四、缉私制度

为了严厉打击走私违法活动，党中央、国务院决定成立国家缉私警察队伍。在1998年7月中旬召开的全国打私工作会议上，党中央、国务院决定组建由海关和公安双重垂直领导，以海关领导为主的海关缉私警察队伍，实行"联合缉私，统一处理，综合治理"的反走私斗争新体制。缉私警察既是海关的一支专职缉私队伍，又是公安部门的一个警种。国家赋予缉私警察侦查、拘留、逮捕和预审职责，按照海关对缉私工作的统一部署和指挥开展工作、执行任务，从缉私体制和执法权力上解决原来存在的打击走私手段不足和刑事处罚软弱无力的状况。组建缉私警察队伍，不仅是海关执法权限的延伸、反走私斗争的需要，也突出显示了海关把守国门和作为国家经济安全的钢铁长城的重要地位。

1999年1月，海关总署走私犯罪侦查局在北京成立，海关缉私警察队伍也一同诞生。在中华人民共和国关境内，缉私警察依法查缉走私犯罪案件，对走私犯罪案件进行侦查，对走私犯罪嫌疑人依法进行拘留、逮捕和预审工作。

2003年1月1日，全国各海关走私犯罪侦查机构全部更名为"缉私"机构。更名后各级海关缉私警察将在原有的刑事执法职能基础上增加行政执法职能。海关总署走私犯罪侦查局更名为海关总署缉私局，各直属海关走私犯罪侦查（分）局更名为各直属海关缉私局，各隶属海关走私犯罪侦查支局更名为各隶属海关缉私分局。

2013年，国务院机构改革，将缉私局海上缉私队伍和职能划入中华人民共和国海警局。

五、检验检疫制度

1998年3月29日，国务院决定将中华人民共和国国家进出口商品检验局、中华人民共和国动植物检疫局、中华人民共和国卫生检疫局合并，成立中华人民共和国国家出入境检验检疫局（以下简称国家出入境检验检疫局），由海关总署管理。国家出入境检验检疫局为副部级机构，是主管出入境卫生检疫、动植物检疫和商品检验的行政执法机构。

2001年，国务院决定将中华人民共和国国家质量技术监督局和国家出入境检验检疫局合并，组建中华人民共和国国家质量监督检验检疫总局（以下简称国家质检总局）。

2018年4月20日，根据国务院机构改革方案，国家质检总局的出入境检验检疫管理职责和队伍划入海关总署。

第四节　海关口岸监管制度

海关口岸监管制度是海关为完成对运输工具、货物、物品和人员的进出境活动的监管任务而制定和形成的比较系统、完整、稳定的作业规程和行为规范，包括进出境货物、物品、人员监管和物流监控等具体业务制度。近年来，为服务国家改革和发展大局，促进对外开放，落实总体国家安全观，中国海关不断深化监管业务制度建设，陆续推出了全国通关一体化改革、"查检合一"业务改革、智慧监管、全面深化业务改革2020等改革项目，创新监管模式，营造高效严密、公平公正的监管通关环境，打造先进的、在国际上具竞争力的海关口岸监管机制。

一、进出境货物监管制度

（一）进出境报关货物的监管制度

进出境报关货物是指在进出境环节办结海关手续后进入关境内或者运往境外自由流通的进口或者出口货物。进出境报关货物的进出境通关手续包括报关、检查（检疫、查验、检验）、征税、检验检疫证单签发、放行等，并在进出境环节完全缴纳进出口税费，包括关税、进出口环节税、规费或者其他费用。对涉及国家进出境管制措施的进出口货物，海关需验凭有关证件、证书放行。进口货物除正常申报模式外，也可实施以概要申报、完整申报为主要内容的"两步申报"模式。

办结海关手续的货物进口或出口后可自由流通，即货物办结海关手续后交由进出口货物收发货人或其代理人自由处置。进口货物涉及非高风险商品检验、风险可控的检疫等其他准入风险，可在口岸完成"准许入境"监管后，分流至属地海关实施"合格入市"监管。对在进境环节完全缴纳进口税费，并办结各项海关手续后的进口货物，可以进口至关境内使用、消费。对在出境环节完全缴纳出口税费，并办结各项海关手续运离关境后的出口货物，须留在境外使用、消费。

（二）全国通关一体化货物的监管制度

全国通关一体化货物是指进出口货物收发货人或其代理人在进出境口岸海关进入关境或运往境外的进口或出口货物后，在属地海关办结海关手续。全国通关一体化货物的进出境通关手续，为报关、征税、放行等在属地海关现场办理完毕，检查、检验、检疫等主要在口岸海关办理完毕，并完全缴纳进出口税费，包括关税、进出口环节税、规费或者其他费用。对涉及国家进出境管制措施的进出口货物，海关需验凭有关证件、证书放行。全国通关一体化进口货物涉及非高风险商品检验、风险可控的检疫等其他准入风险，可在口岸完成"准许入境"监管后，分流至属地海关实施"合格入市"监管。办结海关手续的进口货物离开进境口岸海关后，可由收货人或其代理人自由处置，在关境内使用、消费；出口货物离开出境口岸海关后，须运出关境并留在境外使用、消费。

（三）转关运输货物的监管制度

转关运输是指进出口货物在海关监管下，从一个海关运至另一个海关办理某项海关手续的行为。海关对进出口货物规定的监管起讫时间，决定了进口货物在进境时已受海关监管，并须在海关监管之下转运到指运地完成进口海关手续；出口货物在启运地海关办理了出口手续，并须在海关监管之下运至出境地，由出境地海关验放出境。所以，凡是在指运地或启运地办理进出口手续的，必须由两个海关共同完成监管任务，必然要涉及货物在两个海关之间的运输。进出口转关货物监管形式分为进口货物转关监管和出口货物转关监管。

（四）暂时进出境货物的监管制度

暂时进出境货物是指因特定目的暂时进出我国关境，在海关规定的期限内，除因正常使用而产生的折旧或损耗外，应当原状复运出进境的货物。

符合海关有关规定的暂时进出境货物，在进境或者出境时，纳税义务人向海关缴纳相当于应纳税款的保证金或者提供其他担保的，可以暂不缴纳关税，并应当自进境或者出境之日起 6 个月内复运出境或者复运进境；需要延长复运出境或者复运进境期限的，纳税义务人应当根据海关总署的规定向海关办理延期手续。

（五）过境、转运、通运货物的监管制度

过境、转运、通运货物都是由境外启运，通过我国境内继续运往境外的货物。这类货物仅在我国境内运输及短暂停留，不做销售、加工、使用及贸易性储存。按照《海关法》第三十六条的规定："过境、转运和通运货物，运输工具负责人应当向进境地海关如实申报，并应当在规定期限内运输出境。"从这个意义上说，这类货物也具有暂时进境的性质，但这 3 类货物不属暂准进出口通关制度的适用范围，适用特别通关制度。

（六）知识产权保护货物的监管制度

知识产权海关保护的适用被界定为：与进出境货物有关并受中华人民共和国法律、行政法规保护的知识产权，包括商标专用权、著作权和专利权。海关对侵犯受法律、行政法规保护的知识产权的货物，禁止进出口。

（七）保税货物的监管制度

保税货物的监管制度是指经营保税业务的企业按照海关的有关规定，在对保税货物储存加工后复运出口，对不能复运出口的需要重新办理进口纳税手续的海关监管制度，包括保税货物合同的登记备案（保税存储货物免办）、货物进口监管、核查货物储存和加工状况、根据货物实际去向办理海关手续、货物的核销结案等环节。

（八）进出境快件的监管制度

进出境快件是指进出境快件运营人以向客户承诺的快速商业运作方式承揽、承运的进出境货物或物品。根据海关规定，进出境快件分为文件类、个人物品类、低值货物类、其他货物和物品 4 类。海关按照集中管理、分类报关的原则对快件实施监管，对各类快件的监管要求和程序有所不同。

（九）跨境贸易电子商务监管制度

跨境贸易电子商务是指分属不同关境的交易主体，通过跨境电商平台达成交易，并通过跨境物流送达商品、完成交易的跨境贸易商业活动，主要包括 B2B、B2C、C2C 等模式。根据海关规定，跨境电子商务企业、消费者（订购人）通过跨境电子商务交易平台实现零售进出口商品交易，并根据海关要求传输相关交易电子数据的，需接受海关监管。

（十）其他特殊进出口货物的监管制度

海关根据进出境监管工作实际，还针对一些特殊进出口货物，如特定减免税进出口货物，进口误卸或溢卸、放弃及超期未报货物，其他未报货物，退运进出口货物，出口退关货物等，分别制定并实施不同的监管制度。

二、海关物流监控制度

海关物流监控的基本制度包括两大方面：一是对进出境运输工具、海关监管货物、海关监管作业场所、海关监管货物境内运输，以及与物流相关的企业如运输企业、仓储企业、报关企业等监管实体的管理制度；二是对以舱单信息为主线的，包括进出境运输工具动态信息、监管场所内物流信息、报关信息、转关运输信息等各项物流信息的申报管理规定。

（一）舱单管理

《中华人民共和国海关进出境运输工具舱单管理办法》（以下简称《舱单管理办法》）于2009年1月1日起实施。《舱单管理办法》对于规范海关对进出境运输工具舱单的管理、促进国际贸易便利、保障国际贸易安全具有重要意义。

舱单是进出境运输工具舱单的简称，是指反映进出境运输工具所载货物、物品及旅客信息的载体，包括原始舱单、预配舱单、装（乘）载舱单。《舱单管理办法》的适用范围是进出境船舶、航空器、铁路列车及公路车辆舱单的管理，涵盖了水（船舶）、陆（公路车辆）、空（航空器）、铁（铁路列车）4种运输方式。

舱单数据传输的主体分为两类，即舱单数据传输义务人和与舱单相关的数据传输义务人。舱单数据传输人包括进出境运输工具负责人、无船承运业务经营人、货运代理企业、船舶代理企业、邮政企业及快件经营人等。与舱单相关的数据是指国际物流在进出境作业环节所产生的能够反映物流流向，而且能与舱单相互校验、印证的相关数据，包括运抵报告、理货报告等，其传输人包括运抵报告数据传输人、理货报告数据传输人等。

海关对舱单及相关数据传输的监管有详细的规定，此部分在第四章进行详述。

（二）进出境运输工具管理

1. 基本概念

进出境运输工具（以下简称运输工具），是指用于载运人员、货物、物品进出境的各种船舶、航空器、铁路列车、公路车辆和驮畜。

运输工具负责人，是指进出境运输工具的所有企业、经营企业，船长、机长、汽车驾驶员、列车长，以及上述企业或者人员授权的代理人。

运输工具服务企业，是指为运输工具供给燃料、物料、生活用品等供应服务的或接收、处理运输工具消耗产生的废旧物品的单位。

2. 备案管理制度

海关对运输工具、运输工具负责人和运输工具服务企业实施备案管理制度。运输工具、运输工具负责人、运输工具服务企业应当在经营业务所在地的直属海关或者经直属海关授权的隶属海关备案。在海关备案的有关内容如果发生改变的，运输工具负责人、运输工具服务企业应当及时向海关办理变更手续。

海关对运输工具、运输工具负责人以及运输工具服务企业的备案实行全国海关联网管理。

3. 相关监管规定

根据运输工具的不同和监管目的的需要，海关制定了不同的监管制度，如国际航行船舶、来往港澳地区小型船舶、国际运输民用航空器、进出境列车、来往港澳地区公路货运车辆、国际道路运输车辆的监管制度等。

此外，海关还对境内公路承运海关监管货物的车辆、长江驳运船舶等境内承运海关监管货物的运输企业及其运输工具，以及装载海关监管货物的集装箱和集装箱式货车车厢的管理制定了详细管理制度，这些海关监管制度是海关对运输工具监管的重要依据，在后面的章节里将会具体介绍。

（三）海关监管作业场所管理

海关对监管场所的经营管理，归纳起来，主要有以下几个方面：

第一，监管场所的设立，必须依据有关法律、法规的规定，经过特定的行政审批程序予以确认，批准的前提之一是申请设立的监管场所必须符合特定的条件。经营海关监管货物仓储业务的企业，应当经海关注册，并按照海关规定，办理收存、交付手续。

第二，在海关监管区外存放海关监管货物，应当经海关同意，并接受海关监管。

第三，违反前两款规定或者在保管海关监管货物期间造成海关监管货物损毁或者灭失的，除不可抗力外，对海关监管货物负有保管义务的人应当承担相应的纳税义务和法律责任。

三、进出境查验、检验、检疫制度

（一）进出境货物查验制度

《海关法》规定："进出口货物应当接受海关查验。海关查验货物时，进口货物的收货人、出口货物的发货人应当到场，并负责搬移货物，开拆和重封货物的包装。海关认为必要时，可以径行开验、复验或者提取货样。"进出口货物查验是指海关为确定进出口货物收发货人向海关申报的内容是否与进出口货物的真实情况相符，或者为确定商品的归类、价格、原产地等，依法对进出口货物进行实际核查的执法行为。

（二）进出口食品、化妆品的安全监督管理制度

进出口食品和化妆品的安全监督管理是根据《食品安全法》和《进出口商品检验法》及相关规定，对进出口食品和化妆品的安全、卫生、质量进行检验监督管理，组织实施对进出口食品和化妆品及其生产单位的日常监督管理。对进口食品（包括饮料、酒类、糖类）、食品添加剂、食品容器、包装材料、食品用工具及设备进行检验检疫和监督管理。建立出入境食品检验检疫风险预警和快速反应系统，对进出口食品中可能存在的风险或潜在危害采取预防性安全保障和处理措施。

（三）进出境动植物检疫制度

进出境动植物检疫是根据《进出境动植物检疫法》及其实施条例，对进出境和旅客携带、邮寄的动植物及其产品和其他检疫物，装载动植物及其产品和其他检疫物的装载容器、包装物、铺垫材料，来自疫区的运输工具，以及法律、法规、国际条约、多双边协议规定或贸易合同约定应当实施检疫的其他货物和物品实施检疫和监管，以防止动物传染病、寄生虫病和植物危险性病、虫、杂草及其他有害生物传入传出，保护农、林、牧、渔业生产和人体健康，促进对外贸易的发展。

（四）进出口商品法定检验和监督管理制度

进出口商品法定检验和监督管理是根据《进出口商品检验法》及其实施条例，对进出口商品及其包装和运载工具进行检验和监管。对列入《出入境检验检疫机构实施检验检疫的进出境商品目录》中的商品实施法定检验和监督管理，对该目录外商品实施抽查；对涉及安全、卫生、健康、环保的重要进出口商品实施注册、登记或备案制度；对进口许可制度民用商品实施入境验证管理；对法定检验商品的免验进行审批；对一般包装、危险品包装实施检验；对运载工具和集装箱实施检验

检疫；对进出口商品鉴定和外商投资财产价值鉴定进行监督管理；依法审批并监督管理从事进出口商品检验鉴定业务的机构。

（五）入出境卫生检疫制度

入出境卫生检疫是根据《国境卫生检疫法》及其实施条例，负责在我国口岸对入出境人员、交通工具、集装箱、货物、行李、邮包、尸体骸骨、特殊物品等实施卫生检疫查验、传染病监测、卫生监督和卫生处理，促进国家对外开放政策的实施，防止传染病的传入和传出，保证出入境人员的健康卫生。

四、进出境物品监管制度

进出境物品监管制度主要包括行李物品监管、寄递物品监管和其他物品监管制度等。

（一）行李物品监管制度

行李物品监管制度指进出境旅客向海关申报，海关依法查验行李物品并办理进出境物品征税或免税验放手续，或者其他有关监管手续的监管制度。按照进出境旅客的性质可分为中国籍旅客行李物品、外国籍旅客行李物品、定居旅客安家物品、过境旅客行李物品等监管制度。

（二）寄递物品监管制度

寄递物品监管制度指海关按照有关规定，对以国际邮运、快递方式寄递进出境的物品实施管理的海关监管制度。个人寄递进出境的物品，应当以自用、合理数量为限，并接受海关监管。海关对进出境寄递物品实施监管，根据特定的原则规定物品的限值（限量）和禁止、限制寄递物品的品种。对寄递进出境的物品，海关依法进行查验。海关对个人寄递进境物品实行免税额制度，寄递物品应征税款在免税额范围内的，海关予以免税放行；超出免税额的部分由海关按章征收进口税。

（三）其他物品监管制度

其他物品监管制度包括海关对驻华外交机构及其人员物品的监管、对常驻机构及非居民长期旅客物品的监管、对免税商店及免税品（含外汇免税商店和免税外汇商品）的监管和对印刷品及音像制品的监管等制度。

第二章 进出口货物的口岸通关管理

第一节 进出境货物分类

进出境货物监管是指海关依据《海关法》及其他有关法律、行政法规对货物的进出境活动所实施的行政执法行为。

一、关境的概念

关境是各国（地区）政府海关管辖内的并执行海关各项法令和规章的区域，也称为关税领域，是海关学的一个基本概念。关境是指适用于同一海关法或实行同一关税制度的领域。关境同国境一样，包括其领域内的领水、领陆和领空，是一个立体的概念。有关关境的法律条文一般在各国（地区）的海关法中予以载明。

关境与国境的关系如下：

1. 在一般情况下，关境的范围等于国境。
2. 关境可能大于国境。如关税同盟的成员国之间货物进出国境不征收关税，只对来自和运往非同盟国的货物在进出共同关境时征收关税，因而对于每个成员国来说，其关境大于国境，如欧盟。
3. 关境可能小于国境。若在一国内设立自由港、自由贸易区等特定区域，因进出这些特定区域的货物都是免税的，因而该国的关境小于国境。

我国的关境范围是除享有单独关境地位的地区以外的中华人民共和国的全部领域，包括领水、领陆和领空。目前我国的单独关境有香港特别行政区、澳门特别行政区和台澎金马单独关税区。在单独关境内，各自实行单独的海关制度。因此，我国关境小于国境。本书所称的"进出境"除特指外，均指进出我国关境。

二、进出境货物的分类

根据进出境货物的物流形态，以及进出境目的、货物用途等方面的不同，海关对进出境货物划分为以下几种基本类型：

（一）一般进出口货物

一般进出口货物是指以通常的国际贸易方式成交，进口后可以在境内自由流通或出口后可以在境外自由流通的货物。

一般进出口货物是从海关监管的角度来划分的，对一般进出口货物，海关放行后不再进行监管。这里的一般进出口货物是相对于保税货物、特定减免税货物、暂准进出口货物而言的，因为这些货物都需要经过前期和后续的监管阶段。

一般进出口货物和一般贸易货物的区别，主要就是划分的角度不同。一般进出口货物是按照海关监管方式划分的进出口货物，是海关的一种监管制度的体现；而一般贸易货物是按照国际贸易方式划分的进出口货物，也就是说一般贸易是属于国际贸易方式中的一种。

（二）保税货物

保税货物是指经海关批准未办理纳税手续进境，在境内储存、加工、装配后复运出境的货物。

保税制度在国际贸易中的广泛应用，使这一制度涉及的保税货物成为进出口货物中的一个重要内容。保税货物的通关程序与一般进出口货物有着明显区别。保税货物的一般含义是指"进入一国关境，在海关监管下未缴纳进口税捐，存放后再复运出口的货物"。

海关监管的保税货物主要包括：进料加工进口的料件和加工的成品；来料加工进口的料件和加工的成品，以及进口用工缴费偿还的作价设备；补偿贸易用产品偿还的进口设备；中外合资经营企业、中外合作经营企业、外商独资企业为履行产品出口合同而进口的料件和加工的成品；按出口合同客供条款规定而进口的客户免费提供的原材料；保税仓库存储的货物；保税工厂为生产出口产品而进口的料件、（作价）设备和加工的成品等。

（三）转关货物

转关货物是指经收发货人申请，海关同意进口货物的收货人在设有海关的指运地、出口货物的发货人在设有海关的启运地办理海关手续的货物。转关货物主要包括：自进境地入境后，向海关申请转关运输，运往另一设关地点办理进口海关手续的货物；在启运地已办理出口海关手续运往出境地，由出境地海关监管放行的货物。

（四）暂时进出境货物

暂时进出境货物是指暂时进出关境并在规定期限内复运出境、进境的货物，包括 ATA 单证册（货物暂准进口单证册）管理的暂时进出境货物及非 ATA 单证册管理的暂时进出境货物。

（五）过境、转运、通运货物

过境、转运、通运货物是指由境外启运，通过中国境内继续运往境外的货物。

（六）边境贸易货物

边境贸易是发生在毗邻国家之间特有的一种经济贸易形式。边境贸易货物是指相邻国家在两国接壤地区由边境贸易商、边境贸易机构或边民所进行的一种贸易活动所涉及的货物。

边境贸易有两种形式。一是边境小额贸易，指边境地区的外贸公司与邻国边境地区的贸易机构或企业之间进行的小额贸易。二是边民互市贸易，它是基于边民个人之间买卖行为的一种贸易方式，两国双方边境居民在规定的开放点或指定的集市上，以不超过规定的金额，买卖准许交换的商品。

我国边境贸易的特点是边贸企业规模小、容量小、合同数量小、市场窄、地域分散、国别分散。我国开展边境贸易的省、自治区有广西、云南、西藏、新疆、内蒙古、黑龙江、吉林，分别与越南、老挝、缅甸、印度、尼泊尔、巴基斯坦、哈萨克斯坦、吉尔吉斯斯坦、塔吉克斯坦、俄罗斯、朝鲜、蒙古国等的边境地区开展贸易活动。参与边境贸易的主体从个体户到国有贸易公司都有，贸易方式从最原始的易货贸易到最现代化的无纸贸易都存在。

第二节　进出口货物的口岸检查

一、海关进出口货物检查概述

(一) 定义

进出口货物口岸检查（以下简称口岸检查）是指海关在进出境环节验证进出口货物是否存在安全准入（出）风险、检验检疫风险、重大税收风险，验证进出口货物真实情况与报关单证申报情况是否相符，依法对其实施检疫、查验、检验的具体行政执法行为。

(二) 执法依据

海关口岸检查主要以《海关法》《国境卫生检疫法》《进出境动植物检疫法》《食品安全法》《进出口商品检验法》为依据，具体业务的执法依据还包括以下主要规范性文件：

1. 检疫：《中华人民共和国进出境动植物检疫法实施条例》《中华人民共和国食品安全法实施条例》《中华人民共和国国境卫生检疫法实施细则》等；
2. 查验：《中华人民共和国海关进出口货物查验管理办法》等；
3. 检验：《中华人民共和国进出口商品检验法实施条例》等。

(三) 检查环节

1. 前置作业

对涉及安全准入等需进行拦截处置的进境货物，海关在其抵达进境口岸后实施前置预防性检疫处理（含检疫处理监管）、前置辐射探测、先期机检等顺势及非侵入的探测和处置。

2. 现场检查

现场检查是指在口岸内实施的外勤查验作业，包括：

（1）单货、货证核对；
（2）卫生检疫、动植物检疫、商品检验；
（3）抽样送检；
（4）现场即决式鉴定（含现场实验室初筛鉴定）；
（5）大型集装箱/车辆检查设备（以下简称H986设备）过机检查。

3. 后续处置作业

后续作业是指现场外勤作业中需转后续作业部门进一步验核的作业，包括技术整改等。

(四) 检查方式

按照操作方式，口岸检查主要作业方式为机检查验、人工检查、机检查验加人工检查。

1. 机检查验，是指以利用技术检查设备为主，对货物实际状况进行验核的检查方式，也叫非侵入式检查。技术检查设备H986设备、货检X光机、CT机。

2. 人工检查，是指人工现场验核的检查方式。人工检查包括对货物及盛装货物的集装箱等容器的外形检查、开箱检查方式。

（1）外形检查，是指对外部特征直观、易于判断基本属性的货物的包装、唛头和外观等进行验核的检查方式。

（2）开箱检查，是指将货物从集装箱、货柜车箱等箱体中取出并拆除外包装后，对货物实际状况进行验核的检查方式。开箱检查分为抽查和彻底检查两种方式。

① 抽查，是指按照一定比例有选择地对一票货物中的部分货物验核实际状况的检查方式。
② 彻底检查，是指逐件开拆包装，验核货物实际状况的检查方式。

二、进出口货物口岸检查管理规定

（一）口岸检查实施场所

1. 口岸检查应当在海关监管区内实施。
2. 进出口货物运抵海关监管作业场所后，方可办理口岸检查手续。
3. 因货物易受温度、静电、粉尘等自然因素影响，不宜在海关口岸监管区内实施口岸检查，或者因其他特殊原因，需要在海关监管区外检查的，经进出口货物收发货人或者其代理人书面申请，经海关同意后可以派员到海关监管区外实施检查。

（二）口岸检查实施部门

口岸检查应由海关口岸查验部门实施，其他部门需要查看货物的，应联系查验部门进行。

海关其他部门或作业岗位根据履行职责要求需对货物实施验估的，由查验部门按进出口货物检查规定的程序协助其实施。

（三）口岸检查实施人员

口岸检查应当由 2 名（含 2 名）以上海关查验人员共同实施。查验人员实施检查时，应当着海关制式服装。

（四）检查回避制度

1. 海关检查实行回避制度。
2. 查验关员执行检查任务时，有下列情形之一的，应当回避：
（1）涉及本人利害关系的；
（2）涉及与本人有夫妻关系、直系血亲关系、三代以内旁系血亲关系，以及近姻亲关系的亲属人员的利害关系的；
（3）其他可能影响公正执行公务的。
3. 查验关员有应当回避情形的，本人应当申请回避；利害关系人有权申请查验关员回避。
4. 其他人员可以向海关提供查验关员需要回避的情况。
5. 海关根据查验关员本人或者利害关系人的申请，经审查后作出是否回避的决定，也可以不经申请直接作出回避决定。

（五）检查通知

对需要口岸检查的货物，海关以签发口岸检查通知书、追加检查通知书等形式，通知收发货人或其代理人配合海关查验部门做好口岸检查相关准备工作。

（六）收发货人或其代理人协助海关实施口岸检查

1. 检查货物时，进出口货物收发货人或者其代理人应当到场，负责按照海关要求搬移货物，开拆和重封货物的包装，并如实回答查验人员的询问及提供必要的资料。
2. 因进出境货物具有特殊属性，容易因开启、搬运不当等导致货物损毁，需海关查验人员予以特别注意的，收发货人或其代理人应当在海关实施检查前声明。
3. 为保障新型冠状病毒肺炎（以下简称新冠肺炎）疫情防控期间（以下简称疫情期间）进出境货物的快速验放，减少人员聚集，有效防止疫情传播，2020 年 2 月 11 日，海关总署发布《关于新型冠状病毒肺炎疫情期间海关查验货物时收发货人可免于到场的公告》。疫情期间，收发货人在收到海关货物查验通知后，可通过中国国际贸易单一窗口—海关事务联系系统向海关申请，选择不陪同查验或委托存放货物的海关监管作业场所经营人、运输工具负责人等到场陪同查验等方式，不到场协助海关实施检查。疫情期间，需要收发货人提供相关材料配合海关查验的，收发货人可通过电子邮件等方式向海关发送相关材料的扫描件（盖章）。

（七）海关进出境货物现场检查记录单的签名

1. 海关进出境货物现场检查记录单应当由在场的进出口货物收发货人或者其代理人签名确认。

2. 进出口货物收发货人或者其代理人拒不签名的，查验人员应当在海关进出境货物现场检查记录单中注明情况，并由货物所在监管作业场所经营人或运输工具负责人签名证明。

3. 对于机检查验正常放行货物，在机检查验结束后，可由海关监管作业场所经营人或运输工具负责人在海关进出境货物现场检查记录单上签字，可采取现场签字或事后集中签字的方式在上述海关进出境货物现场检查记录单上签字确认，事后集中签字不得晚于机检查验完成后5个工作日。

4. 疫情期间，货主及其代理人申请免于到场的，海关对相关货物完成查验后，由存放货物的海关监管作业场所经营人、运输工具负责人在检查记录上签名确认。

（八）海关检查不收取费用

1. 海关在监管区内实施检查不收取费用。

2. 根据国务院财政部门相关规定，自2012年2月1日起，取消收取海关施封锁成本费；自2012年10月1日起，取消海关在监管区外查验货物时向进出口货物收发货人或其代理人收取的海关监管区外监管手续费。

3. 因检查而产生的进出口货物搬移、开拆或者重封包装等费用，由进出口货物收发货人承担。

（九）优先检查

对于危险品或者鲜活、易腐、易烂、易失效、易变质等不宜长期保存的货物，以及因其他特殊情况需要紧急验放的货物，经进出口货物收发货人或者其代理人申请，海关可以优先安排检查。

（十）径行开验

1. 有下列情形之一，经现场海关主管处级领导批准，海关可以在进出口货物收发货人或者其代理人不在场的情况下，对货物实施径行开验：

（1）进出口货物有违法嫌疑的；

（2）经海关通知检查，进出口货物收发货人或其代理人届时未到场的。

2. 海关径行开验时，存放货物的海关监管作业场所经营人、运输工具负责人应当到场协助，并在检查记录上签名确认。

（十一）转关货物、全国通关一体化货物的检查

海关对转关货物的检查，由指运地或启运地海关实施；进境地或出境地海关认为必要时，也可检查或者复验。

（十二）过境、转运和通运货物的检查

海关认为必要时，可以检查过境、转运和通运货物。

（十三）查验损坏货物导致的海关行政赔偿

1. 根据《海关法》规定，海关在依法查验进出口货物时，损坏被查验的货物的，应当赔偿当事人的实际损失。

2. 实施查验的海关为赔偿义务机关。

3. 海关应当在货物受损程度确定后，以海关依法审定的完税价格为基数，确定赔偿金额；赔偿

的金额，应当根据被损坏的货物或其部件受损耗程度或修理费用确定，必要时，可以凭公证机构出具的鉴定证明确定。

4. 海关人员在查验货物时损坏被查验货物的，应当如实填写"海关查验货物、物品损坏报告书"一式两份，由查验关员和当事人双方签字，一份交当事人，一份留海关存查。

5. 海关依法径行开验、复验或者提取货样时，应当会同有关货物保管人员共同进行。如造成货物损坏，查验人员应当请在场的保管人员作为见证人，在"海关检查货物、物品损坏报告书"上签字，并及时通知当事人。

6. 实施查验的海关应当自损坏被查验的货物、物品之日起 2 个月内确定赔偿金额，并填制"海关损坏货物、物品赔偿通知单"送达当事人。

7. 当事人对赔偿有异议的，可以在收到"海关损坏货物、物品赔偿通知单"之日起 60 日内向作出赔偿决定的海关的上一级海关申请行政复议，对复议决定不服的，可以在收到复议决定之日起 15 日内向人民法院提起诉讼，也可以自收到"海关损坏货物、物品赔偿通知单"之日起 3 个月内直接向人民法院提起诉讼。

8. 有下列情形之一的，被查验的货物发生损坏，海关不承担赔偿责任：

（1）海关工作人员与行使职权无关的个人行为；

（2）因公民、法人和其他组织自己的行为致使损害发生的；

（3）因不可抗力造成损害后果的；

（4）由于当事人或其委托的人搬移、开拆、重封包装或保管不善造成的损失；

（5）易腐、易失效货物在海关正常工作程序所需要时间内（含代保管期间）所发生的变质或失效，当事人事先未向海关声明或者海关已采取了适当的措施仍不能避免的；

（6）海关正常查验产生的不可避免的磨损和其他损失；

（7）在海关查验之前所发生的损坏和海关查验之后发生的损坏；

（8）海关为化验、取证等目的而提取的货样；

（9）法律规定的其他情形。

9. 因公民、法人和其他组织的过错致使损失扩大的，海关对扩大部分不承担赔偿责任。

（十四）海关查验人员违反规定行使职权应承担的法律责任

查验人员在检查过程中，违反规定，利用职权为自己或者他人谋取私利，索取、收受贿赂，滥用职权，故意刁难，拖延检查的，按照有关规定，依法给予行政处分；有违法所得的，依法没收违法所得；构成犯罪的，依法追究刑事责任。

（十五）进出口货物收发货人违反海关检查管理规定应承担的法律责任

进出口货物收发货人或其代理人违反海关检查相关管理规定的，海关依照《海关法》、《中华人民共和国海关行政处罚实施条例》（以下简称《海关行政处罚实施条例》）等有关规定予以处理。

（十六）海关封志管理

对需实施海关封志管理的海关监管运输工具、货物，应严格施封、验封、拆封管理。

在口岸检查工作中，对需要实施海关封志施、验、拆封作业的，应由查验人员负责作业，不得将海关封志交由进出口货物收发货人或其代理人、运输工具负责人、驾驶员等自行施封。

海关封志必须使用在海关监管作业中，严禁超出范围使用。

三、海关口岸机检查验作业

（一）机检查验业务的基本概念

海关口岸机检查验是指海关利用 H986 设备、货检 X 光机等、对进出口货物、物品进行的查验及对运输工具的检查。H986 设备，包括固定式、组合移动式、车载移动式、列车通道式等类型。

配备 H986 设备的海关对适于机检查验的货物，除布控指令有特殊要求外，应当优先采用机检方式，实行非侵入式查验。

利用 H986 设备进行查验是海关依法采取的一种非侵入式查验方式，其查验结论与人工开箱检查具有同等法律效力。

（二）H986 机检查验作业模式

目前，海关对进出口货物的 H986 机检查验作业采用联网集中审像及智能审图的作业模式。

1. 联网集中审像，是指通过 H986 设备联网、应用统一的联网集中审像系统，实现 H986 系统与海关业务作业系统的数据自动交互，开展联网集中审像的作业方式，包括跨隶属海关集中模式、隶属海关集中模式、单机联网模式 3 种作业模式。

2. 智能审图，是指基于人工审图经验，利用人工智能技术对海量机检历史图像及对应的货物、物品信息进行学习，形成对 H986 设备（以及 CT 机、X 光机）的机检扫描图像实施自动识别的智能化系统。该系统可独立或者结合货物、物品、运输工具等相关信息，对相应机检扫描图像进行自动识别和提示，辅助人工进行图像判别，并通过不断优化，逐步实现机检图像分析"机器代人"的一种作业方式。

（三）机检查验作业流程

1. **现场机检查验指令接收**

现场机检查验接单人员负责对机检查验指令进行接收审核，重点审核机检对象是否适合机检查验，对不适合机检的查验指令可予以退回。

2. **现场检入**

现场检入人员根据查验指令的要求，核对机检查验货物报关单号、集装箱号、车牌及车厢编号及封志号等，向系统操作岗位发送检入信息。

3. **图像扫描**

系统操作人员获取检入信息后，对机检查验对象进行扫描，检查扫描图像生成情况，确定成像正常后，H986 系统自动将检入信息和机检图像发送到联网集中审像系统。

4. **审像任务分派**

审像作业实行随机派员、双人作业制。集中审像任务管理岗位采取系统随机分派方式，将图像分析任务分派给图像初审和复审人员进行图像分析作业。

5. **图像分析**

图像初审人员按照机检查验指令，根据报关单证、典型图像等信息，对机检图像进行分析判别，对存在嫌疑图像的具体嫌疑部位作出标志，提出初审意见转图像复审人员复审后，提交科（组）长审核。

6. **后续处置**

（1）审像处理建议放行的机检查验指令，现场海关根据审像中心机检查验记录和查验处理意见，办理相关货物放行手续。

（2）审像处理意见转人工检查或机检加人工检查指令的，由现场人工查验部门按人工检查作业流程实施人工检查，并将人工检查情况（包括审像标志嫌疑部位验核情况）反馈集中审像部门。

四、海关口岸人工检查作业

（一）人工检查作业流程

1. 检查指令接收

现场查验部门通过新一代查验管理系统（以下简称查验管理系统）接收指令下达部门下达的进出口货物人工检查指令或机检查验后转人工检查指令。查验接单人员负责对人工检查指令进行接单审核，如人工检查指令有误、不清晰、过于笼统或现场难以执行的，经现场查验带班科长批准，可按规定程序退回指令下达部门修改或终止指令。

2. 查验派单

查验派单人员应使用查验管理系统自动派单功能，随机指派实施检查作业的人员。

因现场人员调配、人员资质等原因无法执行自动派单结果时，可以由带班科长对自动派单结果进行人工干预。人工干预自动派单结果应当在查验管理系统录入具体原因备查。

当天未能实施检查的已派报关单，应当取消派单，下一个工作日（班组）重新派单。

3. 检查前准备

查验人员应当做好以下准备工作：

（1）核实陪同检查的收发货人或其代理人的货主身份或代理身份；
（2）核对检查指令，查阅报关单及随附单证电子数据；
（3）核实货物的自然属性是否对检查有特殊要求；
（4）备齐检查所需的相关单证、查验工具、取样容器、海关封志、个人安全防护用品等。

综合掌握所检查货物的基本情况后，初步确定现场检查应当采取的方法和步骤。

4. 检查箱体、封志

对货物进行检查前，应对装载货物的集装箱、厢式货车车厢体进行检查。

对有施封装置的进出境货物，检查人员应负责检查封志是否完整，并核对封志号，核对情况须在"海关进出境货物现场检查记录单"上如实记录。

5. 掏箱作业

检查人员或掏箱监卸人员对掏箱过程进行监督，并检查掏箱结果是否达到检查指令要求。

掏箱完毕后，检查人员应核对掏箱是否满足指令要求的检查区域。

6. 检查作业

检查人员应严格按照检查指令要求的检查方式、检查要求、检查比例（数量）对具体商品项进行核查。

人工检查应对检查作业过程及检查指令完成情况进行拍照录证，还应对检查过程进行录像录证。相关照片和录像应清晰、客观地反映检查过程。录证资料应逐票存档备查，照片录证资料的留存时限应与相应的报关单存档时间保持一致，视频录证资料的留存时限至少为3个月。

（1）在检查过程中（包括掏箱作业时），检查人员不得擅自离开正在作业的货物。确需离开的，需经带班科长批准，并采取加封等必要的安全措施，或在作业现场办理交接手续，由接替的关员继续实施作业，直至作业完毕。

（2）在检查过程中遇到下列情况时，现场查验关员应当中止掏箱或检查作业，并采取必要的保护措施，待请示带班科长同意后，方可重新开始作业：

①货物的收发货人或其代理人拒绝履行其应尽义务；
②检查地点不具备实施掏箱、检查作业条件或货物无法按指令要求实施掏箱作业；

③检查过程中发现货物不适合海关继续检查，如放射性超标的放射源、存在严重污染的污染源等；

④在检查过程中遇外力阻止，查验人员无法正常行使职权的；

⑤检查方式不能满足检查要求，或无法实施检查作业；

⑥需中止检查的其他情况。

(3) 对单证资料齐全、货物已运至指定地点，能够开始实施检查操作并能当场确定检查结果的，应当在检查开始后4个小时内完成检查操作。特殊情况下，报带班科长批准可以适当延长检查时间。

(4) 检查过程中，检查人员应按照有关规定注意人身安全。

7. 化验取样

(1) 对于有取样送检指令要求的，或对进出口货物的属性、成分、含量、结构、品质、规格等无法确认的，海关可以依照《中华人民共和国海关进出口货物商品归类管理规定》等有关规定进行取样化验、检验；

(2) 海关对进出口货物实施取样化验、检验的，收发货人或者其代理人应当到场协助，负责搬移货物，开拆和重封货物的包装，并按照海关要求签字确认；

(3) 海关取样化验、检验时，收发货人或其代理人应当按照海关要求及时提供样品的相关单证和技术资料，并对其真实性和有效性负责；

(4) 对取样有特定要求的，应要求收发货人或其代理人给予专业技术协助；

(5) 所取样品应具有代表性，取样方法、取样量应与送验目的相适应；

(6) 取样应使用清洁容器或物料包装，在包装容器或样品上贴注标签的同时，需在包装容器的封口处施加经取样关员和收发货人或其代理人双方签字的样品封条，当场封存；

(7) 样品一式两份，一份送化验部门，另一份留存海关备查；

(8) 海关关员应按规定的格式和要求填写"中华人民共和国海关进出口货物化验取样记录单"，并于备注栏中注明所取两份平行样品的封条完整及封条编号等信息，并与进出口货物的收发货人或其代理人签字确认；

(9) 收发货人或者其代理人拒不到场，或者海关认为必要时，海关可以径行取样；

(10) 海关径行取样时，应通知存放货物的海关监管作业场所经营人、运输工具负责人到场协助，并在"中华人民共和国海关进出口货物化验取样记录单"上签字确认。

8. 检查记录填制

查验人员在检查完毕后应当按规定的格式和要求录入检查过程、检查结果及处理意见，由收发货人或其代理人在"海关进出境货物现场检查记录单"中进行确认签名。

9. 科长审核

带班科长应对"海关进出境货物现场检查记录单"以下内容进行复核，提出审批意见并签名确认：

(1) "海关进出境货物现场检查记录单"填写是否完整、清晰；

(2) 检查过程描写是否清楚准确；

(3) 检查程序和内容是否符合规程和检查指令要求；

(4) 检查处理意见是否恰当。

现场带班科长发现记录填写不规范的，应当要求实施查验关员修改或重新填写检查记录。

10. 后续处置

配备了H986设备的海关查验现场，对于人工检查无法满足查验要求或人工检查发现异常后需机检确认的，可转机检辅助人工检查。

（二）复查复验

复查复验，是指海关对已经检查完毕的货物、物品和运输工具再次实施的验证式检查。

复查复验人员根据原布控检查指令所作出的要求，对已实施检查的布控检查指令合理性、检查指令转化、实施检查过程、检查结果确定、检查记录填写、检查结果处置等各作业环节的规范性和有效性进行核对及验证，及时发现和纠正检查工作中存在的问题和差错，防范和化解执法、廉政和管理风险，确保检查作业规范高效和实际监管到位。

已经参加过检查的人员不得参加对同一票货物的复验。

（三）检查结束后对进出口货物的处理

1. 对检查未发现申报异常的进出口货物，在进出口货物收发货人缴清税款或者提供担保后，办理放行手续。

2. 经检查发现异常的，应于检查结束后按照规定及时移交相关部门处置，包括：

（1）税证处置：报关单修撤、补证补税、拟证签证；

（2）货物处置：退运、销毁、罚没、技术整改；

（3）移交处置：移送知识产权管理、缉私等处置部门办理相关手续。

五、海关口岸检查作业相关举措

（一）海关"双随机"作业改革

1. 海关"双随机"内涵

"双随机"包括随机选择布控和随机派员检查。

（1）随机选择布控是指海关在对进出口报关单风险分析的基础上，按照明确的业务参数标准和规范的操作程序，将有关管理要求加工转化为计算机编码，由计算机自动随机选定需检查的报关单。

（2）随机派员检查是指海关针对需检查的报关单，由计算机系统随机选派查验人员实施检查的作业模式。

"双随机"主要解决进出口通关环节中"查谁"和"谁查"的问题。

2. 海关实施"双随机"的背景

随机抽查起源于20世纪20年代，其以概率统计理论为基础，通过抽样检查反映样本总体情况，广泛应用于工业产品的质量检验等方面。美国海关在20世纪90年代开始运用该原理，通过风险管理系统和随机布控系统对货物进行布控查验，提高查验的科学性。1998年，我国海关在监管执法中采用随机抽查的方法实施查验，并逐步发展形成海关"双随机"机制。2015年7月29日，国务院办公厅印发了《关于推广随机抽查规范事中事后监管的通知》，提出了4项具体措施，包括："列清单"，就是制定并公开随机抽查事项清单；"双随机"，就是随机确定检查对象、随机确定查验人员；"适度查"，就是合理确定随机抽查的比例和频次；"用结果"，就是加大对违法行为的惩处力度。这4个方面的措施环环相扣、缺一不可，无论在哪个领域、哪个地方推广随机抽查，这4个"规定动作"都必须做到位。

3. 随机派员检查

（1）随机派员检查的发展经历了3个阶段：

2010年以前：为严密监管作业，规范查验操作，积极防范查验执法中的执法风险和廉政风险，海关总署于2005年开发"查验随机自动派单系统"，并在全国海关的部分查验现场开展"随机派员查验"试点。

2010年至2018年：2010年6月，改造升级后的"查验随机自动派单系统"推广到全国海关所有查验现场；2011年，海关总署修订《中华人民共和国海关进出口货物查验操作规程》，进一步明确要求"现场海关应使用查验自动派单系统随机指派实施查验的人员"。

2018年以来：海关秉承"双随机"作业原则，推进"关检合一"工作，通过开发新一代查验管理系统实现检查作业的自动随机派员工作。

（2）随机派员检查的操作步骤

海关随机派员检查分"建立查验人员数据库"和"随机选派查验人员"两个步骤来开展。"建立查验人员数据库"即在海关计算机作业系统中，建立海关检查执法人员名录库。"随机选派查验人员"即在海关计算机作业系统中，由计算机随机从"查验人员数据库"中选取人员实施检查作业。

（二）移动查验单兵作业改革

1. 概念

移动查验单兵作业是指海关查验人员应用移动查验单兵作业系统（以下简称系统）和相应检查设备、装备，对进出口货物、物品、运输工具（以下统称货物）等实施检查，并对检查过程进行全程记录的执法行为。

2. 改革目标

2015年4月，为进一步提升海关监管查验装备现代化和作业信息化水平，切实加强查验监督制约，海关总署决定开展移动查验单兵作业改革，预期目标和总体思路为：深入贯彻依法治国理念，依托"金关工程"二期，应用信息化手段，实现人工查验作业的无纸化和信息化，进一步提高海关查验作业效能；开展查验作业过程全程录证，加强查验监控监督，科学规制查验人员的自由裁量权，防范现场查验作业风险；应用现代化查验装备和设备，提高海关查验科技水平，不断开创海关监管查验新局面。2018年4月，随着"关检合一"工作拉开序幕，海关通过开发新一代查验管理系统的移动单兵模块，实现移动查验单兵作业模式的延续，海关正式进入移动查检单兵作业时代。

3. 作业要求

实施检查时，查验人员应着海关制式查验服装，佩戴多功能腰带，携带移动查验作业终端、执法记录设备、随身查验工具等必要的检查设备和装备，使用本人账号登录系统，按照现行检查法规的要求进行作业，并如实记录检查过程。

4. 作业流程

（1）接收检查信息

系统自动接收新一代风控系统下发的检查指令，将检查报关单信息和检查指令信息等推送至随机派单后对应的查验人员的移动查验作业终端。

（2）检查前准备

实施检查前，查验人员登录系统，了解待检查货物申报内容、检查指令要求等信息，初步确定现场检查应当采取的方法和步骤。

查验人员应当检查移动查验作业终端的电池容量等信息，保证移动作业终端正常使用。

（3）现场检查作业

查验人员应使用移动查验作业终端进行检查作业。

检查过程中，如遇收发货人或其代理人提供情况说明等必要书面材料，或者需对检查货物进行鉴定的，应将书面材料和鉴定材料进行拍照并上传。

(4) 录入检查记录

检查完毕后，查验关员应及时在移动查验作业终端填写检查结果和检查处理意见，录入检查过程记录，并经2名查验人员共同签名确认。打印"海关进出境货物现场检查记录单"，交收发货人或其代理人签字，并提交带班科长审核。

(5) 检查记录审核

查验带班科长对检查记录进行复核，提出审批意见（同意或退回）。对于审批同意的，带班科长应在"海关进出境货物现场检查记录单"上签名确认。对于带班科长退回的及检查记录处理意见为"待处理"和"取样送检"且经带班科长审核同意的，系统自动将检查记录流转回检查记录录入关员的移动查验作业终端"待处理列表"中。

(6) 后续处置

查验关员应关注系统中待查验、待处理的检查记录，并及时进行处置。

对于经带班科长退回及复核同意后流转回的检查记录，查验关员进行修改的，应由查验人员重新签名并打印"海关进出境货物现场检查记录单"，交收发货人或其代理人签字。

对因网络故障等导致无法使用系统的，经带班科长同意，查验关员可直接应用系统PC端录入检查记录。带班科长应在带班日志中做好相关登记。

5. 执法记录

检查执法记录是指利用执法录证设备对海关检查作业进行录证的过程。

执法录证设备包括移动查验作业终端和执法记录设备，在具备条件的监管作业场所还可利用固定的摄像头进行拍摄。

(1) 检查前准备

实施检查前，查验人员应当检查执法记录设备的电池容量、存储空间等信息，保证执法记录设备正常使用。

(2) 现场检查作业

实施检查时，查验人员应当佩戴、使用执法记录设备，按照相关规定进行拍照、录证，客观、真实地记录检查情况及录制相关的证据。

(3) 告知相对人

海关使用执法记录设备记录检查过程时应告知管理相对人。

(4) 检查远程支援

使用执法记录设备进行检查录证的，指挥中心可呼叫执法记录设备进行视频连线，并实时远程指挥。

查验人员可根据需要主动呼叫后台，寻求远程支持。

(5) 录证资料保存

使用执法记录仪进行检查录证的，在完成检查后，应及时存储声像资料。原始声像资料保存期限不少于3个月。作为重要执法证据使用的声像资料保存期限按相关规定执行。有下列情形的，应当采取刻录光盘、使用移动储存介质等方式，按照报关单存储期限保存：

①管理相对人对查验人员执法有异议或者投诉、上访的；

②管理相对人逃避、拒绝、阻碍查验人员依法执行公务，或者谩骂、侮辱、殴打查验人员的；

③其他需要长期保存的重要情况。

(6) 录证中止

因恶劣天气、设备故障等特殊情况无法使用或者停止使用执法记录设备的，查验人员应当立即向带班科长报告，经带班科长批准后，方可不佩戴执法记录设备。当设备故障等情形排除后，查验人员应立即使用执法记录设备进行检查录证。

第三节　进出口货物的转关运输监管

一、转关概述

（一）转关概念

转关是指海关监管货物在海关监管下，从一个海关监管作业场所运至另一个海关监管作业场所办理海关手续的行为，包括：货物由进境地入境，向海关申请转关，运往另一设关地点办理进口海关手续；货物在启运地已办理出口海关手续运往出境地，由出境地海关监管放行。

（二）转关条件

1. 申请转关应符合的条件

（1）转关的指运地和启运地必须设有海关；

（2）转关的指运地或启运地应当设有经海关批准的海关监管作业场所；

（3）转关承运人应当在海关备案登记，承运运输工具符合海关监管要求，并按海关对转关路线范围和途中运输时间所作的限定将货物运抵指定的场所。

2. 允许申请转关的情形

（1）多式联运货物，以及具有全程提（运）单需要在境内换装运输工具的进出口货物，其收发货人可以向海关申请办理多式联运手续，有关手续按照联程转关模式办理。

（2）易受温度、静电、粉尘等自然因素影响或者因其他特殊原因，不宜在口岸海关监管区实施查验的进出口货物，满足以下条件的，经主管地海关（进口为指运地海关，出口为启运地海关）批准后，其收发货人方可按照提前报关方式办理转关手续：

①收发货人为高级认证企业；

②转关运输企业最近一年内没有因走私违法行为被海关处罚；

③转关启运地或指运地与货物实际进出境地不在同一直属关区内；

④货物实际进境地已安装非侵入式查验设备。

进口转关货物应当直接运输至收货人所在地，出口转关货物应当直接在发货人所在地启运。

（3）邮件、快件、暂时进出口货物（含ATA单证册项下货物）、过境货物、中欧班列载运货物、市场采购方式出口货物、跨境电子商务零售进出口商品、免税品，以及外交、常驻机构和人员公用物品，其收发货人可按照相关规定向海关申请办理转关手续，开展转关运输。

（4）除失信企业外，在企业自愿的情况下，允许其出口的非重点敏感商品，办理出口转关手续。

3. 不得申请转关的货物

（1）动物废物、冶炼渣、木制品废料、纺织品废物、贱金属及其制品的废料、各种废旧五金、废电机、废电子产品、废运输设备、废塑料、碎料及下脚料等。

（2）消耗臭氧层物资、化学武器关键前体、可作为化学武器的化学品、化学武器原料、易制毒化学品等。

（3）进口汽车整车，包括整套散件和二类底盘，但暂时进境参展车辆除外。

此外，汽车整车进口口岸之间允许办理进口汽车整车转关业务，但应当符合下列条件：

①办理转关运输的进口整车应当具备全程提单；
②承运转关进口整车的运输企业及其运输工具应当在海关办理备案登记手续，并安装定位监控装置；
③进口整车转关应当采用符合海关监管要求和装卸标准的集装箱装载运输。
(4) 根据规定必须在口岸检验检疫的商品。

(三) 转关方式

1. 提前报关转关

进口提前报关转关，是指进口货物收货人或其代理人在指运地填制"进口货物报关单"并自动生成"进口转关货物申报单"后，"进口转关货物申报单"电子数据传输至进境地海关办理转关申报手续。

出口提前报关转关，是指出口货物发货人或其代理人在货物未运抵启运地海关监管作业场所前向启运地海关填报录入"出口货物报关单"电子数据，启运地海关提前受理电子申报，货物于电子数据申报之日起5日内，运抵启运地海关监管作业场所，办理转关和验放等手续。

2. 直转转关

进口直转转关，是指进口货物在进境地海关以直接填报"进口转关货物申报单"的方式办理转关手续，货物运抵指运地海关监管作业场所后填报"进口货物报关单"办理申报手续。

出口直转转关，是指出口货物运抵启运地海关监管作业场所并办理报关单申报手续后，填制"出口转关货物申报单"办理出口转关手续。

3. 中转转关

进口中转转关，是指持有全程提运单需换装境内运输工具的进口中转货物，由境内承运人或其代理人向进境地海关办理转关手续，再由收货人或其代理人向指运地海关办理"进口货物报关单"申报手续。

出口中转转关，是指持有全程提运单需换装境内运输工具的出口中转货物，由发货人或其代理人向启运地海关办理出口申报手续，再由境内承运人或其代理人按出境运输工具分列舱单向启运地海关办理转关手续，并向出境地海关办理出境手续。

(四) 有关定义

进境地，指货物进入关境的口岸。
出境地，指货物离开关境的口岸。
指运地，指进口转关货物运抵报关的地点。
启运地，指出口转关货物报关发运的地点。
承运人，指经海关核准，承运转关货物的企业。

二、转关管理规定

(一) 转关申报时限要求

1. 转关申报的期限

申请转关运输的进口货物，应当自运输工具申报进境之日起14日内向进境地海关办理转关手续，在海关限定期限内运抵指运地之日起14日内，向指运地海关办理报关单申报手续。

在进境地办理转关手续逾期的，由进境地海关自运输工具申报进境之日起第15日征收滞报金；在指运地办理报关单申报手续逾期的，由指运地海关自货物运抵指运地之日起第15日征收滞报金。

2. 提前报关转关方式数据有效期

进口转关货物应于电子数据申报之日起5日内，向进境地海关办理转关手续，超过期限仍未到进境地海关办理转关手续的，提前报关电子数据自动撤销。

出口转关货物应于电子数据申报之日起5日内，运抵启运地海关监管作业场所，办理"出口货物报关单"及"出口转关货物申报单"申报手续，超过期限的，启运地海关撤销提前报关的电子数据。

（二）转关作业无纸化

1. 转关作业无纸化，是指海关运用信息化技术，对企业向海关申报的转关申报单或者汽车载货清单电子数据进行审核、放行、核销，无须收取纸质单证、签发纸质关封、签注相关监管簿，实现全流程无纸化管理的转关作业方式。

2. 企业无须再以纸质提交转关申报单或者汽车载货清单，交验《汽车载货登记簿》《中国籍国际航行船舶进出境（港）海关监管簿》《司机签证簿》。

3. 海关需要验核相关纸质单证资料的，企业应当按照要求提供。

（三）转关运输申报单证法律效力

1. 转关货物申报的电子数据与书面单证具有同等的法律效力。对确有填报或者传输错误的数据，符合进出口货物报关单修改和撤销管理相关规定的，可以进行修改或者撤销。对海关已经决定查验的转关货物，不再允许修改或者撤销申报内容。

2. 广东省内公路运输的"进境汽车载货清单"或者"出境汽车载货清单"电子数据视同转关申报书面单证，具有法律效力。

（四）封志管理

1. 海关封志包括铅封锁和安全智能锁。

2. 承运转关货物的厢式货车车厢或者集装箱箱门施加有完整商业封志的，企业应当在转关申报单或者汽车载货清单电子数据"关锁号"数据项中填入商业封志号，并在"关锁个数"数据项中填入商业封志个数。

3. 承运转关货物的厢式货车车厢或者集装箱箱门施加有安全智能锁的，企业应当在转关申报单或者汽车载货清单电子数据"安全智能锁号"数据项中填入安全智能锁号。

4. 对已经海关开箱查验或作换箱运输的转关货物，应当视情况重新施加封志。

（五）特殊管理

1. 进口转关货物在转关运输途中经过一个或一个以上中转地的，企业应当逐程申报并办理转关手续。出口转关货物在转关运输途中经过一个或一个以上中转地的，应当按照"二次转关"模式逐程办理转关手续。

2. 转关申报数据放行后，承运转关货物的运输工具发生变更的，企业可以向进境地海关或启运地海关申请修改转关申报数据中相关内容。

3. 出口转关货物运抵出境地海关监管作业场所后需全部或部分换装出境运输工具的，企业可以在出境地申请修改出口转关申报数据中的出境运输工具名称、航班（次）、提单号等数据项。

4. 转关货物运抵出境地海关（或指运地海关），需退回启运地海关（或进境地海关）办理手续的，企业应当申报相应的转关申报数据。

5. 转关申报数据已通过审核或已放行，企业因故申请不开展转关运输的，进境地海关（或启运地海关）经审核无误后，作废转关申报数据。海关依据规定确认货物不允许办理转关手续的，由进境地海关（或启运地海关）作废转关申报数据。

6. 进口转关货物报关后需作废转关申报数据的，企业应当向指运地海关申请撤销相应的报关单数据；在报关单数据撤销后，由进境地海关作废转关申报数据。出口转关货物申报后需作废转关申报数据的，企业应当向启运地海关提出申请，并在转关申报数据作废后撤销报关单数据。

7. 转关货物运输途中因交通意外等需要更换运输工具或者驾驶员的，承运人或者驾驶员应当通知附近海关；附近海关核实同意后，监管换装并书面通知进境地、指运地海关或者出境地、启运地海关。

8. 转关货物未经海关许可，不得开拆、提取、交付、发运、调换、改装、抵押、质押、留置、转让、更换标记、移作他用或者进行其他处置。转关货物在国内储运中发生损坏、短少、灭失情事时，除不可抗力外，承运人、货物所有人、存放场所负责人应承担税赋责任。

三、转关流程

（一）进口货物转关

1. 提前报关转关方式

进口货物的收货人或其代理人在进境地海关办理进口货物转关手续前，向指运地海关填报录入"进口货物报关单"，计算机自动生成进口转关申报数据并传输至进境地海关。

进境地海关对转关申报数据审核放行后，通过系统向进口转关货物的收货人或者其代理人、承运人或者其代理人以及进境地海关监管作业场所经营人发送进口转关货物放行信息。承运人或者其代理人凭该进口转关货物放行信息办理转关运输手续。

进口转关货物运抵指运地海关监管作业场所后，指运地海关根据实际情况实施封志管理；根据智能卡口管理系统传输的承运转关货物车辆过卡确认信息，或者指运地海关监管作业场所经营人传输的进口转关运抵报告电子数据，对进口转关申报数据进行核销。

2. 直转方式

直转的转关货物，进口货物收货人或者其代理人向进境地海关填报录入转关申报数据，直接办理转关手续。

进境地海关对转关申报数据审核放行后，通过系统向进口转关货物的收货人或者其代理人、承运人或者其代理人以及进境地海关监管作业场所经营人发送进口转关货物放行信息。承运人或者其代理人凭该进口转关货物放行信息办理转关运输手续。

进口转关货物运抵指运地海关监管作业场所后，指运地海关根据实际情况实施封志管理；根据智能卡口管理系统传输的承运转关货物车辆过卡确认信息，或者指运地海关监管作业场所经营人传输的进口转关运抵报告电子数据，对进口转关申报数据进行核销。

3. 中转方式

具有全程提（运）单、需换装境内运输工具的中转转关货物，收货人或者其代理人向指运地海关办理进口报关手续前，由承运人或者其代理人向进境地海关录入转关申报数据，办理转关手续。

进境地海关对转关申报数据审核放行后，通过系统向承运人或者其代理人以及进境地海关监管作业场所经营人发送进口转关货物放行信息。承运人或者其代理人凭该进口转关货物放行信息办理转关运输手续。

进口转关货物运抵指运地海关监管作业场所后，指运地海关根据实际情况实施封志管理；根据智能卡口管理系统传输的承运转关货物车辆过卡确认信息，或者指运地海关监管作业场所经营人传输的进口转关运抵报告电子数据，对进口转关申报数据进行核销。

(二) 出口货物转关

1. 提前报关转关方式

由货物的发货人或者其代理人在货物未运抵启运地海关监管作业场所前，以提前报关转关方式向启运地海关填报"出口货物报关单"，计算机自动生成出口转关申报数据。

发货人或者其代理人在启运地海关办理货物出口通关手续后，启运地海关对出口转关申报数据审核放行，并通过系统向出口转关货物的发货人或者其代理人、承运人或者其代理人以及启运地海关监管作业场所经营人发送出口转关货物放行信息。承运人或者其代理人凭该出口转关货物放行信息办理转关运输手续。

出口转关货物运抵出境地海关后，出境地海关根据实际情况实施封志管理；根据智能卡口管理系统传输的承运转关货物车辆过卡确认信息，或出境地海关监管作业场所经营人传输的舱单运抵报告电子数据，对出口转关申报数据进行核销。

2. 直转方式

由发货人或者其代理人在货物运抵启运地海关监管作业场所后，向启运地海关填报录入"出口货物报关单"，办理货物出口通关手续。

发货人或者其代理人向启运地海关填报录入出口转关申报数据。启运地海关对出口转关申报数据审核放行，并通过系统向出口转关货物的发货人或者其代理人、承运人或者其代理人以及启运地海关监管作业场所经营人发送出口转关货物放行信息。承运人或者其代理人凭该出口转关货物放行信息办理转关运输手续。

出口转关货物运抵出境地海关后，出境地海关根据实际情况实施封志管理；根据智能卡口管理系统传输的承运转关货物车辆过卡确认信息，或出境地海关监管作业场所经营人传输的舱单运抵报告电子数据，对出口转关申报数据进行核销。

3. 中转方式

具有全程提（运）单、需换装境内运输工具的出口中转货物，发货人向启运地海关办理出口报关手续后，由承运人或者其代理人按出境运输工具分列舱单，办理货物转关手续。

承运人或者其代理人向启运地海关填报录入出口转关申报数据。启运地海关对出口转关申报数据审核放行，并通过系统向承运人或者其代理人以及启运地海关监管作业场所经营人发送出口转关货物放行信息。承运人或其代理人凭该出口转关货物放行信息办理转关运输手续。

出口转关货物运抵出境地海关后，出境地海关根据实际情况实施封志管理；根据智能卡口管理系统传输的承运转关货物车辆过卡确认信息，或出境地海关监管作业场所经营人传输的舱单运抵报告电子数据，对出口转关申报数据进行核销。

(三) 境内监管货物的转关

境内从一个设关地运往另一个设关地的海关监管货物，除加工贸易深加工结转按有关规定办理外，均应按进口转关方式办理。

提前报关方式的，收货人或其代理人在转入地录入"进口货物报关单"，系统自动生成进口转关申报数据并向转出地海关传送，收货人或其代理人向转出地海关提供进口转关货物申报单预录入号，办理监管货物转关手续。

直转方式的，由收货人或其代理人在转出地填报录入进口转关申报数据，直接向转出地海关办理转关手续。

四、跨境快速通关监管

（一）跨境快速通关业务概述

2007年，中国海关为适应区域经济和现代物流发展需要，进一步提高把关服务能力，在内地往来香港公路口岸启动了跨境快速通关业务改革。跨境快速通关业务作为海关总署区域通关改革项目之一，是指从事跨境公路货物运输业务的承运人或其代理人在车辆进境前或出口启运前向海关申报载货清单电子数据，海关应用卫星定位管理设备和电子关锁（安全智能锁）等监控手段实施途中监控，实现对车辆及其所载货物在公路口岸自动快速核放的一种通关方式。该模式通过应用现代科技手段进行车辆识别和加强途中监控，合理调整作业流程，免除人工审核和放行、人工施/验/解封、人工到位核销等作业环节，节约了人力资源，实现海关对公路跨境物流的全程无纸化作业和自动核放，体现了世界海关组织贸易安全与便利化原则，推动了《内地与香港关于建立更紧密经贸关系的安排》（CEPA）贸易通关便利化，为我国与其他周边国家或地区海关的合作提供了重要的示范经验和模式。

2016年，为适应海关新舱单业务改革实施，原有跨境快速通关载货清单电子数据全面整合至公路舱单电子数据实施统一管理，实现了公路舱单"一单到底"的监管理念。

按照粤港地区海关第十六次口岸通关效率业务小组研讨会商定的内容，探索开展了跨境快速通关改革项目与香港海关"多模式联运转运货物便利计划"的衔接工作。通过两地通关模式的整合，实现了跨境运输车辆对香港地区转口货物的快速通关，使用同一电子关锁（安全智能锁）满足两地海关监管需要，大大提高跨境运输通关效率。

（二）跨境快速通关业务流程

1. 进境流程

（1）舱单传输人按照海关规定的时限和要求向海关传输原始舱单电子数据和进境确报电子数据。

（2）开展跨境快速通关业务的车辆抵达进境地海关时，海关智能卡口系统自动读取车辆信息。验核正常的，自动对电子关锁（安全智能锁）进行施封、启动卫星定位设备，允许车辆离开口岸地海关前往指运地海关。

（3）海关可通过物流链可视化系统对车辆行驶途中的卫星定位轨迹进行监控。

（4）开展跨境快速通关业务的车辆抵达指运地海关时，海关智能卡口系统自动读取车辆信息。验核正常的，自动对电子关锁（安全智能锁）进行解封、关闭卫星定位设备，允许车辆入场。

（5）进口货物在指运地海关办理相关申报、查验、放行等海关手续。

（6）开展跨境快速通关业务的车辆驶离指运地海关时，海关智能卡口系统自动读取车辆信息，验核正常的允许车辆离场。

2. 出境流程

（1）舱单传输人按照海关规定的时限和要求向海关传输预配舱单电子数据和出境确报电子数据。

（2）开展跨境快速通关业务的车辆抵达启运地海关时，海关智能卡口系统自动读取车辆信息，验核正常的允许车辆入场。

（3）出口货物在启运地海关办理相关申报、查验、放行等海关手续。

（4）开展跨境快速通关业务的车辆载运出口货物驶离启运地海关时，海关智能卡口系统自动读取车辆信息。验核正常的，自动对电子关锁（安全智能锁）进行施封、启动卫星定位设备，允许车辆离场前往出境地海关。

（5）海关可通过物流链可视化系统对车辆行驶途中的卫星定位轨迹进行监控。

（6）开展跨境快速通关业务的车辆抵达出境地海关时，海关智能卡口系统自动读取车辆信息。验核正常的，自动对电子关锁（安全智能锁）进行解封、关闭卫星定位设备，允许车辆出境。

(三) 跨境快速通关业务监管要求

1. 监管要求

承运跨境快速通关货物的集装箱、集装箱式货车车厢应当符合海关监管要求，并使用经海关确认备案的卫星定位装置和电子关锁（安全智能锁）。

卫星定位装置数据应当接入海关物流链可视化系统。

开展跨境快速通关业务的进出口货物类型应当符合海关对于进出口货物转关运输的要求。

2. 职责分工

进境跨境快速通关业务中，在开展跨境快速通关业务的车辆离开进境地前，由进境地海关负责审核办理公路舱单电子数据变更手续；在开展跨境快速通关业务的车辆离开进境地后，由指运地海关负责审核办理公路舱单电子数据变更手续。

出境跨境快速通关业务中，在开展跨境快速通关业务的车辆离开启运地前，由启运地海关负责审核办理公路舱单电子数据变更手续；在开展跨境快速通关业务的车辆离开启运地后抵达出境地前，海关不接受办理公路舱单电子数据变更手续；在开展跨境快速通关业务的车辆抵达出境地后，由出境地海关负责审核办理公路舱单电子数据变更手续。

指运地海关或启运地海关负责审核并办理舱单电子数据核注、核销手续。指运地海关和启运地海关定期清查公路舱单的核注、核销情况，如需进境地海关和出境地海关协助核查的，应将未核销的公路舱单清单传送相应海关。相应海关应在收到清单后尽快完成有关核查工作，并反馈核查结果。

指运地海关和启运地海关负责开展跨境快速通关业务的车辆途中卫星定位轨迹的监控，及时核查未按时抵达的车辆情况，如需其他海关协助核查的，应将相关车辆信息传送有关海关。有关海关应在收到信息后及时完成有关核查工作，并反馈核查结果。

指运地海关或出境地海关负责办理跨境快速通关车辆运输工具核销手续。

(四) 香港海关"多模式联运转运货物便利计划"与内地海关"跨境快速通关"的衔接

1. 模式简介

按照粤港地区海关第十六次口岸通关效率业务小组研讨会商定的内容，香港海关"多模式联运转运货物便利计划"与内地海关"跨境快速通关"衔接计划（简称为"跨境一锁计划"）于2012年正式开展，建立"两地一锁、分段监管"的新型业务模式。

从内地海关来看，内地段监管依然使用跨境快速通关业务，业务操作和流程不发生任何变化。从企业来看，主要是企业在内地段和香港段使用同一把电子关锁，途中无须换锁，简化企业操作。

2. 业务简要流程

（1）香港至内地（进境北上）：

①货物抵达香港机场或香港葵涌码头（向香港海关申报）；

②货物装载跨境运输车辆；

③跨境运输车辆离开香港机场或香港葵涌码头时电子关锁（安全智能锁）施封；

④香港海关实施途中监管（应用卫星定位设备）；
⑤通过香港陆路口岸时电子关锁（安全智能锁）解封；
⑥进入内地公路口岸海关（提前发送内地海关公路舱单电子数据）；
⑦离开内地公路口岸海关时电子关锁（安全智能锁）自动施封；
⑧内地海关实施途中监管（应用卫星定位设备）；
⑨到达内地指运地海关监管作业场所电子关锁（安全智能锁）自动解封；
⑩在内地指运地海关监管作业场所办结货物申报查验放行等海关手续；
⑪车辆离开内地指运地海关监管作业场所（办结）。

（2）内地至香港（出境南下）：
①企业提前发送内地海关公路舱单电子数据；
②跨境运输车辆到达内地启运地海关监管作业场所，货物申报查验放行等海关手续；
③跨境运输车辆离开内地启运地海关监管作业场所时电子关锁（安全智能锁）自动施封；
④内地海关实施途中监管（应用卫星定位设备）；
⑤进入内地公路口岸海关时电子关锁（安全智能锁）自动解锁；
⑥通过香港陆路口岸时电子关锁（安全智能锁）施封；
⑦香港海关实施途中监管（应用卫星定位设备）；
⑧到达香港机场或香港葵涌码头时电子关锁（安全智能锁）解锁；
⑨货物从香港离境（办结）。

3. 工作进展

2012年11月16日，启动粤港地区海关快速通关对接"跨境一锁"（北行）模式。2013年8月21日，启动"跨境一锁"（南行）模式。2016年3月，粤港地区海关联合宣布"跨境一锁计划"正式全面推行。

第四节　暂时进出境货物的口岸监管

一、暂时进出境货物概述

（一）暂时进出境货物，是指因特定目的暂时进出我国关境，在海关规定的期限内，除因正常使用而产生的折旧或损耗外，应当原状复运出进境的货物。

（二）海关根据《海关法》、《国境卫生检疫法》及其实施细则、《进出境动植物检疫法》及其实施条例、《食品安全法》及其实施条例、《进出口商品检验法》及其实施条例、《关税条例》、《中华人民共和国海关暂时进出境货物管理办法》等有关法律、法规及规章以及有关国际公约的规定，对暂时进出境货物实施监管。

（三）依据《中华人民共和国海关暂时进出境货物管理办法》，暂时进出境货物可以分为以下13类：

1. 在展览会、交易会、会议以及类似活动中展示或者使用的货物（以下简称暂时进出境展览品）；
2. 文化、体育交流活动中使用的表演、比赛用品；
3. 进行新闻报道或者摄制电影、电视节目使用的仪器、设备以及用品；

4. 开展科研、教学、医疗活动使用的仪器、设备和用品；

5. 上述4项活动中使用的交通工具以及特种车辆；

6. 货样；

7. 慈善活动使用的仪器、设备以及用品；

8. 供安装、调试、检测、修理设备时使用的仪器以及工具；

9. 盛装货物的包装材料；

10. 旅游用自驾交通工具及其用品；

11. 工程施工中使用的设备、仪器以及用品；

12. 测试用产品、设备、车辆；

13. 海关总署规定的其他暂时进出境货物。

（四）除我国缔结或者参加的国际条约、协定以及国家法律、行政法规和海关总署规章另有规定外，暂时进出境货物免予交验许可证件。

（五）相关法律法规有检验检疫监管规定的，暂时进出境货物应当按照规定向海关办理检验检疫手续。

（六）暂时进出境货物的主管地海关为暂时进出境货物进出境地海关。境内展览会、交易会、会议及类似活动的主管地海关为其活动所在地海关。

通过转关运输方式进出境的暂时进出境货物，主管地海关为转关进境指运地或出境启运地海关。

二、ATA单证册概述

（一）ATA单证册是国际海关组织依据有关国际公约制定的一种国际性的、统一的海关文件。使用ATA单证册办理暂准进口货物通关手续时，无须填报报关单证，也不必单独办理税款担保手续。

（二）使用ATA单证册的暂时进境的货物限于我国加入的有关货物暂准进口的国际公约中规定的货物。

目前我国加入的公约有：

1. 《关于货物暂准进口的ATA单证册海关公约》（ATA公约）及其相关公约《关于便利在展览会、交易会、会议或类似活动中展示或使用的货物暂时进口海关公约》。

2. 《关于暂准进口的公约》（伊斯坦布尔公约）及其附约A《关于暂准进口单证的附约》、附约B.1《关于在展览会、交易会、会议及类似活动中供陈列或使用货物的附约》、附约B.2《关于专业设备的附约》、附约B.3《关于集装箱、托盘、包装物料、样品及其他与商业运营有关的进口货物的附约》、附约B.6《关于旅游者个人物品和体育用品进口的附约》。附约B.2和附约B.3的附录为附约不可分割的部分（附件5、附件6）。

（三）海关不接受邮运渠道货物、用于装载海关监管货物的进出境集装箱、进出境集装箱配套的配件和设备以及维修进出境集装箱的零配件使用ATA单证册。

（四）ATA单证册持证人包括自然人或法人。

（五）中国国际贸易促进委员会（中国国际商会）是我国ATA单证册的出证和担保机构，负责签发ATA单证册，向海关报送所签发单证册的中文电子文本，协助海关确认ATA单证册的真伪，并且向海关承担ATA单证册持证人因违反暂时进出境规定而产生的相关税费、罚款。

（六）海关总署设立ATA核销中心，履行以下职责：

1. 对 ATA 单证册进行核销、统计以及追索；

2. 应成员方担保人的要求，依据有关原始凭证，提供 ATA 单证册项下暂时进出境货物已经进境或者从我国复运出境的证明；

3. 对全国海关 ATA 单证册的有关核销业务进行协调和管理。

（七）海关只接受中文或英文填写的 ATA 单证册。

（八）ATA 单证册发生损坏、灭失等情况的，ATA 单证册持证人应当持原出证机构补发的 ATA 单证册到主管地海关进行确认。

补发的 ATA 单证册所填项目应当与原 ATA 单证册相同。

（九）ATA 单证册项下暂时进出境货物办理转关的，进境指运地、出境启运地海关为主管地海关；未办理转关的，进出境地海关为主管地海关。

三、暂时进出境货物的税款担保和征收

（一）符合海关有关规定的暂时进出境货物，在进境或者出境时纳税义务人向主管地海关缴纳相当于应纳税款的保证金或者提供其他担保的，可以暂不缴纳关税，并应当在规定期限内复运出境或者复运进境。

暂时进出境货物在规定期限内复运出境或者复运进境的，海关依法办理解除税款担保的相关手续。

（二）暂时进出境展览品在规定期限届满后不再复运出境或者复运进境的，纳税义务人应当在规定期限届满前向海关申报办理进出口及纳税手续。海关按照有关规定征收税款。

（三）除暂时进出境展览品外的其他暂时进出境货物，应当按照该货物的完税价格和其在境内滞留时间与折旧时间的比例计算征收进口关税，按月征收税款，或者在规定期限内货物复运出境或者进境时征收税款；在规定期限届满后不再复运出境或者复运进境的，纳税义务人应当在规定期限届满前向海关申报办理进出口及纳税手续，缴纳剩余税款。

（四）暂时进出境货物未在规定期限内复运出境或者复运进境，且纳税义务人未在规定期限届满前向海关申报办理进出口及纳税手续的，海关除按照规定征收应缴纳的税款外，还应当自规定期限届满之日起至纳税义务人申报纳税之日止按日加收应缴纳税款万分之五的滞纳金。

（五）以上条款中的"规定期限"均包括暂时进出境货物延长复运出境或者复运进境的期限。

（六）ATA 单证册项下暂时出境货物，由中国国际贸易促进委员会（中国国际商会）向海关总署提供总担保。

（七）ATA 单证册项下暂时进境货物未能按照规定复运出境或者过境的，ATA 核销中心应当向中国国际贸易促进委员会（中国国际商会）提出追索。自提出追索之日起 9 个月内，中国国际贸易促进委员会（中国国际商会）向海关提供货物已经在规定期限内复运出境或者已经办理进口手续证明的，ATA 核销中心可以撤销追索；9 个月期满后未能提供上述证明的，中国国际贸易促进委员会（中国国际商会）应当向海关支付税费和罚款。

四、暂时进出境货物的监管

（一）ATA 单证册持证人（以下简称持证人）、非 ATA 单证册项下暂时进出境货物收发货人（以下简称收发货人）可以在申报前向主管地海关提交"暂时进出境货物确认申请书"（以下简称"确认申请书"），申请对有关货物是否属于暂时进出境货物进行审核确认，并且办理相关手续，也可以在申报环节直接向主管地海关办理暂时进出境货物的有关手续。

（二）海关对持证人或者收发货人提交的"确认申请书"进行审核确认后，制发"中华人民共和国××海关暂时进出境货物审核确认书"（以下简称"海关审核确认书"），加盖海关验讫章。

持证人或者收发货人可以通过"互联网+海关"平台办理审核确认手续，海关审核同意后，在打印出的"海关审核确认书"上加盖验讫章，由持证人或者收发货人留存。

（三）收发货人可以自行向主管地海关办理货物通关手续，也可以委托代理人办理。收发货人或者其代理人办理通关手续时，应当按照《中华人民共和国海关进出口货物报关单填制规范》《海关总署关于发布〈中华人民共和国海关暂时进出境货物管理办法〉格式文书及有关报关单填制规范的公告》的要求填报报关单证，并向海关提供相关批准文件或者证明文件，以及发票、合同或者协议等海关需要审核的材料。

（四）持证人可以自行向主管地海关办理ATA单证册货物通关手续，也可以委托代理人办理。持证人或者其代理人办理通关手续时，应当向海关提交有效的ATA单证册以及相关商业单据或者证明材料。

对中国国际商会和境外商会签发的ATA单证册，应由中国出证机构（中国国际商会）在ATA单证册通关管理系统中录入电子数据。

（五）海关按照相关规定对暂时进出境货物实施口岸检查、检验、检疫，具体要求详见本章第二节。

（六）海关按照相关规定办理暂时进出境货物的转关运输手续并实施监管，具体要求详见本章第三节。

（七）海关完成暂时进出境通关单证或者ATA单证册审核、口岸检查、担保征收等作业后，放行报关单或者签注ATA单证册。

（八）暂时进出境货物应当在进出境之日起6个月内复运出境或者复运进境。

海关签注ATA单证册项下暂时进出境货物的进出境期限与单证册有效期一致。

（九）因特殊情况需要延长期限的，持证人、收发货人应当向主管地海关办理延期手续，延期最多不超过3次，每次延长期限不超过6个月。延长期届满应当复运出境、复运进境或者办理进出口手续。

国家重点工程、国家科研项目使用的暂时进出境货物以及参加展期在24个月以上展览会的展览品，在前款所规定的延长期届满后仍需要延期的，由主管地直属海关批准。

疫情期间，对已经办理过3次延期、受疫情影响无法按期复运进出境的暂时进出境货物，持证人或者收发货人可以向主管地海关办理不超过6个月的延期手续。

（十）暂时进出境货物需要延长复运进境、复运出境期限的，持证人、收发货人应当在规定期限届满前向主管地海关办理延期手续，并且提交"货物暂时进/出境延期办理单"以及相关材料。

持证人、收发货人可以通过"互联网+海关"平台办理延期手续。

（十一）海关同意暂时进出境货物延期后，同时办理税款担保的相应延期手续。

（十二）ATA单证册项下暂时进出境货物在境内外停留期限超过ATA单证册有效期的，ATA单证册持证人应当向原出证机构续签ATA单证册。续签的ATA单证册经主管地海关确认后可以替代原ATA单证册。

续签的ATA单证册只能变更单证册有效期限和单证册编号，其他项目应当与原单证册一致。续签的ATA单证册启用时，原ATA单证册失效。

（十三）暂时进出境货物可以异地复运出境、复运进境，由复运出境、复运进境地海关调取原暂时进出境货物报关单电子数据办理有关手续。

ATA 单证册持证人应当持 ATA 单证册向复运出境、复运进境地海关办理有关手续。

（十四）暂时进出境货物需要进出口的，持证人和收发货人应当在货物复运出境、复运进境期限届满前向主管地海关办理进出口手续。

持证人和收发货人或者其代理人办理暂时进出境货物进出口手续，应当按照规定提交相关材料，进出口货物涉及许可证件管理的，持证人和收发货人应当提前办理许可证件。

（十五）暂时进出境货物在规定期限内全部复运出境或复运进境后，或者转为进出口的，收发货人应当向主管地海关办理结案手续。

海关办理暂时进出境货物的结案手续时，一并办理暂时进出境货物的担保退转手续。

（十六）从境外暂时进境的货物（ATA 单证册项下暂时进境货物除外）转入海关特殊监管区域和保税监管场所的，主管地海关凭"出口货物报关单"对暂时进境货物予以核销结案。

（十七）暂时进出境货物因不可抗力的原因受损，无法原状复运出境、复运进境的，持证人、收发货人应当及时向主管地海关报告，可以凭有关部门出具的证明材料办理复运出境、复运进境手续；因不可抗力的原因灭失的，经主管地海关核实后可以视为该货物已经复运出境、复运进境。

暂时进出境货物因不可抗力以外其他原因受损或者灭失的，持证人、收发货人应当办理暂时进出境货物的进出口手续。

（十八）ATA 单证册项下暂时进境货物复运出境时，因故未经我国海关核销、签注的，ATA 核销中心凭由另一缔约方海关在 ATA 单证上签注的该批货物从该国进境或者复运进境的证明，或者我国海关认可的能够证明该批货物已经实际离开我国境内的其他文件，作为已经从我国复运出境的证明，对 ATA 单证册予以核销。

五、暂时进出境展览品的监管

（一）暂时进出境展览品是指在展览会、交易会、会议以及类似活动中展示或者使用的暂时进出境货物，具体包括：

1. 展览会展示的货物；
2. 为了示范展览会展出机器或者器具所使用的货物；
3. 设置临时展台的建筑材料以及装饰材料；
4. 宣传展示货物的电影片、幻灯片、录像带、录音带、说明书、广告、光盘、显示器材等；
5. 其他用于展览会展示的货物。

（二）展览会、交易会、会议以及类似活动（以下简称为展览会或展会）是指：

1. 贸易、工业、农业、工艺展览会，以及交易会、博览会；
2. 因慈善目的而组织的展览会或者会议；
3. 为促进科技、教育、文化、体育交流，开展旅游活动或者民间友谊而组织的展览会或者会议；
4. 国际组织或者国际团体组织代表会议；
5. 政府举办的纪念性代表大会。

以上这些展览会不包括在商店或者其他营业场所以销售国外货物为目的而组织的非公共展览会。

（三）暂时进出境展览品免予检验，但法律、法规另有规定的除外。

（四）境内展览会的办展人（以下简称办展人）应当在展会举办前 20 个工作日内向展会主管地海关办理进境展会及展览品的备案手续，并提供展览会相关批准文件或证明文件、展览会邀请函、展位确认书、展览品清单、进境展览品处置计划等海关需要审核的材料。

（五）入境动植物及其产品、动植物源性食品、特殊物品等展览品需办理检疫审批的，由海关总署或其授权的直属海关办理检疫审批手续。

允许来自非疫区但未获得进口检验检疫准入的动植物产品及动植物源性食品入境参展，但不得用于品尝、销售等除展示之外的其他用途。需要办理检疫审批手续的，按照特许审批办理。

已经深加工可消除动植物疫情传播风险的动植物产品及动植物源性食品免于检疫审批。

（六）强制性产品认证目录内的展品，应获得强制性产品认证。未获得强制性产品认证，但符合免予办理强制性产品认证条件的，可简化相关流程，由办展人提出申请，海关批量办理并签发"免予办理强制性产品认证证明"。

属于国家实施许可制度的展品，符合许可制度中免于取得相应许可条件的，应提供相应免于许可的证明文书。

（七）暂时进境展览品办理通关手续时，办展人、参展人应当按照有关法律、法规规定向主管地海关出具相关货物的检验检疫证书或者证明材料，其中：

1. 展览品为动植物、动植物产品、动植物源性食品的，应提供输出国家或地区官方出具的检疫证书（经过深加工的动植物源性食品、木制品、非食用动物产品、动物源性生物材料、饲料和添加剂等，可免于核查输出国或地区的检疫证书和原产地证）；涉及检疫审批的，还应提供相关检疫审批文件。

2. 展览品为食品、化妆品的，应按照海关的要求随附合格证明材料。

3. 展览品为转基因标识目录范围内且在参展过程中试吃、试用的，应提交是否含有"转基因"成分的书面声明。如含转基因成分，应提交国家主管部门出具的"转基因生物安全证书"。

4. 展览品为微生物、人体组织、生物制品、血液及其制品等特殊物品的，应验核"入/出境特殊物品卫生检疫审批单"。

5. 展览品为危险化学品的，应验核中文危险公示标签（散装产品除外）、中文安全数据单的样本；对需要添加抑制剂或稳定剂的展览品，还应验核实际添加抑制剂或稳定剂的名称、数量等情况说明。

（八）仅供展览的入境预包装食品、化妆品，免予抽样检验，免予加贴中文标签；对展会期间少量试用、品尝、馈赠的入境预包装食品、化妆品，根据食品安全风险评估情况，可在展前抽取样品检验，并可免予加贴中文标签；对样品已经检验合格并在展会现场少量试销的，免于加贴中文标签。对于免于加贴中文标签的进口食品、化妆品，应在展品旁以中文注明品名、保质期、禁忌、食用（使用）方法等事项。

（九）对于其他涉及检验检疫监管的进出境展览品，须按照相关规定办理检验检疫手续。

（十）海关按照相关规定对暂时进出境展览品实施口岸检查、检验、检疫。

（十一）展览会需要在我国境内两个或者两个以上关区内举办的，对于没有向海关提供全程担保的进境展览品，应当按照规定办理转关手续。

（十二）下列在境内展览会期间供消耗、散发的用品（以下简称展览用品），由海关根据展览会的性质、参展商的规模、观众人数等情况，对其数量和总值进行核定，在合理范围内的，按照有关规定免征进口关税和进口环节税：

1. 在展览活动中的小件样品（酒精饮料、烟草制品及燃料除外），包括原装进口的或者在展览期间用进口的散装原料制成的食品或者饮料的样品，此类货物，应当符合以下条件：

（1）由参展方免费提供并在展览期间专供免费分送给观众使用或者消费的；

(2) 单价较低，作广告样品用的；

(3) 不适用于商业用途，并且单位容量明显小于最小零售包装容量的；

(4) 食品及饮料的样品虽未按照第（3）项规定的包装分发，但确实在活动中消耗掉的。

2. 为展出的机器或者器件进行操作示范被消耗或者损坏的物料。

3. 布置、装饰临时展台消耗的低值货物。

4. 展览期间免费向观众散发的有关宣传品。

5. 供展览会使用的档案、表格以及其他文件。

第1点所列展览用品超出限量进口的，超出部分应当依法征税；第2点、第3点、第4点所列展览用品，未使用或者未被消耗完的，应当复运出境，不复运出境的，应当按照规定办理进口手续。

展览用品中的酒精饮料、烟草制品以及燃料，不适用有关免税的规定。

（十三）境内展览会举办期间拟试用、品尝、散发的展览用品，办展人、参展人还应当提供符合要求的合格证明和相关材料，经主管地海关同意后，方可实施。

（十四）境内展览会举办期间海关依法派员开展实地监管。办展人、参展人应当遵守海关对展览品的管理规定，配合海关做好监管工作。

（十五）海关派员进驻展览场所的，经主管地海关同意，展览会办展人可以就参展的展览品免予向海关提交担保。

展览会办展人应当提供必要的办公条件，配合海关工作人员执行公务。

（十六）未向海关提供担保的进境展览品在非展出期间应当存放在海关监管作业场所。因特殊原因需要移出的，应当经主管地海关同意，并且提供相应担保。

（十七）对于在境内展览会举办期间销售的展览品，办展人、参展人应当在销售前或展览会结束后，按照海关相关规定统一办理进口手续。涉及许可证件管理的，应当在销售前办理相关许可证件。

第五节 过境、转运、通运货物

一、过境、转运、通运货物的概念

（一）过境货物

过境货物是指由境外启运，通过中国境内陆路继续运往境外的货物。

同我国签订过境货物协定的国家的过境货物，或同我国签订铁路联运协定国家收、发货的，按有关协定准予过境；未同我国签订过境协定国家的过境货物，应当经国家经贸、运输主管部门批准并向入境地海关备案后准予过境。

（二）转运货物

转运货物是指由境外启运，在中国境内设立海关的地点换装另一运输工具后，不经过我国境内陆路继续运往境外的货物。

（三）通运货物

通运货物是指由船舶、航空器载运进境并由原运输工具载运出境的货物。

二、有关管理规定

（一）过境货物自进境起到出境止属海关监管货物，过境货物进境后、出境前确因实际需要进行换装、储存时，应经海关同意，并在海关监管作业场所进行。

（二）过境货物的经营人是经国家经贸主管部门批准、认可具有国际货物运输代理业务经营权，并拥有过境货物运输代理业务经营范围的企业。过境货物的承运人是经国家运输主管部门批准从事过境货物运输业务的企业。

（三）下列货物禁止过境：

一是来自或运往我国停止或禁止贸易的国家和地区的货物；

二是各种武器、弹药、爆炸物品及军需品；

三是各种烈性毒药、麻醉品和鸦片、吗啡、海洛因、可卡因等毒品；

四是微生物、人体组织、生物制品、血液及其制品等特殊物品；

五是我国法律、法规禁止过境的其他货物、物品。

民用爆炸品、医药用麻醉品等的过境运输，应经海关总署商有关部门批准同意后，方可过境。

经国家主管部门同意，各种武器、弹药、爆炸物品及军需品经军事途径运输通过我国国境的，由海关总署另行通知。

（四）过境货物自进境之日起超过3个月未向海关申报的，海关视其为超期未报关进口货物，按《海关法》第三十条、《中华人民共和国海关关于超期未报关进口货物、误卸或者溢卸的进境货物和放弃进口货物的处理办法》（海关总署令第91号）的有关规定处理。

（五）过境货物应当自进境之日起6个月内运输出境，在特殊情况下，经海关同意，可以延期，但延长期不得超过3个月。过境货物在规定时间内不能出境的，海关按《海关行政处罚实施条例》的有关规定处罚。

（六）过境货物进境时，经营人应当向进境地海关申报，并递交以下单证：中华人民共和国海关过境货物报关单、过境货物运输单据（运单、载货清单、装载清单）、海关需要的其他单据（发票、装箱单）。

（七）过境货物出境时，经营人应当向出境地海关申报，并交验进境地海关签发的关封及其他单证。

第六节　禁止或限制进出境货物的监管

一、概述

我国海关作为国家在对外开放口岸和海关监管业务集中地点设立的以进出境管理为职责的国家行政管理机关，依法对任何进出我国关境的货物或技术实施具体而有效的监管，以确保进出关境的货物或技术符合国家各项法律制度。

国家贸易管制政策正是通过主管部门依法发放各类许可证件，进出口企业持许可证件及其他单证（提单、发票、合同等）向海关报关，海关对实际进出口货物的合法性进行监管来实现的。对涉及国家进出境管制措施的进出口货物，海关需验凭有关证件、证书放行。

二、工作要求

（一）《海关法》有关规定

1. 《海关法》第二十四条规定："进口货物的收货人、出口货物的发货人应当向海关如实申报，交验进出口许可证件和有关单证。国家限制进出口的货物，没有进出口许可证件的，不予放行，具体处理办法由国务院规定。"此项规定，要求进出口货物收发货人在向海关申报货物进出口时，如果所申报的货物属于国家限制进出口的，应当向海关交验有关许可证件。不能提交进出口许可证件的，海关不予放行货物。

对于进出口货物是否属于许可证件管理范围有争议的，由海关总署商主管部门确认后办理相关手续。

2. 《海关法》第四十条规定："国家对进出境货物、物品有禁止性或限制性规定的，海关依据法律、行政法规、国务院的规定或者国务院有关部门依据法律、行政法规的授权作出的规定实施监管。"该规定一方面明确海关是依据法律、行政法规和部门规章对进出境货物、物品实施禁止或限制措施的；另一方面明确了对进出境货物、物品实施禁止或限制规定时，需要经过立法程序对外发布。

3. 《海关法》第六十六条规定："国家对进出境货物、物品有限制性规定，应当提供许可证件而不能提供的，以及法律、行政法规规定不得担保的其他情形，海关不得办理担保放行。"

（二）海关审核许可证件的要求

《海关审单工作制度》规定，海关应当对进出口货物收发货人提交的单证进行合法性审查，确保单机相符、单单相符、单货相符。其中，包括审查证件的有效性、证件内容与其他单证内容的一致性，以及证件的时效性等。

三、具体内容

分为禁止进口管理、禁止出口管理、限制进出口管理和自由进出口。

（一）禁止进口管理

1. 定义

禁止进口商品是指商务部会同国务院其他有关部门依法制定、调整并公布的《禁止进口货物目录》中，以及其他法律、行政法规规定禁止进口的商品，包括国家规定停止进口的商品等。禁止进口货物对应通关系统监管条件代码为"9"，禁止进口旧机电产品对应通关系统监管条件代码为"6"。

2. 适用范围

（1）国家基于下列原因，禁止有关货物、技术进口：

①为维护国家安全、社会公共利益或者公共道德，需要禁止进口的；

②为保护人的健康或者安全，保护动物、植物，保护环境，需要禁止进口的；

③为实施与黄金或者白银进口有关的措施，需要禁止进口的；

④依照法律、行政法规的规定，其他需要禁止进口的；

⑤根据我国缔结或者参加的国际条约、协定的规定，其他需要禁止进口的。

（2）《禁止进口货物目录》所列的货物。

（3）商务部或商务部会同国务院其他有关部门，经国务院批准，在《中华人民共和国对外贸易法》（以下简称《对外贸易法》）第十六条和第十七条规定的范围内，临时决定在《禁止进口货物目录》以外禁止进口的特定货物、技术。

（4）其他法律、行政法规禁止进口的野生动物、植物及其产品等。

①严禁进口来自疫区的相关动物和动物产品、肉骨粉等动物性饲料和动物源性生物制品。

②禁止以任何贸易方式和捐赠方式进口右置方向盘汽车（包括使领馆和外商常驻机构公私用车辆，经批准供研发用的样车除外）。进口右置方向盘研发用样车，进口单位持"自动进口许可证"（商品用途栏标注"仿制样机或合作制造"；规格型号栏标注"右置方向盘"）向汽车整车进口口岸海关办理报关手续。海关对上述车辆不签发汽车用"货物进口证明书"。

③禁止以任何贸易方式进口仿真枪。

④禁止进口以CFC-12为空调制冷工质的汽车及以CFC-12为制冷工质的汽车空调压缩机（含汽车空调器）。

⑤禁止进口以全氯氟烃物质（简称CFCs）为制冷剂的工业、商业用压缩机。

⑥禁止进口以氯氟烃物质为制冷剂、发泡剂的家用电器产品和以氯氟烃为制冷工质的家用电器产品用压缩机。

⑦禁止中华人民共和国境外的固体废物进境倾倒、堆放、处置，禁止进口不能用作原料或者不能以无害化方式利用的固体废物，禁止进口未列入《限制进口类可用作原料的固体废物目录》和《非限制进口类可用作原料的固体废物目录》的固体废物。

⑧严禁受放射性污染的废旧金属进口。

⑨对于属于下述情况的，按禁止进口废物管理：

A. 国家禁止进口的货物因丧失原有利用价值或者虽未丧失利用价值但被抛弃或者放弃，或者其他原因而成为固体废物的；

B.《控制危险废物越境转移及其处置巴塞尔公约》认定是危险废物和其他废物（从住家收集的废物）的，以及列入我国《国家危险废物名录》或根据《危险废物鉴别标准》鉴别为危险废物的。

⑩禁止进口15瓦及以上普通照明白炽灯（含从海关特殊监管区域和保税监管场所进口），豁免产品为反射型白炽灯和特殊用途白炽灯（其中，特殊用途白炽灯是指专门用于科研、医疗、火车、船舶、航空器、机动车辆、家用电器等的白炽灯）。

⑪禁止以任何贸易方式进口旧玻壳、旧显像管、再生显像管、旧电视机。

⑫禁止进口带有"DARKIE"文字和其他丑化黑人的文字或图形的商品。

⑬禁止进口《濒危野生动植物种国际贸易公约》中禁止以商业贸易为目的进口的濒危野生动植物及其产品，因科学研究、驯养繁殖、人工培育、文化交流等特殊情况，需要进口的，应当经国务院野生动植物主管部门批准，按规定由国务院批准的，应当报经国务院批准。

⑭国家禁止进口载有下列内容的印刷品及音像制品：

A. 反对宪法确定的基本原则的；

B. 危害国家统一、主权和领土完整的；

C. 危害国家安全或者损害国家荣誉和利益的；

D. 攻击中国共产党，诋毁中华人民共和国政府的；

E. 煽动民族仇恨、民族歧视，破坏民族团结，或者侵害民族风俗、习惯的；

F. 宣扬邪教、迷信的；

G. 扰乱社会秩序，破坏社会稳定的；

H. 宣扬淫秽、赌博、暴力或者教唆犯罪的；

I. 侮辱或者诽谤他人，侵害他人合法权益的；

J. 危害社会公德或者民族优秀文化传统的；

K. 国家主管部门认定禁止出境的；

L. 有法律、行政法规和国家规定禁止的其他内容的。

⑮禁止进口下列兽药：

A. 经风险评估可能对养殖业、人体健康造成危害或者存在潜在风险的；

B. 疗效不确定、不良反应大的；

C. 来自疫区可能造成疫病在中国境内传播的兽用生物制品；

D. 生产条件不符合规定的；

E. 标签和说明书不符合规定的；

F. 被撤销、吊销进口兽药注册证书的；

G. 进口兽药注册证书有效期届满的；

H. 未取得进口兽药通关单的；

I. 农业部禁止生产、经营和使用的。

⑯禁止进口疗效不确定、不良反应大或者其他原因危害人体健康的药品。

⑰禁止进口旧麻袋。

⑱停止进口商品包括：氯酸钾、硝酸铵［按照《国防科工委、海关总署办公厅关于硝酸铵进口有关问题的通知》（委办安〔2005〕209号），海关验核中华人民共和国工业和信息化部（以下简称工业和信息化部）审批签发的"民用爆炸物品进口审批单"并按规定办理进口验放手续的硝酸铵除外］。

⑲禁止进口标有"二战"时期日本零式战斗机和纳粹德国战斗机标记的货物。

⑳禁止进口不符合电子信息产品有毒、有害物质或元素控制国家标准或行业标准的电子信息产品。

（5）《中华人民共和国技术进出口管理条例》禁止进口的技术不得进口。禁止进口技术参见《中国禁止进口限制进口技术目录》（原中华人民共和国对外贸易经济合作部、原中华人民共和国国家经济贸易委员会令2001年第15号发布，商务部2007年第7号令修订）。

（6）进口货物及其包装上带有违反一个中国原则内容的，不得进口。海关在监管工作中发现进口货物或货物包装上印有"中华民国制造""MADE IN ROC"或标有"中华民国"年号的，应要求有关企业涂掉、撕去或改换包装后再予办理进口手续；对无法作消除处理的货物，予以退运。改换下来的上述包装材料应在海关监管下予以销毁或作除标处理。

（7）禁止进口滴滴涕、氯丹、灭蚁灵及六氯苯。

（8）禁止进口莱克多巴胺和盐酸莱克多巴胺。

（9）自2010年7月1日起，除按照有关政府间协定可以免税进境机动车辆的常驻机构和常驻人员、国家专门引进的高层次人才和专家以外，其他常驻机构和常驻人员不得进境旧机动车辆，对其旧机动车辆进境申请，海关不予受理。

（10）禁止侵犯知识产权的货物进口。

（11）禁止进口 α-六氯环己烷、β-六氯环己烷、十氯酮、五氯苯、六溴联苯、四溴二苯醚和五溴二苯醚、六溴二苯醚和七溴二苯醚。

禁止林丹、全氟辛基磺酸及其盐类和全氟辛基磺酰氟、硫丹［除特定豁免和可接受用途（详见环境保护部等十二部门公告 2014 年第 21 号附表）外］的进口。

（12）禁止任何单位和个人进口纳入《非药用类麻醉药品和精神药品列管办法》附表所列《非药用类麻醉药品和精神药品管制品种增补目录》之"奥芬太尼"等 116 个列管品种。

（13）根据联合国安理会有关决议规定需执行禁运的商品。

（14）按照有关公告内容禁止自朝鲜进口部分货物［《关于对朝鲜禁运部分矿产品清单公告》（商务部、海关总署公告 2016 年第 11 号）、《关于新增对朝鲜禁运部分产品清单公告》（商务部、海关总署公告 2016 年第 81 号）、《关于 2017 年 12 月 31 日前暂停进口朝鲜原产煤炭的公告》（商务部、海关总署公告 2017 年第 12 号）］。

3. 管理规定

（1）纳入禁止进口管理的商品（包括停止进口商品），任何企业不得进口。

（2）禁止在向国内捐赠的医疗器械中夹带列入《禁止进口货物目录》的物品，以及有害环境、公共卫生和社会道德及政治渗透等违禁物品。

（3）国家禁止以任何方式进口列入《禁止进口的旧机电产品目录》中的旧机电产品。禁止进口机电产品不得进入海关特殊监管区域和海关保税监管场所。

列入《禁止进口的旧机电产品目录》，属中国生产并出口的机电产品，如需进入出口加工区进行售后维修的，需报商务部审核，具体办法另行制定。

（二）禁止出口管理

1. 定义

禁止出口商品是指商务部会同国务院其他有关部门依法制定、调整并公布的《禁止出口货物目录》中以及其他法律、行政法规规定禁止出口的商品，包括国家规定停止出口的商品等。禁止出口货物对应通关系统监管条件代码为"8"。

2. 适用范围

（1）国家基于下列原因，可以禁止有关货物、技术出口：

①为维护国家安全、社会公共利益或者公共道德，需要禁止出口的；

②为保护人的健康或者安全，保护动物、植物，保护环境，需要禁止出口的；

③为实施与黄金或者白银出口有关的措施，需要禁止出口的；

④国内供应短缺或者为有效保护可能用竭的自然资源，需要禁止出口的；

⑤依照法律、行政法规的规定，其他需要禁止出口的；

⑥根据我国缔结或者参加的国际条约、协定的规定，其他需要禁止出口的；

⑦执行联合国安理会有关决议的。

（2）《禁止出口货物目录》管理的货物。

（3）商务部或由商务部会同国务院其他有关部门，经国务院批准，在《对外贸易法》第十六条和第十七条规定的范围内，临时决定对《禁止出口货物目录》以外的特定货物、技术禁止出口。

（4）其他法律、行政法规禁止出口的文物和野生动物、植物及其产品等。

①国有文物、非国有文物中的珍贵文物和国家规定禁止出境的其他文物，不得出境，依照《中华人民共和国文物保护法》规定出境展览或者因特殊需要经国务院批准出境的除外。

②《濒危野生动植物种国际贸易公约》禁止以商业贸易为目的出口的濒危野生动植物及其产品。因科学研究、驯养繁殖、人工培育、文化交流等特殊情况，需要出口的，应当经国务院野生动植物主管部门批准，按照有关规定由国务院批准的，应当报经国务院批准。

③禁止出口未定名的或者新发现并有重要价值的野生动植物及其产品，以及国务院或者国务院

野生动植物主管部门禁止出口的濒危野生动植物及其产品。

④禁止野生红豆杉及其部分和产品的商业性出口。

⑤禁止出口劳改产品。

⑥禁止出口以全氯氟烃物质（简称CFCs）为制冷剂的工业、商业用压缩机。

⑦禁止出口原料血浆。

⑧国内生产、经营的中药材天花粉（包括天花粉提取物），不准出口。

⑨白氏贝、企鹅贝和白蝶贝均属我国特有的珍珠贝类，已经列入《我国现阶段不对国外交换的水产种质资源名录》，任何单位和个人不得对外提供这类物种，包括成体、幼苗和卵等。

⑩禁止出口标有"二战"时期日本零式战斗机和纳粹德国战斗机标记的货物。

⑪禁止出口以氯氟烃物质为制冷剂、发泡剂的家用电器产品和以氯氟烃为制冷工质的家用电器产品用压缩机。

⑫国家禁止出口载有下列内容的印刷品及音像制品：

A. 反对宪法确定的基本原则的；

B. 危害国家统一、主权和领土完整的；

C. 泄露国家秘密、危害国家安全或者损害国家荣誉和利益的；

D. 攻击中国共产党，诋毁中华人民共和国政府的；

E. 煽动民族仇恨、民族歧视，破坏民族团结，或者侵害民族风俗、习惯的；

F. 宣扬邪教、迷信的；

G. 扰乱社会秩序，破坏社会稳定的；

H. 宣扬淫秽、赌博、暴力或者教唆犯罪的；

I. 侮辱或者诽谤他人，侵害他人合法权益的；

J. 危害社会公德或者民族优秀文化传统的；

K. 国家主管部门认定禁止出境的；

L. 法律、行政法规和国家规定禁止的其他内容的；

M. 涉及国家秘密的；

N. 国家主管部门认定禁止出境的。

⑬禁止出口带有"DARKIE"文字和其他丑化黑人的文字或图形的商品。

（5）《中华人民共和国技术进出口管理条例》禁止出口的技术不得出口。禁止出口技术详见《中国禁止出口限制出口技术目录》（商务部、科学技术部令2008年第12号）。

（6）出口货物及其包装上带有违反一个中国原则内容的，不得出口。海关在监管工作中发现出口货物或货物包装上印有"中华民国制造""MADE IN ROC"或标有"中华民国"年号的，应要求有关企业涂掉、撕去或改换包装后再予办理出口手续。改换下来的上述包装材料应在海关监管下予以销毁或作除标处理。

（7）禁止侵犯知识产权的货物出口。

（8）除加工贸易出口未锻造或粉末状铂、板（片）状铂凭出口许可证验放外，禁止出口未锻造或粉末状铂、板（片）状铂。

（9）禁止出口莱克多巴胺、盐酸莱克多巴胺。

（10）禁止出口滴滴涕、氯丹、灭蚁灵、六氯苯。

（11）禁止出口 α-六氯环己烷、β-六氯环己烷、十氯酮、五氯苯、六溴联苯、四溴二苯醚和五溴二苯醚、六溴二苯醚和七溴二苯醚。

禁止林丹、全氟辛基磺酸及其盐类和全氟辛基磺酰氟、硫丹［除特定豁免和可接受用途（详见环境保护部等十二部门公告2014年第21号附表）外］的出口。

（12）禁止任何单位和个人出口纳入《非药用类麻醉药品和精神药品列管办法》附表所列《非药用类麻醉药品和精神药品管制品种增补目录》之"奥芬太尼"等116个列管品种。

（13）禁止向朝鲜出口《关于对朝鲜禁运部分矿产品清单公告》（商务部、海关总署公告2016年第11号）、《关于增列禁止向朝鲜出口的两用物项和技术清单公告》（商务部、工业和信息化部、国家原子能机构、海关总署公告2016年第22号）、《关于新增对朝鲜禁运部分产品清单公告》（商务部、海关总署公告2016年第81号）、《增列禁止向朝鲜出口的两用物项和技术清单》（商务部、工业和信息化部、国家国防科技工业局、国家原子能机构、海关总署公告2017年第9号）的商品。

3. 管理规定

（1）纳入禁止出口管理的商品（包括停止出口商品），任何企业不得经营出口。

（2）凡列入禁止出口管理货物目录的商品，因添加、混合其他成分，或仅简单加工导致商品编号改变的，须按照原海关商品编号的管理方式进行管理。

简单加工，是指申报出口商品加工工艺或外观达不到其商品描述的要求，一般适用于同类（指同种材料制成的商品，下同）初级产品有管理但深加工产品没有管理的商品。国家、行业有标准的，以国家标准、行业标准作为判定标准；暂无上述标准的，由商务主管部门会同海关组织专家组协商后认定。

（三）限制进出口管理

国务院授权有关部门依法制定、调整并公布限制进出口货物和技术目录，海关对限制进出口目录中的货物和技术实施监督管理。主要包括：

1. 进、出口许可证管理，是指由商务部或其会同国务院有关部门依法对实行数量限制或其他限制的进出口货物签发进口许可证、出口许可证。商务部会同海关总署制定、调整和发布年度《进口许可证管理货物目录》《出口许可证管理货物目录》。海关依法对进口许可证管理货物、出口许可证管理货物实施监管。

2. 两用物项和技术进出口管理，是指由商务部负责制定两用物项和技术进出口许可证管理办法及规章制度，商务部会同海关总署制定和发布《两用物项和技术进出口许可证管理目录》，海关依法对两用物项和技术进出口实施监督管理。

3. 固体废物进口管理，是指由国务院环境保护行政主管部门根据法律、法规对进口固体废物实施分类管理，海关依法对进口废物实施监管。禁止进口列入禁止进口目录的固体废物，进口列入限制进口目录的固体废物，必须取得固体废物进口相关许可证。除另有规定外，对限制进口类可用作原料的固体废物，应当持固体废物进口相关许可证等有关单证向海关办理进口验放手续；对非限制进口类可用作原料的固体废物，应当持有关单证向海关办理进口验放手续。

4. 药品进出口管理，是指由国家食品药品监督主管部门依法对进口药品实施监督管理，海关依法对药品进出口实施监管。药品进出口的管理范围，包括对一般药品进口、精神药品进出口、麻醉药品进出口及其他药品（包括医疗用毒性药品，如砒石、阿托品等）、放射性药品（如裂变制品、放射性同位素发生器及其配套药盒等）和兴奋剂等进出口的许可证或批件管理。

5. 濒危物种进出口管理，是指由国家濒危物种进出口管理办公室依法对受保护的珍贵、濒危野生动植物及其产品实施进出口管理，海关依法对濒危物种进出口实施监管。《进出口野生动植物种商品目录》由国家濒危物种进出口管理办公室和海关总署共同制定、调整并公布，对列入该目录的物种及其产品实行野生动植物进出口证书管理。

除了上述限制进出口货物和技术以外，国家还对黄金及黄金制品、音像制品、有毒化学品、农药、兽药、民用爆破器材、现钞、文物、人类遗传资源、血液、化石等货物实施限制进出口管理。

（四）自由进出口

根据《对外贸易法》的规定，进出口属于自由进口的货物，不受限制。但对于其中属于自动进口管理的货物和自由进出口的技术，经营者仍须履行相应的自动进口许可或登记手续。

第三章 进出境运输工具监管

第一节 进出境运输工具

一、概述

(一) 定义

进出境运输工具（以下简称运输工具），是指用于载运人员、货物、物品进出境的各种船舶、航空器、铁路列车、公路车辆和驮畜。

运输工具负责人，是指进出境运输工具的所有企业、经营企业，船长、机长、汽车驾驶员、列车长，以及上述企业或者人员授权的代理人。

运输工具服务企业，是指为进出境运输工具供给物料或者接受运输工具（包括工作人员及所载旅客）消耗产生的废、旧物品的企业。

(二) 备案管理

1. 适用范围

（1）运输工具；

（2）运输工具负责人；

（3）运输工具服务企业。

2. 备案

（1）运输工具、运输工具负责人、运输工具服务企业应当在经营业务所在地的直属海关或者经直属海关授权的隶属海关备案。

（2）运输工具备案时，应当提交以下文件：

①运输工具备案表；

②运输工具备案表所列明的材料。

（3）运输工具负责人备案时，应当提交下列材料：

①运输工具负责人备案表；

②运输工具负责人备案表所列明的材料。

（4）运输工具服务企业向海关备案时，应当提交下列材料：

①运输工具服务企业备案表；

②运输工具服务企业备案表所列明的材料。

3. 变更

在海关备案的有关内容如果发生改变的，运输工具负责人、运输工具服务企业应当在海关规定的时限内持"备案变更表"和有关文件到备案海关办理变更手续。

备案的运输工具负责人、运输工具服务企业主动申请撤销备案或海关依法应当撤销备案的，海关予以撤销备案。

(三) 运输工具海关基础管理

1. 除经国务院或者国务院授权的部门批准外，运输工具应当通过设立海关的地点进境或者出境，在海关监管作业场所停靠、装卸货物和物品、上下人员。

2. 因不可抗力，运输工具被迫在未设立海关的地点或者在非海关监管作业场所停靠、降落或者抛掷、起卸货物、物品，以及上下人员的，运输工具负责人应当立即报告附近海关。附近海关应当对运输工具及其所载的货物、物品实施监管。

3. 进境运输工具在进境以后向海关申报以前，出境运输工具在办结海关手续以后出境以前，应当按照交通运输主管部门规定的路线行进，交通运输主管部门没有规定的，由海关指定。进境运输工具在进境申报以后出境以前，应当按照海关认可的路线行进。

4. 进境的境外运输工具和出境的境内运输工具，未向海关办理手续并缴纳关税，不得转让或者移作他用。

5. 运输工具作为货物以租赁或其他贸易方式进出口的，除办理运输工具进境或者出境手续外，还应当按照有关规定办理运输工具进出口报关手续。

6. 运输工具到达或者驶离设立海关的地点时，运输工具负责人应当向海关申报运输工具电子数据。因计算机或者网络故障等特殊情况，电子数据无法传输的，经海关批准，企业可递交纸质单证办理相关手续。故障消除后，企业应补充传输申报有关电子数据。

(四) 物料管理

1. 经运输工具负责人申请，海关核准，进出境运输工具可以添加、起卸、调拨下列物资：
（1）保障运输工具行驶（航行）的轻油、重油等燃料；
（2）供应运输工具工作人员和旅客的日常生活用品、食品等；
（3）保障运输工具及所载货物运输安全的备件、垫舱物料，以及加固、苫盖用的绳索、篷布、苫网等；
（4）海关核准的其他物品。

2. 进出境运输工具需要添加、起卸物料的，物料添加单位或者接受物料起卸单位应当向海关申报，并提交以下单证：
（1）"中华人民共和国海关运输工具起卸/添加物料申报单"；
（2）添加、起卸物料明细单以及合同、发票等相关单证。

3. 进出境运输工具之间调拨物料的，除办理相关起卸、添加手续外，接受物料的进出境运输工具负责人应当在物料调拨完毕后向海关提交运输工具物料调拨清单。

4. 进出境运输工具添加、起卸、调拨物料的，应当接受海关监管。

5. 进出境运输工具添加、起卸、调拨的物料，进出境运输工具负责人免予提交许可证件，海关予以免税放行；添加、起卸国家限制进出境或者涉及国计民生的物料超出自用合理数量范围的，应当按照进出口货物的有关规定办理海关手续。

6. 除下列情况外，进出境运输工具使用过的废弃物料应当复运出境：
（1）进出境运输工具负责人声明废弃的物料属于《自动进口许可管理类可用作原料的废物目录》和《限制进口类可用作原料的废物目录》列明，且接收单位已经办理进口手续的。
（2）不属于《自动进口许可管理类可用作原料的废物目录》和《限制进口类可用作原料的废物目录》范围内的供应物料，以及航空器产生的垃圾等，且民用航空企业或者接受单位能够自卸下航空器之日起30天内依法作无害化处理的。

上述第（1）（2）项所列物项未办理合法手续或者未在规定时限内依法作无害化处理的，海关可以责令退运。

7. 进出境运输工具负责人应当将进口货物全部交付收货人。经海关核准，同时符合下列条件的扫舱地脚可以免税放行：

(1) 进口货物为散装货物；

(2) 进口货物的收货人确认运输工具已经卸空；

(3) 数量不足1吨，且不足进口货物重量的0.1%。

上述规定的扫舱地脚涉及许可证件管理的，进出境运输工具负责人免于提交许可证件。

(五) 工作人员携带物品管理

1. 进出境运输工具工作人员携带物品进出境的，应当向海关申报并接受海关监管。

2. 进出境运输工具工作人员携带的物品，应当以服务期间必需和自用合理数量为限。

3. 进出境运输工具工作人员需携带物品进入境内使用的，应当向海关办理手续，海关按照有关规定验放。

4. 进出境运输工具工作人员不得为其他人员托带物品进境或者出境。

二、 国际航行船舶监管

1. 国际航行船舶监管概述

(1) 定义

国际航行船舶是指进出中华人民共和国口岸的外国籍船舶和航行国际航线的中华人民共和国国籍船舶，包括我国经营国际运输兼营国内运输的船舶和我国经营国内运输兼营国际运输的船舶。进出境的"科学考察船""远洋渔船""石油勘探专用船""海上钻井平台""专业公务船"等船舶比照国际航行船舶管理。

(2) 进出境船舶的监管

海关对于进出境船舶的监管由备案管理、动态及申报管理、登临检查等部分组成。海关通过备案管理掌握船舶运营企业、船舶服务企业、船舶的基本情况；通过动态及申报管理掌控船舶的航行动态，接受船舶的进出境（港）、供退物料等申报；根据风控部门下达的指令对船舶实施登临检查。

海关对进出境船舶实施监管的目的，是确保船舶合法进出境，其所载进出境人员、货物、物品能够按照海关规定的流程接受海关监管。海关对于进出境船舶的监管以监控船舶的进出状态、停靠位置、装卸情况为主要职责，是确保海关监管职能的重要保证，是构成海关舱单—运输工具—监管作业场所监管体系的重要一环。

根据运输工具管理的相关规定，除经国务院或者国务院授权的部门批准外，进出境运输工具应当通过设立海关的地点进境或者出境，在海关监管作业场所停靠、装卸货物和物品、上下人员。因不可抗力，进出境船舶被迫在未设立海关的地点或者在非海关监管作业场所停靠或者抛掷、起卸货物、物品以及上下人员的，进出境船舶负责人应当立即报告附近海关。附近海关应当对进出境船舶及其所载的货物、物品实施监管。

进出境船舶到达或者驶离设立海关的地点时，进出境船舶负责人应当通过海关运输工具管理系统（以下简称运输工具系统）向海关申报。（注：海关接收为此系统，企业申报是通过"单一窗口"）

进境的境外船舶和出境的境内船舶，未向海关办理手续并缴纳关税，不得转让或者移作他用。进出境船舶作为货物以租赁或其他贸易方式进出口的，除办理进出境船舶进境或者出境手续外，还应当按照有关规定办理进出境船舶进出口报关手续。

2. 进出境船舶的一般监管流程

进出境船舶在国内主要有进境、出境、境内续驶3种类型，其主要的申报和监管流程如下：

（1）备案管理

在开展业务前，进出境船舶、进出境船舶运营企业、进出境船舶代理企业和进出境运输工具服务企业应当在经营业务所在地的直属海关或者经直属海关授权的隶属海关备案。海关对上述备案实行全国海关联网管理。

备案应当分别提交"进出境国际航行船舶备案表""运输工具服务企业备案表"等，并同时提交上述备案表随附单证栏中列明的材料。

备案内容发生变更的，相关企业应当在海关规定的时限内凭"备案变更表"和有关文件向备案的海关办理备案变更手续。

进出境船舶负责人、进出境运输工具服务企业可以主动申请撤销备案，海关也可以依法撤销备案。

（2）进境监管

为及时掌控进境船舶的航行动态，海关要求进出境船舶负责人按表3-1中时限向海关申报运输工具进境动态电子数据：

表3-1 向海关申报运输工具进境动态电子数据时限表

环节	申报时限
航行计划	航程在4小时以内的水路定期客运航线（以下简称"短途定期客运航线"）进境（港）船舶，在预计抵达境内第一目的港当日零时前；出境（港）船舶，在预计驶离出发港当日零时前； 其他载有货物、物品的进境（港）船舶，在原始舱单主要数据传输以前；出境（港）船舶，在预配舱单主要数据传输以前； 其他未载有货物、物品的进境（港）船舶，在预计抵港的24小时以前；出境（港）船舶，在预计驶离的4小时以前
预报动态	短途定期客运航向进出境（港）船舶，不设置预报动态；其他进境（港）船舶，在抵港以前；出境（港）船舶，不设置预报动态
确报动态	进境（港）船舶，在抵港后2小时以内，出境（港）船舶，在驶离后2小时以内
航次取消	进出境（港）船舶，在航行计划或预报动态后、确报动态前

进出境船舶负责人应当在下列时限，以电子数据形式向海关申报运输工具申报单：

①"中华人民共和国海关船舶进境预申报单"电子数据。

在进境船舶预计进境的24小时以前。

航程24小时以内的进境船舶，在驶离上一港以前。

②"中华人民共和国海关船舶进境申报单""中华人民共和国海关船舶进港申报单"电子数据。

在进境（港）船舶抵港后2小时以内。

船舶负责人也可以在进境（港）船舶抵港前提前向海关办理申报手续。

进境运输工具在向海关申报以前，未经海关同意，不得装载卸货物、物品，除引航员、口岸检查机关工作人员外不得上下人员。

（3）停留监管及登临检查

进出境运输工具到达设立海关的地点时，应当接受海关监管和检查。海关检查进出境运输工具时，运输工具负责人应当到场，并根据海关的要求开启舱室、房间、车门；有走私嫌疑的，并应当开拆可能藏匿走私货物、物品的部位，搬移货物、物料。

进出境运输工具负责人应当在进出境运输工具装卸货物的 1 小时以前通知海关；航程或者路程不足 1 小时的，可以在装卸货物以前通知海关。

海关可以对进出境运输工具装卸货物实施监装监卸。

进出境运输工具装卸货物、物品完毕后，进出境运输工具负责人应当向海关递交反映实际装卸情况的交接单据和记录。

进出境运输工具在海关监管作业场所停靠期间更换停靠地点的，进出境运输工具负责人应当事先通知海关。

(4) 境内续驶监管

进出境船舶在境内从一个设立海关的地点驶往另一个设立海关的地点的，船舶负责人应当向驶离地海关申报"中华人民共和国海关船舶出港申报单"电子数据，向目的地海关申报"中华人民共和国海关船舶进港申报单"电子数据。

驶离地海关在办结离港手续时，在系统中发送"转港通知书"电子数据至目的地海关。因计算机或网络故障等特殊情况无法发送或接收"转港通知书"电子数据的，续驶驶离地海关应当使用纸质关封办理相关业务，并及时通知续驶目的地海关。进出境运输工具负责人应当妥善保管关封，在抵达另一设立海关的地点时提交目的地海关验核。

未经驶离地海关同意，进出境船舶不得改驶其他目的地；未办结海关手续的，不得改驶境外。

进出境船舶在境内从一个设立海关的地点驶往另一个设立海关的地点时，海关可以派员随进出境船舶实施监管，进出境船舶负责人应当为海关人员提供方便。

(5) 出境监管

为及时掌控出境船舶的航行动态，海关要求进出境船舶负责人按表 3-2 中时限向海关申报运输工具出境动态电子数据：

表 3-2　向海关申报运输工具出境动态电子数据时限表

环节	申报时限
航行计划	出境（港）船舶，在预计驶离出发港当日零时前； 出境（港）船舶，在预配舱单主要数据传输以前； 其他载有货物、物品的出境（港）船舶，在预计驶离的 4 小时以前
确报动态	出境（港）船舶，在驶离后 2 小时以内
航次取消	出境（港）船舶，在航行计划后、确报动态前

"中华人民共和国海关船舶出境申报单""中华人民共和国海关船舶出港申报单"电子数据。

在出境（港）船舶预计驶离 4 小时以内。

出境（港）船舶在口岸停泊时间不足 24 小时的，船舶负责人也可以在海关接收"中华人民共和国海关船舶进境申报单"或"中华人民共和国海关船舶进港申报单"电子数据后，申报"中华人民共和国海关船舶出境申报单"或"中华人民共和国海关船舶出港申报单"电子数据。

海关制发"结关通知书"以后，非海关同意，出境运输工具不得装卸货物、上下旅客。

进出境船舶在办结海关出境或者续驶手续后的 24 小时未能驶离的，进出境船舶负责人应当重新办理有关手续。

3. 进出境船舶的其他监管业务

（1）沿海捎带①

①定义

根据交通运输部《关于在上海试行中资非五星旗国际航行船舶沿海捎带的公告》（交通运输部公告2013年第55号）的规定，为推动上海国际航运中心和中国（上海）自由贸易试验区建设，允许中资航运公司利用全资或控股拥有的非五星旗国际航行船舶，经营以上海港为国际中转港的外贸进出口集装箱在国内对外开放港口与上海港之间的捎带业务。

"中资航运公司"，指注册在境内，依据《中华人民共和国国际海运条例》取得"国际班轮运输经营资格登记证"、从事国际海上运输业务的企业法人。

②沿海捎带的监管

中国籍国际航行船舶，拟开展承运海关转关运输集装箱货物试点业务的，应当参照《中华人民共和国海关关于境内公路承运海关监管货物的运输企业及其车辆、驾驶员的管理办法》（海关总署令第121号）的要求，向主管地直属海关办理备案手续，并在《国际航行船舶进出境（港）海关监管簿》的"船舶情况登记表"备注栏内批注登记编号。

中资航运公司全资或控股拥有的非中国籍国际航行船舶，拟开展承运海关转关运输集装箱货物试点业务的，应当持交通运输部核发的"中资非五星旗国际航行船舶试点沿海捎带业务备案证明书"，参照《中华人民共和国海关关于境内公路承运海关监管货物的运输企业及其车辆、驾驶员的管理办法》（海关总署令第121号）的要求，向主管地直属海关办理备案手续。

中资航运公司全资或控股拥有的非中国籍国际航行船舶，承运海关转关运输集装箱货物试点业务，仅限以上海港为国际中转港、在国内对外开放港口与上海港之间开展。中资航运公司不得将经海关备案，开展承运海关转关运输集装箱货物试点业务的船舶转租他人。

（2）内外贸同船运输

①定义

内外贸同船运输是指从事承运海关监管货物的船舶，同时承载内贸和外贸集装箱货物的运输。

②内外贸同船运输的监管

港口企业、船运公司拟开展同船运输试点业务的，应当参照海关对承运海关监管货物运输工具监管及监管作业场所（场地）的相关要求，向主管地直属海关办理备案手续。

港口企业在存储内贸和外贸集装箱货物时，应当划分区域、分别堆存、不得混放，并设立明显标识；对于装卸同船运输集装箱货物的港区码头，应当按照海关对监管作业场所（场地）的管理要求，实施封闭式卡口管理，并与海关计算机联网传输相关数据。

同船运输集装箱箱体应当符合《中华人民共和国海关对用于装载海关监管货物的集装箱和集装箱式货车车厢的监管办法》（海关总署令第110号）的标准。

（3）兼营船舶

①定义

兼营船舶系指我国经营国际运输兼营国内运输的船舶和我国经营国内运输兼营国际运输的船舶。

②兼营船舶的监管

进出境船舶兼营境内客、货运输，需经海关同意，并应当符合海关监管要求。进出境船舶改营境内运输，需向海关办理手续。

---

① 具体根据各地自贸区总体方案中关于沿海捎带的政策进行调整。

兼营船舶在卸完进口货物和办完船员携带进口自用物品验放手续后，才能申请改为经营国内运输。

进境船舶改营境内运输，海关应当通过运输工具系统进行运输工具进境结关操作，办结运输工具进境手续，并发送"船舶结关"电子通知。

兼营船舶在经营国内运输期间使用的进口船舶用物料、燃料、烟、酒，不得享受国际航行船舶的免税优惠。船舶负责人应在船舶申报改为经营国内运输的同时，向海关报明留存船上的进口船用物料、燃料、烟、酒的名称，如情况正常、数量合理，经海关核准可免税留船继续使用，对超出自用合理数量部分，海关予以征税，如需调拨或作价出售给其他非国际航行船舶，均应事前报经海关核准，并照章补征进口税。

兼营船舶在卸完国内运输货物后，才能申请改为经营国际运输。

出境船舶改营境外运输，海关应当通过运输工具系统进行运输工具出境结关操作，办结运输工具出境手续，并发送"船舶结关"电子通知。

海关对兼营船舶进行监管时，船方应予支持和配合。兼营船舶进出设关港口，海关认为必要时，对其进行检查。

三、来往港澳地区小型船舶

（一）海关对来往香港、澳门小型船舶监管概述

1. 来往香港、澳门小型船舶的定义

来往香港、澳门小型船舶（以下简称小型船舶）是指经交通运输部或者其授权部门批准，专门来往于内地和香港、澳门之间，在境内注册从事货物运输的机动或者非机动船舶。

小型船舶的航线是内地与香港之间、内地与澳门之间，因此主要分布香港、澳门附近的广东、广西、福建、海南等省区。小型船舶为适应珠江流域内河航行，一般吨位小、体积小、吃水浅、轻便灵活，在我国尤其是珠江三角洲地区与港澳地区之间的经贸活动中起着很重要的作用。

2. 小型船舶中途监管站的定义

小型船舶海关中途监管站，是指海关设在珠江口大铲岛、珠海湾仔、珠江口外桂山岛、中国香港以东大三门岛负责开展小型船舶中途监管和登临检查的海关监管机构。

除来往于香港与深圳赤湾、蛇口、妈湾、盐田港、大铲湾的小型船舶外，其余小型船舶进出境时，应当接受指定中途监管站的中途监管和登临检查。

来往于香港、澳门与珠江水域的小型船舶，由大铲岛中途监管站负责。

来往于香港、澳门与磨刀门水道的小型船舶，由湾仔中途监管站负责。

来往于香港、澳门与珠江口、磨刀门水道以西，广东、广西、海南沿海各港口的小型船舶，由桂山岛中途监管站负责。

来往于香港、澳门与珠江口以东，广东、福建及以北沿海各港口的小型船舶，由大三门岛中途监管站负责。

来往于澳门与深圳赤湾、蛇口、妈湾、盐田港、大铲湾的小型船舶，由湾仔中途监管站负责。

（二）近年来海关对小型船舶监管模式的变革

2002年3月，广州海关率先试行"来往港澳小型船舶快速通关系统"。以船舶和船员分类管理为基础，利用全球卫星定位系统、公共数据信息平台等科技手段，对小型船舶进行轨迹动态监控。海关通过系统，可以实现中途监管站海关、口岸海关等各部门数据互通共享，根据各自职责进行风险分析、监控、验放、拦截、查缉，结束了几十年来的人工逐船登临验放旧模式；正常运作的小型船舶，可在船舶尚处于航行时提前办理报关手续，快速通航于来往港澳地区的各条航线。

2005年,"来往港澳小型船舶快速通关系统"在华南地区海关推广使用,海关中途监管全面实现信息化。

2010年,"来往港澳小型船舶快速通关系统"升级为"来往港澳小型船舶监管系统",海关实现对小型船舶的统一模式管理。

2019年6月,为统一海关对各类进出境船舶的监管,海关将小型船舶监管并入进出境运输工具管理系统,企业统一通过"单一窗口"平台传输水运舱单和申报船舶数据,海关统一应用运输工具管理系统对进出境船舶实施监管,实现了海关对进出境船舶"统一申报平台、统一作业系统"。

(三) 海关对小型船舶的监管流程

1. 进境监管流程

(1) 申报运输工具信息

船舶负责人按照运输工具申报时限要求,通过"单一窗口"平台向海关申报进境运输工具动态和"中华人民共和国海关船舶进境预申报单"等电子数据,根据进境停靠港口航行通过对应的中途监管站。

(2) 海关开展物流监控和实施小型船舶登临检查

物流监控:需接受中途监管的进境来往港澳地区小型船舶,由中途监管站海关负责船舶入境后至中途监管站的海图轨迹监控,停靠港海关负责船舶离开上一设关地至本港的海图轨迹监控。

海关对船舶负责人申报的运输工具动态和单证、小型船舶航行轨迹等信息进行风险分析,依据有关规定和风险布控指令联系小型船舶停航接受检查,船舶负责人应当按照海关要求配合停航接受海关检查。

登临检查:中途监管站海关对需停航接受检查的进境船舶实施登临检查,重点对船舶船体与船员携带物品是否正常、载运集装箱柜号与舱单信息是否一致等内容进行检查。

口岸联动:中途监管站海关检查船舶或核对货物发现疑点,但不具备进一步实施检查条件的,可通过系统通知目的地海关,作为目的港海关实施船舶登临检查和货物查验风险判别依据。

(3) 目的港海关实施小型船舶监管

目的港海关根据船舶负责人申报的进境运输工具动态和单证、小型船舶航行轨迹、中途监管站海关风险提示等信息进行风险分析,确定目的港海关监管重点。实施小型船舶登临检查、货物查验后,目的港海关在运输工具管理系统录入小型船舶登临检查结果,反馈中途监管站风险提示信息处置结果。

2. 出境监管流程

(1) 申报运输工具信息

船舶负责人按照运输工具申报时限要求,通过"单一窗口"平台向海关申报出境运输工具动态和"中华人民共和国海关船舶出境申报单"等电子数据,向启运港海关办理出境手续。

(2) 启运港海关实施出境小型船舶监管

启运港海关通过系统对船舶负责人申报的"中华人民共和国海关船舶出境申报单"进行审核,根据风险系统下达指令及作业要求实施船舶登临检查,在运输工具管理系统录入小型船舶登临检查结果。

(3) 中途监管站海关开展物流监控和实施小型船舶登临检查

物流监控:需接受中途监管的出境来往港澳地区小型船舶,由中途监管站海关负责船舶离境确认操作,以及船舶出境全过程的海图轨迹监控。小型船舶通过中途监管站出境后,物流链可视化系统根据小型船舶行驶轨迹信息自动发送离境确认。

海关结合船舶负责人申报的运输工具动态、单证和舱单等信息,实施风险分析,依据有关规定和风险布控指令联系小型船舶停航接受检查，船舶负责人应当按照海关要求配合停航接受海关检查。

登临检查：中途监管站海关对需停航接受检查的出境小型船舶实施登临检查，重点对船舶船体与船员携带物品是否正常、载运集装箱柜号与舱单信息是否一致等内容进行检查。

口岸联动：启运港海关提出小型船舶或所载货物需重点监控的，中途监管站海关应作为重点监控目标，必要时实施登临检查，并向启运港海关反馈监控及检查结果。

（四）海关对小型船舶的其他监管规定

小型船舶在香港、澳门装配机器零件或者添装船用燃料、物料和公用物品，应当按照有关规定办理进口手续。

小型船舶不得同船装载进出口货物与非进出口货物。

中途监管站可对进境小型船舶所载货物、舱室施加封志，必要时可派员随小型船舶监管至目的港，船舶负责人或者其代理人应当提供便利。

四、进出境航空器

（一）定义

进出境航空器是指用于载运人员、货物、物品进出境的各种航空器。

（二）适用范围

进出境航空器包括经营性和非经营性航空器。

（三）航空器备案

1. 企业和进出境航空器备案信息"一地备案，全国通用"。

2. 航空器运营企业、航空器代理企业和航空器服务企业通过国际贸易"单一窗口"平台向海关申请办理企业备案、航空器备案、航班备案，以及对应备案变更手续。海关对数据齐全性进行审核，并通过运输工具系统反馈结果。

3. 备案企业为境内企业的，备案申请电子数据应当与国家企业信用信息公示系统中的企业信息、经营范围一致。

4. 企业向海关申请变更"企业名称""统一社会信用代码""航空器注册编号"备案数据的，应先进行备案删除操作，再重新办理备案手续。

5. 企业向海关申请撤销企业、航空器、航班备案的，需将该企业传输的航空器相关电子数据、该航空器或航班相关电子数据全部处理完结，再办理撤销备案手续。

（四）进出境（港）申报

1. 进出境（港）申报时限

（1）进境"当日飞行计划"在航空器预计抵达境内第一目的港当日零时前申报；出境"当日飞行计划"在航空器预计驶离出发港当日零时前申报。

（2）进境航程超过4小时的，"预报动态"在航空器抵达境内第一目的港的4小时以前；进境航程在4小时以内的，"预报动态"在航空器起飞时。

出境"预报动态"在航空器驶离设立海关地点的2小时以前。

（3）进境"确报动态"在航空器抵达境内第一目的港的30分钟以内；出境"确报动态"在航空器驶离设立海关地点后30分钟以内。

（4）"中华人民共和国海关航空器进境（港）总申报单"在进境航空器抵达境内第一目的港的

30分钟以内，也可以在运输工具进境确报前提前向海关办理申报手续。

"中华人民共和国海关航空器出境（港）总申报单"在出境航空器驶离设立海关地点前30分钟以内。

（5）进出境"航班取消"在"当日飞行计划"后、"确报动态"前发送。

2. 进出境（港）申报需提交的资料

（1）航空器进境时，航空器负责人应持下列资料向海关进行电子申报：
①运输工具管理系统的"中华人民共和国海关航空器进境（港）申报单"电子数据；
②符合国际民航组织要求格式的进境总申报单；
③货物申报单（随附载货清单）；
④机组物品申报单（航空器机组人员出入境携带物品纸本清单）；
⑤机组名单；
⑥海关所需的其他资料。

（2）航空器出境时，航空器负责人应持以下资料当向海关进行电子申报：
①运输工具管理系统的"中华人民共和国海关航空器出境（港）申报单"电子数据；
②符合国际民航组织要求格式的出境总申报单；
③货物申报单（随附载货清单）；
④机组物品申报单；
⑤机组名单；
⑥海关所需的其他资料。

3. 进出境（港）海关监管相关规定

（1）航空器上下旅客、装卸货物、邮件、行李和其他物品，需经海关许可，并且在海关监管下进行。

（2）航空器在境内从一个设立海关的地点飞往另一个设立海关的地点的，航空器负责人应当办理航空器续驶手续。

未经飞离地海关同意，航空器不得改飞其他目的地；未办结海关手续的，不得改飞境外。

（3）航空器在境内从一个设立海关的地点飞往另一个设立海关的地点时，海关可以派员随机实施监管，航空器负责人应当为海关人员提供方便。

（4）航空器在境内从一个设立海关的地点飞往另一个设立海关的地点后，应当办理续驶抵达手续。

（5）出境航空器在货物、物品装载完毕或者旅客全部登机以后，应当向海关提交结关申请，海关审核无误的，反馈运输工具结关电子通知，准予运输工具驶离。

（6）海关发送结关通知以后，非经海关同意，出境航空器不得装卸货物、上下旅客。

（7）航空器在办结海关出境或者续驶手续后的24小时未能驶离的，航空器负责人应当重新办理有关手续。

（五）航空器停留监管

航空器负责人应事先向海关报送继续执行国际飞行任务的航空器更换停靠地点的通知。

（六）航空器登临检查

1. 航空器到达设立海关的地点及在境内停留期间，海关可以对航空器实施登临检查。

航空器登临检查是海关对进出境航空器的装卸货物，添加、起卸、调拨物料，污油水接卸，维修，工作人员携带物品进出境等行为进行实际核查的执法行为。

2. 航空器需实施登临检查的，海关以电子方式向运输工具负责人发送运输工具登临检查通知。

3. 航空器登临检查完毕后，航空器负责人应在"海关进出境运输工具登临检查记录单"上签字确认。

（七）物料的调拨管理

航空器间调拨物料一般不得跨直属关区实施。有特殊情况经调出、调入地海关协商同意的，应当按照转关运输方式监管。

（八）其他海关管理

1. 进、出国境的军用飞机，国家元首和政府首脑乘坐的专机，如果装载有普通客货，有关部门应当通知海关，由海关按照《中华人民共和国海关进出境运输工具监管办法》和其他相关规定进行监管。

2. 进出口货物、物品经海关放行后方准提取或者收运；进、出境旅客及其行李物品，办完海关手续后，才可以出站或者登机。

3. 原机过境的旅客、货物、邮件、行李和其他物品，海关认为必要时，可以进行检查。

4. 凡经中华人民共和国政府批准入出中华人民共和国国境执行商业性任务的外国军用运输机或执行其他一般性任务的外国军用飞机在抵离中国机场口岸时，应根据中国政府有关规定和口岸检查制度办理一切必要手续，接受中国检查机关的检查。

五、国际道路运输车辆

（一）定义

国际道路运输车辆（以下简称进出境公路车辆），是指进出我国关境的境内、境外公路运输车辆。

（二）适用范围

进出境公路车辆包括经营性和非经营性车辆。

（三）备案管理

1. 国际道路货运企业应当在经营业务所在地的直属海关或者经直属海关授权的隶属海关备案。

2. 公路车辆运营企业以及进出境公路车辆备案信息"一地备案，全国通用"。

3. 国际道路货运企业通过"单一窗口"向海关传输进出境公路车辆备案数据，海关通过运输工具系统接收电子数据，经人工审核通过后入库；审核不通过的，通过运输工具系统反馈相关原因。

（1）国际道路货运企业向海关申请办理企业备案、公路车辆备案，或企业备案变更、公路车辆备案变更手续的，海关应当核查企业提交的电子数据齐全性。

（2）备案企业为境内企业的，海关应当通过国家企业信用信息公示系统或采用相应方式核查企业信息、经营范围与电子数据的一致性。

（3）核查后，发现电子数据齐全的，且备案企业为境内企业、其相关信息未见异常的，海关应当在运输工具系统中进行确认，并由运输工具系统反馈备案结果或备案变更结果。

（4）电子数据的企业批文有效期、车辆批文有效期应当与政府主管部门准予的一致；车辆批文有效期超过企业批文有效期的，电子数据的车辆批文有效期应当与企业批文备案有效期一致。电子数据的行驶口岸应当与政府主管部门准予的一致。

（5）核查后，发现电子数据不齐全的，或备案企业为境内企业、其相关信息发现异常的，海关不予办理并通过运输工具系统反馈相关原因。

4. 有以下情形的，海关可凭国际道路货运企业申请及相关证明材料，注销公路车辆备案：

（1）因不可抗力在我国境内灭失的，可凭事发地行政主管部门出具的证明文件为其办理注销备案等手续；

（2）我国法院判决没收或海关决定收缴的，可凭相关证明文件为其办理注销备案等手续；

（3）因被盗等非不可抗力原因造成灭失的，按照有关规定办结车辆进口手续后，办理注销备案等手续；

（4）海关在案件办结后将涉案车辆退还车主，但因无人认领被海关作变卖、销毁处理的，可凭相关证明文件为其办理注销备案等手续。

（四）进出境申报

1. 进境车辆负责人在进境公路车辆抵达设立海关地点前传输确报电子数据，出境车辆负责人在公路车辆出境前传输车辆确报电子数据。

2. 进出境公路车辆抵达设立海关的地点时，可由卡口系统自动采集或人工录入进、出境电子数据。

3. 非经营性进出境公路车辆、承运边民互市商品及承运过境货物的进出境车辆在进出境时，卡口或口岸关员在系统记录进、出境车辆物流状态信息。

4. 海关可允许进出境车辆在同一口岸或不同口岸进、出境。

（五）海关监管

1. 海关接受进境车辆负责人向海关申报的信息后，方可允许进境车辆卸载货物、物品及上下人员。

2. 出境车辆驶离设立海关地点前，海关应当审核出境公路货物、物品装载情况及人员登车情况。

3. 进出境车辆到达或者驶离设立海关的地点时，海关可按照有关规定对车辆进行登车检查，包括下列内容：

（1）车辆及所载货物、物品及人员应与申报相符；

（2）车辆应符合海关监管要求及标准；

（3）其他应检查的情形。

检查完毕后，海关应填写中华人民共和国海关检查记录。进出境车辆负责人不配合海关实施车辆登车检查的，海关应当停止办理后续相关手续。

4. 有以下情况，经批准，海关可实施径行车辆检查：

（1）进出境车辆有违法嫌疑的；

（2）经海关通知登临检查，进出境车辆负责人届时未到场的。

海关实施径行车辆检查的，应当通知进出境车辆停靠场所的经营人到场协助并在海关检查记录上签注。

5. 有以下情形的，经批准，海关可派员对进出境公路车辆进行值守：

（1）公路车辆负责人报告海关，因不可抗力或其他特殊原因，公路车辆需在未设立海关的地点或非海关监管作业场所停靠、抛锚、起卸货物、物品，以及上下人员的；

（2）发现有走私违规等情事，需等待相关部门到场处置的；

（3）发现有重大动植物疫情或疑似重大动植物疫情，需实施现场封锁并等待相关部门到场处置的。

值守期间,海关应当负责核准货物、物品的装卸以及人员上下。

6. 因监管需要或企业申请,经批准,海关可派员随车监管。

7. 海关对进出境公路车辆工作人员携带的行李物品应当按进出境旅客人员相关规定管理。

8. 进出境公路车辆在境内行驶期间,公路车辆负责人报告发现检疫传染病、疑似检疫传染病、动植物疫情,或有人非意外伤害而死亡且死因不明,接到报告的海关应当启动相关应急预案,做好应急处置工作。

(六) 其他海关管理

1. 因不可抗力,进出境公路车辆被迫在未设立海关的地点或者在非海关监管作业场所停靠并卸载货物、物品的,车辆负责人应立刻向启运地海关或车辆停靠地附近海关报告,由接受报告的海关对车辆及其所载货物、物品、人员等实施监管,并及时将监管情况书面通知相关海关。

2. 外国籍车辆进入我国境内后、中国籍车辆出境后,应当在备案有效期内且不超过 3 个月复出、进境;特殊情况下,经海关同意,可以在车辆备案有效期内予以适当延期,延期期限最长不得超过 6 个月。

被海关、司法机关或其他行政机关依法查扣的车辆可不受本条前款规定限制。

3. 出境后因故不能复进境的中国籍车辆,海关应当按照出口货物有关规定办理海关手续。

4. 进境后逾期滞留我国境内的外国籍车辆,海关应按下列情况分别进行处理:

(1) 因不可抗力在我国境内灭失的,可凭事发地行政主管部门出具的证明文件为其办理注销备案等手续;

(2) 我国法院判决没收或海关决定收缴的,可凭相关证明文件为其办理注销备案等手续;

(3) 因被盗等非不可抗力原因造成灭失的,按照有关规定办结车辆进口手续后,办理注销备案等手续;

(4) 海关在案件办结后将涉案车辆退还车主,但因无人认领被海关作变卖、销毁处理的,可凭相关证明文件为其办理注销备案等手续;

(5) 涉嫌走私、违规的,按照有关规定通知并移交相关部门处理。

六、 来往港澳地区公路货运车辆及其所属企业

(一) 定义

1. 来往港澳地区公路货运车辆(以下简称货运车辆),是指经内地政府主管部门批准,依照规定在海关备案的来往港澳地区公路货运车辆,包括专业运输企业的车辆和生产型企业的自用车辆。

2. 来往港澳地区公路货运企业(以下简称货运企业),是指经内地政府主管部门批准,依照规定在海关备案的从事来往港澳地区公路货物运输业务的企业,包括专业运输企业和生产型企业。

(二) 备案管理制度

1. 货运企业向海关申请办理企业备案、车辆备案,或企业备案变更、车辆备案变更手续的,海关应当核查企业提交的电子数据齐全性。

备案企业为境内企业的,海关应当通过国家企业信用信息公示系统或采用相应方式核查企业信息、经营范围与电子数据的一致性。

2. 核查后,发现电子数据齐全的,且备案企业为境内企业、其相关信息未见异常的,海关应当在运输工具系统中进行确认,并由运输工具系统反馈备案结果、备案变更结果。

电子数据的企业批文有效期、车辆批文有效期应当与政府主管部门准予的一致;车辆批文有效期超过企业批文有效期的,电子数据的车辆批文有效期应当与企业批文备案有效期一致。电子数据

的行驶口岸应当与政府主管部门准予的一致。

核查后，发现电子数据不齐全的，或备案企业为境内企业、其相关信息不符合备案要求的，海关不予办理并通过运输工具系统反馈相关原因。

3. 逾期未办理年审手续的货运企业、车辆，海关可不再接受其申报的进出境电子数据。

4. 货运企业向海关申请办理注销企业备案手续的，海关应当将企业向运输工具系统传输的车辆相关电子数据全部处理完结，再通过运输工具系统进行注销备案操作。

5. 货运企业、车辆在备案有效期内暂停或者停止进出境业务，企业向海关申请暂停或注销车辆备案的，海关应当确认港/澳籍车辆已出境、内地籍车辆已入境，通过运输工具系统进行暂停或者注销备案操作。

6. 有以下情形的，海关可凭货运企业申请及相关证明材料办理注销车辆备案手续：

（1）因不可抗力在我国境内灭失的，可凭事发地行政主管部门出具的证明文件为其办理注销备案等手续；

（2）我国法院判决没收或海关决定收缴的，可凭相关证明文件为其办理注销备案等手续；

（3）因被盗等非不可抗力原因造成灭失的，按照有关规定办结车辆进口手续后，办理注销备案等手续；

（4）海关在案件办结后将涉案车辆退还车主，但因无人认领被海关作变卖、销毁处理的，可凭相关证明文件为其办理注销备案等手续。

（三）海关监管

1. 货运车辆应当按照海关指定的路线和规定的时限，将所承运的货物完整地运抵指定的监管作业场所，并确保承运车辆、海关封志、海关监控设备及装载货物的箱（厢）体完好无损。

2. 货运车辆进出境时，企业应当按照海关规定如实申报，交验单证，并接受海关监管和检查。承运海关监管货物的车辆从一个设立海关地点驶往另一个设立海关地点的，企业应当按照海关监管要求，办理转关手续。

3. 海关检查进出境车辆及查验所载货物时，驾驶员应当到场，并根据海关的要求开启车门，搬移货物，开拆和重封货物包装。

4. 港/澳籍进出境车辆进境后，应当在3个月内复出境；特殊情况下，经海关同意，可以在车辆备案有效期内予以适当延期。

5. 已进境的港/澳籍车辆，包括集装箱牵引架、集装箱箱体，未经海关同意并办结报关纳税手续，不得在境内转让或者移作他用。

6. 进出境车辆的备用物料和驾驶员携带的物品，应当限于旅途自用合理数量部分；超出自用合理数量，应当向海关如实申报。

7. 未经海关许可，任何人不得拆装运输工具上的海关监控设备，包括海关电子关锁、车载收发信装置等。特殊情况需要拆装的，应当报经备案海关同意；监控设备拆装后，应当报请备案海关验核。

8. 货运企业应当妥善保管《签证簿》和通关证件，不得转借或者转让他人，不得涂改或者故意损坏。

9. 集装箱牵引车承运的集装箱应当符合海关总署规定的标准要求。

10. 因特殊原因，车辆在境内运输海关监管货物途中需要更换的，货运企业应当立即报告附近海关，在海关监管下更换。附近海关应当及时将更换情况通知货物进境地和指运地海关或者启运地和出境地海关。

11. 海关监管货物在境内运输途中，发生损坏或者灭失的，货运企业应当立即向附近海关报告。

除不可抗力外，货运企业应当承担相应的税款及其他法律责任。

12. 违反规定，构成走私或者违反海关监管规定行为的，由海关依照《海关法》《海关行政处罚实施条例》等有关法律、行政法规的规定予以处理；构成犯罪的，依法追究刑事责任。

七、来往港澳地区公路客运车辆

（一）定义

来往港澳地区公路客运车辆（以下简称客运车辆），是指在海关备案的来往港澳地区公路客运车辆，包括营运客车和非营运客车。营运客车，是指经内地政府主管部门批准，依照规定在海关备案登记的从事来往内地与香港、澳门跨境公路旅客运输营运业务的车辆，包括产权地为香港或澳门的客运车辆，以及产权地为内地的客运车辆；非营运客车，是指经内地政府主管部门批准，依照规定在海关备案登记的来往内地与香港、澳门跨境公路非营运性质的车辆，包括产权地为香港、澳门的私家车、公务车，以及产权地为内地的私家车、公务车等。

（二）备案管理制度

海关对客运车辆实行联网备案管理。其首次备案、变更备案、注销备案、年审延期等业务以及相关后续管理工作，由进出境地的直属海关或者其授权的隶属海关办理。

（三）海关监管

1. 客运企业、非营运指标所有人应在办理备案或年审延期手续时以下列方式按车向海关提供金额与车辆应纳税款相当的担保：

（1）境内银行或者非银行金融机构出具的保函；

（2）海关依法认可的境内非金融机构保函；

（3）海关依法认可的其他担保。

客运企业、非营运指标所有人不提供担保或者提供的担保不符合海关规定的，其属下客运车辆不得进出境。

2. 客运车辆应在海关备案有效期内，由备案的客运车辆驾驶员驾驶进出境，经由批准的口岸通行并接受海关监管和检查。已在海关办理备案手续的客运车辆，客运企业、非营运指标所有人在对其进行转让、抵押、质押或者其他处置前，应当向海关办理变更备案或者注销备案以及其他相关手续。

3. 港澳地区籍客运车辆进境、内地籍客运车辆出境后，应自进出境之日起3个月内复出境或复进境。

因特殊情况需要延长期限的，客运企业、非营运指标所有人应在期限届满10天前向备案地海关提出延期申请并提交相应的合法证明文件，经海关同意后，可在车辆备案有效期内予以适当延期，延期最多不超过3次，每次延长期限不超过3个月。延长期届满应复出境或复进境或办理货物进出口手续。

4. 客运车辆进出境时，车辆备用物料以保障车辆本次进出境行驶必需为限；驾驶员及车载乘客随身携带的个人自用物品，海关按照进出境旅客行李物品有关规定监管。

驾驶员及车载乘客不得为其他人员托带物品进境或出境。

八、进出境铁路列车

（一）备案管理

1. 进出境铁路列车负责人和进出境运输工具服务企业应当在经营业务所在地的直属海关或者经

直属海关授权的隶属海关备案。

2. 海关对进出境铁路列车负责人、服务企业的备案实行全国海关联网管理。在海关办理备案的，应当提交"运输工具负责人备案表"或"运输工具服务企业备案表"，并同时提交上述备案表随附单证栏中列明的材料。

3. "运输工具负责人备案表"或"运输工具服务企业备案表"的内容发生变更的，进出境铁路列车负责人应当在海关规定的时限内持"备案变更表"和有关文件到备案海关办理备案变更手续。

4. 进出境铁路列车负责人、服务企业可以主动申请撤销备案，海关也可以依法撤销备案。逾期未办理备案变更，海关可不再接受其办理进出境运输业务。

（二）进境监管

1. 进境铁路列车负责人应当在规定时限将铁路列车预计抵达境内目的港和预计抵达时间以电子数据形式通知海关。

申报时限规定为：载有货物、物品的进境铁路列车，在原始舱单主要数据传输以前；未装载货物、物品的进境铁路列车，在预计进境的2小时以前。

因客观条件限制，经海关批准，负责人可以采用电话、传真等方式通知海关。海关可以结合业务现场实际情况，在确保有效监管和顺利通关的前提下，采取切实可行的措施实施管理。

2. 在铁路列车进境后1小时以内，铁路列车负责人向海关申报列车进境确报信息。

3. 在进境铁路列车进境后1小时以内，铁路列车负责人应当向海关申报，提交"中华人民共和国海关铁路列车进境申报单"，以及申报单中列明应当交验的其他单证；进境铁路列车负责人也可以在铁路列车进境前提前向海关办理申报手续。

4. 海关接受进境铁路列车申报时，应当审核电子数据或纸质申报单证。

5. 进境铁路列车在向海关申报以前，未经海关同意，不得装卸货物、物品，除口岸检查机关工作人员外不得上下人员。

（三）出境监管

1. 在出境铁路列车预计离境前4小时以内并且在货物、物品装载完毕或者旅客全部登车以后，铁路列车负责人应当向海关申报，提交"中华人民共和国海关铁路列车出境申报单"及结关申请，以及申报单中列明应当交验的其他单证，海关审核无误的，制发"结关通知书"。

2. 海关制发"结关通知书"以后，非经海关同意，出境铁路列车不得装卸货物、上下旅客。

3. 在铁路列车离境后1小时以内，铁路列车负责人向海关申报列车出境确报信息。

（四）停留监管

1. 海关认为必要的，可以派员对进出境铁路列车值守，进出境铁路列车负责人应当为海关人员提供方便。

2. 海关派员对进出境铁路列车值守的，进出境铁路列车装卸货物、物品以及上下人员，应当征得值守海关人员同意。

3. 海关可以对进出境铁路列车装卸货物实施监装监卸。

4. 进出境铁路列车在海关监管作业场所停靠期间更换停靠地点的，进出境铁路列车负责人应当事先通知海关。

（五）登临检查

1. 进出境铁路列车到达设立海关的地点时，应当接受海关监管和检查。

2. 海关检查进出境铁路列车时，铁路列车负责人应当到场，并根据海关的要求开启舱室、房间、车门；有走私嫌疑的，并应当开拆可能藏匿走私货物、物品的部位，搬移货物、物料。

3. 海关认为必要时，可以要求进出境铁路列车工作人员进行集中，配合海关实施检查。海关检查完毕后，应当按规定制作"检查记录"。

4. 有以下情况，经批准，海关可实施径行检查：

（1）进出境列车有违法嫌疑的；

（2）经海关通知登临检查，进出境列车负责人届时未到场的。

5. 海关实施径行检查的，应当通知进出境列车停靠场所的经营人到场协助并在"中华人民共和国海关检查记录"上签注。

（六）其他规定

1. 进出境铁路列车在办结海关出境手续后的 24 小时未能驶离的，铁路列车负责人应当重新办理有关手续。

2. 外国籍及港澳地区列车进入我国境内后，中国籍列车出境后，应当在备案有效期内且不超过 3 个月复出/进境；特殊情况下，经海关同意，可以予以适当延期，延期期限最长不超过 6 个月。

3. 被海关、司法机关或其他行政机关依法查扣的列车可不接受本条前款规定限制。

4. 出境后因故不能复进境的中国籍列车，海关应当按照出口货物有关规定办理海关手续。

5. 进境后逾期滞留我国境内的外国籍及港澳地区列车，海关应按下列情况分别进行处理：因不可抗力在我国境内灭失的，可凭事发地行政主管部门出具的证明文件为其办理销案等手续；我国法院判决没收或海关决定收缴的，可凭相关证明文件为其办理销案等手续；因被盗等非不可抗力原因造成灭失的，按照有关规定办结进口手续后，办理销案等手续；海关在案件办结后将涉案列车退还车主，但因无人认领被海关作变卖、销毁处理的，可凭相关证明文件为其办理销案等手续；涉嫌走私、违规的，按照有关规定通知并移交相关部门处理。

第二节　境内承运海关监管货物的运输企业及其运输工具

一、境内公路承运海关监管货物的车辆

（一）定义

境内公路承运海关监管货物的运输企业及其车辆，是指依据《中华人民共和国海关关于境内公路承运海关监管货物的运输企业及其车辆的管理办法》经海关备案，在境内从事海关监管货物运输的企业、车辆。

（二）备案管理

1. 运输企业资格条件

（1）具有企业法人资格；

（2）取得与运输企业经营范围相一致的工商核准登记。

2. 车辆资格条件

承运海关监管货物的车辆应为厢式货车或集装箱拖头车，经海关批准也可以为散装货车。上述车辆应当具备以下条件：

（1）用于承运海关监管货物的车辆，必须为运输企业的自有车辆，其机动车辆行驶证的车主列名必须与所属运输企业名称一致；

（2）厢式货车的厢体必须与车架固定一体，无暗格，无隔断，具有施封条件，车厢连接的螺丝均须焊死，车厢两车门之间须以钢板相卡，保证施封后无法开启；有特殊需要，需加开侧门的，须经海关批准，并符合海关监管要求；

（3）集装箱拖头车必须承运符合国际标准的集装箱；

（4）散装货车只能承运不具备加封条件的大宗散装货物，如矿砂、粮食及超大型机械设备等。

3. 办理方式

（1）备案手续办理

境内公路承运海关监管货物的运输企业向海关申请办理企业备案、车辆备案，或企业备案变更、车辆备案变更手续的，海关审核同意后应当在转关系统中进行确认，并由转关系统反馈备案结果。核查后，发现备案电子数据不齐全的，或申请企业为境内企业、其相关信息发现异常的，海关不予办理并通过转关系统反馈相关原因。

运输企业及其车辆的备案信息"一地备案、全国通用"。

（2）备案手续的变更与删除

企业向海关申请变更事项涉及车辆更换（包括更换车辆、更换发动机、更换车辆牌照号码）、改装车体等情形的，海关应当通过转关系统进行备案删除操作，再重新办理备案手续。

企业向海关申请办理企业备案删除、车辆备案删除手续的，海关应当将有关企业、车辆相关电子数据全部处理完结，再通过转关系统进行备案删除操作。

（三）海关管理

1. 海关在办理车辆承运海关监管货物运输手续时，可对以下内容进行验核：

（1）车辆的类型、品牌名称、车辆牌照号码应当与海关备案信息相符；

（2）厢式货车的厢体、车门、车体应当无异常情况；

（3）集装箱拖头车承运的集装箱应当已安装海关批准牌照；

（4）散装货车承运的货物应当为不具备加封条件的大宗散装货物，如矿砂、粮食及超大型机械设备等。

2. 运输企业应将承运的海关监管货物完整、及时地运抵指定的海关监管作业场所，并确保海关封志完好无损，未经海关许可，不得开拆。

3. 承运海关监管货物的车辆应按海关指定的路线和要求行驶，并在海关规定的时限内运抵目的地海关。不得擅自改变路线、在中途停留并装卸货物。

4. 遇特殊情况，车辆在运输途中出现故障，需换装其他运输工具时，应立即通知附近海关，在海关监管下换装，附近海关负责及时将换装情况通知货物出发地和目的地海关。

5. 海关监管货物在运输途中发生丢失、短少或损坏等情事的，除不可抗力外，运输企业应当承担相应的纳税义务及其他法律责任。

二、长江驳运船舶

（一）定义

长江驳运船舶是指航行长江驳运进出口转运货物的机动和非机动船舶。

（二）备案登记

1. 经营进出口货物转运业务的驳船，必须有具备海关加封条件的货仓，符合海关监管条件，并由船方或其代理人向船籍港海关申请登记。具体参照《中华人民共和国海关关于境内公路承运海关监管货物的运输企业及其车辆管理办法》相关内容。

2. 在海关完成备案手续后，驳船方可在海关同意的港口码头从事转运进出口货物运输业务。

(三) 海关管理

1. 驳船在口岸过驳前，海关对其备案信息等进行审验，经核准后方可装卸货物。除超高超长等不具备施加海关封志条件的货物并经海关特准的外，如驳船无加封设施，口岸海关不准予转运。其货物应由货物所有人或其代理人（以下简称货主）在进出境地办理报关纳税手续。

2. 驳船装载的进出口货物，凭海关转关货物电子放行信息办理提货或者发运手续。

3. 出口转运货物，出境地海关认为必要时可对有关出口货物进行复验，货主应根据海关要求，负责搬移货物、开拆和重封货物的包装。

4. 驳船在同一航次中，未经海关同意，不得将海关监管货物与非监管货物同舱混装。驳船在承载海关监管货物期间，未经海关同意，不得在未设海关港口加载、装卸货物。

5. 驳船装载的进出口货物，在运输途中如遇水损或发生意外事故，船方应向到达地海关书面报告。海关在查明情况后，按有关规定处理。

6. 驳船及其工作人员不得为国际航行船舶船员运带未经海关放行的个人物品。

第三节　装载海关监管货物的集装箱和集装箱式货车车厢

一、定义

集装箱和集装箱式货车车厢，是指一种具有足够的强度，可长期反复使用，在一种或多种运输方式下运输时无须中途换装，内容积为 1 立方米及以上的运输设备。

营运人是指集装箱和集装箱式货车车厢的实际控制使用者，不论其是否为该集装箱或者集装箱式货车车厢的所有人。

承运人是指承载集装箱和集装箱式货车车厢进出境的运输工具的负责人。

申请人是指申请办理海关批准牌照的制造或者维修集装箱和集装箱式货车车厢的工厂。

二、适用范围

承运装载海关监管货物的集装箱，包括境内生产的集装箱、我国营运人购买进口的集装箱、装载货物进出境的集装箱。

承运装载海关监管货物的厢体与车辆不可分隔的厢式货车。

三、海关管理

(一) 集装箱和集装箱式货车车厢必须安装海关批准牌照

1. 境内制造的集装箱可以按规定申请我国海关批准牌照，也可以向加入联合国《1972 年集装箱关务公约》的境外有关国家当局申请外国海关的批准牌照。

2. 集装箱和集装箱式货车车厢投入运营时，应当安装海关批准牌照。

海关总署授权中国船级社统一办理集装箱我国海关批准牌照，以及在境内装载海关监管货物的集装箱式货车车厢的海关批准牌照：

(1) 境内制造的集装箱的所有人申请我国海关批准牌照的，中国船级社对集装箱图纸进行审查，按照规定进行实体检验，检验合格的，核发"按定型设计批准证明书"或"按制成以后批准

证明书";

(2) 境外制造的集装箱的所有人申请我国海关批准牌照的,制造厂或者所有人应当提交集装箱有关图纸,中国船级社审查并现场确认后核发"按制成以后批准证明书";

(3) 集装箱式货车车厢申请海关批准牌照的,中国船级社对申请海关批准牌照的集装箱式货车车厢的图纸进行审查,并按照规定对集装箱式货车车厢进行实体检验,检验合格的,核发"集装箱式货车车厢批准证明书"。

3. 经维修后,发生箱(厢)体特征变更的,集装箱和集装箱式货车车厢的所有人或者申请人必须拆除海关批准牌照,同时应当向中国船级社提出书面检验申请,重新办理海关批准牌照。

(二) 进出境管理

1. 承载集装箱或者集装箱式货车车厢的运输工具在进出境时,承运人、营运人或者其代理人应按照海关规定向海关传输相关载货清单(舱单)的电子数据。

2. 集装箱和集装箱式货车车厢作为货物进出口时,无论其是否装载货物,有关收发货人或者其代理人应当按照进出口货物向海关办理报关手续。

3. 集装箱和集装箱式货车车厢无论是否装载货物,海关准予暂时进境和异地出境的,营运人或者其代理人无须对箱(厢)体单独向海关办理报关手续。

4. 暂时进境的集装箱和集装箱式货车车厢应于入境之日起 6 个月内复运出境。如因特殊情况不能按期复运出境,需要延长期限的,持证人、收发货人应当向主管地海关办理延期手续,延期最多不超过 3 次,每次延长期限不超过 6 个月,逾期应按规定向海关办理进口及纳税手续。

境内生产的集装箱及我国营运人购买进口的集装箱,营运人已向其所在地海关办理登记手续的,进出境时不受暂时进出境期限的限制。

(三) 其他海关管理

1. 出口新造集装箱的出口退税管理

出口新造集装箱,生产企业按规定运抵海关指定堆场,办理报关和出口核销手续后,海关向国家税务总局传输出口报关单结关信息电子数据,报关单不填写运输工具名称、航次和离境日期,仅注明堆场名称。

2. 集装箱境内调拨管理

(1) 在境内沿海港口之间调运其周转空箱及租用空箱,国际集装箱班轮公司或者其代理人凭交通主管部门的批准文件和自制的集装箱调运清单向调出地和调入地海关申报。调运清单内容应包括承运集装箱原进境船舶名称、航(班)次号、日期,承运调运空箱的船舶名称、航(班)次号、集装箱号、尺寸、目的口岸、箱体数量等,并向调出地和调入地海关传输相关的电子数据。

(2) 其他运输方式在境内调拨或者运输的空集装箱,不需再办理海关手续。

3. 对境内集装箱和购买进口的集装箱实施登记管理

境内生产的集装箱及我国营运人购买进口的集装箱在投入国际运输前,营运人应当向其所在地海关办理登记手续。境内生产的集装箱已经办理出口及国内环节税出口退税手续的,不在海关登记;已经登记的,予以注销。

4. 厢式货车境内运输管理

用于承运装载海关监管货物的厢体与车辆不可分隔的厢式货车,其营运人或者承运人应按照《中华人民共和国海关关于境内公路承运海关监管货物的运输企业及其车辆的管理办法》的有关规定办理海关备案登记手续。

5. 集装箱报废管理

境内生产的集装箱及我国营运人购买进口的集装箱及厢式货车报废时,营运人凭登记或备案资

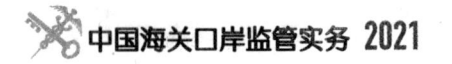

料向所在地海关办理注销手续。

第四节　国际公路运输公约（TIR 公约）运输业务监管

一、概述

（一）TIR 的起源

第二次世界大战后，为保证海关管控力度，确保物流畅通并降低企业运输成本，在联合国欧洲经济委员会（以下简称联合国欧经委）的赞助下，国际公路运输（Transports International Routiers，简称"TIR"）制度开始逐步建立，随着全球近 30 年集装箱和多式联运等运输方式的进步，以及海关和运输管理方面的变化，在联合国欧经委的主持下，《TIR 公约》于 1975 年 11 月产生，并于 1978 年生效。

（二）TIR 的优势

目前 TIR 业务的优势主要体现在：一是便利通关，降本增效。持有 TIR 证，经批准的车辆可在各 TIR 实施国之间便捷通关，仅在启运国和目的地国接受海关检查，途经国一般情况下不开箱，从而减少货物在边境的等待时间。二是国际担保，安全可靠。TIR 运输，可通过电子系统查询，便于掌握沿途运输动态；TIR 运输，具备统一的国际担保，为每次运输提供最高 10 万欧元的海关税费担保。三是授权企业，降低风险和成本。TIR 系统仅对授权的优质物流企业开放，从而保障了从业企业的良好资质，与此同时也有效降低了海关执法风险和执法成本。

（三）TIR 的主管机构

根据《TIR 公约》的规定，联合国欧经委是该公约的管理方，欧经委于 1949 年授权总部位于瑞士的国际道路运输联盟（IRU）负责公约下国际担保制度的组织与运作、TIR 单证的印制与颁发等。

（四）TIR 的六大支柱

1. 有管控的车辆和集装箱。《TIR 公约》规定，货物应以公路车辆、车辆组合或集装箱运载，且没有中途换装，其装载室部分的建造应当保证在以海关封志加封后无法接触其内部，受到的任何拆卸都将清晰可见。为实现这一目标，公约规定了相关标准和核准程序。这些标准和程序与我国加入的《1972 年集装箱海关关务公约》中的规定是一致的。

2. 国际担保链。TIR 担保制度要求海关授权符合公约规定的本国担保协会参与国际担保链，负责担保持有该协会或其他被授权担保协会签发的 TIR 证所涵盖货物的税费。TIR 担保制度是一种国际担保合作，TIR 运输中的所有缔约方的担保协会构成了一种国际联保系统。此外，各缔约方担保协会可通过这一国际联保系统报销相关费用，该联保系统得到几家国际保险公司的再担保，并由 TIR 执行理事会监督，由 IRU 管理。

3. TIR 证。TIR 证是 TIR 运输中使用的文件，在 TIR 运输的启运地海关开始启用，并以此作为 TIR 全程运输中在各缔约方海关通关的依据，是 TIR 缔约国海关均认可的通关文件。同时，TIR 证还是 TIR 运输货物具备国际担保的证明。TIR 证由 IRU 统一印发并送交各国担保协会，各国担保协会再按照规定的条件将 TIR 证颁发给承运人。

4. 海关管控措施的相互承认。根据《TIR 公约》，启运国海关的检查结果应为所有加入公约的过境国和目的国海关所承认。由启运国海关施加海关封志的公路车辆或集装箱运载的货物，途经另一缔约方海关时一般不再进行开箱查验。但这并不排除另一缔约方海关人员在怀疑存在违法可能时进行开箱检查的权利。

5. TIR 制度的控制使用。各缔约方担保协会与 TIR 证的使用人均应获得各缔约方相关主管部门的授权。《TIR 公约》规定了如何由国家主管机关（通常是海关）授权担保协会颁发 TIR 证，其中明确规定了这种授权的最低限度条件和要求（此种授权的细节可通过签订书面合同或者其他法律文书加以规定），以及海关应对 TIR 证的使用人通过资质管理进行控制。

6. 安全的电子化系统（TIR-EPD）。TIR-EPD 系统实现了通关系统的数字化和自动化，是提高口岸通关效率、降低企业通关成本、实现贸易便利化的必然要求。

二、TIR 总体发展情况

（一）我国加入 TIR 有关情况

为落实国家"一带一路"倡议，积极推广互联互通合作理念，提升过境运输便利化水平，在中国海关的大力支持和推动下，中国于 2016 年 7 月正式加入联合国《1975 年国际公路运输公约》（《TIR 公约》），成为该公约第 70 个缔约国，在国际社会引起了广泛关注。根据《TIR 公约》的规定，"缔约国自递交加入文书之日起 6 个月生效"，2017 年 1 月 5 日为公约在我国的正式生效日期。中国与中亚五国、蒙古国、俄罗斯、高加索地区直至欧洲的国际公路运输线路已互联互通，呈现线路丰富、运力成熟、组合方式灵活等特点，并与海运、空运、铁路运输形成了优势互补的"中欧物流新通道"，在国际社会和业界内部引起高度关注。目前 TIR 运输线路不断丰富，货物种类日益多样，特色业务逐步凸显。2019 年 6 月，海关总署向全境开放 TIR 运输，为进一步畅通内陆城市对外开放通道，深度融入"一带一路"互联互通注入了全新的动力。加入《TIR 公约》是我国顺应经济全球化、国际贸易便利化发展趋势的举措，有助于树立我国大国形象、提升国际地位，提升我国与周边国家陆路跨境运输便利化水平，推进我国加快融入国际物流链，推动"丝绸之路经济带"与新亚欧大陆桥、中蒙俄、西亚等经济走廊建设。

（二）与我国相关的 TIR 主要跨境线路

1. 中欧线

分为北、中、南三条线路。北线：（1）中国（霍尔果斯）—哈萨克斯坦—俄罗斯—白俄罗斯—波兰—欧洲；（2）中国（满洲里）—俄罗斯—白俄罗斯—波兰—欧洲。中线：（1）中国—塔吉克斯坦/吉尔吉斯斯坦—乌兹别克斯坦—土库曼斯坦—（过里海）—阿塞拜疆—土耳其—保加利亚—欧洲；（2）中国—塔吉克斯坦/吉尔吉斯斯坦—乌兹别克斯坦—土库曼斯坦—（过里海）—阿塞拜疆—格鲁吉亚—（过黑海）—乌克兰—波兰—欧洲；（3）中国—哈萨克斯坦—（过里海）—阿塞拜疆—欧洲。南线：中国—塔吉克斯坦—阿富汗—伊朗—土耳其—保加利亚—欧洲。

现阶段中欧北线较为成熟，企业较多使用该线路进行中欧间的 TIR 运输，其中北线（1）在境内可沿"连霍高速"行驶，出境后可沿"双西公路"行驶，除哈萨克斯坦境内 300 公里路段为普通公路外，其他为高速公路或类似路况，目前是较为主流的中欧间运输线路。北线（2）从满洲里出境后，进入俄罗斯远东地区，沿途路况较好，但地广人稀，目前多为俄罗斯承运人使用。中欧中线运输的物理距离较短，目前有企业通过该条线路进行跨境运输。由于该线路需要车辆搭乘穿越里海的滚装船到达对岸，运输受天气和船期影响较大。中欧南线沿途国家中，伊朗和土耳其是 TIR 使用大国，跨境运输成熟积极性高，且正在试点 eTIR，目前有企业通过该条线路进行跨境运输。该线路由于途经阿富汗，存在一定的安全风险。

2. 中吉乌线

中国（伊尔克什坦）—吉尔吉斯斯坦—乌兹别克斯坦。

该条运输线路较为成熟，运距相对较短，目前使用 TIR 运输货物多为自乌兹别克斯坦进口的商品。2019 年 7 月《TIR 公约》在中国全面实施后的首票内陆海关启动的 TIR 运输即沿该线路出境。目前"中欧班列"中国至乌兹别克斯坦段铁路尚未修通，在该线路上开展 TIR 多式联运业务的前景较大，能够成为"中欧班列"的有益补充。

3. 中塔乌线

中国（卡拉苏）—塔吉克斯坦—乌兹别克斯坦。

该条运输线路较新，近期中、塔、乌三国交通运输部在此条线路上组织了 TIR 车队开展试点运输，此线路将与中吉乌线路形成互补优势。

4. 中蒙俄线

中国（二连浩特）—蒙古国—俄罗斯。

该条线路较新，从二连浩特出境经蒙古国进入俄罗斯腹地，蒙古国境内路况一般，进入俄罗斯后路况变好，现阶段已有企业在线路上进行 TIR 冷链运输。此外，该线路继续延伸可经白俄罗斯、波兰进入欧洲，成为中欧线北线的另一支线，对于从华东地区出口至欧洲的货物来说运输距离更短，成本更低，因此目前企业对于该线路的关注度较高。

5. 中哈俄线路

中国（霍尔果斯）—哈萨克斯坦—俄罗斯。

较为成熟的常规运输线路，是目前进出中国的 TIR 运输量最大的线路，沿途运力较为充足。线路向西可继续延伸至欧洲［中欧北线（1）］，目前霍尔果斯口岸及其对面的哈萨克斯坦努尔饶尔口岸的车辆验放能力是制约该条线路发展的瓶颈。

(三) 目前 TIR 主要承运的货物类型

现阶段 TIR 业务主要出口商品类型包括鞋、电子产品、家具及家居用品、机械设备、化学制品、服装、工业用钢制品、合金制品、纺织品及皮革箱包等；主要进口商品类型为纺织品、动物皮革、饮料、果干、木浆、植物制品、面食、糖、石油石化产品等。通过对企业的摸底调查，下一阶段冷链商品及电子类商品将是增长较大的商品类型。

三、管理要求

(一) 从事 TIR 运输的车辆（以下称 TIR 运输车辆）应当取得 TIR 运输车辆批准证明书，并悬挂 TIR 标识牌。TIR 运输期间，TIR 运输车辆批准证明书应当在其列明的有效期内。

(二) 我国 TIR 运输的担保、发证机构为中国道路运输协会（以下简称中国道协）。我国 TIR 运输车辆批准证明书发证机构为交通运输部公路科学研究所汽车运输研究中心。

(三) 我国已于 2019 年 6 月 25 日开始全面实施 TIR 公约。

(四) TIR 证持证人开始 TIR 运输前，应当通过 TIR 电子预申报系统，向海关申报 TIR 证电子数据，并在收到海关接受的反馈信息后，按照 IRU 公布的《TIR 证使用手册》有关要求填制 TIR 证。

(五) TIR 运输车辆到达海关监管作业场所后，TIR 证持证人应当向海关交验 TIR 证、TIR 运输车辆批准证明书。其中，TIR 证向启运地海关交验之日，应当在 TIR 证首页显示的 TIR 有效日期之内。

(六) 经启运地海关验核有关材料无误、施加海关封志，并完成相关 TIR 运输海关手续后，TIR 证持证人方可开始 TIR 运输。经出境地、进境地海关验核有关材料及海关封志无误，并完成相关 TIR 运输海关手续后，TIR 证持证人方可继续 TIR 运输。

(七) 经目的地海关验核有关材料及海关封志无误，并完成相关 TIR 运输海关手续后，TIR 证持证人方可结束 TIR 运输。

（八）不具备加封条件的长大笨重货物，TIR 证持证人应当在开始 TIR 运输前，将包装单、照片、绘图等辨认所载货物所需的材料附在 TIR 证首页内侧上。

（九）TIR 运输期间发生货物装卸的，相关监管作业场所经营人应当按照现行海关监管货物境内运输管理规定，向海关传输装载信息、到货信息等。

（十）TIR 运输货物因故不再运往目的地，或经海关验核 TIR 证号无效，需要中止 TIR 运输的，TIR 证持证人应当按照现行进出口或过境货物管理规定，向海关申请办理相关手续。

（十一）邻国的出境地海关未予结关或结关手续不当，进境地海关要求 TIR 证持证人补办相关手续的，TIR 证持证人应当返回邻国的出境地海关补办相关手续。

（十二）TIR 证持证人应当遵守我国进出口货物和过境货物的相关禁限规定，配合海关检查查验作业，并按照海关要求做好相关情况说明工作。TIR 运输货物不得包括 HS 编码为 22.07.10、22.08、24.02.10、24.02.20、24.03.11 和 24.03.19 六类酒精和烟草产品。TIR 证存在非中文方式填制内容的，TIR 证持证人须提供相关翻译文件及真实性的承诺书。TIR 运输过程中遇有突发情况的，TIR 证持证人应当立即向海关报告。

（十三）TIR 证持证人需变更 TIR 证有关内容的，应当在划去有误之处、补上所需内容、签章确认无讹后，交海关验核无误并加盖"验讫章"。

（十四）TIR 运输发生未按规定时限过境运输出境等违反相关规定情形，涉及进出口税费及滞纳金的，TIR 证持证人应当按照现行规定，向海关缴纳进出口税费及滞纳金。

（十五）TIR 运输货物损毁或者灭失的，除不可抗力外，TIR 证持证人应当承担相应的纳税义务和法律责任。TIR 运输货物，由于毁坏、丢失、被窃等特殊原因，不能继续完成 TIR 作业的，TIR 证持证人应向海关办理 TIR 作业结束和进口报关手续；因不可抗力遭受毁坏或灭失而不能继续完成 TIR 作业的，海关根据其受损状况，减征或免征关税和进口环节税。

（十六）中国道协收到海关委托其向 TIR 证持证人发出的违规通知（通知包括 TIR 证号码、海关接受 TIR 证的日期、发出通知的原因，以及 TIR 证相应凭单复印件等信息）后，应当在 3 个月内通知相应的 TIR 证持证人或直接责任人。

（十七）中国道协收到海关发出的索赔声明（声明包括 TIR 证号码、需缴纳的进出口税费及滞纳金的款项计算明细、索赔原因、基本情况说明，以及 TIR 证相应凭单复印件等信息）后，应当在声明发出之日起 3 个月内将要求款项交至指定账户。

第四章 舱单管理

第一节 舱单概述

　　2008年3月28日，海关总署制定颁布了《舱单管理办法》，并于2009年1月1日起实施。《舱单管理办法》将舱单传输主体分为舱单传输义务人（主要包括进出境运输工具负责人、无船承运业务经营人、货运代理企业、船舶代理企业、邮政企业及快件经营人等舱单电子数据传输义务人）和舱单相关电子数据传输义务人（包括理货部门、监管作业场所经营人及出口货物发货人等）两类；增加了原始舱单、预配舱单和装载舱单等电子数据，以及运抵报告、理货报告、分拨、疏港分流申请等相关电子数据；有效规范了企业舱单数据的传输，为海关风险管理提供可靠的第三方基础数据，进而建立舱单的风险分析体系，提高了监管水平，对提升货物通关时效、推动现代物流发展起到积极的促进作用，在规范海关对进出境舱单的管理、促进国际贸易便利与安全等方面具有重要意义。

一、舱单的定义、基本要件和分类

（一）定义

　　舱单是进出境运输工具舱单的简称，是指反映进出境运输工具所载货物、物品及旅客信息的载体。

（二）舱单的基本要件

　　《舱单管理办法》所称的舱单应当具备3个基本要件：一是货物、物品及旅客信息的载体，其他信息的载体不是舱单；二是必须具有进出境的运输工具载体，如个人通过步行方式进出境携带货物、物品的，不列入《舱单管理办法》中舱单的调整范围；三是运输工具必须具有进出境的具体行为，不具有进出境行为的不在《舱单管理办法》的适用范围。

（三）舱单的种类

　　舱单包括原始舱单、预配舱单、装（乘）载舱单。

二、舱单的适用范围

　　《舱单管理办法》适用于进出境船舶、航空器、铁路列车及公路车辆舱单的管理。该办法与《中华人民共和国海关舱单电子数据传输管理办法》（海关总署令第70号）相比，拓宽了适用范围，涵盖了水（船舶）、空（航空器）、铁（铁路列车）、陆（公路车辆）4种运输方式。

（一）船舶

　　1. 进出境国际航行船舶。进出境国际航行船舶通常是指进出我国关境在国际运营的境内船舶和境外船舶。

　　2. 来往港澳地区小型船舶。来往港澳地区小型船舶是指经交通运输部或其他授权部门批准，专门来往于内地和香港、澳门之间，在境内注册从事货物运输的机动或者非机动船舶。

(二) 航空器

航空器是指国际民航机，一切进出境的民用航空器。国家元首或政府首脑乘坐的专机不包括在内。

来往内地与香港、澳门，来往大陆与台湾的民航机适用《舱单管理办法》。

(三) 铁路列车

进出境列车是指专门从事运载进出境货物、物品及进出境旅客的列车。

(四) 公路车辆

公路车辆包括进出我国国境的用于载运货物、物品及旅客的境内车辆和外籍车辆，以及来往内地与香港、澳门之间的车辆。

三、舱单数据传输主体

舱单数据传输的主体分为两类，即舱单数据传输人和与舱单相关的数据传输义务人。

(一) 舱单数据传输义务人

1. 运输工具负责人

根据《海关法》，运输工具负责人是法定传输义务人，主要包括对运输工具负有责任的运输工具所有人、承租人，以及运输工具最高职务的自然人，即船长、机长、列车长、司机。

2. 运输工具负责人的代理人

这是对运输工具负责人的延伸，运输工具负责人的代理人可以在授权范围内成为舱单数据传输主体。在舱单传输过程中，运输工具负责人的代理人具体包括以下企业：

（1）船舶：无船承运业务经营人、船舶代理企业等能够对外签发提单的企业。

（2）航空器：航空公司的地面代理企业、货运代理企业、快件运营人等能够对外签发航空总提单或分运单的企业。

（3）进出境列车：铁路运营企业等能够对外签发铁路运单的企业。

（4）公路车辆：公路运输货物代理企业。

(二) 与舱单相关的电子数据传输人

与舱单相关的数据是指国际物流在进出境作业环节所产生的能够反映物流流向，而且能与舱单相互校验、印证的相关数据，包括运抵报告、分拨分流申请和理货报告等数据。

1. 运抵报告数据的传输人：海关监管场作业所经营人。
2. 理货报告数据的传输人：理货部门和海关监管作业场所经营人。
3. 分拨、分流申请的传输人：监管作业场所经营人。

四、海关对舱单及相关数据传输的监管规定

进出境运输工具负责人、无船承运业务经营人、货运代理企业、船舶代理企业、邮政企业及快件经营人等舱单电子数据传输义务人，应当按照海关备案的范围在规定时限向海关传输舱单电子数据。

海关监管场所经营人、理货部门、出口货物发货人等舱单相关电子数据传输义务人，应当在规定时限向海关传输舱单相关电子数据。海关对舱单电子数据传输时限进行严格检查，对超过时限传输舱单电子数据的企业，按照相关规定予以处罚。

对未按照《舱单管理办法》规定传输舱单及相关电子数据的，海关可以暂不予办理运输工具进

出境申报手续。

因计算机故障等特殊情况无法向海关传输舱单及相关电子数据的，经海关同意，可以采用纸质形式在规定时限向海关递交有关单证。

五、过境、转运、通运货物信息传输

（一）过境货物，舱单及相关电子数据传输人应当按照《舱单管理办法》规定传输进出境舱单及相关电子数据。

（二）转运货物，舱单传输人应当按照《舱单管理办法》规定向海关传输原始舱单、预配舱单、装载舱单及理货报告等电子数据。

（三）通运货物，舱单及相关电子数据传输人暂不传输舱单及相关电子数据。

六、备案与变更

（一）备案

舱单传输人、监管作业场所经营人、理货部门、出口货物发货人等，应当向其经营业务所在地直属海关或者经授权的隶属海关备案。

（二）境内无法人资格企业备案

境内无法人资格的船舶运输企业，应当委托已在海关备案的境内船舶代理企业向海关传输舱单。

（三）分支机构备案

舱单传输人在境内有分支机构的，分支机构应当将分支机构地址、联系人和电话在经营业务所在地直属海关或其授权的隶属海关备案。

（四）备案变更

在海关备案的有关内容如果发生改变的，舱单传输人、海关监管作业场所经营人、理货部门、出口货物发货人应当向海关办理备案变更手续。

七、海关对传输时间的确认

海关确认接受舱单传输有两个时间点：

第一，进口舱单电子数据的传输时间是以海关接受原始舱单主要数据传输的时间为准；

第二，出口舱单电子数据的传输时间是以海关接受预配舱单主要数据传输的时间为准。

八、舱单的编号规定及保管期限

舱单中的提（运）单编号2年内不得重复。

自海关接受舱单等电子数据之日起3年内，舱单传输人、海关监管场所经营人、理货部门应当妥善保管纸质舱单、理货报告、运抵报告及相关账册等资料。

九、舱单保密的权利与义务

舱单传输人可以书面形式向海关提出为其保守商业秘密的要求，并具体列明需要保密的内容。

海关应当按照国家有关规定承担保密义务，妥善保管舱单传输人及相关义务人提供的涉及商业秘密的资料。

十、 法律责任

违反《舱单管理办法》，构成走私行为、违反海关监管规定行为或者其他违反海关法行为的，由海关依照《海关法》和《海关行政处罚实施条例》的有关规定予以处理；构成犯罪的，依法追究其刑事责任。

十一、 本章涉及相关用语的含义

原始舱单，是指舱单传输人向海关传输的反映进境运输工具装载货物、物品或者乘载旅客信息的舱单。

预配舱单，是指反映出境运输工具预计装载货物、物品或者乘载旅客信息的舱单。

装（乘）载舱单，是指反映出境运输工具实际配载货物、物品或者载有旅客信息的舱单。

提（运）单，是指用以证明货物、物品运输合同和货物、物品已经由承运人接收或者装载，以及承运人保证据以交付货物、物品的单证。

总提（运）单，是指由运输工具负责人、船舶代理企业所签发的提（运）单。

分提（运）单，是指在总提（运）单项下，由无船承运业务经营人、货运代理人或者快件经营人等企业所签发的提（运）单。

运抵报告，是指进出境货物、物品运抵海关监管场所时，海关监管场所经营人向海关提交的反映货物、物品实际到货情况的记录。

理货报告，是指海关监管场所经营人或者理货部门对进出境运输工具所载货物、物品的实际装卸情况予以核对、确认的记录。

疏港分流，是指为防止货物和物品积压、阻塞港口，根据港口行政管理部门的决定，将相关货物、物品疏散到其他海关监管场所的行为。

分拨，是指海关监管场所经营人将进境货物、物品从一海关监管场所运至另一海关监管场所的行为。

特别注意的是"以上""以下""以内"，均包括本数在内。

第二节 水运进出境舱单管理

根据海关总署相关要求，全国海关监管的水运口岸现场已陆续切换启用进出境舱单管理系统。水运舱单管理系统通过对企业传输的进口原始舱单、出口预配舱单、出口装载舱单、运抵报告、理货报告、分流申请、分拨申请、改配申请、落货申请的串联、印证，实现了进出口货物所有物流环节的全程监管，极大地提高了海关对进出境船舶和货物的有效监控，提升了海关执法的统一，从而降低了海关监管风险。

一、备案管理

（一）舱单传输人、监管场所经营人、理货部门、出口货物发货人，应当向其经营业务所在地直属海关或者经授权的隶属海关备案。

已具备统一社会信用代码的企业，经海关备案后使用统一社会信用代码向海关传输舱单电子数据。

（二）企业相应备案手续完成后，方可传输以下电子数据：

1. 船舶运营企业传输的原始舱单电子数据总提单和预配舱单电子数据总提单、装载舱单电子数据；

2. 无船承运业务经营人传输的原始舱单电子数据分提单、分拨申请电子数据和预配舱单电子数据分提单；

3. 受委托的船舶代理企业传输本条第1、2项所列的电子数据；

4. 海关监管作业场所经营人传输的运抵报告电子数据、理货报告电子数据和分拨、分流申请电子数据；

5. 理货部门传输的理货报告电子数据；

6. 舱单及相关电子数据传输人传输的其他电子数据。

（三）在海关备案的有关内容如果发生改变的，舱单传输人、监管场所经营人、理货部门、出口货物发货人应当向海关办理备案变更手续。

企业向海关申请变更"企业名称""统一社会信用代码"备案数据的，应先进行备案删除操作，再重新办理备案手续。

（四）不再办理相关业务的，企业应当向海关申请办理备案删除手续。

二、进境舱单管理

（一）货物、物品原始舱单传输

1. 传输时限

负责传输电子数据的企业应当严格按照海关总署有关规章、规定时限向海关传输舱单电子数据。

（1）集装箱船舶，在货物、物品开始装船的24小时以前；经境外港口转运的集装箱货物、物品，在最后一个境外转运港装船的24小时以前。

（2）非集装箱船舶，在抵达境内第一目的港的24小时以前；航程24小时以内的，抵达境内第一目的港前。

（3）同时装载集装箱、非集装箱货物和物品的，应当按照第（1）（2）项分别传输。

（4）客货班轮（航程24小时以下），在开始装载货物、物品的2小时以前。

（5）其他短途船舶（航程24小时以下），在开始装载货物、物品的4小时以前。

（6）调拨进境的空箱，在船舶抵达目的港以前；出境集装箱船舶，在货物、物品装船的24小时以前。

（7）货物、物品在境内港口转运时，应当在进境船舶抵达卸货港前。

2. 海关反馈信息

海关接收原始舱单及相关数据后，以电子数据方式向舱单传输人反馈审核结果。

（1）超过规定时限传输的，舱单系统反馈等待海关人工审核。

（2）舱单系统审核舱单数据格式符合规范的，或者海关人工审核通过的，反馈接受舱单数据传输。

（3）舱单系统审核舱单数据格式不符合规范的，或者海关人工审核不通过的，舱单系统反馈不接受舱单数据传输及原因。

3. 禁卸

海关发现原始舱单列有禁止进口货物、物品的，可以在接受原始舱单电子数据的24小时之内，以电子数据方式告知舱单传输人不准予卸载决定。

（1）集装箱船舶的，应当在接受原始舱单主要数据的24小时之内通知不予装载；如船舶已驶离装货港，应当通知不予卸载。

(2) 非集装箱船舶的，应当在船舶抵港前通知不予卸载。

无法以电子数据方式通知的，海关也可以传真、电话、当面通知等方式通知。

海关认为必要时，可派员实地核实进境船舶的卸货情况。

4. 海关对水运货物、物品原始舱单管理的监管规定

(1) 原始舱单同一总提单项下的所有分提单数据应一次性传输。

(2) 海关发现原始舱单中列有我国禁止进境的货物、物品的，可以通知船舶负责人不得装载进境。

(3) 海关以总提单为单元通知舱单传输人不准予卸载的，该总提单所列货物或该总提单项下所有的分提单所列的货物均不得卸载。

(4) 海关接受原始舱单主要数据传输后，收货人、受委托报关企业方可向海关办理货物、物品的申报手续。

5. 进境船舶所载货物、物品舱单传输

(1) 临时计划转运货物进境，舱单传输人可以向直属海关申请，经海关审核同意后，在船舶抵港前传输原始舱单。

(2) 通运货物，舱单及相关电子数据传输人暂不需传输舱单及相关电子数据。

(3) 未载有货物、物品的船舶，不需向海关传输舱单及相关电子数据。

(4) 多票货物集（拼）在同一集装箱中的进口货物，舱单传输人应当同时传输该集装箱内的所有分提单舱单电子数据。

(5) 同一船舶载有集装箱货物和非集装箱货物进境的，舱单传输人应当按照《舱单管理办法》第九条第（一）项规定的集装箱船舶和非集装箱船舶传输时限分别传输原始舱单数据。

(6) 进口转关货物，除装箱清单外，舱单及相关电子数据传输人应当向进境地海关传输舱单及相关电子数据。

需注意的是，境内无法人资格的船舶运输企业，应委托已在海关备案的境内船舶代理企业向海关传输舱单。

6. 舱单进境日期

原始舱单电子数据确报标志及确报进境时间由运输工具系统同步写入。

原始舱单电子数据确报标志及确报进境时间未被同步写入的，海关可根据船舶抵港确报动态信息电子数据进境时间，通过舱单系统录入原始舱单电子数据进境时间。

(二) 进境理货报告

1. 提交时限

理货部门或者海关监管场所经营人应当在进境船舶卸载货物、物品完毕后的 6 小时以内以电子数据方式向海关提交理货报告。

需要二次理货的，经海关同意，可以在进境船舶卸载货物、物品完毕后的 24 小时以内以电子数据方式向海关提交理货报告。

2. 海关反馈信息

接受理货报告后，海关将原始舱单与理货报告进行核对，海关以电子数据方式向理货报告传输人、舱单传输人反馈审核结果。

3. 海关对理货报告的监管规定

(1) 原始舱单与理货报告不相符的，舱单及相关电子数据传输人应当在卸载货物、物品完毕后 48 小时内提交书面说明，海关可派员实地核实相关情况，涉及原始舱单错误的，由舱单传输人办理舱单数据变更手续；涉及理货报告错误的，由原理货报告传输人办理理货报告的删除手续后重新发送正确的理货报告。

（2）海关接受理货报告后，对原始舱单中未列名的进境货物、物品，可以责令原船舶负责人直接退运。

（三）水运分拨

1. 进境货物、物品需要分拨的，舱单传输人应当以电子数据方式向海关提出分拨货物、物品申请。海关应当通过舱单系统接收舱单传输人传输的分拨申请电子数据，经人工审核或自动审核通过后进行准予分拨操作；审核不通过的，通过舱单系统反馈相关原因。

申请分拨的货物为整箱集装箱货物。

分拨业务应当在同一直属关区中开展。

因海关规定或国家许可证件管理，须在限定口岸或场地申报关办理验放手续的进境货物，不得分拨至限定口岸或场地以外的区域。

以下商品须在进口口岸申报并办理验放手续，不得分拨：

①汽车整车（包括整套散件及二类底盘）；

②消耗臭氧层物资、化学武器关键前体、可作为化学武器的化学品、化学武器原料、易制毒化学品等；

③动物废物，冶炼渣，木制品废料，纺织品废物，废纸，贱金属及其制品的废料，各种废旧五金，废电机，废电器产品，废运输设备，废塑料、碎料及下脚料等；

④海关法律、法规规定的不得分拨的其他货物、物品。

2. 分拨运抵与理货

（1）分拨货物、物品运抵海关监管场所时，海关监管场所经营人应当以电子数据方式向海关提交分拨货物、物品运抵报告。

（2）在分拨货物、物品拆分完毕后的 2 小时以内，理货部门或者海关监管场所经营人应当以电子数据方式向海关提交分拨货物、物品理货报告。

（3）承载分拨货物的运输工具应当具备海关认可的资质，海关应当对其运输过程进行监管。

（4）分拨货物、物品运抵报告异常的，海关应当要求舱单传输人和监管场所经营人查明原因，并可派员实地核实相关情况。

（5）分拨理货异常的，比照原始舱单与理货比对异常情况办理。

（四）疏港分流

1. 货物、物品需要疏港分流的，海关监管场所经营人应当以电子数据方式向海关提出疏港分流申请，经海关同意后方可疏港分流。

2. 疏港分流完毕后，海关监管场所经营人应当以电子数据方式向海关提交疏港分流货物、物品运抵报告。

3. 疏港分流货物、物品提交运抵报告后，海关即可办理货物、物品的查验、放行手续。

4. 进口疏港分流审核：

（1）分流业务只能在同一直属关区中开展；

（2）分流目的地监管场所具备开展分流业务的相关资质；

（3）未正常到货的货物不得分流；

（4）已放行的货物不得分流；

（5）海关允许分流的其他情形。

5. 承载分流货物的运输工具应当具备海关认可的资质，海关应当对其运输过程进行监管。

6. 分流货物、物品运抵报告异常的，海关应当要求舱单传输人和监管场所经营人查明原因，并可派员实地核实相关情况；分流理货异常的，比照原始舱单与理货比对异常情况办理。

三、出境舱单管理

(一) 货物、物品预配舱单传输

1. 货物、物品预配舱单传输的时限要求

负责传输电子数据的企业应当严格按照海关总署有关规章、规定时限向海关传输舱单电子数据。

(1) 集装箱船舶，在货物、物品装船的 24 小时以前。

(2) 非集装箱船舶，在开始装载货物、物品的 2 小时以前。

(3) 同时装载集装箱、非集装箱货物和物品的，应当按照第 (1) (2) 项分别传输。

(4) 客货班轮，在开始装载货物、物品的 2 小时以前。

(5) 其他短途船舶（航程 24 小时以下），在开始装载货物、物品的 4 小时以前。

(6) 调拨出境的空箱，在空箱装船的 2 小时以前。

(7) 转运出境的货物、物品，在转运出境装船 2 小时以前。

2. 海关反馈信息

海关应当以电子数据方式向舱单传输人反馈审核结果，包括下列情况：

(1) 超过规定时限传输的，舱单系统反馈等待海关人工审核；

(2) 舱单系统审核舱单数据格式符合规范的，或者海关人工审核通过的，反馈接受舱单数据传输；

(3) 舱单系统审核舱单数据格式不符合规范的，或者海关人工审核不通过的，反馈不接受舱单数据传输及原因。

3. 禁装

海关发现预配舱单列有禁止出口货物、物品的，可以电子数据方式告知舱单传输人不准予装载的决定。

无法以电子数据方式通知的，海关也可以传真、电话、当面告知等方式通知。

海关认为必要时，可派员实地核实出境船舶的装货情况。

海关撤销不准予装载决定的，可以电子数据方式告知舱单传输人。无法以电子数据方式通知的，也可以传真、电话、当面告知等方式通知。

4. 海关对货物、物品预配舱单传输的监管规定

(1) 海关接受预配舱单主要数据传输后，方予办理出口货物、物品的报关手续。

(2) 通运货物，舱单及相关电子数据传输人暂不需传输舱单及相关电子数据。

(3) 出口转关货物，除装箱清单外，舱单及相关电子数据传输人应当向出境地海关传输舱单及相关电子数据。

(4) 未载有货物、物品的船舶，不需向海关传输舱单及相关电子数据。

5. 舱单出境日期

预配舱单电子数据确报标志及确报出境时间由运输工具系统同步写入。

预配舱单电子数据确报标志及确报出境时间未被同步写入的，海关可根据船舶离港确报动态信息电子数据出境时间，通过舱单系统录入预配舱单电子数据出境时间。

(二) 运抵报告传输

1. 传输时限

出境货物、物品运抵海关监管场所时，海关监管场所经营人应当以电子数据方式向海关提交运抵报告。

2. 海关反馈信息

海关接受运抵报告电子数据后，与预配舱单进行核对。

运抵报告电子数据与预配舱单电子数据校验相符的，海关向运抵报告传输人、舱单传输人反馈正常到货信息。

运抵报告电子数据与预配舱单电子数据核对不符的，海关以电子数据方式向运抵报告提交人、舱单传输人反馈不符信息，并应当要求舱单传输人或监管场所经营人提交书面情况说明及相关证明材料。海关可派员实地核实相关情况，预配舱单错误的，按照规定办理删改手续；运抵报告错误的，按照规定办理运抵报告电子数据删除手续，并要求监管场所经营人重新发送运抵报告。

3. 海关对运抵报告的监管规定

（1）对于集装箱货物，海关允许监管场所经营人以集装箱为单位分批传输运抵报告。

（2）海关审核情况正常的，可接受舱单传输人或舱单相关数据传输义务人提出的申请，对相关电子数据进行修改或删除。

（3）出口货物采取边运抵边装船的，经海关船边实际验核后，即视为货物运抵，并向海关传输运抵报告。运抵报告传输后，货物、物品应当在3日内装载完毕。

（4）正常到货的，海关方予办理对应货物、物品的查验、放行手续。

(三) 装载舱单传输

1. 传输时限

舱单传输人应当在船舶开始装载货物、物品的30分钟以前向海关传输装载舱单电子数据。

2. 海关反馈信息

审核通过的，海关以电子数据方式向舱单传输人反馈同意装载的指令；审核不通过的，海关以电子数据方式反馈不同意装载信息。

3. 海关对装载舱单传输的监管规定

（1）装载舱单中所列货物、物品应当已经被海关放行。

（2）对决定不准予装载货物、物品的，海关以电子数据方式（以总运单为单元）通知舱单传输人，并告知不准予装载的理由，海关因故无法以电子数据方式通知的，应派员实地办理相关手续。

（3）有下列情形的，海关不接受装载舱单电子数据的传输：

①总提单未经海关放行；

②装载舱单重量与总提单放行重量不符且超过允许误差范围的；

③总提单禁止装载的；

④装载舱单中的集装箱号与预配舱单中的集装箱号不一致的；

⑤其他海关审核不通过的情况。

(四) 出境理货报告

1. 提交时限

出境船舶驶离装货港的6小时以内，海关监管场所经营人或者理货部门应当以电子数据方式向海关提交理货报告。

2. 海关反馈信息

海关接收理货报告后，对理货报告电子数据与舱单电子数据进行对比审核，将审核结果以电子数据方式向理货报告提交人、舱单传输人反馈。

3. 海关对出境理货报告的监管规定

（1）理货结果正常的，海关方予办理对应货物、物品的结关手续。

（2）理货结果存在溢装、短装、理货异常情况的，海关要求船舶负责人在装载货物、物品完毕后的 48 小时以内提交书面情况说明及相关证明文件。涉及理货报告错误的，应当随附理货部门、监管场所经营人的书面报告。

（3）未按照装载舱单装船的溢装出口货物、物品，出境地海关应当要求舱单传输人和监管场所经营人提供溢装货物、物品的情况说明，并办理海关相关手续；海关认为有必要的，可要求船舶负责人在海关认可的时限内将溢装货物、物品运回待查。

未按照装载舱单装船的漏装出口货物、物品，出境地海关应当要求舱单传输人和监管场所经营人提供漏装出口货物、物品的相关说明，可实地核实情况，并对相关货物、物品的舱单及相关电子数据、报关数据进行处置。

（4）需接受中途监管站监管的来往港澳地区小型船舶所载货物、物品，在海关反馈理货正常信息后方可起航。经中途监管站确认船舶离境后，方予办理对应货物、物品的结关手续。

（五）出口直接改配

海关放行的出口货物、物品，因故需变更出境船舶、航次，或者同时需变更提单号的，舱单传输人应当以总提单为单位向海关申请出口直接改配，海关审核通过后，以电子数据方式向舱单传输人反馈审核结果。

（六）出口落装和落装改配

出口拼箱货物出现集装箱超载或有未经海关放行的提单，按照下列情形办理：

1. 货物、物品未经海关放行的，海关审核同意舱单传输人的申请，以总（分）提单为单位办理落装手续。已办理落装手续的总（分）提单经海关放行后，方可办理落装改配手续；不再出口的，可办理退关手续。

2. 货物、物品已经海关放行的，海关审核同意舱单传输人的申请，以总（分）提单为单位办理落装改配手续；不再出口的，可办理退关手续。

四、舱单变更

（一）舱单变更指的是对舱单数据进行更改或删除的操作。舱单传输人、舱单相关电子数据传输人可通过手工录入或报文导入的方式，向海关办理舱单及相关电子数据变更手续，无须提交纸质单证资料。

因海关管理需要，或者因系统故障等原因无法正常传输相关数据的，舱单传输人、舱单相关电子数据传输人应予提供纸质单证资料。

（二）舱单传输人在规定传输时限前向海关申请变更未被核注的原始舱单电子数据、预配舱单电子数据的，舱单系统接收并自动审核舱单传输人传输的舱单变更申请电子数据。审核通过的，舱单系统自动变更相应数据；审核不通过的，舱单系统反馈相关原因。

（三）舱单传输人在超规定传输时限后向海关申请变更的，应当符合下列条件：

1. 货物、物品因不可抗力灭失、短损，造成舱单电子数据不准确的；

2. 装载舱单中所列的出境货物、物品，因装运、配载等原因造成部分或全部退关、变更运输工具的；

3. 大宗散装货物、集装箱独立箱体内载运的散装货物的溢短装重量误差在海关总署相关司局已下发文件规定范围之内的；

4. 其他客观原因造成传输错误的。

对于符合上述条件且未被核注的原始舱单电子数据、预配舱单电子数据的，海关通过舱单系统接收舱单传输人传输的舱单变更申请电子数据，经人工审核通过后进行相应数据变更操作；审核不通过的，通过舱单系统反馈相关原因。

（四）舱单传输人向海关申请变更的原始舱单电子数据、预配舱单电子数据涉及走私行为、违反海关监管规定行为或其他违反海关法行为的，海关对有关行为依法处理完成后，办理舱单数据变更手续。

第三节　空运进出境舱单管理

2008年，海关总署完成了舱单管理系统空运管理子系统的技术研发工作，并在北京海关开展了模拟运行。2011年，由北京海关作为第一批试点海关正式启动舱单管理系统（空运功能）试点切换工作，并取得了显著成效。2012年，大连、广州海关作为第二批试点海关加入切换范围，并取得成功。2014年，海关总署在全国海关全面开展切换工作。

一、备案管理

（一）航空器运营企业、航空器代理企业、货运代理企业、快件经营人、海关监管作业场所经营人和理货部门，应当向其经营业务所在地直属海关或者经授权的隶属海关备案。

已具备统一社会信用代码的企业，经海关备案后使用统一社会信用代码向海关传输舱单电子数据。

（二）企业相应备案手续完成后，方可传输以下电子数据：

（1）航空器运营企业传输的原始舱单电子数据总（分）运单、预配舱单电子数据总运单和装载舱单电子数据；

（2）货运代理企业、快件运营人传输的原始舱单电子数据分运单、预配舱单电子数据总（分）运单和分拨申请电子数据；

（3）受委托的航空器代理企业传输本条第（1）（2）项所列的电子数据；

（4）海关监管作业场所经营人传输的运抵报告电子数据、理货报告电子数据、分拨申请电子数据；

（5）理货部门传输的理货报告电子数据；

（6）舱单及相关电子数据传输人传输的其他数据。

（三）在海关备案的有关内容如果发生改变的，航空器运营企业、航空器代理企业、货运代理企业、快件经营人、海关监管作业场所经营人和理货部门应当向海关办理备案变更手续。

企业向海关申请变更"企业名称""统一社会信用代码"备案数据的，应先进行备案删除操作，再重新办理备案手续。

（四）不再办理相关业务的，企业应当向海关申请办理备案删除手续。

二、进境舱单管理

(一) 原始舱单传输

1. 时限要求

(1) 货运原始舱单主要数据应按以下时限要求提前向海关传输：
①航程 4 小时以下的，航空器起飞前；
②航程超过 4 小时的，航空器抵达境内第一目的港的 4 小时以前。
(2) 舱单传输人应当在进境货物、物品运抵目的港以前向海关传输原始舱单其他数据。
(3) 海关接受原始舱单主要数据传输后，收货人、受委托报关企业方可向海关办理货物、物品的申报手续。

2. 海关审核

海关对接收的原始舱单数据进行审核，包括海关人工审核和系统自动审核。未按时限传输的原始舱单主要数据，海关可进行人工审核。海关人工审核时，可要求舱单传输人提交纸质说明材料，对舱单电子数据的规范性和超过时限传输的合理性进行核实。

3. 海关反馈信息

海关接收原始舱单及相关数据后，以电子数据方式向舱单传输人反馈审核结果。
(1) 超过规定时限传输的，舱单系统反馈等待海关审核。
(2) 舱单系统审核舱单数据格式符合规范的，或者海关人工审核通过的，反馈接受舱单数据传输。
(3) 舱单系统审核舱单数据格式不符合规范的，或者海关人工审核不通过的，舱单系统反馈不接受舱单数据传输及原因。

(二) 禁卸

海关发现原始舱单列有我国禁止进境货物、物品的，可以通知运输工具负责人不得装载进境。海关接受原始舱单主要数据传输后，对决定不准予卸载货物、物品的，以电子数据方式告知舱单传输人不准予卸载决定。

无法以电子数据方式通知的，海关也可以传真、电话、当面通知等方式通知。

海关认为必要时，可派员实地核实航空器卸货情况。

(三) 舱单进境日期

原始舱单的进境时间应当由运输工具管理系统同步写入。运输工具管理系统因故无法与舱单系统联动的，海关可根据进境确报电子数据进境时间，在舱单系统中录入原始舱单的进境时间。

(四) 进口理货

理货部门或者海关监管作业场所、旅客通关类及邮件类场所经营人应当在规定时限内，以电子数据方式向海关传输同一航班项下所有卸载货物的理货报告电子数据。

货物被分批运输进口的，理货部门或者海关监管作业场所、旅客通关类及邮件类场所经营人应当根据其分批运输情况向海关传输理货报告电子数据。

原始舱单与理货报告不相符的，运输工具负责人应当在卸载货物、物品完毕后 48 小时内向海关报告不相符的原因。海关可派员实地核实相关情况，涉及原始舱单错误的，由舱单传输人办理舱单数据变更手续；涉及理货报告错误的，由原理货报告传输人办理理货报告的删除手续后重新发送正确的理货报告。

原始舱单中未列名的进口货物、物品，海关可责令原运输工具负责人直接退运。

（五）空运进口分拨

1. 需从一个空运监管仓库运至另一空运监管仓库并进行总分运单货物拆分作业的，舱单传输人应向海关申请空运进口分拨。海关应当审核下列内容：

（1）分拨业务应在同一直属关区中开展；
（2）分拨目的地监管作业场所具备开展分拨业务的相关资质；
（3）未正常到货的货物不得分拨；
（4）已放行的货物不得分拨；
（5）因海关规定或国家许可证件管理，须在指定口岸申报并办理验放手续的进口货物不得分拨；
（6）海关允许分拨的其他情形。

海关对接收的分拨申请通过舱单系统进行审核。审核通过的，海关准予分拨操作；审核不通过的，海关以电子数据方式反馈。

2. 分拨运抵与理货

（1）分拨货物、物品运抵海关监管场所时，海关监管场所经营人应当以电子数据方式向海关提交分拨货物、物品运抵报告。
（2）在分拨货物、物品拆分完毕后的2小时以内，海关监管场所经营人应当以电子数据方式向海关提交分拨货物、物品理货报告。
（3）承载分拨货物的运输工具应当具备海关认可的资质，海关应当对其运输过程进行监管。

分拨货物、物品运抵报告异常的，海关应当要求舱单传输人和监管场所经营人查明原因，并可派员实地核实相关情况。

分拨理货异常的，比照原始舱单与理货比对异常情况办理。

三、出境舱单管理

（一）预配舱单传输

1. 传输时限

舱单传输人应当在办理货物、物品申报手续以前向海关传输预配舱单主要数据，海关在接受预配舱单主要数据传输后，舱单传输人应在航空器开始装载出境货物、物品4小时前向海关传输空运预配舱单其他数据。

2. 海关审核

海关对接收的预配舱单数据进行审核，包括海关人工审核和系统自动审核。航空器未在装载货物、物品的4小时以前传输预配舱单主要数据的，海关可进行人工审核。

海关人工审核时，可要求舱单传输人提交说明材料，对舱单电子数据的规范性和超过时限传输的合理性进行核实。

3. 海关反馈信息

海关应当以电子数据方式向舱单传输人反馈审核结果，包括下列情况：

（1）超过规定时限传输的，舱单系统反馈等待海关人工审核；
（2）舱单系统审核舱单数据格式符合规范的，或者海关人工审核通过的，反馈接受舱单数据传输；
（3）舱单系统审核舱单数据格式不符合规范的，或者海关人工审核不通过的，反馈不接受舱单数据传输及原因。

(二) 运抵报告传输

海关接受分运单报关的，出口分运单货物全部运抵海关监管场所后，监管作业场所经营人应当按照规定的数据格式，向海关传输分运单运抵报告电子数据。

出口总运单货物全部运抵海关监管场所后，监管作业场所经营人应当按照规定的数据格式，向海关传输总运单运抵报告电子数据。

海关接受运抵报告电子数据后，与预配舱单进行核对。其中，运抵报告的件数、重量与预配舱单的件数、重量不符的，以运抵报告的件数、重量为准。

运抵报告错误的，海关可派员实地核实相关情况，办理运抵报告电子数据删除手续，并要求监管场所经营人重新发送运抵报告。

(三) 装载舱单传输

1. 传输时限

舱单传输人应当在航空器开始装载货物、物品的 30 分钟以前向海关传输装载舱单电子数据。

2. 海关审核

海关对接收的装载舱单进行审核，包括海关人工审核和舱单系统自动审核。对未按时限传输的，海关进行人工审核。

3. 海关反馈审核信息

审核通过的，海关通过舱单系统以电子数据方式向舱单传输人反馈同意装载的指令；审核不通过的，海关通过舱单系统以电子数据方式反馈不同意装载信息。

(四) 禁装

海关发现装载舱单列有禁止出口货物、物品的，应当以电子数据方式告知舱单传输人不准予装载的理由。

无法以电子数据方式通知的，海关也可以传真、电话、当面告知等方式通知。

海关认为必要时，可派员实地核实航空器装货情况。

(五) 舱单出境日期

预配舱单的出口时间应当由运输工具管理系统同步写入。运输工具管理系统因故无法与舱单系统联动的，经批准后，海关可根据出境确报电子数据出境时间，在舱单系统中手工录入预配舱单电子数据出境时间。

(六) 出口理货

海关监管作业场所经营人或者理货部门应当在出境运输工具驶离装货港 6 小时内，以电子数据方式向海关提交理货报告。

海关经核对发现出口理货报告数据有误的，应当要求舱单相关电子数据传输人说明情况，并办理变更手续。

(1) 装载舱单的电子数据错误的，办理舱单变更手续。

(2) 运抵报告电子数据错误的，办理运抵报告电子数据删除手续，并要求舱单相关电子数据传输人重新发送运抵报告电子数据。

(3) 理货报告电子数据错误的，办理理货报告电子数据删除手续，并要求舱单相关电子数据传输人重新发送理货报告电子数据。

因监管需要，海关可派员实地核实相关情况。

(七) 分批出口

对于分批运输出口的，监管场所经营人、理货部门应当根据分批运输情况传输理货报告电子数据。

海关核对理货报告与预配舱单电子数据相符的，并确认其全部出口后，办理结关手续。

（八）出口落装和落装改配

总运单项下的分运单货物、物品因海关查验等原因无法以总运单为单元同时出口的，企业可提交落装和落装改配申请，海关审核同意后，以分运单为单位办理落装和落装改配手续。

四、舱单变更

（一）舱单变更指的是对舱单数据进行更改或删除的操作。舱单传输人、舱单相关电子数据传输人可通过手工录入或报文导入的方式，向海关办理舱单及相关电子数据变更手续，无须提交纸质单证资料。

因海关管理需要，或者因系统故障等原因无法正常传输相关数据的，舱单传输人、舱单相关电子数据传输人应予提供纸质单证资料。

（二）舱单传输人在规定传输时限前向海关申请变更未被核注的原始舱单电子数据、预配舱单电子数据的，舱单系统接收并自动审核舱单传输人传输的舱单变更申请电子数据。审核通过的，舱单系统自动变更相应数据；审核不通过的，舱单系统反馈相关原因。

（三）舱单传输人在超规定传输时限后向海关申请变更的，应当符合下列条件：

1. 货物、物品因不可抗力灭失、短损，造成舱单电子数据不准确的；
2. 装载舱单中所列的出境货物、物品，因装运、配载等原因造成部分或全部退关、变更运输工具的；
3. 其他客观原因造成传输错误的。

对于符合上述条件且未被核注的原始舱单电子数据、预配舱单电子数据的，海关通过舱单系统接收舱单传输人传输的舱单变更申请电子数据，经人工审核通过后进行相应数据变更操作；审核不通过的，通过舱单系统反馈相关原因。

（四）舱单传输人向海关申请变更的原始舱单电子数据、预配舱单电子数据涉及走私行为、违反海关监管规定行为或其他违反海关法行为的，海关对有关行为依法处理完成后，办理舱单数据变更手续。

第四节 铁路进出境舱单管理

一、备案管理

铁路列车运营企业、铁路列车代理企业、快件经营人、海关监管作业场所经营人和理货部门向海关申请办理舱单及相关电子数据传输人备案的，海关应当核查企业提交的备案电子数据齐全性并通过铁路舱单系统进行备案。

备案企业为境内企业的，海关应当通过国家企业信用信息公示系统或采用相应方式核查企业信息、经营范围与备案信息是否一致。

核查备案电子数据齐全，且备案企业为境内企业的备案信息未见异常的，海关应当在舱单系统中进行确认，并由舱单系统将备案结果反馈相应企业。

核查备案电子数据不齐全，或备案企业为境内企业的备案信息有误的，海关应当通过舱单系统反馈企业相关原因。

企业因故无法提交备案电子数据的，海关可收取企业提交的纸质备案表及相应随附资料，并按照备案电子数据核查相关要求，核查纸质备案资料。

核查纸质备案资料不齐全，或备案企业为境内企业的备案信息有误的，海关应当告知企业相关原因。

企业向海关申请变更"企业名称""统一社会信用代码"等备案数据的，海关应当通过舱单系统进行备案删除操作，再重新办理备案手续。

舱单传输人申请增加舱单电子数据传输适用关区范围的，新增适用关区海关应当通过舱单系统调整备案数据的传输适用范围。

企业向海关申请办理备案删除手续的，海关应当将申请企业所传输的舱单及相关电子数据全部处理完结，再通过舱单系统进行备案删除操作。

二、进境铁路列车舱单管理

（一）舱单传输人通过"单一窗口"向海关传输原始舱单电子数据，海关通过舱单系统接收舱单传输人传输的原始舱单电子数据，经人工审核或自动审核通过后入库；审核不通过的，通过舱单系统反馈相关原因。

（二）原始舱单电子数据未按规定传输时限传输的，海关可要求舱单传输人提交说明材料，对数据规范性和超时限传输的合理性进行核实。

（三）原始舱单电子数据确报标志及确报进境时间由铁路运输工具系统同步写入。

（四）核对发现原始舱单电子数据与理货报告电子数据不相符的，海关应当要求舱单及相关电子数据传输人在卸载货物、物品完毕后 48 小时内说明原因，并按以下方式处理：

1. 原始舱单电子数据错误的，要求舱单传输人办理舱单变更手续；

2. 理货报告电子数据错误的，办理理货报告电子数据删除手续，并要求舱单相关电子数据传输人重新发送理货报告电子数据。

因监管需要，海关可派员实地核实相关情况。

（五）原始舱单电子数据核注核销操作由其他系统自动触发。

原始舱单电子数据核注核销操作未被自动触发，有以下情形的，海关可通过舱单系统对理货正常的原始舱单电子数据进行非贸核注核销操作：

1. 依据中国政府或中国海关缔结（参加）的多边、双边协定，可免于申报报关单的进境货物、物品；

2. 货物收发货人声明放弃，依法办理变卖、销毁等处理手续的进出境货物、物品；

3. 超期未向海关申报，依法办理变卖、销毁、退运等处理手续的进出境货物、物品；

4. 由于承运人的责任造成货物错发、误卸或溢卸的，可免于填制报关单的直接退运货物；

5. 调拨进境空箱；

6. 海关认可的其他情况。

（六）进境误卸或溢卸的货物、物品，海关应当要求舱单相关电子数据传输人传输理货报告电子数据，要求舱单传输人向海关补传原始舱单电子数据。

三、出境铁路列车舱单管理

（一）舱单传输人通过"单一窗口"向海关传输预配舱单电子数据，海关通过舱单系统接收舱单传输人传输的预配舱单电子数据，经人工审核或自动审核通过后入库；审核不通过的，通过舱单系统反馈相关原因。

（二）预配舱单电子数据未按规定传输时限传输的，海关可要求舱单传输人提交说明材料，对数据规范性和超时限传输的合理性进行核实。

（三）预配舱单电子数据出境时间由运输工具系统同步写入。

（四）预配舱单电子数据核注核销操作由其他系统自动触发。

预配舱单电子数据核注核销操作未被自动触发，有以下情形的，海关可通过舱单系统对运抵正常的预配舱单电子数据进行非贸核注核销操作：

1. 依据中国政府或中国海关缔结（参加）的多边、双边协定，可免于申报报关单的出境货物、物品；

2. 免于填制报关单的退运货物；

3. 调拨出境空箱；

4. 出境过境货物；

5. 海关认可的其他情况。

（五）海关应当通过铁路舱单系统接收舱单传输人传输的装载舱单电子数据，经人工审核或自动审核通过后通过舱单系统反馈企业同意装载；审核不通过的，通过舱单系统反馈企业相关原因。

（六）核对发现舱单电子数据与舱单相关电子数据不相符的，海关应当要求舱单及相关电子数据传输人在装载货物、物品或运抵、理货报告传输完毕后48小时内说明有关情况，并按下列方式处理：

1. 预配舱单电子数据或装载舱单电子数据错误的，要求舱单传输人办理舱单变更手续；

2. 运抵报告电子数据错误的，办理运抵报告电子数据删除手续，并要求舱单相关电子数据传输人重新发送运抵报告电子数据；

3. 理货报告电子数据错误的，办理理货报告电子数据删除手续，并要求舱单相关电子数据传输人重新发送理货报告电子数据。

因监管需要，海关可派员实地核实相关情况。

（七）装载舱单电子数据与理货报告电子数据不相符原因为存在未按装载舱单装车导致出境货物、物品溢装的，出境地海关应当要求舱单传输人和监管作业场所经营人提供溢装货物、物品的情况说明，并按现行相关规定进行处理。

溢装货物、物品的铁路列车已离境的，海关可要求铁路列车负责人将溢装货物、物品运回待查。

四、铁路舱单归并及分票

（一）海关可经企业申请对同一进出境口岸、同一进出境日期、同一车次、同一境内收发货人、同一合同、同一品名的舱单进行归并，铁路舱单系统自动核注核销归并前的舱单数据，并将相关信息反馈申请人；海关应要求承运人对单次归并的预配舱单所有货物编组在同一出境车次内。

（二）海关可经企业申请对舱单进行反归并，海关审核同意后，系统自动反核注核销被归并的舱单数据。

（三）因报关等申报要求海关可经企业申请对舱单进行分票，系统自动核注核销分票前的舱单数据，并将相关信息反馈申请人。

（四）海关可经企业申请对舱单进行反分票，海关审核同意后，系统自动反核注核销被分票的舱单数据。

五、舱单变更

（一）舱单变更指的是对舱单数据进行更改或删除的操作。舱单传输人、舱单相关电子数据传输人可通过手工录入或报文导入的方式，向海关办理舱单及相关电子数据变更手续，无须提交纸质单证资料。

因海关管理需要，或者因系统故障等原因无法正常传输相关数据的，舱单传输人、舱单相关电子数据传输人应予提供纸质单证资料。

（二）舱单传输人在规定传输时限前向海关申请变更未被核注的原始舱单电子数据、预配舱单电子数据的，舱单系统接收并自动审核舱单传输人传输的舱单变更申请电子数据。审核通过的，舱单系统自动变更相应数据；审核不通过的，舱单系统反馈相关原因。

（三）舱单传输人在超规定传输时限后向海关申请变更的，应当符合下列条件：

1. 货物、物品因不可抗力灭失、短损，造成舱单电子数据不准确的；

2. 装载舱单中所列的出境货物、物品，因装运、配载等原因造成部分或全部退关、变更运输工具的；

3. 大宗散装货物、集装箱独立箱体内载运的散装货物的溢短装重量误差在海关总署相关司局已下发文件规定范围之内的；

4. 其他客观原因造成传输错误的。

对于符合上述条件且未被核注的原始舱单电子数据、预配舱单电子数据的，海关通过舱单系统接收舱单传输人传输的舱单变更申请电子数据，经人工审核通过后进行相应数据变更操作；审核不通过的，通过舱单系统反馈相关原因。

（四）出境货物、物品装载铁路列车后，铁路列车负责人向海关报告其在签发或修改运单时，变更涉及预配舱单货物简要描述内容的，海关应当要求铁路列车负责人提交纸质"舱单变更申请表"和出境货物、物品托运人书面说明材料。

变更内容不涉及改变出境货物、物品性质的，或根据报关单证或查验结果申请变更的，铁路列车负责人可自行修改提单相关信息，需修改预配舱单电子数据的按照舱单变更相关要求办理。

变更内容涉及改变出境货物、物品性质的，且与报关数据申报信息不相符的，不得变更有关内容。

（五）舱单传输人向海关申请变更的原始舱单电子数据、预配舱单电子数据涉及走私行为、违反海关监管规定行为或其他违反海关法行为的，海关对有关行为依法处理完成后，办理舱单数据变更手续。

六、其他要求

（一）凭重量证书确认实际到/发货数量的进出境大宗散装货物收发货人未取得重量证书的，海关可通过舱单管理系统接收舱单相关电子数据传输人凭铁路列车负责人签字确认的纸质舱单件数、重量传输的理货报告电子数据。

（二）发现重量证书与理货报告电子数据不相符的，海关应当办理理货报告电子数据删除手续，并要求舱单相关电子数据传输人重新发送理货报告电子数据。

（三）海关定期对舱单系统提示的超期未核注原始舱单电子数据进行原因核查和处置。

（四）因计算机或网络故障等特殊情况，海关无法接收到铁路货运舱单及相关电子数据的，经批准海关可收取纸质单证办理相关手续。

计算机或网络故障等特殊情况消除后，海关应当通知数据传输人及时补充传输申报有关电子数据，并做好相应通知记录。

（五）相关数据传输人向海关报告未接到铁路舱单系统反馈信息的，海关应当核实有关情况并告知相关数据传输人核查结果。

（六）核查发现铁路舱单系统存在数据异常情况的，经批准，海关可进行相应电子数据补录和清理工作。

（七）海关应当对铁路舱单系统自动处理情况进行跟踪，发现异常的，海关应当联系相关企业或技术部门，查明原因并予以相应处理。

第五节　公路进出境舱单管理

一、备案管理

（一）备案申请及变更

1. 办理要求

（1）公路运营企业、货运代理企业、快件经营人、海关监管作业场所经营人和理货部门向海关申请办理舱单及相关电子数据传输人备案或备案变更的，海关应当核查企业提交的电子数据齐全性。备案企业为境内企业的，海关应当通过国家企业信用信息公示系统或采用相应方式核查企业信息、经营范围与电子数据一致性。

（2）核查电子数据齐全，且备案企业为境内企业的相关信息未见异常的，海关在舱单系统中进行确认，并由系统反馈备案结果或备案变更结果。核查电子数据不齐全，或备案企业为境内企业的相关信息发现异常的，海关不予办理并通过系统反馈相关原因。

（3）在海关备案的有关内容如果发生改变的，舱单传输人、监管场所经营人、理货部门、出口货物发货人应当向海关办理备案变更手续。

企业向海关申请变更"企业名称""统一社会信用代码"备案数据的，应先进行备案删除操作，再重新办理备案手续。

（4）不再办理相关业务的，企业应当向海关申请办理备案删除手续。

2. 异常情况

因计算机或网络故障等特殊情况，无法接收到公路车辆运营企业、货运代理企业、快件经营人、海关监管作业场所经营人、理货部门等数据传输人备案、备案变更电子数据的，经批准，海关可收取纸质单证，通过舱单系统录入相关信息，办理备案、备案变更手续。

（1）企业因故无法提交备案电子数据的，企业可提交纸质备案表（一式两份）及相应随附资料，海关按照备案电子数据核查相关要求，核查纸质备案资料。核查纸质备案资料齐全，且备案企业为境内企业的备案信息未见异常的，海关通过舱单系统进行备案操作，在纸质备案表签注并注明舱单系统生成的"数据传输人识别号"，将其中一份纸质备案表盖章交还相应企业留存，将另一份纸质备案表及相关资料存档。核查纸质备案资料不齐全，或备案企业为境内企业的备案信息有误的，海关告知企业相关原因。

（2）舱单传输人向海关申请办理境内企业分支机构备案手续的，向分支机构业务所在地海关提交分支机构"备案登记表"（一式两份）、舱单传输人签章同意备案的证明文件等资料。已备案的分支机构应使用总公司的舱单传输人代码，向海关传输舱单及相关电子数据。

（3）舱单及相关电子数据传输人申请办理备案变更手续的，向海关提交"备案登记表"及用于证明变更真实性的材料。海关核查备案信息变更手续所收取资料齐全无误的，在"备案登记表"海关批注栏签注"准予变更"，在舱单系统中进行变更操作，并将其中一份"备案登记表"盖章交还相应企业留存，将另一份"备案登记表"及相关资料存档。核查备案信息变更手续所收取资料不齐全或有误的，海关应当告知企业相关原因。

（二）公路舱单传输范围

备案手续完成后，舱单传输人按照以下范围传输舱单电子数据：

1. 公路运营企业传输的原始舱单电子数据、预配舱单电子数据、进境确报电子数据（含进境预报、进境申报单数据）、出境确报电子数据（含出境预报、出境申报单数据）；
2. 受委托的货运代理企业传输本条第 1 项所列的电子数据；
3. 海关监管作业场所经营人传输的运抵报告电子数据、理货报告电子数据；
4. 理货部门传输的理货报告电子数据。

境内无法人资格的公路运营企业，海关可通过舱单系统接收其委托的已在海关备案的境内货运代理企业向海关传输的电子数据。

二、公路舱单传输要求

为便利公路车辆进出境，海关对公路车辆进出境申报和舱单传输进行了调整：

（一）增加货物运输批次号，作为公路车辆载运货物、物品进出境的标识号。同一公路运输工具一次进出境载运多种货物时，使用同一货物运输批次号；同一批次货物，需多辆公路运输工具载运时，应当使用同一货物运输批次号，并同时进出境。

（二）增加海关通关代码，用以区分按照不同模式办理海关手续的进出境公路车辆及所载货物。具体包括：

1. 公路口岸进出境直通模式，适用于承运需要在口岸海关监管作业场所办结海关手续，不在口岸海关监管作业场所装卸货物（集装箱）的进出境运输工具（载运非贸货物的进出境运输工具不适用）；
2. 公路口岸进出境直通转关模式，适用于承运需要在口岸海关监管作业场所办理转关手续，但不在口岸海关监管作业场所装卸货物（集装箱）的进出境运输工具；
3. 公路口岸进境卸货模式，适用于承运需要在口岸海关监管作业场所卸货并办结海关手续的进境货物的运输工具；
4. 公路口岸进境卸货转关模式，适用于承运需要在口岸海关监管作业场所卸货并办理转关手续的进出境货物的运输工具；
5. 公路口岸进境掏箱模式，适用于承运需要在口岸海关监管作业场所掏箱办结海关手续，并以散装货物方式提离海关监管作业场所的进境集装箱货物的运输工具；
6. 公路口岸进境掏箱转关模式，适用于承运需要在口岸海关监管作业场所掏箱办理转关手续，并以散装货物方式提离海关监管作业场所的进境集装箱货物的运输工具；
7. 公路口岸进境卸箱模式，适用于承运需要在口岸海关监管作业场所卸箱办结海关手续，并继续以集装箱货物方式提离海关监管作业场所的进境集装箱货物的运输工具；
8. 公路口岸进境卸箱转关模式，适用于承运需要在口岸海关监管作业场所卸箱办理转关手续，并继续以集装箱货物方式提离海关监管作业场所的进境集装箱货物的运输工具；
9. 跨境快速通关模式，适用于承运跨境快速通关货物（非过境货物）的运输工具；
10. 进出境空车模式，适用于未承运货物、物品及集装箱的运输工具；
11. 暂时进出境空集装箱公路直通模式，适用于承运不在口岸海关监管作业场所卸箱的暂时进出境空集装箱的运输工具；
12. 暂时进境空集装箱公路口岸卸箱模式，适用于承运需要在口岸海关监管作业场所卸箱的暂时进境空集装箱的运输工具；

13. 非贸进出境货物公路口岸直通模式，适用于承运需要在口岸办结海关手续，不在口岸海关监管作业场所装卸非贸货物（集装箱）的进出境运输工具；

14. 出境散货公路口岸装车模式，适用于承运需要在口岸装车，办结海关手续后载运出境的散装货物的运输工具；

15. 出境集装箱货公路口岸装车模式，适用于承运需要在公路口岸装车，办结海关手续后载运出境的集装箱货物的运输工具；

16. 过境货物快速通关模式，适用于承运采取跨境快速通关的过境货物的运输工具；

17. 整车、暂时进出口车辆通关模式，适用于按照货物办理进出口或暂时进出口通关手续，并采取自驾方式进出境的公路运输工具。只作为货物进出口，使用自驾以外的其他方式进出境的，不属于进出境公路运输工具；

18. 边民互市货物公路口岸直通模式，适用于载运边民互市货物从境外进入边民互市区或从边民互市区驶出境外的进出境公路运输工具；

19. TIR模式，适用于按照《TIR公约》载运货物进出境的运输工具。

（三）以总运单为单元一次性传输原始/预配舱单的主要电子数据和其他电子数据。一次性传输运输工具预、确报电子数据。以进境承运确报电子数据方式一次性传输运输工具预、确报及公路车辆进境申报单电子数据；以出境承运确报电子数据方式一次性传输装载舱单电子数据、运输工具出境确报、公路车辆出境申报单电子数据。

（四）未载有货物、物品进出境的运输工具，或仅载有暂时进出境空集装箱的运输工具，不要求传输舱单及相关电子数据，只需一次性传输运输工具确报电子数据。

三、进境舱单管理

（一）舱单传输人通过"单一窗口"向海关传输原始舱单电子数据，海关通过舱单系统接收舱单传输人传输的原始舱单电子数据，经人工审核或自动审核通过后入库；审核不通过的，通过舱单系统反馈相关原因。

（二）在海关接受原始舱单电子数据传输后、进境公路车辆抵达进境地前，公路车辆负责人通过"单一窗口"以总运单为单元向海关一次性传输运输工具预、确报及公路车辆进境申报单电子数据（以下称进境确报电子数据）。海关通过舱单系统接收进境确报电子数据，经自动审核通过后入库；审核不通过的，通过舱单系统反馈相关原因。

（三）在进境公路车辆抵达进境地时，海关通过卡口信息化系统同步写入原始舱单电子数据进境标志及进境时间等。未应用卡口信息化系统，或原始舱单电子数据进境标志和进境时间未被同步写入的，海关可根据公路车辆实际抵达时间，通过舱单系统录入原始舱单电子数据进境标志及进境时间。

（四）海关核对发现原始舱单电子数据与理货报告电子数据不相符的，舱单及相关电子数据传输人应当在卸载货物、物品完毕后48小时内说明原因。对于原始舱单电子数据错误的，舱单传输人应当根据海关要求办理舱单电子数据变更手续；对于理货报告电子数据错误的，理货报告传输人应当根据海关要求办理理货报告电子数据删除手续，并重新发送正确的理货报告电子数据。因监管需要，海关可派员实地核实相关情况。

（五）原始舱单电子数据核注核销操作由报关数据自动触发。原始舱单电子数据核注核销操作未被自动触发，海关可通过舱单系统对原始舱单电子数据进行非贸核注核销操作。进行非贸核注核销操作的具体情形主要包括：依据中国政府或中国海关缔结（参加）的多边、双边协定，可免于申报报关单的进境货物、物品；货物收发货人声明放弃，依法办理变卖、销毁等处理手续的进境货物、物品；超期未向海关申报，依法办理变卖、销毁、退运等处理手续的进境货物、物品；由于承运人的责任造成货物错发、误卸或溢卸的，可免于填制报关单的直接退运货物；海关认可的其他情况。

（六）进境误卸或溢卸的货物、物品，舱单相关电子数据传输人应当按照海关要求传输理货报告电子数据，舱单传输人应当按照海关要求补传原始舱单电子数据。

（七）进境公路车辆在货物、物品运输完毕后离开口岸或跨境快速通关主管地时，海关通过卡口信息化系统自动在原始舱单写入"运输工具核销"标志。未应用卡口信息化系统，或原始舱单"运输工具核销"标志未被自动写入的，海关可根据公路车辆实际驶离情况，通过舱单系统设置原始舱单"运输工具核销"标志。

四、出境舱单管理

（一）舱单传输人通过"单一窗口"向海关传输预配舱单电子数据，海关通过舱单系统接收舱单传输人传输的预配舱单电子数据，经人工审核或自动审核通过后入库；审核不通过的，通过舱单系统反馈相关原因。

（二）在海关接受预配舱单电子数据传输后、出境公路车辆出境前，公路车辆负责人通过"单一窗口"以总运单为单元向海关一次性传输装载舱单电子数据、运输工具出境确报、公路车辆出境申报单电子数据（以下称出境确报电子数据）。海关通过舱单系统接收出境确报电子数据，经自动审核通过后入库；审核不通过的，通过舱单系统反馈相关原因。

（三）预配舱单电子数据核注核销操作由报关数据自动触发。预配舱单电子数据核注核销操作未被自动触发，海关可通过舱单系统对运抵正常的预配舱单电子数据进行非贸核注核销操作。进行非贸核注核销操作的具体情形主要包括：依据中国政府或中国海关缔结（参加）的多边、双边协定，可免于申报报关单的出境货物、物品；免于填制报关单的退运货物；海关认可的其他情况。

（四）海关核对发现预配舱单电子数据与理货报告电子数据不相符的，舱单及相关电子数据传输人应当在装载货物、物品完毕后48小时内说明有关情况。预配舱单电子数据错误的，舱单传输人应当根据海关要求办理舱单电子数据变更手续；运抵报告电子数据错误的，运抵报告传输人应当根据海关要求办理运抵报告电子数据删除手续，并重新发送正确的运抵报告电子数据；理货报告电子数据错误的，理货报告传输人应当根据海关要求办理理货报告电子数据删除手续，并重新发送正确的理货报告电子数据。因监管需要，海关可派员实地核实相关情况。

（五）海关核对预配舱单电子数据与理货报告电子数据发现存在未按预配舱单装车导致出境货物、物品溢装的，舱单传输人和监管作业场所经营人应当提供溢装货物、物品的情况说明，并按现行相关规定进行处理。溢装货物、物品的公路车辆已离境的，公路车辆运营企业应按照海关要求将溢装货物、物品运回待查。

（六）在出境公路车辆驶离出境地时，海关通过卡口信息化系统同步写入预配舱单电子数据出境标志及出境时间。未应用卡口信息化系统，或预配舱单电子数据出境标志及出境时间未被同步写入的，海关可根据公路车辆实际驶离时间，通过舱单系统录入预配舱单电子数据出境标志及出境时间。

（七）预配舱单电子数据被核注后，因公路车辆配载未能装车，或报关数据未放行等原因未能按计划装载出境，舱单传输人应当向海关申请办理出口落装改配手续的。对于报关数据未放行的，舱单传输人应当以运单为单位传输出口落装申请电子数据，经海关人工审核通过后通过舱单系统反馈同意出口落装；审核不通过的，通过舱单系统反馈相关原因。出口落装货物报关数据放行后，舱单传输人方可以运单为单位传输出口落装改配电子数据，经海关人工审核通过后通过舱单系统反馈同意落装改配；审核不通过的，通过舱单系统反馈相关原因。出口落装货物不再出境的，海关可为其办理退关手续。对于报关数据已放行的，舱单传输人以运单为单位向海关传输出口落装申请电子数据、出口落装改配电子数据，经海关人工审核通过后通过舱单系统反馈同意出口落装或出口落装改配；审核不通过的，通过舱单系统反馈相关原因。出口落装货物不再出境的，可向海关申请办理退关手续。

（八）出境公路车辆在货物、物品装载完毕后离境时，海关通过卡口信息化系统自动在预配舱单写入"运输工具核销"标志。未应用卡口信息化系统，或预配舱单"运输工具核销"标志未被自动写入的，海关可根据公路车辆实际驶离情况，通过舱单系统设置预配舱单"运输工具核销"标志。

五、舱单变更管理

（一）舱单变更指的是对舱单数据进行更改或删除的操作。舱单传输人、舱单相关电子数据传输人可通过手工录入或报文导入的方式，向海关办理舱单及相关电子数据变更手续，无须提交纸质单证资料。

因海关管理需要，或者因系统故障等原因无法正常传输相关数据的，舱单传输人、舱单相关电子数据传输人应予提供纸质单证资料。

（二）舱单传输人在规定传输时限前向海关申请变更未被核注的原始舱单电子数据、预配舱单电子数据的，舱单系统接收并自动审核舱单传输人传输的舱单变更申请电子数据。审核通过的，舱单系统自动变更相应数据；审核不通过的，舱单系统反馈相关原因。

（三）舱单传输人在超规定传输时限后向海关申请变更的，应当符合下列条件：

1. 货物、物品因不可抗力灭失、短损，造成舱单电子数据不准确的；

2. 装载舱单中所列的出境货物、物品，因装运、配载等原因造成部分或全部退关、变更运输工具的；

3. 大宗散装货物、集装箱独立箱体内载运的散装货物的溢短装重量误差在海关总署相关司局已下发文件规定范围之内的；

4. 其他客观原因造成传输错误的。

对于符合上述条件且未被核注的原始舱单电子数据、预配舱单电子数据的，海关通过舱单系统接收舱单传输人传输的舱单变更申请电子数据，经人工审核通过后进行相应数据变更操作；审核不通过的，通过舱单系统反馈相关原因。

（四）舱单传输人向海关申请变更的原始舱单电子数据、预配舱单电子数据涉及走私行为、违反海关监管规定行为或其他违反海关法行为的，海关对有关行为依法处理完成后，办理舱单数据变更手续。

第五章　海关监管作业场所（场地）

第一节　概　述

一、海关对海关监管货物的监管

《海关法》第二十三条规定："进口货物自进境起到办结海关手续止，出口货物自向海关申报起到出境止，过境、转运和通运货物自进境起到出境止，应当接受海关监管。"

《海关法》第三十八条规定："经营海关监管货物仓储业务的企业，应当经海关注册，并按照海关规定，办理收存、交付手续。在海关监管区外存放海关监管货物，应当经海关同意，并接受海关监管。违反前两款规定或者在保管海关监管货物期间造成海关监管货物损毁或者灭失的，除不可抗力外，对海关监管货物负有保管义务的人应当承担相应的纳税义务和法律责任。"

二、海关监管区与海关监管作业场所

《海关法》第一百条规定：海关监管区，是指设立海关的港口、车站、机场、国界孔道、国际邮件互换局（交换站）和其他有海关监管业务的场所，以及虽未设立海关，但是经国务院批准的进出境地点。《中华人民共和国海关监管区管理暂行办法》（海关总署令第232号公布，根据海关总署令第240号修订）进一步做了阐释：

（一）海关监管区，是指《海关法》第一百条所规定的海关对进出境运输工具、货物、物品实施监督管理的场所和地点，包括海关特殊监管区域、保税监管场所、海关监管作业场所、免税商店以及其他有海关监管业务的场所和地点。

（二）海关监管作业场所，是指由企业负责经营管理，供进出境运输工具或者境内承运海关监管货物的运输工具进出、停靠，从事海关监管货物的进出、装卸、储存、集拼、暂时存放等有关经营活动，符合海关监管作业场所设置规范，办理相关海关手续的场所。

三、海关监管作业场所（场地）的类型划分

《海关监管作业场所（场地）设置规范》（海关总署公告2019年第68号公布，根据海关总署公告2021年第4号修订），将海关监管作业场所（场地）进一步划分为：

（一）监管作业场所，包括水路运输类海关监管作业场所、公路运输类海关监管作业场所、航空运输类海关监管作业场所、铁路运输类海关监管作业场所、快递类海关监管作业场所等。

（二）集中作业场地，包括旅客通关作业场地、邮检作业场地等。

四、海关指定监管场地

区别于以上监管作业场所、集中作业场地的定义，海关实施监管的作业场地还包括一个类型——海关指定监管场地。

《海关指定监管场地管理规范》（海关总署公告2019年第212号公布，根据海关总署公告2021

年第 4 号修订）规定，指定监管场地是指符合海关监管作业场所（场地）的设置规范，满足动植物疫病疫情防控需要，对特定进境高风险动植物及其产品实施查验、检验、检疫的监管作业场地。

海关指定监管场地可以为海关监管作业场所（或是海关监管作业场所中的功能作业区），也可以为集中作业场地。

第二节　海关监管作业场所的监督管理

一、海关对海关监管区的管理

（一）海关监管区的监管要求

海关监管区应当设置符合海关监管要求的基础设施、检查查验设施以及相应的监管设备。

海关依照《海关法》的规定，对海关监管区内进出境运输工具、货物、物品行使检查、查验等权力。

（二）进出境运输工具、货物、物品的海关监管

进出境运输工具、货物、物品，应当通过海关监管区进境或者出境。进出境运输工具或者境内承运海关监管货物的运输工具应当在海关监管区停靠、装卸，并办理海关手续。

进出境货物应当在海关监管区的海关监管作业场所集中办理进出、装卸、储存、集拼、暂时存放等海关监管业务。进出境物品应当在海关监管区的旅客通关类场所、邮件类场所办理海关手续，海关总署另有规定的除外。

在海关监管区内从事与进出境运输工具、货物、物品等有关的经营活动，应当接受海关监管。

（三）在海关监管区外临时进出境的管理

因救灾、临时减载、装运鲜活产品以及其他特殊情况，需要经过未设立海关的地点临时进境或者出境的，应当经国务院或者国务院授权的机关批准，并办理海关手续。

二、对海关监管作业场所实施行政许可管理

海关依据《中华人民共和国行政许可法》和《中华人民共和国海关行政许可管理办法》，并根据《中华人民共和国海关监管区管理暂行办法》和《海关总署关于修订明确海关监管作业场所行政许可事项的公告》（海关总署公告 2021 年第 46 号）办理海关监管作业场所的行政许可事项。

（一）申请经营海关监管作业场所

1. 申请经营海关监管作业场所的企业（以下称申请人）应当同时具备以下条件：

（1）具有独立企业法人资格；

（2）取得与海关监管作业场所经营范围相一致的工商核准登记；

（3）具有符合海关监管作业场所设置规范的场所。

由法人分支机构经营的，分支机构应当取得企业法人授权。

2. 申请人应当向主管地的直属海关或者隶属海关（以下简称主管海关）提出注册申请，并且提交以下材料：

（1）"经营海关监管作业场所企业注册申请书"（见本章附件 1）；

（2）作业区域功能布局示意图（包括监管设施及其安装位置）。

由法人分支机构经营的，申请人应当提交企业法人授权文书。

3. 申请人应当对所提交材料的真实性、合法性、有效性承担法律责任。主管海关可以通过信息化系统获取有关材料电子文本的，申请人无须另行提交。

4. 主管海关受理行政许可申请后，应当对申请人提交的申请材料进行审查，并对其是否符合海关监管作业场所设置规范进行实地验核。

经审核符合注册条件的，主管海关制发"中华人民共和国××海关经营海关监管作业场所企业注册登记证书"（以下简称"注册登记证书"，见本章附件2），自制发之日起生效。经审核不符合注册条件的，应当说明理由并制发"中华人民共和国××海关不予行政许可决定书"（以下简称"不予行政许可决定书"，见本章附件3）。

5. 海关监管作业场所经营企业（以下简称经营企业）的注册资质不得转让、出租、出借。

（二）海关监管作业场所的变更

1. 有下列情形之一的，经营企业应当向主管海关提交"经营海关监管作业场所企业变更申请书"（见本章附件4）及相关材料，办理申请变更手续：

（1）变更海关监管作业场所类型的；
（2）变更海关监管作业场所面积的；
（3）变更海关监管作业场所内功能作业区的；
（4）变更海关监管作业场所名称或经营企业名称的；
（5）海关监管作业场所换址新建的。

2. 经审核同意经营企业变更申请的，主管海关应当制发新的"注册登记证书"，经营企业应当交回原"注册登记证书"。经审核不同意变更的，主管海关应当制发"不予行政许可决定书"。

海关监管作业场所换址新建的，海关应当重新进行实地验核。

3. 经营企业的法定代表人或相关主管部门批准的营业期限、经营范围等事项发生变化的，应当及时向主管海关报备。

（三）海关监管作业场所的注销

1. 经营企业申请注销海关监管作业场所的，应当向主管海关提交"经营海关监管作业场所企业注销申请书"（见本章附件5）及相关材料，并且满足以下条件：

（1）场所内存放的海关监管货物已经全部依法处置完毕，相关海关手续也已经全部办结；
（2）经营企业涉及走私案件或者违反海关监管规定案件的，相关案件已经结案；
（3）场所内海关配备的监管设施设备已经按照海关要求妥善处置。

2. 经审核符合注销条件的，主管海关应当制发"中华人民共和国××海关准予注销行政许可决定书"（见本章附件6），经营企业应当交回"注册登记证书"。经审核不符合注销条件的，主管海关应当制发"不予行政许可决定书"。

3. 有下列情形之一的，主管海关应当注销经营企业的注册登记，并且制发"中华人民共和国××海关经营海关监管作业场所企业注销通知书"（见本章附件7）：

（1）经营企业依法终止的；
（2）经营企业注册登记依法被撤回、撤销的；
（3）"注册登记证书"依法被吊销的；
（4）由于不可抗力导致注册事项无法实施的；
（5）依据法律、行政法规规定，注册应当注销的其他情形。

4. 经营企业注册登记被海关注销的，经营企业或者有关当事人应当按照海关要求对场所内存放的海关监管货物、海关配备的监管设施作出妥善处置。

三、对海关监管作业场所的监督管理

（一）对海关监管作业场所经营企业的管理要求

1. 经营企业应当根据海关监管需要，在海关监管作业场所的出入通道设置卡口，配备与海关联网的卡口控制系统和设备。

2. 经营企业应当在海关监管作业场所建立与海关联网的信息化管理系统、视频监控系统，并且根据海关监管需要建立全覆盖无线网络。

3. 经营企业应当建立与相关海关监管业务有关的人员管理、单证管理、设备管理和值守等制度。

（二）对海关监管货物的管理要求

1. 经营企业应当凭海关放行信息办理海关监管货物及相关运输工具出入海关监管作业场所的手续。

2. 经营企业应当妥善保存货物进出及存储等情况的电子数据或者纸质单证，保存时间不少于3年，海关可以进行查阅和复制。

3. 经营企业应当在海关监管作业场所装卸、储存、集拼、暂时存放海关监管货物。装卸、储存、集拼、暂时存放非海关监管货物的，应当与海关监管货物分开，设立明显标识，并且不得妨碍海关对海关监管货物的监管。

经营企业应当根据海关需要，向海关传输非海关监管货物进出海关监管作业场所等信息。

4. 经营企业应当将海关监管作业场所内存放超过3个月的海关监管货物情况向海关报告。海关可以对相应货物存放情况进行核查。

（三）海关对监管作业场所的监督管理

1. 海关可以采取视频监控、联网核查、实地巡查、库存核对等方式，对海关监管作业场所实施监管。

2. 海关监管作业场所出现与《海关监管作业场所（场地）设置规范》不相符情形的，经营企业应当立即采取措施进行修复，并且报告海关。海关根据管理需要，可以采取相应的限制措施。

3. 海关履行法定职责过程中，发现海关监管作业场所内海关监管货物存在安全生产隐患的，应当及时向主管部门通报。

4. 经营企业有下列行为之一的，海关予以责令改正，给予警告，海关制发"中华人民共和国××海关责令整改通知书"（见本章附件8），可以暂停其相应海关监管作业场所6个月以内从事有关业务：

（1）未凭海关放行信息办理出入海关监管作业场所手续的；

（2）未依照《中华人民共和国海关监管区管理暂行办法》规定保存货物进出及存储等情况的电子数据或者纸质单证的；

（3）海关监管作业场所出现与《海关监管作业场所（场地）设置规范》不相符情形未及时修复，影响海关监管的；

（4）未依照《中华人民共和国海关监管区管理暂行办法》规定装卸、储存、集拼、暂时存放海关监管货物的；

（5）未依照《中华人民共和国海关监管区管理暂行办法》规定将海关监管作业场所内存放超过3个月的海关监管货物情况向海关报告的。

因上述第（3）项原因被暂停业务的，如果海关监管作业场所经整改已符合要求，可以提前恢复业务。

5. 发生走私行为或者重大违反海关监管规定行为的，海关应当责令经营企业改正，并且暂停其相应海关监管作业场所6个月以内从事有关业务。

6. 主管海关应当每年对其主管的海关监管作业场所开展1次年度审核，对于不再符合海关监管作业场所设置规范等规定及存在违反海关监管规定情形的，按照《中华人民共和国海关监管区管理暂行办法》和《海关总署关于修订明确海关监管作业场所行政许可事项的公告》（海关总署公告2021年第46号）的有关规定办理。

第三节　海关指定监管场地的管理规范

一、概述

（一）指定监管场地的类型

1. 进境肉类指定监管场地；
2. 进境冰鲜水产品指定监管场地；
3. 进境粮食指定监管场地；
4. 进境水果指定监管场地；
5. 进境食用水生动物指定监管场地；
6. 进境植物种苗指定监管场地；
7. 进境原木指定监管场地；
8. 其他进境高风险动植物及其产品指定监管场地。

（二）指定监管场地的选址原则

指定监管场地原则上应当设在第一进境口岸监管区内。

在同一开放口岸范围内申请设立不同类型指定监管场地的，原则上应当在集中或相邻的区域内统一规划建设，设立为综合性指定监管场地，海关实行集约化监管。

（三）可行性评估和立项

拟设立指定监管场地的有关单位或企业，应当事先提请省级人民政府（以下简称地方政府）组织开展可行性评估和立项；地方政府牵头建立国门生物安全、食品安全保障机制和重大动物疫病、重大植物疫情、重大食品安全事件等突发事件的应急处理工作机制，以及检疫风险的联防联控制度。

申请经营指定监管场地的单位（以下简称申请单位）应当按照海关相关规定建设指定监管场地。

（四）海关的分级管理

海关总署口岸监管司负责监督管理、指导协调和组织实施全国海关指定监管场地规范管理工作。

直属海关口岸监管部门负责监督管理、指导协调和组织实施本关区指定监管场地规范管理工作。

隶属海关负责实施本辖区指定监管场地日常规范管理和监督检查工作。

二、立项与评估

（一）立项的要求

1. 地方政府根据口岸发展需要，组织开展指定监管场地设立的可行性评估和立项，并统筹规划和组织建设。

地方政府经评估，认为具备设立条件的，形成立项申请，函商直属海关提出立项评估意见，直属海关初审后报海关总署审核、批复。

2. 指定监管场地立项材料应当包括以下内容：

（1）地方外向型经济和口岸建设的基本情况、发展规划，指定监管场地开展相关业务的市场需求，以及预期的经济效益、社会效益；

（2）地方政府制定保障进境高风险动植物及其产品检疫风险的联防联控工作制度（组织机构、能力保障、职责分工、督查督办）；

（3）指定监管场地的建设规划（建设主体、周期、资金保障、规划平面图等）；

（4）指定监管场地建设有关土地、环保、农林等评估意见。

（二）海关的评估

1. 直属海关收到立项材料后，应当组成专家组进行初审评估，评估工作以资料审核为主，并视情开展实地验证和评估，必要时可与地方政府、申请单位沟通了解相关情况。

专家组应由海关系统内场所管理、动植检疫、食品安全专业的人员构成，必要时可聘请系统外专家。

2. 海关主要对以下方面进行评估：

（1）口岸对外开放情况和相关配套保障情况；

（2）海关监管能力和配套保障情况；

（3）海关实验室检测能力和配套保障情况；

（4）指定监管场地布局及必要性。

3. 直属海关应当根据初审评估情况，提出初审意见。

直属海关经评估认为符合海关相关规定要求的，报海关总署。

直属海关经评估认为不符合海关相关规定要求的，应当向地方政府书面反馈意见。根据地方政府的需求，直属海关可以提出相关改进意见。

4. 海关总署对直属海关的立项评审意见进行复审，提出批复意见，并反馈直属海关，由直属海关向地方政府反馈。

三、直属海关预验收

（一）指定监管场地建设与验收要求

1. 指定监管场地应当在海关总署同意立项批复之日起 2 年内完成建设并向直属海关申请预验收。逾期未向直属海关申请预验收的，该立项自动失效。

2. 在集中或相邻的区域内统一规划建设的不同类型指定监管场地，海关可统一组织开展验收。

（二）指定监管场地申请预验收时应当同时具备以下条件

1. 指定监管场地符合海关监管作业场所（场地）的设置规范，满足动植物疫病疫情防控需要，具备对特定进境高风险动植物及其产品实施查验、检验、检疫的条件。

2. 指定监管场地主管海关的监管能力满足特定进境高风险动植物及其产品作业需求。

3. 地方政府已建立检疫风险的联防联控制度，国门生物安全、食品安全保障机制，重大动物疫病、重大植物疫情、重大食品安全事件等突发事件应急处理工作机制。

（三）指定监管场地具备预验收条件后，由申请单位向直属海关申请预验收，并提交以下材料

1. 指定监管场地验收申请表（见本章附件9）。
2. 指定监管场地验收申请表"申请须知"中列明的随附材料。
3. 其他相关资料或材料。

由法人分支机构经营的，分支机构应当取得企业法人授权。

（四）直属海关组织验收工作的要求

1. 直属海关口岸监管部门负责牵头组织验收组开展指定监管场地的预验收工作。验收组应当由海关系统内场所管理、动植检疫、食品安全专家或骨干构成。
2. 直属海关对指定监管场地的预验收工作包括资料审核和实地验核。书面材料审核通过的，直属海关组织验收组进行实地验核；书面材料审核不通过的，应当中止验收并告知申请单位。

（五）指定监管场地的实地验核工作按以下程序开展

1. 召开验收工作见面会，验收组公布验收工作的依据和程序，听取指定监管场地的建设情况汇报。
2. 验收组赴指定监管场地、海关实验室等场地开展实地验核。
3. 验收组内部评议，形成验收结论。
4. 召开现场反馈会，验收组反馈验收情况，给出验收结论，由验收组和申请单位签字确认。
5. 必要时，海关可提前安排进行检疫处理效果、海关监管人员能力考试等工作。

四、海关总署验收

（一）直属海关函请海关总署组织验收

1. 对通过预验收的或预验收提出的不符合项已整改完毕的，直属海关应当函请海关总署组织验收。
2. 海关总署口岸监管司根据直属海关预验收情况，组织验收组开展验收工作，也可视情况委托直属海关开展验收工作。

（二）海关总署组织验收工作的要求

海关总署的验收工作包括资料审核和实地验核。资料审核通过的，海关总署组织验收组进行实地验核工作；资料审核不通过的，应当中止验收，由海关总署书面答复直属海关，直属海关书面答复申请单位。

（三）海关总署验收组对指定监管场地的实地验核工作程序

1. 召开验收工作见面会，验收组公布验收工作的依据和程序，听取指定监管场地的建设情况汇报。
2. 验收组赴指定监管场地、海关实验室等场地开展实地验核。
3. 验收组内部评议，形成验收结论。
4. 召开现场反馈会，验收组反馈验收情况，给出验收结论，由验收组和申请单位签字确认。
5. 必要时，海关可提前安排进行检疫处理效果、海关监管人员能力考试等工作。

（四）公布名单

1. 验收工作完成后，验收组向海关总署提交指定监管场地验收工作报告，随附审核验收记录。

海关总署委托直属海关开展验收工作的，直属海关应将验收情况函报总署，并随附指定监管场地验收工作报告和审核验收记录。

2. 通过验收的或验收提出的不符合项已整改完毕的指定监管场地，海关总署口岸监管司报请署领导批准后，将新批准的指定监管场地信息维护进指定监管场地名单，并在海关门户网站公布。

经公布的指定监管场地可正式承载特定进境高风险动植物及其产品的海关监管业务。

五、海关的监督管理

（一）指定监管场地变更

指定监管场地经营单位（以下简称经营单位）名称变更、指定监管场地因行政区划造成地址名称变化的，应当于变更后1个月内向直属海关报告，经直属海关核实后向海关总署报备。

（二）指定监管场地改扩建或新建

指定监管场地改扩建或新建查验场地、冷链一体化设施、技术用房等基础设施，应当事先向直属海关报备。对于影响海关监管的，直属海关应当根据实际情况暂停部分或全部的指定监管场地海关监管业务。

指定监管场地改扩建或新建项目完成后，经营单位应当向直属海关申请验收，海关按《海关指定监管场地管理规范》的相关规定进行验收。

（三）指定监管场地放弃经营

经营单位主动放弃经营指定监管场地的，应当向直属海关提出申请。

直属海关经审核确认指定监管场地内存放的海关监管货物已经全部依法处置完毕，相关海关手续已经全部办结的，应当同意其申请，并函报海关总署。

（四）对指定监管场地限期整改

直属海关在日常监管中发现指定监管场地不符合海关相关监管要求的，应当责成经营单位限期整改。情况严重的或未在限期内完成整改的，直属海关应当暂停在该指定监管场地开展海关作业，并向海关总署报备。

暂停海关作业后，指定监管场地对相关问题完成整改的，须报直属海关审核确认后，方可恢复相关海关业务，并向海关总署报备。

（五）对指定监管场地的年度抽核

1. 海关总署对指定监管场地采取"双随机"的方式进行年度抽核，验证指定监管场地是否持续符合海关监管要求。

年度抽核工作以书面审核为主，直属海关根据海关总署的要求，对被抽核的指定监管场地进行初审，并将其日常监管情况和初审意见函报海关总署，海关总署进行复审。必要时，海关总署组织专家组进行实地验核。

2. 海关总署在年度抽核中发现指定监管场地不符合《海关指定监管场地管理规范》要求，经评估可以限期整改的，责成经营单位限期完成整改，由直属海关负责跟踪验证，并将整改及跟踪验证情况函报海关总署。

（六）海关实施动态管理

海关总署根据年度抽核和海关日常监督检查情况，对指定监管场地名单实施动态管理。对存在

下列情况之一的,海关总署将其从指定监管场地名单中删除,并在海关门户网站公布:

1. 指定监管场地不符合风险防控要求,造成重大动植物疫情扩散或重大食品安全事故的;
2. 指定监管场地有关食品安全或动植物疫病疫情的风险防控能力达不到《海关指定监管场地管理规范》的要求,经整改后仍不合格的;
3. 指定监管场地被直属海关暂停开展海关作业,未在规定期限内完成整改的;
4. 在海关总署年度抽核工作中,发现指定监管场地严重不符合《海关指定监管场地管理规范》的要求或未按照本规范第三十四条规定在规定限期内完成整改的;
5. 经营单位主动申请放弃经营指定监管场地并经海关审核同意的;
6. 指定监管场地连续 2 年未开展所申请的特定高风险动植物及其产品进境业务的;
7. 经营单位发生走私行为或者重大违反海关监管规定行为的;
8. 经营单位依法终止的。

(七)指定监管场地有下列情况之一的,申请单位或经营单位应当重新申请立项

1. 指定监管场地经营单位变更的;
2. 海关总署同意立项批复之日起 2 年内未向直属海关申请预验收的;
3. 按规定从指定监管场地名单中删除,停止指定监管场地运营海关业务后,拟重新开展指定监管场地海关业务的。

第四节 海关监管作业场所(场地)设置规范

一、概述

(一)海关监管作业场所(场地)内的功能区划分

1. 口岸前置拦截作业区,包括车体及轮胎消毒场所、核生化监测处置场所、指定检疫车位、指定检疫廊桥或指定检疫机位、检疫锚地或泊位、指定检疫轨道等。
2. 查验作业区,该功能区以查验为主,配套设置必要的储存区、暂时存放区、扣检区、技术整改区等,涉及运营进口汽车、普通食品、进口冷链食品、进境食用水生动物、进境水果、进境木材、进境粮食、进境种苗、供港澳地区鲜活产品、血液等特殊物品、集装箱/厢式货车承载货物等业务,以及有公路口岸客车进出境的海关监管作业场所(场地)。
3. 检疫处理区,该功能区以检疫处理和卫生处理为主,配套设置必要的查验区、存放区等,包括进境原木检疫处理区、进境大型苗木检疫处理场等。

(二)海关监管作业场所(场地)设置规范的适用原则

1. 以水路、航空、铁路、公路运输方式办理货物进出境的海关监管作业场所,应当适用《海关监管作业场所(场地)设置规范》中对应的运输方式海关监管作业场所设置规范。
2. 以快递方式办理货物进出境业务的海关监管作业场所,应当优先适用《海关监管作业场所(场地)设置规范》中快递类海关监管作业场所设置规范。
3. 旅客通关作业场地、邮检作业场地等集中作业场地,应当适用《海关监管作业场所(场地)设置规范》中对应的海关集中作业场地设置规范。
4. 海关监管作业场所(场地)内的功能区,应在满足上述对应海关监管作业场所(场地)设置规范要求的基础上,同时满足对应功能区的设置规范的要求。

5. 开展跨境电子商务直购进口或跨境电子商务一般出口业务的监管作业场所应按照快递类海关监管作业场所或者邮检作业场地规范设置。

(三) 共用区域与设施的情况

1. 2个及以上海关监管作业场所（场地）设置在同一区域内的，在满足海关监管要求的前提下，可以设置统一的隔离围网（墙）和通道出入卡口；同一区域内各海关监管作业场所（场地）之间应当建立隔离设施及设置区分标识。

2. 设置在同一口岸监管区内的海关监管作业场所（场地），在满足开展海关监管作业要求的条件下，可根据实际情况共同使用有关的技术用房。

二、海关监管作业场所的设置规范

(一) 水路运输类海关监管作业场所

1. 封闭及卡口设置

（1）应当具有独立的封闭区域，设立高度不低于2.5米的隔离围网（墙）。

（2）凡需以公路运输方式载运货物出入海关监管作业场所的，应当建立通道出入卡口，配置符合海关监管要求的卡口控制系统和设备，并且与海关联网。

2. 场地设置

（1）具有储存或者装卸、集拼、暂时存放海关监管货物的仓库或场地，配备相应设施，并且设置明显区分标识。

（2）如需实施海关查验，应当设置满足海关查验作业要求的场地，配备海关实施查验、安全防护的设备及相应的专业操作人员。

（3）根据海关监管需要，预留大型集装箱/车辆检查设备、辐射探测设备等所需的场地和设施，自行安装且供海关使用的集装箱/车辆检查设备及辐射探测设备等应当与海关联网。

（4）具备存放海关暂不予放行货物的仓库或者场地。

（5）地面平整、硬化，无病媒生物滋生地，场地及周围环境应具备有效的防控鼠类的设施，符合国家标准《病媒生物综合管理技术规范环境治理鼠类》（GB/T 31712）的相关要求。

（6）具有必要的病媒生物控制措施，具备完善的卫生管理制度（包括卫生保洁制度、货物堆放制度、病媒生物防控制度）与有效的卫生控制措施。

（7）根据海关监管需要，设置检疫处理区，用于对进出境货物、集装箱进行检疫处理。

（8）根据海关监管需要，对食品、动植物及其产品储存等，应设置专门区域。

3. 场所用房

（1）根据海关监管需要，提供采样室、样品室、病媒生物和有害生物初筛鉴定室等技术用房，以及更衣室、工具室等配套设施，满足开展感官检验、取制样品、初筛鉴定及标本存放、留样存放、药品与器械存储等作业要求。

（2）根据海关卫生检疫工作需要，提供检疫查验、卫生监督、卫生处理技术用房及配套设施，满足开展医学排查、隔离留验、传染病快速监测、卫生监督采样检测、病媒生物监测与控制等作业要求。

（3）提供具备网络通信、取暖降温、休息卫生等条件的海关备勤、办公场所。

4. 信息化管理系统

（1）根据海关监管需要，配备与海关联网的信息化管理系统，能够接收海关相关指令信息，并按照海关要求实现货物进场、出场、存储状态等电子数据的传送、交换。

（2）根据海关监管需要，企业自用信息化管理系统应当向海关开放有关功能的授权。

（3）建立符合海关网络安全要求的机房或机柜，并且建立满足海关对运输工具登临检查、货物查验、场所（场地）巡查等工作要求的无线网络。

5. 其他

（1）对因机械吊装、履带运输、水岸泊位、铁路轨道等因素无法实现完全封闭的海关监管作业场所，相应区域可以调整封闭设置。

（2）对不涉及货物储存及暂时存放的海关监管作业场所，在保证海关监管的条件下，可以对"2. 场地设置"的要求进行相应调整。

（二）公路运输类海关监管作业场所

1. 封闭及卡口设置

（1）应当具有独立的封闭区域，设立高度不低于2.5米的隔离围网（墙）。

（2）建立通道出入卡口，配置符合海关监管要求的卡口控制系统和设备，并且与海关联网。

2. 场地设置

（1）具有储存或者装卸、集拼、暂时存放海关监管货物的仓库或场地，配备相应设施，并且设置明显区分标识。

（2）设置符合海关要求的功能区域，设置区域标识牌，并且标识场内的通行、分流路线。

（3）如需实施海关查验，应当设置满足海关查验作业要求的场地，配备海关实施查验、安全防护的设备及相应的专业操作人员。

（4）根据海关监管需要，预留大型集装箱/车辆检查设备、辐射探测设备等所需的场地和设施，自行安装且供海关使用的集装箱/车辆检查设备及辐射探测设备等应当与海关联网。

（5）提供存放海关暂不予放行货物的仓库或者场地。

（6）地面平整、硬化，无病媒生物滋生地，场地及周围环境应具备有效的防控鼠类的设施，符合国家标准《病媒生物综合管理技术规范环境治理鼠类》（GB/T 31712）的相关要求。

（7）具有必要的病媒生物控制措施，具备完善的卫生管理制度（包括卫生保洁制度、货物堆放制度、病媒生物防控制度）与有效的卫生控制措施。

（8）根据海关监管需要，设置检疫处理区，用于对进出境货物、集装箱进行检疫处理。

（9）根据海关监管需要，对食品、动植物及其产品储存等，应设置专门区域。

3. 场所用房

（1）根据海关监管需要，提供采样室、样品室、病媒生物及有害生物初筛鉴定室等技术用房，以及更衣室、工具室等配套设施，满足开展感官检验、取制样品、初筛鉴定及标本存放、留样存放、药品与器械存储等作业要求。

（2）根据海关卫生检疫工作需要，提供检疫查验、卫生监督、卫生处理技术用房及配套设施，满足开展医学排查、隔离留验、传染病快速监测、卫生监督采样检测、病媒生物监测与控制等作业要求。

（3）提供具备网络通信、取暖降温、休息卫生等条件的海关备勤、办公场所。

4. 信息化管理系统

（1）根据海关监管需要，配备与海关联网的信息化管理系统，能够接收海关相关指令信息，并按照海关要求实现货物进场、出场、存储状态等电子数据的传送、交换。

（2）根据海关监管需要，企业自用信息化管理系统应当向海关开放有关功能的授权。

（3）建立符合海关网络安全要求的机房或机柜，并且建立满足海关对运输工具登临检查、货物查验、场所巡查等工作要求的无线网络。

(三) 航空运输类海关监管作业场所

1. 封闭及卡口设置

(1) 应当具有独立的封闭区域，设立高度不低于2.5米的隔离围网（墙）。

(2) 凡需以公路运输方式载运货物出入海关监管作业场所的，应当建立通道出入卡口，配置符合海关监管要求的卡口控制系统和设备，并且与海关联网。

2. 场地设置

(1) 具有储存或者装卸、集拼、暂时存放海关监管货物的仓库或场地，配备相应设施；监管货物按照进口、出口、暂不予放行等进行分类存放并隔离，设置明显区分标识。

(2) 根据海关监管需要，配置非侵入式检查设备、自动传输分拣设备，并与海关联网。预留安装大型集装箱/车辆检查设备和辐射探测设备等所需的场地，自行安装且供海关使用的大型集装箱/车辆检查设备、辐射探测设备等应当与海关联网。

(3) 如需实施海关查验，应当设置满足海关查验作业要求的场地，配备海关实施查验、安全防护的设备及相应的专业操作人员。

(4) 提供存放海关暂不予放行货物的仓库或者场地。

(5) 地面平整、硬化，无病媒生物滋生地，场地及周围环境应具备有效的防控鼠类的设施，符合国家标准《病媒生物综合管理技术规范环境治理鼠类》（GB/T 31712）的相关要求。

(6) 具有必要的病媒生物控制措施，具备完善的卫生管理制度（包括卫生保洁制度、货物堆放制度、病媒生物防控制度）与有效的卫生控制措施。

(7) 根据海关监管需要，设置检疫处理区，用于对进出境货物、集装箱进行检疫处理。

(8) 根据海关监管需要，对食品、动植物及其产品储存等，应设置专门区域。

3. 场所用房

(1) 根据海关监管需要，提供采样室、样品室、病媒生物及有害生物初筛鉴定室等技术用房，以及更衣室、工具室等配套设施，满足开展感官检验、取制样品、初筛鉴定及标本存放、留样存放、药品与器械存储等作业要求。

(2) 根据海关卫生检疫工作需要，提供检疫查验、卫生监督、卫生处理技术用房及配套设施，满足开展医学排查、隔离留验、传染病快速监测、卫生监督采样检测、病媒生物监测与控制等作业要求。

(3) 提供具备网络通信、取暖降温、休息卫生等条件的海关备勤、办公场所。

4. 信息化管理系统

(1) 根据海关监管需要，配备与海关联网的信息化管理系统，能够接收海关相关指令信息，并按照海关要求实现货物进场、出场、存储状态等电子数据的传送、交换。

(2) 根据海关监管需要，企业自用信息化管理系统应当向海关开放有关功能的授权。

(3) 建立符合海关网络安全要求的机房或机柜，并且建立满足海关对运输工具登临检查、货物查验、场所（场地）巡查等工作要求的无线网络。

(四) 铁路运输类海关监管作业场所

1. 封闭及卡口设置

(1) 应当具有独立的封闭区域，设立高度不低于2.5米的隔离围网（墙）。

对因铁路轨道因素导致隔离围网（墙）不能全封闭的，应当设置监控设施，满足海关监管要求。

(2) 凡需以公路运输方式载运货物出入海关监管作业场所的，应当建立通道出入卡口，配置符合海关监管要求的卡口控制系统和设备，并且与海关联网。

2. 场地设置

（1）具有储存或者装卸、集拼、暂时存放海关监管货物的仓库或场地，配备相应设施，并且设置明显区分标识。

（2）如需实施海关查验，应当设置满足海关查验作业要求的场地，配备海关实施查验、安全防护的设备及相应的专业操作人员。

（3）根据海关监管需要，预留大型集装箱/车辆检查设备、辐射探测设备等所需的场地和设施，自行安装且供海关使用的集装箱/车辆检查设备及辐射探测设备等应当与海关联网。

（4）提供存放海关暂不予放行货物的仓库或者场地。

（5）地面平整、硬化，无病媒生物滋生地，场地及周围环境应具备有效的防控鼠类的设施，符合国家标准《病媒生物综合管理技术规范环境治理鼠类》（GB/T 31712）的相关要求。

（6）具有必要的病媒生物控制措施，具备完善的卫生管理制度（包括卫生保洁制度、货物堆放制度、病媒生物防控制度）与有效的卫生控制措施。

（7）根据海关监管需要，设置检疫处理区，用于对进出境货物、集装箱进行检疫处理。

（8）根据海关监管需要，对食品、动植物及其产品储存等，应设置专门区域。

3. 场所用房

（1）根据海关监管需要，提供采样室、样品室、病媒生物及有害生物初筛鉴定室等技术用房，以及更衣室、工具室等配套设施，满足开展感官检验、取制样品、初筛鉴定及标本存放、留样存放、药品与器械存储等作业要求。

（2）根据海关卫生检疫工作需要，提供检疫查验、卫生监督、卫生处理技术用房及配套设施，满足开展医学排查、隔离留验、传染病快速监测、卫生监督采样检测、病媒生物监测与控制等作业要求。

（3）提供具备网络通信、取暖降温、休息卫生等条件的海关备勤、办公场所。

4. 信息化管理系统

（1）根据海关监管需要，配备与海关联网的信息化管理系统，能够接收海关相关指令信息，并按照海关要求实现货物进场、出场、存储状态等电子数据的传送、交换。

（2）根据海关监管需要，企业自用信息化管理系统应当向海关开放有关功能的授权。

（3）建立符合海关网络安全要求的机房或机柜，并且建立满足海关对运输工具登临检查、货物查验、场所（场地）巡查等工作要求的无线网络。

（五）快递类海关监管作业场所

1. 封闭及卡口设置

（1）应当具有独立的封闭区域，设立高度不低于2.5米的隔离围网（墙）。

（2）凡需以公路运输方式载运货物出入海关监管作业场所的，应当建立通道出入卡口，配置符合海关监管要求的卡口控制系统和设备，并且与海关联网。

2. 场地设置

（1）具有储存或者装卸、集拼、暂时存放海关监管货物的仓库，配备相应设施；海关监管货物按照进口、出口等进行分类存放并隔离，设置明显区分标识；放行区和未放行区应进行物理隔离。

（2）具备自动传输和分拣设备，配置可实现图像采集分析功能的检查设备，并且实现快件报关单与机检图像同屏对比功能。预留安装辐射探测等海关监管设备所需的场地，自行安装且供海关使用的设备等应当与海关联网。

（3）如需实施海关查验，应当设置满足海关查验作业要求的场地，配备海关实施查验、安全防护的设备及相应的专业操作人员。

（4）提供存放海关暂不予放行货物的仓库或者场地。

（5）地面平整、硬化，无病媒生物滋生地，场地及周围环境应具备有效的防控鼠类的设施，符合国家标准《病媒生物综合管理技术规范环境治理鼠类》（GB/T 31712）的相关要求。

（6）具有必要的病媒生物控制措施，具备完善的卫生管理制度（包括卫生保洁制度、货物堆放制度、病媒生物防控制度）与有效的卫生控制措施。

（7）根据海关监管需要，设置检疫处理区，用于对进出境货物、集装箱进行检疫处理。

（8）根据海关监管需要，对食品、动植物及其产品储存等，应设置专门区域。

3. 场所用房

（1）根据海关监管需要，提供采样室、样品室、病媒生物及有害生物初筛鉴定室等技术用房，以及更衣室、工具室等配套设施，满足开展感官检验、取制样品、初筛鉴定及标本存放、留样存放、药品与器械存储等作业要求。

（2）提供具备网络通信、取暖降温、休息卫生等条件的海关备勤、办公场所。

4. 信息化管理系统

（1）根据海关监管需要，配备与海关联网的信息化管理系统，能够接收海关相关指令信息，并按照海关要求实现货物进场、出场、存储状态等电子数据的传送、交换。

（2）根据海关监管需要，企业自用信息化管理系统应当向海关开放有关功能的授权。

（3）建立符合海关网络安全要求的机房或机柜，并且建立满足海关对运输工具登临检查、货物查验、场所（场地）巡查等工作要求的无线网络。

三、海关集中作业场地的设置规范

（一）旅客通关作业场地

根据海关监管需要，旅客通关作业场地一般划分为现场作业区和现场办公区两个主要区域；航空口岸等旅客通关作业场地还应当根据海关监管需要设置行李先期机检区、旅客中转区和过境区。

1. 现场作业区设置要求

（1）基本要求

①办理旅客和行李物品监管通关手续的区域，应当相对封闭、独立，包括卫生检疫区（现场监测作业区、现场排查处置作业区）和行李物品监管区（申报区、旅客通道、查验区、处置区）。

②现场作业区各区域应当设置明显的标识。

③建立符合海关网络安全要求的机房或机柜，并且建立满足海关工作要求的无线网络。

（2）卫生检疫区设置要求

卫生检疫区作为对进出境旅客和行李物品实施卫生检疫、核生化有害因子监测并进行相应处置的区域，应设置在口岸范围内旅客进境、出境区域的最前部。其包括现场监测作业区、现场排查处置作业区和现场办公区。下面介绍现场监测作业区和现场排查处置区设置要求。

①现场监测作业区。

A. 应当位于卫生检疫区前部，相对封闭、独立，设置划分为人员卫生检疫等候区和查验区。

B. 查验区分为红外测温区和医学巡查区，两个区域可以交叉或重叠。

C. 区内设置卫生检疫查验台、健康申报台、咨询台、进出境人员查验通道，配备体温监测设备、核生化有害因子监测设备等。

D. 各区域应当悬挂海关标识，设置明显标识。

现场监测作业区场地及业务用台、进出境人员查验通道设置具体要求详见《卫生检疫现场监测作业区场地及业务用台、人员查验通道设置规范》。

②现场排查处置作业区。

A. 一般应当设置于卫生检疫区后部，设置医学排查室、（负压）隔离室、传染病病原体快速检测实验室、旅行健康室、突发卫生事件应急处置室、洗消室、应急物资储备室、独立转诊通道、流行病学调查室等专业用房。

B. 应当在口岸内预留用于发生突发公共卫生事件时，大量受染人群的临时隔离处置区域。

现场排查处置作业区专业用房设置具体要求详见《卫生检疫现场排查处置作业区专业用房设置规范》。

（3）行李物品监管区设置要求

①申报区设置要求。

申报区为旅客向海关办理行李物品申报手续的区域。申报区设置申报台，配备主动放弃箱、音视频采集及办理监管业务必需的设施、设备。

②识别和拦截区设置要求。

A. 根据国际通用的"红绿通道"通关模式，识别和拦截区的旅客通道应当分别设置"申报通道""无申报通道""工作人员通道"。

B. 根据海关监管需要，可以单独设置"外交、礼遇通道"。

C. 各通道应当相对封闭、相互之间隔离，便于海关监管，设置总体要求应当保持狭长，通道内配备满足海关智能识别要求的设施、设备等。

③查验区设置要求。

A. 查验区为海关对旅客行李物品实施查验的区域。查验区划分为旅客候检区、人体机检区、行李机检区、人工开箱查验区等，并根据海关监管需要设置工作犬查检区。

B. 查验区应当设置查验台，配备满足海关查验工作需要的设施、设备等。

④处置区设置要求。

A. 处置区为对查验后的行李物品进行后续处置的区域，应当配备办理监管业务必需的设施、设备等。

B. 根据实际监管需要，现场作业区内应当配置执法调查室、毒品检测室、人身检查室、印刷品音像制品审查室、征税办理室、检疫初筛鉴定室、检疫处理室、宠物检疫室、宠物留观室、工作犬休息室、易腐败截留物的暂存库（冷库）、暂不予放行物品存放仓库、禁止进境物截留存放仓库、贵重物品保管仓库等业务用房。

⑤有旅客行李托运业务的口岸，核生化有害因子监测并进行相应处置的区域应设置在行李物品监管区，并预留相关辐射探测设备的安装场地。

2. 现场办公区设置要求

（1）应当根据海关监管工作需要，设置办公室、会议室、更衣室、监控指挥室、设备间、备勤室、机房等。

（2）现场办公用房的面积和位置应当考虑监管业务的需求，满足通风、照明、卫生、网络通信、取暖降温等需要，并具备防辐射、隔音等条件。

3. 其他要求

（1）场地设置应当布局科学、大小适宜，便于旅客和行李物品通关，便于海关安装和使用监管设施、设备。因场地面积客观条件限制、卫生检疫区与行李物品监管区毗邻等情况，可根据海关监管要求适当进行区域整合。

（2）海关旅客通道与口岸边检通道之间应当预留纵深缓冲区，在缓冲区内悬挂统一设计的海关标识，设置法规公告栏或电子公告屏。

（3）航空口岸等旅客通关作业场地根据海关监管需要应当设置先期机检区，具备满足安装、使用先期机检设备的场地、电源、网络及配套设施等条件，并设置集中审图室等先期机检业务用房。

（4）在出境实行开放式布局的航空口岸等旅客通关作业场地，根据海关监管需要，应配备具有远程审图和操控的行李系统和五级安检系统，并配备相应的网络、设备，实时、准确提供出境旅客托运行李电子信息。

（5）航空口岸等旅客通关作业场地根据海关监管需要应当设置旅客中转区、过境区的，应当参照本设置要求配置海关现场作业区和现场办公区。配备相应的网络、设备，实时、准确提供中转旅客航程信息及托运行李电子信息。

（二）旅客通关作业场地《卫生检疫现场监测作业区场地及业务用台、人员查验通道设置规范》

1. 人员卫生检疫等候区是进出境人员等候体温监测、接受医学巡查、进行健康申报的区域。应当保证通风透气、光照充足。最低配置要求：从查验区最远端向外延伸计算，其面积以人员最长等候时间 15 分钟为前提，依照每 15 分钟内最大客流量乘以每名人员 1 平方米等候面积计算。

2. 红外测温区是使用红外测温设备对进出境人员实施体温监测的区域。应覆盖进出境人员查验通道，避免阳光直射，且距离门口应有适当的缓冲距离，避免室内外温差较大引起误报警。最低配置要求：面积（平方米）= 通道数×通道宽度（1.5 米）×通道长度（18 米）。

3. 医学巡查区是通过医学专业人员开展巡查方式发现传染病可疑病例的区域。

4. 人员卫生检疫等候区配套设施和标识标牌：

（1）引导牌：中文"前方请接受卫生检疫"，英文"Health Quarantine Ahead"；推荐规格 100 厘米×30 厘米；采用金属或塑料材质制作；立式摆放或醒目位置贴墙、悬挂安装。

（2）公告/宣传栏：用于张贴有关公告和传染病防控政策或知识的宣传；推荐规格 300 厘米×100 厘米；采用金属或塑料材质制作，可设置电子触摸屏；立式摆放或醒目位置贴墙、悬挂安装。

（3）告示牌：用于向旅客告知进出境卫生检疫有关事项；推荐规格为 100 厘米×30 厘米；中文"如您有发热、咳嗽、腹泻等身体不适，请向海关申报"，英文"If you have any symptoms such as fever, cough, diarrhea etc., please declare to China Customs."；中文"请脱帽缓行配合测温"，英文"Temperature monitoring, please take off your hat and walk slowly."；采用金属或塑料材质制作，可设置电子触摸屏；立式摆放或醒目位置贴墙、悬挂安装。

（4）填卡台：用于张贴健康申明卡填写式样、进出境人员填写健康申明卡；Ⅰ、Ⅱ、Ⅲ级口岸必配；进出境至少各配置一个，靠墙摆放在人员卫生检疫等候区（健康申明卡填写式样可张贴在墙面）；推荐规格为长 150 厘米、宽 80 厘米、高 110 厘米；要求选取符合卫生、安全、环保等的材质，台面、框架与底座推荐不锈钢材质；标识放置于填卡台桌面；中文"进出境健康申明卡填写处"，英文"Health Declaration"；推荐规格为 30 厘米×8 厘米；采用金属或塑料材质制作；横截面应是三角形柱体。

（5）等候线：用于提示进出境人员在此等候卫生检疫的指示线；Ⅰ、Ⅱ、Ⅲ级口岸必配；粘贴在进出境人员卫生检疫等候区与查验区交界处的地面上，与进出境人员查验通道方向垂直，距离红外测温仪镜头 10 米以上；黄色，宽度 10 厘米，长度覆盖所有查验通道。

5. 红外测温区和医学巡查区配套设施和标识标牌：

（1）健康咨询台：用于进出境人员健康咨询，可选择设置电子触摸屏；Ⅰ、Ⅱ、Ⅲ级口岸必配；进出境至少各配置一个，放置在红外测温区；推荐规格为长 150 厘米、宽 80 厘米、高 110 厘米；要求选取符合卫生、安全、环保等要求的材质，台面、框架与底座均推荐不锈钢材质；标识放置于健康咨询台台面；中文"国际旅行医学咨询"、英文"International Travel Medical Consultation"；推荐规格为30厘米×8厘米；采用金属或塑料材质制作；横截面应是三角形柱体。

（2）卫生检疫查验台：用于测温设备、单兵系统、证件读卡器、一键呼叫及语音对讲等设施设备的设置及摆放，同时满足开展医学检查、健康申报、健康咨询等工作；Ⅰ、Ⅱ、Ⅲ级口岸必配；推荐规格为查验台长与宽比例为22∶23.5，正面高度为135厘米，面积按口岸分级合理设置；地面与口岸现场大厅地面距离为35厘米，在查验台内部设置两级台阶，单个台阶高度为17厘米，深度为20厘米；便于工作人员在查验台内形成俯视角度，从进出境人群中快速辨识人员，及时开展医学巡查工作；查验台上台面宽30厘米（向桌外延伸10厘米），下台面宽30厘米，上、下台面高度差为30厘米，下台面与查验台地面高度为70厘米；查验台设置在红外测温区，位于查验通道末端的正中央。

$$查验台最低配置数量 = \frac{15分钟出境或入境人员最大客流量值}{60 \times 2}$$

查验台标识位于查验台正前方，内容为中文"卫生检疫"、英文"Health Quarantine"，字样前加海关关徽，关徽位于左边，汉字位于右上，英文位于右下。查验台标识背景大小为200厘米×110厘米。

（3）标识牌：位于进出境人员查验通道正上方；Ⅰ、Ⅱ、Ⅲ级口岸必配；中文"卫生检疫"、英文"Health Quarantine"，字样前加海关关徽；推荐规格为150厘米×50厘米；采用金属或塑料材质制作；也可以采用电子式或灯箱式。

（4）警示标识：在醒目位置贴墙或悬挂安装；中文"监测区域请勿停留"、英文"No stopping"；推荐规格为35厘米×25厘米；采用金属或塑料材质制作。

6. 人员查验通道位于人员卫生检疫等候区正后方处，是开展进出境人员体温监测，接受健康申报，核查预防接种证书、健康证明或其他相关国际旅行卫生证件的场所。Ⅰ、Ⅱ、Ⅲ级口岸均必配。进出境人员查验通道分闸口通道和非闸口通道，通道数量的设立均以进出境人员最长等候时间15分钟、每名进出境人员查验时间15秒为前提，按照15分钟内出境或进出境人员最大流量值，除以常数60计算（即一条通道15分钟内查验的出境或进境人员数量为60名）。通道标识包括方向指示和黄色一米等候线，金黄色，位于通道地面，各口岸根据需要配置。进出境人员查验通道（闸口通道）宽度80~150厘米，长度不低于18米；通道护栏高度为110厘米；通道护栏的材质要求哑光、光滑、防撞、坚硬，如不锈钢等；通道护栏设置在查验通道的前方及两侧，确保进出境人员查验通道在有效红外测温区内。进出境人员查验通道（非闸口通道）经过通道的步行时间不少于3秒，以确保红外测温仪有效测温距离足够长；在通道的外围须设置能将查验区与其他区隔开的物理屏障（或相关指示标识），确保进出境人员查验通道在有效红外测温区内。

7. 工作人员通道最低配置数量为1条，宽度为80~150厘米，通道护栏的材质要求哑光、光滑、防撞、坚硬，如不锈钢等。Ⅰ、Ⅱ、Ⅲ级口岸均必配。通道标识位于"中国海关"标识后方、工作人员进入通道前的醒目位置；中文"工作人员通道"，英文"Staff Only"；海关关徽和中英文横向排列，从左至右为海关关徽和"工作人员通道"中英文字样；推荐规格为60厘米×40厘米；采用金属或塑料材质制作。

8. 病例转运专用通道用于病例转运，并与其他人员通道不存在交叉污染的专用通道。Ⅰ、Ⅱ、Ⅲ级口岸均必配。最低配置数量为1条，宽度为150厘米。通道标识位于转运通道的地面或者墙面；中文"转运专用通道"，英文"Passage for Transport"；推荐规格为60厘米×40厘米；如安装在墙面，采用金属或塑料材质制作。

9. 集装箱车/客车驾驶人员查验通道即为安装了红外测温仪的集装箱车/客车通道。Ⅰ、Ⅱ、Ⅲ

级陆路口岸选配。数量的设立以集装箱车/客车最长候检时间 10 分钟，每辆集装箱车/客车查验时间 10 秒为前提，按照 10 分钟内出境或进出境集装箱车/客车最大流量值，除以常数 60 计算（即一条通道 10 分钟内查验的集装箱车/客车数量为 60 辆）。通道宽度为 500 厘米、高度 550 厘米，护栏高 110 厘米。通道要求路面平整、硬化。通道护栏位于集装箱车/客车查验通道前方两侧，用于全部车辆有序进入、通过查验通道。如无集装箱车/客车驾驶人员查验通道，驾驶人员须在指定场所接受卫生检疫。

10. 小汽车驾驶人员查验通道即为安装了红外测温仪的小汽车通道。Ⅰ、Ⅱ、Ⅲ级陆路口岸选配。数量的设立以小汽车最长候检时间 10 分钟，每辆小汽车查验时间 10 秒为前提，按照 10 分钟内出境或进出境小汽车最大流量值，除以常数 60 计算（即一条通道 10 分钟内查验的小汽车数量为 60 辆）。通道宽度为 500 厘米、高度 550 厘米，护栏高 110 厘米。通道要求路面平整、硬化。通道护栏位于小汽车查验通道前方两侧，用于全部车辆有序进入、通过查验通道。如无小汽车驾驶人员查验通道，驾驶人员须在指定场所接受卫生检疫。

11. 其他车辆驾驶人员查验通道即为安装了红外测温仪的其他车辆通道。Ⅰ、Ⅱ、Ⅲ级陆路口岸选配。数量的设立以其他车辆最长候检时间 10 分钟，每辆车查验时间 10 秒为前提，按照 10 分钟内出境或进出境其他车辆最大流量值，除以常数 60 计算（即一条通道 10 分钟内查验的其他车辆数量为 60 辆）。通道宽度为 500 厘米、高度 550 厘米，护栏高 110 厘米。通道要求路面平整、硬化。通道护栏位于其他车辆查验通道前方两侧，用于全部车辆有序进入、通过查验通道。如无其他车辆驾驶人员查验通道，驾驶人员须在指定场所接受卫生检疫。

（三）旅客通关作业场地《卫生检疫现场排查处置作业区专业用房设置规范》

1. 口岸进出境旅检现场卫生检疫环节专业用房/区域的设置应与办公区域分开，临近旅检卫生检疫环节现场，根据不同用途而相对独立，满足传染病防控的需要，区域界限明确，且应符合我国生物安全相关要求。

2. 口岸进出境旅检现场卫生检疫环节专业用房/区域的名称标识粘贴在房门或悬挂在房门边外墙。推荐规格为 30 厘米×15 厘米。可采用长方形印制，金属、塑料材质制作。

3. 口岸进出境旅检现场卫生检疫环节专业用房/区域的警示标识在入口等醒目位置贴墙或悬挂安装。Ⅰ、Ⅱ、Ⅲ级口岸必配。标识中文"工作区域非请勿入"，英文"Staff Only"。推荐规格为 35 厘米×25 厘米。采用金属或塑料材质制作。

4. 医学排查室（含体温复测室）用于开展体温复测、流行病学调查、医学检查、样本采集等的专业用房/区域。Ⅰ、Ⅱ、Ⅲ级口岸均必配。面积要求不低于 50 平方米。布局及流程应符合我国生物安全相关要求。标识中文"医学排查室"、英文"Quarantine Screening"。

5. （负压）临时留验室是用于传染病病例/疑似病例的流行病学调查、医学检查、采集样本、快速检测、转运前临时隔离，以及重大疫情防控期间采取临时性卫生检疫措施的专业用房/区域。Ⅰ级口岸必配，Ⅱ级、Ⅲ级口岸选配。面积按口岸分级合理设置。位置应邻近进出境人员查验通道，便于转移传染病病例和疑似病例。应根据功能进行适当的分区，设置独立的工作人员通道和转运通道，且病人转运通道应直接连通急救车辆停车位；至少能够同时临时隔离两名病例；具备形成负压梯度的条件，布局及流程应符合我国生物安全相关要求。标识中文"（负压）临时留验室"、英文"Temporary Quarantine"。

6. 传染病病原体快速检测实验室是用于传染病病原体快速检测的专业用房/区域。Ⅰ、Ⅱ、Ⅲ级口岸均必配。按口岸分级合理规划面积。Ⅰ级、Ⅱ级口岸按照生物安全二级要求进行实验室布局安排，Ⅲ级口岸至少按照生物安全一级要求进行实验室布局安排；布局及流程应符合我国生物安全相关要求。可作为功能区内设在（负压）临时留验室。标识中文"传染病病原体快速检测实验室"、英文"Rapid Test"。

7. 旅行健康室是用于为进出境人员进行旅行健康咨询的专业用房/区域。Ⅰ、Ⅱ、Ⅲ级口岸均为选配。面积要求不低于 30 平方米。标识中文"旅行健康室"、英文"Travel Medical Consultation"。

8. 突发卫生事件应急处置室是用于口岸现场发生突发卫生事件时对进出境人员及其携带物进行应急处置的专业用房/区域。Ⅰ、Ⅱ、Ⅲ级口岸均必配。按口岸分级合理规划面积。布局及流程应符合我国生物安全相关要求。标识中文"突发卫生事件应急处置室"、英文"Health Emergency"。

9. 洗消室是用于对体温检测、流行病学调查、医学检查、样本采集、实验室快速检测、临时隔离留验等检疫过程中所需物品和器械等的清洗、消毒、灭菌及各类感染性废弃物的消毒、灭菌处理的专业用房/区域。Ⅰ、Ⅱ、Ⅲ级口岸均必配。面积要求不低于 20 平方米。应根据清洗、消毒、灭菌及相应物品和器械存放等功能进行适当的分区；布局及流程应符合我国生物安全相关要求；可作为功能区内设在（负压）临时留验室或传染病病原体快速检测实验室。标识中文"洗消室"、英文"Disinfection & Sterilization"。

10. 应急物资储备室是用于储备各类生物/核与辐射/化学有害因子安全防护物资及装备、样本采集及运送器材、卫生处理药械等的专业用房/区域。Ⅰ、Ⅱ、Ⅲ级口岸均必配。面积要求不低于 50 平方米。需安置多个储物架，具有排风、除湿、防鼠等设备。标识中文"应急物资储备室"、英文"Emergency Supplies Storage"。

（四）邮检作业场地

根据海关对邮递物品监管业务和作业流程的需要，邮检作业场地划分为海关现场作业区和海关现场办公区两个主要区域。邮政企业应当按照规范建设满足海关监管需要的作业场地，并承担相应的安全管理职责。邮检作业场地的设置应当布局合理，流程顺畅，便于海关安装和使用监管设施、设备，并按口岸存储场地卫生监督相关要求设置。

1. 现场作业区设置要求

（1）基本设置要求

①现场作业区为海关对进出境邮递物品实施监管和办理相关手续的区域，包括邮件申报区、海关查验作业区、海关处置区等。

②现场作业区应当相对独立、封闭，设置明显的标识。如以围网（墙）隔离，高度一般不低于 2.5 米。各作业功能区应当设置明显的标识。

③凡需以公路运输方式载运货物出入邮检作业场地的，应当建立通道出入卡口，配置符合海关监管要求的卡口控制系统和设备，并且与海关联网。

（2）申报区设置要求

邮件申报区的设置应当便于海关监管，方便收寄件人办理手续。

（3）机检设备

①具备自动传输和分拣设备，配置可实现图像采集分析功能的检查设备。根据海关监管需要，具备申报信息与机检图像同屏对比功能。

②根据海关监管需要，预留安装辐射探测等海关监管设备所需的场地，自行安装且供海关使用的设备等应当与海关联网。

（4）查验作业区设置要求

海关查验作业区为海关对邮递物品实施查验的区域。根据实际工作需要，查验区应当配置满足海关查验工作需要的设施、设备等，并能够实现海关对邮件的分流检查。

(5) 处置区设置要求

海关处置区用于对查验后的邮件进行后续处置。设置各类留存邮件仓库及需要进行鉴定、隔离、检疫处理等后续处理的场地及设施、设备等。

(6) 其他设置要求

①邮检作业场地内不得存放非进出境邮件。国际邮件的进口处理区、出口处理区应当单独设立。未办结海关手续的国际邮件应当按待申报、待查验、待处置、已放行等分区存放，各区域之间应当进行物理隔离，并设置明显标识。

②根据海关监管需要，海关现场作业区内配套设置集中审图室、智能审图室、人工开拆查验室、毒品快速检测室、核生化爆防护监测设备存放室、海关工作犬舍、暂存邮件仓库、收件人待办仓库、侵权邮件仓库、隔离检疫仓库、检疫鉴定初筛室、印刷品音像制品审查室、核生化爆隔离室、药剂器械室、设备间等业务用房，以及符合消毒除害要求的检疫处理区。

③根据海关监管需要，现场作业区出入口应当配置门禁系统或保安人员。非工作人员不得进入海关现场作业区。邮政企业等人员因公进出海关现场作业区应当凭有效证件，并接受海关对其携带物品的监管查验。

2. 现场办公区设置要求

应当提供具备网络通信、取暖降温、休息卫生等条件的海关备勤、办公场所。

3. 其他要求

(1) 应当配备与海关联网的信息化作业系统，按照海关邮件信息化管理系统的要求实现邮件电子信息的传送、交换，确保满足海关对进出境邮递物品进行有效监管的实际需要。

(2) 建立符合海关网络安全要求的机房或机柜，并且建立满足海关对货物查验、场所（场地）巡查等工作要求的无线网络。

四、海关口岸前置拦截作业区设置规范

(一) 总体要求

1. 口岸前置拦截作业区应当设置在口岸国门一线的监管作业场所（场地）内，配备相应设施设备，设置明显区分标识。

2. 海关在口岸前置拦截作业区对涉及安全准入等需进行拦截处置的进境货物、物品、运输工具、人员，实施前置预防性检疫处理（含检疫处理监管）、前置辐射探测、先期机检等顺势及非侵入的探测和处置作业。

3. 根据口岸实际情况和前置拦截作业要求，水运、航空、铁路、公路口岸前置拦截作业区应当设置运输工具登临检疫/检查区、核生化处置区、人工检查作业区、检疫处理区、暂存区（库）及技术用房等功能区域，并根据海关监管需要建设先期机检作业区。

对于因口岸客观条件限制，无法独立设置功能区的，可结合口岸实际情况统筹建设功能区域，满足海关前置拦截作业需求。

4. 口岸前置拦截作业区应当集中设置，对于因口岸监管区的面积、口岸原有设置布局等客观因素限制无法集中设置的，可结合口岸或监管区的实际情况，合理设置功能区，组合形成口岸前置拦截作业区。

5. 具备口岸功能的海关特殊监管区应当根据其口岸类型，按照规范的要求设置口岸前置拦截作业区。

(二) 水运口岸前置拦截作业区

1. 场地建设

(1) 地面平整、硬化,无病媒生物滋生地,场地及周围环境应当具备有效的防控鼠类设施。

(2) 应当设置功能区域标识牌,并且标识场内的通行、分流路线。

(3) 根据海关监管需要,设置运输工具、集装箱、货物的消毒通道。

2. 功能区域设置

(1) 登轮检疫/检查区。基于指定泊位或检疫锚地,配备海关实施登临检疫/检查、防爆、核生化监测、卫生监督、病媒监测、反恐的设施及安全防护设备,配套相应技术用房。

(2) 核生化处置区。设置用于发现有核辐射超标、有害生化因子的运输工具、集装箱、货物及发现危化品包装破损的隔离处置区,配备满足相应作业要求设施及人员防护设备,配套相关技术用房。

(3) 先期机检作业区。根据海关监管需要,预留大型集装箱/车辆检查设备、辐射探测设备所需的场地,自行安装且供海关使用的集装箱/车辆检查设备、辐射探测设备应当与海关联网。

(4) 人工检查作业区。如需实施海关查验,应当设置满足海关查验作业要求的场地,配备海关实施查验、安全防护的设备及相应的专业操作人员。用于集装箱查验的场地,还应当满足集装箱/厢式货车承载货物查验区设置规范的要求。

(5) 检疫处理区。用于对发现染疫嫌疑或检疫性有害生物的运输工具、集装箱、货物等进行检疫处理。配备消毒、除虫、除污和废弃物处理设施,配套相关技术用房。

(6) 暂存区(库)。提供存放海关暂不予放行、待进一步检验检查货物的仓库或场地。

3. 网络及卡口建设

(1) 根据海关监管需要,铺设网络,满足海关作业和管理系统的接入需求;建立满足海关作业需求的无线网络,带宽不低于100M。

(2) 根据海关监管需要,配备与海关联网的信息化管理系统,能够按照海关要求实现电子数据的传送、交换,企业自用信息化管理系统应当向海关开放有关功能的授权。

(3) 根据海关监管需要,建立通道出入卡口,配置符合海关监管要求的卡口控制系统和设备,并且与海关联网。

4. 其他

(1) 配备供电及应急供电设施,满足查验作业照明、视频监控、大型集装箱车辆检查设备、辐射探测设备等的供电要求。

(2) 安装照明设备,保障查验人员能对货物的铭牌、标识及状态进行清晰识辨别,并满足对查验过程实施全程视频监控和清晰录证的照明要求。

(3) 提供具备网络通信、取暖降温、休息卫生等条件的海关备勤、办公场所。

(三) 公路口岸前置拦截作业区

1. 场地建设

(1) 地面平整、硬化,无病媒生物滋生地,场地及周围环境应具备有效的防控鼠类设施。

(2) 应当设置功能区域标识牌,并且标识场内的通行、分流路线。

(3) 应当设置公路消毒通道/轮胎消毒池,配备相应设施设备,配套相关技术用房。

2. 功能区域设置

(1) 登临检疫/检查区。基于指定车位,配备海关实施登临检疫/检查、防爆、核生化监测、卫生监督、病媒监测、反恐的设施及安全防护设备,配套相应技术用房。

（2）核生化处置区。应当设置用于发现有核辐射超标、有害生化因子的运输工具、集装箱、货物及发现危化品包装破损的隔离处置区/车位，配备满足相应作业要求设施及人员防护设备，配套相关技术用房。

（3）先期作业机检区。根据海关监管需要，预留大型集装箱/车辆检查设备、辐射探测设备所需的场地，自行安装且供海关使用的大型集装箱/车辆检查设备、辐射探测设备应当与海关联网。

（4）人工检查作业区。如需实施海关查验，应当设置满足海关查验作业要求的场地，配备海关实施查验、安全防护的设备及相应的专业操作人员。用于集装箱查验的场地，还应当满足集装箱/厢式货车承载货物查验区设置规范的要求。

（5）检疫处理区/车位。用于对发现染疫嫌疑或检疫性有害生物的运输工具、集装箱、货物等进行检疫处理，配备消毒、除虫、除污和废弃物处理设施，配套相关技术用房。

（6）暂存区（库）。提供存放海关暂不予放行、待进一步检验检查货物的仓库或场地。

3. 网络及卡口建设

（1）根据海关监管需要，铺设网络，满足海关作业和管理系统的接入需求；建立满足海关作业需求的无线网络，带宽不低于100M。

（2）根据海关监管需要，配备与海关联网的信息化管理系统，能够按照海关要求实现电子数据的传送、交换，企业自用信息化管理系统应当向海关开放有关功能的授权。

（3）根据海关监管需要，建立通道出入卡口，配置符合海关监管要求的卡口控制系统和设备，并且与海关联网。

4. 其他

（1）配备供电及应急供电设施，满足查验作业照明、视频监控、大型集装箱车辆检查设备、辐射探测设备等的供电要求。

（2）安装照明设备，保障查验人员能对货物的铭牌、标识及状态进行清晰识辨别，并满足对查验过程实施全程视频监控和清晰录证的照明要求。

（3）提供海关备勤、办公用房，具备网络通信、取暖降温、休息卫生等条件。

（四）航空口岸前置拦截作业区

1. 场地建设

（1）地面平整、硬化，无病媒生物滋生地，场地及周围环境应具备有效的防控鼠类设施。

（2）应当设置功能区域标识牌，并且标识场内的通行、分流路线。

（3）根据海关监管需要，设置运输工具、航空专用集装箱、货物、物品的消毒通道。

2. 功能区域设置

（1）登机检疫/检查区。基于指定机位，配备海关实施登临检疫/检查、防爆、核生化监测、卫生监督、病媒监测、反恐的设施及安全防护设备，配套相应技术用房。

（2）核生化处置区。应当设置用于发现有核辐射超标、有害生化因子的运输工具、航空专用集装箱、货物、物品及发现危化品包装破损的隔离处置区，配备满足相应作业要求设施及人员防护设备，配套相关技术用房。

（3）先期机检作业区。根据海关监管需要，配置非侵入式检查设备、自动传输分拣设备，预留辐射探测设备等所需的场地，自行安装且供海关使用的辐射探测设备等应当与海关联网。

（4）人工检查作业区。如需实施海关查验，应当设置满足海关查验作业要求的场地，配备海关实施查验、安全防护的设备及相应的专业操作人员。

（5）检疫处理区。用于对发现染疫嫌疑或检疫性有害生物的运输工具、航空专用集装箱、货物等进行检疫处理，配备消毒、除虫、除污和废弃物处理设施，配套相关技术用房。

（6）暂存区（库）。提供存放海关暂不予放行、待进一步检验检查货物的仓库或场地。

3. 网络及卡口建设

（1）根据海关监管需要，铺设网络，满足海关作业和管理系统的接入需求；建立满足海关作业需求的无线网络，带宽不低于100M。

（2）根据海关监管需要，配备与海关联网的信息化管理系统，能够按照海关要求实现电子数据的传送、交换，企业自用信息化管理系统应当向海关开放有关功能的授权。

（3）根据海关监管需要，建立通道出入卡口，配置符合海关监管要求的卡口控制系统和设备，并且与海关联网。

4. 其他

（1）配备供电及应急供电设施，满足查验作业照明、视频监控、非侵入式检查设备、辐射探测设备等的供电要求。

（2）安装照明设备，保障查验人员能对货物的铭牌、标识及状态进行清晰识辨别，并满足对查验过程实施全程视频监控和清晰录证的照明要求。

（3）提供具备网络通信、取暖降温、休息卫生等条件的海关备勤、办公场所。

（五）铁路口岸前置拦截作业区

1. 功能区域设置

（1）登临检疫/检查区。基于指定轨道，或在进境轨道前端、查车场和到发线位置指定相应场地，设置喷洒消毒设施，配备海关实施登临检疫/检查、防爆、核生化监测、卫生监督、病媒监测、反恐的设施及安全防护设备，配套相应技术用房。

（2）核生化处置区。应当设置用于发现有核辐射超标或有害生化因子的运输工具、集装箱、货物等实施隔离处置的区域，配备满足相应作业要求设施及人员防护设备，配套相关技术用房。

（3）先期作业机检区。根据海关监管需要，预留大型集装箱检查设备、门户式辐射探测设备等所需的场地，自行安装且供海关使用的大型集装箱检查设备、门户式辐射探测设备等应当与海关联网。

（4）人工检查作业区。如需实施海关查验，应当设置满足海关查验作业要求的场地，配备海关实施查验、安全防护的设备及相应的专业操作人员。

（5）检疫处理区。用于对发现染疫嫌疑或检疫性有害生物的运输工具、集装箱、货物等进行检疫处理，配备消毒、除虫、除污和废弃物处理设施，配套相关技术用房。

（6）暂存区（库）。提供存放海关暂不予放行、待进一步检验检查货物的仓库或场地。

2. 网络及卡口建设

（1）根据海关监管需要，铺设网络，满足海关作业和管理系统的接入需求；建立满足海关作业需求的无线网络，带宽不低于100M。

（2）根据海关监管需要，配备与海关联网的信息化管理系统，能够按照海关要求实现电子数据的传送、交换，企业自用信息化管理系统应当向海关开放有关功能的授权。

（3）根据海关监管需要，建立通道出入卡口，配置符合海关监管要求的卡口控制系统和设备，并且与海关联网。

3. 其他

（1）配备供电及应急供电设施，满足查验作业照明、视频监控、大型集装箱车辆检查设备、辐射探测设备等的供电要求。

（2）安装照明设备，保障查验人员能对货物的铭牌、标识及状态进行清晰识辨别，并满足对查验过程实施全程视频监控和清晰录证的照明要求。

（3）提供具备网络通信、取暖降温、休息卫生等条件的海关备勤、办公场所。

五、海关监管作业场所（场地）查验作业区设置规范

（一）进口汽车查验区

1. 查验区设置

（1）查验区为海关对进口汽车进行检验的工作区域，应分为候检区、检测区、合格停放区、不合格停放区等区域，不同的区域应设立相应的标识，各区域规划布局应适应汽车整车进口检验工作流程及技术条件，并配套监管仓库等设施。

（2）查验区应当具有实施检验检测一体化的电子检验软硬件条件，提供满足现场查验业务用房、办公设备、交通工具和必要的附属设施。

（3）应当设置候检区，不少于10个车位；合格停放区不少于10个车位；不合格停放区不少于30个车位，且不合格停放区域应当相对独立。

（4）应当设置用于存放需实施退运、销毁、扣押，以及待进一步检验的汽车整车监管仓库，并应当相对独立，符合相关监管要求。

（5）应当设置检测区，满足汽车检测相应技术条件。

（6）检测区应当设置检测车间、检测线、地沟、试车道路、驻车坡道等设施。

①检测车间的长度、宽度和高度应适应承检车型检测的需要，并方便承检车辆进入和驶出；应通风、防雨，并设置排（换）气装置和排水装置，并有温度、湿度、大气压力测量装置；路面的承载能力应适应承检车型的轴荷要求，行车路面纵向和横向坡度应不大于0.1%，平整度应不大于2.0‰。在滚筒反力式制动检验台工位或平板制动检验台前、后，对于10吨（含）以上级检测线6米内和3吨级检测线3米内的行车地面，其附着系数应不小于0.7，平板式制动检验台工位除外。

②检测线应当布置在检测车间内，并按检验流程合理分布。出入口应设引车道和必要的交通标识及安全防护装置等。

③地沟的长度应当与承检车型相适应，并设置通行通道及照明装置。地沟边缘应设置防止车辆跌入地沟的安全防护装置。

④试车道路的承载能力需适应承检车型的轴荷要求，试验车道应铺设平坦、清洁、干燥、硬实的水泥或沥青路面并设有规范的交通标识标线，路面附着系数应不小于0.7。

⑤用于驻车制动性能检验的驻车坡道，坡度分别为15%和20%，轮胎与路面间的附着系数不小于0.7，坡道的长度应当比承检车型的最大轴距长1米，宽度应当比承检车型的最大宽度宽1米。参照相关标准采用符合规定的驻车制动检测设备检验时，可不构建驻车坡道。

2. 暂存区设置

（1）暂存区是进口汽车在口岸临时存放的区域。暂存区的面积应与检测业务量相适应，不得与试车道路和行车道路等设施共用。

（2）暂存区应当具有封闭管理的硬件条件；地面平整且经过硬化处理，地面抗压强度应满足存储车辆空载承压要求；设置消防、安全、照明设备；符合口岸进出境货物存储场地卫生监督管理要求。

（二）普通食品查验区

1. 查验区设置

（1）查验区查验场周边3公里范围内不得有畜禽等动物养殖场、屠宰加工厂、兽医院、动物交易市场等动物疫病传播高风险场所，周围50米内不得有有害气体、烟尘、粉尘、放射性物质及其

他扩散性污染源，查验场区所在沿边口岸毗邻的境外地区不得为《中华人民共和国进境动物检疫疫病名录》的一类动物疫病的疫区。

（2）查验区内应当建有查验平台、暂不予放行货物存放仓库，以及从事食品检验检疫的技术用房。在查验区的下风位置，建有废弃物暂存设施，应相对封闭且不易泄露，同时应便于清洗和消毒。

（3）查验平台应当相对封闭，配备遮盖封闭设施，墙体材料及建造应满足安全、保温要求。顶部结构应采用防水性能好、有利排水的材料或者构件建设，一般应设置不小于2%的采光带。地面应平整、坚固、耐磨、防滑，用耐腐蚀的无毒材料修建，不渗水、不积水、无裂缝，易于清洗消毒并保持清洁，地面排水的坡度应为1%~2%。查验平台应设立固定的货物包装、标签、标识整改区域，并与其他区域相对隔离。

（4）配置移动查验工作台及查验工具，满足对食品查验作业需求。

（5）场地内无病媒生物滋生地，查验场地应具备有效的防鼠、防虫设施。查验区域上方的照明设施应装有防护罩。

2. 查验区技术用房

（1）技术用房应配备满足无菌采样要求的采样室，采样室应设置取制样工作台，配置采样用切割机、分样器等采样工具。

（2）采样室内单独设置无菌取样间，配备无菌取样设施、设备；配备空气消毒、产品外包装消毒等设备；配置样品分区存放设施；设置工作台。

（3）配置空调，室内温度保持夏季22℃~26℃，冬季16℃~24℃；室内相对湿度保持夏季40%~80%，冬季30%~60%。

（三）进口冷链食品查验区

进口冷链食品查验区适用于进口肉类产品、冰鲜水产品、进口冷冻水产品、肠衣等动物产品的查验，原则上应设置在进境口岸监管区内。该类查验区应首先满足普通食品查验区要求，同时满足以下要求：

1. 查验区设置

（1）查验平台配备有制冷设备及自动温控设施，温度应控制在12℃以下，应当设有温度自动记录装置，平台靠近门洞处应当配备非水银温度计，并应经过校准。紧邻查验平台应建有储存冷库。

（2）查验平台和技术用房建新风系统，能有效净化有害异味气体，满足整体作业环境需求。新风系统应由送风系统和排风系统组成，可实现室内正压或负压状态并可调节，防止外界污染物与查验产品交叉污染，疫情应急处置时保持负压状态。

（3）冰鲜水产品查验区域还应设置便于去冰水和加冰的设施。冰鲜产品查验区域和技术用房可设于冷藏库内。

（4）肠衣产品查验区域应当与其他产品查验区域隔离，区域内应设置便于冷冻肠衣解冻且便于清洗消毒的水槽，同时应配备盛放肠衣产品的耐高盐腐蚀的容器及对容器防疫消毒的设施设备。

2. 查验区技术用房

（1）技术用房原则上应紧邻查验平台，应按照工作流程合理设置，能保障人流和物流完全分开，地面和墙面应便于清洗消毒。

（2）技术用房至少包括样品预处理室、感官检验室、采样室、样品存储室、防疫应急处置室、应急设备存放室、药械存放室、设施设备清洗消毒室、信息设备机房或具有集合以上功能的房间。设有与技术用房相连接的更衣室、卫生间，设施和布局不得对产品造成污染。用于肠衣等高盐食品检验检疫的设施设备必须能够耐受盐的腐蚀。

（3）配备供水装置，设置带有水槽的工作台，配备药剂存储柜、工具柜及防护设备存放柜，配备消毒喷洒设施，满足查验过程对作业场地防疫消毒和紧急防疫处置的需求。

（4）冷链食品采样室还应设置带有水槽的取制样工作台，配备锯骨机等设备；同时应配备样品暂存、留样存放用房。

（5）根据产品性质分区存放，配置冷冻冰柜、冷藏冰箱等样品存放设施。

（6）用于对查验废弃物品的无害化处理，设置带有水槽的工作台，配置大型高压灭菌锅等无害化处理设备。

3. 冷链食品储存库

（1）冷链食品储存库原则上应当设置在进境口岸监管区范围内，交通运输便利，并具备方便搬运的运作空间，库容量具备一定规模。

（2）冷库区域周围无污染，符合环保要求，路面平整、不积水且无裸露的地面。

（3）冷库内地面用防滑、坚固、不透水、耐腐蚀的无毒材料修建，地面平坦、无积水并保持清洁；墙壁、天花板使用无毒、浅色、防水、防霉、不脱落、易于清洗的材料修建；库房密封，有防虫、防鼠、防霉设施。

（4）冷链食品储存库按存储温度分为冷冻库和冷藏库，冷冻库库房温度应当达到-18℃以下，冷藏库库房温度应当达到4℃以下，有特殊温度要求的还应设立特殊的存储场所。

（5）冷库内保持无污垢、无异味，环境卫生整洁，布局合理，不得存放有碍卫生的物品，保持过道整洁，不准放置障碍物品；不同种类产品应分库存放，防止串味和交叉污染；库房应定期消毒，定期除霜。

（6）冷库应当设有温度自动记录装置，库内应当配备非水银温度计，并经过校准。

4. 其他要求

（1）应当至少配备2名熟悉海关法规和标准要求的食品安全员，负责查验区内的食品安全管理工作。

（2）应当建立满足海关监管要求的管理制度，包括出入库管理、防疫消毒管理、温度监测、视频档案管理、废弃物管理、食品安全防护、异常报告等管理制度。

（3）应当建立重大动物疫病、重大食品安全事件等突发事件的应急处理方案。

（四）进境食用水生动物查验区

进境食用水生动物查验区应当设立在口岸监管区范围内，具备防风防雨的查验场地、采样场所及检疫处理等配套设施设备，并满足以下要求：

1. 场地设置

（1）查验场地面积应当与进境食用水生动物数量、批次相适应。

（2）温度、光照、通风应当满足进境食用水生动物现场查验的要求。

（3）采样场所应当配置采样工作台、消毒池，以及必要的临床检查和采样工器具，如解剖工具、不锈钢盘、手套、照相机、充氧设备、消毒设施设备、冷藏冰箱、保温送样箱、冰袋等。

（4）应当配置必要的查验设备，如铲车、操作台、通风设备、防疫消毒设施、木包装拆卸和取样工具等。

（5）应当配置必要的防疫消毒药剂、器械及存放设施，具有经检验检疫机构认可的防疫消毒人员。

（6）供排水、供电、照明、安全防护、防虫防鼠设施齐全。

（7）具备死亡水生动物的暂存场所和相配套的设施设备。

2. 扣检场

（1）扣检场应当设在查验区所在地海关管辖区域内。

（2）扣检场周边卫生环境良好，与周围物理隔离，无污染源；具备供水、供电条件，满足海关扣检查验要求。

（3）扣检场存放池数量、容量应满足扣检需求。存放池独立供排水、标识清楚，具有供氧、调温、调节盐度等水生动物生存条件，并采取有效的防逃逸措施。

（4）具备对食用水生动物应分区、分池存放的条件；各区、池内使用的工具器具应清晰标识并区分。

（5）配备专业技术人员，对扣检食用水生动物进行管理，记录扣检情况，包括食用水生动物存活、死亡和处理情况等，有关记录应至少保存 6 个月。

（6）制定相关管理制度，包括日常管理制度、卫生防疫制度、异常死亡报告制度、进/出场及流向登记制度、检疫处理制度等。

（五）进境水果查验区

进境水果查验区应当设立在口岸监管区范围内，并满足以下要求：

1. 场地设置

（1）布局、面积、物流运输满足进境水果查验需求。

（2）供排水、供电、照明、安全防护、消防设施齐全，周边 5 公里范围内没有果园。

（3）建立进境水果相关安全卫生管理制度，如：水果查验场地和冷库管理制度，水果查验、存放等环节的防疫制度，水果溯源管理制度，重大疫情报告及应急处置制度，破果烂果和不合格木质包装处理制度，外来有害生物监测和防控制度等。

（4）配备熟悉水果检验检疫要求和海关相关法律法规的业务管理人员。

（5）进境水果查验区应当开展外来有害生物监测。

2. 查验区设置

（1）应当设立查验区、扣箱区等查验功能区，各区域布局、面积、环境、光线满足进境水果需求。

（2）水果由集装箱、厢式货车装运的，应当建设满足水果现场查验的专用平台。

（3）开箱查验现场配备防止有害生物逃逸的设施，以确保开箱查验环境相对封闭。

（4）配置满足水果检验检疫需要的掏箱装卸设备，如叉车、掏箱工具、木包装拆卸取样工具、衡器等设备。

（5）配置集中收集破果、烂果的密闭设施设备。

（6）配置必要的水果检疫工具及器材、有害生物鉴定仪器设备、必要的检疫处理药剂及器械，具有远离生活、办公区域的检疫处理药械存放库房，并能确保其安全。

3. 查验区技术用房

查验现场应当设有查验室、初筛鉴定室、样品存放室等配套设施。初筛鉴定室应明确划分养虫观察或生物安全饲养的功能区域。

4. 检疫处理设施

具备满足水果除害处理需求的熏蒸库或冷处理库，或其他经海关认可的检疫处理设施。

（1）熏蒸处理设施

①容积不小于 70 立方米（空港根据业务量可适当调整库容），具有良好的密封效果。

②配置温度控制、监测系统，可实时记录库内温度。

③配置适合水果熏蒸的气体循环系统，保证投药后熏蒸剂气体在较短时间内均匀分布。

④配置熏蒸剂浓度检测系统，可实时记录库内熏蒸剂浓度。

⑤配置必要的检疫处理药剂及器械，具有远离生活、办公区域的检疫处理药械存放库房，并能确保其安全。

⑥配置自动投药系统。

⑦配置熏蒸药剂安全浓度监测报警装置，测量精度不低于 $0.004g/m^3$（1ppm）。

（2）冷处理设施

①冷处理设施符合相关标准且具有能使果实中心温度最低达到和维持在-1℃的制冷设备。

②应当配备足够数量的果温探针，探针应在-3.0℃到+3.0℃之间，精确到±0.15℃，至少每小时记录一次温度。

③具有集成的温度记录设备，能够打印输出识别每个探针、时间和温度并注明记录仪的结果。

（3）销毁设施

口岸所在地海关辖区内应当具有经海关认可的、具有资质的销毁处理单位，或者在查验场地范围内配套建有水果销毁设施，如独立焚烧炉、粉碎机等，符合环保、消防等部门的建设要求，其处理能力应满足日常的进境水果检验检疫业务需要。

5. 监管冷库

（1）有独立的满足进境水果检验检疫业务需要的监管冷库。

（2）冷库的调温能力应当满足不同水果储存温度要求。

（3）冷库内安装温湿度传感器，库外设有温湿度监控系统，能实现温湿度数据计算机自动记录、储存，可随时打印历史记录，同时具备温湿度异常状况报警装置。

（六）进境木材查验区

进境木材（主要包括已经境外检疫处理的原木、板材等）查验区应当设立在口岸监管区范围内，并满足以下要求：

1. 场地设置

（1）区域布局合理，实施封闭管理，与居民区保持安全距离，至少500米以上。

（2）周围1000米以内无成片树林，尤其是无适宜林木有害生物定殖的寄主植物。

（3）木材堆存及查验场地地面平整；木材处理场地硬化，无可见缝隙。供电供水、排水、消防设施齐全。

（4）配套建设进境木材检疫查验区的检疫办公、实验用房，保障日常办公和初筛鉴定工作。

2. 查验区设置

（1）具备木材堆存、装卸、查验、检疫处理等功能，并能够防止查验过程中有害生物逃逸。

（2）按照功能设置配备木材检疫堆存及查验场地、木材检疫处理场地、下脚料存放场地等，场地区域划分清晰，并有醒目的区域标识及堆场管理、防疫制度标识。

3. 查验及检疫处理设施

（1）配备进境木材检疫查验设施，包括木材现场查验设施和取样设备。通过集装箱或者汽车、火车装运的，还应配备开箱、掏箱和落地查验必需的机械设备。

（2）配备进境木材防疫设施，包括防疫处理药品、药械和疫情监测设备等。

（3）配备与木材进口量相适应的熏蒸处理、热处理或者其他检疫处理方式的设施设备。

4. 防疫要求

（1）建立完善的防疫管理体系。

（2）配备与进境木材检疫工作量相适应的专业技术人员。

（3）配套建设进境木材检疫查验区的检疫办公、实验用房，保障日常办公和初筛鉴定工作。

(4) 具备残渣、土壤、树皮等无害化处理能力。

(5) 配备用于有害生物监测的设施和器具，以开展外来有害生物监测和诱捕。

(七) 进境粮食查验区

进境粮食查验区应当设立在口岸监管区范围内，并满足以下要求：

1. 场地设置

(1) 区域布局合理，与外界及生活区相对隔离，周边1公里范围内没有种植与进境粮食种类相同的粮食作物。

(2) 地面平整、硬化，无裸露土壤，整洁卫生。供电供水、排水设施齐全，具备防火等消防安全条件。

(3) 建立进境粮食接卸、运输、储存等环节防疫管理制度，建立防疫安全领导机构，配备经海关认可的防疫安全人员。

2. 查验区设置

(1) 应当具备进境粮食固定的靠泊接卸区域，海运口岸散装粮食日接卸能力不低于8000吨（木薯干不低于2000吨），海运集装箱或陆运口岸接卸能力与粮食进境量相适应。

(2) 应当具备与粮食进境量相适应的口岸专用粮食仓库或换装堆放场所（限木薯干和集装箱装运的粮食），并符合国家相关粮食储藏标准等技术规范要求。

(3) 集装箱、汽车、火车装运的，还应当配备开箱、掏箱和落地查验必需的防疫隔离场所及机械设备。

(4) 应当具备装卸粮食的密闭、防撒漏运输工具和撒漏物收集清理存放的设施及设备，如挡防漏布、吸尘车等。如使用车辆运输的，装卸场所出入口应配备对车体进行清洁的专用设施。

3. 防疫要求

(1) 应当具备进境粮食撒漏物及下脚料专门存储场所及焚烧炉等必要的除害处理设施。每批粮食接卸、运输、储存后，应对运输工具及相关场所进行彻底清扫或消毒，并对收集的撒漏物等进行无害化处理。

(2) 应当配备疫情监测、防除等必要的设施设备，配备常用的杀虫、除草、消毒药剂及处理器械，并专库保存。应对周边地区开展定期疫情监测。

(八) 进境种苗查验区

1. 查验区设置

(1) 查验场地固定，布局、面积、环境、光线满足进境种苗现场查验需求。

(2) 种苗由集装箱、厢式货车装运的，应建有满足种苗现场查验的专用平台。

(3) 开箱查验现场应配备防止有害生物逃逸的设施，以确保开箱查验环境相对封闭。

(4) 配置满足种苗检验检疫需要的查验设施和取样设备。

(5) 具备固定的除害处理场地、处理设施，配有常用的药剂、器械及其贮藏场所。

2. 隔离检疫苗圃

进境种苗查验区应当设立在具有通过资质认可的国家、专业或地方隔离检疫苗圃1.5小时车程范围内，具备对进境种苗进行隔离检疫的条件。

(九) 供港澳地区鲜活产品查验区

1. 查验区设置

(1) 查验场应当为相对独立的专用区域，与外界隔离。根据海关监管需要建立通道出入卡口，配置符合海关监管要求的卡口系统并与海关联网。

（2）查验场布局、面积、环境、光线、物流等应满足相关产品的查验需求。

（3）场所设置接卸、储存、查验、处理等功能区域，配备满足货物装卸、场内运输、暂时存放、除害处理等相关设施设备。

（4）场地平整、硬化，无病媒生物滋生地，场地及周围环境应具备有效的防鼠设施。

2. 信息化管理系统

（1）根据海关监管需要，配备与海关联网的信息化管理系统，能够按照海关要求实现货物相关电子数据的传送、交换。

（2）企业自用信息化管理系统应当向海关开放有关功能的授权。

（3）根据海关监管需要，建立符合海关网络安全要求的机房或机柜，建立满足海关对运输工具登临检查、货物查验、场所（场地）巡查等工作要求的无线网络。

3. 其他

查验场应当建立供港澳地区鲜活品安全、卫生、防疫、应急处置等相关管理制度。

（十）卫生检疫查验区

1. 特殊物品查验区

特殊物品类查验区适用于微生物、人体组织、生物制品、血液及其制品等特殊物品的检疫监督管理，应当设置在口岸监管区范围内，并满足以下要求：

（1）整体要求

①布局合理，具备符合低温、生物安全控制要求的查验场地、采样场所、检疫处理配套设施设备及办公场所。

②规划设计与特殊物品品种、数量、体积、风险等级相适应，符合生物安全的防护要求，满足特殊物品查验中可能发生的破损、渗漏、外泄导致的生物安全应急处置设施设备要求。

（2）作业区设置

配置独立查验区域，查验区包括普通查验区、冷链查验区。

①普通查验区（无特殊环境要求的低风险特殊物品查验作业）。

应当独立设置，并满足整箱特殊物品掏箱摆放的要求；设置防止病媒生物逃逸、防止核生化有害因子扩散及防止其他检疫风险扩散的检疫缓冲地带，用于发现病媒生物及其他检疫风险时做紧急处理。

②冷链查验区（需低温环境的低风险特殊物品的查验和高风险特殊物品包装的表观查验作业）。

A. 与其他区域物理隔离，独立封闭，有遮光设备。

B. 保持无污垢、无异味，环境卫生整洁，满足防止病媒生物、有害生物逃逸和其他检疫风险扩散要求，在对接库门上安装风帘。

C. 配备制冷设备，应保证查验区域温度控制在2℃~8℃内。应当设有温度自动记录装置，并应经过符合资质的计量部门予以校准并在有效期内。

D. 查验特殊物品有特殊温控要求，可单独设置与其他查验位物理隔离、封闭的查验位。

③具备必要的检疫处置场地。配备独立的清洗、消毒设施，废弃物集中收集装置。

（3）设施设备

①查验场地配备红外低温检测设备，对含有病原微生物、毒素的特殊物品应当提供独立的存放区域，粘贴生物安全警示标识，与人流量大的区域保持相对隔离，并设置相应物理屏障，限制人员进出，避免意外泄漏后造成的污染和人员伤害。满足特殊物品运输工具的临时停放要求。

②进境口岸查验现场不具备查验特殊物品所需安全防护条件的，特殊物品运送到符合生物安全等级条件的指定场所由海关实施查验。

③具备检疫处理场地、设备、设施，满足检疫处理药物、器械、设备的保存条件。

(4) 场所用房

根据海关监管需要，可提供生物安全等级相匹配的采样室。配置生物安全柜、生物安全运输箱等，满足开展采样、制样、包装送样等作业要求。

2. 进出境尸体骸骨检疫查验区

(1) 整体要求

①应当设置在口岸监管区范围内，布局合理，具备符合低温要求的查验场地、检疫处理配套设施设备及办公场所。

②应当设置进出境尸体骸骨运输工具指定停放区域，配备足够的防蝇、污水收集、消毒药品投放等设施设备，供海关实施卫生控制措施，防止疫情、疫病传播。

(2) 作业区设置

①作业区包括检疫区、卫生处理区、隔离区和办公区。

②检疫区应当具备适合停放尸体骸骨的场地和设施，根据作业要求预留车辆检查设备、运输车辆或棺柩辐射探测设备等所需的场地和设施。

③卫生处理区应当设置在检疫区附近，具备实施卫生处理、包装更换等卫生控制措施的场地和设施设备；满足卫生处理药物、器械、设备的存放和保存条件；满足尸体、骸骨卫生处理的操作要求；并设置配药室、药品存放室、卫生处理作业准备室、卫生处理设备存放室、卫生处理作业区和污水处理设施。

④隔离区应当具有独立的封闭区域，并有醒目的隔离警示标识。

(3) 配备专业人员

应当配备专业操作人员配合海关实施尸体、骸骨现场查验、卫生处理及卫生检疫不合格情况下的检疫处置，应当为海关取样、检疫防疫和安全防护工作提供必要协助。

(十一) 公路口岸客车查验区

1. 封闭及卡口设置

(1) 应当具有独立的封闭区域，设立高度不低于 2.5 米的隔离围网（墙）。

(2) 建立通道出入卡口，配置符合海关监管要求的卡口控制系统和设备，并且与海关联网。

2. 场地设置

(1) 设置符合海关要求的功能区域，设置区域标识牌，并且标识场内的通行、分流路线。

(2) 设置功能完备的场内车辆退车（回程）通道。

(3) 设置满足海关对车辆及车载物品检查作业要求的场地，配备海关实施查验、安全防护的设备及相应的专业操作人员。

(4) 根据海关监管需要，预留大型车辆检查设备、辐射探测设备等所需的场地和设施，自行安装且供海关使用的集装箱/车辆检查设备及辐射探测设备等应当与海关联网。

(5) 提供存放海关暂不予放行车辆、暂不予放行物品的仓库或者场地。

(6) 地面平整、硬化，无病媒生物滋生地，场地及周围环境应具备有效的防控鼠类的设施。

(7) 根据海关监管需要，设置必要的检疫处理区。

3. 信息化管理系统

(1) 根据海关监管需要，配备与海关联网的信息化管理系统，能够接收海关相关指令信息，并按照海关要求实现车辆进场、出场、查验状态等电子数据的传送、交换。

(2) 根据海关监管需要，企业自用信息化管理系统应当向海关开放有关功能的授权。

(3) 建立符合海关网络安全要求的机房或机柜，并且建立满足海关对运输工具登临检查、货物查验、场所（场地）巡查等工作要求的无线网络。

（十二）集装箱/厢式货车承载货物查验区

1. 场地设置

（1）查验场地应是相对独立封闭的平台或者有顶棚覆盖的平整场地，配备防控鼠类设施。

（2）查验场地应当便于集装箱/厢式货车停靠，每个停靠点对应一个实施查验作业的区域，宽度应保证集装箱/厢式货车靠泊后开箱及掏箱，划线区分并按顺序编号，相邻作业区域间隔不少于1米。

（3）查验场地面积应当满足海关查验作业需求，实施查验作业的区域应满足整箱货物掏箱摆放的要求，并预留货检X光机、磅秤、查验工具柜等设备的放置区域。

（4）配备供电及应急供电设施，满足查验作业照明、视频监控、大型集装箱车辆检查设备、查验用X光机、移动式查验指挥车、查验电瓶车等设备的供电要求。

（5）安装照明设备，保障查验人员能对货物的铭牌、标识及状态进行清晰识辨别，并满足对查验过程实施全程视频监控和清晰录证的照明要求。

（6）用于集装箱/厢式货车承载的大宗散货查验的场地，其作业平台或者顶棚可根据实际查验作业特点予以调整。

2. 网络建设

（1）能够接入海关作业和管理系统。

（2）在查验场地建立全覆盖的无线网络，带宽不低于100Mb。

3. 图示

见图5-1、图5-2、图5-3、图5-4。

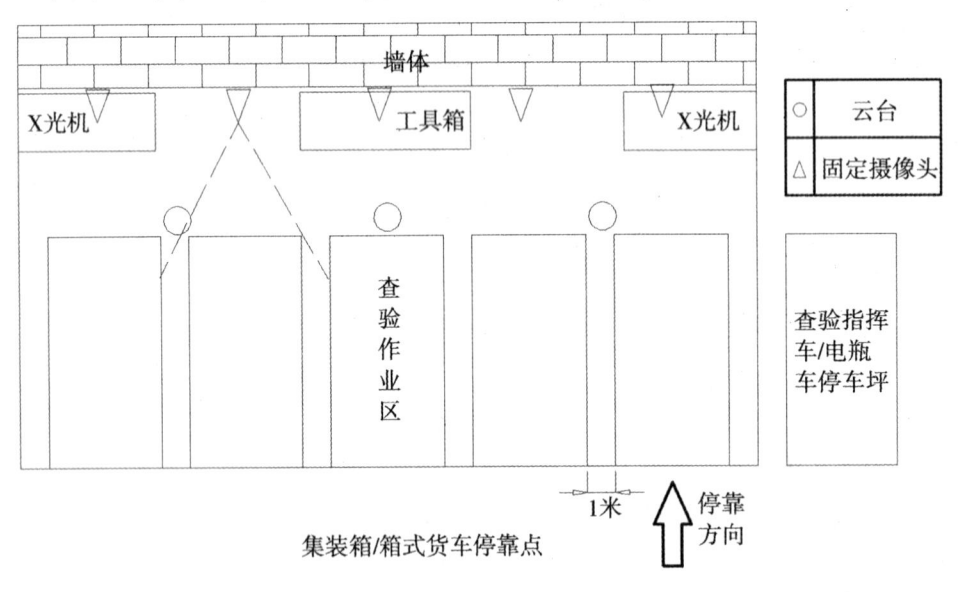

图5-1 单侧查验平台/场地设置示意图（平面图）

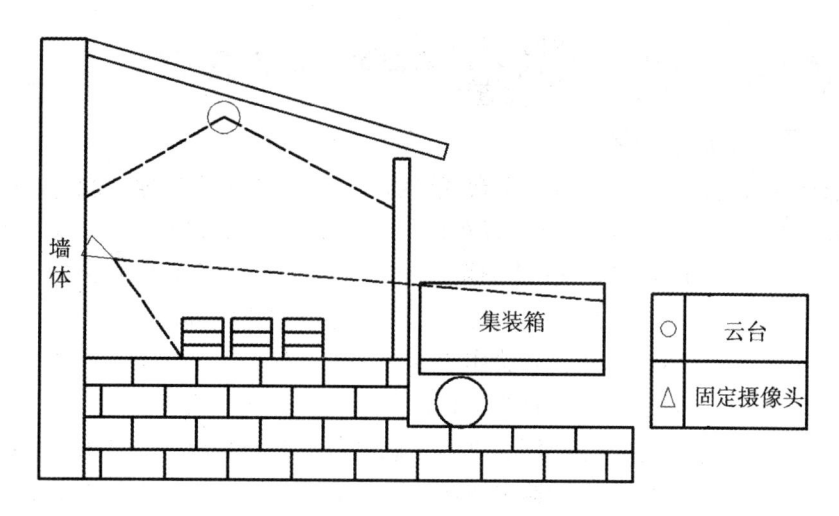

图 5-2 单侧查验平台/场地设置示意图（立面图）

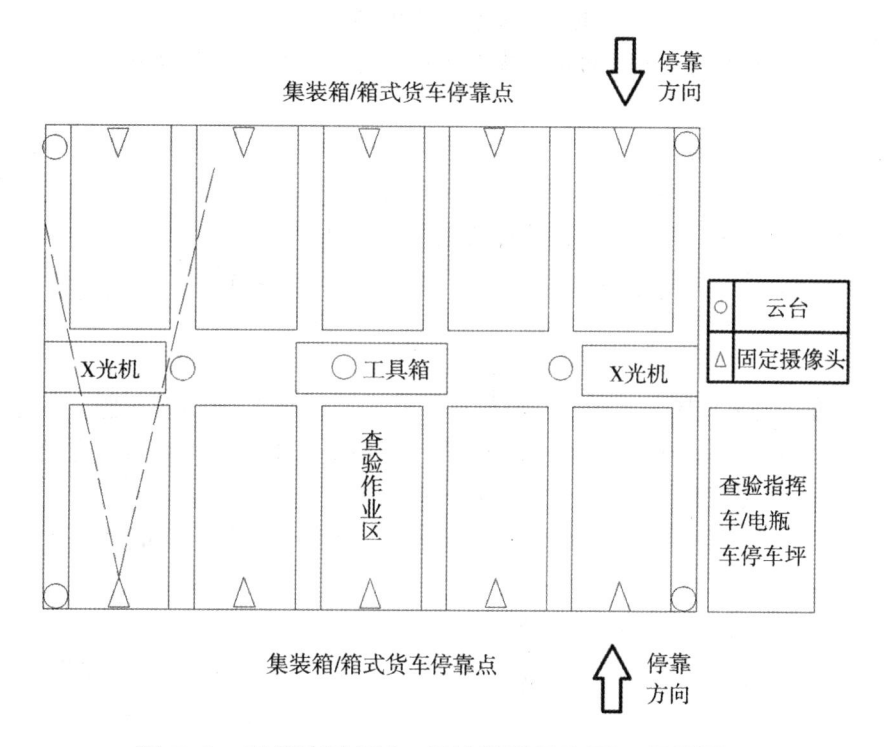

图 5-3 双侧查验平台/场地设置示意图（平面图）

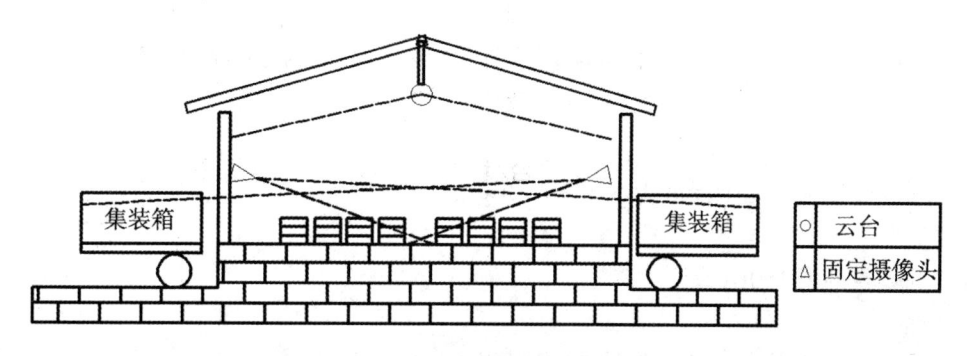

图 5-4 双侧查验平台/场地设置示意图（立面图）

六、海关监管作业场所（场地）检疫处理区设置规范

（一）进境原木检疫处理区

1. 进境原木除害处理区

（1）基本要求

①区域布局合理，实施封闭管理，与居民区保持安全距离，至少1000米以上。

②应当配套建有紧临场所处理区的专用原木装卸区域，处理区周边1000米没有成片林地，无适宜林木有害生物定殖的寄主植物。

③木材处理场地场地平整，硬化，雨后无积水。

④应当配备通过消防部门验收的消防安全设施，配备带自动报警、排气等装置的检疫除害处理专用药品和药械仓库，并符合危险化学品和消防管理规定。供电供水、排水设施齐全。

（2）功能要求

进境原木检疫处理区分为核心处理区、检疫合格堆场。

①核心处理区应当满足年处理200万立方米木材的处理能力。检疫合格堆场面积应与年处理能力相适应。

②核心处理区应当为水泥地面，检疫合格堆场应为硬质地面，满足重载机械全天候作业要求。

③核心处理区实施封闭管理，周围应建有隔离围墙（栏），与木材专用码头之间建有专用通道。

④核心处理区内配套符合海关要求的处理控制室。

⑤处理设施建设应当达到进境木材处理技术指标要求，符合环保和安全生产等相关规定。

（3）处理设施技术要求

①熏蒸处理。

A. 处理设施要求。采用固定设计，单个熏蒸密闭空间不大于1500立方米，并至少设置2个熏蒸药剂浓度检测点。各熏蒸密闭设施间，应布局合理，便于原木装卸和熏蒸安全操作。必要时，配备加温设备，保证整个处理过程原木表皮下5厘米内温度不低于5℃。

B. 处理设备要求。具备投药、汽化、循环、检测、回收、排放等功能，各项功能应实现自动操作与控制。汽化投药出口温度不低于20℃。气体检测设备灵敏度达到 $0.1g/m^3$。

C. 熏蒸空间气体循环和气密性要求。密闭条件下，投药后30分钟内熏蒸气体应能实现均匀分布，各检测点之间浓度差小于等于 $5g/m^3$。投药后2小时药剂浓度不低于起始浓度的75%，24小时不低于起始浓度的50%。

D. 熏蒸药剂重复利用和排放要求。处理设施设计应能实现熏蒸药剂重复利用，再利用率不低于50%。尾气应适当回收，保证排放安全。通风散毒达到 $0.02g/m^3$ 以下不超过2小时。

E. 报警装置要求。处理区及控制室配置熏蒸药剂安全浓度监测报警装置。报警装置测量精度不低于 $0.004g/m^3$（1ppm）。

②水浸处理。

水浸处理过程原木应完全浸泡于水中90天以上。

③辐照处理。

原木最低吸收剂量150Gy。

④热处理。

中心温度至少要达到71.1℃并保持75分钟以上。

（4）其他

①建立完善的防疫管理体系。

②配备与进境木材检疫工作量相适应的专业技术人员。
③配套建设进境木材检疫处理区的检疫办公、实验用房，保障日常办公和初筛鉴定工作。
④配有用于有害生物监测的设施和器具，以开展外来有害生物监测和诱捕。

2. 进境原木检疫加工区

（1）基本要求
①仅限设置在北方陆路边境口岸内。
②区域布局合理，与居民区保持安全距离，至少 500 米以上。
③周围 1000 米以内无成片树林，尤其是无适宜林木有害生物定殖的寄主植物。
④木材堆存场地地面平整，木材处理场地硬化；供电供水、排水、消防设施齐全。

（2）功能要求
进境原木检疫加工区分为加工区、合格堆场。
① 加工区实施封闭管理，周围应建有隔离围墙（栏）。
② 加工区内配备实施加工处理的木材加工、烘干设施，并确保能够达到除害处理效果。
③ 合格堆场应为硬质地面，满足重载机械作业要求。
④ 针对加工过程中产生的下脚料，配备符合要求的存放场地及处理设施。

（3）防疫要求
①建立完善的防疫管理体系。
②配备与进境木材检疫工作量相适应的专业技术人员。
③配套建设进境原木检疫加工区的检疫办公、实验用房，保障日常办公和初筛鉴定工作。
④配备用于有害生物监测的设施和器具，以开展外来有害生物监测和诱捕。

（二）进境大型苗木检疫处理场

1. 基本要求

（1）应当设立在大型苗木隔离苗圃附近。
（2）具有完善的管理制度和防疫措施。

2. 场所设置

（1）地面水泥硬化，场所周边 1 公里内无相关种苗及同科植物，以物理隔离措施封闭，入口设置车辆消毒设施。
（2）场所应当设有专用的现场查验区域，具有符合要求的查验设施。
（3）具备符合要求的检疫处理场地，设立根部处理区、熏蒸处理区，配备土壤处理设施、熏蒸处理设施等满足除害处理要求的相关设施。
（4）设立药剂器械存放库，同时应配备除害处理所需药剂及器械。

3. 检疫处理设施

（1）根部处理设施。根据实际情况及需要，可选择符合进境大型苗木除害处理的设施，如药剂浸泡设施或自动滴灌设施。
（2）熏蒸处理设施。该设施能方便集装箱的快速进出和熏蒸剂气体的迅速均匀分布。需具备自动投药、循环、气密性检测、熏蒸气体浓度定时检测、尾气排放和实时监控等自动控制功能。

4. 其他

进境大型苗木检疫处理场的半径 1 公里范围内，应设立外来植物疫情监测防控区域。

第五节　海关监管作业场所（场地）监控摄像头设置规范

一、总体要求

（一）要求安装监控摄像头的海关监管作业场所（场地）

1. 海关监管作业场所，如水路运输类海关监管作业场所、公路运输类海关监管作业场所、航空运输类海关监管作业场所、铁路运输类海关监管作业场所、快递类海关监管作业场所，以及从事边民互市业务的监管作业场所等。

2. 海关集中作业场地，如旅客通关作业场地、邮检作业场地等。

3. 海关监管作业场所（场地）内的功能区，如通用查验场地、口岸前置拦截作业区、进口汽车查验区、动植物产品（含食品）查验区、供港澳地区鲜活产品查验区、卫生检疫查验区、公路口岸客车查验区、进境原木检疫处理区、进境大型苗木检疫处理场等，具体设置要求详见《海关监管作业场所（场地）功能区监控摄像头设置规范》。

4. 海关作业现场，如免税品商店（含销售场所和监管仓库）、海关对外办理业务大厅、陆路口岸边境通道、停机坪等，具体设置要求详见《海关作业现场监控摄像头设置规范》。

（二）功能区监控摄像头设置要求

海关监管作业场所（场地）内的功能区，应在满足对应海关监管作业场所（场地）监控摄像头设置规范要求的基础上，同时满足对应功能区的监控摄像头设置规范要求。

（三）重点监控范围或区域

海关根据法律、规章的规定和海关实际监管的要求确定监控摄像头的重点监控范围或区域。其主要包括：车辆进出通道及卡口、海关查验场地、检疫处理场地（不含第三方检疫场地）、泊位、施解封区、查验地磅、运输工具登临区、航空箱拆板和组板区、旅检大厅等。

重点监控区域应保证监控摄像头点位具有一定的冗余度，确保个别摄像头出现故障时不影响海关对重点监控范围或区域的连续监控。

（四）监控摄像头和视频监控系统选型标准

海关监管作业场所（场地）监控摄像头和视频监控系统的其他设备、部件、材料应当符合现行国家行业标准，设备选型、平台系统、集成软件应当与海关现有系统相兼容，相关工程设计及施工应当符合国家有关标准，接入设备及系统符合国家相关安全标准，并应符合相关安全管理部门要求。

海关监管作业场所（场地）监控摄像头、视频监控系统设备选型应当符合《海关视频监控系统技术规范》（HS/T 58），并应根据海关监管需要，在符合上述规范或标准要求的基础上，提高设备选型、建设标准。

海关监管作业场所（场地）应建立符合海关网络安全要求的机房或机柜，用于安置监控摄像头的存储、联网、集成等相关设备。

（五）联网与监控清晰度要求

海关监管作业场所（场地）应当建立满足海关监管要求的视频监控系统，通过视频监控安全设备与海关联网，视频存储时间不少于3个月。

海关监管作业场所（场地）应根据海关监管需要，合理设置摄像头安装点、监控范围，并应当采用照明、红外等方式，保证监控摄像头夜间监控的清晰度。

（六）监控摄像头的控制权

监控摄像头的控制权，是指对摄像头的镜头焦距和监控视角（范围）的调动控制权，分为海关专控和海关主控。海关专控是指监控摄像头只能由海关控制，海关主控是指海关在执行对监控摄像头的调动时，不允许其他控制方调动。

（七）编码管理与运维保障

海关对与海关联网的监控摄像头实行编码管理，海关监管作业场所（场地）经营单位应当按《海关视频监控摄像头编码规则和图像标识规范》，对联网的监控摄像头进行统一编码及标识。

海关监管作业场所（场地）监控摄像头应按照《海关监管作业场所（场地）监控摄像头管理要求》进行日常管理和运维保障。

二、水路运输类海关监管作业场所监控摄像头设置规范

（一）泊位

1. 应对泊位、装卸区域等设置摄像头监控点。监控范围确保能够清晰监控船舶靠泊、检疫信号悬挂、人员上下、货物装卸和物料添卸、废弃物移下过程。监控摄像头海关主控。

2. 应设置广角或云台摄像头，满足对区域全景式监控要求。监控摄像头海关主控。

（二）堆场

1. 应对货物堆存区、货物出入口、场内区间通道、围网（墙）等设置摄像头监控点。监控范围确保能够清晰监控人员进出、货物堆存情况、货物装卸和作业过程。监控摄像头海关主控。

2. 应设置广角或云台摄像头，满足对区域全景式监控要求。监控摄像头海关主控。

（三）仓库

1. 应对货物堆存区、装卸区、理货区、货物出入口（卡口）、人员进出通道，以及库内区间通道等设置摄像头监控点。监控范围确保能够清晰监控人员进出、货物储存情况、货物装卸和作业过程。监控摄像头海关主控。

2. 应设置广角或云台摄像头，满足对区域全景式监控要求。监控摄像头海关主控。

（四）筒仓（贮存散装物料的仓库）

1. 应对货物出入口、装卸区设置摄像头监控点。监控范围确保能够清晰监控货物装卸过程。监控摄像头海关主控。

2. 应设置广角或云台摄像头，满足对区域全景式监控要求。监控摄像头海关主控。

（五）暂不予放行货物仓库/场地

1. 应对货物堆存区、出入口、围网（墙）等设置摄像头监控点。监控范围确保能够清晰监控货物进出、人员进出、货物储存情况、货物装卸和作业过程。监控摄像头海关专控。

2. 应设置广角或云台摄像头，满足对区域全景式监控要求。监控摄像头海关专控。

（六）卡口

1. 应对卡口的车头前方、车尾位置设置摄像头监控点，监控范围确保能够清晰监控车牌、司机、车辆尾部等情况。监控摄像头海关主控。

2. 应对卡口区域前后各设置广角或云台摄像头，满足对卡口整体区域的全景式监控要求。监控

摄像头海关主控。

（七）船员专用通道

1. 应对监管运输工具人员进出场所专用通道出入口设置摄像头监控点。监控范围确保能够清晰监控有关人员进出、随身携带物品和办理相关程序的过程。监控摄像头海关主控。

2. 根据海关监管需要设置广角或云台摄像头，满足对该区域全景式监控要求。监控摄像头海关主控。

（八）施解封区域

1. 应对运输工具、集装箱施/解封位置设置摄像头监控点，能完整监控车体施/解封过程。监控摄像头海关专控。

2. 在通道进行施封作业的，应满足上述设置要求。

（九）围网（墙）

1. 根据海关的监管要求及摄像头的监控范围，以满足整个围网监控的连续性为原则设置摄像头监控点。监控范围确保能够清晰监控翻墙、抛物等情况。监控摄像头海关主控。

2. 由于机械吊装、履带运输、水岸泊位、铁路轨道等因素无法实现完全封闭的海关监管作业场所，应在相关区域设置摄像头监控点。监控摄像头海关专控。

（十）检疫处理区

应对运输工具、集装箱、货物及木质包装等检疫处理作业位置设置摄像头监控点，能够完整监控检疫处理作业过程。监控摄像头海关专控。

（十一）内贸区

参照上述区域设置要求执行。

三、公路运输类海关监管作业场所监控摄像头设置规范

（一）卡口

1. 应对卡口的车头前方、车尾位置设置摄像头监控点，监控范围确保能够清晰监控车牌、司机、车辆尾部等情况。监控摄像头海关专控。

2. 应对卡口区域前后各设置广角或云台摄像头，满足对卡口整体区域的全景式监控要求。监控摄像头海关专控。

（二）暂不予放行货物仓库/场地

1. 应对货物堆存区、出入口、围网（墙）等设置摄像头监控点。监控范围确保能够清晰监控人员进出、货物储存情况、货物装卸和作业过程。监控摄像头海关专控。

2. 应设置广角或云台摄像头，满足对区域全景式监控要求。监控摄像头海关专控。

（三）超期货物存放区

1. 应对货物堆存区、出入口、围网（墙）等设置摄像头监控点。监控范围确保能够清晰监控人员进出、货物储存情况、货物装卸和作业过程。监控摄像头海关主控。

2. 应设置广角或云台摄像头，满足对区域全景式监控要求。监控摄像头海关专控。

（四）装卸场地

1. 应对车辆停放装卸区、出入口等设置摄像头监控点。监控范围确保能够清晰监控车牌号、人员进出、货物装卸和作业过程。监控摄像头海关主控。

2. 应设置广角或云台摄像头,满足对区域全景式监控要求。监控摄像头海关专控。

(五) 运输工具登临检查区

1. 应在对运输工具停靠检查位置设置摄像头监控点。监控范围确保能够清晰监控车牌号、登临作业过程。根据海关监管需要,安装具备车牌识别功能的摄像头。监控摄像头海关专控。

2. 在卡口、查验场地进行运输工具登临检查的,应同时满足上述要求。

(六) 施/解封区

1. 应对运输工具、集装箱施/解封位置设置摄像头监控点,能完整监控车体施/解封过程。监控摄像头海关专控。

2. 在通道完成施封作业的,应同时满足上述设置要求。

(七) 围网(墙)

1. 根据海关的监管要求及摄像头的监控范围,以满足整个围网监控的连续性为原则设置摄像头监控点。监控范围确保能够清晰监控翻墙、抛物等情况。监控摄像头海关主控。

2. 由于机械吊装、履带运输、水岸泊位、铁路轨道等因素无法实现完全封闭的海关监管作业场所,应在相关区域设置摄像头监控点。监控摄像头海关专控。

(八) 检疫处理区

应对运输工具、集装箱、货物及木质包装等检疫处理作业位置设置摄像头监控点,能够完整监控检疫处理作业过程。监控摄像头海关专控。

(九) 内贸区

参照上述区域设置要求执行。

四、航空运输类海关监管作业场所监控摄像头设置规范

(一) 仓库

1. 应对货物堆存区、装卸区、拆板和组板区、集拼区、理货区、仓库货物出入口、提货和交货通道(区域)、人员进出通道,以及库内区间通道等设置摄像头监控点。监控范围确保能够清晰监控人员进出、货物储存、装卸和作业过程。监控摄像头海关主控。

2. 应设置广角或云台摄像头,满足对区域全景式监控要求。监控摄像头海关主控。

(二) 暂不予放行货物仓库/场地

1. 应对货物堆存区、出入口、围网(墙)等设置摄像头监控点。监控范围确保能够清晰监控人员进出、货物储存、装卸和作业过程。监控摄像头海关主控。

2. 应设置广角或云台摄像头,满足对区域全景式监控要求。监控摄像头海关主控。

(三) 超期货物存放区

1. 应对货物堆存区、出入口、围网(墙)等设置摄像头监控点。监控范围确保能够清晰监控人员进出、货物储存、装卸和作业过程。监控摄像头海关主控。

2. 应设置广角或云台摄像头,满足对区域全景式监控要求。监控摄像头海关主控。

(四) 装卸场地

1. 应对车辆停放装卸区、出入口、围网(墙)等设置摄像头监控点。监控范围确保能够清晰监控车牌号、人员进出、货物装卸和作业过程。监控摄像头海关主控。

2. 应设置广角或云台摄像头,满足对区域全景式监控要求。监控摄像头海关主控。

（五）卡口

1. 应对卡口的车头前方、车尾位置设置摄像头监控点，监控范围确保能够清晰监控车牌、司机、车辆尾部等情况。监控摄像头海关主控。

2. 应对卡口区域前后各设置广角或云台摄像头，满足对卡口整体区域的全景式监控要求。监控摄像头海关主控。

3. 应对空侧进出口设置摄像头监控点。监控范围确保能够清晰监控人员进出、货物储存、装卸和作业过程，并应设置广角或云台摄像头，满足对区域全景式监控要求。监控摄像头海关主控。

（六）围网（墙）

1. 根据海关的监管要求及摄像头的监控范围，以满足整个围网监控的连续性为原则设置摄像头监控点。监控范围确保能够清晰监控翻墙、抛物等情况。监控摄像头海关主控。

2. 由于机械吊装、履带运输、水岸泊位、铁路轨道等因素无法实现完全封闭的海关监管作业场所，应在相关区域设置摄像头监控点。监控摄像头海关专控。

（七）检疫处理区

应对运输工具、集装箱、货物及木质包装等检疫处理作业位置设置摄像头监控点，能够完整监控检疫处理作业过程。监控摄像头海关专控。

（八）内贸区

参照上述区域设置要求执行。

五、铁路运输类海关监管作业场所监控摄像头设置规范

（一）铁路到发线

应在列车抵达、驶离到发线的固定轨道线路两侧设置摄像头监控点，对铁路线进行交叉式监控。监控范围确保能够监控车辆抵达、驶离情况，监控画面应覆盖列车整体情况，并确保车辆处于连续监控。监控摄像头海关主控。

（二）运输工具登临检查区

1. 在列车停靠位置高点设置摄像头监控点。监控范围确保能够清晰监控列车车头整体情况、人员实时动态。监控摄像头海关主控。

2. 根据海关监管需要，安装具备对现场作业人员的清晰辨识（或智能识别）功能的摄像头。监控摄像头海关主控。

（三）固定式（列车）H986作业区

1. 每台非侵入式检查设备检入、检出口各对应设置摄像头监控点，监控范围确保能够清晰监控列车出入的全过程。监控摄像头海关主控。

2. 在机检通道内高位设置广角或云台摄像头，监控范围确保能够清晰监控货物机检检查的整个过程。

（四）卡口

1. 应对卡口的车头前方、车尾位置设置摄像头监控点，监控范围确保能够清晰监控车牌、司机、车辆尾部等情况。监控摄像头海关主控。

2. 应对卡口区域前后各设置广角或云台摄像头，满足对卡口整体区域的全景式监控要求。监控摄像头海关主控。

（五）室内/外作业区

1. 应对运输工具停靠、装卸作业等区域设置摄像头监控点。监控范围覆盖海关作业现场整体区域，确保能够清晰监控作业现场的货物装卸情况。监控摄像头海关主控。

2. 在高点位置设置广角或云台摄像头，满足对作业区域的全景式监控要求。监控摄像头海关主控。

3. 根据海关监管需要，安装具备对现场作业人员的清晰辨识（或智能识别）功能的摄像头。监控摄像头海关主控。

（六）暂不予放行货物仓库/场地

1. 应对货物堆存区、出入口、围网（墙）等设置摄像头监控点。监控范围确保能够清晰监控货物进出、人员进出、货物储存情况、货物装卸和作业过程。监控摄像头海关主控。

2. 应设置广角或云台摄像头，满足对区域全景式监控要求。监控摄像头海关主控。

（七）超期货物存放区

1. 应在货物堆存区、出入口、围网（墙）等设置摄像头监控点。监控范围确保能够清晰监控货物进出、人员进出、货物储存情况、货物装卸和作业过程。监控摄像头海关主控。

2. 应设置广角或云台摄像头，满足对区域全景式监控要求。监控摄像头海关主控。

（八）施/解封区

1. 应对运输工具、集装箱施/解封位置设置摄像头监控点，能完整监控车体施/解封过程。监控摄像头海关专控。

2. 在通道进行施封作业的，应满足上述设置要求。

（九）围网（墙）

1. 根据海关的监管要求及摄像头的监控范围，以满足整个围网监控的连续性为原则设置摄像头监控点。监控范围确保能够清晰监控翻墙、抛物等情况。监控摄像头海关主控。

2. 由于机械吊装、履带运输、水岸泊位、铁路轨道等因素无法实现完全封闭的海关监管作业场所，应在相关区域设置摄像头监控点。监控摄像头海关专控。

（十）检疫处理区

应对运输工具、集装箱、货物及木质包装等检疫处理作业位置设置摄像头监控点，能够完整监控检疫处理作业过程。监控摄像头海关专控。

（十一）内贸区

参照上述区域设置要求执行。

六、快递类海关监管作业场所监控摄像头设置规范

（一）理货区

1. 应对货物堆存区、装卸区、货物出入口（卡口）、人员进出通道、库内区间通道、围网（墙）等设置摄像头监控点。监控范围确保能够清晰监控货物进出、人员进出、货物储存情况、货物装卸和作业过程。监控摄像头海关主控。

2. 应设置广角或云台摄像头，满足对区域全景式监控要求。监控摄像头海关主控。

（二）待查验区和待放行区

1. 应对货物堆存区、装卸区、货物出入口（卡口）、人员进出通道、库内区间通道、围网

（墙）等设置摄像头监控点。监控范围确保能够清晰监控货物进出、人员进出、货物储存情况、货物装卸和作业过程。监控摄像头海关主控。

2. 应设置广角或云台摄像头，满足对区域全景式监控要求。监控摄像头海关主控。

（三）自动传输和分拣设备

1. 应对自动传输和分拣设备的上线口、下线口、线体，以及设备与查验室连接通道等设置摄像头监控点。监控范围确保能够清晰监控货物进出自动传输和分拣设备、货物进出查验室和作业过程。监控摄像头海关主控。

2. 应设置广角或云台摄像头，满足对区域全景式监控要求。监控摄像头海关主控。

（四）放行区

1. 应对货物堆存区、装卸区、货物出入口（卡口）、人员进出通道、库内区间通道、围网（墙）等设置摄像头监控点。监控范围确保能够清晰监控货物进出、人员进出、货物储存情况、货物装卸和作业过程。监控摄像头海关主控。

2. 应设置广角或云台摄像头，满足对区域全景式监控要求。监控摄像头海关主控。

（五）查验区（室）

1. 应对机检查验室、人工查验室、货物出入口、机检屏幕、人工查验台等设置摄像头监控点。监控范围确保能够清晰监控货物进出、机检过程、人工查验等作业过程。监控摄像头海关主控。

2. 应设置广角或云台摄像头，满足对区域全景式监控要求。摄像头海关专控。

（六）暂不予放行货物仓库/场地

1. 应对货物堆存区、出入口、围网（墙）等设置摄像头监控点。监控范围确保能够清晰监控货物进出、人员进出、货物储存情况、货物装卸和作业过程。监控摄像头海关主控。

2. 应设置广角或云台摄像头，满足对区域全景式监控要求。监控摄像头海关主控。

（七）超期货物存放区

1. 应在货物堆存区、出入口、围网（墙）等设置摄像头监控点。监控范围确保能够清晰监控货物进出、人员进出、货物储存情况、货物装卸和作业过程。监控摄像头海关主控。

2. 应设置广角或云台摄像头，满足对区域全景式监控要求。监控摄像头海关主控。

（八）卡口

1. 应对卡口的车头前方、车尾位置设置摄像头监控点，监控范围确保能够清晰监控车牌、司机、车辆尾部等情况。监控摄像头海关主控。

2. 应对卡口区域前后各设置广角或云台摄像头，满足对卡口整体区域的全景式监控要求。监控摄像头海关主控。

（九）围网（墙）

1. 根据海关的监管要求及摄像头的监控范围，以满足整个围网监控的连续性为原则设置摄像头监控点。监控范围确保能够清晰监控翻墙、抛物等情况。监控摄像头海关主控。

2. 由于机械吊装、履带运输、水岸泊位、铁路轨道等因素无法实现完全封闭的海关监管作业场所，应在相关区域设置摄像头监控点。监控摄像头海关专控。

（十）检疫处理区

应对运输工具、集装箱、货物及木质包装等检疫处理作业位置设置摄像头监控点，能够完整监控检疫处理作业过程。监控摄像头海关专控。

七、从事边民互市业务的海关监管作业场所监控摄像头设置规范

（一）卡口

1. 应对卡口的车头前方、车尾位置设置摄像头监控点，监控范围确保能够清晰监控车牌、司机、车辆尾部等情况。监控摄像头海关主控。

2. 应对卡口区域前后各设置广角或云台摄像头，满足对卡口整体区域的全景式监控要求。监控摄像头海关主控。

（二）一线安全准入检查区

应对运输工具停靠检查位置、登临作业设置摄像头监控点。监控范围确保能够清晰监控车牌号、登临作业过程。根据海关监管需要，实现车牌识别功能。监控摄像头海关专控。

（三）交易区

1. 应对交易商铺、柜台等交易区设置摄像头监控点。监控范围确保能够清晰监控边民交易行为过程。监控摄像头海关主控。

2. 应设置广角或云台摄像头，满足对区域全景式监控要求。监控摄像头海关主控。

（四）结算区

1. 应对收银台、业务办理窗口等位置设置摄像头监控点，监控范围确保能够清晰监控边民结算的全过程。监控摄像头海关主控。

2. 应设置广角或云台摄像头，满足对区域全景式监控要求。监控摄像头海关主控。

（五）申报区

1. 应对申报台、申报窗口设置摄像头监控点，监控范围确保能够清晰监控边民申报全过程。监控摄像头海关主控。

2. 根据海关监管需要，申报台摄像头、申报机实现人脸识别功能。监控摄像头海关专控。

（六）待检区

1. 应对停靠检查位置、出入口设置摄像头监控点。监控范围确保能够清晰监控车辆车牌号、停靠位置、车辆和人员进出过程。监控摄像头海关主控。

2. 应设置广角或云台摄像头，满足对区域全景式监控要求。监控摄像头海关专控。

（七）待放行区

1. 应对运输工具停靠检查位置、出入口设置摄像头监控点。监控范围确保能够清晰监控车辆车牌号、停靠位置、车辆和人员进出过程。监控摄像头海关主控。

2. 应设置广角或云台摄像头，满足对区域全景式监控要求。监控摄像头海关专控。

（八）物流通道

应对进入卡口至离开卡口的主要物流通道设置相应的摄像头监控点，监控范围确保能够清晰监控车辆动态、车辆特征，沿途对完整物流链进行监控。监控摄像头海关主控。

（九）暂不予放行货物仓库/场地

1. 应对货物堆存区、出入口、围网（墙）等设置摄像头监控点。监控范围确保能够清晰监控人员进出、货物储存情况、货物装卸和作业过程。监控摄像头海关主控。

2. 应设置云台摄像头，满足对区域全景式监控要求。监控摄像头海关主控。

（十）围网（墙）

1. 根据海关的监管要求及摄像头的监控范围，以满足整个围网监控的连续性为原则设置摄像头监控点。监控范围确保能够清晰监控翻墙、抛物等情况。监控摄像头海关主控。

2. 闸口式边民互市类场所相关区域的监控摄像头应比照上述要求设置。

八、旅客通关作业场地监控摄像头设置规范

（一）旅检大厅

1. 卫生检疫区

（1）现场监测作业区

应对卫生检疫等候区域、医学巡查专用区域、体温监测区域、核生化有害因子监测区域、健康申报及咨询台、卫生检疫查验台设置摄像头监控点。监控范围确保能够清晰监控人员等候、通过秩序，以及医学巡查、体温监测、申报咨询等海关作业过程。摄像头应具备音频采集功能，满足对卫生检疫作业过程进行清晰录音的要求。并应设置广角或云台摄像头，满足对区域全景式监控要求。监控摄像头海关专控。

（2）现场排查处置作业区

①应对医学排查室、（负压）临时留验室、隔离室、传染病病原体快速检测实验室、旅行健康室、核生化排查处置室、核生化应急处置室、突发卫生事件应急处置室、洗消室、应急物资储备室、独立转诊通道等各类功能用房设置摄像头监控点。监控范围确保能够清晰监控各区域海关作业过程。根据海关监管需要，安装具备对作业人员的清晰辨识（或智能识别）功能的摄像头。摄像头应具备音频采集功能，满足对申报作业过程进行清晰录音的要求。并应设置广角或云台摄像头，满足对区域全景式监控要求。监控摄像头海关专控。

②根据海关管理要求，对现场排查处置作业区各类技术用房出入口及内部作业区域设置摄像头监控点。摄像头应具备音频采集功能，满足对申报作业过程进行清晰录音的要求。监控摄像头海关专控。

（3）临时隔离处置区域

应在临时隔离处置区域上端设置摄像头监控点。监控范围确保能够清晰监控人员通过秩序、海关作业过程。根据海关监管需要，安装具备对现场通过人员及作业人员的清晰辨识（或智能识别）功能的摄像头。监控摄像头海关专控。

（4）应以固定摄像头和云台摄像头组合的方式，实现对该区域的交叉覆盖，满足对该区域全景式监控要求。现场排查处置作业区还应具备音频采集功能，满足对排查、处置的全过程进行清晰录音的要求。监控摄像头海关主控。

2. 申报区

应对申报台及申报等候区设置摄像头监控点，监控范围确保能够清晰监控申报作业过程。摄像头应具备音频采集功能，满足对申报作业过程进行清晰录音的要求。监控摄像头海关专控。

3. 识别和拦截区

（1）应对通道的旅客行走范围、通道机检设备区设置摄像头监控点，监控范围确保能清晰监控旅客行进过程及海关作业过程。应以固定摄像头和云台摄像头组合的方式，实现对该区域的交叉覆盖，满足对区域全景式监控要求。监控摄像头海关主控。

（2）应对工作人员通道的人员行走范围设置摄像头监控点，监控范围确保能清晰监控工作人员进出情况。应以固定摄像头和云台摄像头组合的方式，实现对该区域的交叉覆盖的监控要求。监控

摄像头海关主控。

4. 查验区

（1）应对人工查验台等作业区域设置摄像头监控点，监控范围确保能够清晰监控查验作业过程。摄像头应具备音频采集功能，满足对查验作业过程进行清晰录音的要求。并应在查验台正上方设置至少1个云台摄像头，满足在查验作业过程中对查验物品的清晰监控要求。监控摄像头海关专控。

（2）应对机检显示屏位置设置摄像头监控点，监控范围确保能够清晰监控关员作业情况及机检显示屏图像。监控摄像头海关专控。

5. 集中处置区

（1）应对问讯室出入口、海关执法作业区域设置摄像头监控点，监控范围确保能够清晰监控问讯过程。摄像头应具备音频采集功能，满足对问讯过程进行清晰录音的要求。监控摄像头海关专控。

（2）应对海关处置区人员进出、海关执法作业区域设置摄像头监控点，监控范围确保能够清晰监控处置作业过程。摄像头应具备音频采集功能，满足对处置作业过程进行清晰录音的要求。监控摄像头海关专控。

（3）应对暂不予放行物品仓库货物堆存区域、出入口设置摄像头监控点，监控范围确保能清晰监控人员进出及物品储存情况。应以固定摄像头和云台摄像头组合的方式，实现对该区域的交叉覆盖的监控要求。监控摄像头海关专控。

（二）水路运输旅检类现场

1. 泊位（邮轮、游艇、客轮泊位）

（1）应对人员船舶停靠、登离船口、行李物品装卸口区域设置摄像头监控点，监控范围确保能清晰监控船舶、人员登离船过程及行李物品装卸过程。监控摄像头海关主控。

（2）应设置广角或云台摄像头，满足对区域全景式监控要求。监控摄像头海关主控。

2. 缓冲区

（1）缓冲区是指出境人员办理海关手续前及完成通关手续后离开边境线、进境人员离开运输工具至海关申报区域的范围（边检作业区除外）。

（2）应对缓冲区人员行走通道或行走范围设置摄像头监控点，监控范围确保能清晰监控人员行进过程，并应设置广角或云台摄像头，满足对区域全景式监控要求。监控摄像头海关主控。

3. 行李装卸区

应对行李装卸区设置摄像头监控点，监控范围确保能清晰监控行李装卸全过程。监控摄像头海关主控。

4. 先期机检区

设置有先期机检区的，应对机检上线、下线等作业区域设置摄像头监控点，监控范围确保能清晰监控托运行李机检过程。应以固定摄像头和云台摄像头组合的方式，实现对该区域的交叉覆盖的监控要求。监控摄像头海关专控。

5. 托运行李物品集中/提取区

应对行李物品集中/提取、提取行李物品人员设置摄像头监控点，监控范围确保能全方位监控该区域监管秩序。应以固定摄像头和云台摄像头组合的方式，实现对该区域的交叉覆盖的监控要求，并应设置广角或云台摄像头，满足对区域全景式监控要求。监控摄像头海关主控。

6. 行政车辆卡口

应对卡口的车头前方、车尾位置设置摄像头监控点，监控范围确保能够清晰监控车牌、司机、车辆尾部等情况。并应设置广角或云台摄像头，满足对区域全景式监控要求。监控摄像头海关主控。

7. 工作人员通道

应对通道的工作人员行走范围设置摄像头监控点，监控范围确保能清晰监控工作人员进出情况。应以固定摄像头和云台摄像头组合的方式，实现对该区域的交叉覆盖的监控要求。监控摄像头海关主控。

（三）公路口岸旅检类现场

1. 上、下客区域

现场设有上、下客区域的，应对车辆停靠位置、人员上下区域设置摄像头监控点，监控范围确保能清晰监控车辆车牌、旅客上下车及行李装卸过程。监控摄像头海关主控。

2. 缓冲区

（1）缓冲区是指出境人员办理海关手续前及完成通关手续后离开边境线、进境人员离开运输工具至海关申报区域的范围（边检作业区除外）。

（2）应对缓冲区人员行走通道或行走范围设置摄像头监控点，监控范围确保能清晰监控人员行进过程。并应设置广角或云台摄像头，满足对区域全景式监控要求。监控摄像头海关主控。

3. 旅检车道卡口

应对车道卡口的车头前方、车尾位置设置摄像头监控点，监控范围确保能够清晰监控进出卡口车辆的车牌、司机及车辆尾部情况。并应设置广角或云台摄像头，满足对区域全景式监控要求。监控摄像头海关主控。

4. 工作人员通道

应对通道的工作人员行走范围设置摄像头监控点，监控范围确保能清晰监控工作人员进出情况。应以固定摄像头和云台摄像头组合的方式，实现对该区域的交叉覆盖的监控要求。监控摄像头海关主控。

5. 旅检车辆查验区

应对实施查验作业的区域设置摄像头监控点，监控范围确保能清晰监控查验作业全过程。并应在查验区内高处设置广角或云台摄像头，满足对区域全景及场地内监管秩序的全方位监控要求。查验区内设有旅检车辆机检设备的，监控范围应满足对客运车辆机检查验全过程的监控。监控摄像头海关主控。

6. 围网（墙）

根据海关的监管要求及摄像头的监控范围，以满足整个围网监控的连续性为原则设置摄像头监控点。监控范围确保能够清晰监控翻墙、抛物等情况。监控摄像头海关主控。

（四）航空口岸旅检类现场

1. 缓冲区

（1）缓冲区是指出境人员办理海关手续前及完成通关手续后离开边境线、进境人员离开运输工具至海关申报区域的范围（边检作业区除外）。

（2）应对缓冲区人员行走通道或行走范围设置摄像头监控点，监控范围确保能清晰监控人员行进过程。并应设置广角或云台摄像头，满足对区域全景式监控要求。监控摄像头海关主控。

2. 行李装卸区

应对行李物品的装卸区域、作业人员设置摄像头监控点，监控范围确保能清晰监控行李装卸全过程。监控摄像头海关主控。

3. 先期机检区

应对机检上线、下线等作业区域设置摄像头监控点，监控范围确保能清晰监控托运行李机检过程。应以固定摄像头和云台摄像头组合的方式，实现对该区域的交叉覆盖的监控要求。监控摄像头海关主控。

4. 托运行李提取区

应对每个行李转盘设置摄像头监控点，满足对所有转盘托运行李提取的监控需求。并应设置广角或云台摄像头，满足对区域全景式监控要求。监控摄像头海关主控。

5. 工作人员通道

应对通道的工作人员行走范围设置摄像头监控点，监控范围确保能清晰监控工作人员进出情况。应以固定摄像头和云台摄像头组合的方式，实现对该区域的交叉覆盖的监控要求。监控摄像头海关主控。

6. 国际中转、过境区域

航空口岸设置有国际中转、过境区域的，国际中转区域和过境区域参照旅检大厅摄像头设置规范进行设置。监控摄像头海关主控。

（五）铁路口岸旅检类现场

1. 月台

应在月台两端分别设置摄像头监控点，监控范围确保能清晰监控旅客上下车情况。

2. 缓冲区

（1）缓冲区是指出境人员办理海关手续前及完成通关手续后离开边境线、进境人员离开运输工具至海关申报区域的范围（边检作业区除外）。

（2）应对缓冲区人员行走通道或行走范围设置摄像头监控点，监控范围确保能清晰监控人员行进过程。并应设置广角或云台摄像头，满足对区域全景式监控要求。监控摄像头海关主控。

3. 行政车辆卡口

应对卡口的车头前方、车尾位置设置摄像头监控点，监控范围确保能够清晰监控车牌、司机、车辆尾部等情况。并应设置广角或云台摄像头，满足对区域全景式监控要求。监控摄像头海关主控。

4. 工作人员通道

应对通道的工作人员行走范围设置摄像头监控点，监控范围确保能清晰监控工作人员进出情况。应以固定摄像头和云台摄像头组合的方式，实现对该区域的交叉覆盖的监控要求。监控摄像头海关主控。

5. 围网（墙）

根据海关的监管要求及摄像头的监控范围，以满足整个围网监控的连续性为原则设置摄像头监控点。监控范围确保能够清晰监控翻墙、抛物等情况。监控摄像头海关主控。

九、邮检作业场地监控摄像头设置规范

（一）邮件装卸区

1. 应对车辆停放装卸区、出入口、围网（墙）等设置摄像头监控点。监控范围确保能够清晰监控车牌号、人员进出、邮件装卸和作业过程。监控摄像头海关主控。

2. 应设置广角或云台摄像头，满足对区域全景式监控要求。监控摄像头海关主控。

（二）分拨（处理）区

应对邮件分拨（处理）作业的区域设置摄像头监控点，监控范围确保能够清晰监控邮件分拨

（处理）全过程。

（三）自动传输和分拣设备

1. 应对自动传输和分拣设备的上线口、下线口、线体，以及设备与查验室连接通道等设置摄像头监控点。监控范围确保能够清晰监控邮件进出自动传输和分拣设备、邮件进出查验室和作业过程。监控摄像头海关主控。

2. 应设置广角或云台摄像头，满足对区域全景式监控要求。监控摄像头海关主控。

（四）查验区（室）

1. 应对机检查验室、人工查验室、邮件出入口、机检屏幕、人工查验台，以及毒品快速检测室、检疫隔离仓库、检疫鉴定初筛室等设置摄像头监控点。监控范围确保能够清晰监控货物进出、机检过程、人工查验等作业过程。监控摄像头海关专控。

2. 应设置广角或云台摄像头，满足对区域全景式监控要求。摄像头海关专控。

（五）海关处置区

1. 应对留存邮件仓库等海关处置区设置摄像头监控点，监控范围确保能够清晰监控鉴定、隔离、检疫处理等作业过程。监控摄像头海关专控。

2. 应设置广角或云台摄像头，满足对区域全景式监控要求。摄像头海关专控。

（六）印刷品及音像制品审查室

应对室内、出入口设置摄像头监控点，监控范围确保能清晰监控人员进出及作业过程。摄像头海关专控。

（七）未办结海关手续的邮件存放区（存放待申报、待查验、待处置等各类未办结海关手续邮件的仓库）

应对邮件存放区域、出入口设置摄像头监控点，监控范围确保能清晰监控人员进出及邮件存放情况。摄像头海关专控。

十、海关监管作业场所（场地）功能区监控摄像头设置规范

（一）通用查验场地

监管作业场所（场地）设置有集装箱/厢式货车承载货物查验场地、H986机检查验场地的，监控摄像头应按照下述规范要求设置。

1. 集装箱/厢式货车承载货物查验场地

（1）应对查验作业区、查验货物堆存区、货物出入口、围网（墙）等区域设置摄像头，监控范围确保能够清晰监控查验货物堆存情况、查验作业过程。

（2）在查验场地四角及场地居中的高点位置安装云台摄像头，满足对区域全景及场地内监管秩序的全方位监控需求。

（3）实施查验作业的区域应安装摄像头，摄像头视角应能监控已掏出货物的堆放情况、对应停靠点停放集装箱/厢式货车的箱/车底情况，以及查验作业全过程。

（4）查验场地配置CT机、X光机等非侵入式机检设备的，应针对非侵入式机检设备设置摄像头监控点，确保能够清晰监控货物上线口和机检检查全过程。

（5）集装箱/厢式货车承载货物查验场地的监控摄像头均由海关专控。

（6）海关集约化封闭式集装箱查验场地应按照《海关集约化封闭式集装箱查验场地设置规范》有关视频监控系统要求设置摄像头。

2. H986机检查验场地

(1) 机检区。

①按照H986机检设备的建设要求,对设备内部、检入口、检出口等设置摄像头监控点,监控范围确保能够清晰监控机检查验作业过程。

②对H986机检设备房(棚)外围车辆通道设置摄像头监控点,监控范围确保能够清晰监控车辆进出过程。并应设置广角或云台摄像头,满足对区域全景式监控要求。

③为H986机检设备专门单独设立场所的,除满足上述设置要求,还应对场所的卡口通道、场内车辆通道、围网(墙)等设置摄像头监控点。监控范围确保能够清晰监控车辆进出过程。并应设置广角或云台摄像头,满足对区域全景式监控要求。

(2) 审像区(包括检验检疫判图区)。

按照海关管理要求设置摄像头监控点,实现对机检显示屏图像和机检查验人员作业情况的监控。

(3) H986机检查验场地的监控摄像头均由海关专控。

(二) 口岸前置拦截作业区

1. 水运口岸海关前置拦截作业区

(1) 登轮检疫处理及检查区

应按照规范中水路运输类监管作业场所泊位的监控摄像头设置要求进行设置。

(2) 核生化处置区

①应在运输工具停靠、区间通道等位置设置摄像头监控点。监控范围确保能够清晰监控人员进出和核生化处置作业过程。监控摄像头海关主控。

②应设置广角或云台摄像头,满足对区域全景式监控要求。监控摄像头海关主控。

③安装核辐射探测门的,应在运输工具核辐射探测的检入口、检出口位置设置摄像头监控点,监控范围确保能够清晰监控和辐射探测作业过程。

(3) 先期机检作业区

应按照规范中查验场地的H986机检查验场地的监控摄像头设置要求进行设置。

(4) 人工检查作业区

①应在对运输工具停靠检查位置设置摄像头监控点。监控范围确保能够清晰监控车牌号、人工检查作业过程。监控摄像头海关主控。

②根据海关监管需要,安装具备车牌识别功能及对现场作业人员的清晰辨识(或智能识别)功能的摄像头。监控摄像头海关专控。

③设有集装箱/厢式货车承载货物查验场地的,还应同时满足规范中查验场地的集装箱/厢式货车承载货物查验场地监控摄像头的设置要求。

(5) 检疫处理区

①应对运输工具、集装箱、货物出入口、区间通道等设置摄像头监控点。监控范围确保能够清晰监控运输工具、集装箱、货物及人员进出,清晰监控检疫处理作业过程。监控摄像头海关主控。

②应设置广角或云台摄像头,满足对区域全景式监控要求。监控摄像头海关主控。

(6) 技术用房

根据海关管理要求,对技术用房出入口及内部作业区域设置摄像头监控点。监控摄像头海关专控。

(7) 暂存区(库)

①应对货物堆存区、装卸区、暂存区(库)出入口(卡口)、人员进出通道,以及库内区间通

道等设置摄像头监控点。监控范围确保能够清晰监控人员进出、货物储存、装卸和作业过程。监控摄像头海关主控。

②应设置广角或云台摄像头，满足对区域全景式监控要求。监控摄像头海关主控。

（8）卡口

应按照规范中水路运输类监管作业场所卡口的监控摄像头设置要求进行设置。

（9）其他

设置在水路运输类监管作业场所内的口岸前置拦截作业场地或口岸前置拦截作业场地不同功能区的监控摄像头设置，还需同时满足水路运输类监管作业场所的监控摄像头设置要求。

2. 公路口岸海关前置拦截作业区

（1）运输工具登临检疫处理及检查区

①应在对运输工具停靠检查位置设置摄像头监控点。监控范围确保能够清晰监控车牌号、登临检疫处理及检查作业过程。监控摄像头海关专控。

②根据海关监管需要，安装具备车牌识别功能及对现场作业人员的清晰辨识（或智能识别）功能的摄像头。监控摄像头海关专控。

（2）运输工具消毒通道/轮胎消毒池

①应在对运输工具消毒停靠位置设置摄像头监控点。监控范围确保能够清晰监控车牌号、消毒作业过程。监控摄像头海关专控。

②根据海关监管需要，安装具备车牌识别功能及对现场作业人员的清晰辨识（或智能识别）功能的摄像头。监控摄像头海关专控。

（3）核生化处置区

①应在运输工具停靠、区间通道等位置设置摄像头监控点。监控范围确保能够清晰监控人员进出和核生化处置作业过程。监控摄像头海关专控。

②应设置广角或云台摄像头，满足对区域全景式监控要求。监控摄像头海关主控。

③安装核辐射探测门的，应在运输工具核辐射探测的检入口、检出口位置设置摄像头监控点，监控范围确保能够清晰监控和辐射探测作业过程。

（4）先期机检作业区

应按照规范中查验场地的 H986 机检查验场地的监控摄像头设置要求进行设置。

（5）人工查验作业区

①应在运输工具停靠检查位置设置摄像头监控点。监控范围确保能够清晰监控车牌号、人工检查作业过程。监控摄像头海关专控。

②根据海关监管需要，安装具备车牌识别功能及对现场作业人员的清晰辨识（或智能识别）功能的摄像头。监控摄像头海关专控。

③设有集装箱/厢式货车承载货物查验场地的，还应同时满足规范中查验场地的集装箱/厢式货车承载货物查验场地监控摄像头的设置要求。

④配备非侵入式检查设备的，应针对非侵入式机检设备设置摄像头监控点，确保能够清晰监控货物上线口和机检检查全过程。监控摄像头海关专控。

（6）检疫处理区

①应在运输工具、集装箱、货物出入口、区间通道等位置设置摄像头监控点。监控范围确保能够清晰监控运输工具、集装箱、货物及人员进出，清晰监控检疫处理作业过程。监控摄像头海关主控。

②应设置广角或云台摄像头，满足对区域全景式监控要求。监控摄像头海关专控。

（7）技术用房

根据海关管理要求，对技术用房出入口及内部作业区域设置摄像头监控点。监控摄像头海关专控。

（8）暂存区（库）

①应对货物堆存区、装卸区、暂存区（库）出入口（卡口）、人员进出通道，以及库内区间通道等设置摄像头监控点。监控范围确保能够清晰监控人员进出、货物储存、装卸和作业过程。监控摄像头海关主控。

②应设置广角或云台摄像头，满足对区域全景式监控要求。监控摄像头海关主控。

（9）卡口

应按照规范中公路运输类监管作业场所卡口的监控摄像头设置要求进行设置。

（10）其他

设置在公路运输类监管作业场所内的口岸前置拦截作业场地或口岸前置拦截作业场地不同功能区的监控摄像头设置，还需同时满足公路运输类监管作业场所的监控摄像头设置要求。

3. 航空口岸海关前置拦截作业区

（1）指定检疫廊桥/指定检疫机位

①应对航空器停机位、廊桥、机位编号、航空器编号、人员上下及物料添卸区域设置摄像头监控点，确保能够清晰监控航空器抵、离停机位，廊桥接驳，货物装卸，混载货物航空器的货物装卸，人员上下及物料添卸情况。

②应设置广角或云台摄像头，满足对区域全景式监控要求。

（2）消毒区

能够覆盖整个作业区域，实现对消毒作业全过程的监控。

（3）检疫处理区

①应对运输工具、航空集装箱、货物、物品出入口、区间通道等设置摄像头监控点。监控范围确保能够清晰监控运输工具、航空集装箱、货物、物品及人员进出，清晰监控检疫处理作业过程。监控摄像头海关主控。

②应设置广角或云台摄像头，满足对区域全景式监控要求。监控摄像头海关主控。

（4）核辐射探测及隔离处置区

①应对运输工具、航空集装箱、货物、物品出入口、区间通道等设置摄像头监控点。监控范围确保能够清晰监控运输工具、航空集装箱、货物、物品及人员进出，清晰监控核辐射探测及隔离处置作业过程。监控摄像头海关主控。

②应设置广角或云台摄像头，满足对区域全景式监控要求。监控摄像头海关主控。

（5）人工检查作业区

①设置广角及云台摄像头。监控范围确保能够清晰监控人工检查作业过程。根据海关监管需要，安装对现场作业人员的清晰辨识（或智能识别）功能的摄像头。监控摄像头海关专控。

②应设置广角或云台摄像头，满足对区域全景式监控要求。监控摄像头海关专控。

③配备非侵入式检查设备的，应针对非侵入式机检设备设置摄像头监控点，确保能够清晰监控货物上线口和机检检查全过程。监控摄像头海关专控。

④配备自动传输分拣设备的，应按照规范中快递类场所自动传输和分拣设备的监控摄像头设置要求进行设置。

（6）技术用房

根据海关管理要求，对技术用房出入口及内部作业区域设置摄像头监控点。监控摄像头海关专控。

（7）暂存区（库）

①应对货物堆存区、装卸区、暂存区（库）出入口（卡口）、人员进出通道，以及库内区间通道等设置摄像头监控点。监控范围确保能够清晰监控人员进出、货物储存、装卸和作业过程。监控摄像头海关专控。

②应设置广角或云台摄像头，满足对区域全景式监控要求。监控摄像头海关专控。

（8）卡口

应按照规范中航空运输类监管作业场所卡口的监控摄像头设置要求进行设置。

（9）其他

设置在航空运输类监管作业场所内的口岸前置拦截作业场地或口岸前置拦截作业场地不同功能区的监控摄像头设置，还需同时满足航空运输类监管作业场所的监控摄像头设置要求。

4. 铁路口岸海关前置拦截作业区

（1）喷洒消毒区

应在对运输工具喷洒消毒位置设置摄像头监控点。监控范围确保能够清晰监控列车号、消毒作业过程。监控摄像头海关专控。

（2）运输工具登临检疫检查区

①在列车停靠位置高点设置摄像头监控点。监控范围确保能够清晰监控列车车头整体情况、人员实时动态。监控摄像头海关专控。

②根据海关监管需要，安装具备对现场作业人员的清晰辨识（或智能识别）功能的摄像头。监控摄像头海关主控。

（3）大型集装箱检查设备作业区

①每台非侵入式检查设备检入、检出口各对应设置摄像头监控点，监控范围确保能够清晰监控列车出入的全过程。监控摄像头海关专控。

②应在机检通道内高位设置广角或云台摄像头，监控范围确保能够清晰监控货物机检检查的整个过程。监控摄像头海关专控。

（4）核生化隔离处置区

①应在运输工具、货物出入口及区间通道等位置设置摄像头监控点。监控范围确保能够清晰监控运输工具、货物及人员进出，清晰监控隔离处置作业过程。监控摄像头海关专控。

②应设置广角或云台摄像头，满足对区域全景式监控要求。监控摄像头海关专控。

（5）检疫处理区

①应在运输工具、货物出入口及区间通道等位置设置摄像头监控点。监控范围确保能够清晰监控运输工具、货物及人员进出，清晰监控检疫处理作业过程。监控摄像头海关专控。

②应设置广角或云台摄像头，满足对区域全景式监控要求。监控摄像头海关专控。

（6）人工检查作业区

①应在运输工具停靠检查位置设置摄像头监控点。监控范围确保能够清晰监控车牌号、人工检查作业过程。根据海关监管需要，安装具备车牌识别功能及对现场作业人员的清晰辨识（或智能识别）功能的摄像头。监控摄像头海关专控。

②设有集装箱/厢式货车承载货物查验场地的，还应同时满足规范中查验场地的集装箱/厢式货车承载货物查验场地监控摄像头的设置要求。

③配备非侵入式检查设备的，应针对非侵入式机检设备设置摄像头监控点，确保能够清晰监控货物上线口和机检检查全过程。监控摄像头海关专控。

（7）技术用房

根据海关管理要求，对技术用房出入口及内部作业区域设置摄像头监控点。监控摄像头海关专控。

（8）暂存区（库）

①应对货物堆存区、装卸区、暂存区（库）出入口（卡口）、人员进出通道，以及库内区间通道等设置摄像头监控点。监控范围确保能够清晰监控人员进出、货物储存、装卸和作业过程，并应设置广角或云台摄像头，满足对区域全景式监控要求。监控摄像头海关主控。

②设置在铁路运输类监管作业场所内的铁路口岸前置拦截作业场地或铁路口岸前置拦截作业场地不同功能区的监控摄像头设置，还需同时满足铁路运输类监管作业场所的监控摄像头设置要求。

（三）进口汽车查验区

1. 检测车间

（1）应对检测车间设置摄像头监控点。监控范围确保能够清晰监控车辆检测车间情况。监控摄像头海关专控。

（2）应设置广角或云台摄像头，满足对区域全景式监控要求。监控摄像头海关专控。

2. 检测线

（1）应对各条检测线设置摄像头监控点。监控范围确保能够清晰监控车辆在各条检测线的工作情况。监控摄像头海关专控。

（2）应设置广角或云台摄像头，满足对区域全景式监控要求。监控摄像头海关专控。

3. 地沟

（1）应对地沟位置设置摄像头监控点，监控范围确保能够清晰监控查验全过程。监控摄像头海关专控。

（2）应设置广角或云台摄像头，满足对区域全景式监控要求。监控摄像头海关主控。

4. 试车道路

（1）应对试车道路设置摄像头监控点。监控范围确保能够清晰监控试车道路车辆检测情况。监控摄像头海关专控。

（2）应设置广角或云台摄像头，满足对区域全景式监控要求。监控摄像头海关专控。

5. 驻车坡道

（1）应对驻车坡道设置摄像头监控点。监控范围确保能够清晰监控驻车坡道车辆检测情况。监控摄像头海关专控。

（2）应设置广角或云台摄像头，满足对区域全景式监控要求。监控摄像头海关专控。

6. 暂存区

（1）应对车辆暂存区设置摄像头监控点。监控范围确保能够清晰监控人员进出、车辆移动情况。监控摄像头海关专控。

（2）应设置云台摄像头，满足对区域全景式监控要求。监控摄像头海关主控。

（四）动植物产品（含食品）查验区

动植物产品（含食品）查验区，包含普通食品查验区、进口冷链食品查验区、进境食用水生动物查验区、进境水果查验区、进境木材查验区、进境粮食查验区、进境种苗查验区。

1. 查验平台

（1）两端或居中的高点位置安装云台摄像头，满足对区域全景及场地内监管秩序的全方位监控需求。监控摄像头海关专控。

(2) 实施查验作业的区域和查验位应安装摄像头，摄像头视角应能监控查验货物的堆存情况、产品外观情况、对应停靠点停放集装箱/厢式货车的厢/车底情况，以及查验作业全过程。监控摄像头海关专控。

2. 暂不予放行货物储存库

出入口应安装摄像头，满足对货物和人员进出库情况进行监控的要求；暂不予放行货物储存库内四角应安装云台摄像头，满足对库存货物堆存情况的监控要求。监控摄像头海关专控。

3. 技术用房

出入口应安装摄像头，满足对人员出入情况进行监控的要求。监控摄像头海关专控。

4. 围网（墙）和场所出入卡口

（1）应安装摄像头，满足对人员和货物出入场所情况进行监控的要求。监控摄像头海关专控。

（2）查验场所配置CT机、X光机等非侵入式机检设备的，应针对非侵入式机检设备设置摄像头监控点，确保能够清晰监控货物上线口和机检检查全过程。监控摄像头海关专控。

（五）供港澳地区鲜活产品查验区

1. 整体要求

（1）供港澳地区鲜活品查验区的整体空间应通过设置广角或云台摄像头，满足对查验区的全景监控要求。监控摄像头海关专控。

（2）应对供港澳地区鲜活品查验区的边界、卡口、行政通道，对装卸、储存、查验、处理等功能区域设置摄像头。监控范围确保能够清晰监控人员与货物出入情况、查验作业过程、暂存货物储存情况。监控摄像头海关专控。

2. 查验场出入口

应安装摄像头，满足对人员和货物出入场所情况进行监控的要求。监控摄像头海关专控。

3. 装卸区域

应安装云台摄像头，摄像头视角应能监控供港澳地区鲜活品外观状态，满足对供港澳地区鲜活品的接卸、装车等情况进行监控的要求。监控摄像头海关专控。

4. 查验区域

两端或居中的高点位置安装云台摄像头，满足对区域全景及场地内监管秩序的全方位监控需求。实施查验作业的区域和查验位应安装摄像头，摄像头视角应能监控供港澳地区鲜活品外观状态及查验作业全过程。监控摄像头海关专控。

5. 暂存区域

出入口应安装摄像头，满足对货物和人员进出区域情况进行监控的要求。暂存区域内四角应安装云台摄像头，满足对供港澳地区鲜活品暂存全过程进行监控的要求。监控摄像头海关专控。

（六）卫生检疫查验区

1. 特殊物品查验区

（1）整体要求

查验场所整体空间应设置广角或云台摄像头，数量不少于2个，满足对区域全景监控要求。视频监控系统应具备人脸识别、移动侦测、入侵报警等功能。监控摄像头海关专控。

（2）普通查验区

①查验区每个查验位应以对角安装的方式，安装至少2个固定摄像头，同时安装至少1个云台摄像头。摄像头视角应能监控已掏出特殊物品的堆放情况、查验作业全过程，并满足对查验位全景监控的需要。监控摄像头海关专控。

②载货车辆停靠装卸点（对接库门）附近应安装至少1个固定摄像头，同时安装至少1个云台摄像头。摄像头视角应能清晰监控车牌号、装卸作业过程，以及能清晰监控被查验集装箱的底部或厢式货车的车厢底部情况。监控摄像头海关专控。

（3）冷链查验区

①应以对角安装的方式分别安装至少2个固定摄像头，同时分别安装至少1个云台摄像头。监控摄像头海关专控。

②对于因货架等设施导致遮挡的，应适当增加安装固定摄像头；每个出入口应安装至少1个固定摄像头。监控摄像头海关专控。

（4）技术用房

每个房间应以对角安装的方式，分别安装至少2个固定摄像头，同时分别安装至少1个云台摄像头。摄像头视角应能清晰监控特殊物品检查、存储等作业的全过程。监控摄像头海关专控。

（5）人员进出通道

每一条人员进出通道应安装至少1个固定摄像头，摄像头视角应能清晰监控进出人员的人脸；同时人员通道区域应安装至少1个云台摄像头，满足对通道区域全景监控的需要。监控摄像头海关专控。

2. 进出境尸体骸骨检疫查验区

（1）检疫区设置要求

检疫区每个检疫查验位应以对角安装的方式，安装至少2个固定摄像头，同时安装至少1个云台摄像头。摄像头视角应能监控查验作业全过程，能清晰监控车牌号和对应停靠点停放车辆的厢/车底情况，并满足对查验位全景监控的需要。监控摄像头海关专控。

（2）卫生处理区设置要求

摄像头监控范围确保能够清晰监控人员进出情况，能清晰监控配药室、药品存放室、卫生处理作业准备室、卫生处理设备存放室的情况，能清晰监控卫生处理作业过程。并应设置广角或云台摄像头，满足对区域全景式监控要求。监控摄像头海关主控。

（3）隔离区设置要求

应以固定摄像头和云台摄像头组合的方式，实现对该区域的交叉覆盖，满足对该区域全景式监控要求。监控摄像头海关主控。

（七）公路口岸客车查验区

1. 卡口

（1）应在卡口的车头前方、车尾等位置设置摄像头监控点，监控范围确保能够清晰监控车牌号、司机、车辆整体情况等。监控摄像头海关专控。

（2）在卡口区域前后各设置广角或云台摄像头，满足对卡口整体区域的全景式监控要求。监控摄像头海关专控。

2. 检查区

（1）应在对运输工具停靠检查位置设置摄像头监控点。监控范围确保能够清晰监控车牌号、登临、查验作业过程。根据海关监管需要，安装具备车牌识别功能的摄像头。监控摄像头海关专控。

（2）应在大型车辆检查设备前、后设置摄像头监控点。监控范围确保能够清晰监控车牌号及机检的整个流程。监控摄像头海关专控。

3. 暂不予放行区

（1）应在存放海关暂不予放行车辆、暂不予放行物品的仓库或者场地设置摄像头监控点。监控范围确保能够清晰监控人员、车辆进出及物品储存情况。监控摄像头海关专控。

（2）应设置广角或云台摄像头，满足对区域全景式监控要求。监控摄像头海关专控。

4. 围网（墙）

根据海关监管需要及摄像头的监控范围，以满足整个围网（墙）监控的连续性为原则设置摄像头监控点。监控摄像头海关主控。

5. 检疫处理区

在运输工具检疫处理作业位置设置摄像头监控点。监控范围确保能够完整监控检疫处理作业过程。监控摄像头海关专控。

（八）进境原木检疫处理区

1. 装卸场地

（1）出入口应安装摄像头，满足对货物和人员进出场情况进行监控的要求。监控摄像头海关专控。

（2）应设置广角或云台摄像头，满足对区域全景式监控要求。监控摄像头海关专控。

2. 除害处理/加工作业区

四角及居中的高点位置安装云台摄像头，满足对区域全景及场地内监管秩序的全方位监控、对进出境货物的除害处理作业全过程，以及对人员安全防护情况的监控。监控摄像头海关专控。

3. 合格堆场

四角及居中的高点位置安装摄像头，满足对堆场区域全景的全方位监控，满足对进出境合格木材的进出场情况进行监控的要求。监控摄像头海关专控。

4. 技术用房

出入口应安装摄像头，满足对人员出入情况进行监控。监控摄像头海关专控。

5. 围网（墙）和场所出入卡口

应安装摄像头，满足对人员和货物出入场所情况进行监控的要求。监控摄像头海关专控。

（九）进境大型苗木检疫处理场

1. 查验和检疫处理作业区

四角及居中的高点位置安装云台摄像头，满足对区域全景及场地内监管秩序的全方位监控、对查验种苗外观情况及查验作业全过程的监控。监控摄像头海关专控。

2. 技术用房

出入口应安装摄像头，满足对人员出入情况进行监控的要求。监控摄像头海关专控。

3. 围网（墙）和场所出入卡口

应安装摄像头，满足对人员和货物出入场所情况进行监控的要求。监控摄像头海关专控。

4. 隔离苗圃

出入口应安装摄像头，满足对货物和人员进出场情况进行监控的要求。监控摄像头海关专控。

十一、海关作业现场监控摄像头设置规范

（一）免税品商店（含销售场所和监管仓库）

1. 监管仓库（含店前仓或周转库）

（1）出入口

应对出入口设置摄像头监控点，监控范围确保能够清晰监控免税品出、入库的动态情况。根据海关监管需要，增加设置具备智能视频监控功能的摄像头，能实现对进出人员的人脸识别。

（2）装卸区

仓库有装卸区的，监控范围应满足对免税品装、卸动态情况的监控要求。

（3）调拨区

仓库有调拨区的，监控范围应满足对免税品调拨出、入库动态情况的监控要求。

（4）存储区

应对货物堆存货架或区域设置摄像头监控点，监控范围确保能清晰监控整个存储区。应以固定摄像头和云台摄像头组合的方式，实现对该区域的交叉覆盖的监控要求。

2. 销售场所

（1）出入口

应对销售场所出入口设置摄像头监控点，监控范围确保能够清晰监控人员进出免税店的动态情况。根据海关监管需要，增加设置具备智能视频监控功能的摄像头，能实现对进出人员的人脸识别。

（2）展销区

根据店面实际场景，对销售柜台等位置设置摄像头监控点，监控范围确保能清晰监控展销区内免税品的实时销售动态。应以固定摄像头和云台摄像头组合的方式，实现对该区域的交叉覆盖的监控要求。

（3）提货点

经批准设立有提货点的，监控范围应满足对免税品提取动态情况的监控要求。

（4）收银台

应对收银台设置摄像头监控点，监控范围确保能清晰监控所有收银台交易的动态情况。

（二）海关对外办理业务大厅

海关对外办理业务大厅是指海关设立的集中办理本级海关权限范围内的行政许可、货物和物品进出境海关手续、海关对外业务等综合性管理服务场所，包括海关独立使用或与相关单位联合办公的场所。

1. 等候区

应对行政相对人等候区域设置摄像头监控点。监控范围确保能够清晰监控人员等候、走动及进出大厅的情况。并应设置广角或云台摄像头，满足对区域全景式监控要求。监控摄像头海关主控。

海关与其他相关单位联合办公的业务大厅，应按照上述要求执行。

2. 业务办理窗口/业务办理台

（1）应对业务办理窗口、业务办理台设置摄像头监控点。监控范围确保能够清晰监控每个办理窗口、办理台的业务办理过程。摄像头海关主控。

（2）应设置广角或云台摄像头，满足对区域全景式监控要求。监控摄像头海关主控。

3. 海关办公区

根据海关管理要求，对海关内部办公区的部分区域设置摄像头监控点。监控摄像头海关专控。

（三）陆路口岸边境通道

1. 口岸卡口通道至边境线区域

根据海关监管需要，在非军事管理区高点位置设置云台摄像头，实现对全过程的鸟瞰需求；沿途设置固定摄像头的方式，并根据实际情况配备广角、远距离、超高清监控镜头，实现对车辆行驶情况、中途异常情况等的监控。监控摄像头海关专控。

2. 口岸检疫处理区

应对运输工具、箱体外表、轮胎等检疫处理作业位置设置摄像头监控点。监控范围确保能够完整监控检疫处理作业过程。监控摄像头海关主控。

3. 卡口通道

应对卡口的车头前方、车尾位置设置摄像头监控点，监控范围确保能够清晰监控车牌号、司机、车辆尾部等情况。并应对卡口区域前后各设置广角或云台摄像头，满足对卡口整体区域的全景式监控要求。监控摄像头海关主控。

4. 运输工具登临检查区

应在对运输工具停靠检查位置设置摄像头监控点。监控范围确保能够清晰监控车牌号、登临作业过程。根据海关监管需要，安装具备车牌识别功能的摄像头。监控摄像头海关专控。

在卡口、查验场地进行运输工具登临检查的，应按照上述相应要求设置监控摄像头。

5. 施/解封区

应对运输工具、集装箱施/解封位置设置摄像头监控点。监控范围确保能完整监控车体施/解封过程。监控摄像头海关专控。

在通道完成施封作业的，应按照上述设置要求设置监控摄像头。

6. 口岸卡口通道至后置监管作业场所区间

（1）根据海关监管需要，以高点位置设置云台摄像头实现对全过程的鸟瞰需求；沿途设置固定摄像头的方式，并根据实际情况配备远距离、超高清监控镜头，实现对车辆行驶情况、中途异常情况等的监控。监控摄像头海关专控。

（2）因客观因素无法沿途安装摄像头的，应按照海关监管要求，采取其他措施实施途中监管。

（3）后置监管作业场所的卡口监控摄像头，应按照上述陆路口岸边境通道的监控摄像头要求设置，并根据实际监管需要，实现与陆路口岸边境通道的视频监控信息比对。

（四）停机坪

停机坪包括停机位、停机坪道口和空侧通道。停机位是指进出境航空器或装载进出境海关监管货物的航空器的停靠区域，包括廊桥、临时装卸作业停机位、公务机、包机专用停机位等。停机坪道口是指进出停机坪人员及车辆的通道。空侧通道是指航空器停靠区域与仓库之间的连接通道。

1. 停机位

应对进出境航空器停机位、廊桥、机位编号、航空器编号、货物装卸、人员上下及物料添卸区域设置摄像头监控点，监控范围确保能够清晰监控航空器抵、离停机位，廊桥接驳、货物装卸、人员上下及物料添卸情况，并应设置广角或云台摄像头，满足对区域全景式监控要求。

2. 停机坪道口

应在通道区域前后位置至少各设置摄像头1个，确保能够清晰监控进出卡口车辆车牌号、进出卡口人员情况，并应设置广角或云台摄像头，满足对区域全景式监控要求。

3. 空侧通道

应通过高点位置设置摄像头或在运输工具上安装摄像头，实现对运输工具在航空器和仓库间的移动情况全过程的监控需求，在沿途弯道、岔道口等位置设置一定数量的监控镜头，满足对关键位置的监控需求。

十二、海关视频监控摄像头编码规则和图像标识规范

（一）视频监控摄像头编码规则

1. 编码摄像头范围

规范要求安装监控摄像头的海关监管作业场所（场地）。

2. 摄像头编码规则

（1）摄像头编码（ID号）是海关视频监控摄像头的唯一标识，统一编码为20位数字。

（2）第1至4位为所在海关四位关区代码。

（3）第5至7位为场所三位流水号。属于经海关注册的海关监管作业场所，第5至7位为海关监管作业场所代码后三位流水号；海关监管作业场所以外的，第5至7位各关自行设定流水号，但第1至7位应保证场所唯一编码，不得重复。

（4）第8位为主控部门代码，具体如下：

1——该摄像头由海关主控；

2——该摄像头由公安部门主控；

3——该摄像头由边防部门主控；

5——该摄像头由企业主控；

6——该摄像头由其他部门或单位主控。

（5）第9至10位为国标行业编码。具体数值为10，代表海关（不可更改）。

（6）第11至13位为国标设备编码。具体数值为131，代表摄像机；具体数值为132，代表网络摄像机（IPC）。

（7）第14至15位为海关监控摄像头场所分类代码，详见表5-1。

表5-1　海关监控摄像头场所分类代码表

海关监管作业场所	其他监管业务场所	海关特殊监管区域和保税监管场所
01——水路运输类	16——旅客通关类	31——保税区
02——航空运输类	17——国际邮件类	32——出口加工区
03——铁路运输类	18——其他	33——保税物流园区
04——公路运输类	19——水运码头泊位	34——保税港区
05——快件类/快递类	20——免税品商店（包括经营场所和监管仓库）	35——综合保税区
08——码头类		36——跨境工业区
09——公路转关	21——报关大厅（海关对外办理业务大厅）	41——其他
10——陆路边境口岸		
11——货栈类	22——停机坪	
12——堆场类	23——检疫处理场所	
13——仓库类	24——隔离检疫场所	
14——边民互市类	51——卫生处理场所	
15——台轮停泊点类		

①陆路边境口岸的摄像头，无论是否在口岸限定区域设置有海关监管作业场所，摄像头编码的第14至15位均应为"10——陆路边境口岸"。

②未包含在海关监管作业场所内的水运口岸泊位等作业区域的摄像头，相应摄像头编码的第14至15位为"19——水运码头泊位"。

③边民互市类监管作业场摄像头，相应摄像头编码的第14至15位为"14——边民互市类"。

④摄像头编码的第14至15位应严格谨慎使用"其他"（代码为18、41）。

（8）第16至17位为摄像头位置代码（摄像头监控的范围），具体如下：

01——监控范围为办公场所出入口；

02——监控范围为地磅或磅秤；

03——监控范围为查验场地、查验平台或快件、邮件、旅检查验区；

04——监控范围为货物、快件、邮件分拣线（机检线）或旅检先期机检线；

05——储罐；

06——监控范围为大型集装箱检查设备 H986，快件、邮件、旅检 X 光机或 CT 机等机检设备；

07——监控范围为执法办案场所；

08——监控范围为卡口；

09——监控范围为码头泊位；

10——监控范围为辐射探测设备；

11——监控范围为仓库；

12——监控范围为围网；

13——监控范围为旅检通道；

14——监控范围为旅检申报区；

15——监控范围为搜身房、人体 X 光机检查房等旅检人身检查区；

16——监控范围为旅检暂不予放行物品存放区域；

17——监控范围为口岸免税店；

18——监控范围为旅检作业区前的缓冲区、航空旅客行李提取区；

19——监控范围为办理 ATA 单证册、客带货、离境退税等业务的区域；

20——监控范围为上述所列的位置以外的地方；

21——监控范围为卫生处理场所；

22——监控范围为堆场。

⑨第 18 至 20 位为该摄像头具体位置序号。例如：分别用"001""002"表示该位置的两个摄像头。

3. 摄像头完整编码样例

完整编码"420100111013208030002"："4201"表示的是青岛海关隶属烟台海关，"001"表示监管场所/海关监管作业场所编码后三位流水号，"1"表示该摄像头由海关主控，"10"表示海关（国标代码），"132"表示网络摄像机，"08"表示码头类监管场所，"03"表示安装在查验平台，"002"表示安装在查验平台的第二个摄像头。

（二）视频监控摄像头图像标识规范（OSD）

1. 图像画面的显示要求、要素和位置

（1）显示要求：每一个图像画面都必须有规范的中文标识。

（2）显示内容：中文标识应包括摄像日期、时间和摄像头位置两部分。摄像头日期、时间需与北京时间保持同步；摄像头位置应反映直属、隶属关别和具体业务类别、场所，文字要简洁，最多不超过两行，并须与视频监控平台树形目录中的摄像头点位名称保持一致。

（3）字体要求：字体大小、颜色按设备标准定义，屏幕标识显示（OSD）属性为不透明、不闪烁。

（4）显示位置：日期、时间顺序显示在图像画面的上方；摄像头名称显示标记在图像画面的下方，字号清晰可见。

2. 图像画面的显示格式规范及样例

（1）时间信息为北京时间（即 GMT+8：00），符合 GB/T 7408—2005 日期和时间表示法规定。

（2）摄像头位置应按照以下格式编写：直属海关名称+隶属海关名称+业务种类项下的场所名称（监管作业场所名称等）+业务类别（码头、泊位、查验平台、仓库等）+流水号+云台。

摄像头可以调整水平、俯仰角度的，其图像标识应在"摄像头位置"之后标注"云台"，固定摄像头无须标注；标注隶属海关的摄像头名称时，直属海关名称不需重复，例如上海海关隶属洋山海关，简略为"上海洋山海关"。

对于使用前述规则，因字符超过设备限制无法录入的，可使用简称。如呼和浩特海关驻白塔机场办事处，可简略为"呼和关机场办"；如甘其毛都口岸嘉友国际物流有限公司海关监管场所，可简略为"嘉友国际物流"，但应保持简称唯一，且建立全称与简称的对应表单。

例如：上海洋山海关洋山申港石油码头查验平台01云台、呼关乌拉特海关嘉友国际物流查验平台01云台。

十三、海关监管作业场所（场地）监控摄像头管理要求

（一）海关监管作业场所（场地）运营单位应保证监控摄像头及相关设备的正常运行、联网监控视频信号传输稳定和画面流畅，并应满足海关实施24小时视频监控需要。

（二）海关监管作业场所（场地）运营单位应确定监控摄像头的运维管理部门或单位，负责监控摄像头及相关设施设备、系统的运维保障；指定运维管理负责人，并向海关备案。

（三）根据海关监管需要，海关监管作业场所（场地）监控摄像头应预先设定日常的监控焦距和监控视角（范围），在运行、管理过程中出现监控焦距和监控视角（范围）调动的，应通过技术或手动方式及时恢复；出现无法恢复情况的，运维管理部门或单位应及时修复。

（四）海关监管作业场所（场地）监控摄像头运维管理部门或单位应对监控摄像头和相关设施设备、系统的日常运行情况进行检查，发现设备出现故障或异常情况的，应及时向主管海关报告，做好相关记录，并及时修理或处置。

对于未能在48小时内恢复摄像头监控的区域，海关监管作业场所（场地）运营单位应加强值守管理，并根据海关的监管要求，定期报送整改进度及未恢复摄像头监控的区域海关监管货物作业情况。

（五）除法律、法规规定的情形以外，涉及海关监管作业的视频监控资料，未经海关同意，任何部门和个人不准擅自复制、使用和公开。

（六）海关监管作业场所（场地）监控摄像头及相关设备使用的机房或机柜，应建立机房或机柜管理制度并向海关备案；海关根据监管需要，对机房或机柜采取施加封条、加锁或其他管控措施。

（七）海关采取视频监控、联网核查及实地巡查等方式，对海关监管作业场所（场地）的监控摄像头实施检查。

（八）海关对海关监管作业场所（场地）的监控摄像头实行联网集中监控，按照"直属海关—隶属海关—现场"的层级接入海关监控指挥中心，并通过联网集中监控的方式对海关监管作业场所（场地）开展海关业务情况进行监管。

（九）海关监管作业场所（场地）应在监控摄像头安装地点附近的明显位置设置提示标识，标识尺寸可根据场地空间大小选择不同型号，表明该区域属于海关监控范围。

标识式样如图5-5。

图像采集区域标识　　声音采集区域标识

图5-5　海关音视频采集区域提示标识式样

相关说明：大号标识尺寸，高为40厘米，宽为30厘米；中号标识尺寸，高为30厘米，宽为20厘米；小号标识尺寸，高为20厘米，宽为15厘米。标识底色为金黄色，图像为红色，边框和文字为黑体字；图案部分约占整个标识的三分之二，文字部分约占整个标识的三分之一。

附件1

经营海关监管作业场所企业注册申请书

_____海关：

本企业拟经营海关监管作业场所，现按照《中华人民共和国行政许可法》《中华人民共和国海关监管区管理暂行办法》有关规定，提交申请以及相关的随附书面材料，并且保证材料真实、合法、有效。

附表：企业基本情况

申请企业（公章）
年　月　日

附表

企业基本情况

企业情况	企业名称：_____ 统一社会信用代码：_____ 企业性质：____(1)____ 法定代表人/负责人：_____ 联系电话：_____
场所情况	场所名称：_____ 场所类型：_____ 场所面积：_____平方米 包含的功能区：____(2)____ 场所地址：_____ 场所联系人：_____ 联系电话：_____ 有无经营其他海关监管作业场所：_____；经营的其他海关监管作业场所的名称：_____
本企业保证上述所填各项内容属实，向海关递交的相关文件真实无讹，遵守海关法规，并且承担相应法律责任。 法定代表人/负责人：（签名）<div style="text-align:right">申请企业（公章） 年　月　日</div>	

附表填写规范说明：

（1）企业基本情况的"企业性质"是指：国有企业、集体所有制企业、私营企业、股份制企业、联营企业、外商投资企业等。

（2）监管作业场所基本情况"包含的功能区"：按海关监管作业场所设置规范规定的海关监管作业场所内的功能区填写（根据该设置规范的附件1、2的具体类型填写）。

附件2

中华人民共和国　　　　海关
经营海关监管作业场所企业注册登记证书

行政审批编号：_____

　　　　_____(1)_____：

　　经审核，你企业关于经营海关监管作业场所的注册申请符合《中华人民共和国行政许可法》《中华人民共和国海关监管区管理暂行办法》的有关规定，现准予注册登记。

　　海关监管作业场所名称：____(2)____［编码：____(3)____］，场所类型：__(4)__，面积：____(5)____平方米，包含的功能区：____(6)____，经营企业统一社会信用代码：____(7)____。

　　你企业应当依法接受海关监管，严格按照有关法律、法规开展相关业务。经营依法应当经批准的业务，应当按照其他相关主管部门的要求开展有关业务。

中华人民共和国　　　海关
（行政印章）
年　月　日

填写规范说明：
（1）申请企业名称；
（2）监管作业场所名称；
（3）监管作业场所编码；
（4）监管作业场所类型；
（5）监管作业场所面积（对于涉及经营依法应当经过批准的业务，且相关许可证件中标注了经营面积的，填报的海关监管作业场所注册面积应不超过相关主管部门批准的经营许可的面积）；
（6）监管作业场所内功能区；
（7）申请企业统一社会信用代码。

附件3

中华人民共和国　　　　海关
不予行政许可决定书

行政审批编号：_____

　　　　_____(1)_____：

　　经审核，根据《中华人民共和国行政许可法》《中华人民共和国海关监管区管理暂行办法》的

有关规定，对你企业____(2)____的申请，决定不予批准。不予许可理由：_____
_____。

你企业对本决定有异议的，可以按照《中华人民共和国行政复议法》相关规定，自本通知书收到之日起六十日内向____(3)____申请行政复议，也可以按照《中华人民共和国行政诉讼法》相关规定，自知道海关作出不予许可决定之日起6个月内向____(4)____提起行政诉讼。

中华人民共和国　　海关
（行政印章）
年　月　日

填写规范说明：
（1）申请单位（企业）名称；
（2）申请单位（企业）申请事项；
（3）行政复议单位名称；
（4）有管辖权的行政诉讼法院名称。

附件4

经营海关监管作业场所企业变更申请书

____(1)____海关：

我企业于___年___月___日办理了经营海关监管作业场所的注册手续，海关监管作业场所名称：____(2)____[编码：____(3)____]。

本企业申请对原注册的以下事项进行变更：

一、_____(4)_____；
二、_____。

附表：企业基本情况

申请企业（公章）
年　月　日

填写规范说明：
（1）主管海关名称；
（2）监管作业场所名称；
（3）监管作业场所编码；
（4）变更事项的具体内容。

附表

企业基本情况

企业基本情况	企业名称：_____ 统一社会信用代码：_____ 企业性质：_____(1)_____ 法定代表人/负责人：_____ 联系电话：_____
海关监管作业场所基本情况	场所名称：_____ 场所类型：_____ 场所面积：_____平方米 包含的功能区：____(2)____ 场所地址：_____ 场所联系人：_____ 联系电话：_____ 有无经营其他海关监管作业场所：_____；经营的其他海关监管作业场所的名称：_____
本企业保证上述所填各项内容属实，向海关递交的相关文件真实无讹，遵守海关法规，并且承担相应法律责任。 法定代表人/负责人：（签名） <div style="text-align:right">申请企业（公章） 年　月　日</div>	

填写规范说明：

（1）企业基本情况的"企业性质"是指：国有企业、集体所有制企业、私营企业、股份制企业、联营企业、外商投资企业等。

（2）海关监管作业场所基本情况"包含的功能区"：按《海关监管作业场所（场地）设置规范》规定的"海关监管作业场所（场地）内的功能区"填写（根据该设置规范的附件1、2的具体类型填写）。

附件5

经营海关监管作业场所企业注销申请书

_____(1)_____ 海关：

本企业拟不再经营_____(2)_____ ［编码：_____(3)_____］。

现已满足以下条件：（一）监管作业场所内存放的海关监管货物已经全部依法处置完毕，相关海关手续也已经全部办结；（二）监管作业场所经营企业涉及走私案件或者违反海关监管规定案件的，相关案件已经结案；（三）监管作业场所内海关配备的相关监管设施设备已经按照海关要求妥善处置。

法定代表人/负责人（签字）：
申请企业（公章）
年　月　日

填写规范说明：

（1）主管海关名称；

（2）监管作业场所名称；

（3）监管作业场所编码。

附件 6

中华人民共和国　　　　海关
准予注销行政许可决定书

行政审批编号：_____

_____（1）_____：

你企业提出的注销_____（2）_____［编码：_____（3）_____］的申请，经审查，符合法定条件，根据《中华人民共和国行政许可法》规定，决定准予注销。

中华人民共和国　　　　海关
（行政印章）
年　　月　　日

填写规范说明：

（1）监管作业场所经营企业名称；

（2）监管作业场所名称；

（3）监管作业场所编码。

附件 7

中华人民共和国　　　　海关
经营海关监管作业场所企业注销通知书

编号：_____

_____（1）_____：

你企业于____年____月____日办理了经营海关监管作业场所的注册手续，海关监管作业场所名称：_____（2）_____［编码：_____（3）_____］。

经审核，你企业出现_____（4）_____第_____条规定的情形，现根据该规定，对你企业的"中华人民共和国海关经营海关监管作业场所企业注册登记证书"予以注销。

中华人民共和国　　　　海关
（行政印章）
年　　月　　日

填写规范说明：

（1）监管作业场所经营企业名称；

（2）监管作业场所名称；

（3）监管作业场所编码；

（4）《中华人民共和国行政许可法》或者其他法律、法规有关规定。

附件8

中华人民共和国　　　　　海关责令整改通知书

编号：_____

____(1)____：

根据《中华人民共和国海关监管区管理暂行办法》规定，我关发现你企业经营的 __(2)__ [编码：____(3)____]，存在以下需整改事项：_____。

现责令你企业自收到本通知书之日起____日内限期整改。逾期未按海关要求办理，海关将对你企业依法给予相应处理。

特此通知。

（海关印章）
年　　月　　日

此通知书我企业已收到。
（法定代表人个人签章或公章）

年　　月　　日

（注：本通知书一式两份，海关和经营企业各留存一份。）

填写规范说明：
(1) 监管作业场所经营企业名称；
(2) 监管作业场所名称；
(3) 监管作业场所编码。

附件9

_____指定监管场地验收申请表

指定监管场地名称：

申请单位：

（公章）

申请日期：

申请须知

（一）申请单位应认真填写"申请表"一式三份，要求用黑色或蓝黑色钢笔填写，文字工整、字迹清楚。

（二）申请单位提交"申请表"时应随附如下材料（一式三份，全部使用A4纸，编制目录并装订成册）：

1. 国家对外开放口岸的批准文件；
2. 指定监管场地建设相关情况介绍材料，所在地地方外向型经济和口岸建设的基本情况、发展规划，指定监管场地开展相关业务的市场需求；
3. 地方政府保障进口高风险动植物产品检疫风险的联防联控工作制度（组织机构、能力保障、

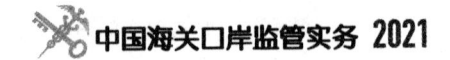

职责分工、督查督办），以及指定监管场地经营单位的组织机构与职责，指定监管场地相关管理制度；

4. 国门生物安全、食品安全保障机制，重大动物疫病、重大植物疫情、重大食品安全事件等突发事件应急处理工作机制；

5. 指定监管场地地理位置、功能设施布局及周边环境示意图；

6. 海关相关设施设备配备情况、人员配备情况及查验能力和方案；

7. 自查验收报告；

8. 直属海关的推荐意见；

9. 指定监管场地经营单位的工商营业执照复印件（必要时）、生产许可证复印件（必要时）、卫生备案证书复印件（必要时）、食品流通许可证复印件（必要时）。

（三）申请单位保证上述材料真实、有效，支持并配合海关的考核和监管工作。

申请单位				
申请单位性质		主管海关	（直属海关）	
法人代表		法人代表联系电话		
联系人姓名		联系人电话		
指定监管场地地址	（邮政地址）			
所在口岸名称	（国家开放口岸）			
拟经营高风险动植物及其产品的品种和年进口量				
地方政府推荐意见	负责人签字：　　（公章） 　　　　　　　　　　　　　年　月　日			
直属海关意见	负责人签字：　　（公章） 　　　　　　　　　　　　　年　月　日			
备注				

第六章　通关便利化改革

第一节　长三角海关特殊货物检查作业一体化改革

一、概述

为贯彻落实党中央、国务院关于推动长三角一体化发展的重大战略部署，结合关检融合后海关检查作业的发展需求，进一步强化监管、优化服务，紧扣"一体化"和"高质量"两个关键点，聚焦强化监管、优化服务，加强区域合作，海关总署决定开展长三角海关特殊货物检查作业一体化改革试点。

二、工作背景

2020年8月，习近平总书记在扎实推进长三角一体化发展座谈会上强调，长三角区域要勇当我国科技和产业创新的开路先锋，要聚焦集成电路、生物医药、人工智能等重点领域和关键环节，加大科技攻关力度。中共中央、国务院印发的《长三角区域一体化发展规划纲要》指出："长三角一体化建设要推动科技创新与产业发展深度融合，坚持创新共建，打造区域创新共同体。"高新技术企业作为发展创新的主体，承担着支持建设长三角科技创新高地的重任。《国务院办公厅关于进一步做好稳外贸稳外资工作的意见》以职责细分的方式，提出15项稳外贸主体、稳产业链供应链措施，其中确定海关总署要梳理大型骨干外贸企业及其核心配套企业需求，建立问题批办制度，推动解决生产经营中遇到的矛盾问题，在进出口各环节予以支持。

三、总体目标

进一步优化长三角海关特殊货物的检查作业模式，对于试点企业的进口试点货物，实施跨直属海关的口岸和目的地分段、分类检查作业，在确保监管到位、风险可控的基础上，通过建立强化事前评估备案、规范事中监管检查、加强事后闭环管理等一整套规范制度，有序试点开展长三角海关特殊货物一体化检查作业，解决企业的实际困难，提升口岸营商环境，实现企业便利通关。

四、适用范围

（一）试点海关

1. 参与试点的隶属口岸海关和目的地海关由涉及的长三角地区海关相互协商确定。
2. 上海海关和合肥海关先行启动长三角海关特殊货物检查作业一体化改革试点。

（二）适用货物

进口真空包装、防光包装、恒温储存等在普通环境下拆箱查验会影响性能品质的高新技术货物。

（三）试点企业

企业应为一般信用（含）等级以上的长三角地区高新技术或加工型企业。

五、作业流程

（一）试点备案

企业应向主管地海关提出参加长三角地区海关特殊货物检查作业一体化改革，并随附申请试点的具体货物品名、税号等要素以及承担试点货物管理主体责任的书面承诺书。

经涉及的长三角地区直属海关同意后，将试点货物品名、税号、试点口岸和目的地海关等信息列入试点企业备案清单。

（二）现场检查作业

1. 口岸海关

口岸海关发现试点企业备案货物需实施口岸检查的，严格按照检查指令要求，通过外形或机检方式对货物实施检疫、查验作业；完成检疫、查验作业后，如查验未发现异常的，联系风控部门修改口岸检查指令并根据原检查要求下达目的地检查指令；对货物施加封志或其他物流监控手段。

如外形查验发现异常，则不适用试点，口岸海关应继续执行指令的全部要求。

2. 目的地海关

在货物抵达目的地后，目的地海关执行目的地检查指令，根据目的地检查情况进行后续处置。

（三）日常监督检查

申报地海关、口岸海关和目的地海关应强化事后稽查，加强对试点企业和货物的监督检查力度，重点关注企业是否存在违反海关监管规定或超出备案范围提交长三角海关特殊货物检查一体化作业申请的情况，如发现企业存在违法违规行为应立即暂停该企业试点资格，及时联系牵头海关实施处理。

第二节　铁路进出境快速通关业务模式改革

一、铁路快速通关业务模式背景

为进一步畅通向西开放的国际物流大通道，促进中欧班列发展，提高境内段铁路进出口货物转关运输通行效率和便利化水平，海关总署决定推广实施铁路快速通关（以下简称"快通"）业务模式。

二、开展铁路快速通关的要求

1. 铁路运营企业（以下简称"运营企业"）可根据自身需要申请开展快通业务，并由进出境铁路列车负责人按照规定向海关传输铁路舱单电子数据。

2. 海关通过对铁路舱单电子数据进行审核、放行、核销，实现对铁路列车所载进出口货物转关运输监管，无须运营企业另行申报并办理转关手续。

3. 进出境铁路列车负责人应当按照《舱单管理办法》（海关总署令第172号公布，根据海关总署令第235号、第240号修改）、《海关总署关于调整进出境铁路列车及其所载货物、物品舱单电子数据申报传输有关事项的公告》（海关总署公告2020年第68号）的规定，向海关传输原始舱单、预配舱单、进出境快通信息、进出境快通载运信息、进出境快通指运（启运）到货信息等铁路舱单电子数据。

三、进境快速通关业务

1. 运营企业应当在原始舱单电子数据传输时限前,告知进出境铁路列车负责人相关电子数据信息。未能按规定告知进出境铁路列车负责人的,不允许开展进境快通业务。

2. 进出境铁路列车负责人应当在原始舱单电子数据入库后、铁路列车进境前,向海关传输进境快通信息电子数据。未能按规定向海关传输的,不允许开展进境快通业务。

3. 原始舱单电子数据理货正常的,进境快通货物方可装载提离进境地。

4. 进出境铁路列车负责人应当在进境快通货物装载完毕后、提离进境地时,向海关传输进境快通载运信息电子数据。

5. 舱单相关电子数据传输人应当在进境快通货物运抵指运地时,向海关传输进境快通指运到货信息电子数据。

6. 进境快通货物运抵指运地后,因运输途中产生货物短损,或经海关查验后确认货物实际件数、重量有误等符合舱单变更条件情形的,进出境铁路列车负责人可向指运地海关申请修改原始舱单电子数据相关信息。

四、出境快速通关业务

1. 运营企业应当在预配舱单电子数据传输时限前,告知进出境铁路列车负责人相关电子数据信息。未能按规定告知进出境铁路列车负责人的,不允许开展出境快通业务。

2. 进出境铁路列车负责人应当在预配舱单电子数据入库后,向海关传输出境快通信息电子数据。未能按规定向海关传输的,不允许开展出境快通业务。

3. 舱单相关电子数据传输人应当在出境快通货物运抵启运地时,向海关传输出境快通启运到货信息电子数据。

4. 预配舱单电子数据已被放行的,出境快通货物方可装运提离启运地。

5. 进出境铁路列车负责人应当在出境快通货物提离启运地时,向海关传输出境快通载运信息电子数据。

6. 进出境铁路列车负责人应当在出境快通货物运抵出境地时,向海关传输运抵报告电子数据。

7. 进出境铁路列车负责人应当在预配舱单电子数据运抵正常后,向海关传输出境快通货物的装载舱单电子数据。

五、其他规定

1. 进出境快通货物可根据需要,向海关申请办理舱单归并和舱单分票手续。

2. 铁路列车所载进出口货物属于禁止、限制开展转关业务货物的,不允许开展快通业务。

3. 铁路列车所载进出口货物不允许开展快通业务的,进出境铁路列车负责人应当向海关申请删除进出境快通信息、进出境快通载运信息、进出境快通指运(启运)到货信息等铁路舱单电子数据。

4. 如遇网络故障或其他不可抗力因素,无法向海关传输快通业务相关电子数据的,经海关同意,可以凭相关纸质单证材料办理转关手续;待故障排除后,企业应当及时向海关补充传输相关数据。

第三节 中欧班列"关铁通"项目实施

一、"关铁通"项目背景

随着全球经济一体化进程的不断推进、亚欧大陆国家（地区）间经贸往来的不断增加，以及"丝绸之路经济带"的发展，越来越多的中欧班列往返于中国、中亚和欧洲国家。但目前"丝绸之路经济带"沿线海关、铁路信息不通，基于信息互换基础上的监管互认尚未实现，中欧班列出境后将接受他国监管部门重复查验，降低了运输效率，通关成本增加。

为提升中欧班列通关便利化水平，助推中欧班列提速发展，中国海关倡议中欧班列沿线国家（地区）海关，创新海关监管合作机制，实施"海关—铁路运营商推动中欧班列安全和快速通关伙伴合作计划"（又称"关铁通"项目），以贸易便利化与互联互通为合作重点，通过加强跨部门、跨地区和国际合作，完善亚欧之间贸易供应链安全与便利规则，实现对铁路集装箱及箱内货物的全程监控，建立安全便利智能化国际贸易运输链，进一步提高中欧班列货物运输的全程通关效率和便利化水平，促进中欧班列长足发展，畅通向西开放的国际物流大通道，力促解决班列"通而不畅"问题。

"关铁通"项目是一个开放的合作框架，通过开展舱单信息、非侵入式查验设备扫描图像和查验结果等数据共享，加快中欧班列沿线国家（地区）海关的信息互换和监管互认步伐，增强中欧班列沿线国家（地区）间的互惠互利和边境监管合作；同时，建立区域性海关与铁路运营人的政企合作伙伴关系，提高中欧班列的全程通关效率和便利化水平。

就国际海关合作而言，"关铁通"项目可以深化中欧班列沿线国家（地区）海关之间务实合作，推动运用先进科技手段实现基于舱单信息、机检图像信息和查验结果信息的数据交换和互认；就服务企业角度而言，"关铁通"项目可以避免同一批次/箱货物在沿线多次被抽查的情况，减少由此带来的重复装卸费用，提高通关时效；就海关与铁路运营商合作而言，"关铁通"项目可以使铁路运营商更方便、准确地了解沿线海关监管要求和政策调整，保证通关问题得以快速解决，使海关更直接了解铁路运营商对改善区域整体通关环境的诉求，从而推出更优的政策和通关模式，实现关铁携手共同促进区域物流安全与便利。

二、"关铁通"项目开展情况

2016年12月，海关总署在北京组织召开中欧班列数据交换和监管互认专题研讨会，倡议中欧班列沿线国家（地区）海关实施"关铁通"项目，推进中欧班列沿线国家（地区）海关监管互认合作，建立中国与欧盟、中东欧及周边国家（地区）海关与商界合作伙伴关系；2017年3月，海关总署在重庆召开了中欧班列数据交换和监管互认第二次专题研讨会，在会上深入阐述中欧班列作为"一带一路"建设早期成果，为沿线国家（地区）带来的经贸发展积极意义，参会各方认同中欧班列在"一带一路"与其他区域发展倡议对接方面发挥的重要意义，并表示对参与"关铁通"合作倡议持积极态度；2017年5月，西班牙中欧安智贸第29次工作组会将"关铁通"项目纳入铁路组工作重点；2017年6月中东欧论坛期间，海关总署重点与匈牙利、马其顿、塞尔维亚等国家海关推介"关铁通"项目，争取在中欧陆海快线上启动合作。

2018年7月、8月，海关总署与哈萨克斯坦海关在中哈霍尔果斯国际边境合作中心举行了中哈"关铁通"项目会谈，商定开展中哈海关"关铁通"项目试运行工作，并就项目试运行期限、试运行线路、交换的信息内容、技术交换方式、配套设备供应保障以及相关通关便利措施等事项达成一致意见，并拟定了《中哈海关"关铁通"项目试运行议定书》（以下简称《议定书》）；2018年9月，海关总署再次与哈萨克斯坦海关在阿拉木图举行会谈，进一步明确了《议定书》的内容、安全智能锁的功能及使用，确定了试运行期间双方的联络人等；2018年10月，海关总署与哈萨克斯坦海关以函签的方式签署了《议定书》，约定中哈"关铁通"项目以整列或单个集装箱的方式试运行，试运行路线为重庆—多斯特克—阿拉木图、乌鲁木齐—多斯特克—阿拉木图，以及相应回程路线；同时，在中哈"关铁通"项目框架下，双方认可对方海关的查验结果，除特殊情况外，不再重复对同一批货物实施查验。

三、进出境监管作业流程

（一）出境流程

1. 启运地海关办理企业申报报关单的查验、放行等海关手续后，加挂安全智能锁，在安全智能锁内写入舱单数据、机检图像和查验结果，并进行施封。

2. 出境地海关监管列车出境，除风险布控捕中、情报等特殊原因外不再实施货物查验；对方海关办理列车进境手续，并根据监管需要，查阅安全智能锁内信息。

3. 货物运抵对方境内后，当地海关对安全智能锁进行验锁及解封后，办结相关海关手续。

（二）进境流程

1. 对方海关办理货物出境海关手续后，加挂安全智能锁，在安全智能锁内写入舱单数据、机检图像和查验结果，并进行施封。

2. 对方海关监管列车出境，原则上不再实施货物查验；入境地海关办理列车进境手续，并根据监管需要，查阅安全智能锁内信息。

3. 货物运抵指运地，指运地海关对安全智能锁进行验锁及解封后，办结相关海关手续。

第四节　旅客智能化通关改革

为贯彻落实海关总署党委关于创新海关旅客行李物品监管模式的部署要求，不断提升口岸执法把关能力，更好维护国门安全，海关总署印发了《全国海关旅客行李物品智能化监管创新指导方案》，作为未来一段时间中国海关旅检监管智能化通关改革的指导性方案，由各直属海关在该方案框架下，结合自身特点予以细化落实。

一、概述

建立健全旅检监管风险防控体系，建立健全旅客行李物品监管风险防控机制，不断拓宽数据来源，构建旅客通关诚信评估体系。创新现场作业机制，实现选得好、拦得住、查得清、处得快。构建旅检现场业务运行和监控指挥机制。夯实旅检智能化监管创新的基础工作，修订完善相关法规和操作规程，完成旅客通关管理子系统的升级，配备智能移动单兵装备，科学配置旅检现场作业区，合理设置业务现场岗位，科学配备各类检查设备。

二、改革背景和总体目标

（一）改革背景

1. 必要性

近年来，随着我国经济社会快速发展，对外交流不断深入，旅客行李物品监管工作面临着新的形势。

一是情况越来越复杂。进出境人员的数量连年攀升，人员进出境目的更加复杂多样；境外敌对势力渗透活动更加激烈；进出境物品的种类不断增加；不法分子逃避海关监管的手段不断翻新。

二是任务越来越重。近年来，旅检在维护国家安全和社会稳定、口岸公共卫生安全、国门生物安全、反恐防恐、"扫黄打非"，保护知识产权，打击"水客""带工""蚂蚁搬家式"走私，反洗钱，以及服务保障重大国际会议、会展、体育赛事的口岸通关等方面发挥着重要作用。严密监管和高效运作的矛盾十分突出。

三是要求越来越高。旅检工作政治把关的重要性和作用越来越凸显。既要坚持依法行政，又要体现人文关怀，既要服务国家外交大局，又要做到安全便利。这对海关的应对能力、执法理念和工作水平提出了更高的要求。

多年来，海关对旅客行李物品的监管还属于粗放型、经验型、松散型的管理模式，多数海关采用敞开式大通道人工挑查的方式，作业智能化程度不高，信息化系统和智能设备支撑不足；内控监督手段薄弱，风险分析处置资源不足；监管规范和统一性有待加强，各关作业流程和场地布局差异较大。这种监管模式已经不能适应新形势的要求。

为解决海关旅检工作存在的突出问题和短板，海关总署党委提出了"完善行邮规章制度和信息化系统，创新行邮监管作业模式"的要求。当前，海关总署正在积极贯彻落实中央关于深化党和国家机构改革的决定精神，实现新海关"脱胎换骨"，深入推进旅客行李物品"查检合一"，这也为旅客行李物品进行智能化监管创新提供了历史的契机。

2. 可行性

一是时代的发展为智能化监管创造了良好的环境。当前，我国经济已由高速增长阶段转向高质量发展阶段，社会各界对海关旅检工作提出了更新、更高的要求，时代发展已经为推进旅检工作智能化监管创新，提升旅检工作的现代化管理水平创造了更加良好的环境。

二是部分海关的改革创新和实践探索为智能化监管奠定了坚实的基础。近年来，北京、上海、深圳、拱北、成都、贵阳等海关在"智慧旅检"建设方面进行了积极的探索和大胆的尝试，取得了可喜的成果，积累了经验，为推进旅客行李物品智能化监管创新奠定了坚实基础。

三是信息技术和高科技设备的发展为智能化监管提供了有力的保障。大数据、云计算、物联网、人工智能等信息技术应用广泛，智能化CT行李检查设备、人体扫描检查设备、人脸识别设备、异常表情分析设备等新兴科技装备在一些海关试点应用，为海关对旅客行李物品实施智能化监管提供了技术支撑，为进一步提升海关对旅客行李物品的监管效能提供了实现途径。

（二）总体目标

按照强化监管和优化服务有机统一的要求，依托信息化技术和高新智能设备，以转变监管理念、强化科技应用、完善法规体系、创新监管模式为抓手，推进旅客行李物品风险防控体系建设，建立隐蔽、非侵入、顺势监管的旅检现场作业机制，形成监管更加智能规范、现场作业更加严密高效、旅客通关更加安全便利的智能化新模式。

实现以上目标，应遵循3个原则：

一是坚持问题导向、执法为民。掌握业务发展态势，找准当前旅客行李物品监管工作的疑难问题以及社会民众诉求强烈的突出问题，有针对性地采取措施加以解决，注重管用、好用、可行，增强创新的实效性，主动回应人民群众呼声，保障人民群众的利益，切实做到人民海关为人民。

二是坚持统筹规划、分步实施。结合前期部分海关旅检创新取得的成功经验，统筹规划、先易后难、分步实施，选取具有代表性的海关旅检现场进行试点，在充分评估、不断优化改革实践的基础上，扩大试点范围，实现在全国海关旅检现场的全覆盖。

三是坚持协作配合、多方共赢。在立足自身力量开展改革的同时，拓宽视野和思路，不断扩大与其他部门和行业的合作范围和领域，推动实现"监管互认、执法互助、信息互换"。充分考虑各方合理诉求，获得社会各界支持配合，营造良好创新氛围，实现多方共赢，使创新具有强大的生命力和推动力。

（三）改革推进的历史沿革

2016年开始，深圳、拱北等陆路口岸，北京、上海、广州等空港口岸，陆续通过在海关查验区设置智能旅客通道，开始了从传统依靠人工察言观色的旅检作业模式，向以"机器代人"的信息化、智能化监管模式转变，通过信息采集、数据分析、风险研判、信息推送、设备拦截，一定程度上实现了对旅客的分类通关管理，做到守法旅客快速通行，重点旅客精准拦截，在特定时期的打击治理"水客"走私行动中发挥了重要作用，也为下一步旅检智能化改革创新积累了宝贵的经验。

2018年开始，海关总署率先在深圳、拱北等口岸试点人脸识别系统，通过摄像头对通关旅客人脸的实时捕捉、后台人脸库比对、风险数据分析、推送关员拦截，解决了原有智能旅客通道通过物理设备实施"硬拦截"，旅客通关体验感不强的问题，打造出新一代的"无感通关"模式，实现了海关顺势监管、隐蔽监管。

2019年开始，深圳海关率先在旅检口岸试点5G旅检智能单兵设备，并打通设备与人脸识别系统后台的数据连接，关员佩戴单兵设备后，可实时接收人脸识别系统后台推送的拦截信息，实现在现场巡查、调研等监管作业时可根据提示随时拦截重点旅客，极大提高了作业的机动性和灵活性，解决了原来现场关员只能在固定岗位、固定屏幕获取重点人员信息再实施拦截的问题。

三、主要内容

（一）建立健全旅检监管风险防控体系

一是建立健全旅客行李物品监管风险防控机制。风险管理部门有序融入旅检风险防控工作，组织开展旅客行李物品风险分析布控工作，合理分配风险防控部门和旅检现场的布控比例。

二是不断拓宽数据来源。通过拓宽外部数据来源，推动部际数据共享，推进口岸数据合作，挖掘采集海关数据等方式，拓展监管数据资源。持续推进数据实际落地使用，建设全国海关共享的旅客基础数据库和高风险旅客数据库。

三是构建旅客通关诚信评估体系。依托旅客基础数据库，对进出境旅客进行风险评估，对其进出境行为特征进行"画像"，建立失信旅客黑名单制度，强化旅客诚信守法意识，规范旅客的进出境行为，引导旅客主动申报纳税。

（二）创新现场作业机制

贯彻风险管理理念，结合传统"察言观色"的选查手段，综合运用高新技术和装备，优化现场布局和岗位设置，对监管流程进行再造，将监管作业流程按照精准、高效、便捷的要求顺势嵌入旅客通关流程，逐步打造"选得好、拦得住、查得清、处得快"的一体化现场作业新机制。

1. 选得好

风险防控部门组织开展对进出境旅客的风险分析、研判，发布预警信息，指导业务现场旅检风险防控科（岗）设置布控规则，应用旅客通关管理子系统、旅客舱单管理子系统等系统，对旅客及行李物品数据下达预定式拦截指令；应用托运行李预检设备，对重点航班的旅客托运行李实施先期机检，对机检图像存疑的行李实施即决式布控，同步绑定旅客信息。

2. 拦得住

现场关员通过移动单兵装备，接收布控指令和各智能监管设备的报警提示，联动人脸识别、视频智能跟踪等科技手段，对重点旅客进行精准拦截。应用物联网技术（如 RFID、箱体识别技术等），对经先期机检图像存疑的行李和经工作犬挑选的行李进行识别，对含有疑似高风险违禁品（涉及核生化爆枪毒等）的行李发现后及时拦截，其他情况可在旅客进入检查通道时，由现场关员通过移动单兵装备对其进行拦截。

3. 查得清

应用红外温度探测、核生化有害因子监测、智能 CT 机和 X 光机、人体扫描检查设备、工作犬等先进技术手段，提升行李物品检查能力。加大智能审图技术应用，丰富智能审图技术物品识别的覆盖范围。结合旅检各类设备应用情况，升级设备功能。应用物项识别仪、生物射频芯片识别仪、有害生物鉴定设备、毒品快速检测设备、便携式核生化检测设备等，快速鉴别被查验物品的类别、属性。

4. 处得快

整合作业流程，实现所有现场作业均在功能丰富多样、模块集中统一、操作便捷流畅的新一代旅客通关管理子系统上进行，同时，配套应用功能强大的移动单兵装备，有效支撑现场关员快捷高效作业。探索旅客电子申报、移动缴税，在旅客申报区和集中处置区配备自助业务终端，使旅客可以通过自助业务终端办理申报、缴税、退运等手续，提高效率，为旅客提供良好的通关体验。

（三）构建旅检现场业务运行和监控指挥机制

基于旅检业务智能化监管创新的需要，逐步建立旅检现场业务运行和监控指挥中心（以下简称现场指挥中心），不断完善旅检现场业务运行和监控指挥机制。现场指挥中心集指挥调度、指令发布、实时监控于一体，是现场的指挥管理中枢。以旅客通关管理子系统为基础，联通现场视频监控系统、各智能监管设备和其他海关信息系统，打造旅检智能化管理平台，通过移动单兵装备，实现旅检现场业务顺畅运行和高效监控指挥。

（四）夯实旅检智能化监管创新的基础工作

1. 结合机构改革和三定方案，完善出台《中华人民共和国海关对进出境旅客行李物品监管办法》（以下简称《海关对进出境旅客行李物品监管办法》），修订"中华人民共和国禁止进出境物品表"和"中华人民共和国限制进出境物品表"。

2. 完成旅客通关管理子系统的升级。结合职能调整和"查检合一"，整合相关作业流程，优化业务处置环节，将行李物品检验检疫业务、卫生检疫业务需求融入旅客通关管理子系统。

3. 为现场关员配备移动单兵装备，关员通过移动单兵装备进行现场业务处置；接收风险布控指令和各类报警提示，完成对"人"和"物"的拦截。

4. 科学配置旅检现场作业区。整合并科学规划设置现场作业区，统筹使用。

5. 合理设置业务现场岗位，根据海关机构改革相关要求，整合进出境检验检疫职能，科学合理设置旅检现场岗位，明确岗位职责。

6. 科学配备各类检查设备。根据全国各口岸年客流量和实际监管需要，各海关单位应配备或选择配备相应设备。

第五节 "安智贸"项目实施

一、概述

"安智贸"项目，全称中欧安全智能贸易航线试点计划（Smart and Secure Trade Lanes，英文缩写"SSTL"），是贯彻世界海关组织《全球贸易安全与便利标准框架》的示范性项目，是通过中欧海关以及海关与企业的合作，完善亚欧之间贸易供应链安全与便利的规则，实现对海运集装箱及箱内货物的全程监控，建立安全便利的智能化国际贸易运输链而实施的一个试点计划。

安智贸的两个重要内容是实现海关监管领域的深层次合作和建立海关与商界合作伙伴关系。

二、项目背景

（一）背景

2005年6月，世界海关组织（WCO）第105/106次理事会年会通过了《全球贸易安全与便利标准框架》一揽子文件。《全球贸易安全与便利标准框架》的内容涉及海关的全面业务和全方位的改革方向，描述和规划了现代海关发展的模式和蓝图，代表海关未来的发展方向。《全球贸易安全与便利标准框架》通过后，源于对"9·11"发生后世界反恐形势对全球供应链产生的深远影响，安全与便利成为两大主题，2006年，中欧海关提出合作实施中欧安全智能贸易航线试点计划。

（二）总体目标

完善亚欧之间供应链安全和便利的规则，建立安全便利的智能化国际贸易运输链，在促进合法货物流动的同时把有限的资源集中于高风险货物。关注货运集装箱在贸易运输过程中的安全，实现对物流的全程监控，在确保安全的前提下，提高正常货物的通关效率，降低企业的通关成本，从而实现保护和便利全球贸易的目的。

（三）项目意义

"安智贸"项目是全球范围内第一个全面实施世界海关组织《全球贸易安全与便利标准框架》的国际合作项目，是中欧海关最具实质意义的重大合作项目，也是欧方首次与非欧盟国家在该领域开展的合作，其不仅能够保障供应链安全、便利双边贸易，而且有助于深化中欧双边关系。

通过加强及实施供应链的一系列安全措施，可减少参与项目的企业运输货物被盗的可能性，降低运输保险费用，降低由恐怖主义事件引发的全球供应链中断的风险。并且一旦恐怖事件发生，能帮助企业在最短时间内重新开始贸易活动。帮助企业享受降低查验率、减少通关手续等通关便利。通过监管结果互认，减少货物在进出口环节的滞留时间，降低通关成本。减少货物在边境地和港口的滞留时间。有助于提高参与项目的企业的国际声誉，从而提高货物在全球的可销售性和企业劳动力的安全性。

（四）项目参与方

目前"安智贸"实施范围已覆盖了中欧主要贸易国和进出口岸，共有42个参与口岸纳入项目。
1. 海运口岸（20个）。
中国：天津、大连、上海、宁波、厦门、青岛、广州、深圳、连云港。
中国香港：香港。
欧盟：比利时安特卫普、泽布勒赫；法国勒阿弗尔；德国汉堡；意大利热那亚、拉斯佩齐亚；

荷兰鹿特丹；波兰格但斯克；西班牙巴塞罗那、瓦伦西亚。

2. 空运口岸（11个）。

中国：上海浦东机场、广州白云机场、厦门高崎机场、重庆江北机场、成都双流机场、郑州新郑机场、济南遥墙机场、杭州萧山机场。

中国香港：香港国际机场。

欧盟：荷兰阿姆斯特丹史基浦机场；比利时列日机场。

3. 铁路口岸（11个）。

中国：满洲里、厦门海沧、重庆、阿拉山口、成都、郑州，霍尔果斯。

欧盟：波兰马拉舍维奇、比利时根特、匈牙利歌德罗、荷兰鹿特丹。

三、项目进展

2006年9月，"安智贸"项目正式启动，在中欧双方的共同努力下，项目取得了较大进展，目前已进入第三阶段的实施过程。

2009年11月，中欧海关"安智贸"工作组召开第13次会议，对项目第一阶段实施情况进行评估，并就第二阶段实施方案展开讨论。2010年11月12日，"安智贸"工作组召开第15次会议，同意将安智贸项目拓展至第二阶段。安智贸项目第二阶段持续至2012年9月。

中国香港特别行政区于2013年6月加入"安智贸"。

2014年，"安智贸"信息技术专家组开始着手为"安智贸"新的自动化数据交换进行概念性设计，进一步推动"安智贸"自动化数据交换。

2014年5月，中欧联合海关合作委员会签署了《中欧海关2014—2017年合作战略框架》，文件指出，安全智能贸易航线试点合作重点是明确并实施"安智贸"第三阶段合作。

2016年7月15日，《中欧安全智能贸易航线试点计划第三阶段联合行政安排》已于世界海关组织第127/128届理事会年会期间签署，这标志着中欧安全智能贸易航线试点计划第三阶段正式启动。

四、项目内容

海关是实施"安智贸"项目并制定规则的主体，在项目实施过程中享有主导地位和执法权。中欧海关协商制定合作的政策性指南和包括出口查验、风险管理、数据交换、经授权的经营者（AEO）等内容的技术性规则。项目将按照中欧海关制定的各项规则实施。国际贸易供应链上的各方，包括船公司、船代、出口商、进口商、承运人等，作为海关—商界伙伴关系中重要角色，将是试点计划参与者和受益者。技术提供商将提供智能集装箱技术和电子封志。中欧海关将根据实际业务需求、港口情况、使用成本等综合因素进行评估，协商后选取相关技术的提供商。五个优先合作领域分别是数据交换、选取参与企业（AEO制度）、监管结果互认、运用共同的风险规则、电子封志/智能集装箱的运用。

（一）数据交换

中欧双方通过提前交换和共享议定数据，实现对进出口货物的前置风险分析，为建立统一的分析规则和实现监管结果互认提供基础。目前，欧盟海关通过海关执法网络（CENCOMM, Customs Enforcement Network Communication）数据交换平台，即在世界海关组织的CEN系统上设计的"安智贸"数据交换中英文页面，通过人工操作方式传输；中方海关自行开发了CCDES数据交换系统，与CENCOMM平台实现数据自动化传输。

安智贸各参与方现已就第三阶段数据交换的内容、方式和机制等达成一致，并商定在新的数据交换系统开发完成前继续使用世界海关组织 CENCOMM 作为传输和共享数据的平台。

(二) 选取参与企业、航线

安智贸合作在中欧双方商定的中国海关与欧盟成员国海关之间开展，参与口岸及参与企业由中欧双方共同选定。中欧双方以企业自愿为前提，参照世界海关组织关于"经认证经营者"（AEO）的标准选定参与试点的企业。

参与安智贸实施的中方企业应具有稳定的对欧进出口业务和相对固定的欧方贸易伙伴。原则上应为经中方海关认定的高级认证企业。如果中方企业在欧贸易合作伙伴为"经认证经营者"（AEO），可对中方企业信用等级放宽至一般认证企业。中方企业应向各地海关企业管理部门申请企业认证。

中欧海关通过"安智贸贸易航线提名表"（以下简称"提名表"）对贸易航线进行确认。对于中方主动发起的贸易航线，试点海关安智贸联络员负责协调中方企业提供相关信息，包括其在欧贸易合作伙伴信息，完成"提名表"并提交贸易航线涉及的欧方港口联系人，请其对欧方企业情况进行核实确认；对于欧方发起的贸易航线，安智贸联络员负责核实"提名表"上中方企业信息、信用等级及进出口业务开展情况，并向欧方反馈中方确认意见。

(三) 监管结果互认

中欧双方相互认可对方海关的监管结果，但保留对进口货物的查验权。进口国海关通过提前获得的电子数据进行风险分析，可以向出口国海关提出查验请求，说明要求查验的理由。双方海关原则上采用非侵入式查验方法。进口国海关认为确有必要时，可对安智贸货物（包括出口国海关已查验货物）进行货物查验，查验完毕后将查验结果传输给出口国海关。

(四) 运用共同的风险规则

中欧双方海关执行协商一致的风险规则和最低监管标准。共同风险指标包括：

1. 收货人、发货人、通知方方面：不良记录；虚假（编造）信息；第一次运输（出口）；新成立企业（成立日期在 6 个月之内）。

2. 设备鉴别号码方面：发货人自备集装箱或虚假/错误的集装箱号码。

3. 货物方面：约重；与出口商/发货人的经营范围不符；敏感货物（待进一步确认）；不符常规的集装箱货物；使用者根据实际情况或情报制定的规则。

(五) 电子封志/智能集装箱的运用

企业选用符合海关要求的电子封志；规定的检查点能成功读取电子封志信息和进行施解封操作；海关能够及时收到电子封志报警信息并作出相应处理。

五、安智贸货物通关申报要求

(一) 出口货物

安智贸货物出口报关单应明确申报：试点企业的十位数编码作为经营单位，指运港为进口国安智贸试点具体港口名称和代码，并在出口报关单备注栏填写"SSTL"（英文半角大写，SSTL 是指安智贸英文缩写）字样。

(二) 进口货物

安智贸货物进口报关单应明确申报：试点企业的十位数编码作为经营单位，装货港为安智贸试点具体港口名称和代码，在进口报关单备注栏填报"UCR<UCR 编号>"。

(三) 报关注意事项

出口申报时应明确申报出口口岸、指运港，如中国深圳港（盐田代码 5316 或蛇口代码 5304）、荷兰鹿特丹港（代码 2309）、德国汉堡（代码 2110）。如笼统填报，则无法享受安智贸试点通关便利，如指运港只填"荷兰"或"德国"。

六、名称解释

（一）UCR，即"Unique Consignment Reference Number"，全球货物统一代码。UCR 是一组长达 35 位的代码，贯穿货物从发送端到目的端的全程运输链。UCR 涉及的使用者包括进口商、出口商、中介商（如银行、保险公司、承运人、货代等），以及相关政府机关（如海关、贸易机关、检疫机关）等。从出口商接受国外订单开始，该批货物就被赋予一组可区别其他货物的唯一的 UCR 代码，不论途中经过多少中介商或政府机关，此代码一直与该批货物的运输流程紧密结合，直到国外进口商接收货物并完成通关手续为止。在试点中，中方以 CN+18 位报关单号作为 UCR 编号。

（二）CEN 系统，是由世界海关组织（WCO）开发并负责维护的海关执法网络（Customs Enforcement Network，简称 CEN），是供成员海关之间进行数据交换、信息共享和联络通信的执法信息系统。用户可以通过互联网随时随地访问 CEN。

（三）AEO，即"Authorized Economic Operator"，经认证经营者。世界海关组织（WCO）关于 AEO 的定义为以任何一种方式参与货物的国际流通，并经海关认可符合世界海关组织或同等供应链安全标准的一方。AEO 包括生产商、进口商、出口商、报关行、承运商、理货人、中间商、港口、机场、货站经营者、综合经营者、仓储业经营者和分销商。从 13 个方面对企业提出要求：（1）遵守海关法规；（2）具有符合要求的贸易记录管理系统；（3）财务保障能力；（4）磋商、合作和交流；（5）教育、培训和提高安全意识；（6）信息交换、存取和保密；（7）货物安全；（8）运输工具安全；（9）经营场所安全；（10）人员安全；（11）商业伙伴安全；（12）危机管理和灾难防御制度；（13）衡量、分析和改进制度。

第七章 进出口食品、化妆品检验检疫

第一节 进出口食品检验检疫监管

一、基本原则

海关对进出口食品安全实施监督管理，海关总署主管全国进出口食品安全监督管理工作。各级海关负责所辖区域进出口食品安全监督管理工作。进出口食品安全工作坚持安全第一、预防为主、风险管理、全程控制、国际共治的原则。

二、进口食品检验检疫

（一）进口食品监管要求

进口食品应当符合中国法律法规和食品安全国家标准，中国缔结或者参加的国际条约、协定有特殊要求的，还应当符合国际条约、协定的要求。

进口尚无食品安全国家标准的食品，应当符合国务院卫生行政部门公布的暂予适用的相关标准要求。

利用新的食品原料生产的食品，应当依照《食品安全法》规定，取得国务院卫生行政部门新食品原料卫生行政许可。

（二）经营企业监管要求

1. 企业注册及备案制度

进口食品境外生产企业，应获得海关总署注册。

向中国境内出口食品的境外出口商或者代理商应当向海关总署备案。食品进口商应当向其住所地海关备案。境外出口商或者代理商、食品进口商办理备案时，应当对其提供资料的真实性、有效性负责。境外出口商或者代理商、食品进口商备案名单由海关总署公布。

境外出口商或者代理商、食品进口商备案内容发生变更的，应当在变更发生之日起 60 日内，向备案机关办理变更手续。海关发现境外出口商或者代理商、食品进口商备案信息错误或者备案内容未及时变更的，可以责令其在规定期限内更正。

2. 食品进口和销售记录制度

食品进口商应当建立食品进口和销售记录制度，如实记录食品名称、净含量/规格、数量、生产日期、生产或者进口批号、保质期、境外出口商和购货者名称、地址及联系方式、交货日期等内容，并保存相关凭证。记录和凭证保存期限不得少于食品保质期满后 6 个月，没有明确保质期的，保存期限为销售后 2 年以上。

3. 境外出口商、境外生产企业审核制度

食品进口商应当建立境外出口商、境外生产企业审核制度，重点审核制定和执行食品安全风险控制措施情况及保证食品符合中国法律法规和食品安全国家标准的情况。

海关依法对食品进口商实施审核活动的情况进行监督检查。食品进口商应当积极配合，如实提供相关情况和材料。

(三) 管理规定

1. 检疫准入制度

(1) 定义

依据我国相关法律法规，如《中华人民共和国生物安全法》第二十三条之规定，"国家建立首次进境或者暂停后恢复进境的动植物、动植物产品、高风险生物因子国家准入制度"。

(2) 适用范围

根据海关总署进出口食品安全局官网动态调整更新。

2. 检疫审批制度

(1) 定义

海关依法对需要进行进境动植物检疫审批的进口食品实施检疫审批管理。食品进口商应当在签订贸易合同或者协议前取得进境动植物检疫许可。

(2) 适用范围

检疫审批制度适用于对《进出境动植物检疫法》及其实施条例，以及国家有关规定需要审批的进口食品和需要特许审批的禁止进境物的检疫审批。

海关总署根据法律法规的有关规定以及国务院有关部门发布的禁止进境物名录，制定、调整并发布需要检疫审批的进口食品名录。

(3) 管理规定

海关总署统一管理全国进境食品检疫审批工作，对各直属海关开展检疫审批工作进行监督检查，并负责除下放直属海关检疫审批产品之外产品的检疫审批终审工作。

各直属海关负责在本辖区内海关总署下放的进境动植物源性食品的检疫审批工作和未下放的进境动植物源性食品检疫审批受理工作。同一申请单位对同一品种，同一输出国家或者地区，同一加工、使用单位1次只能办理1份"检疫许可证"。

3. 指定监管场地制度

(1) 定义

海关可以根据风险管理需要，对进口食品实施指定口岸进口，指定监管场地检查。指定口岸、指定监管场地名单由海关总署公布。

指定监管场地是指符合海关监管作业场所（场地）的设置规范，满足动植物疫病疫情防控需要，对特定进境高风险动植物及其产品实施查验、检验、检疫的监管作业场地。

(2) 适用范围

进境肉类、进境冰鲜水产品、进境粮食、其他进境高风险动植物及其产品。

(3) 管理规定

海关总署口岸监管司负责监督管理、指导协调和组织实施全国海关指定监管场地规范管理工作。直属海关口岸监管部门负责监督管理、指导协调和组织实施本关区指定监管场地规范管理工作。海关负责实施本辖区指定监管场地日常规范管理和监督检查工作。

海关总署根据年度抽核和海关日常监督检查情况，对指定监管场地名单实施动态管理。

4. 现场查验

(1) 定义

查验是指海关为验证进出境货物是否存在安全准入风险、税收风险等，依法对其实施检查、检验、检疫的行政执法行为。海关根据监督管理需要，对进口食品实施现场查验。

（2）管理规定

现场查验包括但不限于以下内容：

①运输工具、存放场所是否符合安全卫生要求；

②集装箱号、封识号、内外包装上的标识内容、货物的实际状况是否与申报信息及随附单证相符；

③动植物源性食品、包装物及铺垫材料是否存在《中华人民共和国进出境动植物检疫法实施条例》第二十二条规定的情况；

④内外包装是否符合食品安全国家标准，是否存在污染、破损、湿浸、渗透；

⑤内外包装的标签、标识及说明书是否符合法律、行政法规、食品安全国家标准以及海关总署规定的要求；

⑥食品感官性状是否符合该食品应有性状；

⑦冷冻冷藏食品的新鲜程度、中心温度是否符合要求，是否有病变，冷冻冷藏环境温度是否符合相关标准要求，冷链控温设备设施运作是否正常，温度记录是否符合要求，必要时可以进行蒸煮试验。

（3）抽样送检

对于海关业务系统有取样送检指令要求的，或人工查验无法确认进出口货物的属性、品质、疫病疫情、核生化等准入或风险要素的，海关查验人员依据相关标准和要求，执行取样作业。

5. 标签检验

（1）定义

进口预包装食品标签作为食品检验项目之一，由海关依照食品安全和进出口商品检验相关法律、行政法规的规定检验。

（2）适用范围

适用于一般贸易进口预包装食品（包括直接提供给消费者的预包装食品和非直接提供给消费者的预包装食品）。

（3）管理规定

进口商应当负责审核其进口预包装食品的中文标签是否符合我国相关法律、行政法规规定和食品安全国家标准要求。审核不合格的，不得进口。

进口预包装食品被抽中现场查验或实验室检验的，进口商应当向海关人员提交其合格证明材料、进口预包装食品的标签原件和翻译件、中文标签样张及其他证明材料。

海关收到有关部门通报、消费者举报进口预包装食品标签涉嫌违反有关规定的，应当进行核实，一经确认，依法进行处置。

入境展示、样品、免税经营（离岛免税除外）、使领馆自用、旅客携带，以及通过邮寄、快件、跨境电子商务等形式入境的预包装食品标签监管，按有关规定执行。

6. 结果处置

进口食品经海关合格评定合格的，准予进口。

进口食品经海关合格评定不合格的，由海关出具不合格证明；涉及安全、健康、环境保护项目不合格的，由海关书面通知食品进口商，责令其销毁或者退运；其他项目不合格的，经技术处理符合合格评定要求的，方准进口。相关进口食品不能在规定时间内完成技术处理或者经技术处理仍不合格的，由海关责令食品进口商销毁或者退运。

进口食品生产经营者对海关的检验结果有异议的，可以按照进出口商品复验相关规定申请复验。有下列情形之一的，海关不受理复验：

（1）检验结果显示微生物指标超标的；
（2）复验备份样品超过保质期的；
（3）其他原因导致备份样品无法实现复验目的的。

三、出口食品检验检疫

（一）监管要求

出口食品生产企业应当保证其出口食品符合进口国家（地区）的标准或者合同要求；中国缔结或者参加的国际条约、协定有特殊要求的，还应当符合国际条约、协定的要求。进口国家（地区）暂无标准，合同也未作要求，且中国缔结或者参加的国际条约、协定无相关要求的，出口食品生产企业应当保证其出口食品符合中国食品安全国家标准。

出口食品原料种植、养殖场应当向所在地海关备案。

出口食品生产企业应当建立完善可追溯的食品安全卫生控制体系，保证食品安全卫生控制体系有效运行，确保出口食品生产、加工、贮存过程持续符合中国相关法律法规、出口食品生产企业安全卫生要求；进口国家（地区）相关法律法规和相关国际条约、协定有特殊要求的，还应当符合相关要求。出口食品生产企业应当建立供应商评估制度、进货查验记录制度、生产记录档案制度、出厂检验记录制度、出口食品追溯制度和不合格食品处置制度。相关记录应当真实有效，保存期限不得少于食品保质期期满后6个月；没有明确保质期的，保存期限不得少于2年。

（二）管理规定

1. 单证审核

海关接受企业申报，审核企业提交资料是否符合海关出口货物申报管理规定的要求，提交方式按照《关于检验检疫单证电子化的公告》（海关总署公告2018年第90号）要求执行。

2. 现场查验及抽样检验

海关根据业务系统指令以及有关文件的要求对出口食品实施现场查验及抽样送检。

3. 结果处置

出口食品经海关现场检查和监督抽检符合要求的，由海关出具证书，准予出口。进口国家（地区）对证书形式和内容要求有变化的，经海关总署同意可以对证书形式和内容进行变更。

出口食品经海关现场检查和监督抽检不符合要求的，由海关书面通知出口商或者其代理人。相关出口食品可以进行技术处理的，经技术处理合格后方准出口；不能进行技术处理或者经技术处理仍不合格的，不准出口。

出口食品生产经营者对海关的检验结果有异议的，可以按照进出口商品复验相关规定申请复验。有下列情形之一的，海关不受理复验：

（1）检验结果显示微生物指标超标的；
（2）复验备份样品超过保质期的；
（3）其他原因导致备份样品无法实现复验目的的。

第二节 进出口化妆品检验检疫监管

一、基本概念

化妆品是指以涂、擦、散布于人体表面任何部位（表皮、毛发、指趾甲、口唇等）或者口腔黏膜、牙齿，以达到清洁、消除不良气味、护肤、美容和修饰目的的产品；化妆品半成品是指除最后一道"灌装"或者"分装"工序外，已完成其他全部生产加工工序的化妆品。

化妆品成品包括销售包装化妆品成品和非销售包装化妆品成品。销售包装化妆品成品是指以销售为主要目的，已有销售包装，与内装物一起到达消费者手中的化妆品成品；非销售包装化妆品成品是指最后一道接触内容物的工序已经完成，但尚无销售包装的化妆品成品。

海关对进出口化妆品实施检验检疫监督管理，海关总署主管全国进出口化妆品检验检疫监督管理工作，主管海关负责所辖区域进出口化妆品检验检疫监督管理工作。

二、进口化妆品检验检疫

（一）监管要求

根据我国国家技术规范的强制性要求以及我国与出口国家（地区）签订的协议、议定书规定的检验检疫要求对进口化妆品实施检验检疫。我国尚未制定国家技术规范强制性要求的，可以参照海关总署指定的国外有关标准进行检验。

（二）管理规定

海关接受企业申报，审核企业提交的资料是否符合法律、行政法规及海关进口货物申报管理规定的要求。

申报资料提交方式按照《关于检验检疫单证电子化的公告》（海关总署公告2018年第90号）要求。

海关根据业务系统指令的要求对进口化妆品实施现场查验及抽样检验。

进口化妆品经检验检疫合格的，海关出具"入境货物检验检疫证明"；进口化妆品经检验检疫不合格的，涉及安全、健康、环境保护项目的，由海关责令当事人销毁，或者出具退货处理通知单，由当事人办理退运手续。其他项目不合格的，可以在海关的监督下进行技术处理，经重新检验检疫合格后，方可销售、使用。

进出口化妆品生产经营者对海关的检验结果有异议的，可以按照进出口商品复验相关规定申请复验。有下列情形之一的，海关不受理复验：

1. 检验结果显示微生物指标超标的；
2. 复验备份样品超过保质期的；
3. 其他原因导致备份样品无法实现复验目的的。

三、出口化妆品检验检疫

（一）监管要求

根据进口国家（地区）标准或者合同要求对出口化妆品实施检验检疫。进口国家（地区）无相关标准且合同未有要求的，可以由海关总署指定相关标准。

（二）管理规定

海关接受企业申报，审核企业提交资料是否符合海关出口货物申报管理规定的要求。

海关根据业务系统指令对出口化妆品实施现场查验及抽样送检。出口化妆品经检验检疫合格的，进口国家（地区）对检验检疫证书有要求的，应当按照要求同时出具有关检验检疫证书。

出口化妆品经检验检疫不合格，可以在海关的监督下进行技术处理，经重新检验检疫合格的，方准出口。不能进行技术处理或经技术处理重新检验仍不合格的，不准出口。进出口化妆品生产经营者对海关的检验结果有异议的，可以按照进出口商品复验相关规定申请复验。有下列情形之一的，海关不受理复验：

1. 检验结果显示微生物指标超标的；
2. 复验备份样品超过保质期的；
3. 其他原因导致备份样品无法实现复验目的的。

第三节　进出境中药材检验检疫监管

一、基本概念

中药材是指申报为药用并列入《中华人民共和国药典》药材目录的物品。申报为食用的按照进出口食品的有关规定执行。

二、进境中药材检验检疫

（一）监管要求

海关依法对进境中药材实施检疫监管。

进境中药材需符合中国法律、行政法规，以及中国与输出国家或者地区签订的相关协议、议定书、备忘录等的要求。

（二）管理规定

1. 单证审核

海关接受企业申报，审核企业提交的资料是否符合法律、行政法规及海关进口货物申报管理规定的要求。申报资料提交方式按照《关于检验检疫单证电子化的公告》（海关总署公告 2018 年第 90 号）要求执行。

2. 现场查验

海关根据业务系统指令对进境中药材实施现场查验。

3. 结果处置

海关根据单证审核及现场查验情况对出境中药材开展评定。

进境中药材经检疫合格的，海关出具"入境货物检验检疫证明"后，方可销售、使用或者在指定企业存放、加工。进境中药材经检疫不合格的，海关签发检疫处理通知书，由货主或者其代理人在海关的监督下，作除害、退回或者销毁处理，经除害处理合格的准予进境。

三、出境中药材检验检疫

（一）监管要求

海关依法对出境中药材实施检疫监管。

出境中药材需符合中国政府与输入国家或者地区签订的检疫协议、议定书、备忘录等规定，以及进境国家或者地区的标准或者合同要求。

（二）管理规定

1. 单证审核

海关接受企业申报，审核企业提交资料是否符合海关出口货物申报管理规定的要求，申报资料提交方式按照《关于检验检疫单证电子化的公告》（海关总署公告 2018 年第 90 号）要求执行。

2. 现场查验

海关根据业务系统指令对出境中药材实施现场查验。

3. 结果处置

海关根据单证审核及现场查验情况对出境中药材开展评定。

出境中药材经检疫合格或者经除害处理合格的，海关应当按照规定出具有关检疫证单，准予出境。检疫不合格又无有效方法作除害处理的，签发不合格通知单，不准出境。

第八章 进出境动植物检疫

第一节 进出境动植物检疫概述

一、动植物检疫的历史

（一）国际动植物检疫发展

最早的植物检疫见于 1660 年，法国里昂地区通过一项根除小檗并禁止其传入的法令，来防止小麦秆锈病的传入。最早的动物检疫见于 1866 年，英国政府签署一项法令，扑杀因进境种牛带进的感染牛瘟的全部病牛。

伴随着动物疫病、植物有害生物在一些国家和地区传播蔓延以及进出口贸易的发展，人们逐渐认识到保持一个特定地理区域免受特定动物疫病和植物有害生物的危害需要区域内国家的共同努力，国际合作成为必然。动物检疫方面，1924 年，国际兽疫局（Office International des Epizooties，简称 OIE，世界动物卫生组织的前身）在法国巴黎成立。2007 年，中华人民共和国恢复行使在该组织的合法权利与义务。截至 2020 年年底，OIE 已有 182 个成员。

植物检疫方面，1929 年，意大利、澳大利亚、比利时、巴西、摩洛哥等 24 个国家在罗马签署《植物保护国际公约》，1951 年 12 月 6 日，它被联合国粮农组织（Food and Agriculture Organization of the United Nations，简称 FAO）采纳并更新为《国际植物保护公约》（International Plant Protection Convention，简称 IPPC）。我国于 2005 年 10 月 20 日加入 IPPC。

（二）我国动植物检疫历史沿革

中华人民共和国成立前，特别是从清政府时期开始，借鉴了当时西方动植物检疫的制度和理念，逐步建立起从许可、报检、验证、查验、过程控制、检疫处理到隔离检疫等多项制度，但是在当时中国经济社会背景下，国力贫弱、战乱频仍，动植物检疫的实施工作得不到保障，甚至处于停滞状态。中华人民共和国成立后，特别是改革开放后，我国动植物检疫工作取得了迅速发展，各对外开放口岸全面实施进出境动植物检疫。到目前我国动植物检疫管理体制经历了 3 次调整。1998 年，动植物检疫、卫生检疫、商品检验机构合并组建国家出入境检验检疫局，挂靠海关总署。2001 年，出入境检验检疫、质量技术监督机构合并组建国家质检总局。2018 年，根据《深化党和国家机构改革方案》，出入境检验检疫管理职责和队伍划入海关总署，开启了中国海关进出境动植物检疫的新篇章。

二、动植物检疫的定义

海关动植物检疫主要职能是防范动植物疫情疫病跨境传播和外来物种入侵，保护国家农林牧渔业生产安全、生态环境安全和人民群众生命健康安全，保障农产品安全进出口和服务外交外贸发展。

习近平总书记在中央全面深化改革委员会第十二次会议上提出，要从保护人民健康、保障国家安全、维护国家长治久安的高度，把生物安全纳入国家安全体系，系统规划国家生物安全风险防控和治理体系建设，全面提高国家生物安全治理能力。2021年9月29日，习近平总书记在中共中央政治局第三十三次集体学习时进一步强调，加强国家生物安全风险防控和治理体系建设，提高国家生物安全治理能力；要织牢织密生物安全风险监测预警网络，健全监测预警体系，重点加强基层监测站点建设；要加强入境检疫，强化潜在风险分析和违规违法行为处罚，坚决守牢国门关口。

随着2021年4月15日《中华人民共和国生物安全法》的正式实施，国门生物安全保障工作将在国家法制层面得到进一步加强和完善。

三、动植物检疫的对象

动植物进境检疫主要涉及4个名录，分别是《中华人民共和国进境动物检疫疫病名录》《中华人民共和国进境植物检疫性有害生物名录》《中华人民共和国禁止携带、邮寄进境的动植物及其产品名录》《中华人民共和国进境植物检疫禁止进境物名录》；动植物出境检疫方面，重点关注输入国家（地区）的检疫要求，双边议定书、国际标准等规定的动物检疫疫病名录、检疫性有害生物名录。

（一）动物检疫疫病

动物检疫疫病是指危害或可能危害动物及动物产品的任何传染病和寄生虫病。OIE将其分为陆生和水生动物疫病名录，2019版《动物疫病通报名录》包括117种动物疫病，其中陆生动物疫病88种、水生动物疫病29种。

2020年1月，农业农村部会同海关总署组织修订并公布了最新版《中华人民共和国进境动物检疫疫病名录》，该名录根据动物疫病危害程度将我国进境动物检疫疫病分为三类，共计211种。其中一类传染病、寄生虫病16种，二类和其他传染病、寄生虫病分别有154种和41种。

（二）植物检疫性有害生物

检疫性有害生物是指一个受威胁国家（地区）尚未分布，或虽有分布但分布未广，且正在被官方控制的、对该国（地区）具有潜在经济重要性的有害生物。

为防止植物检疫性有害生物传入我国，根据《进出境动植物检疫法》的规定，国家质检总局会同农业部、国家林业局于2007年对1992年发布实施的《中华人民共和国进境植物检疫危险性病、虫、杂草名录》进行了修订，形成了《中华人民共和国进境植物检疫性有害生物名录》。根据2021年最新修订的《中华人民共和国进境植物检疫性有害生物名录》，我国现有446种进境植物检疫性有害生物，其中昆虫157种（属）、真菌127种、原核生物58种、线虫20种（属）、病毒及类病毒42种、杂草42种（属）。

（三）禁止进境物

禁止进境物名单主要包括农业农村部、海关总署联合发布的2021年470号公告《中华人民共和国禁止携带、寄递进境的动植物及其产品和其他检疫物名录》和原农业部发布的1997年第72号公告《中华人民共和国进境植物检疫禁止进境物名录》中所规定的相关动植物、动植物产品及其他检疫物。

第二节　进境动植物检疫

我国进境动植物疫情防控体系可概述为境外、口岸、境内"三道防线"。第一道防线是进出境前的源头管控，包括检疫准入、注册登记、境外预检考察、检疫审批，第二道防线是进出境时的检疫查验，包括指定监管场地、现场查验、实验室检疫、检疫处理，第三道防线是进出境后的后续监管，包括隔离检疫、定点加工、疫情监测、违规通报调查。

一、进境前的管理要求

（一）检疫准入要求

检疫准入是指海关根据国家法律法规，以及国内外动植物疫情疫病风险评估结果，结合对拟向中国出口农产品的国家（地区）官方检疫监管体系的有效性评估，作出是否准许某个国家（地区）某类产品进入中国市场的检疫要求制度。检疫准入既是 SPS 协议（《卫生与植物检疫措施》协议）规定的一项检疫技术措施，也是进境动植物检疫的第一道防线，对于防止外来疫病疫情传入，促进国际贸易健康发展具有重要意义。

检疫准入是世界各国（地区）普遍采用的国际通行做法，《中华人民共和国生物安全法》第二十三条规定，国家建立首次进境或者暂停后恢复进境的动植物、动植物产品、高风险生物因子国家准入制度。检疫准入通常包含拟输出国家（地区）申请、准入评估、双方磋商检疫要求等三方面的程序和内容。

1. 拟输出国（地区）申请

首次向中国输出某种动植物及其产品和其他检疫物，或者向中国提出解除禁止进境物申请的国家（地区），应当由其官方负责动植物检疫工作的机构向海关总署提出书面申请，并提供开展风险分析的必要技术资料。相关申请应说明拟出口品种的具体名称、种类、用途、进出口商信息等内容。

2. 准入评估

海关总署收到申请后，组织专家根据 OIE、IPPC 的有关规定和标准，遵循以科学为依据，透明、公开、非歧视以及对贸易影响最小等原则，开展风险分析。

通过书面问卷调查或实地考察的方式，详细了解拟输华产品生产、加工、包装、存放、运输情况、有害生物和疫情疫病发生及防治控制情况等，输出国（地区）动植物检疫法律法规体系、机构组织形式及其职能、有害生物和疫情疫病监测体系、出口检疫监管及出证体系、检疫技术能力水平等情况。同时，采用定性、定量或者两者结合的方法，对输出国家（地区）动植物卫生和公共卫生体系以及潜在危害因素的传入评估、发生评估和后果评估进行综合分析，并对危害发生作出风险预测；或者对可能携带的植物有害生物进行确定，并对潜在检疫性有害生物传入和扩散的可能性和潜在经济影响进行评估，以确定需要关注的检疫性有害生物名单。根据风险评估的结果，确定与中国适当保护水平相一致的、有效可行的风险管理措施。

3. 确定检疫要求

在风险分析的基础上，中国与输出国家（地区）就动植物及其产品的检疫要求进行磋商，达成一致后双方签署检疫议定书或确认检疫证书内容和格式，作为开展进境动植物检疫工作的依据。海关总署也将向直属海关通报允许进口的国家（地区）的检疫准入信息，包括允许进境该农产品的国家和地区的议定书、检疫要求、检疫证书模板、印章印模等，有的进境产品还需要通报国外签证官的签字笔迹。

（二）注册登记要求

注册登记是指对进出境动植物及其产品的种植、养殖以及生产、加工、存放单位的资质、安全卫生防疫条件、质量管理体系进行考核确认，并实施监督管理的一项准入制度。

目前，中国实施境外输华动植物及其产品、其他检疫物的生产、加工、存放企业注册登记的范围主要包括水果果园、加工包装厂，粮食生产、加工、存放企业，植物繁殖材料种植场（圃），栽培介质生产、加工、存放单位，饲料、饲料添加剂、种禽种蛋、水生动物、非食用动物产品、动物遗传物质、生物材料的生产企业等。

境外相关企业应当符合输出国家（地区）法律法规和标准的相关要求，并达到与中国有关法律法规和标准的等效要求，经输出国家（地区）官方主管部门审查合格后向海关总署推荐。海关总署对输出国（地区）官方提交的推荐材料进行审查，审查合格的，经与输出国家（地区）主管部门协商后，结合官方监管体系考核，对生产加工企业进行注册检查。对抽查符合要求的及未被抽查的其他推荐企业，予以注册登记，并在海关总署官方网站公布。对检查不符合要求的企业，不予注册登记，并将原因向输出国家（地区）主管部门通报。登记有效期届满的注册企业，须进行申请延期注册。

（三）境外预检制度

《中华人民共和国进出境动植物检疫法实施条例》第二十九条规定，动植物检疫部门根据检疫需要，并商输出动植物、动植物产品国家或者地区政府有关部门同意，可以派检疫人员进行预检、监装或者产地疫情调查。

境外预检是指根据双边议定书、备忘录等的要求，结合进境动植物及其产品检疫工作需要，派检疫官员到输出国家或地区配合实施输出前检疫工作的一种制度。境外预检目的是落实议定书规定检疫要求，确保向中国输出的动植物及其产品符合检疫议定书规定。境外预检一般在双边议定书中明确。

进口大中动物（尤其是种用动物）、罗汉松、烟叶等，须由海关总署派遣检疫人员赴产地实施境外预检。进口其他动物及苗木等植物及产品视情况开展境外预检。

以进境种牛预检为例：

1. 拟定预检方案

预检人员在出发前须做好充分的准备，精通检疫议定书、合作备忘录等文件的要求，到达输出国家（地区）后，首先与输出国家（地区）官方主管部门联系，商订检疫计划，在计划中落实双边动物检疫议定书、合作备忘录、进境动植物检疫许可证中的检疫要求。

2. 资料收集

向输出国家（地区）官方机构了解或查阅输出国家（地区）的动物疫情，确认输出国家（地区）的动物疫情状况符合双边议定书规定。了解和查阅输出动物所在地区和农场的动物疫病发生情况，确认输出地区和农场动物卫生状况符合双边检疫议定书对农场动物疫情的规定。

3. 农场检疫

参与农场检疫，确认农场免疫和检疫项目、方法、标准、检疫结果符合双边检疫议定书要求。只有经农场检疫合格的动物方允许进入动物隔离场。若某农场的动物检疫不符合双边议定书等文件的要求，则该农场所有动物都不能向我国出口。

4. 隔离场检疫

动物隔离场条件的确认。动物隔离场必须经输出国家或者地区官方检疫机构认可，符合动物隔离检疫要求，使用前经过严格消毒处理。落实动物隔离检疫期间的检疫项目，了解实验室检验情况，掌握动物寄生虫的驱除处理情况等，做好动物装运前的临床检查。

5. 装运前准备

落实动物的运输路线、运输要求［包括从输出国家（地区）动物隔离场至离境口岸的运输过程］，了解并帮助落实应由输出国家或者地区提供的检疫试剂准备情况。确认输出国家或者地区动物卫生证书内容是否反映了双边检疫议定书规定的要求，确认格式及内容是否准确。派出人员可根据情况对输出动物实施监装。派出人员应在动物装运后，及时向国内进境动物隔离检疫场所在地直属海关通报境外的检疫情况，做好境外检疫和入境后检疫衔接工作，并协助完成动物入境后的检疫工作。

6. 总结报告

在外工作期间，应填写《动物检疫境外预检人员工作日志》，完成相关进境动物检疫管理信息系统数据填报。撰写预检总结报告，回国后及时向海关总署汇报，并提交相关资料。

（四）检疫审批制度

检疫审批是动植物检疫的法定程序之一，是在进境动植物及其产品和其他检疫物入境之前实施的一种预防性动植物检疫控制措施。主要适用于对《进出境动植物检疫法》及其实施条例以及国家有关规定需要审批的进境动物（含过境动物）、动植物产品和需要特许审批的禁止进境物进行检疫审批。目前，海关负责《中华人民共和国进境植物检疫禁止进境物名录》内的特许审批，农林部门负责相关种苗的审批。

1. 分级审批

海关总署动植物检疫司负责制定申请材料审核、"检疫许可证"和"海关不予行政许可决定书"的评语及签发等相关要求，负责对未授权直属海关开展检疫审批的动植物及其产品和需要跨直属海关核签的检疫审批事项的终审工作。各直属海关负责本关区由海关总署授予审批权限的动植物及其产品的检疫审批受理、初审和终审工作，包括活水生动物、动物遗传物质、非食用动物产品、饲料、生物材料、水果、烟叶等。

2. 工作程序

（1）申请

申请办理检疫审批手续的单位应当是具有独立法人资格的单位。申请单位应当通过进境动植物检疫审批系统提交申请，并按照进境具体货物种类相应提交如下材料。

进境活动物：除食用水生动物外，需提供进境动物指定隔离场使用证；进境水生动物自输出国家或者地区出境后中转第三方国家或者地区进境的，应当提供运输路线及在第三方国家或者地区中转处理情况，包括是否离开海关监管区、更换运输工具、拆换包装以及进入第三方国家或者地区水体环境等。

进境动物遗传物质：代理进口的，提供与货主签订的代理进口合同或者协议复印件。

进境非食用动物产品：Ⅰ级风险非食用动物产品需提供加工、存放单位证明材料；申请单位与生产、加工、存放单位不一致的，需提供申请单位与指定企业签订的生产、加工、存放合同。

进境生物材料：进口一级和二级风险产品的，根据具体产品需提供说明数量、用途、引进方式、进境后防疫措施材料，科学研究的立项报告及相关主管部门的批准立项证明等文件。

进境粮食：生产加工存放单位检疫初审联系单。

进境水果：指定冷库证明文件。

进境烟叶：生产加工存放单位考核报告。

进境饲料：Ⅰ级风险的饲料需提供生产、加工、存放单位证明材料；申请单位与生产、加工、存放单位不一致的，需提供申请单位与指定企业签订的生产、加工、存放合同。

过境动物：说明过境路线；提供输出国家或者地区官方检疫部门出具的动物卫生证书；输入国家或者地区官方检疫部门出具的准许动物进境的证明文件。

特许审批：提供说明其数量、用途、引进方式、进境后的防疫措施材料；科学研究的立项报告及相关主管部门的批准立项证明文件。

（2）审核

直属海关对申请单位提交的材料进行审核，审核内容包括：申请单位提交的材料是否齐全，是否符合相关规定；输出和途经国家或者地区有无相关的动植物疫情；是否符合中国有关动植物检疫法律法规和部门规章的规定；是否符合中国与输出国家或者地区签订的双边检疫协定（包括检疫议定书、备忘录等）；进境活动物、动物遗传物质、非食用动物产品、生物材料、水果、烟草、粮食、饲料及饲料添加剂，输出国家（地区）和生产企业应在海关总署公布的相关检验检疫准入名单内；可以核销的进境动植物产品，应当按照有关规定审核其上一次审批的"检疫许可证"的使用、核销情况。

（3）批准

海关总署或经授权的直属海关，自受理申请之日起在承诺时限内作出准予许可或不予许可的决定；承诺时限内不能作出决定的，经本行政机关负责人批准，延长10个工作日，并应当将延长期限的理由告知申请单位。行政机关主动缩短审批时限的，按其承诺的缩短时间计算。

二、进境时的管理要求

（一）进境动物及产品检疫

1. 指定监管场地要求

指定监管场地是指符合海关监管作业场所（场地）的设置规范，满足动物疫情疫病防控需要，指定对进境高风险动物及其产品实施查验、检验、检疫的特定监管场地。

2. 申报要求

货主或其代理人可通过国际贸易"单一窗口"（https：//www.singlewindow.cn）或"互联网+海关"一体化网上办事平台（http：//online.customs.gov.cn）开展进口货物申报，在报关时可根据业务情况自行选择以一次申报、分步处置为主要内容的"一分模式"或是以概要申报和完整申报为主要内容的"两步申报"模式。申报前需确保进口的货物不包含海关总署公布的"禁止从动物疫病流行国家地区输入的动物及其产品一览表"中列明的动物及其产品。

（1）进口活动物（水生动物、伴侣动物除外）及其遗传物质的，货主或其代理人应当在货物进境前或进境时，按照单一窗口报关规范向入境口岸海关申请办理报关手续，申报资料除了必要的贸易单据之外主要包括进境货物报关单、有效的"进境动植物检疫许可证"、输出国或地区官方检验检疫机构出具的检疫证书正本、贸易合同、产地证书、发票、装箱单。以上材料均需提交原件或复印件（加盖公章）的扫描件1份。

（2）进口伴侣动物的，货主或其代理人应当在货物进境前或进境时，按照单一窗口报关规范向入境口岸海关申请办理报关手续，申报资料主要包括输出国家或地区官方出具的有效检疫证书、狂犬疫苗注射证明、狂犬病毒抗体滴度检测报告（来自非指定国家或地区的伴侣动物）、本人护照、提货单（托运）。以上材料均需提交原件1份，现场验核，海关仅留存复印件1份。

（3）进口水生动物的，货主或其代理人应当在货物进境前或进境时，按照单一窗口报关规范向入境口岸海关申请办理报关手续，申报资料主要包括进境货物报关单、有效的"进境动植物检疫许可证"、输出国或地区官方检验检疫机构出具的检疫证书正本、贸易合同、产地证书、发票、装箱单。以上材料均需提交原件或复印件（加盖公章）的扫描件1份。

（4）进口动物产品的，货主或其代理人应当在货物进境前或进境时，按照单一窗口报关规范向入境口岸海关申请办理报关手续，申报资料主要包括"进境动植物检疫许可证"（如需要）、输出国家或地区官方植物检疫证书（如需要）、产地证书、贸易合同或信用证及发票、提单或装箱单、代理报关委托书（适用于代理报关时用）。以上材料均需提交原件或复印件（加盖公章）的扫描件

1份。

货主或其代理人应确保申报数据的完整、准确，随附单据应齐全、完整、有效。

3. 口岸现场查验

（1）现场检查

现场检查是指进出境应检物抵达口岸时，海关关员依法登船、登车、登机或到货物存放地现场进行检疫查验。进行检疫查验应当符合海关对进出口货物查验的管理规定，并按"双随机"要求作业。海关关员应严格按照系统布控指令规定的内容开展具体查验工作。

①海关查验人员着装要求

为做好新冠肺炎疫情常态化防控工作，海关现场查验关员应严格按照《海关新冠肺炎疫情防控工作人员安全防护工作手册》的相关规定进行着装，做好个人防护，有效控制疫情传播风险。

②"双随机"要求

"双随机"包括随机选择布控和随机派员查验。

随机选择布控是指海关在对进出口报关单风险分析的基础上，按照明确的业务参数标准和规范的操作程序，将有关管理要求加工转化为计算机编码，由计算机自动随机选定需查验的报关单。

随机派员查验是指海关针对需查验的报关单，由计算机系统随机选派有相应岗位资质的查验人员实施查验的作业模式。

③现场检疫查验

一是核对证单。核查报关单、贸易合同、信用证、发票和输出国家（地区）官方动植物检疫机关出具的检疫证书、产地证明等单证；依法应当办理检疫审批等手续的，还须核查"进境动植物检疫许可证"等。根据单证核查的情况并结合中国动植物检疫规定及输出国家（地区）疫情发生情况，确定检疫查验方案。

二是核查货证是否相符。检查所提供的单证材料与货物是否相符，核对集装箱号与封识与所附单证是否一致，核对单证与货物的名称、数重量、产地、包装、唛头标志是否相符。

三是货物检查。对进境动植物及其产品检查货物及其包装物有无病虫害。对活动物应检查有无疫病的临床症状，发现疑似感染传染病或者已死亡的动物时，在货主或者亚运人的配合下查明情况，立即处理。动物的铺垫材料、剩余饲料和排泄物等，由货主或其代理人在检疫人员的监督下作除害处理。对动物产品应检查有无腐败变质现象，容器、包装是否完好，符合要求的，允许卸离运输工具，发现散包、容器破裂的，由货主或者其代理人负责整理完好，方可卸离运输工具。根据情况，对运输工具的有关部位及装载动物产品的容器、外表包装、铺垫材料、被污染场地进行消毒处理。对来自动物传染病疫区或者易带动物传染病和寄生虫病病原体并用作动物饲料的植物产品，同时实施动物检疫；发现病虫害并有扩散可能时，及时对该批货物、运输工具和装卸现场采取必要的防疫措施。对动植物性包装物、铺垫材料，检查是否携带病虫害、混藏杂草种子、沾带土壤。对其他检疫物，检查包装是否完好及是否被病虫害污染；发现破损或者被病虫害污染时，作除害处理。

（2）抽采样品

抽采样品应具有代表性，按照有关抽采样的国家标准或行业标准，以及进口货物的种类和数量制定抽采样计划并实施抽采样。必要时要结合有害生物和动物疫病的生物学特性实施针对性抽采样。对动物产品，一般在上、中、下三个不同层次和同一层次的5个不同点随机采取；种用大、中动物逐头采取血样，必要时可采取粪便、黏膜分泌物等样品。在抽采样品过程中必须注意防止污染，以确保检疫结果的准确性。现场查获的有害生物也应作为样品送实验室鉴定。

根据相关产品的国家标准、双边议定书以及海关总署警示通报、检疫许可证要求和《进出口食用农产品和饲料安全风险监控计划》等的相关规定，确定实验室检测项目，送实验室检测。

4. 实验室检测

实验室检测指通过实验室技术手段,对现场查验抽取的样品及发现的可疑物进行检测鉴定,并出具检疫结果报告单。实验室检测鉴定结果是检疫结果评判以及采取后续监管措施的科学依据。实验室动物检疫项目包括动物疫病(含人畜共患疫病)检测鉴定、药物和毒素等有毒有害物质检验、动物源性特定成分检测、疫苗抗体浓度检测等。

实验室检测涉及的主要环节包括报验接单、样品签收、样品检测前处理、检测结果登记、检测结果审核、报告拟制、报告审核等。实验室检测中如发现阳性疑似样品,则需要对相关项目进行复检,综合两次检测结果给出最终结论。实验室动物检疫项目包括疫病检测、有毒有害物质检测、安全卫生检验、品质检验、转基因检测等。

5. 合格评定及不合格处置

现场实施检疫的海关根据查验情况及实验室检测结果进行合格评定,对不合格情形作出相应处置。

(1) 针对活动物(伴侣动物除外),相应的情形有如下几种。

检出一类传染病、寄生虫病的动物,连同其同群动物全群退回或者全群扑杀并销毁尸体。

检出二类传染病、寄生虫病的动物,退回或者扑杀,同群其他动物在隔离场或者其他指定地点隔离观察。

(2) 针对伴侣动物,相应的情形有如下几种。

对发生以下情形的宠物实施退回或销毁:携带宠物超过限额的;携带人不能向海关提供输出国家或者地区官方动物检疫机构出具的有效检疫证书或狂犬病疫苗接种证书的;携带需隔离检疫的宠物,从不具有隔离检疫设施条件的口岸入境的;宠物经隔离检疫不合格的。

对仅不能提供疫苗接种证书的导盲犬、导听犬、搜救犬,经携带人申请,可以在有资质的机构对其接种狂犬病疫苗。

作限期退回处理的宠物,携带人应当在规定的期限内持海关签发的截留凭证,领取并携带宠物出境;逾期不领取的,作自动放弃处理。

(3) 针对动物产品,相应的情形有如下几种。

现场查验有下列情形之一的,海关签发"检验检疫处理通知书",并作相应检疫处理:

①属于法律法规禁止进境的、带有禁止进境物的、货证不符的、发现严重腐败变质的作退回或者销毁处理。

②对散包、容器破裂的,由货主或者其代理人负责整理完好,方可卸离运输工具。海关对受污染的场地、物品、器具进行消毒处理。

③带有检疫性有害生物、动物排泄物或者其他动物组织等的,按照有关规定进行检疫处理。不能有效处理的,作退回或者销毁处理。

④对疑似受病原体和其他有毒有害物质污染的,封存有关货物并采样进行实验室检测,对有关污染现场进行消毒处理。

抽样送检的动物产品,经检验检疫不合格的,海关签发"检验检疫处理通知书",由货主或者其代理人在海关的监督下,作除害、退回或者销毁处理,经除害处理合格的准予进境。需要对外索赔的,由海关出具相关证书。

(二) 进境植物及产品检疫

1. 指定监管场地要求

指定监管场地是指符合海关监管作业场所(场地)的设置规范,满足动植物疫情疫病防控需要,指定对进境高风险动植物及其产品实施查验、检验、检疫的特定监管场地。

不同的植物及其产品对指定监管场地的要求各不相同,目前包括以下类型:进境粮食指定监管场地、进境水果指定监管场地、进境植物种苗指定监管场地、进境原木指定监管场地、其他进境高风险动植物及其产品指定监管场地。相关设置规范和场地要求,详见海关总署公告2021年第4号(关于修订《海关监管作业场所(场地)设置规范》《海关监管作业场所(场地)监控摄像头设置规范》和《海关指定监管场地管理规范》的公告)。

2. 申报要求

货主或其代理人可通过国际贸易"单一窗口"(https://www.singlewindow.cn)或"互联网+海关"一体化网上办事平台(http://online.customs.gov.cn)开展进口货物申报,在报关时可根据业务情况自行选择以一次申报、分步处置为主要内容的"一分模式"或是以概要申报和完整申报为主要内容的"两步申报"模式。申报前需确保进口的货物不包含《中华人民共和国进境植物检疫禁止进境物名录》中列明的植物及其产品。

(1)进口植物繁殖材料的,货主或其代理人应当在货物进境前7日按照单一窗口报关规范向指定监管场地所在地海关申请办理报关手续,申报资料除了必要的贸易单据之外主要包括:一是输出国家(或地区)官方植物检疫部门出具的植物检疫证书、产地证书;二是"进境动植物检疫许可证"、"国(境)外引进农业种苗检疫审批单"或"引进林木种子、苗木检疫审批单"、"农业转基因生物安全证书"(转基因植物)、"允许进出口证明书"(濒危野生植物)等我国官方批准文件;三是"进境植物繁殖材料准调入函"(跨辖区调离时提供)。

(2)进口植物产品的,货主或其代理人应当在货物进境前或进境时,按照单一窗口报关规范向入境口岸海关申请办理报关手续,申报资料除了必要的贸易单据之外主要包括:一是输出国家(或地区)官方植物检疫部门出具的植物检疫证书、产地证书;二是"进境动植物检疫许可证"(适用于水果、粮食等海关总署规定需要审批的植物及植物产品)、"农业转基因生物安全证书"(转基因植物产品)等我国官方批准文件。

货主或其代理人应确保申报数据的完整、准确,随附单据应齐全、完整、有效。

3. 口岸现场查验

(1)现场检查

现场检查是指进出境应检物抵达口岸时,海关关员依法登船、登车、登机或到货物存放地现场进行检疫查验。进行检疫查验应当符合海关对进出口货物查验的管理规定,并按"双随机"要求作业。海关关员应严格按照系统布控指令规定的内容开展具体查验工作。

(2)海关查验人员着装要求

为做好新冠肺炎疫情常态化防控工作,海关现场查验关员应严格按照《海关新冠肺炎疫情防控工作人员安全防护工作手册》的相关规定进行着装,做好个人防护,有效控制疫情传播风险。

(3)"双随机"要求

"双随机"包括随机选择布控和随机派员查验。

随机选择布控是指海关在对进出口报关单风险分析的基础上,按照明确的业务参数标准和规范的操作程序,将有关管理要求,加工转化为计算机编码,由计算机自动随机选定需查验的报关单。

随机派员查验是指海关针对需查验的报关单,由计算机系统随机选派有相应岗位资质的查验人员实施查验的作业模式。

(4)现场检疫查验

一是核对证单。核查报关单、贸易合同、信用证、发票和输出国家(地区)官方动植物检疫机关出具的检疫证书、产地证明等单证;依法应当办理检疫审批等手续的,还须核查"进境动植物检疫许可证"等。根据单证核查的情况并结合中国动植物检疫规定及输出国家(地区)疫情发生情况，确定检疫查验方案。

二是核查货证是否相符。检查所提供的单证材料与货物是否相符，核对集装箱号与封识与所附单证是否一致，核对单证与货物的名称、数重量、产地、包装、唛头标志是否相符。

三是货物检查。对进境动植物及其产品检查货物及其包装物有无病虫害。对来自动物传染病疫区或者易带动物传染病和寄生虫病病原体并用作动物饲料的植物产品，同时实施动物检疫；发现病虫害并有扩散可能时，及时对该批货物、运输工具和装卸现场采取必要的防疫措施。对动植物性包装物、铺垫材料，检查是否携带病虫害、混藏杂草种子、沾带土壤。对其他检疫物，检查包装是否完好及是否被病虫害污染；发现破损或者被病虫害污染时，作除害处理。

（5）抽采样品

抽采样品应具有代表性，按照有关抽采样的国家标准或行业标准，以及进口货物的种类和数量制定抽采样计划并实施抽采样。必要时要结合有害生物和动物疫病的生物学特性实施针对性抽采样。大型散装货物一般分上、中、下不同层次，并采用对角线、棋盘式或随机的方法，按规定的样品数量和重量采取原始样品。在抽采样品过程中必须注意防止污染，以确保检疫结果的准确性。现场查获的有害生物也应作为样品送实验室鉴定。

根据相关产品的国家标准、双边议定书以及海关总署警示通报、检疫许可证要求和《进出口食用农产品和饲料安全风险监控计划》等的相关规定，确定实验室检测项目，送实验室检测。

4. 实验室检测

实验室检测指通过实验室技术手段，对现场查验抽取的样品及发现的可疑物进行检测鉴定，并出具检疫结果报告单。实验室检测鉴定结果是检疫结果评判以及采取后续监管措施的科学依据。

实验室检测涉及的主要环节包括报验接单、样品签收、样品检测前处理、检测结果登记、检测结果审核、报告拟制、报告审核等。实验室检测中如发现阳性疑似样品，则需要对相关项目进行复检，综合两次检测结果给出最终结论。实验室动植植物检疫项目包括疫病检测、有毒有害物质检测、有害生物检疫鉴定、安全卫生检验、品质检验、转基因检测等。实验室检测中会根据具体检测对象和标准规范而采用形态鉴定方法、免疫学检测技术、生化反应鉴定方法、分子生物学检测方法等不同的技术和方法来完成检测。

5. 合格评定及不合格处置

现场实施检疫的海关根据查验情况及实验室检测结果进行合格评定，对不合格情形作出相应处置。

（1）针对进境植物繁殖材料，相应的情形有如下几种。

一是现场检疫未发现检疫性有害生物，或是限定的非检疫性有害生物未超过有关规定的，低风险种苗予以放行，中、高风险种苗运往指定隔离检疫圃隔离种植。

二是发现土壤等禁止进境物、检疫性有害生物，或限定的非检疫性有害生物超过有关规定的，出具"检疫处理通知书"。需对外索赔的，出具"植物检疫证书"。有检疫处理方法的，检疫处理合格后，低风险种苗予以放行，中、高风险种苗运往指定隔离检疫圃隔离种植。无有效检疫处理方法的，作退回或销毁处理。

三是申报品名、品种、数量、批号与实际不符的，出具"检疫处理通知书"，作退回或销毁处理。实际数量超过审批的，超过部分作退回或销毁处理。

（2）针对进境植物产品，相应的情形有如下几种。

一是经检疫，符合我国有关强制标准要求且未发现植物检疫性有害生物、禁止进境物、政府及政府主管部门间双边植物检疫备忘录和议定书中订明的有害生物及其他有检疫意义的有害生物的，依申请出具"入境货物检验检疫证明"，准予进境。

二是经检疫，发现进境植物检疫性有害生物、禁止进境物、政府及政府主管部门间双边植物检疫备忘录和议定书中订明的有害生物、其他有检疫意义的有害生物，有有效除害处理方法的，向申请人出具"检疫处理通知书"，由申请人委托有资质的检疫处理单位对该批货物进行检疫处理。处理合格后，口岸海关凭检疫处理单位出具的"检疫处理结果单"依申请出具"入境货物检验检疫证明"，准予进境。

三是无有效除害处理方法的或检验不符合我国强制性标准要求或合同信用证条款约定的，向申请人出具"检疫处理通知书"，作销毁或退运处理，口岸或货物收货人所在地海关对销毁或退运过程进行监督，处理结束后依申请出具"植物检疫证书"。若检验项目不符合合同约定或国家强制性标准的，由货物所在地海关出具"检验证书"，供货主对外索赔。

6. 检疫处理

检疫处理是指对不符合我国进出境检疫要求或输入国家（地区）检疫要求的进出境动植物及其产品和其他检疫物采取的强制性处理措施，目的是将疫情疫病可能的传播和/或扩散途径予以阻断。广义的检疫处理措施通常包括扑杀、销毁、退回、截留、隔离、封存、禁止出入境和技术性检疫处理。狭义的检疫处理通常指在规定的场所内，按处理标准采用化学的、物理的或生物的技术性手段进行除害处理的过程。

海关按照《出入境检疫处理单位和人员管理办法》，对检疫处理单位和人员的核准，以及监督管理进行了具体的规定。2020年9月，发布《国务院关于取消和下放一批行政许可事项的决定》，取消"从事进出境动植物检疫处理业务的人员资格许可"，不再对检疫处理人员实施资质管理。目前海关对从事熏蒸、消毒、热处理、冷处理、辐照处理、微波处理等的出入境检疫处理单位实施核准管理。按照实施方式和技术要求，将检疫处理单位分为A类、B类、C类、D类、E类、F类和G类。未经核准，有关单位不得从事或者超范围从事出入境检疫处理工作。

2021年8月，海关总署发布文件规定，自2021年8月23日起，除特殊情况外，海关所属企业不得从事进出境检疫处理业务。

三、进境后的监管要求

（一）进境动物及其产品检疫

1. 隔离检疫

海关按照《进出境动植物检疫法》及其实施条例对进境活动物实施隔离检疫。

（1）隔离检疫场

隔离检疫场是指专用于进境动物隔离检疫的场所，包括由海关总署设立的动物隔离检疫场所（以下简称国家隔离场）和由各直属海关指定的动物隔离场所（以下简称指定隔离场）。进境种用大中动物报经海关总署批准在国家隔离场隔离检疫，当国家隔离场不能满足需求，报经海关总署批准同意可在指定隔离场隔离检疫。其他进境动物，在海关指定隔离场隔离检疫，使用指定隔离检疫场的须通过海关的考核和核准，隔离场经批准使用后，使用人应当做好隔离场的维护，保持隔离场批准时的设施完整和环境卫生条件，保证相关设施的正常运行。

动物进场前，海关应当派员实地核查隔离场设施和环境卫生条件的维护情况。同时，使用人应当确保隔离场使用前符合下列要求。

①动物进入隔离场前10天，所有场地、设施、工具必须保持清洁，并采用海关认可的有效方法进行不少于3次的消毒处理，每次消毒之间应当间隔3天。

②应当准备供动物隔离期间使用的充足的饲草、饲料和垫料。饲草、垫料不得来自严重动物传染病或者寄生虫病疫区，饲料应当符合法律法规的规定，并建立进场检查验收登记制度；饲草、饲

料和垫料应当在海关的监督下，由海关认可的单位进行熏蒸消毒处理；水生动物不得饲喂鲜活饵料，遇特殊需要时，应当事先征得海关的同意。

③应当按照海关的要求，适当储备必要的防疫消毒器材、药剂、疫苗等，并建立进场检查验收和使用登记制度。

④饲养人员和隔离场管理人员在进入隔离场前，应当到具有相应资质的医疗机构进行健康检查并取得健康证明。未取得健康证明的，不准进入隔离场。健康检查项目应当包括活动性肺结核、布氏杆菌病、病毒性肝炎等人畜共患病。

⑤饲养人员和管理人员在进入隔离场前应当接受海关的动物防疫、饲养管理等基础知识培训，经考核合格后方可上岗。

⑥人员、饲草、饲料、垫料、用品、用具等应当在隔离场作最后一次消毒前进入隔离检疫区。

⑦用于运输隔离检疫动物的运输工具及辅助设施，在使用前应当按照海关的要求进行消毒，人员、车辆的出入通道应当设置消毒池或者放置消毒垫。

（2）口岸调离

进境活动物（食用水生动物除外）经口岸海关检疫后，按指令调往指定隔离检疫场实施隔离检疫。

（3）隔离检疫

①监管要求

海关对隔离场实行监督管理，监督和检查隔离场动物饲养、防疫等措施的落实。对进境种用大中动物，隔离检疫期间实行24小时海关工作人员驻场监管。

海关工作人员、隔离场使用人应当按照要求落实各项管理措施，认真填写《进出境动物隔离检疫场检验检疫监管手册》。

海关负责隔离检疫期间样品的采集、送检和保存工作。隔离动物样品采集工作应当在动物进入隔离场后7天内完成。样品保存时间至少为6个月。

海关按照有关规定，对动物进行临床观察和实验室项目的检测，根据检验检疫结果出具相关的单证，实验室检疫不合格的，应当尽快将有关情况通知隔离场使用人并对阳性动物依法及时进行处理。

海关按照相关的规定对进口动物进行必要的免疫和预防性治疗。隔离场使用人在征得海关同意后可以对患病动物进行治疗。

②采样检测

海关负责隔离检疫期间样品的采集、送检和保存工作。隔离动物样品采集工作要求在动物进入隔离场后7天内完成。

③实验室检测

海关按照国门生物安全监测要求和有关检疫条款要求，确定实验室检疫内容。实验室应在隔离期满前完成所有实验室检疫项目并出具检验报告，在实验室检验过程中如出现或发生异常情况应及时报告海关。

④防疫消毒和检疫处理

隔离期间，海关监督隔离检疫场对患病动物污染场地、用具和物品进行消毒；关员对疑似疫病死亡动物进行尸体剖检，采集病料送实验室作实验室检验。

检出《中华人民共和国进境动物一类、二类传染病、寄生虫病的名录》中一类传染病、寄生虫病的动物，连同其同群动物全群退回或者扑杀处理并销毁尸体，并按《进出境重大动物疫情应急处置预案》，采取有效措施及时处置。

检出《中华人民共和国进境动物一类、二类传染病、寄生虫病的名录》中的二类传染病、寄生虫病的动物，对阳性动物作退回或者扑杀处理并销毁尸体，同群动物在隔离检疫场隔离观察。

隔离检疫期间，隔离场内发生重大动物疫情的，应当按照《进出境重大动物疫情应急处置预案》处理。

⑤合格评定与证单出具

检疫人员对动物进行临床观察和实验室项目的检测，根据检疫结果出具相关单证，实验室检疫不合格的，将有关情况通知隔离场使用人并对阳性动物依法监督及时进行处理。

隔离期满，且实验室检验工作完成后，对隔离动物作最后一次临床检查。合格动物由海关出具"入境货物检验检疫证明"，并作放行处理。

对不合格的动物，出具"动物检疫证书"。需作检疫处理的，出具"检验检疫处理通知书"，并按照《进出境动植物检疫法》及其实施条例的有关规定进行处理。

⑥后续监管

隔离场使用完毕后，应当在海关的监督下，作如下处理：

A. 动物的粪便、垫料及污物、污水进行无害化处理确保符合防疫要求后，方可运出隔离场；

B. 剩余的饲料、饲草、垫料和用具等应当作无害化处理或者消毒后方可运出场外；

C. 对隔离场场地、设施、器具进行消毒处理。

2. 定点加工

（1）非食用动物产品

①生产、加工、存放单位指定

海关对进境非食用动物产品存放、加工过程，实施检疫监督，并要求Ⅰ级风险非食用动物产品在指定单位实施生产、加工、存放。进境非食用动物产品指定生产、加工、存放单位须通过海关的考核和核准。

②口岸调离

进境非食用动物产品经口岸海关检疫后，按指令调往指定单位生产、加工、存放。

③监督管理

海关监督指定单位是否做到以下几点：

A. 按照规定的兽医卫生防疫制度开展防疫工作；

B. 按照规定的工艺加工、使用进境非食用动物产品；

C. 按照规定的方法对废弃物进行处理；

D. 建立并维护企业档案，包括出入库、生产加工、防疫消毒、废弃物处理等记录，档案至少保留2年；

E. 如实填写《进境非食用动物产品生产、加工、存放指定企业监管手册》；

F. 涉及安全卫生的其他规定。

海关发现指定企业出现以下情况的，取消指定：

A. 企业依法终止的；

B. 不符合《进出境非食用动物产品检验检疫监督管理办法》第三十四条规定，拒绝整改或者未整改合格的；

C. 未提交年度报告的；

D. 连续两年未从事进境非食用动物产品存放、加工业务的；

E. 未按照《进出境非食用动物产品检验检疫监督管理办法》第三十八条规定办理变更手续的；

F. 法律法规规定的应当取消指定的其他情形。

(2）动物遗传物质

①备案要求

海关对进境动物遗传物质的加工、存放、使用（统称使用）实施检疫监督管理；对动物遗传物质的第一代后裔实施备案。进境动物遗传物质的使用单位应当到所在地直属海关备案。

②口岸调离

进境动物遗传物质经口岸海关检疫后，按指令调往指定单位生产、加工、存放。

③监督管理

每批进境动物遗传物质，使用单位应填写《进境动物遗传物质检疫监管档案》，接受海关监管；每批进境动物遗传物质使用结束，应当将《进境动物遗传物质检疫监管档案》报海关备案。

（3）动物源性饲料

①指定生产加工存放单位

海关根据《关于修订进出口饲料和饲料添加剂风险级别及检验检疫监管方式的公告》（国家质检总局公告 2015 年第 144 号），对进口后的Ⅰ级风险动物源性饲料的加工场所实施检疫监督。

②口岸调离

进境Ⅰ级风险动物源性饲料经口岸海关检疫后，按指令调往指定单位生产、加工、存放。

③监督管理

确认每批进口产品在检疫许可证列明的进境后生产、加工、存放单位生产、加工、存放；督促生产、加工、存放企业落实兽医卫生防疫制度，按照报备的工艺流程对进口产品进行加工或使用；督促对生产、加工、存放进口产品的场所、工作台、设备、搬运工具以及装载容器等及时进行消毒处理；督促对存放、加工过程中产生的下脚料、废弃物进行无害化处理；督促工作人员上下班洗手、消毒、更衣换鞋，工作服定期消毒处理；督促生产加工企业建立供核查的相关生产记录和相应的统计资料；监督过程中发现其兽医卫生条件不合格以及没有落实防疫措施的，限期整改。整改合格的，受理下一次申报。

（4）动物源性生物材料

①备案要求

进口生物材料企业应当在首次报关前办理备案手续。

②口岸调离

进境一级、二级风险产品经口岸海关检疫后，调往"进境动植物检疫许可证"指定的存放、使用单位的，货主或者其代理人应当向目的地海关申报，并提供相关单证复印件，由目的地海关实施检疫监督。

③监督管理

目的地海关对进境一级和二级风险产品的存放、使用单位实施检疫监督管理。监督一级、二级风险产品存放、使用单位按照《病原微生物实验室生物安全管理条例》《兽医实验室生物安全管理规范》等规定制定安全使用、管理的有关制度并严格执行，未经海关允许，不得将进境产品移出存放、使用单位。

目的地海关应建立进境生物材料企业管理档案，包括存放、使用单位海关监管材料，进口企业备案材料，监督管理记录和不合格追溯档案（记录调查过程、结论及纠正措施）等。

3. 动物疫病监测

海关总署组织制订国门生物安全监测方案对进境动物及其产品开展疫病监测工作。由各海关按照布控指令和监测方案对进境动物及其产品开展监测。监测对象包括进境陆生动物、水生动物、禽鸟、野生动物、伴侣动物、非食用动物产品、动物源性饲料、动物源性生物材料等。自《年度监测计划》下发之日起至当年 11 月 30 日为一个监测周期。在新的《年度监测计划》下达之前，监测工作按照上一年度的要求实施。监测疫病分为重点监测疫病、一般监测疫病、潜在风险疫病、指令检查疫病。检测结果为阳性的，按照相关程序上报和处置。

（二）进境植物及其产品检疫

1. 隔离检疫

植物隔离检疫是将进境植物限定在指定的隔离场圃内种植，在其生长期间进行检疫、观察、检测和处理的一项强制性措施，是一种物理或环境阻断式检疫。进境时一些有害生物可能处于潜伏状态，需要一个种植观察检疫阶段。进口时，将需进行隔离检疫的植物从进境口岸调离到海关认可或指定的植物检疫隔离圃，通过隔离检疫手段，可以有更充裕的时间，采取更多的方法防止外来疫情疫病传入。

（1）隔离检疫圃

进境植物繁殖材料隔离检疫圃须通过海关的考核和核准，隔离检疫圃依据隔离条件、技术水平和运作方式划分。

（2）口岸调离

进境植物繁殖材料经口岸海关检疫后，根据企业报关申请，按指令调往指定隔离检疫圃实施隔离检疫。

（3）隔离期限

进境植物繁殖材料的隔离种植期限按海关、农业农村部门（负责进境种子的审批）、林草部门（负责种苗的审批）签发的检疫许可证、检疫审批单明确的隔离检疫期限执行。一般来说，1 年生植物繁殖材料至少隔离种植 1 个生长周期；多年生植物繁殖材料一般隔离种植 2～3 年；因特殊原因，在规定时间内未得出检疫结果的可适当延长隔离种植期限。

（4）隔离种植期检疫

隔离检疫圃严格按照所在地隶属海关核准的隔离检疫方案按期完成隔离检疫工作，并定期向所在地隶属海关报告隔离检疫情况，接受检疫监管。负责隔离检疫的机构应根据隔离检疫方案开展疫情调查，如在隔离检疫期间发现疫情，须立即报告所在地隶属海关，并采取有效防疫措施。隔离检疫期间，隔离检疫圃应当妥善保管隔离中的植物繁殖材料，未经海关同意，不得擅自将正在进行隔离检疫的植物繁殖材料调离、处理或作他用。隔离检疫圃内，同一隔离场地不得同时隔离两批（含两批）以上的进境植物繁殖材料，不准将与检疫无关的植物种植在隔离场地内。

隔离检疫结束后，隔离检疫圃所在地隶属海关根据口岸检疫查验结果、隔离检疫结果作出结果评定。

（5）疫情处理

隔离检疫期间发现检疫性有害生物的，立即采取必要的防控措施，重大疫情按照相关急处置预案要求进行处置，防止疫情扩散。发现检疫性有害生物、限定的非检疫性有害生物超过有关规定且无有效处理方法的，销毁全部植物繁殖材料；有有效处理方法的，按照相关规定处理。

隔离检疫结束后，所有包装材料及废弃物应进行无害化处理。隔离检疫圃在完成进境植物繁殖材料隔离检疫后，对进境植物繁殖材料的残体作无害化处理，在隔离场地使用前后，对用具等进行消毒。

2. 定点加工

进境植物产品需要定点加工存放的主要为大宗粮食。

(1) 加工企业监管

加工企业监管是指进境粮食应在具备防疫、处理等条件的指定场所加工使用,未经加工不得直接销售使用。进境粮食指定加工企业的考核条件包括环境、装卸场地、仓储、生产加工、下脚料及包装材料处理、视频监控、运输条件以及管理制度要求等各方面内容。

①环境条件

企业生产加工环境整洁;厂区相对隔离;厂区以及接卸港口1公里范围内没有种植与进境粮食种类相同的粮食作物等。

②装卸场地

装卸场所相对封闭独立,周边地面平整、硬化,无裸露土壤,面积不少于50平方米,有防雨水设施;卸货口附近有高度不低于2.5米、长度不短于10米的实体围墙(或具有同等防疫效果的遮挡物)。

③仓储条件

符合防疫、防鼠要求;有出入库记录;有除害处理常用药剂及器械或设施。饲用粮食仓容不低于5000吨。

④生产加工条件

饲用粮日、年加工能力分别不低于200吨、6万吨。每次申请量应与其仓储及生产能力相适应,且不低于1000吨;进境粮食加工工艺流程应具备粉碎或者蒸热等工艺,确保破碎粮籽及其携带的杂草种子,最终加工产品不得带有完整籽粒;确保杂草种子到达灭活效果。

⑤下脚料及包装材料处理

加工企业厂区内应有下脚料及包装材料专用存放库或场地、无害化处理设施。没有无害化处理设施的,应与具备处理条件的企业签订委托处理协议。

⑥视频监控

接卸场地、加工企业的装卸、下脚料收集和处理等关键环节应安装视频监控设施。

⑦运输要求

企业应当选用密闭性能良好的粮食运输工具(包括船、车),鼓励使用粮食专用船、专用车,并采取有效的防撒漏措施。

⑧管理制度

企业应制定针对进境粮食接卸、储存、运输、加工、下脚料收集与处理、疫情监测、应急处置、防疫管理领导小组等防疫管理制度及措施,并纳入企业质量安全管理体系;管理制度及措施应上墙,或放置在明显位置;加工企业与接卸、运输企业应签订防疫责任书,督促落实接卸、运输过程的防疫措施;企业应确保上述制度措施有效运行,并有相关记录。

上述要求是除油菜籽外的进口粮食加工企业考核条件。油菜籽则按照海关总署发布的进口油菜籽加工储运检验检疫技术条件执行。

各地海关负责辖区内进境粮食加工储存企业的评审核准工作,油菜籽加工企业资质初审由直属海关负责,经海关总署考核批准。进境粮食加工、储存企业名单由海关总署对外公布。

(2) 货物监管

货物监管是指进境粮食的装卸、调运、运输、储存、加工及下脚料等处置全过程应符合防疫管理要求。未经海关允许,企业不得擅自调运、加工、使用,禁止挪作种用。

①装卸过程监管

货主或其代理人在卸货前,须提供包含卸货时间、储存仓库、运输单位、发运时间等内容的卸货计划,海关在表层检疫合格后,出具"进口粮食准卸通知单",装卸单位凭此安排卸货。

装卸单位在装卸过程应采取防止疫情扩散的安全防护措施，包括及时清理装卸场地撒漏的货物，对进出装卸场地的运输工具等采取清洁措施，必要时应对装卸场地、运输工具等作消毒处理等。

②调运过程监管

口岸海关完成检疫后，货主或其代理人方可办理调运手续。加工企业在进境口岸辖区内的，进境口岸海关直接办理调运手续；加工企业在进口岸辖区外的，出具"进口粮食调运联系单"办理调运手续。进境货物调运过程中，中途需更换运输工具的，货主应联系货物换装地点所在地海关实施监管，换装地点防疫要求根据相关产品检疫规定执行。口岸经营单位根据海关准调指令发运进境货物；加工企业按要求及时填报货物出入库、加工等情况。货物入境后，要变更流向的，须经直属海关审核同意后实施。

③运输过程监管

货主或其代理人应与进口粮食运输企业签订书面运输合同，明确进口粮食防疫安全职责，确保各项措施的落实。进口粮食运输工具应清洁、无污染，并采取防止粮食撒漏、丢失的有效措施。

④储存过程监管

加工储存企业应建立进口粮食出入库台账，做好储存粮食质量安全管理、疫情防控工作并做好记录。

⑤加工过程监管

加工单位应对进口粮食的加工、库存数量等进行实时记录，并建立进口粮食加工台账。

⑥下脚料监管

进口粮食装卸、储存、加工企业应指派专人进行下脚料的清扫和收集，集中存放在指定场所，并建立进口粮食下脚料收集、处理台账。下脚料处理方案应报海关审核通过后，方可实施。下脚料处理能力应与加工储存能力相适应。

3. 植物疫情监测

植物疫情监测的目的是防止植物疫情传入、传出及外来物种入侵，切实维护首都国门生物安全，保护我国农林业生产和生态安全。海关总署动植物检疫司每年都会组织编制相应的监测方案，监测内容包括境外植物疫情信息监测、贸易渠道截获植物疫情和外来物种监测、非贸渠道截获植物疫情和外来物种监测、外来有害生物监测"四大模块"，并制定监测指南和计划，指导开展工作。

监测对象包括：

（1）境外植物疫情发生、有关国家或地区进口植物疫情检出、国内新发突发植物疫情、有害生物寄主范围变化等情况。

（2）动植物检疫过程中截获的所有植物有害生物，具体种类包括但不限于昆虫、杂草、真菌、细菌、病毒、植原体、线虫、软体动物等。

（3）进境快件、邮件、旅客携带物、跨境电商渠道针对植物疫情及外来物种开展的监测。

①《中华人民共和国禁止携带、邮寄进境的动植物及其产品名录》所列禁止进境的植物及植物产品，包括新鲜果蔬、烟叶（不含烟丝）、种子种苗、苗木及其他具有繁殖能力的植物材料、有机栽培介质等。

②《中华人民共和国禁止携带、邮寄进境的动植物及其产品名录》所列的部分其他检疫物，包括植物病原体、害虫及其他有害生物、土壤。

③非贸渠道随非禁止进境物传带进来的植物疫情。例如，在旅客携带的大米或毛衣中发现的活虫，黏附在行李或寄递物包装上的有害生物等。

④《中华人民共和国禁止携带、邮寄进境的动植物及其产品名录》所列禁止进境的动物或动物

产品上携带的植物疫情。例如，动物毛皮上携带的杂草种子、干制水产品上的皮蠹等。

（4）外来有害生物和外来物种的监测。重点监测检疫性实蝇、外来有害杂草、舞毒蛾、马铃薯甲虫、林木害虫、油菜茎基溃疡病菌、梨火疫病菌、马铃薯斑纹片病菌、番茄褐色绉果病毒、马铃薯纺锤块茎类病毒属类病毒、红火蚁等。

第三节 出境动植物检疫

一、出境动物及其产品检疫

（一）出境动物及其产品生产加工存放单位注册登记

为从源头控制出口动物及其产品安全卫生，提高动物及其产品在国际市场竞争力，国家对出境动物及其产品的生产、加工、存放单位实施注册登记制度。输入国（地区）的要求是注册登记条件的核心，输入国家（地区）有特殊要求的，按输入国家（地区）要求执行。

1. 注册登记管理要求

（1）受理申请

①拟申请注册登记的企业按照法律法规和有关管理规章的要求，向所在地海关提交申请材料。

②所在地海关/直属海关负责申请材料的受理及初审工作。企业申报材料齐全并符合法定形式的，出具受理单，材料不齐全或不符合要求的，一次性书面告知申请企业所需补正的全部内容，待申请企业补正申请材料后，作出是否受理的决定；材料不齐全或不符合要求，又不能补正的，将全部材料退回申请企业，出具"不予受理通知书"。

（2）初审

①受理申请后，所在地海关/直属海关组成考核小组，按照出境动植物及其产品生产、加工、存放单位注册登记条件和要求，对申请单位报送的材料进行审核并对企业实地考核，需要抽样检测的，同时抽取有代表性的样品送检。

②考核小组审核和现场考核后将发现的不符合项记入考核记录表，并督促申请企业限期整改，考核结束后，出具考核报告上报直属海关。企业未按期完成整改的，视同撤回申请。

（3）核查和批准

①所在地直属海关收到受理单位提交的材料后，对申请材料和初审意见进行审核，并提出审核意见。必要时成立核查小组赴现场进行实地核查，将核查发现的不符合项记入考核记录表，并督促受理单位监督申请企业落实整改。核查结束后，出具核查报告。企业未按期完成整改的，视同撤回申请。

②直属海关根据有关规定，对申请材料、现场考核结果，作出准予注册登记或不予注册登记的决定。准予注册登记的，颁发相应证书，需要上报备案的，按规定上报海关总署备案或由海关总署审核后统一公布；不予注册登记的，出具"不予行政许可决定书"，并告知申请单位享有依法申请行政复议或者提出行政诉讼的权利。

（4）监督管理

①直属海关按照有关规定，对获得注册登记资格的出境动植物及其产品生产、加工和存放企业实施监督管理，包括检查企业注册登记条件是否持续保持，企业建立的质量管理体系、安全防疫体系是否有效运行，抽查验证相关产品是否符合相关安全卫生标准等。

②对取得注册登记资格的生产、加工和存放单位实施定期年审。

2. 申请（办理）条件

（1）供港澳地区活羊中转场

①具有独立企业法人资格。不具备独立企业法人资格者，由其具有独立企业法人资格的上级主管部门提出申请。

②具有稳定的货源供应，与活羊养殖单位或供应单位签订有长期供货合同或协议。

③中转场设计存栏数量不得少于200只。

④中转场内具有正常照明设施和稳定电源供应。

⑤建立动物卫生防疫制度、饲养管理制度，并符合下列供港澳地区活羊中转场动物卫生防疫要求：

A. 中转场周围500米范围内无其他动物饲养场、医院、牲畜交易市场、屠宰厂；

B. 设有以中转场负责人为组长的动物卫生防疫领导小组，至少有1名经海关培训、考核、认可的兽医；

C. 在过去21天内，中转场未发生过一类传染病和炭疽；

D. 中转场工作人员无结核病、布氏杆菌病等人畜共患病；

E. 具有健全的动物卫生防疫制度（包括疫情报告制度、防疫消毒制度、用药制度）和饲养管理制度（包括活羊入出场登记制度、饲料饲草及添加剂使用登记制度）；

F. 中转场周围设有围墙，场内分设健康羊圈舍和与其远离的病羊隔离舍；

G. 中转场内清洁卫生，大门口设置有车辆消毒池及喷雾消毒设施，人行通道入口设有消毒池或消毒垫；

H. 中转场内水源充足，水质符合国家规定的饮用水卫生标准；

I. 中转场内不得有除羊和守卫犬以外的其他动物，用于守卫的犬只应拴养；

J. 所用饲料及饲料添加剂不含违禁药品。

（2）供港澳地区活牛育肥场

①具有独立企业法人资格。

②在过去6个月内育肥场及其周围10千米范围内未发生过口蹄疫，场内未发生过炭疽、结核病和布氏杆菌病。

③育肥场设计存栏数量及实际存栏量均不得少于200头。

④建立动物卫生防疫制度、饲养管理制度，并符合下列供港澳地区活牛育肥场动物卫生防疫要求：

A. 育肥场周围500米范围内无其他动物饲养场、医院、牲畜交易市场、屠宰场。

B. 设有以育肥场负责人为组长的动物卫生防疫领导小组及相应职责。

C. 须配备有经海关培训、考核、认可的兽医。

D. 具有健全的动物卫生防疫制度（包括日常卫生管理制度、疫病防治制度、用药管理制度）和饲养管理制度（包括活牛入出场管理制度、饲料及添加剂使用管理制度）及相应的记录表册。

E. 场区设置有兽医室和日常防疫消毒及诊疗用器械。

F. 育肥场周围设有围墙（围栏或铁丝网），并设有专人看守的大门。

G. 场区整洁，生产区与人员生活区严格分开，生产区内设置有饲料加工及存放区、进出场隔离检疫区、育肥区、兽医室、病畜隔离区等，不同功能区分开，布局合理。

H. 设有入场架子牛和出场育肥牛隔离检疫区，入场隔离检疫区为专用或兼用检疫圈舍，距离育肥区至少50米。

I. 生产区出入口须设置：

a. 与门同宽，长 2~3 米、深 10~15 厘米的车辆消毒池及喷雾消毒设施；

b. 淋浴室或更衣室；

c. 人行通道设有消毒池或消毒垫。

J. 场区工作人员无结核病、布氏杆菌病等人畜共患病。

K. 育肥场内水源充足、水质符合国家规定的饮用卫生标准。

L. 场区内具有粪便、污水处理设施。

M. 生产区内不得有除牛及守卫犬以外的其他动物，用于守卫的犬必须拴住。

N. 所有饲料及饲料添加剂不含违禁药品。

（3）供港澳地区活牛中转仓

①具有独立企业法人资格。不具备独立企业法人资格者，由其具有独立法人资格的主管部门提出申请。

②中转仓过去 21 天内未发生过一类传染病。

③中转仓设计存栏数量不得少于 20 头。

④建立动物卫生防疫制度、饲养管理制度，并符合下列供港澳地区活牛中转仓动物卫生防疫要求：

A. 中转场周围 500 米范围内无其他动物饲养场、医院、牲畜交易市场、屠宰场；

B. 中转仓周围设有围墙，内设用实心墙相互隔离并编有顺序号（1 号圈、2 号圈……）的圈舍，用于隔离来自不同注册育肥场的牛；

C. 设有以中转仓负责人为组长的动物卫生防疫领导小组，至少配备 1 名经海关培训、考核、认可的兽医；

D. 中转仓工作人员无结核病、布氏杆菌病等人畜共患病；

E. 具有健全的动物卫生防疫制度（包括疫情报告制度、防疫消毒制度、用药制度）和饲养管理制度（包括活牛出入仓登记制度、饲料及饲料添加剂使用登记制度）；

F. 中转仓内清洁卫生，中转仓大门设置有车辆消毒池及喷雾消毒设施，人行通道入口设有消毒池或消毒垫；

G. 中转仓内水源充足，水质符合国家规定的饮用水卫生标准；

H. 具有符合无害化处理要求的死畜、粪便和污水处理设施；

I. 中转仓内不得饲养除牛及守卫犬以外的其他动物，用于守卫的犬必须拴养；

J. 所有饲料及饲料添加剂不含违禁药品。

（4）供港澳地区活禽饲养场

①存栏 3 万只以上。

②建立饲养场动物防疫制度、饲养管理制度或者全面质量保证（管理）体系，并符合下列供港澳地区活禽饲养场动物卫生基本要求：

A. 设有以饲养场负责人为组长的动物卫生防疫领导小组；

B. 配备有经海关培训、考核、认可的兽医；

C. 场区工作人员无结核病等人畜共患病；

D. 具有健全的动物卫生防疫制度、饲养管理制度及管理手册；

E. 饲养场周围 1000 米范围内无其他禽类饲养场、动物医院、畜禽交易市场、屠宰场；

F. 在过去 6 个月内，饲养场及其半径 10 千米范围内未暴发禽流感、新城疫；

G. 饲养场周围设有围墙或围栏；

H. 场内除圈养禽类外，没有饲养飞禽，在同一饲养场内没有同时饲养水禽、其他禽类和猪；

I. 场区整洁，生产区与生活区严格分开，生产区内设置有饲料加工及存放区、活禽出场隔离检疫区、育雏区、兽医室、病死禽隔离处理区和独立的种禽引进隔离区等，不同功能区分开，布局合理；

J. 饲养场及其生产区出入口设置与门同宽，长3~5米、深10~15厘米的车辆消毒池及喷雾消毒设施，生产区入口设有更衣室，每栋禽舍门口设有消毒池或消毒垫，人行通道设有消毒池或消毒垫；

K. 兽医室内药物放置规范，记录详细，无禁用药物、疫苗、兴奋剂和激素等，且配备有必要的诊疗设施；

L. 生产区内水源充足，水质符合国家规定的卫生要求；

M. 所用饲料及饲料添加剂不含违禁药物；

N. 场区具有与生产相配套的粪便、污水处理设施；

O. 水禽饲养场，可根据实际情况，参照本要求执行。

(5) 供港澳地区活猪饲养场

应当建立饲养场饲养管理制度以及动物卫生防疫制度，并符合下列供港澳地区活猪注册饲养场的条件和动物卫生基本要求：

①年出栏10000头以上，并实行自繁自养。

②设有以饲养场负责人为组长的动物卫生防疫领导小组。

③配备经海关培训、考核、认可的兽医。

④具有健全的动物卫生防疫制度（包括日常卫生管理制度、疫病防治制度、用药管理制度）和饲养管理制度（包括种猪引进管理制度、饲料及添加剂使用管理制度），及相关的记录表册。

⑤饲养场周围1000米范围内无动物饲养场、医院、牲畜交易市场、屠宰场。

⑥饲养场周围设有围墙，并设有专人看守的大门。

⑦场区整洁，布局合理，生产区与生活区严格分开，生产区内设置有饲料加工及存放区、活猪出场隔离区、饲养区、兽医室、病死畜隔离处理区、粪便处理区和独立的种猪引进隔离区等，不同功能区分开。

⑧饲养场及其生产区出入口处以及生产区中饲料加工及存放区、病死畜隔离处理区、粪便处理区与饲养区之间均有隔离屏障，且须设置：

A. 各出入口设置与门同宽，长3~5米、深10~15厘米的车辆消毒池及喷雾消毒设施；

B. 生产区入口具有淋浴室和更衣室；

C. 出入口人行通道设有消毒池或消毒垫。

⑨兽医室内药物放置规范，记录详细，无禁用药品，配备有必要的诊疗设施。

⑩每栋猪舍门口设有消毒池或消毒垫。

⑪生产区内运料通道和粪道分布合理，不互相交叉。

⑫场区工作人员健康，无结核病、布氏杆菌病等人畜共患病。

⑬生产区内水源充足，水质符合国家规定的饮用水卫生标准。

⑭具有与生产相配套的粪便、污水处理设施。

⑮生产区内没有饲养其他动物。

⑯所用饲料及饲料添加剂不含违禁药品。

(6) 出境水生动物养殖场、中转场

①周边和场内卫生环境良好，无工业、生活垃圾等污染源和水产品加工厂，场区布局合理，分区科学，有明确的标识；

②具有符合检验检疫要求的养殖、包装、防疫、饲料和药物存放等设施、设备和材料；

③具有符合检验检疫要求的养殖、包装、防疫、疫情报告、饲料和药物存放及使用、废弃物和废水处理、人员管理、引进水生动物等专项管理制度；

④配备有养殖、防疫方面的专业技术人员，有从业人员培训计划，从业人员持有健康证明；

⑤中转场的场区面积、中转能力应当与出口数量相适应。

（7）出境食用水生动物非开放性水域养殖场、中转场

①周边和场内卫生环境良好，无工业、生活垃圾等污染源和水产品加工厂，场区布局合理，分区科学，有明确的标识；

②具有符合检验检疫要求的养殖、包装、防疫、饲料和药物存放等设施、设备和材料；

③具有符合检验检疫要求的养殖、包装、防疫、疫情报告、饲料和药物存放及使用、废弃物和废水处理、人员管理、引进水生动物等专项管理制度；

④配备有养殖、防疫方面的专业技术人员，有从业人员培训计划，从业人员持有健康证明；

⑤中转场的场区面积、中转能力应当与出口数量相适应；

⑥具有与外部环境隔离或者限制无关人员和动物自由进出的设施，如隔离墙、网、栅栏等；

⑦养殖场养殖水面应当具备一定规模，一般水泥池养殖面积不少于20亩，土池养殖面积不少于100亩；

⑧养殖场具有独立的引进水生动物的隔离池，各养殖池具有独立的进水和排水渠道，养殖场的进水和排水渠道分设。

（8）出境食用水生动物开放性水域养殖场、中转场

①周边和场内卫生环境良好，无工业、生活垃圾等污染源和水产品加工厂，场区布局合理，分区科学，有明确的标识；

②具有符合检验检疫要求的养殖、包装、防疫、饲料和药物存放等设施、设备和材料；

③具有符合检验检疫要求的养殖、包装、防疫、疫情报告、饲料和药物存放及使用、废弃物和废水处理、人员管理、引进水生动物等专项管理制度；

④配备有养殖、防疫方面的专业技术人员，有从业人员培训计划，从业人员持有健康证明；

⑤中转场的场区面积、中转能力应当与出口数量相适应；

⑥养殖、中转、包装区域无规定的水生动物疫病；

⑦养殖场养殖水域面积不少于500亩，网箱养殖的网箱数一般不少于20个。

（9）出境观赏用和种用水生动物养殖场、中转场

①周边和场内卫生环境良好，无工业、生活垃圾等污染源和水产品加工厂，场区布局合理，分区科学，有明确的标识；

②具有符合检验检疫要求的养殖、包装、防疫、饲料和药物存放等设施、设备和材料；

③具有符合检验检疫要求的养殖、包装、防疫、疫情报告、饲料和药物存放及使用、废弃物和废水处理、人员管理、引进水生动物等专项管理制度；

④配备有养殖、防疫方面的专业技术人员，有从业人员培训计划，从业人员持有健康证明；

⑤中转场的场区面积、中转能力应当与出口数量相适应；

⑥场区位于水生动物疫病的非疫区，过去2年内没有发生国际动物卫生组织（OIE）规定应当通报和农业部规定应当上报的水生动物疾病；

⑦养殖场具有独立的引进水生动物的隔离池和水生动物出口前的隔离养殖池，各养殖池具有独立的进水和排水渠道，养殖场的进水和排水渠道分设；

⑧具有与外部环境隔离或者限制无关人员和动物自由进出的设施，如隔离墙、网、栅栏等；

⑨养殖场面积水泥池养殖面积不少于 20 亩，土池养殖面积不少于 100 亩；
⑩出口淡水水生动物的包装用水必须符合饮用水标准，出口海水水生动物的包装用水必须清洁、透明并经有效消毒处理；
⑪养殖场有自繁自养能力，并有与养殖规模相适应的种用水生动物；
⑫不得养殖食用水生动物。

（10）出境非食用动物产品生产加工企业

应当符合进境国家或者地区的法律法规有关规定，并遵守下列要求：
①建立并维持进境国家或者地区有关法律法规规定的注册登记要求；
②按照建立的兽医卫生防疫制度组织生产；
③按照建立的合格原料供应商评价制度组织生产；
④建立并维护企业档案，确保原料、产品可追溯；
⑤如实填写《出境非食用动物产品生产、加工、存放注册登记企业监管手册》；
⑥符合中国其他法律法规规定的要求。

3. 申请材料

（1）首次申请

供港澳地区活羊中转场，活牛育肥场、中转仓，活禽、活猪饲养场：
①注册登记申请表（纸质或电子原件 1 份）；
②场（仓）平面图（纸质或电子原件 1 份）。

出境水生动物养殖场、中转场：
①出境水生动物养殖场、中转场注册登记申请表（纸质或电子原件 1 份）；
②废弃物、废水处理程序说明材料（纸质或电子原件 1 份）；
③进口国家或者地区对水生动物疾病有明确检测要求的，需提供有关检测报告（纸质或电子复印件 1 份）。

出境非食用动物产品生产、加工、存放企业：
①出境非食用动物产品生产、加工、存放企业检验检疫注册登记申请表（纸质或电子原件 1 份）；
②厂区平面图（纸质或电子原件 1 份）；
③工艺流程图（纸质或电子原件 1 份），包括生产、加工的温度，使用化学试剂的种类、浓度和 pH 值，处理的时间和使用的有关设备等情况。

（2）变更申请

出口动物产品生产、加工、存放企业注册登记变更申请（纸质或电子原件 1 份）；
与变更内容相关的资料（变更项目的生产工艺说明、产业政策证明材料）（纸质或电子原件 1 份）。

（3）延续申请

企业延期申请书（纸质或电子原件 1 份）。

（4）注销申请

注销申请书（纸质或电子原件 1 份）。
企业取得准予注销许可后应当一并交回原注册登记证书。

4. 办理流程

（1）申请人向海关递交材料。海关向申请人出具受理单或不予受理通知书。
（2）所在地海关受理申请后，应当根据法定条件和程序进行全面审查，自受理之日起 20 个工作日内作出决定。

（3）经审查符合许可条件的，依法作出准予注册登记许可的书面决定，并送达申请人，同时核发注册登记证书。经审查不符合许可条件的，出具不予许可决定书。

首次、变更、延续、注销申请均按上述流程办理。

（二）申报要求

1. 货主或其代理人应当在货物出境前或出境时，按照单一窗口报关规范向海关申请办理报关手续，向海关提交相关单证资料并提供贸易合同/信用证、厂检记录等单证。

2. 经检疫合格的出境动物及其产品，有下列情形之一的，货主或其代理人应当重新报关：

（1）更改输入国家或者地区，更改后的输入国家或者地区又有不同检疫要求的；

（2）改换包装或者原未拼装后来拼装的；

（3）超过检疫规定有效期限的。

（三）出口检疫要求

1. 单证审核

出口前企业或者代理人按单证电子化要求提交相关单证资料并提供贸易合同/信用证、厂检记录等单证。隶属海关审核提交单证资料的完整性、有效性和一致性。经审核，符合报检规定的，受理报关。否则，不予受理报关。

（1）出境动物（不含伴侣动物）检疫

申请材料：

① 出境货物报关单；

② 出口货物合同；

③ 进口该批货物国家（地区）官方检疫机构正式出具的"检疫要求"；

④ 出境水生动物明细表（水生动物）；

⑤ 装箱单（水生动物）；

⑥ 出口观赏鱼的供货证明（观赏鱼）；

⑦ 出境货物报验单（观赏鱼）。

以上材料均需提交原件或复印件（加盖公章）的扫描件1份。

办理流程：

①企业登录"互联网+海关"一体化网上办事平台（平台地址：http：//online. customs. gov. cn），向隶属海关报关，提交电子版报关材料。

②隶属海关受理报关申请后，进行风险识别和现场查验，根据风险识别和现场查验结果进行合格判定，决定是否放行。需要进行检疫处理的，应进行检疫处理，处理合格后放行。

③根据输入国家或地区要求和具体品种出具"动物卫生证书"。

（2）出境伴侣动物检疫

申请（办理）条件：

①携带伴侣动物（犬、猫）出境的，携带人可以自行申报，也可委托第三方代理机构申报，并提交相应材料。

②携带人或代理人填写"出境伴侣动物检疫信息登记表"，内容包括携带人、伴侣动物（犬、猫）、目的地国家或地区等有关信息。

申请材料：

①去往欧盟、以色列等需要血检信息的国家或地区：携带人有效身份证明、伴侣动物（犬、

猫）身份证明、免疫接种证明、血检报告、采血证明。

②去往其他国家或地区：携带人有效身份证明、伴侣动物（犬、猫）身份证明、免疫接种证明。

③其他要求：如目的国家或地区有特定检疫要求的，如特定健康检查、寄生虫驱虫、疾病检测等项目，携带人可提供第三方动物医院报告证明，动物医院名单可联系北京市农业农村局。委托申报的还需提供委托书。

以上材料均需提交原件（现场申报的）或原件扫描件（网上申报的）1份。

办理流程：

①申报

A. 携带伴侣动物（犬、猫）出境的，携带人可以自行申报，也可委托第三方代理机构申报，并提交相应材料。

B. 携带人或代理人填写"出境伴侣动物检疫信息登记表"，内容包括携带人、伴侣动物（犬、猫）、目的地国家或地区等有关信息。

②文件审核

审核携带人护照是否与申报相符，是否有有效来源证明及狂犬病疫苗接种证明，狂犬病疫苗接种日期是否符合目的国家或地区要求。目的国家或地区有狂犬病抗体滴度检测、驱虫等额外要求的，还应审核狂犬病抗体检测报告原件、驱虫记录等相关文件。

③现场检疫

A. 采集伴侣动物身份标识信息，核对其是否与申报相符。

B. 临床检查。通过视诊检查动物精神状况、被毛、皮肤、体温、呼吸、可视黏膜等是否异常。对有明显传染病临床症状的暂不办理出境手续。

C. 审核制证。海关审核材料，材料符合要求且临床检查合格的出具证书。

D. 证书领取。携带人凭本人有效身份证明领取证书，或代理人凭委托书及本人有效身份证明领取证书。

（3）出境非食用动物产品

申请材料：

①贸易合同/信用证；

②自检自控合格证明等相关单证。

以上材料均需提交原件或复印件（加盖公章）的扫描件一份。

办理流程：

①企业登录"互联网+海关"一体化网上办事平台（平台地址：http：//online.customs.gov.cn），向隶属海关报关，提交电子版报关材料。

②隶属海关受理报关申请后，进行风险识别和现场查验，根据风险识别和现场查验结果进行合格判定，决定是否放行。需要进行检疫处理的，应进行检疫处理，处理合格后放行。

③根据出境国家要求和具体品种出具"检验检疫证书""出境货物不合格通知单"。

2. 现场查验

（1）核对证单。核查报关单、贸易合同、发票等证单；应当办理"动物检疫证书"的，还须按规定进行核查。

（2）核查货证是否相符。检查所提供的单证材料与货物是否相符，核对单证与货物的名称、数重量、产地、包装是否相符。

（3）货物检查。检查动物是否有疫病临床症状，检查货物及其包装物有无病虫害，发现病虫害并有扩散可能时，及时对该批货物、运输工具和装卸现场采取必要的防疫措施，临床巡查和感官检查有无异样。

3. 抽采样品

抽采样品应具有代表性，依据布控指令，按照有关抽采样的国家标准或行业标准，以及出口货物的种类和数量制定抽采样计划并实施抽采样。必要时要结合有害生物和动物疫病的生物学特性实施针对性抽采样。在抽采样品过程中必须注意防止污染，以确保检疫结果的准确性。

（四）实验室检测

实验室根据相关产品的国家标准、双边议定书、国外官方检疫要求、贸易合同中订明的要求等，确定实验室检测项目，送实验室检测。

（五）合格评定及不合格处置

经现场查验和或实验室检验合格的，海关出具检验检疫证书。检验检疫不合格的，经有效方法处理并重新检验检疫合格的，可以按照规定出具相关单证，准予出境；无有效方法处理或者虽经处理重新检验检疫仍不合格的，不予出境，并出具"出境货物不合格通知单"。

（六）动物疫病监测

海关总署组织制定《国门生物安全监测方案》对出境动物及其产品开展疫病监测工作。由各海关按照布控指令和监测方案对出境动物及其产品开展监测。监测对象主要为出境水生动物、供港澳地区活动物等。自《年度监测计划》下发之日起至当年11月30日为一个监测周期。在新的《年度监测计划》下达之前，监测工作按照上一年度的要求实施。监测疫病分为重点监测疫病、一般监测疫病、潜在风险疫病、指令检查疫病。检测结果为阳性的，按照相关程序上报和处置。

二、 出境植物及其产品检疫

（一）出境植物及其产品生产加工存放单位注册登记

1. 注册登记管理要求

（1）受理申请

①拟申请注册登记的企业按照法律法规和有关管理规章的要求，向所在地海关提交申请材料。

②所在地海关/直属海关负责申请材料的受理及初审工作。企业申报材料齐全并符合法定形式的，出具受理单，材料不齐全或不符合要求的，一次性书面告知申请企业所需补正的全部内容，待申请企业补正申请材料后，作出是否受理的决定；材料不齐全或不符合要求，又不能补正的，将全部材料退回申请企业，出具"不予受理通知书"。

（2）初审

①受理申请后，所在地海关/直属海关组成考核小组，按照出境动植物及其产品生产、加工、存放单位注册登记条件和要求，对申请单位报送的材料进行审核并对企业实地考核，需要抽样检测的，同时抽取有代表性的样品送检。

②考核小组审核和现场考核后将发现的不符合项记入考核记录表，并督促申请企业限期整改，考核结束后，出具考核报告上报直属海关。企业未按期完成整改的，视同撤回申请。

（3）核查和批准

①所在地直属海关收到受理单位提交的材料后，对申请材料和初审意见进行审核，并提出审核意见。必要时成立核查小组赴现场进行实地核查，将核查发现的不符合项记入考核记录表，并督促受理单位监督申请企业落实整改。核查结束后，出具核查报告。企业未按期完成整改的，视同撤回申请。

②直属海关根据有关规定，对申请材料、现场考核结果，作出准予注册登记或不予注册登记的决定。准予注册登记的，颁发相应证书，需要上报备案的，按规定上报海关总署备案或由海关总署审核后统一公布；不予注册登记的，出具"不予行政许可决定书"，并告知申请单位享有依法申请行政复议或者提出行政诉讼的权利。

（4）监督管理

①直属海关按照有关规定，对获得注册登记资格的出境动植物及其产品生产、加工和存放企业实施监督管理，包括检查企业注册登记条件是否持续保持，企业建立的质量管理体系、安全防疫体系是否有效运行，抽查验证相关产品是否符合相关安全卫生标准等。

②对取得注册登记资格的生产、加工和存放单位实施定期年审。

（5）各类出境植物及其产品企业注册登记要求

①出境植物繁殖材料企业注册登记要求

A. 从事出境植物繁殖材料的生产企业需向海关注册登记。生产企业向所在地海关提出申请，海关按照要求对申请资料予以审核并进行现场考核，考核合格的予以注册登记，并报海关总署备案公布。进口国（地区）有注册登记要求的，由海关总署统一对外推荐。

B. 出境植物繁殖材料生产企业注册登记有效期为3年。在有效期届满30日前，企业应提出延续申请。

C. 企业出现法定代表人或主要负责人变化等情况的，应及时申请资质变更；企业出现变更地址、改建或扩建涉及检疫监管等重大变更情况，应当向海关重新申请资质考核。

D. 取消其注册登记资质的情况主要包括四类：一是生产企业发生重大变化，达不到注册登记条件；二是质量管理体系未能有效运行，出境植物繁殖材料检疫质量出现重大事故；三是伪造单证、弄虚作假，违反出口种苗花卉注册登记管理；四是注册登记有效期届满未申请延期。

E. 隶属海关按照相关要求对出境植物繁殖材料生产企业实施分类管理。未获得注册登记资格企业出口的植物繁殖材料应当批批查验。

②出境粮食、水果企业注册登记

A. 海关对出境粮食、水果企业实施注册登记并动态管理，注册登记企业名单由海关总署统一公布。

B. 输入国家（地区）要求对出口企业实施注册登记并需推荐的，由直属海关考核合格后上报，海关总署审核后对外推荐。

C. 海关根据出口企业的信用状况、风险分析和关键控制点体系建立或原理运用情况、生产管理、自检自控能力、遵纪守法情况、产品质量状况和人员素质等因素，对其进行分类和差别化管理，并实施动态调整。

D. 未获得注册登记资格企业，不得实施分类管理，应当批批查验。

③出口饲料企业注册登记

A. 海关总署对出口饲料的出口生产企业实施注册登记制度，出口饲料应当来自注册登记的出口生产企业。从事出口饲料的生产企业需向海关注册登记。生产企业向所在地海关提出申请，海关按照要求对申请资料予以审核并进行现场考核，考核合格的予以注册登记，并报海关总署备案公布。进口国（地区）有注册登记要求的，由海关总署统一对外推荐。

B. 出境饲料生产企业注册登记有效期为5年。在有效期届满前3个月，企业应提出延续申请。

C. 企业出现法定代表人或主要负责人变化等情况的，应及时申请资质变更；企业出现变更地址、改建或扩建涉及检疫监管等重大变更情况，应当向海关重新申请资质考核。

D. 取消其注册登记资质的情况主要包括四类：一是生产企业发生重大变化，达不到注册登记条件；二是质量管理体系未能有效运行，出境饲料检疫质量出现重大事故；三是伪造单证、弄虚作假，违反出口种苗花卉注册登记管理；四是注册登记有效期届满未申请延期。

E. 海关总署按照饲料产品种类分别制定出口检验检疫要求。审查合格的，准予注册登记；审查不合格的，不予注册登记。

2. 申请（办理）条件

（1）出口饲料企业

①厂房、工艺、设备和设施

A. 厂址应当避开工业污染源，与养殖场、屠宰场、居民点保持适当距离；

B. 厂房、车间布局合理，生产区与生活区、办公区分开；

C. 工艺设计合理，符合安全卫生要求；

D. 具备与生产能力相适应的厂房、设备及仓储设施；

E. 具备有害生物（啮齿动物、苍蝇、仓储害虫、鸟类等）防控设施。

②具有与其所生产产品相适应的质量管理机构和专业技术人员。

③具有与安全卫生控制相适应的检测能力。

④管理制度：

A. 岗位责任制度；

B. 人员培训制度；

C. 从业人员健康检查制度；

D. 按照危害分析与关键控制点（HACCP）原理建立质量管理体系，在风险分析的基础上开展自检自控；

E. 标准卫生操作规范（SSOP）；

F. 原辅料、包装材料合格供应商评价和验收制度；

G. 饲料标签管理制度和产品追溯制度；

H. 废弃物、废水处理制度；

I. 客户投诉处理制度；

J. 质量安全突发事件应急管理制度。

⑤海关总署按照饲料产品种类分别制定的出口检验检疫要求。

（2）出口新鲜水果（含冷冻水果）果园和包装厂

①出口新鲜水果（含冷冻水果）果园

A. 连片种植，面积在 100 亩以上；

B. 周围无影响水果生产的污染源；

C. 有专职或者兼职植保员，负责果园有害生物监测防治等工作；

D. 建立完善的质量管理体系，质量管理体系文件包括组织机构、人员培训、有害生物监测与控制、农用化学品使用管理、良好农业操作规范等有关资料；

E. 近两年未发生重大植物疫情；

F. 双边协议、议定书或输入国家或地区法律法规对注册登记有特别规定的，还须符合其规定。

②申请注册出口新鲜水果（含冷冻水果）包装厂

A. 厂区整洁卫生，有满足水果贮存要求的原料场、成品库；

B. 水果存放、加工、处理、储藏等功能区相对独立、布局合理，且与生活区采取隔离措施并有适当的距离；

C. 具有符合检疫要求的清洗、加工、防虫防病及除害处理设施；

D. 加工水果所使用的水源及使用的农用化学品均须符合有关食品卫生要求及输入国家或地区的要求；

E. 有完善的卫生质量管理体系，包括对水果供货、加工、包装、储运等环节的管理，对水果溯源信息、防疫监控措施、有害生物及有毒有害物质检测等信息有详细记录；

F. 配备专职或者兼职植保员，负责原料水果验收、加工、包装、存放等环节防疫措施的落实，有毒有害物质的控制，弃果处理和成品水果自检等工作；

G. 有与其加工能力相适应的提供水果货源的果园，或与供货果园建有固定的供货关系；

H. 双边协议、议定书或输入国家或地区法律法规对注册登记有特别规定的，还须符合其规定。

（3）出口种苗花卉生产企业

①申请注册出口种苗花卉种植基地

A. 应符合我国和输入国家或地区规定的植物卫生防疫要求；

B. 近两年未发生重大植物疫情，未出现重大质量安全事故；

C. 应建立完善的质量管理体系。质量管理体系文件包括组织机构、人员培训、有害生物监测与控制、农用化学品使用管理、良好农业操作规范、溯源体系等有关资料；

D. 建立种植档案，对种苗花卉来源流向、种植收获时间，有害生物监测防治措施等日常管理情况进行详细记录；

E. 应配备专职或者兼职植保员，负责基地有害生物监测、报告、防治等工作。

②申请注册出口种苗花卉加工包装厂及储存库

A. 厂区整洁卫生，有满足种苗花卉贮存要求的原料场、成品库；

B. 存放、加工、处理、储藏等功能区相对独立、布局合理，且与生活区采取隔离措施并有适当的距离；

C. 具有符合检疫要求的清洗、加工、防虫防病及必要的除害处理设施；

D. 加工种苗花卉所使用的水源及使用的农用化学品均须符合我国和输入国家或地区有关卫生环保要求；

E. 建立完善的质量管理体系，包括对种苗花卉加工、包装、储运等相关环节疫情防控措施、应急处置措施、人员培训等内容；

F. 建立产品进货和销售台账，种苗花卉各个环节溯源信息要有详细记录；

G. 出境种苗花卉包装材料应干净卫生，不得二次使用，在包装箱上标明货物名称、数量、生产经营企业注册登记号、生产批号等信息；

H. 配备专职或者兼职植保员，负责原料种苗花卉验收、加工、包装、存放等环节防疫措施的落实、质量安全控制、成品自检等工作；

I. 有与其加工能力相适应的提供种苗花卉货源的种植基地，或与经注册登记的种植基地建有固定的供货关系。

（4）出口竹木草制品企业

①厂区整洁卫生，道路及场地地面硬化、无积水；

②厂区布局合理，原料存放区、生产加工区、包装及成品存放区划分明显，相对隔离；

③有相对独立的成品存放场所，成品库/区干净卫生，产品堆垛整齐，标识清晰；

④具备相应的防疫除害处理措施，防疫除害处理能力与出口数量相适应；

⑤配备经检验检疫机构培训合格的厂检员，熟悉生产工艺，并能按要求做好相关防疫和自检工作；

⑥建立质量管理体系或制度，包括卫生防疫制度、原辅料合格供方评价制度、溯源管理制度、

厂检员管理制度、自检自控制度等。

(5) 出境货物木质包装除害处理标识加施企业

①热处理条件及设施

A. 热处理库应保温、密闭性能良好，具备供热、调湿、强制循环设备，如采用非湿热装置提供热源的，需安装加湿设备；

B. 配备木材中心温度检测仪或耐高温的干湿球温度检测仪，且具备自动打印、不可人为修改或数据实时传输功能；

C. 供热装置的选址与建造应符合环保、劳动、消防、技术监督等部门的要求；

D. 热处理库外具备一定面积的水泥地面周转场地；

E. 设备运行能达到有关热处理技术指标要求。

②熏蒸处理条件及设施

A. 具备经海关考核合格的熏蒸队伍或签约委托的经海关考核合格的熏蒸队伍；

B. 熏蒸库应符合《植物检疫简易熏蒸库熏蒸操作规程》（SN/T 1143—2002）的要求，密闭性能良好，具备低温下的加热设施，并配备相关熏蒸气体检测设备；

C. 具备相应的水泥硬化地面周转场地；

D. 配备足够的消防设施及安全防护用具。

③厂区环境与布局

A. 厂区道路及场地应平整、硬化，热处理库、熏蒸库、成品库及周围应为水泥地面。厂区内无杂草、积水，树皮等下脚料集中存放处理。

B. 热处理库、熏蒸库和成品库与原料存放场所、加工车间及办公、生活区域有效隔离。成品库应配备必要的防疫设施，防止有害生物再次侵染。

C. 配备相应的灭虫药械，定期进行灭虫防疫并做好记录。

④组织机构及人员管理

A. 建立职责明确的防疫管理小组，成员由企业负责人、相关部门负责人、除害处理技术人员等组成。防疫小组成员应熟悉有关检验检疫法律法规；

B. 除害处理技术人员应掌握木质包装检疫要求及除害处理效果验收标准；

C. 主要管理和操作人员应经检验检疫机构培训并考核合格，除害处理技术及操作人员应掌握除害处理操作规程。

⑤防疫、质量管理体系

A. 明确生产质量方针和目标，将除害处理质量纳入质量管理目标；

B. 制定原料采购质量控制要求，建立原料采购台账，注明来源、材种、数量等；

C. 制定木质包装检疫及除害处理操作流程及质量控制要求，进行自检和除害处理效果检查，并做好记录；

D. 制定标识加施管理及成品库防疫管理要求，并做好进库、出库、销售记录，保证有效追溯产品流向；

E. 制定环境防疫控制要求，定期做好下脚料处理、环境防疫并做好记录；

F. 建立异常情况的处置和报告程序。

(6) 出口粮食加工仓储企业

①具有法人资格，在工商行政管理部门注册，持有"企业法人营业执照"，并具有粮食仓储经营的资格。

②仓储区域布局合理，不得建在有碍粮食卫生和易受有害生物侵染的区域，仓储区内不得兼

营、生产、存放有毒有害物质。具有足够的粮食储存库房和场地，库场地面平整、无积水，货场应硬化，无裸露土地面。

③在装卸、验收、储存、出口等全过程建立仓储管理制度和质量管理体系，并运行有效。仓储企业的各台账记录应清晰完整，能准确反映出入库粮食物流信息及在储粮食信息，具备追溯性。台账在粮食出库后保存期限至少 2 年。

④建立完善的有害生物监控体系，制定有害生物监测计划及储存库场防疫措施（如垛位间隔距离、场地卫生、防虫计划、防虫设施等），保留监测记录；制定有效的防鼠计划，储存库场及周围应当具备防鼠、灭鼠设施，保留防鼠记录；具有必要的防鸟设施。

⑤制定仓储粮食检疫处理计划，出现疫情时应及时上报检验检疫机构，在检验检疫机构的监管下由检验检疫机构认可的检疫处理部门进行除害处理，并做好除害处理记录。

⑥建立质量安全事件快速反应机制，对储存期间及出入库时发现的撒漏、水湿、发霉、污染、掺伪、虫害等情况，能及时通知货主、妥善处理、做好记录并向检验检疫机构报告，未经检验检疫机构允许不得将有问题的货物码入垛内或出库。

⑦仓储粮食应集中分类存放，离地、离墙、堆垛之间应保留适当的间距，并以标牌示明货物的名称、规格、发站、发货人、收货人、车号、批号、垛位号及入库日期等。不同货物不得混杂堆放。

⑧应具备与业务量相适应的粮食检验检疫实验室，实验室具备品质、安全、卫生等常规项目检验能力及常见仓储害虫检疫鉴定能力。

⑨配备满足需要的仓库保管员和实验室检验员。经过检验检疫机构培训并考核合格，能熟练完成仓储管理、疫情监控及实验室检测及检疫鉴定工作。

⑩出口粮食中转、暂存的库房、场地、货运堆场等设施的所属企业，应符合以上②、④、⑤、⑥、⑦条要求。

（7）出口烟叶加工、仓储企业

①出境烟叶加工企业

A. 具有法人资格，在工商行政管理部门注册，持有"企业法人营业执照"，并具有烟叶及其副产品经营的资格。

B. 具有健全的质量管理体系，有完整的生产加工过程产品质量控制记录，获得质量体系认证或者具备相应的质量保证能力，且运行有效。

C. 了解原料烟叶产地、种植期间的质量和安全状况，并对原料烟种植安全卫生管理提出要求，并提供技术指导和协助。

D. 具有完善的厂区及周边有害生物监测体系，监测人员应经过检验检疫机构培训，监测设施齐备，具有监测计划、监测记录及检疫处理预案等。

E. 产品所使用的原料、辅料、添加剂应符合进口国家或地区法律、行政法规的规定和强制性标准。

F. 产品形成一定的规模，产品质量稳定，信誉良好，企业诚信度高。

G. 具有原料进货和产品销售台账，且至少保存至成品出口后 2 年。进货台账包括货物名称、规格、等级、数重量、批次号、来源地区、供货商及其联系方式、进货时间、除害处理时间、药剂及浓度等，销售台账包括货物名称、规格、等级、数量、批次号、进口国家或地区、收货人及其联系方式、加工时间、出口时间、除害处理时间、药剂及浓度等。在出口烟叶及其副产品的外包装和厂检合格单上标明检验检疫批次编号，完善溯源记录。

②申请注册出口烟叶仓储企业

A. 具有法人资格，在工商行政管理部门注册，持有"企业法人营业执照"，并具有烟叶及其副产品经营的资格；

B. 仓储场地应保持整洁、仓库密闭情况良好，检疫处理场所和设施等应符合安全防护措施要求；

C. 国内销售烟草、出口烟草应分区分仓存放，出口烟草按种类堆垛整齐，并注明检验检疫批次号、数重量、生产厂、等级、生产年份，对已加工的烟草和未加工的烟草应分仓仓储；

D. 建立烟草仓储害虫监控体系，监测人员应经过检验检疫机构培训，监测设施齐备，具有监测计划、监测记录及检疫处理预案等，定期将本单位仓储的虫情发生情况及所采取的防疫处理措施上报当地检验检疫机构；

E. 仓库能够进行温度、湿度监测与控制，仓库温湿度数据能够记录，确保适应烟叶及其副产品储存安全的温度和湿度，必要时采取降温、排湿措施。

③申请注册出口烟叶中转、暂存场所

A. 仓储场地应保持整洁，具有防雨、防潮、防虫设施；

B. 出口烟草应按种类、检验检疫批次号分别堆码、堆垛整齐；

C. 具有有效的烟草仓储害虫监测措施、监测记录和检疫处理预案。

3. 申请材料

（1）首次申请

出口饲料生产、加工、存放企业：

①"出口饲料生产、加工、存放企业检验检疫注册登记申请表"；

②国家饲料主管部门有审查、生产许可、产品批准文号等要求的，须提供获得批准的相关证明文件；

③生产工艺流程图，并标明必要的工艺参数（涉及商业秘密的除外）；

④厂区平面图，并提供重点区域的照片或者视频资料；

⑤申请注册登记的产品及原料清单。

出境水果果园：

①"出境水果果园注册登记申请表"；

②果园示意图、平面图，植保专业技术人员的资格证明或者相应技术学历证书。

出境水果包装厂：

①"出境水果包装厂注册登记申请表"；

②包装厂厂区平面图，包装厂工艺流程及简要说明；

③提供水果货源的果园名单及包装厂与果园签订的有关水果生产、收购合约。

出境种苗花卉生产企业：

①"出境种苗花卉生产企业注册登记申请表"；

②种植基地及加工包装厂布局示意图、检测实验室平面图，以及主要生产加工区域、除害处理设施的照片；

③植保专业技术人员、质量监督员及企业实验室检测人员培训证明及相应资质、资格证件。

出境竹木草制品生产企业：

①"出境竹木草制品生产企业注册登记及分类管理申请表"；

②企业厂区平面图及简要说明；

③生产工艺流程图，包括各环节的技术指标及相关说明；

④生产加工过程中所使用主要原辅料清单、自检自控计划。
出境货物木质包装除害处理标识加施企业：
①"出境货物木质包装除害处理标识加施申请考核表"；
②出境货物木质包装除害处理标识加施企业厂区平面图及简要说明；
③热处理或者熏蒸处理等除害设施及相关技术、管理人员的资料。
出境粮食加工、存放企业：
①"出境其他植物生产、加工、存放企业注册登记申请表"；
②出境粮食加工、存放企业厂区平面图及简要说明。
出境烟叶加工、仓储企业：
①"出境其他植物生产、加工、存放企业注册登记申请表"；
②出境企业厂区平面图及简要说明，生产加工情况的说明材料。

（2）变更申请

出口植物产品生产、加工、存放企业注册登记变更申请（纸质或电子原件1份）；与变更内容相关的资料（变更项目的生产工艺说明、产业政策证明材料）（纸质或电子原件1份）。

（3）延续申请

企业延期申请书（纸质或电子原件1份）。

（4）注销申请

注销申请书（纸质或电子原件1份）。

企业取得准予注销许可后应当一并交回原注册登记证书。

4. 办理流程

（1）申请人向海关递交材料。海关向申请人出具受理单或不予受理通知书。

（2）所在地海关受理申请后，应当根据法定条件和程序进行全面审查，自受理之日起20个工作日内作出决定。

（3）经审查符合许可条件的，依法作出准予注册登记许可的书面决定，并送达申请人，同时核发注册登记证书。经审查不符合许可条件的，出具不予许可决定书。

首次、变更、延续、注销申请均按上述流程办理。

（二）申报要求

1. 货主或其代理人应当在货物出境前或出境时，按照单一窗口报关规范向海关申请办理报关手续，向海关提交相关单证资料并提供贸易合同/信用证、厂检记录等单证。

2. 经检疫合格的出境植物及其产品，有下列情形之一的，货主或其代理人应当重新报关：

（1）更改输入国家或者地区，更改后的输入国家或者地区又有不同检疫要求的；

（2）改换包装或者原未拼装后来拼装的；

（3）超过检疫规定有效期限的。

（三）出口检疫要求

1. 产地/组货地检验检疫

（1）单证审核

①出口前企业或者代理人按单证电子化要求提交相关单证资料并提供贸易合同/信用证、厂检记录等单证。

②隶属海关审核提交单证资料的完整性、有效性和一致性。经审核，符合报关规定的，受理报关。否则，不予受理报关。

（2）现场查验

①结合对抽查批次的现场查验，对企业原辅材料以及生产、加工、储存环境等进行检查，是否清洁无污染，有无害虫及害虫排泄物、蜕皮壳、虫卵、虫蛀为害痕迹等。

②货物检查时，重点核对货物堆放货位、唛头标记、生产批号、重量、数量和包装等是否与报关信息相符；货物外观是否有潮湿、发霉等异常情况；货物及包装材料是否带有活虫及其他有害生物，是否带有输入国家（地区）禁止进境物。

③运输工具检查时，观察其是否卫生，有无活虫、鼠等有害生物为害痕迹。

④按照有关抽采样规定抽取样品，抽采样品应具有代表性，收集现场查验中发现的有害生物、疑似有害生物为害的样品，做好标识，送实验室进行有害生物检测鉴定。

2. 口岸查验

（1）核对证单。核查报关单、贸易合同、发票等证单；应当办理"植物检疫证书"的，还须按规定进行核查。

（2）核查货证是否相符。检查所提供的单证材料与货物是否相符，核对单证与货物的名称、数重量、产地、包装是否相符。

（3）货物检查。检查货物及其包装物有无病虫害，发现病虫害并有扩散可能时，及时对该批货物、运输工具和装卸现场采取必要的防疫措施。

（四）实验室检测

实验室检测是指通过实验室技术手段，对现场查验抽取的样品及发现的可疑物进行检测鉴定，并出具检疫结果报告单。实验室检测鉴定结果是检疫结果评判以及采取后续监管措施的科学依据。

1. 实验室检测项目主要包括有害生物检疫鉴定、转基因检测等。根据《中华人民共和国进出境动植物检疫法实施条例》第三十四条规定，对输出动植物、动植物产品和其他检疫物依据输入国家或者地区和中国有关动植物检疫规定、双边检疫协定、贸易合同中订明的检疫要求实施检疫。

2. 出境前应向所在地隶属海关申报，海关对其进行查验，重点检查植株是否携带病虫害情况，根据抽批规则抽取样品，送实验室进行检测。

3. 实验室按照相关标准对送检样品实施检测鉴定，出具检测鉴定报告。

（五）合格评定及不合格处置

1. 经检疫合格的，符合输入国家和地区的植物检疫要求，政府及政府主管部门间双边植物检疫备忘录和议定书及贸易合同或信用证中有关检疫要求的，形成电子底账数据，对该批货物放行，根据输入国家（地区）官方要求或货主申请出具"植物检疫证书"等有关单证。

2. 经检疫不合格的，不符合输入国家和地区的植物检疫要求，政府及政府主管部门间双边植物检疫协定书、备忘录和议定书及贸易合同或信用证中有关检疫要求的，但经有效方法处理并重新检疫合格的，允许出境，根据输入国家（地区）官方要求或货主申请出具"植物检疫证书"等有关单证。

3. 检疫不合格的，无有效方法处理的，签发"出境货物不合格通知单"，不准出境。

4. 进口国（地区）或客户要求对货物进行熏蒸处理的，由考核认证的熏蒸单位实施熏蒸作业，并出具报告，海关实施监管，合格后出具"熏蒸消毒证书"。

5. 对符合要求的出境植物及其产品，按规定由授权的签证官签发植物检疫证书等相关证书。检疫有效期自生成电子底账日期算起。

第四节 过境动植物检疫

一、过境动物及其产品检疫

(一) 过境动物许可

根据《进出境动植物检疫法》及其实施条例要求，运输动物过境的应向海关提出过境检疫审批申请，并提供过境路线说明、输出国家或地区官方检疫部门出具的动物卫生证书、输入国家或者地区官方检疫部门出具的准许动物进境的证明文件。

海关总署根据申请人提供的相关资料，对拟过境动物可能带来的检疫风险开展风险评估，重点评估其导致疫病疫情传入和扩散的可能性，输出及途经国家（地区）有无相应动物物疫情风险等。必要时，专家组可以到国外开展实地考察和对外协商。根据风险评估结果，确定是否准许过境以及应采取的动物检疫及监管措施。

(二) 过境动物及其产品检疫

1. 入境申报

过境动物及其产品到达我国进境口岸时，承运人或其代理人应向进境口岸海关申报。提供过境货物报关单、过境货物运输单据（运单、装载清单、载货清单等）、输出国家（地区）官方出具的检疫证书、运输动物过境的还应提供检疫许可证或其他批准文件、发票、装箱清单等其他单证资料。单证审核合格后，海关受理申报。

2. 进境口岸查验

过境动物及其产品到达进境口岸后，海关按照查验指令实施现场查验监管，包括但不限于核查货证、现场检疫、消毒处理等。

①核对货证：核对单证与货物的名称、数（重）量、生产日期、批号、包装、唛头、出境生产企业名称或者注册登记号等是否相符。

②动物、运输工具和包装物、装载容器检查：过境动物运达进境口岸时，由进境口岸动植物检疫机关对运输工具、容器的外表进行消毒并对动物进行临床检疫，经检疫合格的，准予过境。进境口岸动植物检疫机关可以派检疫人员监运至出境口岸，出境口岸动植物检疫机关不再检疫。

3. 出境口岸查验

过境动物及其产品到达出境口岸前，货主或其代理人应向出境海关申报，并提供相关资料。出境口岸海关对抵达的过境货物按照查验指令要求进行查验并实施监管。货主或其代理人需重点关注并确保过境运输工具信息、封识号、货物品名等与进境申报一致，运输工具无破损、撒漏等情况。如需在出境口岸更换运输工具、装载容器或包装的，注意事项与前述一致。对于已在进境口岸检疫合格的过境动物及其产品，如运输过程中未发生更换运输工具、装载容器或包装的，出境口岸原则上不再实施检疫，但海关有明确的查验指令的除外。

4. 准予过境条件

经查验监管，货证相符，未发现我国关注的疫病疫情风险，且运输工具、包装物、集装箱等完好无损，不撒漏的，准予过境。

经查验监管发现我国关注的疫病疫情风险的，出具"检疫处理通知书"。经处理合格后，准予过境。

经查验监管发现运输工具、包装物、集装箱等破损、撒漏或有可能造成途中撒漏的，由货主或其代理人采取密封和其他处理措施进行有效处理，合格后，准予过境。

如果过境动物及其产品的目标国家（地区）需要，由海关按照有关规定出具"动物转口检疫证书"。

5. 不合格处置

口岸申报时，无输出国家（地区）官方植物检疫证书的、过境转基因产品无海关总署签发的"转基因产品过境转移许可证"的，不准过境，退运回原输出国家（地区）。

经查验监管，发现货物品名、数重量、原产地、包装规格、运输工具号码、封识号等货证不符的，不准过境，退运回原输出国家（地区）。

在进境口岸查验监管发现我国关注的疫病疫情风险，无有效除害处理方法的，不准过境，采取销毁处理或退运回原输出国家（地区）。在出境口岸发现的，按照疫情应急处理和防扩散的原则，由承运人立即将货物运输出境。

在进境口岸查验监管发现运输工具、包装物、集装箱等破损、撒漏或有可能造成途中撒漏的，无法采取密封和其他处理措施进行有效处理的，不准过境，退运回原输出国家（地区）。

过境货物应当自进境之日起 6 个月内运输出境；在特殊情况下，经海关同意，可以延期，但延长期不得超过 3 个月。过境货物在规定时间内不能出境的，海关按《海关行政处罚实施条例》的有关规定处罚。

（三）监督管理

1. 运输监管

承运人应按照批准的进境口岸、出境口岸、过境路线、包装方式、运输方式等管理要求组织实施过境。确保过境途中密封不撒漏。过境期间，进境口岸海关可对运输过境货物的运输工具加施封识以防止沿途分装、重新包装和卸载。未经海关批准，任何人不应擅自拆卸封识，开拆过境货物的包装或将其卸离运输工具。

对于在进境口岸、出境口岸改变运输方式的过境动物及其产品的，海关应对卸载、储存、换装、装载等全过程实施监管。

过境期间，由于不可抗力等原因，被迫在运输途中换装运输工具，或货物发生非预期紧急情况，可能导致动物检疫风险的，承运人应及时报告当地海关，在当地海关的监督下采取有效补救措施，并及时将相关信息及处理情况报告进境口岸、出境口岸的海关。

2. 防疫监管

存放过境货物的仓库（场）应建立必要的动物疫情防控制度和相应的管理措施；海关应监督承运人或其代理人对原运输工具、装载容器、包装、作业现场等及时进行清洁，必要时进行适当的检疫或防疫处理；对下脚料、废弃物等及时进行无害化处理。

3. 协作机制

过境动物及其产品入境放行后，进境口岸海关应及时向出境口岸海关通报有关情况，发送过境检疫监管工作联系单，告知相关过境信息。根据过境货物实际情况，海关需要派员押运过境货物时，经营人或承运人应免费提供交通工具和执行监管任务的便利，并按照规定缴纳规费。

4. 风险预警

过境动物及其产品发现重大动物疫情的，海关总署及主管海关依照相关规定，采取启动应急处置预案等应急处置措施，并发布警示通报。当检疫风险已不存在或者降低到可接受的水平时，海关总署及主管海关应当及时解除警示通报。

海关总署及主管海关根据情况将重要的过境动物及其产品检疫风险信息向地方政府、农业行政管理部门、国外主管机构等相关机构和单位进行通报，并协同采取必要措施。过境检疫风险信息公开应当按照相关规定程序进行。

二、过境植物及其产品检疫

（一）过境许可

根据国际植物检疫措施标准（ISPM）第 25 号《过境货物》《过境粮食检验检疫管理规范》等文件规定，承运人或其代理人在过境贸易合同或协议签订前，应通过进口岸海关向海关总署提出过境申请，并提供以下资料：过境申请文件、申请人法人资格证明、过境运输路线（包括进境和出境口岸）、运输方式及包装方式、相关的管理措施和应急处置预案等。

对于过境转基因植物及其产品，除了相关申请表外，承运人或其代理人还需要提交输出国家（地区）有关部门出具的国（境）外已进行相应的研究证明文件或者已允许作为相应用途并投放市场的证明文件以及转基因产品的用途说明和拟采取的安全防范措施等，符合要求的，签发"转基因产品过境转移许可证"。

海关总署根据申请人提供的相关资料，对拟过境的植物、植物产品和其他检疫物可能带来的植物检疫风险开展风险评估，重点评估其导致检疫性有害生物传入和扩散的可能性，输出及途经国家（地区）有无相应植物疫情风险等。必要时，专家组可以赴实地考察和对外协商。根据风险评估结果，确定是否准许过境以及应采取的植物检疫及监管措施。

（二）过境检疫

1. 入境申报

过境植物、植物产品和其他检疫物到达我国进境口岸时，承运人或其代理人应向进境口岸海关申报。提供海关过境货物报关单，过境货物运输单据（运单、装载清单、载货清单等），输出国家（地区）官方出具的植物检疫证书、检疫许可证或其他批准文件、发票、装箱清单等单证资料。单证审核合格后，海关受理申报。

2. 进境口岸查验

过境植物、植物产品和其他检疫物到达进境口岸后，海关按照查验指令实施现场查验监管，包括但不限于核查货证、现场检疫、消毒处理等。

对于以原运输工具、原集装箱过境的，现场查验以运输工具、集装箱查验为主。货主或其代理人需重点关注并确保集装箱尺寸、数量与申报一致，封识完整，集装箱号、封识号与申报一致，运输工具、集装箱外表无破损、撒漏，无附着土壤、害虫、蜗牛、杂草籽等有害生物。

对于在进境口岸需要更换运输工具的，在全面查验原运输工具的基础上，还应检查新的运输工具是否完好无损、是否适合过境货物运输。

对现场查验截获的害虫、杂草、蜗牛等有害生物，需进行实验室检疫鉴定。鉴定结果未出来之前，过境植物、植物产品和其他检疫物不得在国内过境运输。

3. 出境口岸查验

过境植物、植物产品和其他检疫物到达出境口岸前，货主或其代理人应向出境海关申报，并提供相关资料。出境口岸海关对抵达的过境货物按照查验指令要求进行查验并实施监管。货主或其代理人需重点关注并确保过境运输工具信息、封识号、货物品名等与进境申报一致，运输工具无破损、撒漏等情况。如需在出境口岸更换运输工具、装载容器或包装的，注意事项与前述一致。对于已在进境口岸检疫合格的过境植物、植物产品和其他检疫物，如运输过程中未发生更换运输工具、装载容器或包装的，出境口岸原则上不再实施检疫，但海关有明确查验指令的除外。

4. 准予过境条件

经查验监管，货证相符，未发现我国关注的检疫性有害生物，且运输工具、包装物、集装箱等完好无损，不撒漏的，准予过境。

经查验监管发现我国关注的检疫性有害生物，出具"检疫处理通知书"。除害处理合格后，准予过境。

经查验监管发现运输工具、包装物、集装箱等破损、撒漏或有可能造成途中撒漏的，由货主或其代理人采取密封和其他处理措施进行有效处理，合格后，准予过境。

如果过境植物及其产品的目标国家（地区）需要，由海关按照有关规定出具"植物转口检疫证书"。

5. 不合格处置

口岸申报时，无输出国家（地区）官方植物检疫证书的，过境转基因产品无海关总署签发的"转基因产品过境转移许可证"的，不准过境，退运回原输出国家（地区）。

经查验监管，发现货物品名、数重量、原产地、包装规格、运输工具号码、封识号等货证不符的，不准过境，退运回原输出国家（地区）。

在进境口岸查验监管发现我国关注的检疫性有害生物，无有效除害处理方法的，不准过境，采取销毁处理或退运回原输出国家（地区）。在出境口岸发现的，按照疫情应急处理和防扩散的原则，由承运人立即将货物运输出境。

在进境口岸查验监管发现运输工具、包装物、集装箱等破损、撒漏或有可能造成途中撒漏的，无法采取密封和其他处理措施进行有效处理的，不准过境，退运回原输出国家（地区）。

过境货物应当自进境之日起 6 个月内运输出境；在特殊情况下，经海关同意，可以延期，但延长期不得超过 3 个月。过境货物在规定时间内不能出境的，海关按《海关行政处罚实施条例》的有关规定处罚。

（三）监督管理

1. 运输监管

承运人应按照批准的进境口岸、出境口岸、过境路线、包装方式、运输方式等管理要求组织实施过境。确保过境途中密封不撒漏。过境期间，进境口岸海关可对运输过境货物的运输工具加施封识以防止沿途分装、重新包装和卸载。未经海关批准，任何人不应擅自拆卸封识、开拆过境货物的包装或将其卸离运输工具。

对于在进境口岸、出境口岸改变运输方式的过境植物、植物产品和其他检疫物，海关应对卸载、储存、换装、装载等全过程实施监管。对于过境转基因植物及其产品，不得更换包装和变更运输路线。

过境期间，由于不可抗力等原因，被迫在运输途中换装运输工具，或货物发生非预期紧急情况，可能导致植物检疫风险的，承运人应及时报告当地海关，在当地海关的监督下采取有效补救措施，并及时将相关信息及处理情况报告进境口岸、出境口岸的海关。

2. 防疫监管

存放过境货物的仓库（场）应建立必要的植物疫情防控制度和相应的管理措施；海关应监督承运人或其代理人对原运输工具、装载容器、包装、作业现场等及时进行清洁，必要时进行适当的检疫或防疫处理；对下脚料、废弃物等及时进行无害化处理。

3. 协作机制

过境植物、植物产品和其他检疫物入境放行后，进境口岸海关应及时向出境口岸海关通报有关情况，发送过境检疫监管工作联系单，告知相关过境信息。根据过境货物实际情况，海关需要派员押运过境货物时，经营人或承运人应免费提供交通工具和执行监管任务的便利，并按照规定缴纳规费。

4. 风险预警

过境植物、植物产品和其他检疫物发现重大植物疫情的，海关总署及主管海关依照相关规定，采取启动应急处置预案等应急处置措施，并发布警示通报。当检疫风险已不存在或者降低到可接受的水平时，海关总署及主管海关应当及时解除警示通报。

海关总署及主管海关根据情况将重要的过境植物及其产品检疫风险信息向地方政府、农业行政管理部门、国外主管机构等相关机构和单位进行通报，并协同采取必要措施。过境检疫风险信息公开应当按照相关规定程序进行。

第九章 进出口商品检验

第一节 进出口商品检验概述

根据《进出口商品检验法》及其实施条例规定，海关主管全国进出口商品检验工作，依法对进出口商品实施检验，并根据保护人类健康和安全、保护动物或者植物的生命和健康、保护环境、防止欺诈行为、维护国家安全的原则，制定和调整必须实施检验的进出口商品目录（以下简称法检目录）。

针对法检目录内的进出口商品，海关通过抽样、检验和检查，评估、验证和合格保证，注册、认可和批准以及各项组合的方式，对其是否符合相关法律、法规、规章规定以及是否符合国家技术规范的强制性要求进行合格评定。未经检验合格的法检目录内进口商品，不得销售、使用；未经检验合格的法检目录内出口商品，不得出口。

针对法检目录以外的进出口商品，海关根据国家规定实施抽查检验，并根据需要公布抽查检验结果或者向有关部门通报抽查检验情况。

本章重点介绍海关对进出口法检目录内商品的检验监管，按类别将法检商品分为进出口危险品、进口大宗资源、进口机电类商品、进口消费品等，具体要求在以下各节详细介绍。

第二节 进出口危险品检验监管规定及要求

一、进出口危险化学品

（一）定义和适用范围

危险化学品是指具有毒害、腐蚀、爆炸、燃烧、助燃等性质，对人体、设施、环境具有危害的剧毒化学品和其他化学品。我国对危险化学品实施目录管理，由应急管理部门会同公安、环保、卫生、海关、交通、铁路、民航、农业等主管部门确定并公布《危险化学品目录》。海关对列入国家《危险化学品目录》（最新版）的进出口危险化学品实施检验。

（二）海关检验监管要求

1. 进口危险化学品

（1）报关时，应正确填报产品的危险类别、包装类别（散装产品除外）、联合国危险货物编号（UN 编号）、联合国危险货物包装标记（包装 UN 标记）（散装产品除外）等内容。

（2）报关时，除必须提供的货运商业单据外，还应提供下列材料：

①"进口危险化学品企业符合性声明"；
②中文危险公示标签（散装产品除外）样本；
③中文安全数据单的样本；

④针对需要添加抑制剂或稳定剂的产品，应提供实际添加抑制剂或稳定剂的名称、数量等情况说明。

（3）进口企业应保证产品符合以下要求：
①我国国家技术规范的强制性要求；
②有关国际公约、国际规则、条约、协议、议定书、备忘录等要求；
③海关总署及原质检总局指定的技术规范、标准。

（4）产品入境后，由口岸海关按指令实施验核和抽检，主要内容包括：
① 产品的主要成分/组分信息、物理及化学特性、危险类别等是否符合上述要求；
② 产品包装上是否有中文危险公示标签，是否随附中文安全数据单，危险公示标签和安全数据单的内容是否符合上述要求；
③ 产品所用包装的包装形式、包装标记、包装类别、包装规格、单件重量、包装使用状况等是否符合上述要求。

2. 出口危险化学品

（1）出口前应向产地海关申报，产地海关按指令实施产地检验。

（2）申报时，应正确填报产品的危险类别、包装类别（散装产品除外）、联合国危险货物编号（UN编号）、联合国危险货物包装标记（包装UN标记）（散装产品除外）等内容。

（3）申报时，除必须提供的货运商业单据外，还应提供下列材料：
①"出口危险化学品生产企业符合性声明"；
②"出境货物运输包装性能检验结果单"（散装产品及国际规章豁免使用危险货物包装的除外）；
③危险特性分类鉴别报告；
④危险公示标签（散装产品除外）；
⑤安全数据单样本，如是外文样本，应提供对应的中文翻译件；
⑥针对需要添加抑制剂或稳定剂的产品，应提供实际添加抑制剂或稳定剂的名称、数量等情况说明。

（4）出口企业应保证产品符合以下要求：
① 有关国际公约、国际规则、条约、协议、议定书、备忘录等要求；
② 输入国家或者地区技术法规、标准；
③ 海关总署及原质检总局指定的技术规范、标准。

（5）产地检验的主要内容包括：
① 产品的主要成分/组分信息、物理及化学特性、危险类别等是否符合上述要求；
② 产品包装上是否有危险公示标签，是否随附安全数据单，危险公示标签和安全数据单的内容是否符合上述要求；
③ 产品如同时属于危险货物，应按照海运、空运、公路运输及铁路运输出口危险货物包装的检验管理规定、标准，对所用包装实施性能检验和使用鉴定。

（6）产地检验合格并运抵出境口岸后，由口岸海关按指令实施口岸查验。

3. 用作食品、食品添加剂的进出口危险化学品

除应符合上述要求外，其还需按照食品安全相关规定实施检验监管。

二、出口危险货物包装性能检验和使用鉴定

(一) 定义和适用范围

危险货物是指具有爆炸、易燃、毒害、感染、腐蚀、放射性等特性，在运输、储存、生产、经营、使用和处置中，容易造成人身伤亡、财产毁损和环境污染而需要特别防护的物质和物品。每种危险货物都具有相应的 4 位联合国危险货物编号（UN 编号），可通过索引联合国《关于危险货物运输的建议书 规章范本》《国际海运危险货物规则》《危险物品安全航空运输技术细则》等国际规章以及我国《危险货物品名表》（GB 12268—2012）查知。海关对出口危险货物所用包装批批实施性能检验和使用鉴定。

(二) 出口危险货物包装性能检验

1. 取得出口危险货物包装生产企业代码

海关对出口危险货物包装的生产企业实施代码管理，生产企业代码由大写英文字母 C（代表"Customs"）和六位阿拉伯数字组成，前两位阿拉伯数字代表企业所在区域的直属海关，后四位阿拉伯数字 0001~9999 代表生产企业。

出口危险货物包装的生产企业应向所在地海关申请并取得生产企业代码后，方可申请包装性能检验。

2. 性能检验要求

（1）出口危险货物包装的生产企业向所在地海关申报，海关根据包装的种类、类别、规格尺寸及运输方式等信息，选择相适用的性能检验标准，按照性能检验周期和抽查检验频次进行性能检验。

（2）海关对出口危险货物包装的性能检验周期分为 1 个月、3 个月、6 个月 3 个档次。每种新设计型号的性能检验周期为 3 个月；连续 3 次检验合格的，性能检验周期可升一档；若发生 1 次检验不合格，性能检验周期降一档。

（3）有下列情况之一时，海关将进行性能检验：

① 新产品投产或老产品转产时，进行性能检验；
② 正常生产时，按照性能检验周期进行性能检验；
③ 正式生产后，产品的结构、材料、工艺有较大改变并可能影响包装性能时，进行性能检验；
④ 产品长期停产后，恢复生产时进行性能检验；
⑤ 海关提出进行性能检验。

（4）在性能检验周期内，海关可按照以下频次进行抽查检验：

① 性能检验周期为 1 个月的，每个周期内可进行 1 次抽查检验；
② 性能检验周期为 3 个月的，每个周期内可进行 2 次抽查检验；
③ 性能检验周期为 6 个月的，每个周期内可进行 3 次抽查检验。

（5）性能检验合格的，海关出具"出入境货物包装性能检验结果单"，有效期为自包装生产日期起计算不超过 12 个月；超过有效期再次进行性能检验的包装，以及再次使用的、修复过的或改制的包装，有效期为自检验完毕日期起计算不超过 6 个月。

(三) 出口危险货物包装使用鉴定

1. 出口危险货物包装的使用企业向所在地海关申报，申报时应提供该批包装的"出入境货物包装性能检验结果单"正本。如该种包装为首次使用，还应提供 6 个月以上的内装物与包装相容性试验报告或相容性自我声明。

2. 海关结合所使用包装的种类、类别、规格尺寸及运输方式等信息，选择相适用的使用鉴定标准，对出口危险货物包装逐批实施使用鉴定。重点内容包括以下几点。

（1）检查包装上标记的危险货物类别、项别、次要危险性（如有）等内容是否与联合国《关于危险货物运输的建议书 规章范本》中检索到的信息相一致。

（2）检查包装形式及遵循的包装特殊规定（如有）是否符合相应的包装规范要求。

（3）检查包装类别是否等于或高于盛装的危险货物要求的包装类别。

（4）检查包装是否与运输危险货物的性质相适应，是否与"出入境货物包装性能检验结果单"描述的内容相符。

（5）检查包装外观是否清洁，是否存在残留物、污染或渗漏。

（6）检查包装单件净重是否符合联合国《关于危险货物运输的建议书 规章范本》和相应运输方式的《国际海运危险货物规则》规定的重量。

（7）检查包装盛装危险货物的容积是否符合要求。其中，盛装液体危险货物不得超过包装容积的98%，对于膨胀系数较大的液体，还应根据其膨胀系数确定容器的预留容积；盛装固体危险货物不得超过包装容积的95%。

（8）检查危险货物有无撒漏在包装的外表面、外容器与内容器或内贮器之间。

（9）检查危险货物和与之接触的包装，吸附、防震和衬垫材料，以及绳、线等包装附加材料是否发生化学反应，从而影响包装的正常使用性能。

（10）检查各类包装是否符合其包装形式对应的具体要求。

（11）针对首次使用的包装，检查企业是否提供6个月以上的相容性试验报告或相容性自我声明，核查报告或声明的内容是否与盛装危险货物的属性及实际使用条件一致。

（12）针对运输过程中因温度变化而可能变成液体的固体危险货物，检查包装是否符合盛装液体危险货物的要求。

（13）针对需使用液体或惰性气体保护盛装危险货物的包装，提取保护物质进行分析，验证是否能够有效保证危险货物安全。

3. 若有一项不合格，则判定该批出口危险货物包装使用鉴定不合格，不允许提交运输。经全部返工整理或剔除不合格的包装后，允许出口危险货物包装的使用企业再次申请检验。

4. 出口危险货物包装的使用企业需对包装进行留样，留样保存期限至少为6个月。海关检查留存样品是否与实际使用的包装一致。

5. 使用鉴定合格的，海关出具"出境危险货物运输包装使用鉴定结果单"，有效期自危险货物灌装之日计算。如危险货物属于8类危险物质或带有腐蚀性的次危险性，有效期最长6个月；其他类别的危险货物，有效期最长12个月，但不能超过相应"出入境货物包装性能检验结果单"的有效期。

三、出口打火机、点火枪

（一）定义

打火机是充灌有不大于10克的丁烷或其他易燃气体或液体，可重复充灌或没有充灌系统，并能承受一定压力，带有燃料释放、引燃装置的器具。

点火枪是指充灌有不大于10克的丁烷或其他易燃气体或液体，可重复充灌或没有充灌系统，并能承受一定压力，带有燃料释放、引燃装置，用手持并以手动点火系统进行点燃的点火装置。

（二）海关检验监管要求

1. 海关对出口打火机、点火枪类商品的生产企业实施代码管理。申请生产企业代码应具备以下条件：

(1) 具有工商营业执照、税收登记证和公安机关颁发的安全许可证；

(2) 具有质量手册或质量管理的有关文件，文件必须包括组织机构、质量管理和安全管理等内容；

(3) 具有完整的生产技术文件；

(4) 具有专用成品仓库。

2. 海关对出口打火机、点火枪类商品实施产地检验。生产企业向产地海关申报时，除必须提供的货运商业单据外，还应提供下列材料：

(1) "出口打火机、点火枪类商品生产企业自我声明报告"；

(2) 出口打火机、点火枪类商品生产企业代码；

(3) 出口打火机、点火枪类商品的型式试验报告；

(4) 出口打火机、点火枪类商品的厂检结果单；

(5) 所使用包装的"出境货物运输包装性能检验结果单"正本。

3. 出口打火机、点火枪类商品，其上应铸有海关授予的生产企业代码。盛装出口打火机、点火枪类商品的运输包装，其上应标有联合国规定的危险货物包装标记，印有海关授予的生产企业代码和批号。

4. 针对首次出口的打火机、点火枪类商品，或其结构、原材料、生产工艺发生变化时，海关对其抽样进行全项型式试验。主要项目包括防止儿童开启装置试验、燃烧高度试验、跌落试验、温度试验、持续燃烧试验、压力试验、燃液容量试验、循环燃烧试验、重复注气试验和燃料相容性试验等。

5. 针对连续出口的相同结构、原材料、生产工艺的金属外壳打火机、点火枪类商品，海关对其抽样进行全项型式试验的周期为12个月；塑料外壳打火机、点火枪类商品，海关对其抽样进行全项型式试验的周期为9个月。

6. 各项型式试验全部合格的，判定该批打火机合格；如有1项及1项以上不合格，海关加倍抽样重新进行型式试验，如仍有1项或1项以上不合格，则判定该批打火机不合格。

7. 在型式试验基础上，产地海关对各批出口打火机、点火枪类商品进行常规检验。常规检验项目包括外观鉴定、保险装置鉴定、跌落测试、充灌量鉴定、渗漏试验等。检验合格的，出具"出境货物换证凭单"。

8. 产地海关对各批出口打火机、点火枪类商品的包装实施使用鉴定，检验合格的出具"出境危险货物运输包装使用鉴定结果单"。

9. 运抵出境口岸后，由口岸海关按指令实施口岸查验。

四、出口烟花爆竹

(一) 定义

烟花爆竹是指以烟火药为主要原料制成，引燃后通过燃烧或爆炸，产生光、声、色、型、烟雾等效果，用于观赏、具有易燃易爆危险的物品。

(二) 海关检验监管要求

1. 海关对出口烟花爆竹的生产企业实施代码管理。申请生产企业代码应具备以下条件：

(1) 具有工商营业执照和安全生产许可证；

(2) 具有质量手册或质量管理的有关文件，文件必须包括组织机构、质量管理和安全管理等内容；

(3) 具有完整的生产技术文件；

(4) 具有经过培训考试合格的检验人员；

(5) 具有专用成品仓库。

2. 海关对出口烟花爆竹实施产地检验。生产企业向产地海关申报时，除必须提供的货运商业单据外，还应提供下列材料：

(1) "出口烟花爆竹生产企业声明"；

(2) 所使用包装的"出境货物运输包装性能检验结果单"正本。

3. 盛装出口烟花爆竹的运输包装，其上应标有联合国规定的危险货物包装标记，印有海关授予的生产企业代码。海关按照出口危险货物包装使用鉴定要求，对出口烟花爆竹包装实施使用鉴定，检验合格的出具"出境危险货物运输包装使用鉴定结果单"。

4. 针对首次出口的烟花爆竹，或其原材料、配方发生变化时，海关对其抽样实施烟火药剂安全稳定性能检测。

5. 针对长期出口的烟花爆竹，海关每年对其进行不少于1次的烟火药剂安全性能检验。

6. 在安全性能检验基础上，产地海关对各批出口烟花爆竹进行常规检验，检验项目包括标志、包装、外观、部件、结构与材质、药量、燃放性能等。

7. 如有1项检验结果不合格，判定该批出口烟花爆竹不合格。其中，如检出不可修复的致命缺陷，不允许再次提交检验；反之，经返工整改后可再次提交检验，如仍检验不合格，不得再次提交检验。

8. 检验合格的，出具"出境货物换证凭单"。运抵出境口岸后，由口岸海关按指令实施口岸查验。

五、进口涂料

(一) 定义和适用范围

《商品名称及编码协调制度》中，编码为3208项下和3209项下的商品属于涂料，海关负责对进口涂料实施检验。

我国对进口涂料实行登记备案和专项检测制度。海关总署指定涂料专项检测实验室，根据技术法规要求专项检测进口涂料的强制性控制项目，出具进口涂料专项检测报告。海关总署指定进口涂料备案机构，负责受理进口涂料备案申请、确认专项检测结果等事宜。

(二) 进口涂料备案

1. 进口涂料的生产商、进口商或者进口代理商根据需要，可以向海关总署指定的备案机构申请进口涂料备案。备案申请应当在涂料进口至少2个月前向备案机构提出，并提交以下资料：

(1) "进口涂料备案申请表"；

(2) 备案申请人的"企业法人营业执照"的复印件（加盖印章），需分装的进口涂料的分装厂商"企业法人营业执照"的复印件（加盖印章）；

(3) 进口涂料生产商对其产品中有害物质含量符合中华人民共和国国家技术规范要求的声明；

(4) 关于进口涂料产品的基本组成成分、品牌、型号、产地、外观、标签及标记、分装厂商和地点、分装产品标签等有关材料（以中文文本为准）；

(5) 其他需要提供的材料。

2. 备案机构受理申请后，由备案申请人将样品送至相应的专项检测实验室，所提供的样品应当与实际进口涂料一致，样品数量应当满足专项检测和留样需要。如备案机构未受理申请，备案申请人按要求对提交材料进行补充和整改后，可重新提出申请。

3. 经专项检测实验室检测合格和备案机构审核合格的，授予"进口涂料备案书"，有效期为2年。当有重大事项发生，可能影响涂料性能时，备案申请人应当对进口涂料重新申请备案。

（三）进口涂料海关检验监管要求

1. 已备案的进口涂料

（1）报关时，除必须提供的货运商业单据外，还应提供"进口涂料备案书"。

（2）海关核查"进口涂料备案书"的符合性，核查内容包括品名、品牌、型号、生产厂商、产地、标签等。

（3）海关按指令实施专项检测项目抽查，同一品牌涂料的年度抽查比率不少于进口批次的10%，每个批次抽查不少于进口规格型号种类的10%，所抽取样品由海关送至专项检测实验室进行专项检测。

（4）如进口涂料同时属于危险化学品，报关时还应按照进口危险化学品要求正确填报相关信息、提交相应材料，口岸海关开展进口危险化学品验核和抽检。

2. 未备案的进口涂料

（1）海关按照有关规定抽取样品，由进口涂料货主将样品送至专项检测实验室检测，海关根据专项检测报告进行符合性核查。

（2）如进口涂料同时属于危险化学品，报关时还应按照进口危险化学品要求正确填报相关信息、提交相应材料，口岸海关开展进口危险化学品验核和抽检。

3. 不合格处置

经专项检测不合格的进口涂料，收货人须将其退运出境或者按照有关部门要求妥善处理。

4. 有下列情形之一的，由备案机构吊销"进口涂料备案书"，并且在半年内停止其备案申请资格：

（1）涂改、伪造"进口涂料备案书"；

（2）经海关检验，累计两次发现实际商品与备案商品严重不符；

（3）经海关抽查检验，累计3次不合格的。

第三节　进口大宗资源矿产品检验监管规定及要求

一、进口煤炭

（一）检验监管主体

海关对进口煤炭实施口岸检验监管，由卸货口岸海关实施检验。

（二）海关检验监管要求

1. 进口煤炭应当"分质装车、分质堆存"，在储运过程中不得降低煤炭的质量。

2. 进口煤炭卸货前，其收货人或代理人应当按照海关总署相关规定，向卸货口岸主管海关申报。进口煤炭卸货时，应当在口岸主管海关的监督下，在具备检验条件的场所卸货。

3. 海关对进口煤炭涉及安全、卫生、环保的项目及相关品质、数量、重量实施检验，具体项目包括灰分、硫分、汞、砷、磷、氯、氟等。如进口煤炭在中国境内运输距离（从入境口岸到消费地距离）超过600公里，还须检测其发热量。

4. 未经检验或者检验不合格的进口煤炭，不准销售、使用。

5. 针对发现质量问题的进口煤炭，口岸主管海关责成收货人或代理人在监管下进行有效处理；针对发现安全、卫生、环保项目不合格的进口煤炭，口岸主管海关责令收货人或代理人实施销毁或退运。

二、进口铜精矿

（一）检验监管主体

进口铜精矿由卸货口岸海关实施检验。

（二）海关检验监管要求

1. 海关对进口铜精矿（HS编码2603000010、2603000090）实施有毒有害元素监测，包括铅、砷、氟、镉、汞等有毒有害元素。

2. 进口铜精矿各项有毒有害元素限量如下：

（1）铅不得大于6.00%；

（2）砷不得大于0.50%；

（3）氟不得大于0.10%；

（4）镉不得大于0.05%；

（5）汞不得大于0.01%。

三、进口铁矿

（一）检验监管主体

进口铁矿由卸货口岸海关实施检验。

（二）海关检验监管要求

1. 海关依企业申请对进口铁矿实施品质检验，检验项目可包括全铁、二氧化硅、三氧化二铝、磷、水分、粒度等。

2. 进口铁矿的收货人或代理人如需海关出具进口铁矿品质证书，应向口岸主管海关提出申请。海关对进口铁矿实施现场检验检疫，包括放射性检测，外来夹杂物检疫处理、疑似或掺杂固体废物排查等，检验检疫合格后实施现场抽样、实验室检测，出具品质证书。

3. 进口铁矿的收货人或代理人如无须海关出具进口铁矿品质证书，口岸主管海关对进口铁矿实施现场检验检疫，合格后直接放行。

4. 必要时，海关对进口铁矿实施监督检验，开展有毒有害元素含量监测。

四、进口锰矿、铬矿、铅矿及其精矿、锌矿及其精矿

（一）检验监管主体

上述进口矿产品由卸货口岸海关实施检验。

（二）海关检验监管要求

1. 海关对上述进口矿产品的监管方式为"先放后检"。

2. "先放"是指上述进口矿产品经现场检验检疫，包括放射性检测、外来夹杂物检疫、外观检验以及取制样等，符合要求后即可提离海关监管作业场所。

3. "后检"是指上述进口矿产品提离后,海关实施实验室检测,完成合格评定并签发证书。其后,企业方可销售、使用上述进口矿产品。

4. 海关在现场检验检疫过程中,如发现上述进口矿产品存在放射性超标、疑似或掺杂固体废物、货证不一致、外来夹杂物等情况,不适用"先放后检"监管方式。

5. 海关在监管过程中,如发现上述进口矿产品存在安全、卫生、环保、贸易欺诈等重大问题,将依法依规进行处置。

第四节　其他进口大宗商品检验监管规定及要求

一、进口棉花

(一) 进口棉花境外供货企业登记管理

1. 进口棉花的境外供货企业按照自愿原则,可以向海关总署申请登记。

2. 申请登记的境外供货企业应当具备以下条件:

(1) 具有所在国家或者地区合法经营资质;

(2) 具有固定经营场所;

(3) 具有稳定供货来源,并有相应质量控制体系;

(4) 熟悉中国进口棉花检验相关规定。

3. 进口棉花的境外供货企业申请登记时,应当向海关总署提交下列书面材料的中文或者中外文对照文本:

(1) 进口棉花境外供货企业登记申请表;

(2) 合法商业经营资质证明文件复印件;

(3) 组织机构图及经营场所平面图;

(4) 质量控制体系的相关材料;

(5) 质量承诺书。

4. 境外供货企业可以委托代理人申请登记。代理人申请登记时,应当提交境外供货企业的委托书。

5. 受理当事人提交的申请后,海关总署组成评审组开展书面评审,必要时开展现场评审。经审核合格的,海关总署对境外供货企业予以登记,颁发"进口棉花境外供货企业登记证书"并对外公布,登记证书有效期3年。经审核不合格的,海关总署对境外供货企业不予登记,并书面告知境外供货企业,境外供货企业自不予登记之日起2个月后可向海关总署重新申请登记。

6. 已登记境外供货企业的名称、经营场所或者法定代表人等登记信息发生变化的,应当及时向海关总署申请变更登记,提交上述第3条列明的进口棉花境外供货企业登记申请表及变更事项的证明材料。海关总署在规定时限内作出是否予以变更登记的决定。

7. 需要延续有效期的,已登记的境外供货企业应当在登记证书有效期届满3个月前向海关总署申请复查换证,复查换证时提交上述第3条列明的材料。海关总署在登记证书有效期届满前作出是否准予换证的决定。

8. 登记证书到期未申请复查换证的,海关总署予以注销。

(二) 进口棉花境外供货企业质量信用管理

1. 海关总署对进口棉花的境外供货企业实施质量信用管理。直属海关根据进口棉花的实际到货质量和境外供货企业的履约情况，对境外供货企业的质量信用进行评估。

2. 按照质量信用，境外供货企业分为 A、B、C 3 个层级：

(1) A 级：境外供货企业自获得海关总署登记后即列为 A 级。

(2) B 级：A 级境外供货企业发生下述第 3 条所列情形之一的降为 B 级。

(3) C 级：未获得海关总署登记的境外供货企业默认为 C 级；B 级境外供货企业发生下述第 3 条所列情形之一的降为 C 级。

3. 登记境外供货企业进口的同合同、同发票、同规格的棉花发生下列情形之一的，经实施检验的隶属海关所属的直属海关审核、评估、上报，由海关总署对该境外供货企业的质量信用进行相应调整。

(1) 等级降级幅度在 2 级及以上的棉包数量超过总包数 20% 的；

(2) 长度降级幅度在 1/16 英寸（约 1.58 毫米）及以上的棉包数量超过总包数 20% 的；

(3) 马克隆值不合格的棉包数量超过总包数 60% 的；

(4) 到货重量短少率超过 3%，未及时赔偿的；

(5) 货物中发生严重油污、水渍、霉变、板结的棉包数量超过总包数的 5% 的；

(6) 货物包装发生影响运输、搬运、装卸的严重破损，破损棉包数量超过总包数 20% 的；

(7) 混有异性纤维、棉短绒、废棉和危害性杂物，经核查对企业造成严重损失的。

4. 进口棉花发生上述第 3 条所列情形时，实施检验的隶属海关将有关检验结果告知收货人，收货人应当及时书面通知境外供货企业。未经海关允许，收货人不得销售、使用该批进口棉花。

5. 直属海关将评估结果及理由书面告知境外供货企业。境外供货企业对初步评估结果有异议的，应当自收到书面通知之日起 15 个工作日内，向作出评估结果的直属海关提出书面申辩，并提交相关证明材料，经复核原评估结果有误的予以更正。境外供货企业无异议或者期限届满未申辩的，直属海关确定最终评估结果，书面告知境外供货企业，同时上报海关总署。

6. 海关总署根据直属海关评估结果，对获得登记的境外供货企业质量信用层级按下列方式进行动态调整。

(1) A 级境外供货企业进口的棉花发生上述第 3 条所列情形的，境外供货企业的质量信用层级由 A 级降为 B 级。

(2) 自直属海关书面通知境外供货企业质量信用层级之日起 5 个月内，从 B 级境外供货企业进口的棉花发生上述第 3 条所列情形的，境外供货企业的质量信用层级由 B 级降为 C 级；如未发生上述第 3 条所列情形的，质量信用层级由 B 级升为 A 级。

(3) 自直属海关书面通知境外供货企业质量信用层级之日起 5 个月内，从 C 级境外供货企业进口的棉花未发生上述第 3 条所列情形的，境外供货企业（不含未在海关总署登记的企业）的质量信用层级由 C 级升为 B 级。

(三) 进口棉花海关检验监管要求

1. 海关对进口棉花实施现场查验，内容包括：

(1) 核对进口棉花批次、规格、标记等，确认货证相符；

(2) 查验包装是否符合合同等相关要求，有无包装破损；

(3) 查验货物是否存在残损、异性纤维、以次充好、掺杂掺假等情况；

(4) 对集装箱装载的，检查集装箱铅封是否完好。

2. 海关依企业申请对进口棉花实施品质检验。

3. 进口棉花的收货人或代理人如需海关出具进口棉花品质证书，应向海关提出申请，海关对进口棉花实施现场检验检疫合格后，实施现场抽样、实验室检测，出具品质证书。

4. 进口棉花的收货人或代理人如无须海关出具进口棉花品质证书，海关对进口棉花实施现场检验检疫合格后直接放行。

5. 必要时，海关对进口棉花实施监督检验。

二、进口原油

（一）检验监管主体

进口原油由卸货口岸海关实施检验。

（二）海关检验监管要求

1. 海关对进口原油的监管方式为"先放后检"。

2. "先放"是指进口原油经现场检查，包括信息核查、取制样等，符合要求后即可开展卸货、转运工作。

3. "后检"是指海关实施实验室检测，完成合格评定并出具证单，其后企业方可销售、使用。

4. 海关在监管过程中，如发现进口原油存在安全、卫生、环保、贸易欺诈等重大问题，将依法依规进行处置。

三、进口大宗商品重量鉴定

（一）海关依企业申请对进口大宗商品实施重量鉴定。

（二）进口大宗商品的收货人或者代理人需要海关出具重量证书的，申报时选择一次性完整申报模式，通过勾选"需要重量证书"的方式向海关提出申请，海关依企业申请实施重量鉴定并出具重量证书。

（三）进口大宗商品的收货人或者代理人不需要海关出具重量证书的，海关不再实施重量鉴定。

（四）进口大宗商品的收货人或者代理人应如实向海关申报重量，海关对申报情况实施抽查验证。

（五）必要时，海关依职权对进口大宗商品实施重量鉴定。

第五节　进口机电类商品检验监管规定及要求

一、进口一般机电产品

（一）定义和范围

机电产品（含旧机电产品），是指机械设备、电气设备、交通运输工具、电子产品、电器产品、仪器仪表、金属制品等及其零部件、元器件。

（二）海关检验监管要求

1. 进口机电产品应当符合我国有关安全、卫生和环境保护等法律、行政法规和技术标准等的规定。

2. 国家对机电产品进口实行分类管理，即分为禁止进口、限制进口和自由进口3类。

3. 有下列情形之一的机电产品，禁止进口：

（1）为维护国家安全、社会公共利益或者公共道德，需要禁止进口的；

（2）为保护人的健康或者安全，保护动物、植物的生命或者健康，保护环境，需要禁止进口的；

(3) 依照其他法律、行政法规的规定，需要禁止进口的；

(4) 根据中华人民共和国所缔结或者参加的国际条约、协定的规定，需要禁止进口的。

4. 有下列情形之一的机电产品，限制进口：

(1) 为维护国家安全、社会公共利益或者公共道德，需要限制进口的；

(2) 为保护人的健康或者安全，保护动物、植物的生命或者健康，保护环境，需要限制进口的；

(3) 为建立或者加快建立国内特定产业，需要限制进口的；

(4) 为保障国家国际金融地位和国际收支平衡，需要限制进口的；

(5) 依照其他法律、行政法规的规定，需要限制进口的；

(6) 根据中华人民共和国所缔结或者参加的国际条约、协定的规定，需要限制进口的。

5. 进口自动许可。

(1) 国家对部分自由进口的机电产品实行进口自动许可，商务部会同海关总署制定、调整并公布《进口自动许可机电产品目录》。

(2) 进口实行进口自动许可的机电产品，进口单位应当在办理海关报关手续前，向商务部或地方、部门机电办申领"中华人民共和国进口自动许可证"（以下简称"进口自动许可证"），并持"进口自动许可证"按海关规定办理通关手续。

二、进口旧机电产品

(一) 定义和范围

旧机电产品是指具有下列情形之一的机电产品：

1. 已经使用（不含使用前测试、调试的设备），仍具备基本功能和一定使用价值的；

2. 未经使用，但是超过质量保证期（非保修期）的；

3. 未经使用，但是存放时间过长，部件产生明显有形损耗的；

4. 新旧部件混装的；

5. 经过翻新的。

(二) 海关检验监管要求

1. 进口旧机电产品应当符合法律法规对安全、卫生、健康、环境保护、防止欺诈、节约能源等方面的规定，以及国家技术规范的强制性要求。

2. 进口旧机电产品应当实施口岸查验、目的地检验以及监督管理。价值较高、涉及人身财产安全、健康、环境保护项目的高风险进口旧机电产品，还需实施装运前检验。

3. 海关整理并公布《实施检验监管的进口旧机电产品目录》《进口旧机电产品检验监管措施清单（2014年版）》（以下简称《检验监管措施清单》）：

(1) 列入《检验监管措施清单》管理措施表1的进口旧机电产品为禁止入境货物。

(2) 列入《检验监管措施清单》管理措施表2的旧机电产品进口时，收用货单位凭海关或检验机构出具的装运前检验证书及相关必备材料向入境口岸海关申报；未按照规定进行装运前检验的，按照法律法规规定处置。

(3) 进口未列入《检验监管措施清单》的旧机电产品，无须实施装运前检验。收用货单位凭"旧机电产品进口声明"及相关必备材料向口岸机构申报。

(4) 列入《检验监管措施清单》内且属于"出境维修复进口""暂时出口复进口""出口退货

复进口""国内转移复进口"4种特殊情况旧机电产品进口时，收用货单位凭"免'进口旧机电产品装运前检验证书'进口特殊情况声明"及相关必备材料向口岸机构申报。

（5）列入《检验监管措施清单》管理措施表1第1项、第2项内，但经国家特别许可的旧机电产品进口时，收用货单位凭"旧机电产品进口特别声明（1）"及相关必备材料向口岸机构申报。

（6）列入《检验监管措施清单》管理措施表1第3项、第4项内，但制冷介质为非氟氯烃物质（CFCs）的旧机电产品进口时，收用货单位凭"旧机电产品进口特别声明（2）"及相关必备材料向口岸机构申报。

4. 装运前检验内容包括：

（1）对安全、卫生、健康、环境保护、防止欺诈、能源消耗等项目作出初步评价；

（2）核查产品品名、数量、规格（型号）、新旧、残损情况是否与合同、发票等贸易文件所列相符；

（3）是否包括、夹带禁止进口货物。

5. 进口旧机电产品运抵口岸后，收货人或者其代理人应当持下列资料向海关办理申报手续：

（1）合同、发票、装箱单、提单；

（2）需实施装运前检验的，还应当提交海关或者检验机构出具的装运前检验证书及随附的检验报告。

6. 口岸海关对进口旧机电产品实施口岸查验。实施口岸查验时，应当对申报资料进行逐批核查。必要时，对进口旧机电产品与申报资料是否相符进行现场核查。

7. 目的地海关对进口旧机电产品实施目的地检验。海关对进口旧机电产品的目的地检验内容包括一致性核查，安全、卫生、环境保护等项目检验。

8. 不合格处置。

（1）经目的地检验，涉及人身财产安全、健康、环境保护项目不合格的，由海关责令收货人销毁，或者出具退货处理通知单并书面告知海关；其他项目不合格的，可以在海关的监督下进行技术处理，经重新检验合格的，方可销售或者使用。

（2）经目的地检验不合格的进口旧机电产品，属成套设备及其材料的，签发不准安装使用通知书。经技术处理，并经海关重新检验合格的，方可安装使用。

9. 海关对进口旧机电产品收货人及其代理人、进口商及其代理人、装运前检验机构及相关活动实施监督管理。

10. 进口旧机电产品的进口商应当建立产品进口、销售和使用记录制度，如实记录进口旧机电产品的品名、规格、数量、出口商和购货者名称及联系方式、交货日期等内容。记录应当真实，保存期限不得少于2年。

11. 禁止进口列入《禁止进口的旧机电产品目录》中的特种设备。

三、进口特种设备

(一) 定义和范围

《中华人民共和国特种设备安全法》规定，特种设备是指对人身和财产安全有较大危险性的锅炉、压力容器（含气瓶）、压力管道、电梯、起重机械、客运索道、大型游乐设施、场（厂）内专用机动车辆，以及法律、行政法规规定适用本法的其他特种设备。

1. 锅炉

指利用各种燃料、电或者其他能源，将所盛装的液体加热到一定的参数，并通过对外输出介质的形式提供热能的设备，其范围规定为设计正常水位容积≥30升，且额定蒸汽压力≥0.1MPa（表压,下同)的承压蒸汽锅炉;出口水压≥0.1MPa,且额定功率≥0.1MW的承压热水锅炉;额定功率≥0.1MW的有机热载体锅炉。

2. 压力容器

指盛装气体或者液体,承载一定压力的密闭设备,其范围规定为:盛装最高工作压力≥0.1MPa的气体、液化气体和最高工作温度高于或者等于标准沸点的液体,容积≥30升且内直径(非圆形截面指截面内边界最大几何尺寸)≥150毫米的固定式容器和移动式容器;盛装公称工作压力≥0.2MPa,且压力与容积的乘积≥1.0MPa·L的气体、液化气体和标准沸点等于或者低于60℃液体的气瓶;氧舱。

3. 压力管道

指利用一定的压力,用于输送气体或者液体的管状设备,其范围规定为最高工作压力≥0.1MPa,介质为气体、液化气体、蒸汽或者可燃、易爆、有毒、有腐蚀性、最高工作温度高于或者等于标准沸点的液体,且公称直径≥50毫米的管道。公称直径<150毫米,且其最高工作压力<1.6MPa的输送无毒、不可燃、无腐蚀性气体的管道和设备本体所属管道除外。

4. 电梯

指动力驱动,利用沿刚性导轨运行的箱体或者沿固定线路运行的梯级(踏步),进行升降或者平行运送人、货物的机电设备,包括载人(货)电梯、自动扶梯、自动人行道等。非公共场所安装且仅供单一家庭使用的电梯除外。

5. 起重机械

指用于垂直升降或者垂直升降并水平移动重物的机电设备,其范围规定为额定起重量≥0.5吨的升降机;额定起重量≥3吨(或额定起重力矩≥40t·m的塔式起重机,或生产率≥300t/h的装卸桥),且提升高度≥2米的起重机;层数≥2层的机械式停车设备。

6. 客运索道

指动力驱动,利用柔性绳索牵引箱体等运载工具运送人员的机电设备,包括客运架空索道、客运缆车、客运拖牵索道等。非公用客运索道和专用于单位内部通勤的客运索道除外。

7. 大型游乐设施

指用于经营目的,承载乘客游乐的设施,其范围规定为设计最大运行线速度≥2米/秒,或者运行高度距地面高于或者等于2米的载人大型游乐设施。用于体育运动、文艺演出和非经营活动的大型游乐设施除外。

8. 场(厂)内机动车辆

指除道路交通、农用车辆以外,仅在工厂厂区、旅游景区、游乐场所等特定区域使用的专用机动车辆。

(二)海关检验监管要求

1. 进口的特种设备应当符合我国安全技术规范的要求,并经检验合格;需要取得我国特种设备生产许可的,应当取得许可。其中,锅炉、压力容器、压力管道采用生产厂许可的形式,电梯等5种机电类特种设备进口产品采用型式试验许可的形式。

2. 进口特种设备,应当随附安全技术规范要求的设计文件、产品质量合格证明、安装及使用维护保养说明、监督检验证明等相关技术资料和文件,并在特种设备显著位置设置产品铭牌、安全警示标志及其说明。其安装及使用维护保养说明、产品铭牌、安全警示标志及其说明应当采用中文。

3. 申报进口时,除审核收货人、委托申请单位提供的合同、发票、箱单等一般性贸易单证外还应提供:

(1) 锅炉、压力容器提供或上传"特种设备生产/制造许可证";

(2) 压力管道，确认属压力管道的，提供或上传管道制造商的"特种设备生产/制造许可证"。随锅炉、压力配套带入的压力管道管子，只需提供锅炉、压力容器生产厂的"特种设备生产/制造许可证"，单独进口不确认属于压力管道的，按金属材料处理；

(3) 电梯、起重机械、客运索道、大型游乐设施、场（厂）内机动车辆等5种机电类特种设备提供或上传"特种设备型式试验合格证"；

(4) 特种设备2种监管许可证件均已纳入联网核查，申报时填报证件编号即可。

4. 常规机电安全项目要求：操纵指示件样式、机械电气安全项目是否符合我国强制性标准要求。

5. 安全色应符合GB 2893—2008《安全色》的要求、安全标志的样式应符合GB 2894—2008《安全标志及其使用导则》的要求。

6. 对检验不合格且无法整改或整改仍不合格的进口特种设备，出具相关证书实施退运或销毁。其中，安全性能检测不合格进口锅炉、压力容器，凭具备"KJ1"资质检验检测机构（如省级特检院）出具的检测报告判定。

7. 禁止进口列入《禁止进口的旧机电产品目录》中的特种设备。

四、进口医疗器械

（一）定义和范围

医疗器械，是指直接或者间接用于人体的仪器、设备、器具、体外诊断试剂及校准物、材料以及其他类似或者相关的物品，包括所需要的计算机软件；其效用主要通过物理等方式获得，不是通过药理学、免疫学或者代谢的方式获得，或者虽然有这些方式参与但是只起辅助作用，其目的是：

1. 疾病的诊断、预防、监护、治疗或者缓解；

2. 损伤的诊断、监护、治疗、缓解或者功能补偿；

3. 生理结构或者生理过程的检验、替代、调节或者支持；

4. 生命的支持或者维持；

5. 妊娠控制；

6. 通过对来自人体的样本进行检查，为医疗或者诊断目的提供信息。

（二）海关检验监管要求

1. 医疗器械进口单位分类监管

(1) 根据医疗器械进口单位的管理水平、诚信度、进口医疗器械产品的风险等级、质量状况和进口规模，对医疗器械进口单位实施分类监管，具体分为3类。医疗器械进口单位可以根据条件自愿提出分类管理申请。

(2) 一类进口单位应当符合下列条件：

①严格遵守《进出口商品检验法》及其实施条例、国家其他有关法律法规以及海关总署的相关规定，诚信度高，连续5年无不良记录；

②具有健全的质量管理体系，获得ISO 9000质量体系认证，具备健全的质量管理制度，包括进口报关、进货验收、仓储保管、质量跟踪和缺陷报告等制度；

③具有2名以上经检验检疫机构培训合格的质量管理人员，熟悉相关产品的基本技术、性能和结构，了解我国对进口医疗器械检验监督管理；

④代理或者经营实施强制性产品认证制的进口医疗器械产品的，应当获得相应的证明文件；

⑤代理或者经营的进口医疗器械产品质量信誉良好，2年内未发生由于产品质量责任方面的退

货、索赔或者其他事故等；

⑥连续从事医疗器械进口业务不少于6年，并能提供相应的证明文件；

⑦近2年每年进口批次不少于30批；

⑧收集并保存有关医疗器械的国家标准、行业标准及医疗器械的法规规章及专项规定，建立和保存比较完善的进口医疗器械资料档案，保存期不少于10年；

⑨具备与其进口的医疗器械产品相适应的技术培训和售后服务能力，或者约定由第三方提供技术支持；

⑩具备与进口医疗器械产品范围与规模相适应的、相对独立的经营场所和仓储条件。

（3）二类进口单位应当具备下列条件：

①严格遵守《进出口商品检验法》及其实施条例、国家其他有关法律法规以及海关总署的相关规定，诚信度较高，连续3年无不良记录；

②具有健全的质量管理体系，具备健全的质量管理制度，包括进口报关、进货验收、仓储保管、质量跟踪和缺陷报告等制度；

③具有1名以上经检验检疫机构培训合格的质量管理人员，熟悉相关产品的基本技术、性能和结构，了解我国对进口医疗器械检验监督管理的人员；

④代理或者经营实施强制性产品认证制度的进口医疗器械产品的，应当获得相应的证明文件；

⑤代理或者经营的进口医疗器械产品质量信誉良好，1年内未发生由于产品质量责任方面的退货、索赔或者其他事故等；

⑥连续从事医疗器械进口业务不少于3年，并能提供相应的证明文件；

⑦近2年每年进口批次不少于10批；

⑧收集并保存有关医疗器械的国家标准、行业标准及医疗器械的法规规章及专项规定，建立和保存比较完善的进口医疗器械资料档案，保存期不少于10年；

⑨具备与其进口的医疗器械产品相适应的技术培训和售后服务能力，或者约定由第三方提供技术支持；

⑩具备与进口医疗器械产品范围与规模相适应的、相对独立的经营场所。

（4）三类进口单位包括：

①从事进口医疗器械业务不满3年的进口单位；

②从事进口医疗器械业务已满3年，但未提出分类管理申请的进口单位；

③提出分类申请，经考核不符合一、二类进口单位条件，未列入一、二类分类管理的进口单位。

（5）申请一类进口单位或者二类进口单位的医疗器械进口单位（以下简称申请单位），应当向所在地直属海关提出申请，并提交以下材料：

①书面申请书，并有授权人签字和单位盖章；

②法人营业执照、医疗器械经营企业许可证；

③质量管理体系认证证书、质量管理文件；

④质量管理人员经检验检疫机构培训合格的证明文件；

⑤近2年每年进口批次的证明材料；

⑥遵守国家相关法律法规以及提供资料真实性的承诺书（自我声明）。

2. 进口医疗器械风险等级及检验监管

（1）根据进口医疗器械的结构特征、使用形式、使用状况、国家医疗器械分类的相关规则以及进口检验管理的需要等，将进口医疗器械产品分为高风险、较高风险和一般风险3个风险等级。

（2）符合下列条件的进口医疗器械产品为高风险等级：
①植入人体的医疗器械；
②介入人体的有源医疗器械；
③用于支持、维持生命的医疗器械；
④对人体有潜在危险的医学影像设备及能量治疗设备；
⑤产品质量不稳定，多次发生重大质量事故，对其安全性有效性必须严格控制的医疗器械。
（3）符合下列条件的进口医疗器械产品为较高风险等级：
①介入人体的无源医疗器械；
②不属于高风险的其他与人体接触的有源医疗器械；
③产品质量较不稳定，多次发生质量问题，对其安全性有效性必须严格控制的医疗器械。
（4）未列入高风险、较高风险等级的进口医疗器械属于一般风险等级。
（5）进口高风险医疗器械的，按照以下方式进行检验管理：
①一类进口单位进口的，实施现场检验与监督检验相结合的方式，其中年批次现场检验率不低于50%；
②二、三类进口单位进口的，实施批批现场检验。
（6）进口较高风险医疗器械的，按照以下方式进行检验管理：
①一类进口单位进口的，年批次现场检验率不低于30%；
②二类进口单位进口的，年批次现场检验率不低于50%；
③三类进口单位进口的，实施批批现场检验。
（7）进口一般风险医疗器械的，实施现场检验与监督检验相结合的方式进行检验管理，其中年批次现场检验率分别为：
①一类进口单位进口的，年批次现场检验率不低于10%；
②二类进口单位进口的，年批次现场检验率不低于30%；
③三类进口单位进口的，年批次现场检验率不低于50%。
（8）进口医疗器械进口时，进口医疗器械的收货人或者其代理人（以下简称申报人）应当向报关地检验检疫机构申报，并提供下列材料：
①申报规定中要求提供的单证；
②属于《中华人民共和国实施强制性产品认证的产品目录》内的医疗器械，应当提供中国强制性认证证书；
③国务院药品监督管理部门审批注册的进口医疗器械注册证书；
④进口单位为一、二类进口单位的，应当提供检验检疫机构签发的进口单位分类证明文件。
（9）检验检疫机构对实施强制性产品认证制度的进口医疗器械实行入境验证，查验单证，核对证货是否相符，必要时抽取样品送指定实验室，按照强制性产品认证制度和国家规定的相关标准进行检测。
（10）进口医疗器械经检验未发现不合格的，由海关出具"检验检疫处理通知书"，需要索赔的应当出具检验证书。涉及人身安全、健康、环境保护项目不合格的，或者可以技术处理的项目经技术处理后经检验仍不合格的，由海关责令当事人销毁，或者退货并书面告知海关，并上报海关总署。

3. 进口捐赠医疗器械检验监管

（1）进口捐赠的医疗器械应当未经使用，且不得夹带有害环境、公共卫生的物品或者其他违禁物品。

（2）进口捐赠医疗器械禁止夹带列入我国《禁止进口货物目录》的物品。

（3）向中国境内捐赠医疗器械的境外捐赠机构，须由其或者其在中国的代理机构向海关总署办理捐赠机构及其捐赠医疗器械的备案。

（4）海关总署在必要时可以对进口捐赠的医疗器械组织实施装运前预检验。

（5）接受进口捐赠医疗器械的单位或者其代理人应当持相关批准文件向使用地的海关申请检验。

（6）境外捐赠的医疗器械经检验检疫机构检验合格并出具"入境货物检验检疫证明"后，受赠人方可使用；经检验不合格的，按照商检法及其实施条例的有关规定处理。

4. 风险预警与快速反应

（1）进口医疗器械的制造商、进口单位和使用单位在发现其医疗器械中有缺陷的应当向海关报告，对海关采取的风险预警措施及快速反应措施应当予以配合。

（2）对缺陷进口医疗器械的风险预警措施包括：

①向海关发布风险警示通报，加强对缺陷产品制造商生产的和进口单位进口的医疗器械的检验监管；

②向缺陷产品的制造商、进口单位发布风险警示通告，敦促其及时采取措施，消除风险；

③向消费者和使用单位发布风险警示通告，提醒其注意缺陷进口医疗器械的风险和危害；

④向国内有关部门、有关国家和地区驻华使馆或者联络处、有关国际组织和机构通报情况，建议其采取必要的措施。

（3）对缺陷进口医疗器械的快速反应措施包括：

①建议暂停使用存在缺陷的医疗器械；

②调整缺陷进口医疗器械进口单位的分类管理的类别；

③停止缺陷医疗器械的进口；

④暂停或者撤销缺陷进口医疗器械的国家强制性产品认证证书；

⑤其他必要的措施。

5. 监督管理

（1）海关每年对一、二类进口单位进行至少1次监督审核，发现下列情况之一的，可以根据情节轻重对其作降类处理：

①进口单位出现不良诚信记录的；

②所进口的医疗器械存在重大安全隐患或者发生重大质量问题的；

③经检验检疫机构检验，进口单位年进口批次中出现不合格批次达10%的；

④进口单位年进口批次未达到要求的；

⑤进口单位有违反法律法规其他行为的。

降类的进口单位必须在12个月后才能申请恢复原来的分类管理类别，且必须经过重新考核、核准、公布。

（2）进口医疗器械出现下列情况之一的，海关经本机构负责人批准，可以对进口医疗器械实施查封或者扣押，但海关监管货物除外：

①属于禁止进口的；

②存在安全卫生缺陷或者可能造成健康隐患、环境污染的；

③可能危害医患者生命财产安全，情况紧急的。

（3）用于科研及其他非作用于患者目的的进口旧医疗器械，经海关总署及其他相关部门批准后，方可进口。

（4）经原厂再制造的进口医疗器械，其安全及技术性能满足全新医疗器械应满足的要求，并符合国家其他有关规定的，由海关进行合格评定后，经海关总署批准方可进口。

（5）禁止进口（3）（4）规定以外的其他旧医疗器械。

五、进口汽车

（一）定义和范围

HS 编码范围为 8701909000 至 8706009000、8716311000 至 8716400000，不包括成套散件。

（二）海关检验监管要求

1. 入境验证

（1）需入境验证的进口汽车

①此类车辆包括中规车、改装车、平行进口车等。入境前，生产商或其代理人应向国家认监委提出申请并取得 3C 认证。

②报关前，报关单位应按照规定提供车辆识别代号（简称"VIN"）电子清单。口岸海关在总署进口汽车 VIN 管理信息化系统（简称"VIN 管理系统"）进行预验证。

③运抵入境口岸后，其收货人或者代理人应向口岸海关提供合同、发票、提（运）单、装箱单等单证，3C 认证证书，以及有关技术资料。

④针对未取得 3C 认证证书，或者虽然已取得 3C 认证证书但未加贴 3C 标志的进口汽车，海关按《进出口商品检验法》及《中华人民共和国进出口商品检验法实施条例》的有关规定处理。

（2）非入境验证范围的进口汽车

①此类汽车是指检验检疫类别非民用商品入境验证的汽车，或《强制性认证产品目录描述与界定表》中非认证产品范围的汽车。

②报关单位应在无纸化系统中上传相关证明材料，其中机场专用车辆（HS 编码 87021020、87059080 除外）应提供进口商和机场有关部门出具的自我声明（保证车辆属专用车辆、只在机场内部使用，不上公路及城市道路行驶、不上公路牌照）。

③针对非入境验证范围的进口汽车，口岸海关根据企业申请实施检验。

（3）免办类进口汽车

①有下列情形之一的，列入《强制性认证产品目录描述与界定表》的进口汽车的生产者、进口商、销售商或者其代理人可向市场监管部门提出免予办理强制性产品认证申请，经批准取得"免予办理强制性产品认证证明"后，方可进口并按照申报用途使用：

A. 为科研、测试和认证检测所需的汽车；

B. 仅用于商业展示但不销售的汽车；

C. 其他因特殊用途免予办理强制性产品认证的情形。

②针对免办类进口汽车，口岸海关无须实施检验，也不出具相关单证。

2. 法定检验

（1）入境口岸海关对进口汽车的检验，可采取海关自检、与有关单位共同检验和认可检测单位检验等方式。检验内容包括一般项目检验、安全性能检验和品质检验。

①一般项目检验。在进口汽车入境时逐台核查安全标志，并进行规格、型号、数量、外观质量、随车工具、技术文件和零备件等项目的检验。

②安全性能检验。按国家有关汽车的安全环保等法律法规、强制性标准和《进出口机动车辆检验规程 第 4 部分：汽车产品》（SN/T 1688.4—2013）实施检验。

③品质检验。品质检验及其标准、方法等应在合同或合同附件中明确规定，进口合同无规定或规定不明确的，按《进出口机动车辆检验规程 第4部分：汽车产品》（SN/T 1688.4—2013）检验。

其中，整批第一次进口的新型号汽车总数≥300台（按同一合同、同一型号、同一生产厂家计算）或总值≥100万美元的，必须实施品质检验；批量总数<300台或总值<100万美元的新型号进口汽车和非首次进口的汽车，海关视质量情况对品质进行抽查检验。

（2）经检验合格的进口汽车，由口岸海关签发"入境货物检验检疫证明"，并一车一单签发"进口机动车辆随车检验单"。实施品质检验的，在其"入境货物检验检疫证明"加附"品质检验报告"。

经检验不合格的进口汽车，口岸海关出具检验检疫证书，供有关部门对外索赔。

（3）针对大批量进口汽车，外贸经营单位和收用货主管单位应在对外贸易合同中约定在出口国（地区）装运前进行预检验、监造或监装，海关可根据需要派出检验人员参加或者组织实施在出口国（地区）的检验。

3. 环保项目检验

（1）海关按照《汽油车污染物排放限值及测量方法（双怠速法及简易工况法）》（GB 18285—2018）、《柴油车污染物排放限值及测量方法（自由加速法及加载减速法）》（GB 3847—2018）要求，实施进口机动车环保项目外观检验、车载诊断系统检查，并按不低于同车型进口数量1%的比率实施排气污染物检测。海关对监测到环保风险信息需通过型式试验实施风险评估的车型，可按现阶段环保达标标准开展型式试验。

（2）进口企业应提前解除影响环保检测的运输模式或功能锁定状态。无法手动切换两驱驱动模式的全时四驱车和适时四驱等车辆，不能实施简易工况法或加载减速法检测的，可按双怠速法或自由加速法实施检测。

（3）进口企业应承担遵守国家环保法律法规的主体责任，确保进口机动车符合国家环保技术规范的强制性要求。进口企业的相关车型应符合机动车和非道路移动机械环保信息公开要求。对列入强制性产品认证目录的机动车应完成环保项目型式试验，取得强制性产品认证证书。对最大设计总质量不超3500千克的M1、M2类和N1类车辆，应符合轻型汽车燃料消耗量标识管理规定。

（4）进口企业获知机动车因设计、生产缺陷或不符合规定的环境保护耐久性要求导致排放大气污染物超过标准的，环保信息公开与进口机动车不符的，在实施环保召回或环保信息公开修改的同时，应当及时向海关总署报告相应风险消减措施。

第六节　进口消费品检验监管规定及要求

一、进口食品接触产品

（一）检验监管范围

1. 海关对检验监管条件包括M或R的进口食品接触产品实施检验和监督管理，主要包括与食品或食品添加剂接触的纸、竹木、金属、搪瓷、陶瓷、塑料、橡胶、天然纤维、化学纤维、玻璃等材质及其复合材质的容器、用具和餐具等。

2. 海关对进口食品接触产品的检验监督管理工作，包括产品备案、产品检验及监督管理等。

（二）进口食品接触产品备案

1. 海关总署对进口食品接触产品实施备案管理。各直属海关负责辖区内进口食品接触产品的备案工作。

2. 食品接触产品进口商或者进口代理商（以下称备案申请人）可根据需要，持以下资料向直属海关申请备案：

（1）"进口食品接触产品备案申请表"；

（2）备案申请人的"企业法人营业执照"的复印件（加盖公章）；

（3）备案申请人出具的"进口食品接触产品符合性声明"；

（4）进口食品接触产品的材质说明，应明确主要成分的构成和化学名称，与食品直接接触部分的材质与产品其他部分材质不同的，应对与食品直接接触部分的材质单独进行说明；

（5）进口产品的品牌、型号、产地、照片、标签及说明书等资料；

（6）进口食品接触产品新品种的，备案申请人应按规定提供卫生行政部门出具的相关文件；

（7）进口食品接触产品追溯制度文件。

3. 直属海关收到备案申请后，对备案申请人资格及其提供资料进行审核。审核合格的，签发"进口食品接触产品备案申请受理通知书"；审核不合格的，通知备案申请人进行补正。

4. 备案申请人将与申请内容一致、具有代表性的样品送具有资质的实验室进行检测，并在取得检测报告后，及时将其提交直属海关审核。备案申请人提供的样品数量应当满足专项检测和留样的需要。

5. 备案申请人资格、备案申请资料和产品检测报告均通过审核的，海关向备案申请人签发"进口食品接触产品备案书"。"进口食品接触产品备案书"有效期为3年。

6. 有效期内，备案人有下列情形之一的，海关可取消其"进口食品接触产品备案书"，并在6个月内对申请人备案申请不予受理：

（1）伪造、变造或使用伪造、变造的"进口食品接触产品备案书"；

（2）经海关检验，发现申请人申报的备案产品与其"进口食品接触产品备案书"不符的；

（3）经海关抽查检验，发现不符合食品接触产品安全国家标准的。

（三）进口食品接触产品检验监管要求

1. 进口商或代理商在进口食品接触产品申报时，除按照规定提交相关资料外，还应提供"进口食品接触产品符合性声明"。已经备案的进口食品接触产品，报检还应同时提交"进口食品接触产品备案书"（复印件加盖公章）。

2. 海关对进口食品接触产品的检验，可采用包括现场查验、风险评估、合格保证等措施及组合的合格评定方式。检验依据为我国对食品相关产品的规定和标准；尚未制定食品安全国家标准的，按照相关法律规定执行。

3. 针对已经备案的进口食品接触产品，海关逐批核查进口产品与"进口食品接触产品备案书"的符合性，经核查合格的，实施抽查检验检测。同一进口商、同一品牌、材质的进口食品接触产品的年度抽查比率不少于进口批次的5%，每个批次抽查不少于当次进口规格型号种类的5%。

4. 针对未备案的进口食品接触产品，海关对其实施批批查验，且年度实验室检测比率不低于进口批次的30%。首次进口的食品接触产品必须进行实验室检测。

5. 进口食品接触产品或其销售包装上的标签、说明书内容应使用规范的汉字，但不包括商标，同时应符合以下要求：

（1）应标注产品名称、材质、生产国家或地区、进口商的名称、联系方式以及地址；

（2）限期使用的产品，应当在显著位置清晰地标明使用期限；

（3）由于使用不当，容易造成产品本身损坏或者可能危及人身、财产安全的产品，应当有适用条件、警示标志或者中文警示说明。

6. 经检验不合格的进口食品接触产品，涉及安全、卫生、环境保护项目不合格的，海关出具"检验检疫处理通知单"，责令当事人退运或销毁。其他项目不合格的，可以在海关监督下进行技术处理，经重新检验合格后，方可销售、使用。

（四）进口食品接触产品质量追溯

进口食品接触产品的进口商或者代理商应建立食品接触产品的追溯管理档案，包括但不限于以下内容：

1. 供应商溯源管理制度；
2. 进口食品接触产品检测报告；
3. 进口食品接触产品的详细记录，包括品名、规格、数量、批号、进口日期、制造商和分销商名称及联系方式、交货日期等内容。记录保存期限不得少于 2 年。

二、进出口玩具

（一）检验监管范围

海关对列入必须实施检验的进出口商品目录的进口玩具，以及法律、行政法规规定必须实施检验的进口玩具，实施检验和监督管理。海关对出口玩具实施抽查检验。

（二）进口玩具检验监管要求

1. 进口玩具的收货人或者其代理人在办理申报时，应当按照《出入境检验检疫报检规定》如实填写入境货物报检单，提供有关单证。对列入强制性产品认证目录的进口玩具，还应提供强制性产品认证证书。海关对强制性产品认证证书电子数据进行系统自动比对验核。

2. 针对列入强制性产品认证目录内的进口玩具：

海关按照《进口许可制度民用商品入境验证管理办法》的规定实施验证管理，包括核查相关标志是否真实有效，按照进口许可制度规定的技术要求抽样送进出口玩具检测实验室检测等。

3. 针对未列入强制性产品认证目录内的进口玩具：

（1）其收货人或者代理人已提供进出口玩具检测实验室出具的合格的检测报告的，海关对有关单证与货物是否符合进行审核。

（2）未能提供检测报告，或者经审核发现有关单证与货物不相符的，海关对该批进口玩具实施现场检验，并按照我国国家技术规范的强制性要求抽样送进出口玩具检测实验室检测。

4. 进口玩具经检验合格的，海关出具检验证明。

5. 进口玩具经检验不合格的，海关出具检验检疫处理通知书。涉及人身财产安全、健康、环境保护项目不合格的，海关责令当事人退货或者销毁；其他项目不合格的，可以在海关的监督下进行技术处理，经重新检验合格后，方可销售或者使用。

6. 在国内市场销售的进口玩具，其安全、使用标识应当符合我国玩具安全的有关强制性要求。

（三）进出口玩具召回监督管理

1. 海关总署对进出口玩具的召回实施监督管理。

2. 进入我国国内市场的进口玩具存在缺陷的，进口玩具的经营者、品牌商应当主动召回；不主动召回的，由海关总署责令召回。

3. 进口玩具的经营者、品牌商和出口玩具生产经营者、品牌商获知其提供的玩具可能存在缺陷的，应当进行调查，确认产品质量安全风险，同时在 24 小时内报告所在地主管海关。实施召回时应当制作并保存完整的召回记录，并在召回完成时限期满后 15 个工作日内，向海关总署和所在地直属海关提交召回总结。

4. 已经出口的玩具在国外被召回、通报或者出现安全质量问题的，其生产经营者、品牌商应当向主管海关报告相关信息。

第七节　近期法检目录调整情况

一、全面禁止进口固体废物

根据《关于全面禁止进口固体废物有关事项的公告》（中华人民共和国生态环境部、商务部、发展改革委、海关总署公告 2020 年第 53 号），从 2021 年 1 月 1 日起，禁止以任何方式进口固体废物，禁止我国境外的固体废物进境倾倒、堆放、处置。与固体废物相关的 52 个 HS 编码的商品已无法正常报关进口，一并调出法检目录。

二、进口金属材料、专业机电设备、电池等商品调出法检目录

包括金属材料 HS 编码 48 个、化工品 HS 编码 5 个、专业机电设备 HS 编码 89 个、音视频设备 HS 编码 10 个、电池 HS 编码 27 个、仿真饰品 HS 编码 3 个。相关产品质量稳定，安全风险较低，不再实施进口法检。

三、进口再生原料调入法检目录

涉及进口再生钢铁原料、再生黄铜原料、再生铜原料、再生铸造铝合金原料的 8 个 HS 编码，海关对相关商品实施进口法检，分别按照《再生钢铁原料》（GB/T 39733—2020）、《再生黄铜原料》（GB/T 38470—2019）、《再生铜原料》（GB/T 38471—2019）、《再生铸造铝合金原料》（GB/T 38472—2019）等标准要求检验监管。

四、出口生铁、钢坯等商品调入法检目录

涉及与初级形状或粗铸的钢铁制品相关的 26 个 HS 编码，由产地海关实施检验。

五、出口化肥类商品调入法检目录

从 2021 年 10 月 15 日起，海关对涉及化肥的 29 个 HS 编码实施出口法检，包括第 28 章的肥料用氯化铵和第 31 章中除 3101 项下外的各类肥料，由产地海关实施检验。

第十章　出入境卫生检疫监管

第一节　卫生检疫概述

一、卫生检疫的概念

各个国家和地区对卫生检疫的叫法不同，有的国家和地区称作"口岸卫生控制"，我国称为"国境卫生检疫"。国境卫生检疫有广义和狭义之分。

广义上，国境卫生检疫的对象、任务和目的与"入出境"联系在一起，尤其是《国际卫生条例（2005）》赋予各成员的卫生检疫管理范围从3种检疫传染病扩展到核、生物、化学（简称核生化）等多种因素引起的国际关注的突发公共卫生事件。

狭义上，国境卫生检疫仅指国境卫生检疫机关为了防止传染病从国外传入或者由国内传出，依照国境卫生检疫的法律法规，在国境口岸、关口对出入境人员、交通工具、运输设备以及可能传播传染病的行李、货物、邮包等物品实施卫生检疫查验、疾病监测、卫生监督和卫生处理的行政执法行为。

二、卫生检疫机关

2018年，根据国务院机构改革的要求，将国家质检总局的出入境检验检疫机构管理职责和队伍划入海关总署，国境卫生检疫机关就成了海关总署所属的各地海关。

三、卫生检疫相关制度

（一）传染病检疫制度

传染病检疫是指国境卫生检疫机关及其工作人员依法对入、出境的人员、交通工具、运输设备以及可能传播检疫传染病的行李、货物、邮包、特殊物品、尸体骸骨等物品依法实施医学检查和卫生检查。

《国境卫生检疫法》规定的传染病是指检疫传染病和监测传染病。检疫传染病是指鼠疫、霍乱、黄热病以及国务院确定和公布的其他传染病。监测传染病，由国务院卫生行政部门确定和公布。

传染病检疫制度的主要内容包括：

1. 入境、出境的人员、交通工具、运输设备以及可能传播检疫传染病的行李、货物、邮包等物品，都应当接受检疫，经国境卫生检疫机关许可，方准入境或者出境。

2. 入境的交通工具和人员，必须在最先到达的国境口岸的指定地点接受检疫。除引航员外，未经国境卫生检疫机关许可，任何人不准上下交通工具，不准装卸行李、货物、邮包等物品。

3. 出境的交通工具和人员，必须在最后离开的国境口岸接受检疫。

4. 来自国外的船舶、航空器因故停泊、降落在中国境内非口岸地点的时候，船舶、航空器的负责人应当立即向就近的国境卫生检疫机关或者当地卫生行政部门报告。除紧急情况外，未经国境卫生检疫机关或者当地卫生行政部门许可，任何人不准上下船舶、航空器，不准装卸行李、货物、邮包等物品。

5. 在国境口岸发现检疫传染病疑似检疫传染病，或者有人非因意外伤害而死亡并死因不明的，国境口岸有关单位和交通工具的负责人，应当立即向国境卫生检疫机关报告，并申请临时检疫。

6. 入境、出境的微生物、人体组织、生物制品、血液及其制品等特殊物品的携带人、托运人或者邮递人，必须向卫生检疫机关申报并接受卫生检疫，未经卫生检疫机关许可，不准入境、出境。

7. 入境、出境的尸体、骸骨的托运人或者其代理人，必须向国境卫生检疫机关申报，经卫生检查合格后，方准运进或者运出。

8. 中华人民共和国边防机关与邻国边防机关之间在边境地区的往来，居住在两国边境接壤地区的居民在边境指定地区的临时往来，双方的交通工具和人员的入境、出境检疫，依照双方协议办理，没有协议的，依照中国政府的有关规定办理。

（二）传染病监测制度

传染病监测是指国境卫生检疫机关对特定环境、人群进行流行病学、血清学、病原学、临床症状以及其他有关影响因素的调查研究，监测国际间传染病流行动态，预测有关传染病的发生、发展和流行规律，并采取必要的预防控制措施的卫生检疫执法活动。

传染病监测制度的主要内容包括：

1. 国境卫生检疫机关对入境、出境的人员实施传染病监测，并且采取必要的预防、控制措施。

2. 国境卫生检疫机关有权要求入境、出境的人员填写健康申明卡，出示某种传染病的预防接种证书、健康证明或者其他有关证件。

3. 对患有监测传染病的人、来自国外监测传染病流行区的人或者与监测传染病人密切接触的人，国境卫生检疫机关应当区别情况，发给就诊方便卡，实施留验或者采取其他预防、控制措施，并及时通知当地卫生行政部门。各地医疗单位对持有就诊方便卡的人员，应当优先诊治。

4. 入境、出境的交通工具、人员、食品、饮用水和其他物品以及病媒昆虫、动物，均为传染病监测的对象。

5. 传染病监测内容包括首发病例的个案调查；暴发流行的流行病学调查；传染源调查；国境口岸内监测传染病的回顾性调查；病原体的分离、鉴定，人群、有关动物血清学调查以及流行病学调查；有关动物、病媒昆虫、食品、饮用水和环境因素的调查；消毒、除鼠、除虫的效果观察与评价；国境口岸以及国内外监测传染病疫情的收集、整理、分析和传递；对监测对象开展健康检查和对监测传染病病人、疑似病人、密切接触人员的管理。

（三）口岸卫生监督制度

口岸卫生监督是指国境卫生检疫机关对国境口岸范围内的公民、法人和其他组织遵守《国境卫生检疫法》及其他相关卫生法规的情况进行督促检查，对违反法律法规的行为追究法律责任的一种卫生行政活动。这种活动包括卫生检查、卫生鉴定、卫生评价、采样检验、卫生许可、卫生处罚和法规宣传等。

口岸卫生监督制度的主要内容包括：

1. 监督和指导口岸主管部门和驻口岸各单位负责人加强对传染病的预防、管理、疫情报告和疫情处理。

2. 对口岸所有非因意外伤害而死亡的人员实施检疫和卫生处理。

3. 对口岸原因不明的自毙鼠进行检疫和卫生处理。

4. 监督和指导口岸有关单位负责人对病媒生物进行防除。

5. 对口岸的食品、饮用水进行检查检验，并对从业人员实施健康检查。

6. 对食品生产加工、运运输、贮存和销售等各个环节实施监督检查,对食品行业发放"卫生许可证"。

7. 监督口岸负责人对垃圾、粪便、污物、污水等进行无害化处理。

8. 对与检疫传染病和监测传染病有流行病学意义的环境因素进行监督检查。

9. 对劳动环境中的各种粉尘、毒物、物理因素及不良气候条件进行劳动卫生监督。

10. 对口岸及其周围环境中病媒生物的种类和消长指数进行监督。

(四) 卫生处理制度

根据《中华人民共和国国境卫生检疫法实施细则》的规定,卫生处理是指国境卫生检疫机关对发现的患有检疫传染病、监测传染病、疑似检疫传染病的入出境人员实施的隔离、留验和就地诊断等医学措施,以及对需要采取卫生措施的入出境交通工具、运输设备和其他可能传播检疫传染病的行李、货物、邮包、尸体骸骨等进行的消毒、除鼠、除虫等执法活动。

广义的卫生处理概念涵盖对人实施的医学措施和对"物"实施的卫生措施,狭义的卫生处理概念仅指后者。若无特殊说明,通常卫生处理,是指狭义的概念,即对"物"采取的消毒、除鼠、除虫等卫生措施。

根据《国境卫生检疫法》《中华人民共和国国境卫生检疫法实施细则》的规定,卫生处理"物"的对象和范围包括:出入境交通工具、集装箱、货物(包括废旧物品、废旧交通工具等)、行李、邮包、尸体、骸骨以及国境口岸区域等。

(五) 口岸突发公共卫生事件应急处置制度

口岸突发公共卫生事件应急处置是指国境卫生检疫机关为有效预防、及时缓解、控制和消除突发公共卫生事件的危害,保障出入境人员和国境口岸公众身体健康,维护国境口岸正常的社会秩序,依据《国境卫生检疫法》及其实施细则和《突发公共卫生事件应急条例》而采取的应急准备、报告通报和应急处理措施。

口岸突发公共卫生事件主要包括:发生鼠疫、霍乱、黄热病、肺炭疽、传染性非典型肺炎病例;乙类、丙类传染病较大规模的暴发、流行或多人死亡;发生罕见的或者国家已宣布消除的传染病等疫情;传染病菌种、毒种丢失;发生临床表现相似的但致病原因不明且有蔓延趋势或可能蔓延趋势的群体性疾病;中毒人数10人以上或者中毒死亡;国内外发生突发事件,可能危及国境口岸等。

口岸突发公共卫生事件应急处置工作内容主要包括:组织实施国境口岸突发事件应急处理预案;调动相关力量和资源,开展应急处置工作;及时向国家卫生检疫主管部门报告应急工作情况、提出工作建议;协调与当地人民政府及其卫生行政部门以及口岸管理部门、边检等相关部门的联系;成立国境口岸突发事件应急处理专业技术机构,承担相应工作;组建突发事件应急现场指挥部,根据具体情况及时组织现场处置工作并随时上报信息等。

(六) 国际旅行健康保障制度

国际旅行健康保障是指国境卫生检疫机关根据《国境卫生检疫法》的要求开展的出入境人员健康管理和传染病监测等工作。

国际旅行健康保障的主要内容有:研究国际旅行健康影响因素;对出境旅行人员进行健康指导、旅行中和旅行后传染病监测;传染病的预防接种、疫苗研发;针对不同人群,如朝觐、维和、劳务、科学考察等人员采取国际旅行健康干预措施;研究不同旅行目的地的传染病预防措施等。

四、相关用语含义

查验指国境卫生检疫机关实施的医学检查和卫生检查。

染疫人指正在患检疫传染病的人，或者经卫生检疫机关初步诊断，认为已经感染检疫传染病或者已经处于检疫传染病潜伏期的人。

染疫嫌疑人指接触过检疫传染病的感染环境，并且可能传播检疫传染病的人。

隔离指将染疫人收留在指定的处所，限制其活动并进行治疗，直到消除传染病传播的危险。

留验指将染疫嫌疑人收留在指定的处所进行诊察和检验。

就地诊验指一个人在卫生检疫机关指定的期间，到就近的卫生检疫机关或者其他医疗卫生单位去接受诊察和检验；或者卫生检疫机关、其他医疗卫生单位到该人员的居留地，对其进行诊察和检验。

运输设备指货物集装箱。

卫生处理指隔离、留验和就地诊验等医学措施，以及消毒、除鼠、除虫等卫生措施。

传染病监测指对特定环境、人群进行流行病学、血清学、病原学、临床症状以及其他有关影响因素的调查研究，预测有关传染病的发生、发展和流行。

卫生监督指执行卫生法规和卫生标准所进行的卫生检查、卫生鉴定、卫生评价和采样检验。

交通工具指船舶、航空器、列车和其他车辆。

国境口岸指国际通航的港口、机场、车站、陆地边境和国界江河的关口。

第二节　出入境人员卫生检疫

一、健康申报

健康申报是指出入境人员及口岸相关部门向海关提供自身及涉及健康卫生的相关信息，以便进行传染病排查，防止疫情的传入传出。

健康申报可以分为常态下健康申报和应急状态下健康申报。常态下健康申报是指在未发生国际关注突发公共卫生事件的常态下，出入境人员免于填写"出/入境健康申明卡"，实行出入境人员主动申报制度。应急状态下健康申报是指境内或境外发生重大传染病疫情和突发公共卫生事件，经评估，根据国家主管部门发布的公告要求实行纸质书面健康申报或者电子健康申报制度。

海关关员在旅检现场核验健康申明卡，应做到每项必核、有疑必问，对申报有流行病学史和健康异常的旅客，按照要求做好防护后，应及时给予处置：

（一）对发现申报有症状、有接触史或暴露史、核酸检测阳性史、就诊服药史等情况者应及时开展排查。对于有症状的人员需引导进入医学排查室进行排查，并根据排查情况开展后续处置。

（二）对旅客不配合健康申报的，应向其告知如拒绝健康申报、采取不如实填报健康申明卡等方式隐瞒疫情的，将根据《国境卫生检疫法》及其实施细则进行行政处罚；引起传染病传播或者有传播严重危险的，将根据《中华人民共和国刑法》（以下简称《刑法》）按"妨害国境卫生检疫罪"进行刑事处罚。对仍然不配合的，报属地联防联控机制按要求处置。

二、体温监测

体温监测是指通过在出入境通道上设置红外体温检测仪等设施设备或人工手段，对出入境人员实施体温检测，从而筛查体温异常人员，开展传染病排查的一种手段。

（一）监测准备

1. 确保测温探头正面朝向客流，正面测量旅客头面部温度，全覆盖测量旅客体温。

2. 规范测试维保仪器，确保仪器状态良好，运行正常。要做好体温监测设备的计量、校准和维护工作，并妥善保存体温监测设备的维护保养记录。对存在仪器乱报警、长时间不报警、大部分人员测温温度值低于36℃等情况，要立即排查仪器状况，并实施替代性应急测温方案。

3. 体温监测岗人员上岗前，做好个人防护，对红外测温仪、手持医用测温仪等进行测试。在测温工作中，关注仪器使用状态。对发现仪器故障、测温不准等异常情况的，要立即联系维保部门检修。

4. 测温人员防护要求实施。

5. 口岸现场应根据人员流量及测温环境的变化，通过动态设置及调整蛇形通道、做好人员引导、分批安排人员通关等多种方式，让出入境人员有序通过测温仪覆盖的区域，便于测温系统有效监测人员体温，避免因人群密集所致假阳性报警激增等异常情况。

6. 测温系统报警温度阈值统一设置为下限37℃、上限42℃。

7. 必要时对入境人员实施两道测温，原则上应首道测温后再安排流调、采样等其他工作。

（二）监测处置要点

1. 测温系统发出超温报警的，关员立即调取可见光报警截图，判定是否为有效报警（人员头面部、颈部测温报警，包括头发、帽、衣领等），根据光标指向出入境人员的相貌、体型及衣着等特征，准确拦截超温报警人员，引导至体温复测区进行体温复测。

使用手持测温枪测温的，应在视频监控下实施，原则上应测量额头正中位置，当气温较低，额头测温值普遍低于36℃时，可测量颈部或手腕，以温度数值最高者为准。对测量值≥37℃的，拦截排查。

2. 体温复测应遵照以下要求执行：

（1）全部使用水银体温计复测体温；

（2）待疑似发热人员平复情绪后，测量腋下温度；

（3）测量体温前，应对水银体温计进行复位（甩到35℃以下）；

（4）应要求疑似发热人员确保腋下干爽后夹紧水银体温计；

（5）测量时间要测足5分钟。

3. 对因孩童哭闹、进出境人员病情较重等原因，无法实施水银体温计测量体温的情况，可采用经计量检定的手持测温仪复测温度，每分钟测量1次，测2次后取最高值作为复测温度，同时将相关情况在值班日志中注明。

4. 对发现仪器大范围报警，外环境天气变化大，明显影响测温仪测温效果的，可在现场对超温报警人员用手持测温仪快速检测，并简单问询，对有相关接触史或暴露史、健康异常和有症状者的，全部引导至排查室复测体温；对没有上述情况的，如果用手持测温仪检测体温正常，可放行。

5. 复测体温时，同步开展简单问诊和排查，评估风险，并展开后续处置。

6. 关员应于体温复测结束后，及时根据判定结果，对所有报警图片进行分类归档。

7. 体温监测岗关员应全面、准确填写值班工作记录，并由值班负责人复核后签字确认。

8. 如测温过程中或交班时发现有红外测温"漏警""漏处"情况的，应立即按照有关进出境人员卫生检疫"逢警必处"作业指引的规定处置。

9. 所有测温系统、视频监控系统、硬盘录像机的显示时间应与标准时间保持一致。出入境通道检疫过程应全程录像，红外报警截图保存时间不少于2年，红外测温视频（含可见光视频和红外视频）及手持测温枪测温监控视频保存不少于3个月，对于新冠肺炎核酸检测阳性个案的报警图片和测温视频应永久保存。

三、医学巡查

医学巡查是指在旅检现场通过观察、咨询等方式判断出入境人员有无传染病相关症状和体征，从而开展传染病排查的一种手段。

（一）巡查重点

应根据疫情流行情况，结合本口岸实际，重点关注来自或途经疫情流行地区的出入境交通工具和人员，重点关注口岸人群聚集的场所，重点关注旅客集中出入境的时段，重点关注包机出入境旅客聚集的场所，以提高医学巡查的针对性和有效性。

（二）巡查要求

1. 医学巡查岗人员在旅检通道、口岸旅客集中提交"出/入境健康申明卡"的区域、重点交通工具上开展医学巡查，携带手持式测温枪、对讲机、执法记录仪、个人防护用品等。

2. 医学巡查人员按要求做好个人防护。

3. 应重点观察出入境人员面容有无潮红、苍白、水肿或失水，结膜有无充血，巩膜有无黄疸，皮肤有无皮疹、出血点或瘀斑，精神状态有无异常或不振，有无干咳、呼吸异常，有无呕吐、腹泻，有无体态、行动异常等成病态者以及逃避检疫的情况。

4. 应主动开展健康宣教，解答出入境人员健康咨询问题，指导旅客做好个人防护等。

5. 应在值班记录表中填写医学巡查工作开展情况、发现异常及处置情况，并由值班负责人复核后签字确认。

（三）异常情况处置

应根据需要用手持测温仪检测体温、医学问询等选查手段，评估风险，对发现异常的实施拦截，指导出入境人员做好必要防护，引导进入医学排查室，移交医学排查岗工作人员进行排查。

（四）其他要求

医学巡查人员宜具有医学背景，或具有传染病排查的基本技能。医学巡查时配置相关设备，检查手持式测温仪情况，重点检查电量是否充足、测温是否准确；检查个人防护物资配置情况；检查对讲机、执法记录仪等物资情况。

四、医学排查

医学排查是指以流行病学调查为主要手段，辅以必要的简单体格检查，判断是否需要对可疑病例进一步实施医学处置的一种手段。

（一）体温测量

检疫人员用水银体温计测量可疑病例的腋下体温，判定是否发热（体温达到或高于37.3℃即为发热）。

（二）流行病学调查

包括4周之内到过的国家和地区，所到地有无类似症状的传染病流行、流行情况等旅行史；有无传染病患者、继发传染病患者接触史；有无野生动物、禽鸟类接触史；有无感染环境暴露史；有无服用感冒药、退烧药、止咳药等服药史；有无蚊虫叮咬史；有无预防接种史；有无过敏史；有无既往病史及就诊史等。

（三）症状问询及体格检查

对发热以外的症状进行询问。必要时，可进行简单体格检查。

（四）初步判断意见

结合流行病学调查情况和症状体征，对照国际、国内疫区分布及疫情发生情况，作出初步判断。判断结果包括：

1. 排除传染病可能；
2. 怀疑为经呼吸道途径传播的传染病；

发热伴有以下一个或多个呼吸道症状：咳嗽、咳痰、咳血、胸痛、盗汗（夜间或午后无明显原因出汗）、呼吸困难等，和/或肺部听诊有干湿啰音。

3. 怀疑为经消化道途径传播的传染病；

有以下一个或多个消化道症状：恶心、呕吐、腹痛、腹泻（24小时内大便3次或者3次以上，或大便性状发生改变）、呕血、便血等，伴或不伴发热，和/或查体发现有脱水征，包括口唇干燥、皮肤弹性差、少尿等。

4. 怀疑为经蚊媒传播的传染病；

发热伴有以下一个或多个症状：头痛、肌肉痛、关节痛、瘀点、瘀斑、皮疹、黄疸（自然光线下皮肤、巩膜的黄染）等，和/或查体时发现三红征（面红、颈红、胸红，即醉酒貌）、淋巴结肿大等。

5. 怀疑为其他途径传播的传染病；
6. 难以判定为何种途径传播的传染病。

五、样本采集、运送及检测

样本采集与检测是指在体温检测、流行病学调查、医学检查的基础上，对不能排除患有传染病的出入境人员采集其血液、排泄物、分泌物等样本，开展实验室检测，以便结合临床症状和流行病学调查结果进行疾病诊断。

样本采集包括：鼻/口咽拭子采集、粪便采集、肛拭子采集、静脉血采集、指尖末梢血采集、痰液采集、尿液采集等。

交通工具员工、外交人员的样本采集按照相关规定执行。

样本采集后应及时表明相关信息，包括样品名称、编号、采样时间、采样者、检测项目及流行病学资料等，采用加贴有生物危害标识的冷链箱运送至实验室。

样本检测包括传染病病原体、毒素等的快速检测和确认检测。快速检测一般在查验现场快速检测实验室采用快速检测试剂实施快速初筛检测；实验室确认检测一般在实验室通过聚合酶链式反应（PCR）、基因芯片及基因测序等方法进一步确认检测。

六、消毒处理

对可能被污染的口岸区域及其他环境和物品等，严格实施预防性消毒、随时消毒、终末消毒，加强对口岸运营者的指导，规范实施监督，严防污染扩散。

七、后续处置

（一）对确诊病例或无症状感染者、疑似病例、有症状者，在对其做好个人防护前提下，应在单人房间或负压隔离单元中隔离，等待进一步转运。

（二）发现上述人员后，应判定其密切接触者。对密切接触者和其他人员，做好信息登记和通报，按照地方联防联控机制要求，及时移交地方联防联控机制指定部门，并做好相关交接记录。

（三）对入境人员采样送检时，应结合其旅行史、接触史、症状、体征等情况，在做好新冠肺炎检测的同时开展其他传染病检测，多病共防，严防其他疫情输入造成风险叠加。

（四）海关应依法阻止境内染疫人（确诊病例或无症状感染者）、染疫嫌疑人（疑似病例）出境。对来自境外的确诊病例或无症状感染者、疑似病例、有症状者，本人要求出境的，由本人及交通工具负责人书面承诺承担责任，经地方联防联控机制同意，可以准许出境，隶属海关应将这种情况在出境卫生检疫证或"船舶免予卫生控制措施证书/船舶卫生控制措施证书"上签注，同时通知交通工具负责人采取必要的预防措施。

（五）除入境交通工具上发现的疑似病例或有症状者，经本人要求出境准许其出境外，对拒绝接受采样、隔离、留验等措施的病例及其密切接触者，各级海关应通过属地联防联控机制，提前协调公安、外事、卫生健康、边检等部门明确处置流程，妥善处置并做好相关交接记录及后续追踪。

（六）对于出境有症状者，建议其推迟出境行程，对坚持出境的给予健康建议，相关信息书面通报交通工具运营者。对依法阻止出境的，应按照地方联防联控机制的要求，协调公安、外事、卫生健康、边检等部门采取管制措施，做好相关交接记录及后续追踪。

（七）上述情况以外的其他情形，由各级海关按照属地联防联控工作机制协调处置。

八、信息报告

（一）将疑似病例、确诊病例、无症状感染者的个案信息，在2小时内通过中国疾病预防控制中心"疾病监测信息报告管理系统"实施网络直报或按属地联防联控要求的方式通报地方卫生健康部门。

（二）按要求及时上报有症状者、疑似病例、确诊病例、无症状感染者、实验室核酸检测阳性的数据和报告。

九、资料存档

规范保存出/入境健康申明卡、流行病学调查表、医学排查记录表、采样送检记录、移交记录、转诊单、追踪调查等资料，并建立专项档案，做好出入境人员的信息保护工作。文档资料保存时间不少于2年，视频资料保存时间不少于3个月。对于新冠肺炎核酸检测阳性个案的报警图片和测温视频应永久保存。

第三节 出入境交通工具卫生检疫

一、出入境航空器卫生检疫

（一）申报管理

海关应当要求交通工具负责人，在抵离国境口岸前，除按照有关规定向海关申报外，要对交通工具上的员工、旅客存在的相关症状向海关报告。

隶属海关对申报信息重点审核：

1. 是否来自或经停海关总署传染病疫情公告或警示通报所列国家（地区）；

2. 是否申报有健康异常，包括：机上有人发热、腹泻、呕吐等症状，有传染病病人或疑似病人，有非意外死亡并死因不明的等情况；

3. 是否有病媒生物，包括：机上发现蚊、蝇、蜚蠊等病媒生物；机上发现鼠类等啮齿动物反常死亡或死因不明；机上发现活鼠、鼠迹或新鲜鼠粪的；

4. 来自黄热病受染地区的航空器是否持有有效灭蚊证书；

5. 海关要求的其他卫生检疫项目。

（二）航空器的检疫方式

1. 对来自受染地区或有染疫嫌疑的航空器，按照布控指令的要求实施指定机位登临检疫；

2. 对其他布控指令需要登临查验的航空器，以及经海关风险评估同意后，可实施普通机位登临检疫；

3. 对根据交通工具运营者或其代理人申请，经海关进行风险评估，对符合条件的航空器，可实施电讯检疫。

4. 经航空器运营企业申请，可实施随航检疫。需实施随航检疫的进出境航空器，应提前与航空器运营企业商定具体实施要求，并报直属海关同意后方可实施。

（三）登临检疫

1. 检查前准备

（1）人员准备

登临检疫应至少由两名具备相应卫生检疫资质的关员实施；遇重大传染病疫情或其他检疫工作量大的情况，可适当增派人员。

（2）检查记录单准备

实施登临检疫前，应当在运输工具系统打印"海关进出境运输工具登临检疫记录单"，并熟悉检查内容。重点关注以下内容：登临检疫的检疫方式及其具体原因；检查指令中的重点查验项目、内容和程序；

（3）个人防护准备

根据风险评估结果，需做好相应个人防护。

（4）查验工具准备

检查人员携带航空器检疫查验箱登机。查验箱主要包括：入出境检疫证单、检查记录单等；水银温度计、手持测温枪、血压计等医学检查设备；医用防护服、N95口罩和乳胶手套等防护物资；对讲机、录像机及录音机、执法记录仪等调查取证设备。

（5）机上广播

对于申报机上有健康异常人员的出入境航空器，海关在登临检疫前，应要求机组人员在飞机上播放广播。广播内容可参考以下："各位旅客，你们好！因飞机上发现有身体不适的旅客，海关根据《国境卫生检疫法》，需要进行必要的检查。请各位旅客予以配合。谢谢您的合作！"

实施登临检疫时，应当在机长或机长授权人员的陪同下，根据相关工作规程实施卫生检疫。

2. 申报资料核查

根据申报资料，重点核查是否存在以下异常情况申报，并要求机长在申报单上签字。

（1）是否来自或经停海关总署传染病疫情公告或警示通报所列国家（地区）；

（2）是否申报有健康异常，包括：机上有传染病病人或疑似病人；有非意外死亡并死因不明的；

（3）是否有病媒生物，包括：机上发现蚊、蝇、蜚蠊等病媒生物；机上发现鼠类等啮齿动物反常死亡或死因不明；机上发现活鼠、鼠迹或新鲜鼠粪的；

（4）来自黄热病受染国家（地区）的航空器是否有有效灭蚊证书，机组人员是否有有效的黄热病预防接种证书。

3. 现场调查

向乘务长询问以下情况：

(1) 飞行途中是否有人员有发热等症状；
(2) 人员在飞行途中是否有因饮食不适而引起腹泻、呕吐等症状；
(3) 机舱内是否有蚊、蝇、蜚蠊及啮齿动物。
(4) 来自黄热病受染地区的航空器，要求出示有效的灭蚊证书；

经过询问和检查后，确认该机内无病人，也未携带与人类健康有关的病媒昆虫和啮齿动物时，可同意本次航班人员下机。

4. 重点人员检疫查验

对于实施特定机位检疫的机上人员，应采用有效的测温设备对机上人员实施体温测量。对于申报健康异常的重点人员，除实施体温测量外，还应视情况给予相应个人防护，进行简单的医学检查和初步流行病学调查。

必要时，要求所有人员实施健康申报。

5. 卫生状况检查

原则上于乘客下机后实施，开展以下工作：

(1) 申报或发现有啮齿动物异常死亡的，对其采样送实验室种属鉴定及携带病原体检测；
(2) 申报有疑似食物中毒的，检查食品及饮水供应单位、储存情况、食用情况等，对食品、吐泻物等采样送实验室检测。

(四) 检查结果判定

检查结束，由检查人员根据检查结果作出检疫是否合格的判定。检疫合格的，准许人员及物品上下。检疫不合格的，按规范予以分类处置。

1. 有以下指征的人员，判定为不能排除染疫嫌疑。
2. 航空器到达时载有检疫传染病染疫人的，判定为染疫航空器。
3. 有下列情况之一的，判定为染疫嫌疑航空器：
(1) 航空器到达时载有检疫传染病染疫嫌疑人的；
(2) 航空器上有啮齿动物异常死亡，并且死亡原因不明的；
(3) 来自黄热病受染地区，未持有效灭蚊证书，且发现有蚊媒的。
4. 有下列情况之一的，判定为其他检疫不合格航空器：
(1) 航空器到达时载有其他重点关注传染病病例或疑似病例的；
(2) 航空器上有发热、皮疹、黄疸、出血、淋巴结肿大、呕吐、腹泻等症状的人员；
(3) 航空器报告或发现有啮齿动物的。
(4) 发现有蚊、蝇、蜚蠊等病媒生物的；
(5) 发现公共场所卫生不合格；
(6) 发现固液废弃物管理不合格；
(7) 发现未申报意外死亡尸体或骸骨；
(8) 发现其他卫生学问题。

(五) 检疫处置

1. 发现人员异常死亡处置

接到报告或检查发现有人异常死亡的，立即开展检疫排查和处置：

经排查不能排除检疫传染病、炭疽、国家公布按甲类传染病管理的疾病以及国务院规定的其他新发烈性传染病死亡的尸体、骸骨，禁止入出境。

因患检疫传染病而死亡的尸体，必须就近火化。

不能排除其他传染病嫌疑（禁止入出境传染病除外）的尸体，监督实施卫生处理后移交公安部门做死因调查。对密切接触者移交人员检疫部门作进一步处置。

排除传染病可能的尸体，根据卫生状况，监督实施卫生处理后，配合公安部门做好尸体移运、死因调查等工作。

检疫合格或检疫处置合格的尸体，签发"尸体/棺柩/骸骨入/出境卫生检疫证书"后方准移运。

2. 发现疑似病例处置

对不能排除患有其他传染病的，对疑似病例及密切接触者给予相应防护措施后，通知旅检部门进一步处置。对密切接触者登记座位号和个人信息后，移交旅检部门进一步处置。

3. 航空器卫生处理

对可能被可疑病例污染的航空器，出具"检验检疫处理通知书"，对可能受污染的区域、物品等实施消毒处理。

对来自黄热病受染地区且无有效灭蚊证书的航空器，出具"检验检疫处理通知书"，实施灭蚊处理。

4. 病媒生物处置

对报告或发现有啮齿动物及鼠迹、鼠粪等啮齿动物活动痕迹的，出具"检验检疫处理通知书"，采用器械灭鼠后，将捕获的鼠类送实验室做种属鉴定和携带病原体检测，必要时实施除虫和消毒处理。

对报告或发现有蚊、蝇等病媒生物的，出具"检验检疫处理通知书"，实施相应杀虫处理。

5. 卫生状况不合格

检查发现环境卫生状况不合格的，指导和监督进行整改。

6. 其他情况处置

发现有逃避检疫的、不如实申报的、违规上下人员或货物的，以及其他违法违规行为的，移交相关部门进一步处置。

（六）证书签发

准予入境的，签发"航空器入境卫生检疫证书"或"航空器入境检疫证书"。

二、出入境船舶卫生检疫

（一）申报管理

1. 申报要求

隶属海关应当要求船舶负责人向海关申报运输工具动态，分为预报、确报、抵港报。在抵离国境口岸前，除按照有关规定向海关申报外，要对交通工具上的员工、旅客存在的相关症状向海关报告。

2. 申报审核要求

隶属海关对申报信息重点审核以下内容：

（1）4周内是否来自或途经海关总署传染病疫情公告或警示通报所列国家（地区）；

（2）是否申报有健康异常，包括：船上有人发热、腹泻、呕吐等症状，有传染病病人或疑似病人，有非意外死亡并死因不明的等情况；

（3）是否有病媒生物，包括：船上发现蚊、蝇、蜚蠊等病媒生物；船上发现鼠类等啮齿动物反常死亡或死因不明；船上发现活鼠、鼠迹或新鲜鼠粪的；

（4）船上是否有来自总署公告确定的黄热病受染地区的人员及其预防接种证书持有情况；

(5) 是否有"船舶免予卫生控制措施证书/船舶卫生控制措施证书"及有效性；
(6) 船上中国籍船员及餐饮从业人员健康证明持有情况；
(7) 船方有无申报有进境尸体骸骨及尸体死因；
(8) 船方有无申报携带有血液及其制品等特殊物品；
(9) 船舶是否为废旧船舶；
(10) 船上是否装载有散装废旧物品；
(11) 海关工作需要的卫生检疫项目。

隶属海关对申请办理"船舶免予卫生控制措施证书/船舶卫生控制措施证书"的船舶，还需审核以下材料：
(1) "船舶免予卫生控制措施证书/船舶卫生控制措施证书申请书"；
(2) 原"船舶免予卫生控制措施证书/船舶卫生控制措施证书"复印件。

（二）船舶的检疫方式

1. 对来自受染地区或有染疫嫌疑的船舶，实施锚地检疫，排除传染病等卫生风险后靠泊作业；
2. 对非染疫船舶可实施靠泊检疫或电讯检疫；
3. 对旅游船、军事船、要人访问所乘船舶等特殊船舶以及遇有特殊情况的船舶，经隶属海关风险评估同意后，可以实施随船检疫。

（三）登临检疫

隶属海关应审核"海关进出境运输工具登临检疫记录单"，重点审核检疫方式及检查内容是否正确。对于检疫方式和检查内容不符合要求的，隶属海关应按规定向风控部门申请更改检疫方式，申请更改或增加查验项目。

对海关总署传染病疫情公告或者警示通报明确规定，需实施前置预防性卫生处理的进出境船舶，隶属海关应向船舶负责人或其代理人出具"检验检疫处理通知书"，下达卫生处理指令。

如检疫方式审核确认为电讯检疫，同时运输工具系统提示无须登临检疫的，船方即视为已实施电讯检疫，准许进境船舶解除检疫信号，在抵达后可以直接上下人员、装卸货物；出境船舶可以直接离港。

如检疫方式审核确认为登临检疫（包括锚地检疫和靠泊检疫）的，隶属海关应当要求船舶负责人或代理人在收到登临检疫通知后，将船舶具体停泊计划告知海关并预约登临检疫。

1. 检查前准备

（1）人员准备

登临检疫应至少由两名具备相应卫生检疫资质的关员实施；遇重大传染病疫情或其他检疫工作量较大的情况，可适当增派人员。

（2）检查记录单准备

实施登临检疫前，应当在运输工具系统打印"海关进出境运输工具登临检疫记录单"，并熟悉检查内容。重点关注以下内容：登临检疫的检疫方式及其具体原因；检查指令中的重点查验项目、内容和程序。

（3）个人防护准备

根据风险评估结果，需做好相应个人防护。

（4）查验工具准备

检查人员携带船舶检疫查验箱和医学样品采送样箱登轮。查验箱主要包括：入出境检疫证单、检查记录单等；水银温度计、手持测温枪、血压计等医学检查设备；医用防护服、N95口罩和乳胶手套等防护物资；对讲机、录像机及录音机、执法记录仪等调查取证设备。医学样品采送样箱内应具备种类齐全、数量充足的采送样器具和耗材。

2. 登临检疫重点关注以下内容

（1）检查人员抵达锚地或者靠泊泊位且登轮之前，应当先核对船名、船旗是否与申报一致，是否按规定悬挂检疫信号，是否采取有效防鼠措施（如悬挂挡鼠板、夜间以强光照射舷梯），除引航员和经海关许可的人员外是否有其他人员上下船，是否有装卸货物、物品等。

（2）登轮后，检查人员应要求船长或大副陪同实施卫生检查。

3. 申报资料审核

（1）重点检查以下单证（原件）与申报信息是否相符："航海健康申报单""船员名单""旅客名单""总申报单""货物申报单""船舶免予卫生控制措施证书/船舶卫生控制措施证书""船用物品申报单""压舱水申报单""船舶垃圾装载记录""压舱水装卸记录""航海日志"近4周靠港清单、黄热病预防接种证书、健康证明、载货清单等资料信息。

（2）船舶申报或登临检疫发现有尸体骸骨的，依不同情况对相关材料实施符合性审查。

（3）邮轮应建立医疗急救体系，主要包括：医疗急救人员得到专业的培训并有相应能力证书；有完整的医疗急救文件和管理制度；医疗设施符合船舶船员和旅客的需求，并且均处在可用的状态；药品管理规范、有序，并有严格的作废流程等。

4. 现场调查

检查人员向船长或大副了解船舶航行中的卫生情况，询问船上所有人员近期健康状况、患病情况及诊治情况等。主要包括：

（1）船上是否有人发病及诊治情况；

（2）是否有因饮食不适而引起腹泻、呕吐等症状；

（3）船上是否有蚊、蝇、蚤蟑及鼠等病媒生物。

5. 现场检查

（1）根据"检查记录单"逐一开展现场检查。

（2）物料管理具体要求参见《出入境交通工具卫生检疫作业指引》。

（3）对于申请签发"船舶免予卫生控制措施证书/船舶卫生控制措施证书"的，对照"船舶卫生检查记录表"逐一进行检查。

（4）涉及人员卫生检疫的要按照相关要求开展进出境人员卫生检疫。申报或发现有以下情况的，逐一进行详细的医学调查：

①有不明原因死亡人员；

②有患有传染病症状或体征人员；

③有不明原因死亡啮齿动物；

④4周内有来自或途经检疫传染病受染国家（地区）人员。

（5）按查验指令要求，检查船上有关人员证件持有情况。

①对中国籍船员、船上餐饮从业人员，应要求其出示健康证明，注意检查其真实性和有效性。健康证明有效期一般为12个月。

②对来自黄热病受染地区的人员，要求出示有效的黄热病预防接种证书。

（四）检查结果判定

检查结束，由检查人员根据检查结果作出检疫是否合格的判定。检疫合格的，准许人员及物品上下。检疫不合格的，按规范予以分类处置。

1. 有以下指征的人员，判定为不能排除染疫嫌疑。具体标准参照《口岸传染病排查处置基本技术方案》。

2. 船舶到达时载有检疫传染病染疫人的，判定为染疫船舶。

3. 有下列情况之一的，判定为染疫嫌疑船舶：

（1）到达时载有检疫传染病染疫嫌疑人的；

（2）船上有啮齿动物异常死亡，并且死亡原因不明的；

（3）来自黄热病受染地区，未持有有效灭蚊证书，且发现有蚊媒的。

4. 有下列情况之一的，判定为其他检疫不合格船舶：

（1）到达时载有其他重点关注传染病病例或疑似病例的；

（2）船上有发热、皮疹、黄疸、出血、淋巴结肿大、呕吐、腹泻等症状的人员；

（3）船上报告或发现有啮齿动物的。

（4）发现有蚊、蝇、蜚蠊等病媒生物的；

（5）发现公共场所卫生不合格；

（6）发现垃圾卫生管理不合格；

（7）发现"船舶免予卫生控制措施证书/船舶卫生控制措施证书"过期，或船上人员健康证明或预防接种证书不合格。

（8）发现违规排放压舱水。

（9）发现未申报意外死亡尸体或骸骨；

（10）发现其他卫生学问题。

（五）检疫处置

1. 发现人员异常死亡处置

接到报告或检查发现有人异常死亡时，立即开展检疫排查和处置：

（1）尸体检疫：重点检查尸体是否有皮疹（斑疹、丘疹、疱疹、脓疱）、表皮脱落、溃疡、渗液、出血点和色素沉着，异常排泄物、分泌物、腔道出血等现象，初步判定死亡人员是否有传染病受染嫌疑；

（2）对非意外伤害死亡并死因不明，经排查不能排除检疫传染病、炭疽、国家公布按甲类传染病管理的疾病以及国务院规定的其他新发烈性传染病死亡的尸体、骸骨，禁止入出境。

因患检疫传染病而死亡的尸体，必须就近火化。

（3）对不能排除其他传染病嫌疑（禁止入出境传染病除外）的尸体，监督实施卫生处理后移交公安部门做死因调查。对密切接触者实施流行病学调查，必要时实施医学检查，采样送实验室检测，并发放就诊方便卡，给予健康建议。

（4）排除传染病可能的尸体，根据卫生状况，监督实施卫生处理后配合公安部门做好尸体移运、死因调查等工作。

（5）检疫合格或检疫处置合格的尸体，签发"尸体/棺柩/骸骨入/出境卫生检疫证书"后方准移运。

2. 发现疑似检疫传染病病例处置

（1）染疫人处置。对检疫传染病染疫人必须立即将其隔离，隔离期限根据医学检查结果确定。

（2）染疫嫌疑人处置。开展流行病学调查，详细询问旅行史、现病史、既往史、接触人群、接触的环境等，可根据实际情况实施医学检查。必要时采集病人的血液、咽拭子、肛拭子、呕吐物和排泄物等医学样本，送实验室检测。依法转送指定医院做进一步诊治，对不同意转诊的，不准入境。

（3）密切接触者处置。对所有密切接触者实施详细的流行病学调查、医学检查，采集血液、咽拭子、肛拭子、呕吐物和排泄物等医学样本，送实验室检测。实施指定场所医学观察。

（4）染疫嫌疑船舶处置。出具"检验检疫处理通知书"，对可能受污染场地、物品等实施卫生处理。

3. 发现其他重点关注传染病病例处置

（1）疑似病例处置。开展流行病学调查，详细询问旅行史、现病史、既往史、接触人群、接触的环境等，可根据实际情况实施医学检查。在征得病人同意后，可采集病人的血液、咽拭子、肛拭子、呕吐物和排泄物等医学样本，送实验室检测，并将病人转送至指定医院做进一步诊治。

（2）密切接触者处置。对密切接触者实施流行病学调查，必要时进行医学检查，采集血液、咽拭子、肛拭子、呕吐物和排泄物等医学样本，送实验室检测。发放就诊方便卡，提供健康建议。

（3）受污染船舶处置。出具"检验检疫处理通知书"，对可能受污染场地、物品等实施卫生处理。

4. 发现一般传染病病例处置

（1）疑似病例处置。开展流行病学调查，详细询问旅行史、现病史、既往史、接触人群、接触的环境等，可根据实际情况实施医学检查。可采集病人的血液、咽拭子、肛拭子、呕吐物和排泄物等医学样本，送实验室检测。需要时，可协助转送指定医院做进一步诊治。

（2）密切接触者处置。发放就诊方便卡，给予健康建议。

（3）受污染船舶处置。出具"检验检疫处理通知书"，对可能受污染场地、物品等实施卫生处理。

5. 发现证书不合格处置

（1）发现船舶无有效"船舶免予卫生控制措施证书/船舶卫生控制措施证书"的，要求申请办理"船舶免予卫生控制措施证书/船舶卫生控制措施证书"，或视情况将证书有效期延长1个月。

（2）对符合健康检查条件、又不能出示有效健康证明的船员，应书面通知其到符合体检条件医疗部门接受健康检查。

（3）对来自黄热病受染地区，且未持有有效黄热病预防接种证书的人员，应对该人员从离开该地区之日算起，在船上指定地点实施6日留验，或进行预防接种并实施留验到黄热病预防接种证书生效为止，或直至船舶出境。

6. 发现啮齿动物异常死亡的

做好个人防护，将死亡啮齿动物送实验室做种属鉴定和携带病原体检测。

出具"检验检疫处理通知书"，监督实施灭鼠处理。

7. 卫生状况不合格

检查发现环境卫生状况不合格的，指导和监督进行整改。

8. 发现无检疫审批的微生物、人体组织、生物制品、血液及其制品等特殊物品的

按进出境特殊物品卫生检疫管理规定管理。不符合检疫要求的，不予入境。

（六）证书签发

对准予入境的，签发"入境船舶卫生检疫证"或"入境船舶检疫证"。

三、出入境列车/汽车卫生检疫

（一）申报管理

疫情状态下，所有进出境车辆均需按海关有关要求实施检疫申报。

非疫情状态（常态）下，实行"异常申报"制度。有以下情况的进出境汽车，需进行现场检疫申报：

1. 车上有疑似传染病病人或有发热、腹泻、呕吐等传染病症状人员；
2. 车上有人员异常死亡；
3. 车上载有特殊物品、废旧物品、尸体骸骨等应检疫物品；
4. 车上发现异常死亡啮齿动物；
5. 车上有蚊、蝇、蜚蠊等病媒生物的；
6. 海关总署及国家有关部门发文要求的。

（二）汽车/列车的检疫方式

对申报内容进行审核，并结合出入境交通工具申报健康状况，隶属海关按照布控指令要求实施登临检疫；经风险分析发现符合登临条件但未被系统布控的，应提起布控需求并按布控指令实施登临检疫。非疫情状态下、无异常申报及无异常检疫发现的车辆，原则上不登车检疫。

（三）汽车/列车卫生检疫

1. 登车前准备

（1）个人防护

根据风险评估结果，关员登车前，需做好相应个人防护。

（2）物资准备

携带车辆检疫查验箱登车，内含以下内容：检查记录单；手持测温枪等医学检查设备；医用防护服、N95口罩和乳胶手套等防护物资；手电筒、对讲机、执法记录仪等其他物资。

2. 司乘人员卫生检疫

（1）体温监测及健康申报受理

通过车道式红外体温监测系统或人工手持测温设备，对司乘人员进行体温监测，并接受司乘人员健康申报。

对货车的司乘人员体温监测，根据传染病疫情评估结果和疫情防控文件执行。

（2）医学巡查

观察司乘人员有无咳嗽、咽痛、头痛、皮疹、呕吐、腹泻、黄疸、淋巴结肿、呼吸困难等症状或体征；根据需要，简单询问相关人员旅行史和接触史。

3. 登车检疫

（1）个人防护

根据风险评估结果，关员登车前，需做好相应个人防护。

（2）物资准备

携带车辆检疫查验箱登车，内含以下内容：检查记录单；手持测温枪等医学检查设备；医用防护服、N95口罩和乳胶手套等防护物资；手电筒、对讲机、执法记录仪等其他物资。

（3）向司机询问以下情况：

①车上是否有来自境外机场中转入境人员；
②车辆运行途中是否发现有病人；
③乘车途中是否有因饮食不适而引起腹泻、呕吐等症状；
④车内有蚊、蝇、蜚蠊及鼠等病媒生物情况。

（4）医学巡查

观察车上人员有无咳嗽、咽痛、头痛、皮疹、呕吐、腹泻、黄疸、淋巴结肿、呼吸困难等症状；根据需要，简单问询最近旅行史和接触史。

（5）体温检测

必要时对司乘人员进行二次测温，并做好记录。

4. 人员证件查验

（1）健康证明查验

（2）预防接种证查验

对来自黄热病受染地区的人员，应要求其出示黄热病预防接种证书，检查真实性和有效性。

5. 卫生监督

对车辆病媒生物情况、环境卫生状况等进行监督检查。

载有特殊物品、废旧物品、尸体骸骨等卫生检疫重点监管对象的车辆，按照有关货物检疫实施。

（四）检疫处置

1. 发现人员异常死亡

接到报告或检查发现有人异常死亡时，立即开展检疫排查和处置：

（1）尸体检疫：重点检查尸体是否有皮疹（斑疹、丘疹、疱疹、脓疱）、表皮脱落、溃疡、渗液、出血点和色素沉着，异常排泄物、分泌物、腔道出血等现象，初步判定死亡人员是否有传染病受染嫌疑；

（2）对非意外伤害死亡并死因不明，经排查不能排除检疫传染病、炭疽、国家公布按甲类传染病管理的疾病以及国务院规定的其他新发烈性传染病死亡的尸体、骸骨，禁止入出境。

因患检疫传染病而死亡的尸体，必须就近火化。

（3）对非意外伤害死亡并死因不明，不能排除其他传染病（禁止入出境传染病除外）的嫌疑的尸体，监督实施卫生处理后移交公安部门做死因调查。对密切接触者移交人员检疫部门作进一步处置。

（4）排除传染病可能的尸体，根据卫生状况，监督实施卫生处理后，配合公安部门做好尸体移运、死因调查等工作。

（5）检疫合格或检疫处置合格的尸体，签发"尸体/棺柩/骸骨入/出境卫生检疫证书"后方准移运。

2. 发现疑似传染病病例

（1）发现检疫传染病染疫嫌疑的处置

不能排除检疫传染病染疫嫌疑的，立即对染疫人或染疫嫌疑人给予相应防护措施后，通知旅检部门进一步处置。

对于同车其他人员，在做好个人防护的情况下，登记座位号和个人信息后，移交旅检部门进一步处置。

（2）其他重点传染病病例处置

对不能排除其他重点关注传染病的，对疑似病例及密切接触者给予相应防护措施后，通知旅检部门进一步处置。

对于乘坐空调车的同车其他人员，在做好个人防护的情况下，登记座位号和个人信息后，移交旅检部门再次进行体温监测，并进行相应排查处置。

（3）一般传染病处置

对检疫发现的其他传染病，发放"就诊方便卡"，给予健康建议，并指导做好个人防护后放行。对症状较重有就医需求的，可协助安排转诊。

（4）车辆卫生处理

对检疫发现有传染病病例或疑似病例的，出具"检验检疫处理通知书"，对可能受污染的区域、物品等实施卫生处理。

3. 发现病媒生物

对于监督发现有病媒生物阳性指征或病媒生物密度超标情况的，下发卫生监督意见书，指导和监督限期整改；按照相关控制标准实施消毒、除虫等卫生处理措施。

4. 卫生状况不合格

检查发现环境卫生状况不合格的指导和监督进行整改。

5. 其他情况处置

发现有逃避检疫的、不如实申报的、以及其他违法违规行为的，移交相关部门进一步处置。

第四节　货物、集装箱、行李物品、邮件、快件卫生检疫查验

一、出入境货物卫生检疫查验

（一）审核资料

1. 入境货物的品名、原产国/地区、启运国/地区、启运口岸、入境废旧物品标注等申报信息；
2. 出境货物的品名、产地、启运地等申报信息；

重点关注货物的原产国/地区、启运国/地区是否属于海关总署公告、警示通报、疫情防控通知所列国家（地区）。

（二）查验前处理

对中控的进出境货物实施卫生检疫查验。对需实施查验前卫生处理的进出境货物，隶属海关按照相关规定向货主或代理人出具"检验检疫处理通知书"，按要求实施卫生处理。

（三）检疫查验

货物卫生检疫重点查验内容：

1. 是否有鼠类等啮齿动物或有其活动迹象，包括鼠咬痕、鼠粪、鼠迹、鼠巢等；
2. 是否有飞行或附着的蚊、蝇，是否有蜚蠊；
3. 凹处是否有积水处，积水处是否有蚊幼虫；
4. 是否有腐烂变质物品，是否有异味；
5. 是否有生活垃圾、动物尸体、粪便等；
6. 是否夹带禁止进口的废旧物品；
7. 是否夹带未经检疫审批的特殊物品；
8. 是否存在被传染病病原体污染或有污染嫌疑情况；
9. 是否存在其他公共卫生问题。

（四）卫生处理

对检疫查验发现符合卫生处理指征情形的货物，向货主或代理人出具"检验检疫处理通知书"，按要求实施相应卫生处理。

（五）检疫处置

1. 对检疫查验或卫生处理合格的货物，准予进出境。

2. 对检疫查验不合格、且经过卫生处理后无法达到卫生处理效果的货物，实施退运或销毁。

3. 对发现未经检疫审批的特殊物品，根据《进出境特殊物品卫生检疫管理规定》，予以退运或销毁。

4. 对发现禁止进口的废旧物品的，予以退运。

二、进出境集装箱空箱卫生检疫查验

(一) 审核资料

隶属海关重点审核入境空箱的启运口岸是否属于海关总署公告、警示通报、疫情防控通知所列国家（地区）。

(二) 现场检疫查验

1. 箱体表面检疫查验

（1）核查集装箱箱号与申报资料是否一致，查看集装箱体是否完整；

（2）检查集装箱外表（包括叉车孔、箱底部等处）是否有病媒生物以及其他污染物等。

2. 箱体内检疫查验

对实施过熏蒸处理的集装箱进行查验前，应先核实集装箱箱门上张贴的散毒时间，散毒结束后方可实施开箱查验。必要时，可对箱内熏蒸气体浓度进行检测，发现熏蒸剂残留超过安全标准（5×10^{-6}）的，应立即关闭集装箱并移至安全地点进行通风散毒后，方可实施查验，防止意外事故发生。

卫生检疫现场查验重点检查以下内容：

（1）是否有鼠或鼠咬痕、鼠粪、鼠迹、鼠巢；

（2）是否有飞行或附着的蚊、蝇，是否有蜚蠊；

（3）凹处积水处是否有蚊幼虫；

（4）是否有腐烂变质物品，是否有异味；

（5）是否有生活垃圾、动物尸体、粪便等；

（6）是否夹带禁止进口的废旧物品；

（7）是否夹带未经检疫审批的特殊物品；

（8）是否存在被传染病病原体污染或有污染嫌疑情况；

（9）是否存在其他公共卫生问题。

3. 检疫结果判定

经检疫发现有不符合检疫要求的，应增加2%的开箱率进行查验。如仍发现有不符合检疫要求的，可继续扩大查验比例。

现场发现的病媒生物需送实验室进行种属鉴定和携带病原体检测。

(三) 检疫处置

1. 发现人类尸体

集装箱内发现尸体的，立即实施检疫排查，监督实施卫生处理后，配合公安机关做好后续处置。

2. 发现病媒生物

发现鼠类等啮齿动物或有其活动迹象的，进行灭鼠，必要时进行除虫和消毒。

发现有蝇、蜚蠊等病媒昆虫，进行杀虫处理。

3. 发现病原体污染

对发现集装箱被病原体污染的，进行消毒处理。

4. 发现其他不合格处置

对发现携带土壤、动物尸体、生活垃圾、废轮胎、旧服装以及国家禁止入境的其他物品的，对集装箱及箱内物品实施相应卫生处理。难以销毁处理的，连同集装箱作退运处理。

5. 其他情况处置

发现有逃避检疫的、不如实申报的，以及其他违反规定的，应实施相应行政处罚。

三、进出境邮件、快件卫生检疫查验

（一）邮件、快件申报重点审核内容

入境邮件快件的品名、原产国/地区、启运国/地区、启运口岸、入境废旧物品标注等申报信息；

重点关注原产国/地区、启运国/地区是否属于海关总署公告、警示通报、疫情防控通知所列国家（地区）。

（二）邮件、快件卫生检疫查验

对被布控的进出境邮件、快件实施卫生检疫查验。对需实施查验前卫生处理的进出境邮件快件，隶属海关按照相关规定向货主或代理人出具"检验检疫处理通知书"。

重点查验以下内容：

1. 是否有鼠或鼠咬痕、鼠粪、鼠迹、鼠巢；
2. 是否有飞行或附着的蚊、蝇，是否有蜚蠊；
3. 凹处积水处是否有蚊幼虫；
4. 是否有腐烂变质物品，是否有异味；
5. 是否有生活垃圾、动物尸体、粪便等；
6. 是否夹带禁止进口的废旧物品；
7. 是否夹带未经检疫审批的特殊物品；
8. 是否存在被传染病病原体污染或有污染嫌疑情况；
9. 是否存在其他公共卫生问题。

（三）卫生处理

对检疫查验发现符合卫生处理指征情形的，向货主或代理人出具"检验检疫处理通知书"，按要求实施相应卫生处理。

（四）检疫处置

对检疫查验或卫生处理合格的，准予进出境。对检疫查验不合格、且经过卫生处理后无法达到卫生处理效果的货物，实施退运或销毁。

四、进出境行李物品卫生检疫查验

对海关旅检渠道被布控需要查验的行李物品，开箱查验时应同时查验卫生检疫项目。

（一）卫生检疫重点查验内容

1. 是否有鼠或鼠咬痕、鼠粪、鼠迹、鼠巢；
2. 是否有蝇、蜚蠊等病媒昆虫；
3. 是否存在夹带腐烂变质物品等卫生状况差的情况；
4. 是否夹带禁止进口的废旧物品；

5. 是否夹带未经检疫审批的特殊物品；
6. 是否存在其他公共卫生问题。

（二）检疫处置

对检疫查验发现下列卫生处理指征情形的，向货主或代理人出具"检验检疫处理通知书"，按要求实施相应卫生处理。

1. 发现鼠类等啮齿动物或有其活动迹象的，进行灭鼠，必要时进行除虫和消毒；
2. 发现有蝇、蜚蠊等病媒昆虫，进行杀虫处理；
3. 发现有腐烂变质物品的，进行消毒处理；
4. 发现禁止进口废旧物品的，对其进行杀虫处理后，予以退运或销毁；
5. 发现夹带未经检疫审批的特殊物品，按规定予以截留，并根据《进出境特殊物品卫生检疫管理规定》具体要求作进一步处理。

第五节　出入境特殊物品卫生检疫查验

一、风险分级管理

按照海关总署的相关要求，对出入境特殊物品实行风险分级管理，按照风险高低，将出入境特殊物品分为A、B、C、D四级，A、B级为高风险特殊物品。

A级："入/出境特殊物品卫生检疫审批单"（以下简称"特殊物品检疫审批单"）仅能使用一次，不能分次核销。现场批批查验，并实施后续监管。

B级："特殊物品检疫审批单"可在有效期内多次使用，一次审批，分次核销。现场抽批查验，并实施后续监管。

C级："特殊物品检疫审批单"可在有效期内多次使用，一次审批，分次核销，现场抽批查验。

D级："特殊物品检疫审批单"可在有效期内多次使用，一次审批，分次核销，现场抽批查验。

二、申报审核与核销

对特殊物品申报材料的真实性、准确性和规范性进行审核，重点审核是否填写特殊物品检疫审批单单号、"货物属性"栏是否填写特殊物品的风险等级。

登录"海关出入境特殊物品卫生检疫监管系统"（以下简称"特殊物品监管系统"），检查检疫审批单的真实性和有效性。进入"检疫核销"模块，点击"报检/核销"，核对特殊物品的品名、规格是否与预核销单相符，数量是否在有效范围内；填写的特殊物品风险级别是否与核销单一致。

申报材料不齐全或者不符合规定要求的，不予受理。申报材料齐全、符合规定要求的，则在"特殊物品监管系统"的"检疫核销"模块予以核销。

三、检疫查验

（一）特殊物品类货物检疫查验

根据海关统一风险布控比例，对命中布控指令需查验的出入境特殊物品实施双人检疫查验。

1. 查验前准备

（1）了解特殊物品的种类和风险级别，做好相应的防护准备。

（2）了解特殊物品运输保存条件要求，是否需冷藏或冷冻运输。

（3）是否抽中需采样。如需采样则准备好采样用具，包括采样袋、生物安全送样箱等。

2. 查验要点

（1）查验场地选择。应在符合特殊物品储存要求并具备相应的生物安全防护能力的场所中开展特殊物品查验。

（2）查验重点。

①特殊物品有冷藏或冷冻运输要求的，是否用冷藏车运输，或放有干冰、湿冰、液氮等保温；

②核查货证是否相符。特殊物品的名称、成分、批号、规格、数量、输出/输入国（地区）和生产厂家等项目是否与特殊物品审批单的内容一致；

③检查特殊物品包装是否完整无破损，不渗、不漏；

④对含有病原微生物的特殊物品，如科研用菌（毒）种，其他感染性生物材料（如含有病原体的人体血液、人体组织等），应在做好个人防护的前提下，在查验其外包装是否完整、是否贴有相应的生物安全危害标识、包装材料是否符合感染性物质运输包装分类要求（在无生物安全防护能力的场所不得拆包查验）。

⑤查验过程应轻拿轻放，对标有"向上"字样的不得倒放，避免发生破损、泄漏产生生物安全风险。

3. 采样送检

（1）根据布控规则，对抽中需采样的特殊物品进行采样，加贴样品标签，填写抽样凭证。

（2）抽采的样品应放入符合生物安全要求的冷链运输箱中，尽快送往符合相关要求的实验室进行检测，原则上应当天送样，最长不超过24小时。

（二）邮寄、携带的出入境特殊物品检疫查验

旅检、邮检现场应通过机检、人工挑查、携带物低温探测、基于信息布控等多种方式筛检经邮寄、携带方式出入境的特殊物品。其中，在机检时应重点甄别是否有长条试管、圆形安培瓶等形状的物品。

1. 对发现属于特殊物品，未取得检疫审批单的，予以截留，出具截留凭证，注明截留期限不超过7天。将截留的特殊物品存放于与其生物安全等级相一致，符合保存条件的环境里。截留期间，当事人未取得检疫审批单，予以退运或销毁。

2. 对携带自用且仅限于预防或者治疗疾病用的血液制品或者生物制品出入境的，无须办理卫生检疫审批手续，出入境时应当向隶属海关出示医院的有关证明；允许携带量以处方或者说明书确定的一个疗程为限。

3. 对发现属于禁止进出境的，按照相应法律规定办理。对发现属于涉嫌违法、涉恐的特殊物品，直接按规定程序移交相关机构和部门，并及时上报。

4. 邮递人或者携带人在截留期限内取得"特殊物品审批单"后，隶属海关按照规定查验特殊物品名称、数量、规格等是否与审批单一致，特殊物品包装是否符合要求，经检疫查验合格的予以放行，同时在"特殊物品监管系统"中对相应的"预核销单"予以核销通过。对查验不合格的，予以退回或销毁。

四、检疫处置

（一）检疫查验过程中发现存在下列情况之一的，签发"检验检疫处理通知书"，予以退运或者销毁：

1. 名称、批号、规格、生物活性成分等与特殊物品审批内容不相符的；

2. 超出卫生检疫审批的数量范围的;

3. 包装不符合特殊物品安全管理要求的;

4. 经检疫查验不符合卫生检疫要求的;

5. 被截留邮寄、携带特殊物品自截留之日起 7 日内未取得"特殊物品审批单"的,或者取得"特殊物品审批单"后,经检疫查验不合格的。

(二)发现特殊物品包装破损,导致内容物暴露或出现渗液、漏液等情况,处置人员应立即采取以下措施:

1. 穿戴防护服、口罩、帽子、乳胶手套、防护眼镜等,做好个人防护,将受污染区域用隔离带隔离;

2. 准备消毒剂、镊子、吸附剂或纱布、生物危险品垃圾袋或盛放容器等应急物资;

3. 处理人员将吸附剂或纱布覆盖破损物品吸收溢出物,从溢出区域的外围开始向中心倾倒消毒剂,作用适当时间(至少 30 分钟)之后,将所处理物质放入医疗垃圾袋中。尖锐物质需用镊子或硬的厚纸板收集,清理后置于可防刺透的容器中;

4. 完成清理后需对溢出区域再次清洁、消毒并进行消毒效果评价;

5. 处理后的物品应作为医疗废弃物按相关规定送有资质的机构进行集中销毁。

(三)经检疫查验合格的,予以放行。查验不合格情况及处理结果应在处置结束后 24 小时内登录"特殊物品监管系统"做好不合格案例记录并上传现场照片。

五、后续监管

(一)进口 A、B 级高风险特殊物品的单位应当在特殊物品入境后 30 日内,向目的地属地海关申报。

(二)属地海关根据"特殊物品监管系统"中"监督管理——后续监管登记"模块的列表任务,在特殊物品入境后的 3 个月内完成后续监管工作。

(三)入境特殊物品后续监管工作重点:

1. 使用单位的实验室是否与"特殊物品审批单"一致;

2. 入境特殊物品是否与"特殊物品审批单"货证相符。

具体检查内容参见"入境特殊物品后续监管记录表"。

(四)后续监管过程中发现使用单位的实验室或入境特殊物品与特殊物品审批单不相符的,责令其退运或者销毁。

(五)属地海关应在完成后续监管及时登录"特殊物品监管系统"填报监管情况。对后续监管过程中发现的问题,应当及时上报卫生处,情节严重的由卫生处上报海关总署。

第六节 进出境废旧物品、尸体、骸骨卫生检疫查验

一、进出境废旧物品卫生检疫查验

(一)查验前卫生处理

1. 根据进出境废旧物品的污染程度或风险评估结果,分别实施消毒、除鼠、除虫,对污染严重的实施销毁。

2. 隶属海关应向进出境废旧物品的货主或代理人出具"检验检疫处理通知书",并督促落实进

出境废旧物品100%进行查验前卫生处理。隶属海关根据风险评估结果，选择采用熏蒸或喷洒的处理方式。

3. 进出境废旧物品经卫生处理后，需在开箱实施现场查验时达到以下卫生标准：

（1）集装箱内未发现蚊、蝇、蜚蠊等病媒昆虫成虫或全部死亡。

（2）鼠等啮齿动物未发现或全部死亡。

（3）集装箱柜门上熏蒸标识标注的散毒时间之后的，或熏蒸剂残留在安全范围内（小于5×10^{-6}）的。

如未达到以上1和2标准的，需立即关闭箱门，再次实施熏蒸处理并检查符合标准后，方可进行开箱查验。

（二）现场检疫查验

卫生检疫现场查验重点检查以下内容：

1. 是否有鼠或鼠咬痕、鼠粪、鼠迹、鼠巢；
2. 是否有飞行或附着的蚊、蝇，是否有蜚蠊；
3. 凹处积水处是否有蚊幼虫；
4. 是否有腐烂变质物品，是否有异味；
5. 是否有生活垃圾、动物尸体、粪便等；
6. 是否夹带禁止进口的废旧物品；
7. 是否夹带未经检疫审批的特殊物品；
8. 是否存在被传染病病原体污染或有污染嫌疑情况；
9. 是否存在其他公共卫生问题。

（三）送样

查验中发现病媒生物的，应采样送实验室进行种属鉴定和携带病原体检测。

发现有细菌等病原体污染嫌疑的，将受污染物装入采送样袋中，送实验室检查带菌情况。

（四）检疫结果判定

发现以下情形之一的，判定为卫生检疫不合格：

1. 货证不相符；
2. 有病媒生物活动迹象；
3. 采样送检细菌指标超标；
4. 有腐烂变质物品、动物尸体、粪便等；
5. 发现夹带生活垃圾或生产垃圾超标；
6. 发现夹带其他禁止进境物的；
7. 发现其他公共卫生问题的。

（五）检疫处置

1. 对发现的不合格情况，给予分类处置。对需实施卫生处理的，出具"检验检疫处理通知书"。

（1）发现货证不相符的，移交相关部门进一步处置；

（2）发现鼠类等啮齿动物或有其活动迹象的，进行灭鼠，必要时进行除虫和消毒；

（3）发现蚊、蝇、蚤等病媒昆虫或蚊幼虫的，进行除虫处理；

（4）发现有腐烂变质物品、生活垃圾、动物尸体、粪便的，进行消毒处理；

（5）有证据表明被传染病病原体污染或有污染嫌疑的，进行消毒处理；

（6）发现废旧服装、废旧麻袋等禁止进境物的，则按规定进行就地焚烧或退运。

2. 对检疫查验合格或卫生处理合格的废旧物品，准予入境。对实施卫生处理后仍不合格且无有效处理方式的，予以退运。

二、进出境尸体骸骨卫生检疫查验

（一）检疫对象

1. 需要入境或者出境进行殡葬的尸体、骸骨；
2. 入出境及过境途中死亡人员的尸体、骸骨；

因医学科研需要，由境外运进或者由境内运出的尸体、骸骨，按照出入境特殊物品管理。

除上述情形外，不得由境内运出或者由境外运入尸体和骸骨。

（二）审核材料

1. 需经口岸入境的尸体、骸骨，入境前，托运人或其代理人应当向口岸隶属海关申报，并按照要求提供以下材料：

（1）"尸体/棺柩/骸骨入/出境卫生检疫申报单"；
（2）死者有效身份证明（如：护照、海员证、通行证、身份证或者使领馆等相关部门出具的证明）；
（3）出境国家或地区官方机构签发的死亡报告或者医疗卫生部门签发的死亡诊断书；
（4）入殓证明；
（5）防腐证明；
（6）托运人或其代理人身份证明（如：护照、通行证或者身份证等）。

2. 尸体、骸骨原则上应当从入殓地所在地区口岸出境。尸体、骸骨经口岸运送出境的，出境前，托运人或其代理人应当向所属的隶属海关申请出境检疫。因特殊情况，需运至外地口岸出境的，出境前，托运人或其代理人应当向所属隶属海关申请出境检疫。并按照要求提供以下材料：

（1）"尸体/棺柩/骸骨入/出境卫生检疫申报单"；
（2）死者有效身份证明；
（3）县级及以上医疗机构出具的死亡证明书或者公安、司法部门出具的死亡鉴定书或者其他相应的公证材料；
（4）中国殡葬协会国际运尸网络服务中心出具的"尸体/棺柩/骸骨/骨灰入/出境卫生监管申报单""尸体/棺柩/骸骨/骨灰入/出境入殓证明""尸体入/出境防腐证明"（可于入殓后补交）；
（5）托运人或者其代理人身份证明。

3. 本关区以外地区尸体、骸骨因特殊原因，确需经本关区内口岸运送出境的，托运人或其代理人应当向入殓地海关申请检疫查验。检疫合格的，运送尸体、骸骨出境时，托运人或其代理人应当向出境隶属海关申报，申报时应当提交下列材料：

（1）入殓地海关签发的"尸体/棺柩/骸骨入/出境卫生检疫证书"；
（2）死者有效身份证明；
（3）托运人或者其代理人身份证明。

4. 在入出境或者过境途中发生人员死亡，需要运送尸体入境的，托运人或其代理人应当向入境各隶属海关申报并提交以下材料：

（1）"尸体/棺柩/骸骨入/出境卫生检疫申报单"；
（2）死者有效身份证明；

(3) 有效死亡证明或者由公安机关出具的死亡鉴定书。

如因特殊原因未能当场提供有效死亡证明或死亡鉴定书的，各隶属海关可根据现场检疫情况和对死者陪同人员及相关人员的调查情况，先予办理入境检疫手续，并要求托运人或其代理人在规定期限内补充提交境内县级及以上医疗机构签发的死亡证明书或公安机关出具的死亡鉴定书。

（三）检疫查验

入境尸体、骸骨由入境口岸隶属海关在资料核查合格后实施现场检疫查验；出境尸体、骸骨由入殓地海关进行材料核查并实施现场查验，由出境口岸隶属海关在资料核查合格后，现场核查是否与申报内容相符，检查外部包装是否完整、破损、渗漏等。

所有检疫查验工作均应填写"入出境尸体/棺柩/骸骨现场检查工作记录"。

1. 未入殓尸体的检疫查验内容包括：

(1) 检查尸体腐烂程度，所有腔道、孔穴是否用浸泡过消毒、防腐药剂的棉球堵塞，有无体液外流；

(2) 对死因不明的尸体，注意检查是否有皮疹（斑疹、丘疹、疱疹、脓疱）、表皮脱落、溃疡、渗液、出血点和色素沉着，异常排泄物、分泌物、腔道出血等现象；

(3) 对入出境或者过境途中死亡人员的尸体，各隶属海关应当实施检疫，并根据检疫结果及申报人要求采取相应的处理及卫生控制措施，未经各隶属海关许可不得移运。

2. 入境已入殓尸体的棺柩现场查验内容包括：

(1) 检查入境棺柩包装是否密闭，有无破损、渗漏及异味；

(2) 棺柩若无渗液、漏气等特殊原因或者无流行病学意义，原则上不开棺检疫查验。

3. 入殓检疫查验合格的出境尸体，现场查验内容包括：

(1) 检查出境棺柩包装是否密闭，有无破损、渗漏及异味。

(2) 棺柩若无渗液、漏气等特殊原因或者无流行病学意义，原则上不开棺检疫查验。

4. 入出境骸骨现场查验内容包括：

(1) 检查骸骨的包装容器是否密闭，有无渗漏；

(2) 包装容器非密闭的，检查骸骨是否干爽，是否带肌腱，有无异味、病媒昆虫等。

5. 根据申报材料核查、流行病学调查以及现场查验情况，对需要进一步调查死亡原因的尸体，各隶属海关可以采取标本送有资质的实验室进行检验。

6. 各隶属海关发现有下列情况之一的，可以判定为卫生检疫查验不合格：

(1) 外部包装不密闭、有破损，有渗漏、有异味及病媒昆虫的；

(2) 入出境尸体未经防腐处理、包装入殓的；

(3) 入境途中死亡且死因不明的。

（四）检疫处置

1. 对卫生检疫查验不合格的尸体、骸骨，各隶属海关按照以下规定进行检疫处置：

(1) 禁止入出境的尸体、骸骨，必须就地火化后，以骨灰的形式入出境；

(2) 有渗液、漏气的棺柩，必须进行卫生处理，托运人或其代理人应当采取改换包装、重新防腐处理、冷冻运输等措施；

(3) 骸骨的包装容器不密闭，有异味散发、渗漏或者病媒昆虫的，必须进行卫生处理，并更换包装；

(4) 入出境途中不明原因死亡的，应当进行死因鉴定。无法作出死因鉴定的，尸体及棺柩一并火化，以骨灰的形式入出境；

（5）无死亡报告或者死亡医学诊断书的尸体，且托运人或者其代理人未能在规定期限内补交的，按照死因不明处置，以骨灰的形式入出境；

（6）经卫生处理后仍不符合卫生检疫要求的应当就近火化，以骨灰的形式入出境。

有前款规定情形应当火化但是托运人或其代理人不同意火化的，禁止入出境。

2. 对卫生检疫查验合格的尸体、骸骨，各隶属海关按照以下规定进行检疫处置：

（1）本关区内经口岸入出境的尸体、骸骨，符合卫生检疫要求的，各隶属海关于入出境时签发"尸体/棺柩/骸骨入/出境卫生检疫证书"。

（2）经外地口岸出境的尸体、骸骨，符合卫生检疫要求的，属地隶属海关于入殓检疫后签发"尸体/棺柩/骸骨入/出境卫生检疫证书"。

（3）对入境后再出境的尸体、骸骨，出境各隶属海关应当查验入境各隶属海关签发的"尸体/棺柩/骸骨入/出境卫生检疫证书"及相关材料。

（五）其他规定

1. 因患有或疑似患有检疫传染病、炭疽、国家公布按甲类传染病管理的疾病以及国务院规定的其他新发烈性传染病死亡的尸体、骸骨，禁止入出境。

因患检疫传染病而死亡的尸体，必须就近火化。

2. 运送尸体、骸骨入出境的，其托运人或者代理人应当向各隶属海关申请卫生检疫，检疫合格方准运进或运出。

3. 入出境尸体、骸骨卫生检疫工作包括：材料核查、检疫查验、检疫处置和证书签发等。符合卫生检疫要求的，准予入出境。

4. 从事运送尸体、骸骨入出境的单位应当取得国务院殡葬主管部门准予从事国际运尸业务的证明文件。

托运人或代理人运送尸体、骸骨入出境的，应当委托符合本条第一款规定的单位从事运尸业务。并在尸体、骸骨入出境时，提供运送尸体、骸骨入出境的单位的法人证书或者工商营业执照及国务院殡葬主管部门准予从事国际运尸业务的证明文件等资料。

5. 对因发生自然灾害、战争等特殊情况，需入出境尸体、骸骨的，各隶属海关可根据相关主管部门的批文，予以办理相关申报手续。

6. 各隶属海关认为必要时，可向死者家属或其代理人了解死者死亡前的主要临床症状、精神状态、死亡原因、死亡过程及尸体处理经过等有关事项，要求提供死者就诊病历、尸体处理记录等相关证明材料。

第十一章　进出境旅客行李物品通关

第一节　进出境旅客通关管理

一、进出境旅客的概念及分类

旅客指进出境的居民或非居民。"居民"指出境居留后仍回到境内其通常定居地者,"非居民"指进境居留后仍回到境外其通常定居地者。

进出境旅客按以下几种方式实施分类。

(一)按国籍分为中国籍旅客和外国籍旅客

1. 中国籍旅客,指持中华人民共和国护照等有效旅行证件进出境的旅客,包括公派出境工作、考察、访问、学习和因私出境探亲、访友、旅游、经商、学习等中国籍居民旅客,以及华侨、台湾同胞、香港同胞、澳门同胞等中国籍非居民旅客。

2. 外国籍旅客,指除中国籍旅客以外的所有旅客,包括无国籍人,应约来华访问、洽谈贸易、旅游和从事科技、文化交流及展览等活动的外籍人员,以及外国企业、新闻、贸易等常驻机构的常驻人员及外国专家,外国留学生等。

(二)按居留时间分为短期旅客、长期旅客、定居旅客、过境旅客

1. 短期旅客是指获准进境或出境暂时居留不超过1年的旅客。
2. 长期旅客是指获准进境或出境连续居留时间在1年以上(含1年)的旅客。
3. 定居旅客是指取得中华人民共和国主管部门签发的进境或出境定居证明或批准文件,移居境内或境外的旅客。
4. 过境旅客是指持有效过境签证,从境外某地通过境内前往境外另一地的旅客。

(对于进出境旅客的概念,新行李物品监管办法正在修订中,可能对本概念有新的解释,具体以新规定为准。)

二、行李物品的概念

行李物品指旅客为其进出境旅行或者居留的需要而携运进出境的物品(含货币、金银等),包括旅途必需物品、旅行自用物品、安家物品。

旅途必需物品是指旅客本人在本次旅行中必需的自用物品,主要包括旅客本人在旅行中必备的衣着、洗漱等日常生活用品,非本人自用或馈赠他人的物品不属于旅途必需物品。

旅行自用物品是指本次旅行途中海关准予旅客随身携带的暂时免税进境或者复带进境的在境内、外使用的自用物品。

安家物品是指定居旅客或长期旅客携运进出境的本人或家庭在境内外居留期间所需用的日常生活用品。

旅客携带进出境的行李物品,应以自用、合理数量为限,超出自用、合理数量的,视为货物。

其中,"自用"指旅客本人自用,馈赠亲友而非为出售或出租。"合理数量"指海关根据旅客的情况、旅行目的和居留时间所确定的正常数量。

三、进出境旅客通关的概念及基本程序

进出境旅客通关,指进出境旅客向海关申报,海关依法查验行李物品并办理进出境物品征税或免税验放手续,或其他有关监管手续之总称。

进出境旅客通关的基本程序为申报、查验、处置。

(一) 申报

申报是指进出境旅客为履行中华人民共和国海关法规规定的义务,对其携运进出境的行李物品实际情况依法向海关所作的书面申明。

按规定向海关办理申报手续的进出境旅客通关时,可采用现场填写纸质"中华人民共和国海关进出境旅客行李物品申报单"(以下简称申报单)或提前发送电子申报单的方式,如实申报其所携运进出境的行李物品。但无论采取何种方式,均应在海关现场申报台向海关申报,并接受海关对旅客申报内容和所携带物品的核验,经海关核验后方视为完成申报手续。

进出境旅客对其携运的行李物品以上述以外的其他任何方式或在其他任何时间、地点所作出的申明,海关均不视为完成申报手续。

(二) 查验

查验是指海关检查旅客携带进出境的物品,核对进出境旅客申报是否属实,有无违禁物品,确定物品的下一步处置方式。

(三) 处置

处置是指海关对进出境人员所携带的行李物品进行查验后,根据查验情况所作出的处理决定。对查验无异常的,作放行处理;对查验后无法直接放行的,由海关分别作征税、收缴、退运、退(回)、销毁、核准后由旅客放弃等处置,海关也可根据行李物品实际情况,对其实施隔离检疫、实验室检疫或检疫处理。

四、进出境旅客通关的基本规定

进出境旅客行李物品,必须通过设立海关的地点进境或者出境,接受海关监管,按规定向海关办理通关手续。

(一) 申报制度

自2008年2月1日起,在全国各对外开放口岸实行新的进出境旅客申报制度。

1. 进出境旅客没有携带应向海关申报物品的,无须填写"中华人民共和国海关进出境旅客行李物品申报单"(见表10-1),选择"无申报通道"(又称"绿色通道")通关。

2. 除海关免予监管的人员以及随同成人旅行的16周岁以下旅客以外,进出境旅客携带有应向海关申报物品的,需填写申报单,向海关书面申报,并选择"申报通道"(又称"红色通道")通关。

表 10-1　中华人民共和国海关进出境旅客行李物品申报单

正面：

中华人民共和国海关
进出境旅客行李物品申报单

请仔细阅读申报单背面的填单须知后填报

姓　　　　　　名　　　　　　　　　　　　　　　　男□ 女□

护照（进出境证件）　　　　　　　　　　号码 □□□□□□□□□□□

出生日期 □□□□年 □□月 □□日　国籍（地区）□□□□

进境旅客填写	出境旅客填写
来自何地 _____	前往何地 _____
进境航班号/车次/船名 _____	出境航班号/车次/船名 _____
进境日期：　　年　月　日	出境日期：　　年　月　日
携带有下列物品请在"□"划√	携带有下列物品请在"□"划√
□1. 动植物及其产品、微生物、生物制品、人体组织、血液制品 □2. 居民旅客在境外获取总值超过人民币5000元的物品 □3. 非居民旅客拟留在境内总值超过2000元的物品 □4. 超过1500毫升的酒精饮料，或超过400支香烟，或超过100支雪茄，或超过500克烟丝 □5. 超过20000元人民币现钞或超过折合美元5000元外币现钞 □6. 分离运输行李，货物、货样、广告品 □7. 其他需要向海关申报的物品	□1. 文物、濒危动植物及其制品、生物特种资源、金银等贵重金属 □2. 居民旅客携带需复带进境的单价超过人民币5000元的照相机、摄像机、手提电脑等旅行自用物品 □3. 超过20000元人民币现钞，或超过折合5000美元外币现钞 □4. 货物、货样、广告品 □5. 其他需要向海关申报的物品

携带有上述物品的，请详细填写如下清单

品种/币种	型号	数量	金额	海关批注

我已经阅读本申报单背面所列事项，并保证所有申报属实。

旅客签名：_____

背面：

> 一、重要提示：
> 1. 没有携带应向海关申报物品的旅客，无须填写本申报单，可选择"无申报通道"（又称"绿色通道"，标志为"●"）通关。
> 2. 携带有应向海关申报物品的旅客，应当填写本申报单，向海关当面申报，并选择"申报通道"（又称"红色通道"，标志为"■"）通关。海关免于监管的人员以及随同成人旅行的16周岁以下旅客可不填写申报单。
> 3. 请妥善保管本申报单，以便在返程时继续使用。
> 4. 本申报单所称"居民旅客"系指其通常定居地在中国关境内的旅客，"非居民旅客"系指其通常定居地在中国关境外的旅客。
> 5. 不如实申报的旅客将承担相应的法律责任。
> 二、中华人民共和国禁止进境物品：
> 1. 各种武器、仿真武器、弹药及爆炸物品；
> 2. 伪造的货币及伪造的有价证券；
> 3. 对中国政治、经济、文化、道德有害的印刷品、胶卷、照片、唱片、影片、录音带、录像带、激光唱盘、激光视盘、计算机存储介质及其他物品；
> 4. 各种烈性毒药；
> 5. 鸦片、吗啡、海洛因、大麻以及其他能使人成瘾的麻醉品、精神药物；
> 6. 新鲜水果、茄科蔬菜、活动物（犬、猫除外）、动物产品、动植物病原体和害虫及其他有害生物、动物尸体、土壤、转基因生物材料、动植物疫情流行的国家和地区的有关动植物及其产品和其他应检物；
> 7. 有碍人畜健康的、来自疫区的以及其他能传播疾病的食品、药品或其他物品。
> 三、中华人民共和国禁止出境物品：
> 1. 列入禁止进境范围的所有物品；
> 2. 内容涉及国家秘密的手稿、印刷品、胶卷、照片、唱片、影片、录音带、录像带、激光唱盘、激光视盘、计算机存储介质及其他物品；
> 3. 珍贵文物及其他禁止出境的文物；
> 4. 濒危的和珍贵的动、植物（均含标本）及其种子和繁殖材料。

3. 进境旅客携带有下列物品的，应在申报单相应栏目内如实填报，并将有关物品交海关验核，办理有关手续：

（1）动、植物及其产品，微生物、生物制品、人体组织、血液制品；

（2）居民旅客在境外获取的总值超过人民币5000元（含5000元，下同）的自用物品；

（3）非居民旅客拟留在中国境内的总值超过2000元的物品；

（4）酒精饮料超过1500毫升（酒精含量12度以上），或香烟超过400支，或雪茄超过100支，或烟丝超过500克；

（5）人民币现钞超过20000元，或外币现钞折合超过5000美元；

（6）分离运输行李、货物、货样、广告品；

（7）其他需要向海关申报的物品。

4. 出境旅客携带有下列物品的，应在申报单相应栏目内如实填报，并将有关物品交海关验核，办理有关手续：

（1）文物、濒危动植物及其制品、生物物种资源、金银等贵重金属；

（2）居民旅客需复带进境的单价超过5000元的照相机、摄像机、手提电脑等旅行自用物品；

（3）人民币现钞超过20000元，或外币现钞折合超过5000美元；

（4）货物、货样、广告品；

（5）其他需要向海关申报的物品。

5. 旅客不明海关规定或不知如何选择通道的，应选择"申报"通道，向海关办理申报手续。

6. 在海关监管场所，海关在通道内设置专用申报台供旅客办理进出境物品的申报手续。在部分半开放格局的空港口岸，海关在托运行李区域和手提行李区域分别设有海关申报台，如旅客托运行李携带有应向海关申报物品的，应在交运行李前前往海关托运行李申报台，办理申报手续。

7. 进出境旅客可以自行办理报关纳税手续，也可以委托他人办理报关纳税手续；接受委托办理报关纳税手续的代理人，应当按照《海关对进出境旅客行李物品监管办法》对其委托人的各项规定办理海关手续，承担各项义务和责任。

8. 违反海关规定，逃避海关监管，携带国家禁止、限制进出境或者依法应当缴纳税款的货物、物品进出境的，海关将依据《海关法》和《海关行政处罚实施条例》予以处罚。

（二）查验

查验进出境人员行李物品的时间和场所地点由海关指定。海关有权查阅进出境人员证件，查验进出境人员行李物品前，进出境人员应当出示进出境证件，配合海关查验。对于查验过程中易损毁、易造成人身伤害的物品，进出境人员应当在查验前主动声明。

海关查验进出境人员行李物品时，进出境人员或其受托人应当按照海关工作人员的要求搬移、开拆和重封行李物品，并如实回答海关工作人员的询问。海关认为必要时，可以径行开验。

海关依法可以使用检查设备、工具、工作犬等对进出境人员行李物品及人身绑藏情况实施查验；可以对行李物品或其外包装进行开拆；海关可根据需要以对行李物品进行取样、抽样进行检测、检验、检疫、技术鉴定。

海关可以依法检查走私嫌疑人的身体。检查方式包括人工检查、使用仪器和设备检查、借助医学手段检查或将被检查人员送到医疗机构检查等。

（三）验放标准

（对于验放标准，由于新行李物品监管办法正在修订中，届时进出境旅客概念的变化，相应的会对验放标准产生影响，届时以新规定为准。）

1. 进境居民旅客携带在境外获取的个人自用进境物品，总值在5000元人民币以内（含5000元）的；非居民旅客携带拟留在中国境内的个人自用进境物品，总值在2000元人民币以内（含2000元）的，海关予以免税放行。单一品种限自用、合理数量。

2. 进境居民旅客携带超出5000元人民币的个人自用进境物品，经海关审核确属自用的；进境非居民旅客携带拟留在中国境内的个人自用进境物品，超出人民币2000元的，海关仅对超出部分的个人自用进境物品征税，对不可分割的单件物品，全额征税。

3. 短期内多次来往旅客，海关只放行其旅途必须物品。

4. 旅客携带物品超出规定免税或规定征税限量的，经海关审核准予征税放行，但对超出部分的征税数量，不得超过规定准予免税或征税的限量。

（四）暂时免税进出境物品

经海关登记准予暂时免税进境或出境的物品，应当由本人复带出境或者复带进境。

经海关核准暂时进出境的旅行自用物品，在旅客行李物品监管时限内，由旅客复带出境或进境。海关依照规定凭担保准予暂时免税放行的其他物品，应由旅客在规定期限内，办结进出境手续或将原物复带出境或进境。

"旅客行李物品监管时限"指非居民本次进境之日始至最近一次出境之日止，或居民本次出境之日始至最近一次进境之日止的时间。

过境旅客未经海关批准，不得将物品留在境内。

（五）以分离运输方式运进的行李物品

旅客以分离运输方式运进行李物品，应当在进境时向海关申报。经海关核准后，自旅客进境之日起6个月内（含6个月）运进。海关办理验放手续时，连同已经放行的行李物品合并计算。以分离运输方式运出的行李物品，应由物品所有人持有效的出境证件在出境前办妥海关手续。

（六）声明放弃的物品及无人认领的物品

进出境物品所有人声明放弃的物品，以及在海关监管区内逾期3个月无人认领的物品，由海关提取依法变卖处理，所得价款在扣除运输、装卸、储存等费用后，上缴国库。自运输工具申报进境之日起逾期3个月（易腐及易失效的物品可提前处理）未办理海关手续的物品，由海关提取依法变卖处理，所得价款在扣除运输、装卸、储存等费用和税款后，尚有余款的，自物品依法变卖之日起1年内，经物品所有人申请，予以发还。其中属于国家对进口有限制性规定，应当提交许可证件而不能提供的，不予发还。逾期无人申请或者不予发还的，上缴国库。

（七）不予放行物品及处理

（新的行李物品监管办法出台后，对暂不予放行公告会有比较大的改变，名称也会相应调整，具体以新规定为准。）

根据《关于暂不予放行旅客行李物品暂存有关事项的公告》（海关总署公告2016年第14号），旅客携运进出境的行李物品有下列情形之一的，海关暂不予放行：

1. 旅客不能当场缴纳进境物品税款的；
2. 进出境的物品属于许可证件管理的范围，但旅客不能当场提交的；
3. 进出境的物品超出自用合理数量，按规定应当办理货物报关手续或其他海关手续，其尚未办理的；
4. 对进出境物品的属性、内容存疑，需要由有关主管部门进行认定、鉴定、验核的；
5. 按规定暂不予以放行的其他行李物品。

海关暂不予以放行的行李物品，可以暂存。

上述暂不予放行物品不包括依法应当由海关实施扣留的物品。

暂不予放行的行李物品有下列情形之一的，海关可以要求旅客当场办理退运手续，或者移交相关专业机构处理，因此产生的费用由旅客承担。

1. 易燃易爆的；
2. 有毒的；
3. 鲜活、易腐、易失效等不宜长期存放的；
4. 其他无法存放或不宜存放的情形。

对暂不予放行的行李物品办理暂存的，海关应当向旅客出具"中华人民共和国海关暂不予放行旅客行李物品暂存凭单"（以下简称"暂存凭单"），旅客核实无误后签字确认。"暂存凭单"仅限于旅检渠道暂不予放行物品暂存事项，不适用于邮件、快件渠道相关暂存事项。对于依法应当移送缉私部门处理的涉案物品，旅检现场应当开具扣留凭单，不得使用"暂存凭单"。"暂存凭单"一式三联，第一联由海关保管留底备查，第二联随暂存物品入仓库，第三联交给旅客作为提取暂存物品的凭证。旅客办理暂存手续时，现场关员将需要由海关暂存物品的名称、规格和数量（重量）及旅客姓名、国籍、证件类型号码、联系电话等信息填入"暂存凭单"，经旅客和现场经办关员当面核实无误后，由旅客在"暂存凭单"签字确认；旅客拒绝签字的，经办关员应当在"暂存凭单"

上注明。"暂存凭单""批注"一栏用于填写暂存物品鉴定结果、后续处理意见，以及审批流程。对不宜办理暂存手续的物品，在陆路口岸，海关可以要求旅客对有关物品采取即时退运；在空港等无法办理即时退运的口岸，海关可以将相关物品移交相关专业机构进行处理。交由海关暂存的物品有瑕疵、损毁等情况的，海关现场关员应当在"暂存凭单"上予以注明，并应当由旅客签字确认。对于贵重物品或疑似文物等物品，海关可以采用拍照、施封等办法进行确认。

旅客办理物品的提取手续时，应当向海关提交"暂存凭单"原件并出示旅客本人有效的进出境证件。旅客委托他人代为办理物品提取手续的，接受委托的代理人应当向海关提交"暂存凭单"原件、旅客本人出具的书面委托书、旅客有效的进出境证件复印件，并出示代理人本人有效的身份证件。

海关暂不予放行的物品自暂存之日起3个月内，旅客应当办结海关手续。逾期不办的，由海关依法对物品进行处理。需要有关主管部门进行认定、鉴定、验核的时间不计入暂存时间。

（八）免验及礼遇

持有中华人民共和国政府主管部门给予外交、礼遇签证的进出境旅客，通关时应主动向海关出示本人有效证件，海关予以免验礼遇。

海关对我国出国人员进出境免验范围的规定如下：

1. 党和国家领导人率领党、政代表团或全国人民代表大会代表团所乘坐的专机、专车和公私用物品（包括随行人员和专机专车上的服务人员的行李物品），海关分别根据中华人民共和国外交部（以下简称外交部）、中共中央对外联络部、全国人民代表大会常务委员会办公厅等部门的通知免予监管。

上述代表团乘坐的专机、专车内，载有上列人员以外的行李物品、货物时，有关组织出访的部门或者运输部门应当事先通知海关，由海关按照规定办理验放手续。

2. 其他出访的代表团、组、人员进出境的行李物品，海关一律验凭其所持的外交护照免予查验。

3. 我国常驻国外代表机构中的下列人员进出境行李物品，海关验凭其护照所列职衔免予查验：

（1）我国驻外大使馆、领事馆中参赞、武官、副总领事以上人员；

（2）我国常驻联合国代表团正、副代表，参赞，军参团团长，陆、海、空军代表，以及驻联合国日内瓦办事处、其他国际组织代表处和国际机构代表团正、副代表；

（3）我国驻朝鲜军事停战委员会朝中方面中国人民志愿军委员、中国人民志愿军首席参谋；

（4）我国驻新加坡商务代表处正、副代表；

（5）我国驻中国香港签证处代表、副代表，新华社中国香港分社社长、副社长。

上列免予查验的人员应遵守海关对我国出国人员进出境行李物品的有关规定。免予查验的人员行李中如有我国禁止进出口的物品，或者有代他人携带的物品，应当向海关口头申报。对免予查验的人员，海关有权根据情况对其进口的行李物品进行询问。对确有根据证明免验人员行李中有我国禁止进出口物品或有违反海关规定情事的，海关可以进行查验（查验时，行李物品所有人或者代理人必须在场）并做查验记录。

第二节　中国籍旅客进出境行李物品通关管理

一、中国籍旅客的概念及分类

中国籍旅客指持中华人民共和国护照等有效旅行证件进出境的旅客。

中国籍旅客包括中国籍居民旅客和中国籍非居民旅客。

中国籍居民旅客，包括公派出境工作、考察、访问、学习和因私出境探亲、访友、旅游、经商、学习等中国籍居民旅客。中国籍非居民旅客，包括华侨、台湾同胞、港澳同胞等中国籍非居民旅客。

二、中国籍旅客行李物品的管理规定

（一）中国籍旅客带进物品限量表

中国籍旅客携运进境的行李物品，在"中国籍旅客带进物品限量表"（以下简称限量表，见表10-2）规定的征税或免税物品品种、限量范围内的，海关准予放行，并分别验凭旅客所持有效出入境旅行证件及其他有关证明文件办理物品验放手续。

表 10-2　中国籍旅客带进物品限量表

类别	品种	限量
第一类	物品衣料、衣着、鞋、帽、工艺美术品和价值人民币1000元以下（含1000元）的其他生活用品	自用合理数量范围内免税，其中价值人民币800元以上、1000元以下的物品每种限一件
第二类	物品烟草制品、酒精饮料	（1）中国香港、中国澳门地区居民及因私往来中国香港、中国澳门地区的中国内地居民，免税香烟200支，或雪茄50支，或烟丝250克；免税12度以上酒精饮料限1瓶（0.75升以下） （2）其他旅客，免税香烟400支，或雪茄100支，或烟丝500克；免税12度以上酒精饮料限2瓶（1.5升以下）
第三类	物品价值人民币1000元以上、5000元以下（含5000元）的生活用品	（1）驻境外的外交机构人员、我国出国留学人员和访问学者、赴外劳务人员和援外人员连续在外每满180天（其中留学人员和访问学者物品验放时间从注册入学之日起算至毕结业之日止），远洋船员在外每满120天，任选其中1件免税 （2）其他旅客每公历年度内进境可任选其中1件征税

注：
1. 本表所称进境物品价值以海关审定的完税价格为准。
2. 超出本表所列最高限值的物品，另按有关规定办理。
3. 根据规定可免税带进的第三类物品，同一种物品公历年度内不得重复。
4. 对不满16周岁的，海关只放行其旅途需用的第一类物品。
5. 本表不适用于短期内多次来往中国香港、中国澳门地区的旅客和长期进出境人员及边境地区居民。

中国籍旅客携运进境物品，超出规定免税限量仍属自用的，经海关核准可征税放行。但对超出部分的征税数量，不得超过规定准予免税或征税的限量。

（二）中国籍旅客旅行自用物品

旅客（包括持有前往国家或地区签发的再入境签证的中国籍居民旅客）携带进境的旅行自用物品中，照相机、便携式收录音机、小型摄影机、手提式摄录机、手提式文字处理机，每种限1件。旅客应主动向海关申报，海关准予暂时免税放行入境，并由旅客回程时复带出境。由于特殊原因不能在本次回程时复带出境的，应事先报请出境地海关办结有关手续。

旅客携带旅行自用物品出境，如需复带进境，应在本次出境时，主动报请海关验核，复带进境时，海关验凭本次出境的有关单证放行。

上述规定不适用于当天或短期内多次往返的进出境旅客旅行自用物品。

(三) 中国籍短期旅客行李物品

对当天或短期内多次来往中国香港、中国澳门地区的旅客和经常出入境人员，以及边境地区居民，海关只放行其旅途必需物品。

"当天多次进出境旅客"是指同一天内进境超过1次的进境旅客或出境超过1次的出境旅客。"短期内多次来往"和"经常出入境"指半个月（15日）内进境超过1次。

(四) 中国籍非居民长期旅客行李物品

进境长期工作、学习的中国籍非居民旅客，在取得长期居留证之后，按海关对非居民长期旅客和常驻机构进出境公、私用物品的规定办理。

关于持有5年多次出入境"台湾居民来往大陆通行证"的台湾居民，应属于《中华人民共和国海关对非居民长期旅客进出境自用物品监管办法》（以下简称《海关对非居民长期旅客进出境自用物品监管办法》）（海关总署令第194号）第十八条规定的非居民长期旅客。

非居民长期旅客进出境自用物品应当以个人自用、合理数量为限。其中，常驻人员可以进境机动车辆，每人限1辆；其他非居民长期旅客不得进境机动车辆。

对于应当征税的非居民长期旅客进境自用物品，海关按照《关税条例》的有关规定征收税款。

三、对保留免税待遇的中国籍旅客进境免税物品的管理规定

(一) 旅客（人员）范围

暂予保留旅客行李物品免税规定的中国籍旅客范围包括中国驻境外的外交机构人员、留学人员、访问学者、赴外劳务人员、援外人员和远洋船员。

(二) 进境物品征免税限量

中国驻境外的外交机构人员、留学人员、访问学者、劳务人员、援外人员连续在外每满180天（其中留学人员和访问学者物品验放时间从注册入学之日起至毕业之日止），船员每满120天，准予免税携带进境"中国籍旅客带进物品限量表"第三类物品中的一件。超出免税限量仍属自用的，经海关核准可予征税放行。征税限量与免税限量相同。留学人员、访问学者符合海关有关购买免税汽车规定的，准予在本人免税限量内购买免税国产小汽车1辆。

上述所列人员在外工作、学习期满回国时最后验放期限不满180天（船员120天），但超过150天（船员90天）的，也按180天（船员120天）验放。

(三) 验放物品手续

1. 中国驻境外的外交机构人员，凭其所持外交护照及"进口免税物品登记证"（以下简称登记证）办理；外交机构中持公务护照的公勤人员等，凭其所持公务护照、登记证及所在驻外外交机构出具的"驻外人员身份证明"办理。托带进境的物品，凭所在驻外外交机构开具的托带物品证明和登记证办理验放手续。

2. 留学人员和访问学者，凭其所持护照和中国驻外使、领馆出具的"留学回国人员证明"（在中国港澳地区的凭"在港澳地区学习证明"）和本人毕（结）业证书办理验放手续。留学人员和访问学者不准托带进境免税物品。

3. 劳务人员，凭其所持护照、登记证和"中华人民共和国外派劳务培训合格证"或"中华人民共和国外派研修生培训合格证"办理。托带进境的物品，凭驻外外交机构开具的托带物品证明、登记证和"中华人民共和国外派劳务培训合格证"或"中华人民共和国外派研修生培训合格证"

办理验放手续。

4. 援外人员，凭其所持护照、登记证和中国驻外使、领馆经商处出具的"驻外人员身份证明"办理。托带进境的物品，凭驻外使、领馆经商处出具的"驻外人员身份证明"、驻外外交机构出具的托带物品证明和登记证办理验放手续。

5. 远洋船员，凭其所持"海员证"和"运输工具服务人员出入境携带物品登记证"办理验放手续。

四、留学人员购买国产免税汽车

（一）留学人员的概念

留学人员系指以学习和进修为目的，在境外正规大学（学院）注册学习和进修（包括出国进修、合作研究）一学年（含一学年）以上，毕（结）业后回到国内定居、工作的中国籍留学人员。

（二）留学人员购车管理规定

1. 留学人员在外学习、进修一学年以上（含一学年）的，可在其免税限量内购买1辆国家定点轿车生产厂家生产的轿车。海关对其免税限量的计算，按照实际在外学习时间（从注册入学之日起至毕结业之日止）予以验放。对在外学习期间临时进出境的留学人员，其在境内停留时间不超过30天的，海关按连续在境外计算验放时间。

2. 留学人员须凭我国驻外使领馆出具的"留学回国人员证明"［或中央人民政府驻香港（澳门）联络办出具的"在港澳地区学习证明"］、本人有效出入境证件、公安部门出具的境内居留证明（户口本和身份证）等，到工作地（或居住地）主管海关（即备案地海关）办理有关申请手续。留学人员因特殊情况本人不能亲自到生产厂家办理购车手续的，应提前向主管地海关提出申请，并出具正式委托书。经主管海关批准并商监管地海关（即汽车生产厂家所在地海关）同意后，方可由受托人代办。

3. 留学人员学成后，应当在境外停留时间不超过2年，并且自其入境之日起1年内向主管海关提出购买国产免税汽车的申请，逾期海关不予受理。

4. 留学人员就读国家（地区）没有我国驻外使领馆或因其他特殊情况不能开具"留学回国人员证明"的，其回国后可商教育部国际交流与合作司出具盖有"教育部留学人员认证专用章"的"留学回国人员证明"，海关验核并按规定为留学人员办理购车审批手续。

（三）留学人员所购车辆的种类与范围

根据有关规定，供留学人员购买的国产小汽车视为免税进口，不进入流通领域和商业环节。留学人员持主管地海关核发的"回国人员购买国产汽车准购单"（以下简称"购车准购单"）直接向汽车生产厂家（或厂家销售部门）购车。凡国家定点轿车生产厂家生产的轿车，留学回国人员均可申请购买。

（四）留学人员所购小汽车减免的税费

留学人员所购国产免税小汽车所免税费是指免征其关键件或成套散件进口环节的关税、增值税和车辆购置税等。

（五）疫情期间留学生购车的特殊政策。

1. 适用人员范围：特殊审核标准适用于疫情发生前已前往境外留学的人员，其在疫情期间回国并于此后在境内完成学业，未再次出境就学。相关申请人员限于海关总署制发的《关于回国服务的在外留学人员用现汇购买个人自用国产小汽车有关问题的通知》（署监二〔1992〕1600号）、《关于下发〈海关对回国服务的留学人员购买免税国产汽车管理办法〉操作说明的通知》（署监二〔1992〕1703 号）、《关于简化和规范我留学人员购买免税国产小汽车有关手续的通知》（署监发〔2004〕341 号）等文件规定的回国服务留学人员。除"留学回国人员证明"外，申请人应提供规定和必要的其他材料。

2. 回国时间审核标准：对上述人员的学成回国日期，可根据其提供的毕业证书、学位证书等官方文书所记载的毕业日期（学成日期）确定，即：将毕业日期或学成日期的次日作为学成回国日期，用以办理相关申请和审核。有关人员境外学习时间与境内学习时间累计之和应不少于 9 个月。自其毕业日期（学成日期）第二日始至申请日止，期间不满一年。

（六）留学人员申请购买国产免税汽车所需单证及流程

1. 留学人员购买国产免税汽车需持下列相关单证向主管地海关提出申请，办理审批手续：

（1）申请人本人的有效出入境证件（护照）；

（2）留学回国人员证明（或"在港澳地区学习证明"）；

（3）公安部门出具的境内居留证明（户口簿、身份证）；

（4）备案地海关要求提供的其他证明文件；

（5）填写"中华人民共和国海关进出境自用物品申请表"一式四联。

2. 留学人员购买国产免税汽车应按以下流程提出申请：

（1）留学人员在规定的期限内向主管海关提交上述单证，同时以电子申报方式，通过中国电子口岸预录入系统录入相关信息，发送至主管海关。主管海关审核申请人提交的相关单证，符合购车条件的，予以核批签章，并将相关电子数据信息流转至监管地海关。

（2）留学人员持装有"购车准购单"和"自用物品申请表"的海关关封直接到汽车生产厂家（或到生产厂家设在备案地海关所在地的销售部门）购车。留学人员应主动将海关关封交汽车生产厂家报当地海关拆验，经海关核准后，再到汽车生产厂家（或其指定的销售部门）购车。

（3）如留学回国人员委托他人或企业和其他法人、组织代为办理领取海关关封等事宜，海关应当验核留学回国人员与受委托人签订的委托代理协议、留学回国人员本人身份证明和受委托人证明，其中，委托代理协议应当留存正本，身份证明和受委托人证明应当留存复印件。

此外，大陆居民在台湾地区学习人员学成后，可享受与在国外和在中国港澳地区学习人员同等待遇，准予购买免税国产小汽车。在台湾地区学习人员可凭教育部"海峡两岸招生服务中心"出具的"大陆居民在台湾地区学习证明"，向海关办理购买免税国产小汽车手续。

五、我国驻外使领馆馆员离任回国进境自用车辆的管理规定

（一）驻外馆员及自用车辆的概念

"驻外馆员"，是指参加车辆管理制度改革试点的驻外使领馆中享受常驻人员待遇的工作人员，不包括驻中国港澳地区内派机构的人员和其他我国常驻境外机构的工作人员。

"自用车辆"是指在使用左舵车国家或地区工作的馆员，其任内所购并使用 1 年以上的左舵小汽车；在使用右舵车的国家或地区工作的馆员，其任内所购右舵车辆处置后所购买的左舵小汽车。

（二）适用范围及验放标准

经国务院批准，为配合驻外使领馆车辆管理体制改革方案的顺利实施，鼓励我国驻外馆员在任期内自主购车，保障我国驻外使领馆正常公务活动，海关总署于 2005 年 6 月，就《驻外使领馆工作人员离任回国所携自用车辆进口税收的暂行规定》（以下简称《暂行规定》）发布公告。公告规定，对参加车改试点的驻外使领馆工作人员，其离任回国时，可携运自用车辆 1 辆进境，免征进口

关税，但进口环节增值税和消费税照章征收。

《暂行规定》规定，馆员在第一至第二个任期内，且累计任职时间2年以上（含2年，以下同），可进境1辆小轿车（含越野车，下同）；自第三个任期开始，每个标准任期（4年）任满离任可进境1辆小轿车。

（三）馆员进境自用车辆的通关手续

1. 根据《暂行规定》，馆员应于本人入境后6个月内，向其国内居住地直属海关或经直属海关授权的隶属海关（以下简称主管海关）提出书面申请，并交验以下单证：

（1）护照、居民身份证；

（2）我国驻外使领馆出具的"驻外使领馆人员身份证明"；

（3）国内外派主管单位出具的"我国驻外使领馆人员离任回国证明书"；

（4）提（运）单、装箱清单、购车发票等相关单据；

（5）填写"中华人民共和国海关进出境自用物品申请表"一式四联。

馆员提交上述单证向海关申报的同时，还应通过中国电子口岸预录入系统录入相关电子申报信息，并发送至主管海关。

2. 主管海关于接受申报之日起5个工作日内对相关申请进行审核，审核无误后，主管海关将相关电子信息流转至车辆进境地海关，同时将申请表封入关封交馆员到车辆进境地海关办理通关手续。

3. 馆员应当自进境地海关放行车辆之日起20个工作日内，向主管海关申领"中华人民共和国海关监管车辆进/出境领/销牌照通知书"（以下简称"监管车辆进/出境领/销牌照通知书"），并依法向公安交通管理部门办理机动车注册登记手续，公安交通管理部门核发小型汽车号牌。

4. 对满足以下条件之一的离任回国馆员，其携带进境的机动车辆，免征进口关税，但进口环节增值税、消费税照章征收：

（1）在国外累计任职时间满两年，但不超过两个标准任期的；

（2）从第三个标准任期开始，每一标准任期（4年）任满离任的。

5. 进境机动车辆的折旧

海关以购车发票价格（驻在国外交人员免税价格）为基础，对进境车辆的价格从车辆购买之日起至进境之日止，按年折旧。不足一年但超过6个月的，按1年折算；不超过6个月的不予折算。

折旧后的价格，最低不能低于新车价值的40%。具体折旧率如下：

（1）非洲地区按每年15%计算；

（2）其他国家或地区按每年12.5%计算。

（四）进境自用车辆的后续监管

1. 馆员离任回国进境的免税自用车辆属于海关监管车辆，监管期限为自海关放行之日起3年。

在监管期限内，馆员进境的海关监管车辆不得擅自转让、出售或者进行其他处置。馆员如需转让、出售或者处置其进境的海关监管车辆，应报经主管海关批准，并持本人身份证件和"机动车行驶证"等相关单证向主管海关提交书面申请。主管海关审核并对有关车辆依法补征税款后，开具"中华人民共和国海关监管车辆解除监管证明书"（以下简称"监管车辆解除监管证明书"），馆员凭此依法在公安交通管理部门办理有关手续。

2. 馆员进境自用车辆的海关监管期限届满的，应持"中华人民共和国海关公/自用车辆解除监管申请表"、本人身份证件和"机动车行驶证"向主管海关提出解除监管的申请。主管海关核准后，开具"监管车辆解除监管证明书"，馆员凭此依法在公安交通管理部门办理有关手续。

3. 馆员擅自转让、出售进境监管车辆，或者有其他走私、违反海关监管行为的，海关依照《海关法》《海关行政处罚实施条例》予以处罚。

第三节　外国籍旅客进出境行李物品口岸监管

一、外国籍旅客的概念及分类

外国籍旅客指除中国籍旅客以外的所有旅客，包括无国籍人，应聘来华访问、洽谈贸易、旅游和从事科技、文化交流及展览等活动的外籍人员，以及外国企业、新闻、贸易等常驻机构的常驻人员及外国专家，外国留学生等。

海关对外国籍旅客行李物品的管理主要按其在华居留时间将其分为外国籍长期旅客和外国籍短期旅客。短期旅客，是指获准进境暂时居留不超过1年的旅客，如外国旅游者；长期旅客，一般是指获准进境连续居留时间1年以上（含1年）的旅客，如外国企业常驻人员。

海关区分外国籍长、短期旅客，主要依据其是否持有中华人民共和国政府主管部门签发的长期居留证件。

二、外国籍短期旅客行李物品的管理规定

外国籍短期旅客携带进出境的行李物品应以旅行需用物品为限。其中，免税香烟400支，或雪茄100支，或烟丝500克；免税12度以上酒精饮料2瓶（1.5升以下）。

外国籍短期旅客携带进境的旅行自用物品中，照相机、便携式收录音机、小型摄影机、手提式摄录机、手提式文字处理机，每种限1件。旅客应主动向海关申报，经海关审核准予暂时免税放行。经海关核准暂时免税进境的旅行自用物品，在旅客行李物品监管时限内，须由旅客在回程时复带出境。

三、外国籍长期旅客进出境物品的管理规定

（一）外国籍长期旅客的概念

"外国籍长期旅客"是指"非居民长期旅客"中除我国港澳台地区人员和华侨以外的，经公安部门批准进境并在境内连续居留1年以上（含1年），期满后仍回到境外定居地的外国公民。旅客长期居留证件（主要包括"中华人民共和国外国人长期居留证""华侨、港澳地区人员暂住证"等）的有效期限满1年的，或旅客身份证件［主要包括"外国（地区）企业常驻代表机构工作证""中华人民共和国外国人就业证""中华人民共和国外国专家证"等］的有效期限在1年以上的，均可认定为非居民长期旅客。

（二）外国籍长期旅客进出境自用物品的管理规定

1. 对外国籍长期旅客进出境自用物品，海关按照《海关对非居民长期旅客进出境自用物品监管办法》予以审批和监管。

2. 外国籍长期旅客在取得境内长期居留证件后方可申请进境自用物品。

"自用物品"是指外国籍长期旅客在境内居留期间日常生活所必需的"中华人民共和国海关旅客进出境行李物品分类表"所列物品（烟、酒除外），且应以个人自用、合理数量为限。其中，外国籍长期旅客中的常驻人员可以进境机动车辆一辆（详见第十五章第二节"常驻机构及常驻人员公

用物品、自用物品进出境监管")。

首次申请进境的自用物品海关予以免税,但按照《海关对非居民长期旅客进出境自用物品监管办法》准予进境的机动车辆和国家规定应当征税的20种商品除外。再次申请进境的自用物品,一律予以征税。

对于应当征税的自用物品,海关按照《关税条例》的有关规定征收税款。

(三) 外国籍长期旅客进出境自用物品的流程

1. 外国籍长期旅客进境自用物品,应在取得境内长期居留证件后,持本人有效身份证件、提(运)单、装箱单等相关单证,填写"中华人民共和国海关进出境自用物品申请表"一式四联,向境内居住地主管海关提出申请,申请同时还应当通过中国电子口岸预录入系统,向主管海关发送相关电子数据信息。

主管海关自接受申请之日起3个工作日内答复。主管海关审核批准后,进境地海关凭主管海关的审批单证和其他相关单证及主管海关流转的电子数据信息予以验放。

2. 外国籍长期旅客将原进境的自用物品复运出境,应当持身份证件、长期居留证件、进出境自用物品申请表等有关单证向主管海关提出申请,同时通过中国电子口岸预录入系统,向主管海关发送相关电子数据信息。主管海关自接受申请之日起3个工作日内答复。物品出境地海关凭主管海关的审批单证及主管海关发送的电子数据信息予以验放。

此外,港澳台地区人员、华侨等中国籍非居民长期旅客进出境自用物品,也按照《海关对非居民长期旅客进出境自用物品监管办法》的有关规定办理手续。

第四节　定居旅客进出境安家物品口岸监管规定

一、定居旅客的概念

"定居旅客"是指取得中华人民共和国主管部门签发的进境(出境)定居证明(批准文件),移居境内(境外)的旅客。

二、定居旅客进出境安家物品的管理规定

(一) 定居旅客进境安家物品

获准进境定居的旅客携运进境其在境外拥有并使用过的自用物品及车辆,应在获准定居后3个月内持中华人民共和国政府相关主管部门签发的定居证明,向定居地主管海关一次性提出书面申请,办理审批手续。

1. 定居旅客携运进境上述自用物品,在合理数量范围内且属于"定居旅客应税自用及安家物品清单"以外的物品,准予免税进境;其中完税价格在人民币1000元以上、5000元以下(含5000元)的物品,每个品种限一件。

定居旅客进境自用小汽车和摩托车,准予每户征税进境一辆。

2. 定居旅客应税自用及安家物品清单。

定居旅客应税安家物品包括电视机、摄像机、录像机、放像机、音响设备、空调器、电冰箱、电冰柜、洗衣机、照相机、传真机、打字机及文字处理机、微型计算机及外设、电话机、家具、灯具、餐料(含饮料、酒)、小汽车、摩托车。

3. 获准进境的自用物品及车辆，应自海关批准之日起 6 个月内从批准的口岸运进，进境地海关凭定居地主管海关的批准文件，对其中的机动交通工具，同时凭旅客填具的"进口货物报关单"办理验放手续。

4. 定居旅客自进境之日起，居留时间不满两年，再次出境定居的，其免税携运进境的自用物品应复运出境，或依照相关规定向海关补税。

(二) 定居旅居出境安家物品管理规定

获准出境定居的旅客携运出境的自用安家物品，除国家禁止或限制出境的物品需按有关规定办理外，均可予以放行。

三、定居旅客进境安家物品的通关流程

(一) 获准进境定居旅客申请进境安家物品，应持以下单证向定居地主管海关提出申请：

1. 申请人有效进出境身份证件（原件及复印件）；
2. 中华人民共和国主管部门签发的定居证明；
3. 提（运）单、装箱清单；
4. "中华人民共和国海关进出境自用物品申请表"一式四联。

根据规定，定居旅客除需提交上述书面材料外，还应当通过中国电子口岸预录入系统，向主管海关发送电子数据信息。

(二) 主管海关审核批准后，定居旅客持主管海关制发的关封向物品进境地海关办理安家物品的通关手续。如定居旅客进境机动交通工具，还应当填具进口货物报关单。

第五节 过境旅客行李物品口岸监管

一、过境旅客的概念

"过境旅客"是指持有效过境签证（与我国互免签证国家的旅客，凭其有效护照）从境外某地，通过境内前往境外另一地的旅客，包括进境后不离开海关监管区或海关监管下的交通工具，直接出境的旅客。

二、过境旅客行李物品的进出境管理规定

(一) 在进境口岸不离开海关监管区或海关监管下的交通工具的过境旅客，可以免填"旅客行李物品申报单"，海关对其行李物品均准许过境，一般不予查验，但海关认为必要的除外。

(二) 在过境期限内离开海关监管区的过境旅客，应当填写"旅客行李物品申报单"，向海关申报所带物品，携带的行李物品应以旅行需用为限，海关依照对进出境非居民短期旅客行李物品的规定办理，其中属于"旅客进出境行李物品分类表"第三类物品，在规定范围内的，经海关核准可予登记暂时免税放行，过境旅客出境时必须将原物复带出境。超出规定范围的，除了委托经海关批准或指定的报关运输公司代理承运，比照海关监管货物，按有关规定办理手续，将监管过境物品运交有关海关监管出境外，均不准进境。

(三) 对于不准进境的物品，除经海关总署特准征税或者担保放行的以外，应当自物品申报进境之日起 3 个月内由物品所有人或其代理人办理退运、结案手续。逾期不办的，由海关按照《海关法》的相关规定办理。

（四）海关准予过境的物品及经海关登记暂时免税放行的旅行需用物品，未经海关批准，均不得擅自留在境内。因丢失、被盗或其他不可抗力的原因而无法复带出境的，应提供公安部门的证明文件，向海关办理结案手续。不能提供证明文件的，过境旅客应照章补税。

（五）过境旅客不论其是否离开海关监管区，均不得携带"中华人民共和国禁止进出境的物品表"所列物品。

三、过境旅客行李物品的验放手续

在过境期限内离开海关监管区的过境旅客，需填写"旅客行李物品申报单"向主管地海关申报。

过境旅客的行李物品超出旅途自用范围的，由旅客自行委托经海关批准或指定报关运输公司代理承运，比照海关监管货物，由海关予以加封并在"旅客行李物品申报单"上批注，出境地海关核对放行。

第六节 高层次人才进出境物品通关管理

一、高层次人才的概念

"高层次人才"是高层次留学人才和海外科技专家的统称。其中，"高层次留学人才"是指我国公派或自费出国留学，学成后在海外从事科研、教学、工程技术、金融、管理等工作并取得显著成绩，为国内所急需的高级管理人才、高级专业技术人才、学术技术带头人，以及拥有较好产业化开发前景的专利、发明或专有技术的人才。

二、高层次人才身份的认定

根据规定，高层次人才的身份由中华人民共和国人力资源和社会保障部、中华人民共和国教育部或者其授权部门明确和认定。

三、高层次人才进出境物品的通关管理规定

（一）高层次人才进境自用物品的通关管理规定

1. 高层次人才免税放行进境物品

《中华人民共和国海关对高层次留学人才回国和海外科技专家来华工作进出境物品管理办法》规定，高层次人才回国定居或者来华工作连续1年以上（含1年）的，进境的下列范围内合理数量的自用物品，海关依据规定予以免税验放：

（1）首次进境的个人生活、工作自用的家用摄像机、照相机、便携式收录机、便携式激光唱机和便携式计算机等每种1件；

（2）日常生活用品，如衣物、床上用品和厨房用品等；

（3）其他自用物品。

2. 高层次人才进境自用物品的通关手续

（1）回国定居或者来华工作连续1年以上（含1年）的高层次人才申请进境自用物品，应当填写"中华人民共和国海关进出自用物品申报单"，并提交人力资源社会保障部、教育部或者其授权部门出具的"海外高层次留学人才证明"、本人有效入出境身份证件、境内长期居留证件或者

"回国（来华）定居专家证"，由本人或委托他人向主管海关提出书面申请，同时在"互联网+海关"或中国国际贸易"单一窗口""公自用物品"模块录入电子数据并向海关发送数据。经主管海关审核批准后，进境地海关凭主管海关的审批单证和其他相关单证及主管海关发送的电子数据信息，对上述物品予以验放。

（2）根据规定，已获国家人力资源和社会保障部、教育部或其授权部门批准回国定居或者来华工作连续1年以上，但尚未取得境内长期居留证件或者"回国（来华）定居专家证"的高层次人才，对其已运抵口岸的自用物品，海关可以凭人力资源社会保障部、教育部或者其授权部门出具的书面说明文件先予放行。

上述高层次人才应当在物品进境之日起6个月内补办有关海关手续。

（3）高层次人才在节假日或者非正常工作时间内，以分离运输、邮递或者快递方式进出境的物品有特殊情况需要及时验放的，海关可以预约加班，并在约定的时间内为其办理物品通关手续。

（二）高层次人才进境自用科研、教学物品的通关管理规定

1. 高层次人才进境的下列范围内合理数量的科研、教学物品，海关依据规定予以免税验放：

（1）科学研究、科学试验和教学用的少量和小型检测、分析、测量、检查、计量、观测、发生信号的仪器、仪表及其附件；

（2）为科学研究和教学提供必要条件的少量的小型试验设备；

（3）各种载体形式的图书、报刊、讲稿、计算机软件；

（4）标本、模型；

（5）教学用幻灯片；

（6）实验用材料。

发生信号的仪器如属于无线电管制物品，还应加验国家主管部门的许可证明。

2. 高层次人才进境科研、教学物品时，除应向海关提交人力资源和社会保障部、教育部或者其授权部门出具的高层次人才身份证明外，还应当按照下列规定办理海关手续：

（1）以随身携带、分离运输方式进境科研、教学物品的，应当如实向海关书面申报，并提交本人有效入出境身份证件；

（2）以邮递、快递方式进境科研、教学用品的，应当如实向海关申报，并提交本人有效入出境身份证件。

（三）高层次人才进境自用机动车辆管理规定

根据规定，回国定居或者来华工作连续1年以上的高层次人才可以申请从境外运进自用机动车辆1辆（限小轿车、越野车、9座及以下小客车），海关予以征税验放。

1. 高层次人才申请进境机动车辆时，应向海关提交本人有效进出境身份证件、境内长期居留证件或者"回国（来华）定居专家证"、提（运）单、购车发票及装箱清单，填写"进出境自用物品申报单"，在"互联网+海关"或中国国际贸易"单一窗口""公自用物品"模块录入电子数据并向海关发送数据。主管海关审核批准后，进境地海关凭主管海关的审批文件及主管海关发送的电子数据信息办理手续。

2. 获准进境的机动车辆属于海关监管车辆，应依法接受海关监管。

3. 高层次人才可以在机动车辆自海关放行之日起1年后，向主管海关提出解除海关监管的申请，主管海关按照《海关对非居民长期旅客进出境自用物品监管办法》的有关规定办理车辆解除海关监管的手续。

（四）高层次人才出境物品的通关管理规定

高层次人才在华工作完毕返回境外时，以随身携带、分离运输、邮递、快递等方式出境原进境物品的，应当按照规定办理相关海关手续。

上述人员因出境参加各种学术交流等活动需要，以随身携带、分离运输、邮递、快递等方式出境合理数量的科研、教学物品，除国家禁止出境的物品外，海关按照暂时出境物品办理有关手续。

（五）定居证明告知承诺事项

1. 高层次人才办理自用物品进境及自用机动车辆进境手续时所需的境内长期居留证件或者"回国（来华）定居专家证"可自愿选择通过填写、提交书面告知承诺书的方式代替提供实物证明的方式，向海关申请办理相关手续。

申请人有较严重的不良信用记录或者存在曾作出虚假承诺等情形的，在信用修复前不适用告知承诺制。

2. 告知承诺书格式文本可从中华人民共和国海关总署官方网站及办理该业务的海关现场等处获取，申请人可自行打印、填写，并在办理业务时与应当提交的其他材料一并提交海关。

3. 申请人需承担相应的民事、行政和刑事责任。如申请人承诺不实，海关可依法终止办理、变更或撤销原行政行为、责令申请人限期整改或者予以行政处罚。

第七节 离境退税物品通关管理

一、离境退税的概念

离境退税政策是指境外旅客在离境口岸离境时，对其在退税商店购买的退税物品退还增值税的政策。

二、境外旅客可办理的条件

（一）在我国境内连续居住不超过183天的外国人和港澳台同胞。
（二）同一境外旅客同一日在同一退税商店购买的退税物品金额达到500元人民币。
（三）退税物品尚未启用或消费。
（四）离境日距退税物品购买日不超过90天。
（五）所购退税物品由境外旅客本人随身携带或随行托运出境。

三、退税税种、退税率、应退税额计算

离境退税税种为增值税，退税物品的退税率为11%。
应退增值税额的计算公式：

应退增值税额＝退税物品销售发票金额（含增值税）×退税率

四、离境口岸、退税商店和退税物品

（一）离境口岸

离境口岸，是指实施离境退税政策的地区正式对外开放并设有退税代理机构的口岸，包括航空口岸、水运口岸和陆地口岸。

（二）退税商店

退税商店，是指报相关部门备案、境外旅客从其购买退税物品离境可申请退税的企业。

(三) 退税物品

退税物品,是指由境外旅客本人在退税商店购买且符合退税条件的个人物品,但不包括下列物品:

1. "中华人民共和国禁止、限制进出境物品表"所列的禁止、限制出境物品;
2. 退税商店销售的适用增值税免税政策的物品;
3. 财政部、海关总署、国家税务总局规定的其他物品。

五、退税币种和退税方式

退税币种为人民币。退税方式包括现金退税和银行转账退税两种方式。

退税额未超过10000元的,可自行选择退税方式。退税额超过10000元的,以银行转账方式退税。

六、离境退税的具体流程

(一) 退税物品购买

境外旅客在退税商店购买退税物品后,需要申请退税的,应当向退税商店索取境外旅客购物离境退税申请单和销售发票。

(二) 海关验核确认

境外旅客在离境口岸离境时,应当主动持退税物品、境外旅客购物离境退税申请单、退税物品销售发票和本人有效身份证件向海关申报并接受海关监管。海关验核无误后,在境外旅客购物离境退税申请单上签章。

(三) 代理机构退税

无论是本地购物本地离境还是本地购物异地离境,离境退税均由设在办理境外旅客离境手续的离境口岸隔离区内的退税代理机构统一办理。境外旅客凭护照等本人有效身份证件、海关验核签章的境外旅客购物离境退税申请单、退税物品销售发票向退税代理机构申请办理增值税退税。

退税代理机构对相关信息审核无误后,为境外旅客办理增值税退税,并先行垫付退税资金。退税代理机构可在增值税退税款中扣减必要的退税手续费。

(四) 税务部门结算

退税代理机构应定期向省级(即省、自治区、直辖市、计划单列市,下同)税务部门申请办理增值税退税结算。省级税务部门对退税代理机构提交的材料审核无误后,按规定向退税代理机构退付其垫付的增值税退税款,并将退付情况通报省级财政部门。

七、离境退税海关监管

(一) 办理离境退税验核手续

1. 境外旅客在出境时需要对所购物品退税的,应当主动向海关申报,并提交退税物品、境外旅客购物离境退税申请单(以下简称申请单)、退税物品销售发票和本人有效身份证件。

2. 经海关验核,对旅客交验的退税物品与申请单所列相符的,海关在申请单上确认签章,并交由旅客凭以办理退税手续;对旅客交验物品的数量与申请单所列数量不符的,海关以交验物品的数量进行确认签章,并交由旅客凭以办理退税手续。

3. 办理离境退税业务的专门场所属于海关监管场所,有关场所设置标准应当符合海关监管要求。

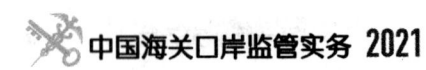

4. 退税物品经海关验核后至实际离境前，应当接受海关监管。

（二）不予办理境外旅客购物离境退税验核手续的情形

1. 出境旅客交验物品的名称与申请单所列物品不符的；
2. 申请单所列购物人员信息与出境旅客信息不符的；
3. 其他不符合离境退税规定的。

第十二章　进出境邮递物品口岸监管

第一节　国际邮袋通关管理

一、国际邮袋概念及分类

(一) 国际邮袋的概念

国际邮袋是指邮政企业专门用于装邮进出境邮件的容器，属于邮政专用品。

海关对国际邮袋的监管是海关对邮递进出境货物、物品监管的一部分，系指海关对盛装进出境邮件的容器进行监管的行政执法行为。

(二) 国际邮袋的分类

海关对邮递进出境货物、物品的监管，主要是对装载进出境邮件的国际邮袋进行监管。

1. 按流向分

国际邮袋按流向可分为进境邮袋、出境邮袋、过境邮袋和转运邮袋。

进境邮袋是指由境外邮往我国境内的邮袋。

出境邮袋是指由我国境内邮往境外的邮袋。

过境邮袋是指由境外启运，通过我国境内继续邮往境外的邮袋。

转运邮袋也叫转关邮袋，实际上是国际邮袋在我国境内的转关运输，不同于转运货物的"转运"概念。

2. 按性质分

国际邮袋按其所装物品的性质可分为信件邮袋、印刷品邮袋、包裹邮袋、特快专递邮袋和空袋。

二、国际邮袋管理规定

《海关法》第四十八条规定：进出境邮袋的装卸、转运和过境，应当接受海关监管。邮政企业应当向海关递交邮件路单。邮政企业应当将开拆及封发国际邮袋的时间事先通知海关，海关应当按时派员到场监管查验。

(一) 监管时限

进境邮袋从进境起到办结海关手续止，出境邮袋从向海关申报起到出境止，过境邮袋从入境起到出境止，都应当接受海关监管。

(二) 处理场所要求

邮政企业办理国际邮袋的进境、出境、过境、转运、通运、装卸、开拆和封发等手续，应在设有海关的地点进行，接受海关监管。

(三) 邮政企业义务

根据海关法规定，进出境邮袋的装卸、转运和过境，邮政企业应当向海关递交邮件路单，并将开拆及封发国际邮袋的时间事先通知海关，接受海关监管。

所谓路单，是邮政企业制发的载明邮袋情况的书面单证，海关根据路单对进出境邮袋的装卸、转运和过境进行监管。

三、国际邮袋通关验放手续

（一）进境邮袋的通关手续

1. 进境邮袋的提运

进境邮袋从国际运输工具起卸时，邮局交换站应当向进境地海关递交"收发邮件路单"，办理申报手续。进境地海关核签后，根据不同寄达地制作关封（内装路单）交予邮局签收，由邮局将关封和邮袋一起运至驻有海关的寄达地邮局。

2. 进境邮袋的开拆与检查

进境邮袋运抵寄达地邮局后，邮局应该及时通知当地海关，并提交进境地海关签发的关封，海关凭关封内的路单对邮袋进行核查，核查邮袋的件数是否与路单相符，封志是否完好，邮袋有无破损。核查无误后，海关监管邮局开拆邮袋。

对标明仅装有信件的邮袋，海关需要查看有无邮件或其他物品混杂其中；对装有印刷品、小包邮件或包裹的邮袋，海关根据邮局编制提供的邮件清单进行核对。

（二）出境邮袋的通关手续

1. 出境邮递的封发与检查

出境邮袋在封发前，邮局应当编制"收发邮件路单"，并向海关报送一式两份，由海关派员监视封袋。对标明仅有信件的邮袋，海关查看有无邮件或物品混杂其中；对装有印刷品、小包邮件和包裹的邮袋，海关根据邮局编制的清单核查有无漏检等情况。经核查无误后，海关在"收发邮件路单"上签章，其中一份制作关封，交邮局随邮袋一并发往出境地交换站，另一份"收发邮件路单"由海关留存。

2. 出境邮袋的装运

出境邮袋运抵出境地交换站后，邮局应当向出境地海关递交关封，海关复核总包号码、邮袋数量及邮袋封装等情况无误，并在路单或商业运单上签章后，即可监管邮袋装运出境。

（三）转运邮袋的通关手续

1. 进境转运邮袋的通关手续

进境转运邮袋有两种情况：一种是进境后转寄达地开袋验收的进境邮袋，即前述进境地海关按转运办理邮袋转运寄达地的手续（详见上述"进境邮袋的通关手续"）；另一种是指境外邮袋封发局将邮件混装在有直封关系的互换邮袋内，邮袋抵达境内后，由互换局开袋进行挑拣，并将相关邮件另行装入国内邮袋转运到另一互换局或内地省会局，驻互换局海关根据邮局提供的封发邮件清单核查签印并制作关封，随邮袋交目的地海关，目的地海关凭之对邮袋进行监视开拆与检查。

2. 出境转运邮袋的通关手续

出境转运邮袋也有两种情况：一种是前述的从互换局邮局转运到出境地监管装上运输工具的挂国际袋牌的转运出境邮袋；另一种是指寄局不属直接出境口岸，因而没有直接关系，邮件封入有直封关系的出境地互换局的国内邮袋，挂国内袋牌，出境地互换局收到开拆后取出邮件，连同本地出口邮件封入国际邮袋，在海关监管下转运到出境地装上运输工具出境。

（四）过境邮袋的通关手续

过境邮袋是指由一个国家或地区的邮政部门经过我国境内，继续运往另一个国家或地区邮政部门的邮袋。

过境邮袋入境时，由邮政企业向入境地海关提交邮件路单一式两份，入境地海关核验后，将其中一份制作关封交邮政企业签收后，随同邮袋运到出境地交出境地海关，由海关复核后放行。对装有禁止进境物品的过境邮袋，除经海关特准的以外，不准过境。

第二节　邮递进出境物品通关管理

一、邮递物品的概念

进出境邮递物品是指通过邮寄方式进出境的包裹、小包邮件和印刷品等。

邮递物品监管是指海关对通过邮递方式进出境的货物、货样、商业性宣传品、广告品、个人物品、使领馆公私用物品和企事业单位赠送、交换交流物品，以及贸易性和非贸易性印刷品进行监管的行政执法行为。

二、邮递物品管理规定

（一）通关手续

1. 进出境邮递物品在办结海关手续前，应当存放于海关监管场所内，未经海关许可，任何单位及个人不得擅自进行开拆、运输、封发等处置。

2. 进出境的邮递物品，应当由驻有海关的邮局负责交海关查验。从设有海关地方寄出的邮递物品，也可由寄件人直接向海关驻邮局办事处申报交验，办理出口手续。

3. 进出境的邮递物品，必须经过海关查验并且按章征税或免税放行后，邮局才可以投寄。

（二）管理要求

1. 邮递个人物品管理要求

（1）原则

邮递进出境的个人物品，应以自用、合理数量为限，并应当符合海关关于个人物品限值及个人物品范围的规定。

（2）限值

个人寄自或寄往我国港澳台地区的，每次限值为 800 元人民币；寄自或寄往其他国家和地区的物品，每次限值为 1000 元人民币。

个人邮寄进出境物品超出规定限值的，应办理退运手续或者按照货物规定办理通关手续。但邮包内仅有一件物品且不可分割的，虽超出规定限值，经海关审核确属个人自用的，可以按照个人物品规定办理通关手续。

依据相关规定，中药材、中成药均属国家限制出境物品。个人邮寄中药材、中成药出境，寄往我国港澳地区的，总值限人民币 100 元；寄往国外的，限人民币 200 元。含有犀牛角、羚羊角、虎骨、天然麝香等濒危动物成分的药品及其制品禁止携带或邮寄出境。

（3）申报

进出境印刷品及音像制品的收发货人、所有人及其代理人，应当依法如实向海关申报，并且接受海关监管。

邮寄进境分离运输行李，寄件人应在邮包上标明"分离运输行李"字样。邮包寄达后，收件人应及时将"中华人民共和国海关进出境旅客行李物品申报单"带交或寄交邮包寄达地海关,由海关按《海关对进出境旅客行李物品监管办法》的有关规定办理。

(4) 征税

个人邮寄进境物品,海关依法征收进口税,但应征进口税税额在人民币50元(含50元)以下的,海关予以免征。

进出境个人邮递物品应征的关税和其他法定由海关征收的税费,可由邮局凭海关签发的税款缴纳证代缴代收。

(5) 禁止和限制管理

为适应形势发展和海关执法工作需要,根据国家有关法律、法规规定,海关总署公布了"中华人民共和国禁止进出境物品表"和"中华人民共和国限制进出境物品表"。

另外,为防止动植物疫病及有害生物传入和防范外来物种入侵,保护我国农林牧渔业生产安全、生态安全和公共卫生安全,根据国家有关法律、法规规定,农业农村部、海关总署第470号公告联合签发了《中华人民共和国禁止携带、寄递进境的动植物及其产品和其他检疫物名录》。

2. 邮递其他物品管理要求

(1) 进出境邮递物品中,如果有按照国家规定须经审查、鉴定、检疫或者商品检验的物品,由海关按照国家有关规定处理。

(2) 外国驻我国的使领馆邮递进出口的公用物品,各国派驻我国的外交官、领事官邮递进出口的自用物品,按照有关的规定办理。

(3) 邮运进出口的商业性邮件,应按照货物规定办理通关手续。

(4) 邮递进出境的货样、广告品,以及我国政府机关、人民团体、国有企业等与国外相互赠送的礼品,分别按照海关对进出口货样、广告品、礼品的相关规定办理。

3. 处理和处罚

(1) 禁止进出境的个人邮递物品应当由海关扣留。自扣留之日起3个月内,进境的,由收件人或其代理人办理相关海关手续;出境的,由寄件人或其代理人办理相关海关手续。过期不办理手续的,由海关依法处理。

(2) 进境邮递物品,如果收件人申请退回原地或者改寄其他外国地址的,须经海关查验。如果内装禁止进出境物品,由海关按照有关规定处理。

(3) 进境邮递物品,如果超过邮局规定的保管期限收件人仍未领取的,由邮局退回寄件人;无法投递又无法退回的进境邮递物品,由邮局交由海关按照《海关法》的规定处理。

(4) 进出境邮递物品,如果收、寄件人用冒名顶替、分散寄递或其他方式逃避海关监管,以及有逃汇、套汇行为的,由海关依照《海关法》的规定按走私处理。

三、 邮递物品通关验放手续

邮寄进境的个人物品,应由收件人到邮局向派驻邮局的海关办理进境报关手续。收件人亲自到海关办理手续确有困难的,可委托他人或委托邮局向海关办理报关等手续。

从设有海关地方寄出的个人邮递物品,可由寄件人向驻邮局的海关申报交验,办理出境手续。在未设海关的地区,可按上述手续直接向邮局投寄,由邮局交驻出境地海关验放。

寄件人在邮寄出境邮包时,应填写报关单、绿色验关标签等单据,如实填报内装物品的品名、数量、价值等(如邮寄大包裹应另填写发寄单,免填绿色验关标签),向派驻邮局的海关申报,经海关验放后,交邮局投寄。

邮运进出境的物品,经海关查验放行后,邮局方可投递或者交付。

第十三章 进出境特定物品通关

第一节 印刷品、音像制品进出境通关管理

一、印刷品、音像制品概述

印刷品，是指通过将图像或者文字原稿制为印版，在纸张或者其他常用材料上翻印的内容相同的复制品。进出境摄影底片、纸型、绘画、剪贴、手稿、手抄本、复印件及其他含有文字、图像、符号等内容的货物、物品的，海关按照有关进出境印刷品的监管规定进行监管。

音像制品，是指载有内容的唱片、录音带、录像带、激光视盘、激光唱盘等。进出境载有图文声像信息的磁、光、电存储介质的，海关按照有关进出境音像制品的监管规定进行监管。

二、印刷品、音像制品的进出境通关管理

（一）印刷品、音像制品的申报

进出境物品的所有人应当向海关如实申报，并接受海关查验。

进出境印刷品、音像制品，应当向海关如实申报。

违反海关规定，构成走私或者违反海关监管规定行为的，由海关依照《海关法》及相关法律、行政法规的有关规定予以处理；构成犯罪的，依法追究刑事责任。进出境印刷品、音像制品的进出口货物收发货人、所有人及其代理人，应当依法如实向海关申报，并且接受海关监管。

（二）禁止进出境的印刷品、音像制品

1. 禁止含有下列内容的印刷品、音像制品进境：
（1）反对宪法确定的基本原则的；
（2）危害国家统一、主权和领土完整的；
（3）危害国家安全或者损害国家荣誉和利益的；
（4）攻击中国共产党，诋毁中华人民共和国政府的；
（5）煽动民族仇恨、民族歧视，破坏民族团结，或者侵害民族风俗、习惯的；
（6）宣扬邪教、迷信的；
（7）扰乱社会秩序，破坏社会稳定的；
（8）宣扬淫秽、赌博、暴力或者教唆犯罪的；
（9）侮辱或者诽谤他人，侵害他人合法权益的；
（10）危害社会公德或者民族优秀文化传统的；
（11）国家主管部门认定禁止进境的；
（12）法律、行政法规和国家规定禁止的其他内容。

2. 禁止含有下列内容的印刷品、音像制品出境：
（1）有禁止进境内容的；

（2）涉及国家秘密的；

（3）国家主管部门认定禁止出境的。

3. 属于国家秘密的文件、资料和其他物品禁止邮寄出境。

三、无违禁内容的印刷品、音像制品的进出境通关管理

（一）在自用合理数量范围内的印刷品、音像制品进出境管理

1. 个人携带进出境的行李物品、邮寄进出境的物品，应当以自用、合理数量为限，并接受海关监管。

2. 个人自用进境印刷品、音像制品在下列规定数量以内的，海关予以免税验放：

（1）单行本发行的图书、报纸、期刊类出版物每人每次10册（份）以下；

（2）单碟（盘）发行的音像制品每人每次20盘以下；

（3）成套发行的图书类出版物，每人每次3套以下；

（4）成套发行的音像制品，每人每次3套以下。

3. 对不涉及我国边界的地方志的复制件和本人家族谱的复制件可以放行。

（二）超过自用、合理数量范围的印刷品、音像制品的进出境管理规定

1. 超过上述规定的数量，但是仍在合理数量以内的自用进境印刷品、音像制品，不属于下列规定情形的，海关应当按照有关进境物品进口税的征收规定对超出规定数量的部分予以征税放行。

有下列情形之一的，海关对全部进境印刷品、音像制品按照进口货物依法办理相关手续：

（1）个人携带、邮寄单行本发行的图书、报纸、期刊类出版物进境，每人每次超过50册（份）的；

（2）个人携带、邮寄单碟（盘）发行的音像制品进境，每人每次超过100盘的；

（3）个人携带、邮寄成套发行的图书类出版物进境的，每人每次超过10套的；

（4）个人携带、邮寄成套发行的音像制品进境，每人每次超过10套的；

（5）其他构成货物特征的。

有上述所列情形的，进境印刷品、音像制品的进出口货物收发货人、所有人及其代理人可以依法申请退运其进境印刷品、音像制品。

2. 单位进出境非贸易性印刷品、音像制品的进出境管理规定。

（1）进口音像制品成品或者用于出版的音像制品母带（盘）、样带（盘），经营单位应当持"进口音像制品批准单"（以下简称"进口音像制品批准单"）、有关报关单证及其他需要提供的文件向海关办理进口手续。

（2）非经营音像制品性质的单位进口用于本单位宣传、培训及广告等目的的音像制品，应当按照海关的要求交验"进口音像制品批准单"、合同、有关报关单证及其他需要提供的文件；数量总计在200盘以下的，可以免领"进口音像制品批准单"。

（3）随机器设备同时进口，以及进口后随机器设备复出口的记录操作系统、设备说明、专用软件等内容的印刷品、音像制品进口时，进口单位应当按照海关的要求交验合同、发票、有关报关单证及其他需要提供的文件，但是可以免领"进口音像制品批准单"等批准文件。

（4）境外赠送进口的印刷品、音像制品，受赠单位应当向海关提交赠送方出具的赠送函和受赠单位的接受证明及有关清单。接受境外赠送的印刷品超过100册或者音像制品超过200盘的，受赠单位除向海关提交上述单证外，还应当提交国务院有关行政主管部门的批准文件。

（5）用于展览、展示的印刷品及音像制品进出境，主办或者参展单位应当按照国家有关规定向海关办理暂时进出境手续。

（6）进口用于学术、文化交流等活动的印刷品及音像制品，海关凭举办单位和省级以上（含省级）相关主管部门出具的证明，按照海关有关征免税管理规定办理征免税验放手续。

（7）享有外交特权和豁免权的外国驻中国使馆、领馆及人员，联合国及其专门机构，以及其他与中国政府签有相关协议的国际组织驻中国代表机构及人员进出口印刷品、音像制品，依照有关规定办理。

（8）各类境外企业或者组织在境内常设代表机构或者办事处（不包括外国人员子女学校）及各类非居民长期旅客、留学回国人员、短期多次往返旅客进出口公用或者自用印刷品、音像制品数量的核定和通关手续，依照有关规定办理。

（三）宗教类印刷品、音像制品的进出境管理规定

1. 个人携带、邮寄进境的宗教类印刷品、音像制品在自用、合理数量范围内的，准予进境。

2. 超出个人自用、合理数量进境或者以其他方式进口的宗教类印刷品、音像制品，海关凭国家宗教事务局或其委托的省级政府宗教事务管理部门或者国务院其他行政主管部门出具的证明予以征税验放。无相关证明的，海关按照有关规定予以处理。

3. 散发性宗教类印刷品、音像制品，禁止进境。散发性宗教类印刷品、音像制品，是指运输、携带、邮寄进境，不属于自用、合理数量范围并且具有明显传播特征，违反国家宗教事务法规及有关政策的印刷品、音像制品。

（四）贸易性印刷品、音像制品的进出境管理规定

1. 国家对文化产品进口实行特许经营，对经营单位实行文化产品进口经营许可制度。印刷品、音像制品的进口业务，由国务院有关行政主管部门批准或者指定经营。未经批准或者指定，任何单位或者个人不得经营印刷品、音像制品进口业务。

2. 其他单位或者个人进口印刷品、音像制品，应当委托进口经营单位向海关办理进口手续。

3. 对进口文化产品实行准入制度，各级海关凭进口文化产品准入文件办理验放手续。

4. 申请进口音像制品成品及进口用于出版的音像制品，进口单位初审后，填写"进口录音制品报审表"或"进口录像制品报审表"，按有关规定提交申请材料，报相关部门审查。

5. 除国家另有规定外，进口报纸、期刊、图书类印刷品，经营单位应当持进口批准文件、目录清单、有关报关单证及其他需要提供的文件向海关办理进口手续。

6. 从事印刷品、音像制品出口业务的企业应依法办理对外贸易经营者备案登记，海关凭登记表及其他相关文件办理出口手续。

7. 进入保税区、出口加工区及其他海关特殊监管区域和保税监管场所的印刷品及音像制品的通关手续，依照有关规定办理。

四、有违禁内容的印刷品、音像制品的进出境通关管理

（一）国家秘密文件、资料和其他物品通关管理规定：

1. 属于国家秘密文件、资料和其他物品禁止邮寄出境。

2. 国家秘密文件、资料和其他物品因特殊情况出境，须由我外交信使或国家保密局核准的单位、个人携运出境，海关凭出境许可证对经铅封的文件、资料和其他物品进行核放。

3. 海关按照规定，对批准携运出境的国家秘密文件、资料和其他物品，凭加盖鉴定印章的出境

许可证和与鉴定印章号码一致的铅识章号码验放。绝密级国家秘密文件、资料和其他物品不得办理出境许可证。

4. 对邮寄或非法携运国家秘密文件、资料和其他物品出境的当事人，海关可根据有关规定视情节处以罚款；对情节严重，构成犯罪的，依法移送有关司法机关处理。

5. 对查扣的邮寄或非法携运出境的属于国家秘密的文件、资料或其他物品，待案件办结后，海关将有关物品移交当地地市级（含地市级）以上政府保密工作部门处理，并办理书面交接手续。

（二）运输、携带、邮寄国家禁止进出境的印刷品、音像制品进出境，如实向海关申报的，予以收缴，或者责令退回，或者在海关监管下予以销毁或者进行技术处理。

（三）运输、携带、邮寄国家限制进出境的印刷品、音像制品进出境，如实向海关申报，但是不能提交许可证件的，予以退运。

（四）下列进出境印刷品、音像制品，由海关按照放弃货物、物品依法予以处理：

1. 收货人、货物所有人、进出境印刷品、音像制品所有人声明放弃的；
2. 在海关规定期限内未办理海关手续或者无人认领的；
3. 无法投递又无法退回的。

（五）违反《中华人民共和国海关进出境印刷品及音像制品监管办法》，构成走私行为、违反海关监管规定行为或者其他违反《海关法》行为的，由海关依照《海关法》和《海关行政处罚实施条例》的有关规定予以处理；构成犯罪的，依法追究刑事责任。

（六）《海关行政处罚实施条例》规定，有下列行为之一的，予以警告，可以处物品价值20%以下罚款，有违法所得的，没收违法所得：

1. 个人运输、携带、邮寄超过合理数量的自用物品进出境未向海关申报的；
2. 个人运输、携带、邮寄超过规定数量但仍属自用的国家限制进出境物品进出境，未向海关申报但没有以藏匿、伪装等方式逃避海关监管的；
3. 个人运输、携带、邮寄物品进出境，申报不实的。

（七）有下列情形之一的，有关货物、物品、违法所得、运输工具、特制设备由海关予以收缴：

1. 依照《中华人民共和国行政处罚法》规定不予行政处罚的当事人携带、邮寄国家禁止进出境货物、物品进出境的；
2. 散发性邮寄国家禁止、限制进出境的物品进出境或携带数量零星的国家禁止进出境的物品进出境，依法可以不予行政处罚的。

第二节　美术品进出境通关管理

一、美术品概述

美术品是指艺术创作者以线条、色彩或者其他方式创作的具有审美意义的造型艺术作品，包括绘画、书法、雕塑、摄影、装置等作品，以及艺术创作者许可并签名的，数量在200件以内的复制品。不包括工业化批量生产的工艺美术产品，不包括文物。

二、美术品经营的进出口管理范围

（一）审批部门

中华人民共和国文化和旅游部（以下简称文化和旅游部）负责对美术品进出口经营活动进行审

批管理，海关负责对美术品进出境环节进行监管。

（二）美术品进出口经营活动管理范围

美术品进出口经营活动是指从境外进口或向境外出口美术品的经营活动。涉外商业性美术品展览活动，是指以销售、商业宣传为目的，在境内公共展览场所举办的，有境外艺术创作者或者境外艺术作品参加的各类展示活动。

（三）美术品进出口单位

美术品进出口单位是指经备案登记，取得进出口资质的企业。

三、美术品进出口通关管理

（一）禁止含有下列内容的美术品进出境

1. 反对宪法确定的基本原则的；
2. 危害国家统一、主权和领土完整的；
3. 危害国家安全或者损害国家荣誉和利益的；
4. 煽动民族仇恨、民族歧视，破坏民族团结，或者侵害民族风俗、习惯的；
5. 宣扬或者传播邪教、迷信的；
6. 扰乱社会秩序，破坏社会稳定的；
7. 宣扬淫秽、赌博、暴力、恐怖或者教唆犯罪的；
8. 侮辱或者诽谤他人、侵害他人合法权益的；
9. 危害社会公德或者民族优秀文化传统的；
10. 有法律、行政法规和国家规定禁止的其他内容的。

（二）个人携带、邮寄美术品进出境管理规定

1. 应主动向海关申报。
2. 任何单位和个人不得销售、展览、展示或者利用其他商业形式传播未经文化行政部门批准进口的美术品。
3. 超过自用、合理数量的，应当委托美术品进出口单位办理进出口手续。由美术品进出口单位在美术品进出口前，向美术品进出口口岸所在地省、自治区、直辖市文化行政部门提出申请。
4. 对个人携带、邮寄美术品进出境，进出境海关认为内容性质难以确定时，可要求携带人、收件人将拟进出境美术品的相关材料送美术品进出口口岸所在地省、自治区、直辖市文化行政部门审查。海关根据审查意见验放。

（三）单位进出口美术品的管理规定

1. 美术品进出口活动应当遵守国家有关法律、法规。美术品进出口单位应当接受文化行政部门的指导、监督和检查，确保进出口的美术品具有合法的来源。
2. 美术品进出口单位应当在美术品进出口前，向美术品进出口口岸所在地省、自治区、直辖市文化行政部门提出申请。申请单位持批准文件到海关办理手续。
3. 为研究、教学参考、馆藏、公益性展览等非经营性用途的美术品进出境，应当委托美术品进出口单位办理进出口手续。
4. 从中国香港特别行政区、中国澳门特别行政区和中国台湾地区进口或者向上述地区出口美术品，参照执行。

(四) 境内举办涉外商业性美术品展览的管理规定

1. 申请

在境内举办涉外商业性美术品展览活动，应当由举办涉外商业性美术品展览活动的单位，于展览日45日前，向展览举办地省、自治区、直辖市文化行政部门提出申请。

2. 审核决定

批准的，申请单位持批准文件到海关办理有关手续；不批准的，文化行政部门书面通知申请单位并说明理由。展品超过120件的，由所在地省、自治区、直辖市文化行政部门初审后，报文化和旅游部审批。

(五) 美术品进出口的后续处理

1. 美术品进出口单位，不得擅自更改、增减批准进出口的美术品数量、作品名称和其他资料。如有更改，应当及时将变更事项向审批部门申报，经审批部门批准确认后，方可变更。

2. 同一批已经批准进口或出口的美术品复出口或复进口，进出口单位可持原批准文件正本到原进口或出口口岸海关办理相关手续，文化行政部门不再重复审批。上述复出口或复进口的美术品如与原批准文件内容不符，进出口单位应当到文化行政部门重新办理审批手续。

3. 违反相关规定，构成走私行为、违反海关监管规定行为或者其他违反海关法行为的，由海关依照相关规定处理；构成犯罪的，依法追究刑事责任。

4. 文化部门和海关根据本规定作出行政处罚决定时，出具行政处罚决定书。当事人对文化和海关行政部门的行政处罚决定不服时，可以依法申请复议或者依法向人民法院提起诉讼。对文化行政部门作出的行政处罚决定，当事人逾期不申请复议，不向人民法院提起诉讼又不履行的，由作出行政处罚决定的行政部门申请人民法院强制执行。

第三节　专业摄影摄像及采访器材等设备进出境通关管理

一、境外记者携带采访器材进出境管理规定

根据境外新闻机构和记者的入境时限、目的、携带器材的不同，海关对境外新闻机构和记者的监管，主要分为对外国常驻新闻机构、外国常驻记者、外国短期采访记者、中国香港和中国澳门记者、中国台湾记者，以及携带特殊管理的采访器材（设备）的记者的监管。

(一) 外国常驻新闻机构、外国记者采访器材的进出境管理规定

1. 外国常驻新闻机构及常驻记者采访器材进出境管理规定

外国常驻新闻机构、外国常驻记者所用采访器材进出境，海关按照《中华人民共和国海关对常驻机构进出境公用物品监管办法》（海关总署令第115号）办理相关手续。

2. 外国短期采访记者采访器材进出境管理规定

（1）国宾团随行记者

对外国国家元首、政府首脑和外交部长等国宾团随行记者所用采访器材，进境地海关凭"国宾随行记者器材证明信"和器材清单办理手续。国宾代表团访问结束后，随行记者应及时将采访器材复运出境。

（2）短期进出境提供保函的记者

①进境手续

记者携带采访器材进境时，应选择"申报通道"，填写申报单，出示记者J-2签证，提交经海关认可具备出具担保函资质的单位的担保函、器材清单，以供海关办理相关手续。

记者应将收到的海关关封妥善保管，凭以办理采访器材复运出境手续。

②出境手续

记者出境时，应当向出境地海关出具进境地海关关封。

当记者将从同一口岸出境，在出境地海关验核并确认采访器材已全部复运出境后，在原保函上批注签章，由海关收存办理后续核销手续。

当记者将从异地出境时，在出境地海关验核并确认采访器材已全部复运出境后，在原保函上批注签章，并封入关封交还给记者（或出具保函的单位），以供其到原进境地海关办理保函核销手续。

（3）短期进出境且无法提供保函的记者

如邀请单位不具备出具担保函资质，或外国记者无邀请单位自行来华采访，应向进境地海关提交经海关认可的银行或非银行金融机构的担保函或相当于税款的保证金、器材清单，并出示记者J-2签证，海关据以办理相关手续。采访活动结束后，应及时将采访器材复运出境，并办理保证金返还结案手续。

①进境手续

第一，记者携带采访器材进境时，应选择"申报通道"，填写申报单，向海关出示记者J-2签证，并提交器材清单，以供进境地海关办理手续。记者应同时声明是否会从异地出境。

第二，记者应当按照规定缴纳相当于税款的保证金（人民币现金或现金支票）。

第三，如记者从同一口岸出境，则在办结完入境通关手续后，应妥善保管海关制发的海关关封和保证金收据联，以备出境时办理相关手续。如记者从异地出境，则需向进境地海关领取并填写"记者采访器材保证金异地返还申请书"（以下简称申请书），连同进境地海关制发的海关关封、保证金收据联和出境地海关工作日联系电话及传真号码一并妥善保存，以备出境时办理相关手续。

②出境手续及保证金返还手续

第一，记者应在出境时将申请书和海关保证金、风险担保金、抵押金收据的收据联交至出境地海关并确认，提出采访器材保证金异地返还申请。

第二，记者携带采访器材出境时，向出境地海关提交申请书和进境地海关制发的海关关封。

第三，出境地海关验核采访器材全部复运出境后，退还与原收取数额等额的人民币现金或现金支票。

此外，外国常驻新闻机构、外国记者因采访报道需要暂时进口无线电通信设备的，还应向进境地海关提交有关主管部门的批准文件。

（二）香港和澳门记者采访器材的进出境管理规定

1. 香港、澳门新闻机构在内地常驻记者站及常驻记者所用采访器材进出境时，海关按照《中华人民共和国海关对常驻机构进出境公用物品监管办法》（海关总署令第115号）办理相关手续。

2. 临时来内地采访大型会议、活动等或者内地单位邀请的香港、澳门记者携带采访器材进境时，进境地海关凭中华全国新闻工作者协会（或省部级邀请单位主管部门）及各省（自治区、直辖市）、副省级城市港澳事务办公室（外事办公室、新闻办公室）出具的担保函、采访器材清单及中华全国新闻工作者协会制发的"港澳记者采访证"办理暂时进境手续。采访活动结束后，记者应及时将采访器材复运出境，并在原进境地海关办理担保函结案手续。

3. 其他临时来内地采访的香港、澳门记者携带采访器材进境时，进境地海关凭"港澳记者采访证"、采访器材清单，收取相当于税款的保证金后办理暂时进境手续。采访活动结束后，记者应及时将采访器材复运出境，并在原进境地海关办理保证金结案手续。

海关对香港、澳门记者的异地返还保证金手续比照外国短期记者的相关规定办理。

4. 因采访报道需要暂时进口无线电通信设备的，在办理采访器材进境手续时，还应向进境地海关提交有关主管部门的批准文件。

(三) 台湾记者采访器材的进出境管理规定

1. 来大陆采访的台湾记者携带采访器材进境时，进境地海关凭中华全国新闻工作者协会或各省（自治区、直辖市）及深圳市、新疆生产建设兵团台办开具的"器材通关批准书"和担保函、采访器材清单办理暂时进境手续。采访活动结束后，记者应及时将采访器材复运出境，并在原进境地海关办理担保函结案手续。

2. 因采访报道需要暂时进口无线电通信设备的，还应向进境地海关提交有关主管部门的批准文件。

二、电视从业人员携带摄影摄像器材进出境管理规定

(一) 电视从业人员的概念

电视从业人员是指广播电视机构制作节目的制片公司或其他人员。

(二) 通关管理规定

1. 境外摄影队携带摄影、录像器材入境，海关凭国家广播电视总局的批件、摄影器材放行通知单，接待单位出具保函或保证金后，办理暂时免税放行手续。

2. 台湾电视从业人员携带摄制电视节目用的摄影录像器材入境，海关凭批准文件、器材清单和该部出具的复运出境的保函，按物品清单暂时免税放行，必要时可按规定收取保证金。

3. 拍摄活动结束后，有关人员应及时将器材复运出境，并办理担保函核销或保证金退还手续。

第四节 境外登山团体和个人进出境物品管理规定

一、境外登山团体和个人进出境物品的概念

境外登山团体和个人进出境物品是指外国人在中国境内攀登对外开放的山峰，以及附带在山峰区域内进行科学考察、测绘活动所运进、运出的登山用物品，对外开放的山峰有西藏自治区海拔5000米以上的山峰，以及其他省、自治区海拔3500米以上的山峰。

二、登山活动的申请和审批

外国人在中国境内进行登山活动，应当遵守中国的法律；外国人的正当权益，受中国法律保护。对外国人在中国境内登山的管理，实行统一领导、分级负责的原则。

对外开放山峰由公安部公布。

外国人来华登山，可以自行组成团队，也可以由外国团队和中国团队组成联合团队。外国人来华登山，应当提出书面申请。

外国人组成外国团队来华登山的，由外国团队提出申请，也可以委托我国省、自治区登山协会代理申请事宜。

外国团队和中国团队组成中外联合团队登山的，由中国团队提出申请。

三、境外登山团体和个人进出境物品的通关管理

（一）进境手续

境外登山团体和个人进境从事登山活动，经有关部门审核批准后，其进出境登山用物品，统一由中国登山协会（以下简称中国登协）归口管理，负责持有关主管部门的批件向海关办理物品报关、担保、核销、结案等手续。

境外登山团体和个人运进、运出登山用物品，由登山活动所在地或临近地海关（即主管海关）负责审批验放管理。

外国人携带登山所需物资入境，按特准进口物品和暂时进口物品分别申报。经海关核准后，办理税收、担保手续。

特准进口物品范围包括境外登山团体和个人运进、运出登山用食品，以及急救药品、防寒衣物、高山专用技术设备、燃料、氧气设备、易损的汽车零配件等消耗性物品，经主管海关审核在自用、合理数量范围内的，予以特准免税放行。其中各种食品每人每天共计限10千克，防寒衣物及被褥每人每种限10套。超出上述自用、合理数量范围的物品，以及自用的烟酒，经海关核准后，予以征税放行。

暂时进口物品范围包括境外登山团体和个人运进、运出登山用的通信、摄影、摄像、录像、测绘器材和机动交通工具等非消耗性物品，由中国登协按规定向主管海关缴纳保证金后，暂准免税进境。其中运进无线电通信设备和器材的，需交验国家无线电监测中心的批件；随同登山团体和个人进境的境外记者运进的摄影、摄像器材，需交验外交部或中华全国新闻工作者协会的批件。

境外登山团体和个人及随行的境外记者随身携带进境的上述暂时进口物品（机动交通工具除外），由进境地海关凭相关批件和中国登协缴纳的保证金暂予免税放行，或者作为转关运输货物，由中国登协负责转运至主管海关办理。

上述人员携带进境的其他物品，进境地海关按照《海关对进出境旅客行李物品监管办法》有关规定验放。

（二）出境手续

经海关核准，相关物品不得移作他用，并应在规定的期限内复运出境。如因特殊原因不能复运出境的，应由中国登协在规定暂准进境期限内，办妥正式进口手续，向海关结案。

1. 有关物品复运出境前，应由中国登协填具"出口货物报关单"，并附物品清单和原"进口货物报关单"，连同有关物品一并交主管海关，办理复运出境手续。

境外团体和个人登山时采集的标本、样品、化石和在境内拍摄的音像资料及测绘成果，由中国登协负责报国家有关主管部门审查。出境时，海关凭中国登协出具的有关主管部门的审批件查核放行。

2. 上述有关手续办妥后，由中国登协负责按转关运输货物的规定，将物品转运至出境地海关指定的仓库或存放地。

3. 出境地海关审核无误后予以放行，并应及时将转关运输准单回执交中国登协送主管海关凭以

核销。

境外登山团体和个人一律不准运进、运出我国规定禁止进出境的物品。

登山活动结束后，境外登山团体和个人留赠给中方的登山用物品，由中国登协按暂时免税进境的登山物品办理有关手续。

中外联合登山团体进出境登山用物品，海关根据有关主管部门提供的中外登山人员总数合并审批有关登山物品数量。

对违反规定的，海关将依照《海关法》和《海关行政处罚实施条例》规定予以处罚。

第五节　禁限物品通关管理

一、禁限物品的概念

禁限物品是国家禁止进出境物品和国家限制进出境物品的简称。

禁止进出境物品是指政府为保护国家政治、经济、文化、道德、卫生等方面的利益，以法律、法规明令不准进境或出境的物品。

限制进出境物品是指按照国家规定限值限量进出境或需经有关部门批准方可进出境的物品。

二、禁止进出境物品的范围

（一）禁止进境物品

1. 各种武器、仿真武器、弹药及爆炸物品；
2. 伪造的货币及伪造的有价证券；
3. 对中国政治、经济、文化、道德有害的印刷品、胶卷、照片、唱片、影片、录音带、录像带、激光视盘、计算机存储介质及其他物品；
4. 各种烈性毒药；
5. 鸦片、吗啡、海洛因、大麻，以及其他能使人成瘾的麻醉品、精神药物；
6. 带有危险性病菌、害虫及其他有害生物的动物、植物及其产品；
7. 有碍人畜健康的、来自疫区的，以及其他能传播疾病的食品、药品或其他物品。

赌博用筹码属于"对中国政治、经济、文化、道德有害的印刷品、胶卷、照片、唱片、影片、录音带、录像带、激光视盘、计算机存储介质及其他物品"中的"其他物品"。

（二）禁止出境物品

1. 列入禁止进境范围的所有物品；
2. 内容涉及国家秘密的手稿、印刷品、胶卷、照片、唱片、影片、录音带、录像带、激光视盘、计算机存储介质及其他物品；
3. 珍贵文物及其他禁止出境的文物；
4. 濒危的和珍贵的动物、植物（均含标本）及其种子和繁殖材料。

三、限制进出境物品的范围

(一) 限制进境物品

1. 无线电收发信机、通信保密机；
2. 烟、酒；
3. 濒危的和珍贵的动物、植物（均含标本）及其种子和繁殖材料；
4. 国家货币；
5. 海关限制进境的其他物品。

微生物、生物制品、血液及其制品、人类遗传资源、管制刀具、卫星电视接收设备属于"中华人民共和国限制进出境物品表"所列"海关限制进境的其他物品"。

(二) 限制出境物品

1. 金银等贵重金属及其制品；
2. 国家货币；
3. 外币及其有价证券；
4. 无线电收发信机、通信保密机；
5. 贵重中药材；
6. 一般文物；
7. 海关限制出境的其他物品。

微生物、生物制品、血液及其制品、人类遗传资源、管制刀具属于"中华人民共和国限制进出境物品表"所列"海关限制出境的其他物品"。

四、部分禁限物品的管理规定

(一) 枪支、弹药、仿真武器

1. 概念

枪支是指以火药或者压缩气体等为动力，利用管状器具发射金属弹丸或者其他物质，足以致人死亡或者丧失知觉的各种枪支。

弹药是指整发子弹或其组成部分，包括弹壳、底火、发射火药、子弹或任何枪支中使用的弹丸。

仿真武器是指具有攻击、防卫等性能的物品，包括各种类型仿真手枪式电击、催泪器，各种类型的仿真枪械及弹药，具有攻击、防卫性能的其他仿真武器、弹药，以及上述以外的其他类似械具。

2. 管理规定

（1）国家严格管理枪支的入境和出境。任何单位或者个人未经许可，不得私自携带枪支入境、出境。

经批准携带枪支入境的，入境时，应当凭批准文件在入境地边检部门办理枪支登记，申请领取枪支携运许可证件，向海关申报，海关凭枪支携运许可证件放行；到达目的地后，凭枪支携运许可证件向设区的市级人民政府公安机关申请换发持枪（弹）证件。

经批准携带枪支出境的，出境时，应当凭批准文件向出境地海关申报，边检部门凭批准文件放行。

未获批准同意的枪支、弹药，入境时向海关申报，由边检部门封存，出境时发还本人或退运出境。

（2）外国驻华外交代表机构、领事机构的人员携带枪支入境，必须事先报经我国外交部批准。携带枪支出境，应当事先照会我国外交部，办理有关手续。依照规定携带入境的枪支，不得携带出所在的驻华机构。

（3）外国体育代表团入境参加射击竞技体育活动，或者中国体育代表团出境参加射击竞技体育活动，需要携带射击运动枪支入境、出境的，必须经国务院体育行政主管部门批准。

（4）以上（2）（3）规定以外的其他人员携带枪支入境、出境，应当事先经国务院公安部门批准。

（5）外国交通运输工具携带枪支入境或者过境的，交通运输工具负责人必须向边检部门申报，由边检部门加封，交通运输工具出境时予以启封。

（6）下列人员的随身警卫人员可以携带武器进出境：

①来访的外国国家元首、副元首；

②政府总理（首相）、副总理（副首相）；

③议会议长、副议长；

④最高法院院长，最高检察院检察长；

⑤特殊情况下的重要部长，以及按上述规格接待的其他重要外宾。来访外宾先遣警卫人员一律不得携带武器入境。

（7）来访重要外宾随身警卫人员只准携带手枪进出境，不准携带步枪、冲锋枪等其他武器。

武器数量应低于警卫人员数量。在外国代表团进出境时，接待单位应当向有关边检部门出具写明批准文号的本单位函件，按照实际携带枪支、弹药的情况申报，办理枪支进出境手续。对被批准携带进出境的枪支弹药，边检部门凭国家移民管理局的通知及接待单位的函件，接受申报，登记放行。对未被批准携带进出境的枪支弹药，在同一个口岸进出境的，边检部门核查后就地封存，出境时启封发还；不在同一口岸进出境的，入境边检部门核查后，放入由接待单位向边检部门租用的专用枪箱并加封，由接待单位保管。同时，为接待单位签发"枪支携运许可证"，出境时由出境口岸边检部门启封放行。

（8）仿真武器禁止进出境。运输、携带、邮寄仿真武器进出境主动向海关申报的，予以退运；未向海关申报的，予以没收，并按有关规定处罚。仿真枪外形长度尺寸介于相应制式枪尺寸1/2至1倍之间。制式枪支不以第一次世界大战划界，古代前装枪不属于制式枪支。走私仿真武器进出境，情节严重构成犯罪的，依法追究刑事责任。

（二）毒品、麻醉药品、精神药品

1. 概念

毒品是指鸦片、海洛因、甲基苯丙胺（冰毒）、吗啡、大麻、可卡因及国家规定管制的其他能够使人形成瘾癖的麻醉药品和精神药品。

麻醉药品是指连续使用后易产生生理依赖性，能成瘾癖的药品。

精神药品是指直接作用于中枢神经系统，使之兴奋或抑制，连续使用能产生依赖性的药品。

2. 管理规定

（1）鸦片、吗啡、海洛因、大麻、冰毒、可卡因，以及其他能使人成瘾的麻醉品、精神药品禁止进出境。

（2）因治疗疾病需要，个人凭医疗机构出具的医疗诊断书、本人身份证明，可以携带单张处方最大用量以内的麻醉药品和第一类精神药品；携带麻醉药品和第一类精神药品进出境的，由海关根据自用、合理的原则放行。

（3）医务人员为了医疗需要携带少量麻醉药品和精神药品进出境的，应当持有省级以上人民政府药品监督管理部门发放的"携带麻醉药品和精神药品证明"。海关凭"携带麻醉药品和精神药品证明"放行。

（4）旅客携带有毒化学品进境主动向海关申报，但不能提交有关准许进口批准证明的，责令当事人将物品即时带返；未向海关申报，并构成逃避海关监管的，根据《海关行政处罚实施条例》有关规定罚款后即时退运。对退运确有困难的，应加强保管制度，防止污染和意外事故，并及时联系有关部门处理。

（5）易制毒化学品分为3类：第一类是可以用于制毒的主要原料，第二类、第三类是可以用于制毒的化学配剂。进出境人员随身携带第一类中的药品类易制毒化学品药品制剂和高锰酸钾，应当以自用且数量合理为限，并接受海关监管。进出境人员不得随身携带除此以外的易制毒化学品。

（6）麻醉药品和精神药品目录参照国家市场监督管理总局公布的麻醉药品和精神药品品种目录。

（三）金银及其制品

1. 概念

金银及其制品是指黄金、白银及其制品。

2. 管理规定

（1）进境旅客携带金银，数量不受限制，但重量超出50克必须向海关申报。在自用、合理数量范围以内的，海关查验放行；超出自用、合理数量范围的，视同进口货物，要向海关交验中国人民银行总行的批准件，由海关依照《税则》予以征税放行。

（2）境外非居民短期旅客携带进境旅途自用黄金饰品，包括身上佩戴、旅途备换及少量馈赠亲友的黄金饰品，经审核在合理数量范围内的，可予放行。但携带黄金饰品超出50克，本人需要复带出境的，应报请海关验核签章，复带出境时，海关凭以放行。

（3）出境旅客携带或者复带金银出境，重量在50克（含50克）以下的，海关径予放行；重量超出50克的，海关凭中国人民银行出具的证明或者原入境时的申报单登记数量查验放行，不能提供证明或超过原入境时申报登记数量的，不予出境。

（4）入境旅客用带进的外汇在中国境内指定商店购买的金银饰品，包括镶嵌饰品、器皿等，携运出境，海关凭境内经营金银制品的指定商店出具的由中国人民银行统一制发的特种发货票查核放行。

（四）货币及有价证券

1. 概念

外币是指中国境内银行对外挂牌收兑的可自由兑换货币。

有价证券包括汇票、旅行支票、国际信用卡、银行存款凭证、邮政储蓄凭证等外币支付凭证及政府债券、公司债券、股票等。

2. 管理规定

（1）携带人民币进出境管理

旅客携带人民币进出境，应当按照规定向海关如实申报。中国公民进出境，外国人进出境，每人每次携带的人民币限额为20000元。携带上述限额内的人民币进出境，无须向海关申报；超出限额的，应向海关申报，海关予以退运；不按规定申报的，根据《海关行政处罚实施条例》有关规定予以处罚。

不得在邮件中夹带人民币进出境，不得擅自运输人民币进出境。违反国家规定运输、携带、在邮件中夹带人民币进出境的，由国家有关部门依法处理；情节严重，构成犯罪的，由司法机关依法追究刑事责任。

（2）携带外币及有价证券进出境管理

入境人员携带外币现钞进境，超过等值5000美元以上，应向海关书面申报。

出境人员携带外币现钞出境，未超过其最近一次进境时申报外币现钞数额的，不需申领携带外汇出境许可证（简称携带证），海关凭其最近一次进境时的外币现钞申报数额记录验放。

出境人员携带外币现钞出境，超出最近一次入境申报外币现钞数额记录的，按以下规定验放：

①出境人员携出金额在等值5000美元以上至10000美元（含10000美元）的，应当向银行申领携带证，海关凭加盖银行印章的携带证验放。使用多张携带证的，若加盖银行印章的携带证累计总额超过等值10000美元，海关不予放行。

②出境人员如因特殊情况确需携带超过等值10000美元外币现钞出境，应当向存款或购汇银行所在地外汇局申领携带证，海关凭加盖外汇局印章的携带证验放。

③当天多次往返的进出境人员，携带外币现钞入境时须向海关书面申报，出境时海关凭最近一次入境时的申报外币现钞数额记录验放。当天内首次出境时可携带不超过等值5000美元（含5000美元）的外币现钞出境，不需申领携带证，海关予以放行，携出金额在等值5000美元以上的，海关不予放行；当天内第二次及以上出境时，可携带不超过等值500美元（含500美元）的外币现钞出境，不需申领携带证，海关予以放行，携出金额超过等值500美元的，海关不予放行。

④短期内多次往返的进出境人员，携带外币现钞入境须向海关书面申报，出境时海关凭最近一次入境时的申报外币现钞数额记录验放。没有或超出最近一次入境申报外币现钞数额记录的，15天内首次出境时可携带不超过等值5000美元（含5000美元）的外币现钞出境，不需申领携带证，海关予以放行，携出金额在等值5000美元以上的，海关不予放行；15天内第二次及以上出境时，可携带不超过等值1000美元（含1000美元）的外币现钞出境，不需申领携带证，海关予以放行，携出金额超过等值1000美元的，海关不予放行。

进出境人员携带汇票、旅行支票、国际信用卡、银行存款凭证、邮政储蓄凭证等外币支付凭证及政府债券、公司债券、股票等外币有价证券进出境，海关暂不予以管理。旅客携带或个人邮寄纪念票据进出境，海关均按照自用合理数量原则验放。

对旅客携带的新台币、韩币，属于限制出境物品的范畴。携带新台币、韩币进出境可依照《对携带外汇进出境管理的规定》按照携带可自由兑换货币进行管理。

（五）文物

1. 概念

文物是指文化的产物，是人类社会发展过程中的珍贵历史遗存物，是研究人类社会历史的实物资料。暂时进境文物是指因修复、展览、销售、拍卖等原因暂时携带、运输、邮寄文物进境，待有关活动结束后复运出境的文物。

2. 文物进出境的管理规定

（1）入境旅客带进文物，数量不受限制，海关准予进境。如需复带出境的，按暂时入境文物复出境规定办理。

（2）出境验放规定：

①旅客携带、托运和个人邮寄文物（含已故现代著名书画家的作品）出境，必须向海关申报。对旧存文物，海关一律凭国家文物局开具的"文物出境许可证"和文物出境火漆标志验放。对在中国境内指定商店购买的文物，申报时，要随附指定商店出具的文物古籍外销统一发货票，海关凭发票和文物出境火漆标志验放。

②携运、邮寄文物出境，已向海关申报，但不能交验国家文物局开具的"文物出境许可证"和文物出境火漆标志，不准出境，应予退运，限3个月内（来往中国港澳地区的旅客限1个月内）由当事人或其代理人领回；过期不领，海关按有关规定处理。携运、邮寄文物出境，不向海关申报的，不论是否藏匿，均属走私行为。

③旅客携带出境一般现代书画作品，在自用、合理数量范围以内，邮寄的在规定的限值内，海关准予出境。已故现代著名书画家的作品，除经国家文物局进出境审核管理处鉴定准予出境外，不准携运出境。

④特许出境文物，海关凭国家文物局签发的文物出口特许证及特许出口文物销售发票查验放行。

⑤中华人民共和国成立以来制作的文物仿制品和复制品，不属文物范围。除国家另有规定外，在自用、合理数量范围以内的准予带出。对于文物复仿制品，海关可以凭文物复仿制品证明和文物复仿制品出境标志放行。

（六）无线电发射设备

1. 概念

无线电发射设备是指无线电通信、导航、定位、测向、雷达、遥控、遥测、广播、电视等各种发射无线电波的设备，不包含可辐射电磁波的工业、科研、医疗设备，电气化运输系统，高压电力线及其他电器装置等。

2. 管理规定

（1）旅客携运进出境无线电发射设备（旅途自用手提无线电话机除外），都要事前报经省（自治区、直辖市）无线电管理机构批准。携带上述物品入境时，必须向海关申报并交验由当地无线电管理机构核发的无线电设备进关审查批件，海关凭批准文件办理验放手续。

（2）各国驻华代表机关、领事机关，各国际组织驻华代表机构及其人员，携带或者运载无线电发射设备入境，须书面向外交部申请。入境时，应向海关申报并提供外交部批准文件，海关审核放行。

（3）为科技交流活动需临时展示从国外带入的无线电发射设备样机，或为体育比赛等活动需临时使用从国外带入的无线电发射设备，且活动结束后设备复运出境的，可不办理"无线电发射设备型号核准证"，但必须向海关申报，并交验由国家或当地无线电管理机构核发的"无线电设备进关审查批件"，由海关办理监管手续。

(4) 禁止任何个人携带、邮寄卫星电视接收设备（包括天线、高频头、接收机、编码器、解码器、解压及接收一体化装置，统称卫星电视解码器）入境。对旅客携运上述设备进境并向海关申报的，海关一律不予放行，限期内由物品所有人退运出境，逾期由海关依法处理；对未向海关申报的，按《海关行政处罚实施条例》有关规定处理。

（七）中药材及中成药

1. 定义

中药材是指经过产地加工取得药用部位的生药材。

中成药是指以中药原料依据一定处方配置加工而成的药品。

2. 管理规定

（1）旅客携带中药材、中成药出境，前往中国港澳地区的，总值限人民币 150 元，前往国外的，限人民币 300 元。

（2）个人邮寄中药材、中成药出境，寄往中国港澳地区的，总值限人民币 100 元，寄往国外的，限人民币 200 元。

（3）进境旅客出境时携带用外汇购买的、数量合理的自用中药材、中成药，海关验凭盖有国家外汇管理局统一制发的"外汇购买专用章"的发货票放行。超出自用合理数量范围的，不准带出。

（4）麝香、蟾蜍、犀牛角和虎骨不准携带或邮寄出境。

（5）对旅客携带、邮寄进境的药用羚羊角限 50 克，由旅客自行填报后免税放行；超出限量的，海关凭国家濒危物种进出口管理机构的批件，按照《税则》予以征税放行。携带、邮寄出境的羚羊角，一律凭中华人民共和国濒危物种进出口管理办公室核发的允许出口证明书放行。

（6）个人邮递进境药品时可向海关提供医生有效处方，作为办理手续的随附单证。海关在办理手续时，应验核处方原件，确定合理数量，并留存处方复印件，一份处方只能办理一次海关手续。进境个人邮递药品，在海关规定的免税额范围内的，予以免税放行，超出免税额部分且在自用合理数量范围内的海关应征税放行。

（八）血液制品

1. 概念

血液制品是指各种血浆蛋白制品。

2. 管理规定

旅客携带和个人邮寄、快递人体血液和血液制品进出境，海关严格凭批准文件或证书办理验放手续。不能提供批准文件或证书的，海关应将有关人体血液及其制品扣留，并及时进行后续处置。

（九）动、植物及其产品

1. 概念

动物是指饲养、野生的活动物。

动物产品是指来源于动物未经加工或者虽经加工但仍有可能传播疫病的产品。

植物是指栽培植物、野生植物及其种子、种苗及其他繁殖材料等。

植物产品是指来源于植物未经加工或虽经加工但仍有可能传播病虫害的产品。

2. 管理规定

（1）携带、邮寄植物种子、种苗及其繁殖材料进境的，必须事先提出申请，办理检疫审批手续。携带禁止进境的动植物及其产品名录以外的动植物及其产品和其他检疫物进境的,在进境时向海关申报并接受检疫。携带动物进境的,必须持有输出国家或者地区的检疫证书等证件。

(2) 携带、邮寄禁止进出境名录所列的动植物、动植物产品和其他检疫物进境的,作退回或者销毁处理。

(3) 邮寄禁止进境的动植物及其产品名录以外的动植物、动植物产品和其他检疫物进境的,由海关在国际邮件互换局实施检疫,未经检疫不得运递。

(4) 邮寄进境的动植物、动植物产品和其他检疫物,经检疫或者除害处理合格后放行;经检疫不合格又无有效方法作除害处理的,作退回或者销毁处理,并签发"检疫处理通知书"。

(5) 携带、邮寄出境的动植物、动植物产品和其他检疫物,物主有检疫要求的,由海关实施检疫。

(6) 凡来我国旅游、访问及进行其他活动的旅客,不准擅自采集我国自然资源标本,违法携带出境的物品,海关一经发现予以扣留处理。个人携带、邮寄出境动植物标本,如蝴蝶标本等,应经我国相关主管部门审核批准并出具证明,没有证明的不准出境。

(7) 旅客携带鲜活农副产品出境,在自用、合理数量范围内的,海关准予放行。

(8) 任何单位和个人不得运输、携带、邮寄犀牛角和虎骨(包括其任何可辨认部分和含其成分的药品、工艺品等)进出境。凡包装上标有犀牛角和虎骨字样的,均按含有犀牛角和虎骨对待。对没收的犀牛角和虎骨,一律交当地县级以上林业行政主管部门处理。

(9) 对旅客携带伴侣犬、猫进境的相关管理规定如下:

①携带入境的活动物仅限犬或者猫(以下称宠物),并且每人每次限带1只。携带宠物入境的,携带人应当向海关提供输出国家或者地区官方动物检疫机构出具的有效检疫证书和狂犬病疫苗接种证书。宠物应当具有电子芯片。

②携带入境的宠物应在海关指定的隔离场隔离检疫30天(截留期限计入在内)。需隔离检疫的宠物应当从建设有隔离检疫设施的口岸入境。海关对隔离检疫的宠物实行监督检查。海关按照指定国家或地区和非指定国家或地区对携带入境的宠物实施分类管理,具有以下情形的宠物免于隔离检疫:

一是来自指定国家或者地区携带入境的宠物,具有有效电子芯片,经现场检疫合格的;

二是来自非指定国家或者地区的宠物,具有有效电子芯片,提供采信实验室出具的狂犬病抗体检测报告(抗体滴度或免疫抗体量须在 0.5 IU/ml 以上)并经现场检疫合格的;

三是携带宠物属于导盲犬、导听犬、搜救犬的,具有有效电子芯片,携带人提供相应使用者证明和专业训练证明并经现场检疫合格的。

指定国家或地区名单、采信狂犬病抗体检测结果的实验室名单、建设有隔离检疫设施的口岸名单以海关总署公布为准。

③携带宠物入境有下列情况之一的,海关按照有关规定予以限期退回或者销毁处理:

一是携带宠物超过限额的;

二是携带人不能向海关提供输出国家或者地区官方动物检疫机构出具的有效检疫证书或狂犬病疫苗接种证书的;

三是携带需隔离检疫的宠物,从不具有隔离检疫设施条件的口岸入境的;

四是宠物经隔离检疫不合格的。

对仅不能提供疫苗接种证书的导盲犬、导听犬、搜救犬，经携带人申请，可以在有资质的机构对其接种狂犬病疫苗。

作限期退回处理的宠物，携带人应当在规定的期限内持海关签发的截留凭证，领取并携带宠物出境；逾期不领取的，作自动放弃处理。

（十）进出境遗体、棺柩、骸骨、骨灰及遗物

1. 概念

遗物是指物主生前使用过的物品，包括日常生活用品和耐用消费品。

2. 管理规定

（1）从国外或中国香港、中国澳门地区进口的遗物，应由物主在国内的继承人向海关申请交验物主的死亡证明书原件和国内公证机关出具的继承权公证书，经海关核准后，方可一次进口。申请时限以物主死亡后1年为期，逾期不予受理。

（2）进口遗物属日常生活用品，在合理数量范围内，准予免税进口；属耐用消费品（不包括汽车、录像机），由国外进口的，准予免税放行4件；由中国香港、中国澳门地区进口的，准予免税放行两件。

（3）不属于物主生前使用过的物品及超出上述范围的遗物，予以退运。

（4）遗体、棺柩、骨灰相关规定如下：

①对外国人、华侨、港澳台同胞要求将遗体、骸骨或骨灰运出境外或运回中国境内安葬者，除按《民政部、公安部、外交部、铁道部、交通部、卫生部、海关总署、民用航空局关于尸体运输管理的若干规定》的规定办理运尸手续外，承运人还必须持有中国殡葬协会国际运尸网络服务中心发放的尸体入/出境防腐证明、尸体/棺柩/骸骨/骨灰入/出境入殓证明和尸体/棺柩/骸骨/骨灰入/出境卫生监管申报单才能办理国际运尸业务。

②承运人必须持有上述证明到海关进行进出境申报。海关工作人员对申报资料进行认真核查，并对承运物进行卫生监管后，合格者方可签发尸体、棺柩、骸骨、骨灰进出境许可证。海关根据有关规定验凭上述许可证放行。

③对属医学科研原因出入境的尸体，海关办理验放手续；对涉及我国人类遗传资源的出境尸体，海关加验中国人类遗传资源管理办公室核发的人类遗传资源材料出口、出境证明。

（十一）人类遗传资源

1. 概念

人类遗传资源包括人类遗传资源材料和人类遗传资源信息。人类遗传资源材料是指含有人体基因组、基因等遗传物质的器官、组织、细胞等遗传材料。人类遗传资源信息是指利用人类遗传资源材料产生的数据等信息资料。

2. 管理规定

以携带、邮寄或快递、货运等方式运输人类遗传资源出口、出境时，应如实向海关申报，海关凭中国人类遗传资源管理办公室核发的人类遗传资源材料的出口、出境证明办理验放手续。未经批准，私自携带、邮寄、运输人类遗传资源材料出口、出境的，由海关没收其携带、邮寄、运输的人类遗传资源材料，视情节轻重，给予行政处罚直至移送司法机关处理；未经批准擅自向外方机构或者个人提供人类遗传资源材料的，没收所提供的人类遗传资源材料并处以罚款；情节严重的，给予行政处罚直至追究法律责任。

利用我国人类遗传资源开展国际合作科学研究，或者因其他特殊情况确需将我国人类遗传资源材料运送、邮寄、携带出境的，应当符合下列条件，并取得人类遗传资源材料出境证明：(1) 对我国公众健康、国家安全和社会公共利益没有危害；(2) 具有法人资格；(3) 有明确的境外合作方和合理的出境用途；(4) 人类遗传资源材料采集合法或者来自合法的保藏单位；(5) 通过伦理审查。利用我国人类遗传资源开展国际合作科学研究，需要将我国人类遗传资源材料运送、邮寄、携带出境的，可以单独提出申请，也可以在开展国际合作科学研究申请中列明出境计划一并提出申请，由国务院科学技术行政部门合并审批。将我国人类遗传资源材料运送、邮寄、携带出境的，凭人类遗传资源材料出境证明办理海关手续。

第十四章　进出境快件口岸监管

第一节　进出境快件及运营人概述

一、进出境快件概述

进出境快件是指进出境快件运营人以向客户承诺的快速商业运作方式承揽、承运的进出境货物、物品。

二、进出境快件运营人概述

进出境快件运营人是指在中华人民共和国境内依法注册，在海关登记备案的从事进出境快件运营业务的国际货物运输代理企业。

三、进出境快件现状

中国快件行业经过近 30 年的发展，已成为国民经济不可或缺的重要组成部分，随着中国加入世界贸易组织，为抢占中国巨大的快递市场，国际的快递公司如 DHL（敦豪快递）、UPS（联合包裹）、FedEx（联邦快递）、TNT（天地物流）等纷纷登陆中国。中国日益融入世界经济的发展大潮，加之近年来跨境电子商务蓬勃发展，线上交易成为人们购买境外优质商品的重要渠道，进出境快件也出现了爆发式的增长，行业前景展现出蓬勃生机。

第二节　进出境快件运营人管理

一、进出境快件运营人应具备的条件

进出境快件运营人在海关办理登记手续应具备以下条件：

第一，内资国际货物运输代理企业及其分支机构已经获得国务院对外贸易主管部门或者其委托的备案机构办理的"国际货运代理企业备案表"。

第二，已经领取市场监管部门颁发的"企业法人营业执照"，准予或者核定其经营进出境快件业务。

第三，已经在海关办理报关企业注册登记手续。

第四，具有境内、外进出境快件运输网络和二个以上境外分支机构或代理人。

第五，具有本企业专用进出境快件标志、运单，运输车辆符合海关监管要求并经海关核准备案。

第六，具备实行电子数据交换方式报关的条件。

第七，快件的外包装上应标有符合海关自动化检查要求的条形码。

第八，与境外合作者（包括境内企业法人在境外设立的分支机构）的合作运输合同或协议。

第九，具有国家邮政管理部门颁发的"快递业务经营许可证"。

进出境快件运营人不再具备以上所列条件之一或者在一年内没有从事进出境快件运营业务的，海关注销该运营人从事进出境快件报关的资格。

二、进出境快件运营人应遵守的规定和履行的义务

根据《中华人民共和国海关对进出境快件监管办法》，进出境快件运营人应遵守和履行以下规定和义务：

第一，进出境快件运营人不得承揽、承运"中华人民共和国禁止进出境物品表"所列物品，如有发现，不得擅作处理，应当立即通知海关并协助海关进行处理。

未经中华人民共和国邮政部门批准，进出境快件运营人不得承揽、承运私人信件。

第二，运营人不得以任何形式出租、出借、转让本企业的进出境快件报关权，不得代理非本企业承揽、承运的货物、物品的报关。

第三，未经海关许可，未办结海关手续的进出境快件不得移出海关监管场所，不得进行装卸、开拆、重换包装、更换标记、提取、派送和发运等作业。

第四，运营人申请办理进出境快件代理报关业务的，应当按照海关对国际货物运输代理企业的注册管理规定在所在地海关办理登记手续。

第五，运营人应向海关传输或递交进出境快件舱单或清单，海关确认无误后接受申报；运营人需提前报关的，应当提前将进出境快件运输和抵达情况书面通知海关，并向海关传输或递交舱单或清单，海关确认无误后接受预申报。

第六，海关查验进出境快件时，运营人应派员到场，并负责进出境快件的搬移、开拆和重封包装。

海关对进出境快件中的个人物品实施开拆查验时，运营人应通知进境快件的收件人或出境快件的发件人到场，收件人或发件人不能到场的，运营人应向海关提交其委托书，代理收/发件人的义务，并承担相应法律责任。

第三节　进出境快件通关

一、进出境快件分类

依据《中华人民共和国海关对进出境快件监管办法》、《海关总署关于启用新快件通关系统相关事宜的公告》（海关总署公告 2016 年第 19 号）、《海关总署关于升级新版快件通关管理系统相关事宜的公告》（海关总署公告 2018 年第 119 号）的规定，海关对快件实行分类监管。

（一）文件类进出境快件（以下简称 A 类快件）

A 类快件是指无商业价值的文件、单证、票据和资料（依照法律、行政法规及国家有关规定应当予以征税的除外）。

（二）个人物品类进出境快件（以下简称 B 类快件）

B 类快件是指境内收寄件人（自然人）收取或者交寄的个人自用物品（旅客分离运输行李物品除外）。

（三）低值货物类进出境快件（以下简称 C 类快件）

C 类快件是指价值在 5000 元人民币（不包括运、保、杂费等）及以下的货物，但符合以下条件之一的除外：

1. 涉及许可证件管制的；
2. 需要办理出口退税、出口收汇或者进口付汇的；
3. 一般贸易监管方式下依法应当进行检验检疫的；
4. 货样广告品监管方式下依法应当进行口岸检疫的。

（四）其他货物、物品

通过快件渠道进出境的其他货物、物品。

二、进出境快件通关

（一）A 类快件通关

运营人应当向海关提交"中华人民共和国海关进/出境 A 类快件报关单"、总运单（复印件）和海关需要的其他单证。

（二）B 类快件通关

运营人应当向海关提交"中华人民共和国海关进/出境 B 类快件报关单"、每一进出境快件的分运单、进境快件收件人或出境快件发件人身份证件影印件和海关需要的其他单证。B 类快件的限量、限值、税收征管等事项应当符合海关总署关于邮递进出境个人物品监管的相关规定。

根据《国务院办公厅关于全面推行证明事项和涉企经营许可事项告知承诺制的指导意见》（国办发〔2020〕42 号）的文件精神，海关总署对收发件人委托进出境快件运营人办理其个人物品类进出境快件报关手续时需提交的进境快件收件人或出境快件发件人身份证件影印件实施告知承诺制（海关总署公告 2021 年第 56 号）。对上述规定要求提供的进境快件收件人或出境快件发件人身份证件影印件，进出境快件收发件人可自愿选择通过填写、提交书面告知承诺书的方式代替提供实物证明的方式，向海关申请办理相关手续。

申请人有较严重的不良信用记录或者存在曾作出虚假承诺等情形的，在信用修复前不适用告知承诺制。

告知承诺书格式文本可从中华人民共和国海关总署官方网站及办理该业务的海关现场等处获取，申请人可自行打印、填写，由快件运营人在办理个人物品类进出境快件报关手续业务时与应当提交的其他材料一并提交海关。海关在收到书面告知承诺书后，对符合规定条件的予以办理，进出境快件运营人应当修改报关单，在 B 类快件报关单"备注"栏中记录："进境快件收件人或出境快件发件人身份证件影印件已按告知承诺制办理"。申请人需承担相应的民事、行政和刑事责任。如申请人承诺不实，海关可依法终止办理、变更或撤销原行政行为、责令申请人限期整改或者予以行政处罚。

（三）C 类快件通关

快件运营人应当向海关提交"中华人民共和国海关进/出境 C 类快件报关单"、代理报关委托书或者委托报关协议、每一进出境快件的分运单、发票和海关需要的其他单证，并按照进出境货物规定缴纳税款。进出境 C 类快件的监管方式为"一般贸易"或者"货样广告品 A"，征免性质为"一般征税"，征减免税方式为"照章征税"。

快件运营人按照上述规定提交复印件（影印件）的，海关可要求快件运营人提供原件验核。

上述 A、B、C 类快件由快件运营人向新快件通关系统申报。为深入推进"两类通关"改革，海关总署自 2020 年 12 月 28 日开始在全国海关启动"C 类快件纳入货物一体化通关"模式作业。在新舱单系统低值快速货物运单模块相关功能上线前（截至 2021 年 10 月尚未上线），启动税额不足起征点的 C 类快件在 H2018 新一代通关管理系统通关，不再通过新快件系统通关，报关单运输方式填制为其他。

(四) 其他货物、物品类快件通关

除文件类快件、个人物品类快件、低值货物类快件外，通过快件渠道进出境的其他货物、物品，应当按照海关对进出境货物、物品的现行规定办理海关手续。

第十五章　驻华机构及其人员进出境物品监管

第一节　外国驻华使馆公务用品、自用物品进出境监管

一、公务用品和自用物品的概念

（一）公务用品的概念

"公务用品"指使馆执行职务直接需用的进出境物品，包括：

1. 使馆使用的办公用品、办公设备、车辆；
2. 使馆主办或者参与的非商业性活动所需物品；
3. 使馆使用的维修工具、设备；
4. 使馆的固定资产，包括建筑装修材料、家具、家用电器、装饰品等；
5. 使馆用于免费散发的印刷品（广告宣传品除外）；
6. 使馆使用的招待用品、礼品等。

（二）自用物品的概念

"自用物品"指使馆人员和与其共同生活的配偶及未成年子女在中国居留期间生活必需用品，包括自用机动车辆（限摩托车、小轿车、越野车、9座以下的小客车）。

二、适用范围

本章所述公务用品、自用物品适用于外国驻中国使馆、使馆人员以随身携带、邮寄和托运方式进出境的物品。

外国驻中国领事馆、联合国及其专门机构和其他国际组织驻中国代表机构及其人员进出境公务用品、自用物品，由海关按照《中华人民共和国领事特权与豁免条例》、中国已加入的国际公约及中国与有关国家或国际组织签订的协议履行监管职责。有关法规、公约、协议不明确的，海关参照《中华人民共和国海关对外国驻中国使馆和使馆人员进出境物品监管办法》（以下简称《使馆进出境物品监管办法》）有关条款履行监管职责。

三、进出境公务用品、自用物品的监管规定及通关流程

（一）使馆和使馆人员首次进出境公务用品、自用物品前，应当向主管海关办理注册备案手续。办理备案时应提供以下资料：

中国政府主管部门出具的证明使馆设立的文件复印件；

用于报关文件的使馆馆印印模、馆长或者馆长授权的外交代表的签字样式；

外交邮袋的加封封志实物和外交信使证明书样式，使馆如从主管海关关区以外发送或者接收外交邮袋，还应当向主管海关提出申请，并提供外交邮袋的加封封志实物和外交信使证明书样本，由主管海关制作关封，交由使馆人员向进出境地海关备案；

使馆人员和与其共同生活的配偶及未成年子女的进出境有效证件、中国政府主管部门核发的身份证件复印件，以及使馆出具的证明上述人员职衔、到任时间、住址等情况的文件复印件；

根据规定，使馆和使馆人员办理信息备案的同时，还应当通过中国国际贸易单一窗口，向主管海关发送相关电子数据信息。

以上备案内容如有变更，使馆或者使馆人员应当自变更之日起10个工作日内向海关办理备案变更手续。

（二）使馆和使馆人员进出境公务用品、自用物品，应当按照海关规定，以书面或者口头方式申报。其中以书面方式申报的，还应当向海关报送电子数据。

（三）根据有关规定，外国驻中国使馆和外交代表享有一定的外交特权与豁免。对使馆申报运进的公务用品、外交代表申报运进的自用物品，经海关审核在直接需用数量范围内予以免税放行。申报运出公务用品和自用物品，由海关审核后予以放行。

（四）使馆运进和运出公务用品，外交代表以托运或者邮寄方式运进和运出自用物品，应当书面向海关申报。

外交代表携运进出境自用物品，海关予以免验放行。但海关有重大理由推定其中装有《使馆进出境物品监管办法》规定免税范围以外的物品、中国政府禁止进出境或者检疫法规规定管制的物品的，有权查验。海关查验时，外交代表或者其授权人员应当在场。

（五）使馆的行政技术人员和服务人员，如果不是中国公民并且不属于在中国的永久居留者，其到任后6个月内运进的安家物品，经主管海关审核在直接需用数量范围内的（其中自用小汽车每户限1辆），海关予以免税验放。超出规定时限运进的物品，经海关核准仍属自用的，按照《海关对非居民长期旅客进出境自用物品监管办法》的规定办理。申报携运出境的自用物品，海关予以审核查验放行。

使馆的行政技术人员和服务人员寄进或者寄出的个人自用物品，海关按照个人邮递物品的有关规定办理。上述人员任职期间托运进境的自用物品，海关也比照个人邮递物品的有关规定办理。

（六）外国使馆和使馆人员因特殊需要携运中华人民共和国政府禁止或者限制进出境物品进出境的，应当事先得到中国政府有关主管部门的批准，并按照有关规定办理。

（七）有下列情形之一的，使馆和使馆人员的有关物品不准进出境：

携运进境的物品超出海关核准的直接需用数量范围的；

未依照《使馆进出境物品监管办法》的有关规定向海关办理备案、申报手续的；

未经海关批准，擅自将已免税进境的物品进行转让、出售等处置后，再次申请进境同类物品的；

携运中国政府禁止或者限制进出境物品进出境，应当提交有关许可证件而不能提供的；

违反海关关于使馆和使馆人员进出境物品管理规定的其他情形。

（八）属于禁止进出境的物品，使馆和使馆人员应当在海关禁止进出境之日起3个月内向海关办理相关物品的退运手续。逾期未退运的，由海关依照《海关法》第三十条规定处理。

（九）使馆和使馆人员的免税运进的公务用品、自用物品，未经主管海关批准，不得进行转让、出售等处置。经批准进行转让、出售等处置的物品，应当按照《使馆进出境物品监管办法》的有关规定向海关办理纳税或者免税手续。

使馆和使馆人员确有特殊原因需要转让免税运进的物品，应当事先填具"外国使领馆公私用物品转让申请书"提交使馆照会，送交主管地海关。经主管海关批准后方能转让，并按照规定向海关办理纳税或者免税手续。

（十）使馆运进由使馆主办或者参与的非商业性活动所需物品，应当递交使馆照会，并就物品

319

所有权、活动地点、日期、活动范围、活动的组织者和参加人、物品的最后处理向海关作出书面说明。活动在使馆以外场所举办的，还应当提供与主办地签订的合同。

四、海关对外国驻华使馆及使馆人员的进境机动车辆的后续监管

（一）使馆和使馆人员按照《使馆进出境物品监管办法》的有关规定免税进境的机动车辆及接受转让的机动车辆属于海关监管车辆，主管海关对其实施后续监管。公用机动车辆的监管年限为自海关放行之日起6年，自用进境机动车辆的监管年限为自海关放行之日起3年。未经海关批准，上述机动车辆在海关监管年限内不得进行转让、出售。

（二）除使馆人员提前离任外，使馆和使馆人员免税进境的机动车辆，自海关放行之日起2年内不准转让或者出售。

（三）根据《使馆进出境物品监管办法》的有关规定可以转让或者出售的免税进境机动车辆，在转让或者出售时，应当向主管海关提出申请，经批准后方可以按规定转让给其他国家驻中国使馆和使馆人员、常驻机构和常驻人员或者海关批准的特许经营单位。其中需要征税的，应当由受让方向海关办理补税手续。受让方为其他国家驻中国使馆和使馆人员的，其机动车辆进境指标相应扣减。机动车辆受让方同样享有免税运进机动车辆权利的，受让机动车辆予以免税。受让方主管海关在该机动车辆的剩余监管年限内实施后续监管。

（四）使馆和使馆人员的免税进境的机动车辆在海关监管期限届满后，可以向海关申请解除监管。申请解除监管时，使馆应当出具照会，并凭"中华人民共和国海关公/自用车辆解除监管申请表""机动车辆行驶证"等向主管海关申请办理解除监管手续。主管海关核准后，使馆和使馆人员凭海关开具的"监管车辆解除监管证明书"向公安交通管理部门办理有关手续。

（五）免税进境的机动车辆在监管期限内因事故、不可抗力遭受严重损毁，或者因损耗、超过使用年限等原因丧失使用价值的，使馆和使馆人员可以向主管海关申请报废车辆。海关审核同意后，开具"监管车辆进/出境领/销牌照通知书"和"监管车辆解除监管证明书"，使馆和使馆人员凭此向公安交通管理部门办理机动车辆注销手续，并持"监管车辆进/出境领/销牌照通知书"回执到主管海关办理机动车辆结案手续。

（六）免税进境的机动车辆有下列情形的，使馆和使馆人员可以按照相同数量重新申请进境机动车辆：按照《使馆进出境物品监管办法》的有关规定被依法转让、出售，并且已办理相关手续的；因事故、不可抗力原因遭受严重损毁，或者因损耗、超过使用年限等原因丧失使用价值，已办理结案手续的。

五、海关对进出境外交邮袋的监管

（一）使馆发送或者接收的外交邮袋，应当以装载外交文件或者公务用品为限，并符合中国政府关于外交邮袋重量、体积等的相关规定，同时施加使馆已在海关备案的封志。

（二）外交信使携带（含附载于同一运输工具的）外交邮袋进出境时，必须凭派遣国主管机关出具的载明其身份和所携外交邮袋件数的信使证明书向海关办理有关手续。海关验核信使证明书无误后予以免验放行。

（三）外交邮袋由商业飞机机长转递时，机长必须持有委托国的官方证明文件，注明所携带的外交邮袋的件数。使馆应当派使馆人员向机长交接外交邮袋。海关验核外交邮袋封志和使馆人员身份证件无误后予以免验放行。

第二节 常驻机构及常驻人员公务用品、自用物品进出境监管

一、常驻机构及常驻人员的概念

(一) 常驻机构的概念

"常驻机构"是指境外企业、新闻机构、经贸机构、文化团体及其他境外法人,经中华人民共和国政府主管部门批准,在境内设立的常设机构。

(二) 常驻人员的概念

"常驻人员"指非居民长期旅客中的下列人员:

1. 境外企业、新闻机构、经贸机构、文化团体及其他境外法人,经中华人民共和国政府主管部门批准,在境内设立的并在海关备案的常设机构内的工作人员;

2. 在海关注册登记的外商投资企业内的人员;

3. 入境长期工作的专家。

二、海关对常驻机构进出境物品的监管规定(公用物品及车辆)

(一) 海关对常驻机构进出境物品的监管规定

常驻机构的公用物品是指常驻机构开展业务所必需的办公设备、办公用品及机动车辆。常驻机构首次申报进境公用物品前,应当凭下列文件向主管海关办理备案手续:

1. 审批机关的批准文件复印件;

2. 主管部门颁发的注册证明正本和复印件,也可自愿选择通过填写、提交书面告知承诺书的方式代替提供实物证明的方式,表明持有合法有效的由主管部门颁发的注册登记证明。

3. 常驻机构报关印章式样;

4. 常驻机构负责人签字式样、身份证件正本和复印件;

5. 常驻机构中常驻人员名册,名册含常驻人员姓名、性别、国籍、有效进出境证件号码、长期居留证件号码、到任时间、任期、职务及在中国境内的住址等内容。

根据规定,常驻机构办理海关备案时,还应当通过中国国际贸易单一窗口,向主管海关发送相关电子数据信息。

主管海关审核无误后,核发"中华人民共和国海关常驻机构备案证"(以下简称"常驻机构备案证")。"常驻机构备案证"涉及的内容如有变更,应当自变更之日起10个工作日内到主管海关办理变更手续。

(二) 常驻机构进境公用物品的通关手续

常驻机构办理海关注册备案后,可以申报进境公用物品。常驻机构申报进境公用物品时,应当填写"进口货物报关单",提交提(运)单、发票和装箱单等相关单证,并通过中国国际贸易单一窗口或"互联网+海关"平台录入并向海关发送数据。

常驻机构申报进境机动车辆时,除交验前款规定的单证外,还应当交验本机构所有常驻人员的有效身份证件(可自愿选择通过填写、提交书面告知承诺书的方式代替提供实物证明的方式),主管海关自接受申请之日起5个工作日内答复。

(三) 常驻机构出境公用物品的通关手续

常驻机构申报出境原进境公用物品时，应当填写"出口货物报关单"，并通过中国国际贸易单一窗口或"互联网+海关"平台录入并向海关发送数据。

(四) 海关对常驻机构进出境机动车辆的监管规定

1. 常驻机构进境机动车辆的监管规定

常驻机构因工作需要，可以向主管海关申报进境机动车辆（仅限新车）。

（1）常驻机构申报进境机动车辆，主管海关按照该机构常驻人员的实际人数核定其进境车辆的总数。

（2）常驻机构申报进境机动车辆，应向主管海关提交提（运）单、装箱清单、发票等相关单证，填写"进出境公用物品申报单"，交验本机构所有常驻人员的有效身份证件。主管海关自接受申请之日起5个工作日内答复。

（3）常驻机构在物品进境地海关办理机动车辆的报关手续时，应当填写或者委托报关企业填写"中华人民共和国海关进口货物报关单"，提交经主管海关审批的"进出境公用物品申报单"，并交验提（运）单、发票、装箱单等相关单证。

（4）常驻机构经审核批准进境的机动车辆，应当自海关放行之日起10个工作日内，向主管海关申领"监管车辆进/出境领/销牌照通知书"，办理机动车辆牌照申领手续。其中免税进境的机动车辆，常驻机构还应当自取得"监管车辆进/出境领/销牌照通知书"之日起10个工作日内，凭公安交通管理部门颁发的"机动车辆行驶证"向主管海关申领"中华人民共和国海关监管车辆登记证"（以下简称"监管车辆登记证"）。

（5）进境机动车辆有丢失、被盗、转让或出售给他人、超出监管期限等情形的，常驻机构不得重新申报进境机动车辆。

（6）进境机动车辆因事故、不可抗力等原因遭受严重损毁或因损耗、超过使用年限等原因丧失使用价值，经报废处理后，常驻机构凭公安交通管理部门出具的机动车辆注销证明，经主管海关同意办理机动车辆结案手续后，可按结案数量重新申报进境机动车辆。

2. 免税进境机动车辆的后续监管

（1）常驻机构依据规定免税进境的机动车辆属于海关监管机动车辆，主管海关对其实施后续监管，监管期限为自海关放行之日起6年。未经海关批准，进境机动车辆在海关监管期限内不得擅自转让、出售、出租、抵押、质押或者进行其他处置。

（2）海关对监管的常驻机构进境机动车辆实行年审制度。常驻机构应当在规定时间内，将进境机动车辆驶至指定地点，凭"监管车辆登记证""机动车辆行驶证"到主管海关办理机动车辆海关年审手续。

（3）常驻机构机动车辆自海关放行之日起超过4年的，经主管海关批准，可以按规定将机动车辆转让给其他常驻机构或者常驻人员，或者出售给特许经营单位。受让方机动车辆进境指标相应扣减。

（4）机动车辆受让方同样享有免税进境机动车辆权利的，受让机动车辆予以免税，受让方主管海关在该机动车辆的剩余监管年限内实施后续监管。受让方不享有免税权利的，应当由受让方向其主管海关依法补缴税款。

（5）免税进境机动车辆海关监管期限届满的，常驻机构应当凭"中华人民共和国海关公/自用车辆解除监管申请表""监管车辆登记证""机动车辆行驶证"向主管海关申请解除监管。主管海关核准后，开具"监管车辆解除监管证明书"，常驻机构凭此向公安交通管理部门办理有关手续。

3. 常驻机构出境机动车辆的监管规定

常驻机构申报出境原进境机动车辆的，应当持"进出境公用物品申报单"等有关单证向主管海关提出申请，同时通过中国国际贸易单一窗口或"互联网+海关"平台录入，向主管海关发送相关电子数据信息。主管海关在审核批准后开具"监管车辆进/出境领/销牌照通知书"，常驻机构凭此向公安交通管理部门办理注销牌照手续。主管海关收到"监管车辆进/出境领/销牌照通知书"回执联后，应将牌照注销情况在"进出境公用物品申报单"上批注。

三、海关对常驻人员进出境物品的监管规定（自用物品及车辆）

（一）海关对常驻人员进出境物品的监管规定

1. 常驻人员取得境内长期居留证明后可以申报进境自用物品。对于首次申报进境的自用物品，海关予以免税。再次申报进境的自用物品，一律予以征税。

2. 自用物品指常驻人员在境内居留期间日常生活所需的《非居民长期旅客自用物品目录》范围内物品及机动车辆。

（二）常驻人员进出境物品的通关手续

1. 常驻人员申报进境自用物品时，除应向海关提交中华人民共和国主管部门颁发的长期居留证件外，还应提交本人的身份证件、提（运）单、装箱单等相关单证，填写"进出境自用物品申报单"，向境内居住地主管海关提出申请，并通过中国国际贸易单一窗口或"互联网+海关"平台录入，向海关发送数据。主管海关自接受申请之日起3个工作日内答复。主管海关审核批准后，进境地海关凭主管海关的审批单证及其他相关单证、发送的电子数据信息予以验放。

2. 常驻人员的身份证件指中华人民共和国主管部门颁发的"外国（地区）企业常驻代表机构工作证""中华人民共和国外国人工作许可证"等证件，以及进出境使用的护照、"港澳居民来往内地通行证"、"台湾居民来往大陆通行证"等。

3. 常驻人员申报出境原进境自用物品时，应当填写"进出境自用物品申报单"，提交身份证件、长期居留证件、提（运）单和装箱单等相关单证。向主管海关提出申请，并通过中国国际贸易单一窗口或"互联网+海关"平台录入，向海关发送数据。主管海关自接受申请之日起3个工作日内答复。主管海关审核批准后，常驻人员持主管海关的批准关封至物品出境地海关办理相关手续。

（三）海关对常驻人员进出境机动车辆的监管规定

1. 根据规定，常驻人员在取得境内长期居留证件后，可以申报进境自用机动车辆1辆（仅限新车），主管海关自接受申请之日起5个工作日内答复。

2. 常驻人员申报进境自用车辆时，应当向居住地主管海关提出书面申请。除应提交本人的有效身份证件、长期居留证件外，还应交验其所在常驻机构的"常驻机构备案证"或者所在外商投资企业的"进出口货物收发货人报关注册登记证书"，以及提（运）单、装箱清单、发票等相关单证，并通过中国国际贸易单一窗口或"互联网+海关"平台录入，向海关发送数据。

3. 常驻人员的经批准进境的机动车辆，应当自进境地海关放行之日起10个工作日内，向主管海关申领"监管车辆进/出境领/销牌照通知书"，办理机动车辆牌照申领手续。其中免税进境的机动车辆，常驻人员还应当自取得"监管车辆进/出境领/销牌照通知书"之日起10个工作日内，凭公安交通管理部门颁发的"机动车辆行驶证"向主管海关申领"监管车辆登记证"。

4. 根据规定，常驻人员的征税进境的机动车辆，自向公安交通管理部门办结车辆登记手续之日起1年后，方可准予转让过户。常驻人员机动车辆转让过户时，应当向主管海关交验以下单证：

（1）身份证件；

(2) 长期居留证件；

(3) 进境机动车辆的"机动车辆行驶证"；

(4) 常驻人员所在常驻机构的"常驻机构备案证"或者所在企业的"进出口货物收发货人报关注册登记证书"；

(5) 填写的"中华人民共和国海关公/自用车辆解除监管申请表"。

主管海关审核无误后，开具"监管车辆解除监管证明书"，常驻人员凭此向公安交通管理部门办理有关车辆转让过户手续。

5. 常驻人员依据《海关对非居民长期旅客进出境自用物品监管办法》免税进境的机动车辆属于海关监管车辆，主管海关对其实施后续监管，监管期限为自海关放行之日起6年。

6. 海关对常驻人员进境监管机动车辆实行年审制度。常驻人员应当根据主管海关的公告，在规定时间内，将进境监管机动车辆驶至指定地点，凭本人身份证件、长期居留证件、"监管车辆登记证"、"机动车辆行驶证"向主管海关办理机动车辆海关年审手续。年审合格后，主管海关在"监管车辆登记证"上加盖年审印章。

7. 常驻人员免税进境机动车辆的海关监管期限届满的，应当凭"中华人民共和国海关公/自用车辆解除监管申请表""机动车辆行驶证"向主管海关申请解除监管。主管海关核准后，开具"监管车辆解除监管证明书"，常驻人员凭有关证明向公安交通管理部门办理有关手续。

第十六章　免税品、外汇免税商品和离岛免税商品管理

第一节　免税品管理

一、免税品的概念

"免税品"是指经营单位按照海关总署核准的经营品种，免税运进专供免税商店向规定的对象销售的进口商品，包括试用品及进口赠品。

二、经营单位的资质

"经营单位"是指经国务院或者其授权部门批准，具备开展免税品业务经营资格的企业。

"免税商店"是指经海关总署批准，由经营单位在中华人民共和国国务院或者其授权部门批准的地点设立符合海关监管要求的销售场所和存放免税品的监管仓库，向规定的对象销售免税品的企业，具体包括口岸免税商店、运输工具免税商店、市内免税商店、外交人员免税商店和供船免税商店等。

三、免税商店的设立、终止的管理

（一）经营单位设立免税商店，应当向海关总署提出书面申请，并且符合以下条件：

1. 具有独立法人资格；
2. 具备符合海关监管要求的免税品销售场所及免税品监管仓库；
3. 具备符合海关监管要求的计算机管理系统，能够向海关提供免税品出入库、销售等信息；
4. 具备一定的经营规模，其中申请设立口岸免税商店的，口岸免税商店所在的口岸年进出境人员应当不少于5万人次；
5. 具备包括合作协议、经营模式、法人代表等内容完备的企业章程和完备的内部财务管理制度；
6. 有关法律、行政法规、海关规章规定的其他条件。

（二）海关总署按照《中华人民共和国行政许可法》及《中华人民共和国海关实施〈中华人民共和国行政许可法〉办法》规定的程序和期限办理免税商店的审批事项。

（三）免税品销售场所的设立应当符合海关监管要求。其中，口岸免税商店的销售场所应当设在口岸隔离区内；运输工具免税商店的销售场所应当设在从事国际运营的运输工具内；市内免税商店的销售提货点应当设在口岸出境隔离区内。

（四）免税品监管仓库的设立应当符合以下条件和要求：

1. 具备符合海关监管要求的安全隔离设施；
2. 建立专门的仓库管理制度，编制月度进、出、存情况表，并且配备专职仓库管理员，报海关备案；
3. 只允许存放所属免税商店的免税品；

4. 符合国家有关法律、行政法规、海关规章规定的其他条件和要求。

(五)经批准设立的免税商店,应当在开展经营业务1个月前向主管海关提出验收申请。经主管海关验收合格后,向主管海关办理备案手续,并且提交下列材料:

1. 海关总署批准文件的复印件;
2. 工商营业执照正、副本的复印件;
3. 税务登记证的复印件;
4. 免税品经营场所和监管仓库平面图、面积和位置示意图;
5. 免税商店业务专用章印模;
6. 免税商店法定代表人身份证件的复印件。

要求提交复印件的,应当同时提交原件验核。

上述材料所载内容发生变更的,应当自变更之日起10个工作日内到主管海关办理变更手续。

(六)经营单位申请暂停、终止或者恢复其免税商店经营需要报海关总署批准。免税商店应当在经营单位提出暂停或者终止经营申请前办理库存免税品结案等相关海关手续。

经批准设立的免税商店,自批准之日起1年内无正当理由未对外营业的,或者暂停经营1年以上的,或者变更经营合作方的,应当按照《中华人民共和国海关对免税商店及免税品监管办法》的相关规定重新办理有关申请手续。

(七)更改免税商店名称、免税品销售场所或者监管仓库地址或面积,应当由经营单位报海关总署批准。

注:国家对口岸进境免税店实行特许经营。国家统筹安排口岸进境免税店的布局和建设。口岸进境免税店的布局选址应根据出入境旅客流量,结合区域布局因素,满足节约资源、保护环境、有序竞争、避免浪费、便于监管的要求。

设立口岸进境免税店的数量、口岸和营业场所的规模控制,由财政部会同商务部、海关总署、国家税务总局和国家旅游局提出意见报国务院审批。

四、海关对免税品的监管规定

(一)进口及入出库

1. 经营单位为免税商店进口免税品,应当填写"中华人民共和国海关进口货物报关单",并且加盖经营单位在主管海关备案的报关专用章,向主管海关办理免税品进口手续。

2. 免税品从异地进口的,经营单位应当按照《中华人民共和国海关关于转关货物监管办法》的有关规定,将免税品转关运输至主管海关办理进口手续。

3. 免税品进入监管仓库,免税商店应当填写"免税品入/出监管仓库准单",并且随附其他有关单证,向主管海关提出申请。主管海关经审核无误,监管免税品入库。

未经海关批准,免税品入库后不得进行加工或者组装。

4. 免税商店将免税品调出监管仓库进入经营场所销售前,应当填写"免税品入/出监管仓库准单",向主管海关提出申请。主管海关经审核无误,监管有关免税品从监管仓库调出进入销售场所。

(二)调拨

免税商店之间调拨免税品的,调入地免税商店应当填写"免税品调拨准单",向其主管海关提出申请。经批准后,调出地免税商店按照《中华人民共和国海关关于转关货物监管办法》的规定,将免税品转关运输至调入地免税商店。

(三)销售

免税商店销售的免税进口烟草制品和酒精饮料内、外包装的显著位置上均应当加印"中国关税未付（China Duty Not Paid）"中、英文字样。

免税商店应当按照海关要求制作免税品销售发货单据，其中口岸免税商店应当在免税品销售发货单据上填写进出境人员搭乘运输工具凭证或者其进出境有效证件信息等有关内容。

口岸进境免税店免税购物金额，在维持居民旅客进境物品5000元人民币免税限额不变基础上，允许其在口岸进境免税店增加一定数量的免税购物额，连同境外免税购物额总计不超过8000元人民币。

（四）报损和核销

1. 在办理入库手续期间发生溢卸或者短缺的，免税商店应当及时向主管海关书面报告。主管海关核实无误后出具查验记录，准予免税商店修改"免税品入/出监管仓库准单"相关数据内容。

2. 免税品在储存或者销售期间发生损毁或者灭失的，免税商店应当及时向主管海关书面报告。如果由不可抗力造成的，免税商店应当填写"免税品报损准单"，主管海关核实无误后准予免税结案。免税品在储存或者销售期间由于其他原因发生损毁或者灭失的，免税商店应当依法缴纳损毁或者灭失免税品的税款。

3. 免税品如果发生过期不能使用或者变质的，免税商店应当向主管海关书面报告，并且填写"免税品报损准单"。主管海关查验核准后，准予退运或者在海关监督下销毁。

4. 免税商店应当建立专门账册，并且在每季度第一个月25日前将上季度免税品入库、出库、销售、库存、调拨、损毁、灭失、过期等情况编制清单，填写"免税品明细账"，随附销售发货单、"免税品库存数量单"、"出口货物报关单"等有关单据，向主管海关办理免税品核销手续。主管海关认为必要时可以派员到免税品经营场所和监管仓库实地检查。

五、免税品销售对象

旅客在口岸免税商店购买免税品，海关按照旅客行李物品的有关规定予以验放。

口岸免税商店的销售对象限于已办结出境手续、即将前往境外的人员，以及尚未办理进境手续的人员。免税商店应当凭其搭乘运输工具的凭证或者其进出境的有效证件向其销售免税品。

运输工具免税商店的销售对象限于搭乘进出境运输工具的进出境人员。免税商店限于运输工具在国际（地区）航行期间经营。免税商店应当向主管海关交验由运输工具负责人或者其代理人签字的"免税品销售明细单"。

市内免税商店的销售对象限于即将出境的境外人员，免税商店凭其出境有效证件及机（船、车）票向其销售免税品，并且应当在口岸隔离区内将免税品交付购买人员本人携带出境。

外交人员免税商店的销售对象限于外国驻华外交代表、领事机构及其外交人员、领事官员，以及其他享受外交特权和豁免的机构和人员，免税商店应当凭上述机构和人员所在地的直属海关或者经直属海关授权的隶属海关按照有关规定核准的限量、限值向其销售免税品。

供船免税商店的销售对象限于出境的国际（地区）航行船舶及船员。供船免税商店应当向主管海关提出供船申请，填写"免税品供船准单"，在海关监管下进行国际（地区）船舶的供船工作。

六、口岸免税商店经营的品种

（一）出境口岸免税商店经营的品种

免税店经营的免税品品种，限于海关总署批准的经营品种范围。

经海关总署批准的出境口岸免税店经营的免税品品种有烟（含雪茄、烟丝）、酒、化妆品（含香水、护肤品)、食品、糖果、饮料(含咖啡)、皮具手袋、公文箱、皮包、钟、表、笔、太阳眼镜、体育用品、工艺品、玩具、日用小电器、服装服饰(含领带、围巾、鞋、帽)、药品(包括常备中成药、人造冬虫夏草及其制品)、保健品。

(二) 口岸进境免税店经营品类

烟、酒、香化产品(彩妆、护肤品、香水)、美容美发及保健器材(剃须刀、化妆工具、美容及保健器材)、手表(手表、表带、表链)、眼镜(眼镜、太阳镜、眼镜片、眼镜框)、一、二类家用医疗器械(血糖计、血糖试纸、电子血压计、红外线人体测温仪,要求已取得进口医疗器械注册证或备案凭证)、纺织品和鞋子(服装、丝巾、围巾、领带、手套、手帕、皮带、袜子、鞋子、帽子、其他棉织品、其他毛织品)、小皮件和箱包、首饰和工艺品(首饰、工艺品、摆件、挂件)、食品和保健食品[饼干、干果、果脯、保健品、蜂蜜、咖啡、咖啡豆、谷物片、奶茶、巧克力、糖果、蜂王浆制剂、西洋参胶囊(冲剂)、红参胶囊(冲剂)、高丽参胶囊(冲剂)、鱼油、维生素、钙片、胶原蛋白,参制品、保健食品、蜂蜜、蜂王浆制剂须为非首次进口,即已取得进口保健食品批准证书]、婴儿配方奶粉或辅食(零售包装的婴幼儿配方奶粉及辅食,婴儿配方奶粉应符合《进出口乳品检验检疫监督管理办法》的要求)、尿不湿、其他百货[笔、玩具(含童车)、转换插头]。

第二节 外汇免税商品管理

一、外汇免税商品的概念

"外汇免税商品"是指经批准专供已入境的特定对象,经海关审核后,在规定的限量、限值内购买的进口商品。

二、经营单位及销售对象

境内外汇免税商品的经营单位按照应供应的对象分为:

中国出国人员服务总公司、中国远洋运输公司、外交部供应处经营的出国人员外汇免税商店。其供应对象为各类出国人员和赴港澳地区人员,包括劳务人员和中国国际运输工具服务人员等。

中国华侨旅游侨汇服务总公司开展免税外汇商品供应业务的免税商店。其供应对象为华侨、外籍华人、台胞和各类出国人员。

三、海关对外汇免税商品的监管

外汇商品经营单位(以下简称经营单位)的经营资格须经国务院批准;其设立下属免税店、供应站、服务部等分支机构由海关总署主管部门批准。外汇商品销售场所、存放外汇商品的监管仓库等须满足海关监管条件。

经营单位对本系统各分支机构实行集中统一管理,统一对外签约组织进货,统一报关进口。进口外汇商品须由经海关登记备案的具有报关资格的企业向海关办理进口报关手续。经营单位销售外汇商品的品种由海关核定。

免税国产品属海关监管货物,如需转关进口货物时,由指运地海关出具"进口货物转关运输联系单",按转关运输货物转至免税国产品经营单位的保税监管仓库。经营单位凭指运地海关出具的"进口转关运输货物申报单"回执,向其主管海关办理核销手续。

符合购买条件的旅客购买外汇商品应以自用、合理数量为原则，其中"旅客进出境行李物品分类表"（以下简称分类表）第一类未列名物品按海关总署规定的限值掌握，列名的衣料、衣着、鞋、帽、工艺美术品不计入该限值内。旅客进境时携带的分类表中第一类物品和境内补购的第一类物品，不合并计算。

旅客购买分类表中第三类物品由海关根据旅客在外天数，依照有关规定计算免税指标。其中，价值人民币 1000 元以上，5000 元以下（含 5000 元）的生活用品，驻境外的外交机构人员、我国出国留学人员和访问学者、赴外劳务人员和援外人员，连续在外每满 180 天（留学人员和访问学者免税限量的计算从注册入学之日起至毕结业之日止），远洋船员在外每满 120 天任选其中 1 件免税。上述所列人员在外工作、学习期满回国时最后验放期限不满 180 天（船员 120 天），但超过 150 天（船员 90 天）的，也按 180 天（船员 120 天）验放。

上述旅客境内补购的第三类物品，同一种物品每公历年度内不得重复，其他旅客每公历年度内进境可任选其中 1 件征税。

经营单位的各分支机构在本系统内调拨进口外汇商品的，应报经营单位同意，并由经营单位同时向调入地和调出地海关提出书面申请。调出地海关凭调入地海关签发的转关联系函，参照转关运输货物的有关规定办理。

进口外汇商品原则上不在不同经营单位之间调拨，特殊情况确需调拨的，应由调入和调出的经营单位共同向海关总署主管部门提出申请。经批准后，按转关运输货物的有关规定办理。

经营单位因故需将外汇商品退运出境的，应向海关总署主管部门提出书面申请，经批准后凭以向主管海关办理验放手续。

对不能退运的残次物品，经营单位可每年一次向其主管海关书面申请处理。书面申请应包含提出处理的理由及拟采用的处理方法并随附清单等内容。

残次物品的清单须列明品名、规格型号、数量、原进口价格等项目，多联的清单须加盖经营单位公章的骑缝章。处理方法可以有以下几种：

一是补证补税转内销；

二是由海关派员监督销毁；

三是放弃交由海关处理；

四是其他由海关总署批准的方法。

经营单位的分支机构应于每月的最后一天向其主管海关报送上月 26 日至本月 25 日的外汇商品进出转售存月报表一式二份，并随附整理齐全的销售货券海关核销联。海关有权对有关账册和单据进行调阅、检查。

四、外汇商品验放规定

（一）进口报关

经营单位向海关申报进口外汇商品时，须向海关提供下列单证：加盖有关经营单位报关专用章的进口报关单（一式五份）、发票、装箱单、提单、合同、海关需要的其他单证。

（二）进口外汇商品调拨

经营单位办理进口外汇商品调拨手续时，须向调出地海关提供下列单证：

1. 加盖有关经营单位报关专用章的转关运输货物申报单一式四份；
2. 调入地海关签发的转关联系单或海关总署主管部门的批准文件；
3. 调拨物品的清单，须列明品名、规格、数量、金额等。多联的清单须加盖经营单位公章的骑缝章；

4. 海关需要的其他单证。

（三）退运出境

经营单位办理外汇商品退运出境手续时，须向海关提供下列单证：

1. 加盖有关经营单位报关专用章的出口报关单一式五份；
2. 海关总署主管部门的批准文件；
3. 退运物品的清单，须列明品名、规格、数量、金额等，多联的清单须加盖经营单位公章的骑缝章；
4. 海关需要的其他单证。

（四）中国籍旅客购买免税外汇商品

中国籍旅客应自入境之日起半年内持本人护照等有效旅行证件、经入境地海关签章的旅客行李申报单或"进口免税物品登记证"，购买免税外汇商品，具体需要证件如下：

1. 外交人员：交验有效外交护照、"进口免税物品登记证"（以下简称登记证）；
2. 外交机构中持公务护照的公勤人员等：交验所持公务护照、驻外人员身份证明、登记证；
3. 留学回国人员（包括访问学者、进修人员）：交验有效护照、毕业（结业）证书、留学回国人员证明；
4. 援外人员：交验有效护照、驻外人员身份证明、登记证；
5. 劳务人员：交验有效护照、登记证、"中华人民共和国外派劳务培训合格证"或"中华人民共和国外派研修生培训合格证"；
6. 远洋船员：交验"海员证""运输工具服务人员携带物品登记证"。

上述人员所持护照本次入境边防章右下角加盖有年份章的，应同时出示本次入境时填报的"中华人民共和国海关进出境旅客行李物品申报单"，外交、援外、劳务人员所持护照入境记录或底页无海关"证"字章者，可免交登记证。

劳务人员如因种种原因确无法提供"中华人民共和国外派劳务培训合格证"或"中华人民共和国外派研修生培训合格证"的，海关可验凭其主管或派出部门（厅、局级）出具的有关证明。

7. 其他持护照进出境的中国籍旅客：交验有效护照。

（五）委托购买

外交人员、援外人员、劳务人员本人不能回来办理外汇商品购买手续的，可委托他人购买。海关凭驻外外交机构出具的"驻外人员身份证明"、外交机构出具的托带物品证明和登记证正本办理有关手续。

第三节 离岛免税通关管理

一、离岛免税的概念

"离岛免税"是指对乘飞机（或火车）离岛（不包括离境）旅客实行限次、限值、限量和限品种免进口税购物，在实施离岛免税政策的免税商店内付款，在机场（或离岛火车站）隔离区提货离岛的税收优惠政策。目前仅在海南岛开展此项业务。

二、离岛免税经营单位的资质

海南离岛旅客免税购物商店（以下简称离岛免税商店），是指对乘飞机（或火车）离岛（不包括离境）旅客实行限次、限值、限量和限品种免进口税购物的经营场所。

离岛免税商店为自主经营、自负盈亏的独立企业法人。其经营主体可为单一股东或多元股东，可采取参股、合作等方式经营离岛免税商店，具有免税品经销资格的企业必须对离岛免税商店绝对控股。

三、离岛免税商店的设立、终止的管理

（一）国家统筹安排海南离岛免税商店的布局和建设。离岛免税商店的布局选址应符合海南国际旅游岛建设总体规划，满足节约资源、保护环境、有序竞争、避免浪费、便于监管的要求，由海南省人民政府提出意见，送财政部会同海关总署、国家税务总局、商务部审核后，报国务院批准。

（二）设立离岛免税商店，由具有免税品经销资格的经营主体提出申请，财政部会同海关总署、国家税务总局和商务部审核并提出意见，报请国务院批准。经营主体提出申请时需提交以下材料：

1. 经营主体合作协议（包括各股东持股比例、经营主体业务关联互补情况等。独资设立免税店除外）。
2. 经营主体的基本情况（包括企业性质、营业范围、生产经营、资产负债等方面）。
3. 包括可行性研究报告，设立离岛免税商店所涉及的经营场所选址、机场隔离区购物提货场所等初步意向性协议或安排。

（三）具有免税品经销资格的经营主体应当具备以下条件：

1. 注册资本不低于1亿元人民币；
2. 依法按时足额缴纳免税商品特许经营费和各项税费，无不良记录（新设企业除外）；
3. 完备的企业章程和内部财务管理制度；
4. 法律法规规定的其他条件。

（四）已经批准设立的离岛免税商店不得以设立分店、分柜台，不得以通过变更营业场所地址、面积等手段，擅自扩大免税品经销区域。

（五）经批准设立的离岛免税商店，如发生经营主体新增或退出、经营主体持股比例变化；变更营业场所地址、面积；需暂停、终止或恢复经营离岛免税购物业务等情况，应报经财政部会同海关总署、国家税务总局和商务部核准。

（六）经批准设立的离岛免税商店，应自批准之日起，12个月内完成免税商店建设并开始营业。

四、离岛免税商品品种

离岛免税商品限定为进口品，目前具体商品品种限定为首饰、工艺品、手表、香水、化妆品、笔、眼镜（含太阳镜）、丝巾、领带、毛织品、棉织品、服装服饰、鞋帽、皮带、箱包、小皮件、糖果、体育用品、美容及保健器材、餐具及厨房用品、玩具（含童车）、婴儿配方奶粉及辅食、咖啡（咖啡豆、浓缩咖啡）、参制品［西洋参胶囊（冲剂）、红参胶囊（冲剂）、高丽参胶囊（冲剂）］、谷物食品（谷物片）、保健食品（鱼油、维生素、钙片、胶原蛋白）、蜂王浆制剂、橄榄油、尿不湿、陶瓷制品（骨瓷器皿等）、玻璃制品（玻璃器皿等）、家用空气净化器及配件、家用小五金（锁具、水龙头、淋浴装置）、钟（挂钟、座钟、闹钟等）、转换插头、表带（表链）、眼镜片（眼镜框）、一、二类家用医疗器械（血糖计、血糖试纸、电子血压计、红外线人体测温仪）、

商品品种扩大至 38 种，国家规定不符合民航安全要求、禁止进口及 20 种不予减免税、濒危动物的制品除外。

五、免税购物离岛次数、金额、数量和重量

（一）免税购物离岛次数

离岛旅客中的岛内居民每个公历年度最多可以享受 1 次离岛免税购物政策，非岛内居民每个公历年度可不限次享受离岛免税购物政策。旅客购物后乘飞机（或火车）离岛记为 1 次免税购物。同一旅客在同一年度内乘飞机和乘火车免税购物合并计算，且不得超过离岛免税政策的额度限制规定。

海关对境内人员以居民身份证签发机关为依据认定岛内居民、非岛内居民身份，对境外人员则以其所持进出境有效证件认定身份。

（二）免税购物金额、数量和重量

1. 免税购物金额

岛内居民旅客：单价人民币 8000 元以下商品，累计购物金额不超过人民币 8000 元（含 8000 元）；非岛内居民旅客：单价人民币 8000 元以下商品，每年累计购物金额不超过人民币 16000 元（含 16000 元）。

此外，免税限额中如有剩余（或未使用），旅客可以在购买 1 件单价 8000 元以上商品时调剂使用，相应扣减应缴进境物品进口税的税基，即旅客在以"离岛免税商店商品零售价格减去剩余免税限额"计价缴纳进境物品进口税的条件下，每人每次还可以购买 1 件单价 8000 元以上的商品（非岛内居民旅客每年最多可购买 2 件单价 8000 元以上的商品）。

2. 免税购物数量和重量

购买免税商品数量和重量范围依据《财政部 海关总署 税务总局关于海南离岛旅客免税购物政策的公告》（财政部公告 2020 年第 33 号）和《关于发布海南离岛旅客免税购物监管办法的公告》（海关总署公告 2020 年第 79 号）执行。

表 16-1 离岛免税商品品种及每人每次购买数量范围

序号	商品品种	每人每次限购数	备注
1	首饰	不限	
2	工艺品	不限	
3	手表	不限	
4	香水	不限	
5	化妆品	30 件	
6	笔	不限	
7	眼镜（含太阳镜）	不限	
8	丝巾	不限	
9	领带	不限	
10	毛织品	不限	
11	棉织品	不限	
12	服装服饰	不限	
13	鞋帽	不限	
14	皮带	不限	

续表1

序号	商品品种	每人每次限购数	备注
15	箱包	不限	
16	小皮件	不限	
17	糖果	不限	
18	体育用品	不限	
19	美容及保健器材	不限	
20	餐具及厨房用品	不限	
21	玩具（含童车）	不限	
22	零售包装的婴幼儿配方奶粉及辅食	不限	
23	咖啡（咖啡豆；浓缩咖啡）	不限	
24	参制品（西洋参；红参；高丽参胶囊及冲剂）	不限	非首次进口，即已取得进口保健食品批准证书
25	谷物片；麦精、粮食粉等制食品及乳制品；甜饼干；华夫饼干及圣餐饼；糕点，饼干及烘焙糕饼及类似制品	不限	
26	保健食品	不限	非首次进口，即已取得进口保健食品批准证书
27	蜂王浆制剂	不限	非首次进口，即已取得进口保健食品批准证书
28	橄榄油	不限	
29	尿不湿	不限	
30	陶瓷制品（骨瓷器皿等）	不限	
31	玻璃制品（玻璃器皿等）	不限	
32	家用空气净化器及配件	不限	
33	家用小五金（锁具；水龙头；淋浴装置）	不限	
34	钟（挂钟；座钟；闹钟等）	不限	
35	转换插头	不限	
36	表带、表链	不限	
37	眼镜片、眼镜框	不限	
38	一、二类家用医疗器械（血糖计；血糖试纸、电子血压计；红外线人体测温仪；视力训练仪；助听器；矫形固定器械；家用呼吸机）	不限	已取得进口医疗器械注册证或备案凭证
39	天然蜂蜜及其他食用动物产品（天然蜂蜜；燕窝；鲜蜂王浆；其他蜂及食用动物产品）	不限	
40	茶、马黛茶以及以茶、马黛茶为基本成分的制品（绿茶；红茶；马黛茶；茶、马黛茶为基本成分的制品）	不限	
41	平板电脑；其他便携式自动数据处理设备；小型自动数据处理设备；微型机；其他数据处理设备；以系统形式报验的小型计算机；以系统形式报验的微型机	不限	
42	穿戴设备等电子消费产品（无线耳机；其他接收、转换并发送或再生音像或其他数据用的设备；视频游戏控制器及设备的零件及附件）	不限	
43	手机手持（包括车载）式无线电话机	4件	
44	电子游戏机	不限	

续表2

序号	商品品种	每人每次限购数	备注
45	酒类（啤酒、红酒、清酒、洋酒及发酵饮料）	合计不超过1500毫升	

注：1件商品是指具有单一、完整包装及独立标价的商品，但套装商品按包装内所含商品的实际件数计算。

六、 海关对离岛旅客的监管

离岛旅客购买单价在8000元以上的免税品，海关以依法确定的完税价格计征税款［8000元免税限额中如有剩余（或未使用），旅客可以在购买1件单价8000元以上商品时调剂使用，相应扣减应缴进境物品进口税的税基，即旅客在以"商品零售价格-剩余免税额度"计价缴纳进境物品进口税］。离岛旅客可以通过免税商店向海关办理税款缴纳手续。

离岛旅客通过网上离岛免税销售窗口进行免税购物的，须凭本人身份证件和登机牌（或离岛火车票）、购物凭证等在机场（或离岛火车站）隔离区提货点提货并携运离岛。通过网上销售窗口进行免税购物要严格执行离岛免税政策的相关规定。

离岛旅客在提取免税品后，因航班（或车次）延误、取消等原因需要离开隔离区的，应当将免税品交由免税商店（包括提货点）代为保管，待实际乘飞机（或火车）离岛再次进入隔离区后提取。因航班（或车次）延误、取消造成实际离岛航班（或车次）日期与原离岛航班（或车次）日期不在同一日的，以原离岛航班（或车次）日期记为离岛日期。

离岛旅客有下列情形之一的，在3年内不得享受离岛免税购物政策：

（一）未按照规定将免税品携运离岛的；
（二）提供虚假身份证件或者使用不符合规定身份证件的；
（三）违反其他规定的。

七、 海关对离岛免税商店的监管

免税商店应当在机场和离岛火车站隔离区内设立提货点，并报经海关批准。隔离区和提货点均属于海关监管场所，有关设置标准应当符合海关监管要求。

离岛旅客超出规定的次数、商品品种和数额购买免税品的，免税商店一律不得销售。

免税商店应当每10天向海关集中办理一次税款缴纳手续，并于海关填发税款缴纳证之日起5个工作日内向指定银行缴纳税款。逾期缴纳税款的，海关自缴纳期限届满之日起至缴清税款之日止，按日加收滞纳税款万分之五的滞纳金。滞纳金的起征点为人民币50元。

免税商店应当按照海关监管要求将离岛旅客所购免税品施加封志，并运送至机场（或离岛火车站）隔离区内提货点。在离岛旅客提取前，免税商店应当确保已售免税品外部封志完好。

免税商店应当在免税品入库前，按照海关要求登记免税品电子数据信息。在旅客提货后，免税商店应当及时向海关传输符合海关规定格式的旅客信息、离岛信息和免税品销售信息等电子数据。因航班（或车次）延误、取消等原因造成免税品有异常处理的，免税商店应当将处理情况及时报告海关。

经批准设立的离岛免税商店的暂停、变更、终止营业，以及离岛免税品的登记、入出库、调拨、销售、征税、退税、补税、运送、提取和核销等业务，参照现行海关对免税商店及免税品有关规定办理。

第十七章 特殊监管方式下的海关监管

第一节 边境贸易区的海关监管

一、姐告边境贸易区的概念

姐告边境贸易区（以下简称贸易区）是中华人民共和国关境内设立的海关监管的特定区域。贸易区的界线按照国务院批准的范围划定。

二、进出贸易区的运输工具、货物、物品管理

（一）运输工具、货物、物品范围

国家禁止进出境的货物、物品，不得进出贸易区。

（二）物流监控

1. 海关在姐告瑞丽江大桥西侧设立闸口，对贸易区实行封闭管理。从中华人民共和国关境内的其他地区（以下简称非贸易区）进入贸易区或者由贸易区出至非贸易区的运输工具、货物和物品，必须从姐告瑞丽江大桥进出。

海关在姐告瑞丽江大桥西侧设立监管现场，并办理有关海关手续。

2. 驾驶运输工具、运输货物和携带物品由贸易区进入非贸易区，越过姐告瑞丽江大桥中心线以后到海关监管现场办理海关手续之前；驾驶运输工具、运输货物和携带物品从非贸易区进入贸易区，自在海关监管现场向海关申报后到越过姐告瑞丽江大桥中心线之前，应当按照海关指定的路线行进，中途不得随意停留，装卸货物、物品和上下人员，进行运输工具、货物和物品的出售、转让、交换等活动。遇有特殊情况，应立即向海关报告。

3. 进出贸易区的运输工具到达或者驶离海关监管现场时，运输工具负责人应当到场，向海关如实申报，交验单证，并接受海关监管。停留在监管现场的运输工具，未经海关同意，不得擅自驶离。

4. 进出贸易区的其他机动车辆，须向海关申报，并按规定办理有关手续，接受海关监管。

（三）通关管理

1. 自境外直接进入贸易区或者自贸易区直接出境的运输工具、货物、物品免于向海关申报和缴纳关税、进出口环节税。

贸易区管委会应当定期向海关通报贸易区与境外之间货物进出的情况。

2. 由贸易区进入非贸易区的运输工具、物品或者货物，越过姐告瑞丽江大桥中心线进入非贸易区应按照规定到海关监管现场办理进境和进口的海关手续。

由非贸易区进入贸易区的运输工具、物品或者货物，越过姐告瑞丽江大桥中心线进入贸易区应事先按照规定在海关监管现场办理出境和出口的海关手续。

3. 从贸易区进入非贸易区的货物，按照进口货物办理手续。进口货物的收货人或者代理人，在

货物运抵海关监管现场后在规定时间内向海关申报。

从非贸易区进入贸易区的货物，按照出口货物办理手续。出口货物的发货人或者代理人，在货物运抵海关监管现场后、装货的 24 小时前向海关申报。

国家限制进出口的货物、物品，应当按规定交验进出口许可证件；依法征收关税和进出口环节税的货物、物品，应当按规定缴纳税款。

4. 非贸易区的货物进入贸易区后不得返回，如返回，按照国货复进口的有关规定办理。

5. 边境地区居民往返于贸易区开展边民互市贸易所携带的物品，海关按照边民互市的有关规定办理手续。

6. 进出贸易区的旅客和人员携带的行李物品应以自用、合理数量为限。海关按照《中华人民共和国海关对进出境旅客行李物品监管办法》《中华人民共和国海关关于进出境旅客通关的规定》监管验放。

进出贸易区各类旅客和人员携带行李物品的具体限量，由昆明海关比照国家有关规定制订，报海关总署核准后予以公布执行。

7. 进出贸易区的邮件，应接受海关监管，按规定办理有关手续。

（四）贸易区内企业管理

贸易区内企业经外经贸主管部门批准开展进出口贸易，应按照现行管理规定向海关办理注册登记手续。

（五）其他事项

海关办理通关业务的时间和海关货运通道开闸、关闸的时间，由海关规定并公告。

经营企业（公司）应在上述规定的时间内，办理进出口业务的海关手续；货物应在上述规定的时间内进出，超过规定时限的不允许进出。如确有特殊情况需进出时，须报经海关同意。

第二节　跨境经济合作区

一、中哈霍尔果斯国际边境合作中心基本情况

2004 年 9 月 24 日，时任哈萨克斯坦总统纳扎尔巴耶夫出访新疆伊犁，两国政府在伊宁市签署了《关于建立中哈霍尔果斯国际边境合作中心的框架协议》，主要内容包括：在中哈霍尔果斯边境，双方各拿出一块土地，建立中哈霍尔果斯国际边境合作中心（以下简称合作中心），该中心实行封闭式管理，享受两国共同确认的若干优惠政策，形成特区的发展优势，以此带动两国边境经济的发展，促成边境自由贸易区的建立，突破内陆地区无出海口的局限，从而辐射带动新欧亚大陆桥经贸的整体运营。

2005 年 7 月 4 日，时任国家主席胡锦涛和哈萨克斯坦总统纳扎尔巴耶夫在阿斯塔纳共同签署了《中华人民共和国和哈萨克斯坦共和国关于建立和发展战略伙伴关系的联合声明》，双方进一步明确，加快落实合作中心的建设并尽快投入运行。

同日，中国商务部和哈萨克斯坦工贸部代表本国签订了《中华人民共和国政府和哈萨克斯坦共和国政府关于霍尔果斯国际边境合作中心活动管理的协定》。

2006 年，商务部作为合作中心运营主管部门，向国务院提交了关于中国—哈萨克斯坦霍尔果斯国际边境合作中心有关问题的请示。

2006年3月17日,国务院下发《国务院关于中国—哈萨克斯坦霍尔果斯国际边境合作中心有关问题的批复》(国函〔2006〕15号),对合作中心中方区域和配套区功能定位、优惠政策、开发建设作出明确批复:合作中心是紧邻中哈霍尔果斯口岸的跨境经济贸易区和投资中心,总面积5.28平方公里,其中中方区域3.43平方公里,哈方区域1.85平方公里,主要功能是:贸易洽谈、商品展示和销售、仓储运输、宾馆饭店、商业服务设施、金融服务、举办各类区域性国际经贸洽谈会七大功能。对旅客随身携带物品从中心进入中方境内,在现行规定管理的基础上,将每人每日一次携带物品免税额提高到8000元人民币。

2012年4月18日,合作中心正式运营。

二、中方配套区(综合保税区)基本情况

2006年3月17日,国务院下发《国务院关于中国—哈萨克斯坦霍尔果斯国际边境合作中心有关问题的批复》(国函〔2006〕15号),明确:位于合作中心以南2公里建设合作中心配套区园区,中方配套区比照珠澳跨境工业园区珠海园区的税收、外汇等相关政策执行,配套区批复面积9.73平方公里。

2016年4月8日,中方配套区实现封关运营。

2020年9月,国务院批复同意中国—哈萨克斯坦霍尔果斯国际边境合作中心中方配套区域整合优化为霍尔果斯综合保税区,要求自治区人民政府对中方配套区进行整合优化,将规划面积由9.73平方公里核减为3.61平方公里。同时指出:霍尔果斯综合保税区验收合格后,将继续作为中国—哈萨克斯坦霍尔果斯国际边境合作中心中方配套区域,其主要功能为保税加工、保税物流、保税服务等。

2021年9月29日,海关总署认定霍尔果斯综合保税区正式验收合格。

三、合作中心及中方配套区海关监管措施

(一)合作中心进出境人员及携带物品按照海关现行进出境旅客及其携带物品监管规定实施监管;合作中心进出货物按照海关现行进出口货物监管规定实施监管。

(二)合作中心配套区(综合保税区)按照海关现行特殊监管区域监管规定实施监管。

第三节 跨境工业园区

一、珠澳跨境工业区珠海园区的概念

珠澳跨境工业区珠海园区(以下简称珠海园区)是经国务院批准设立的海关特殊监管区域。

珠海园区实行保税区政策,与中华人民共和国关境内的其他地区(以下简称区外)之间进出货物在税收方面实行出口加工区政策。

二、管理政策

(一)场所管理

1. 珠海园区实行封闭式管理。珠海园区与区外以及澳门园区之间,应当设置符合海关监管要求的围网隔离设施、卡口、视频监控系统以及其他海关监管所需的设施。

2. 珠海园区和澳门园区之间设立专用口岸通道,用于两个园区的货物、物品、运输工具以及人

员进出。珠海园区和区外之间设立进出区卡口通道，用于珠海园区与区外之间的货物、物品、运输工具以及人员进出。

3. 珠海园区内不得建立商业性生活消费设施。除安全保卫人员和企业值班人员外，其他人员不得在珠海园区居住。

（二）开展业务范围

1. 加工制造；
2. 检测、维修、研发；
3. 储存进出口货物以及其他未办结海关手续货物；
4. 国际转口贸易；
5. 国际采购、分销和配送；
6. 国际中转；
7. 商品展示、展销；
8. 经海关批准的其他加工和物流业务。

（三）珠海园区内企业管理

1. 企业资格

珠海园区内企业（以下简称区内企业）应当具有法人资格。特殊情况下，经珠海园区主管海关核准，区外法人企业可以依法在园区内设立分支机构。

2. 账簿管理

区内企业应当依据《中华人民共和国会计法》以及国家有关法律、行政法规的规定，设置符合海关监管要求的账簿、报表，记录本企业的财务状况和有关进出珠海园区货物、物品的库存、转让、转移、销售、加工、使用和损耗等情况，如实填写有关单证、账册，凭合法、有效凭证记账并且进行核算。

3. 数据管理

海关对区内企业实行电子账册监管制度和计算机联网管理制度，电子账册的备案、核销等作业按有关规定执行。

珠海园区行政管理机构或者其经营主体应当在海关指导下通过"电子口岸"平台建立供海关、区内企业以及其他相关部门进行电子数据交换和信息共享的计算机公共信息平台。

区内企业应当建立符合海关联网监管要求的计算机管理系统，按照海关规定的认证方式，提供符合海关查阅格式的电子数据并且与海关信息系统联网。

（四）特殊情形

有下列情形之一的，区内企业应当在情况发生之日起5个工作日内书面报告海关，并且办理相关手续：

1. 遭遇不可抗力的；
2. 海关监管货物被盗窃的；
3. 区内企业分立、合并、破产的。

（五）货物、物品准入管理

法律、行政法规禁止进出口的货物、物品，不得进出珠海园区。

三、海关对珠海园区与境外之间进出货物的监管

（一）备案和申报手续

海关对珠海园区与境外之间进出的货物实行备案制管理，但法律、行政法规另有规定的货物除外。珠海园区与境外之间进出的货物，由货物的收发货人或者代理人填写进出境货物备案清单，向海关备案。

对于珠海园区与境外之间进出的货物，区内企业提出书面申请并且经海关批准的，可以办理集中申报手续，但法律、行政法规和规章另有规定的除外。

（二）管制要求

珠海园区与境外之间进出的货物，不实行进出口配额、许可证件管理，但法律、行政法规和规章另有规定的除外。

（三）税费征管

从境外进入珠海园区的货物，除法律、行政法规另有规定外，按照以下规定征收进口关税和进口环节税：

1. 珠海园区生产性的基础设施建设项目所需的机器、设备和其他物资，予以免税；
2. 区内企业自用的生产、管理设备和自用合理数量的办公用品及其所需的维修零配件，建设生产厂房、仓储设施所需的物资、设备，予以免税；
3. 珠海园区行政管理机构自用合理数量的管理设备和办公用品及其所需的维修零配件，予以免税；
4. 区内企业为加工出口产品所需的原材料、零部件、元器件、包装物料，予以保税；
5. 转口货物、在珠海园区储存的货物和展览品、样品，予以保税；
6. 上述规定范围外的货物或者物品从境外进入珠海园区，应当依法纳税。

本条前款规定的从境外免税进入珠海园区的货物出区进入区外的，海关按照货物进口的有关规定办理手续；需要征税的，按照货物出区时的实际状态征税；属于配额、许可证件管理商品的，区内企业或者区外收货人还应当取得进口配额、许可证件。海关对有关进口许可证件电子数据进行系统自动比对验核。

从珠海园区运往境外的货物免征出口关税，但法律、行政法规另有规定的除外。

四、海关对珠海园区与区外之间进出货物的监管

（一）税费征管

1. 出区税费征管

（1）货物出区税费征管

珠海园区内货物运往区外视同进口，海关按照货物进口的有关规定办理手续。需要征税的，按照货物出区时的实际状态征税；属于配额、许可证件管理商品的，区内企业或者区外收货人还应当取得进口配额、许可证件。海关对有关进口许可证件电子数据进行系统自动比对验核。

以一般贸易方式经珠海园区进入区外，并且获得中国香港或者中国澳门签证机构签发的CEPA优惠原产地证书的货物，可以按照规定享受CEPA零关税优惠。

（2）加工贸易边角料、废品、包装物料、残次品出区税费征管

区内企业在加工生产过程中产生的边角料、废品，以及加工生产、储存、运输等过程中产生的包装物料，区内企业提出书面申请并且经海关批准的，可以运往区外，海关按出区时的实际状态征

税。属于进口配额、许可证件管理商品的，免领进口配额、许可证件；属于列入《禁止进口固体废物目录》的废物以及其他危险废物需出区进行处置的，有关企业凭珠海园区行政管理机构以及所在地的市级环保部门批件等材料，向海关办理出区手续。

区内企业在加工生产过程中产生的残次品内销出区的，海关按内销时的实际状态征税。属于进口配额、许可证件管理的，企业应当取得进口配额、许可证件。海关对有关进口许可证件电子数据进行系统自动比对验核。

2. 进区税费征管

货物从区外进入珠海园区视同出口，海关按照货物出口的有关规定办理手续。属于出口应税商品的，按照有关规定进行征税；属于配额、许可证件管理商品的，区内企业或者区外发货人还应当向海关出具出口配额、许可证件。

境内区外货物、设备以出口报关方式进入园区的，其出口退税按照国家有关规定办理。境内区外货物、设备属于原进口货物、设备的，原已缴纳的关税、进口环节海关代征税海关不予退还。

（二）申报管理

1. 出区申报

（1）珠海园区内货物运往区外的，由区内企业、区外收货人或者其代理人向海关办理申报手续。

（2）区内企业跨关区配送货物或者异地企业跨关区到珠海园区提取货物的，可以在珠海园区主管海关办理申报手续，也可以按照规定在异地企业所在地海关办理申报手续。

2. 集中申报

对于珠海园区与区外之间进出的货物，企业提出书面申请并且经海关批准的，可以办理集中申报手续，并且适用每次货物进出时海关接受该货物申报之日实施的税率、汇率，但法律、行政法规和规章另有规定的除外。集中申报的期限不得超过30日，并且不得跨年度办理。

（三）外发加工管理

1. 外发加工手续

区内企业需要将模具、原材料、半成品等运往区外进行加工的，应当在开展外发加工前，凭承揽加工合同或者协议、区内企业签章确认的承揽企业生产能力状况等材料，向珠海园区主管海关办理外发加工手续。

委托区外企业加工的期限不得超过合同或者协议有效期，加工完毕后的货物应当按期运回珠海园区。在区外开展外发加工产生的边角料、废品、残次品、副产品不运回珠海园区的，海关应当按照实际状态征税。区内企业凭出区时委托区外加工申请书以及有关单证，向海关办理验放核销手续。

2. 加工贸易国内料件的税费征管

区内企业运往区外进行外发加工的货物，加工生产过程中使用国内料件并且属于出口应税商品的，加工产品运回区内时，所使用的国内料件应当按规定缴纳出口关税。

（四）货物进出区管理

1. 商品展示

经珠海园区主管海关批准，区内企业可以在区外进行商品展示，也可以承接区外商品的展示，并且比照海关对暂时进出境货物的有关规定办理进出区手续。

2. 货物出区检测、维修

在珠海园区内使用的机器、设备、模具和办公用品等海关监管货物，区内企业或者珠海园区行政管理机构向珠海园区主管海关提出书面申请，并且经珠海园区主管海关核准、登记后，可以运往区外进行检测、维修。区内企业将模具运往区外进行检测、维修的，应当留存模具所生产产品的样品或者图片资料。

运往区外进行检测、维修的机器、设备、模具和办公用品等，不得在区外用于加工生产和使用，并且应当自运出之日起60日内运回珠海园区。因特殊情况不能如期运回的，区内企业或者珠海园区行政管理机构应当在期限届满前7日内，以书面形式向海关申请延期，延长期限不得超过30日。

检测、维修完毕运回珠海园区的机器、设备、模具和办公用品等应当为原物。有更换新零件、配件或者附件的，原零件、配件或者附件应当一并运回区内。对在区外更换的国产零件、配件或者附件，需要退税的，由企业按照出口货物的有关规定办理手续。

3. 区内企业自用物资管理

从区外运到区内供区内企业自用并且不再出区的物资，区内企业应当向海关提供有关物资清单，经海关批准放行。

五、海关对珠海园区内货物的监管

（一）货物区内流转

珠海园区内货物可以在区内自由流转。区内企业之间转让、转移货物的，双方企业应当及时将转让、转移货物的品名、数量、金额等有关事项向海关备案。

（二）货物出区深加工结转

区内企业可以将本企业加工生产的产品转入其他海关特殊监管区域以及区外加工贸易企业进一步加工后复出口，海关参照出口加工区货物出区深加工结转的有关规定实施监管。

（三）账册管理

区内企业自开展业务之日起，应当每年向珠海园区主管海关办理报核手续，珠海园区主管海关应当自受理报核申请之日起30日内予以核销。区内企业有关账册、原始单证应当自核销结束之日起至少保留3年。

（四）特殊情形

1. 不可抗力因素

因不可抗力造成珠海园区内货物损坏、灭失的，区内企业应当及时书面报告珠海园区主管海关，并且提供保险、灾害鉴定部门的有关证明。经珠海园区主管海关核实确认后，按照以下规定处理：

（1）货物灭失，或者虽未灭失但完全失去使用价值的，海关依法办理核销和免税手续；

（2）进境货物损坏，失去原使用价值但可以再利用的，区内企业可以向海关办理退运手续。要求运往区外的，由区内企业提出申请，并且经珠海园区主管海关核准后，按照出区时的实际状态办理海关手续；

（3）区外进入珠海园区的货物损坏，失去原使用价值但可以再利用，并且向区外出口企业进行退换的，可以退换为与损坏货物同一品名、规格、数量、价格的货物，并且向珠海园区主管海关办理退运手续。

需要退运到区外的货物，区内企业向珠海园区主管海关提出退运申请，提供注册地税务主管部门证明其货物未办理出口退税或者所退税款已退还税务主管部门的证明材料和出口单证，并且经珠海园区主管海关批准的，可以办理退运手续；属于已经办理出口退税手续并且所退税款未退还税务主管部门的,按照本条第(2)项的有关规定办理。

2. 非不可抗力因素

因保管不善等非不可抗力因素造成货物损坏、灭失的,按照以下规定办理:

(1) 对于从境外进入珠海园区的货物,区内企业应当按照一般贸易进口货物的规定,以货物进入珠海园区时海关接受申报之日适用的税率、汇率,依法向海关缴纳损毁、灭失货物原价值的进口环节税;

(2) 对于从区外进入珠海园区的货物,区内企业应当重新缴纳出口退还的国内环节有关税款,海关根据有关单证办理核销手续。

(五) 被动配额管理

区内企业生产属于被动配额管理的出口产品,应当事先报经有关部门批准。

(六) 珠海园区与其他海关特殊监管区域或者海关保税监管场所之间流转

海关对于珠海园区与其他海关特殊监管区域或者海关保税监管场所之间流转的保税货物,实行继续保税监管。

货物从未实行国内货物入区(仓)环节出口退税制度的海关特殊监管区域或者海关保税监管场所转入珠海园区的,按照货物实际离境的有关规定办理申报手续。

六、海关对进出珠海园区运输工具和个人携带货物、物品的监管

(一) 进出珠海园区要求

运输工具和个人进出珠海园区的,应当经由海关指定的专用通道,并且接受海关监管和检查。

(二) 运输工具管理

1. 运输工具备案

货运车辆、非货运车辆进出珠澳跨境工业区专用口岸通道的,应当经主管部门批准,并且按照《中华人民共和国海关关于来往香港、澳门公路货运企业及其车辆和驾驶员的管理办法》(以下简称《港澳车辆管理办法》)向珠海园区主管海关办理备案手续。

澳门车辆进出珠澳跨境工业区专用口岸通道的,申请人应当在报经主管部门批准后,凭主管部门批文、车主/企业、汽车、驾驶员等有关资料向珠海园区主管海关申请备案,并且提供海关认可的担保,海关签发"来往澳门汽车进出境签证簿"。

2. 运输工具进出境时限

港/澳籍货运车辆、非货运车辆以及澳门车辆从珠澳跨境工业区专用口岸通道进境后,应当在3个月内复出境;特殊情况下,经珠海园区主管海关同意,可以在车辆备案有效期内予以延期,延长期限不得超过3个月。

3. 运输工具监管要求

(1) 对于从珠澳跨境工业区专用口岸通道进境的货运车辆,海关按照《港澳车辆管理办法》及其有关规定进行监管。

对于从珠澳跨境工业区专用口岸通道进境的非货运车辆、澳门车辆,海关比照《港澳车辆管理办法》及其有关规定进行监管。

(2) 进境的港/澳籍货运车辆、非货运车辆可以从珠海园区进入珠海市区或者从珠海市区进入珠海园区。

从珠澳跨境工业区专用口岸通道进入珠海园区的澳门车辆,不得从珠海园区进入区外。

(三) 行李物品管理

经珠澳跨境工业区专用口岸通道进出珠海园区、澳门园区人员携带的行李物品，应当以自用合理为限，海关按照进出境旅客行李物品监管的有关规定进行监管。

进出珠澳跨境工业区专用口岸通道车辆的备用物料和驾驶员携带的行李物品，应当以旅途需要为限，超出旅途需要的，海关不予放行。

(四) 个人携带或者自行运输货物管理

珠海园区与区外之间进出的下列货物，经海关批准，可以由区内企业指派专人携带或者自行运输：

1. 价值 1 万美元以下的小额货物；
2. 因品质不合格复运区外退换的货物；
3. 已办理进口纳税手续的货物；
4. 企业不要求出口退税的货物；
5. 其他经海关批准的货物。

第四节　跨境旅游合作区

一、跨境旅游合作区的概念

跨境旅游合作区是指中国与毗邻国家为了合作保护和开发旅游资源，由两国各自划定一部分领土共同组成设立的旅游合作区域。目前中国与外方国家已签订合作协议设立的跨境旅游合作区仅有中越德天—板约瀑布跨境旅游合作区。

二、适用范围

海关依照国家有关法律、行政法规、海关规章对进出跨境旅游合作区的旅客、物品实施监管。

根据具体合作协议，双方同意就简化出入境手续及设立往来通道问题进一步开展协商，为游客参观提供便利。

三、管理规定

暂无。

第五节　边境小额贸易

一、边境小额贸易的概念

边境小额贸易指我国沿陆地边境线经国家批准对外开放的边境县（旗）、边境城市辖区内（以下简称边境地区）经批准有边境小额贸易经营权的企业，通过国家指定的陆地边境口岸，与毗邻国家边境地区的企业或其他贸易机构进行的贸易活动。

监管方式代码为"4019"，简称"边境小额"。

二、适用范围

（一）本监管方式适用情形

1. 边境地区有对外经济技术合作经营权的企业与我国毗邻国家边境地区以易货贸易、现汇贸易形式开展的边境小额贸易。
2. 边境地区有对外经济技术合作经营权的企业与我国毗邻国家边境地区经济合作（工程承包、劳务输出）项下进出口物资及原出口工程设备、物资（包括在境外购买及换回的）运回境内。

（二）本监管方式不适用情形

1. 边民互市贸易（互市进口商品），每人每日价值人民币8000元以下免征进口关税和进口环节税，超出部分照章征税，其监管方式为"其他贸易"（9739）。
2. 未获准经营边境小额贸易的企业进出口货物。
3. 对台湾居民同大陆对台小额贸易公司成交，用台湾船只直接运进产自台湾地区的产品和运出大陆产品到台湾地区，其监管方式为"对台小额"（4039）。

三、管理规定

（一）边境小额贸易交易地点

边境小额贸易进出口口岸限定于国家正式对外开放的陆路边境口岸、边境地区的县（市、旗）和边境开放城市。边境地区是指我国与毗邻国家有陆地接壤的边境县（市、旗）和经国务院批准的边境开放城市的辖区。

（二）边境小额贸易经营资格

从事边境小额贸易的企业由所在省、自治区根据商务部规定的经营资格、条件及核定的企业总数内审批，报商务部核准后，到主管地海关办理注册登记手续。

（三）审证管理规定

边境小额贸易进出口实行许可证件管理的货物，申报单位持授权发证机关签发的许可证件向海关办理报关手续。

1. 边境小额贸易进口货物实行许可证、自动进口许可证管理的，申报单位持商务部授权的边境省（区）商务主管部门签发的进口许可证、自动进口许可证向海关办理报关手续。
2. 边境小额贸易出口货物许可证管理：
（1）边境小额贸易企业出口配额招标的货物、消耗臭氧层物质、汽车（包括成套散件）及其底盘、摩托车（含全地形车）及其发动机和车架，申报单位持商务部授权的发证机构签发的出口许可证向海关办理报关手续。
（2）边境小额贸易企业出口其余出口许可证管理货物的货物，免领出口许可证。
3. 边境小额贸易不得从事钻石进出口。
4. 边境地区外经企业与毗邻国家劳务合作及工程承包项下带出的设备材料和劳务人员自用的生活用品，在合理范围内，不受出口配额和经营分工的限制，申报单位持商务部门的批准文件向海关办理报关手续。
5. 进出口货物属于法定检验检疫的或应进行检验检疫的，出口货物应先完成出口前监管相关工作，申报单位凭签发的"电子底账"向申报地海关办理报关手续，进口货物开展整合申报。

（四）收（付）汇管理

边境小额贸易出口货物需交验出口收汇核销单，边境小额贸易进口货物可以对外收（付）汇。

四、控制条件

（一）税收征管

本监管方式应根据进出口货物实际征减免税，选择征免性质代码"506"（边境小额）、"101"（一般征税）、"898"（国批减免）、"999"（例外减免）。

（二）统计控制条件

1. 本监管方式列入海关统计，统计代码为"19"；
2. 边境小额贸易进口启运国（地区）和出口运抵国（地区）必须为以下地区：阿富汗（101）、不丹（104）、缅甸（106）、朝鲜（109）、中国香港（110）、印度（111）、老挝（119）、中国澳门（121）、蒙古（124）、尼泊尔（125）、巴基斯坦（127）、越南（141）、哈萨克斯坦（341）、吉尔吉斯斯坦（342）、俄罗斯（344）、塔吉克斯坦（345）；
3. 本监管方式经营单位编码第6位不应为"2"（合作）、"3"（合资）、"4"（独资）、"8"（报关）、"9"（其他）。

第六节　边民互市贸易

一、边民互市贸易的概念

边民互市贸易是指边境地区边民在我国陆路边境20公里以内，经政府批准的开放点或指定的集市上、在不超过规定的金额或数量范围内进行的商品交换活动。

本监管方式代码为"8839"，简称"边民互市"。

二、适用范围

（一）本监管方式适用情形

1. 仅限我国边境地区居民和对方国家边民开展。
2. 边民互市贸易（互市进口商品），每人每日价值人民币8000元以下，免征进口关税和进口环节税。超过8000元人民币的，对超出部分按照规定征收进口关税和进口环节税。

（二）本监管方式不适用情形

1. 经批准有边境小额贸易经营权的企业，通过国家指定的陆地边境口岸，与毗邻国家边境地区的企业或其他贸易机构进行的贸易活动，其监管方式为"边境小额"（4019）。
2. 对台湾居民同大陆对台小额贸易公司成交，用台湾船只直接运进产自台湾地区的产品和运出大陆产品到台湾地区，其监管方式为"对台小额"（4039）。
3. 我国边境地区的商店、供销社等企业，如在边民互市贸易区（点）设立摊位，从事商品交换活动的，按照边境贸易进行管理。

三、管理规定

（一）边民互市贸易交易地点

互市地点应设在陆路、界河边境线附近；互市地点应由边境省、自治区人民政府批准；边民互市贸易区（点）应有明确的界线；边民互市贸易区（点）的海关监管设施符合海关要求。

对当地未设海关机构的，省、自治区政府可商直属海关委托地方有关部门代管，地方政府应加强管理，并制定实施细则商海关同意后实施，海关应给予指导并会同当地政府不定期检查管理情况。

（二）边民互市贸易主体资格

边民是指边境地区居民。另有，我国和毗邻国家签署的国界、边境口岸管理制度协定、条约中关于边民的定义，多为双方国家在边境地区的常住公民。

我国边境地区居民和对方国家边民可进入边民互市贸易区（点）从事互市贸易。边境地区居民携带物品进出边民互市区（点）或从边境口岸进出境时，应向海关如实申报物品的品种、数量和金额，并接受海关监管和检查。

（三）边民互市贸易商品范围

1. 边民互市进出口商品不予免税清单

（1）《边民互市进出口商品不予免税清单》外的商品以及《边民互市进出口商品不予免税清单》中限量内的商品均可通过边民互市贸易进出口。

（2）在生活用品（不包含天然橡胶、木材、农药、化肥、农作物种子等）范畴内，除国家禁止进口的商品不得通过边民互市免税进口外，其他如小麦、大米等限量商品在内共计28种列入《边民互市进口商品不予免税清单》。

（3）除国家禁止出口的商品不得通过边民互市免税出口外，将应征收出口关税的商品列入《边民互市出口商品不予免税清单》。

（4）财政部将会同有关部门根据边民互市贸易发展的实际情况，适时调整《边民互市进出口商品不予免税清单》。

2. 边民互市贸易进口商品负面清单

（1）《边民互市贸易进口商品负面清单》外的商品可通过边民互市贸易进口。

（2）包括禁止进口、未获检疫准入等在内的十四类商品列入《边民互市贸易进口商品负面清单》。

（3）进口商品须来源自周边国家。

（4）《边民互市贸易进口商品负面清单》中各类目录商品日后如有调整，按调整后范围执行。

3. 国家限制进出口和实行许可证管理的商品，按国家有关规定办理

四、控制条件

（一）税费征管

边民互市贸易（互市进口商品），每人每日价值人民币8000元以下，免征进口关税和进口环节税。超过8000元人民币的，对超出部分按照规定征收进口关税和进口环节税。

（二）统计控制条件

本监管方式列入海关统计，统计代码为"8839"。

第七节 市场采购贸易

一、市场采购贸易方式的概念

市场采购贸易方式是指在经认定的市场集聚区采购商品,由符合条件的经营者办理出口通关手续的贸易方式。

市场采购海关监管方式代码为"1039",全(简)称"市场采购"。

市场采购贸易方式单票报关单的货值最高限额为15万美元。

二、不适用范围

以下出口商品不适用市场采购贸易方式:

(一)国家禁止或限制出口的商品;
(二)未经市场采购商品认定体系确认的商品;
(三)贸易管制主管部门确定的其他不适用市场采购贸易方式的商品。

三、企业管理

(一)备案要求

从事市场采购贸易的对外贸易经营者,应当向市场集聚区所在地商务主管部门办理市场采购贸易经营者备案登记,并按照海关相关规定在海关办理进出口货物收发货人备案。

(二)履行责任

对外贸易经营者对其代理出口商品的真实性、合法性承担责任。

对外贸易经营者应履行产品质量主体责任,对出口市场在生产、加工、存放过程等方面有监管或官方证书要求的农产品、食品、化妆品,应符合相关法律法规规定或双边协议要求。

四、数据管理

经市场采购商品认定体系确认的商品信息应当通过市场综合管理系统与海关实现数据联网共享。对市场综合管理系统确认的商品,海关按照市场采购贸易方式实施监管。

五、简化申报政策

(一)简化申报方式

每票报关单所对应的商品清单所列品种在5种以上的可以按以下方式实行简化申报:

1. 货值最大的前5种商品,按货值从高到低在出口报关单上逐项申报;
2. 其余商品以《税则》中"章"为单位进行归并,每"章"按价值最大商品的税号作为归并后的税号,货值、数量等也相应归并。

(二)不适用简化申报的情形

有下列情形之一的商品不适用简化申报:

1. 需征收出口关税的;
2. 实施检验检疫的;

3. 海关另有规定不适用简化申报的。

六、 通关管理

（一）申报地点

市场采购贸易出口商品应当在采购地海关申报。

（二）在采购地实施检验检疫的条件

需在采购地实施检验检疫的市场采购贸易出口商品，其对外贸易经营者应建立合格供方、商品质量检查验收、商品溯源等管理制度，提供经营场所、仓储场所等相关信息，并在出口申报前向采购地海关提出检验检疫申请。

第八节 对台小额贸易

一、 对台小额贸易的概念

对台湾地区小额贸易（以下简称对台小额贸易）是指由大陆沿海地区指定口岸经核准的对台小额贸易公司与台湾地区公司或居民进行的货物交易。

二、 管理规定

（一）指定贸易口岸

对台小额贸易只能在大陆沿海指定口岸进行。对台湾地区小额贸易口岸由沿海省、市商务主管部门商当地公安、边检、海关、交通、台办等部门指定。

目前，指定的对台湾地区小额贸易口岸包括福建、浙江、广东三省口岸，分布于福州海关、厦门海关、杭州海关、宁波海关、深圳海关、拱北海关、汕头海关、湛江海关、江门海关等九个直属海关关区内。

（二）指定贸易公司

对台小额贸易只能由大陆的对台小额贸易公司与台湾地区公司或居民间进行。

1. 对台小额贸易公司应由商务部授权的沿海省、市商务主管部门批准，并在工商行政管理部门登记注册。

2. 对台小额贸易公司只准开展对台湾地区小额贸易，不得经营一般进出口业务。

（三）指定口岸和公司的撤销

商务部有权对不具备开展对台小额贸易条件的对台小额贸易公司和口岸予以撤销。

对台小额贸易公司如违反《对台湾地区小额贸易的管理办法》，原审批机关可视情节轻重分别给予警告、严重警告、撤销其经营权的处罚。

（四）交易条件

1. 对台小额贸易只能使用一百吨以下（含一百吨）的台湾地区船只。
2. 对台小额贸易每船每航次进出口货物限额为十万美元。
3. 对台小额贸易进口货物原产地必须为台湾地区。
4. 对台小额贸易货物和船只均不得出现违反"一个中国"即中华人民共和国的字样及旗、徽、号等标记。

5. 对台小额贸易进口的货物，未能成交的应原船返回。

（五）试行更开放管理措施

2007年9月5日，商务部办公厅、海关总署办公厅联合下发《关于在部分对台小额贸易点试行更开放管理措施的通知》（商台字〔2007〕19号），在部分对台小额贸易试点口岸（以下简称试点口岸）试行更开放管理措施。

1. 试点口岸进出的对台小额贸易台湾地区船舶，不受船舶吨位和交易金额限制。

2. 试点口岸对台小额贸易公司经营权由福建、浙江、广东三省及三省内计划单列市商务主管部门批准，在工商行政管理部门登记注册，并向所在地海关办理备案手续。未经批准的，不得从事对台小额贸易。

3. 每个试点口岸只设一家对台小额贸易公司。已在同一小额贸易点设立了多于一家对台小额贸易公司的地区，应经当地商务主管部门核准并报商务部、海关总署备案。

4. 对台小额贸易公司应在指定的地点经营进出口货物，不得跨点经营。如确有特殊情况需临时在同一海关区内的其他小额贸易点经营的，应经原审批部门批准，并经小额贸易点所在地海关同意。对台小额贸易公司不得委托没有对台小额贸易经营权的企业和个人经营对台小额贸易。

三、对台小额贸易海关监管规定

在指定对台小额贸易点所有的进出口货物、船只及船上人员应分别接受当地海关等联检部门的管理，并照章交纳税、费。未经向海关申报并办理验放手续，不得擅自卸、装货物。

（一）申报管理规定

对台小额贸易货物收发货人或其代理人，应当根据《中华人民共和国海关进出口货物申报管理规定》，以电子数据报关方式向海关申报。

1. 对台小额贸易监管方式代码为"4039"。

2. 对台小额贸易进口货物启运国（地区）和原产国（地区）、出口货物运抵国（地区）和最终目的国（地区）均应为中国台湾（143）。

（二）征税管理规定

对台小额贸易进出口货物征税适用《税则》的优惠税率。进口货物征收特别关税的，按规定征收特别关税。

（三）审证管理规定

1. 对台小额贸易进出口的货物应符合《中华人民共和国货物进出口管理条例》的规定。

2. 进出口属于国家实行配额、许可证等管理的货物，海关凭有关主管部门签发的相关证件征税验放。

3. 海关通过审核原产地证明、对货物进行实际查验或者审核其他相关单证等方法，确定进口货物的原产地为台湾地区。

4. 对台小额贸易确需出口少量许可证件管理货物，凭商务部授权沿海省级商务主管部门签发的"对台小额贸易出口许可证"验放。

（四）船舶监管规定

海关按照进出境运输工具的相关规定对经营对台小额贸易的船舶进行监管。

1. 船员个人携带自用物品以自用合理数量为限。船员不得携带大陆规定禁止携带出入境的物品出入境，个人不得利用船舶为他人携带物品。

2. 船舶带进的航行必备的设备、燃料、物料，应原船带出，不得作为货物交易。

3. 船舶需要补充的设备、燃料、物料，限自用合理数量，在海关监管之下装载。

(五) 惩罚管理规定

对台小额贸易公司如违反海关规定的，由海关按照《海关法》和《海关行政处罚实施条例》的有关规定予以处理。构成犯罪的，移交司法机关追究刑事责任。

四、名词解释

台湾地区居民是指持有合法、有效的中国台湾渔民证、身份证等身份证明的人员。

台湾地区船只是指在台湾地区正式登记注册、可供在海上进行正常作业和航行的载体。

第十八章 跨境电子商务海关监管

第一节 跨境电子商务概述

一、跨境电子商务的三种定义

近年来,跨境电商持续快速发展,以新兴贸易业态成为我国外贸发展的新亮点,但跨境电商的定义并未在法律法规或国务院文件中予以明确,从目前各方理解概括起来主要有三类。

一是广义的定义。泛指通过互联网等信息网络销售商品或提供服务的跨境商务活动。在互联网时代,跨境贸易的询价磋商、缔结合同、履行约定、支付结算等环节往往会在一个或多个环节用到电子信息技术,因此如果采用广义定义,现在几乎"无商不电"。

二是狭义的定义。在《世界海关组织跨境电子商务标准框架》中界定为"通过在线订购、销售、沟通或支付,通过邮包快件等跨境运输方式将货物派送给消费者的贸易方式"。符合跨境电商零售进出口的特点,但并未包括跨境电商 B2B 贸易方式,缩小了跨境电商业态的范畴。

如果采用广义的定义,跨境电商几乎覆盖所有外贸领域,这样就难以称之为新兴业态,且难以准确聚焦界定。而狭义的定义符合跨境电商零售进出口的特点,但并未包括跨境电商 B2B 等贸易方式,缩小了跨境电商业态的范畴。因此,在新业态发展与实践中,监管部门和业内人士更认同第三种定义:跨境电商是指分属不同关境的交易主体,通过跨境电商平台达成交易,并通过跨境物流送达商品、完成交易的跨境贸易商业活动,主要包括 B2B、B2C、B2B2C、C2C 等模式。

二、跨境电子商务业务模式

(一) 跨境电子商务 B2C 业务

网购保税进口:电子商务企业境内代理人将整批商品运入海关特殊监管区域或保税物流中心(B 型)内并向海关报关,海关实施账册管理。境内消费者网购区内商品后,相关企业分别向海关传输交易、支付、物流电子信息,提交《中华人民共和国海关跨境电子商务零售进出口商品申报清单》(以下简称《申报清单》),海关按照跨境电商零售进口商品征收税款,并实施账册管理。商品放行后,通过快件、邮件方式进行国内配送。(海关监管方式"1210"/"1239")

直购进口:境内消费者跨境网购后,相关企业分别向海关传输交易、支付、物流电子数据,提交《申报清单》,商品以邮件、快件方式运送入境,海关按照跨境电商零售进口商品征收税款。(海关监管方式"9610")

一般出口:境外消费者跨境网购后,相关企业分别向海关传输交易、收款、物流电子信息,提交《申报清单》,采用"清单核放、汇总申报"方式通关,综试区内符合条件的商品还可采用"清单核放、汇总统计"方式通关。(海关监管方式"9610")

特殊区域出口:电子商务企业把整批商品按一般贸易报关进入海关特殊监管区域或保税物流中心(B 型),海关实施账册管理。境外消费者网购区内商品后,相关企业分别向海关传输交易、收款、物流电子数据,提交《申报清单》,采用"清单核放、汇总申报"方式通关,海关实施账册管理。综试区内符合条件的商品还可采用"清单核放、汇总统计"方式通关。（海关监管方式"1210"）

（二）跨境电子商务 B2B 出口业务

跨境电子商务企业对企业直接出口：境内企业通过跨境电商平台与境外企业达成交易后，通过跨境物流将货物直接出口送达境外企业。（海关监管方式"9710"）

跨境电子商务出口海外仓：境内企业将出口货物通过跨境物流送达海外仓，通过跨境电商平台实现交易后从海外仓送达购买者。（海关监管方式"9810"）

三、跨境电子商务海关监管政策沿革

2014 年 1 月 24 日，海关总署发布《关于增列海关监管方式代码的公告》，增列海关监管方式代码"9610"，全称"跨境贸易电子商务"，简称"电子商务"，适用于境内个人或电子商务企业通过电子商务交易平台实现交易，并采用"清单核放、汇总申报"模式办理通关手续的电子商务零售进出口商品（通过海关特殊监管区域或保税监管场所一线的电子商务零售进出口商品除外）。

2014 年 7 月 23 日，海关总署发布《关于跨境贸易电子商务进出境货物、物品有关监管事宜的公告》，就电子商务进出境货物、物品海关监管事宜给出了全面、具体的通关政策。

2014 年 7 月 30 日，海关总署发布《关于增列海关监管方式代码的公告》，增列海关监管方式代码"1210"，全称"保税跨境贸易电子商务"，简称"保税电商"。适用于境内个人或电子商务企业在经海关认可的电子商务平台实现跨境交易，并通过海关特殊监管区域或保税监管场所进出的电子商务零售进出境商品［海关特殊监管区域、保税监管场所与境内区外（场所外）之间通过电子商务平台交易的零售进出口商品不适用该监管方式］。"1210"监管方式用于进口时仅限经批准开展跨境贸易电子商务进口试点的海关特殊监管区域和保税物流中心（B 型）。

2016 年 3 月 24 日，财政部、海关总署、国家税务总局发布《关于跨境电子商务零售进口税收政策的通知》，明确跨境电子商务零售进口商品按照货物征收关税和进口环节增值税、消费税，规定单次交易限值为人民币 2000 元，个人年度交易额限值为人民币 20000 元，自海关放行之日起 30 日内可办理退货。

2016 年 4 月 6 日，海关总署发布《关于跨境电子商务零售进出口商品有关监管事宜的公告》，从企业管理、通关管理、税收征管、物流监控及退货管理等多个方面对跨境电子商务零售进出口商品监管进行重新明确。

2016 年 4 月 6 日，财政部、发展改革委、海关总署等 11 个部门联合发布《关于公布跨境电子商务零售进口商品清单的公告》，首次明确了《跨境电子商务零售进口商品清单》；当月 15 日，财政部等 13 个部委共同发布了《跨境电子商务零售进口商品清单（第二批）》，其中包含 151 个 8 位税号商品，并涉及生鲜、液态奶等受行业普遍关注的品类。

2016 年 12 月 5 日，海关总署发布《关于增列海关监管方式代码的公告》，增列海关监管方式代码"1239"，全称"保税跨境贸易电子商务 A"，简称"保税电商 A"。适用于境内电子商务企业通过海关特殊监管区域或保税物流中心（B 型）一线进出的跨境电子商务零售进口商品。

2018 年 9 月 28 日，财政部、国家税务总局、商务部和海关总署发布《关于跨境电子商务综合试验区零售出口货物税收政策的通知》，首次明确对综试区电子商务出口企业出口未取得有效进货凭证的货物，同时符合相关条件的，试行增值税、消费税免税政策。

2018 年 11 月 20 日，财政部、发展改革委、海关总署等 13 个部门联合发布《关于调整跨境电商零售进口商品清单的公告》，新增部分行业需求度较高的品类。

2018 年 11 月 28 日，商务部、发展改革委、财政部、海关总署、国家税务总局和国家市场监督管理总局发布《关于完善跨境电子商务零售进口监管有关工作的通知》，首次明确按照"政府部门、跨境电商企业、跨境电商平台、境内服务商、消费者各负其责"的原则，明确各方责任，实施有效监管。

2018年11月29日，财政部、海关总署和国家税务总局发布《关于完善跨境电子商务零售进口税收政策的通知》，将跨境电子商务零售进口商品的单次交易限值由人民币2000元提高至5000元，年度交易限值由人民币20000元提高至26000元，并明确完税价格超过5000元单次交易限值但低于26000元年度交易限值，且订单下仅一件商品，可以自跨境电商零售渠道进口，按照货物税率全额征收关税和进口环节增值税、消费税，交易额计入年度交易总额，但年度交易总额超过年度交易限值的，应按一般贸易管理。

2018年12月10日，海关总署发布《关于跨境电子商务零售进出口商品有关监管事宜的公告》，根据《海关法》《进出境动植物检疫法》《进出口商品检验法》《中华人民共和国电子商务法》等法律法规和《商务部 发展改革委 财政部 海关总署 税务总局 市场监管总局关于完善跨境电子商务零售进口监管有关工作的通知》（商财发〔2018〕486号）等国家有关跨境电子商务零售进出口相关政策规定，进一步优化和调整跨境电子商务零售进出口商品海关监管要求。

2019年12月24日，财政部、发展改革委、海关总署等13个部门联合发布《关于调整扩大跨境电子商务零售进口商品清单的公告》，商品品类进一步丰富，监管要求进一步细化。

2020年1月17日，商务部、发展改革委、财政部、海关总署、国家税务总局和国家市场监督管理总局发布《关于扩大跨境电商零售进口试点的通知》，将石家庄、秦皇岛等50个城市（地区）和海南全岛纳入跨境电商零售进口试点范围。

2020年3月27日，海关总署发布《关于全面推广跨境电子商务出口商品退货监管措施有关事宜的公告》，全面推广跨境电子商务出口商品退货监管措施，使跨境电子商务商品出得去、退得回，推动跨境电子商务出口业务健康快速发展。

2020年3月28日，海关总署发布《关于跨境电子商务零售进口商品退货有关监管事宜的公告》，优化跨境电子商务零售进口商品退货监管，明确退货企业在《申报清单》放行之日起30日内申请退货，并且在《申报清单》放行之日起45日内将退货商品运抵原海关监管作业场所、原海关特殊监管区域或保税物流中心（B型）的，相应税款不予征收，并调整消费者个人年度交易累计金额。

2020年6月12日，海关总署发布《关于开展跨境电子商务企业对企业出口监管试点的公告》，决定自2020年7月1日起，在北京海关、天津海关、南京海关、杭州海关、宁波海关、厦门海关、郑州海关、广州海关、深圳海关、黄埔海关开展跨境电商B2B出口监管试点，并对跨境电商B2B出口监管要求进行了明确。

2020年8月13日，海关总署发布《关于扩大跨境电子商务企业对企业出口监管试点范围的公告》，决定自2020年9月1日起，在现有试点海关基础上，增加上海、福州、青岛、济南、武汉、长沙、拱北、湛江、南宁、重庆、成都、西安等12个直属海关开展跨境电商B2B出口监管试点。

2021年6月22日，海关总署发布《关于在全国海关复制推广跨境电子商务企业对企业出口监管试点的公告》，决定自2021年7月1日起，在现有试点海关基础上，在全国海关复制推广跨境电商B2B出口监管试点。

2021年9月10日，海关总署发布《关于全面推广跨境电子商务零售进口退货中心仓模式的公告》，着力落实《国务院关于做好自由贸易试验区第六批改革试点经验复制推广工作的通知》（国函〔2020〕96号）要求，进一步便捷跨境电子商务零售进口商品退货。

四、海关跨境电子商务监管相关概念

（一）"跨境电子商务企业"是指自境外向境内消费者销售跨境电子商务零售进口商品的境外注册企业（不包括在海关特殊监管区域或保税物流中心内注册的企业），或者境内向境外消费者销售跨境电子商务零售出口商品的企业，为商品的货权所有人。

（二）"跨境电子商务企业境内代理人"是指开展跨境电子商务零售进口业务的境外注册企业所委托的境内代理企业，由其在海关办理注册登记，承担如实申报责任，依法接受相关部门监管，并承担民事责任。

（三）"跨境电子商务平台企业"是指在境内办理工商登记，为交易双方（消费者和跨境电子商务企业）提供网页空间、虚拟经营场所、交易规则、信息发布等服务，设立供交易双方独立开展交易活动的信息网络系统的经营者。（适用于跨境电子商务零售进出口业务）

（四）"支付企业"是指在境内办理工商登记，接受跨境电子商务平台企业或跨境电子商务企业境内代理人委托为其提供跨境电子商务零售进口支付服务的银行、非银行支付机构以及银联等。

（五）"物流企业"是指在境内办理工商登记，接受跨境电子商务平台企业、跨境电子商务企业或其代理人委托为其提供跨境电子商务零售进出口物流服务的企业。

（六）"消费者（订购人）"是指跨境电子商务零售进口商品的境内购买人。

（七）"国际贸易'单一窗口'"是指由国务院口岸工作部际联席会议统筹推进，依托电子口岸公共平台建设的一站式贸易服务平台。申报人（包括参与跨境电子商务的企业）通过"单一窗口"向海关等口岸管理相关部门一次性申报，口岸管理相关部门通过电子口岸平台共享信息数据、实施职能管理，将执法结果通过"单一窗口"反馈申报人。

（八）"跨境电子商务通关服务平台"是指由电子口岸搭建，实现企业、海关以及相关管理部门之间数据交换与信息共享的平台。

（九）跨境电子商务企业对企业出口简称"跨境电商B2B出口"，是指境内企业通过跨境物流将货物运送至境外企业或海外仓，并通过跨境电商平台完成交易的贸易形式。

（十）"跨境电商平台"是指为交易双方提供网页空间、虚拟经营场所、交易规则、信息发布等服务，设立供交易双方独立开展交易活动的信息网络系统。包括自营平台和第三方平台，境内平台和境外平台。（适用于"跨境电商B2B出口"业务）

第二节　跨境电子商务通关海关管理

一、跨境电子商务零售进出口海关管理

（一）适用范围

本节所述跨境电子商务零售进出口海关管理适用于：跨境电子商务企业、消费者（订购人）通过跨境电子商务交易平台实现零售进出口商品交易，并根据海关要求传输相关交易电子数据办理相关清关手续的业务。

（二）企业管理

1. 跨境电子商务平台企业、物流企业、支付企业等参与跨境电子商务零售进口业务的企业，应当依据海关报关单位注册登记管理相关规定，向所在地海关办理注册登记；境外跨境电子商务企业

应委托境内代理人（以下简称跨境电子商务企业境内代理人）向该代理人所在地海关办理注册登记。

2. 跨境电子商务企业、物流企业等参与跨境电子商务零售出口业务的企业，应当向所在地海关办理信息登记；如需办理报关业务，向所在地海关办理注册登记。

3. 物流企业应获得国家邮政管理部门颁发的"快递业务经营许可证"。直购进口模式下，物流企业应为邮政企业或者已向海关办理代理报关登记手续的进出境快件运营人。

4. 支付企业为银行机构的，应具备银保监会或者原银监会颁发的"金融许可证"；支付企业为非银行支付机构的，应具备中国人民银行颁发的"支付业务许可证"，支付业务范围应当包括"互联网支付"。

5. 参与跨境电子商务零售进出口业务并在海关注册登记的企业，纳入海关信用管理，海关根据信用等级实施差异化的通关管理措施。

（三）通关管理

1. 跨境电子商务零售进口业务

（1）跨境电子商务零售进口商品申报前，跨境电子商务平台企业或跨境电子商务企业境内代理人、支付企业、物流企业应当分别通过国际贸易"单一窗口"或跨境电子商务通关服务平台向海关传输交易、支付、物流等电子信息，并对数据真实性承担相应责任。直购进口模式下，邮政企业、进出境快件运营人可以接受跨境电子商务平台企业或跨境电子商务企业境内代理人、支付企业的委托，在承诺承担相应法律责任的前提下，向海关传输交易、支付等电子信息。

（2）跨境电子商务零售商品进口时，跨境电子商务企业境内代理人或其委托的报关企业应提交《中华人民共和国海关跨境电子商务零售进口商品申报清单》（以下简称《进口申报清单》），采取"清单核放"方式办理报关手续。

（3）对跨境电子商务直购进口商品及适用"网购保税进口"（监管方式代码1210）进口政策的商品，按照个人自用进境物品监管，不执行有关商品首次进口许可批件、注册或备案要求。但对相关部门明令暂停进口的疫区商品和对出现重大质量安全风险的商品启动风险应急处置时除外。适用"网购保税进口 A"（监管方式代码1239）进口政策的商品，按《跨境电子商务零售进口商品清单（2019年版）》尾注中的监管要求执行。

（4）跨境电子商务零售进口商品需在财政部、发展改革委、工业和信息化部等13部门发布的《关于调整扩大跨境电子商务零售进口商品清单的公告》所列范畴之内，海关根据正面清单旁注及尾注规定进行监管。

（5）开展跨境电子商务零售进口业务的跨境电子商务平台企业、跨境电子商务企业境内代理人应对交易真实性和消费者（订购人）身份信息真实性进行审核，并承担相应责任；身份信息未经国家主管部门或其授权的机构认证的，订购人与支付人应当为同一人。

（6）跨境电子商务零售进口商品的单次交易限值为人民币5000元，年度交易限值为人民币26000元。

（7）《进口申报清单》与"进口货物报关单"具有同等法律效力。

2. 跨境电子商务零售出口业务

（1）跨境电子商务零售出口商品申报前，跨境电子商务企业或其代理人、物流企业应当分别通过国际贸易"单一窗口"或跨境电子商务通关服务平台向海关传输交易、收款、物流等电子信息，并对数据真实性承担相应法律责任。

（2）跨境电子商务零售商品出口时，跨境电子商务企业或其代理人应提交《中华人民共和国海关跨境电子商务零售出口商品申报清单》（以下简称《出口申报清单》），采取"清单核放、汇总申报"方式办理报关手续;跨境电子商务综合试验区内符合条件的跨境电子商务零售商品出口,可采取"清单核放、汇总统计"方式办理报关手续。

(3) 跨境电子商务零售商品出口后,跨境电子商务企业或其代理人应当于每月15日前(当月15日是法定节假日或者法定休息日的,顺延至其后的第一个工作日),将上月结关的《出口申报清单》依据清单表头同一收发货人、同一运输方式、同一生产销售单位、同一运抵国、同一出境关别,以及清单表体同一最终目的国、同一10位海关商品编码、同一币制的规则进行归并,汇总形成"出口货物报关单"向海关申报。允许以"清单核放、汇总统计"方式办理报关手续的,不再汇总形成"出口货物报关单"。

(4)《出口申报清单》的修改或者撤销,参照"出口货物报关单"修改或者撤销有关规定办理。

(5)《出口申报清单》与"出口货物报关单"具有同等法律效力。

(四) 税收征管

1. 跨境电子商务零售进口业务

(1) 对跨境电子商务零售进口商品,海关按照国家关于跨境电子商务零售进口税收政策征收关税和进口环节增值税、消费税,完税价格为实际交易价格,包括商品零售价格、运费和保险费。

(2) 跨境电子商务零售进口商品消费者(订购人)为纳税义务人。在海关注册登记的跨境电子商务平台企业、物流企业或申报企业作为税款的代收代缴义务人,代为履行纳税义务,并承担相应的补税义务及相关法律责任。

(3) 代收代缴义务人应当如实、准确向海关申报跨境电子商务零售进口商品的商品名称、规格型号、税则号列、实际交易价格及相关费用等税收征管要素。跨境电子商务零售进口商品的申报币制为人民币。为审核确定跨境电子商务零售进口商品的归类、完税价格等,海关可以要求代收代缴义务人按照有关规定进行补充申报。

(4) 海关对符合监管规定的跨境电子商务零售进口商品按时段汇总计征税款,代收代缴义务人应当依法向海关提交足额有效的税款担保。海关放行后30日内未发生退货或修撤单的,代收代缴义务人在放行后第31日至第45日内向海关办理纳税手续。

(5) 完税价格超过5000元单次交易限值但低于26000元年度交易限值,且订单下仅一件商品时,可以自跨境电商零售渠道进口,按照货物税率全额征收关税和进口环节增值税、消费税,交易额计入年度交易总额,但年度交易总额超过年度交易限值的,应按一般贸易管理。

2. 跨境电子商务零售出口业务

对综试区电子商务出口企业出口未取得有效进货凭证的货物,同时符合下列条件的,试行增值税、消费税免税政策:

(1) 电子商务出口企业在综试区注册,并在注册地跨境电子商务线上综合服务平台登记出口日期、货物名称、计量单位、数量、单价、金额。

(2) 出口货物通过综试区所在地海关办理电子商务出口申报手续。

(3) 出口货物不属于财政部和国家税务总局根据国务院决定明确取消出口退(免)税的货物。

(五) 检疫、查验和物流管理

1. 海关对跨境电子商务零售进出口商品及其装载容器、包装物按照相关法律法规实施检疫,并根据相关规定实施必要的监管措施。对需在进境口岸实施的检疫及检疫处理工作,应在完成后方可运至跨境电子商务监管作业场所。

2. **网购保税进口业务**:一线入区时以报关单方式进行申报,海关可以采取视频监控、联网核查、实地巡查、库存核对等方式加强对网购保税进口商品的实货监管。

3. 海关实施查验时，跨境电子商务企业或其代理人、跨境电子商务监管作业场所经营人、仓储企业应当按照有关规定提供便利，配合海关查验。

4. 跨境电子商务零售进出口商品可采用"跨境电商"模式进行转关。其中，跨境电子商务综合试验区所在地海关可将转关商品品名以总运单形式录入"跨境电子商务商品一批"，并需随附转关商品详细电子清单。

5. 网购保税进口商品可在海关特殊监管区域或保税物流中心（B型）间流转，按有关规定办理流转手续。以"网购保税进口"（监管方式代码1210）海关监管方式进境的商品，不得转入适用"网购保税进口A"（监管方式代码1239）的城市继续开展跨境电子商务零售进口业务。网购保税进口商品可在同一区域（中心）内的企业间进行流转。

（六）场所管理

1. 跨境电子商务零售进出口商品监管作业场所必须符合海关相关规定。跨境电子商务监管作业场所经营人、仓储企业应当建立符合海关监管要求的计算机管理系统，并按照海关要求交换电子数据。其中开展跨境电子商务直购进口或一般出口业务的监管作业场所应按照快递类或者邮递类海关监管作业场所规范设置。

2. 跨境电子商务网购保税进口业务应当在海关特殊监管区域或保税物流中心（B型）内开展。除另有规定外，参照《关于跨境电子商务零售进出口商品有关监管事宜的公告》（海关总署公告2018年第194号）规定监管。

（七）其他事项

1. 从事跨境电子商务零售进出口业务的企业应向海关实时传输真实的业务相关电子数据和电子信息，并开放物流实时跟踪等信息共享接口，加强对海关风险防控方面的信息和数据支持，配合海关进行有效管理。

2. 在海关注册登记的跨境电子商务企业及其境内代理人、跨境电子商务平台企业、支付企业、物流企业等应当接受海关稽核查。

3. 跨境电子商务企业及其代理人、跨境电子商务平台企业应建立商品质量安全等风险防控机制，加强对商品质量安全以及虚假交易、二次销售等非正常交易行为的监控，并采取相应处置措施。

4. 跨境电子商务企业不得进出口涉及危害口岸公共卫生安全、生物安全、进出口食品和商品安全、侵犯知识产权的商品以及其他禁限商品，同时应当建立健全商品溯源机制并承担质量安全主体责任。鼓励跨境电子商务平台企业建立并完善进出口商品安全自律监管体系。

5. 海关对跨境电子商务零售进口商品实施质量安全风险监测，责令相关企业对不合格或存在质量安全问题的商品采取风险消减措施，对尚未销售的按货物实施监管，并依法追究相关经营主体责任；对监测发现的质量安全高风险商品发布风险警示并采取相应管控措施。海关对跨境电子商务零售进口商品在商品销售前按照法律法规实施必要的检疫，并视情发布风险警示。

6. 跨境电子商务平台企业、跨境电子商务企业或其代理人、物流企业、跨境电子商务监管作业场所经营人、仓储企业发现涉嫌违规或走私行为的，应当及时主动告知海关。涉嫌走私或违反海关监管规定的参与跨境电子商务业务的企业，应配合海关调查，开放交易生产数据或原始记录数据。

7. 海关对参与制造或传输虚假交易、支付、物流"三单"信息、为二次销售提供便利、未尽责审核消费者（订购人）身份信息真实性等，导致出现个人身份信息或年度购买额度被盗用、进行二次销售及其他违反海关监管规定情况的企业依法进行处罚。对涉嫌走私或违规的，由海关依法处理；构成犯罪的，依法追究刑事责任。对利用其他公民身份信息非法从事跨境电子商务零售进口业务的，海关按走私违规处理，并按违法利用公民信息的有关法律规定移交相关部门处理。对不涉嫌走私违规、首次发现的，进行约谈或暂停业务责令整改；再次发现的，一定时期内不允许其从事跨境电子商务零售进口业务，并交由其他行业主管部门按规定实施查处。

8. 消费者（订购人）对于已购买的跨境电子商务零售进口商品不得再次销售。

二、跨境电子商务企业对企业出口海关管理

（一）适用范围

本节所述跨境电子商务企业对企业出口海关管理适用于：境内企业通过跨境电商平台与境外企业达成交易后，通过跨境物流将货物直接出口送达境外企业（简称跨境电商 B2B 直接出口），或境内企业将出口货物通过跨境物流送达海外仓，通过跨境电商平台实现交易后从海外仓送达购买者（简称"跨境电商出口海外仓"），并根据海关要求传输相关电子数据办理相关清关手续的业务。

（二）企业管理

跨境电商企业、跨境电商平台企业、物流企业等参与跨境电商 B2B 出口业务的境内企业，应当依据海关报关单位注册登记管理有关规定，向所在地海关办理注册登记。开展出口海外仓业务的跨境电商企业，还应当在海关开展出口海外仓业务模式备案。

（三）通关管理

跨境电商企业或其委托的代理报关企业、境内跨境电商平台企业、物流企业应当通过国际贸易"单一窗口"或"互联网+海关"向海关提交申报数据、传输电子信息，并对数据真实性承担相应法律责任。

（四）检疫、查验和物流管理

1. 海关实施查验时，跨境电商企业或其代理人、监管作业场所经营人应当按照有关规定配合海关查验。海关按规定实施查验，对跨境电商 B2B 出口货物可优先安排查验。

2. 跨境电商 B2B 出口货物适用全国通关一体化，也可采用"跨境电商"模式进行转关。

3. 跨境电商 B2B 出口货物应当符合检验检疫相关规定。

第三节 跨境电子商务出口商品退货监管

一、退货申请主体

申请开展退货业务的主体包括跨境电子商务出口企业、特殊区域［包括海关特殊监管区域和保税物流中心（B型）］内跨境电子商务相关企业或其委托的报关企业（以下简称退货企业）。

二、退货业务模式

目前允许通过跨境电商渠道办理出口退货手续的模式包括跨境电商一般出口（9610 出口）、特殊区域出口（1210 出口）及出口海外仓（0110 出口）三种模式，其中特殊区域出口又分为包裹零售出口及出口海外仓两种模式。

三、退货商品范围

退货企业可以对原"出口货物报关单"、出口申报清单或"中华人民共和国海关出境货物备案

清单"所列全部或部分商品申请退货。

四、退货商品要求

（一）申请退货的跨境电商零售出口商品需要办理检验检疫手续的按照有关规定办理。

（二）跨境电子商务出口退货商品可单独运回也可批量运回。

五、相关企业责任

申请开展退货业务的跨境电子商务出口企业、特殊区域内跨境电子商务相关企业应当建立退货商品流程监控体系，应保证退货商品为原出口商品，并承担相关法律责任。

对于申请开展跨境电商零售一般出口（9610）退货的企业，海关鼓励企业 WMS（仓储管理系统）和 OMS（订单管理系统）数据向海关开放或与海关信息化系统对接。

申请开展跨境电商特殊区域出口（1210）退货的企业应主动向海关开放生产作业系统，同海关账册系统联动印证。

退货企业应当向海关如实申报，接受海关监管，并承担相应的法律责任。

六、退货时间要求

退货商品应在出口放行之日起 1 年内退运进境。

CHAPTER 2

第二篇 问答篇

第一章 海关口岸监管概述

1. 海关的职责任务是什么？

答：现行《海关法》第二条明确规定了海关的基本任务是："海关依照本法和其他有关法律、行政法规，监管进出境的运输工具、货物、行李物品、邮递物品和其他物品（以下简称进出境运输工具、货物、物品），征收关税和其他税、费，查缉走私，并编制海关统计和办理其他海关业务。"这明确了海关监管、海关征税、海关缉私和海关统计作为海关的四项基本任务。

但随着社会发展和国家形势的变化，中国加入世界贸易组织以后，海关职能逐步发生变革，尤其是出入境检验检疫管理职责和队伍划入海关后，海关履行传统职能的任务更加艰巨，维护国门生物安全、促进贸易安全与便利、保障食品安全、监督商品合格、防止疫情疫病传播、保护知识产权、履行原产地管理职责，协助解决国际贸易争端、实施贸易救济和贸易保障、参与反恐和防止核扩散、参与口岸规划管理和安全生产等非传统职能任务不断加重。

2. 海关的主要业务制度有哪些？

答：海关的主要业务制度包括监管制度、关税制度、统计制度、缉私制度和检验检疫制度。

3. 海关的管理体制有何特点？

答：依据现行《海关法》第三条的规定：国务院设立海关总署，统一管理全国海关。……海关的隶属关系，不受行政区划的限制。海关依法独立行使职权，向海关总署负责。这在法律上确立了海关系统集中统一的垂直领导体系。因此，海关管理体制的根本特征是以垂直领导为核心的高度集权、高度统一，实行一级管一级、一级对一级负责的层级约束。

4. 海关的组织机构如何构成？

答：现行《海关法》确定的海关设关原则是："国家在对外开放的口岸和海关监管业务集中的地点设立海关。海关的隶属关系，不受行政区划的限制。"目前，全国海关在组织结构上分为3个层次：第一层次是海关总署；第二层次包括广东分署，天津、上海2个特派员办事处，42个直属海关；第三层次包括设立在全国的隶属海关和办事处。此外，海关总署管辖2所海关学院，即上海海关学院和中国海关管理干部学院，并在布鲁塞尔、莫斯科、华盛顿等地设有派驻机构。

5. 海关口岸监管制度有哪些？

答：海关口岸监管制度包括进出境货物监管制度，海关物流监控制度，进出境查验、检验、检疫制度，进出境物品监管制度。

6. 进出境货物监管制度有哪些？

答：进出境货物监管制度包括报关货物的监管制度，全国通关一体化货物的监管制度，转关运输货物的监管制度，暂时进出境货物的监管制度，过境、转运、通运货物的监管制度，知识产权保护货物的监管制度，保税货物的监管制度，进出境快件的监管制度，跨境贸易电子商务监管制度，其他特殊进出口货物的监管制度等。

7. 什么是海关物流监控的基本制度？

答：海关物流监控的基本制度包括两大方面：一是对进出境运输工具、海关监管货物、监管作

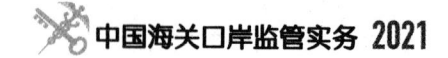

业场所、境内运输过程,以及与物流相关的企业如运输企业、仓储企业、报关企业等监管实体的管理制度;二是对以舱单信息为主线的,包括进出境运输工具动态信息、监管作业场所内物流信息、报关信息、转关运输信息等各项物流信息的申报管理规定。

8. 进出境查验、检验、检疫制度有哪些?

答:进出境查验、检验、检疫制度包括进出境货物查验制度,进出口食品、化妆品的安全监督管理制度,进出境动植物检疫制度,进出口商品法定检验和监督管理制度,入出境卫生检疫制度。

第二章　进出口货物的口岸通关管理

1. 海关对转关运输货物监管有什么要求？

答：海关对转关运输货物的监管要求是：

（1）转关货物是海关监管货物，海关对其施加海关封志。转关货物未经海关许可，不得开拆、提取、交付、发运、调换、改装、抵押、质押、留置、转让、更换标记、移作他用或者进行其他处理。

（2）海关对转关的货物限定路线范围，限定途中运输时间，承运人应当按海关要求将货物运抵指定的场所。海关根据工作需要，可以派员押运转关货物，进出口货物收发货人或其代理人、承运人应当提供方便。

（3）转关货物的存放、装卸、查验应在海关监管作业场所内进行。特殊情况需要在海关监管作业场所以外存放、装卸、查验货物的，应事先向海关提出申请。

（4）转关货物在国内储运中发生损坏、短少、灭失情事时，除不可抗力原因外，承运人、货物所有人、存放场所负责人应承担税赋责任。

2. 海关可以查验过境、转运和通运货物吗？

答：海关认为必要时，可以查验过境、转运和通运货物。

3. 什么是进出境货物口岸检查？

答：进出境货物口岸检查是指海关在进出境环节验证进出口货物是否存在安全准入风险、检验检疫、重大税收风险，验证进出口货物真实情况与报关单证申报情况是否相符，依法对其实施检疫、查验、检验的具体行政执法行为。

4. 海关对实施检查的人员有何要求？

答：口岸检查应当由2名（含2名）以上海关查验人员共同实施。

查验人员实施检查时，应当着海关制式服装。

5. 海关检查如何执行回避制度？

答：海关检查实行回避制度。

查验关员执行检查任务时，有下列情形之一的，应当回避：

（1）涉及本人利害关系的；

（2）涉及与本人有夫妻关系、直系血亲关系、三代以内旁系血亲关系，以及近姻亲关系的亲属人员的利害关系的；

（3）其他可能影响公正执行公务的。

查验关员有应当回避情形的，本人应当申请回避；利害关系人有权申请查验关员回避。

其他人员可以向海关提供查验关员需要回避的情况。

海关根据查验关员本人或者利害关系人的申请，经审查后作出是否回避的决定，也可以不经申请直接作出回避决定。

6. 海关对实施口岸检查场所有何要求？

答：口岸检查应当在海关监管区内实施。

进出口货物运抵海关监管场所后，方可办理口岸检查手续。

因货物易受温度、静电、粉尘等自然因素影响，不宜在海关口岸监管区内实施口岸检查，或者因其他特殊原因，需要在海关监管区外检查的，经进出口货物收发货人或者其代理人书面申请，经海关同意后可以派员到海关监管区外实施检查。

7. 海关检查是否收费？

答：海关实施检查不收取费用。

因检查而产生的进出口货物搬移、开拆或者重封包装等费用，由进出口货物收发货人承担。

8. 海关决定实施口岸检查后如何告知进出口货物收发货人？

答：对需要口岸检查的货物，以签发海关口岸检查通知书、海关追加检查通知书等形式，通知收发货人或其代理人配合海关查验部门做好口岸检查相关准备工作。

9. 进出口货物收发货人或者其代理人应如何协助海关实施检查？

答：海关检查中进出口货物收发货人的义务有：

检查货物时，进出口货物收发货人或者其代理人应当到场，负责按照海关要求搬移货物，开拆和重封货物的包装，并如实回答查验人员的询问及提供必要的资料。

因进出境货物具有特殊属性，容易因开启、搬运不当等原因导致货物损毁，需海关查验人员予以特别注意的，收发货人或其代理人应当在海关实施检查前声明。

检查记录应当由在场的进出口货物收发货人或者其代理人签名确认。

10. 进出口货物收发货人可不到场协助海关检查吗？

答：为保障新型冠状病毒肺炎疫情防控期间进出境货物的快速验放，减少人员聚集，有效防止疫情传播，2020年2月11日，海关总署发布《关于新型冠状病毒肺炎疫情期间海关查验货物时收发货人可免于到场的公告》，疫情期间，收发货人在收到海关货物查验通知后，可通过中国国际贸易单一窗口-海关事务联系系统向海关申请，选择不陪同查验或委托存放货物的海关监管作业场所经营人、运输工具负责人等到场陪同查验等方式，不到场协助海关实施查验。

11. 如果进出口货物收发货人或者其代理人拒绝在海关查验记录上签名，海关如何处理？

答：进出口货物收发货人或者其代理人拒不签名的，查验人员应当在海关进出境货物现场检查记录单中注明情况，并由货物所在监管作业场所经营人或运输工具负责人签名证明。

12. 在何种情形下，海关对进出口货物可以优先安排检查？

答：对于危险品或者鲜活、易腐、易烂、易失效、易变质等不宜长期保存的货物，以及因其他特殊情况需要紧急验放的货物，经进出口货物收发货人或者其代理人申请，海关可以优先安排检查。

13. 海关口岸检查方式有哪些？

答：按照操作方式，海关口岸检查可以分为机检查验、人工检查、机检查验加人工检查。其中，人工检查包括外形检查、开箱检查方式。开箱检查分为抽查和彻底检查两种方式。

海关可以根据货物情况以及实际执法需要，确定具体的查验方式。

14. 什么是彻底查验？

答：彻底查验是指将全部货物掏出盛装货物的集装箱等容器或承载的运输工具，结合其实际状态、标识等因素，对照报关单证，开拆货物包装，充分验核货物实际状况的检查方式。

15. 什么是抽查？

答：抽查是指按照一定比例有选择地对一票货物中的部分货物验核实际状况的检查方式。

16. 什么是机检查验？

答：是指以利用技术检查设备为主，对货物实际状况进行验核的检查方式，也叫非侵入式检查。

17. 什么是开箱检查？

答：是指将货物从集装箱、货柜车箱等箱体中取出并拆除外包装后，对货物实际状况进行验核的检查方式。

18. 什么是外形检查？

答：外形查验是指对外部特征直观、易于判断基本属性的货物的包装、唛头和外观等状况进行验核的检查方式。

19. 什么是掏箱作业？

答：掏箱作业是指在实施检查前，对集装箱或集装箱式货车车厢实施验、解封，并对所载的进出口货物按检查要求进行监卸的过程。

20. 海关确定检查方式时可以优先选择机检查验吗？

答：可以。配备机检设备的海关对适于机检查验的货物，除布控指令有特殊要求外，应当优先采用机检方式，实行非侵入式检查。

21. 对同一票货物，海关检查可以同时使用机检查验和人工检查作业方式吗？

答：可以。配备了大型集装箱/车辆检查设备的海关查验现场，机检图像分析发现异常或经图像分析后认为无法满足检查要求的，机检审像人员应当将货物转去做人工查验；对于人工检查无法满足查验要求或人工检查发现异常后需机检确认的，可转机检辅助人工检查。

22. 什么是 H986 联网集中审像作业？

答：H986 联网集中审像作业是指通过 H986 设备联网、应用统一的联网集中审像系统，以及实现 H986 系统与海关业务作业系统的数据自动交互，开展联网集中审像的作业方式。

23. 联网集中审像作业模式有几种？

答：联网集中审像包含跨隶属海关集中模式、隶属海关集中模式、单机联网模式等 3 种作业模式。

24. 什么是智能审图？

答：智能审图，是指基于人工审图经验，利用人工智能技术对海量机检历史图像及对应的货物、物品信息进行学习，形成对 H986 设备（以及 CT 机、X 光机）的机检扫描图像实施自动识别的智能化系统。

25. 机检查验作业有哪些步骤？

答：机检查验作业流程包括现场机检查验接收、现场检入、图像扫描、审像任务分派、集中图像分析、后续处置等步骤。

26. 人工检查作业有哪些步骤？

答：人工检查作业流程包括检查指令接收、查验派单、检查前准备、检查作业、化验取样、填制检查记录、科长审核、后续处置等步骤。

对于装载检查货物的集装箱、箱式货柜车，实施检查作业前，还应检查箱体、封志、掏箱作业等步骤。

27. 实施人工检查前，查验人员应做好哪些准备工作？

答：查验人员在实施人工检查前，应做好以下准备工作：

（1）核实陪同检查的收发货人或其代理人的货主身份或代理身份；

（2）通过查阅报关单及随附单证或其电子数据、询问进出口货物收发货人或其代理人等方式，全面了解所检查货物的基本情况，初步确定现场检查应当采取的方法和步骤；

（3）货物的自然属性对检查有特殊要求，可能导致检查时造成损坏的，进出口货物收发货人或其代理人事先应向海关提供书面声明，查验人员收到书面声明后应向科长请示，由科长核定检查方式；

（4）备齐检查所需的相关单证、查验工具、取样容器、海关封志、个人安全防护用品等；

（5）其他必要的准备工作。

28. 对货物进行检查前，查验人员对装载检查货物的集装箱箱体应进行何种检查？

答：对装载检查货物的集装箱、箱式货柜车箱体，查验人员应重点核查箱体是否经改装，箱号是否清晰完整，是否有被非法开拆的痕迹，对已施封的还应核查封志是否完整。

29. 查验关员在何种情况下应当中止检查作业？

答：遇到下列情况时，现场查验关员应当中止掏箱或检查作业，并采取必要保护措施，待请示带班科长同意后，方可重新开始作业：

（1）货物的收发货人或其代理人拒绝履行其应尽义务；

（2）检查地点不具备实施掏箱、检查作业条件或货物无法按指令要求实施掏箱作业；

（3）检查过程中发现货物不适合海关继续检查，如放射性超标的放射源、存在严重污染的污染源等；

（4）在检查过程中遇外力阻止，查验人员无法正常行使职权的；

（5）检查方式不能满足检查要求，或无法实施检查作业；

（6）需中止检查的其他情况。

有关中止情况应当在"掏箱作业单""海关进出境货物现场检查记录单"上如实记录。

30. 进出口货物收发货人应如何协助海关对进出口货物进行取样化验？

答：海关对进出口货物实施取样化验、检验的，收发货人或者其代理人应当到场协助，负责搬移货物，开拆和重封货物的包装，并按照海关要求签字确认；

海关取样化验、检验时，收发货人或其代理人应当按照海关要求及时提供样品的相关单证和技术资料，并对其真实性和有效性负责；

对取样有特定要求的，应要求收发货人或其代理人给予专业技术协助；

取样应使用清洁容器或物料包装，在包装容器或样品上贴注标签的同时，需在包装容器的封口处施加经取样关员和收发货人或其代理人双方签字的样品封条，当场封存；

海关关员应按规定的格式和要求填写"中华人民共和国海关进出口货物化验取样记录单"，并于备注栏中注明所取两份平行样品的封条完整及封条编号等信息，并与进出口货物的收发货人或其代理人签字确认；

收发货人或者其代理人拒不到场，或者海关认为必要时，海关可以径行取样；

海关径行取样时，应通知存放货物的海关监管作业场所经营人、运输工具负责人到场协助，并在"中华人民共和国海关进出口货物化验取样记录单"上签字确认。

31. 海关结束查验后，对进出口货物如何处理？

答：对检查未发现申报异常的进出口货物，在进出口货物收发货人缴清税款或者提供担保后，办理放行手续。

经检查，发现异常的应于检查结束后按照规定及时移交相关部门处置，包括税证处置、货物处置、移交处置。

32. 什么是复查复验？

答：复查复验，是指海关对已经检查完毕的货物、物品和运输工具再次实施的验证式检查。

33. 复查复验的作业内容是什么？

答：复查复验人员根据原布控指令所作出的要求，对已实施检查的布控指令合理性、检查指令转化、实施检查过程、检查结果确定、检查记录填写、检查结果处置等各作业环节的规范性和有效性进行核对及验证，及时发现和纠正检查工作中存在的问题和差错，防范和化解执法、廉政和管理风险，确保检查作业规范高效和实际监管到位。

34. 已经参加过检查的查验人员可以参加对同一票货物的复验吗？

答：不可以。

35. 在何种情形下，海关可以对进出口货物实施径行开验？

答：有下列情形之一，经现场海关主管处级领导批准，海关可以在进出口货物收发货人或者其代理人不在场的情况下，对货物实施径行开验：

（1）进出口货物有违法嫌疑的；

（2）经海关通知检查，进出口货物收发货人或其代理人届时未到场的。

36. 海关径行开验时由谁负责协助海关检查？

答：海关径行开验时，存放货物的海关监管作业场所经营人、运输工具负责人应当到场协助，并在检查记录上签名确认。

37. 转关货物办理查验业务有何特别规定？

答：海关对转关货物的检查，由指运地或启运地海关实施；进境地或出境地海关认为必要时也可检查或者复验。

38. 进口货物的收货人可以在申报前看货吗？

答：进口货物的收货人经海关同意，可以在申报前查看货物或者提取货样。需要依法检疫的货物，应当在检疫合格后提取货样。

39. 在何种情形下，被查验的货物发生损坏，海关不承担赔偿责任？

答：有下列情形之一的，被查验的货物发生损坏，海关不承担赔偿责任：

（1）海关工作人员与行使职权无关的个人行为；

（2）因公民、法人和其他组织自己的行为致使损害发生的；

（3）因不可抗力造成损害后果的；

（4）由于当事人或其委托的人搬移、开拆、重封包装或保管不善造成的损失；

（5）易腐、易失效货物在海关正常工作程序所需要时间内（含代保管期间）所发生的变质或失效，当事人事先未向海关声明或者海关已采取了适当的措施仍不能避免的；

（6）海关正常查验产生的不可避免的磨损和其他损失；

（7）在海关查验之前所发生的损坏和海关查验之后发生的损坏；

（8）海关为化验、取证等目的而提取的货样；

（9）法律规定的其他情形。

因公民、法人和其他组织的过错致使损失扩大的，海关对扩大部分不承担赔偿责任。

40. 因查验产生海关行政赔偿的，对当事人领取赔款有何规定？

答：因查验产生海关行政赔偿的，当事人应当自收到"海关损坏货物、物品赔偿通知单"之日起3个月内凭以向海关领取赔款，或将银行账号通知海关划拨。逾期无正当理由不向海关领取赔款、不将银行账号通知海关划拨的，不再赔偿。

41. 海关查验人员在检查过程中违反规定行使职权，应承担何种法律责任？

答：查验人员在检查过程中，违反规定，利用职权为自己或者他人谋取私利，索取、收受贿赂，滥用职权，故意刁难，拖延检查的，按照有关规定，依法给予行政处分；有违法所得的，依法没收违法所得；构成犯罪的，依法追究刑事责任。

42. 进出口货物收发货人不按照规定接受海关对进出口货物的检查，应承担何种法律责任？

答：进出口货物收发货人不按照有关规定接受海关对进出口货物的检查，属于违反《海关法》规定的行为，应由海关予以警告，处以5万元以下罚款；有违法所得的，没收违法所得。

43. 海关"双随机"作业改革的内涵是什么？

答："双随机"包括随机选择布控和随机派员检查。

（1）随机选择布控是指海关在对进出口报关单风险分析的基础上，按照明确的业务参数标准和规范的操作程序，将有关管理要求，加工转化为计算机编码，由计算机自动随机选定需检查的报关单。

（2）随机派员检查是指海关针对需检查的报关单，由计算机系统随机选派查验人员实施检查的作业模式。

"双随机"主要解决进出口通关环节中"查谁"和"谁查"的问题。

44. 海关随机派员查验是如何操作的？

答：海关随机派员检查分"建立查验人员数据库"和"随机选派查验人员"两个步骤来开展。"建立查验人员数据库"即在海关计算机作业系统中，建立海关检查执法人员名录库。"随机选派查验人员"即在海关计算机作业系统中，由计算机随机从"查验人员数据库"中选取人员实施检查作业。

45. 海关"双随机"作业的流程是怎样的？

答：海关"双随机"作业包括规则制定、生成指令、随机抽取、随机派员、现场检查、结果运用6个环节，形成一个闭合循环的作业过程。

46. 当天未能实施检查的已派报关单，海关查验部门需要取消派单吗？

答：当天未能实施检查的已派报关单，应当取消派单，下一个工作日（班组）重新派单。

47. 什么是移动查验单兵作业？

答：移动查验单兵作业是指海关查验人员应用移动查验单兵作业系统和相应检查设备、装备，对进出口货物、物品、运输工具等实施检查，并对检查过程进行全程记录的执法行为。

48. 移动查验单兵作业对查验人员的要求有哪些？

答：实施检查时，查验人员应着海关制式查验服装，佩戴多功能腰带，携带移动查验作业终端、执法记录设备、随身查验工具等必要的检查设备和装备，使用本人账号登录移动查验单兵作业系统，按照现行检查法规的要求进行作业，并如实记录检查过程。

49. 什么是检查执法记录？

答：检查执法记录是指利用执法录证设备对海关检查作业进行录证的过程。

执法录证设备包括移动查验作业终端和执法记录设备，在具备条件的监管作业场所还可利用固定的摄像头进行拍摄。

50. 免除查验没有问题外贸企业吊装移位仓储费用全面试点工作什么时候开始推行？

答：为进一步落实《国务院关于改进口岸工作支持外贸发展的若干意见》（国发〔2015〕16号）精神，减轻外贸企业负担，经国务院批准，财政部、海关总署、国家质检总局、发展改革委、交通运输部、商务部六部委决定从2016年4月1日起，在全国范围内开展对进出口环节海关查验没有问题的外贸企业免除吊装移位仓储费用试点，免除费用由中央财政负担，同时加大对有问题企业的处罚力度。

51. 免除查验没有问题外贸企业吊装移位仓储费用全面试点工作的范围是什么？

答：（1）口岸范围和进出口货物范围。

口岸范围包括全国所有海运口岸、内河口岸和陆路边境口岸。

进出口货物范围包括集装箱（重箱）货物和箱式货柜车运输货物。

（2）免除费用范围。

限定于外贸企业在海关查验（不包括检疫、检验）环节发生的与海关查验工作直接相关的吊装、移位、仓储费用。

对集装箱空箱货物和固体废物货物查验所产生的相关费用，不列入免除费用范围。

对发生在企业自用场地由海关提供便利化查验优惠服务，不发生向第三方支付吊装、移位、仓储费用的，不纳入免除费用范围。

对于因外贸企业或其代理人未按照海关查验工作规程要求及时到场陪同查验及在海关放行后未及时提取货物产生的吊装、移位、仓储相关费用的，不纳入免除费用范围。

（3）查验没有问题的范围。

限定于海关查验后正常放行的情形。

（4）查验有问题加大处罚的范围。

对货运渠道通关环节查获案件加大行政处罚力度。对查验、审单等通关环节发现的案件，应当根据海关有关规定，按照相应处罚幅度的上限进行处罚；对于从轻、减轻情节的认定，应根据海关总署规定的认定条件，严格审查，从严掌握，不得放宽从轻、减轻的适应条件。

52. 什么是吊装费？

答：吊装费是指外贸企业将海关确定需要查验的集装箱等货物从码头、堆场、货栈等海关监管作业场所短距离吊运、托运至海关指定查验场地，以便海关实施查验作业所产生的费用。

53. 什么是移位费？

答：移位费是指将海关确定查验的集装箱等货物从海关监管作业场所短距离运输至海关指定查验场地，并按照海关查验指令要求，将相关货物掏出箱体，以便海关实施查验作业所产生的费用。

54. 什么是仓储费？

答：仓储费是指对海关确定需要查验的货物，已运至指定地点并开始查验后，按照海关查验工作规程，在一天内不能完成查验作业，且在口岸免费堆存期之外所产生的仓储费用。

55. 哪些货物属于暂时进出境货物？

答：依据《中华人民共和国海关暂时进出境货物管理办法》，以下货物属于海关对暂时进出境货物的管理范畴：

(1) 在展览会、交易会、会议以及类似活动中展示或者使用的货物；
(2) 文化、体育交流活动中使用的表演、比赛用品；
(3) 进行新闻报道或者摄制电影、电视节目使用的仪器、设备以及用品；
(4) 开展科研、教学、医疗活动使用的仪器、设备和用品；
(5) 上述 4 项活动中使用的交通工具以及特种车辆；
(6) 货样；
(7) 慈善活动使用的仪器、设备以及用品；
(8) 供安装、调试、检测、修理设备时使用的仪器以及工具；
(9) 盛装货物的包装材料；
(10) 旅游用自驾交通工具及其用品；
(11) 工程施工中使用的设备、仪器以及用品；
(12) 测试用产品、设备、车辆；
(13) 海关总署规定的其他暂时进出境货物。

56. 暂时进出境货物填报报关单时有哪些注意事项？

答：填报暂时进出境货物报关单时，相关项目应当符合《中华人民共和国海关进出口货物报关单填制规范》《海关总署关于发布〈中华人民共和国海关暂时进出境货物管理办法〉格式文书及有关报关单填制规范的公告》的要求，其中：

(1) "监管方式"栏填报"暂时进出货物（2600）"或者"展览品（2700）"；
(2) "标记唛码及备注"栏填报暂时进出境货物类别（按照《中华人民共和国海关暂时进出境货物管理办法》第三条所列类别填报），注明复运出境或者复运进境日期，期限应当在货物进出境之日起 6 个月内，向海关申请对有关货物是否属于暂时进出境货物进行审核确认的，还应当填报"中华人民共和国××海关暂时进出境货物审核确认书"编号；
(3) 对依据《关税条例》有关规定暂予免征税款的货物，"征免性质"栏填报"299 其他法定"；对依据《关税条例》有关规定应予征税的货物，"征免性质"栏填报"101 一般征税"；
(4) 对不涉及税款的暂时进出境货物，"征免"栏填报"3 全免"；对需要提供税款担保的暂时进出境货物，"征免"栏填报"6 保证金"或"7 保函"。

57. 暂时进出境货物办理通关手续时是否需要提供许可证件？

答：除我国缔结或者参加的国际条约、协定以及国家法律、行政法规和海关总署规章另有规定外，暂时进出境货物免予交验许可证件。

58. 暂时进出境货物进出境时需要缴纳关税吗？

答：暂时进出境货物在进境或者出境时，纳税义务人向主管地海关缴纳相当于应纳税款的保证金或者提供其他担保的，可以暂不缴纳关税，但应当在海关规定的期限内复运出境或者复运进境。

59. 暂时进境的汽车需要在整车进口指定口岸进境吗？

答：暂时进境汽车不受国家汽车产业政策规定的整车进口指定口岸限制。但是经海关同意在境内留购转成正式进口的暂时进境汽车，必须至整车进口指定口岸办理进口手续。

60. 暂时进出境货物无法在规定期限内复运出境或者复运进境时，可以办理延期手续吗？

答：可以。因特殊情况需要延长期限的，ATA 单证册持证人、暂时进出境货物收发货人应当向主管地海关办理延期手续，延期最多不超过 3 次，每次延长期限不超过 6 个月。延长期届满应当复运出境、复运进境或者办理进出口手续。

61. 用于装载海关监管货物的进出境集装箱可以申报为暂时进出境货物吗？

答：不可以。海关对用于装载海关监管货物的进出境集装箱按照《中华人民共和国海关对用于装载海关监管货物的集装箱和集装箱式货车车厢的监管办法》（海关总署令第110号）的相关规定实施监管。

62. 暂时进出境货物因为损坏或者灭失无法原状复运出境或者复运进境的，该如何处理？

答：暂时进出境货物因不可抗力的原因受损，无法原状复运出境、复运进境的，持证人、收发货人应当及时向主管地海关报告，可以凭有关部门出具的证明材料办理复运出境、复运进境手续；因不可抗力的原因灭失的，经主管地海关核实后可以视为该货物已经复运出境、复运进境。暂时进出境货物因不可抗力以外其他原因受损或者灭失的，持证人、收发货人应当按照暂时货物进出口的有关规定办理海关手续。

63. 我国 ATA 单证册的出证机构是海关吗？

答：不是。中国国际贸易促进委员会（中国国际商会）是我国 ATA 单证册的出证和担保机构，负责签发出境 ATA 单证册，向海关报送所签发单证册的中文电子文本，协助海关确认 ATA 单证册的真伪，并且向海关承担 ATA 单证册持证人因违反暂时进出境规定而产生的相关税费、罚款。

64. ATA 单证册损坏或者灭失了，该怎么办？

答：ATA 单证册发生损坏、灭失等情况的，ATA 单证册持证人应当持原出证机构补发的 ATA 单证册到主管地海关进行确认。补发的 ATA 单证册所填项目应当与原 ATA 单证册相同。

65. 暂时进出境货物都可以使用 ATA 单证册吗？

答：不可以。使用 ATA 单证册的暂时进境的货物限于我国加入的有关货物暂准进口的国际公约中规定的货物。目前我国加入的公约有：

（1）《关于货物暂准进口的 ATA 单证册海关公约》（ATA 公约）及其相关公约《关于便利在展览会、交易会、会议或类似活动中展示或使用的货物暂时进口海关公约》。

（2）《关于暂准进口的公约》（伊斯坦布尔公约）及其附约 A《关于暂准进口单证的附约》、附约 B.1《关于在展览会、交易会、会议及类似活动中供陈列或使用货物的附约》、附约 B.2《关于专业设备的附约》、附约 B.3《关于集装箱、托盘、包装物料、样品及其他与商业运营有关的进口货物附约》、附约 B.6《关于旅游者个人物品和体育用品进口的附约》。附约 B.2 和附约 B.3 的附录为附约不可分割的部分（附件 5、6）。

另外，海关不接受邮运渠道货物、用于装载海关监管货物的进出境集装箱、进出境集装箱配套的配件和设备以及维修进出境集装箱的零配件使用 ATA 单证册。

66. ATA 单证册项下暂时进出境货物无法在 ATA 单证册有效期内复运出境或者复运进境的，应当如何处理？

答：ATA 单证册项下暂时进出境货物在境内外停留期限超过 ATA 单证册有效期的，ATA 单证册持证人应当向原出证机构续签 ATA 单证册。续签的 ATA 单证册经主管地海关确认后可以替代原 ATA 单证册。

续签的 ATA 单证册只能变更单证册有效期限和单证册编号，其他项目应当与原单证册一致。续签的 ATA 单证册启用时，原 ATA 单证册失效。

67. ATA 单证册项下暂时进出境货物的进出境期限也是 6 个月吗？

答：海关签注 ATA 单证册项下暂时进出境货物的进出境期限与单证册有效期一致。

68. 暂时进境的货物转入海关特殊监管区域或者保税监管场所的，属于复运出境吗？

答：从境外暂时进境的货物（ATA 单证册项下暂时进境货物除外）转入海关特殊监管区域和保税监管场所的，主管地海关凭"中华人民共和国海关出口货物报关单"对暂时进境货物予以核销结案。

69. 暂时进境的展览品在进境前需要向海关办理备案手续吗？

答：暂时进境展览品在进境前，境内展览会的办展人应当在展会举办前 20 个工作日内向展会主管地海关办理进境展会及展览品的备案手续，并提供展览会相关批准文件或证明文件、展览会邀请函、展位确认书、展览品清单、进境展览品处置计划等海关需要审核的材料。

70. 展览品暂时进出境参加境内、外展览会，需要向海关办理检验检疫手续吗？

答：暂时进出境展览品涉及检验检疫监管的，应当按照法律、法规相关规定向海关办理检验检疫手续。

71. 暂时进境参加境内展览会的预包装食品、化妆品需要加贴中文标签吗？

答：仅供展览的入境预包装食品、化妆品，免予抽样检验，免予加贴中文标签；对展会期间少量试用、品尝、馈赠的入境预包装食品、化妆品，根据食品安全风险评估情况，可在展前抽取样品检验，并可免予加贴中文标签；对样品已经检验合格并在展会现场少量试销的，免予加贴中文标签。对于免予加贴中文标签的进口食品化妆品，应在展品旁以中文注明品名、保质期、禁忌、食用（使用）方法等事项。

72. 境内展览会举办期间供消耗、散发的用品需要缴纳进口关税和进口环节税吗？

答：在境内展览会举办期间供消耗、散发的用品，由海关根据展览会的性质、参展商的规模、观众人数等情况，对其数量和总值进行核定，在合理范围内的，按照有关规定免征进口关税和进口环节税，但酒精饮料、烟草制品以及燃料除外。

73. 暂时进境的展览品在非展期间必须存放在海关监管作业场所吗？

答：不一定。未向海关提供担保的暂时进境展览品在非展出期间应当存放在海关监管作业场所；因特殊原因需要移出的，应当经主管地海关同意，并且提供相应担保。已经提供担保的暂时进境展览品，非展期间，办展人、参展人可以安排存放地点。

74. 在商场里举行的商品展销会上进行展示的进境商品，可以向海关申报为暂时进境展览品吗？

答：不可以。暂时进出境展览品是指在展览会、交易会、会议以及类似活动中展示或者使用的暂时进出境货物。

根据《中华人民共和国海关暂时进出境货物管理办法》在商店或者其他营业场所以销售国外货物为目的而组织的非公共展览会不属于上一款所称展览会、交易会、会议以及类似活动。

75. 转关有几种方式？

答：进出口货物收发货人或其代理人，可采取以下三种方式办理转关手续：

（1）在指运地或启运地海关以提前报关方式办理；

（2）在进境地或启运地海关以直接填报转关货物申报单的直转方式办理；

（3）以由境内承运人或其代理人统一向进境地或启运地海关申报的中转方式办理。

76. 进口货物的转关、报关时限如何计算？

答：转关货物应当自运输工具申报进境之日起 14 日内向进境地海关办理转关手续，在海关限定期限内运抵指运地海关之日起 14 日内,向指运地海关办理报关手续。逾期按规定征收滞报金。

77. 进口转关货物办理报关如何确定税率、汇率?

答:进口转关货物按货物到达指运地海关之日的税率和汇率征税。提前报关的,其适用的税率和汇率是指运地海关接收到进境地海关传输的转关放行信息之日的税率和汇率。如货物运输途中税率和汇率发生重大调整的,以转关货物运抵指运地海关之日的税率和汇率计算。

78. 全面推行转关作业无纸化以后,企业是否需要以纸质提交相关单据?

答:企业无须再以纸质提交转关申报单或者汽车载货清单,交验《汽车载货登记簿》《中国籍国际航行船舶进出境(港)海关监管簿》《司机签证簿》。

海关需要验核相关纸质单证资料的,企业应当按照要求提供。

79. 进口提前报关如何办理转关手续?

答:提前报关的转关货物,其收货人或其代理人在进境地海关办理进口货物转关手续前,向指运地海关填报录入"进口货物报关单",计算机自动生成进口转关申报数据并传输至进境地海关。

进境地海关对转关申报数据审核放行后,通过系统向进口转关货物的收货人或者其代理人、承运人或者其代理人以及进境地海关监管作业场所经营人发送进口转关货物放行信息。承运人或者其代理人凭该进口转关货物放行信息办理转关运输手续。

80. 出口提前报关如何办理转关手续?

答:提前报关出口转关货物,其发货人或者其代理人在货物未运抵启运地海关监管作业场所前,以提前报关转关方式向启运地海关填报录入"出口货物报关单",计算机自动生成出口转关申报数据。

发货人或者其代理人在启运地海关办理货物出口通关手续后,启运地海关对出口转关申报数据审核放行,并通过系统向出口转关货物的发货人或者其代理人、承运人或者其代理人以及启运地海关监管作业场所经营人发送出口转关货物放行信息。承运人或者其代理人凭该出口转关货物放行信息办理转关运输手续。

81. 进口直转货物如何办理转关手续?

答:直转的转关货物,进口货物收货人或者其代理人向进境地海关填报录入转关申报数据,直接办理转关手续。

进境地海关对转关申报数据审核放行后,通过系统向进口转关货物的收货人或者其代理人、承运人或者其代理人以及进境地海关监管作业场所经营人发送进口转关货物放行信息。承运人或者其代理人凭该进口转关货物放行信息办理转关运输手续。

82. 出口直转货物如何办理转关手续?

答:直转的出口转关货物,由发货人或者其代理人在货物运抵启运地海关监管作业场所后,向启运地海关填报录入"出口货物报关单",办理货物出口通关手续。

发货人或者其代理人向启运地海关填报录入出口转关申报数据。启运地海关对出口转关申报数据审核放行,并通过系统向出口转关货物的发货人或者其代理人、承运人或者其代理人以及启运地海关监管作业场所经营人发送出口转关货物放行信息。承运人或者其代理人凭该出口转关货物放行信息办理转关运输手续。

83. 进口中转的货物如何办理转关手续?

答:进口中转的转关货物,收货人或者其代理人向指运地海关办理进口报关手续前,由承运人或者其代理人向进境地海关录入转关申报数据,办理转关手续。

进境地海关对转关申报数据审核放行后，通过系统向承运人或者其代理人以及进境地海关监管作业场所经营人发送进口转关货物放行信息。承运人或者其代理人凭该进口转关货物放行信息办理转关运输手续。

84. 出口中转的货物如何办理转关手续？

答：出口中转的转关货物，发货人向启运地海关办理出口报关手续后，由承运人或者其代理人按出境运输工具分列舱单，办理货物转关手续。

承运人或者其代理人向启运地海关填报录入出口转关申报数据。启运地海关对出口转关申报数据审核放行，并通过系统向承运人或者其代理人以及启运地海关监管作业场所经营人发送出口转关货物放行信息。承运人或者其代理人凭该出口转关货物放行信息办理转关运输手续。

85. 进口汽车整车是否可以办理转关？

答：汽车整车进口口岸之间允许办理进口汽车整车转关业务，但应当符合下列条件：

（1）办理转关运输的进口整车应当具备全程提单；

（2）承运转关进口整车的运输企业及其运输工具应当在海关办理备案登记手续，并安装定位监控装置；

（3）进口整车转关应当采用符合海关监管要求和装卸标准的集装箱装载运输。

除上述整车进口口岸间允许办理汽车整车转关外，暂时进境的参展车辆亦不受整车禁止转关政策限制。

86. 进口转关申报单中可填报的境内运输方式有哪些？

答：境内运输方式包括1-监管，2-海运，3-铁路，4-公路，5-空运，6-邮运，9-其他（如自带）。

87. 进口转关申报单中境内运输工具名称栏应如何填报？

答：境内运输方式为海运、公路的，根据"境内运输工具编号"栏输入的运输工具海关10位编号，自动提取备案的运输工具名称；境内运输方式为铁路的输入车厢编号；如果没有运输工具海关10位编号的，输入境内运输工具实际名称。

88. 进口转关申报单表体中的航次栏应如何填报？

答：海运录入进境船舶航次号码（最长6位字符，超过6位的取最后6位），铁路录入进境日期（8位日期：年年年年月月日日），空运录入总运单号（11位，中间不得以"—"连接，如不应为781—45678912，应录入78145678912），公路、邮运为空。

89. 进口转关申报单表体提单号栏应如何填报？

答：海运应录入正本海运提单号（最长17位字符，超过17位的取最后17位），铁路录入运单号，空运录入分运单号（8位字符，无分运单为空；超出8位字符时，从后向前截取，即取后8位），进出境运输方式为0、1、6、7、8、9的进口提前报关转关货物为空（非实际进出境的转关货物填海关单证号）。

90. 转关进口货物的报关单运输工具栏应如何填报？

答："江海"进境运输方式：直转货物填"@"+"16位转关申报单预录入号（或13位载货清单号）"，中转货物填"进境英文船名"（必须与提单、转关单填写完全一致）+"/"+"@"+"进境船舶航次"。"航空"进境运输方式：直转货物填"@"+"16位转关申报单预录入号"；国际空运联程货物填"8位分运单号"，无分运单的为空。"铁路"进境运输方式：直转货物填"@"+"16位转关申报单预录入号"，中转货物填"车厢编号"+"/"+"@"+"8位进境日期"（年年年年月月日日)。"公路"及其他进境运输方式：填"@"+"16位转关申报单预录入号（或13位载货清单号）"。以上各种进境运输方式，在广东省内用公路运输转关的提前报关货物填"@"+"13位载货清单号"，其他提前报关货物填"@"+"16位转关申报单预录入号"。

91. 转关进口货物的报关单提运单号栏应如何填报？

答：（1）"江海"进境运输方式：填"海运正本提单号"，进口提前报关为空。

（2）"航空"进境运输方式：直转货物填"11位总运单号"+"/"+"8位分运单号"，无分运单号的填"11位总运单号"；进口提前报关为空；国际空运联程货物填"@"+"总运单号"。

（3）"铁路"进境运输方式：填铁路运单号，进口提前报关为空。

（4）其他进境运输方式：为空。

（5）以上各种进境运输方式，在广东省内用公路运输转关的，填"车牌号"。

92. 转关出口货物的报关单运输工具名称栏应如何填报？

答：（1）"江海"出境运输方式：出口非中转货物填"@"+"16位转关申报单预录入号（或13位载货清单号）"；中转货物，境内江海运输填"驳船船名"+"/"+"驳船航次"，境内铁路运输填"车名"（4位关别代码+TRAIN）+"/"+"日期"（6位启运日期），境内公路运输填"车名"（4位关别代码+TRUCK）+"/"+"日期"（6位启运日期）。上述"驳船船名""驳船航次""车名""日期"均须事先在海关备案。

（2）"铁路"出境运输方式：填"@"+"16位转关申报单预录入号"，多张报关单需要通过一张转关单转关的，填"@"。

（3）其他出境运输方式：填"@"+"16位转关申报单预录入号（或13位载货清单号）"。

93. 转关出口货物的报关单提运单号栏应如何填报？

答：（1）"江海"出境运输方式：出口中转货物填"海运正本提单号"，出口非中转货物为空，广东省内提前报关的转关货物填"车牌号"。

（2）其他出境运输方式：广东省内提前报关的转关货物填"车牌号"，其他地区为空。

94. 转关申报数据放行后，承运转关货物的运输工具发生变更，如何办理？

答：转关申报数据放行后，承运转关货物的运输工具发生变更的，企业可以向进境地海关或启运地海关申请修改运输工具相关信息，进境地海关或启运地海关审核无误后进行修改。

95. 无法确定提运单信息的出口转关货物是否可以办理转关手续？

答：对需运抵出境地后才能确定出境运输工具，或原定的运输工具名称、航班（次）、提单号发生变化的，可在出境地补录或修改相关数据，办理出境手续。

96. 转关申报数据已通过审核或已放行，企业因故申请不开展转关运输，如何办理？

答：转关申报数据已通过审核或已放行，企业因故申请不开展转关运输的，向进境地海关或启运地海关申请作废相关转关申报数据。进境地海关或启运地海关经审核无误后，作废转关申报数据，并录入作废原因。

97. 申请作废进口转关申报数据时，企业是否需要对相关报关单作相应处理？

答：进口转关货物报关后需作废转关申报数据的，企业应当向指运地海关申请撤销相应的报关单数据；在报关单数据撤销后，由进境地海关按规定作废转关申报数据。

98. 目前跨境快速通关业务实施的范围？

答：目前跨境快速通关业务主要在广东地区实施，其中进出境地海关为内地与香港、内地与澳门之间公路口岸,指/启运地海关为广东省内具备条件的海关监管作业场所。

99. 跨境快速通关业务能否在水运口岸开展?

答:不能。跨境快速通关业务仅适用于跨境公路货物运输业务。

100. 限制进出口管理制度包括哪些?

答:包括进、出口许可证管理制度,两用物项和技术进出口管理制度,固体废物进口管理制度,药品进出口管理制度,濒危物种进出口管理制度及限制进出口的技术管理制度。

除了上述限制进出口货物和技术以外,国家还对黄金及黄金制品、音像制品、有毒化学品、农药、兽药、民用爆破器材、现钞、文物、人类遗传资源、血液、化石等货物实施限制进出口管理。

101. 什么情况下,属于出口许可证管理的商品可免领出口许可证?

答:下列情况属于出口许可证管理的商品可免领出口许可证。

(1)大宗、散装货物溢装数量在出口许可证所列出口数量5%以内的。

(2)对外经援项目(监管方式"援助物资",代码"3511")出口货物,海关验核"商务部援外项目任务通知函",并按规定办理通关验放手续。

(3)赴国(境)外参加或者举办展览会所带属于出口许可证管理的非卖展品且展览结束后如数运回的(受控消耗臭氧层物质以及其他国际公约管辖的货物除外)。

(4)运出国(境)外属于出口许可证管理货物的货样或实验用样品,每批货物价值在人民币3万元(含3万元)以下的(消耗臭氧层物质以及其他国际公约管辖的货物除外)。

(5)加工贸易进口原油加工成品油复出口,免领成品油出口许可证[加工贸易项下出口润滑油(脂)、润滑油基础油除外]。

(6)根据《国务院关于边境贸易有关问题的通知》(国发〔1996〕2号)精神,边境小额贸易企业凡出口配额招标的货物、消耗臭氧层物质、汽车(包括成套散件)及其底盘、摩托车(含全地形车)及其发动机和车架,仍按现行有关规定,在商务部授权的发证机构办理出口许可证。边境小额贸易企业出口边境小额贸易出口许可证管理货物,由商务部授权的边境省、自治区商务主管部门根据商务部下达的边境小额贸易出口配额签发出口许可证。边境小额贸易企业出口除上述以外的货物,一律免领出口许可证。

102. 海关对进出口许可证管理商品的溢短装有何规定?

答:对进出口许可证管理的大宗散装货物溢短装数量在货物总量±5%以内的予以免证验放。但对自动进口许可管理的原油、成品油、化肥、钢材(原油、钢材属重要工业品管理)4种货物的溢短装数量在货物总量±3%以内的予以免证验放。

103. 自动进口许可管理货物申报进口,海关验放依据是什么?

答:(1)进口《自动进口许可管理货物目录》非机电类货物的货物,海关验核商务部授权发证机构签发并加盖"自动进口许可证专用章"的自动进口许可证。

(2)进口《自动进口许可管理货物目录》机电类货物,海关验核商务部(机电和科技产业司)及各省、自治区、直辖市、计划单列市、沿海开放城市、经济特区商务部门和国务院有关部门机电产品进出口办公室签发并加盖"机电产品自动进口许可证专用章"的自动进口许可证。

104. 什么情况下,属于自动进口许可证管理的机电产品可免领自动进口许可证?

答:在下列情况下,属于自动进口许可证管理的机电产品可免领自动进口许可证。

(1)外商投资企业在投资总额内作为投资和自用进口的新机电产品的;

(2)加工贸易项下进口的不作价设备监管期满后留在原企业使用的,以及加工贸易项下为复出口而进口的；

（3）从境外进入海关特殊监管区域或海关保税监管场所及海关特殊监管区域或海关保税监管场所之间进出口的；

从（境内）区外进入海关特殊监管区域或海关保税监管场所，供区内（场所内）企业使用和供区内（场所内）基础设施建设项目所需的机器设备转出区外（场所外）的；

（4）由海关监管，暂时进口后复出口或暂时出口后复进口的；

（5）进口货样和广告品、实验品，每批次价值不超过5000元人民币的。

（6）其他法律、行政法规另有规定的。

105. 进口旧机电产品，海关如何验放？

答：对报关进口的机电产品，企业应按照进口机电产品的实际状态，填报"进口货物报关单"。进口一般的旧机电产品，海关验核检验检疫机构出具的"入境货物通关单"（备注栏标注"旧机电产品"字样），并按规定办理通关手续；属于自动进口许可管理货物的，海关还应验核自动进口许可证（设备状态栏注明"旧品"）；属于实行进口许可证管理的《重点旧机电产品进口目录》内机电产品，进口单位持进口许可证按海关规定办理通关手续。境外进入海关特殊监管区域或海关保税监管场所的重点旧机电产品，以及（境内）区外进入海关特殊监管区域后再出区的重点旧机电产品，无须验核进口许可证。

106. 实行进出口管理的濒危动植物商品有哪些？

答：通过货运、邮递、快件和旅客携带等方式依法进出口野生动植物及其产品的，实行野生动植物进出口证书管理。进出口列入《进出口野生动植物种商品目录》中公约限制进口的濒危野生动植物及其产品的，以及国家重点保护的野生动植物及其产品的，实行允许进出口证明书管理。进出口列入目录中的其他野生动植物及其产品的，实行物种证明管理。

在境外与保税区、出口加工区等海关特殊监管区域、保税监管场所之间进出野生动植物及其产品的，申请人应当向海关交验允许进出口证明书或者物种证明。在境内与保税区、出口加工区等海关特殊监管区域、保税监管场所之间进出野生动植物及其产品的，或者在上述海关特殊监管区域、保税监管场所之间进出野生动植物及其产品的，无须办理允许进出口证明书或者物种证明。

公约附录所列野生动植物及其产品需要过境、转运、通运的，无须申请核发野生动植物进出口证书。

国家重点保护的和我国参加的国际公约所限制进出口的野生动物产品，应包括其皮张、羽毛、掌骨、器官等，上述产品进口时，海关均需验核国家濒危物种管理办公室或其授权机构核发的允许进出口证明书，并按规定办理通关手续。

列入《进出口野生动植物种商品目录》的动物及其产品，既包括野外来源的，也包括通过人工驯养或人工繁殖获得的。列入《进出口野生动植物种商品目录》属于《濒危野生动植物种国际贸易公约》附录的植物及其产品，既包括野生的，也包括人工培植的。

107. 对进出口濒危物种，海关如何验放？

答：（1）进出口《进出口野生动植物种商品目录》中的野生动植物及其产品的，应当向海关主动申报并同时提交允许进出口证明书或者物种证明，并按照允许进出口证明书或者物种证明规定的种类、数量、口岸、期限完成进出口活动。

海关在允许进出口证明书和物种证明中记载进出口野生动植物及其产品的数量，并在办结海关手续后，将允许进出口证明书副本返还持证者。

进出口《进出口野生动植物种商品目录》中的野生动植物及其产品的，其申报内容与允许进出口证明书或者物种证明中记载的事项不符的,由海关依法予以处理。但申报进出口的数量未超过允许进出口证明书记载的数量或者物种证明的规定,且其他申报事项一致的除外。

(2) 对下列事项有疑义的,货物进境所在地直属海关可以征求国家濒危物种管理办公室(以下简称国家濒管办)或其办事处的意见:

①允许进出口证明书或者物种证明的真实性、有效性;
②境外公约管理机构核发的允许进出口证明材料的真实性、有效性;
③野生动植物物种的种类、数量;
④进境货物或者物品是否为濒危野生动植物及其产品或者是否含有濒危野生动植物成分;
⑤海关质疑的其他情况。

国家濒管办或其办事处应当及时回复意见。

108. 含野生动物药材成分的中成药出口,海关如何验放?

答:出口含野生动物药材成分的中成药,企业应持国家濒管办或其授权的办事处核发允许出口证明书向海关办理报关手续,海关凭以验放〔部分含野生动物药材成分的中成药名单见《请协助做好含野生动物药材成分中成药出口管理工作的函》(林函护字〔1990〕133号文附件)。其中,含犀牛角、虎骨成分的中成药禁止进出口〕。

109. 出口珍稀野禽、野味(整体或分割部分)及观赏野生动物(含标本),海关如何验放?

答:企业应持国家濒管办或其授权的办事处核发允许出口证明书向海关办理报关手续。

110. 我国对犀牛角和虎骨如何管理?

答:严禁进出口犀牛角和虎骨(包括其任何可辨认部分和含其成分的药品、工艺品等)。任何单位和个人不得运输、携带、邮寄犀牛角和虎骨进出境。凡包装上标有"犀牛角"和"虎骨"字样的,均按含有犀牛角和虎骨对待。凡违反规定,出售、收购、运输、携带、邮寄犀牛角和虎骨的,由国家工商行政管理机关和中华人民共和国海关依法查处;构成投机倒把罪、走私罪的,由司法机关依法追究其刑事责任。对没收的犀牛角和虎骨,一律交当地县级以上林业行政主管部门按规定处理。

111. 海关对进口音像制品如何验放?

答:海关对进口音像制品的验放规定如下。

(1) 申请进口音像制品成品及进口用于出版:音像制品,进口单位应持新闻出版广电总局签发的新闻出版广电总局音像制品(成品)进口批准单、新闻出版广电总局音像制品(版权引进)批准单,到海关办理音像制品成品或者母带(母盘)的进口手续。

(2) 音像制品成品进口业务由新闻出版广电总局批准的音像制品成品进口单位经营,未经新闻出版广电总局批准,任何单位或者个人不得从事音像制品成品进口业务。图书馆、音像资料馆、科研机构、学校等单位进口供研究、教学参考的音像制品成品,应当委托新闻出版广电总局批准的音像制品成品进口经营单位办理进口审批手续。

(3) 进口用于展览、展示的音像制品,由展览、展示活动主办单位提出申请,并将音像制品目录和样片报新闻出版广电总局审查,海关按暂时进口货物管理。

用于展览、展示的进口音像制品确需在境内销售、赠送的,在销售、赠送前,必须依照《音像制品进口管理办法》的规定按成品进口重新办理批准手续。

(4) 新闻出版广电总局音像制品(成品)进口批准单、新闻出版广电总局音像制品(版权引进)批准单为"一批一证",不得多次使用,证面内容不得更改。

（5）非经营音像制品性质的单位进口用于本单位宣传、培训及广告等目的的音像制品，应当按照海关的要求交验音像制品（成品）进口批准单、合同、有关报关单证及其他需要提供的文件；数量总计在 200 盘以下的，可以免领音像制品（成品）进口批准单。

（6）随机器设备同时进口及进口后随机器设备复出口的记录操作系统、设备说明、专用软件等内容的音像制品，免领新闻出版广电总局音像制品（成品）进口批准单、新闻出版广电总局音像制品（版权引进）批准单，海关验核进口单位提供的合同、发票等有效单证，并按规定办理通关手续。

（7）对于个人自用的音像制品，无论是个人携带还是邮寄入境，单碟（盘）每人每次 20 盘以下的，海关予以免税验放；超过 20 盘但仍在合理数量以内属于个人自用的，海关对超出规定数量的部分征税后放行；每人每次携带、邮寄单碟（盘）发行的音像制品进境超过 100 盘或每人每次携带、邮寄成套发行的音像制品进境超过 10 套的，海关对全部进境音像制品按照进口货物办理相关手续。

第三章 进出境运输工具监管

1. 什么叫扫舱地脚？

答：经进口货物收货人确认进出境运输工具已经卸空，但因装卸技术等原因装卸完毕后，清扫进出境运输工具剩余的进口货物。

2. 来往内地与香港的客运班轮是否能按照来往香港、澳门小型船舶监管？

答：不能。来往香港、澳门小型船舶是指经交通运输部或者其授权部门批准，专门来往于内地和香港、澳门之间，在境内注册从事货物运输的机动或者非机动船舶。来往内地与香港的客运班轮并非从事货运运输，不能按照来往香港、澳门小型船舶监管。

3. 行驶惠州—香港航线的中国香港籍砂石船舶是否能按照来往香港、澳门小型船舶监管？

答：不能。来往香港、澳门小型船舶是指经交通运输部或者其授权部门批准，专门来往于内地和香港、澳门之间，在境内注册从事货物运输的机动或者非机动船舶。中国香港籍砂石船舶并非在境内注册，不能按照来往香港、澳门小型船舶监管。

4. 行驶香港—澳门航线的货运船舶是否按照来往香港、澳门小型船舶监管？

答：不能。来往香港、澳门小型船舶是指经交通运输部或者其授权部门批准，专门来往于内地和香港、澳门之间，在境内注册从事货物运输的机动或者非机动船舶。其航线要求为内地—香港、内地—澳门，不含香港—澳门航线，不能按照来往香港、澳门小型船舶监管。

5. 进出境车辆如何开通新增进出境行驶口岸许可权限？

答：进出境车辆负责人可在新增进出境行驶口岸所在地海关就近办理新增车辆行驶口岸备案权限。

6. 企业如何通过"单一窗口"向海关申请境内公路承运海关监管货物的运输企业、运输车辆的备案、变更以及删除？

答：可以通过"进出境公路车辆备案"模块，通过勾选"具有境内公路承运海关监管货物"的对应选项实现相关备案电子数据的申请。

7. 什么是国际航行船舶？

答：国际航行船舶是指进出中华人民共和国口岸的外国籍船舶和航行国际航线的中华人民共和国国籍船舶，包括我国经营国际运输兼营国内运输的船舶和我国经营国内运输兼营国际运输的船舶。

8. 什么是兼营船舶？

答：兼营船舶，我国经营国际运输兼营国内运输的船舶和我国经营国内运输兼营国际运输的船舶。

9. 中国籍船舶算是国际航行船舶吗？

答：进出中华人民共和国口岸的航行国际航线的中华人民共和国国籍船舶也是国际航行船舶。

10. 进出境船舶装卸货的规定有哪些？

答：进出境船舶装卸货的规定如下：

（1）进境船舶在向海关申报以前，未经海关同意，不得装卸货物、物品。

（2）进出境船舶负责人应当在船舶装卸货物的1小时以前通知海关；航程不足1小时的，可以在装卸货物以前通知海关。

（3）舱单传输人应当在船舶开始装载货物、物品的30分钟以前向海关传输装载舱单电子数据。

（4）装载舱单中所列货物、物品应当已经海关放行。

11. 国际航行船舶离境时，是否应当办理结关手续？

答：出境运输工具负责人在货物、物品装载完毕或者旅客全部登机（船、车）以后，应当向海关提交结关申请。海关审核无误的，制发《结关通知书》。

12. 海关在哪些情况下对船舶实施登临检查？

答：海关在下列情况下对船舶实施登临检查：

（1）经风险分析有走私违规嫌疑的；

（2）有举报、情报或线索的；

（3）申报显然不实或不清的；

（4）其他部门要求海关配合检查的；

（5）海关认为有必要进行登临检查的其他情形。

13. 进出境船舶需要添加、起卸物料，如何办理海关手续？

答：进出境船舶添加、起卸、调拨物料的，应当接受海关监管。海关监管的物料主要包含：保障进出境船舶行驶、航行的轻油、重油等燃料；供应进出境船舶工作人员和旅客的日常生活用品、食品；保障进出境船舶及所载货物运输安全的备件、垫舱物料和加固、苫盖用的绳索、篷布、苫网等；海关核准的其他物品。

进出境船舶需要添加、起卸物料的，物料添加单位或者接受物料起卸单位应当向海关申报，海关核准后，方可添加、起卸、调拨物料。进出境船舶添加、起卸、调拨的物料，进出境船舶负责人免予提交许可证件，海关予以免税放行；添加、起卸国家限制进出境或者涉及国计民生的物料超出自用合理数量范围的，应当按照进出口货物的有关规定办理海关手续。

14. 什么是内外贸同船运输？

答：内外贸同船运输指从事承运海关监管货物的船舶，同时承载内贸和外贸集装箱货物的运输。

15. 海关对开展内外贸集装箱同船运输及中国籍国际航行船舶承运转关运输货物的航运企业和船舶有何要求？

答：开展内外贸集装箱同船运输及中国籍国际航行船舶承运转关运输货物的企业必须资信良好，取得国家交通运输部集装箱外贸内支线运输经营资格和国际集装箱班轮运输经营资格，其船舶在海关办理了备案手续（不包括来往港澳地区小型船舶）。

16. 海关对开展内外贸集装箱同船运输及中国籍国际航行船舶承运转关运输的货物有何要求？

答：同船运输及中国籍国际航行船舶承运的转关运输货物仅限于集装箱运输货物。

17. 出境列车离境后需要向海关申报什么信息？

答：应向海关申报铁路列车出境确报动态信息。

18. 铁路列车进境计划表的时限传输规定是什么？

答：载有货物、物品的进境铁路列车，在原始舱单主要数据传输以前；未装载货物、物品的进境铁路列车，在预计进境的 2 小时以前。

19. 海关在什么条件下可以对进出境铁路列车实施径行检查？

答：有以下情况，经批准，海关可实施径行检查：进出境列车有违法嫌疑的；经海关通知登临检查，进出境列车负责人届时未到场的。

20. 海关对用于海上国际运输的集装箱有何要求？

答：用于海上国际运输的集装箱，应当符合《1972 年集装箱关务公约》中规定的国际集装箱标准化组织规定的集装箱技术条件与标准，有加封装置并符合海关的监管条件。

21. 集装箱在投入国际运输时还需办理海关手续吗？

答：集装箱投入运营时，应当安装海关批准牌照。集装箱外部标志的序列号应当与安装的海关批准牌照所标记的序列号一致。境内生产的集装箱及我国营运人购买进口的集装箱在投入国际运输前，营运人应当向其所在地海关填报登记手续。境内生产的集装箱已经办理出口及国内环节税出口退税手续的，不在海关登记；已经登记的，予以注销。

22. 新造集装箱如何申请中国海关批准牌照？

答：海关总署授权中国船级社统一办理集装箱我国海关批准牌照。境外制造的和境内制造的集装箱都可以申请我国的牌照，具体分为两种：

第一种，境内制造的集装箱的所有人申请我国海关批准牌照，中国船级社对集装箱图纸进行审查，按照规定进行实体检验，检验合格的，核发"按定型设计批准证明书"或"按制成以后批准证明书"。

第二种，境外制造的集装箱的所有人申请我国海关批准牌照的，制造厂或者所有人应当提交集装箱有关图纸，中国船级社审查并现场确认后核发"按制成以后批准证明书"。

23. 境内制造的集装箱可以申领外国牌照吗？

答：境内制造的集装箱可以申请我国海关批准牌照，也可以向加入联合国《1972 年集装箱关务公约》的境外有关国家当局申请外国海关的批准牌照。

24. 海关对集装箱和集装箱式货车车厢有哪些监管规定？

答：海关对集装箱和集装箱式货车车厢监管有以下规定：

（1）集装箱和集装箱式货车车厢投入运营时，应当安装海关批准牌照。集装箱和集装箱式货车车厢外部标记的序列号应当与安装的海关批准牌照所标记的序列号一致。

（2）集装箱和集装箱式货车车厢序列号变更的，应当重新申请检验并办理海关批准牌照。序列号模糊不清及破损的集装箱和集装箱式货车车厢，不得装载海关监管货物。

（3）集装箱和集装箱式货车车厢作为货物进出口时，无论其是否装载货物，有关收发货人或者其代理人应当按照进出口货物向海关办理报关手续。

（4）境内生产的集装箱及我国营运人购买进口的集装箱在投入国际运输前，营运人应当向其所在地海关填报登记手续。境内生产的集装箱已经办理出口及国内环节税出口退税手续的，不在海关登记；已经登记的，予以注销。

（5）承运海关监管货物的运输企业在集装箱式货车车厢获得"集装箱式货车车厢批准证明书"后，应当按照《中华人民共和国海关关于境内公路承运海关监管货物的运输企业及其车辆、驾驶员的管理办法》的规定向其所在地海关申请办理车辆备案。

（6）集装箱和集装箱式货车车厢报废时，营运人凭登记或者备案资料向所在地海关办理注销手续。

（7）符合规定的集装箱和集装箱式货车车厢，无论其是否装载货物，海关准予暂时进境和异地出境时，营运人或者其代理人无须对箱（厢）体单独向海关办理报关手续。

25. 海关对集装箱和集装箱式货车车厢结构的技术标准有哪些规定？

答：用于装载海关监管货物的集装箱和集装箱式货车车厢［以下简称箱（厢）］应当符合下列标准的规定和要求：

（1）箱（厢）体结构严密、完整，箱（厢）体密封部分可以施加海关封志。如采用非法手段取出或者装入货物，将会损坏海关封志，或者在箱（厢）体外留下开拆痕迹。

①箱（厢）体各组成部分（端壁、侧壁、底板、门、顶板、角柱、纵桁、横梁等）的装配方式，应当保证无法从箱（厢）体外面移动或者调换其各组成部分或者改变其结构，否则将会留下明显可见痕迹。

②当箱（厢）体顶板、侧壁、底板、门由不同部件组成时，这些部件应当符合上述规定，并且具有足够的强度。

（2）海关封志可以简便而有效地施加在箱（厢）体上。

①箱（厢）门和其他关闭部分（包括截止旋塞、人孔盖、法兰等）应当配有可以简便而有效地施加海关封志的装置，其结构设计应当保证无法从箱（厢）体外部打开箱（厢）门和其他一切关闭装置，否则将会破坏海关封志。

②箱（厢）体的通气孔和排水孔，应当装有防护罩等类似装置，用以防止由通气孔和排水孔进入箱（厢）体内部。该防护罩等类似装置无法从箱（厢）体外部被移动或者调换，否则将会留下明显可见痕迹。

（3）箱（厢）体应无可供藏匿货物的隐蔽部位。

①凡组合部件在结构上必须留有必要空隙的部位（如双层壁板之间的空隙），为了防止这些部位用于藏匿货物，箱（厢）体内部的衬板应当无法被移动或者调换，否则将会留下明显可见痕迹。

②为便于海关查验，上述留有空隙的结构数量应当控制在最少限度。

（4）箱（厢）体装载货物空间，应当便于海关检查。

（5）使用连接紧固配件（如铆钉、螺钉、螺栓和螺帽等）装配箱（厢）体构件（如门板、侧壁等）时，应当采用将连接紧固配件由外向内穿入，在箱（厢）内部紧固的装配方式，并能保证这些连接紧固配件无法从箱（厢）体外部被拆除或者调换（如将螺母焊接在螺栓上）。凡是可以从一面拆除或者更换而不留下明显痕迹的连接紧固配件（如膨胀螺栓、螺丝和暗钉等）均不得使用。

（6）用于固定箱（厢）门的对接铰链、板条铰链、铰链钉和其他装置，必须保证箱（厢）门一旦关闭并施加海关封志后即无法拆换，否则将会留下明显痕迹。箱（厢）门如具有两个以上铰链的，则只需最靠近箱（厢）门上下两端的两个铰链符合上述要求即可。

26. 海关对集装箱和集装箱式货车车厢的结构有哪些特殊规定？

答：未经海关许可，任何人不得擅自改变集装箱和集装箱式货车车厢的结构。维修后的集装箱和集装箱式货车车厢结构应保持原状，如发生箱（厢）体特征变更的，集装箱和集装箱式货车车厢的所有人或者申请人必须拆除海关批准牌照，同时应当向中国船级社提出书面检验申请，重新办理海关批准牌照。

27. 对暂时进口的外国集装箱和集装箱式货车车厢，海关有哪些管理规定？

答：暂时进境的外国集装箱和集装箱式货车车厢应于入境之日起6个月内复运出境。如因特殊情况不能按期复运出境的，营运人应当向暂时进境地海关提出延期申请，经海关核准后可以延期，但延长期不得超过 3 个月，逾期应按规定向海关办理进口及纳税手续。

28. 国际运营的集装箱调拨如何办理？

答：经国务院交通主管部门批准，国际集装箱班轮公司可以在境内沿海港口之间调运其周转空箱及租用空箱。国际集装箱班轮公司或者其代理人凭交通主管部门的批准文件和自制的集装箱调运清单，向调出地和调入地海关申报。调运清单内容应当包括：承运集装箱原进境船舶名称、航（班）次号、日期，承运调运空箱的船舶名称、航（班）次号、集装箱箱号、尺寸、目的口岸、箱体数量等，并向调出地和调入地海关传输相关的电子数据。

其他运输方式在境内调拨或者运输的空集装箱，不需再办理海关手续。

29. 如何办理集装箱报废手续？

答：在中国海关办理了登记手续的国际运营集装箱及厢式货车车厢需要报废的，需要向海关办理注销手续。

30. 如何申请集装箱式货车车厢的海关牌照？

答：海关总署授权中国船级社统一办理在境内装载海关监管货物的集装箱式货车车厢的海关批准牌照。中国船级社按照规定标准，对申请海关批准牌照的集装箱式货车车厢的图纸进行审查，并按照规定对集装箱式货车车厢进行实体检验。检验合格的，核发"集装箱式货车车厢批准证明书"。集装箱式货车车厢的海关批准牌照申请人在取得"集装箱式货车车厢批准证明书"后，应当在经批准的集装箱式货车车厢上按规定安装中国船级社核发的海关批准牌照，并在厢体外部规定位置标记序列号。

31. 出口集装箱如何办理出口退税手续？

答：海关对用于出口的新造集装箱，在生产企业按规定运抵指定堆场并持有关单证办理报关和出口核销手续后，向国家税务总局传输出口报关单结关信息电子数据。出口报关单不填写运输工具名称、航次和离境日期，仅注明堆场名称。生产企业所在地主管出口退税的税务机关凭上述出口报关单结关信息电子数据和其他退税凭证，按现行有关规定办理集装箱退税手续。

32. 海关对进出境的空集装箱如何监管？

答：承载集装箱或者集装箱式货车车厢的运输工具在进出境时，承运人、营运人或者其代理人应当向海关传输载货清单（舱单）电子数据。海关对之进行监管，并依据舱单信息进行空箱查验。

33. TIR 车辆启运地与出境地或目的地为同一地的，该如何办理手续？

答：应按照《TIR 公约》规定，同时履行两地的 TIR 运输操作程序，并填制 TIR 证。

34. TIR 运输发生未按规定时限过境运输出境等违反相关规定等情形，需支付进出口税费及滞纳利息的，海关将会如何处置？

答：启运地海关或进境地海关应当中止该次 TIR 运输，以寄送挂号信的方式，要求中国道路运输协会通知 TIR 证持证人或违规责任人进行支付。TIR 证持证人或违规责任人无法支付进出口税费及滞纳利息的，由中国道路运输协会履行担保责任，并在中国道路运输协会收到海关要求之日的三个月后、两年内，向海关支付上述费用。

第四章 舱单管理

1. 海关接受舱单申报时间是否以舱单申报人发送数据时间为准？

答：不是，海关接受舱单申报时间并非舱单申报人发送数据时间。目前，海关接收舱单申报人传输数据后，首先运用计算机进行数据的完整性校验和逻辑校验，之后海关计算机自动发送接受舱单申报回执。在这里，海关计算机发出确认接受申报的时间才是海关接受舱单传输的时间。

2. 进出口舱单海关舱单传输时间的认定有什么不同？

答：海关舱单传输时间的认定是以海关接受舱单申报的时间为准，不是以舱单申报人发送数据的时间为准。进口舱单电子数据的传输时间是以海关接受原始舱单主要数据传输的时间为准，出口舱单电子数据的传输时间是以海关接受预配舱单主要数据传输的时间为准。

3. 海关对舱单及相关数据传输有哪些主要要求？

答：（1）进出境运输工具负责人、无船承运业务经营人、货运代理企业、船舶代理企业、邮政企业及快件经营人等舱单电子数据传输义务人，应当按照海关备案的范围在规定时限向海关传输舱单电子数据。

（2）海关监管作业场所经营人、理货部门、出口货物发货人等舱单相关电子数据传输义务人，应当按照海关备案的范围在规定时限向海关传输舱单相关电子数据。

（3）对未按照《舱单管理办法》规定传输舱单及相关电子数据的，海关可以暂不予办理运输工具进出境申报手续。

（4）因计算机故障等特殊情况无法向海关传输舱单及相关电子数据的，经海关同意，可以采用纸质形式在规定时限向海关递交有关单证。

4. 舱单传输人和舱单相关电子数据传输义务人可以通过哪些途径向海关传输电子数据？

答：舱单传输人和舱单相关电子数据传输义务人可以自主选择通过以下途径向海关传输电子数据：

（1）中国电子口岸数据中心（服务热线电话：010-65195656）；

（2）全国海关信息中心（服务热线电话：010-65193355）；

（3）各直属海关对外接入局域网（包括地方电子口岸）。

5. 在外贸业务中，经常提到的"大提单"和"小提单"是什么意思？它们之间的关系是怎样的？

答："大提单"即总提（运）单，是指由运输工具负责人、运输工具代理企业所签发的提（运）单，有人习惯称为"大提单"。"小提单"即"分提（运）单"，是指在总提（运）单项下，由无船承运业务经营人、货运代理人或者快件经营人等企业所签发的提（运）单，有人习惯称为"小提单"。

它们之间的关系是总分的关系，即总提（运）单与分提（运）单是一对多的关系。

6. 总分提单结构的舱单，总提单是否可以应用于报关单上？

答：收发货人或其代理人向海关申报时使用的是无船承运人、货运代理人或者快件经营人等企业签发的提单，因此，报关单的提运单号应填写分提（运）单号。舱单管理系统设定总分结构的舱单，只能以分提（运）单为单位进行申报，总提运单无法被核注核销，报关单申报时如填写总提运单号，则会被退单。

7. 舱单涉及商业秘密并必须向海关提出保密要求的，应该怎样办理？

答：企业申报的舱单涉及商业秘密并必须向海关提出保密要求的，舱单传输人可以书面形式向所在地海关提出为其保守商业秘密的要求，并具体列明需要保密的内容；海关收到此文件后会按照国家有关规定承担保密义务，妥善保管舱单传输人及相关义务人提供的涉及商业秘密的资料。但以下情形除外：根据法律、行政法规应当提供的；依据中国政府或中国海关签订（参加）的多边或双边协定，应当进行电子数据交换的；海关总署批准的。

8. 舱单通过电子申报后，传输人是否需要保存纸质舱单？如果需要，保存期限有多长？

答：需要，舱单通过电子申报后，传输人必须保存纸质舱单。海关对舱单保存及期限的规定为：自海关接受舱单等电子数据之日起3年内，舱单传输人、海关监管场所经营人、理货部门应当妥善保管纸质舱单、理货报告、运抵报告及相关账册等资料。

9. 由于计算机系统故障等原因造成单艘（次、票）无法进行舱单数据传输的，企业应当怎么办？

答：如果企业由于计算机系统故障等原因造成单艘（次、票）无法进行舱单数据传输的，可以经过直属海关或直属海关授权的隶属海关批准，递交纸质舱单申报。但在故障排除后，应当按照海关要求补传舱单数据。

10. 有人说"纸质舱单"具有法律效力，而"电子数据舱单"不具有法律效力，这种说法对不对，为什么？

答：此种说法是错误的。纸质舱单与电子数据舱单具有相同的法律效力。因为根据《舱单管理办法》第四条规定，海关对于舱单管理的要求是以舱单电子数据传输为主，如果企业由于计算机系统故障等原因造成单艘（次、票）无法进行舱单数据传输的，可以经过直属海关或直属海关授权的隶属海关批准，递交纸质舱单申报。但在故障排除后，应当按照海关要求补传输舱单数据。采用纸质舱单申报，客观上是一种应急或补救操作。纸质舱单与电子数据舱单具有相同的法律效力。

11. 舱单及相关数据传输人在没有办理备案手续的情况下能否传输舱单数据？

答：不能，因为备案是舱单数据传输的必备条件，没有备案的情况下不能传输舱单数据。

12. 舱单及相关数据传输人的备案程序有哪些？

答：舱单及相关数据传输人的备案程序为：

舱单传输人、海关监管作业场所经营人、理货部门、出口货物发货人应当向其经营业务所在地直属海关或者经授权的隶属海关备案，并提交"备案登记表"。

在海关备案的有关内容如果发生改变的，舱单传输人、海关监管作业场所经营人、理货部门、出口货物发货人应当凭书面申请和有关文件向海关办理备案变更手续。

13. 舱单传输人在境内设有分支机构的企业，办理备案手续时有哪些特殊要求？

答：舱单传输人在境内设有分支机构的企业办理备案手续时，分支机构应当将分支机构地址、联系人和联系方式在经营业务所在地的直属海关或其授权的隶属海关登记。

14. 关于企业注销舱单备案信息有没有特别的规定？

答：舱单传输人及舱单相关数据传输人申请注销备案的，在所传输的舱单电子数据及舱单相关电子数据全部处理完结之后，才能办理注销手续。

15. 进境运输工具载有货物、物品的，海关对舱单数据传输的时限要求有哪些？

答：进境运输工具载有货物、物品的，舱单传输人应当在规定的时限向海关传输原始舱单主要数据，采用不同运输方式的规定时限是不一样的。进境运输工具载有货物、物品的，舱单传输人应当在下列时限向海关传输原始舱单主要数据：

（一）集装箱船舶装船的 24 小时以前，非集装箱船舶抵达境内第一目的港的 24 小时以前；

（二）航程 4 小时以下的，航空器起飞前；航程超过 4 小时的，航空器抵达境内第一目的港的 4 小时以前；

（三）铁路列车抵达境内第一目的站的 2 小时以前；

（四）公路车辆抵达境内第一目的站的 1 小时以前。

舱单传输人应当在进境货物、物品运抵目的港以前向海关传输原始舱单其他数据。

海关接受原始舱单主要数据传输后，收货人、受委托报关企业方可向海关办理货物、物品的申报手续。

16. 海关对预配舱单数据传输时限的要求有哪些？

答：出境运输工具预计载有货物、物品的，舱单传输人应当在办理货物、物品申报手续以前向海关传输预配舱单主要数据。

海关接受预配舱单主要数据传输后，舱单传输人应当在下列时限向海关传输预配舱单其他数据：

（一）集装箱船舶装船的 24 小时以前，非集装箱船舶在开始装载货物、物品的 2 小时以前；

（二）航空器在开始装载货物、物品的 4 小时以前；

（三）铁路列车在开始装载货物、物品的 2 小时以前；

（四）公路车辆在开始装载货物、物品的 1 小时以前。

出境运输工具预计载有旅客的，舱单传输人应当在出境旅客开始办理登机（船、车）手续的 1 小时以前向海关传输预配舱单电子数据。

17. 对于进境旅客原始舱单传输的时限，海关的要求有哪些？

答：舱单传输人应当在下列时限向海关传输原始舱单电子数据：

（1）船舶在境内有多个目的港的，在抵达境内第一目的港的 2 小时以前。

（2）航程在 1 小时以下的，航空器抵达境内第一目的港的 30 分钟以前；航程在 1 小时至 2 小时的，航空器抵达境内第一目的港的 1 小时以前；航程在 2 小时以上的，航空器抵达境内第一目的港的 2 小时以前。

（3）铁路列车抵达境内第一目的站的 2 小时以前。

（4）公路车辆抵达境内第一目的站的 1 小时以前。

18. 舱单传输人接收到海关反馈信息应该如何处置？

答：当海关接收原始舱单及相关数据后，海关以电子数据方式向舱单传输人反馈审核结果。反馈结果包括接受、不接受及原因、不准予装载、不准予卸载（下客）、待海关人工审核等审核结果。海关因故无法以电子数据方式通知的，以传真、电话、当面通知等方式通知舱单传输人。

（1）海关反馈审核结果是接受的，表示海关审核原始舱单及相关数据未见异常，传输人不需要做任何处置。

（2）海关反馈审核结果是不接受及原因的，表示海关审核原始舱单及相关数据发现异常并说明原因，传输人应当根据原因进行核查、更正，并重新传输舱单数据。

（3）海关反馈审核结果是不准予装载的，表示海关审核原始舱单及相关数据后发现所装载货物、物品等不符合国家相关管理规定，运输工具不得装载此类货物、物品等。

（4）海关反馈审核结果是不准予卸载（下客）的，表示海关审核原始舱单及相关数据不符合国家相关管理规定，运输工具不得卸载（下客）此类货物、物品等。

（5）海关反馈审核结果是待海关人工审核等审核结果的，表示海关审核原始舱单及相关数据存在不确定的情况，传输人应当耐心等待审核结果。

19. 如果长期没有收到海关的反馈结果，舱单传输人应当如何处置？

答：如果长期没有收到海关的反馈结果，传输人应当通过电话或当面咨询等方式询问没有收到反馈结果的原因。若海关因故无法以电子数据方式通知的，应当派员实地办理告知的相关手续。

20. 进口货物舱单上的收货人是否可以按照提单上的收货人填制？还是不一定要填写真正的收货人？

答：舱单上的收货人应当是提单上的收货人，应当是真实的收货人，因为"舱单"是指进出境船舶、航空器、铁路列车负责人或其他代理人向海关递交的真实、准确反映运输工具所载货物情况的纸质载货清单。

21. 舱单管理系统对理货报告有何要求？

答：（1）理货报告无法修改，如需变更，只能删除后重发；

（2）集装箱货物必须以集装箱为单位发送理货报告；

（3）非集装箱货物必须以提单为单位发送理货报告。

22. 监管作业场所经营人如何办理疏港分流手续？

答：为防止过多的货物、物品积压、阻塞港口，根据港口行政管理部门的决定，将相关货物、物品疏散到其他海关监管作业场所，监管作业场所经营人可以向海关提出疏港分流申请。办理疏港分流的程序如下：

（1）货物、物品需要疏港分流的，海关监管作业场所经营人应当以电子数据方式向海关提出疏港分流申请，经海关同意后方可疏港分流；

（2）疏港分流完毕后，海关监管场所经营人应当以电子数据方式向海关提交疏港分流货物、物品运抵报告；

（3）疏港分流货物、物品提交运抵报告后，海关即可办理货物、物品的查验、放行手续。

23. 疏港分流与分拨有什么区别？

答：疏港分流是货物在两个海关监管作业场所之间发生了位移，但分拨允许在同一监管场所内进行；分拨涉及对货物进行拆分操作，并在拆分完毕后的2小时以内提交二次理货报告，而分流仅仅是货物从一个海关监管场所疏散到另一个海关监管场所，并不进行拆分操作。

24. 没有传输预配舱单主要及其他数据的，能否办理出口货物、物品的报关手续？

答：不行，只有海关接收预配舱单主要及其他数据传输，审核并接受后，海关才给予办理出口货物、物品的报关手续。

25. 通运的出口货物，是否需要传输舱单及相关电子数据？

答：暂不需传输舱单及相关电子数据。

26. 进出口舱单是否全部必须是单票传输，海关也是逐票发送回执吗？

答：可以单票提运单逐票发送，也可以所有提运单打包发送。系统在逻辑判别报文包时是按提运单逐条判别，在全部检查后一次性发送回执，系统会以总提单为单元向舱单传输人反馈接受传输、不接受传输及原因等审核结果。

27. 什么是运抵报告？

答：运抵报告是指进出境货物、物品运抵海关监管作业场所时，海关监管作业场所经营人向海关提交的反映货物、物品实际到货情况的记录。

28. 出境货物应该由谁来递交运抵报告？

答：由监管作业场所经营人提交运抵报告。当出境货物、物品运抵海关监管作业场所时，海关监管场所经营人应当以电子数据方式向海关提交运抵报告，确认货物已经运抵监管作业场所。

29. 舱单管理系统对运抵报告有何要求？

答：（1）运抵报告无法修改，如需变更，只能删除后重发；
（2）集装箱货物必须以集装箱为单位发送运抵报告；
（3）非集装箱货物必须以提单为单位发送运抵报告。

30. 出口货物没有实际运抵监管作业场所的，能否向海关申请办理放行或查验手续？

答：出口货物正常到货的，海关方予办理对应货物、物品的查验、放行手续。

31. 海关对装载舱单数据传输时限有哪些要求？

答：舱单传输人应当在运输工具开始装载货物、物品的 30 分钟以前向海关传输装载舱单电子数据。

32. 对于装载舱单，海关审核不通过的原因有哪些？

答：主要有 5 个原因：
（1）总提单未经海关放行；
（2）装载舱单中的重量与总提单中放行的重量不符，且超过允许误差范围的；
（3）总提单禁止装载的；
（4）装载舱单中的集装箱号与预配舱单中的集装箱号不一致的；
（5）其他海关审核不通过的情况。

33. 直接改配是否可以多次改配？

答：可以。

34. 对直接改配申请的主要要求有哪些？

答：（1）申请出口直接改配的提单需存在对应的预配舱单且是已放行状态；
（2）申请出口直接改配的提单对应的预配舱单不得理货；
（3）存在拼箱关系的提单，必须同时申报出口直接改配申请；
（4）改配后的运输工具在舱单管理系统中已经有其他的预配舱单申报入库；
（5）申请出口直接改配的提单与改配后的运输工具上的预配舱单不得产生拼箱关系；
（6）以提单为单位申请直接改配；
（7）直接改配申请必须由原舱单传输人发送。

35. 出口落货改配可以修改哪些数据项？

答：仅可修改"运输工具名称""航次""提单号"电子数据项。

36. 舱单管理系统审核出口落货申请时，有哪些要求？

答：有以下 5 点要求：

(1) 申请出口落货的提单存在对应的预配舱单；
(2) 申请出口落货的提单对应的预配舱单未理货；
(3) 必须以提单为单位申请出口落货；
(4) 申请出口落货的提单必须正常运抵；
(5) 申请出口落货的提单必须已核注。

37. 舱单管理系统审核出口落货改配申请时，有哪些要求？

答：(1) 申请出口落货改配的提单对应的预配舱单必须已核销完；
(2) 改配后的运输工具在舱单管理系统中已有其他的预配舱单申报入库。

38. 大宗散货是否可以改配？

答：可以直接改配，但不支持落货和落货改配。

39. 出口货物赶不上船期，需要改装另一船舶，该怎么办理手续？

答：海关已放行的出口货物，因故需变更出境船舶、航次，或者同时需变更提单号的，需向海关申请出口直接改配。

40. 承运人是否可以在发送各类舱单时都同时提交主要数据和其他数据的全部字段？

答：原始舱单和预配舱单主要数据项和其他数据项可以在申报主要数据项的时限内同时申报。

41. 进境航空器所载货物、物品的原始舱单应当由谁来传输？

答：进境航空器所载货物、物品的原始舱单应当由航空运输企业或其地面代理企业向海关传输。

42. 航空运输企业接受货运代理企业委托承运的舱单应当由谁来传输？

答：航空运输企业接受货运代理企业委托承运的，货运代理企业向海关传输其所代理的货物总运单和分运单的预配电子数据舱单。

43. 境外航空运输企业经营不定期飞行，且未在海关备案的，舱单应当由谁来传输？

答：该航空运输企业应委托经海关备案的境内代理企业向海关传输舱单电子数据。

44. 如果是没有载有货物、物品的航空器，是否应当传输舱单数据？

答：不需要，没有载有货物、物品的航空器不需向海关传输舱单及相关电子数据。

45. 进境航空器没有载旅客的，是否需传输旅客舱单数据？

答：不需要。对于航空器未载有旅客的，旅客舱单传输义务人不需传输旅客舱单电子数据。

46. 进境船舶所载货物是过境货物的，是否应当传输舱单数据？

答：应当传输。对于过境货物，舱单及相关电子数据传输人应当按照《舱单管理办法》规定传输进境舱单及相关电子数据。

47. 进境船舶所载货物是通运货物的，是否应当传输舱单数据？

答：通运货物，舱单及相关电子数据传输人暂不需传输舱单及相关电子数据。

48. 未载有货物、物品的进境船舶，是否应当传输舱单数据？

答：未载有货物、物品的船舶，不需向海关传输舱单及相关电子数据。

49. 进境船舶所载货物是多票货物集（拼）在同一集装箱中的进口货物的，应当怎样传输舱单数据？

答：多票货物集（拼）在同一集装箱中的进口货物，舱单传输人应当同时传输该集装箱内的所有分提单舱单电子数据。

50. 同一船舶载有集装箱货物和非集装箱货物混装进境的，应当怎样传输舱单数据？

答：同一船舶载有集装箱货物和非集装箱货物混装进境的，舱单传输人应当按照《舱单管理办法》第九条第（一）项规定的集装箱船舶和非集装箱船舶传输时限分别传输原始舱单数据：对于集装箱货物，在开始装船的 24 小时以前传输舱单数据；对于非集装箱货物，在抵达境内第一目的港的 24 小时以前传输舱单数据。

51. 境内无法人资格的船舶运输企业，应当怎样传输舱单数据？

答：应委托已在海关备案的境内船舶代理企业向海关传输舱单数据。

52. 多家承运人共用舱位的情况下，是否可由货物操作方各自进行舱单申报？

答：共用舱位可以由多家申报舱单，但是必须使用同一 IMO 号和航次。

53. 调拨出境空箱，舱单传输的时限要求是什么？

答：调拨出境空箱，舱单传输人应当在空箱装船的 2 小时前传输预配舱单的主要数据。

54. 出口货物采取边运抵边装船的，海关对传输运抵报告有哪些特别要求？

答：出口货物采取边运抵边装船的，经海关船边实际验核后，即视为货物运抵，并向海关传输运抵报告。

55. 出口货物采取边运抵边装船的，传输运抵报告后，海关对于货物、物品的装载有没有时限要求？

答：货物、物品应当在 3 日内装载完毕。

56. 境外运输企业可以办理公路舱单传输吗？

答：已取得国家主管部门注册登记的境外运输企业，可以办理公路舱单传输业务；未取得国家主管部门注册登记的境外运输企业，海关接受其委托的已向海关备案的境内货运代理企业向海关传输舱单电子数据。

57. 自驾车是否需要传输公路舱单？如何办理？

答：自驾车也应该向海关传输公路舱单，经海关验放后，人工在公路舱单管理系统办理舱单的物流状态维护及结关。

58. 公路舱单"一单多车"业务是否要逐车发送进出境确报？

答：对于公路口岸一批进出口货物需要多个进出境车辆载运的"一单多车"货物，应当使用同一货物运输批次向海关传输舱单电子数据，在申报进出境确报电子数据时，一次性传输所有承运车辆的信息。

59. 空车进出境需要传输舱单吗？

答：未载有货物、物品进出境的车辆，或仅载有暂时进出境空集装箱的车辆，海关不要求传输舱单及相关电子数据，只需要一次性传输车辆确报电子数据。

60. 舱单变更的方式有几种？有什么主要区别？

答：舱单变更的方式主要有直接准予变更和海关审核变更两种。已经传输的舱单电子数据需要变更的，舱单传输人可以在原始舱单和预配舱单规定的传输时限以前直接予以变更；在原始舱单和预配舱单规定的传输时限后，需经海关审核同意，方可进行变更。

61. 运输工具负责人传输舱单资料后，需要对舱单数据进行更改，海关方面是否要收费？标准是多少？

答：对于舱单数据的修改，海关不收取任何费用。

62. 对于已被核注的原始舱单电子数据、预配舱单电子数据需要进行变更的，应该如何处理？

答：应当先对报关数据做相应处理，恢复原始舱单电子数据、预配舱单电子数据的未核注状态，方可办理舱单变更手续。

63. 哪些铁路舱单数据传输人需要办理备案？

答：铁路列车运营企业、铁路列车代理企业、快件经营人、海关监管作业场所经营人和理货部门应向海关申请办理舱单及相关电子数据传输人备案。

64. 核对发现原始舱单电子数据与理货报告电子数据不相符的，海关应当如何处理？

答：海关应当要求舱单及相关电子数据传输人在卸载货物、物品完毕后48小时内说明原因，并按以下方式处理：原始舱单电子数据错误的，要求舱单传输人办理舱单变更手续；理货报告电子数据错误的，办理理货报告电子数据删除手续，并要求舱单相关电子数据传输人重新发送理货报告电子数据。

65. 铁路舱单归并的"六个同一"是什么？

答：同一进出境口岸、同一进出境日期、同一车次、同一境内收发货人、同一合同、同一品名。

66. 因计算机或网络故障等特殊情况，铁路舱单系统无法接收舱单数据时如何处理？

答：经批准，海关可收取纸质单证办理相关手续。

第五章　海关监管作业场所（场地）

1. 什么是海关监管区？

答：根据《海关法》第一百条的规定，海关监管区是指设立海关的港口、车站、机场、国界孔道、国际邮件互换局（交换站）和其他有海关监管业务的场所，以及虽未设立海关，但是经国务院批准的进出境地点。《中华人民共和国海关监管区管理暂行办法》（海关总署令第232号发布，根据海关总署令第240号修订）对海关监管区进一步做了阐释，是指《海关法》第一百条所规定的海关对进出境运输工具、货物、物品实施监督管理的场所和地点，包括海关特殊监管区域、保税监管场所、海关监管作业场所、免税商店，以及其他有海关监管业务的场所和地点。

2. 什么是海关监管作业场所？

答：海关监管作业场所，是指由企业负责经营管理，供进出境运输工具或者境内承运海关监管货物的运输工具进出、停靠，从事海关监管货物的进出、装卸、储存、集拼、暂时存放等有关经营活动，符合《海关监管作业场所（场地）设置规范》，办理相关海关手续的场所。

3. 海关监管作业场所（场地）的类型划分有哪些？

答：海关监管作业场所（场地）划分为监管作业场所和集中作业场地。监管作业场所包括水路运输类海关监管作业场所、公路运输类海关监管作业场所、航空运输类海关监管作业场所、铁路运输类海关监管作业场所、快递类海关监管作业场所等；集中作业场地包括旅客通关作业场地、邮检作业场地等。

4. 什么是海关指定监管场地？

答：海关指定监管场地是指符合海关监管作业场所（场地）的设置规范，满足动植物疫病疫情防控需要，对特定进境高风险动植物及其产品实施查验、检验、检疫的监管作业场地。

5. 海关指定监管场地与监管作业场所和集中作业场地的关系是什么？

答：海关指定监管场地可以为海关监管作业场所（或是海关监管作业场所中的功能作业区），也可以为集中作业场地。

6. 企业如何申请经营海关监管作业场所？

答：首先，申请经营海关监管作业场所的企业（以下称申请人）应当同时具备以下条件：一是具有独立企业法人资格；二是取得与海关监管作业场所经营范围相一致的工商核准登记；三是具有符合《海关监管作业场所（场地）设置规范》的场所；四是由法人分支机构经营的，分支机构应当取得企业法人授权；

其次，申请人应当向主管地的直属海关或者隶属海关提出注册申请，并且提交以下材料：一是"经营海关监管作业场所企业注册申请书"；二是作业区域功能布局示意图（包括监管设施及其安装位置）；三是由法人分支机构经营的，申请人应当提交企业法人授权文书。

7. 海关如何办理企业申请经营海关监管作业场所的行政许可事项？

答：主管海关受理行政许可申请后，应当对申请人提交的申请材料进行审查，并对其是否符合海关监管作业场所设置规范进行实地验核。

经审核符合注册条件的，主管海关制发"中华人民共和国××海关经营海关监管作业场所企业注册登记证书"，自制发之日起生效。经审核不符合注册条件的，主管海关应当说明理由并制发"中华人民共和国××海关不予行政许可决定书"。

8. 海关监管作业场所的哪些变更事项需要办理行政许可申请，以及如何办理？

答：有下列情形之一的，经营企业应当向主管海关办理申请变更手续：一是变更海关监管作业场所类型的；二是变更海关监管作业场所面积的；三是变更海关监管作业场所内功能作业区的；四是变更海关监管作业场所名称或经营企业名称的；五是海关监管作业场所换址新建的。

属于上述事项的，经营企业应当向主管地的直属海关或者隶属海关提交"经营海关监管作业场所企业变更申请书"及相关材料，办理变更申请。

9. 海关如何办理申请变更海关监管作业场所的行政许可事项？

答：主管海关受理行政许可申请后，应当对申请人提交的申请材料进行审查。经审核同意经营企业变更申请的，主管海关应当制发新的"中华人民共和国××海关经营海关监管作业场所企业注册登记证书"，经营企业应当交回原注册登记证书；经审核不同意变更的，主管海关应当制发"不予行政许可决定书"。

海关监管作业场所换址新建的，海关应当重新进行实地验核。

10. 企业如何办理注销海关监管作业场所，以及有哪些注意事项？

答：经营企业申请注销海关监管作业场所的，应当向主管地的直属海关或者隶属海关提交"经营海关监管作业场所企业注销申请书"及相关材料，办理注销申请。

经营企业申请注销海关监管作业场所的应当满足以下条件：一是场所内存放的海关监管货物已经全部依法处置完毕，相关海关手续也已经全部办结；二是经营企业涉及走私案件或者违反海关监管规定案件的，相关案件已经结案；三是场所内海关配备的监管设施设备已经按照海关要求妥善处置。

11. 海关如何办理申请注销海关监管作业场所的行政许可事项？

答：主管海关受理行政许可申请后，应当对申请人提交的申请材料进行审查。经审核符合注销条件的，主管海关应当制发"中华人民共和国××海关准予注销行政许可决定书"，经营企业应当交回注册登记证书；经审核不符合注销条件的，主管海关应当制发"不予行政许可决定书"。

12. 海关对海关监管作业场所的经营企业的管理要求是什么？

答：一是经营企业应当根据海关监管需要，在海关监管作业场所的出入通道设置卡口，配备与海关联网的卡口控制系统和设备；二是经营企业应当在海关监管作业场所建立与海关联网的信息化管理系统、视频监控系统，并且根据海关监管需要建立全覆盖无线网络；三是经营企业应当建立与相关海关监管业务有关的人员管理、单证管理、设备管理和值守等制度。

13. 海关对监管作业场所内的海关监管货物的监管要求有哪些？

答：一是经营企业应当凭海关放行信息办理海关监管货物及相关运输工具出入海关监管作业场所的手续。二是经营企业应当妥善保存货物进出及存储等情况的电子数据或者纸质单证，保存时间不少于3年，海关可以进行查阅和复制。三是经营企业应当在海关监管作业场所装卸、储存、集拼、暂时存放海关监管货物。装卸、储存、集拼、暂时存放非海关监管货物的，应当与海关监管货物分开，设立明显标识，并且不得妨碍海关对海关监管货物的监管。四是经营企业应当根据海关需要，向海关传输非海关监管货物进出海关监管作业场所等信息。五是经营企业应当将海关监管作业场所内存放超过3个月的海关监管货物情况向海关报告。海关可以对相应货物存放情况进行核查。

14. 海关对海关监管作业场所的监督管理手段有哪些？

答：一是海关可以采取视频监控、联网核查、实地巡查、库存核对等方式，对海关监管作业场所实施监管；二是海关监管作业场所出现与《海关监管作业场所（场地）设置规范》不相符情形的，经营企业应当立即采取措施进行修复，并且报告海关。海关根据管理需要，可以采取相应的限制措施；三是海关履行法定职责过程中，发现海关监管作业场所内海关监管货物存在安全生产隐患的，应当及时向主管部门通报。

15. 海关对海关监管作业场所的处罚手段有哪些？

答：经营企业有下列行为之一的，海关予以责令改正，给予警告，海关制发"中华人民共和国××海关责令整改通知书"，可以暂停其相应海关监管作业场所6个月以内从事有关业务：一是未凭海关放行信息办理出入海关监管作业场所手续的；二是未依照《中华人民共和国海关监管区管理暂行办法》规定保存货物进出及存储等情况的电子数据或者纸质单证的；三是海关监管作业场所出现与《海关监管作业场所（场地）设置规范》不相符情形未及时修复，影响海关监管的；四是未依照《中华人民共和国海关监管区管理暂行办法》规定装卸、储存、集拼、暂时存放海关监管货物的；五是未依照《中华人民共和国海关监管区管理暂行办法》规定将海关监管作业场所内存放超过3个月的海关监管货物情况向海关报告的。

因上述第三项原因被暂停业务的，如果海关监管作业场所经整改已符合要求，可以提前恢复业务。

发生走私行为或者重大违反海关监管规定行为的，海关应当责令经营企业改正，并且暂停其相应海关监管作业场所6个月以内从事有关业务。

16. 海关指定监管场地的类型有哪些？

答：包括进境肉类指定监管场地、进境冰鲜水产品指定监管场地、进境粮食指定监管场地、进境水果指定监管场地、进境食用水生动物指定监管场地、进境植物种苗指定监管场地、进境原木指定监管场地和其他进境高风险动植物及其产品指定监管场地。

17. 海关指定监管场地的选址原则是什么？

答：指定监管场地原则上应当设在第一进境口岸监管区内。在同一开放口岸范围内申请设立不同类型指定监管场地的，原则上应当在集中或相邻的区域内统一规划建设，设立为综合性指定监管场地，海关实行集约化监管。

18. 海关指定监管场地的立项要求是什么？

答：地方政府根据口岸发展需要，组织开展指定监管场地设立的可行性评估和立项，并统筹规划和组织建设。地方政府经评估，认为具备设立条件的，形成立项申请，函商直属海关提出立项评估意见，直属海关初审后报海关总署审核、批复。

指定监管场地立项材料应当包括以下内容：一是地方外向型经济和口岸建设的基本情况、发展规划，指定监管场地开展相关业务的市场需求，以及预期的经济效益、社会效益；二是地方政府制定保障进境高风险动植物及其产品检疫风险的联防联控工作制度（组织机构、能力保障、职责分工、督查督办）；三是指定监管场地的建设规划（建设主体、周期、资金保障、规划平面图等）；四是指定监管场地建设有关土地、环保、农林等评估意见。

19. 海关如何对海关指定监管场地的立项进行评估？

答：直属海关收到立项材料后，应当组成专家组进行初审评估，评估工作以资料审核为主，并视情开展实地验证和评估，必要时可与地方政府、申请单位沟通了解相关情况。

专家组应由海关系统内场所管理、动植检疫、食品安全专业的人员构成，必要时可聘请系统外专家。海关主要对以下方面进行评估：一是口岸对外开放情况和相关配套保障情况；二是海关监管能力和配套保障情况；三是海关实验室检测能力和配套保障情况；四是指定监管场地布局及必要性。

直属海关应当根据初审评估情况，提出初审意见。直属海关经评估认为符合海关相关规定要求的，报海关总署。直属海关经评估认为不符合海关相关规定要求的，应当向地方政府书面反馈意见。根据地方政府的需求，直属海关可以提出相关改进意见；海关总署对直属海关的立项评审意见进行复审，提出批复意见，并反馈直属海关，由直属海关向地方政府反馈。

20. 海关指定监管场地建设与验收要求是什么？

答：指定监管场地应当在海关总署同意立项批复之日起2年内完成建设并向直属海关申请预验收。逾期未向直属海关申请预验收的，该立项自动失效。在集中或相邻的区域内统一规划建设的不同类型指定监管场地，海关可统一组织开展验收。

21. 海关指定监管场地申请预验收时应当同时具备哪些条件？

答：一是指定监管场地符合海关监管作业场所（场地）的设置规范，满足动植物疫病疫情防控需要，具备对特定进境高风险动植物及其产品实施查验、检验、检疫的条件；二是指定监管场地主管海关的监管能力满足特定进境高风险动植物及其产品作业需求；三是地方政府已建立检疫风险的联防联控制度、国门生物安全、食品安全保障机制，重大动物疫病、重大植物疫情、重大食品安全事件等突发事件应急处理工作机制。

22. 海关指定监管场地申请预验收应当提交哪些材料？

答：一是"指定监管场地验收申请表"；二是指定监管场地验收申请表"申请须知"中列明的随附材料；三是其他相关资料或材料；四是由法人分支机构经营的，分支机构应当取得企业法人授权。

23. 直属海关对海关指定监管场地组织验收工作的要求是什么？

答：直属海关口岸监管部门负责牵头组织验收组开展指定监管场地的预验收工作。验收组应当由海关系统内场所管理、动植检疫、食品安全专家或骨干构成。

直属海关对指定监管场地的预验收工作包括资料审核和实地验核。书面材料审核通过的，直属海关组织验收组进行实地验核；书面材料审核不通过的，应当中止验收并告知申请单位。

24. 海关指定监管场地的实地验核工作程序是怎样的？

答：一是召开验收工作见面会，验收组公布验收工作的依据和程序，听取指定监管场地的建设情况汇报；二是验收组赴指定监管场地、海关实验室等场地开展实地验核；三是验收组内部评议，形成验收结论；四是召开现场反馈会，验收组反馈验收情况，给出验收结论，由验收组和申请单位签字确认；五是必要时，海关可提前安排进行检疫处理效果、海关监管人员能力考试等工作。

25. 海关指定监管场地何时可以正式开展特定进境高风险动植物及其产品的海关监管业务？

答：通过海关总署验收的或验收提出的不符合项已整改完毕的指定监管场地，海关总署口岸监管司报请署领导批准后，将新批准的指定监管场地信息维护进指定监管场地名单，并在海关门户网站公布。经公布的指定监管场地可正式承载特定进境高风险动植物及其产品的海关监管业务。

26. 海关指定监管场地的变更事项应该如何办理？

答：指定监管场地经营单位名称变更、指定监管场地因行政区划造成地址名称变化的，应当于变更后1个月内向直属海关报告，经直属海关核实后向海关总署报备。

27. 海关指定监管场地改扩建或新建应该如何办理？

答：指定监管场地改扩建或新建查验场地、冷链一体化设施、技术用房等基础设施，应当事先向直属海关报备。对于影响海关监管的，直属海关应当根据实际情况暂停部分或全部的指定监管场地海关监管业务。

指定监管场地改扩建或新建项目完成后，经营单位应当向直属海关申请验收，海关按本规范的相关规定进行验收。

28. 如何办理放弃经营海关指定监管场地？

答：经营单位主动放弃经营指定监管场地的，应当向直属海关提出申请。直属海关经审核确认指定监管场地内存放的海关监管货物已经全部依法处置完毕，相关海关手续已经全部办结的，应当同意其申请，并函报海关总署。

29. 海关指定监管场地有哪些情况应当重新申请立项？

答：有下列情况之一的：一是指定监管场地经营单位变更的；二是海关总署同意立项批复之日起2年内未向直属海关申请预验收的；三是按规定从指定监管场地名单中删除，停止指定监管场地运营海关业务后，拟重新开展指定监管场地海关业务的。

30. 海关监管作业场所（场地）内的功能区是如何划分的？

答：一是口岸前置拦截作业区，包括车体及轮胎消毒场所、核生化监测处置场所、指定检疫车位、指定检疫廊桥或指定检疫机位、检疫锚地或泊位、指定检疫轨道等。

二是查验作业区，该功能区以查验为主，配套设置必要的储存区、暂时存放区、扣检区、技术整改区等，涉及运营进口汽车、进口冷链食品、进境食用水生动物、进境水果、进境木材、进境粮食、进境种苗、供港澳地区鲜活产品、血液等特殊物品，集装箱/厢式货车承载货物等业务，以及有公路口岸客车进出境的海关监管作业场所（场地）。

三是检疫处理区，该功能区以检疫处理和卫生处理为主，配套设置必要的查验区、存放区等。该功能区包括进境原木检疫处理区、进境大型苗木检疫处理场等。

31.《海关监管作业场所（场地）设置规范》的适用原则是什么？

答：一是以水路、航空、铁路、公路运输方式办理货物进出境的海关监管作业场所，应当适用该规范中对应的运输方式海关监管作业场所设置规范；二是以快递方式办理货物进出境业务的海关监管作业场所，应当优先适用该规范中快递类海关监管作业场所设置规范；三是旅客通关作业场地、邮检作业场地等集中作业场地，应当适用该规范中对应的海关集中作业场地设置规范；四是海关监管作业场所（场地）内的功能区，应在满足上述对应海关监管作业场所（场地）设置规范要求的基础上，同时满足对应功能区的设置规范的要求；五是开展跨境电子商务直购进口或跨境电子商务一般出口业务的监管作业场所应按照快递类海关监管作业场所或者邮检作业场地规范设置。

32. 2个或多个海关监管作业场所（场地）是否可以共用区域与设施？

答：满足以下条件的可以：一是2个及以上海关监管作业场所（场地）设置在同一区域内的，在满足海关监管要求的前提下，可以设置统一的隔离围网（墙）和通道出入卡口，同一区域内各海关监管作业场所之间应当建立隔离设施及设置区分标识；二是设置在同一口岸监管区内的海关监管作业场所（场地），在满足开展海关监管作业要求的条件下，可根据实际情况共同使用有关的技术用房。

33. 要求安装监控摄像头的海关监管作业场所（场地）有哪些？

答：一是海关监管作业场所，如水路运输类海关监管作业场所、公路运输类海关监管作业场所、航空运输类海关监管作业场所、铁路运输类海关监管作业场所、快递类海关监管作业场所，以及从事边民互市业务的监管作业场所等。

二是海关集中作业场地，如旅客通关作业场地、邮检作业场地等。

三是海关监管作业场所（场地）内的功能区，如通用查验场地、口岸前置拦截作业区、进口汽车查验区、动植物产品（含食品）查验区、供港澳地区鲜活产品查验区、卫生检疫查验区、公路口岸客车查验区、进境原木检疫处理区、进境大型苗木检疫处理场等，具体设置要求详见《海关监管作业场所（场地）功能区监控摄像头设置规范》。

四是海关作业现场，如免税品商店（含销售场所和监管仓库）、海关对外办理业务大厅、陆路口岸边境通道、停机坪等，具体设置要求详见《海关作业现场监控摄像头设置规范》。

34. 海关监管作业场所（场地）内的功能区，其监控摄像头设置有什么要求？

答：海关监管作业场所（场地）内的功能区，应在满足对应海关监管作业场所（场地）监控摄像头设置规范要求的基础上，同时满足对应功能区的监控摄像头设置规范要求。

35. 海关监管作业场所（场地）监控摄像头的重点监控范围或区域是什么？

答：海关根据法律、规章的规定和海关实际监管的要求确定监控摄像头的重点监控范围或区域，主要包括：车辆进出通道及卡口、海关查验场地、检疫处理场地（不含第三方检疫场地）、泊位、施解封区、查验地磅、运输工具登临区、航空箱拆板和组板区、旅检大厅等。

重点监控区域应保证监控摄像头点位具有一定的冗余度，确保个别摄像头出现故障时不影响海关对重点监控范围或区域的连续监控。

36. 海关监管作业场所（场地）监控摄像头和视频监控系统的选型标准是什么？

答：海关监管作业场所（场地）监控摄像头和视频监控系统的其他设备、部件、材料应当符合现行国家行业标准，设备选型、平台系统、集成软件应当与海关现有系统相兼容，相关工程设计及施工应当符合国家有关标准，接入设备及系统符合国家相关安全标准，并应符合相关安全管理部门要求。

海关监管作业场所（场地）监控摄像头、视频监控系统设备选型应当符合《海关视频监控系统技术规范》（HS/T 58），并应根据海关监管需要，在符合上述规范或标准要求的基础上，提高设备选型、建设标准。

海关监管作业场所（场地）应建立符合海关网络安全要求的机房或机柜，用于安置监控摄像头的存储、联网、集成等相关设备。

37. 海关监管作业场所（场地）联网与监控清晰度要求是什么？

答：海关监管作业场所（场地）应当建立满足海关监管要求的视频监控系统，通过视频监控安全设备与海关联网，视频存储时间不少于3个月。

海关监管作业场所（场地）应根据海关监管需要，合理设置摄像头安装点、监控范围，并应当采用照明、红外等方式，保证监控摄像头夜间监控的清晰度。

38. 海关对海关监管作业场所（场地）监控摄像头的控制权是怎么规定的？

答：监控摄像头的控制权，是指对摄像头的镜头焦距和监控视角（范围）的调动控制权，分为海关专控和海关主控。海关专控是指监控摄像头只能由海关控制，海关主控是指海关在执行对监控摄像头的调动时，不允许其他控制方调动。

第六章　通关便利化改革

1. 长三角海关特殊货物检查作业一体化改革的背景是什么？

答：2020 年 8 月，习近平总书记在扎实推进长三角一体化发展座谈会上强调，长三角区域要勇当我国科技和产业创新的开路先锋，要聚焦集成电路、生物医药、人工智能等重点领域和关键环节，加大科技攻关力度。中共中央、国务院印发的《长三角区域一体化发展规划纲要》指出，长三角一体化建设要推动科技创新与产业发展深度融合，坚持创新共建，打造区域创新共同体。高新技术企业作为发展创新的主体，承担着支持建设长三角科技创新高地的重任。《国务院办公厅关于进一步做好稳外贸稳外资工作的意见》以职责细分的方式，提出 15 项稳外贸主体、稳产业链供应链措施，其中确定海关总署要梳理大型骨干外贸企业及其核心配套企业需求，建立问题批办制度，推动解决生产经营中遇到的矛盾问题，在进出口各环节予以支持。

2. 长三角海关特殊货物检查作业一体化改革的总体目标是什么？

答：进一步优化长三角海关特殊货物的检查作业模式，对于试点企业的进口试点货物实施跨直属海关的口岸和目的地分段、分类检查作业，在确保监管到位、风险可控的基础上，通过建立强化事前评估备案、规范事中监管检查、加强事后闭环管理等一整套规范制度，有序试点开展长三角海关特殊货物一体化检查作业，解决企业的实际困难，提升口岸营商环境，实现企业便利通关。

3. 长三角海关特殊货物检查作业一体化改革的试点海关范围是什么？

答：参与试点的口岸海关和目的地海关由涉及的长三角海关相互协商确定。

4. 长三角海关特殊货物检查作业一体化改革先行启动试点包括哪些海关？

答：上海海关和合肥海关先行启动长三角海关特殊货物检查作业一体化改革试点。

5. 长三角海关特殊货物检查作业一体化改革的试点货物范围是什么？

答：进口真空包装、防光包装、恒温储存等在普通环境下拆箱查验会影响性能品质的高新技术货物。

6. 长三角海关特殊货物检查作业一体化改革的试点企业范围是什么？

答：企业应为一般信用（含）等级以上的长三角地区高新技术或加工型企业。

7. 企业参与长三角海关特殊货物检查作业一体化改革需要办理什么备案手续？

答：企业应向主管地海关提出参加长三角海关特殊货物检查作业一体化改革，并随附申请试点的具体货物品名、税号等要素以及承担试点货物管理主体责任的书面承诺书。

8. 口岸海关对长三角海关特殊货物检查作业一体化改革试点企业备案货物实施口岸检查时，采用什么检查方式？

答：口岸海关发现试点企业备案货物需实施口岸检查的，严格按照检查指令要求，通过外形或机检检查方式对货物实施检疫、查验作业。

9. 长三角海关特殊货物检查作业一体化改革中，口岸检查指令如何处理？

答：口岸海关根据口岸指令完成检疫、查验作业后，如未发现异常的，联系风控部门修改口岸检查指令并根据原检查要求下达目的地检查指令。

10. 长三角海关特殊货物检查作业一体化改革试点企业备案货物在口岸检查时发现异常，口岸海关如何处理？

答：长三角海关特殊货物检查作业一体化改革货物在口岸检查时发现异常则不适用试点，口岸海关应继续执行指令的全部要求。

11. 长三角海关特殊货物检查作业一体化改革试点企业备案货物抵达目的地后，目的地海关如何处理？

答：在货物抵达目的地后，目的地海关执行目的地检查指令，根据目的地检查情况进行后续处置。

12. "快通"的全称是什么？

答：铁路快速通关。

13. 舱单相关电子数据传输人应当在进境快通货物运抵指运地时，向海关传输什么数据？

答：进境快速通关指运到货信息电子数据。

14. 什么货物不允许开展快通业务？

答：铁路列车所载进出口货物属于禁止、限制开展转关业务货物的，不允许开展快通业务。

15. 什么是"安智贸"项目？

答："安智贸"项目，全称中欧安全智能贸易航线试点计划，是贯彻世界海关组织《全球贸易安全与便利标准框架》的示范性项目，通过中欧海关以及海关与企业的合作，完善亚欧之间贸易供应链安全与便利的规则，实现对海运集装箱及箱内货物的全程监控，建立安全便利的智能化国际贸易运输链而实施的一个试点计划。安智贸的两个重要内容：实现海关监管领域的深层次合作和建立海关与商界合作伙伴关系。

16. "安智贸"项目开展的背景是什么？

答：2005年6月，世界海关组织（WCO）第105/106次理事会年会通过了《全球贸易安全与便利标准框架》一揽子文件。《标准框架》的内容涉及海关的全面业务和全方位的改革方向，描述和规划了现代海关发展的模式和蓝图，代表海关未来的发展方向。《标准框架》通过后，源于对"9·11"发生后世界反恐形势对全球供应链产生的深远影响，安全与便利成为两大主题，2006年，欧盟提出与中国海关合作实施中欧安全智能贸易航线试点计划。

17. "安智贸"项目开展的意义是什么？

答："安智贸"项目是全球范围内第一个全面实施世界海关组织WCO《全球贸易安全与便利标准框架》的国际合作项目，是中欧海关最具实质意义的重大合作项目，也是欧方首次与非欧盟国家在该领域开展的合作，其不仅能够保障供应链安全、便利双边贸易，而且有助于深化中欧双边关系。

18. "安智贸"项目的总体目标是什么？

答：完善亚欧之间供应链安全和便利的规则，建立安全便利的智能化国际贸易运输链，在促进合法货物流动的同时把有限的资源集中于高风险货物。关注货运集装箱在贸易运输过程中的安全，实现对物流的全程监控，在确保安全的前提下，提高正常货物的通关效率，降低企业的通关成本，从而实现保护和便利全球贸易的目的。

19. "安智贸"项目含哪些参与者及其地位？

答：海关是实施项目并制定规则的主体，在项目实施过程中享有主导地位和执法权。中欧海关协商制定合作的政策性指南和包括出口查验、风险管理、数据交换、经授权的经营者（AEO）等内容的技术性规则。项目将按照中欧海关制定的各项规则实施。国际贸易供应链上的各方，包括船公司、船代、出口商、进口商、承运人等，作为海关—商界伙伴关系中重要角色，将是试点计划参与者和受益者。技术提供商将提供智能集装箱技术和电子封志。中欧海关将根据实际业务需求、港口情况、使用成本等综合因素进行评估，协商后选取相关技术的提供商。

20. "安智贸"项目的优先合作领域是什么？

答：五个优先合作领域，分别是：（1）数据交换。（2）选取参与企业（AEO制度）。（3）监管结果互认。（4）运用共同的风险规则。（5）电子封志/智能集装箱的运用。

21. 五个优先合作领域具体内容分别是什么？

答：（1）数据交换：中欧双方通过提前交换和共享议定数据，实现对进出口货物的前置风险分析，为建立统一的分析规则和实现监管结果互认提供基础。（2）选取参与企业：中欧双方以企业自愿为前提，参照世界海关组织关于AEO（经授权的经营者）的标准选定参与试点的企业。（3）监管结果互认：相互认可对方海关的监管结果，但保留对进口货物的查验权。（4）运用共同的风险规则：中欧双方海关执行协商一致的风险规则和最低监管标准。（5）电子封志/智能集装箱的运用：企业选用符合海关要求的电子封志；规定的检查点能成功读取电子封志信息和进行施解封操作；海关能够及时收到电子封志报警信息并作出相应处理。

22. "安智贸"项目给企业带来哪些益处？

答：（1）通过加强及实施供应链的一系列安全措施，可减少运输货物被盗的可能性、降低运输保险费用。（2）降低由恐怖主义事件引发的全球供应链中断的风险，并且一旦恐怖事件发生，能帮助企业贸易在最短时间内重新开始，并提供给参与企业一定的经济优势。（3）帮助企业享受降低查验率、减少通关手续等通关便利，通过监管结果互认，减少货物在进出口环节的滞留时间，降低通关成本。（4）减少货物的边境地和因港口堵塞带来的滞留时间。（5）有助于提高参与项目的企业的国际声誉，从而提高货物在全球的可销售性和企业劳动力的安全性。

23. "安智贸"项目目前的进展情况如何？

答：2006年9月，"安智贸"项目正式启动，在中欧双方的共同努力下，项目取得了较大进展，目前已进入第三阶段的实施过程。

2009年11月，中欧海关安智贸工作组召开第十三次会议，对项目第一阶段实施情况进行评估，并就第二阶段实施方案展开讨论。2010年11月12日，安智贸工作组召开第15次会议，同意将安智贸项目拓展至第二阶段。安智贸项目第二阶段持续至2012年9月。

中国香港特别行政区于2013年6月加入安智贸。

2014年，安智贸信息技术专家组开始着手为安智贸新的自动化数据交换进行概念性设计，进一步推动安智贸自动化数据交换。

2014年5月，中欧联合海关合作委员会签署了中欧海关2014—2017合作战略框架，文件指出，安全智能贸易航线试点合作重点是明确并实施安智贸第三阶段合作。

2016年7月15日，《中欧安全智能贸易航线试点计划第三阶段联合行政安排》已于世界海关组织（WCO）第127/128届理事会年会期间签署，这标志着中欧安全智能贸易航线试点计划第三阶段正式启动。

24. "安智贸"项目试点企业的选取标准是什么？

答：参与安智贸实施的中方企业应具有稳定的对欧进出口业务和相对固定的欧方贸易伙伴。原则上应为经中方海关认定的高级认证企业。如果中方企业在欧贸易合作伙伴为"经认证经营者"（AEO），可对中方企业信用等级放宽至一般认证企业。

中方企业应向各地海关企业管理部门申请企业认证。

25. "安智贸"项目的贸易航线如何确定？

答：中欧海关通过《安智贸贸易航线提名表》对贸易航线进行确认。对于中方主动发起的贸易航线，试点海关安智贸联络员负责协调中方企业提供相关信息，包括其在欧贸易合作伙伴信息，完成《提名表》并提交贸易航线涉及的欧方港口联系人，请其对欧方企业情况进行核实确认；对于欧方发起的贸易航线，安智贸联络员负责核实《提名表》上中方企业信息、信用等级及进出口业务开展情况，并向欧方反馈中方确认意见。

26. "安智贸"项目通过什么方式进行数据传输？

答：中欧双方通过提前交换和共享议定数据，实现对进出口货物的前置风险分析，为建立统一的分析规则和实现监管结果互认提供基础。安智贸各参与方现已就第三阶段数据交换的内容、方式和机制等达成一致，并商定在新的数据交换系统开发完成前继续使用海关执法网络通信系统 CEN-COMM（Customs Enforcement Network Communication）作为传输和共享数据的平台。

27. 中欧海关 10 个共同风险指标包括哪些？

答：（1）收货人、发货人、通知方方面：a. 不良记录。b. 虚假（编造）信息。c. 第一次运输（出口）。d. 新成立企业（成立日期在 6 个月之内）。(2) 设备鉴别号码方面：e. 发货人自备集装箱或虚假/错误的集装箱号码。(3) 货物方面：f. 约重。g. 与出口商/发货人的经营范围不符。h. 敏感货物（待进一步确认）。i. 不符常规的集装箱货物。j. 使用者根据实际情况或情报制定的规则。

28. "安智贸"项目出口货物如何申报？

答：安智贸货物出口报关单应明确申报：试点企业的十位数编码作为经营单位、指运港为进口国安智贸试点具体港口名称和代码，并在出口报关单备注栏填写"SSTL"（英文半角大写，SSTL 是指安智贸英文缩写）字样。

29. "安智贸"项目进口货物如何申报？

答：安智贸货物进口报关单应明确申报：试点企业的十位数编码作为经营单位，装货港为安智贸试点具体港口名称和代码，在进口报关单备注栏填报"UCR<UCR 编号>"。

30. 安智贸试点企业报关时应注意哪些事项？

答：出口申报时应明确申报出口口岸、指运港，如：中国深圳港（盐田5316或蛇口5304），荷兰鹿特丹港（代码2309）、德国汉堡（代码2110），如笼统填报，如指运港为"荷兰"或"德国"，则无法享受安智贸试点通关便利。

31. 什么是 CEN 系统？

答：CEN 系统是由世界海关组织（WCO）开发并负责维护的海关执法网络（Customs Enforcement Network，简称 CEN），是供成员海关之间进行数据交换、信息共享和联络通信的执法信息系统。用户可以通过互联网随时随地访问 CEN。

32. 什么是 UCR？

答：UCR，即"Unique Consignment Reference Number"，全球货物统一代码。UCR 是一组长达

35 位的代码，贯穿货物从发送端到目的端的全程运输链。UCR 涉及的使用者包括进口商、出口商、中介商（如银行、保险公司、承运人、货代等），以及相关政府机关（如海关、贸易机关、检疫机关）等。从出口商接受国外订单开始，该批货物就被赋予一组可区别其他货物的唯一的 UCR 代码，不论途中经过多少中介商或政府机关，此代码一直与该批货物的运输流程紧密结合，直到国外进口商接收货物并完成通关手续为止。在试点中，中方以 CN+18 位报关单号作为 UCR 编号。

33. 什么是 AEO 制度？

答：AEO，即"Authorized Economic Operator"，经认证经营者。世界海关组织（WCO）关于 AEO 的定义为以任何一种方式参与货物的国际流通，并经海关认可符合世界海关组织或同等供应链安全标准的一方。AEO 包括生产商、进口商、出口商、报关行、承运商、理货人、中间商、港口、机场、货站经营者、综合经营者、仓储业经营者和分销商。从 13 个方面对企业提出要求：A. 遵守海关法规；B. 具有符合要求的贸易记录管理系统；C. 财务保障能力；D. 磋商、合作和交流；E. 教育、培训和提高安全意识；F. 信息交换、存取和保密；G. 货物安全；H. 运输工具安全；I. 经营场所安全；J. 人员安全；K. 商业伙伴安全；L. 危机管理和灾难防御制度；M. 衡量、分析和改进制度。

第七章　进出口食品、化妆品检验检疫

1. 什么是企业注册及备案制度？

进口食品境外生产企业，应获得海关总署注册。

向中国境内出口食品的境外出口商或者代理商应当向海关总署备案。食品进口商应当向其住所地海关备案。境外出口商或者代理商、食品进口商办理备案时，应当对其提供资料的真实性、有效性负责。境外出口商或者代理商、食品进口商备案名单由海关总署公布。

境外出口商或者代理商、食品进口商备案内容发生变更的，应当在变更发生之日起 60 日内，向备案机关办理变更手续。海关发现境外出口商或者代理商、食品进口商备案信息错误或者备案内容未及时变更的，可以责令其在规定期限内更正。

2. 什么是食品进口和销售记录制度？

食品进口商应当建立食品进口和销售记录制度，如实记录食品名称、净含量/规格、数量、生产日期、生产或者进口批号、保质期、境外出口商和购货者名称、地址及联系方式、交货日期等内容，并保存相关凭证。记录和凭证保存期限不得少于食品保质期满后 6 个月，没有明确保质期的，保存期限为销售后 2 年以上。

3. 什么是境外出口商、境外生产企业审核制度？

食品进口商应当建立境外出口商、境外生产企业审核制度，重点审核制定和执行食品安全风险控制措施情况及保证食品符合中国法律法规和食品安全国家标准的情况。

海关依法对食品进口商实施审核活动的情况进行监督检查。食品进口商应当积极配合，如实提供相关情况和材料。

4. 什么是检疫审批制度？

检疫审批制度适用于对《进出境动植物检疫法》及其实施条例以及国家有关规定需要审批的进口食品和需要特许审批的禁止进境物的检疫审批。海关总署根据法律法规的有关规定以及国务院有关部门发布的禁止进境物名录，制定、调整并发布需要检疫审批的进口食品名录。

海关总署统一管理全国进境食品检疫审批工作，对各直属海关开展检疫审批工作进行监督检查，并负责除下放直属海关检疫审批产品之外产品的检疫审批终审工作。各直属海关负责在本辖区内海关总署下放的进境动植物源性食品的检疫审批工作和未下放的进境动植物源性食品检疫审批受理工作。同一申请单位对同一品种，同一输出国家或者地区，同一加工、使用单位一次只能办理 1 份"检疫许可证"。

5. 进口预包装食品标签如何监管？

进口商应当负责审核其进口预包装食品的中文标签是否符合我国相关法律、行政法规规定和食品安全国家标准要求。审核不合格的，不得进口。

进口预包装食品被抽中现场查验或实验室检验的，进口商应当向海关人员提交其合格证明材料、进口预包装食品的标签原件和翻译件、中文标签样张及其他证明材料。海关收到有关部门通报、消费者举报进口预包装食品标签涉嫌违反有关规定的，应当进行核实，一经确认，依法进行处置。

入境展示、样品、免税经营（离岛免税除外）、使领馆自用、旅客携带以及通过邮寄、快件、跨境电子商务等形式入境的预包装食品标签监管，按有关规定执行。

6. 化妆品的概念是什么？

化妆品是指以涂、擦、散布于人体表面任何部位（表皮、毛发、指趾甲、口唇等）或者口腔黏膜、牙齿，以达到清洁、消除不良气味、护肤、美容和修饰目的的产品。化妆品半成品是指除最后一道"灌装"或者"分装"工序外，已完成其他全部生产加工工序的化妆品。化妆品成品包括销售包装化妆品成品和非销售包装化妆品成品。销售包装化妆品成品是指以销售为主要目的，已有销售包装，与内装物一起到达消费者手中的化妆品成品；非销售包装化妆品成品是指最后一道接触内容物的工序已经完成，但尚无销售包装的化妆品成品。

7. 出口化妆品不合格怎么办？

出口化妆品经检验检疫不合格，可以在海关的监督下进行技术处理，经重新检验检疫合格的，方准出口。不能进行技术处理或经技术处理重新检验仍不合格的，不准出口。进出口化妆品生产经营者对海关的检验结果有异议的，可以按照进出口商品复验相关规定申请复验。有下列情形之一的，海关不受理复验：检验结果显示微生物指标超标的；复验备份样品超过保质期的；其他原因导致备份样品无法实现复验目的的。

8. 出口食品生产企业有什么监管要求？

应当保证其出口食品符合进口国家（地区）的标准或者合同要求；中国缔结或者参加的国际条约、协定有特殊要求的，还应当符合国际条约、协定的要求。进口国家（地区）暂无标准，合同也未作要求，且中国缔结或者参加的国际条约、协定无相关要求的，出口食品生产企业应当保证其出口食品符合中国食品安全国家标准。出口食品原料种植、养殖场应当向所在地海关备案。出口食品生产企业应当建立完善、可追溯的食品安全卫生控制体系，保证食品安全卫生控制体系有效运行，确保出口食品生产、加工、贮存过程持续符合中国相关法律法规、出口食品生产企业安全卫生要求；进口国家（地区）相关法律法规和相关国际条约、协定有特殊要求的，还应当符合相关要求。出口食品生产企业应当建立供应商评估制度、进货查验记录制度、生产记录档案制度、出厂检验记录制度、出口食品追溯制度和不合格食品处置制度。相关记录应当真实有效，保存期限不得少于食品保质期期满后6个月；没有明确保质期的，保存期限不得少于2年。

第八章　进出境动植物检疫

1. 检疫准入的程序是什么？

答：国外农产品首次输华检验检疫准入一般程序如下：

（1）输出国官方检疫主管部门根据贸易需求，向中华人民共和国海关总署（以下简称中方）提出书面申请，并说明拟出口具体农产品的名称、种类、用途、进口商信息、出口商信息。

（2）中方根据申请，向输出国提交一份涉及进行该种农产品进口风险分析资料的调查问卷，请输出国答复。

（3）在收到输出国就调查问卷的答复后，中方组织有关专家进行风险分析；在风险分析过程中，如需要，中方将请输出国再补充有关资料；在对以上资料评估的基础上，中方将考虑是否派出专家组赴输出国进行实地考察。

（4）在风险分析工作完成后，中方将考虑是否提出从该国进口该种农产品的检疫议定书草案或入境检验检疫卫生要求，双方就此进行协商。

（5）在双方就议定书或入境检验检疫卫生要求达成一致意见后，按照议定书或卫生要求的规定开展该种农产品的贸易。

2. 在哪能查到进境动植物及其产品的准入名单？

答：登陆海关总署官网—动植物检疫司—企业信息。

3. 已经完成检疫准入的动植物及其产品都可以进口吗？

答：不是。进口动植物及其产品前除了确认是否已经完成检疫准入之外，还应关注境内外动植物疫情情况，当因境外发生重大动植物疫情时，海关总署会发布禁令、公告等暂停相关国家或地区的相关产品进口。

4. 所有的进境动植物及其产品都需要向海关总署办理检疫审批吗？

答：不是。海关总署只负责对《进出境动植物检疫法》及其实施条例以及国家有关规定需要审批的进境动物（含过境动物）、动植物产品和需要特许审批的禁止进境物实施检疫审批。输入植物种子、种苗及其他繁殖材料的检疫审批，由《植物检疫条例》规定的机关负责。

5. 进境的动物检出检疫性传染病怎么办？

答：检出一类传染病、寄生虫病的动物，连同其同群动物全群退回或者全群扑杀并销毁尸体；检出二类传染病、寄生虫病的动物，退回或者扑杀，同群其他动物在隔离场或者其他指定地点隔离观察。

6. 携带宠物进境需要注意些什么？

答：（1）携带入境的活动物仅限犬或者猫（以下简称"宠物"），并且每人每次限带1只。携带宠物入境的，携带人应当向海关提供输出国家或者地区官方动物检疫机构出具的有效检疫证书和狂犬病疫苗接种证书。宠物应当具有电子芯片。

（2）携带入境的宠物应在海关指定的隔离场隔离检疫30天（截留期限计入在内）。需隔离检疫的宠物应当从建设有隔离检疫设施的口岸入境。海关对隔离检疫的宠物实行监督检查。海关按照

指定国家或地区和非指定国家或地区对携带入境的宠物实施分类管理,具有以下情形的宠物免于隔离检疫:

一是来自指定国家或者地区携带入境的宠物,具有有效电子芯片,经现场检疫合格的;

二是来自非指定国家或者地区的宠物,具有有效电子芯片,提供采信实验室出具的狂犬病抗体检测报告(抗体滴度或免疫抗体量须在0.5IU/ml以上)并经现场检疫合格的;

三是携带宠物属于导盲犬、导听犬、搜救犬的,具有有效电子芯片,携带人提供相应使用者证明和专业训练证明并经现场检疫合格的。

指定国家或地区名单、采信狂犬病抗体检测结果的实验室名单、建设有隔离检疫设施的口岸名单以海关总署公布为准。

(3)携带宠物入境有下列情况之一的,海关按照有关规定予以限期退回或者销毁处理:

一是携带宠物超过限额的;

二是携带人不能向海关提供输出国家或者地区官方动物检疫机构出具的有效检疫证书或狂犬病疫苗接种证书的;

三是携带需隔离检疫的宠物,从不具有隔离检疫设施条件的口岸入境的;

四是宠物经隔离检疫不合格的。

对仅不能提供疫苗接种证书的导盲犬、导听犬、搜救犬,经携带人申请,可以在有资质的机构对其接种狂犬病疫苗。

作限期退回处理的宠物,携带人应当在规定的期限内持海关签发的截留凭证,领取并携带宠物出境;逾期不领取的,作自动放弃处理。

(4)关于携带宠物入境的具体检疫要求详见《关于进一步规范携带宠物入境检疫监管工作的公告》(海关总署公告2019年第5号)附件《中华人民共和国携带入境宠物检疫要求》。

7. 非食用动物产品都包括什么?

答:非食用动物产品是指非直接供人类或者动物食用的动物副产品及其衍生物、加工品,如非直接供人类或者动物食用的动物皮张、毛类、纤维、骨、蹄、角、油脂、明胶、标本、工艺品、内脏、动物源性肥料、蚕产品、蜂产品、水产品、奶产品等。

8. 哪些非食用动物产品需要到指定生产加工单位定点加工?

答:按照海关总署公布的《进境非食用动物产品风险级别及检验检疫监管措施清单》中Ⅰ级风险的非食用动物产品需要在进境非食用动物产品指定生产加工存放单位加工存放,并接受海关监管。常见产品主要有:原皮(鲜、干、盐湿、盐渍、盐干皮张,不含两栖、爬行类动物);原毛,原绒,未水洗的羽毛羽绒,未经加工的动物鬃、尾;未经加工或初级加工的有蹄动物、啮齿类动物和禽鸟动物的骨、蹄、角;未经加工的动物(不含两栖和爬行动物)脂肪组织及其冷榨油脂,非BSE风险可忽略国家或地区的高温炼制反刍动物油脂;未经加工的蚕茧、蚕蛹、削口茧,长吐,滞头;未经加工或经初级加工的动物内脏、组织和消化液。

9. 海关对进口水生动物有什么要求?

答:进境水生动物应当符合下列要求:

(1)中国法律法规规定和强制性标准要求;

(2)海关总署分类制定的检验检疫要求;

(3)双边检验检疫协定确定的相关要求;

(4)双方确认的检验检疫证书规定的相关要求;

(5)进境动植物检疫许可证(以下简称检疫许可证)列明的要求;

（6）海关总署规定的其他检验检疫要求。

10. 进口的水生动物遇到什么情况需要做处理？

答：海关对装载进境水生动物的外包装、运输工具和装卸场地会按照规定进行防疫消毒处理。

当海关在现场查验发现有下列情形的，按照有关规定进行处理：（1）发现内包装容器损坏并有装载水洒漏的，要求货主或者其代理人对包装容器进行整理、更换包装或者对破损包装内的水生动物作销毁处理，并对现场及包装容器等进行消毒；（2）现场需要开拆包装加水或者换水的，所用水必须达到中国规定的渔业水质标准，并经消毒处理，对废弃的原包装、包装用水或者冰及铺垫材料，按照有关规定实施消毒处理；（3）对发现的禁止进境物进行销毁处理；（4）临床检查发现异常时可以抽样送实验室进行检测；（5）对已经死亡的水生动物，监督货主或者其代理人作无害化处理。

在受理报关或者现场查验发现有下列情形之一的，海关签发"检验检疫处理通知书"，由收货人或其代理人在海关的监督下，作退回或者销毁处理：（1）未被列入允许进境水生动物种类及输出国家或者地区名单的；（2）无有效检疫许可证的；（3）无输出国家或者地区官方主管部门出具的有效检验检疫证书的；（4）检疫许可证上的申请单位、检验检疫证书上的收货人和货运提单上的收货人不一致的；实际运输路线与检疫许可证不一致的；（5）来自未经注册登记企业的；（6）货证不符的，包括品种不符、进境水生动物数（重）量超过检验检疫证书载明数（重）量、谎报用途、无标签、标签内容不全或者与检验检疫证书载明内容不符的；（7）临床检查发现异常死亡且出现水生动物疫病临床症状的；（8）临床检查发现死亡率超过50%的。

11. 国际植物保护公约是什么？

答：国际植物保护公约（The International Plant Protection Convention，英文简称IPPC）是由联合国粮农组织（FAO）制定的关于防止有害生物随植物及其产品贸易扩散和传播的国际合作协定，也是世界贸易组织《实施卫生和植物卫生措施协定》（SPS协定）规定的制定国际植物检疫措施标准的机构。

国际植物保护公约成立于1952年。我国于2005年10月20日加入。国际植物保护公约的主要宗旨是为确保采取共同而有效的行动来防止有害生物的传入和扩散，并促进采取防治这些有害生物的措施，是目前植物保护领域参加国家（地区）最多、影响最大的国际公约。国际植物保护公约的中心内容为植物检疫，其主要任务是加强国际间植物检疫合作，防止植物危险性有害生物传播，统一国际植物检疫证书格式，开展国际植物保护信息交流，促进植物检疫能力建设等。

12. 为什么要求输出国（地区）出具植物检疫证书？

答：出口国（地区）植物检疫机构对其国（地区）内有害生物的发生情况比较清楚，对拟出口种苗的检疫安全情况最了解，由其出具植物检疫证书是国际植物保护公约规定的权利和义务，也是双边检疫合作的具体要求。

植物检疫证书是植物、植物产品或其他应检物符合有关检疫要求的官方凭证，具有普遍的公信力和法律效力。国际植物保护公约规定，植物检疫证书由具有技术资格、经官方植物保护组织适当授权、代表它并在它控制下的检疫官员签发，因而输入方可信任地接受植物检疫证书作为可靠的文件，证明输出的植物符合进口国（地区）的植物检疫规定。

《中华人民共和国进出境动植物检疫法实施条例》规定，依法应该检疫的进境物在向口岸动植物检疫机关申报时，若无输出国家或者地区政府植物检疫机关出具的有效检疫证书，或者未依法办理检疫审批手续的，口岸动植物检疫机关可以根据具体情况，作退回或者销毁处理。

13. 输入植物、植物产品和其他检疫物，经检疫发现有植物危险性病、虫、杂草的，应采取何种措施？

答：海关在第一时间对携带有害生物的入境货物实施封锁和控制措施，防止疫情进一步传播扩散，同时会根据疫情的种类和性质通知货主或其代理人作相应的除害、退回或者销毁处理。经除害处理合格的，准予进境。

14. 植物检疫处理有哪些方法？

答：（1）通过改变用途来达到处理的目的；

（2）通过物理、化学和其他方法来达到杀灭有害生物的目的，包括熏蒸、消毒、高温、辐照处理等；

（3）采取退回或销毁的措施。

采取检疫处理的原则是，在保证有害生物不传入国境的前提下，同时考虑减少经济损失，有利于发展对外经济贸易。能进行除害处理的，尽量进行除害处理；不能进行除害处理或无有效除害处理方法的，坚决作退回或销毁处理。

15. 违反植物检疫规定的行为有哪些？

答：违反植物检疫规定的行为主要包括以下几方面：（1）未按照规定办理植物检疫证书或者在申报过程中弄虚作假的。（2）伪造、涂改、买卖、转让植物检疫单证、印章、标志、编号、封识的。（3）未按照规定调运、承运（或收寄）、隔离试种或者生产应施检疫的植物、植物产品的。（4）违反规定，擅自开拆已检讫的植物、植物产品包装，调换或者夹带其他未经检疫的植物、植物产品，或者擅自将非种用植物、植物产品作种用的。（5）违反规定，试验、生产、推广带有植物检疫性有害生物的种子、苗木和其他繁殖材料，或者未经批准在非疫区进行检疫性有害生物活体试验研究的。（6）违反规定，不在指定地点种植或者不按要求隔离试种，或者隔离试种期间擅自分散种子、苗木和其他繁殖材料的。（7）其他违反植物检疫法规规定，引起疫情扩散的行为。

16. 公民在植物检疫方面有什么义务？

答：公民在植物检疫方面应履行下列义务：

（1）发现新的可疑植物病、虫、杂草，应及时向植物检疫机构报告；

（2）调运植物、植物产品，要依照植物检疫法律法规的相关规定，向植物检疫机构如实申报，不弄虚作假；

（3）积极配合植物检疫机构开展检疫工作，如发现检疫性有害生物或者其他危险性病、虫、杂草，应按检疫机构的要求及时进行处理，并承担处理所需的费用；

（4）不得私自夹带未经检疫的植物及其产品入境或出境。

17. 过境植物检疫适用场景范围？

答：过境植物检疫适用以下情形：经陆路通过我国境内直接过境运输的检疫物；入境后在我国口岸经改换其他运输工具并直接从入境口岸运出境外的检疫物；由船舶或飞机装运入境，由原运输工具装运出境的通运检疫物；以及属于欧亚大陆桥方式的国际集装箱过境运输的检疫物。

18. 出境植物繁殖材料生产企业注册登记有效期为多长时间？

答：出境植物繁殖材料生产企业注册登记有效期为3年。

19. 经检疫合格的出境植物及其产品，在哪些情形下货主或其代理人应当重新报关？

答：一是更改输入国家或者地区，更改后的输入国家或者地区又有不同检疫要求的；二是改换包装或者原未拼装后来拼装的；三是超过检疫规定有效期限的。

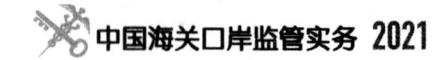

20. 出境植物及其产品检疫不合格的，无有效方法处理的，如何处置？

答：出境植物及其产品检疫不合格的，无有效方法处理的，签发"出境货物不合格通知单"，不准出境。

第九章　进出口商品检验

1. 如何快速判断进出口商品是否属于危险化学品？

答：当进出口商品符合以下5个条件中的任意一种时，可直接判断属于危险化学品：

（1）该商品名称列入《危险化学品目录》（最新版）。需注意，《危险化学品目录》列入的无机盐，同时包括无水和含有结晶水的化合物。

（2）该商品中≥70%的组分属于《危险化学品目录》（最新版）列明的化学品。

（3）该商品的闭杯闪点≤60℃。

（4）另一种商品已被确定属于危险化学品，其具有危险特性的组分与该商品相同，且含量等于或低于该商品。

（5）该商品经分类鉴别，属于《危险化学品目录》（最新版）列明的化学品。

2. 当进出口商品不符合上述条件时，如何判断是否属于危险化学品？

答：当进出口商品不符合上述条件时，可通过其成分组分和具有的危险特性进行初步判断。符合以下4个条件中的任意一种时，该产品可能属于危险化学品，通过取样送检进行分类鉴别可得出准确结论：

（1）核查该商品安全数据单第2项列明的危险特性，如至少有一种危险特性在《危险化学品目录》（最新版）的确定原则范围内，则可能属于危险化学品。

（2）核查该商品安全数据单第3项成分组分信息，如至少有一种组分具有下表列出的某种危险特性，且其浓度超限值，则可能属于危险化学品。

危险性种类	浓度限值（%）
急性毒性	≥1.0
皮肤腐蚀/刺激	≥1.0
严重眼损伤/刺激	≥1.0
呼吸/皮肤致敏	≥1.0
生殖细胞致突变，类别1	≥1.0
生殖细胞致突变，类别2	≥1.0
致癌性	≥1.0
生殖毒性	≥1.0
靶器官单次接触毒性	≥1.0
靶器官重复接触毒性	≥1.0
吸入危害，类别1	≥10 和运动黏度≤20.5mm^2/s（40℃）
吸入危害，类别2	≥10 和运动黏度≤14mm^2/s（40℃）
水生环境危害	≥1.0

（3）核查该商品安全数据单第9项理化特性，如某种理化指标符合《危险化学品目录》（最新

版）确定原则对应的危险特性定义，则可能属于危险化学品。

（4）核查该商品安全数据单第 11 项毒理学信息，如某种毒理学指标符合《危险化学品目录》（最新版）确定原则对应的危险特性定义，则可能属于危险化学品。

3. 如何判断进出口商品是否属于危险货物？

答：当进出口商品符合以下 3 个条件中的任意一种时，判断属于危险货物：

（1）该商品名称可在《关于危险货物运输的建议书 规章范本》《国际海运危险货物规则》《危险物品安全航空运输技术细则》等国际规章的危险货物一览表或我国《危险货物品名表》（GB 12268—2012）中索引到。

（2）该商品安全数据单第 14 项运输信息中，具有对应的联合国危险货物编号（UN 编号）。

（3）该商品经分类鉴别，属于危险货物。

4. 如何申请出口危险货物包装生产企业代码？

答：危险货物包装的生产企业请联系所在地主管海关询问具体要求。

5. 各类出口危险货物包装需要通过哪些性能检验项目？有哪些特殊要求？

答：（1）桶类包装

① 闭口钢桶（1A1）、闭口铝桶（1B1）、闭口金属桶（1N1）、闭口钢罐（3A1）、闭口铝罐（3B1），须通过 4 项性能试验：跌落试验、堆码试验、液压试验、气密试验。

② 开口钢桶（1A2）、开口铝桶（1B2）、开口金属桶（1N2）、开口钢罐（3A2）、开口铝罐（3B2）、胶合板桶（1D），盛装液体的须通过 4 项性能试验：跌落试验、堆码试验、液压试验、气密试验；盛装固体的须通过 2 项性能试验：跌落试验、堆码试验。

③ 纤维板桶（1G），须通过 2 项性能试验：跌落试验、堆码试验。特殊要求：试验前应在控制温度和相对湿度的环境下至少放置 24 小时。以下三种环境选择其一：最好的环境是温度 23℃±2℃ 和相对湿度 50%±2%，另外两种是温度 20℃±2℃ 和相对湿度 65%±2%，或温度 27℃±2℃ 和相对湿度 65%±2%。

④ 闭口塑料桶（1H1）、闭口塑料罐（3H1）、塑料复合桶（6HH1），须通过 4 项性能试验：跌落试验、堆码试验、液压试验、气密试验。特殊要求：如是首次使用，在试验前应装入拟运危险货物，进行 6 个月以上的相容性试验；跌落试验时应将试验样品及其内装物的温度降至-18℃ 或更低；液压试验时施加 30 分钟液压；堆码试验在温度 40℃ 条件下堆码 28 天；拟装闪点不大于 61℃ 的易燃液体且通过公路或铁路运输时，还应进行渗透性试验。

⑤ 开口塑料桶（1H2）、开口塑料罐（3H2），盛装液体的须通过 4 项性能试验：跌落试验、堆码试验、液压试验、气密试验；盛装固体的须通过 2 项性能试验：跌落试验、堆码试验。特殊要求与闭口塑料桶相同。

⑥ 钢塑复合桶（6HA1），须通过 4 项性能试验：跌落试验、堆码试验、液压试验、气密试验。特殊要求：如是首次使用，在试验前应装入拟运危险货物，进行 6 个月以上的相容性试验；跌落试验时应将试验样品及其内装物的温度降至-18℃ 或更低。

（2）箱类包装

① 钢箱（4A）、铝箱（4B）、天然木箱（4C1、4C2）、胶合板箱（4D）、再生木箱（4F），须通过 2 项性能试验：跌落试验、堆码试验。

② 纤维箱（4G），须通过 2 项性能试验：跌落试验、堆码试验。特殊要求：试验前应在控制温度和相对湿度的环境下至少放置 24 小时。以下三种环境选择其一：最好的环境是温度 23℃±2℃ 和相对湿度 50%±2%，另外两种是温度 20℃±2℃ 和相对湿度 65%±2%，或温度 27℃±2℃ 和相对湿度

65%±2%。

③ 塑料箱（4H1、4H2），须通过2项性能试验：跌落试验、堆码试验。特殊要求：跌落试验时应将试验样品及其内装物的温度降至-18℃或更低。

（3）袋类包装

① 塑料编织袋（5H1无涂层无内衬袋、5H2防泄漏袋、5H3防水袋），须通过1项性能试验：跌落试验。特殊要求：单层有缝边的塑料袋，每个样品袋跌落3次，第一次宽面平跌，第二次窄面平跌，第三次端部平跌；单层无缝边塑料袋或多层塑料袋，每个样品袋跌落2次，第一次宽面跌落，第二次端部跌落。

② 纸袋（5M1多层纸袋、5M2多层防水纸袋），须通过1项性能试验：跌落试验。特殊要求：试验前应在控制温度和相对湿度的环境下至少放置24小时。以下三种环境选择其一：最好的环境是温度23℃±2℃和相对湿度50%±2%，另外两种是温度20℃±2℃和相对湿度65%±2%，或温度27℃±2℃和相对湿度65%±2%。

6. 出口危险货物包装使用鉴定应满足哪些一般要求？

答：（1）申报信息、包装上标记的货物危险类别/项别及货物次要危险特性与实际盛装的危险货物相符。

（2）包装形式、类别应符合实际盛装危险货物对应的联合国《关于危险货物运输的建议书 规章范本》要求及相关特殊规定。

（3）包装及吸附材料、防震材料、衬垫材料等应与实际盛装危险货物的危险特性相适应，不得与危险货物发生任何影响包装强度或产生危险的化学反应。

（4）运输过程中，如果实际盛装的危险货物因温度变化可能从固体变成液体，包装应符合盛装液体要求。

（5）包装外表清洁，无残留物、污染或渗漏，无危险货物撒漏在包装外表面、外容器与内容器之间，或外容器与内贮器之间。

（6）液体危险货物灌装在包装容积的98%以下，固体危险货物充装在包装容积的95%以下，单件净重不得超过联合国《关于危险货物运输的建议书 规章范本》和相应运输方式的国际危规规定。

（7）采用液体或惰性气体保护实际盛装的危险货物时，应能够有效保证危险货物安全。

（8）对于首次使用的包装，使用单位应提供6个月以上的相容性试验报告或相容性自我声明。

（9）包装使用单位应对包装留样，留样保存期限至少6个月。

7. 空运危险货物包装使用鉴定有哪些特殊要求？

答：（1）盛装液体的包装，包括内包装，应能承受95kPa以上的内压力而不渗漏。

（2）如果在包装上安装排气孔，需经航空主管部门批准。

（3）使用组合包装时，内容器封口不能倒置。外包装上要有明显的表示作业方向的标识。

（4）盛装第4.1类自反应物质和第5.2类有机过氧化物时，包装应达到Ⅱ类以上，且不得使用金属包装。第5.2类有机过氧化物包装不得带有通气孔。

（5）盛装具有爆炸性的过氧化物时，包装上应粘贴次要危险特性标签。

（6）盛装具有爆炸次要危险特性的过氧化物时，包装应符合空运危规相关要求。

（7）盛装液体危险货物的包装，需要提供每个包装的气密试验合格报告。

（8）盛装固体危险货物的包装，剩余空间应按规定填充或者衬垫。

（9）盛装磁性物体或可能有磁性的物质，应提交磁场强度测试报告。对于磁场强度大于

0.418A/m 的危险货物，应进行屏蔽。

8. 各类出口危险货物包装的使用鉴定还须满足哪些特殊要求？

答：（1）闭口桶、闭口罐：其大、小封闭器螺盖配合应达到密封要求，外盖完好无损，密封圈与所装货物相适应，密封良好。如使用封识，封识应完好。

（2）开口桶、开口罐：应配以适当的密封圈，无论采取何种形式封口，均应达到紧箍、密封要求，外盖完好无损。扳手箍还需要用销子锁住扳手。如使用封识，封识应完好。

（3）木箱、纤维板箱：用钉紧固时应钉实，钉尖要盘倒，钉尖、钉帽不得突出。箱体应完好无损，打包带紧箍箱体。如果盛装爆炸品，应采取防护措施，防止爆炸品与钉接触。

（4）瓦楞纸箱：应完好无损，封口应平整牢固。打包带紧箍箱体。

（5）无内衬袋：外包装袋用缝线封口时，袋口应折叠30毫米以上，缝线的开始和结束应有5针以上回针，或缝线预留50毫米，其缝针密度应保证盛装的危险货物不撒漏且不降低袋口强度。内包装袋封口时，应保证盛装的危险货物无撒漏。如果采用绳扎封口，应排出袋内气体，袋口用绳紧绕二道，扎紧打结，再将袋口朝下折转并用绳紧绕二道扎紧打结；如果是双层袋，按此法分层扎紧。如果采用粘合封口，应排出袋内气体，粘合缝不允许有空隙、空洞；如果是双层袋，应分层粘合。所用绳、线不应与盛装的危险货物发生降低强度的化学反应。

（6）有内衬袋：外包装袋缝针密度应保证牢固，盛装的危险货物无撒漏。内包装袋封口时，应保证盛装的危险货物无撒漏。如果采用绳扎封口，应排出袋内气体，袋口用绳紧绕二道，扎紧打结，再将袋口朝下折转并用绳紧绕二道扎紧打结；如果是双层袋，按此法分层扎紧。如果采用粘合封口，应排出袋内气体，粘合缝不允许有空隙、空洞；如果是双层袋，应分层粘合。所用绳、线不应与盛装的危险货物发生降低强度的化学反应。

（7）组合包装：内容器如果盛装液体，封口需符合液密封口规定；如需气密封口的，需符合气密封口规定。所使用的吸附材料不得与盛装的危险货物发生具有危险的化学反应。吸附材料应确保在内容器破裂时，有能力完全吸附全部危险货物，使其不至于从外包装渗漏出来。如果外容器使用不防泄漏或不防水的箱类，则应使用防泄漏的内衬或内容器。

9. 进口涂料的备案机构有哪些？

答：进口涂料的备案机构包括北京海关、天津海关工业产品安全技术中心、大连海关、上海海关、南京海关、宁波海关、厦门海关技术中心、青岛海关、广州海关、深圳海关、拱北海关等。

10. 进口煤炭各项指标应满足什么要求？

答：（1）在中国境内运输距离超过600公里的进口煤炭，应满足7项基本要求，分别是：

① 灰分（A_d），褐煤≤30%，其他煤种≤40%；

② 硫分（S_d），褐煤≤1.5%，其他煤种≤3%；

③ 汞（Hg_d）≤0.6 μg/g；

④ 砷（As_d）≤80 μg/g；

⑤ 磷（P_d）≤0.15%；

⑥ 氯（Cl_d）≤0.3%；

⑦ 氟（F_d）≤200 μg/g。

（2）在中国境内运输距离超过600公里的进口煤炭，应满足8项基本要求，分别是：

① 发热量（$Q_{net,ar}$），褐煤≥16.5MJ/kg，其他煤种≥18MJ/kg；

② 灰分（A_d），褐煤≤20%，其他煤种≤30%；

③ 硫分（S_d），褐煤≤1%，其他煤种≤2%；

④ 汞（Hg_d）≤0.6 μg/g；

⑤ 砷（As_d）≤80 μg/g；

⑥ 磷（P_d）≤0.15%；

⑦ 氯（Cl_d）≤0.3%；

⑧ 氟（F_d）≤200 μg/g。

11. 什么是平行进口车？

答：平行进口车是相对中规车概念而来的，指总经销商以外，由"非原厂授权"的其他进口商引进到中国的车辆，进口渠道与国内授权经销渠道"平行"。

12. 什么是车辆识别代号（VIN）？

答：俗称"车架号"，相当于汽车的"身份证号"。进口汽车的车辆识别代号（VIN）应符合我国国家标准《道路车辆 车辆识别代号（VIN）》（GB 16735）。车辆识别代号由17位字母、数字组成，通过其可以获得车辆相关信息，包括制造国家或地区、车辆制造厂、年份、生产顺序号等。

13. 我在车展看到一款喜欢的进口车，能不能在车展直接购买？

答：主要分两种情况：一是国内已有销售，其车型已完成强制性产品认证和环保信息公开的，正常报关进口；二是未取得强制性产品认证或环保信息公开的，需要先办理相关手续，再按照第一种情况报关进口。需要强调的是，不符合国家技术规范的强制性要求的车辆将不予进口。

14. 购买进口汽车应注意哪些问题？

答：从海关角度来说，购买进口汽车应注意查看"货物进口证明书""进口机动车辆随车检验单"等相关信息。

15. 我的"进口机动车辆随车检验单"丢失了怎么办？

答："进口机动车辆随车检验单"因故丢失的，车辆合法所有人应当自证明签发之日起3年内向原签发地海关提出补发申请，并提交相应的证明材料。

16. 以前买进口车的时候，我记得还要办理"入境货物检验检疫证明"，现在买进口车还需要办理这个证明吗？

答：现在海关对进口机动车签发"货物进口证明书"和"进口机动车辆随车检验单"，无须办理其他证明。

17. 我从其他人手里买了一台行驶了2万公里的进口车，想知道怎么确定是否为合法渠道正常进口的车辆？

答：可先核对车辆与"货物进口证明书""进口机动车辆随车检验单"的一致性，如有疑问可以拨打12360海关24小时服务热线，提供车辆识别代号（VIN）查询。

18. 请问可不可以进口国外二手车？

答：按照商务部、海关总署公告2018年第106号《公布禁止进口的旧机电产品目录调整有关事项》，车类列入《禁止进口的旧机电产品目录》，禁止进口。因此，国外二手车是禁止进口的。

19. 留学生在国外购买的汽车能否带回国内？

答：按照商务部、海关总署公告2018年第106号《公布禁止进口的旧机电产品目录调整有关事项》，车类列入禁止进口的旧机电产品目录，禁止进口。因此，留学生国外购买的汽车是不能带回国内的。

20. 是不是所有进口汽车零部件都可以享受"先声明后验证"便利化措施?

答:"先声明后验证"是对于符合免予办理强制性产品认证的进口汽车零部件,报关单位可凭"自我声明"申报后,先将货物提离口岸,后补免办证明的监管模式。

按照《关于对免予办理强制性产品认证的进口汽车零部件试点实施"先声明后验证"便利化措施的公告》(海关总署公告2019年第87号),座椅安全带、汽车电动天窗、汽车手动天窗等11个HS编码项下的涉及免予办理强制性产品认证的进口汽车零部件,可以享受"先声明后验证"便利化措施。未列入编码范围或需要进行强制性产品认证的进口汽车零部件,不适用"先声明后验证"便利化措施。

第十章　出入境卫生检疫监管

1.《国际卫生条例（2005）》赋予各成员国的卫生检疫管理范围有哪些？

答：《国际卫生条例（2005）》赋予各成员国的卫生检疫管理范围从3种检疫传染病扩展到核生化等多种因素引起的国际关注的突发公共卫生事件。

2.《国境卫生检疫法》规定的检疫传染病和监测传染病有哪些？

答：《国境卫生检疫法》规定的传染病是指检疫传染病和监测传染病。检疫传染病是指鼠疫、霍乱、黄热病以及国务院确定和公布的其他传染病。监测传染病，由国务院卫生行政部门确定和公布。

3. 入境的交通工具和人员是否可以在最后离开的口岸接受检疫？

答：不可以。入境的交通工具和人员，必须在最先到达的国境口岸的指定地点接受检疫。

4. 出境的交通工具和人员是否可以在启运地口岸接受检疫？

答：不可以。出境的交通工具和人员，必须在最后离开的国境口岸接受检疫。

5. 入境交通工具上的人员及行李、货物、邮包等虽没有征得国境卫生检疫机关许可，但在特殊情况下，是否可以在征得交通工具负责人同意后上下交通工具和提前装卸？

答：不可以。除引航员外，未经国境卫生检疫机关许可，任何人不准上下交通工具，不准装卸行李、货物、邮包等物品。

6. 对发现申报有症状、有接触史或暴露史、核酸检测阳性史、就诊服药史等出入境人员应采取哪些措施？

答：对发现申报有症状、有接触史或暴露史、核酸检测阳性史、就诊服药史等情况者应及时开展排查。对于有症状的人员需引导进入医学排查室进行排查，并根据排查情况开展后续处置。

7. 对旅客不配合健康申报的，有哪些处置措施？

答：对旅客不配合健康申报的，应向其告知如拒绝健康申报、采取不如实填报健康申明卡等方式隐瞒疫情的，将根据《国境卫生检疫法》及其实施细则进行行政处罚；引起传染病传播或者有传播严重危险的，将根据《刑法》按"妨害国境卫生检疫罪"进行刑事处罚。对仍然不配合的，报属地联防联控机制按要求处置。

8. 体温复测有哪些要求？

答：全部使用水银体温计复测体温；待疑似发热人员平复情绪后，测量腋下温度；测量体温前，应对水银体温计进行复位（甩到35℃以下）；应要求疑似发热人员确保腋下干爽后夹紧水银体温计；测量时间要测足5分钟。

9. 流行病学调查的主要内容有哪些？

答：包括4周之内到过的国家和地区，所到地有无类似症状的传染病流行、流行情况等旅行史；有无传染病患者、继发传染病患者接触史；有无野生动物、禽鸟类接触史；有无感染环境暴露史；有无服用感冒药、退烧药、止咳药等服药史；有无蚊虫叮咬史；有无预防接种史；有无过敏史；有无既往病史及就诊史等。

10. 经医学排查，哪些症状/体征怀疑为经呼吸道途径传播的传染病？

答：排查发现有发热伴有以下一个或多个呼吸道症状：咳嗽、咳痰、咳血、胸痛、盗汗（夜间或午后无明显原因的出汗）、呼吸困难等，和/或肺部听诊有干湿啰音的怀疑为经呼吸道途径传播的传染病。

11. 经医学排查，哪些症状/体征怀疑为经消化道途径传播的传染病？

答：经排查发现有以下一个或多个消化道症状：恶心、呕吐、腹痛、腹泻（24 小时内大便 3 次或者 3 次以上，或大便性状发生改变）、呕血、便血等，伴或不伴发热，和/或查体发现有脱水征，包括口唇干燥、皮肤弹性差、少尿等的怀疑为经消化道途径传播的传染病。

12. 经医学排查，哪些症状/体征怀疑为经蚊媒途径传播的传染病？

答：经排查发现有发热伴有以下一个或多个症状：头痛、肌肉痛、关节痛、瘀点、瘀斑、皮疹、黄疸（自然光线下皮肤、巩膜的黄染）等，和/或查体时发现三红征（面红、颈红、胸红，即醉酒貌）、淋巴结肿大等的怀疑为经蚊媒途径传播的传染病。

13. 航空器的登临检疫方式有哪些？

答：（1）对来自受染地区或有染疫嫌疑的航空器，按照布控指令的要求实施指定机位登临检疫；

（2）对其他布控指令需要登临查验的航空器，以及经海关风险评估同意后，可实施普通机位登临检疫；

（3）对根据交通工具运营者或其代理人申请，经海关进行风险评估，对符合条件的航空器，可实施电讯检疫。

（4）经航空器运营企业申请，可实施随航检疫。需实施随航检疫的进出境航空器，应提前与航空器运营企业商定具体实施要求，并报直属海关同意后方可实施。

14. 船舶的登临检疫方式有哪些？

答：（1）对来自受染地区或有染疫嫌疑的船舶，实施锚地检疫，排除传染病等卫生风险后靠泊作业；

（2）对非染疫船舶可实施靠泊检疫或电讯检疫；

（3）对旅游船、军事船、要人访问所乘船舶等特殊船舶以及遇有特殊情况的船舶，经隶属海关风险评估同意后，可以实施随船检疫。

15. 登临检疫的人员准备有哪些要求？

答：登临检疫应至少由两名具备相应卫生检疫资质的关员实施；遇重大传染病疫情或其他检疫工作量大的情况，可适当增派人员。

16. 航空器登临检疫申报资料核查的重点有哪些？

答：根据申报资料，重点核查是否存在以下异常情况申报，并要求机长在"申报单"上签字。

（1）是否来自或经停海关总署传染病疫情公告或警示通报所列国家（地区）；

（2）是否申报有健康异常，包括：机上有传染病病人或疑似病人；有非意外死亡并死因不明的；

（3）是否有病媒生物，包括：机上发现蚊、蝇、蜚蠊等病媒生物；机上发现鼠类等啮齿动物反常死亡或死因不明；机上发现活鼠、鼠迹或新鲜鼠粪的；

（4）来自黄热病受染国家（地区）的航空器是否有有效灭蚊证书，机组人员是否有有效的黄热病预防接种证书。

17. 船舶登临检疫申报资料核查的重点有哪些?

答:(1)重点检查以下单证(原件)与申报信息是否相符:"航海健康申报单""船员名单""旅客名单""总申报单""货物申报单""船舶免予卫生控制措施证书/船舶卫生控制措施证书""船用物品申报单""压舱水申报单""船舶垃圾装载记录""压舱水装卸记录""航海日志"近4周靠港清单、黄热病预防接种证书、健康证明、载货清单等资料信息。

(2)船舶申报或登临检疫发现有尸体骸骨的,依不同情况对相关材料实施符合性审查。

(3)邮轮应建立医疗急救体系,主要包括:医疗急救人员得到专业的培训并有相应能力证书;有完整的医疗急救文件和管理制度;医疗设施符合船舶船员和旅客的需求,并且均处在可用的状态;药品管理规范、有序,并有严格的作废流程等。

18. 货物卫生检疫重点查验内容有哪些?

答:货物卫生检疫重点查验内容有:
(1)是否有鼠类等啮齿动物或有其活动迹象,包括鼠咬痕、鼠粪、鼠迹、鼠巢等;
(2)是否有飞行或附着的蚊、蝇,是否有蜚蠊;
(3)凹处是否有积水处,积水处是否有蚊幼虫;
(4)是否有腐烂变质物品,是否有异味;
(5)是否有生活垃圾、动物尸体、粪便等;
(6)是否夹带禁止进口的废旧物品;
(7)是否夹带未经检疫审批的特殊物品;
(8)是否存在被传染病病原体污染或有污染嫌疑情况;
(9)是否存在其他公共卫生问题。

19. 集装箱现场检疫查验主要内容有哪些?

答:(1)箱体表面检疫查验。

核查集装箱箱号与申报资料是否一致,查看集装箱体是否完整;检查集装箱外表(包括叉车孔、箱底部等处)是否有病媒生物以及其他污染物等。

(2)箱体内检疫查验。

对实施过熏蒸处理的集装箱进行查验前,应先核实集装箱箱门上张贴的散毒时间,散毒结束后方可实施开箱查验。必要时,可对箱内熏蒸气体浓度进行检测,发现熏蒸剂残留超过安全标准(5×10^{-6})的,应立即关闭集装箱并移至安全地点进行通风散毒后,方可实施查验,防止意外事故发生。

卫生检疫现场查验重点检查以下内容:
(1)是否有鼠或鼠咬痕、鼠粪、鼠迹、鼠巢;
(2)是否有飞行或附着的蚊、蝇,是否有蜚蠊;
(3)凹处积水处是否有蚊幼虫;
(4)是否有腐烂变质物品,是否有异味;
(5)是否有生活垃圾、动物尸体、粪便等;
(6)是否夹带禁止进口的废旧物品;
(7)是否夹带未经检疫审批的特殊物品;
(8)是否存在被传染病病原体污染或有污染嫌疑情况;
(9)是否存在其他公共卫生问题。

20. 进出境邮件、快件卫生检疫查验重点内容有哪些？

答：(1) 是否有鼠或鼠咬痕、鼠粪、鼠迹、鼠巢；

(2) 是否有飞行或附着的蚊、蝇，是否有蜚蠊；

(3) 凹处积水处是否有蚊幼虫；

(4) 是否有腐烂变质物品，是否有异味；

(5) 是否有生活垃圾、动物尸体、粪便等；

(6) 是否夹带禁止进口的废旧物品；

(7) 是否夹带未经检疫审批的特殊物品；

(8) 是否存在被传染病病原体污染或有污染嫌疑情况；

(9) 是否存在其他公共卫生问题。

21. 进出境行李物品卫生检疫查验重点内容有哪些？

答：(1) 是否有鼠或鼠咬痕、鼠粪、鼠迹、鼠巢；

(2) 是否有蝇、蜚蠊等病媒昆虫；

(3) 是否存在夹带腐烂变质物品等卫生状况差的情况；

(4) 是否夹带禁止进口的废旧物品；

(5) 是否夹带未经检疫审批的特殊物品；

(6) 是否存在其他公共卫生问题。

22. 不同风险等级的特殊物品检疫查验有哪些区别？

答：按照海关总署的相关要求，对出入境特殊物品实行风险分级管理，按照风险高低，将出入境特殊物品分为A、B、C、D四级，A、B级为高风险特殊物品。

A级：检疫审批单仅能使用一次，不能分次核销。现场批批查验，并实施后续监管。

B级：检疫审批单可在有效期内多次使用，一次审批，分次核销。现场抽批查验，并实施后续监管。

C级：检疫审批单可在有效期内多次使用，一次审批，分次核销，现场抽批查验。

D级：检疫审批单可在有效期内多次使用，一次审批，分次核销，现场抽批查验。

23. 特殊物品类货物检疫查验的重点有哪些？

答：(1) 查验场地选择。应在符合特殊物品储存要求并具备相应的生物安全防护能力的场所中开展特殊物品查验。

(2) 查验重点。

①特殊物品有冷藏或冷冻运输要求的，是否用冷藏车运输，或放有干冰、湿冰、液氮等保温；

②核查货证是否相符。特殊物品的名称、成分、批号、规格、数量、输出/输入国和生产厂家等项目是否与特殊物品审批单的内容一致；

③检查特殊物品包装是否完整无破损，不渗、不漏；

④对含有病原微生物的特殊物品，如科研用菌（毒）种，其他感染性生物材料（如含有病原体的人体血液、人体组织等），应在做好个人防护的前提下，在查验其外包装是否完整、是否贴有相应的生物安全危害标识、包装材料是否符合感染性物质运输包装分类要求（在无生物安全防护能力的场所不得拆包查验）。

⑤查验过程应轻拿轻放，对标有"向上"字样的不得倒放，避免发生破损、泄漏产生生物安全风险。

24. 邮寄、携带的特殊物品检疫查验重点有哪些？

答：旅检、邮检现场应通过机检、人工挑查、携带物低温探测、基于信息布控等多种方式筛检经邮寄、携带方式出入境的特殊物品。其中，在机检时应重点甄别是否有长条试管、圆形安培瓶等形状的物品。

（1）对发现属于特殊物品，未取得检疫审批单的，予以截留，出具截留凭证，注明截留期限不超过 7 天。将截留的特殊物品存放于与其生物安全等级相一致，符合保存条件的环境里。截留期间，当事人未取得检疫审批单，予以退运或销毁。

（2）对携带自用且仅限于预防或者治疗疾病用的血液制品或者生物制品出入境的，无须办理卫生检疫审批手续，出入境时应当向隶属海关出示医院的有关证明；允许携带量以处方或者说明书确定的一个疗程为限。

（3）对发现属于禁止进出境的，按照相应法律规定办理。对发现属于涉嫌违法、涉恐的特殊物品，直接按规定程序移交相关机构和部门，并及时上报。

（4）邮递人或者携带人在截留期限内取得"特殊物品审批单"后，隶属海关按照规定查验特殊物品名称、数量、规格等是否与审批单一致，特殊物品包装是否符合要求，经检疫查验合格的予以放行，同时在"特殊物品监管系统"中对相应的"预核销单"予以核销通过。对查验不合格的，予以退回或销毁。

25. 特殊物品检疫查验过程中发现哪些情况予以退运或者销毁？

答：（1）名称、批号、规格、生物活性成分等与特殊物品审批内容不相符的；
（2）超出卫生检疫审批的数量范围的；
（3）包装不符合特殊物品安全管理要求的；
（4）经检疫查验不符合卫生检疫要求的；
（5）被截留邮寄、携带特殊物品自截留之日起 7 日内未取得"特殊物品审批单"的，或者取得"特殊物品审批单"后，经检疫查验不合格的。

26. 进出境废旧物品经卫生处理后，需在开箱实施现场查验时符合哪些卫生标准？

答：（1）集装箱内未发现蚊、蝇、蜚蠊等病媒昆虫成虫或全部死亡。
（2）鼠等啮齿动物未发现或全部死亡。
（3）集装箱柜门上熏蒸标识标注的散毒时间之后的，或熏蒸剂残留在安全范围内（小于 5×10^{-6}）的。

如未达到以上 1 和 2 标准的，需立即关闭箱门，再次实施熏蒸处理并检查符合标准后，方可进行开箱查验。

27. 进出境废旧物品卫生检疫查验不合格的如何处置？

答：对发现的不合格情况，给予分类处置。对需实施卫生处理的，出具"检验检疫处理通知书"。

（1）发现货证不相符的，移交相关部门进一步处置；
（2）发现鼠类等啮齿动物或有其活动迹象的，进行灭鼠，必要时进行除虫和消毒；
（3）发现蚊、蝇、蚤等病媒昆虫或蚊幼虫的，进行除虫处理；
（4）发现有腐烂变质物品、生活垃圾、动物尸体、粪便的，进行消毒处理；
（5）有证据表明被传染病病原体污染或有污染嫌疑的，进行消毒处理；
（6）发现废旧服装、废旧麻袋等禁止进境物的，则按规定进行就地焚烧或退运。

28. 需经口岸入境的尸体、骸骨，入境前，托运人或其代理人应当向口岸隶属海关申报，需要提供哪些材料？

答：（1）"尸体/棺柩/骸骨入/出境卫生检疫申报单"；

（2）死者有效身份证明（如：护照、海员证、通行证、身份证或者使领馆等相关部门出具的证明）；

（3）出境国家或地区官方机构签发的死亡报告或者医疗卫生部门签发的死亡诊断书；

（4）入殓证明；

（5）防腐证明；

（6）托运人或其代理人身份证明（如：护照、通行证或者身份证等）。

29. 尸体、骸骨需经口岸运送出境的，出境前，托运人或其代理人应当向所属的隶属海关申请出境检疫，需要提供哪些材料？

答：（1）"尸体/棺柩/骸骨入/出境卫生检疫申报单"；

（2）死者有效身份证明；

（3）县级及以上医疗机构出具的死亡证明书或者公安、司法部门出具的死亡鉴定书或者其他相应的公证材料；

（4）中国殡葬协会国际运尸网络服务中心出具的"尸体/棺柩/骸骨/骨灰入/出境卫生监管申报单""尸体/棺柩/骸骨/骨灰入/出境入殓证明""尸体入/出境防腐证明"（可于入殓后补交）；

（5）托运人或者其代理人身份证明。

第十一章 进出境旅客行李物品通关

1. 什么是进出境旅客通关？

答：进出境旅客通关是指进出境旅客向海关申报，海关依法查验行李物品并办理进出境物品征税或免税验放手续，或其他有关监管手续之总称。

2. 什么是行李物品申报？

答：行李物品申报是指进出境旅客为履行中华人民共和国海关法规规定的义务，对其携运进出境的行李物品实际情况依法向海关所作的书面申明。

3. 旅客申报的基本要求有哪些？

答：旅客申报的基本要求有：

（1）按规定应向海关办理申报手续的进出境旅客通关时，应首先在申报台前向海关递交"中华人民共和国海关进出境旅客行李物品申报单"或海关规定的其他申报单证，如实申报其所携运进出境的行李物品。进出境旅客对其携运的行李物品以上述以外的其他任何方式或在其他任何时间、地点所作出的申明，海关均不视为申报。

（2）申报手续应由旅客本人填写申报单证向海关办理，如委托他人办理，应由本人在申报单证上签字，接受委托办理申报手续的代理人应当遵守进出境旅客通关规定对其委托人的各项规定，并承担相应的法律责任。

（3）旅客向海关申报时，应主动出示本人的有效进出境证件和身份证件，并交验中华人民共和国有关主管部门签发的准许有关物品进出境的证明、商业单证及其他必备文件。

（4）经海关办理手续并签章交由旅客收执的申报单副本或专用申报单证，在有效期内或海关监管时限内，旅客应妥善保存，并在申请提取分离运输行李物品或购买征、免税外汇商品或办理其他有关手续时，主动向海关出示。

（5）旅客向海关申报时，应按规定填报所带行李物品，做到完整、真实、清楚。申报单证上所列有关各项内容，都要填写，并且要如实申报，申报内容与实际所带物品相符。申报不实或伪报、瞒报，旅客应负法律责任，海关将依法处理。

4. 什么是"申报通道"和"无申报通道"通关制度？

答：申报和无申报通道（亦称"红绿通道"）通关制度，是国际上许多国家的海关对旅客行李通用的一种验放制度，是进出境旅客在海关规定范围内自行申报并选择通道办理海关手续的一种制度。实施"红绿通道"通关制度的海关，在旅客行李物品检查场所设置通道，在通道前，用中英文分别标明申报通道（即"红色通道"，Goods to Declare）和无申报通道（即"绿色通道"，Nothing to Declare）。实施这一通关制度的目的是简化海关手续，方便旅客进出境。目前，在我国主要空港海关和旅客流量大的其他口岸海关，均实施这种验放制度。

5. 旅客应如何选择通道通关？

答：旅客按以下方式选择通道：

（1）进出境旅客没有携带应向海关申报物品的，无须填写申报单，选择"无申报通道"（"绿色通道")通关。

(2) 除海关免予监管的人员及随同成人旅行的16周岁以下旅客以外,进出境旅客携带有应向海关申报物品的,须填写申报单,向海关书面申报,并选择"申报通道"("红色通道")通关。

(3) 旅客不明海关规定或不知如何选择通道的,应选择"申报通道",向海关办理申报手续,办理时,可以就自己所携带物品的具体情况向海关咨询相关规定。

6. 通关时误选了"绿色通道"但向海关提交了申报单,是否属于有效申报方式?

答:申报是指进出境旅客为履行《海关法》规定的义务,对其携运进出境的行李物品实际情况依法向海关所作的书面申明。

申报是旅客通关的第一个程序,是进出境物品所有人或其代理人在通关时向海关申明规定事项的一种法律行为。申报与否是海关判别是否走私、违规的重要依据之一。其包含三重含义:

(1) 申报是进出境旅客应尽的义务;
(2) 旅客申报的内容为携运进出境的行李物品;
(3) 书面申报是唯一有效的申报方式,进出境旅客对其携运的物品以其他任何方式或在其他任何时间、地点所作出的申明,海关均不视为申报。

由于书面申报是唯一有效的申报方式,旅客虽然选择了错误的通道,不过只要在被海关选查之前及时递交申报单向海关书面申报,该申报还是有效的。

7. 海关所指的"自用合理数量",如何认定?

答:依照规定,进出境旅客行李物品应以"自用合理数量"为原则,超出自用、合理数量的,视为货物。其中,"自用"指旅客本人自用、馈赠亲友而非为出售或出租等,"合理数量"指海关根据旅客的情况、旅行目的和居留时间所确定的正常数量。

8. 什么是进出境旅客旅行自用物品?包括哪些物品?

答:"进出境旅客旅行自用物品"指本次旅行途中海关准予旅客随身携带的暂时免税进境或者复带进境的在境内、外使用的自用物品。

进出境旅客旅行自用物品的范围包括照相机、便携式收录音机、小型摄影机、手提式摄录机、手提式文字处理机,以及经海关审核批准的其他物品。

9. 旅客携带需复带进境的手提电脑等自用物品出境,需要向海关申报吗?

答:根据海关规定,居民旅客携带需复带进境的单价超过5000元的照相机、摄像机、手提电脑等旅行自用物品,应在申报单相应栏目内如实填报,并将有关物品交海关验核,办理有关手续。非居民旅客携带上述物品出境时,不需要向海关申报。

10. 旅客携带超过折合5000美元的外币现钞入境,并有可能复带出境,入境通关时需要向海关办理哪些手续?

答:根据规定,旅客携带折合超过5000美元的外币现钞进境或出境的,必须向海关申报并办理相关手续。如需要将进境申报的外币现钞复带出境,需要凭旅客本人最近一次入境时向海关申报并经海关签章的申报单办理出境通关手续。

11. 旅客进境时申报的现金未在出境时复带出境,能否在下次来时再携带出去?

答:旅客应在海关对其所携带的进出境行李物品监管时限内办结物品进出境的海关手续。"旅客进出境行李物品监管时限"指非居民本次进境之日始至最近一次出境之日止,或居民本次出境之日始至最近一次进境之日止的时间。旅客向海关申报时所填写的海关申报单是一次进出境有效的,对于旅客携带的暂时进出境物品必须凭出、入境时填写并由海关批注、签章的海关申报单在同一次入、出境时由本人复带入境或出境。

12. 经海关登记需复带出境的暂时进境物品，是否可由他人代为复带出境？

答：根据海关规定，经海关登记准予暂时免税进境或出境的物品，由本人或委托人复带出境或者复带进境。

13. 旅客携带超过多少额度的人民币现钞出境，需要向海关申报？

答：国家货币属于限制进出境物品，旅客携带超过20000元的人民币现钞出境应该向海关申报，海关将对超出部分办理退运手续。未如实向海关申报的，将承担法律责任。

14. 旅客携带超出折合5000美元的外币现钞出境，海关有哪些规定？

答：旅客出境每人每次可携带不超过折合5000美元外币。超过折合5000美元以上的应事先向外汇指定银行申领"外汇携带出境许可证"，超过折合10000美元以上的应向国家外汇管理局申领"外汇携带出境许可证"，并在许可证有效期内携带许可限额以内的外币现钞出境。在出境通关时选走海关"申报通道"（"红色通道"）书面向海关办理申报手续，并提交相关凭证，由海关查验放行。

15. 旅客携带金银饰品进出境，海关有何规定？

答：金银及其制品属于国家限制出境物品，旅客带进金银及其制品，入境时应向海关申报，对境外非居民短期旅客携带进境旅途自用黄金饰品，包括身上佩戴、旅途备换及少量馈赠亲友的黄金饰品，经审核在合理数量范围内的，可予放行，超出免税额度的，需要征税。但携带黄金饰品超出50克，本人需要复带出境的，应报请海关验核签章，复带出境时，海关凭"申报单"予以放行；超出自用合理数量范围的视同进口货物，应向海关交验中国人民银行总行的批准件，由海关依照《税则》予以征税放行。对于境内居民、非居民长期旅客携带、佩戴出境黄金饰品重量在50克（含50克）以下的，海关免予验核签章；超出50克的，按现行有关规定验放。

16. 海关发现个人携带或者邮寄进出境的物品涉嫌侵犯知识产权，会如何处理？

答：个人携带或者邮寄进出境的物品，涉嫌侵犯知识产权并超出自用、合理数量的，予以扣留并按照侵权货物处理，但旅客或者收寄件人向海关声明放弃并经海关同意的除外。进出境旅客或者进出境邮件的收寄件人认为海关扣留的物品未侵犯有关知识产权或者属于自用的，可以向海关书面说明有关情况并提供相关证据，海关将酌情处理。

17. 旅客入境时已经在边检交验过护照了，为什么过海关时仍会再次被要求出示护照呢？

答：首先，边防与海关是不同的国家执法部门。其次，《海关法》第一章第六条第（二）项规定，海关可以行使查阅进出境人员证件，查问违反《海关法》或者其他有关法律的嫌疑人，调查其违法行为的权力。进出境人员通关时应主动出示护照等身份证件，以供海关查阅，并配合海关检查。

18. 旅客携带的所有物品，海关都能查验吗？

答：根据《海关法》的规定，海关可以行使检查进出境运输工具，查验进出境货物、物品的权力，对违反《海关法》或者其他有关法律、法规的，可以扣留。海关依法执行职务时，相关当事人应予以配合。

19. 在通关过程中，海关对旅客的查问，旅客可否不予回答？

答：根据《海关法》的规定，海关具有查阅进出境人员的证件，查问违反《海关法》或者其他有关法律、行政法规的嫌疑人，调查其违法行为的权力。

20. 海关是否可以复印旅客的个人资料？

答：《海关法》规定，海关有权查阅、复制与进出境运输工具、货物、物品有关的合同、发票、账册、单据、记录、文件、业务函电、录音录像制品和其他资料；对其中与违反《海关法》或者其他有关法律、行政法规的进出境运输工具、货物、物品有牵连的，可以扣留。因此，海关可以复印旅客的个人资料。

21. 通关时，为何有些旅客的行李被要求检查，而有些却可以直接通关？

答：海关查验是核对申报是否属实，检查有无违反规定之物品，确定物品的征、免、扣、退、放。除享受免验待遇者外，海关均可进行必要的查验。海关对旅客行李物品的查验是采取抽查的方式，被抽查的旅客有义务配合海关的检查。

22. 海关查验旅客行李物品时，旅客有哪些义务？

答：根据《海关法》的有关规定，查验进出境旅客行李物品的时间和场所由海关指定，海关查验行李物品时，物品所有人应当到场，并负责搬移物品，开拆和重封物品的包装。海关认为必要时，可以单独查验。

23. 海关加施的封志，物品所有人可否予以开启？

答：海关在进出境物品上加施的封志，任何人，包括物品所有人不得擅自开启或者损毁。擅自开启、损毁海关加施于物品的封志的，将承担法律责任。

24. 享受免验礼遇的人员主要有哪些？

答：持有中华人民共和国政府主管部门给予外交、礼遇签证的进出境旅客，通关时应主动向海关出示本人有效证件，海关予以免验礼遇。

25. 对享受免验的人员有什么要求？

答：免予查验的人员行李中如有我国禁止进出境的物品，或者有代他人携带的物品，应当向海关口头申报。对免予查验的人员，海关有权根据情况对其进境的行李物品进行询问。对确有根据证明免验人员行李中有我国禁止进出境物品或有违反海关规定情事的，海关可以进行查验（查验时，行李物品所有人或者代理人必须在场）并做查验记录。

26. 民航机机组人员，在携带物品进出境方面需要遵守哪些海关规定？

答：机组人员携带物品进出境的，应当向海关申报并接受海关监管。

机组人员携带的物品，应当以服务期间必需和自用合理数量为限。机组人员不得为其他人员托带物品进境或者出境。

机组人员需携带物品进入境内使用的，应当向海关办理手续，海关按照有关规定验放。

27. 分离运输行李是指什么？旅客如有分离运输行李，在进出境时需要向海关办理哪些手续？

答：分离运输行李，是指旅客进境或出境后通过其他运输方式运进或运出的行李物品，并非旅客进出境时向所搭乘的运输工具或其代理人交运的随行行李物品。

旅客如有分离运输行李，在进出境通关时应选择海关"申报通道"书面向海关申报其分离运输行李。海关核准后，在旅客所填申报单上批注及签章后交旅客收执，旅客凭以向分离运输行李抵运地海关办理相关手续。进境分离运输行李应自旅客进境之日起6个月内（含6个月）运进，分离运输行李与携带进境的物品合并计算验放。

来往港澳地区的旅客，除经特准的外，海关不办理以分离运输方式运进或运出的行李物品。

28. 中国籍旅客的范围包括哪些？

答：中国籍旅客指持中华人民共和国护照等有效旅行证件出入境的旅客，包括公派出境工作、考察、访问、学习和因私出境探亲、访友、旅游、经商、学习等中国籍居民旅客，以及华侨、台湾同胞、港澳同胞等中国籍非居民旅客。

29. 中国籍旅客进境行李物品的税收政策有哪些改变？

答：根据《国务院关于改革和调整进口税收政策的通知》，自1996年4月1日起，除对我国驻外外交机构人员、留学人员、访问学者、赴外劳务人员、援外人员和远洋船员进境行李物品免税的规定暂予保留外，其他各类中国籍旅客携运进境的物品，由海关按规定予以征税放行。

30. 中国籍旅客携带进境物品是否有免税政策？如有，具体是怎样规定的？

答：按照规定，普通居民长期旅客免税额度为5000元，非居民长期旅客免税额度为2000元。海关对以下6类中国籍旅客暂予保留免税待遇，范围包括中国驻境外的外交机构人员、留学人员、访问学者、赴外劳务人员、援外人员和远洋船员。

我国常驻境外的外交机构人员、留学人员、访问学者、赴外劳务人员、援外人员连续在外每满180天，远洋船员每满120天，准予免税携带进境完税价格人民币1000元至5000元范围内的物品中的一件。超出免税限量仍属自用的，经海关核准可征税放行。征税限量与免税限量相同。其中，留学人员和访问学者物品验放时间从注册入学之日起至毕业之日止，连续在外学习进修一学年以上学成回国工作者仍按现行规定准予在本人免税限量内购买免税国产小汽车1辆。

31. 我国驻美国使馆的普通工作人员回国，如何办理进境物品的免税手续？暂予保留免税物品规定的中国籍旅客如何办理进境物品的免税手续？

答：按照海关规定，我国常驻境外的外交机构人员凭其所持外交护照及"进口免税物品登记证"办理验放手续；外交机构中持公务护照的公勤人员等，凭其所持公务护照、登记证及所在驻外外交机构出具的"驻外人员身份证明"办理验放手续；托带进境物品，凭所在驻外外交机构开具的托带物品证明和登记证办理验放手续。

32. 留学生如何办理进境物品的免税手续？

答：按照规定，海关对留学人员和访问学者携带进境的行李物品，凭其所持护照和我国驻外使领馆出具的"留学回国人员证明"（在港澳地区学习的，凭中央人民政府驻香港、澳门特别行政区联络办开具的"在港澳地区学习证明"）和公安部门出具的"境内居留证明"办理验放手续。

33. 劳务人员如何办理免税物品的进境手续？

答：对劳务人员带进的行李物品，海关凭其所持护照、登记证和"中华人民共和国外派劳务培训合格证"或"中华人民共和国外派研修生培训合格证"办理验放手续；托带进境的物品，海关凭驻外外交机构开具的托带物品证明、登记证和"中华人民共和国外派劳务培训合格证"或"中华人民共和国外派研修生培训合格证"办理验放手续。

34. 海关对援外人员的行李物品有什么管理规定？

答：对援外人员的行李物品，海关凭其所持护照、登记证和我国驻外使领馆经商处出具的"驻外人员身份证明"办理验放手续；托带进境的物品，海关凭驻外使领馆经商处出具的"驻外人员身份证明"、驻外外交机构出具的托带物品证明和登记证办理验放手续。

35. 海员办理免税物品手续要出具什么证件？

答：对远洋船员，海关凭其所持"海员证"和"运输工具服务人员出入境携带物品登记证"

办理物品的验放手续。

36. 不属于暂予保留免税待遇的中国籍旅客有哪些？海关如何验放其行李物品？

答：我国常驻境外非外交机构，如商贸、新闻、体育、文化、公司、企业单位代表处等持因公普通护照和公务护照的人员和除远洋船员以外的运输工具服务人员，持因公普通护照、公务护照临时出国人员，以及持因私护照出境的居民旅客，华侨、港澳台同胞等中国籍非居民旅客，每公历年度内准予选择完税价格人民币 1000 元至 5000 元范围内的物品中的一件征税携带进境，海关凭其所持护照等有效进出境旅行证件办理验放手续。

37. 中国籍旅客携带出境的物品，海关如何验放？

答：中国籍旅客携带出境的行李物品，除国家禁止、限制出境物品按有关规定办理外，在自用合理数量范围内，海关准予放行。

以分离运输方式运出的行李物品，应由本人持有效的出境证件，在本人出境前向所在地海关办理海关手续。

38. 海关办理留学人员行李物品免税手续有何要求？

答：留学人员、访问学者所持证明、证件不符要求或在留学期间临时进出境，或自毕（结）业之日起在外滞留时间超过一年回国的，对其进境行李物品，海关一律验凭其所持证件办理验放手续。

39. 海关对中国籍非居民长期旅客进境物品有什么规定？

答：中国籍非居民旅客是指中国香港、中国澳门和中国台湾地区居民及华侨等，经公安部门批准进境并在境内连续居留 1 年以上（含 1 年），期满后仍回到境外定居地的中国公民。上述旅客在取得中华人民共和国政府主管部门签发的 1 年以上（含 1 年）的长期居留证件后，可向主管海关申请进境自用安家物品。海关按照《海关对非居民长期旅客进出境自用物品监管办法》的有关规定办理审批手续。在规定的范围内，海关准予免税或征税放行。

上述旅客在取得长期居留证件之前和在工作、学习期间临时进出境，海关按短期旅客的规定验放其行李物品。

40. 海关对短期内多次来往港澳地区的旅客和经常出入境人员及边境地区居民携带的物品有何规定？

答：短期内多次来往港澳地区的旅客和经常出入境人员及边境地区居民携带的物品，应以旅途必需物品为限。超出旅途必需物品范围的，海关不予放行。

41. 海关对不满 16 周岁者如何验放其物品？

答：对不满 16 周岁者，海关只放行其旅途必需的"中国籍旅客带进物品限量表"第一类物品。

42. 长短期外国籍旅客怎样区分？

答：外国长期旅客，一般是指获准进境连续居留时间 1 年以上的旅客，如外商常驻人员；外国短期旅客，是指获准进境但居留不超过 1 年的旅客，如外国旅游者。海关区分长短期外国籍旅客，主要依据其是否持有我国公安部门签发的长期居留证件。

43. 外国籍短期旅客携带物品进出境有什么规定？海关如何验放？

答：外国籍短期旅客携带进出境的行李物品以旅行需用物品为限。外国籍短期旅客进出境时，应按规定向海关申报。对属于旅行需用的一般生活用品，在合理数量范围以内的予以放行；香烟 400 支，酒 2 瓶（不超过 1.5 升），在此限量以内的予以免税放行；带进旅行自用物品限照相机、便携式收录音机、小型摄影机、手提式摄录机、手提式文字处理机每种一件，超出范围的，需向海关申报，并办理有关手续。上述旅客携带进境的旅行自用物品，经海关审核准予暂时进境。经海关放行的旅行自用物品，旅客应在回程时复带出境。

44. 外国籍长期旅客携带物品进境有什么规定？海关如何验放？

答：外国籍长期旅客包括：外国企业和其他经济贸易及文化等组织在华常驻机构的常驻人员，外国民间经济贸易和文化团体在华常驻机构的常驻人员，外国在华常驻新闻机构的常驻记者，在华的中外合资、合作企业及外方独资企业的外方常驻人员，长期来华工作的外籍专家，长期来华学习的外国留学生。上述 6 类人员在取得中华人民共和国主管部门签发的长期居留许可后，在签证有效期内初次来华携带进境的个人自用的家用摄像机、照相机、便携式收录机、便携式激光唱机、便携式计算机，报经所在地主管海关审核，在每个品种一台的数量限制内，予以免征进口税，超出部分照章征税。

45. 外国籍长期旅客可否以分离运输方式进境自用物品？

答：外国籍长期旅客进出境自用物品，按照《海关对非居民长期旅客进出境自用物品监管办法》的有关规定办理。上述人员在取得境内长期居留证件后方可申请进境自用物品，进境的自用物品指非居民长期旅客在境内居留期间日常生活所必需的，"中华人民共和国海关旅客进出境行李物品分类表"所列物品（烟、酒除外），且应以个人自用、合理数量为限。首次申请进境的自用物品海关予以免税，但按照《海关对非居民长期旅客进出境自用物品监管办法》准予进境的机动车辆除外。再次申请进境的自用物品，一律予以征税。对于应当征税的自用物品，海关按照《关税条例》的有关规定征收税款。

46. 外国籍长期旅客进境自用物品如何申请？

答：外国籍长期旅客进境自用物品，应填写"进出境自用物品申请表"一式四份，并交验中华人民共和国主管部门签发的长期居留证件、本人身份证件、提（运）单、装箱清单及其他有关单证。同时，申请人还需登录中国电子口岸预录入系统，向主管海关发送相关电子申报信息。

申请进境的自用安家物品获批准后，主管海关在"中华人民共和国海关进出境自用物品申请表"上批注盖章，一份海关留存，一份由申请人留存，另两份制作关封，由申请人交物品进境地海关办理验放手续，同时将审核通过的电子数据发送至进境地海关。

47. 外国籍长期旅客在华期间临时进出境所带物品有什么规定？怎样办理海关手续？

答：外国长期旅客在华期间临时进出境所带的物品，海关按照对外国籍短期旅客的规定办理，只免税放行旅途必需的生活用品。如出境时携带的经海关免税放行的物品需要复带入境，应当在"旅客行李申报单"上报明。回程时，海关凭以查核免税放行。如出境时未向海关报明，回程入境时需要照章纳税。

48. 外国籍长期旅客带进机动交通工具有什么规定？

答：外国籍长期旅客中的常驻机构人员和三资企业外方常驻人员及专家，可向海关申请进口自用机动车辆一辆（仅限新车），经海关审核批准后予以征税放行。

49. 留学回国人员购买国产免税汽车需提供哪些单证？

答：凡在国外正规大学（学院）注册学习和进修 1 学年以上（含 1 学年）学成回国工作的留学人员，经海关审核，符合有关条件的，可凭下列单证在本人免税限量内购买免税国产小汽车 1 辆：

（1）本人有效护照；

（2）我国驻外使领馆出具的"留学回国人员证明"；

（3）公安部门出具的境内居留证明（身份证、户口簿）；
（4）备案地海关要求提供的其他证明文件（毕、结业证书等）；
（5）填写"中华人民共和国海关进出境自用物品申请表"（一式四份）。

50. 留学人员向海关申请办理购车审批手续是否有期限限制？

答：留学人员学成后应该在境外停留时间不超过2年，并自入境之日起1年内向海关提出购买国产免税车的申请，逾期海关不予受理。

51. 留学回国人员购买国产免税汽车和免税商品如何计算指标？

答：留学回国人员购买的国产免税汽车计入其免税指标。海关对留学回国人员免税限量的计算，是按其实际在外学习时间（从注册入学之日起至毕结业之日止）予以验放，最多连续免税4年。留学人员连续在外满180天可免税携带海关估价价值人民币1000元以上5000元以下（含5000元）的生活用品一件。对在外学习期间临时进出境的留学回国人员，其在境内停留时间不超过30天的，按连续在境外计算验放时间。对上述人员学成回国时最后半年不满180天但超过150天的，也可按180天验放。

52. 留学回国人员是否可以在汽车交易市场购买国产免税小汽车？

答：不可以。根据有关规定，供留学人员购买的国产汽车视为免税进口，不进入流通领域和商业环节。留学人员申请购买国产免税小汽车应事先到居住地主管海关办理审批手续后，持主管地海关核发的"回国人员购买国产汽车准购单"直接向生产厂家购车。凡国家定点轿车生产厂家生产的轿车，留学回国人员均可购买。

53. 留学人员购买的国产免税汽车都减免了哪些税费？

答：留学人员所购国产免税小汽车所免税费是指免征其关键件或成套散件进口环节的关税、增值税及车辆购置税等。

54. 在港澳地区学习的内地留学生可否购买国产免税汽车？

答：在香港、澳门地区正规大学学习的内地留学人员，学成后同样可以享受购买国产免税汽车的优惠政策。申请时，除向海关提供本人进出境身份证件、境内居留证明及毕结业证书外，还应提交中央政府驻港（澳）联络办出具的"在港澳地区学习证明"，填写"进出境自用物品申请表"。

55. 什么叫定居旅客？

答：定居旅客是指取得中华人民共和国主管部门签发的进境或出境定居证明或批准文件，移居境内或境外的旅客。

56. 海关对定居旅客进境物品是如何管理的？

答：获准进境定居的旅客在规定的期限内报运进境安家物品，应事先向主管海关提出书面申请，并向海关交验中华人民共和国政府主管部门签发的定居证明或批准文件办理审批手续。经核准，旅客在境外拥有并使用过的数量合理的自用物品，除国家明令应税的物品以外，海关准予免税进境；自用小汽车和摩托车准予每户征税进境各1辆。进境定居旅客自进境之日起，居留时间不满2年，再次出境定居的，其免税携运进境的安家物品应复运出境，或向海关补税。

57. 海关对定居的中国籍非居民旅客进境物品有什么管理规定？

答：获准进境定居的中国籍非居民旅客携运进境其在境外拥有并使用过的自用物品及车辆，应在获准定居后3个月内持中华人民共和国有关主管部门签发的定居证明，向定居地主管海关一次性提出申请。上述自用物品中除规定应税物品需征税外，经海关审核在合理数量范围内的准予免税进境。其中，完税价格在人民币 1000 元以上 5000 元以下（含 5000 元）的物品每种限 1 件。自用小汽车和摩托车准予每户进境各 1 辆，海关照章征税。

获准进境的自用物品及车辆，应自海关批准之日起 6 个月内从批准的口岸运进，物品进境地海关凭定居地主管海关的批准文件，对其中的机动交通工具，同时凭旅客填具的"进口货物报关单"办理验放手续。

58. 定居旅客进境的自用及安家的物品中属应税的物品有哪些？

答：自用及安家物品中属应税范围的物品包括小汽车、摩托车（禁、限类物品除外）。

59. 什么叫过境旅客？

答："过境旅客"系指持有效过境签证（与我国互免签证国家的旅客，凭其有效护照）从境外某地，通过境内前往境外另一地的旅客，包括进境后不离开海关监管区或海关监管下的交通工具，直接出境的旅客。

60. 过境旅客在过境期限内离开海关监管区应如何办理海关手续？

答：在过境期限内离开海关监管区的过境旅客，应当填写"旅客行李物品申报单"，向海关申报所带物品，携带的行李物品应以旅行需用为限，海关依照对进出境非居民短期旅客行李物品的规定办理，其中属于"旅客进出境行李物品分类表"第三类物品，在规定范围内的，经海关核准可予登记暂时免税放行，过境旅客出境时必须将原物复带出境。超出规定范围的，除了委托经海关批准或指定的报关运输公司代理承运，比照海关监管货物，按有关规定办理手续，将监管过境物品运交有关海关监管出境外，均不准进境。

61. "非居民留学生"的范围是什么？

答：非居民留学生是指在我国境内正规大学（学院）注册以学习、进修为目的，在校时间 1 学年以上（含 1 学年），并取得中华人民共和国政府主管部门签发长期居留证件的外国留学生、华侨及港澳台地区学生。

62. 外国留学生如何办理自用物品进境手续？

答：外国留学生办理自用物品进境手续的方法是：

（1）外国留学生进出境自用物品，应按照《海关对非居民长期旅客进出境自用物品监管办法》的有关规定办理，在取得中华人民共和国主管部门签发的有效期 1 年以上的（含 1 年）居留证件后，即可持居留证件、身份证件和提运单等向居住地主管海关提出申请手续。其第一次进境的学习生活用品（小汽车、摩托车等规定予以征税的物品及禁限物品除外）可免税放行。

（2）外国留学生在取得长期居留证件前携带或运进的自用物品，以及在居留期间临时出入境携带的行李物品，海关按照《海关对进出境旅客行李物品监管办法》中关于非居民短期旅客的规定验放。

63. 来内地学习的港澳地区学生、来大陆学习的台湾地区学生、来中国学习的华侨学生如何办理进境自用物品的手续？

答：上述学生进出境自用物品，在取得公安部门签发的长期居留证明后，比照《海关对非居民长期旅客进出境自用物品监管办法》办理。

64. 来华工作的外国专家进境自用物品如何办理海关手续？

答：来华工作的外国专家在取得国家外国专家局或者其授权的部门签发的"外国专家证"和公安部门签发的长期居留证件后，可进境自用物品。

申请时，外国专家应当向主管海关提交以下单证：

（1）本人的有效出入境证件；

（2）"外国专家证"；

（3）提（运）单、物品清单等相关单据；

（4）"中华人民共和国海关进出境自用物品申请表"（一式四份）；

（5）主管海关需要的其他单证。

根据规定，申请人提交书面申请时，还应该登录中国电子口岸预录入系统向主管海关发送相关电子数据信息。

65. 来华工作的外国专家，可否进境自用车辆？如何办理海关手续？

答：根据有关规定，外国专家可以征税进境自用车辆1辆（仅限新车）。外国专家在取得国家外国专家局或者其授权的部门签发的"外国专家证"和公安部门签发的1年以上（含1年）的长期居留证件后，可向其主管海关提出书面申请，并交验下列单证：

（1）本人的有效出入境证件；

（2）外国专家证；

（3）提运单、装箱清单、购车发票等相关单据；

（4）"中华人民共和国海关进出境自用物品申请表"（一式四份）；

（5）主管海关需要的其他单证。

根据规定，申请人提交书面申请时，还应该登录中国电子口岸预录入系统向主管海关发送相关电子数据信息。主管海关自接受申请之日起5个工作日内予以答复。

66. 符合什么条件的驻外馆员可以携运进境自用小汽车回国？

答：对满足以下条件之一的离任回国馆员，携带的1辆进境车辆，免征进口关税，但进口环节增值税、消费税照章征收：

（1）在国外累计任职时间满2年，但不超过两个标准任期的；

（2）从第三个标准任期开始，每一标准任期（4年）任满离任的。

67. 驻外馆员离任回国后如何办理自用车辆进境手续？

答：离任回国的驻外馆员，应当自本人入境后6个月内向其国内居住地的主管海关提交书面申请，并提交下列单证：

（1）护照、居民身份证；

（2）我国驻外使领馆出具的"驻外使领馆人员身份证明"；

（3）国内外派主管部门出具的"我国驻外使领馆人员离任回国证明书"；

（4）提（运）单、购车发票、装箱单等相关单证；

（5）"中华人民共和国海关进出境自用物品申请表"。

根据规定，驻外馆员在提交书面申请时，还应该登录中国电子口岸预录入系统向主管海关发送相关电子数据信息。

68. 驻在国为右舵车国家的驻外馆员携带汽车进境有什么规定？

答：根据有关规定，我国不允许进境右舵小汽车，因此在使用右舵车的国家或地区工作的驻外馆员，其任内所购右舵车处置后所购的左舵小轿车是可以携运回国的，并且不受使用年限的限制。

69. 驻外馆员进境的小汽车是否受海关监管？

答：是。驻外馆员离任携运进境的小轿车属于海关监管车辆，监管期为自海关放行之日起6年。在监管期限内，馆员进境的海关监管车辆不得擅自转让、出售或者进行其他处置。

70. 回国的驻外馆员如再次出国任职，车辆可以转让吗？

答：馆员如果再次出国任职，并需转让、出售或者处置其进境的海关监管车辆，应报经主管海关批准，并持本人身份证和"机动车行驶证"向主管海关提交书面申请。主管海关审核并对有关车辆依法补征税款后，开具"监管车辆解除监管证明书"，馆员凭此依法在公安机关交通管理部门办理有关手续。

71. 高层次留学人才和海外科技专家（统称高层次人才）以随身携带、分离运输、邮递、快递等方式进出境科研、教学和自用物品，海关如何验放？

答：根据《中华人民共和国海关对高层次留学人才回国和海外科技专家来华工作进出境物品管理办法》（海关总署令第154号）规定：

（1）回国定居或者来华工作连续1年以上（含1年）的高层次人才进境《免税科研、教学物品清单》范围内合理数量的科研、教学物品，海关依据有关规定予以免税验放。

（2）回国定居或者来华工作连续1年以上（含1年）的高层次人才进境《免税自用物品清单》范围内合理数量的自用物品，海关依据有关规定予以免税验放。

（3）回国定居或者来华工作连续1年以上（含1年）的高层次人才可以依据有关规定申请从境外运进自用机动车辆1辆（限小轿车、越野车、9座及以下的小客车），海关依据有关规定予以征税验放。

（4）高层次人才因出境参加各种学术交流等活动需要，以随身携带、分离运输、邮递、快递等方式出境合理数量的科研、教学物品，除国家禁止出境的物品外，海关按照暂时出境物品办理有关手续。

72. 高层次人才的身份如何确定？

答：根据有关规定，高层次人才的身份一律由国家人力资源和社会保障部、教育部或者其授权的部门认定。海关凭上述部门出具的"高层次人才身份证明"办理进境物品的验放手续。

73. 高层次人才可以免税进境哪些自用物品？

答：回国定居或者来华工作连续1年以上（含1年）的高层次人才进境的下列范围内合理数量的自用物品，海关依据有关规定予以免税验放：

（1）首次进境的个人生活、工作自用的家用摄像机、照相机、便携式收录机、便携式激光唱机和便携式计算机等；

（2）日常生活用品，如衣物、床上用品和厨房用品等；

（3）其他自用物品。

74. 高层次人才可否免税进境科研、教学物品？

答：回国定居或者来华工作连续1年以上（含1年）的高层次人才进境的下列范围内合理数量的科研、教学物品，海关依据有关规定予以免税验放：

（1）科学研究、科学试验和教学用的少量和小型检测、分析、测量、检查、计量、观测、发生信号的仪器、仪表及其附件；

（2）为科学研究和教学提供必要条件的少量的小型试验设备；

（3）各种载体形式的图书、报刊、讲稿、计算机软件；

（4）标本、模型；

（5）教学用幻灯片；

（6）实验用材料。

75. 高层次人才如何办理自用物品和科研教学物品的进境手续？

答：高层次人进境自用物品和科研教学物品，除应当向海关提交国家人力资源和社会保障部、教育部或者其授权部门出具的"高层次人才身份证明"外，还应当按照下列规定办理海关手续：

（1）以随身携带、分离运输方式进境科研、教学用品的，应如实向海关书面申报，并提交本人有效入出境身份证件；

（2）以邮递、快递方式进境科研、教学用品的，应如实向海关申报，并提交本人有效入出境身份证件；

（3）回国定居或者来华工作连续1年以上的高层次人才进境自用物品的，应当填写"中华人民共和国海关进出境自用物品申报单"，并提交本人有效入出境身份证件、境内长期居留证件或者"回国（来华）定居专家证"，由本人或者委托他人向主管海关提出书面申请。

76. 高层次人才进境的机动车辆可以转让吗？

答：高层次人才进境的机动车辆属于海关监管车辆，并应依法接受海关监管。未经海关许可不得转让、出售或者进行其他处置。

高层次人才可以在机动车辆自海关放行之日起1年后向主管海关提出解除海关监管的申请，主管海关按照《海关对非居民长期旅客进出境自用物品监管办法》的有关规定办理。

77. 高层次人才运进自用物品境内所需的长期居留证件或者"回国（来华）定居专家证"可使用告知承诺书吗？

答：可自愿选择通过填写、提交书面告知承诺书的方式代替提供实物证明的方式，向海关申请办理相关手续。申请人有较严重的不良信用记录或者存在曾作出虚假承诺等情形的，在信用修复前不适用告知承诺制。

78. 什么是离境退税？

答：离境退税政策，是指境外旅客在离境口岸离境时，对其在退税商店购买的退税物品退还增值税的政策。

79. 离境退税退的是什么税？是关税吗？

答：不是关税，离境退税的税种为增值税，退税率为11%。

80. 离境退税的币种是什么？退税方式是怎样的？

答：退税币种为人民币。退税方式包括现金退税和银行转账退税两种方式。

退税额未超过10000元的，可自行选择退税方式。退税额超过10000元的，以银行转账方式退税。

81. 境外旅客具备哪些条件可办理有关购物离境退税手续？

答：境外旅客同时具备下列条件的，可以办理有关购物离境退税手续：

（1）在我国境内连续居住不超过183天的外国人和港澳台同胞；

（2）同一境外旅客同一日在同一退税商店购买的退税物品金额达到500元人民币；

（3）退税物品尚未启用或消费；

（4）离境日距退税物品购买日不超过90天；

（5）所购退税物品由境外旅客本人随身携带或随行托运出境。

82. 如何办理离境退税签章手续？

答：符合离境退税条件的境外旅客，应该按照以下要求办理退税签章手续：

（1）境外旅客在出境时需要对所购物品退税的，应当主动向海关申报，并提交退税物品、境外旅客购物离境退税申请单（以下简称申请单）、退税物品销售发票和本人有效身份证件。

（2）经海关验核，对旅客交验的退税物品与申请单所列相符的，海关在申请单上确认签章，并交由旅客凭以办理退税手续；对旅客交验物品的数量与申请单所列数量不符的，海关以交验物品的数量进行确认签章，并交由旅客凭以办理退税手续。

83. 海关不予办理境外旅客购物离境退税签章手续的情形有哪些？

答：有下列情形之一的，海关不予办理境外旅客购物离境退税签章手续：

（1）出境旅客交验物品的名称与申请单所列物品不符的；

（2）申请单所列购物人员信息与出境旅客信息不符的；

（3）其他不符合离境退税规定的。

第十二章　进出境邮递物品口岸监管

1. 什么是进出境邮递物品？

答：进出境邮递物品是指中华人民共和国境内的用户与其他国家或者地区的用户通过国际邮政渠道邮寄进出境的个人物品（包括包裹、小包邮件和印刷品）、货物等。

2. 海关对个人邮递物品管理的基本原则是什么？

答：《海关法》规定，个人携带进出境的行李物品、邮寄进出境的物品，必须以自用，合理数量为限，并接受海关监管。海关对进出境个人邮递物品的管理原则是：既方便正常往来，照顾个人合理需要，又要保障寄递进出境秩序，打击走私违法活动。据此原则，海关规定了个人每次邮寄物品的限值、限量、免税额和禁止、限制邮寄物品的品种。对邮寄进出境的物品，海关依法进行查验，并按章征税或免税放行。

3. 个人邮寄物品有无限值？是如何规定的？

答：有。目前个人寄自或寄往我国港澳台地区的物品，每次限值为 800 元人民币；寄自或寄往其他国家和地区的物品，每次限值为 1000 元人民币。个人邮寄进出境物品超出规定限值的，应办理退运手续或者按照货物规定办理通关手续。但邮包内仅有一件物品且不可分割的，虽超出规定限值，经海关审核确属个人自用的，可以按照个人物品规定办理通关手续。

4. 邮寄进境的邮包有没有免税优惠？

答：为照顾收件人、寄件人合理需要，个人邮寄进境物品，海关依法征收进口税，但应征进口税税额在人民币 50 元（含 50 元）以下的，海关予以免征。

5. 进出境邮递物品的价值是如何确定的？

答：进境邮递物品的价值按照海关审定的完税价格来确定。对于完税价格，海关主要参考完税价格表，但如果您的商品购买的价格低于完税价格表的 1/2，那么可以提供小品或发票供海关参考。所以买了促销商品、打折的童鞋，要是便宜到表上价格一半以下，务必保留好发票、小票、交易记录。

6. 邮寄药品有何限制？

答：《海关法》规定，个人携带进出境的行李物品、邮寄进出境的物品，必须以自用，合理数量为限，并接受海关监管。

另外，根据《中华人民共和国海关对旅客携带和个人邮寄中药材、中成药出境的管理规定》（海关总署令第 12 号），个人邮寄中药材、中成药出境，寄往我国港澳地区的，总限值人民币 100 元；寄往国外的，总限值人民币 200 元。

提醒：不能邮寄"中华人民共和国禁止进出境物品表"中国家禁止出境的物品，如烈性毒药、毒品、濒危的和珍贵的动物、植物及其种子和繁殖材料。

7. 邮寄进境的个人物品应如何办理海关手续？

答：邮寄进境的个人物品，应由收件人到邮局向派驻邮局的海关办理进境报关手续。收件人亲自到海关办理手续确有困难的，可委托他人或委托邮局向海关办理报关等手续。在实际操作过程中，一般在邮件运抵监管局后，由邮政将邮件面单信息录入系统向海关进行预申报，海关根据申报信息进行验核，作出相应的放行、征税及扣留处理。对于申报信息不明确的邮件需要收件人进行补充申报。

具体补充申报的海关手续如下：

（1）收件人可通过线下或者线上办理的方式进行。收件人向海关递交包裹通知单、本人身份证件及发票或者交易记录、涉及限制进境物品的还需提交相关许可证件。如果是分离运输行李，收件人还需向海关交验护照、通行证等身份证件、口岸海关批注的"中华人民共和国海关进/出境旅客行李物品申报单"等相关单证，并在本人入境之日起的6个月内至海关办理手续。

（2）海关审核相关单证。

（3）海关查验确定包裹在限值、自用合理数量范围内，并无国家禁止或限制进境物品的，照章征税或免税后予以放行。

（4）包裹内所装物品属于国家禁止或限制出境物品的，根据有关法律、法规处理。

8. 邮寄出境物品需要办理哪些手续？

答：寄件人在邮寄出境邮包时，应填写邮件面单（报关单）、绿色验关标签等单据，如实填报内装物品的品名、数量、价值（如邮寄大包裹应另填写发寄单，免填绿色验关标签），交由邮局投寄。海关根据申报信息进行验核、作出相应的放行、退运及扣留等处理。具体海关手续如下：

（1）寄件人向海关如实申报出境物品，并递交出境包裹报关单，接受海关监管。

（2）海关对申报信息进行验核，经验核在限值、自用合理数量范围内，并无国家禁止或限制出境物品后，海关予以放行；经验核包裹价值超过限值或超出自用合理数量的，予以退运。

（3）包裹内所装物品属于国家禁止或限制出境物品的，根据有关法律、法规处理。

9. 哪些物品禁止邮寄进出境？

答：根据国家法律、法规规定，海关调整"中华人民共和国禁止进出境物品表"和"中华人民共和国限制进出境物品表"，并以海关总署令第43号公布执行。禁止邮寄进出境物品具体如下：

（1）禁止进境物品

①各种武器、仿真武器、弹药及爆炸物品；

②伪造的货币及伪造的有价证券；

③对中国政治、经济、文化、道德有害的印刷品、胶卷、照片、唱片、影片、录音带、录像带、激光视盘、计算机存储介质及其他物品；

④各种烈性毒药；

⑤鸦片、吗啡、海洛因、大麻以及其他能使人成瘾的麻醉品、精神药物；

⑥带有危险性病菌、害虫及其他有害生物的动物、植物及其产品；

⑦有碍人畜健康的、来自疫区的以及其他能传播疾病的食品、药品或其他物品。

（2）禁止出境物品

①列入禁止进境范围的所有物品；

②内容涉及国家秘密的手稿、印刷品、胶卷、照片、唱片、影片、录音带、录像带、激光视盘、计算机存储介质及其他物品；

③珍贵文物及其他禁止出境的文物；

④濒危的和珍贵的动物、植物（均含标本）及其种子和繁殖材料。

此外，《中华人民共和国禁止携带、寄递进境的动植物及其产品和其他检疫物名录》也包括禁止邮寄进出境物品。具体如下：

(1) 动物及动物产品类

①活动物（犬、猫除外）。包括所有的哺乳动物、鸟类、鱼类、甲壳类、两栖类、爬行类、昆虫类和其他无脊椎动物，动物遗传物质。

②（生或熟）肉类（含脏器类）及其制品。

③水生动物产品。干制、熟制，发酵后制成的食用酱汁类水生动物产品除外。

④动物源性乳及乳制品。包括生乳、巴氏杀菌乳、灭菌乳、调制乳、发酵乳，奶油、黄油、奶酪、炼乳等乳制品。

⑤蛋及其制品。包括鲜蛋、皮蛋、咸蛋、蛋液、蛋壳、蛋黄酱等蛋源产品。

⑥燕窝。经商业无菌处理的罐头装燕窝除外。

⑦油脂类，皮张，原毛类，蹄（爪）、骨、牙、角类及其制品。经加工处理且无血污、肌肉和脂肪等的蛋壳类、蹄（爪）骨角类、贝壳类、甲壳类等工艺品除外。

⑧动物源性饲料、动物源性中药材、动物源性肥料。

(2) 植物及植物产品类

①新鲜水果、蔬菜。

②鲜切花。

③烟叶。

④种子、种苗及其他具有繁殖能力的植物、植物产品及材料。

(3) 其他检疫物类

①菌种、毒种、寄生虫等动植物病原体，害虫及其他有害生物，兽用生物制品，细胞、器官组织、血液及其制品等生物材料及其他高风险生物因子。

②动物尸体、动物标本、动物源性废弃物。

③土壤及有机栽培介质。

④转基因生物材料。

⑤国家禁止进境的其他动植物、动植物产品和其他检疫物。

注：①通过携带或寄递方式进境的动植物及其产品和其他检疫物，经国家有关行政主管部门审批许可，并具有输出国家或地区官方机构出具的检疫证书，不受此名录的限制。

②具有输出国家或地区官方机构出具的动物检疫证书和疫苗接种证书的犬、猫等宠物，每人仅限携带或分离托运一只。具体检疫要求按相关规定执行。

③法律、行政法规、部门规章对禁止携带、寄递进境的动植物及其产品和其他检疫物另有规定的，按相关规定办理。

10. 哪些物品限制邮寄进出境？

答：国家规定限制进境物品有：无线电收发信机、通信保密机，烟、酒，濒危的和珍贵的动物、植物（均含标本）及其种子和繁殖材料，国家货币，微生物、生物制品、血液及其制品、人类遗传资源，管制刀具及电视接收设备等海关限制进境的其他物品。限制出境物品有：金银等贵重金属及其制品，国家货币，外币及其有价证券，无线电收发信机、通信保密机，贵重中药材，一般文物，微生物、生物制品、血液及其制品、人类遗传资源，管制刀具等海关限制出境的其他物品。限制进出境的物品，海关凭相关主管部门批文办理验放手续。

11. 文物能不能邮寄出境，如何办理手续？

答：按规定，珍贵文物禁止出境，一般文物限制出境。旅客携带和个人邮寄文物出境，必须事先向海关申报，经国家文化行政管理部门指定的省、自治区、直辖市文化行政管理部门进行鉴定，并发给许可出口凭证。对经鉴定不能出境的文物,国家可以征购。

具有重要历史、艺术、科学价值的文物,除经国务院批准运往国外展览的以外,一律禁止出境。

12. 个人寄递烟、酒有何规定?

答:《海关法》规定,个人携带进出境的行李物品、邮寄进出境的物品,必须以自用,合理数量为限,并接受海关监管。

根据《关于调整进出境个人邮递物品管理措施有关事宜》(海关总署公告2010年第43号)规定,在寄件人合理需要的范围内,个人寄自或寄往港、澳、台地区的物品,每次限值为800元人民币;寄自或寄往其他国家和地区的物品,每次限值为1000元人民币。个人邮寄进出境物品超出规定限值的,应办理退运手续或者按照货物规定办理通关手续。但邮包内仅有一件物品且不可分割的,虽超出规定限值,经海关审核确属个人自用的,可以按照个人物品规定办理通关手续。

13. 个人邮寄的物品为什么征税?

答:根据海关总署公告2010年第43号,个人邮寄进境物品,海关依法征收进口税,但应征进口税税额在人民币50元(含50元)以下的,海关予以免征。

提醒:此处"应征进口税税额"50元不是指物品的价值,而是经过计算后应缴纳的税款。

14. 我前阶段收到了一个电话,说我的国际邮件被海关扣了,对方自称是海关工作人员,说需要缴纳保证金才能放行并提供了相关银行账户,我在网上查了一下,没有查到邮件保证金的相关内容,请问这是不是骗子的诈骗电话?

答:基本可以认定您遇到了电信诈骗,在此我们提醒广大群众:

(1) 海关不会要求通过向个人账户(银行、支付宝、微信等)转账的方式收取任何费用;

(2) 个人或者冒用海关宣称收取好处费、关系费、打点费、保证金、处罚金等就能从海关取得无法正常通关物品,恢复人身自由等的往往都是诈骗;

(3) 不要被骗子口中的金钱、金条等贵重物品迷惑,谨慎交友,增强防范意识;

(4) 碰到此类不确定的情况,及时拨打海关12360热线核实,如确属诈骗,建议立即报警处理。

可以在"12360海关热线"的微信公众号中搜索查看有关防诈骗案例分析等相关知识普及文章。

15. 邮寄肉类、燕窝等食品进境可以吗?

答:不可以。因为为防止动植物疫病及有害生物传入和防范外来物种入侵,保护我国农林牧渔业生产安全、生态安全和公共卫生安全,根据国家有关法律、法规规定,农业农村部、海关总署第470号公告联合签发了《中华人民共和国禁止携带、寄递进境的动植物及其产品和其他检疫物名录》。名录第一项第二条为(生或熟)肉类(含脏器类)及其制品,第一条第六项为燕窝(经商业无菌处理的罐头装燕窝除外)。

16. 收到的邮包有破损问题,是否为海关查验造成的?

答:据了解,目前快递受损分有以下几种情况:

(1) 如果邮包内发现"邮件破损记录单",记录单上写清楚了该邮件的收件地址、内件物品、破损情况,以及有邮局现场人员的确认签名,那就说明该邮包在入境时已发现内件有损坏。遇此情况,请联系国外承运人进行沟通索赔。

(2) 如果邮包内没有"邮件破损记录单",却发现了"海关查验告知单"和"海关查验重封胶带"，那么就说明这个邮包在境内被邮局打开和封好时还是完好的，因为如果内件物品有损坏，邮局作为开拆人，必然是看到的，就必须当场开具"邮件破损记录单"。因此可以确定，这个邮包是在海关检查完毕后，承运方在国内的二次运输途中造成损坏的。此种情况可向邮政部门反映。

（3）如果邮包上未发现"海关查验重封胶带"，邮包内也未发现"海关查验告知单"，那就说明这个邮件未经海关开拆查验就送到收件人的手中，此种情况可向邮政部门反映。

（4）如果是海关在查验进出境物品时，损坏被查验物品的，海关应当赔偿实际损失。

17. 化妆品、奶粉允许邮寄进境的数量是多少？如果数量很大可以分批邮寄进境吗？

答：《海关法》规定，个人携带进出境的行李物品、邮寄进出境的物品，必须以自用、合理数量为限，并接受海关监管。另外，根据海关总署公告2010年第43号规定，在寄件人合理需要的范围内，个人寄自或寄往港、澳、台地区的物品，每次限值为800元人民币；寄自或寄往其他国家和地区的物品，每次限值为1000元人民币。个人邮寄进出境物品超出规定限值的，应办理退运手续或者按照货物规定办理通关手续。但邮包内仅有一件物品且不可分割的，虽超出规定限值，经海关审核确属个人自用的，可以按照个人物品规定办理通关手续。

如果收、寄件人用冒名顶替、分散寄递和其他方式逃避海关监管，以及有逃汇、套汇行为的，由海关依照《海关法》及相关规定按走私处理。

18. 个人不知道邮寄的是否为假名牌服装，可以邮寄出境吗？

答：个人携带或者邮寄进出境的物品，超出自用、合理数量，侵犯知识产权的，由海关依法处理。

19. 邮寄进出境货物如何办理海关手续？

答：邮寄进出境货物应按海关对进出境货物的规定办理报关、纳税或减免税手续，并提交相关单证。

邮寄进出境的货物，应当由收、发货单位或者其代理人向海关申报，并按进出口货物的海关规定办理相关手续。

邮寄进出境的货样、广告品，分别按照货样、广告品的监管规定办理海关手续。

进出口货物具体通关程序如下：

（1）进出口货物的收发货人，可以自行向海关申报，也可以委托报关企业向海关申报，申报采用电子数据报关单申报形式或者纸质报关单申报形式；

（2）海关对申报电子数据进行审核，并进行接单操作，审核是否单单相符、单证相符；

（3）有布控指令的，海关对进出口货物进行查验，查验是否与申报相符；

（4）需缴纳税款的报关单，企业可采取电子支付税款和打印税款专用缴款书线下缴纳两种方式缴纳税款，电子支付在系统中自动进行税款核销，线下缴纳税款由海关凭银行加盖已缴纳税款章的税款专用缴款书进行税费核销；

（5）确定单货相符，税款已缴纳完毕后，海关放行，并在包裹通知单加盖放行章，对货物予以放行。

20. 对于放弃的进境邮递物品，海关如何处理？

答：进境的邮递物品，如果超过规定的保管期限，收件人仍未办理海关手续并领取的，由邮局退回寄件人；无法退回的，无经济价值的物品，海关交由专业部门进行销毁，具有经济价值的由海关交由专业机构依法变卖，所得价款上缴国库。

第十三章 进出境特定物品通关

1. 海关监管的进出境印刷品、音像制品主要指哪些？

答：海关监管的进出境印刷品、音像制品主要指：

印刷品，是指通过将图像或者文字原稿制为印版，在纸张或者其他常用材料上翻印的内容相同的复制品。进出境摄影底片、纸型、绘画、剪贴、手稿、手抄本、复印件及其他含有文字、图像、符号等内容的货物、物品的，海关按照有关进出境印刷品的监管规定进行监管。

音像制品，是指载有内容的唱片、录音带、录像带、激光视盘、激光唱盘等。进出境载有图文声像信息的磁、光、电存储介质的，海关按照有关进出境音像制品的监管规定进行监管。

2. 海关对于进出境的私人信件是否也要检查？

答：《宪法》规定：公民的通信自由和通信秘密受法律保护。因此，一般情况下海关对进出境的私人信件不作检查，除非信件中夹带其他物品。

3. 哪些印刷品、音像制品禁止进出境？

答：有下列内容之一的印刷品、音像制品，禁止进境：反对宪法确定的基本原则的；危害国家统一、主权和领土完整的；危害国家安全或者损害国家荣誉和利益的；攻击中国共产党，诋毁中华人民共和国政府的；煽动民族仇恨、民族歧视，破坏民族团结，或者侵害民族风俗、习惯的；宣扬邪教、迷信的；扰乱社会秩序，破坏社会稳定的；宣扬淫秽、赌博、暴力或者教唆犯罪的；侮辱或者诽谤他人，侵害他人合法权益的；危害社会公德或者民族优秀文化传统的；国家主管部门认定禁止进境的；法律、行政法规和国家规定禁止的其他内容。

有以下内容的印刷品、音像制品禁止出境：有禁止进境内容的；涉及国家秘密的；国家主管部门认定禁止出境的。

散发性宗教类印刷品及音像制品，禁止进境。

4. 印刷品、音像制品进境是否要申报？

答：进出境印刷品、音像制品，应当向海关如实申报，接受海关监管。

5. 旅客带多少书进出境可以免税？

答：个人自用的进境印刷品及音像制品在下列规定数量以内的，免税验放：单行本发行的图书、报纸、期刊类出版物每人每次 10 册（份）以下；单碟（盘）发行的音像制品每人每次 20 盘以下；成套发行的图书类出版物，每人每次 3 套以下；成套发行的音像制品，每人每次 3 套以下。

6. 留学生的回国行李中的图书，海关如何监管？

答：留学人员行李按海关对留学人员进出境物品监管规定进行管理。

7. 个人携带超过免税规定数量的书刊进出境，海关如何征税？

答：超过免税规定的数量，但是仍在合理数量以内的个人自用进境印刷品、音像制品，不属于下列规定情形的，海关应当按照《关税条例》有关进境物品进口税的征收规定对超出规定数量的部分予以征税放行。

有下列情形之一的，海关对全部进境印刷品、音像制品按照进口货物依法办理相关手续：个人携带、邮寄单行本发行的图书、报纸、期刊类出版物进境，每人每次超过50册（份）的；个人携带、邮寄单碟（盘）发行的音像制品进境，每人每次超过100盘的；个人携带、邮寄成套发行的图书类出版物进境的，每人每次超过10套的；个人携带、邮寄成套发行的音像制品进境，每人每次超过10套的；其他构成货物特征的。

8. 单位进口印刷品、音像制品应该办理什么手续？

答：印刷品、音像制品的进口业务，由国务院有关行政主管部门批准或者指定经营。未经批准或者指定，任何单位或者个人不得经营印刷品、音像制品进口业务。

其他单位或者个人进口印刷品、音像制品，应当委托国务院相关行政主管部门指定的进口经营单位向海关办理进口手续。

除国家另有规定外，进口报纸、期刊、图书类印刷品，经营单位应当持国务院新闻出版行政主管部门的进口批准文件、目录清单、有关报关单证及其他需要提供的文件向海关办理进口手续。

9. 携带邮寄进出境印刷品、音像制品应注意什么事项？

答：进出境印刷品、音像制品应当向海关如实申报，以藏匿、伪装、瞒报、伪报的等手法逃避海关监管的，海关将依据《海关法》及其他有关规定予以处罚。

10. 什么是美术品？

答：美术品是指艺术创作者以线条、色彩或者其他方式创作的具有审美意义的造型艺术作品，包括绘画、书法、雕塑、摄影、装置等作品，以及艺术创作者许可并签名的，数量在200件以内的复制品。不包括工业化批量生产的工艺美术产品，不包括文物。

11. 美术品的进出口经营活动需要在哪个部门办审批？

答：文化和旅游部负责对美术品进出口经营活动进行审批管理，海关负责对美术品进出境环节进行监管。

文化和旅游部委托美术品进出口口岸所在地省、自治区、直辖市文化行政部门负责本辖区美术品的进出口审批。文化和旅游部对各省、自治区、直辖市文化行政部门的审批行为进行监督、指导，并依法承担审批行为的法律责任。

12. 个人携带、邮寄美术品进出境，应如何办理海关手续？

答：个人携带、邮寄美术品进出境，应主动向海关申报。超过自用、合理数量的，应当委托美术品进出口单位办理进出口手续。美术品进出口口岸所在地省、自治区、直辖市文化行政部门提出申请，文化行政部门应当自受理申请之日起15日内作出决定。批准的，发给批准文件，批准文件中应附美术品详细清单。申请单位持批准文件到海关办理手续。不批准的，文化行政部门书面通知申请人并说明理由。

13. 禁止进境物品有哪些？

答：禁止进境物品包括：

（1）各种武器、仿真武器、弹药及爆炸物品；

（2）伪造的货币及伪造的有价证券；

（3）对中国政治、经济、文化、道德有害的印刷品、胶卷、照片、唱片、影片、录音带、录像带、激光视盘、计算机存储介质及其他物品；

赌博用筹码属于"中华人民共和国禁止进出境物品表"所列"对中国政治、经济、文化、道德有害的印刷品、胶卷、照片、唱片、影片、录音带、录像带、激光视盘、计算机存储介质及其他物品"中的"其他物品"。

（4）各种烈性毒药；
（5）鸦片、吗啡、海洛因、大麻及其他能使人成瘾的麻醉品、精神药物；
（6）带有危险性病菌、害虫及其他有害生物的动物、植物及其产品；
（7）有碍人畜健康的、来自疫区的及其他能传播疾病的食品、药品或其他物品。

14. 禁止出境物品有哪些？

答：禁止出境物品包括：
（1）列入禁止进境范围的所有物品；
（2）内容涉及国家秘密的手稿、印刷品、胶卷、照片、唱片、影片、录音带、录像带、激光视盘、计算机存储介质及其他物品；
（3）珍贵文物及其他禁止出境的文物；
（4）濒危的和珍贵的动物、植物（均含标本）及其种子和繁殖材料。

15. 海关对携有禁止进出境物品的情况如何处理？

答：旅客携运属于禁止进出境物品范围内的物品进出境，在海关检查以前主动报明的，分别予以没收或者责令退回，并可酌情处以罚款。凡责令退回的，应由旅客在规定期限内向海关办理退回手续。逾期不退的，由海关按有关规定予以没收。由于对中国政治、经济、文化、道德、卫生有害而被扣留的物品，均不予发还，由海关按国家有关规定处理。旅客携运属于禁止进出境的物品藏匿不报的，应负法律或行政责任。

16. 国家限制进境物品包括哪些？

答：国家限制进境物品包括：
（1）无线电收发信机、通信保密机；
（2）烟、酒；
（3）濒危的和珍贵的动物、植物（均含标本）及其种子和繁殖材料；
（4）国家货币；
（5）海关限制进境的其他物品。

微生物、生物制品、血液及其制品、人类遗传资源、管制刀具、卫星电视接收设备属于"中华人民共和国限制进出境物品表"所列"海关限制进境的其他物品"。

第十四章　进出境快件口岸监管

1. 什么是进出境快件？

答：进出境快件是指进出境快件运营人以向客户承诺的快速商业运作方式承揽、承运的进出境货物、物品。

2. 什么是进出境快件运营人？

答：进出境快件运营人是指在中华人民共和国境内依法注册，在海关登记备案的从事进出境快件运营业务的国际货物运输代理企业。

3. 进出境快件运营人办理登记应具备的条件是什么？

答：进出境快件运营人在所在地海关办理登记手续应具备下列条件：

（1）内资国际货物运输代理企业及其分支机构已经获得国务院对外贸易主管部门或者其委托的备案机构办理的"国际货运代理企业备案表"。

（2）已经领取市场监管部门颁发的"企业法人营业执照"，准予或者核定其经营进出境快件业务。

（3）已经在海关办理报关企业注册登记手续。

（4）具有境内、外进出境快件运输网络和二个以上境外分支机构或代理人。

（5）具有本企业专用进出境快件标志、运单，运输车辆符合海关监管要求并经海关核准备案。

（6）具备实行电子数据交换方式报关的条件。

（7）快件的外包装上应标有符合海关自动化检查要求的条形码。

（8）与境外合作者（包括境内企业法人在境外设立的分支机构）的合作运输合同或协议。

（9）具有国家邮政管理部门颁发的"快递业务经营许可证"。

进出境快件运营人不再具备上述条件之一或者在一年内没有从事进出境快件运营业务的，海关注销该运营人从事进出境快件报关的资格。

4. 海关对进出境快件的报关时限有何规定？

答：进境快件自运输工具申报进境之日起 14 日内，出境快件在运输工具离境 3 小时之前，应当向海关办理报关手续。

进出境快件运营人应向海关传输或递交进出境快件舱单或清单，海关确认无误后接受申报；进出境快件运营人需提前报关的，应当提前将进出境快件运输和抵达情况书面通知海关，并向海关传输或递交舱单或清单，海关确认无误后接受预申报。

5. 进出境快件如何分类？

答：根据《海关总署关于启用新快件通关系统相关事宜的公告》（海关总署公告 2016 年第 19 号）、《海关总署关于升级新版快件通关管理系统相关事宜的公告》（海关总署公告 2018 年第 119 号）的规定，将快件分为文件类、个人物品类、低值货物类和其他类。

（1）文件类（简称 A 类快件）：无商业价值的文件、单证、票据和资料（依照法律、行政法规及国家有关规定应当予以征税的除外）。

（2）个人物品类（简称 B 类快件）：境内收寄件人（自然人）收取或者交寄的个人自用物品（旅客分离运输行李物品除外）。

（3）低值货物类快件（简称 C 类快件）：价值在 5000 元人民币（不包括运、保、杂费等）及以下的货物，但符合以下条件之一的除外：

①涉及许可证件管制的；

②需要办理出口退税、出口收汇或者进口付汇的；

③一般贸易监管方式下依法应当进行检验检疫的；

④货样广告品监管方式下依法应当进行口岸检疫的。

（4）其他货物、物品：除上述 3 类快件外，通过快件渠道进出境的其他货物、物品。

6. 海关对进出境快件中的个人物品如何验放？

答：快件渠道进出境个人物品的限量、限值、免税额、完税价格、税则归类等事宜按照《海关法》、《关税条例》及海关总署关于邮递进出境个人物品相关规定办理。

7. 海关对进境个人物品类快件的限值规定是什么？

答：根据海关总署 2010 年第 43 号公告规定：个人寄自或寄往港、澳、台地区的物品，每次限值为 800 元人民币；寄自或寄往其他国家和地区的物品，每次限值为 1000 元人民币。个人邮寄进境物品，海关依法征收进口税，但应征进口税税额在人民币 50 元（含 50 元）以下的，海关予以免征。个人邮寄进出境物品超出规定限值的，应办理退运手续或者按照海关规定办理通关手续。但邮包内仅有一件物品且不可分割的，虽超出规定限值，经海关审核确属个人自用的，可以按照个人物品规定办理通关手续。

8. 如何办理文件类进出境快件的报关？

答：文件类进出境快件报关时，快件运营人应当向海关提交"中华人民共和国海关进/出境 A 类快件报关单"、总运单（复印件）和海关需要的其他单证。

9. 如何办理个人物品类进出境快件的报关？

答：个人物品类进出境快件报关时，快件运营人应当向海关提交"中华人民共和国海关进/出境 B 类快件报关单"、每一件进出境快件的分运单、进境快件收件人或出境快件发件人身份证件影印件和海关需要的其他单证。B 类快件的限量、限值、税收征管等事项应当符合海关总署关于邮递进出境个人物品相关规定。

10. 如何办理低值货物类进出境快件的报关？

答：低值货物类进出境快件报关时，快件运营人应当向海关提交"中华人民共和国海关进/出境 C 类快件报关单"、代理报关委托书或者委托报关协议、每一进出境快件的分运单、发票和海关需要的其他单证，并按照进出境货物规定缴纳税款。进出境 C 类快件的监管方式为"一般贸易"或者"货样广告品 A"，征免性质为"一般征税"，征减免税方式为"照章征税"。

11. 如何办理其他货物、物品的报关？

答：除文件类进出境快件、个人物品类进出境快件、低值货物类进出境快件外，通过快件渠道进出境的其他货物、物品，应当按照海关对进出境货物、物品的现行规定办理海关手续。

12. 海关对进出境快件查验时，运营人需要做什么？

答：海关查验进出境快件时，运营人应派员到场，并负责进出境快件的搬移、开拆和重封包装。海关对进出境快件中的个人物品实施开拆查验时，运营人应通知进境快件的收件人或出境快件的发件人到场，收件人或发件人不能到场的，运营人应向海关提交其委托书，代理收/发件人的义务，并承担相应法律责任。

13. 办理进境个人物品类快件通关时，必须要提供收件人身份证影印件吗？

答：根据《国务院办公厅关于全面推行证明事项和涉企经营许可事项告知承诺制的指导意见》（国办发〔2020〕42号）的文件精神，海关总署对收发件人委托进出境快件运营人办理其个人物品类进出境快件报关手续时需提交的进境快件收件人或出境快件发件人身份证件影印件实施告知承诺制（海关总署公告2021年第56号）。对上述规定要求提供的进境快件收件人或出境快件发件人身份证件影印件，进出境快件收发件人可自愿选择通过填写、提交书面告知承诺书的方式代替提供实物证明的方式，向海关申请办理相关手续。

告知承诺书格式文本可从中华人民共和国海关总署官方网站及办理该业务的海关现场等处获取，申请人可自行打印、填写，由快件运营人在办理个人物品类进出境快件报关手续业务时与应当提交的其他材料一并提交海关。

14. 文件类、个人物品类、低值货物类快件是否都向新快件通关系统申报？

答：一般来讲，A、B、C类快件由快件运营人向新快件通关系统申报。为深入推进"两类通关"改革，海关总署自2020年12月28日开始在全国海关启动"C类快件纳入货物一体化通关"模式作业。在新舱单系统低值快速货物运单模块相关功能上线前（截至2021年10月尚未上线），启动税额不足起征点的C类快件在H2018新一代通关管理系统通关，不再通过新快件系统通关，报关单运输方式填制为其他。

第十五章　驻华机构及其人员进出境物品监管

1. 常驻机构指的是什么？

答：常驻机构是指境外企业、新闻机构、经贸机构、文化团体及其他境外法人经中华人民共和国政府主管部门批准，在境内设立的常设机构。

2. 刚刚成立的外商常驻代表机构，是否必须向海关注册备案？有何具体规定？

答：常驻机构在海关作注册备案以自愿为原则。但是常驻机构或其常驻人员如果需要进出境公、自用物品（车辆），则必须事先向海关办理注册备案手续。常驻机构应当持下列文件向主管海关办理备案手续：

（1）设立常驻机构审批机关的批准文件复印件；

（2）主管部门颁发的注册证明正本和复印件；

（3）常驻机构报关印章式样；

（4）常驻机构负责人签字式样、身份证件正本和复印件；

（5）常驻机构中常驻人员名册，名册含常驻人员姓名、性别、国籍、有效进出境证件号码、长期居留证件号码、到任时间、任期、职务及在中国境内的住址等内容。

主管海关审核无误后，核发"常驻机构备案证"。

3. 办理常驻机构海关注册备案所需的主管部门颁发的注册证明复印件可使用告知承诺书吗？

答：常驻机构可自愿选择通过填写、提交书面告知承诺书的方式代替提供实物证明的方式，表明本机构持有合法有效的由主管部门颁发的注册登记证明，向海关申请办理备案手续。申请人有较严重的不良信用记录或者存在曾作出虚假承诺等情形的，在信用修复前不适用告知承诺制。

4. 常驻机构在海关办理备案手续后，如"常驻机构备案证"涉及的内容有变更，应当如何办理手续？

答：根据现行规定，"常驻机构备案证"涉及的内容如有变更，应当自变更之日起 10 个工作日内到主管海关办理变更手续。办理时，常驻机构应当向海关提交"备案证"上所涉常驻机构、常驻人员信息变更的证明原件及复印件。

5. 常驻机构申报进境公用物品有何规定？怎样办理手续？

答：公用物品是指常驻机构开展业务所必需的办公设备、办公用品及机动车辆。常驻机构申报进出境公用物品，应当以本机构自用、合理数量为限。经海关核准后予以征税放行。

常驻机构申报进境公用物品时，应当填写"进口货物报关单"，并提交提（运）单、发票和装箱单等相关单证。申报进境机动车辆的，还应当交验本机构内所有常驻人员的有效身份证件，主管海关自接受申请之日起 5 个工作日内答复。

6. 常驻机构是否可以多次申报进境公用物品？

答：常驻机构可以多次申报进境公用物品，但主管地海关在审核时，应与该常驻机构以前申报进境的公用物品合并计算，在合理范围内予以批准。

7. 哪些人员属于常驻人员？

答：常驻人员指非居民长期旅客中的下列人员：

（1）境外企业、新闻机构、经贸机构、文化团体及其他境外法人，经中华人民共和国政府主管部门批准，在境内设立的并在海关备案的常设机构内的工作人员；

（2）在海关注册登记的外商投资企业内的人员；

（3）入境长期工作的专家。

8. 非居民长期旅客的定义是什么？

答：是指经公安部门批准进境并在境内连续居留一年以上（含一年），期满后仍回到境外定居地的外国公民、港澳台地区人员、华侨。

9. 海关对常驻人员申报进境的机动车辆有什么要求？

答：常驻人员申报进境的机动车辆指摩托车、小轿车、越野车、9座及以下的小客车（仅限新车）。同时根据我国有关规定，获准进境的机动车辆应为符合国家环保要求的左舵小客车。

10. 常驻人员申报进境自用机动车辆如何办理海关手续？

答：常驻人员申报进境自用机动车辆，应当向居住地主管海关提出书面申请。申请时除应提交本人的有效身份证件、长期居留证件外，还应交验其所在常驻机构的"中华人民共和国海关常驻机构备案证"或者所在外商投资企业的"进出口货物收发货人报关注册登记证书"，以及提（运）单、装箱单等相关单证；通过中国国际贸易单一窗口或"互联网+海关"平台录入并向海关发送数据。主管海关自接受申请之日起5个工作日内答复。

11. 常驻人员申报进境自用机动车辆时所需的本人有效身份证件可使用告知承诺书吗？

答：常驻机构可自愿选择通过填写、提交书面告知承诺书的方式代替提供实物证明的方式，向海关申请办理相关手续。申请人有较严重的不良信用记录或者存在曾作出虚假承诺等情形的，在信用修复前不适用告知承诺制。

12. 常驻人员进境的机动车辆可以转让吗？

答：根据海关有关规定，常驻人员征税进境的机动车辆自向公安交通管理部门办结车辆登记手续之日起1年后，方可准予转让过户。

海关对常驻人员享受相关政策准予免税进境的机动车辆，实施6年的监管。未经海关批准，进境机动车辆在海关监管期限内不得擅自转让、出售、出租、抵押、质押或者进行其他处置。

13. 常驻人员进境的征税机动车辆如何办理过户转让手续？

答：常驻人员获准进境的征税机动车辆使用1年后可以转让过户，转让过户时，应当向主管海关提出书面申请，并交验下列单证：

（1）身份证件；

（2）长期居留证件；

（3）进境机动车辆"机动车辆行驶证"；

（4）所在常驻机构的"中华人民共和国海关常驻机构备案证"或者所在外商投资企业的"进出口货物收发货人报关注册登记证书"；

（5）填写"中华人民共和国海关公/自用车辆解除监管申请表"。

主管海关核准后，开具"监管车辆解除监管证明书"，常驻人员凭此向公安交通管理部门办理有关车辆转让过户手续。

14. 常驻人员免税进境的机动车辆如何办理解除海关监管手续？

答：常驻人员免税进境的机动车辆属于海关监管车辆，监管期限为6年。监管期限届满的，常驻人员可以凭"机动车辆行驶证"，填写"中华人民共和国海关公/自用车辆解除监管申请表"向主管海关申请解除监管。主管海关核准后，开具"监管车辆解除监管证明书"，常驻人员凭此向公安交通管理部门办理有关手续。

15. 外国驻华使馆的公务用品、自用物品的概念和范围是什么？

答：公务用品，系指使馆执行职务工作需直接使用的物品，包括家具、陈设品、办公用品、招待用品和机动车辆等。

自用物品，系指使馆人员和与其共同生活的配偶及未成年子女在中国居留期间直接需用的生活用品，其范围包括家具、家用电器、厨房用品、食品、衣着、书报杂志、机动车辆等。

16. 外交官和领事官的身份是如何确定的？

答：对外交官、领事官，海关凭其本人所持护照上的我驻外签证机关给予的外交签证（互免签证的凭外交护照）及我外交部颁发的外交官证、领事官证确定其身份，并按有关规定办理进出境物品手续。

17. 使领馆及外交代表、领事官进出境物品如何办理海关手续？

答：使领馆运进运出公务用品，外交代表、领事官以托运或者邮寄方式运进运出自用物品，应当书面向海关申报。

外交代表、领事官进出境时随身携带的或者附载于同一运输工具上的私人行李物品，应当口头向海关申报，海关予以免验放行。海关有重大理由推定其中装有《使馆进出境物品监管办法》规定的免税范围以外的物品、中国政府禁止进出境或者检疫法规规定管制的物品的，有权查验。海关查验时，外交代表、领事官或者其授权人员应当在场。

使领馆申报运进的公务用品和外交官、领事官申报运进的自用物品，经海关审核在直接需用数量范围内的，予以免税。申报运出的公务用品和自用物品，由海关审核后予以放行。

18. 使领馆运进运出公务用品，外交官、领事官托运、邮递进出境自用物品如何办理报关手续？

答：外国驻中国使领馆运进运出的公务用品，外交官、领事官托运、邮寄进出境自用物品，运进的在到达口岸后，运出的在发运前，由使领馆填具"外国使领馆公私用物品进出境申报单"一式三份，送交所在地主管海关办理报关手续。

申报单上所列项目，应当填写清楚，并加盖使领馆馆印及馆长或馆长授权的外交代表的签字。申报时，要随附物品清单、发票等有关单据。

申报单一份由所在地海关留存，一份编号后由使领馆收执，一份由海关批注盖印后交使领馆凭以向进出境地海关办理物品进出境手续。

19. 使领馆应如何向主管海关备案？

答：使领馆和使领馆人员首次进出境公务用品、自用物品前，应当凭下列资料到主管海关办理备案手续：

（1）中国政府主管部门出具的证明使领馆设立的文件复印件。

（2）用于报关文件的使领馆馆印印模、馆长或者馆长授权的外交代表的签字样式。

（3）外交邮袋的加封封志实物和外交信使证明书样式。

使领馆如从主管海关关区以外发送或者接收外交邮袋，还应当向主管海关提出申请，并提供外交邮袋的加封封志实物和外交信使证明书样本，由主管海关制作关封，交由使领馆人员向进出境地海关备案。

（4）使领馆人员和与其共同生活的配偶及未成年子女的进出境有效证件、中国政府主管部门核发的身份证件复印件，以及使领馆出具的证明上述人员职衔、到任时间、住址等情况的文件复印件。

以上备案内容如有变更，使领馆或者使领馆人员应当自变更之日起 10 个工作日内向海关办理备案变更手续。

20. 使领馆及使领馆人员进境的公务用品、自用物品能否转让？

答：使领馆和使领馆人员免税运进的物品，除有特殊原因并报经海关批准的外，不得转让。确有特殊原因需要转让物品，应当事先填具"外国使领馆公私用物品转让申请书"一式三份送交所在地海关。经海关审核批准后，才能办理转让手续。

除使领馆人员提前离任外，使领馆及使领馆人员免税进境的机动车辆，自海关放行之日起 2 年内不准转让或者出售。

经批准转让的物品，应当由受让人或者出让人按规定向海关办理纳税或者免税手续。

21. 使领馆及使领馆人员的机动车辆有无监管期？

答：根据有关规定，使领馆及使领馆人员免税进境的机动车辆及接受转让的机动车辆属于海关监管车辆，主管海关对其实施后续监管。公用进境机动车辆的监管年限为自海关放行之日起 6 年，自用进境机动车辆的监管年限为自海关放行之日起 3 年。

22. 使领馆及使领馆人员车辆因事故报废，可否再次进境机动车辆？

答：根据有关规定，使领馆及使领馆人员免税进境的机动车辆，因事故、不可抗力原因遭受严重损毁，或者因损耗、超过使用年限等原因丧失使用价值，并且已办理结案手续的，使领馆和使领馆人员可以按照相同数量重新申报进境机动车辆。

23. 使领馆公务人员自用物品进出境的海关手续如何办理？

答：使领馆公务人员，是指使领馆行政技术人员和服务人员。使领馆公务人员，如果不是中国公民并且不在中国永久居留的，其到任后 6 个月内运进安家物品，经主管海关审核在直接需用数量范围内（其中自用小汽车每户限一辆）的，海关予以免税验放。超出规定时限运进的物品，经海关核准仍属自用的，按照《海关对非居民长期旅客进出境自用物品监管办法》的规定办理。

24. 外交信使进出境有何规定？

答：外交信使应持有派遣国主管机关出具的信使证明书。外交信使在执行职务时，应受接受国保护。外交信使人身不受侵犯，不受逮捕或拘禁。

临时外交信使必须凭派遣国主管机关出具的临时信使证明书向海关办理有关手续，在其负责携带外交领事邮袋期间，享有与外交信使同等的豁免。

外交信使出入境时，免填"旅客行李申报单"。海关可口头询问。

25. 怎样办理外交邮袋、领事邮袋的进出境手续？

答：使领馆发送或者接收的外交邮袋，应当以装载外交文件或者公务用品为限，并符合中国政府关于外交邮袋重量、体积等的相关规定，同时施加使馆已在海关备案的封志。外交邮袋由外交信使转递时，必须持有派遣国主管机关出具的信使证明书。商业飞机机长受委托为使馆转递外交邮袋时，须持有委托国的官方证明文件（注明邮袋件数）。由机长转递或者托运的邮袋，应当由使领馆派使馆人员办理接交、提取或发运手续。对使领馆发送或者收受的外交邮袋、领事邮袋，海关予以免验放行。

为方便邮袋进出，使领馆应当将本国邮袋的加封样式和外交信使证明书样本各一式五份向所在地海关备案。

26. 使领馆人员的家属持非外交护照或者普通签证短期来华携带物品进出境如何办理海关手续？

答：使领馆人员的家属持非外交护照或者普通签证短期来华，入出境时所带的行李物品，海关按非居民短期旅客行李物品监管规定办理相关手续。

27. 使领馆是否可以进境由其主办或者参与的非商业活动物品？

答：根据现行有关规定，使领馆如需进境由其主办或参与的非商业活动物品，应当向海关递交使领馆照会，并就物品的所有权、活动地点、日期、活动范围、活动的组织者和参加人、物品的最后处理向海关作出书面说明。活动在使馆以外场所举办的，还应当提供与主办地签订的合同。

第十六章 免税品、外汇免税商品和离岛免税商品管理

1. 免税品和免税外汇商品有什么区别？

答：免税品是指经营单位按照海关总署核准的经营品种，免税运进专供免税商店销售给规定对象的进口商品，包括试用品和赠品。

免税外汇商品是指由经批准的经营单位进口，专供已入境的特定对象在规定的限量、限值内购买的进口商品。

2. 经海关总署批准设立的免税商店，应具备什么条件才能开展经营业务？

答：经批准设立的免税商店，应当在开展经营业务一个月前向主管海关提出验收申请。经主管海关验收合格后，向主管海关办理备案手续，并且提交下列材料：

（1）海关总署批准文件的复印件；

（2）工商营业执照正、副本的复印件；

（3）税务登记证的复印件；

（4）免税品经营场所和监管仓库平面图、面积和位置示意图；

（5）免税商店业务专用章印模；

（6）免税商店法定代表人身份证件的复印件。

要求提交复印件的，应当同时提交原件验核。

3. 免税店的销售对象都是什么人员？

答：（1）口岸免税商店的销售对象限于已办结出境手续、即将前往境外的人员，以及尚未办理进境手续的人员。免税商店应当凭其搭乘运输工具的凭证或者其进出境的有效证件向其销售免税品。

（2）市内免税商店的销售对象限于即将出境的境外人员，免税商店凭其出境有效证件及机（船、车）票向其销售免税品，并且应当在口岸隔离区内将免税品交付购买人员本人携带出境。

（3）外交人员免税商店的销售对象限于外国驻华外交代表、领事机构及其外交人员、领事官员，以及其他享受外交特权和豁免的机构和人员，免税商店应当凭上述机构和人员所在地的直属海关或者经直属海关授权的隶属海关按照有关规定核准的限量、限值向上述人员销售免税品。

（4）运输工具免税商店销售对象限于搭乘进出境运输工具的进出境人员。免税商店限于运输工具在国际（地区）航行期间经营。免税商店应当向主管海关交验由运输工具负责人或者其代理人签字的"免税品销售明细单"。

（5）供船免税商店的销售对象限于出境的国际（地区）航行船舶及船员。供船免税商店应当向主管海关提出供船申请，填写"免税品供船准单"，在海关监管下进行国际（地区）船舶的供船工作。

4. 旅客在口岸免税店购买的免税品，海关是否一律放行？

答：不一定。旅客在口岸免税商店购买的免税品，海关按照不同旅客行李物品的限量规定验放。

5. 在境内免税外汇商品供应单位购买免税外汇商品，要具备哪些条件？

答：在境内免税外汇商品供应单位购买免税外汇商品，必须是属于符合规定的供应对象，同时具备以下条件：

持有符合规定的有效单证，即本人护照及经海关签章的"进出境旅客行李申报单"或者"免税物品登记证"等单证。

符合海关对免税物品验放的规定。旅客须有准予带进免税物品的额度，并在规定物品品种、数量范围内购物。

6. 在境内免税商店购买免税外汇商品有无次数限制？

答：在境内免税商店选购免税外汇商品不限次数，但必须集中一次向海关申报，并办结验放手续，海关将申报单予以注销。注销后的申报单不再作为购买物品凭证。

7. 旅客在境内如何办理购买免税外汇商品手续？

答：入境旅客持本人护照等有效旅行证件，经入境地海关签章的旅客行李申报单或"免税物品登记证"，到指定的供应单位购买商品。

8. 驻华使领馆及其人员如何在免税店购买商品？

答：外国驻华使领馆及其人员购买免税商品，需填写"中华人民共和国海关外交公自用物品进出境申报单"，向所在地主管海关提出申请，经海关审核同意并在申报单上批注盖章后，凭此到外交人员免税商店购买免税商品。

9. 旅客在境内购买免税外汇商品与携带入境的物品是否合并计算？

答：根据规定，旅客进境时携带的"旅客进出境行李物品分类表"第一类物品和境内补购的第一类物品不合并计算。"旅客进出境行李物品分类表"第三类物品（即完税价格在人民币 1000～5000 元范围内的物品），由海关根据旅客在外天数，依照有关规定计算免税指标。

10. 在境内免税外汇商品供应部门购买物品可否委托他人办理？

答：在境内设立免税外汇商品供应部门供应免税外汇商品，是便利入境旅客的一项措施。入境旅客在免税外汇商品供应部门购买物品并办理海关手续，是旅客入境手续的继续和延伸。为了维护入境旅客的合法权益，入境旅客在免税外汇商品供应部门购买免税物品并办理海关手续，应由旅客本人前来办理，不能委托他人办理。

持有"免税物品登记证"的长期出国人员，凭我驻外使馆开具的托带证明，可以委托他人将"免税物品登记证"及使馆证明带回在境内购买免税外汇商品。

11. 什么叫离岛旅客？

答：离岛旅客，是指年满 16 周岁、乘坐飞机（或火车）离开海南本岛但不离境的境内外旅客，包括海南岛内居民。

12. 什么是离岛免税？

答：离岛免税是指对乘飞机（或火车）离岛（不包括离境）旅客实行限次、限值、限量和限品种免进口税购物，在实施离岛免税政策的免税商店内付款，在机场（或离岛火车站）隔离区提货离岛的税收优惠政策。

13. 具有免税品经营资格的经营主体申请离岛免税商店时需要提交什么材料？

答：设立离岛免税商店，由具有免税品经销资格的经营主体提出申请，财政部会同海关总署、税务总局和商务部审核并提出意见，报请国务院批准。经营主体提出申请时需提交以下材料：

（1）经营主体合作协议（包括各股东持股比例、经营主体业务关联互补情况等。独资设立免税店除外）；

（2）经营主体的基本情况（包括企业性质、营业范围、生产经营、资产负债等方面）；

（3）包括可行性研究报告，设立离岛免税商店所涉及的经营场所选址、机场隔离区购物提货场所等初步意向性协议或安排。

14. 离岛免税品有哪些品种？可以购买20种国家不予减免税的商品吗？

答：免税商品限定为进口品，目前具体商品品种限定为首饰、工艺品、手表、香水、化妆品、笔、眼镜（含太阳镜）、丝巾、领带、毛织品、棉织品、服装服饰、鞋帽、皮带、箱包、小皮件、糖果、体育用品、美容及保健器材、餐具及厨房用品、玩具（含童车）、婴儿配方奶粉及辅食、咖啡（咖啡豆、浓缩咖啡）、参制品［西洋参胶囊（冲剂）、红参胶囊（冲剂）、高丽参胶囊（冲剂）］、谷物食品（谷物片）、保健食品（鱼油、维生素、钙片、胶原蛋白）、蜂王浆制剂、橄榄油、尿不湿、陶瓷制品（骨瓷器皿等）、玻璃制品（玻璃器皿等）、家用空气净化器及配件、家用小五金（锁具、水龙头、淋浴装置）、钟（挂钟、座钟、闹钟等）、转换插头、表带（表链）、眼镜片（眼镜框）、一、二类家用医疗器械（血糖计、血糖试纸、电子血压计、红外线人体测温仪），商品品种扩大至38种，国家规定不符合民航安全要求、禁止进口以及20种不予减免税、濒危动物的制品除外。

15. 离岛旅客可凭哪些身份证件在离岛免税店购买免税品？

答：包括境内旅客居民身份证、港澳地区居民来往内地通行证、台湾地区居民来往大陆通行证和外国旅客护照等。海关对境内人员以居民身份证签发机关为依据认定岛内居民、非岛内居民身份，对境外人员则以其所持进出境有效证件认定身份。

16. 居民旅客每年可离岛购物几次？

答：离岛旅客中的岛内居民每个公历年度最多可以享受1次离岛免税购物政策，非岛内居民每个公历年度可不限次享受离岛免税购物政策。旅客购物后乘飞机（或火车）离岛记为1次免税购物。同一旅客在同一年度内乘飞机和乘火车免税购物合并计算，且不得超过离岛免税政策的额度限制规定。

17. 免税购物金额、数量和重量是多少？

答：（1）免税购物金额

岛内居民旅客：单价人民币8000元以下商品，累计购物金额不超过人民币8000元（含8000元）；非岛内居民旅客：单价人民币8000元以下商品，每年累计购物金额不超过人民币16000元（含16000元）。此外，免税限额中如有剩余（或未使用），旅客可以在购买1件单价8000元以上商品时调剂使用，相应扣减应缴进境物品进口税的税基，即旅客在以"商品零售价格-剩余免税额度"计价缴纳进境物品进口税的条件下，每人每次还可以购买1件单价8000元以上的商品（非岛内居民旅客每年最多可购买2件单价8000元以上的商品）。

（2）免税购物数量和重量

购买免税商品数量和重量范围依据《财政部　海关总署　税务总局关于海南离岛旅客免税购物政策的公告》（财政部公告2020年第33号）和《关于发布海南离岛旅客免税购物监管办法的公告》（海关总署公告2020年第79号）执行。

离岛免税商品品种及每人每次购买数量范围

序号	商品品种	每人每次限购数	备注
1	首饰	不限	
2	工艺品	不限	
3	手表	不限	
4	香水	不限	
5	化妆品	30 件	
6	笔	不限	
7	眼镜（含太阳镜）	不限	
8	丝巾	不限	
9	领带	不限	
10	毛织品	不限	
11	棉织品	不限	
12	服装服饰	不限	
13	鞋帽	不限	
14	皮带	不限	
15	箱包	不限	
16	小皮件	不限	
17	糖果	不限	
18	体育用品	不限	
19	美容及保健器材	不限	
20	餐具及厨房用品	不限	
21	玩具（含童车）	不限	
22	零售包装的婴幼儿配方奶粉及辅食	不限	
23	咖啡（咖啡豆；浓缩咖啡）	不限	
24	参制品（西洋参；红参；高丽参胶囊及冲剂）	不限	非首次进口，即已取得进口保健食品批准证书
25	谷物片；麦精、粮食粉等制食品及乳制品；甜饼干；华夫饼干及圣餐饼；糕点，饼干及烘焙糕饼及类似制品	不限	
26	保健食品	不限	非首次进口，即已取得进口保健食品批准证书
27	蜂王浆制剂	不限	非首次进口，即已取得进口保健食品批准证书
28	橄榄油	不限	
29	尿不湿	不限	
30	陶瓷制品（骨瓷器皿等）	不限	
31	玻璃制品（玻璃器皿等）	不限	
32	家用空气净化器及配件	不限	
33	家用小五金（锁具；水龙头；淋浴装置）	不限	
34	钟（挂钟；座钟；闹钟等）	不限	
35	转换插头	不限	
36	表带、表链	不限	

续表1

序号	商品品种	每人每次限购数	备注
37	眼镜片、眼镜框	不限	
38	一、二类家用医疗器械（血糖计；血糖试纸、电子血压计；红外线人体测温仪；视力训练仪；助听器；矫形固定器械；家用呼吸机）	不限	已取得进口医疗器械注册证或备案凭证
39	天然蜂蜜及其他食用动物产品（天然蜂蜜；燕窝；鲜蜂王浆；其他蜂及食用动物产品）	不限	
40	茶、马黛茶以及以茶、马黛茶为基本成分的制品（绿茶；红茶；马黛茶；茶、马黛茶为基本成分的制品）	不限	
41	平板电脑；其他便携式自动数据处理设备；小型自动数据处理设备；微型机；其他数据处理设备；以系统形式报验的小型计算机；以系统形式报验的微型机	不限	
42	穿戴设备等电子消费产品（无线耳机；其他接收、转换并发送或再生音像或其他数据用的设备；视频游戏控制器及设备的零件及附件）	不限	
43	手机手持（包括车载）式无线电话机	4件	
44	电子游戏机	不限	
45	酒类（啤酒、红酒、清酒、洋酒及发酵饮料）	合计不超过1500毫升	

注：1件商品是指具有单一、完整包装及独立标价的商品，但套装商品按包装内所含商品的实际件数计算。

18. 哪些离岛旅客在3年内不得享受离岛免税购物政策？

答：有以下情形之一的旅客3年内不得享受离岛免税购物政策：
（1）未按照规定将免税品携运离岛的；
（2）提供虚假身份证件或者使用不符合规定身份证件的；
（3）违反其他规定的。

19. 离岛旅客可以在哪里进行离岛免税购物？

答：国家统筹安排海南离岛免税商店的布局和建设。考虑到海口、三亚同为旅游重点城市且均具有离岛机场条件，我国目前在海口、三亚两地开设有离岛免税商店。离岛旅客可以在两地离岛免税商店内进行免税购物。

此外，两地离岛免税商店目前均已开设网上离岛免税销售窗口。离岛旅客可通过网上离岛免税销售窗口进行免税购物，凭本人身份证件和登机牌在机场隔离区提货点提货并携运离岛。

20. 旅客可否邮递购买的离岛免税商品？

答：离岛旅客购买免税品，购买人、支付人、收件人均为购物旅客本人，且收件地址在海南省外的，可以选择邮寄送达方式提货。

第十七章　特殊监管方式下的海关监管

1. 进出"霍尔果斯国际边境合作中心"需要办理什么手续？

答：（1）根据出入境管理规定，游客可持护照进出合作中心，如无护照，可在合作中心办证大厅凭有效身份证由公安出入境管理部门办理临时出入境证件。

（2）海关对游客证件的要求主要是身份证，凭身份证自助进出通关闸口，如无身份证，可凭护照或临时出入境证件进出。

2. 海关对进出"霍尔果斯国际边境合作中心"游客携带物品如何监管？

答：海关对进出合作中心游客按照进出境旅客相关监管规定实施监管。

（1）进出合作中心的游客每人每天一次可携带免税额为 8000 元人民币的区内销售物品。

（2）海关根据"合理自用"原则实施监管，免税香烟 400 支，或雪茄 100 支，或烟丝 500 克；免税 12 度以上酒精饮料限 2 瓶（1.5 升以下）。

（3）游客携带物需符合检验检疫相关要求。

3. 货物从区外进入珠澳跨境工业区珠海园区应如何征税？

答：货物从区外进入珠海园区视同出口，海关按照货物出口的有关规定办理手续。属于出口应税商品的，按照有关规定进行征税；属于配额、许可证件管理商品的，区内企业或者区外发货人还应当向海关出具出口配额、许可证件。

境内区外货物、设备以出口报关方式进入园区的，其出口退税按照国家有关规定办理。境内区外货物、设备属于原进口货物、设备的，原已缴纳的关税、进口环节海关代征税海关不予退还。

4. 货物从珠澳跨境工业区珠海园区运往区外应如何征税？

答：珠海园区内货物运往区外视同进口，海关按照货物进口的有关规定办理手续。需要征税的，按照货物出区时的实际状态征税；属于配额、许可证件管理商品的，区内企业或者区外收货人还应当取得进口配额、许可证件。海关对有关进口许可证件电子数据进行系统自动比对验核。

以一般贸易方式经珠海园区进入区外，并且获得香港或者澳门签证机构签发的 CEPA 优惠原产地证书的货物，可以按照规定享受 CEPA 零关税优惠。

5. 什么企业可以开展边境小额贸易？

答：根据《国务院关于边境贸易有关问题的通知》，经批准的有边境小额贸易经营权的企业，可以通过国家指定的陆地边境口岸，与毗邻国家边境地区的企业或其他贸易机构之间开展边境小额贸易。

6. 边境小额贸易可以在哪些地点开展交易？

答：边境小额贸易进出口口岸限定于国家正式对外开放的陆路边境口岸、边境地区的县（市、旗）和边境开放城市。

7. 申请边境小额贸易企业应具备哪些条件？

答：首先应是在边境地区工商行政管理部门登记注册的企业法人，并具备以下条件：（1）注册资金不得少于 50 万元人民币；（2）须有固定的营业场所和开展边贸必备的设施和资金；（3）有健全的组织机构和适应经营边贸的业务人员。

8. 什么人可以开展边民互市贸易？

答：根据《边民互市贸易管理办法》，我国边境地区居民和对方国家边民可进入边民互市贸易区（点）从事互市贸易。

9. 什么商品可开展边民互市贸易？

答：边民互市贸易按照负面清单管理。《边民互市贸易进口商品负面清单》和《边民互市进出口商品不予免税清单》外的商品，以及《边民互市进出口商品不予免税清单》中限量内的商品，边民均可以申报边民互市贸易进出口。

10. 边民互市贸易进口商品中关于限量限值是如何规定的？

答：根据《边民互市贸易管理办法》和《财政部、海关总署、国家税务总局关于促进边境贸易发展有关财税政策的通知》，边民互市贸易进口商品，每人每日价值人民币 8000 元以下，免征进口关税和进口环节税。超过 8000 元人民币的，对超出部分按照规定征收进口关税和进口环节税。

此外，根据《边民互市进出口商品不予免税清单》，对小麦、玉米、稻谷（大米）、糖、棉花、豆油、菜子油（又称菜籽油）、棕榈油等 8 种商品实行限量管理。

11. 从事市场采购贸易企业应具备哪些条件？

答：从事市场采购贸易的对外贸易经营者，应当向市场集聚区所在地商务主管部门办理市场采购贸易经营者备案登记，并按照海关相关规定在海关办理进出口货物收发货人备案。

12. 市场采购贸易的简化申报政策是什么？

答：每票报关单所对应的商品清单所列品种在 5 种以上的可以按以下方式实行简化申报：

（1）货值最大的前 5 种商品，按货值从高到低在出口报关单上逐项申报；

（2）其余商品以《税则》中"章"为单位进行归并，每"章"按价值最大商品的税号作为归并后的税号，货值、数量等也相应归并。

13. 实施检验检疫的商品通过市场采购贸易方式申报出口，能否应用简化申报政策？

答：不能。有下列情形之一的商品不适用简化申报：（1）需征收出口关税的；（2）实施检验检疫的；（3）海关另有规定不适用简化申报的。

14. 什么是对台小额贸易公司？

答：对台小额贸易公司是专门从事经营对台小额贸易业务的公司。

对台小额贸易公司由商务部授权的沿海省、市商务主管部门批准，并在工商行政管理部门登记注册。

15. 对台小额贸易可以在任一开放口岸进行吗？

答：不可以。对台小额贸易只能在大陆沿海指定口岸进行。

16. 对台小额贸易指定口岸经什么部门审批？

答：对台小额贸易口岸由沿海省、市商务主管部门商当地公安、边检、海关、交通、台办等部门指定。

17. 对台小额贸易进口货物可以是非原产于台湾地区的货物吗？

答：不可以。对台小额贸易进口货物原产地必须为台湾地区。

18. 对台小额贸易试点口岸试行"双放开"措施是指什么？

答：试点口岸进出的对台小额贸易台湾地区船舶，不受船舶吨位和交易金额限制。

19. 对台小额贸易货物税收征管有什么要求？

答：对台小额贸易进出口货物征税适用《税则》的优惠税率。进口货物征收特别关税的，按规定征收特别关税。

20. 海关以什么方式确认对台小额贸易进口货物的原产地？

答：海关通过审核原产地证明、对货物进行实际查验或者审核其他相关单证等方法，确定进口货物的原产地为台湾地区。

21. 对台小额贸易船舶带进的航行物料可以作为货物进行交易吗？

答：对台小额贸易船舶带进的航行必备的设备、燃料、物料，应原船带出，不得作为货物交易。

22. 对台小额贸易货物需要许可证吗？

答：进出口属于国家实行配额、许可证等管理的货物，海关凭有关主管部门签发的相关证件征税验放。

第十八章 跨境电子商务海关监管

1. 参与跨境电子商务零售出口业务的企业，需要在海关办理注册登记吗？

答：跨境电子商务平台企业、物流企业等参与跨境电子商务零售出口业务的企业，应当向所在地海关办理信息登记；如需办理报关业务平台，向所在地海关办理注册登记。

2. 跨境电子商务支付企业有什么资质要求？

答：支付企业为银行机构的，应具备银保监会或者原银监会颁发的"金融许可证"；支付企业为非银行支付机构的，应具备中国人民银行颁发的"支付业务许可证"，支付业务范围应当包括"互联网支付"。

3. 什么是跨境电商 B2B 出口？

答：跨境电商 B2B 出口是指，境内企业通过跨境电商平台与境外企业达成交易后，通过跨境物流将货物直接出口送达境外企业，或境内企业将出口货物通过跨境物流送达海外仓，通过跨境电商平台实现交易后从海外仓送达购买者的贸易形式，并根据海关要求传输相关电子数据。

4. 完税价格超过 5000 元人民币单次交易限值的商品可以通过跨境电商零售渠道进口吗？

答：完税价格超过 5000 元人民币单次交易限值但低于 26000 元人民币年度交易限值，且订单下仅 1 件商品时，可以自跨境电商零售渠道进口，按照货物税率全额征收关税和进口环节增值税、消费税，交易额计入年度交易总额，但年度交易总额超过年度交易限值的，应按一般贸易管理。

5. 跨境电商企业对消费者的提醒告知义务具体是什么？

答：跨境电商企业履行对消费者的提醒告知义务，会同跨境电商平台在商品订购网页或其他醒目位置向消费者提供风险告知书，消费者确认同意后方可下单购买。告知书应至少包含以下内容：（1）相关商品符合原产地有关质量、安全、卫生、环保、标识等标准或技术规范要求，但可能与我国标准存在差异。消费者自行承担相关风险。（2）相关商品直接购自境外，可能无中文标签，消费者可通过网站查看商品中文电子标签。（3）消费者购买的商品仅限个人自用，不得再次销售。

CHAPTER 3

第三篇　法律法规篇

主席令

中华人民共和国特种设备安全法

(2013年6月29日第十二届全国人民代表大会常务委员会第三次会议通过，2013年6月29日中华人民共和国主席令第四号公布，自2014年1月1日起施行)

目 录

第一章 总 则
第二章 生产、经营、使用
　第一节 一般规定
　第二节 生 产
　第三节 经 营
　第四节 使 用
第三章 检验、检测
第四章 监督管理
第五章 事故应急救援与调查处理
第六章 法律责任
第七章 附 则

第一章 总 则

第一条 为了加强特种设备安全工作，预防特种设备事故，保障人身和财产安全，促进经济社会发展，制定本法。

第二条 特种设备的生产（包括设计、制造、安装、改造、修理）、经营、使用、检验、检测和特种设备安全的监督管理，适用本法。

本法所称特种设备，是指对人身和财产安全有较大危险性的锅炉、压力容器（含气瓶）、压力管道、电梯、起重机械、客运索道、大型游乐设施、场（厂）内专用机动车辆，以及法律、行政法规规定适用本法的其他特种设备。

国家对特种设备实行目录管理。特种设备目录由国务院负责特种设备安全监督管理的部门制定，报国务院批准后执行。

第三条 特种设备安全工作应当坚持安全第一、预防为主、节能环保、综合治理的原则。

第四条 国家对特种设备的生产、经营、使用，实施分类的、全过程的安全监督管理。

第五条 国务院负责特种设备安全监督管理的部门对全国特种设备安全实施监督管理。县级以上地方各级人民政府负责特种设备安全监督管理的部门对本行政区域内特种设备安全实施监督管理。

第六条 国务院和地方各级人民政府应当加强对特种设备安全工作的领导，督促各有关部门依法履行监督管理职责。

县级以上地方各级人民政府应当建立协调机制，及时协调、解决特种设备安全监督管理中存在的问题。

第七条 特种设备生产、经营、使用单位应当遵守本法和其他有关法律、法规，建立、健全特种设备安全和节能责任制度，加强特种设备安全和节能管理，确保特种设备生产、经营、使用安全，符合节能要求。

第八条 特种设备生产、经营、使用、检验、检测应当遵守有关特种设备安全技术规范及相关标准。

特种设备安全技术规范由国务院负责特种设备安全监督管理的部门制定。

第九条 特种设备行业协会应当加强行业自律，推进行业诚信体系建设，提高特种设备安全管理水平。

第十条 国家支持有关特种设备安全的科学技术研究，鼓励先进技术和先进管理方法的推广应用，对作出突出贡献的单位和个人给予奖励。

第十一条 负责特种设备安全监督管理的部门应当加强特种设备安全宣传教育，普及特种设备安全知识，增强社会公众的特种设备安全意识。

第十二条 任何单位和个人有权向负责特种设备安全监督管理的部门和有关部门举报涉及特种设备安全的违法行为，接到举报的部门应当及时处理。

第二章　生产、经营、使用

第一节　一般规定

第十三条 特种设备生产、经营、使用单位及其主要负责人对其生产、经营、使用的特种设备安全负责。

特种设备生产、经营、使用单位应当按照国家有关规定配备特种设备安全管理人员、检测人员和作业人员，并对其进行必要的安全教育和技能培训。

第十四条 特种设备安全管理人员、检测人员和作业人员应当按照国家有关规定取得相应资格，方可从事相关工作。特种设备安全管理人员、检测人员和作业人员应当严格执行安全技术规范和管理制度，保证特种设备安全。

第十五条 特种设备生产、经营、使用单位对其生产、经营、使用的特种设备应当进行自行检测和维护保养，对国家规定实行检验的特种设备应当及时申报并接受检验。

第十六条 特种设备采用新材料、新技术、新工艺，与安全技术规范的要求不一致，或者安全技术规范未做要求、可能对安全性能有重大影响的，应当向国务院负责特种设备安全监督管理的部门申报，由国务院负责特种设备安全监督管理的部门及时委托安全技术咨询机构或者相关专业机构进行技术评审，评审结果经国务院负责特种设备安全监督管理的部门批准，方可投入生产、使用。

国务院负责特种设备安全监督管理的部门应当将允许使用的新材料、新技术、新工艺的有关技术要求，及时纳入安全技术规范。

第十七条 国家鼓励投保特种设备安全责任保险。

第二节　生　产

第十八条 国家按照分类监督管理的原则对特种设备生产实行许可制度。特种设备生产单位应当具备下列条件，并经负责特种设备安全监督管理的部门许可，方可从事生产活动：

(一) 有与生产相适应的专业技术人员；
(二) 有与生产相适应的设备、设施和工作场所；
(三) 有健全的质量保证、安全管理和岗位责任等制度。

第十九条 特种设备生产单位应当保证特种设备生产符合安全技术规范及相关标准的要求，对其生产的特种设备的安全性能负责。不得生产不符合安全性能要求和能效指标以及国家明令淘汰的特种设备。

第二十条 锅炉、气瓶、氧舱、客运索道、大型游乐设施的设计文件，应当经负责特种设备安全监督管理的部门核准的检验机构鉴定，方可用于制造。

特种设备产品、部件或者试制的特种设备新产品、新部件以及特种设备采用的新材料，按照安全技术规范的要求需要通过型式试验进行安全性验证的，应当经负责特种设备安全监督管理的部门核准的检验机构进行型式试验。

第二十一条 特种设备出厂时，应当随附安全技术规范要求的设计文件、产品质量合格证明、安装及使用维护保养说明、监督检验证明等相关技术资料和文件，并在特种设备显著位置设置产品铭牌、安全警示标志及其说明。

第二十二条 电梯的安装、改造、修理，必须由电梯制造单位或者其委托的依照本法取得相应许可的单位进行。电梯制造单位委托其他单位进行电梯安装、改造、修理的，应当对其安装、改造、修理进行安全指导和监控，并按照安全技术规范的要求进行校验和调试。电梯制造单位对电梯安全性能负责。

第二十三条 特种设备安装、改造、修理的施工单位应当在施工前将拟进行的特种设备安装、改造、修理情况书面告知直辖市或者设区的市级人民政府负责特种设备安全监督管理的部门。

第二十四条 特种设备安装、改造、修理竣工后，安装、改造、修理的施工单位应当在验收后三十日内将相关技术资料和文件移交特种设备使用单位。特种设备使用单位应当将其存入该特种设备的安全技术档案。

第二十五条 锅炉、压力容器、压力管道元件等特种设备的制造过程和锅炉、压力容器、压力管道、电梯、起重机械、客运索道、大型游乐设施的安装、改造、重大修理过程，应当经特种设备检验机构按照安全技术规范的要求进行监督检验；未经监督检验或者监督检验不合格的，不得出厂或者交付使用。

第二十六条 国家建立缺陷特种设备召回制度。因生产原因造成特种设备存在危及安全的同一性缺陷的，特种设备生产单位应当立即停止生产，主动召回。

国务院负责特种设备安全监督管理的部门发现特种设备存在应当召回而未召回的情形时，应当责令特种设备生产单位召回。

第三节 经 营

第二十七条 特种设备销售单位销售的特种设备，应当符合安全技术规范及相关标准的要求，其设计文件、产品质量合格证明、安装及使用维护保养说明、监督检验证明等相关技术资料和文件应当齐全。

特种设备销售单位应当建立特种设备检查验收和销售记录制度。

禁止销售未取得许可生产的特种设备，未经检验和检验不合格的特种设备，或者国家明令淘汰和已经报废的特种设备。

第二十八条 特种设备出租单位不得出租未取得许可生产的特种设备或者国家明令淘汰和已经报废的特种设备，以及未按照安全技术规范的要求进行维护保养和未经检验或者检验不合格的特种设备。

第二十九条　特种设备在出租期间的使用管理和维护保养义务由特种设备出租单位承担，法律另有规定或者当事人另有约定的除外。

第三十条　进口的特种设备应当符合我国安全技术规范的要求，并经检验合格；需要取得我国特种设备生产许可的，应当取得许可。

进口特种设备随附的技术资料和文件应当符合本法第二十一条的规定，其安装及使用维护保养说明、产品铭牌、安全警示标志及其说明应当采用中文。

特种设备的进出口检验，应当遵守有关进出口商品检验的法律、行政法规。

第三十一条　进口特种设备，应当向进口地负责特种设备安全监督管理的部门履行提前告知义务。

第四节　使　用

第三十二条　特种设备使用单位应当使用取得许可生产并经检验合格的特种设备。

禁止使用国家明令淘汰和已经报废的特种设备。

第三十三条　特种设备使用单位应当在特种设备投入使用前或者投入使用后三十日内，向负责特种设备安全监督管理的部门办理使用登记，取得使用登记证书。登记标志应当置于该特种设备的显著位置。

第三十四条　特种设备使用单位应当建立岗位责任、隐患治理、应急救援等安全管理制度，制定操作规程，保证特种设备安全运行。

第三十五条　特种设备使用单位应当建立特种设备安全技术档案。安全技术档案应当包括以下内容：

（一）特种设备的设计文件、产品质量合格证明、安装及使用维护保养说明、监督检验证明等相关技术资料和文件；

（二）特种设备的定期检验和定期自行检查记录；

（三）特种设备的日常使用状况记录；

（四）特种设备及其附属仪器仪表的维护保养记录；

（五）特种设备的运行故障和事故记录。

第三十六条　电梯、客运索道、大型游乐设施等为公众提供服务的特种设备的运营使用单位，应当对特种设备的使用安全负责，设置特种设备安全管理机构或者配备专职的特种设备安全管理人员；其他特种设备使用单位，应当根据情况设置特种设备安全管理机构或者配备专职、兼职的特种设备安全管理人员。

第三十七条　特种设备的使用应当具有规定的安全距离、安全防护措施。

与特种设备安全相关的建筑物、附属设施，应当符合有关法律、行政法规的规定。

第三十八条　特种设备属于共有的，共有人可以委托物业服务单位或者其他管理人管理特种设备，受托人履行本法规定的特种设备使用单位的义务，承担相应责任。共有人未委托的，由共有人或者实际管理人履行管理义务，承担相应责任。

第三十九条　特种设备使用单位应当对其使用的特种设备进行经常性维护保养和定期自行检查，并作出记录。

特种设备使用单位应当对其使用的特种设备的安全附件、安全保护装置进行定期校验、检修，并作出记录。

第四十条　特种设备使用单位应当按照安全技术规范的要求，在检验合格有效期届满前一个月向特种设备检验机构提出定期检验要求。

特种设备检验机构接到定期检验要求后,应当按照安全技术规范的要求及时进行安全性能检验。特种设备使用单位应当将定期检验标志置于该特种设备的显著位置。

未经定期检验或者检验不合格的特种设备,不得继续使用。

第四十一条 特种设备安全管理人员应当对特种设备使用状况进行经常性检查,发现问题应当立即处理;情况紧急时,可以决定停止使用特种设备并及时报告本单位有关负责人。

特种设备作业人员在作业过程中发现事故隐患或者其他不安全因素,应当立即向特种设备安全管理人员和单位有关负责人报告;特种设备运行不正常时,特种设备作业人员应当按照操作规程采取有效措施保证安全。

第四十二条 特种设备出现故障或者发生异常情况,特种设备使用单位应当对其进行全面检查,消除事故隐患,方可继续使用。

第四十三条 客运索道、大型游乐设施在每日投入使用前,其运营使用单位应当进行试运行和例行安全检查,并对安全附件和安全保护装置进行检查确认。

电梯、客运索道、大型游乐设施的运营使用单位应当将电梯、客运索道、大型游乐设施的安全使用说明、安全注意事项和警示标志置于易于为乘客注意的显著位置。

公众乘坐或者操作电梯、客运索道、大型游乐设施,应当遵守安全使用说明和安全注意事项的要求,服从有关工作人员的管理和指挥;遇有运行不正常时,应当按照安全指引,有序撤离。

第四十四条 锅炉使用单位应当按照安全技术规范的要求进行锅炉水(介)质处理,并接受特种设备检验机构的定期检验。

从事锅炉清洗,应当按照安全技术规范的要求进行,并接受特种设备检验机构的监督检验。

第四十五条 电梯的维护保养应当由电梯制造单位或者依照本法取得许可的安装、改造、修理单位进行。

电梯的维护保养单位应当在维护保养中严格执行安全技术规范的要求,保证其维护保养的电梯的安全性能,并负责落实现场安全防护措施,保证施工安全。

电梯的维护保养单位应当对其维护保养的电梯的安全性能负责;接到故障通知后,应当立即赶赴现场,并采取必要的应急救援措施。

第四十六条 电梯投入使用后,电梯制造单位应当对其制造的电梯的安全运行情况进行跟踪调查和了解,对电梯的维护保养单位或者使用单位在维护保养和安全运行方面存在的问题,提出改进建议,并提供必要的技术帮助;发现电梯存在严重事故隐患时,应当及时告知电梯使用单位,并向负责特种设备安全监督管理的部门报告。电梯制造单位对调查和了解的情况,应当作出记录。

第四十七条 特种设备进行改造、修理,按照规定需要变更使用登记的,应当办理变更登记,方可继续使用。

第四十八条 特种设备存在严重事故隐患,无改造、修理价值,或者达到安全技术规范规定的其他报废条件的,特种设备使用单位应当依法履行报废义务,采取必要措施消除该特种设备的使用功能,并向原登记的负责特种设备安全监督管理的部门办理使用登记证书注销手续。

前款规定报废条件以外的特种设备,达到设计使用年限可以继续使用的,应当按照安全技术规范的要求通过检验或者安全评估,并办理使用登记证书变更,方可继续使用。允许继续使用的,应当采取加强检验、检测和维护保养等措施,确保使用安全。

第四十九条 移动式压力容器、气瓶充装单位,应当具备下列条件,并经负责特种设备安全监督管理的部门许可,方可从事充装活动:

(一)有与充装和管理相适应的管理人员和技术人员;

(二）有与充装和管理相适应的充装设备、检测手段、场地厂房、器具、安全设施；
(三）有健全的充装管理制度、责任制度、处理措施。

充装单位应当建立充装前后的检查、记录制度，禁止对不符合安全技术规范要求的移动式压力容器和气瓶进行充装。

气瓶充装单位应当向气体使用者提供符合安全技术规范要求的气瓶，对气体使用者进行气瓶安全使用指导，并按照安全技术规范的要求办理气瓶使用登记，及时申报定期检验。

第三章 检验、检测

第五十条 从事本法规定的监督检验、定期检验的特种设备检验机构，以及为特种设备生产、经营、使用提供检测服务的特种设备检测机构，应当具备下列条件，并经负责特种设备安全监督管理的部门核准，方可从事检验、检测工作：

(一）有与检验、检测工作相适应的检验、检测人员；
(二）有与检验、检测工作相适应的检验、检测仪器和设备；
(三）有健全的检验、检测管理制度和责任制度。

第五十一条 特种设备检验、检测机构的检验、检测人员应当经考核，取得检验、检测人员资格，方可从事检验、检测工作。

特种设备检验、检测机构的检验、检测人员不得同时在两个以上检验、检测机构中执业；变更执业机构的，应当依法办理变更手续。

第五十二条 特种设备检验、检测工作应当遵守法律、行政法规的规定，并按照安全技术规范的要求进行。

特种设备检验、检测机构及其检验、检测人员应当依法为特种设备生产、经营、使用单位提供安全、可靠、便捷、诚信的检验、检测服务。

第五十三条 特种设备检验、检测机构及其检验、检测人员应当客观、公正、及时地出具检验、检测报告，并对检验、检测结果和鉴定结论负责。

特种设备检验、检测机构及其检验、检测人员在检验、检测中发现特种设备存在严重事故隐患时，应当及时告知相关单位，并立即向负责特种设备安全监督管理的部门报告。

负责特种设备安全监督管理的部门应当组织对特种设备检验、检测机构的检验、检测结果和鉴定结论进行监督抽查，但应当防止重复抽查。监督抽查结果应当向社会公布。

第五十四条 特种设备生产、经营、使用单位应当按照安全技术规范的要求向特种设备检验、检测机构及其检验、检测人员提供特种设备相关资料和必要的检验、检测条件，并对资料的真实性负责。

第五十五条 特种设备检验、检测机构及其检验、检测人员对检验、检测过程中知悉的商业秘密，负有保密义务。

特种设备检验、检测机构及其检验、检测人员不得从事有关特种设备的生产、经营活动，不得推荐或者监制、监销特种设备。

第五十六条 特种设备检验机构及其检验人员利用检验工作故意刁难特种设备生产、经营、使用单位的，特种设备生产、经营、使用单位有权向负责特种设备安全监督管理的部门投诉，接到投诉的部门应当及时进行调查处理。

第四章 监督管理

第五十七条 负责特种设备安全监督管理的部门依照本法规定，对特种设备生产、经营、使用单位和检验、检测机构实施监督检查。

负责特种设备安全监督管理的部门应当对学校、幼儿园以及医院、车站、客运码头、商场、体育场馆、展览馆、公园等公众聚集场所的特种设备，实施重点安全监督检查。

第五十八条 负责特种设备安全监督管理的部门实施本法规定的许可工作，应当依照本法和其他有关法律、行政法规规定的条件和程序以及安全技术规范的要求进行审查；不符合规定的，不得许可。

第五十九条 负责特种设备安全监督管理的部门在办理本法规定的许可时，其受理、审查、许可的程序必须公开，并应当自受理申请之日起三十日内，作出许可或者不予许可的决定；不予许可的，应当书面向申请人说明理由。

第六十条 负责特种设备安全监督管理的部门对依法办理使用登记的特种设备应当建立完整的监督管理档案和信息查询系统；对达到报废条件的特种设备，应当及时督促特种设备使用单位依法履行报废义务。

第六十一条 负责特种设备安全监督管理的部门在依法履行监督检查职责时，可以行使下列职权：

（一）进入现场进行检查，向特种设备生产、经营、使用单位和检验、检测机构的主要负责人和其他有关人员调查、了解有关情况；

（二）根据举报或者取得的涉嫌违法证据，查阅、复制特种设备生产、经营、使用单位和检验、检测机构的有关合同、发票、账簿以及其他有关资料；

（三）对有证据表明不符合安全技术规范要求或者存在严重事故隐患的特种设备实施查封、扣押；

（四）对流入市场的达到报废条件或者已经报废的特种设备实施查封、扣押；

（五）对违反本法规定的行为作出行政处罚决定。

第六十二条 负责特种设备安全监督管理的部门在依法履行职责过程中，发现违反本法规定和安全技术规范要求的行为或者特种设备存在事故隐患时，应当以书面形式发出特种设备安全监察指令，责令有关单位及时采取措施予以改正或者消除事故隐患。紧急情况下要求有关单位采取紧急处置措施的，应当随后补发特种设备安全监察指令。

第六十三条 负责特种设备安全监督管理的部门在依法履行职责过程中，发现重大违法行为或者特种设备存在严重事故隐患时，应当责令有关单位立即停止违法行为、采取措施消除事故隐患，并及时向上级负责特种设备安全监督管理的部门报告。接到报告的负责特种设备安全监督管理的部门应当采取必要措施，及时予以处理。

对违法行为、严重事故隐患的处理需要当地人民政府和有关部门的支持、配合时，负责特种设备安全监督管理的部门应当报告当地人民政府，并通知其他有关部门。当地人民政府和其他有关部门应当采取必要措施，及时予以处理。

第六十四条 地方各级人民政府负责特种设备安全监督管理的部门不得要求已经依照本法规定在其他地方取得许可的特种设备生产单位重复取得许可，不得要求对已经依照本法规定在其他地方检验合格的特种设备重复进行检验。

第六十五条 负责特种设备安全监督管理的部门的安全监察人员应当熟悉相关法律、法规，具有相应的专业知识和工作经验，取得特种设备安全行政执法证件。

特种设备安全监察人员应当忠于职守、坚持原则、秉公执法。

负责特种设备安全监督管理的部门实施安全监督检查时，应当有二名以上特种设备安全监察人员参加，并出示有效的特种设备安全行政执法证件。

第六十六条 负责特种设备安全监督管理的部门对特种设备生产、经营、使用单位和检验、检测机构实施监督检查，应当对每次监督检查的内容、发现的问题及处理情况作出记录，并由参加监督检查的特种设备安全监察人员和被检查单位的有关负责人签字后归档。被检查单位的有关负责人拒绝签字的，特种设备安全监察人员应当将情况记录在案。

第六十七条 负责特种设备安全监督管理的部门及其工作人员不得推荐或者监制、监销特种设备；对履行职责过程中知悉的商业秘密负有保密义务。

第六十八条 国务院负责特种设备安全监督管理的部门和省、自治区、直辖市人民政府负责特种设备安全监督管理的部门应当定期向社会公布特种设备安全总体状况。

第五章 事故应急救援与调查处理

第六十九条 国务院负责特种设备安全监督管理的部门应当依法组织制定特种设备重特大事故应急预案，报国务院批准后纳入国家突发事件应急预案体系。

县级以上地方各级人民政府及其负责特种设备安全监督管理的部门应当依法组织制定本行政区域内特种设备事故应急预案，建立或者纳入相应的应急处置与救援体系。

特种设备使用单位应当制定特种设备事故应急专项预案，并定期进行应急演练。

第七十条 特种设备发生事故后，事故发生单位应当按照应急预案采取措施，组织抢救，防止事故扩大，减少人员伤亡和财产损失，保护事故现场和有关证据，并及时向事故发生地县级以上人民政府负责特种设备安全监督管理的部门和有关部门报告。

县级以上人民政府负责特种设备安全监督管理的部门接到事故报告，应当尽快核实情况，立即向本级人民政府报告，并按照规定逐级上报。必要时，负责特种设备安全监督管理的部门可以越级上报事故情况。对特别重大事故、重大事故，国务院负责特种设备安全监督管理的部门应当立即报告国务院并通报国务院安全生产监督管理部门等有关部门。

与事故相关的单位和人员不得迟报、谎报或者瞒报事故情况，不得隐匿、毁灭有关证据或者故意破坏事故现场。

第七十一条 事故发生地人民政府接到事故报告，应当依法启动应急预案，采取应急处置措施，组织应急救援。

第七十二条 特种设备发生特别重大事故，由国务院或者国务院授权有关部门组织事故调查组进行调查。

发生重大事故，由国务院负责特种设备安全监督管理的部门会同有关部门组织事故调查组进行调查。

发生较大事故，由省、自治区、直辖市人民政府负责特种设备安全监督管理的部门会同有关部门组织事故调查组进行调查。

发生一般事故，由设区的市级人民政府负责特种设备安全监督管理的部门会同有关部门组织事故调查组进行调查。

事故调查组应当依法、独立、公正开展调查，提出事故调查报告。

第七十三条 组织事故调查的部门应当将事故调查报告报本级人民政府，并报上一级人民政府负责特种设备安全监督管理的部门备案。有关部门和单位应当依照法律、行政法规的规定，追究事故责任单位和人员的责任。

事故责任单位应当依法落实整改措施，预防同类事故发生。事故造成损害的，事故责任单位应当依法承担赔偿责任。

第六章　法律责任

第七十四条　违反本法规定，未经许可从事特种设备生产活动的，责令停止生产，没收违法制造的特种设备，处十万元以上五十万元以下罚款；有违法所得的，没收违法所得；已经实施安装、改造、修理的，责令恢复原状或者责令限期由取得许可的单位重新安装、改造、修理。

第七十五条　违反本法规定，特种设备的设计文件未经鉴定，擅自用于制造的，责令改正，没收违法制造的特种设备，处五万元以上五十万元以下罚款。

第七十六条　违反本法规定，未进行型式试验的，责令限期改正；逾期未改正的，处三万元以上三十万元以下罚款。

第七十七条　违反本法规定，特种设备出厂时，未按照安全技术规范的要求随附相关技术资料和文件的，责令限期改正；逾期未改正的，责令停止制造、销售，处二万元以上二十万元以下罚款；有违法所得的，没收违法所得。

第七十八条　违反本法规定，特种设备安装、改造、修理的施工单位在施工前未书面告知负责特种设备安全监督管理的部门即行施工的，或者在验收后三十日内未将相关技术资料和文件移交特种设备使用单位的，责令限期改正；逾期未改正的，处一万元以上十万元以下罚款。

第七十九条　违反本法规定，特种设备的制造、安装、改造、重大修理以及锅炉清洗过程，未经监督检验的，责令限期改正；逾期未改正的，处五万元以上二十万元以下罚款；有违法所得的，没收违法所得；情节严重的，吊销生产许可证。

第八十条　违反本法规定，电梯制造单位有下列情形之一的，责令限期改正；逾期未改正的，处一万元以上十万元以下罚款：

（一）未按照安全技术规范的要求对电梯进行校验、调试的；

（二）对电梯的安全运行情况进行跟踪调查和了解时，发现存在严重事故隐患，未及时告知电梯使用单位并向负责特种设备安全监督管理的部门报告的。

第八十一条　违反本法规定，特种设备生产单位有下列行为之一的，责令限期改正；逾期未改正的，责令停止生产，处五万元以上五十万元以下罚款；情节严重的，吊销生产许可证：

（一）不再具备生产条件、生产许可证已经过期或者超出许可范围生产的；

（二）明知特种设备存在同一性缺陷，未立即停止生产并召回的。

违反本法规定，特种设备生产单位生产、销售、交付国家明令淘汰的特种设备的，责令停止生产、销售，没收违法生产、销售、交付的特种设备，处三万元以上三十万元以下罚款；有违法所得的，没收违法所得。

特种设备生产单位涂改、倒卖、出租、出借生产许可证的，责令停止生产，处五万元以上五十万元以下罚款；情节严重的，吊销生产许可证。

第八十二条　违反本法规定，特种设备经营单位有下列行为之一的，责令停止经营，没收违法经营的特种设备，处三万元以上三十万元以下罚款；有违法所得的，没收违法所得：

（一）销售、出租未取得许可生产，未经检验或者检验不合格的特种设备的；

（二）销售、出租国家明令淘汰、已经报废的特种设备，或者未按照安全技术规范的要求进行维护保养的特种设备的。

违反本法规定，特种设备销售单位未建立检查验收和销售记录制度，或者进口特种设备未履行提前告知义务的，责令改正，处一万元以上十万元以下罚款。

特种设备生产单位销售、交付未经检验或者检验不合格的特种设备的，依照本条第一款规定处罚；情节严重的，吊销生产许可证。

第八十三条 违反本法规定，特种设备使用单位有下列行为之一的，责令限期改正；逾期未改正的，责令停止使用有关特种设备，处一万元以上十万元以下罚款：

（一）使用特种设备未按照规定办理使用登记的；

（二）未建立特种设备安全技术档案或者安全技术档案不符合规定要求，或者未依法设置使用登记标志、定期检验标志的；

（三）未对其使用的特种设备进行经常性维护保养和定期自行检查，或者未对其使用的特种设备的安全附件、安全保护装置进行定期校验、检修，并作出记录的；

（四）未按照安全技术规范的要求及时申报并接受检验的；

（五）未按照安全技术规范的要求进行锅炉水（介）质处理的；

（六）未制定特种设备事故应急专项预案的。

第八十四条 违反本法规定，特种设备使用单位有下列行为之一的，责令停止使用有关特种设备，处三万元以上三十万元以下罚款：

（一）使用未取得许可生产，未经检验或者检验不合格的特种设备，或者国家明令淘汰、已经报废的特种设备的；

（二）特种设备出现故障或者发生异常情况，未对其进行全面检查、消除事故隐患，继续使用的；

（三）特种设备存在严重事故隐患，无改造、修理价值，或者达到安全技术规范规定的其他报废条件，未依法履行报废义务，并办理使用登记证书注销手续的。

第八十五条 违反本法规定，移动式压力容器、气瓶充装单位有下列行为之一的，责令改正，处二万元以上二十万元以下罚款；情节严重的，吊销充装许可证：

（一）未按照规定实施充装前后的检查、记录制度的；

（二）对不符合安全技术规范要求的移动式压力容器和气瓶进行充装的。

违反本法规定，未经许可，擅自从事移动式压力容器或者气瓶充装活动的，予以取缔，没收违法充装的气瓶，处十万元以上五十万元以下罚款；有违法所得的，没收违法所得。

第八十六条 违反本法规定，特种设备生产、经营、使用单位有下列情形之一的，责令限期改正；逾期未改正的，责令停止使用有关特种设备或者停产停业整顿，处一万元以上五万元以下罚款：

（一）未配备具有相应资格的特种设备安全管理人员、检测人员和作业人员的；

（二）使用未取得相应资格的人员从事特种设备安全管理、检测和作业的；

（三）未对特种设备安全管理人员、检测人员和作业人员进行安全教育和技能培训的。

第八十七条 违反本法规定，电梯、客运索道、大型游乐设施的运营使用单位有下列情形之一的，责令限期改正；逾期未改正的，责令停止使用有关特种设备或者停产停业整顿，处二万元以上十万元以下罚款：

（一）未设置特种设备安全管理机构或者配备专职的特种设备安全管理人员的；

（二）客运索道、大型游乐设施每日投入使用前，未进行试运行和例行安全检查，未对安全附件和安全保护装置进行检查确认的；

（三）未将电梯、客运索道、大型游乐设施的安全使用说明、安全注意事项和警示标志置于易于为乘客注意的显著位置的。

第八十八条 违反本法规定，未经许可，擅自从事电梯维护保养的，责令停止违法行为，处一万元以上十万元以下罚款；有违法所得的，没收违法所得。

电梯的维护保养单位未按照本法规定以及安全技术规范的要求，进行电梯维护保养的，依照前款规定处罚。

第八十九条 发生特种设备事故，有下列情形之一的，对单位处五万元以上二十万元以下罚款；对主要负责人处一万元以上五万元以下罚款；主要负责人属于国家工作人员的，并依法给予处分：

（一）发生特种设备事故时，不立即组织抢救或者在事故调查处理期间擅离职守或者逃匿的；

（二）对特种设备事故迟报、谎报或者瞒报的。

第九十条 发生事故，对负有责任的单位除要求其依法承担相应的赔偿等责任外，依照下列规定处以罚款：

（一）发生一般事故，处十万元以上二十万元以下罚款；

（二）发生较大事故，处二十万元以上五十万元以下罚款；

（三）发生重大事故，处五十万元以上二百万元以下罚款。

第九十一条 对事故发生负有责任的单位的主要负责人未依法履行职责或者负有领导责任的，依照下列规定处以罚款；属于国家工作人员的，并依法给予处分：

（一）发生一般事故，处上一年年收入百分之三十的罚款；

（二）发生较大事故，处上一年年收入百分之四十的罚款；

（三）发生重大事故，处上一年年收入百分之六十的罚款。

第九十二条 违反本法规定，特种设备安全管理人员、检测人员和作业人员不履行岗位职责，违反操作规程和有关安全规章制度，造成事故的，吊销相关人员的资格。

第九十三条 违反本法规定，特种设备检验、检测机构及其检验、检测人员有下列行为之一的，责令改正，对机构处五万元以上二十万元以下罚款，对直接负责的主管人员和其他直接责任人员处五千元以上五万元以下罚款；情节严重的，吊销机构资质和有关人员的资格：

（一）未经核准或者超出核准范围、使用未取得相应资格的人员从事检验、检测的；

（二）未按照安全技术规范的要求进行检验、检测的；

（三）出具虚假的检验、检测结果和鉴定结论或者检验、检测结果和鉴定结论严重失实的；

（四）发现特种设备存在严重事故隐患，未及时告知相关单位，并立即向负责特种设备安全监督管理的部门报告的；

（五）泄露检验、检测过程中知悉的商业秘密的；

（六）从事有关特种设备的生产、经营活动的；

（七）推荐或者监制、监销特种设备的；

（八）利用检验工作故意刁难相关单位的。

违反本法规定，特种设备检验、检测机构的检验、检测人员同时在两个以上检验、检测机构中执业的，处五千元以上五万元以下罚款；情节严重的，吊销其资格。

第九十四条 违反本法规定，负责特种设备安全监督管理的部门及其工作人员有下列行为之一的，由上级机关责令改正；对直接负责的主管人员和其他直接责任人员，依法给予处分：

（一）未依照法律、行政法规规定的条件、程序实施许可的；

（二）发现未经许可擅自从事特种设备的生产、使用或者检验、检测活动不予取缔或者不依法予以处理的；

（三）发现特种设备生产单位不再具备本法规定的条件而不吊销其许可证，或者发现特种设备生产、经营、使用违法行为不予查处的；

（四）发现特种设备检验、检测机构不再具备本法规定的条件而不撤销其核准，或者对其出具虚假的检验、检测结果和鉴定结论或者检验、检测结果和鉴定结论严重失实的行为不予查处的；

（五）发现违反本法规定和安全技术规范要求的行为或者特种设备存在事故隐患，不立即处理的；

（六）发现重大违法行为或者特种设备存在严重事故隐患，未及时向上级负责特种设备安全监督管理的部门报告，或者接到报告的负责特种设备安全监督管理的部门不立即处理的；

（七）要求已经依照本法规定在其他地方取得许可的特种设备生产单位重复取得许可，或者要求对已经依照本法规定在其他地方检验合格的特种设备重复进行检验的；

（八）推荐或者监制、监销特种设备的；

（九）泄露履行职责过程中知悉的商业秘密的；

（十）接到特种设备事故报告未立即向本级人民政府报告，并按照规定上报的；

（十一）迟报、漏报、谎报或者瞒报事故的；

（十二）妨碍事故救援或者事故调查处理的；

（十三）其他滥用职权、玩忽职守、徇私舞弊的行为。

第九十五条 违反本法规定，特种设备生产、经营、使用单位或者检验、检测机构拒不接受负责特种设备安全监督管理的部门依法实施的监督检查的，责令限期改正；逾期未改正的，责令停产停业整顿，处二万元以上二十万元以下罚款。

特种设备生产、经营、使用单位擅自动用、调换、转移、损毁被查封、扣押的特种设备或者其主要部件的，责令改正，处五万元以上二十万元以下罚款；情节严重的，吊销生产许可证，注销特种设备使用登记证书。

第九十六条 违反本法规定，被依法吊销许可证的，自吊销许可证之日起三年内，负责特种设备安全监督管理的部门不予受理其新的许可申请。

第九十七条 违反本法规定，造成人身、财产损害的，依法承担民事责任。

违反本法规定，应当承担民事赔偿责任和缴纳罚款、罚金，其财产不足以同时支付时，先承担民事赔偿责任。

第九十八条 违反本法规定，构成违反治安管理行为的，依法给予治安管理处罚；构成犯罪的，依法追究刑事责任。

第七章 附 则

第九十九条 特种设备行政许可、检验的收费，依照法律、行政法规的规定执行。

第一百条 军事装备、核设施、航空航天器使用的特种设备安全的监督管理不适用本法。

铁路机车、海上设施和船舶、矿山井下使用的特种设备以及民用机场专用设备安全的监督管理，房屋建筑工地、市政工程工地用起重机械和场（厂）内专用机动车辆的安装、使用的监督管理，由有关部门依照本法和其他有关法律的规定实施。

第一百零一条 本法自 2014 年 1 月 1 日起施行。

中华人民共和国食品安全法

(2009年2月28日第十一届全国人民代表大会常务委员会第七次会议通过，2009年2月28日中华人民共和国主席令第九号公布，2015年4月24日第十二届全国人民代表大会常务委员会第十四次会议修订，根据2018年12月29日第十三届全国人民代表大会常务委员会第七次会议《关于修改〈中华人民共和国产品质量法〉等五部法律的决定》第一次修正，根据2021年4月29日第十三届全国人民代表大会常务委员会第二十八次会议《关于修改〈中华人民共和国道路交通安全法〉等八部法律的决定》第二次修正)

目 录

第一章 总 则
第二章 食品安全风险监测和评估
第三章 食品安全标准
第四章 食品生产经营
 第一节 一般规定
 第二节 生产经营过程控制
 第三节 标签、说明书和广告
 第四节 特殊食品
第五章 食品检验
第六章 食品进出口
第七章 食品安全事故处置
第八章 监督管理
第九章 法律责任
第十章 附 则

第一章 总 则

第一条 为了保证食品安全，保障公众身体健康和生命安全，制定本法。

第二条 在中华人民共和国境内从事下列活动，应当遵守本法：

（一）食品生产和加工（以下称食品生产），食品销售和餐饮服务（以下称食品经营）；

（二）食品添加剂的生产经营；

（三）用于食品的包装材料、容器、洗涤剂、消毒剂和用于食品生产经营的工具、设备（以下称食品相关产品）的生产经营；

（四）食品生产经营者使用食品添加剂、食品相关产品；

（五）食品的贮存和运输；

（六）对食品、食品添加剂、食品相关产品的安全管理。

供食用的源于农业的初级产品（以下称食用农产品）的质量安全管理，遵守《中华人民共和国农产品质量安全法》的规定。但是，食用农产品的市场销售、有关质量安全标准的制定、有关安全信息的公布和本法对农业投入品作出规定的，应当遵守本法的规定。

第三条 食品安全工作实行预防为主、风险管理、全程控制、社会共治，建立科学、严格的监督管理制度。

第四条 食品生产经营者对其生产经营食品的安全负责。

食品生产经营者应当依照法律、法规和食品安全标准从事生产经营活动，保证食品安全，诚信自律，对社会和公众负责，接受社会监督，承担社会责任。

第五条 国务院设立食品安全委员会，其职责由国务院规定。

国务院食品安全监督管理部门依照本法和国务院规定的职责，对食品生产经营活动实施监督管理。

国务院卫生行政部门依照本法和国务院规定的职责，组织开展食品安全风险监测和风险评估，会同国务院食品安全监督管理部门制定并公布食品安全国家标准。

国务院其他有关部门依照本法和国务院规定的职责，承担有关食品安全工作。

第六条 县级以上地方人民政府对本行政区域的食品安全监督管理工作负责，统一领导、组织、协调本行政区域的食品安全监督管理工作以及食品安全突发事件应对工作，建立健全食品安全全程监督管理工作机制和信息共享机制。

县级以上地方人民政府依照本法和国务院的规定，确定本级食品安全监督管理、卫生行政部门和其他有关部门的职责。有关部门在各自职责范围内负责本行政区域的食品安全监督管理工作。

县级人民政府食品安全监督管理部门可以在乡镇或者特定区域设立派出机构。

第七条 县级以上地方人民政府实行食品安全监督管理责任制。上级人民政府负责对下一级人民政府的食品安全监督管理工作进行评议、考核。县级以上地方人民政府负责对本级食品安全监督管理部门和其他有关部门的食品安全监督管理工作进行评议、考核。

第八条 县级以上人民政府应当将食品安全工作纳入本级国民经济和社会发展规划，将食品安全工作经费列入本级政府财政预算，加强食品安全监督管理能力建设，为食品安全工作提供保障。

县级以上人民政府食品安全监督管理部门和其他有关部门应当加强沟通、密切配合，按照各自职责分工，依法行使职权，承担责任。

第九条 食品行业协会应当加强行业自律，按照章程建立健全行业规范和奖惩机制，提供食品安全信息、技术等服务，引导和督促食品生产经营者依法生产经营，推动行业诚信建设，宣传、普及食品安全知识。

消费者协会和其他消费者组织对违反本法规定，损害消费者合法权益的行为，依法进行社会监督。

第十条 各级人民政府应当加强食品安全的宣传教育，普及食品安全知识，鼓励社会组织、基层群众性自治组织、食品生产经营者开展食品安全法律、法规以及食品安全标准和知识的普及工作，倡导健康的饮食方式，增强消费者食品安全意识和自我保护能力。

新闻媒体应当开展食品安全法律、法规以及食品安全标准和知识的公益宣传，并对食品安全违法行为进行舆论监督。有关食品安全的宣传报道应当真实、公正。

第十一条 国家鼓励和支持开展与食品安全有关的基础研究、应用研究，鼓励和支持食品生产经营者为提高食品安全水平采用先进技术和先进管理规范。

国家对农药的使用实行严格的管理制度，加快淘汰剧毒、高毒、高残留农药，推动替代产品的研发和应用，鼓励使用高效低毒低残留农药。

第十二条 任何组织或者个人有权举报食品安全违法行为，依法向有关部门了解食品安全信息，对食品安全监督管理工作提出意见和建议。

第十三条 对在食品安全工作中作出突出贡献的单位和个人，按照国家有关规定给予表彰、奖励。

第二章 食品安全风险监测和评估

第十四条 国家建立食品安全风险监测制度，对食源性疾病、食品污染以及食品中的有害因素进行监测。

国务院卫生行政部门会同国务院食品安全监督管理等部门，制定、实施国家食品安全风险监测计划。

国务院食品安全监督管理部门和其他有关部门获知有关食品安全风险信息后，应当立即核实并向国务院卫生行政部门通报。对有关部门通报的食品安全风险信息以及医疗机构报告的食源性疾病等有关疾病信息，国务院卫生行政部门应当会同国务院有关部门分析研究，认为必要的，及时调整国家食品安全风险监测计划。

省、自治区、直辖市人民政府卫生行政部门会同同级食品安全监督管理等部门，根据国家食品安全风险监测计划，结合本行政区域的具体情况，制定、调整本行政区域的食品安全风险监测方案，报国务院卫生行政部门备案并实施。

第十五条 承担食品安全风险监测工作的技术机构应当根据食品安全风险监测计划和监测方案开展监测工作，保证监测数据真实、准确，并按照食品安全风险监测计划和监测方案的要求报送监测数据和分析结果。

食品安全风险监测工作人员有权进入相关食用农产品种植养殖、食品生产经营场所采集样品、收集相关数据。采集样品应当按照市场价格支付费用。

第十六条 食品安全风险监测结果表明可能存在食品安全隐患的，县级以上人民政府卫生行政部门应当及时将相关信息通报同级食品安全监督管理等部门，并报告本级人民政府和上级人民政府卫生行政部门。食品安全监督管理等部门应当组织开展进一步调查。

第十七条 国家建立食品安全风险评估制度，运用科学方法，根据食品安全风险监测信息、科学数据以及有关信息，对食品、食品添加剂、食品相关产品中生物性、化学性和物理性危害因素进行风险评估。

国务院卫生行政部门负责组织食品安全风险评估工作，成立由医学、农业、食品、营养、生物、环境等方面的专家组成的食品安全风险评估专家委员会进行食品安全风险评估。食品安全风险评估结果由国务院卫生行政部门公布。

对农药、肥料、兽药、饲料和饲料添加剂等的安全性评估，应当有食品安全风险评估专家委员会的专家参加。

食品安全风险评估不得向生产经营者收取费用，采集样品应当按照市场价格支付费用。

第十八条 有下列情形之一的，应当进行食品安全风险评估：

（一）通过食品安全风险监测或者接到举报发现食品、食品添加剂、食品相关产品可能存在安全隐患的；

（二）为制定或者修订食品安全国家标准提供科学依据需要进行风险评估的；

（三）为确定监督管理的重点领域、重点品种需要进行风险评估的；

（四）发现新的可能危害食品安全因素的；

（五）需要判断某一因素是否构成食品安全隐患的；

（六）国务院卫生行政部门认为需要进行风险评估的其他情形。

第十九条 国务院食品安全监督管理、农业行政等部门在监督管理工作中发现需要进行食品安全风险评估的，应当向国务院卫生行政部门提出食品安全风险评估的建议，并提供风险来源、相关检验数据和结论等信息、资料。属于本法第十八条规定情形的，国务院卫生行政部门应当及时进行食品安全风险评估，并向国务院有关部门通报评估结果。

第二十条 省级以上人民政府卫生行政、农业行政部门应当及时相互通报食品、食用农产品安全风险监测信息。

国务院卫生行政、农业行政部门应当及时相互通报食品、食用农产品安全风险评估结果等信息。

第二十一条 食品安全风险评估结果是制定、修订食品安全标准和实施食品安全监督管理的科学依据。

经食品安全风险评估，得出食品、食品添加剂、食品相关产品不安全结论的，国务院食品安全监督管理等部门应当依据各自职责立即向社会公告，告知消费者停止食用或者使用，并采取相应措施，确保该食品、食品添加剂、食品相关产品停止生产经营；需要制定、修订相关食品安全国家标准的，国务院卫生行政部门应当会同国务院食品安全监督管理部门立即制定、修订。

第二十二条 国务院食品安全监督管理部门应当会同国务院有关部门，根据食品安全风险评估结果、食品安全监督管理信息，对食品安全状况进行综合分析。对经综合分析表明可能具有较高程度安全风险的食品，国务院食品安全监督管理部门应当及时提出食品安全风险警示，并向社会公布。

第二十三条 县级以上人民政府食品安全监督管理部门和其他有关部门、食品安全风险评估专家委员会及其技术机构，应当按照科学、客观、及时、公开的原则，组织食品生产经营者、食品检验机构、认证机构、食品行业协会、消费者协会以及新闻媒体等，就食品安全风险评估信息和食品安全监督管理信息进行交流沟通。

第三章 食品安全标准

第二十四条 制定食品安全标准，应当以保障公众身体健康为宗旨，做到科学合理、安全可靠。

第二十五条 食品安全标准是强制执行的标准。除食品安全标准外，不得制定其他食品强制性标准。

第二十六条 食品安全标准应当包括下列内容：

（一）食品、食品添加剂、食品相关产品中的致病性微生物，农药残留、兽药残留、生物毒素、重金属等污染物质以及其他危害人体健康物质的限量规定；

（二）食品添加剂的品种、使用范围、用量；

（三）专供婴幼儿和其他特定人群的主辅食品的营养成分要求；

（四）对与卫生、营养等食品安全要求有关的标签、标志、说明书的要求；

（五）食品生产经营过程的卫生要求；

（六）与食品安全有关的质量要求；

（七）与食品安全有关的食品检验方法与规程；

（八）其他需要制定为食品安全标准的内容。

第二十七条 食品安全国家标准由国务院卫生行政部门会同国务院食品安全监督管理部门制定、公布，国务院标准化行政部门提供国家标准编号。

食品中农药残留、兽药残留的限量规定及其检验方法与规程由国务院卫生行政部门、国务院农业行政部门会同国务院食品安全监督管理部门制定。

屠宰畜、禽的检验规程由国务院农业行政部门会同国务院卫生行政部门制定。

第二十八条 制定食品安全国家标准，应当依据食品安全风险评估结果并充分考虑食用农产品安全风险评估结果，参照相关的国际标准和国际食品安全风险评估结果，并将食品安全国家标准草案向社会公布，广泛听取食品生产经营者、消费者、有关部门等方面的意见。

食品安全国家标准应当经国务院卫生行政部门组织的食品安全国家标准审评委员会审查通过。食品安全国家标准审评委员会由医学、农业、食品、营养、生物、环境等方面的专家以及国务院有关部门、食品行业协会、消费者协会的代表组成，对食品安全国家标准草案的科学性和实用性等进行审查。

第二十九条 对地方特色食品，没有食品安全国家标准的，省、自治区、直辖市人民政府卫生行政部门可以制定并公布食品安全地方标准，报国务院卫生行政部门备案。食品安全国家标准制定后，该地方标准即行废止。

第三十条 国家鼓励食品生产企业制定严于食品安全国家标准或者地方标准的企业标准，在本企业适用，并报省、自治区、直辖市人民政府卫生行政部门备案。

第三十一条 省级以上人民政府卫生行政部门应当在其网站上公布制定和备案的食品安全国家标准、地方标准和企业标准，供公众免费查阅、下载。

对食品安全标准执行过程中的问题，县级以上人民政府卫生行政部门应当会同有关部门及时给予指导、解答。

第三十二条 省级以上人民政府卫生行政部门应当会同同级食品安全监督管理、农业行政等部门，分别对食品安全国家标准和地方标准的执行情况进行跟踪评价，并根据评价结果及时修订食品安全标准。

省级以上人民政府食品安全监督管理、农业行政等部门应当对食品安全标准执行中存在的问题进行收集、汇总，并及时向同级卫生行政部门通报。

食品生产经营者、食品行业协会发现食品安全标准在执行中存在问题的，应当立即向卫生行政部门报告。

第四章 食品生产经营

第一节 一般规定

第三十三条 食品生产经营应当符合食品安全标准，并符合下列要求：

（一）具有与生产经营的食品品种、数量相适应的食品原料处理和食品加工、包装、贮存等场所，保持该场所环境整洁，并与有毒、有害场所以及其他污染源保持规定的距离；

（二）具有与生产经营的食品品种、数量相适应的生产经营设备或者设施，有相应的消毒、更衣、盥洗、采光、照明、通风、防腐、防尘、防蝇、防鼠、防虫、洗涤以及处理废水、存放垃圾和废弃物的设备或者设施；

（三）有专职或者兼职的食品安全专业技术人员、食品安全管理人员和保证食品安全的规章制度；

（四）具有合理的设备布局和工艺流程，防止待加工食品与直接入口食品、原料与成品交叉污染，避免食品接触有毒物、不洁物；

（五）餐具、饮具和盛放直接入口食品的容器，使用前应当洗净、消毒，炊具、用具用后应当洗净，保持清洁；

（六）贮存、运输和装卸食品的容器、工具和设备应当安全、无害，保持清洁，防止食品污染，并符合保证食品安全所需的温度、湿度等特殊要求，不得将食品与有毒、有害物品一同贮存、运输；

（七）直接入口的食品应当使用无毒、清洁的包装材料、餐具、饮具和容器；

（八）食品生产经营人员应当保持个人卫生，生产经营食品时，应当将手洗净，穿戴清洁的工作衣、帽等；销售无包装的直接入口食品时，应当使用无毒、清洁的容器、售货工具和设备；

（九）用水应当符合国家规定的生活饮用水卫生标准；

（十）使用的洗涤剂、消毒剂应当对人体安全、无害；

（十一）法律、法规规定的其他要求。

非食品生产经营者从事食品贮存、运输和装卸的，应当符合前款第六项的规定。

第三十四条 禁止生产经营下列食品、食品添加剂、食品相关产品：

（一）用非食品原料生产的食品或者添加食品添加剂以外的化学物质和其他可能危害人体健康物质的食品，或者用回收食品作为原料生产的食品；

（二）致病性微生物，农药残留、兽药残留、生物毒素、重金属等污染物质以及其他危害人体健康的物质含量超过食品安全标准限量的食品、食品添加剂、食品相关产品；

（三）用超过保质期的食品原料、食品添加剂生产的食品、食品添加剂；

（四）超范围、超限量使用食品添加剂的食品；

（五）营养成分不符合食品安全标准的专供婴幼儿和其他特定人群的主辅食品；

（六）腐败变质、油脂酸败、霉变生虫、污秽不洁、混有异物、掺假掺杂或者感官性状异常的食品、食品添加剂；

（七）病死、毒死或者死因不明的禽、畜、兽、水产动物肉类及其制品；

（八）未按规定进行检疫或者检疫不合格的肉类，或者未经检验或者检验不合格的肉类制品；

（九）被包装材料、容器、运输工具等污染的食品、食品添加剂；

（十）标注虚假生产日期、保质期或者超过保质期的食品、食品添加剂；

（十一）无标签的预包装食品、食品添加剂；

（十二）国家为防病等特殊需要明令禁止生产经营的食品；

（十三）其他不符合法律、法规或者食品安全标准的食品、食品添加剂、食品相关产品。

第三十五条 国家对食品生产经营实行许可制度。从事食品生产、食品销售、餐饮服务，应当依法取得许可。但是，销售食用农产品和仅销售预包装食品的，不需要取得许可。仅销售预包装食品的，应当报所在地县级以上地方人民政府食品安全监督管理部门备案。

县级以上地方人民政府食品安全监督管理部门应当依照《中华人民共和国行政许可法》的规定，审核申请人提交的本法第三十三条第一款第一项至第四项规定要求的相关资料，必要时对申请人的生产经营场所进行现场核查；对符合规定条件的，准予许可；对不符合规定条件的，不予许可并书面说明理由。

第三十六条 食品生产加工小作坊和食品摊贩等从事食品生产经营活动，应当符合本法规定的与其生产经营规模、条件相适应的食品安全要求，保证所生产经营的食品卫生、无毒、无害，食品安全监督管理部门应当对其加强监督管理。

县级以上地方人民政府应当对食品生产加工小作坊、食品摊贩等进行综合治理，加强服务和统一规划，改善其生产经营环境，鼓励和支持其改进生产经营条件，进入集中交易市场、店铺等固定场所经营，或者在指定的临时经营区域、时段经营。

食品生产加工小作坊和食品摊贩等的具体管理办法由省、自治区、直辖市制定。

第三十七条 利用新的食品原料生产食品，或者生产食品添加剂新品种、食品相关产品新品种，应当向国务院卫生行政部门提交相关产品的安全性评估材料。国务院卫生行政部门应当自收到申请之日起六十日内组织审查；对符合食品安全要求的，准予许可并公布；对不符合食品安全要求的，不予许可并书面说明理由。

第三十八条 生产经营的食品中不得添加药品，但是可以添加按照传统既是食品又是中药材的物质。按照传统既是食品又是中药材的物质目录由国务院卫生行政部门会同国务院食品安全监督管理部门制定、公布。

第三十九条 国家对食品添加剂生产实行许可制度。从事食品添加剂生产，应当具有与所生产食品添加剂品种相适应的场所、生产设备或者设施、专业技术人员和管理制度，并依照本法第三十五条第二款规定的程序，取得食品添加剂生产许可。

生产食品添加剂应当符合法律、法规和食品安全国家标准。

第四十条 食品添加剂应当在技术上确有必要且经过风险评估证明安全可靠，方可列入允许使用的范围；有关食品安全国家标准应当根据技术必要性和食品安全风险评估结果及时修订。

食品生产经营者应当按照食品安全国家标准使用食品添加剂。

第四十一条 生产食品相关产品应当符合法律、法规和食品安全国家标准。对直接接触食品的包装材料等具有较高风险的食品相关产品，按照国家有关工业产品生产许可证管理的规定实施生产许可。食品安全监督管理部门应当加强对食品相关产品生产活动的监督管理。

第四十二条 国家建立食品安全全程追溯制度。

食品生产经营者应当依照本法的规定，建立食品安全追溯体系，保证食品可追溯。国家鼓励食品生产经营者采用信息化手段采集、留存生产经营信息，建立食品安全追溯体系。

国务院食品安全监督管理部门会同国务院农业行政等有关部门建立食品安全全程追溯协作机制。

第四十三条 地方各级人民政府应当采取措施鼓励食品规模化生产和连锁经营、配送。

国家鼓励食品生产经营企业参加食品安全责任保险。

第二节 生产经营过程控制

第四十四条 食品生产经营企业应当建立健全食品安全管理制度，对职工进行食品安全知识培训，加强食品检验工作，依法从事生产经营活动。

食品生产经营企业的主要负责人应当落实企业食品安全管理制度，对本企业的食品安全工作全面负责。

食品生产经营企业应当配备食品安全管理人员，加强对其培训和考核。经考核不具备食品安全管理能力的，不得上岗。食品安全监督管理部门应当对企业食品安全管理人员随机进行监督抽查考核并公布考核情况。监督抽查考核不得收取费用。

第四十五条 食品生产经营者应当建立并执行从业人员健康管理制度。患有国务院卫生行政部门规定的有碍食品安全疾病的人员，不得从事接触直接入口食品的工作。

从事接触直接入口食品工作的食品生产经营人员应当每年进行健康检查，取得健康证明后方可上岗工作。

第四十六条 食品生产企业应当就下列事项制定并实施控制要求，保证所生产的食品符合食品安全标准：

（一）原料采购、原料验收、投料等原料控制；

（二）生产工序、设备、贮存、包装等生产关键环节控制；

（三）原料检验、半成品检验、成品出厂检验等检验控制；

（四）运输和交付控制。

第四十七条　食品生产经营者应当建立食品安全自查制度，定期对食品安全状况进行检查评价。生产经营条件发生变化，不再符合食品安全要求的，食品生产经营者应当立即采取整改措施；有发生食品安全事故潜在风险的，应当立即停止食品生产经营活动，并向所在地县级人民政府食品安全监督管理部门报告。

第四十八条　国家鼓励食品生产经营企业符合良好生产规范要求，实施危害分析与关键控制点体系，提高食品安全管理水平。

对通过良好生产规范、危害分析与关键控制点体系认证的食品生产经营企业，认证机构应当依法实施跟踪调查；对不再符合认证要求的企业，应当依法撤销认证，及时向县级以上人民政府食品安全监督管理部门通报，并向社会公布。认证机构实施跟踪调查不得收取费用。

第四十九条　食用农产品生产者应当按照食品安全标准和国家有关规定使用农药、肥料、兽药、饲料和饲料添加剂等农业投入品，严格执行农业投入品使用安全间隔期或者休药期的规定，不得使用国家明令禁止的农业投入品。禁止将剧毒、高毒农药用于蔬菜、瓜果、茶叶和中草药材等国家规定的农作物。

食用农产品的生产企业和农民专业合作经济组织应当建立农业投入品使用记录制度。

县级以上人民政府农业行政部门应当加强对农业投入品使用的监督管理和指导，建立健全农业投入品安全使用制度。

第五十条　食品生产者采购食品原料、食品添加剂、食品相关产品，应当查验供货者的许可证和产品合格证明；对无法提供合格证明的食品原料，应当按照食品安全标准进行检验；不得采购或者使用不符合食品安全标准的食品原料、食品添加剂、食品相关产品。

食品生产企业应当建立食品原料、食品添加剂、食品相关产品进货查验记录制度，如实记录食品原料、食品添加剂、食品相关产品的名称、规格、数量、生产日期或者生产批号、保质期、进货日期以及供货者名称、地址、联系方式等内容，并保存相关凭证。记录和凭证保存期限不得少于产品保质期满后六个月；没有明确保质期的，保存期限不得少于二年。

第五十一条　食品生产企业应当建立食品出厂检验记录制度，查验出厂食品的检验合格证和安全状况，如实记录食品的名称、规格、数量、生产日期或者生产批号、保质期、检验合格证号、销售日期以及购货者名称、地址、联系方式等内容，并保存相关凭证。记录和凭证保存期限应当符合本法第五十条第二款的规定。

第五十二条　食品、食品添加剂、食品相关产品的生产者，应当按照食品安全标准对所生产的食品、食品添加剂、食品相关产品进行检验，检验合格后方可出厂或者销售。

第五十三条　食品经营者采购食品，应当查验供货者的许可证和食品出厂检验合格证或者其他合格证明（以下称合格证明文件）。

食品经营企业应当建立食品进货查验记录制度，如实记录食品的名称、规格、数量、生产日期或者生产批号、保质期、进货日期以及供货者名称、地址、联系方式等内容，并保存相关凭证。记录和凭证保存期限应当符合本法第五十条第二款的规定。

实行统一配送经营方式的食品经营企业，可以由企业总部统一查验供货者的许可证和食品合格证明文件，进行食品进货查验记录。

从事食品批发业务的经营企业应当建立食品销售记录制度，如实记录批发食品的名称、规格、数量、生产日期或者生产批号、保质期、销售日期以及购货者名称、地址、联系方式等内容，并保存相关凭证。记录和凭证保存期限应当符合本法第五十条第二款的规定。

第五十四条　食品经营者应当按照保证食品安全的要求贮存食品，定期检查库存食品，及时清理变质或者超过保质期的食品。

食品经营者贮存散装食品,应当在贮存位置标明食品的名称、生产日期或者生产批号、保质期、生产者名称及联系方式等内容。

第五十五条 餐饮服务提供者应当制定并实施原料控制要求,不得采购不符合食品安全标准的食品原料。倡导餐饮服务提供者公开加工过程,公示食品原料及其来源等信息。

餐饮服务提供者在加工过程中应当检查待加工的食品及原料,发现有本法第三十四条第六项规定情形的,不得加工或者使用。

第五十六条 餐饮服务提供者应当定期维护食品加工、贮存、陈列等设施、设备;定期清洗、校验保温设施及冷藏、冷冻设施。

餐饮服务提供者应当按照要求对餐具、饮具进行清洗消毒,不得使用未经清洗消毒的餐具、饮具;餐饮服务提供者委托清洗消毒餐具、饮具的,应当委托符合本法规定条件的餐具、饮具集中消毒服务单位。

第五十七条 学校、托幼机构、养老机构、建筑工地等集中用餐单位的食堂应当严格遵守法律、法规和食品安全标准;从供餐单位订餐的,应当从取得食品生产经营许可的企业订购,并按照要求对订购的食品进行查验。供餐单位应当严格遵守法律、法规和食品安全标准,当餐加工,确保食品安全。

学校、托幼机构、养老机构、建筑工地等集中用餐单位的主管部门应当加强对集中用餐单位的食品安全教育和日常管理,降低食品安全风险,及时消除食品安全隐患。

第五十八条 餐具、饮具集中消毒服务单位应当具备相应的作业场所、清洗消毒设备或者设施,用水和使用的洗涤剂、消毒剂应当符合相关食品安全国家标准和其他国家标准、卫生规范。

餐具、饮具集中消毒服务单位应当对消毒餐具、饮具进行逐批检验,检验合格后方可出厂,并应当随附消毒合格证明。消毒后的餐具、饮具应当在独立包装上标注单位名称、地址、联系方式、消毒日期以及使用期限等内容。

第五十九条 食品添加剂生产者应当建立食品添加剂出厂检验记录制度,查验出厂产品的检验合格证和安全状况,如实记录食品添加剂的名称、规格、数量、生产日期或者生产批号、保质期、检验合格证号、销售日期以及购货者名称、地址、联系方式等相关内容,并保存相关凭证。记录和凭证保存期限应当符合本法第五十条第二款的规定。

第六十条 食品添加剂经营者采购食品添加剂,应当依法查验供货者的许可证和产品合格证明文件,如实记录食品添加剂的名称、规格、数量、生产日期或者生产批号、保质期、进货日期以及供货者名称、地址、联系方式等内容,并保存相关凭证。记录和凭证保存期限应当符合本法第五十条第二款的规定。

第六十一条 集中交易市场的开办者、柜台出租者和展销会举办者,应当依法审查入场食品经营者的许可证,明确其食品安全管理责任,定期对其经营环境和条件进行检查,发现其有违反本法规定行为的,应当及时制止并立即报告所在地县级人民政府食品安全监督管理部门。

第六十二条 网络食品交易第三方平台提供者应当对入网食品经营者进行实名登记,明确其食品安全管理责任;依法应当取得许可证的,还应当审查其许可证。

网络食品交易第三方平台提供者发现入网食品经营者有违反本法规定行为的,应当及时制止并立即报告所在地县级人民政府食品安全监督管理部门;发现严重违法行为的,应当立即停止提供网络交易平台服务。

第六十三条 国家建立食品召回制度。食品生产者发现其生产的食品不符合食品安全标准或者有证据证明可能危害人体健康的,应当立即停止生产,召回已经上市销售的食品,通知相关生产经营者和消费者,并记录召回和通知情况。

食品经营者发现其经营的食品有前款规定情形的，应当立即停止经营，通知相关生产经营者和消费者，并记录停止经营和通知情况。食品生产者认为应当召回的，应当立即召回。由于食品经营者的原因造成其经营的食品有前款规定情形的，食品经营者应当召回。

食品生产经营者应当对召回的食品采取无害化处理、销毁等措施，防止其再次流入市场。但是，对因标签、标志或者说明书不符合食品安全标准而被召回的食品，食品生产者在采取补救措施且能保证食品安全的情况下可以继续销售；销售时应当向消费者明示补救措施。

食品生产经营者应当将食品召回和处理情况向所在地县级人民政府食品安全监督管理部门报告；需要对召回的食品进行无害化处理、销毁的，应当提前报告时间、地点。食品安全监督管理部门认为必要的，可以实施现场监督。

食品生产经营者未依照本条规定召回或者停止经营的，县级以上人民政府食品安全监督管理部门可以责令其召回或者停止经营。

第六十四条 食用农产品批发市场应当配备检验设备和检验人员或者委托符合本法规定的食品检验机构，对进入该批发市场销售的食用农产品进行抽样检验；发现不符合食品安全标准的，应当要求销售者立即停止销售，并向食品安全监督管理部门报告。

第六十五条 食用农产品销售者应当建立食用农产品进货查验记录制度，如实记录食用农产品的名称、数量、进货日期以及供货者名称、地址、联系方式等内容，并保存相关凭证。记录和凭证保存期限不得少于六个月。

第六十六条 进入市场销售的食用农产品在包装、保鲜、贮存、运输中使用保鲜剂、防腐剂等食品添加剂和包装材料等食品相关产品，应当符合食品安全国家标准。

第三节 标签、说明书和广告

第六十七条 预包装食品的包装上应当有标签。标签应当标明下列事项：

（一）名称、规格、净含量、生产日期；

（二）成分或者配料表；

（三）生产者的名称、地址、联系方式；

（四）保质期；

（五）产品标准代号；

（六）贮存条件；

（七）所使用的食品添加剂在国家标准中的通用名称；

（八）生产许可证编号；

（九）法律、法规或者食品安全标准规定应当标明的其他事项。

专供婴幼儿和其他特定人群的主辅食品，其标签还应当标明主要营养成分及其含量。

食品安全国家标准对标签标注事项另有规定的，从其规定。

第六十八条 食品经营者销售散装食品，应当在散装食品的容器、外包装上标明食品的名称、生产日期或者生产批号、保质期以及生产经营者名称、地址、联系方式等内容。

第六十九条 生产经营转基因食品应当按照规定显著标示。

第七十条 食品添加剂应当有标签、说明书和包装。标签、说明书应当载明本法第六十七条第一款第一项至第六项、第八项、第九项规定的事项，以及食品添加剂的使用范围、用量、使用方法，并在标签上载明"食品添加剂"字样。

第七十一条 食品和食品添加剂的标签、说明书，不得含有虚假内容，不得涉及疾病预防、治疗功能。生产经营者对其提供的标签、说明书的内容负责。

食品和食品添加剂的标签、说明书应当清楚、明显,生产日期、保质期等事项应当显著标注,容易辨识。

食品和食品添加剂与其标签、说明书的内容不符的,不得上市销售。

第七十二条 食品经营者应当按照食品标签标示的警示标志、警示说明或者注意事项的要求销售食品。

第七十三条 食品广告的内容应当真实合法,不得含有虚假内容,不得涉及疾病预防、治疗功能。食品生产经营者对食品广告内容的真实性、合法性负责。

县级以上人民政府食品安全监督管理部门和其他有关部门以及食品检验机构、食品行业协会不得以广告或者其他形式向消费者推荐食品。消费者组织不得以收取费用或者其他牟取利益的方式向消费者推荐食品。

第四节 特殊食品

第七十四条 国家对保健食品、特殊医学用途配方食品和婴幼儿配方食品等特殊食品实行严格监督管理。

第七十五条 保健食品声称保健功能,应当具有科学依据,不得对人体产生急性、亚急性或者慢性危害。

保健食品原料目录和允许保健食品声称的保健功能目录,由国务院食品安全监督管理部门会同国务院卫生行政部门、国家中医药管理部门制定、调整并公布。

保健食品原料目录应当包括原料名称、用量及其对应的功效;列入保健食品原料目录的原料只能用于保健食品生产,不得用于其他食品生产。

第七十六条 使用保健食品原料目录以外原料的保健食品和首次进口的保健食品应当经国务院食品安全监督管理部门注册。但是,首次进口的保健食品中属于补充维生素、矿物质等营养物质的,应当报国务院食品安全监督管理部门备案。其他保健食品应当报省、自治区、直辖市人民政府食品安全监督管理部门备案。

进口的保健食品应当是出口国(地区)主管部门准许上市销售的产品。

第七十七条 依法应当注册的保健食品,注册时应当提交保健食品的研发报告、产品配方、生产工艺、安全性和保健功能评价、标签、说明书等材料及样品,并提供相关证明文件。国务院食品安全监督管理部门经组织技术审评,对符合安全和功能声称要求的,准予注册;对不符合要求的,不予注册并书面说明理由。对使用保健食品原料目录以外原料的保健食品作出准予注册决定的,应当及时将该原料纳入保健食品原料目录。

依法应当备案的保健食品,备案时应当提交产品配方、生产工艺、标签、说明书以及表明产品安全性和保健功能的材料。

第七十八条 保健食品的标签、说明书不得涉及疾病预防、治疗功能,内容应当真实,与注册或者备案的内容相一致,载明适宜人群、不适宜人群、功效成分或者标志性成分及其含量等,并声明"本品不能代替药物"。保健食品的功能和成分应当与标签、说明书相一致。

第七十九条 保健食品广告除应当符合本法第七十三条第一款的规定外,还应当声明"本品不能代替药物";其内容应当经生产企业所在地省、自治区、直辖市人民政府食品安全监督管理部门审查批准,取得保健食品广告批准文件。省、自治区、直辖市人民政府食品安全监督管理部门应当公布并及时更新已经批准的保健食品广告目录以及批准的广告内容。

第八十条 特殊医学用途配方食品应当经国务院食品安全监督管理部门注册。注册时,应当提交产品配方、生产工艺、标签、说明书以及表明产品安全性、营养充足性和特殊医学用途临床效果的材料。

特殊医学用途配方食品广告适用《中华人民共和国广告法》和其他法律、行政法规关于药品广告管理的规定。

第八十一条 婴幼儿配方食品生产企业应当实施从原料进厂到成品出厂的全过程质量控制，对出厂的婴幼儿配方食品实施逐批检验，保证食品安全。

生产婴幼儿配方食品使用的生鲜乳、辅料等食品原料、食品添加剂等，应当符合法律、行政法规的规定和食品安全国家标准，保证婴幼儿生长发育所需的营养成分。

婴幼儿配方食品生产企业应当将食品原料、食品添加剂、产品配方及标签等事项向省、自治区、直辖市人民政府食品安全监督管理部门备案。

婴幼儿配方乳粉的产品配方应当经国务院食品安全监督管理部门注册。注册时，应当提交配方研发报告和其他表明配方科学性、安全性的材料。

不得以分装方式生产婴幼儿配方乳粉，同一企业不得用同一配方生产不同品牌的婴幼儿配方乳粉。

第八十二条 保健食品、特殊医学用途配方食品、婴幼儿配方乳粉的注册人或者备案人应当对其提交材料的真实性负责。

省级以上人民政府食品安全监督管理部门应当及时公布注册或者备案的保健食品、特殊医学用途配方食品、婴幼儿配方乳粉目录，并对注册或者备案中获知的企业商业秘密予以保密。

保健食品、特殊医学用途配方食品、婴幼儿配方乳粉生产企业应当按照注册或者备案的产品配方、生产工艺等技术要求组织生产。

第八十三条 生产保健食品、特殊医学用途配方食品、婴幼儿配方食品和其他专供特定人群的主辅食品的企业，应当按照良好生产规范的要求建立与所生产食品相适应的生产质量管理体系，定期对该体系的运行情况进行自查，保证其有效运行，并向所在地县级人民政府食品安全监督管理部门提交自查报告。

第五章 食品检验

第八十四条 食品检验机构按照国家有关认证认可的规定取得资质认定后，方可从事食品检验活动。但是，法律另有规定的除外。

食品检验机构的资质认定条件和检验规范，由国务院食品安全监督管理部门规定。

符合本法规定的食品检验机构出具的检验报告具有同等效力。

县级以上人民政府应当整合食品检验资源，实现资源共享。

第八十五条 食品检验由食品检验机构指定的检验人独立进行。

检验人应当依照有关法律、法规的规定，并按照食品安全标准和检验规范对食品进行检验，尊重科学，恪守职业道德，保证出具的检验数据和结论客观、公正，不得出具虚假检验报告。

第八十六条 食品检验实行食品检验机构与检验人负责制。食品检验报告应当加盖食品检验机构公章，并有检验人的签名或者盖章。食品检验机构和检验人对出具的食品检验报告负责。

第八十七条 县级以上人民政府食品安全监督管理部门应当对食品进行定期或者不定期的抽样检验，并依据有关规定公布检验结果，不得免检。进行抽样检验，应当购买抽取的样品，委托符合本法规定的食品检验机构进行检验，并支付相关费用；不得向食品生产经营者收取检验费和其他费用。

第八十八条 对依照本法规定实施的检验结论有异议的，食品生产经营者可以自收到检验结论之日起七个工作日内向实施抽样检验的食品安全监督管理部门或者其上一级食品安全监督管理部门提出复检申请，由受理复检申请的食品安全监督管理部门在公布的复检机构名录中随机确定复检机构进行复检。复检机构出具的复检结论为最终检验结论。复检机构与初检机构不得为同一机构。复检机构名录由国务院认证认可监督管理、食品安全监督管理、卫生行政、农业行政等部门共同公布。

采用国家规定的快速检测方法对食用农产品进行抽查检测，被抽查人对检测结果有异议的，可以自收到检测结果时起四小时内申请复检。复检不得采用快速检测方法。

第八十九条 食品生产企业可以自行对所生产的食品进行检验，也可以委托符合本法规定的食品检验机构进行检验。

食品行业协会和消费者协会等组织、消费者需要委托食品检验机构对食品进行检验的，应当委托符合本法规定的食品检验机构进行。

第九十条 食品添加剂的检验，适用本法有关食品检验的规定。

第六章 食品进出口

第九十一条 国家出入境检验检疫部门对进出口食品安全实施监督管理。

第九十二条 进口的食品、食品添加剂、食品相关产品应当符合我国食品安全国家标准。

进口的食品、食品添加剂应当经出入境检验检疫机构依照进出口商品检验相关法律、行政法规的规定检验合格。

进口的食品、食品添加剂应当按照国家出入境检验检疫部门的要求随附合格证明材料。

第九十三条 进口尚无食品安全国家标准的食品，由境外出口商、境外生产企业或者其委托的进口商向国务院卫生行政部门提交所执行的相关国家（地区）标准或者国际标准。国务院卫生行政部门对相关标准进行审查，认为符合食品安全要求的，决定暂予适用，并及时制定相应的食品安全国家标准。进口利用新的食品原料生产的食品或者进口食品添加剂新品种、食品相关产品新品种，依照本法第三十七条的规定办理。

出入境检验检疫机构按照国务院卫生行政部门的要求，对前款规定的食品、食品添加剂、食品相关产品进行检验。检验结果应当公开。

第九十四条 境外出口商、境外生产企业应当保证向我国出口的食品、食品添加剂、食品相关产品符合本法以及我国其他有关法律、行政法规的规定和食品安全国家标准的要求，并对标签、说明书的内容负责。

进口商应当建立境外出口商、境外生产企业审核制度，重点审核前款规定的内容；审核不合格的，不得进口。

发现进口食品不符合我国食品安全国家标准或者有证据证明可能危害人体健康的，进口商应当立即停止进口，并依照本法第六十三条的规定召回。

第九十五条 境外发生的食品安全事件可能对我国境内造成影响，或者在进口食品、食品添加剂、食品相关产品中发现严重食品安全问题的，国家出入境检验检疫部门应当及时采取风险预警或者控制措施，并向国务院食品安全监督管理、卫生行政、农业行政部门通报。接到通报的部门应当及时采取相应措施。

县级以上人民政府食品安全监督管理部门对国内市场上销售的进口食品、食品添加剂实施监督管理。发现存在严重食品安全问题的，国务院食品安全监督管理部门应当及时向国家出入境检验检疫部门通报。国家出入境检验检疫部门应当及时采取相应措施。

第九十六条 向我国境内出口食品的境外出口商或者代理商、进口食品的进口商应当向国家出入境检验检疫部门备案。向我国境内出口食品的境外食品生产企业应当经国家出入境检验检疫部门注册。已经注册的境外食品生产企业提供虚假材料，或者因其自身的原因致使进口食品发生重大食品安全事故的，国家出入境检验检疫部门应当撤销注册并公告。

国家出入境检验检疫部门应当定期公布已经备案的境外出口商、代理商、进口商和已经注册的境外食品生产企业名单。

第九十七条 进口的预包装食品、食品添加剂应当有中文标签；依法应当有说明书的，还应当有中文说明书。标签、说明书应当符合本法以及我国其他有关法律、行政法规的规定和食品安全国家标准的要求，并载明食品的原产地以及境内代理商的名称、地址、联系方式。预包装食品没有中文标签、中文说明书或者标签、说明书不符合本条规定的，不得进口。

第九十八条 进口商应当建立食品、食品添加剂进口和销售记录制度，如实记录食品、食品添加剂的名称、规格、数量、生产日期、生产或者进口批号、保质期、境外出口商和购货者名称、地址及联系方式、交货日期等内容，并保存相关凭证。记录和凭证保存期限应当符合本法第五十条第二款的规定。

第九十九条 出口食品生产企业应当保证其出口食品符合进口国（地区）的标准或者合同要求。

出口食品生产企业和出口食品原料种植、养殖场应当向国家出入境检验检疫部门备案。

第一百条 国家出入境检验检疫部门应当收集、汇总下列进出口食品安全信息，并及时通报相关部门、机构和企业：

（一）出入境检验检疫机构对进出口食品实施检验检疫发现的食品安全信息；

（二）食品行业协会和消费者协会等组织、消费者反映的进口食品安全信息；

（三）国际组织、境外政府机构发布的风险预警信息及其他食品安全信息，以及境外食品行业协会等组织、消费者反映的食品安全信息；

（四）其他食品安全信息。

国家出入境检验检疫部门应当对进出口食品的进口商、出口商和出口食品生产企业实施信用管理，建立信用记录，并依法向社会公布。对有不良记录的进口商、出口商和出口食品生产企业，应当加强对其进出口食品的检验检疫。

第一百零一条 国家出入境检验检疫部门可以对向我国境内出口食品的国家（地区）的食品安全管理体系和食品安全状况进行评估和审查，并根据评估和审查结果，确定相应检验检疫要求。

第七章 食品安全事故处置

第一百零二条 国务院组织制定国家食品安全事故应急预案。

县级以上地方人民政府应当根据有关法律、法规的规定和上级人民政府的食品安全事故应急预案以及本行政区域的实际情况，制定本行政区域的食品安全事故应急预案，并报上一级人民政府备案。

食品安全事故应急预案应当对食品安全事故分级、事故处置组织指挥体系与职责、预防预警机制、处置程序、应急保障措施等作出规定。

食品生产经营企业应当制定食品安全事故处置方案，定期检查本企业各项食品安全防范措施的落实情况，及时消除事故隐患。

第一百零三条 发生食品安全事故的单位应当立即采取措施，防止事故扩大。事故单位和接收病人进行治疗的单位应当及时向事故发生地县级人民政府食品安全监督管理、卫生行政部门报告。

县级以上人民政府农业行政等部门在日常监督管理中发现食品安全事故或者接到事故举报，应当立即向同级食品安全监督管理部门通报。

发生食品安全事故,接到报告的县级人民政府食品安全监督管理部门应当按照应急预案的规定向本级人民政府和上级人民政府食品安全监督管理部门报告。县级人民政府和上级人民政府食品安全监督管理部门应当按照应急预案的规定上报。

任何单位和个人不得对食品安全事故隐瞒、谎报、缓报,不得隐匿、伪造、毁灭有关证据。

第一百零四条 医疗机构发现其接收的病人属于食源性疾病病人或者疑似病人的,应当按照规定及时将相关信息向所在地县级人民政府卫生行政部门报告。县级人民政府卫生行政部门认为与食品安全有关的,应当及时通报同级食品安全监督管理部门。

县级以上人民政府卫生行政部门在调查处理传染病或者其他突发公共卫生事件中发现与食品安全相关的信息,应当及时通报同级食品安全监督管理部门。

第一百零五条 县级以上人民政府食品安全监督管理部门接到食品安全事故的报告后,应当立即会同同级卫生行政、农业行政等部门进行调查处理,并采取下列措施,防止或者减轻社会危害:

(一)开展应急救援工作,组织救治因食品安全事故导致人身伤害的人员;

(二)封存可能导致食品安全事故的食品及其原料,并立即进行检验;对确认属于被污染的食品及其原料,责令食品生产经营者依照本法第六十三条的规定召回或者停止经营;

(三)封存被污染的食品相关产品,并责令进行清洗消毒;

(四)做好信息发布工作,依法对食品安全事故及其处理情况进行发布,并对可能产生的危害加以解释、说明。

发生食品安全事故需要启动应急预案的,县级以上人民政府应当立即成立事故处置指挥机构,启动应急预案,依照前款和应急预案的规定进行处置。

发生食品安全事故,县级以上疾病预防控制机构应当对事故现场进行卫生处理,并对与事故有关的因素开展流行病学调查,有关部门应当予以协助。县级以上疾病预防控制机构应当向同级食品安全监督管理、卫生行政部门提交流行病学调查报告。

第一百零六条 发生食品安全事故,设区的市级以上人民政府食品安全监督管理部门应当立即会同有关部门进行事故责任调查,督促有关部门履行职责,向本级人民政府和上一级人民政府食品安全监督管理部门提出事故责任调查处理报告。

涉及两个以上省、自治区、直辖市的重大食品安全事故由国务院食品安全监督管理部门依照前款规定组织事故责任调查。

第一百零七条 调查食品安全事故,应当坚持实事求是、尊重科学的原则,及时、准确查清事故性质和原因,认定事故责任,提出整改措施。

调查食品安全事故,除了查明事故单位的责任,还应当查明有关监督管理部门、食品检验机构、认证机构及其工作人员的责任。

第一百零八条 食品安全事故调查部门有权向有关单位和个人了解与事故有关的情况,并要求提供相关资料和样品。有关单位和个人应当予以配合,按照要求提供相关资料和样品,不得拒绝。

任何单位和个人不得阻挠、干涉食品安全事故的调查处理。

第八章 监督管理

第一百零九条 县级以上人民政府食品安全监督管理部门根据食品安全风险监测、风险评估结果和食品安全状况等,确定监督管理的重点、方式和频次,实施风险分级管理。

县级以上地方人民政府组织本级食品安全监督管理、农业行政等部门制定本行政区域的食品安全年度监督管理计划,向社会公布并组织实施。

食品安全年度监督管理计划应当将下列事项作为监督管理的重点:

（一）专供婴幼儿和其他特定人群的主辅食品；

（二）保健食品生产过程中的添加行为和按照注册或者备案的技术要求组织生产的情况，保健食品标签、说明书以及宣传材料中有关功能宣传的情况；

（三）发生食品安全事故风险较高的食品生产经营者；

（四）食品安全风险监测结果表明可能存在食品安全隐患的事项。

第一百一十条 县级以上人民政府食品安全监督管理部门履行食品安全监督管理职责，有权采取下列措施，对生产经营者遵守本法的情况进行监督检查：

（一）进入生产经营场所实施现场检查；

（二）对生产经营的食品、食品添加剂、食品相关产品进行抽样检验；

（三）查阅、复制有关合同、票据、账簿以及其他有关资料；

（四）查封、扣押有证据证明不符合食品安全标准或者有证据证明存在安全隐患以及用于违法生产经营的食品、食品添加剂、食品相关产品；

（五）查封违法从事生产经营活动的场所。

第一百一十一条 对食品安全风险评估结果证明食品存在安全隐患，需要制定、修订食品安全标准的，在制定、修订食品安全标准前，国务院卫生行政部门应当及时会同国务院有关部门规定食品中有害物质的临时限量值和临时检验方法，作为生产经营和监督管理的依据。

第一百一十二条 县级以上人民政府食品安全监督管理部门在食品安全监督管理工作中可以采用国家规定的快速检测方法对食品进行抽查检测。

对抽查检测结果表明可能不符合食品安全标准的食品，应当依照本法第八十七条的规定进行检验。抽查检测结果确定有关食品不符合食品安全标准的，可以作为行政处罚的依据。

第一百一十三条 县级以上人民政府食品安全监督管理部门应当建立食品生产经营者食品安全信用档案，记录许可颁发、日常监督检查结果、违法行为查处等情况，依法向社会公布并实时更新；对有不良信用记录的食品生产经营者增加监督检查频次，对违法行为情节严重的食品生产经营者，可以通报投资主管部门、证券监督管理机构和有关的金融机构。

第一百一十四条 食品生产经营过程中存在食品安全隐患，未及时采取措施消除的，县级以上人民政府食品安全监督管理部门可以对食品生产经营者的法定代表人或者主要负责人进行责任约谈。食品生产经营者应当立即采取措施，进行整改，消除隐患。责任约谈情况和整改情况应当纳入食品生产经营者食品安全信用档案。

第一百一十五条 县级以上人民政府食品安全监督管理等部门应当公布本部门的电子邮件地址或者电话，接受咨询、投诉、举报。接到咨询、投诉、举报，对属于本部门职责的，应当受理并在法定期限内及时答复、核实、处理；对不属于本部门职责的，应当移交有权处理的部门并书面通知咨询、投诉、举报人。有权处理的部门应当在法定期限内及时处理，不得推诿。对查证属实的举报，给予举报人奖励。

有关部门应当对举报人的信息予以保密，保护举报人的合法权益。举报人举报所在企业的，该企业不得以解除、变更劳动合同或者其他方式对举报人进行打击报复。

第一百一十六条 县级以上人民政府食品安全监督管理等部门应当加强对执法人员食品安全法律、法规、标准和专业知识与执法能力等的培训，并组织考核。不具备相应知识和能力的，不得从事食品安全执法工作。

食品生产经营者、食品行业协会、消费者协会等发现食品安全执法人员在执法过程中有违反法律、法规规定的行为以及不规范执法行为的，可以向本级或者上级人民政府食品安全监督管理等部门或者监察机关投诉、举报。接到投诉、举报的部门或者机关应当进行核实，并将经核实的情况向食品安全执法人员所在部门通报；涉嫌违法违纪的，按照本法和有关规定处理。

第一百一十七条 县级以上人民政府食品安全监督管理等部门未及时发现食品安全系统性风险，未及时消除监督管理区域内的食品安全隐患的，本级人民政府可以对其主要负责人进行责任约谈。

地方人民政府未履行食品安全职责，未及时消除区域性重大食品安全隐患的，上级人民政府可以对其主要负责人进行责任约谈。

被约谈的食品安全监督管理等部门、地方人民政府应当立即采取措施，对食品安全监督管理工作进行整改。

责任约谈情况和整改情况应当纳入地方人民政府和有关部门食品安全监督管理工作评议、考核记录。

第一百一十八条 国家建立统一的食品安全信息平台，实行食品安全信息统一公布制度。国家食品安全总体情况、食品安全风险警示信息、重大食品安全事故及其调查处理信息和国务院确定需要统一公布的其他信息由国务院食品安全监督管理部门统一公布。食品安全风险警示信息和重大食品安全事故及其调查处理信息的影响限于特定区域的，也可以由有关省、自治区、直辖市人民政府食品安全监督管理部门公布。未经授权不得发布上述信息。

县级以上人民政府食品安全监督管理、农业行政部门依据各自职责公布食品安全日常监督管理信息。

公布食品安全信息，应当做到准确、及时，并进行必要的解释说明，避免误导消费者和社会舆论。

第一百一十九条 县级以上地方人民政府食品安全监督管理、卫生行政、农业行政部门获知本法规定需要统一公布的信息，应当向上级主管部门报告，由上级主管部门立即报告国务院食品安全监督管理部门；必要时，可以直接向国务院食品安全监督管理部门报告。

县级以上人民政府食品安全监督管理、卫生行政、农业行政部门应当相互通报获知的食品安全信息。

第一百二十条 任何单位和个人不得编造、散布虚假食品安全信息。

县级以上人民政府食品安全监督管理部门发现可能误导消费者和社会舆论的食品安全信息，应当立即组织有关部门、专业机构、相关食品生产经营者等进行核实、分析，并及时公布结果。

第一百二十一条 县级以上人民政府食品安全监督管理等部门发现涉嫌食品安全犯罪的，应当按照有关规定及时将案件移送公安机关。对移送的案件，公安机关应当及时审查；认为有犯罪事实需要追究刑事责任的，应当立案侦查。

公安机关在食品安全犯罪案件侦查过程中认为没有犯罪事实，或者犯罪事实显著轻微，不需要追究刑事责任，但依法应当追究行政责任的，应当及时将案件移送食品安全监督管理等部门和监察机关，有关部门应当依法处理。

公安机关商请食品安全监督管理、生态环境等部门提供检验结论、认定意见以及对涉案物品进行无害化处理等协助的，有关部门应当及时提供，予以协助。

第九章　法律责任

第一百二十二条 违反本法规定，未取得食品生产经营许可从事食品生产经营活动，或者未取得食品添加剂生产许可从事食品添加剂生产活动的，由县级以上人民政府食品安全监督管理部门没收违法所得和违法生产经营的食品、食品添加剂以及用于违法生产经营的工具、设备、原料等物品；违法生产经营的食品、食品添加剂货值金额不足一万元的，并处五万元以上十万元以下罚款；

货值金额一万元以上的,并处货值金额十倍以上二十倍以下罚款。

明知从事前款规定的违法行为,仍为其提供生产经营场所或者其他条件的,由县级以上人民政府食品安全监督管理部门责令停止违法行为,没收违法所得,并处五万元以上十万元以下罚款;使消费者的合法权益受到损害的,应当与食品、食品添加剂生产经营者承担连带责任。

第一百二十三条　违反本法规定,有下列情形之一,尚不构成犯罪的,由县级以上人民政府食品安全监督管理部门没收违法所得和违法生产经营的食品,并可以没收用于违法生产经营的工具、设备、原料等物品;违法生产经营的食品货值金额不足一万元的,并处十万元以上十五万元以下罚款;货值金额一万元以上的,并处货值金额十五倍以上三十倍以下罚款;情节严重的,吊销许可证,并可以由公安机关对其直接负责的主管人员和其他直接责任人员处五日以上十五日以下拘留:

(一) 用非食品原料生产食品、在食品中添加食品添加剂以外的化学物质和其他可能危害人体健康的物质,或者用回收食品作为原料生产食品,或者经营上述食品;

(二) 生产经营营养成分不符合食品安全标准的专供婴幼儿和其他特定人群的主辅食品;

(三) 经营病死、毒死或者死因不明的禽、畜、兽、水产动物肉类,或者生产经营其制品;

(四) 经营未按规定进行检疫或者检疫不合格的肉类,或者生产经营未经检验或者检验不合格的肉类制品;

(五) 生产经营国家为防病等特殊需要明令禁止生产经营的食品;

(六) 生产经营添加药品的食品。

明知从事前款规定的违法行为,仍为其提供生产经营场所或者其他条件的,由县级以上人民政府食品安全监督管理部门责令停止违法行为,没收违法所得,并处十万元以上二十万元以下罚款;使消费者的合法权益受到损害的,应当与食品生产经营者承担连带责任。

违法使用剧毒、高毒农药的,除依照有关法律、法规规定给予处罚外,可以由公安机关依照第一款规定给予拘留。

第一百二十四条　违反本法规定,有下列情形之一,尚不构成犯罪的,由县级以上人民政府食品安全监督管理部门没收违法所得和违法生产经营的食品、食品添加剂,并可以没收用于违法生产经营的工具、设备、原料等物品;违法生产经营的食品、食品添加剂货值金额不足一万元的,并处五万元以上十万元以下罚款;货值金额一万元以上的,并处货值金额十倍以上二十倍以下罚款;情节严重的,吊销许可证:

(一) 生产经营致病性微生物,农药残留、兽药残留、生物毒素、重金属等污染物质以及其他危害人体健康的物质含量超过食品安全标准限量的食品、食品添加剂;

(二) 用超过保质期的食品原料、食品添加剂生产食品、食品添加剂,或者经营上述食品、食品添加剂;

(三) 生产经营超范围、超限量使用食品添加剂的食品;

(四) 生产经营腐败变质、油脂酸败、霉变生虫、污秽不洁、混有异物、掺假掺杂或者感官性状异常的食品、食品添加剂;

(五) 生产经营标注虚假生产日期、保质期或者超过保质期的食品、食品添加剂;

(六) 生产经营未按规定注册的保健食品、特殊医学用途配方食品、婴幼儿配方乳粉,或者未按注册的产品配方、生产工艺等技术要求组织生产;

(七) 以分装方式生产婴幼儿配方乳粉,或者同一企业以同一配方生产不同品牌的婴幼儿配方乳粉;

(八) 利用新的食品原料生产食品,或者生产食品添加剂新品种,未通过安全性评估;

(九) 食品生产经营者在食品安全监督管理部门责令其召回或者停止经营后,仍拒不召回或者停止经营。

除前款和本法第一百二十三条、第一百二十五条规定的情形外，生产经营不符合法律、法规或者食品安全标准的食品、食品添加剂的，依照前款规定给予处罚。

生产食品相关产品新品种，未通过安全性评估，或者生产不符合食品安全标准的食品相关产品的，由县级以上人民政府食品安全监督管理部门依照第一款规定给予处罚。

第一百二十五条 违反本法规定，有下列情形之一的，由县级以上人民政府食品安全监督管理部门没收违法所得和违法生产经营的食品、食品添加剂，并可以没收用于违法生产经营的工具、设备、原料等物品；违法生产经营的食品、食品添加剂货值金额不足一万元的，并处五千元以上五万元以下罚款；货值金额一万元以上的，并处货值金额五倍以上十倍以下罚款；情节严重的，责令停产停业，直至吊销许可证：

（一）生产经营被包装材料、容器、运输工具等污染的食品、食品添加剂；

（二）生产经营无标签的预包装食品、食品添加剂或者标签、说明书不符合本法规定的食品、食品添加剂；

（三）生产经营转基因食品未按规定进行标示；

（四）食品生产经营者采购或者使用不符合食品安全标准的食品原料、食品添加剂、食品相关产品。

生产经营的食品、食品添加剂的标签、说明书存在瑕疵但不影响食品安全且不会对消费者造成误导的，由县级以上人民政府食品安全监督管理部门责令改正；拒不改正的，处二千元以下罚款。

第一百二十六条 违反本法规定，有下列情形之一的，由县级以上人民政府食品安全监督管理部门责令改正，给予警告；拒不改正的，处五千元以上五万元以下罚款；情节严重的，责令停产停业，直至吊销许可证：

（一）食品、食品添加剂生产者未按规定对采购的食品原料和生产的食品、食品添加剂进行检验；

（二）食品生产经营企业未按规定建立食品安全管理制度，或者未按规定配备或者培训、考核食品安全管理人员；

（三）食品、食品添加剂生产经营者进货时未查验许可证和相关证明文件，或者未按规定建立并遵守进货查验记录、出厂检验记录和销售记录制度；

（四）食品生产经营企业未制定食品安全事故处置方案；

（五）餐具、饮具和盛放直接入口食品的容器，使用前未经洗净、消毒或者清洗消毒不合格，或者餐饮服务设施、设备未按规定定期维护、清洗、校验；

（六）食品生产经营者安排未取得健康证明或者患有国务院卫生行政部门规定的有碍食品安全疾病的人员从事接触直接入口食品的工作；

（七）食品经营者未按规定要求销售食品；

（八）保健食品生产企业未按规定向食品安全监督管理部门备案，或者未按备案的产品配方、生产工艺等技术要求组织生产；

（九）婴幼儿配方食品生产企业未将食品原料、食品添加剂、产品配方、标签等向食品安全监督管理部门备案；

（十）特殊食品生产企业未按规定建立生产质量管理体系并有效运行，或者未定期提交自查报告；

（十一）食品生产经营者未定期对食品安全状况进行检查评价，或者生产经营条件发生变化，未按规定处理；

（十二）学校、托幼机构、养老机构、建筑工地等集中用餐单位未按规定履行食品安全管理责任；

（十三）食品生产企业、餐饮服务提供者未按规定制定、实施生产经营过程控制要求。

餐具、饮具集中消毒服务单位违反本法规定用水，使用洗涤剂、消毒剂，或者出厂的餐具、饮具未按规定检验合格并随附消毒合格证明，或者未按规定在独立包装上标注相关内容的，由县级以上人民政府卫生行政部门依照前款规定给予处罚。

食品相关产品生产者未按规定对生产的食品相关产品进行检验的，由县级以上人民政府食品安全监督管理部门依照第一款规定给予处罚。

食用农产品销售者违反本法第六十五条规定的，由县级以上人民政府食品安全监督管理部门依照第一款规定给予处罚。

第一百二十七条　对食品生产加工小作坊、食品摊贩等的违法行为的处罚，依照省、自治区、直辖市制定的具体管理办法执行。

第一百二十八条　违反本法规定，事故单位在发生食品安全事故后未进行处置、报告的，由有关主管部门按照各自职责分工责令改正，给予警告；隐匿、伪造、毁灭有关证据的，责令停产停业，没收违法所得，并处十万元以上五十万元以下罚款；造成严重后果的，吊销许可证。

第一百二十九条　违反本法规定，有下列情形之一的，由出入境检验检疫机构依照本法第一百二十四条的规定给予处罚：

（一）提供虚假材料，进口不符合我国食品安全国家标准的食品、食品添加剂、食品相关产品；

（二）进口尚无食品安全国家标准的食品，未提交所执行的标准并经国务院卫生行政部门审查，或者进口利用新的食品原料生产的食品或者进口食品添加剂新品种、食品相关产品新品种，未通过安全性评估；

（三）未遵守本法的规定出口食品；

（四）进口商在有关主管部门责令其依照本法规定召回进口的食品后，仍拒不召回。

违反本法规定，进口商未建立并遵守食品、食品添加剂进口和销售记录制度、境外出口商或者生产企业审核制度的，由出入境检验检疫机构依照本法第一百二十六条的规定给予处罚。

第一百三十条　违反本法规定，集中交易市场的开办者、柜台出租者、展销会的举办者允许未依法取得许可的食品经营者进入市场销售食品，或者未履行检查、报告等义务的，由县级以上人民政府食品安全监督管理部门责令改正，没收违法所得，并处五万元以上二十万元以下罚款；造成严重后果的，责令停业，直至由原发证部门吊销许可证；使消费者的合法权益受到损害的，应当与食品经营者承担连带责任。

食用农产品批发市场违反本法第六十四条规定的，依照前款规定承担责任。

第一百三十一条　违反本法规定，网络食品交易第三方平台提供者未对入网食品经营者进行实名登记、审查许可证，或者未履行报告、停止提供网络交易平台服务等义务的，由县级以上人民政府食品安全监督管理部门责令改正，没收违法所得，并处五万元以上二十万元以下罚款；造成严重后果的，责令停业，直至由原发证部门吊销许可证；使消费者的合法权益受到损害的，应当与食品经营者承担连带责任。

消费者通过网络食品交易第三方平台购买食品，其合法权益受到损害的，可以向入网食品经营者或者食品生产者要求赔偿。网络食品交易第三方平台提供者不能提供入网食品经营者的真实名称、地址和有效联系方式的，由网络食品交易第三方平台提供者赔偿。网络食品交易第三方平台提供者赔偿后，有权向入网食品经营者或者食品生产者追偿。网络食品交易第三方平台提供者作出更有利于消费者承诺的，应当履行其承诺。

第一百三十二条 违反本法规定，未按要求进行食品贮存、运输和装卸的，由县级以上人民政府食品安全监督管理等部门按照各自职责分工责令改正，给予警告；拒不改正的，责令停产停业，并处一万元以上五万元以下罚款；情节严重的，吊销许可证。

第一百三十三条 违反本法规定，拒绝、阻挠、干涉有关部门、机构及其工作人员依法开展食品安全监督检查、事故调查处理、风险监测和风险评估的，由有关主管部门按照各自职责分工责令停产停业，并处二千元以上五万元以下罚款；情节严重的，吊销许可证；构成违反治安管理行为的，由公安机关依法给予治安管理处罚。

违反本法规定，对举报人以解除、变更劳动合同或者其他方式打击报复的，应当依照有关法律的规定承担责任。

第一百三十四条 食品生产经营者在一年内累计三次因违反本法规定受到责令停产停业、吊销许可证以外处罚的，由食品安全监督管理部门责令停产停业，直至吊销许可证。

第一百三十五条 被吊销许可证的食品生产经营者及其法定代表人、直接负责的主管人员和其他直接责任人员自处罚决定作出之日起五年内不得申请食品生产经营许可，或者从事食品生产经营管理工作、担任食品生产经营企业食品安全管理人员。

因食品安全犯罪被判处有期徒刑以上刑罚的，终身不得从事食品生产经营管理工作，也不得担任食品生产经营企业食品安全管理人员。

食品生产经营者聘用人员违反前两款规定的，由县级以上人民政府食品安全监督管理部门吊销许可证。

第一百三十六条 食品经营者履行了本法规定的进货查验等义务，有充分证据证明其不知道所采购的食品不符合食品安全标准，并能如实说明其进货来源的，可以免予处罚，但应当依法没收其不符合食品安全标准的食品；造成人身、财产或者其他损害的，依法承担赔偿责任。

第一百三十七条 违反本法规定，承担食品安全风险监测、风险评估工作的技术机构、技术人员提供虚假监测、评估信息的，依法对技术机构直接负责的主管人员和技术人员给予撤职、开除处分；有执业资格的，由授予其资格的主管部门吊销执业证书。

第一百三十八条 违反本法规定，食品检验机构、食品检验人员出具虚假检验报告的，由授予其资质的主管部门或者机构撤销该食品检验机构的检验资质，没收所收取的检验费用，并处检验费用五倍以上十倍以下罚款，检验费用不足一万元的，并处五万元以上十万元以下罚款；依法对食品检验机构直接负责的主管人员和食品检验人员给予撤职或者开除处分；导致发生重大食品安全事故的，对直接负责的主管人员和食品检验人员给予开除处分。

违反本法规定，受到开除处分的食品检验机构人员，自处分决定作出之日起十年内不得从事食品检验工作；因食品安全违法行为受到刑事处罚或者因出具虚假检验报告导致发生重大食品安全事故受到开除处分的食品检验机构人员，终身不得从事食品检验工作。食品检验机构聘用不得从事食品检验工作的人员的，由授予其资质的主管部门或者机构撤销该食品检验机构的检验资质。

食品检验机构出具虚假检验报告，使消费者的合法权益受到损害的，应当与食品生产经营者承担连带责任。

第一百三十九条 违反本法规定，认证机构出具虚假认证结论，由认证认可监督管理部门没收所收取的认证费用，并处认证费用五倍以上十倍以下罚款，认证费用不足一万元的，并处五万元以上十万元以下罚款；情节严重的，责令停业，直至撤销认证机构批准文件，并向社会公布；对直接负责的主管人员和负有直接责任的认证人员，撤销其执业资格。

认证机构出具虚假认证结论，使消费者的合法权益受到损害的，应当与食品生产经营者承担连带责任。

第一百四十条 违反本法规定，在广告中对食品作虚假宣传，欺骗消费者，或者发布未取得批准文件、广告内容与批准文件不一致的保健食品广告的，依照《中华人民共和国广告法》的规定给予处罚。

广告经营者、发布者设计、制作、发布虚假食品广告，使消费者的合法权益受到损害的，应当与食品生产经营者承担连带责任。

社会团体或者其他组织、个人在虚假广告或者其他虚假宣传中向消费者推荐食品，使消费者的合法权益受到损害的，应当与食品生产经营者承担连带责任。

违反本法规定，食品安全监督管理等部门、食品检验机构、食品行业协会以广告或者其他形式向消费者推荐食品，消费者组织以收取费用或者其他牟取利益的方式向消费者推荐食品的，由有关主管部门没收违法所得，依法对直接负责的主管人员和其他直接责任人员给予记大过、降级或者撤职处分；情节严重的，给予开除处分。

对食品作虚假宣传且情节严重的，由省级以上人民政府食品安全监督管理部门决定暂停销售该食品，并向社会公布；仍然销售该食品的，由县级以上人民政府食品安全监督管理部门没收违法所得和违法销售的食品，并处二万元以上五万元以下罚款。

第一百四十一条 违反本法规定，编造、散布虚假食品安全信息，构成违反治安管理行为的，由公安机关依法给予治安管理处罚。

媒体编造、散布虚假食品安全信息的，由有关主管部门依法给予处罚，并对直接负责的主管人员和其他直接责任人员给予处分；使公民、法人或者其他组织的合法权益受到损害的，依法承担消除影响、恢复名誉、赔偿损失、赔礼道歉等民事责任。

第一百四十二条 违反本法规定，县级以上地方人民政府有下列行为之一的，对直接负责的主管人员和其他直接责任人员给予记大过处分；情节较重的，给予降级或者撤职处分；情节严重的，给予开除处分；造成严重后果的，其主要负责人还应当引咎辞职：

（一）对发生在本行政区域内的食品安全事故，未及时组织协调有关部门开展有效处置，造成不良影响或者损失；

（二）对本行政区域内涉及多环节的区域性食品安全问题，未及时组织整治，造成不良影响或者损失；

（三）隐瞒、谎报、缓报食品安全事故；

（四）本行政区域内发生特别重大食品安全事故，或者连续发生重大食品安全事故。

第一百四十三条 违反本法规定，县级以上地方人民政府有下列行为之一的，对直接负责的主管人员和其他直接责任人员给予警告、记过或者记大过处分；造成严重后果的，给予降级或者撤职处分：

（一）未确定有关部门的食品安全监督管理职责，未建立健全食品安全全程监督管理工作机制和信息共享机制，未落实食品安全监督管理责任制；

（二）未制定本行政区域的食品安全事故应急预案，或者发生食品安全事故后未按规定立即成立事故处置指挥机构、启动应急预案。

第一百四十四条 违反本法规定，县级以上人民政府食品安全监督管理、卫生行政、农业行政等部门有下列行为之一的，对直接负责的主管人员和其他直接责任人员给予记大过处分；情节较重的，给予降级或者撤职处分；情节严重的，给予开除处分；造成严重后果的，其主要负责人还应当引咎辞职：

（一）隐瞒、谎报、缓报食品安全事故；

（二）未按规定查处食品安全事故，或者接到食品安全事故报告未及时处理，造成事故扩大或者蔓延；

（三）经食品安全风险评估得出食品、食品添加剂、食品相关产品不安全结论后，未及时采取相应措施，造成食品安全事故或者不良社会影响；

（四）对不符合条件的申请人准予许可，或者超越法定职权准予许可；

（五）不履行食品安全监督管理职责，导致发生食品安全事故。

第一百四十五条 违反本法规定，县级以上人民政府食品安全监督管理、卫生行政、农业行政等部门有下列行为之一，造成不良后果的，对直接负责的主管人员和其他直接责任人员给予警告、记过或者记大过处分；情节较重的，给予降级或者撤职处分；情节严重的，给予开除处分：

（一）在获知有关食品安全信息后，未按规定向上级主管部门和本级人民政府报告，或者未按规定相互通报；

（二）未按规定公布食品安全信息；

（三）不履行法定职责，对查处食品安全违法行为不配合，或者滥用职权、玩忽职守、徇私舞弊。

第一百四十六条 食品安全监督管理等部门在履行食品安全监督管理职责过程中，违法实施检查、强制等执法措施，给生产经营者造成损失的，应当依法予以赔偿，对直接负责的主管人员和其他直接责任人员依法给予处分。

第一百四十七条 违反本法规定，造成人身、财产或者其他损害的，依法承担赔偿责任。生产经营者财产不足以同时承担民事赔偿责任和缴纳罚款、罚金时，先承担民事赔偿责任。

第一百四十八条 消费者因不符合食品安全标准的食品受到损害的，可以向经营者要求赔偿损失，也可以向生产者要求赔偿损失。接到消费者赔偿要求的生产经营者，应当实行首负责任制，先行赔付，不得推诿；属于生产者责任的，经营者赔偿后有权向生产者追偿；属于经营者责任的，生产者赔偿后有权向经营者追偿。

生产不符合食品安全标准的食品或者经营明知是不符合食品安全标准的食品，消费者除要求赔偿损失外，还可以向生产者或者经营者要求支付价款十倍或者损失三倍的赔偿金；增加赔偿的金额不足一千元的，为一千元。但是，食品的标签、说明书存在不影响食品安全且不会对消费者造成误导的瑕疵的除外。

第一百四十九条 违反本法规定，构成犯罪的，依法追究刑事责任。

第十章 附 则

第一百五十条 本法下列用语的含义：

食品，指各种供人食用或者饮用的成品和原料以及按照传统既是食品又是中药材的物品，但是不包括以治疗为目的的物品。

食品安全，指食品无毒、无害，符合应当有的营养要求，对人体健康不造成任何急性、亚急性或者慢性危害。

预包装食品，指预先定量包装或者制作在包装材料、容器中的食品。

食品添加剂，指为改善食品品质和色、香、味以及为防腐、保鲜和加工工艺的需要而加入食品中的人工合成或者天然物质，包括营养强化剂。

用于食品的包装材料和容器，指包装、盛放食品或者食品添加剂用的纸、竹、木、金属、搪瓷、陶瓷、塑料、橡胶、天然纤维、化学纤维、玻璃等制品和直接接触食品或者食品添加剂的涂料。

用于食品生产经营的工具、设备，指在食品或者食品添加剂生产、销售、使用过程中直接接触食品或者食品添加剂的机械、管道、传送带、容器、用具、餐具等。

用于食品的洗涤剂、消毒剂，指直接用于洗涤或者消毒食品、餐具、饮具以及直接接触食品的工具、设备或者食品包装材料和容器的物质。

食品保质期，指食品在标明的贮存条件下保持品质的期限。

食源性疾病，指食品中致病因素进入人体引起的感染性、中毒性等疾病，包括食物中毒。

食品安全事故，指食源性疾病、食品污染等源于食品，对人体健康有危害或者可能有危害的事故。

第一百五十一条 转基因食品和食盐的食品安全管理，本法未作规定的，适用其他法律、行政法规的规定。

第一百五十二条 铁路、民航运营中食品安全的管理办法由国务院食品安全监督管理部门会同国务院有关部门依照本法制定。

保健食品的具体管理办法由国务院食品安全监督管理部门依照本法制定。

食品相关产品生产活动的具体管理办法由国务院食品安全监督管理部门依照本法制定。

国境口岸食品的监督管理由出入境检验检疫机构依照本法以及有关法律、行政法规的规定实施。

军队专用食品和自供食品的食品安全管理办法由中央军事委员会依照本法制定。

第一百五十三条 国务院根据实际需要，可以对食品安全监督管理体制作出调整。

第一百五十四条 本法自 2015 年 10 月 1 日起施行。

中华人民共和国进出口商品检验法

（1989 年 2 月 21 日第七届全国人民代表大会常务委员会第六次会议通过，1989 年 2 月 21 日中华人民共和国主席令第十四号公布，根据 2002 年 4 月 28 日第九届全国人民代表大会常务委员会第二十七次会议《关于修改〈中华人民共和国进出口商品检验法〉的决定》第一次修正，根据 2013 年 6 月 29 日第十二届全国人民代表大会常务委员会第三次会议《关于修改〈中华人民共和国文物保护法〉等十二部法律的决定》第二次修正，根据 2018 年 4 月 27 日第十三届全国人民代表大会常务委员会第二次会议《关于修改〈中华人民共和国国境卫生检疫法〉等六部法律的决定》第三次修正，根据 2018 年 12 月 29 日第十三届全国人民代表大会常务委员会第七次会议《关于修改〈中华人民共和国产品质量法〉等五部法律的决定》第四次修正，根据 2021 年 4 月 29 日第十三届全国人民代表大会常务委员会第二十八次会议《关于修改〈中华人民共和国道路交通安全法〉等八部法律的决定》第五次修正）

目 录

第一章 总 则
第二章 进口商品的检验
第三章 出口商品的检验
第四章 监督管理
第五章 法律责任
第六章 附 则

第一章 总 则

第一条 为了加强进出口商品检验工作，规范进出口商品检验行为，维护社会公共利益和进出口贸易有关各方的合法权益，促进对外经济贸易关系的顺利发展，制定本法。

第二条 国务院设立进出口商品检验部门（以下简称国家商检部门），主管全国进出口商品检验工作。国家商检部门设在各地的进出口商品检验机构（以下简称商检机构）管理所辖地区的进出口商品检验工作。

第三条 商检机构和依法设立的检验机构（以下称其他检验机构），依法对进出口商品实施检验。

第四条 进出口商品检验应当根据保护人类健康和安全、保护动物或者植物的生命和健康、保护环境、防止欺诈行为、维护国家安全的原则，由国家商检部门制定、调整必须实施检验的进出口商品目录（以下简称目录）并公布实施。

第五条 列入目录的进出口商品，由商检机构实施检验。

前款规定的进口商品未经检验的，不准销售、使用；前款规定的出口商品未经检验合格的，不准出口。

本条第一款规定的进出口商品，其中符合国家规定的免予检验条件的，由收货人或者发货人申请，经国家商检部门审查批准，可以免予检验。

第六条 必须实施的进出口商品检验，是指确定列入目录的进出口商品是否符合国家技术规范的强制性要求的合格评定活动。

合格评定程序包括：抽样、检验和检查；评估、验证和合格保证；注册、认可和批准以及各项的组合。

对本条第一款规定的进出口商品检验，商检机构可以采信检验机构的检验结果；国家商检部门对前述检验机构实行目录管理。

第七条 列入目录的进出口商品，按照国家技术规范的强制性要求进行检验；尚未制定国家技术规范的强制性要求的，应当依法及时制定，未制定之前，可以参照国家商检部门指定的国外有关标准进行检验。

第八条 其他检验机构可以接受对外贸易关系人或者外国检验机构的委托，办理进出口商品检验鉴定业务。

第九条 法律、行政法规规定由其他检验机构实施检验的进出口商品或者检验项目，依照有关法律、行政法规的规定办理。

第十条 国家商检部门和商检机构应当及时收集和向有关方面提供进出口商品检验方面的信息。

国家商检部门和商检机构的工作人员在履行进出口商品检验的职责中，对所知悉的商业秘密负有保密义务。

第二章 进口商品的检验

第十一条 本法规定必须经商检机构检验的进口商品的收货人或者其代理人，应当向报关地的商检机构报检。

第十二条 本法规定必须经商检机构检验的进口商品的收货人或者其代理人，应当在商检机构规定的地点和期限内，接受商检机构对进口商品的检验。商检机构应当在国家商检部门统一规定的期限内检验完毕，并出具检验证单。

第十三条 本法规定必须经商检机构检验的进口商品以外的进口商品的收货人，发现进口商品质量不合格或者残损短缺，需要由商检机构出证索赔的，应当向商检机构申请检验出证。

第十四条 对重要的进口商品和大型的成套设备，收货人应当依据对外贸易合同约定在出口国装运前进行预检验、监造或者监装，主管部门应当加强监督；商检机构根据需要可以派出检验人员参加。

第三章 出口商品的检验

第十五条 本法规定必须经商检机构检验的出口商品的发货人或者其代理人，应当在商检机构规定的地点和期限内，向商检机构报检。商检机构应当在国家商检部门统一规定的期限内检验完毕，并出具检验证单。

第十六条 经商检机构检验合格发给检验证单的出口商品，应当在商检机构规定的期限内报关出口；超过期限的，应当重新报检。

第十七条 为出口危险货物生产包装容器的企业，必须申请商检机构进行包装容器的性能鉴定。生产出口危险货物的企业，必须申请商检机构进行包装容器的使用鉴定。使用未经鉴定合格的包装容器的危险货物，不准出口。

第十八条 对装运出口易腐烂变质食品的船舱和集装箱，承运人或者装箱单位必须在装货前申请检验。未经检验合格的，不准装运。

第四章 监督管理

第十九条 商检机构对本法规定必须经商检机构检验的进出口商品以外的进出口商品，根据国家规定实施抽查检验。

国家商检部门可以公布抽查检验结果或者向有关部门通报抽查检验情况。

第二十条 商检机构根据便利对外贸易的需要，可以按照国家规定对列入目录的出口商品进行出厂前的质量监督管理和检验。

第二十一条 为进出口货物的收发货人办理报检手续的代理人办理报检手续时应当向商检机构提交授权委托书。

第二十二条 国家商检部门和商检机构依法对其他检验机构的进出口商品检验鉴定业务活动进行监督，可以对其检验的商品抽查检验。

第二十三条 国务院认证认可监督管理部门根据国家统一的认证制度，对有关的进出口商品实施认证管理。

第二十四条 认证机构可以根据国务院认证认可监督管理部门同外国有关机构签订的协议或者接受外国有关机构的委托进行进出口商品质量认证工作，准许在认证合格的进出口商品上使用质量认证标志。

第二十五条 商检机构依照本法对实施许可制度的进出口商品实行验证管理，查验单证，核对证货是否相符。

第二十六条 商检机构根据需要，对检验合格的进出口商品，可以加施商检标志或者封识。

第二十七条 进出口商品的报检人对商检机构作出的检验结果有异议的，可以向原商检机构或者其上级商检机构以至国家商检部门申请复验，由受理复验的商检机构或者国家商检部门及时作出复验结论。

第二十八条 当事人对商检机构、国家商检部门作出的复验结论不服或者对商检机构作出的处罚决定不服的，可以依法申请行政复议，也可以依法向人民法院提起诉讼。

第二十九条 国家商检部门和商检机构履行职责，必须遵守法律，维护国家利益，依照法定职权和法定程序严格执法，接受监督。

国家商检部门和商检机构应当根据依法履行职责的需要，加强队伍建设，使商检工作人员具有良好的政治、业务素质。商检工作人员应当定期接受业务培训和考核，经考核合格，方可上岗执行职务。

商检工作人员必须忠于职守，文明服务，遵守职业道德，不得滥用职权，谋取私利。

第三十条 国家商检部门和商检机构应当建立健全内部监督制度，对其工作人员的执法活动进行监督检查。

商检机构内部负责受理报检、检验、出证放行等主要岗位的职责权限应当明确，并相互分离、相互制约。

第三十一条 任何单位和个人均有权对国家商检部门、商检机构及其工作人员的违法、违纪行为进行控告、检举。收到控告、检举的机关应当依法按照职责分工及时查处，并为控告人、检举人保密。

第五章 法律责任

第三十二条 违反本法规定，将必须经商检机构检验的进口商品未报经检验而擅自销售或者使用的，或者将必须经商检机构检验的出口商品未报经检验合格而擅自出口的，由商检机构没收违法所得，并处货值金额百分之五以上百分之二十以下的罚款；构成犯罪的，依法追究刑事责任。

第三十三条 进口或者出口属于掺杂掺假、以假充真、以次充好的商品或者以不合格进出口商品冒充合格进出口商品的，由商检机构责令停止进口或者出口，没收违法所得，并处货值金额百分之五十以上三倍以下的罚款；构成犯罪的，依法追究刑事责任。

第三十四条 伪造、变造、买卖或者盗窃商检单证、印章、标志、封识、质量认证标志的，依法追究刑事责任；尚不够刑事处罚的，由商检机构、认证认可监督管理部门依据各自职责责令改正，没收违法所得，并处货值金额等值以下的罚款。

第三十五条 国家商检部门、商检机构的工作人员违反本法规定，泄露所知悉的商业秘密的，依法给予行政处分，有违法所得的，没收违法所得；构成犯罪的，依法追究刑事责任。

第三十六条 国家商检部门、商检机构的工作人员滥用职权，故意刁难的，徇私舞弊，伪造检验结果的，或者玩忽职守，延误检验出证的，依法给予行政处分；构成犯罪的，依法追究刑事责任。

第六章 附 则

第三十七条 商检机构和其他检验机构依照本法的规定实施检验和办理检验鉴定业务，依照国家有关规定收取费用。

第三十八条 国务院根据本法制定实施条例。

第三十九条 本法自1989年8月1日起施行。

中华人民共和国国境卫生检疫法

（1986年12月2日第六届全国人民代表大会常务委员会第十八次会议通过，1986年12月2日中华人民共和国主席令第四十六号公布，根据2007年12月29日第十届全国人民代表大会常务委员会第三十一次会议《关于修改〈中华人民共和国国境卫生检疫法〉的决定》第一次修正，根据2009年8月27日第十一届全国人民代表大会常务委员会第十次会议《关于修改部分法律的决定》第二次修正，根据2018年4月27日第十三届全国人民代表大会常务委员会第二次会议《关于修改〈中华人民共和国国境卫生检疫法〉等六部法律的决定》第三次修正）

目 录

第一章　总　则
第二章　检　疫
第三章　传染病监测
第四章　卫生监督
第五章　法律责任
第六章　附　则

第一章　总　则

第一条　为了防止传染病由国外传入或者由国内传出，实施国境卫生检疫，保护人体健康，制定本法。

第二条　在中华人民共和国国际通航的港口、机场以及陆地边境和国界江河的口岸（以下简称国境口岸），设立国境卫生检疫机关，依照本法规定实施传染病检疫、监测和卫生监督。

第三条　本法规定的传染病是指检疫传染病和监测传染病。

检疫传染病，是指鼠疫、霍乱、黄热病以及国务院确定和公布的其他传染病。

监测传染病，由国务院卫生行政部门确定和公布。

第四条　入境、出境的人员、交通工具、运输设备以及可能传播检疫传染病的行李、货物、邮包等物品，都应当接受检疫，经国境卫生检疫机关许可，方准入境或者出境。具体办法由本法实施细则规定。

第五条　国境卫生检疫机关发现检疫传染病或者疑似检疫传染病时，除采取必要措施外，必须立即通知当地卫生行政部门，同时用最快的方法报告国务院卫生行政部门，最迟不得超过二十四小时。邮电部门对疫情报告应当优先传送。

中华人民共和国与外国之间的传染病疫情通报，由国务院卫生行政部门会同有关部门办理。

第六条　在国外或者国内有检疫传染病大流行的时候，国务院可以下令封锁有关的国境或者采取其他紧急措施。

第二章　检　疫

第七条　入境的交通工具和人员，必须在最先到达的国境口岸的指定地点接受检疫。除引航员外，未经国境卫生检疫机关许可，任何人不准上下交通工具，不准装卸行李、货物、邮包等物品。

具体办法由本法实施细则规定。

第八条 出境的交通工具和人员，必须在最后离开的国境口岸接受检疫。

第九条 来自国外的船舶、航空器因故停泊、降落在中国境内非口岸地点的时候，船舶、航空器的负责人应当立即向就近的国境卫生检疫机关或者当地卫生行政部门报告。除紧急情况外，未经国境卫生检疫机关或者当地卫生行政部门许可，任何人不准上下船舶、航空器，不准装卸行李、货物、邮包等物品。

第十条 在国境口岸发现检疫传染病、疑似检疫传染病，或者有人非因意外伤害而死亡并死因不明的，国境口岸有关单位和交通工具的负责人，应当立即向国境卫生检疫机关报告，并申请临时检疫。

第十一条 国境卫生检疫机关依据检疫医师提供的检疫结果，对未染有检疫传染病或者已实施卫生处理的交通工具，签发入境检疫证或者出境检疫证。

第十二条 国境卫生检疫机关对检疫传染病染疫人必须立即将其隔离，隔离期限根据医学检查结果确定；对检疫传染病染疫嫌疑人应当将其留验，留验期限根据该传染病的潜伏期确定。

因患检疫传染病而死亡的尸体，必须就近火化。

第十三条 接受入境检疫的交通工具有下列情形之一的，应当实施消毒、除鼠、除虫或者其他卫生处理：

（一）来自检疫传染病疫区的；

（二）被检疫传染病污染的；

（三）发现有与人类健康有关的啮齿动物或者病媒昆虫的。

如果外国交通工具的负责人拒绝接受卫生处理，除有特殊情况外，准许该交通工具在国境卫生检疫机关的监督下，立即离开中华人民共和国国境。

第十四条 国境卫生检疫机关对来自疫区的、被检疫传染病污染的或者可能成为检疫传染病传播媒介的行李、货物、邮包等物品，应当进行卫生检查，实施消毒、除鼠、除虫或者其他卫生处理。

入境、出境的尸体、骸骨的托运人或者其代理人，必须向国境卫生检疫机关申报，经卫生检查合格后，方准运进或者运出。

第三章 传染病监测

第十五条 国境卫生检疫机关对入境、出境的人员实施传染病监测，并且采取必要的预防、控制措施。

第十六条 国境卫生检疫机关有权要求入境、出境的人员填写健康申明卡，出示某种传染病的预防接种证书、健康证明或者其他有关证件。

第十七条 对患有监测传染病的人、来自国外监测传染病流行区的人或者与监测传染病人密切接触的人，国境卫生检疫机关应当区别情况，发给就诊方便卡，实施留验或者采取其他预防、控制措施，并及时通知当地卫生行政部门。各地医疗单位对持有就诊方便卡的人员，应当优先诊治。

第四章 卫生监督

第十八条 国境卫生检疫机关根据国家规定的卫生标准，对国境口岸的卫生状况和停留在国境口岸的入境、出境的交通工具的卫生状况实施卫生监督：

（一）监督和指导有关人员对啮齿动物、病媒昆虫的防除；

（二）检查和检验食品、饮用水及其储存、供应、运输设施；

（三）监督从事食品、饮用水供应的从业人员的健康状况，检查其健康证明书；

（四）监督和检查垃圾、废物、污水、粪便、压舱水的处理。

第十九条 国境卫生检疫机关设立国境口岸卫生监督员，执行国境卫生检疫机关交给的任务。

国境口岸卫生监督员在执行任务时，有权对国境口岸和入境、出境的交通工具进行卫生监督和技术指导，对卫生状况不良和可能引起传染病传播的因素提出改进意见，协同有关部门采取必要的措施，进行卫生处理。

第五章 法律责任

第二十条 对违反本法规定，有下列行为之一的单位或者个人，国境卫生检疫机关可以根据情节轻重，给予警告或者罚款：

（一）逃避检疫，向国境卫生检疫机关隐瞒真实情况的；

（二）入境的人员未经国境卫生检疫机关许可，擅自上下交通工具，或者装卸行李、货物、邮包等物品，不听劝阻的。

罚款全部上缴国库。

第二十一条 当事人对国境卫生检疫机关给予的罚款决定不服的，可以在接到通知之日起十五日内，向当地人民法院起诉。逾期不起诉又不履行的，国境卫生检疫机关可以申请人民法院强制执行。

第二十二条 违反本法规定，引起检疫传染病传播或者有引起检疫传染病传播严重危险的，依照刑法有关规定追究刑事责任。

第二十三条 国境卫生检疫机关工作人员，应当秉公执法，忠于职守，对入境、出境的交通工具和人员，及时进行检疫；违法失职的，给予行政处分，情节严重构成犯罪的，依法追究刑事责任。

第六章 附 则

第二十四条 中华人民共和国缔结或者参加的有关卫生检疫的国际条约同本法有不同规定的，适用该国际条约的规定。但是，中华人民共和国声明保留的条款除外。

第二十五条 中华人民共和国边防机关与邻国边防机关之间在边境地区的往来，居住在两国边境接壤地区的居民在边境指定地区的临时往来，双方的交通工具和人员的入境、出境检疫，依照双方协议办理，没有协议的，依照中国政府的有关规定办理。

第二十六条 国境卫生检疫机关实施卫生检疫，按照国家规定收取费用。

第二十七条 本法自1987年5月1日起施行。1957年12月23日公布的《中华人民共和国国境卫生检疫条例》同时废止。

中华人民共和国农产品质量安全法

（2006年4月29日第十届全国人民代表大会常务委员会第二十一次会议通过，2006年4月29日中华人民共和国主席令第四十九号公布，根据2018年10月26日第十三届全国人民代表大会常务委员会第六次会议《关于修改〈中华人民共和国野生动物保护法〉等十五部法律的决定》修正）

目　录

第一章　总　则
第二章　农产品质量安全标准
第三章　农产品产地
第四章　农产品生产
第五章　农产品包装和标识
第六章　监督检查
第七章　法律责任
第八章　附　则

第一章　总　则

第一条　为保障农产品质量安全，维护公众健康，促进农业和农村经济发展，制定本法。

第二条　本法所称农产品，是指来源于农业的初级产品，即在农业活动中获得的植物、动物、微生物及其产品。

本法所称农产品质量安全，是指农产品质量符合保障人的健康、安全的要求。

第三条　县级以上人民政府农业行政主管部门负责农产品质量安全的监督管理工作；县级以上人民政府有关部门按照职责分工，负责农产品质量安全的有关工作。

第四条　县级以上人民政府应当将农产品质量安全管理工作纳入本级国民经济和社会发展规划，并安排农产品质量安全经费，用于开展农产品质量安全工作。

第五条　县级以上地方人民政府统一领导、协调本行政区域内的农产品质量安全工作，并采取措施，建立健全农产品质量安全服务体系，提高农产品质量安全水平。

第六条　国务院农业行政主管部门应当设立由有关方面专家组成的农产品质量安全风险评估专家委员会，对可能影响农产品质量安全的潜在危害进行风险分析和评估。

国务院农业行政主管部门应当根据农产品质量安全风险评估结果采取相应的管理措施，并将农产品质量安全风险评估结果及时通报国务院有关部门。

第七条　国务院农业行政主管部门和省、自治区、直辖市人民政府农业行政主管部门应当按照职责权限，发布有关农产品质量安全状况信息。

第八条　国家引导、推广农产品标准化生产，鼓励和支持生产优质农产品，禁止生产、销售不符合国家规定的农产品质量安全标准的农产品。

第九条　国家支持农产品质量安全科学技术研究，推行科学的质量安全管理方法，推广先进安全的生产技术。

第十条　各级人民政府及有关部门应当加强农产品质量安全知识的宣传，提高公众的农产品质量安全意识，引导农产品生产者、销售者加强质量安全管理，保障农产品消费安全。

第二章 农产品质量安全标准

第十一条 国家建立健全农产品质量安全标准体系。农产品质量安全标准是强制性的技术规范。

农产品质量安全标准的制定和发布，依照有关法律、行政法规的规定执行。

第十二条 制定农产品质量安全标准应当充分考虑农产品质量安全风险评估结果，并听取农产品生产者、销售者和消费者的意见，保障消费安全。

第十三条 农产品质量安全标准应当根据科学技术发展水平以及农产品质量安全的需要，及时修订。

第十四条 农产品质量安全标准由农业行政主管部门商有关部门组织实施。

第三章 农产品产地

第十五条 县级以上地方人民政府农业行政主管部门按照保障农产品质量安全的要求，根据农产品品种特性和生产区域大气、土壤、水体中有毒有害物质状况等因素，认为不适宜特定农产品生产的，提出禁止生产的区域，报本级人民政府批准后公布。具体办法由国务院农业行政主管部门商国务院生态环境主管部门制定。

农产品禁止生产区域的调整，依照前款规定的程序办理。

第十六条 县级以上人民政府应当采取措施，加强农产品基地建设，改善农产品的生产条件。

县级以上人民政府农业行政主管部门应当采取措施，推进保障农产品质量安全的标准化生产综合示范区、示范农场、养殖小区和无规定动植物疫病区的建设。

第十七条 禁止在有毒有害物质超过规定标准的区域生产、捕捞、采集食用农产品和建立农产品生产基地。

第十八条 禁止违反法律、法规的规定向农产品产地排放或者倾倒废水、废气、固体废物或者其他有毒有害物质。

农业生产用水和用作肥料的固体废物，应当符合国家规定的标准。

第十九条 农产品生产者应当合理使用化肥、农药、兽药、农用薄膜等化工产品，防止对农产品产地造成污染。

第四章 农产品生产

第二十条 国务院农业行政主管部门和省、自治区、直辖市人民政府农业行政主管部门应当制定保障农产品质量安全的生产技术要求和操作规程。县级以上人民政府农业行政主管部门应当加强对农产品生产的指导。

第二十一条 对可能影响农产品质量安全的农药、兽药、饲料和饲料添加剂、肥料、兽医器械，依照有关法律、行政法规的规定实行许可制度。

国务院农业行政主管部门和省、自治区、直辖市人民政府农业行政主管部门应当定期对可能危及农产品质量安全的农药、兽药、饲料和饲料添加剂、肥料等农业投入品进行监督抽查，并公布抽查结果。

第二十二条 县级以上人民政府农业行政主管部门应当加强对农业投入品使用的管理和指导，建立健全农业投入品的安全使用制度。

第二十三条 农业科研教育机构和农业技术推广机构应当加强对农产品生产者质量安全知识和

技能的培训。

第二十四条　农产品生产企业和农民专业合作经济组织应当建立农产品生产记录，如实记载下列事项：

（一）使用农业投入品的名称、来源、用法、用量和使用、停用的日期；

（二）动物疫病、植物病虫草害的发生和防治情况；

（三）收获、屠宰或者捕捞的日期。

农产品生产记录应当保存二年。禁止伪造农产品生产记录。

国家鼓励其他农产品生产者建立农产品生产记录。

第二十五条　农产品生产者应当按照法律、行政法规和国务院农业行政主管部门的规定，合理使用农业投入品，严格执行农业投入品使用安全间隔期或者休药期的规定，防止危及农产品质量安全。

禁止在农产品生产过程中使用国家明令禁止使用的农业投入品。

第二十六条　农产品生产企业和农民专业合作经济组织，应当自行或者委托检测机构对农产品质量安全状况进行检测；经检测不符合农产品质量安全标准的农产品，不得销售。

第二十七条　农民专业合作经济组织和农产品行业协会对其成员应当及时提供生产技术服务，建立农产品质量安全管理制度，健全农产品质量安全控制体系，加强自律管理。

第五章　农产品包装和标识

第二十八条　农产品生产企业、农民专业合作经济组织以及从事农产品收购的单位或者个人销售的农产品，按照规定应当包装或者附加标识的，须经包装或者附加标识后方可销售。包装物或者标识上应当按照规定标明产品的品名、产地、生产者、生产日期、保质期、产品质量等级等内容；使用添加剂的，还应当按照规定标明添加剂的名称。具体办法由国务院农业行政主管部门制定。

第二十九条　农产品在包装、保鲜、贮存、运输中所使用的保鲜剂、防腐剂、添加剂等材料，应当符合国家有关强制性的技术规范。

第三十条　属于农业转基因生物的农产品，应当按照农业转基因生物安全管理的有关规定进行标识。

第三十一条　依法需要实施检疫的动植物及其产品，应当附具检疫合格标志、检疫合格证明。

第三十二条　销售的农产品必须符合农产品质量安全标准，生产者可以申请使用无公害农产品标志。农产品质量符合国家规定的有关优质农产品标准的，生产者可以申请使用相应的农产品质量标志。

禁止冒用前款规定的农产品质量标志。

第六章　监督检查

第三十三条　有下列情形之一的农产品，不得销售：

（一）含有国家禁止使用的农药、兽药或者其他化学物质的；

（二）农药、兽药等化学物质残留或者含有的重金属等有毒有害物质不符合农产品质量安全标准的；

（三）含有的致病性寄生虫、微生物或者生物毒素不符合农产品质量安全标准的；

（四）使用的保鲜剂、防腐剂、添加剂等材料不符合国家有关强制性的技术规范的；

（五）其他不符合农产品质量安全标准的。

第三十四条　国家建立农产品质量安全监测制度。县级以上人民政府农业行政主管部门应当按照保障农产品质量安全的要求，制定并组织实施农产品质量安全监测计划，对生产中或者市场上销售的农产品进行监督抽查。监督抽查结果由国务院农业行政主管部门或者省、自治区、直辖市人民政府农业行政主管部门按照权限予以公布。

监督抽查检测应当委托符合本法第三十五条规定条件的农产品质量安全检测机构进行，不得向被抽查人收取费用，抽取的样品不得超过国务院农业行政主管部门规定的数量。上级农业行政主管部门监督抽查的农产品，下级农业行政主管部门不得另行重复抽查。

第三十五条　农产品质量安全检测应当充分利用现有的符合条件的检测机构。

从事农产品质量安全检测的机构，必须具备相应的检测条件和能力，由省级以上人民政府农业行政主管部门或者其授权的部门考核合格。具体办法由国务院农业行政主管部门制定。

农产品质量安全检测机构应当依法经计量认证合格。

第三十六条　农产品生产者、销售者对监督抽查检测结果有异议的，可以自收到检测结果之日起五日内，向组织实施农产品质量安全监督抽查的农业行政主管部门或者其上级农业行政主管部门申请复检。

采用国务院农业行政主管部门会同有关部门认定的快速检测方法进行农产品质量安全监督抽查检测，被抽查人对检测结果有异议的，可以自收到检测结果时起四小时内申请复检。复检不得采用快速检测方法。

因检测结果错误给当事人造成损害的，依法承担赔偿责任。

第三十七条　农产品批发市场应当设立或者委托农产品质量安全检测机构，对进场销售的农产品质量安全状况进行抽查检测；发现不符合农产品质量安全标准的，应当要求销售者立即停止销售，并向农业行政主管部门报告。

农产品销售企业对其销售的农产品，应当建立健全进货检查验收制度；经查验不符合农产品质量安全标准的，不得销售。

第三十八条　国家鼓励单位和个人对农产品质量安全进行社会监督。任何单位和个人都有权对违反本法的行为进行检举、揭发和控告。有关部门收到相关的检举、揭发和控告后，应当及时处理。

第三十九条　县级以上人民政府农业行政主管部门在农产品质量安全监督检查中，可以对生产、销售的农产品进行现场检查，调查了解农产品质量安全的有关情况，查阅、复制与农产品质量安全有关的记录和其他资料；对经检测不符合农产品质量安全标准的农产品，有权查封、扣押。

第四十条　发生农产品质量安全事故时，有关单位和个人应当采取控制措施，及时向所在地乡级人民政府和县级人民政府农业行政主管部门报告；收到报告的机关应当及时处理并报上一级人民政府和有关部门。发生重大农产品质量安全事故时，农业行政主管部门应当及时通报同级市场监督管理部门。

第四十一条　县级以上人民政府农业行政主管部门在农产品质量安全监督管理中，发现有本法第三十三条所列情形之一的农产品，应当按照农产品质量安全责任追究制度的要求，查明责任人，依法予以处理或者提出处理建议。

第四十二条　进口的农产品必须按照国家规定的农产品质量安全标准进行检验；尚未制定有关农产品质量安全标准的，应当依法及时制定，未制定之前，可以参照国家有关部门指定的国外有关标准进行检验。

第七章　法律责任

第四十三条　农产品质量安全监督管理人员不依法履行监督职责，或者滥用职权的，依法给予行政处分。

第四十四条 农产品质量安全检测机构伪造检测结果的，责令改正，没收违法所得，并处五万元以上十万元以下罚款，对直接负责的主管人员和其他直接责任人员处一万元以上五万元以下罚款；情节严重的，撤销其检测资格；造成损害的，依法承担赔偿责任。

农产品质量安全检测机构出具检测结果不实，造成损害的，依法承担赔偿责任；造成重大损害的，并撤销其检测资格。

第四十五条 违反法律、法规规定，向农产品产地排放或者倾倒废水、废气、固体废物或者其他有毒有害物质的，依照有关环境保护法律、法规的规定处罚；造成损害的，依法承担赔偿责任。

第四十六条 使用农业投入品违反法律、行政法规和国务院农业行政主管部门的规定的，依照有关法律、行政法规的规定处罚。

第四十七条 农产品生产企业、农民专业合作经济组织未建立或者未按照规定保存农产品生产记录的，或者伪造农产品生产记录的，责令限期改正；逾期不改正的，可以处二千元以下罚款。

第四十八条 违反本法第二十八条规定，销售的农产品未按照规定进行包装、标识的，责令限期改正；逾期不改正的，可以处二千元以下罚款。

第四十九条 有本法第三十三条第四项规定情形，使用的保鲜剂、防腐剂、添加剂等材料不符合国家有关强制性的技术规范的，责令停止销售，对被污染的农产品进行无害化处理，对不能进行无害化处理的予以监督销毁；没收违法所得，并处二千元以上二万元以下罚款。

第五十条 农产品生产企业、农民专业合作经济组织销售的农产品有本法第三十三条第一项至第三项或者第五项所列情形之一的，责令停止销售，追回已经销售的农产品，对违法销售的农产品进行无害化处理或者予以监督销毁；没收违法所得，并处二千元以上二万元以下罚款。

农产品销售企业销售的农产品有前款所列情形的，依照前款规定处理、处罚。

农产品批发市场中销售的农产品有第一款所列情形的，对违法销售的农产品依照第一款规定处理，对农产品销售者依照第一款规定处罚。

农产品批发市场违反本法第三十七条第一款规定的，责令改正，处二千元以上二万元以下罚款。

第五十一条 违反本法第三十二条规定，冒用农产品质量标志的，责令改正，没收违法所得，并处二千元以上二万元以下罚款。

第五十二条 本法第四十四条，第四十七条至第四十九条，第五十条第一款、第四款和第五十一条规定的处理、处罚，由县级以上人民政府农业行政主管部门决定；第五十条第二款、第三款规定的处理、处罚，由市场监督管理部门决定。

法律对行政处罚及处罚机关有其他规定的，从其规定。但是，对同一违法行为不得重复处罚。

第五十三条 违反本法规定，构成犯罪的，依法追究刑事责任。

第五十四条 生产、销售本法第三十三条所列农产品，给消费者造成损害的，依法承担赔偿责任。

农产品批发市场中销售的农产品有前款规定情形的，消费者可以向农产品批发市场要求赔偿；属于生产者、销售者责任的，农产品批发市场有权追偿。消费者也可以直接向农产品生产者、销售者要求赔偿。

第八章 附 则

第五十五条 生猪屠宰的管理按照国家有关规定执行。

第五十六条 本法自 2006 年 11 月 1 日起施行。

中华人民共和国海关法

（1987年1月22日第六届全国人民代表大会常务委员会第十九次会议通过，1987年1月22日中华人民共和国主席令第五十一号公布，根据2000年7月8日第九届全国人民代表大会常务委员会第十六次会议《关于修改〈中华人民共和国海关法〉的决定》第一次修正，根据2013年6月29日第十二届全国人民代表大会常务委员会第三次会议《关于修改〈中华人民共和国文物保护法〉等十二部法律的决定》第二次修正，根据2013年12月28日第十二届全国人民代表大会常务委员会第六次会议《关于修改〈中华人民共和国海洋环境保护法〉等七部法律的决定》第三次修正，根据2016年11月7日第十二届全国人民代表大会常务委员会第二十四次会议《关于修改〈中华人民共和国对外贸易法〉等十二部法律的决定》第四次修正，根据2017年11月4日第十二届全国人民代表大会常务委员会第三十次会议《关于修改〈中华人民共和国会计法〉等十一部法律的决定》第五次修正，根据2021年4月29日第十三届全国人民代表大会常务委员会第二十八次会议《关于修改〈中华人民共和国道路交通安全法〉等八部法律的决定》第六次修正）

目　录

第一章　总　则
第二章　进出境运输工具
第三章　进出境货物
第四章　进出境物品
第五章　关　税
第六章　海关事务担保
第七章　执法监督
第八章　法律责任
第九章　附　则

第一章　总　则

第一条　为了维护国家的主权和利益，加强海关监督管理，促进对外经济贸易和科技文化交往，保障社会主义现代化建设，特制定本法。

第二条　中华人民共和国海关是国家的进出关境（以下简称进出境）监督管理机关。海关依照本法和其他有关法律、行政法规，监管进出境的运输工具、货物、行李物品、邮递物品和其他物品（以下简称进出境运输工具、货物、物品），征收关税和其他税、费，查缉走私，并编制海关统计和办理其他海关业务。

第三条　国务院设立海关总署，统一管理全国海关。

国家在对外开放的口岸和海关监管业务集中的地点设立海关。海关的隶属关系，不受行政区划的限制。

海关依法独立行使职权，向海关总署负责。

第四条　国家在海关总署设立专门侦查走私犯罪的公安机构，配备专职缉私警察，负责对其管辖的走私犯罪案件的侦查、拘留、执行逮捕、预审。

海关侦查走私犯罪公安机构履行侦查、拘留、执行逮捕、预审职责，应当按照《中华人民共和国刑事诉讼法》的规定办理。

海关侦查走私犯罪公安机构根据国家有关规定，可以设立分支机构。各分支机构办理其管辖的走私犯罪案件，应当依法向有管辖权的人民检察院移送起诉。

地方各级公安机关应当配合海关侦查走私犯罪公安机构依法履行职责。

第五条 国家实行联合缉私、统一处理、综合治理的缉私体制。海关负责组织、协调、管理查缉走私工作。有关规定由国务院另行制定。

各有关行政执法部门查获的走私案件，应当给予行政处罚的，移送海关依法处理；涉嫌犯罪的，应当移送海关侦查走私犯罪公安机构、地方公安机关依据案件管辖分工和法定程序办理。

第六条 海关可以行使下列权力：

（一）检查进出境运输工具，查验进出境货物、物品；对违反本法或者其他有关法律、行政法规的，可以扣留。

（二）查阅进出境人员的证件；查问违反本法或者其他有关法律、行政法规的嫌疑人，调查其违法行为。

（三）查阅、复制与进出境运输工具、货物、物品有关的合同、发票、账册、单据、记录、文件、业务函电、录音录像制品和其他资料；对其中与违反本法或者其他有关法律、行政法规的进出境运输工具、货物、物品有牵连的，可以扣留。

（四）在海关监管区和海关附近沿海沿边规定地区，检查有走私嫌疑的运输工具和有藏匿走私货物、物品嫌疑的场所，检查走私嫌疑人的身体；对有走私嫌疑的运输工具、货物、物品和走私犯罪嫌疑人，经直属海关关长或者其授权的隶属海关关长批准，可以扣留；对走私犯罪嫌疑人，扣留时间不超过二十四小时，在特殊情况下可以延长至四十八小时。

在海关监管区和海关附近沿海沿边规定地区以外，海关在调查走私案件时，对有走私嫌疑的运输工具和除公民住处以外的有藏匿走私货物、物品嫌疑的场所，经直属海关关长或者其授权的隶属海关关长批准，可以进行检查，有关当事人应当到场；当事人未到场的，在有见证人在场的情况下，可以径行检查；对其中有证据证明有走私嫌疑的运输工具、货物、物品，可以扣留。

海关附近沿海沿边规定地区的范围，由海关总署和国务院公安部门会同有关省级人民政府确定。

（五）在调查走私案件时，经直属海关关长或者其授权的隶属海关关长批准，可以查询案件涉嫌单位和涉嫌人员在金融机构、邮政企业的存款、汇款。

（六）进出境运输工具或者个人违抗海关监管逃逸的，海关可以连续追至海关监管区和海关附近沿海沿边规定地区以外，将其带回处理。

（七）海关为履行职责，可以配备武器。海关工作人员佩带和使用武器的规则，由海关总署会同国务院公安部门制定，报国务院批准。

（八）法律、行政法规规定由海关行使的其他权力。

第七条 各地方、各部门应当支持海关依法行使职权，不得非法干预海关的执法活动。

第八条 进出境运输工具、货物、物品，必须通过设立海关的地点进境或者出境。在特殊情况下，需要经过未设立海关的地点临时进境或者出境的，必须经国务院或者国务院授权的机关批准，并依照本法规定办理海关手续。

第九条 进出口货物，除另有规定的外，可以由进出口货物收发货人自行办理报关纳税手续，也可以由进出口货物收发货人委托报关企业办理报关纳税手续。

进出境物品的所有人可以自行办理报关纳税手续，也可以委托他人办理报关纳税手续。

第十条 报关企业接受进出口货物收发货人的委托，以委托人的名义办理报关手续的，应当向海关提交由委托人签署的授权委托书，遵守本法对委托人的各项规定。

报关企业接受进出口货物收发货人的委托，以自己的名义办理报关手续的，应当承担与收发货人相同的法律责任。

委托人委托报关企业办理报关手续的，应当向报关企业提供所委托报关事项的真实情况；报关企业接受委托人的委托办理报关手续的，应当对委托人所提供情况的真实性进行合理审查。

第十一条　进出口货物收发货人、报关企业办理报关手续，应当依法向海关备案。

报关企业和报关人员不得非法代理他人报关。

第十二条　海关依法执行职务，有关单位和个人应当如实回答询问，并予以配合，任何单位和个人不得阻挠。

海关执行职务受到暴力抗拒时，执行有关任务的公安机关和人民武装警察部队应当予以协助。

第十三条　海关建立对违反本法规定逃避海关监管行为的举报制度。

任何单位和个人均有权对违反本法规定逃避海关监管的行为进行举报。

海关对举报或者协助查获违反本法案件的有功单位和个人，应当给予精神的或者物质的奖励。

海关应当为举报人保密。

第二章　进出境运输工具

第十四条　进出境运输工具到达或者驶离设立海关的地点时，运输工具负责人应当向海关如实申报，交验单证，并接受海关监管和检查。

停留在设立海关的地点的进出境运输工具，未经海关同意，不得擅自驶离。

进出境运输工具从一个设立海关的地点驶往另一个设立海关的地点的，应当符合海关监管要求，办理海关手续，未办结海关手续的，不得改驶境外。

第十五条　进境运输工具在进境以后向海关申报以前，出境运输工具在办结海关手续以后出境以前，应当按照交通主管机关规定的路线行进；交通主管机关没有规定的，由海关指定。

第十六条　进出境船舶、火车、航空器到达和驶离时间、停留地点、停留期间更换地点以及装卸货物、物品时间，运输工具负责人或者有关交通运输部门应当事先通知海关。

第十七条　运输工具装卸进出境货物、物品或者上下进出境旅客，应当接受海关监管。

货物、物品装卸完毕，运输工具负责人应当向海关递交反映实际装卸情况的交接单据和记录。

上下进出境运输工具的人员携带物品的，应当向海关如实申报，并接受海关检查。

第十八条　海关检查进出境运输工具时，运输工具负责人应当到场，并根据海关的要求开启舱室、房间、车门；有走私嫌疑的，并应当开拆可能藏匿走私货物、物品的部位，搬移货物、物料。

海关根据工作需要，可以派员随运输工具执行职务，运输工具负责人应当提供方便。

第十九条　进境的境外运输工具和出境的境内运输工具，未向海关办理手续并缴纳关税，不得转让或者移作他用。

第二十条　进出境船舶和航空器兼营境内客、货运输，应当符合海关监管要求。

进出境运输工具改营境内运输，需向海关办理手续。

第二十一条　沿海运输船舶、渔船和从事海上作业的特种船舶，未经海关同意，不得载运或者换取、买卖、转让进出境货物、物品。

第二十二条　进出境船舶和航空器，由于不可抗力的原因，被迫在未设立海关的地点停泊、降落或者抛掷、起卸货物、物品，运输工具负责人应当立即报告附近海关。

第三章　进出境货物

第二十三条　进口货物自进境起到办结海关手续止，出口货物自向海关申报起到出境止，过境、转运和通运货物自进境起到出境止，应当接受海关监管。

第二十四条 进口货物的收货人、出口货物的发货人应当向海关如实申报，交验进出口许可证件和有关单证。国家限制进出口的货物，没有进出口许可证件的，不予放行，具体处理办法由国务院规定。

进口货物的收货人应当自运输工具申报进境之日起十四日内，出口货物的发货人除海关特准的外应当在货物运抵海关监管区后、装货的二十四小时以前，向海关申报。

进口货物的收货人超过前款规定期限向海关申报的，由海关征收滞报金。

第二十五条 办理进出口货物的海关申报手续，应当采用纸质报关单和电子数据报关单的形式。

第二十六条 海关接受申报后，报关单证及其内容不得修改或者撤销，但符合海关规定情形的除外。

第二十七条 进口货物的收货人经海关同意，可以在申报前查看货物或者提取货样。需要依法检疫的货物，应当在检疫合格后提取货样。

第二十八条 进出口货物应当接受海关查验。海关查验货物时，进口货物的收货人、出口货物的发货人应当到场，并负责搬移货物，开拆和重封货物的包装。海关认为必要时，可以径行开验、复验或者提取货样。

海关在特殊情况下对进出口货物予以免验，具体办法由海关总署制定。

第二十九条 除海关特准的外，进出口货物在收发货人缴清税款或者提供担保后，由海关签印放行。

第三十条 进口货物的收货人自运输工具申报进境之日起超过三个月未向海关申报的，其进口货物由海关提取依法变卖处理，所得价款在扣除运输、装卸、储存等费用和税款后，尚有余款的，自货物依法变卖之日起一年内，经收货人申请，予以发还；其中属于国家对进口有限制性规定，应当提交许可证件而不能提供的，不予发还。逾期无人申请或者不予发还的，上缴国库。

确属误卸或者溢卸的进境货物，经海关审定，由原运输工具负责人或者货物的收发货人自该运输工具卸货之日起三个月内，办理退运或者进口手续；必要时，经海关批准，可以延期三个月。逾期未办手续的，由海关按前款规定处理。

前两款所列货物不宜长期保存的，海关可以根据实际情况提前处理。

收货人或者货物所有人声明放弃的进口货物，由海关提取依法变卖处理；所得价款在扣除运输、装卸、储存等费用后，上缴国库。

第三十一条 按照法律、行政法规、国务院或者海关总署规定暂时进口或者暂时出口的货物，应当在六个月内复运出境或者复运进境；需要延长复运出境或者复运进境期限的，应当根据海关总署的规定办理延期手续。

第三十二条 经营保税货物的储存、加工、装配、展示、运输、寄售业务和经营免税商店，应当符合海关监管要求，经海关批准，并办理注册手续。

保税货物的转让、转移以及进出保税场所，应当向海关办理有关手续，接受海关监管和查验。

第三十三条 企业从事加工贸易，应当按照海关总署的规定向海关备案。加工贸易制成品单位耗料量由海关按照有关规定核定。

加工贸易制成品应当在规定的期限内复出口。其中使用的进口料件，属于国家规定准予保税的，应当向海关办理核销手续；属于先征收税款的，依法向海关办理退税手续。

加工贸易保税进口料件或者制成品内销的，海关对保税的进口料件依法征税；属于国家对进口有限制性规定的，还应当向海关提交进口许可证件。

第三十四条 经国务院批准在中华人民共和国境内设立的保税区等海关特殊监管区域,由海关按照国家有关规定实施监管。

第三十五条 进口货物应当由收货人在货物的进境地海关办理海关手续,出口货物应当由发货人在货物的出境地海关办理海关手续。

经收发货人申请,海关同意,进口货物的收货人可以在设有海关的指运地、出口货物的发货人可以在设有海关的启运地办理海关手续。上述货物的转关运输,应当符合海关监管要求;必要时,海关可以派员押运。

经电缆、管道或者其他特殊方式输送进出境的货物,经营单位应当定期向指定的海关申报和办理海关手续。

第三十六条 过境、转运和通运货物,运输工具负责人应当向进境地海关如实申报,并应当在规定期限内运输出境。

海关认为必要时,可以查验过境、转运和通运货物。

第三十七条 海关监管货物,未经海关许可,不得开拆、提取、交付、发运、调换、改装、抵押、质押、留置、转让、更换标记、移作他用或者进行其他处置。

海关加施的封志,任何人不得擅自开启或者损毁。

人民法院判决、裁定或者有关行政执法部门决定处理海关监管货物的,应当责令当事人办结海关手续。

第三十八条 经营海关监管货物仓储业务的企业,应当经海关注册,并按照海关规定,办理收存、交付手续。

在海关监管区外存放海关监管货物,应当经海关同意,并接受海关监管。

违反前两款规定或者在保管海关监管货物期间造成海关监管货物损毁或者灭失的,除不可抗力外,对海关监管货物负有保管义务的人应当承担相应的纳税义务和法律责任。

第三十九条 进出境集装箱的监管办法、打捞进出境货物和沉船的监管办法、边境小额贸易进出口货物的监管办法,以及本法未具体列明的其他进出境货物的监管办法,由海关总署或者由海关总署会同国务院有关部门另行制定。

第四十条 国家对进出境货物、物品有禁止性或者限制性规定的,海关依据法律、行政法规、国务院的规定或者国务院有关部门依据法律、行政法规的授权作出的规定实施监管。具体监管办法由海关总署制定。

第四十一条 进出口货物的原产地按照国家有关原产地规则的规定确定。

第四十二条 进出口货物的商品归类按照国家有关商品归类的规定确定。

海关可以要求进出口货物的收发货人提供确定商品归类所需的有关资料;必要时,海关可以组织化验、检验,并将海关认定的化验、检验结果作为商品归类的依据。

第四十三条 海关可以根据对外贸易经营者提出的书面申请,对拟作进口或者出口的货物预先作出商品归类等行政裁定。

进口或者出口相同货物,应当适用相同的商品归类行政裁定。

海关对所作出的商品归类等行政裁定,应当予以公布。

第四十四条 海关依照法律、行政法规的规定,对与进出境货物有关的知识产权实施保护。

需要向海关申报知识产权状况的,进出口货物收发货人及其代理人应当按照国家规定向海关如实申报有关知识产权状况,并提交合法使用有关知识产权的证明文件。

第四十五条 自进出口货物放行之日起三年内或者在保税货物、减免税进口货物的海关监管期限内及其后的三年内,海关可以对与进出口货物直接有关的企业、单位的会计账簿、会计凭证、报关单证以及其他有关资料和有关进出口货物实施稽查。具体办法由国务院规定。

第四章 进出境物品

第四十六条 个人携带进出境的行李物品、邮寄进出境的物品,应当以自用、合理数量为限,并接受海关监管。

第四十七条 进出境物品的所有人应当向海关如实申报,并接受海关查验。

海关加施的封志,任何人不得擅自开启或者损毁。

第四十八条 进出境邮袋的装卸、转运和过境,应当接受海关监管。邮政企业应当向海关递交邮件路单。

邮政企业应当将开拆及封发国际邮袋的时间事先通知海关,海关应当按时派员到场监管查验。

第四十九条 邮运进出境的物品,经海关查验放行后,有关经营单位方可投递或者交付。

第五十条 经海关登记准予暂时免税进境或者暂时免税出境的物品,应当由本人复带出境或者复带进境。

过境人员未经海关批准,不得将其所带物品留在境内。

第五十一条 进出境物品所有人声明放弃的物品、在海关规定期限内未办理海关手续或者无人认领的物品,以及无法投递又无法退回的进境邮递物品,由海关依照本法第三十条的规定处理。

第五十二条 享有外交特权和豁免的外国机构或者人员的公务用品或者自用物品进出境,依照有关法律、行政法规的规定办理。

第五章 关 税

第五十三条 准许进出口的货物、进出境物品,由海关依法征收关税。

第五十四条 进口货物的收货人、出口货物的发货人、进出境物品的所有人,是关税的纳税义务人。

第五十五条 进出口货物的完税价格,由海关以该货物的成交价格为基础审查确定。成交价格不能确定时,完税价格由海关依法估定。

进口货物的完税价格包括货物的货价、货物运抵中华人民共和国境内输入地点起卸前的运输及其相关费用、保险费;出口货物的完税价格包括货物的货价、货物运至中华人民共和国境内输出地点装载前的运输及其相关费用、保险费,但是其中包含的出口关税税额,应当予以扣除。

进出境物品的完税价格,由海关依法确定。

第五十六条 下列进出口货物、进出境物品,减征或者免征关税:

(一)无商业价值的广告品和货样;

(二)外国政府、国际组织无偿赠送的物资;

(三)在海关放行前遭受损坏或者损失的货物;

(四)规定数额以内的物品;

(五)法律规定减征、免征关税的其他货物、物品;

(六)中华人民共和国缔结或者参加的国际条约规定减征、免征关税的货物、物品。

第五十七条 特定地区、特定企业或者有特定用途的进出口货物,可以减征或者免征关税。特定减税或者免税的范围和办法由国务院规定。

依照前款规定减征或者免征关税进口的货物,只能用于特定地区、特定企业或者特定用途,未经海关核准并补缴关税,不得移作他用。

第五十八条 本法第五十六条、第五十七条第一款规定范围以外的临时减征或者免征关税,由国务院决定。

第五十九条　暂时进口或者暂时出口的货物，以及特准进口的保税货物，在货物收发货人向海关缴纳相当于税款的保证金或者提供担保后，准予暂时免纳关税。

第六十条　进出口货物的纳税义务人，应当自海关填发税款缴款书之日起十五日内缴纳税款；逾期缴纳的，由海关征收滞纳金。纳税义务人、担保人超过三个月仍未缴纳的，经直属海关关长或者其授权的隶属海关关长批准，海关可以采取下列强制措施：

（一）书面通知其开户银行或者其他金融机构从其存款中扣缴税款；

（二）将应税货物依法变卖，以变卖所得抵缴税款；

（三）扣留并依法变卖其价值相当于应纳税款的货物或者其他财产，以变卖所得抵缴税款。

海关采取强制措施时，对前款所列纳税义务人、担保人未缴纳的滞纳金同时强制执行。

进出境物品的纳税义务人，应当在物品放行前缴纳税款。

第六十一条　进出口货物的纳税义务人在规定的纳税期限内有明显的转移、藏匿其应税货物以及其他财产迹象的，海关可以责令纳税义务人提供担保；纳税义务人不能提供纳税担保的，经直属海关关长或者其授权的隶属海关关长批准，海关可以采取下列税收保全措施：

（一）书面通知纳税义务人开户银行或者其他金融机构暂停支付纳税义务人相当于应纳税款的存款；

（二）扣留纳税义务人价值相当于应纳税款的货物或者其他财产。

纳税义务人在规定的纳税期限内缴纳税款的，海关必须立即解除税收保全措施；期限届满仍未缴纳税款的，经直属海关关长或者其授权的隶属海关关长批准，海关可以书面通知纳税义务人开户银行或者其他金融机构从其暂停支付的存款中扣缴税款，或者依法变卖所扣留的货物或者其他财产，以变卖所得抵缴税款。

采取税收保全措施不当，或者纳税义务人在规定期限内已缴纳税款，海关未立即解除税收保全措施，致使纳税义务人的合法权益受到损失的，海关应当依法承担赔偿责任。

第六十二条　进出口货物、进出境物品放行后，海关发现少征或者漏征税款，应当自缴纳税款或者货物、物品放行之日起一年内，向纳税义务人补征。因纳税义务人违反规定而造成的少征或者漏征，海关在三年以内可以追征。

第六十三条　海关多征的税款，海关发现后应当立即退还；纳税义务人自缴纳税款之日起一年内，可以要求海关退还。

第六十四条　纳税义务人同海关发生纳税争议时，应当缴纳税款，并可以依法申请行政复议；对复议决定仍不服的，可以依法向人民法院提起诉讼。

第六十五条　进口环节海关代征税的征收管理，适用关税征收管理的规定。

第六章　海关事务担保

第六十六条　在确定货物的商品归类、估价和提供有效报关单证或者办结其他海关手续前，收发货人要求放行货物的，海关应当在其提供与其依法应当履行的法律义务相适应的担保后放行。法律、行政法规规定可以免除担保的除外。

法律、行政法规对履行海关义务的担保另有规定的，从其规定。

国家对进出境货物、物品有限制性规定，应当提供许可证件而不能提供的，以及法律、行政法规规定不得担保的其他情形，海关不得办理担保放行。

第六十七条　具有履行海关事务担保能力的法人、其他组织或者公民，可以成为担保人。法律规定不得为担保人的除外。

第六十八条 担保人可以以下列财产、权利提供担保：

（一）人民币、可自由兑换货币；

（二）汇票、本票、支票、债券、存单；

（三）银行或者非银行金融机构的保函；

（四）海关依法认可的其他财产、权利。

第六十九条 担保人应当在担保期限内承担担保责任。担保人履行担保责任的，不免除被担保人应当办理有关海关手续的义务。

第七十条 海关事务担保管理办法，由国务院规定。

第七章 执法监督

第七十一条 海关履行职责，必须遵守法律，维护国家利益，依照法定职权和法定程序严格执法，接受监督。

第七十二条 海关工作人员必须秉公执法，廉洁自律，忠于职守，文明服务，不得有下列行为：

（一）包庇、纵容走私或者与他人串通进行走私；

（二）非法限制他人人身自由，非法检查他人身体、住所或者场所，非法检查、扣留进出境运输工具、货物、物品；

（三）利用职权为自己或者他人谋取私利；

（四）索取、收受贿赂；

（五）泄露国家秘密、商业秘密和海关工作秘密；

（六）滥用职权，故意刁难，拖延监管、查验；

（七）购买、私分、占用没收的走私货物、物品；

（八）参与或者变相参与营利性经营活动；

（九）违反法定程序或者超越权限执行职务；

（十）其他违法行为。

第七十三条 海关应当根据依法履行职责的需要，加强队伍建设，使海关工作人员具有良好的政治、业务素质。

海关专业人员应当具有法律和相关专业知识，符合海关规定的专业岗位任职要求。

海关招收工作人员应当按照国家规定，公开考试，严格考核，择优录用。

海关应当有计划地对其工作人员进行政治思想、法制、海关业务培训和考核。海关工作人员必须定期接受培训和考核，经考核不合格的，不得继续上岗执行职务。

第七十四条 海关总署应当实行海关关长定期交流制度。

海关关长定期向上一级海关述职，如实陈述其执行职务情况。海关总署应当定期对直属海关关长进行考核，直属海关应当定期对隶属海关关长进行考核。

第七十五条 海关及其工作人员的行政执法活动，依法接受监察机关的监督；缉私警察进行侦查活动，依法接受人民检察院的监督。

第七十六条 审计机关依法对海关的财政收支进行审计监督，对海关办理的与国家财政收支有关的事项，有权进行专项审计调查。

第七十七条 上级海关应当对下级海关的执法活动依法进行监督。上级海关认为下级海关作出的处理或者决定不适当的，可以依法予以变更或者撤销。

第七十八条 海关应当依照本法和其他有关法律、行政法规的规定，建立健全内部监督制度，对其工作人员执行法律、行政法规和遵守纪律的情况，进行监督检查。

第七十九条　海关内部负责审单、查验、放行、稽查和调查等主要岗位的职责权限应当明确，并相互分离、相互制约。

第八十条　任何单位和个人均有权对海关及其工作人员的违法、违纪行为进行控告、检举。收到控告、检举的机关有权处理的，应当依法按照职责分工及时查处。收到控告、检举的机关和负责查处的机关应当为控告人、检举人保密。

第八十一条　海关工作人员在调查处理违法案件时，遇有下列情形之一的，应当回避：

（一）是本案的当事人或者是当事人的近亲属；

（二）本人或者其近亲属与本案有利害关系；

（三）与本案当事人有其他关系，可能影响案件公正处理的。

第八章　法律责任

第八十二条　违反本法及有关法律、行政法规，逃避海关监管，偷逃应纳税款、逃避国家有关进出境的禁止性或者限制性管理，有下列情形之一的，是走私行为：

（一）运输、携带、邮寄国家禁止或者限制进出境货物、物品或者依法应当缴纳税款的货物、物品进出境的；

（二）未经海关许可并且未缴纳应纳税款、交验有关许可证件，擅自将保税货物、特定减免税货物以及其他海关监管货物、物品、进境的境外运输工具，在境内销售的；

（三）有逃避海关监管，构成走私的其他行为的。

有前款所列行为之一，尚不构成犯罪的，由海关没收走私货物、物品及违法所得，可以并处罚款；专门或者多次用于掩护走私的货物、物品，专门或者多次用于走私的运输工具，予以没收，藏匿走私货物、物品的特制设备，责令拆毁或者没收。

有第一款所列行为之一，构成犯罪的，依法追究刑事责任。

第八十三条　有下列行为之一的，按走私行为论处，依照本法第八十二条的规定处罚：

（一）直接向走私人非法收购走私进口的货物、物品的；

（二）在内海、领海、界河、界湖，船舶及所载人员运输、收购、贩卖国家禁止或者限制进出境的货物、物品，或者运输、收购、贩卖依法应当缴纳税款的货物，没有合法证明的。

第八十四条　伪造、变造、买卖海关单证，与走私人通谋为走私人提供贷款、资金、账号、发票、证明、海关单证，与走私人通谋为走私人提供运输、保管、邮寄或者其他方便，构成犯罪的，依法追究刑事责任；尚不构成犯罪的，由海关没收违法所得，并处罚款。

第八十五条　个人携带、邮寄超过合理数量的自用物品进出境，未依法向海关申报的，责令补缴关税，可以处以罚款。

第八十六条　违反本法规定有下列行为之一的，可以处以罚款，有违法所得的，没收违法所得：

（一）运输工具不经设立海关的地点进出境的；

（二）不将进出境运输工具到达的时间、停留的地点或者更换的地点通知海关的；

（三）进出口货物、物品或者过境、转运、通运货物向海关申报不实的；

（四）不按照规定接受海关对进出境运输工具、货物、物品进行检查、查验的；

（五）进出境运输工具未经海关同意，擅自装卸进出境货物、物品或者上下进出境旅客的；

（六）在设立海关的地点停留的进出境运输工具未经海关同意，擅自驶离的；

（七）进出境运输工具从一个设立海关的地点驶往另一个设立海关的地点，尚未办结海关手续又未经海关批准，中途擅自改驶境外或者境内未设立海关的地点的；

（八）进出境运输工具，不符合海关监管要求或者未向海关办理手续，擅自兼营或者改营境内运输的；

（九）由于不可抗力的原因，进出境船舶和航空器被迫在未设立海关的地点停泊、降落或者在境内抛掷、起卸货物、物品，无正当理由，不向附近海关报告的；

（十）未经海关许可，擅自将海关监管货物开拆、提取、交付、发运、调换、改装、抵押、质押、留置、转让、更换标记、移作他用或者进行其他处置的；

（十一）擅自开启或者损毁海关封志的；

（十二）经营海关监管货物的运输、储存、加工等业务，有关货物灭失或者有关记录不真实，不能提供正当理由的；

（十三）有违反海关监管规定的其他行为的。

第八十七条 海关准予从事有关业务的企业，违反本法有关规定的，由海关责令改正，可以给予警告，暂停其从事有关业务，直至撤销注册。

第八十八条 未向海关备案从事报关业务的，海关可以处以罚款。

第八十九条 报关企业非法代理他人报关的，由海关责令改正，处以罚款；情节严重的，禁止其从事报关活动。

报关人员非法代理他人报关的，由海关责令改正，处以罚款。

第九十条 进出口货物收发货人、报关企业向海关工作人员行贿的，由海关禁止其从事报关活动，并处以罚款；构成犯罪的，依法追究刑事责任。

报关人员向海关工作人员行贿的，处以罚款；构成犯罪的，依法追究刑事责任。

第九十一条 违反本法规定进出口侵犯中华人民共和国法律、行政法规保护的知识产权的货物的，由海关依法没收侵权货物，并处以罚款；构成犯罪的，依法追究刑事责任。

第九十二条 海关依法扣留的货物、物品、运输工具，在人民法院判决或者海关处罚决定作出之前，不得处理。但是，危险品或者鲜活、易腐、易失效等不宜长期保存的货物、物品以及所有人申请先行变卖的货物、物品、运输工具，经直属海关关长或者其授权的隶属海关关长批准，可以先行依法变卖，变卖所得价款由海关保存，并通知其所有人。

人民法院判决没收或者海关决定没收的走私货物、物品、违法所得、走私运输工具、特制设备，由海关依法统一处理，所得价款和海关决定处以的罚款，全部上缴中央国库。

第九十三条 当事人逾期不履行海关的处罚决定又不申请复议或者向人民法院提起诉讼的，作出处罚决定的海关可以将其保证金抵缴或者将其被扣留的货物、物品、运输工具依法变价抵缴，也可以申请人民法院强制执行。

第九十四条 海关在查验进出境货物、物品时，损坏被查验的货物、物品的，应当赔偿实际损失。

第九十五条 海关违法扣留货物、物品、运输工具，致使当事人的合法权益受到损失的，应当依法承担赔偿责任。

第九十六条 海关工作人员有本法第七十二条所列行为之一的，依法给予行政处分；有违法所得的，依法没收违法所得；构成犯罪的，依法追究刑事责任。

第九十七条 海关的财政收支违反法律、行政法规规定的，由审计机关以及有关部门依照法律、行政法规的规定作出处理；对直接负责的主管人员和其他直接责任人员，依法给予行政处分；构成犯罪的，依法追究刑事责任。

第九十八条 未按照本法规定为控告人、检举人、举报人保密的，对直接负责的主管人员和其他直接责任人员，由所在单位或者有关单位依法给予行政处分。

第九十九条 海关工作人员在调查处理违法案件时，未按照本法规定进行回避的，对直接负责的主管人员和其他直接责任人员，依法给予行政处分。

<h3 style="text-align:center">第九章　附　则</h3>

第一百条　本法下列用语的含义：

直属海关，是指直接由海关总署领导，负责管理一定区域范围内的海关业务的海关；隶属海关，是指由直属海关领导，负责办理具体海关业务的海关。

进出境运输工具，是指用以载运人员、货物、物品进出境的各种船舶、车辆、航空器和驮畜。

过境、转运和通运货物，是指由境外启运、通过中国境内继续运往境外的货物。其中，通过境内陆路运输的，称过境货物；在境内设立海关的地点换装运输工具，而不通过境内陆路运输的，称转运货物；由船舶、航空器载运进境并由原装运输工具载运出境的，称通运货物。

海关监管货物，是指本法第二十三条所列的进出口货物，过境、转运、通运货物，特定减免税货物，以及暂时进出口货物、保税货物和其他尚未办结海关手续的进出境货物。

保税货物，是指经海关批准未办理纳税手续进境，在境内储存、加工、装配后复运出境的货物。

海关监管区，是指设立海关的港口、车站、机场、国界孔道、国际邮件互换局（交换站）和其他有海关监管业务的场所，以及虽未设立海关，但是经国务院批准的进出境地点。

第一百零一条　经济特区等特定地区同境内其他地区之间往来的运输工具、货物、物品的监管办法，由国务院另行规定。

第一百零二条　本法自1987年7月1日起施行。1951年4月18日中央人民政府公布的《中华人民共和国暂行海关法》同时废止。

中华人民共和国进出境动植物检疫法

（1991年10月30日第七届全国人民代表大会常务委员会第二十二次会议通过，1991年10月30日中华人民共和国主席令第五十三号公布，根据2009年8月27日中华人民共和国主席令第十八号第十一届全国人民代表大会常务委员会第十次会议《关于修改部分法律的决定》修正）

<h2 style="text-align:center">目　录</h2>

第一章　总　则
第二章　进境检疫
第三章　出境检疫
第四章　过境检疫
第五章　携带、邮寄物检疫
第六章　运输工具检疫
第七章　法律责任
第八章　附　则

<h3 style="text-align:center">第一章　总　则</h3>

第一条　为防止动物传染病、寄生虫病和植物危险性病、虫、杂草以及其他有害生物（以下简称病虫害）传入、传出国境，保护农、林、牧、渔业生产和人体健康，促进对外经济贸易的发展，制定本法。

第二条　进出境的动植物、动植物产品和其他检疫物，装载动植物、动植物产品和其他检疫物的装载容器、包装物，以及来自动植物疫区的运输工具，依照本法规定实施检疫。

第三条　国务院设立动植物检疫机关（以下简称国家动植物检疫机关），统一管理全国进出境动植物检疫工作。国家动植物检疫机关在对外开放的口岸和进出境动植物检疫业务集中的地点设立的口岸动植物检疫机关，依照本法规定实施进出境动植物检疫。

贸易性动物产品出境的检疫机关，由国务院根据情况规定。

国务院农业行政主管部门主管全国进出境动植物检疫工作。

第四条　口岸动植物检疫机关在实施检疫时可以行使下列职权：

（一）依照本法规定登船、登车、登机实施检疫；

（二）进入港口、机场、车站、邮局以及检疫物的存放、加工、养殖、种植场所实施检疫，并依照规定采样；

（三）根据检疫需要，进入有关生产、仓库等场所，进行疫情监测、调查和检疫监督管理；

（四）查阅、复制、摘录与检疫物有关的运行日志、货运单、合同、发票及其他单证。

第五条　国家禁止下列各物进境：

（一）动植物病原体（包括菌种、毒种等）、害虫及其他有害生物；

（二）动植物疫情流行的国家和地区的有关动植物、动植物产品和其他检疫物；

（三）动物尸体；

（四）土壤。

口岸动植物检疫机关发现有前款规定的禁止进境物的，作退回或者销毁处理。

因科学研究等特殊需要引进本条第一款规定的禁止进境物的，必须事先提出申请，经国家动植物检疫机关批准。

本条第一款第二项规定的禁止进境物的名录，由国务院农业行政主管部门制定并公布。

第六条　国外发生重大动植物疫情并可能传入中国时，国务院应当采取紧急预防措施，必要时可以下令禁止来自动植物疫区的运输工具进境或者封锁有关口岸；受动植物疫情威胁地区的地方人民政府和有关口岸动植物检疫机关，应当立即采取紧急措施，同时向上级人民政府和国家动植物检疫机关报告。

邮电、运输部门对重大动植物疫情报告和送检材料应当优先传送。

第七条　国家动植物检疫机关和口岸动植物检疫机关对进出境动植物、动植物产品的生产、加工、存放过程，实行检疫监督制度。

第八条　口岸动植物检疫机关在港口、机场、车站、邮局执行检疫任务时，海关、交通、民航、铁路、邮电等有关部门应当配合。

第九条　动植物检疫机关检疫人员必须忠于职守，秉公执法。动植物检疫机关检疫人员依法执行公务，任何单位和个人不得阻挠。

第二章　进境检疫

第十条　输入动物、动物产品、植物种子、种苗及其他繁殖材料的，必须事先提出申请，办理检疫审批手续。

第十一条　通过贸易、科技合作、交换、赠送、援助等方式输入动植物、动植物产品和其他检疫物的，应当在合同或者协议中订明中国法定的检疫要求，并订明必须附有输出国家或者地区政府动植物检疫机关出具的检疫证书。

第十二条　货主或者其代理人应当在动植物、动植物产品和其他检疫物进境前或者进境时持输出国家或者地区的检疫证书、贸易合同等单证，向进境口岸动植物检疫机关报检。

第十三条 装载动物的运输工具抵达口岸时，口岸动植物检疫机关应当采取现场预防措施，对上下运输工具或者接近动物的人员、装载动物的运输工具和被污染的场地作防疫消毒处理。

第十四条 输入动植物、动植物产品和其他检疫物，应当在进境口岸实施检疫。未经口岸动植物检疫机关同意，不得卸离运输工具。

输入动植物，需隔离检疫的，在口岸动植物检疫机关指定的隔离场所检疫。

因口岸条件限制等原因，可以由国家动植物检疫机关决定将动植物、动植物产品和其他检疫物运往指定地点检疫。在运输、装卸过程中，货主或者其代理人应当采取防疫措施。指定的存放、加工和隔离饲养或者隔离种植的场所，应当符合动植物检疫和防疫的规定。

第十五条 输入动植物、动植物产品和其他检疫物，经检疫合格的，准予进境；海关凭口岸动植物检疫机关签发的检疫单证或者在报关单上加盖的印章验放。

输入动植物、动植物产品和其他检疫物，需调离海关监管区检疫的，海关凭口岸动植物检疫机关签发的《检疫调离通知单》验放。

第十六条 输入动物，经检疫不合格的，由口岸动植物检疫机关签发《检疫处理通知单》，通知货主或者其代理人作如下处理：

（一）检出一类传染病、寄生虫病的动物，连同其同群动物全群退回或者全群扑杀并销毁尸体；

（二）检出二类传染病、寄生虫病的动物，退回或者扑杀，同群其他动物在隔离场或者其他指定地点隔离观察。

输入动物产品和其他检疫物经检疫不合格的，由口岸动植物检疫机关签发《检疫处理通知单》，通知货主或者其代理人作除害、退回或者销毁处理。经除害处理合格的，准予进境。

第十七条 输入植物、植物产品和其他检疫物，经检疫发现有植物危险性病、虫、杂草的，由口岸动植物检疫机关签发《检疫处理通知单》，通知货主或者其代理人作除害、退回或者销毁处理。经除害处理合格的，准予进境。

第十八条 本法第十六条第一款第一项、第二项所称一类、二类动物传染病、寄生虫病的名录和本法第十七条所称植物危险性病、虫、杂草的名录，由国务院农业行政主管部门制定并公布。

第十九条 输入动植物、动植物产品和其他检疫物，经检疫发现有本法第十八条规定的名录之外，对农、林、牧、渔业有严重危害的其他病虫害的，由口岸动植物检疫机关依照国务院农业行政主管部门的规定，通知货主或者其代理人作除害、退回或者销毁处理。经除害处理合格的，准予进境。

第三章　出境检疫

第二十条 货主或者其代理人在动植物、动植物产品和其他检疫物出境前，向口岸动植物检疫机关报检。

出境前需经隔离检疫的动物，在口岸动植物检疫机关指定的隔离场所检疫。

第二十一条 输出动植物、动植物产品和其他检疫物，由口岸动植物检疫机关实施检疫，经检疫合格或者经除害处理合格的，准予出境；海关凭口岸动植物检疫机关签发的检疫证书或者在报关单上加盖的印章验放。检疫不合格又无有效方法作除害处理的，不准出境。

第二十二条 经检疫合格的动植物、动植物产品和其他检疫物，有下列情形之一的，货主或者其代理人应当重新报检：

（一）更改输入国家或者地区，更改后的输入国家或者地区又有不同检疫要求的；

（二）改换包装或者原未拼装后来拼装的；

（三）超过检疫规定有效期限的。

第四章　过境检疫

第二十三条　要求运输动物过境的，必须事先商得中国国家动植物检疫机关同意，并按照指定的口岸和路线过境。装载过境动物的运输工具、装载容器、饲料和铺垫材料，必须符合中国动植物检疫的规定。

第二十四条　运输动植物、动植物产品和其他检疫物过境的，由承运人或者押运人持货运单和输出国家或者地区政府动植物检疫机关出具的检疫证书，在进境时向口岸动植物检疫机关报检，出境口岸不再检疫。

第二十五条　过境的动物经检疫合格的，准予过境；发现有本法第十八条规定的名录所列的动物传染病、寄生虫病的，全群动物不准过境。

过境动物的饲料受病虫害污染的，作除害、不准过境或者销毁处理。

过境的动物的尸体、排泄物、铺垫材料及其他废弃物，必须按照动植物检疫机关的规定处理，不得擅自抛弃。

第二十六条　对过境植物、动植物产品和其他检疫物，口岸动植物检疫机关检查运输工具或者包装，经检疫合格的，准予过境；发现有本法第十八条规定的名录所列的病虫害的，作除害处理或者不准过境。

第二十七条　动植物、动植物产品和其他检疫物过境期间，未经动植物检疫机关批准，不得开拆包装或者卸离运输工具。

第五章　携带、邮寄物检疫

第二十八条　携带、邮寄植物种子、种苗及其他繁殖材料进境的，必须事先提出申请，办理检疫审批手续。

第二十九条　禁止携带、邮寄进境的动植物、动植物产品和其他检疫物的名录，由国务院农业行政主管部门制定并公布。

携带、邮寄前款规定的名录所列的动植物、动植物产品和其他检疫物进境的，作退回或者销毁处理。

第三十条　携带本法第二十九条规定的名录以外的动植物、动植物产品和其他检疫物进境的，在进境时向海关申报并接受口岸动植物检疫机关检疫。

携带动物进境的，必须持有输出国家或者地区的检疫证书等证件。

第三十一条　邮寄本法第二十九条规定的名录以外的动植物、动植物产品和其他检疫物进境的，由口岸动植物检疫机关在国际邮件互换局实施检疫，必要时可以取回口岸动植物检疫机关检疫；未经检疫不得运递。

第三十二条　邮寄进境的动植物、动植物产品和其他检疫物，经检疫或者除害处理合格后放行；经检疫不合格又无有效方法作除害处理的，作退回或者销毁处理，并签发《检疫处理通知单》。

第三十三条　携带、邮寄出境的动植物、动植物产品和其他检疫物，物主有检疫要求的，由口岸动植物检疫机关实施检疫。

第六章　运输工具检疫

第三十四条　来自动植物疫区的船舶、飞机、火车抵达口岸时，由口岸动植物检疫机关实施检疫。发现有本法第十八条规定的名录所列的病虫害的，作不准带离运输工具、除害、封存或者销毁处理。

第三十五条 进境的车辆，由口岸动植物检疫机关作防疫消毒处理。

第三十六条 进出境运输工具上的泔水、动植物性废弃物，依照口岸动植物检疫机关的规定处理，不得擅自抛弃。

第三十七条 装载出境的动植物、动植物产品和其他检疫物的运输工具，应当符合动植物检疫和防疫的规定。

第三十八条 进境供拆船用的废旧船舶，由口岸动植物检疫机关实施检疫，发现有本法第十八条规定的名录所列的病虫害的，作除害处理。

第七章 法律责任

第三十九条 违反本法规定，有下列行为之一的，由口岸动植物检疫机关处以罚款：

（一）未报检或者未依法办理检疫审批手续的；

（二）未经口岸动植物检疫机关许可擅自将进境动植物、动植物产品或者其他检疫物卸离运输工具或者运递的；

（三）擅自调离或者处理在口岸动植物检疫机关指定的隔离场所中隔离检疫的动植物的。

第四十条 报检的动植物、动植物产品或者其他检疫物与实际不符的，由口岸动植物检疫机关处以罚款；已取得检疫单证的，予以吊销。

第四十一条 违反本法规定，擅自开拆过境动植物、动植物产品或者其他检疫物的包装的，擅自将过境动植物、动植物产品或者其他检疫物卸离运输工具的，擅自抛弃过境动物的尸体、排泄物、铺垫材料或者其他废弃物的，由动植物检疫机关处以罚款。

第四十二条 违反本法规定，引起重大动植物疫情的，依照刑法有关规定追究刑事责任。

第四十三条 伪造、变造检疫单证、印章、标志、封识，依照刑法有关规定追究刑事责任。

第四十四条 当事人对动植物检疫机关的处罚决定不服的，可以在接到处罚通知之日起十五日内向作出处罚决定的机关的上一级机关申请复议；当事人也可以在接到处罚通知之日起十五日内直接向人民法院起诉。

复议机关应当在接到复议申请之日起六十日内作出复议决定。当事人对复议决定不服的，可以在接到复议决定之日起十五日内向人民法院起诉。复议机关逾期不作出复议决定的，当事人可以在复议期满之日起十五日内向人民法院起诉。

当事人逾期不申请复议也不向人民法院起诉，又不履行处罚决定的，作出处罚决定的机关可以申请人民法院强制执行。

第四十五条 动植物检疫机关检疫人员滥用职权，徇私舞弊，伪造检疫结果，或者玩忽职守，延误检疫出证，构成犯罪的，依法追究刑事责任；不构成犯罪的，给予行政处分。

第八章 附 则

第四十六条 本法下列用语的含义是：

（一）"动物"是指饲养、野生的活动物，如畜、禽、兽、蛇、龟、鱼、虾、蟹、贝、蚕、蜂等；

（二）"动物产品"是指来源于动物未经加工或者虽经加工但仍有可能传播疫病的产品，如生皮张、毛类、肉类、脏器、油脂、动物水产品、奶制品、蛋类、血液、精液、胚胎、骨、蹄、角等；

（三）"植物"是指栽培植物、野生植物及其种子、种苗及其他繁殖材料等；

（四）"植物产品"是指来源于植物未经加工或者虽经加工但仍有可能传播病虫害的产品，如粮食、豆、棉花、油、麻、烟草、籽仁、干果、鲜果、蔬菜、生药材、木材、饲料等；

（五）"其他检疫物"是指动物疫苗、血清、诊断液、动植物性废弃物等。

第四十七条 中华人民共和国缔结或者参加的有关动植物检疫的国际条约与本法有不同规定的，适用该国际条约的规定。但是，中华人民共和国声明保留的条款除外。

第四十八条 口岸动植物检疫机关实施检疫依照规定收费。收费办法由国务院农业行政主管部门会同国务院物价等有关主管部门制定。

第四十九条 国务院根据本法制定实施条例。

第五十条 本法自1992年4月1日起施行。1982年6月4日国务院发布的《中华人民共和国进出口动植物检疫条例》同时废止。

中华人民共和国生物安全法

（2020年10月17日第十三届全国人民代表大会常务委员会第二十二次会议通过，2020年10月17日中华人民共和国主席令第五十六号公布，自2021年4月15日起施行）

目　录

第一章　总　则
第二章　生物安全风险防控体制
第三章　防控重大新发突发传染病、动植物疫情
第四章　生物技术研究、开发与应用安全
第五章　病原微生物实验室生物安全
第六章　人类遗传资源与生物资源安全
第七章　防范生物恐怖与生物武器威胁
第八章　生物安全能力建设
第九章　法律责任
第十章　附　则

第一章　总　则

第一条 为了维护国家安全，防范和应对生物安全风险，保障人民生命健康，保护生物资源和生态环境，促进生物技术健康发展，推动构建人类命运共同体，实现人与自然和谐共生，制定本法。

第二条 本法所称生物安全，是指国家有效防范和应对危险生物因子及相关因素威胁，生物技术能够稳定健康发展，人民生命健康和生态系统相对处于没有危险和不受威胁的状态，生物领域具备维护国家安全和持续发展的能力。

从事下列活动，适用本法：

（一）防控重大新发突发传染病、动植物疫情；

（二）生物技术研究、开发与应用；

（三）病原微生物实验室生物安全管理；

（四）人类遗传资源与生物资源安全管理；

（五）防范外来物种入侵与保护生物多样性；

（六）应对微生物耐药；

（七）防范生物恐怖袭击与防御生物武器威胁；

（八）其他与生物安全相关的活动。

第三条 生物安全是国家安全的重要组成部分。维护生物安全应当贯彻总体国家安全观，统筹发展和安全，坚持以人为本、风险预防、分类管理、协同配合的原则。

第四条 坚持中国共产党对国家生物安全工作的领导，建立健全国家生物安全领导体制，加强国家生物安全风险防控和治理体系建设，提高国家生物安全治理能力。

第五条 国家鼓励生物科技创新，加强生物安全基础设施和生物科技人才队伍建设，支持生物产业发展，以创新驱动提升生物科技水平，增强生物安全保障能力。

第六条 国家加强生物安全领域的国际合作，履行中华人民共和国缔结或者参加的国际条约规定的义务，支持参与生物科技交流合作与生物安全事件国际救援，积极参与生物安全国际规则的研究与制定，推动完善全球生物安全治理。

第七条 各级人民政府及其有关部门应当加强生物安全法律法规和生物安全知识宣传普及工作，引导基层群众性自治组织、社会组织开展生物安全法律法规和生物安全知识宣传，促进全社会生物安全意识的提升。

相关科研院校、医疗机构以及其他企业事业单位应当将生物安全法律法规和生物安全知识纳入教育培训内容，加强学生、从业人员生物安全意识和伦理意识的培养。

新闻媒体应当开展生物安全法律法规和生物安全知识公益宣传，对生物安全违法行为进行舆论监督，增强公众维护生物安全的社会责任意识。

第八条 任何单位和个人不得危害生物安全。

任何单位和个人有权举报危害生物安全的行为；接到举报的部门应当及时依法处理。

第九条 对在生物安全工作中作出突出贡献的单位和个人，县级以上人民政府及其有关部门按照国家规定予以表彰和奖励。

第二章 生物安全风险防控体制

第十条 中央国家安全领导机构负责国家生物安全工作的决策和议事协调，研究制定、指导实施国家生物安全战略和有关重大方针政策，统筹协调国家生物安全的重大事项和重要工作，建立国家生物安全工作协调机制。

省、自治区、直辖市建立生物安全工作协调机制，组织协调、督促推进本行政区域内生物安全相关工作。

第十一条 国家生物安全工作协调机制由国务院卫生健康、农业农村、科学技术、外交等主管部门和有关军事机关组成，分析研判国家生物安全形势，组织协调、督促推进国家生物安全相关工作。国家生物安全工作协调机制设立办公室，负责协调机制的日常工作。

国家生物安全工作协调机制成员单位和国务院其他有关部门根据职责分工，负责生物安全相关工作。

第十二条 国家生物安全工作协调机制设立专家委员会，为国家生物安全战略研究、政策制定及实施提供决策咨询。

国务院有关部门组织建立相关领域、行业的生物安全技术咨询专家委员会，为生物安全工作提供咨询、评估、论证等技术支撑。

第十三条 地方各级人民政府对本行政区域内生物安全工作负责。

县级以上地方人民政府有关部门根据职责分工，负责生物安全相关工作。

基层群众性自治组织应当协助地方人民政府以及有关部门做好生物安全风险防控、应急处置和宣传教育等工作。

有关单位和个人应当配合做好生物安全风险防控和应急处置等工作。

第十四条 国家建立生物安全风险监测预警制度。国家生物安全工作协调机制组织建立国家生物安全风险监测预警体系，提高生物安全风险识别和分析能力。

第十五条 国家建立生物安全风险调查评估制度。国家生物安全工作协调机制应当根据风险监测的数据、资料等信息，定期组织开展生物安全风险调查评估。

有下列情形之一的，有关部门应当及时开展生物安全风险调查评估，依法采取必要的风险防控措施：

（一）通过风险监测或者接到举报发现可能存在生物安全风险；

（二）为确定监督管理的重点领域、重点项目，制定、调整生物安全相关名录或者清单；

（三）发生重大新发突发传染病、动植物疫情等危害生物安全的事件；

（四）需要调查评估的其他情形。

第十六条 国家建立生物安全信息共享制度。国家生物安全工作协调机制组织建立统一的国家生物安全信息平台，有关部门应当将生物安全数据、资料等信息汇交国家生物安全信息平台，实现信息共享。

第十七条 国家建立生物安全信息发布制度。国家生物安全总体情况、重大生物安全风险警示信息、重大生物安全事件及其调查处理信息等重大生物安全信息，由国家生物安全工作协调机制成员单位根据职责分工发布；其他生物安全信息由国务院有关部门和县级以上地方人民政府及其有关部门根据职责权限发布。

任何单位和个人不得编造、散布虚假的生物安全信息。

第十八条 国家建立生物安全名录和清单制度。国务院及其有关部门根据生物安全工作需要，对涉及生物安全的材料、设备、技术、活动、重要生物资源数据、传染病、动植物疫病、外来入侵物种等制定、公布名录或者清单，并动态调整。

第十九条 国家建立生物安全标准制度。国务院标准化主管部门和国务院其他有关部门根据职责分工，制定和完善生物安全领域相关标准。

国家生物安全工作协调机制组织有关部门加强不同领域生物安全标准的协调和衔接，建立和完善生物安全标准体系。

第二十条 国家建立生物安全审查制度。对影响或者可能影响国家安全的生物领域重大事项和活动，由国务院有关部门进行生物安全审查，有效防范和化解生物安全风险。

第二十一条 国家建立统一领导、协同联动、有序高效的生物安全应急制度。

国务院有关部门应当组织制定相关领域、行业生物安全事件应急预案，根据应急预案和统一部署开展应急演练、应急处置、应急救援和事后恢复等工作。

县级以上地方人民政府及其有关部门应当制定并组织、指导和督促相关企业事业单位制定生物安全事件应急预案，加强应急准备、人员培训和应急演练，开展生物安全事件应急处置、应急救援和事后恢复等工作。

中国人民解放军、中国人民武装警察部队按照中央军事委员会的命令，依法参加生物安全事件应急处置和应急救援工作。

第二十二条 国家建立生物安全事件调查溯源制度。发生重大新发突发传染病、动植物疫情和不明原因的生物安全事件，国家生物安全工作协调机制应当组织开展调查溯源，确定事件性质，全面评估事件影响，提出意见建议。

第二十三条　国家建立首次进境或者暂停后恢复进境的动植物、动植物产品、高风险生物因子国家准入制度。

进出境的人员、运输工具、集装箱、货物、物品、包装物和国际航行船舶压舱水排放等应当符合我国生物安全管理要求。

海关对发现的进出境和过境生物安全风险，应当依法处置。经评估为生物安全高风险的人员、运输工具、货物、物品等，应当从指定的国境口岸进境，并采取严格的风险防控措施。

第二十四条　国家建立境外重大生物安全事件应对制度。境外发生重大生物安全事件的，海关依法采取生物安全紧急防控措施，加强证件核验，提高查验比例，暂停相关人员、运输工具、货物、物品等进境。必要时经国务院同意，可以采取暂时关闭有关口岸、封锁有关国境等措施。

第二十五条　县级以上人民政府有关部门应当依法开展生物安全监督检查工作，被检查单位和个人应当配合，如实说明情况，提供资料，不得拒绝、阻挠。

涉及专业技术要求较高、执法业务难度较大的监督检查工作，应当有生物安全专业技术人员参加。

第二十六条　县级以上人民政府有关部门实施生物安全监督检查，可以依法采取下列措施：

（一）进入被检查单位、地点或者涉嫌实施生物安全违法行为的场所进行现场监测、勘查、检查或者核查；

（二）向有关单位和个人了解情况；

（三）查阅、复制有关文件、资料、档案、记录、凭证等；

（四）查封涉嫌实施生物安全违法行为的场所、设施；

（五）扣押涉嫌实施生物安全违法行为的工具、设备以及相关物品；

（六）法律法规规定的其他措施。

有关单位和个人的生物安全违法信息应当依法纳入全国信用信息共享平台。

第三章　防控重大新发突发传染病、动植物疫情

第二十七条　国务院卫生健康、农业农村、林业草原、海关、生态环境主管部门应当建立新发突发传染病、动植物疫情、进出境检疫、生物技术环境安全监测网络，组织监测站点布局、建设，完善监测信息报告系统，开展主动监测和病原检测，并纳入国家生物安全风险监测预警体系。

第二十八条　疾病预防控制机构、动物疫病预防控制机构、植物病虫害预防控制机构（以下统称专业机构）应当对传染病、动植物疫病和列入监测范围的不明原因疾病开展主动监测，收集、分析、报告监测信息，预测新发突发传染病、动植物疫病的发生、流行趋势。

国务院有关部门、县级以上地方人民政府及其有关部门应当根据预测和职责权限及时发布预警，并采取相应的防控措施。

第二十九条　任何单位和个人发现传染病、动植物疫病的，应当及时向医疗机构、有关专业机构或者部门报告。

医疗机构、专业机构及其工作人员发现传染病、动植物疫病或者不明原因的聚集性疾病的，应当及时报告，并采取保护性措施。

依法应当报告的，任何单位和个人不得瞒报、谎报、缓报、漏报，不得授意他人瞒报、谎报、缓报，不得阻碍他人报告。

第三十条　国家建立重大新发突发传染病、动植物疫情联防联控机制。

发生重大新发突发传染病、动植物疫情，应当依照有关法律法规和应急预案的规定及时采取控制措施；国务院卫生健康、农业农村、林业草原主管部门应当立即组织疫情会商研判，将会商研判结论向中央国家安全领导机构和国务院报告，并通报国家生物安全工作协调机制其他成员单位和国务院其他有关部门。

发生重大新发突发传染病、动植物疫情，地方各级人民政府统一履行本行政区域内疫情防控职责，加强组织领导，开展群防群控、医疗救治，动员和鼓励社会力量依法有序参与疫情防控工作。

第三十一条　国家加强国境、口岸传染病和动植物疫情联合防控能力建设，建立传染病、动植物疫情防控国际合作网络，尽早发现、控制重大新发突发传染病、动植物疫情。

第三十二条　国家保护野生动物，加强动物防疫，防止动物源性传染病传播。

第三十三条　国家加强对抗生素药物等抗微生物药物使用和残留的管理，支持应对微生物耐药的基础研究和科技攻关。

县级以上人民政府卫生健康主管部门应当加强对医疗机构合理用药的指导和监督，采取措施防止抗微生物药物的不合理使用。县级以上人民政府农业农村、林业草原主管部门应当加强对农业生产中合理用药的指导和监督，采取措施防止抗微生物药物的不合理使用，降低在农业生产环境中的残留。

国务院卫生健康、农业农村、林业草原、生态环境等主管部门和药品监督管理部门应当根据职责分工，评估抗微生物药物残留对人体健康、环境的危害，建立抗微生物药物污染物指标评价体系。

第四章　生物技术研究、开发与应用安全

第三十四条　国家加强对生物技术研究、开发与应用活动的安全管理，禁止从事危及公众健康、损害生物资源、破坏生态系统和生物多样性等危害生物安全的生物技术研究、开发与应用活动。

从事生物技术研究、开发与应用活动，应当符合伦理原则。

第三十五条　从事生物技术研究、开发与应用活动的单位应当对本单位生物技术研究、开发与应用的安全负责，采取生物安全风险防控措施，制定生物安全培训、跟踪检查、定期报告等工作制度，强化过程管理。

第三十六条　国家对生物技术研究、开发活动实行分类管理。根据对公众健康、工业农业、生态环境等造成危害的风险程度，将生物技术研究、开发活动分为高风险、中风险、低风险三类。

生物技术研究、开发活动风险分类标准及名录由国务院科学技术、卫生健康、农业农村等主管部门根据职责分工，会同国务院其他有关部门制定、调整并公布。

第三十七条　从事生物技术研究、开发活动，应当遵守国家生物技术研究开发安全管理规范。

从事生物技术研究、开发活动，应当进行风险类别判断，密切关注风险变化，及时采取应对措施。

第三十八条　从事高风险、中风险生物技术研究、开发活动，应当由在我国境内依法成立的法人组织进行，并依法取得批准或者进行备案。

从事高风险、中风险生物技术研究、开发活动，应当进行风险评估，制定风险防控计划和生物安全事件应急预案，降低研究、开发活动实施的风险。

第三十九条　国家对涉及生物安全的重要设备和特殊生物因子实行追溯管理。购买或者引进列入管控清单的重要设备和特殊生物因子，应当进行登记，确保可追溯，并报国务院有关部门备案。

个人不得购买或者持有列入管控清单的重要设备和特殊生物因子。

第四十条　从事生物医学新技术临床研究，应当通过伦理审查，并在具备相应条件的医疗机构内进行；进行人体临床研究操作的，应当由符合相应条件的卫生专业技术人员执行。

第四十一条　国务院有关部门依法对生物技术应用活动进行跟踪评估，发现存在生物安全风险的，应当及时采取有效补救和管控措施。

第五章　病原微生物实验室生物安全

第四十二条　国家加强对病原微生物实验室生物安全的管理，制定统一的实验室生物安全标准。病原微生物实验室应当符合生物安全国家标准和要求。

从事病原微生物实验活动，应当严格遵守有关国家标准和实验室技术规范、操作规程，采取安全防范措施。

第四十三条　国家根据病原微生物的传染性、感染后对人和动物的个体或者群体的危害程度，对病原微生物实行分类管理。

从事高致病性或者疑似高致病性病原微生物样本采集、保藏、运输活动，应当具备相应条件，符合生物安全管理规范。具体办法由国务院卫生健康、农业农村主管部门制定。

第四十四条　设立病原微生物实验室，应当依法取得批准或者进行备案。

个人不得设立病原微生物实验室或者从事病原微生物实验活动。

第四十五条　国家根据对病原微生物的生物安全防护水平，对病原微生物实验室实行分等级管理。

从事病原微生物实验活动应当在相应等级的实验室进行。低等级病原微生物实验室不得从事国家病原微生物目录规定应当在高等级病原微生物实验室进行的病原微生物实验活动。

第四十六条　高等级病原微生物实验室从事高致病性或者疑似高致病性病原微生物实验活动，应当经省级以上人民政府卫生健康或者农业农村主管部门批准，并将实验活动情况向批准部门报告。

对我国尚未发现或者已经宣布消灭的病原微生物，未经批准不得从事相关实验活动。

第四十七条　病原微生物实验室应当采取措施，加强对实验动物的管理，防止实验动物逃逸，对使用后的实验动物按照国家规定进行无害化处理，实现实验动物可追溯。禁止将使用后的实验动物流入市场。

病原微生物实验室应当加强对实验活动废弃物的管理，依法对废水、废气以及其他废弃物进行处置，采取措施防止污染。

第四十八条　病原微生物实验室的设立单位负责实验室的生物安全管理，制定科学、严格的管理制度，定期对有关生物安全规定的落实情况进行检查，对实验室设施、设备、材料等进行检查、维护和更新，确保其符合国家标准。

病原微生物实验室设立单位的法定代表人和实验室负责人对实验室的生物安全负责。

第四十九条　病原微生物实验室的设立单位应当建立和完善安全保卫制度，采取安全保卫措施，保障实验室及其病原微生物的安全。

国家加强对高等级病原微生物实验室的安全保卫。高等级病原微生物实验室应当接受公安机关等部门有关实验室安全保卫工作的监督指导，严防高致病性病原微生物泄漏、丢失和被盗、被抢。

国家建立高等级病原微生物实验室人员进入审核制度。进入高等级病原微生物实验室的人员应当经实验室负责人批准。对可能影响实验室生物安全的，不予批准；对批准进入的，应当采取安全保障措施。

第五十条　病原微生物实验室的设立单位应当制定生物安全事件应急预案，定期组织开展人员培训和应急演练。发生高致病性病原微生物泄漏、丢失和被盗、被抢或者其他生物安全风险的，应当按照应急预案的规定及时采取控制措施，并按照国家规定报告。

第五十一条 病原微生物实验室所在地省级人民政府及其卫生健康主管部门应当加强实验室所在地感染性疾病医疗资源配置，提高感染性疾病医疗救治能力。

第五十二条 企业对涉及病原微生物操作的生产车间的生物安全管理，依照有关病原微生物实验室的规定和其他生物安全管理规范进行。

涉及生物毒素、植物有害生物及其他生物因子操作的生物安全实验室的建设和管理，参照有关病原微生物实验室的规定执行。

第六章 人类遗传资源与生物资源安全

第五十三条 国家加强对我国人类遗传资源和生物资源采集、保藏、利用、对外提供等活动的管理和监督，保障人类遗传资源和生物资源安全。

国家对我国人类遗传资源和生物资源享有主权。

第五十四条 国家开展人类遗传资源和生物资源调查。

国务院科学技术主管部门组织开展我国人类遗传资源调查，制定重要遗传家系和特定地区人类遗传资源申报登记办法。

国务院科学技术、自然资源、生态环境、卫生健康、农业农村、林业草原、中医药主管部门根据职责分工，组织开展生物资源调查，制定重要生物资源申报登记办法。

第五十五条 采集、保藏、利用、对外提供我国人类遗传资源，应当符合伦理原则，不得危害公众健康、国家安全和社会公共利益。

第五十六条 从事下列活动，应当经国务院科学技术主管部门批准：

（一）采集我国重要遗传家系、特定地区人类遗传资源或者采集国务院科学技术主管部门规定的种类、数量的人类遗传资源；

（二）保藏我国人类遗传资源；

（三）利用我国人类遗传资源开展国际科学研究合作；

（四）将我国人类遗传资源材料运送、邮寄、携带出境。

前款规定不包括以临床诊疗、采供血服务、查处违法犯罪、兴奋剂检测和殡葬等为目的采集、保藏人类遗传资源及开展的相关活动。

为了取得相关药品和医疗器械在我国上市许可，在临床试验机构利用我国人类遗传资源开展国际合作临床试验、不涉及人类遗传资源出境的，不需要批准；但是，在开展临床试验前应当将拟使用的人类遗传资源种类、数量及用途向国务院科学技术主管部门备案。

境外组织、个人及其设立或者实际控制的机构不得在我国境内采集、保藏我国人类遗传资源，不得向境外提供我国人类遗传资源。

第五十七条 将我国人类遗传资源信息向境外组织、个人及其设立或者实际控制的机构提供或者开放使用的，应当向国务院科学技术主管部门事先报告并提交信息备份。

第五十八条 采集、保藏、利用、运输出境我国珍贵、濒危、特有物种及其可用于再生或者繁殖传代的个体、器官、组织、细胞、基因等遗传资源，应当遵守有关法律法规。

境外组织、个人及其设立或者实际控制的机构获取和利用我国生物资源，应当依法取得批准。

第五十九条 利用我国生物资源开展国际科学研究合作，应当依法取得批准。

利用我国人类遗传资源和生物资源开展国际科学研究合作，应当保证中方单位及其研究人员全过程、实质性地参与研究，依法分享相关权益。

第六十条 国家加强对外来物种入侵的防范和应对，保护生物多样性。国务院农业农村主管部门会同国务院其他有关部门制定外来入侵物种名录和管理办法。

国务院有关部门根据职责分工，加强对外来入侵物种的调查、监测、预警、控制、评估、清除以及生态修复等工作。

任何单位和个人未经批准，不得擅自引进、释放或者丢弃外来物种。

第七章 防范生物恐怖与生物武器威胁

第六十一条 国家采取一切必要措施防范生物恐怖与生物武器威胁。

禁止开发、制造或者以其他方式获取、储存、持有和使用生物武器。

禁止以任何方式唆使、资助、协助他人开发、制造或者以其他方式获取生物武器。

第六十二条 国务院有关部门制定、修改、公布可被用于生物恐怖活动、制造生物武器的生物体、生物毒素、设备或者技术清单，加强监管，防止其被用于制造生物武器或者恐怖目的。

第六十三条 国务院有关部门和有关军事机关根据职责分工，加强对可被用于生物恐怖活动、制造生物武器的生物体、生物毒素、设备或者技术进出境、进出口、获取、制造、转移和投放等活动的监测、调查，采取必要的防范和处置措施。

第六十四条 国务院有关部门、省级人民政府及其有关部门负责组织遭受生物恐怖袭击、生物武器攻击后的人员救治与安置、环境消毒、生态修复、安全监测和社会秩序恢复等工作。

国务院有关部门、省级人民政府及其有关部门应当有效引导社会舆论科学、准确报道生物恐怖袭击和生物武器攻击事件，及时发布疏散、转移和紧急避难等信息，对应急处置与恢复过程中遭受污染的区域和人员进行长期环境监测和健康监测。

第六十五条 国家组织开展对我国境内战争遗留生物武器及其危害结果、潜在影响的调查。

国家组织建设存放和处理战争遗留生物武器设施，保障对战争遗留生物武器的安全处置。

第八章 生物安全能力建设

第六十六条 国家制定生物安全事业发展规划，加强生物安全能力建设，提高应对生物安全事件的能力和水平。

县级以上人民政府应当支持生物安全事业发展，按照事权划分，将支持下列生物安全事业发展的相关支出列入政府预算：

（一）监测网络的构建和运行；

（二）应急处置和防控物资的储备；

（三）关键基础设施的建设和运行；

（四）关键技术和产品的研究、开发；

（五）人类遗传资源和生物资源的调查、保藏；

（六）法律法规规定的其他重要生物安全事业。

第六十七条 国家采取措施支持生物安全科技研究，加强生物安全风险防御与管控技术研究，整合优势力量和资源，建立多学科、多部门协同创新的联合攻关机制，推动生物安全核心关键技术和重大防御产品的成果产出与转化应用，提高生物安全的科技保障能力。

第六十八条 国家统筹布局全国生物安全基础设施建设。国务院有关部门根据职责分工，加快建设生物信息、人类遗传资源保藏、菌（毒）种保藏、动植物遗传资源保藏、高等级病原微生物实验室等方面的生物安全国家战略资源平台，建立共享利用机制，为生物安全科技创新提供战略保障和支撑。

第六十九条　国务院有关部门根据职责分工，加强生物基础科学研究人才和生物领域专业技术人才培养，推动生物基础科学学科建设和科学研究。

国家生物安全基础设施重要岗位的从业人员应当具备符合要求的资格，相关信息应当向国务院有关部门备案，并接受岗位培训。

第七十条　国家加强重大新发突发传染病、动植物疫情等生物安全风险防控的物资储备。

国家加强生物安全应急药品、装备等物资的研究、开发和技术储备。国务院有关部门根据职责分工，落实生物安全应急药品、装备等物资研究、开发和技术储备的相关措施。

国务院有关部门和县级以上地方人民政府及其有关部门应当保障生物安全事件应急处置所需的医疗救护设备、救治药品、医疗器械等物资的生产、供应和调配；交通运输主管部门应当及时组织协调运输经营单位优先运送。

第七十一条　国家对从事高致病性病原微生物实验活动、生物安全事件现场处置等高风险生物安全工作的人员，提供有效的防护措施和医疗保障。

第九章　法律责任

第七十二条　违反本法规定，履行生物安全管理职责的工作人员在生物安全工作中滥用职权、玩忽职守、徇私舞弊或者有其他违法行为的，依法给予处分。

第七十三条　违反本法规定，医疗机构、专业机构或者其工作人员瞒报、谎报、缓报、漏报，授意他人瞒报、谎报、缓报，或者阻碍他人报告传染病、动植物疫病或者不明原因的聚集性疾病的，由县级以上人民政府有关部门责令改正，给予警告；对法定代表人、主要负责人、直接负责的主管人员和其他直接责任人员，依法给予处分，并可以依法暂停一定期限的执业活动直至吊销相关执业证书。

违反本法规定，编造、散布虚假的生物安全信息，构成违反治安管理行为的，由公安机关依法给予治安管理处罚。

第七十四条　违反本法规定，从事国家禁止的生物技术研究、开发与应用活动的，由县级以上人民政府卫生健康、科学技术、农业农村主管部门根据职责分工，责令停止违法行为，没收违法所得、技术资料和用于违法行为的工具、设备、原材料等物品，处一百万元以上一千万元以下的罚款，违法所得在一百万元以上的，处违法所得十倍以上二十倍以下的罚款，并可以依法禁止一定期限内从事相应的生物技术研究、开发与应用活动，吊销相关许可证件；对法定代表人、主要负责人、直接负责的主管人员和其他直接责任人员，依法给予处分，处十万元以上二十万元以下的罚款，十年直至终身禁止从事相应的生物技术研究、开发与应用活动，依法吊销相关执业证书。

第七十五条　违反本法规定，从事生物技术研究、开发活动未遵守国家生物技术研究开发安全管理规范的，由县级以上人民政府有关部门根据职责分工，责令改正，给予警告，可以并处二万元以上二十万元以下的罚款；拒不改正或者造成严重后果的，责令停止研究、开发活动，并处二十万元以上二百万元以下的罚款。

第七十六条　违反本法规定，从事病原微生物实验活动未在相应等级的实验室进行，或者高等级病原微生物实验室未经批准从事高致病性、疑似高致病性病原微生物实验活动的，由县级以上地方人民政府卫生健康、农业农村主管部门根据职责分工，责令停止违法行为，监督其将用于实验活动的病原微生物销毁或者送交保藏机构，给予警告；造成传染病传播、流行或者其他严重后果的，对法定代表人、主要负责人、直接负责的主管人员和其他直接责任人员依法给予撤职、开除处分。

第七十七条　违反本法规定，将使用后的实验动物流入市场的，由县级以上人民政府科学技术主管部门责令改正，没收违法所得，并处二十万元以上一百万元以下的罚款，违法所得在二十万元以上的，并处违法所得五倍以上十倍以下的罚款；情节严重的，由发证部门吊销相关许可证件。

第七十八条 违反本法规定，有下列行为之一的，由县级以上人民政府有关部门根据职责分工，责令改正，没收违法所得，给予警告，可以并处十万元以上一百万元以下的罚款：

（一）购买或者引进列入管控清单的重要设备、特殊生物因子未进行登记，或者未报国务院有关部门备案；

（二）个人购买或者持有列入管控清单的重要设备或者特殊生物因子；

（三）个人设立病原微生物实验室或者从事病原微生物实验活动；

（四）未经实验室负责人批准进入高等级病原微生物实验室。

第七十九条 违反本法规定，未经批准，采集、保藏我国人类遗传资源或者利用我国人类遗传资源开展国际科学研究合作的，由国务院科学技术主管部门责令停止违法行为，没收违法所得和违法采集、保藏的人类遗传资源，并处五十万元以上五百万元以下的罚款，违法所得在一百万元以上的，并处违法所得五倍以上十倍以下的罚款；情节严重的，对法定代表人、主要负责人、直接负责的主管人员和其他直接责任人员，依法给予处分，五年内禁止从事相应活动。

第八十条 违反本法规定，境外组织、个人及其设立或者实际控制的机构在我国境内采集、保藏我国人类遗传资源，或者向境外提供我国人类遗传资源的，由国务院科学技术主管部门责令停止违法行为，没收违法所得和违法采集、保藏的人类遗传资源，并处一百万元以上一千万元以下的罚款；违法所得在一百万元以上的，并处违法所得十倍以上二十倍以下的罚款。

第八十一条 违反本法规定，未经批准，擅自引进外来物种的，由县级以上人民政府有关部门根据职责分工，没收引进的外来物种，并处五万元以上二十五万元以下的罚款。

违反本法规定，未经批准，擅自释放或者丢弃外来物种的，由县级以上人民政府有关部门根据职责分工，责令限期捕回、找回释放或者丢弃的外来物种，处一万元以上五万元以下的罚款。

第八十二条 违反本法规定，构成犯罪的，依法追究刑事责任；造成人身、财产或者其他损害的，依法承担民事责任。

第八十三条 违反本法规定的生物安全违法行为，本法未规定法律责任，其他有关法律、行政法规有规定的，依照其规定。

第八十四条 境外组织或者个人通过运输、邮寄、携带危险生物因子入境或者以其他方式危害我国生物安全的，依法追究法律责任，并可以采取其他必要措施。

第十章 附 则

第八十五条 本法下列术语的含义：

（一）生物因子，是指动物、植物、微生物、生物毒素及其他生物活性物质。

（二）重大新发突发传染病，是指我国境内首次出现或者已经宣布消灭再次发生，或者突然发生，造成或者可能造成公众健康和生命安全严重损害，引起社会恐慌，影响社会稳定的传染病。

（三）重大新发突发动物疫情，是指我国境内首次发生或者已经宣布消灭的动物疫病再次发生，或者发病率、死亡率较高的潜伏动物疫病突然发生并迅速传播，给养殖业生产安全造成严重威胁、危害，以及可能对公众健康和生命安全造成危害的情形。

（四）重大新发突发植物疫情，是指我国境内首次发生或者已经宣布消灭的严重危害植物的真菌、细菌、病毒、昆虫、线虫、杂草、害鼠、软体动物等再次引发病虫害，或者本地有害生物突然大范围发生并迅速传播，对农作物、林木等植物造成严重危害的情形。

（五）生物技术研究、开发与应用，是指通过科学和工程原理认识、改造、合成、利用生物而从事的科学研究、技术开发与应用等活动。

（六）病原微生物，是指可以侵犯人、动物引起感染甚至传染病的微生物，包括病毒、细菌、真菌、立克次体、寄生虫等。

（七）植物有害生物，是指能够对农作物、林木等植物造成危害的真菌、细菌、病毒、昆虫、线虫、杂草、害鼠、软体动物等生物。

（八）人类遗传资源，包括人类遗传资源材料和人类遗传资源信息。人类遗传资源材料是指含有人体基因组、基因等遗传物质的器官、组织、细胞等遗传材料。人类遗传资源信息是指利用人类遗传资源材料产生的数据等信息资料。

（九）微生物耐药，是指微生物对抗微生物药物产生抗性，导致抗微生物药物不能有效控制微生物的感染。

（十）生物武器，是指类型和数量不属于预防、保护或者其他和平用途所正当需要的、任何来源或者任何方法产生的微生物剂、其他生物剂以及生物毒素；也包括为将上述生物剂、生物毒素使用于敌对目的或者武装冲突而设计的武器、设备或者运载工具。

（十一）生物恐怖，是指故意使用致病性微生物、生物毒素等实施袭击，损害人类或者动植物健康，引起社会恐慌，企图达到特定政治目的的行为。

第八十六条　生物安全信息属于国家秘密的，应当依照《中华人民共和国保守国家秘密法》和国家其他有关保密规定实施保密管理。

第八十七条　中国人民解放军、中国人民武装警察部队的生物安全活动，由中央军事委员会依照本法规定的原则另行规定。

第八十八条　本法自2021年4月15日起施行。

中华人民共和国动物防疫法

（1997年7月3日第八届全国人民代表大会常务委员会第二十六次会议通过，1997年7月3日中华人民共和国主席令第八十七号公布，2007年8月30日第十届全国人民代表大会常务委员会第二十九次会议第一次修订，根据2013年6月29日第十二届全国人民代表大会常务委员会第三次会议《关于修改〈中华人民共和国文物保护法〉等十二部法律的决定》第一次修正，根据2015年4月24日第十二届全国人民代表大会常务委员会第十四次会议《关于修改〈中华人民共和国电力法〉等六部法律的决定》第二次修正，2021年1月22日第十三届全国人民代表大会常务委员会第二十五次会议第二次修订）

目　录

第一章　总　则
第二章　动物疫病的预防
第三章　动物疫情的报告、通报和公布
第四章　动物疫病的控制
第五章　动物和动物产品的检疫
第六章　病死动物和病害动物产品的无害化处理
第七章　动物诊疗
第八章　兽医管理

第九章　监督管理
第十章　保障措施
第十一章　法律责任
第十二章　附　则

第一章　总　则

第一条　为了加强对动物防疫活动的管理，预防、控制、净化、消灭动物疫病，促进养殖业发展，防控人畜共患传染病，保障公共卫生安全和人体健康，制定本法。

第二条　本法适用于在中华人民共和国领域内的动物防疫及其监督管理活动。

进出境动物、动物产品的检疫，适用《中华人民共和国进出境动植物检疫法》。

第三条　本法所称动物，是指家畜家禽和人工饲养、捕获的其他动物。

本法所称动物产品，是指动物的肉、生皮、原毛、绒、脏器、脂、血液、精液、卵、胚胎、骨、蹄、头、角、筋以及可能传播动物疫病的奶、蛋等。

本法所称动物疫病，是指动物传染病，包括寄生虫病。

本法所称动物防疫，是指动物疫病的预防、控制、诊疗、净化、消灭和动物、动物产品的检疫，以及病死动物、病害动物产品的无害化处理。

第四条　根据动物疫病对养殖业生产和人体健康的危害程度，本法规定的动物疫病分为下列三类：

（一）一类疫病，是指口蹄疫、非洲猪瘟、高致病性禽流感等对人、动物构成特别严重危害，可能造成重大经济损失和社会影响，需要采取紧急、严厉的强制预防、控制等措施的；

（二）二类疫病，是指狂犬病、布鲁氏菌病、草鱼出血病等对人、动物构成严重危害，可能造成较大经济损失和社会影响，需要采取严格预防、控制等措施的；

（三）三类疫病，是指大肠杆菌病、禽结核病、鳖腮腺炎病等常见多发，对人、动物构成危害，可能造成一定程度的经济损失和社会影响，需要及时预防、控制的。

前款一、二、三类动物疫病具体病种名录由国务院农业农村主管部门制定并公布。国务院农业农村主管部门应当根据动物疫病发生、流行情况和危害程度，及时增加、减少或者调整一、二、三类动物疫病具体病种并予以公布。

人畜共患传染病名录由国务院农业农村主管部门会同国务院卫生健康、野生动物保护等主管部门制定并公布。

第五条　动物防疫实行预防为主，预防与控制、净化、消灭相结合的方针。

第六条　国家鼓励社会力量参与动物防疫工作。各级人民政府采取措施，支持单位和个人参与动物防疫的宣传教育、疫情报告、志愿服务和捐赠等活动。

第七条　从事动物饲养、屠宰、经营、隔离、运输以及动物产品生产、经营、加工、贮藏等活动的单位和个人，依照本法和国务院农业农村主管部门的规定，做好免疫、消毒、检测、隔离、净化、消灭、无害化处理等动物防疫工作，承担动物防疫相关责任。

第八条　县级以上人民政府对动物防疫工作实行统一领导，采取有效措施稳定基层机构队伍，加强动物防疫队伍建设，建立健全动物防疫体系，制定并组织实施动物疫病防治规划。

乡级人民政府、街道办事处组织群众做好本辖区的动物疫病预防与控制工作，村民委员会、居民委员会予以协助。

第九条　国务院农业农村主管部门主管全国的动物防疫工作。

县级以上地方人民政府农业农村主管部门主管本行政区域的动物防疫工作。

县级以上人民政府其他有关部门在各自职责范围内做好动物防疫工作。

军队动物卫生监督职能部门负责军队现役动物和饲养自用动物的防疫工作。

第十条 县级以上人民政府卫生健康主管部门和本级人民政府农业农村、野生动物保护等主管部门应当建立人畜共患传染病防治的协作机制。

国务院农业农村主管部门和海关总署等部门应当建立防止境外动物疫病输入的协作机制。

第十一条 县级以上地方人民政府的动物卫生监督机构依照本法规定，负责动物、动物产品的检疫工作。

第十二条 县级以上人民政府按照国务院的规定，根据统筹规划、合理布局、综合设置的原则建立动物疫病预防控制机构。

动物疫病预防控制机构承担动物疫病的监测、检测、诊断、流行病学调查、疫情报告以及其他预防、控制等技术工作；承担动物疫病净化、消灭的技术工作。

第十三条 国家鼓励和支持开展动物疫病的科学研究以及国际合作与交流，推广先进适用的科学研究成果，提高动物疫病防治的科学技术水平。

各级人民政府和有关部门、新闻媒体，应当加强对动物防疫法律法规和动物防疫知识的宣传。

第十四条 对在动物防疫工作、相关科学研究、动物疫情扑灭中作出贡献的单位和个人，各级人民政府和有关部门按照国家有关规定给予表彰、奖励。

有关单位应当依法为动物防疫人员缴纳工伤保险费。对因参与动物防疫工作致病、致残、死亡的人员，按照国家有关规定给予补助或者抚恤。

第二章 动物疫病的预防

第十五条 国家建立动物疫病风险评估制度。

国务院农业农村主管部门根据国内外动物疫情以及保护养殖业生产和人体健康的需要，及时会同国务院卫生健康等有关部门对动物疫病进行风险评估，并制定、公布动物疫病预防、控制、净化、消灭措施和技术规范。

省、自治区、直辖市人民政府农业农村主管部门会同本级人民政府卫生健康等有关部门开展本行政区域的动物疫病风险评估，并落实动物疫病预防、控制、净化、消灭措施。

第十六条 国家对严重危害养殖业生产和人体健康的动物疫病实施强制免疫。

国务院农业农村主管部门确定强制免疫的动物疫病病种和区域。

省、自治区、直辖市人民政府农业农村主管部门制定本行政区域的强制免疫计划；根据本行政区域动物疫病流行情况增加实施强制免疫的动物疫病病种和区域，报本级人民政府批准后执行，并报国务院农业农村主管部门备案。

第十七条 饲养动物的单位和个人应当履行动物疫病强制免疫义务，按照强制免疫计划和技术规范，对动物实施免疫接种，并按照国家有关规定建立免疫档案、加施畜禽标识，保证可追溯。

实施强制免疫接种的动物未达到免疫质量要求，实施补充免疫接种后仍不符合免疫质量要求的，有关单位和个人应当按照国家有关规定处理。

用于预防接种的疫苗应当符合国家质量标准。

第十八条 县级以上地方人民政府农业农村主管部门负责组织实施动物疫病强制免疫计划，并对饲养动物的单位和个人履行强制免疫义务的情况进行监督检查。

乡级人民政府、街道办事处组织本辖区饲养动物的单位和个人做好强制免疫，协助做好监督检查；村民委员会、居民委员会协助做好相关工作。

县级以上地方人民政府农业农村主管部门应当定期对本行政区域的强制免疫计划实施情况和效

果进行评估，并向社会公布评估结果。

第十九条 国家实行动物疫病监测和疫情预警制度。

县级以上人民政府建立健全动物疫病监测网络，加强动物疫病监测。

国务院农业农村主管部门会同国务院有关部门制定国家动物疫病监测计划。省、自治区、直辖市人民政府农业农村主管部门根据国家动物疫病监测计划，制定本行政区域的动物疫病监测计划。

动物疫病预防控制机构按照国务院农业农村主管部门的规定和动物疫病监测计划，对动物疫病的发生、流行等情况进行监测；从事动物饲养、屠宰、经营、隔离、运输以及动物产品生产、经营、加工、贮藏、无害化处理等活动的单位和个人不得拒绝或者阻碍。

国务院农业农村主管部门和省、自治区、直辖市人民政府农业农村主管部门根据对动物疫病发生、流行趋势的预测，及时发出动物疫情预警。地方各级人民政府接到动物疫情预警后，应当及时采取预防、控制措施。

第二十条 陆路边境省、自治区人民政府根据动物疫病防控需要，合理设置动物疫病监测站点，健全监测工作机制，防范境外动物疫病传入。

科技、海关等部门按照本法和有关法律法规的规定做好动物疫病监测预警工作，并定期与农业农村主管部门互通情况，紧急情况及时通报。

县级以上人民政府应当完善野生动物疫源疫病监测体系和工作机制，根据需要合理布局监测站点；野生动物保护、农业农村主管部门按照职责分工做好野生动物疫源疫病监测等工作，并定期互通情况，紧急情况及时通报。

第二十一条 国家支持地方建立无规定动物疫病区，鼓励动物饲养场建设无规定动物疫病生物安全隔离区。对符合国务院农业农村主管部门规定标准的无规定动物疫病区和无规定动物疫病生物安全隔离区，国务院农业农村主管部门验收合格予以公布，并对其维持情况进行监督检查。

省、自治区、直辖市人民政府制定并组织实施本行政区域的无规定动物疫病区建设方案。国务院农业农村主管部门指导跨省、自治区、直辖市无规定动物疫病区建设。

国务院农业农村主管部门根据行政区划、养殖屠宰产业布局、风险评估情况等对动物疫病实施分区防控，可以采取禁止或者限制特定动物、动物产品跨区域调运等措施。

第二十二条 国务院农业农村主管部门制定并组织实施动物疫病净化、消灭规划。

县级以上地方人民政府根据动物疫病净化、消灭规划，制定并组织实施本行政区域的动物疫病净化、消灭计划。

动物疫病预防控制机构按照动物疫病净化、消灭规划、计划，开展动物疫病净化技术指导、培训，对动物疫病净化效果进行监测、评估。

国家推进动物疫病净化，鼓励和支持饲养动物的单位和个人开展动物疫病净化。饲养动物的单位和个人达到国务院农业农村主管部门规定的净化标准的，由省级以上人民政府农业农村主管部门予以公布。

第二十三条 种用、乳用动物应当符合国务院农业农村主管部门规定的健康标准。

饲养种用、乳用动物的单位和个人，应当按照国务院农业农村主管部门的要求，定期开展动物疫病检测；检测不合格的，应当按照国家有关规定处理。

第二十四条 动物饲养场和隔离场所、动物屠宰加工场所以及动物和动物产品无害化处理场所，应当符合下列动物防疫条件：

（一）场所的位置与居民生活区、生活饮用水水源地、学校、医院等公共场所的距离符合国务院农业农村主管部门的规定；

（二）生产经营区域封闭隔离，工程设计和有关流程符合动物防疫要求；

（三）有与其规模相适应的污水、污物处理设施，病死动物、病害动物产品无害化处理设施设备或者冷藏冷冻设施设备，以及清洗消毒设施设备；

（四）有与其规模相适应的执业兽医或者动物防疫技术人员；

（五）有完善的隔离消毒、购销台账、日常巡查等动物防疫制度；

（六）具备国务院农业农村主管部门规定的其他动物防疫条件。

动物和动物产品无害化处理场所除应当符合前款规定的条件外，还应当具有病原检测设备、检测能力和符合动物防疫要求的专用运输车辆。

第二十五条 国家实行动物防疫条件审查制度。

开办动物饲养场和隔离场所、动物屠宰加工场所以及动物和动物产品无害化处理场所，应当向县级以上地方人民政府农业农村主管部门提出申请，并附具相关材料。受理申请的农业农村主管部门应当依照本法和《中华人民共和国行政许可法》的规定进行审查。经审查合格的，发给动物防疫条件合格证；不合格的，应当通知申请人并说明理由。

动物防疫条件合格证应当载明申请人的名称（姓名）、场（厂）址、动物（动物产品）种类等事项。

第二十六条 经营动物、动物产品的集贸市场应当具备国务院农业农村主管部门规定的动物防疫条件，并接受农业农村主管部门的监督检查。具体办法由国务院农业农村主管部门制定。

县级以上地方人民政府应当根据本地情况，决定在城市特定区域禁止家畜家禽活体交易。

第二十七条 动物、动物产品的运载工具、垫料、包装物、容器等应当符合国务院农业农村主管部门规定的动物防疫要求。

染疫动物及其排泄物、染疫动物产品，运载工具中的动物排泄物以及垫料、包装物、容器等被污染的物品，应当按照国家有关规定处理，不得随意处置。

第二十八条 采集、保存、运输动物病料或者病原微生物以及从事病原微生物研究、教学、检测、诊断等活动，应当遵守国家有关病原微生物实验室管理的规定。

第二十九条 禁止屠宰、经营、运输下列动物和生产、经营、加工、贮藏、运输下列动物产品：

（一）封锁疫区内与所发生动物疫病有关的；

（二）疫区内易感染的；

（三）依法应当检疫而未经检疫或者检疫不合格的；

（四）染疫或者疑似染疫的；

（五）病死或者死因不明的；

（六）其他不符合国务院农业农村主管部门有关动物防疫规定的。

因实施集中无害化处理需要暂存、运输动物和动物产品并按照规定采取防疫措施的，不适用前款规定。

第三十条 单位和个人饲养犬只，应当按照规定定期免疫接种狂犬病疫苗，凭动物诊疗机构出具的免疫证明向所在地养犬登记机关申请登记。

携带犬只出户的，应当按照规定佩戴犬牌并采取系犬绳等措施，防止犬只伤人、疫病传播。

街道办事处、乡级人民政府组织协调居民委员会、村民委员会，做好本辖区流浪犬、猫的控制和处置，防止疫病传播。

县级人民政府和乡级人民政府、街道办事处应当结合本地实际，做好农村地区饲养犬只的防疫管理工作。

饲养犬只防疫管理的具体办法，由省、自治区、直辖市制定。

第三章 动物疫情的报告、通报和公布

第三十一条 从事动物疫病监测、检测、检验检疫、研究、诊疗以及动物饲养、屠宰、经营、隔离、运输等活动的单位和个人，发现动物染疫或者疑似染疫的，应当立即向所在地农业农村主管部门或者动物疫病预防控制机构报告，并迅速采取隔离等控制措施，防止动物疫情扩散。其他单位和个人发现动物染疫或者疑似染疫的，应当及时报告。

接到动物疫情报告的单位，应当及时采取临时隔离控制等必要措施，防止延误防控时机，并及时按照国家规定的程序上报。

第三十二条 动物疫情由县级以上人民政府农业农村主管部门认定；其中重大动物疫情由省、自治区、直辖市人民政府农业农村主管部门认定，必要时报国务院农业农村主管部门认定。

本法所称重大动物疫情，是指一、二、三类动物疫病突然发生，迅速传播，给养殖业生产安全造成严重威胁、危害，以及可能对公众身体健康与生命安全造成危害的情形。

在重大动物疫情报告期间，必要时，所在地县级以上地方人民政府可以作出封锁决定并采取扑杀、销毁等措施。

第三十三条 国家实行动物疫情通报制度。

国务院农业农村主管部门应当及时向国务院卫生健康等有关部门和军队有关部门以及省、自治区、直辖市人民政府农业农村主管部门通报重大动物疫情的发生和处置情况。

海关发现进出境动物和动物产品染疫或者疑似染疫的，应当及时处置并向农业农村主管部门通报。

县级以上地方人民政府野生动物保护主管部门发现野生动物染疫或者疑似染疫的，应当及时处置并向本级人民政府农业农村主管部门通报。

国务院农业农村主管部门应当依照我国缔结或者参加的条约、协定，及时向有关国际组织或者贸易方通报重大动物疫情的发生和处置情况。

第三十四条 发生人畜共患传染病疫情时，县级以上人民政府农业农村主管部门与本级人民政府卫生健康、野生动物保护等主管部门应当及时相互通报。

发生人畜共患传染病时，卫生健康主管部门应当对疫区易感染的人群进行监测，并应当依照《中华人民共和国传染病防治法》的规定及时公布疫情，采取相应的预防、控制措施。

第三十五条 患有人畜共患传染病的人员不得直接从事动物疫病监测、检测、检验检疫、诊疗以及易感染动物的饲养、屠宰、经营、隔离、运输等活动。

第三十六条 国务院农业农村主管部门向社会及时公布全国动物疫情，也可以根据需要授权省、自治区、直辖市人民政府农业农村主管部门公布本行政区域的动物疫情。其他单位和个人不得发布动物疫情。

第三十七条 任何单位和个人不得瞒报、谎报、迟报、漏报动物疫情，不得授意他人瞒报、谎报、迟报动物疫情，不得阻碍他人报告动物疫情。

第四章 动物疫病的控制

第三十八条 发生一类动物疫病时，应当采取下列控制措施：

（一）所在地县级以上地方人民政府农业农村主管部门应当立即派人到现场，划定疫点、疫区、受威胁区，调查疫源，及时报请本级人民政府对疫区实行封锁。疫区范围涉及两个以上行政区域的，由有关行政区域共同的上一级人民政府对疫区实行封锁，或者由各有关行政区域的上一级人民政府共同对疫区实行封锁。必要时，上级人民政府可以责成下级人民政府对疫区实行封锁；

（二）县级以上地方人民政府应当立即组织有关部门和单位采取封锁、隔离、扑杀、销毁、消毒、无害化处理、紧急免疫接种等强制性措施；

（三）在封锁期间，禁止染疫、疑似染疫和易感染的动物、动物产品流出疫区，禁止非疫区的易感染动物进入疫区，并根据需要对出入疫区的人员、运输工具及有关物品采取消毒和其他限制性措施。

第三十九条 发生二类动物疫病时，应当采取下列控制措施：

（一）所在地县级以上地方人民政府农业农村主管部门应当划定疫点、疫区、受威胁区；

（二）县级以上地方人民政府根据需要组织有关部门和单位采取隔离、扑杀、销毁、消毒、无害化处理、紧急免疫接种、限制易感染的动物和动物产品及有关物品出入等措施。

第四十条 疫点、疫区、受威胁区的撤销和疫区封锁的解除，按照国务院农业农村主管部门规定的标准和程序评估后，由原决定机关决定并宣布。

第四十一条 发生三类动物疫病时，所在地县级、乡级人民政府应当按照国务院农业农村主管部门的规定组织防治。

第四十二条 二、三类动物疫病呈暴发性流行时，按照一类动物疫病处理。

第四十三条 疫区内有关单位和个人，应当遵守县级以上人民政府及其农业农村主管部门依法作出的有关控制动物疫病的规定。

任何单位和个人不得藏匿、转移、盗掘已被依法隔离、封存、处理的动物和动物产品。

第四十四条 发生动物疫情时，航空、铁路、道路、水路运输企业应当优先组织运送防疫人员和物资。

第四十五条 国务院农业农村主管部门根据动物疫病的性质、特点和可能造成的社会危害，制定国家重大动物疫情应急预案报国务院批准，并按照不同动物疫病病种、流行特点和危害程度，分别制定实施方案。

县级以上地方人民政府根据上级重大动物疫情应急预案和本地区的实际情况，制定本行政区域的重大动物疫情应急预案，报上一级人民政府农业农村主管部门备案，并抄送上一级人民政府应急管理部门。县级以上地方人民政府农业农村主管部门按照不同动物疫病病种、流行特点和危害程度，分别制定实施方案。

重大动物疫情应急预案和实施方案根据疫情状况及时调整。

第四十六条 发生重大动物疫情时，国务院农业农村主管部门负责划定动物疫病风险区，禁止或者限制特定动物、动物产品由高风险区向低风险区调运。

第四十七条 发生重大动物疫情时，依照法律和国务院的规定以及应急预案采取应急处置措施。

第五章 动物和动物产品的检疫

第四十八条 动物卫生监督机构依照本法和国务院农业农村主管部门的规定对动物、动物产品实施检疫。

动物卫生监督机构的官方兽医具体实施动物、动物产品检疫。

第四十九条 屠宰、出售或者运输动物以及出售或者运输动物产品前，货主应当按照国务院农业农村主管部门的规定向所在地动物卫生监督机构申报检疫。

动物卫生监督机构接到检疫申报后，应当及时指派官方兽医对动物、动物产品实施检疫；检疫合格的，出具检疫证明、加施检疫标志。实施检疫的官方兽医应当在检疫证明、检疫标志上签字或者盖章，并对检疫结论负责。

动物饲养场、屠宰企业的执业兽医或者动物防疫技术人员，应当协助官方兽医实施检疫。

第五十条 因科研、药用、展示等特殊情形需要非食用性利用的野生动物，应当按照国家有关规定报动物卫生监督机构检疫，检疫合格的，方可利用。

人工捕获的野生动物，应当按照国家有关规定报捕获地动物卫生监督机构检疫，检疫合格的，方可饲养、经营和运输。

国务院农业农村主管部门会同国务院野生动物保护主管部门制定野生动物检疫办法。

第五十一条 屠宰、经营、运输的动物，以及用于科研、展示、演出和比赛等非食用性利用的动物，应当附有检疫证明；经营和运输的动物产品，应当附有检疫证明、检疫标志。

第五十二条 经航空、铁路、道路、水路运输动物和动物产品的，托运人托运时应当提供检疫证明；没有检疫证明的，承运人不得承运。

进出口动物和动物产品，承运人凭进口报关单证或者海关签发的检疫单证运递。

从事动物运输的单位、个人以及车辆，应当向所在地县级人民政府农业农村主管部门备案，妥善保存行程路线和托运人提供的动物名称、检疫证明编号、数量等信息。具体办法由国务院农业农村主管部门制定。

运载工具在装载前和卸载后应当及时清洗、消毒。

第五十三条 省、自治区、直辖市人民政府确定并公布道路运输的动物进入本行政区域的指定通道，设置引导标志。跨省、自治区、直辖市通过道路运输动物的，应当经省、自治区、直辖市人民政府设立的指定通道入省境或者过省境。

第五十四条 输入到无规定动物疫病区的动物、动物产品，货主应当按照国务院农业农村主管部门的规定向无规定动物疫病区所在地动物卫生监督机构申报检疫，经检疫合格的，方可进入。

第五十五条 跨省、自治区、直辖市引进的种用、乳用动物到达输入地后，货主应当按照国务院农业农村主管部门的规定对引进的种用、乳用动物进行隔离观察。

第五十六条 经检疫不合格的动物、动物产品，货主应当在农业农村主管部门的监督下按照国家有关规定处理，处理费用由货主承担。

第六章 病死动物和病害动物产品的无害化处理

第五十七条 从事动物饲养、屠宰、经营、隔离以及动物产品生产、经营、加工、贮藏等活动的单位和个人，应当按照国家有关规定做好病死动物、病害动物产品的无害化处理，或者委托动物和动物产品无害化处理场所处理。

从事动物、动物产品运输的单位和个人，应当配合做好病死动物和病害动物产品的无害化处理，不得在途中擅自弃置和处理有关动物和动物产品。

任何单位和个人不得买卖、加工、随意弃置病死动物和病害动物产品。

动物和动物产品无害化处理管理办法由国务院农业农村、野生动物保护主管部门按照职责制定。

第五十八条 在江河、湖泊、水库等水域发现的死亡畜禽，由所在地县级人民政府组织收集、处理并溯源。

在城市公共场所和乡村发现的死亡畜禽，由所在地街道办事处、乡级人民政府组织收集、处理并溯源。

在野外环境发现的死亡野生动物，由所在地野生动物保护主管部门收集、处理。

第五十九条 省、自治区、直辖市人民政府制定动物和动物产品集中无害化处理场所建设规划，建立政府主导、市场运作的无害化处理机制。

第六十条 各级财政对病死动物无害化处理提供补助。具体补助标准和办法由县级以上人民政府财政部门会同本级人民政府农业农村、野生动物保护等有关部门制定。

第七章 动物诊疗

第六十一条 从事动物诊疗活动的机构，应当具备下列条件：
（一）有与动物诊疗活动相适应并符合动物防疫条件的场所；
（二）有与动物诊疗活动相适应的执业兽医；
（三）有与动物诊疗活动相适应的兽医器械和设备；
（四）有完善的管理制度。
动物诊疗机构包括动物医院、动物诊所以及其他提供动物诊疗服务的机构。

第六十二条 从事动物诊疗活动的机构，应当向县级以上地方人民政府农业农村主管部门申请动物诊疗许可证。受理申请的农业农村主管部门应当依照本法和《中华人民共和国畜牧法》的有关规定处罚。

第六十三条 动物诊疗许可证应当载明诊疗机构名称、诊疗活动范围、从业地点和法定代表人（负责人）等事项。
动物诊疗许可证载明事项变更的，应当申请变更或者换发动物诊疗许可证。

第六十四条 动物诊疗机构应当按照国务院农业农村主管部门的规定，做好诊疗活动中的卫生安全防护、消毒、隔离和诊疗废弃物处置等工作。

第六十五条 从事动物诊疗活动，应当遵守有关动物诊疗的操作技术规范，使用符合规定的兽药和兽医器械。
兽药和兽医器械的管理办法由国务院规定。

第八章 兽医管理

第六十六条 国家实行官方兽医任命制度。
官方兽医应当具备国务院农业农村主管部门规定的条件，由省、自治区、直辖市人民政府农业农村主管部门按照程序确认，由所在地县级以上人民政府农业农村主管部门任命。具体办法由国务院农业农村主管部门制定。
海关的官方兽医应当具备规定的条件，由海关总署任命。具体办法由海关总署会同国务院农业农村主管部门制定。

第六十七条 官方兽医依法履行动物、动物产品检疫职责，任何单位和个人不得拒绝或者阻碍。

第六十八条 县级以上人民政府农业农村主管部门制定官方兽医培训计划，提供培训条件，定期对官方兽医进行培训和考核。

第六十九条 国家实行执业兽医资格考试制度。具有兽医相关专业大学专科以上学历的人员或者符合条件的乡村兽医，通过执业兽医资格考试的，由省、自治区、直辖市人民政府农业农村主管部门颁发执业兽医资格证书；从事动物诊疗等经营活动的，还应当向所在地县级人民政府农业农村主管部门备案。
执业兽医资格考试办法由国务院农业农村主管部门商国务院人力资源主管部门制定。

第七十条 执业兽医开具兽医处方应当亲自诊断，并对诊断结论负责。
国家鼓励执业兽医接受继续教育。执业兽医所在机构应当支持执业兽医参加继续教育。

第七十一条 乡村兽医可以在乡村从事动物诊疗活动。具体管理办法由国务院农业农村主管部门制定。

第七十二条 执业兽医、乡村兽医应当按照所在地人民政府和农业农村主管部门的要求，参加动物疫病预防、控制和动物疫情扑灭等活动。

第七十三条 兽医行业协会提供兽医信息、技术、培训等服务，维护成员合法权益，按照章程建立健全行业规范和奖惩机制，加强行业自律，推动行业诚信建设，宣传动物防疫和兽医知识。

第九章 监督管理

第七十四条 县级以上地方人民政府农业农村主管部门依照本法规定，对动物饲养、屠宰、经营、隔离、运输以及动物产品生产、经营、加工、贮藏、运输等活动中的动物防疫实施监督管理。

第七十五条 为控制动物疫病，县级人民政府农业农村主管部门应当派人在所在地依法设立的现有检查站执行监督检查任务；必要时，经省、自治区、直辖市人民政府批准，可以设立临时性的动物防疫检查站，执行监督检查任务。

第七十六条 县级以上地方人民政府农业农村主管部门执行监督检查任务，可以采取下列措施，有关单位和个人不得拒绝或者阻碍：

（一）对动物、动物产品按照规定采样、留验、抽检；

（二）对染疫或者疑似染疫的动物、动物产品及相关物品进行隔离、查封、扣押和处理；

（三）对依法应当检疫而未经检疫的动物和动物产品，具备补检条件的实施补检，不具备补检条件的予以收缴销毁；

（四）查验检疫证明、检疫标志和畜禽标识；

（五）进入有关场所调查取证，查阅、复制与动物防疫有关的资料。

县级以上地方人民政府农业农村主管部门根据动物疫病预防、控制需要，经所在地县级以上地方人民政府批准，可以在车站、港口、机场等相关场所派驻官方兽医或者工作人员。

第七十七条 执法人员执行动物防疫监督检查任务，应当出示行政执法证件，佩戴统一标志。

县级以上人民政府农业农村主管部门及其工作人员不得从事与动物防疫有关的经营性活动，进行监督检查不得收取任何费用。

第七十八条 禁止转让、伪造或者变造检疫证明、检疫标志或者畜禽标识。

禁止持有、使用伪造或者变造的检疫证明、检疫标志或者畜禽标识。

检疫证明、检疫标志的管理办法由国务院农业农村主管部门制定。

第十章 保障措施

第七十九条 县级以上人民政府应当将动物防疫工作纳入本级国民经济和社会发展规划及年度计划。

第八十条 国家鼓励和支持动物防疫领域新技术、新设备、新产品等科学技术研究开发。

第八十一条 县级人民政府应当为动物卫生监督机构配备与动物、动物产品检疫工作相适应的官方兽医，保障检疫工作条件。

县级人民政府农业农村主管部门可以根据动物防疫工作需要，向乡、镇或者特定区域派驻兽医机构或者工作人员。

第八十二条 国家鼓励和支持执业兽医、乡村兽医和动物诊疗机构开展动物防疫和疫病诊疗活动；鼓励养殖企业、兽药及饲料生产企业组建动物防疫服务团队，提供防疫服务。地方人民政府组织村级防疫员参加动物疫病防治工作的，应当保障村级防疫员合理劳务报酬。

第八十三条 县级以上人民政府按照本级政府职责，将动物疫病的监测、预防、控制、净化、消灭，动物、动物产品的检疫和病死动物的无害化处理，以及监督管理所需经费纳入本级预算。

第八十四条 县级以上人民政府应当储备动物疫情应急处置所需的防疫物资。

第八十五条 对在动物疫病预防、控制、净化、消灭过程中强制扑杀的动物、销毁的动物产品和相关物品，县级以上人民政府给予补偿。具体补偿标准和办法由国务院财政部门会同有关部门制定。

第八十六条 对从事动物疫病预防、检疫、监督检查、现场处理疫情以及在工作中接触动物疫病病原体的人员，有关单位按照国家规定，采取有效的卫生防护、医疗保健措施，给予畜牧兽医医疗卫生津贴等相关待遇。

第十一章 法律责任

第八十七条 地方各级人民政府及其工作人员未依照本法规定履行职责的，对直接负责的主管人员和其他直接责任人员依法给予处分。

第八十八条 县级以上人民政府农业农村主管部门及其工作人员违反本法规定，有下列行为之一的，由本级人民政府责令改正，通报批评；对直接负责的主管人员和其他直接责任人员依法给予处分：

（一）未及时采取预防、控制、扑灭等措施的；

（二）对不符合条件的颁发动物防疫条件合格证、动物诊疗许可证，或者对符合条件的拒不颁发动物防疫条件合格证、动物诊疗许可证的；

（三）从事与动物防疫有关的经营性活动，或者违法收取费用的；

（四）其他未依照本法规定履行职责的行为。

第八十九条 动物卫生监督机构及其工作人员违反本法规定，有下列行为之一的，由本级人民政府或者农业农村主管部门责令改正，通报批评；对直接负责的主管人员和其他直接责任人员依法给予处分：

（一）对未经检疫或者检疫不合格的动物、动物产品出具检疫证明、加施检疫标志，或者对检疫合格的动物、动物产品拒不出具检疫证明、加施检疫标志的；

（二）对附有检疫证明、检疫标志的动物、动物产品重复检疫的；

（三）从事与动物防疫有关的经营性活动，或者违法收取费用的；

（四）其他未依照本法规定履行职责的行为。

第九十条 动物疫病预防控制机构及其工作人员违反本法规定，有下列行为之一的，由本级人民政府或者农业农村主管部门责令改正，通报批评；对直接负责的主管人员和其他直接责任人员依法给予处分：

（一）未履行动物疫病监测、检测、评估职责或者伪造监测、检测、评估结果的；

（二）发生动物疫情时未及时进行诊断、调查的；

（三）接到染疫或者疑似染疫报告后，未及时按照国家规定采取措施、上报的；

（四）其他未依照本法规定履行职责的行为。

第九十一条 地方各级人民政府、有关部门及其工作人员瞒报、谎报、迟报、漏报或者授意他人瞒报、谎报、迟报动物疫情，或者阻碍他人报告动物疫情的，由上级人民政府或者有关部门责令改正，通报批评；对直接负责的主管人员和其他直接责任人员依法给予处分。

第九十二条 违反本法规定，有下列行为之一的，由县级以上地方人民政府农业农村主管部门责令限期改正，可以处一千元以下罚款；逾期不改正的，处一千元以上五千元以下罚款，由县级以上地方人民政府农业农村主管部门委托动物诊疗机构、无害化处理场所等代为处理，所需费用由违法行为人承担：

（一）对饲养的动物未按照动物疫病强制免疫计划或者免疫技术规范实施免疫接种的；

（二）对饲养的种用、乳用动物未按照国务院农业农村主管部门的要求定期开展疫病检测，或者经检测不合格而未按照规定处理的；

（三）对饲养的犬只未按照规定定期进行狂犬病免疫接种的；

（四）动物、动物产品的运载工具在装载前和卸载后未按照规定及时清洗、消毒的。

第九十三条　违反本法规定，对经强制免疫的动物未按照规定建立免疫档案，或者未按照规定加施畜禽标识的，依照《中华人民共和国畜牧法》的有关规定处罚。

第九十四条　违反本法规定，动物、动物产品的运载工具、垫料、包装物、容器等不符合国务院农业农村主管部门规定的动物防疫要求的，由县级以上地方人民政府农业农村主管部门责令改正，可以处五千元以下罚款；情节严重的，处五千元以上五万元以下罚款。

第九十五条　违反本法规定，对染疫动物及其排泄物、染疫动物产品或者被染疫动物、动物产品污染的运载工具、垫料、包装物、容器等未按照规定处置的，由县级以上地方人民政府农业农村主管部门责令限期处理；逾期不处理的，由县级以上地方人民政府农业农村主管部门委托有关单位代为处理，所需费用由违法行为人承担，处五千元以上五万元以下罚款。

造成环境污染或者生态破坏的，依照环境保护有关法律法规进行处罚。

第九十六条　违反本法规定，患有人畜共患传染病的人员，直接从事动物疫病监测、检测、检验检疫，动物诊疗以及易感染动物的饲养、屠宰、经营、隔离、运输等活动的，由县级以上地方人民政府农业农村或者野生动物保护主管部门责令改正；拒不改正的，处一千元以上一万元以下罚款；情节严重的，处一万元以上五万元以下罚款。

第九十七条　违反本法第二十九条规定，屠宰、经营、运输动物或者生产、经营、加工、贮藏、运输动物产品的，由县级以上地方人民政府农业农村主管部门责令改正、采取补救措施，没收违法所得、动物和动物产品，并处同类检疫合格动物、动物产品货值金额十五倍以上三十倍以下罚款；同类检疫合格动物、动物产品货值金额不足一万元的，并处五万元以上十五万元以下罚款；其中依法应当检疫而未检疫的，依照本法第一百条的规定处罚。

前款规定的违法行为人及其法定代表人（负责人）、直接负责的主管人员和其他直接责任人员，自处罚决定作出之日起五年内不得从事相关活动；构成犯罪的，终身不得从事屠宰、经营、运输动物或者生产、经营、加工、贮藏、运输动物产品等相关活动。

第九十八条　违反本法规定，有下列行为之一的，由县级以上地方人民政府农业农村主管部门责令改正，处三千元以上三万元以下罚款；情节严重的，责令停业整顿，并处三万元以上十万元以下罚款：

（一）开办动物饲养场和隔离场所、动物屠宰加工场所以及动物和动物产品无害化处理场所，未取得动物防疫条件合格证的；

（二）经营动物、动物产品的集贸市场不具备国务院农业农村主管部门规定的防疫条件的；

（三）未经备案从事动物运输的；

（四）未按照规定保存行程路线和托运人提供的动物名称、检疫证明编号、数量等信息的；

（五）未经检疫合格，向无规定动物疫病区输入动物、动物产品的；

（六）跨省、自治区、直辖市引进种用、乳用动物到达输入地后未按照规定进行隔离观察的；

（七）未按照规定处理或者随意弃置病死动物、病害动物产品的。

第九十九条　动物饲养场和隔离场所、动物屠宰加工场所以及动物和动物产品无害化处理场所，生产经营条件发生变化，不再符合本法第二十四条规定的动物防疫条件继续从事相关活动的，由县级以上地方人民政府农业农村主管部门给予警告，责令限期改正；逾期仍达不到规定条件的，吊销动物防疫条件合格证，并通报市场监督管理部门依法处理。

第一百条　违反本法规定，屠宰、经营、运输的动物未附有检疫证明，经营和运输的动物产品未附有检疫证明、检疫标志的，由县级以上地方人民政府农业农村主管部门责令改正，处同类检疫合格动物、动物产品货值金额一倍以下罚款；对货主以外的承运人处运输费用三倍以上五倍以下罚款，情节严重的，处五倍以上十倍以下罚款。

违反本法规定，用于科研、展示、演出和比赛等非食用性利用的动物未附有检疫证明的，由县级以上地方人民政府农业农村主管部门责令改正，处三千元以上一万元以下罚款。

第一百零一条　违反本法规定，将禁止或者限制调运的特定动物、动物产品由动物疫病高风险区调入低风险区的，由县级以上地方人民政府农业农村主管部门没收运输费用、违法运输的动物和动物产品，并处运输费用一倍以上五倍以下罚款。

第一百零二条　违反本法规定，通过道路跨省、自治区、直辖市运输动物，未经省、自治区、直辖市人民政府设立的指定通道入省境或者过省境的，由县级以上地方人民政府农业农村主管部门对运输人处五千元以上一万元以下罚款；情节严重的，处一万元以上五万元以下罚款。

第一百零三条　违反本法规定，转让、伪造或者变造检疫证明、检疫标志或者畜禽标识的，由县级以上地方人民政府农业农村主管部门没收违法所得和检疫证明、检疫标志、畜禽标识，并处五千元以上五万元以下罚款。

持有、使用伪造或者变造的检疫证明、检疫标志或者畜禽标识的，由县级以上人民政府农业农村主管部门没收检疫证明、检疫标志、畜禽标识和对应的动物、动物产品，并处三千元以上三万元以下罚款。

第一百零四条　违反本法规定，有下列行为之一的，由县级以上地方人民政府农业农村主管部门责令改正，处三千元以上三万元以下罚款：

（一）擅自发布动物疫情的；

（二）不遵守县级以上人民政府及其农业农村主管部门依法作出的有关控制动物疫病规定的；

（三）藏匿、转移、盗掘已被依法隔离、封存、处理的动物和动物产品的。

第一百零五条　违反本法规定，未取得动物诊疗许可证从事动物诊疗活动的，由县级以上地方人民政府农业农村主管部门责令停止诊疗活动，没收违法所得，并处违法所得一倍以上三倍以下罚款；违法所得不足三万元的，并处三千元以上三万元以下罚款。

动物诊疗机构违反本法规定，未按照规定实施卫生安全防护、消毒、隔离和处置诊疗废弃物的，由县级以上地方人民政府农业农村主管部门责令改正，处一千元以上一万元以下罚款；造成动物疫病扩散的，处一万元以上五万元以下罚款；情节严重的，吊销动物诊疗许可证。

第一百零六条　违反本法规定，未经执业兽医备案从事经营性动物诊疗活动的，由县级以上地方人民政府农业农村主管部门责令停止动物诊疗活动，没收违法所得，并处三千元以上三万元以下罚款；对其所在的动物诊疗机构处一万元以上五万元以下罚款。

执业兽医有下列行为之一的，由县级以上地方人民政府农业农村主管部门给予警告，责令暂停六个月以上一年以下动物诊疗活动；情节严重的，吊销执业兽医资格证书：

（一）违反有关动物诊疗的操作技术规范，造成或者可能造成动物疫病传播、流行的；

（二）使用不符合规定的兽药和兽医器械的；

（三）未按照当地人民政府或者农业农村主管部门要求参加动物疫病预防、控制和动物疫情扑灭活动的。

第一百零七条　违反本法规定，生产经营兽医器械，产品质量不符合要求的，由县级以上地方人民政府农业农村主管部门责令限期整改；情节严重的，责令停业整顿，并处二万元以上十万元以下罚款。

第一百零八条 违反本法规定，从事动物疫病研究、诊疗和动物饲养、屠宰、经营、隔离、运输，以及动物产品生产、经营、加工、贮藏、无害化处理等活动的单位和个人，有下列行为之一的，由县级以上地方人民政府农业农村主管部门责令改正，可以处一万元以下罚款；拒不改正的，处一万元以上五万元以下罚款，并可以责令停业整顿：

（一）发现动物染疫、疑似染疫未报告，或者未采取隔离等控制措施的；

（二）不如实提供与动物防疫有关的资料的；

（三）拒绝或者阻碍农业农村主管部门进行监督检查的；

（四）拒绝或者阻碍动物疫病预防控制机构进行动物疫病监测、检测、评估的；

（五）拒绝或者阻碍官方兽医依法履行职责的。

第一百零九条 违反本法规定，造成人畜共患传染病传播、流行的，依法从重给予处分、处罚。

违反本法规定，构成违反治安管理行为的，依法给予治安管理处罚；构成犯罪的，依法追究刑事责任。

违反本法规定，给他人人身、财产造成损害的，依法承担民事责任。

第十二章 附 则

第一百一十条 本法下列用语的含义：

（一）无规定动物疫病区，是指具有天然屏障或者采取人工措施，在一定期限内没有发生规定的一种或者几种动物疫病，并经验收合格的区域；

（二）无规定动物疫病生物安全隔离区，是指处于同一生物安全管理体系下，在一定期限内没有发生规定的一种或者几种动物疫病的若干动物饲养场及其辅助生产场所构成的，并经验收合格的特定小型区域；

（三）病死动物，是指染疫死亡、因病死亡、死因不明或者经检验检疫可能危害人体或者动物健康的死亡动物；

（四）病害动物产品，是指来源于病死动物的产品，或者经检验检疫可能危害人体或者动物健康的动物产品。

第一百一十一条 境外无规定动物疫病区和无规定动物疫病生物安全隔离区的无疫等效性评估，参照本法有关规定执行。

第一百一十二条 实验动物防疫有特殊要求的，按照实验动物管理的有关规定执行。

第一百一十三条 本法自 2021 年 5 月 1 日起施行。

国务院令

中华人民共和国进出境动植物检疫法实施条例

(1996年12月2日中华人民共和国国务院令第206号发布,自1997年1月1日起施行)

第一章 总 则

第一条 根据《中华人民共和国进出境动植物检疫法》(以下简称进出境动植物检疫法)的规定,制定本条例。

第二条 下列各物,依照进出境动植物检疫法和本条例的规定实施检疫:

(一)进境、出境、过境的动植物、动植物产品和其他检疫物;

(二)装载动植物、动植物产品和其他检疫物的装载容器、包装物、铺垫材料;

(三)来自动植物疫区的运输工具;

(四)进境拆解的废旧船舶;

(五)有关法律、行政法规、国际条约规定或者贸易合同约定应当实施进出境动植物检疫的其他货物、物品。

第三条 国务院农业行政主管部门主管全国进出境动植物检疫工作。

中华人民共和国动植物检疫局(以下简称国家动植物检疫局)统一管理全国进出境动植物检疫工作,收集国内外重大动植物疫情,负责国际间进出境动植物检疫的合作与交流。

国家动植物检疫局在对外开放的口岸和进出境动植物检疫业务集中的地点设立的口岸动植物检疫机关,依照进出境动植物检疫法和本条例的规定,实施进出境动植物检疫。

第四条 国(境)外发生重大动植物疫情并可能传入中国时,根据情况采取下列紧急预防措施:

(一)国务院可以对相关边境区域采取控制措施,必要时下令禁止来自动植物疫区的运输工具进境或者封锁有关口岸;

(二)国务院农业行政主管部门可以公布禁止从动植物疫情流行的国家和地区进境的动植物、动植物产品和其他检疫物的名录;

(三)有关口岸动植物检疫机关可以对可能受病虫害污染的本条例第二条所列进境各物采取紧急检疫处理措施;

(四)受动植物疫情威胁地区的地方人民政府可以立即组织有关部门制定并实施应急方案,同时向上级人民政府和国家动植物检疫局报告。

邮电、运输部门对重大动植物疫情报告和送检材料应当优先传送。

第五条 享有外交、领事特权与豁免的外国机构和人员公用或者自用的动植物、动植物产品和其他检疫物进境,应当依照进出境动植物检疫法和本条例的规定实施检疫;口岸动植物检疫机关查验时,应当遵守有关法律的规定。

第六条 海关依法配合口岸动植物检疫机关，对进出境动植物、动植物产品和其他检疫物实行监管，具体办法由国务院农业行政主管部门会同海关总署制定。

第七条 进出境动植物检疫法所称动植物疫区和动植物疫情流行的国家与地区的名录，由国务院农业行政主管部门确定并公布。

第八条 对贯彻执行进出境动植物检疫法和本条例作出显著成绩的单位和个人，给予奖励。

第二章　检疫审批

第九条 输入动物、动物产品和进出境动植物检疫法第五条第一款所列禁止进境物的检疫审批，由国家动植物检疫局或者其授权的口岸动植物检疫机关负责。

输入植物种子、种苗及其他繁殖材料的检疫审批，由植物检疫条例规定的机关负责。

第十条 符合下列条件的，方可办理进境检疫审批手续：

（一）输出国家或者地区无重大动植物疫情；

（二）符合中国有关动植物检疫法律、法规、规章的规定；

（三）符合中国与输出国家或者地区签订的有关双边检疫协定（含检疫协议、备忘录等，下同）。

第十一条 检疫审批手续应当在贸易合同或者协议签订前办妥。

第十二条 携带、邮寄植物种子、种苗及其他繁殖材料进境的，必须事先提出申请，办理检疫审批手续；因特殊情况无法事先办理的，携带人或者邮寄人应当在口岸补办检疫审批手续，经审批机关同意并经检疫合格后方准进境。

第十三条 要求运输动物过境的，货主或者其代理人必须事先向国家动植物检疫局提出书面申请，提交输出国家或者地区政府动植物检疫机关出具的疫情证明、输入国家或者地区政府动植物检疫机关出具的准许该动物进境的证件，并说明拟过境的路线，国家动植物检疫局审查同意后，签发《动物过境许可证》。

第十四条 因科学研究等特殊需要，引进进出境动植物检疫法第五条第一款所列禁止进境物的，办理禁止进境物特许检疫审批手续时，货主、物主或者其代理人必须提交书面申请，说明其数量、用途、引进方式、进境后的防疫措施，并附具有关口岸动植物检疫机关签署的意见。

第十五条 办理进境检疫审批手续后，有下列情况之一的，货主、物主或者其代理人应当重新申请办理检疫审批手续：

（一）变更进境物的品种或者数量的；

（二）变更输出国家或者地区的；

（三）变更进境口岸的；

（四）超过检疫审批有效期的。

第三章　进境检疫

第十六条 进出境动植物检疫法第十一条所称中国法定的检疫要求，是指中国的法律、行政法规和国务院农业行政主管部门规定的动植物检疫要求。

第十七条 国家对向中国输出动植物产品的国外生产、加工、存放单位，实行注册登记制度。具体办法由国务院农业行政主管部门制定。

第十八条 输入动植物、动植物产品和其他检疫物的，货主或者其代理人应当在进境前或者进境时向进境口岸动植物检疫机关报检。属于调离海关监管区检疫的，运达指定地点时，货主或者其代理人应当通知有关口岸动植物检疫机关。属于转关货物的，货主或者其代理人应当在进境时向进境口岸动植物检疫机关申报；到达指运地时，应当向指运地口岸动植物检疫机关报检。

输入种畜禽及其精液、胚胎的，应与在进境前30日报检；输入其他动物的，应当在进境前15日报检；输入植物种子、种苗及其他繁殖材料的，应当在进境前7日报检。

动植物性包装物、铺垫材料进境时，货主或者其代理人应当及时向口岸动植物检疫机关申报；动植物检疫机关可以根据具体情况对申报物实施检疫。

前款所称动植物性包装物、铺垫材料，是指直接用作包装物、铺垫材料的动物产品和植物、植物产品。

第十九条　向口岸动植物检疫机关报检时应当填写报检单，并提交输出国家或者地区政府动植物检疫机关出具的检疫证书、产地证书和贸易合同、信用证、发票等单证；依法应当办理检疫审批手续的，还应当提交检疫审批单。无输出国家或者地区政府动植物检疫机关出具的有效检疫证书，或者未依法办理检疫审批手续的，口岸动植物检疫机关可以根据具体情况，作退回或者销毁处理。

第二十条　输入的动植物、动植物产品和其他检疫物运达口岸时，检疫人员可以到运输工具上和货物现场实施检疫，核对货、证是否相符，并可以按照规定采取样品。承运人、货主或者其代理人应当向检疫人员提供装载清单和有关资料。

第二十一条　装载动物的运输工具抵达口岸时，上下运输工具或者接近动物的人员，应当接受口岸动植物检疫机关实施的防疫消毒，并执行其采取的其他现场预防措施。

第二十二条　检疫人员应当按照下列规定实施现场检疫：

（一）动物：检查有无疫病的临床症状。发现疑似感染传染病或者已死亡的动物时，在货主或者押运人的配合下查明情况，立即处理。动物的铺垫材料、剩余饲料和排泄物等，由货主或者其代理人在检疫人员的监督下，作除害处理。

（二）动物产品：检查有无腐败变质现象，容器、包装是否完好。符合要求的，允许卸离运输工具。发现散包、容器破裂的，由货主或者其代理人负责整理完好，方可卸离运输工具。根据情况，对运输工具的有关部位及装载动物产品的容器、外表包装、铺垫材料、被污染场地等进行消毒处理。需要实施实验室检疫的，按照规定采取样品。对易滋生植物害虫或者混藏杂草种子的动物产品，同时实施植物检疫。

（三）植物、植物产品：检查货物和包装物有无病虫害，并按照规定采取样品。发现病虫害并有扩散可能时，及时对该批货物、运输工具和装卸现场采取必要的防疫措施。对来自动物传染病疫区或者易带动物传染病和寄生虫病病原体并用作动物饲料的植物产品，同时实施动物检疫。

（四）动植物性包装物、铺垫材料：检查是否携带病虫害、混藏杂草种子、沾带土壤，并按照规定采取样品。

（五）其他检疫物：检查包装是否完好及是否被病虫害污染。发现破损或者被病虫害污染时，作除害处理。

第二十三条　对船舶、火车装运的大宗动植物产品，应当就地分层检查；限于港口、车站的存放条件，不能就地检查的，经口岸动植物检疫机关同意，也可以边卸载边疏运，将动植物产品运往指定的地点存放。在卸货过程中经检疫发现疫情时，应当立即停止卸货，由货主或有其代理人按照口岸动植物检疫机关的要求，对已卸和未卸货物作除害处理，并采取防止疫情扩散的措施；对被病虫害污染的装卸工具和场地，也应当作除害处理。

第二十四条　输入种用大中家畜的，应当在国家动植物检疫局设立的动物隔离检疫场所隔离检疫45日；输入其他动物的，应当在口岸动植物检疫机关指定的动物隔离检疫场所隔离检疫30日。动物隔离检疫场所管理办法，由国务院农业行政主管部门制定。

第二十五条　进境的同一批动植物产品分港卸货时，口岸动植物检疫机关只对本港卸下的货物进行检疫，先期卸货港的口岸动植物检疫机关应当将检疫及处理情况及时通知其他分卸港的口岸动植物检疫机关；需要对外出证的，由卸毕港的口岸动植物检疫机关汇总后统一出具检疫证书。

在分卸港实施检疫中发现疫情并必须进行船上熏蒸、消毒时，由该分卸港的口岸动植物检疫机关统一出具检疫证书，并及时通知其他分卸港的口岸动植物检疫机关。

第二十六条　对输入的动植物、动植物产品和其他检疫物，按照中国的国家标准、行业标准以及国家动植物检疫局的有关规定实施检疫。

第二十七条　输入动植物、动植物产品和其他检疫物，经检疫合格的，由口岸动植物检疫机关在报关单上加盖印章或者签发《检疫放行通知单》；需要调离进境口岸海关监管区检疫的，由进境口岸动植物检疫机关签发《检疫调离通知单》。货主或者其代理人凭口岸动植物检疫机关在报关单上加盖的印章或者签发的《检疫放行通知单》《检疫调离通知单》办理报关、运递手续。海关对输入的动植物、动植物产品和其他检疫物，凭口岸动植物检疫机关在报关单上加盖的印章或者签发的《检疫放行通知单》《检疫调离通知单》验放。运输、邮电部门凭单运递，运递期间国内其他检疫机关不再检疫。

第二十八条　输入动植物、动植物产品和其他检疫物，经检疫不合格的，由口岸动植物检疫机关签发（检疫处理通知单），通知货主或者其代理人在口岸动植物检疫机关的监督和技术指导下，作除害处理；需要对外索赔的，由口岸动植物检疫机关出具检疫证书。

第二十九条　国家动植物检疫局根据检疫需要，并商输出动植物、动植物产品国家或者地区政府有关机关同意，可以派检疫人员进行预检、监装或者产地疫情调查。

第三十条　海关、边防等部门截获的非法进境的动植物、动植物产品和其他检疫物，应当就近交由口岸动植物检疫机关检疫。

第四章　出境检疫

第三十一条　货主或者其代理人依法办理动植物、动植物产品和其他检疫物的出境报检的手续时，应当提供贸易合同或者协议。

第三十二条　对输入国要求中国对向其输出的动植物、动植物产品和其他检疫物的生产、加工、存放单位注册登记的，口岸动植物检疫机关可以实行注册登记，并报国家动植物检疫局备案。

第三十三条　输出动物，出境前需经隔离检疫的，在口岸动植物检疫机关指定的隔离场所检疫。输出植物、动植物产品和其他检疫物的，在仓库或者货场实施检疫；根据需要，也可以在生产、加工过程中实施检疫。

待检出境植物、动植物产品和其他检疫物应当数量齐全，包装完好，堆放整齐、唛头标记明显。

第三十四条　输出动植物、动植物产品和其他检疫物的检疫依据：

（一）输入国家或者地区和中国有关动植物检疫规定；

（二）双边检疫协定；

（三）贸易合同中订明的检疫要求。

第三十五条　经启运地口岸动植物检疫机关检疫合格的动植物、动植物产品和其他检疫物，运达出境口岸时，按照下列规定办理：

（一）动物应当经出境口岸动植物检疫机关临床检疫或者复检；

（二）植物、动植物产品和其他检疫物从启运地随原运输工具出境的，由出境口岸动植物检疫机关验证放行；改换运输工具出境的，换证放行；

（三）植物、动植物产品和其他检疫物到达出境口岸后拼装的，因变更输入国家或者地区而有不同检疫要求的，或者超过规定的检疫有效期的，应当重新报检。

第三十六条 输出动植物、动植物产品和其他检疫物，经启运地口岸动植物检疫机关检疫合格的，运往出境口岸时，运输、邮电部门凭启运地口岸动植物检疫机关签发的检疫单证运递，国内其他检疫机关不可检疫。

第五章 过境检疫

第三十七条 运输动植物、动植物产品和其他检疫物过境（含转运，下同）的，承运人或者押运人应当持货单和输出国家或者地区政府动植物检疫机关出具的证书，向进境口岸动植物检疫机关报检；运输动物过境的，还应当同时提交国家质检总局签发的《动物过境许可证》。

第三十八条 过境动物运达进境口岸时，由进境口岸动植物检疫机关对运输工具、容器的外表进行消毒并对动物进行临床检疫，经检疫合格的，准予过境。进境口岸动植物检疫机关可以派检疫人员监运至出境口岸，出境口岸动植物检疫机关不再检疫。

第三十九条 装载过境植物、动植物产品和其他检疫物的运输工具和包装物、装载容器必须完整。经口岸动植物检疫机关检查，发现运输工具或者包装物、装载容器有可能造成途中散漏的，承运人或者押运人应当按照口岸动植物检疫机关的要求，采取密封措施；无法采取密封措施的，不准过境。

第六章 携带、邮寄物检疫

第四十条 携带、邮寄植物种子、种苗及其他繁殖材料进境，未依法办理检疫审批手续的，由口岸动植物检疫机关作退回或者销毁处理。邮件作退回处理的，由口岸动植物检疫机关在邮件及发递单上批注退回原因；邮件作销毁处理的，由口岸动植物检疫机关签发通知单，通知寄件人。

第四十一条 携带动植物、动植物产品和其他检疫物进境的，进境时必须向海关申报并接受口岸动植物检疫机关检疫。海关应当将申报或者查获的动植物、动植物产品和其他检疫物及时交由口岸动植物检疫机关检疫。未经检疫的，不得携带进境。

第四十二条 口岸动植物检疫机关可以在港口、机场、车站的旅客通道、行李提取处等现场进行检查，对可能携带动植物、动植物产品和其他检疫物而未申报的，可以进行查询并抽检其物品，必要时可以开包（箱）检查。

旅客进出境检查现场应当设立动植物检疫台位和标志。

第四十三条 携带动物进境的，必须持有输出动物的国家或者地区政府动植物检疫机关出具的检疫证书，经检疫合格后放行；携带犬、猫等宠物进境的，还必须持有疫苗接种证书。没有检疫证书、疫苗接种证书的，由口岸动植物检验机关作限期退回或者没收销毁处理。作限期退回处理的，携带人必须在规定的时间内持口岸动植物检疫机关签发的截留凭证，领取并携带出境；逾期不领取的，作自动放弃处理。

携带植物、动植物产品和其他检疫物进境，经现场检疫合格的，当场放行；需要作实验室检疫或者隔离检疫的，由口岸动植物检疫机关签发截留凭证。截留检疫合格的，携带人持截留凭证向口岸动植物检疫机关领回；逾期不领回的，作自动放弃处理。

禁止携带、邮寄进出境动植物检疫法第二十九条规定的名录所列动植物、动植物产品和其他检疫物进境。

第四十四条 邮寄进境的动植物、动植物产品和其他检疫物，由口岸动植物检疫机关在国际邮件互换局（含国际邮件快速公司及其他经营国际邮件的单位，以下简称邮局）实施检疫。邮局应当提供必要的工作条件。

经现场检疫合格的，由口岸动植物检疫机关加盖检疫放行章，交邮局运递。需要作实验室检疫或者隔离检疫的，口岸动植物检疫机关应当向邮局办理交接手续；检疫合格的，加盖检疫放行章，交邮局运递。

第四十五条　携带、邮寄进境的动植物、动植物产品和其他检疫物，经检疫不合格又无有效方法作除害处理的，作退回或者销毁处理，并签发《检疫处理通知单》交携带人、寄件人。

第七章　运输工具检疫

第四十六条　口岸动植物检疫机关对来自动植物疫区的船舶、飞机、火车，可以登船、登机、登车实施现场检疫。有关运输工具负责人应当接受检疫人员的询问并在询问记录上签字，提供运行日志和装载货物的情况，开启舱室接受检疫。

口岸动植物检疫机关应当对前款运输工具可能隐藏病虫害的餐车、配餐间、厨房、储藏室、食品舱等动植物产品存放、使用场所和泔水、动植物性废弃物的存放场所以及集装箱箱体等区域或者部位，实施检疫；必要时，作防疫消毒处理。

第四十七条　来自动植物疫区的船舶、飞机、火车，经检疫发现有进出境动植物检疫法第十八条规定的名录所列病虫害的，必须作熏蒸、消毒或者其他除害处理，发现有禁止进境的动植物、动植物产品和其他检疫物的，必须作封存或者销毁处理；作封存处理的，在中国境内停留或者运行期间，未经口岸动植物检疫机关许可，不得启封动用。对运输工具上的泔水、动植物性废弃物及其存放场所、容器，应当在口岸动植物检疫机关的监督下作除害处理。

第四十八条　来自动植物疫区的进境车辆，由口岸动植物检疫机关作防疫消毒处理。装载进境动植物、动植物产品和其他检疫物的车辆，经检疫发现病虫害的，连同货物一并作除害处理。装运供应香港、澳门地区的动物的回空车辆，实施整车防疫消毒。

第四十九条　进境拆解的废旧船舶，由口岸动植物检疫机关实施检疫。发现病虫害的，在口岸动植物检疫机关监督下作除害处理。发现有禁止进境的动植物、动植物产品和其他检疫物的，在口岸动植物检疫机关的监督下作销毁处理。

第五十条　来自动植物疫区的进境运输工具经检疫或者经消毒处理合格后，运输工具负责人或者其代理人要求出证的，由口岸动植物检疫机关签发《运输工具检疫证书》或者《运输工具消毒证书》。

第五十一条　进境、过境运输工具在中国境内停留期间，交通员工和其他人员不得将所装载的动植物、动植物产品和其他检疫物带离运输工具；需要带离时，应当向口岸动植物检疫机关报检。

第五十二条　装载动物出境的运输工具，装载前应当在口岸动植物检疫机关监督下进行消毒处理。

装载植物、动植物产品和其他检疫物出境的运输工具，应当符合国家有关动植物防疫和检疫的规定。发现危险性病虫害或者超过规定标准的一般性病虫害的，作除害处理后方可装运。

第八章　检疫监督

第五十三条　国家动植物检疫局和口岸动植物检疫机关对进出境动植物、动植物产品的生产、加工、存放过程，实行检疫监督制度。具体办法由国务院农业行政主管部门制定。

第五十四条　进出境动物和植物种子、种苗及其他繁殖材料，需要隔离饲养、隔离种植的，在隔离期间，应当接受口岸动植物检疫机关的检疫监督。

第五十五条　从事进出境动植物检疫熏蒸、消毒处理业务的单位和人员，必须经口岸动植物检疫机关考核合格。

口岸动植物检疫机关对熏蒸、消毒工作进行监督、指导，并负责出具熏蒸、消毒证书。

第五十六条 口岸动植物检疫机关可以根据需要，在机场、港口、车站、仓库、加工厂、农场等生产、加工、存放进出境动植物、动植物产品和其他检疫物的场所实施动植物疫情监测，有关单位应当配合。

未经口岸动植物检疫机关许可，不得移动或者损坏动植物疫情监测器具。

第五十七条 口岸动植物检疫机关根据需要，可以对运载进出境动植物、动植物产品和其他检疫物的运输工具、装载容器加施动植物检疫封识或者标志；未经口岸动植物检疫机关许可，不得开拆或者损毁检疫封识、标志。

动植物检疫封识和标志由国家动植物检疫局统一制发。

第五十八条 进境动植物、动植物产品和其他检疫物，装载动植物、动植物产品和其他检疫物的装载容器、包装物，运往保税区（含保税工厂、保税仓库等）的，在进境口岸依法实施检疫；口岸动植物检疫机关可以根据具体情况实施检疫监督；经加工复运出境的，依照进出境动植物检疫法和本条例有关出境检疫的规定办理。

第九章 法律责任

第五十九条 有下列违法行为之一的，由口岸动植物检疫机关处5000元以下的罚款：

（一）未报检或者未依法办理检疫审批手续或者未按检疫审批的规定执行的；

（二）报检的动植物、动植物产品和其他检疫物与实际不符的。有前款第（二）项所列行为，已取得检疫单证的，予以吊销。

第六十条 有下列违法行为之一的，由口岸动植物检疫机关处3000元以上3万元以下的罚款：

（一）未经口岸动植物检疫机关许可擅自将进境、过境动植物、动植物产品和其他检疫物卸离运输工具或者运递的；

（二）擅自调离或者处理在口岸动植物检疫机关指定的隔离场所中隔离检疫的动植物的；

（三）擅自开拆过境动植物、动植物产品和其他检疫物的包装，或者擅自开拆、损毁动植物检疫封识或者标志的；

（四）擅自抛弃过境动物的尸体、排泄物、铺垫材料或者其他废弃物，或者未按规定处理运输工具上的泔水、动植物性废弃物的。

第六十一条 依照本条例第十六条、第三十二条的规定注册登记的生产、加工、存放动植物、动植物产品和其他检疫物的单位，进出境的上述物品经检疫不合格的，除依照本条例有关规定作退回、销毁或者除害处理外，情节严重的，由口岸动植物检疫机关注销注册登记。

第六十二条 有下列违法行为之一的，依法追究刑事责任；尚不构成犯罪或者犯罪情节显著轻微依法不需要判处刑罚的，由口岸动植物检疫机关处2万元以上5万元以下的罚款：

（一）引起重大动植物疫情的；

（二）伪造、变造动植物检疫单证、印章、标志、封识的。

第六十三条 从事进出境动植物检疫熏蒸、消毒处理业务的单位和人员，不按照规定进行熏蒸和消毒处理的，口岸动植物检疫机关可以视情节取消其熏蒸、消毒资格。

第十章 附 则

第六十四条 进出境动植物检疫法和本条例下列用语的含义：

（一）"植物种子、种苗及其他繁殖材料"，是指栽培、野生的可供繁殖的植物全株或者部分，如植株、苗木（含试管苗）、果实、种子、砧木、接穗、插条、叶片、芽体、块根、块茎、鳞茎、球茎、花粉、细胞培养材料等；

（二）"装载容器"，是指可以多次使用、易受病虫害污染并用于装载进出境货物的容器，如笼、箱、桶、筐等；

（三）"其他有害生物"，是指动物传染病、寄生虫病和植物危险性病、虫、杂草以外的各种为害动植物的生物有机体、病原微生物，以及软体类、啮齿类、螨类、多足虫类动物和危险性病虫的中间寄主、媒介生物等；

（四）"检疫证书"，是指动植物检疫机关出具的关开动植物、动植物产品和其他检疫物健康或者卫生状况的具有法律效力的文件，如《动物检疫证书》《植物检疫证书》《动物健康证书》《兽医卫生证书》《熏蒸/消毒证书》等。

第六十五条 对进出境动植物、动植物产品和其他检疫物实施检疫或者按照规定作熏蒸、消毒、退回、销毁等处理所需费用或者招致的损失，由货主、物主或者其代理人承担。

第六十六条 口岸动植物检疫机关依法实施检疫，需要采取样品时，应当出具采样凭单；验余的样品，货主、物主或者其代理人应当在规定的期限内领回；逾期不领回的，由口岸动植物检疫机关按照规定处理。

第六十七条 贸易性动物产品出境的检疫机关，由国务院根据情况规定。

第六十八条 本条例自1997年1月1日起施行。

医疗器械监督管理条例

（2000年1月4日中华人民共和国国务院令第276号公布，2014年2月12日国务院第39次常务会议修订通过，根据2017年5月4日《国务院关于修改〈医疗器械监督管理条例〉的决定》修订，2020年12月21日国务院第119次常务会议修订通过，2021年2月9日公布，自2021年6月1日起施行）

第一章 总 则

第一条 为了保证医疗器械的安全、有效，保障人体健康和生命安全，促进医疗器械产业发展，制定本条例。

第二条 在中华人民共和国境内从事医疗器械的研制、生产、经营、使用活动及其监督管理，适用本条例。

第三条 国务院药品监督管理部门负责全国医疗器械监督管理工作。

国务院有关部门在各自的职责范围内负责与医疗器械有关的监督管理工作。

第四条 县级以上地方人民政府应当加强对本行政区域的医疗器械监督管理工作的领导，组织协调本行政区域内的医疗器械监督管理工作以及突发事件应对工作，加强医疗器械监督管理能力建设，为医疗器械安全工作提供保障。

县级以上地方人民政府负责药品监督管理的部门负责本行政区域的医疗器械监督管理工作。县级以上地方人民政府有关部门在各自的职责范围内负责与医疗器械有关的监督管理工作。

第五条 医疗器械监督管理遵循风险管理、全程管控、科学监管、社会共治的原则。

第六条 国家对医疗器械按照风险程度实行分类管理。

第一类是风险程度低，实行常规管理可以保证其安全、有效的医疗器械。

第二类是具有中度风险，需要严格控制管理以保证其安全、有效的医疗器械。

第三类是具有较高风险，需要采取特别措施严格控制管理以保证其安全、有效的医疗器械。

评价医疗器械风险程度，应当考虑医疗器械的预期目的、结构特征、使用方法等因素。

国务院药品监督管理部门负责制定医疗器械的分类规则和分类目录，并根据医疗器械生产、经营、使用情况，及时对医疗器械的风险变化进行分析、评价，对分类规则和分类目录进行调整。制定、调整分类规则和分类目录，应当充分听取医疗器械注册人、备案人、生产经营企业以及使用单位、行业组织的意见，并参考国际医疗器械分类实践。医疗器械分类规则和分类目录应当向社会公布。

第七条 医疗器械产品应当符合医疗器械强制性国家标准；尚无强制性国家标准的，应当符合医疗器械强制性行业标准。

第八条 国家制定医疗器械产业规划和政策，将医疗器械创新纳入发展重点，对创新医疗器械予以优先审评审批，支持创新医疗器械临床推广和使用，推动医疗器械产业高质量发展。国务院药品监督管理部门应当配合国务院有关部门，贯彻实施国家医疗器械产业规划和引导政策。

第九条 国家完善医疗器械创新体系，支持医疗器械的基础研究和应用研究，促进医疗器械新技术的推广和应用，在科技立项、融资、信贷、招标采购、医疗保险等方面予以支持。支持企业设立或者联合组建研制机构，鼓励企业与高等学校、科研院所、医疗机构等合作开展医疗器械的研究与创新，加强医疗器械知识产权保护，提高医疗器械自主创新能力。

第十条 国家加强医疗器械监督管理信息化建设，提高在线政务服务水平，为医疗器械行政许可、备案等提供便利。

第十一条 医疗器械行业组织应当加强行业自律，推进诚信体系建设，督促企业依法开展生产经营活动，引导企业诚实守信。

第十二条 对在医疗器械的研究与创新方面作出突出贡献的单位和个人，按照国家有关规定给予表彰奖励。

第二章 医疗器械产品注册与备案

第十三条 第一类医疗器械实行产品备案管理，第二类、第三类医疗器械实行产品注册管理。

医疗器械注册人、备案人应当加强医疗器械全生命周期质量管理，对研制、生产、经营、使用全过程中医疗器械的安全性、有效性依法承担责任。

第十四条 第一类医疗器械产品备案和申请第二类、第三类医疗器械产品注册，应当提交下列资料：

（一）产品风险分析资料；

（二）产品技术要求；

（三）产品检验报告；

（四）临床评价资料；

（五）产品说明书以及标签样稿；

（六）与产品研制、生产有关的质量管理体系文件；

（七）证明产品安全、有效所需的其他资料。

产品检验报告应当符合国务院药品监督管理部门的要求，可以是医疗器械注册申请人、备案人的自检报告，也可以是委托有资质的医疗器械检验机构出具的检验报告。

符合本条例第二十四条规定的免于进行临床评价情形的，可以免于提交临床评价资料。

医疗器械注册申请人、备案人应当确保提交的资料合法、真实、准确、完整和可追溯。

第十五条　第一类医疗器械产品备案，由备案人向所在地设区的市级人民政府负责药品监督管理的部门提交备案资料。

向我国境内出口第一类医疗器械的境外备案人，由其指定的我国境内企业法人向国务院药品监督管理部门提交备案资料和备案人所在国（地区）主管部门准许该医疗器械上市销售的证明文件。未在境外上市的创新医疗器械，可以不提交备案人所在国（地区）主管部门准许该医疗器械上市销售的证明文件。

备案人向负责药品监督管理的部门提交符合本条例规定的备案资料后即完成备案。负责药品监督管理的部门应当自收到备案资料之日起5个工作日内，通过国务院药品监督管理部门在线政务服务平台向社会公布备案有关信息。

备案资料载明的事项发生变化的，应当向原备案部门变更备案。

第十六条　申请第二类医疗器械产品注册，注册申请人应当向所在地省、自治区、直辖市人民政府药品监督管理部门提交注册申请资料。申请第三类医疗器械产品注册，注册申请人应当向国务院药品监督管理部门提交注册申请资料。

向我国境内出口第二类、第三类医疗器械的境外注册申请人，由其指定的我国境内企业法人向国务院药品监督管理部门提交注册申请资料和注册申请人所在国（地区）主管部门准许该医疗器械上市销售的证明文件。未在境外上市的创新医疗器械，可以不提交注册申请人所在国（地区）主管部门准许该医疗器械上市销售的证明文件。

国务院药品监督管理部门应当对医疗器械注册审查程序和要求作出规定，并加强对省、自治区、直辖市人民政府药品监督管理部门注册审查工作的监督指导。

第十七条　受理注册申请的药品监督管理部门应当对医疗器械的安全性、有效性以及注册申请人保证医疗器械安全、有效的质量管理能力等进行审查。

受理注册申请的药品监督管理部门应当自受理注册申请之日起3个工作日内将注册申请资料转交技术审评机构。技术审评机构应当在完成技术审评后，将审评意见提交受理注册申请的药品监督管理部门作为审批的依据。

受理注册申请的药品监督管理部门在组织对医疗器械的技术审评时认为有必要对质量管理体系进行核查的，应当组织开展质量管理体系核查。

第十八条　受理注册申请的药品监督管理部门应当自收到审评意见之日起20个工作日内作出决定。对符合条件的，准予注册并发给医疗器械注册证；对不符合条件的，不予注册并书面说明理由。

受理注册申请的药品监督管理部门应当自医疗器械准予注册之日起5个工作日内，通过国务院药品监督管理部门在线政务服务平台向社会公布注册有关信息。

第十九条　对用于治疗罕见疾病、严重危及生命且尚无有效治疗手段的疾病和应对公共卫生事件等急需的医疗器械，受理注册申请的药品监督管理部门可以作出附条件批准决定，并在医疗器械注册证中载明相关事项。

出现特别重大突发公共卫生事件或者其他严重威胁公众健康的紧急事件，国务院卫生主管部门根据预防、控制事件的需要提出紧急使用医疗器械的建议，经国务院药品监督管理部门组织论证同意后可以在一定范围和期限内紧急使用。

第二十条　医疗器械注册人、备案人应当履行下列义务：

（一）建立与产品相适应的质量管理体系并保持有效运行；

（二）制定上市后研究和风险管控计划并保证有效实施；

（三）依法开展不良事件监测和再评价；

（四）建立并执行产品追溯和召回制度；
（五）国务院药品监督管理部门规定的其他义务。

境外医疗器械注册人、备案人指定的我国境内企业法人应当协助注册人、备案人履行前款规定的义务。

第二十一条 已注册的第二类、第三类医疗器械产品，其设计、原材料、生产工艺、适用范围、使用方法等发生实质性变化，有可能影响该医疗器械安全、有效的，注册人应当向原注册部门申请办理变更注册手续；发生其他变化的，应当按照国务院药品监督管理部门的规定备案或者报告。

第二十二条 医疗器械注册证有效期为5年。有效期届满需要延续注册的，应当在有效期届满6个月前向原注册部门提出延续注册的申请。

除有本条第三款规定情形外，接到延续注册申请的药品监督管理部门应当在医疗器械注册证有效期届满前作出准予延续的决定。逾期未作决定的，视为准予延续。

有下列情形之一的，不予延续注册：
（一）未在规定期限内提出延续注册申请；
（二）医疗器械强制性标准已经修订，申请延续注册的医疗器械不能达到新要求；
（三）附条件批准的医疗器械，未在规定期限内完成医疗器械注册证载明事项。

第二十三条 对新研制的尚未列入分类目录的医疗器械，申请人可以依照本条例有关第三类医疗器械产品注册的规定直接申请产品注册，也可以依据分类规则判断产品类别并向国务院药品监督管理部门申请类别确认后依照本条例的规定申请产品注册或者进行产品备案。

直接申请第三类医疗器械产品注册的，国务院药品监督管理部门应当按照风险程度确定类别，对准予注册的医疗器械及时纳入分类目录。申请类别确认的，国务院药品监督管理部门应当自受理申请之日起20个工作日内对该医疗器械的类别进行判定并告知申请人。

第二十四条 医疗器械产品注册、备案，应当进行临床评价；但是符合下列情形之一，可以免于进行临床评价：
（一）工作机理明确、设计定型，生产工艺成熟，已上市的同品种医疗器械临床应用多年且无严重不良事件记录，不改变常规用途的；
（二）其他通过非临床评价能够证明该医疗器械安全、有效的。

国务院药品监督管理部门应当制定医疗器械临床评价指南。

第二十五条 进行医疗器械临床评价，可以根据产品特征、临床风险、已有临床数据等情形，通过开展临床试验，或者通过对同品种医疗器械临床文献资料、临床数据进行分析评价，证明医疗器械安全、有效。

按照国务院药品监督管理部门的规定，进行医疗器械临床评价时，已有临床文献资料、临床数据不足以确认产品安全、有效的医疗器械，应当开展临床试验。

第二十六条 开展医疗器械临床试验，应当按照医疗器械临床试验质量管理规范的要求，在具备相应条件的临床试验机构进行，并向临床试验申办者所在地省、自治区、直辖市人民政府药品监督管理部门备案。接受临床试验备案的药品监督管理部门应当将备案情况通报临床试验机构所在地同级药品监督管理部门和卫生主管部门。

医疗器械临床试验机构实行备案管理。医疗器械临床试验机构应当具备的条件以及备案管理办法和临床试验质量管理规范，由国务院药品监督管理部门会同国务院卫生主管部门制定并公布。

国家支持医疗机构开展临床试验，将临床试验条件和能力评价纳入医疗机构等级评审，鼓励医疗机构开展创新医疗器械临床试验。

第二十七条　第三类医疗器械临床试验对人体具有较高风险的，应当经国务院药品监督管理部门批准。国务院药品监督管理部门审批临床试验，应当对拟承担医疗器械临床试验的机构的设备、专业人员等条件，该医疗器械的风险程度，临床试验实施方案，临床受益与风险对比分析报告等进行综合分析，并自受理申请之日起 60 个工作日内作出决定并通知临床试验申办者。逾期未通知的，视为同意。准予开展临床试验的，应当通报临床试验机构所在地省、自治区、直辖市人民政府药品监督管理部门和卫生主管部门。

临床试验对人体具有较高风险的第三类医疗器械目录由国务院药品监督管理部门制定、调整并公布。

第二十八条　开展医疗器械临床试验，应当按照规定进行伦理审查，向受试者告知试验目的、用途和可能产生的风险等详细情况，获得受试者的书面知情同意；受试者为无民事行为能力人或者限制民事行为能力人的，应当依法获得其监护人的书面知情同意。

开展临床试验，不得以任何形式向受试者收取与临床试验有关的费用。

第二十九条　对正在开展临床试验的用于治疗严重危及生命且尚无有效治疗手段的疾病的医疗器械，经医学观察可能使患者获益，经伦理审查、知情同意后，可以在开展医疗器械临床试验的机构内免费用于其他病情相同的患者，其安全性数据可以用于医疗器械注册申请。

第三章　医疗器械生产

第三十条　从事医疗器械生产活动，应当具备下列条件：

（一）有与生产的医疗器械相适应的生产场地、环境条件、生产设备以及专业技术人员；
（二）有能对生产的医疗器械进行质量检验的机构或者专职检验人员以及检验设备；
（三）有保证医疗器械质量的管理制度；
（四）有与生产的医疗器械相适应的售后服务能力；
（五）符合产品研制、生产工艺文件规定的要求。

第三十一条　从事第一类医疗器械生产的，应当向所在地设区的市级人民政府负责药品监督管理的部门备案，在提交符合本条例第三十条规定条件的有关资料后即完成备案。

医疗器械备案人自行生产第一类医疗器械的，可以在依照本条例第十五条规定进行产品备案时一并提交符合本条例第三十条规定条件的有关资料，即完成生产备案。

第三十二条　从事第二类、第三类医疗器械生产的，应当向所在地省、自治区、直辖市人民政府药品监督管理部门申请生产许可并提交其符合本条例第三十条规定条件的有关资料以及所生产医疗器械的注册证。

受理生产许可申请的药品监督管理部门应当对申请资料进行审核，按照国务院药品监督管理部门制定的医疗器械生产质量管理规范的要求进行核查，并自受理申请之日起 20 个工作日内作出决定。对符合规定条件的，准予许可并发给医疗器械生产许可证；对不符合规定条件的，不予许可并书面说明理由。

医疗器械生产许可证有效期为 5 年。有效期届满需要延续的，依照有关行政许可的法律规定办理延续手续。

第三十三条　医疗器械生产质量管理规范应当对医疗器械的设计开发、生产设备条件、原材料采购、生产过程控制、产品放行、企业的机构设置和人员配备等影响医疗器械安全、有效的事项作出明确规定。

第三十四条　医疗器械注册人、备案人可以自行生产医疗器械，也可以委托符合本条例规定、具备相应条件的企业生产医疗器械。

委托生产医疗器械的，医疗器械注册人、备案人应当对所委托生产的医疗器械质量负责，并加强对受托生产企业生产行为的管理，保证其按照法定要求进行生产。医疗器械注册人、备案人应当与受托生产企业签订委托协议，明确双方权利、义务和责任。受托生产企业应当依照法律法规、医疗器械生产质量管理规范、强制性标准、产品技术要求和委托协议组织生产，对生产行为负责，并接受委托方的监督。

具有高风险的植入性医疗器械不得委托生产，具体目录由国务院药品监督管理部门制定、调整并公布。

第三十五条　医疗器械注册人、备案人、受托生产企业应当按照医疗器械生产质量管理规范，建立健全与所生产医疗器械相适应的质量管理体系并保证其有效运行；严格按照经注册或者备案的产品技术要求组织生产，保证出厂的医疗器械符合强制性标准以及经注册或者备案的产品技术要求。

医疗器械注册人、备案人、受托生产企业应当定期对质量管理体系的运行情况进行自查，并按照国务院药品监督管理部门的规定提交自查报告。

第三十六条　医疗器械的生产条件发生变化，不再符合医疗器械质量管理体系要求的，医疗器械注册人、备案人、受托生产企业应当立即采取整改措施；可能影响医疗器械安全、有效的，应当立即停止生产活动，并向原生产许可或者生产备案部门报告。

第三十七条　医疗器械应当使用通用名称。通用名称应当符合国务院药品监督管理部门制定的医疗器械命名规则。

第三十八条　国家根据医疗器械产品类别，分步实施医疗器械唯一标识制度，实现医疗器械可追溯，具体办法由国务院药品监督管理部门会同国务院有关部门制定。

第三十九条　医疗器械应当有说明书、标签。说明书、标签的内容应当与经注册或者备案的相关内容一致，确保真实、准确。

医疗器械的说明书、标签应当标明下列事项：

（一）通用名称、型号、规格；

（二）医疗器械注册人、备案人、受托生产企业的名称、地址以及联系方式；

（三）生产日期，使用期限或者失效日期；

（四）产品性能、主要结构、适用范围；

（五）禁忌、注意事项以及其他需要警示或者提示的内容；

（六）安装和使用说明或者图示；

（七）维护和保养方法，特殊运输、贮存的条件、方法；

（八）产品技术要求规定应当标明的其他内容。

第二类、第三类医疗器械还应当标明医疗器械注册证编号。

由消费者个人自行使用的医疗器械还应当具有安全使用的特别说明。

第四章　医疗器械经营与使用

第四十条　从事医疗器械经营活动，应当有与经营规模和经营范围相适应的经营场所和贮存条件，以及与经营的医疗器械相适应的质量管理制度和质量管理机构或者人员。

第四十一条　从事第二类医疗器械经营的，由经营企业向所在地设区的市级人民政府负责药品监督管理的部门备案并提交符合本条例第四十条规定条件的有关资料。

按照国务院药品监督管理部门的规定，对产品安全性、有效性不受流通过程影响的第二类医疗器械，可以免于经营备案。

第四十二条 从事第三类医疗器械经营的，经营企业应当向所在地设区的市级人民政府负责药品监督管理的部门申请经营许可并提交符合本条例第四十条规定条件的有关资料。

受理经营许可申请的负责药品监督管理的部门应当对申请资料进行审查，必要时组织核查，并自受理申请之日起20个工作日内作出决定。对符合规定条件的，准予许可并发给医疗器械经营许可证；对不符合规定条件的，不予许可并书面说明理由。

医疗器械经营许可证有效期为5年。有效期届满需要延续的，依照有关行政许可的法律规定办理延续手续。

第四十三条 医疗器械注册人、备案人经营其注册、备案的医疗器械，无须办理医疗器械经营许可或者备案，但应当符合本条例规定的经营条件。

第四十四条 从事医疗器械经营，应当依照法律法规和国务院药品监督管理部门制定的医疗器械经营质量管理规范的要求，建立健全与所经营医疗器械相适应的质量管理体系并保证其有效运行。

第四十五条 医疗器械经营企业、使用单位应当从具备合法资质的医疗器械注册人、备案人、生产经营企业购进医疗器械。购进医疗器械时，应当查验供货者的资质和医疗器械的合格证明文件，建立进货查验记录制度。从事第二类、第三类医疗器械批发业务以及第三类医疗器械零售业务的经营企业，还应当建立销售记录制度。

记录事项包括：

（一）医疗器械的名称、型号、规格、数量；

（二）医疗器械的生产批号、使用期限或者失效日期、销售日期；

（三）医疗器械注册人、备案人和受托生产企业的名称；

（四）供货者或者购货者的名称、地址以及联系方式；

（五）相关许可证明文件编号等。

进货查验记录和销售记录应当真实、准确、完整和可追溯，并按照国务院药品监督管理部门规定的期限予以保存。国家鼓励采用先进技术手段进行记录。

第四十六条 从事医疗器械网络销售的，应当是医疗器械注册人、备案人或者医疗器械经营企业。从事医疗器械网络销售的经营者，应当将从事医疗器械网络销售的相关信息告知所在地设区的市级人民政府负责药品监督管理的部门，经营第一类医疗器械和本条例第四十一条第二款规定的第二类医疗器械的除外。

为医疗器械网络交易提供服务的电子商务平台经营者应当对入网医疗器械经营者进行实名登记，审查其经营许可、备案情况和所经营医疗器械产品注册、备案情况，并对其经营行为进行管理。电子商务平台经营者发现入网医疗器械经营者有违反本条例规定行为的，应当及时制止并立即报告医疗器械经营者所在地设区的市级人民政府负责药品监督管理的部门；发现严重违法行为的，应当立即停止提供网络交易平台服务。

第四十七条 运输、贮存医疗器械，应当符合医疗器械说明书和标签标示的要求；对温度、湿度等环境条件有特殊要求的，应当采取相应措施，保证医疗器械的安全、有效。

第四十八条 医疗器械使用单位应当有与在用医疗器械品种、数量相适应的贮存场所和条件。医疗器械使用单位应当加强对工作人员的技术培训，按照产品说明书、技术操作规范等要求使用医疗器械。

医疗器械使用单位配置大型医用设备，应当符合国务院卫生主管部门制定的大型医用设备配置规划，与其功能定位、临床服务需求相适应，具有相应的技术条件、配套设施和具备相应资质、能力的专业技术人员，并经省级以上人民政府卫生主管部门批准，取得大型医用设备配置许可证。

大型医用设备配置管理办法由国务院卫生主管部门会同国务院有关部门制定。大型医用设备目录由国务院卫生主管部门商国务院有关部门提出，报国务院批准后执行。

第四十九条 医疗器械使用单位对重复使用的医疗器械，应当按照国务院卫生主管部门制定的消毒和管理的规定进行处理。

一次性使用的医疗器械不得重复使用，对使用过的应当按照国家有关规定销毁并记录。一次性使用的医疗器械目录由国务院药品监督管理部门会同国务院卫生主管部门制定、调整并公布。列入一次性使用的医疗器械目录，应当具有充足的无法重复使用的证据理由。重复使用可以保证安全、有效的医疗器械，不列入一次性使用的医疗器械目录。对因设计、生产工艺、消毒灭菌技术等改进后重复使用可以保证安全、有效的医疗器械，应当调整出一次性使用的医疗器械目录，允许重复使用。

第五十条 医疗器械使用单位对需要定期检查、检验、校准、保养、维护的医疗器械，应当按照产品说明书的要求进行检查、检验、校准、保养、维护并予以记录，及时进行分析、评估，确保医疗器械处于良好状态，保障使用质量；对使用期限长的大型医疗器械，应当逐台建立使用档案，记录其使用、维护、转让、实际使用时间等事项。记录保存期限不得少于医疗器械规定使用期限终止后5年。

第五十一条 医疗器械使用单位应当妥善保存购入第三类医疗器械的原始资料，并确保信息具有可追溯性。

使用大型医疗器械以及植入和介入类医疗器械的，应当将医疗器械的名称、关键性技术参数等信息以及与使用质量安全密切相关的必要信息记载到病历等相关记录中。

第五十二条 发现使用的医疗器械存在安全隐患的，医疗器械使用单位应当立即停止使用，并通知医疗器械注册人、备案人或者其他负责产品质量的机构进行检修；经检修仍不能达到使用安全标准的医疗器械，不得继续使用。

第五十三条 对国内尚无同品种产品上市的体外诊断试剂，符合条件的医疗机构根据本单位的临床需要，可以自行研制，在执业医师指导下在本单位内使用。具体管理办法由国务院药品监督管理部门会同国务院卫生主管部门制定。

第五十四条 负责药品监督管理的部门和卫生主管部门依据各自职责，分别对使用环节的医疗器械质量和医疗器械使用行为进行监督管理。

第五十五条 医疗器械经营企业、使用单位不得经营、使用未依法注册或者备案、无合格证明文件以及过期、失效、淘汰的医疗器械。

第五十六条 医疗器械使用单位之间转让在用医疗器械，转让方应当确保所转让的医疗器械安全、有效，不得转让过期、失效、淘汰以及检验不合格的医疗器械。

第五十七条 进口的医疗器械应当是依照本条例第二章的规定已注册或者已备案的医疗器械。

进口的医疗器械应当有中文说明书、中文标签。说明书、标签应当符合本条例规定以及相关强制性标准的要求，并在说明书中载明医疗器械的原产地以及境外医疗器械注册人、备案人指定的我国境内企业法人的名称、地址、联系方式。没有中文说明书、中文标签或者说明书、标签不符合本条规定的，不得进口。

医疗机构因临床急需进口少量第二类、第三类医疗器械的，经国务院药品监督管理部门或者国务院授权的省、自治区、直辖市人民政府批准，可以进口。进口的医疗器械应当在指定医疗机构内用于特定医疗目的。

禁止进口过期、失效、淘汰等已使用过的医疗器械。

第五十八条 出入境检验检疫机构依法对进口的医疗器械实施检验；检验不合格的，不得进口。

国务院药品监督管理部门应当及时向国家出入境检验检疫部门通报进口医疗器械的注册和备案情况。进口口岸所在地出入境检验检疫机构应当及时向所在地设区的市级人民政府负责药品监督管理的部门通报进口医疗器械的通关情况。

第五十九条 出口医疗器械的企业应当保证其出口的医疗器械符合进口国（地区）的要求。

第六十条 医疗器械广告的内容应当真实合法，以经负责药品监督管理的部门注册或者备案的医疗器械说明书为准，不得含有虚假、夸大、误导性的内容。

发布医疗器械广告，应当在发布前由省、自治区、直辖市人民政府确定的广告审查机关对广告内容进行审查，并取得医疗器械广告批准文号；未经审查，不得发布。

省级以上人民政府药品监督管理部门责令暂停生产、进口、经营和使用的医疗器械，在暂停期间不得发布涉及该医疗器械的广告。

医疗器械广告的审查办法由国务院市场监督管理部门制定。

第五章　不良事件的处理与医疗器械的召回

第六十一条 国家建立医疗器械不良事件监测制度，对医疗器械不良事件及时进行收集、分析、评价、控制。

第六十二条 医疗器械注册人、备案人应当建立医疗器械不良事件监测体系，配备与其产品相适应的不良事件监测机构和人员，对其产品主动开展不良事件监测，并按照国务院药品监督管理部门的规定，向医疗器械不良事件监测技术机构报告调查、分析、评价、产品风险控制等情况。

医疗器械生产经营企业、使用单位应当协助医疗器械注册人、备案人对所生产经营或者使用的医疗器械开展不良事件监测；发现医疗器械不良事件或者可疑不良事件，应当按照国务院药品监督管理部门的规定，向医疗器械不良事件监测技术机构报告。

其他单位和个人发现医疗器械不良事件或者可疑不良事件，有权向负责药品监督管理的部门或者医疗器械不良事件监测技术机构报告。

第六十三条 国务院药品监督管理部门应当加强医疗器械不良事件监测信息网络建设。

医疗器械不良事件监测技术机构应当加强医疗器械不良事件信息监测，主动收集不良事件信息；发现不良事件或者接到不良事件报告的，应当及时进行核实，必要时进行调查、分析、评估，向负责药品监督管理的部门和卫生主管部门报告并提出处理建议。

医疗器械不良事件监测技术机构应当公布联系方式，方便医疗器械注册人、备案人、生产经营企业、使用单位等报告医疗器械不良事件。

第六十四条 负责药品监督管理的部门应当根据医疗器械不良事件评估结果及时采取发布警示信息以及责令暂停生产、进口、经营和使用等控制措施。

省级以上人民政府药品监督管理部门应当会同同级卫生主管部门和相关部门组织对引起突发、群发的严重伤害或者死亡的医疗器械不良事件及时进行调查和处理，并组织对同类医疗器械加强监测。

负责药品监督管理的部门应当及时向同级卫生主管部门通报医疗器械使用单位的不良事件监测有关情况。

第六十五条 医疗器械注册人、备案人、生产经营企业、使用单位应当对医疗器械不良事件监测技术机构、负责药品监督管理的部门、卫生主管部门开展的医疗器械不良事件调查予以配合。

第六十六条 有下列情形之一的，医疗器械注册人、备案人应当主动开展已上市医疗器械再评价：

(一) 根据科学研究的发展，对医疗器械的安全、有效有认识上的改变；

(二) 医疗器械不良事件监测、评估结果表明医疗器械可能存在缺陷；

(三) 国务院药品监督管理部门规定的其他情形。

医疗器械注册人、备案人应当根据再评价结果，采取相应控制措施，对已上市医疗器械进行改进，并按照规定进行注册变更或者备案变更。再评价结果表明已上市医疗器械不能保证安全、有效的，医疗器械注册人、备案人应当主动申请注销医疗器械注册证或者取消备案；医疗器械注册人、备案人未申请注销医疗器械注册证或者取消备案的，由负责药品监督管理的部门注销医疗器械注册证或者取消备案。

省级以上人民政府药品监督管理部门根据医疗器械不良事件监测、评估等情况，对已上市医疗器械开展再评价。再评价结果表明已上市医疗器械不能保证安全、有效的，应当注销医疗器械注册证或者取消备案。

负责药品监督管理的部门应当向社会及时公布注销医疗器械注册证和取消备案情况。被注销医疗器械注册证或者取消备案的医疗器械不得继续生产、进口、经营、使用。

第六十七条 医疗器械注册人、备案人发现生产的医疗器械不符合强制性标准、经注册或者备案的产品技术要求，或者存在其他缺陷的，应当立即停止生产，通知相关经营企业、使用单位和消费者停止经营和使用，召回已经上市销售的医疗器械，采取补救、销毁等措施，记录相关情况，发布相关信息，并将医疗器械召回和处理情况向负责药品监督管理的部门和卫生主管部门报告。

医疗器械受托生产企业、经营企业发现生产、经营的医疗器械存在前款规定情形的，应当立即停止生产、经营，通知医疗器械注册人、备案人，并记录停止生产、经营和通知情况。医疗器械注册人、备案人认为属于依照前款规定需要召回的医疗器械，应当立即召回。

医疗器械注册人、备案人、受托生产企业、经营企业未依照本条规定实施召回或者停止生产、经营的，负责药品监督管理的部门可以责令其召回或者停止生产、经营。

第六章 监督检查

第六十八条 国家建立职业化专业化检查员制度，加强对医疗器械的监督检查。

第六十九条 负责药品监督管理的部门应当对医疗器械的研制、生产、经营活动以及使用环节的医疗器械质量加强监督检查，并对下列事项进行重点监督检查：

(一) 是否按照经注册或者备案的产品技术要求组织生产；

(二) 质量管理体系是否保持有效运行；

(三) 生产经营条件是否持续符合法定要求。

必要时，负责药品监督管理的部门可以对为医疗器械研制、生产、经营、使用等活动提供产品或者服务的其他相关单位和个人进行延伸检查。

第七十条 负责药品监督管理的部门在监督检查中有下列职权：

(一) 进入现场实施检查、抽取样品；

(二) 查阅、复制、查封、扣押有关合同、票据、账簿以及其他有关资料；

(三) 查封、扣押不符合法定要求的医疗器械，违法使用的零配件、原材料以及用于违法生产经营医疗器械的工具、设备；

(四) 查封违反本条例规定从事医疗器械生产经营活动的场所。

进行监督检查，应当出示执法证件，保守被检查单位的商业秘密。

有关单位和个人应当对监督检查予以配合，提供相关文件和资料，不得隐瞒、拒绝、阻挠。

第七十一条 卫生主管部门应当对医疗机构的医疗器械使用行为加强监督检查。实施监督检时，可以进入医疗机构，查阅、复制有关档案、记录以及其他有关资料。

第七十二条 医疗器械生产经营过程中存在产品质量安全隐患，未及时采取措施消除的，负责药品监督管理的部门可以采取告诫、责任约谈、责令限期整改等措施。

对人体造成伤害或者有证据证明可能危害人体健康的医疗器械，负责药品监督管理的部门可以采取责令暂停生产、进口、经营、使用的紧急控制措施，并发布安全警示信息。

第七十三条 负责药品监督管理的部门应当加强对医疗器械注册人、备案人、生产经营企业和使用单位生产、经营、使用的医疗器械的抽查检验。抽查检验不得收取检验费和其他任何费用，所需费用纳入本级政府预算。省级以上人民政府药品监督管理部门应当根据抽查检验结论及时发布医疗器械质量公告。

卫生主管部门应当对大型医用设备的使用状况进行监督和评估；发现违规使用以及与大型医用设备相关的过度检查、过度治疗等情形的，应当立即纠正，依法予以处理。

第七十四条 负责药品监督管理的部门未及时发现医疗器械安全系统性风险，未及时消除监督管理区域内医疗器械安全隐患的，本级人民政府或者上级人民政府负责药品监督管理的部门应当对其主要负责人进行约谈。

地方人民政府未履行医疗器械安全职责，未及时消除区域性重大医疗器械安全隐患的，上级人民政府或者上级人民政府负责药品监督管理的部门应当对其主要负责人进行约谈。

被约谈的部门和地方人民政府应当立即采取措施，对医疗器械监督管理工作进行整改。

第七十五条 医疗器械检验机构资质认定工作按照国家有关规定实行统一管理。经国务院认证认可监督管理部门会同国务院药品监督管理部门认定的检验机构，方可对医疗器械实施检验。

负责药品监督管理的部门在执法工作中需要对医疗器械进行检验的，应当委托有资质的医疗器械检验机构进行，并支付相关费用。

当事人对检验结论有异议的，可以自收到检验结论之日起7个工作日内向实施抽样检验的部门或者其上一级负责药品监督管理的部门提出复检申请，由受理复检申请的部门在复检机构名录中随机确定复检机构进行复检。承担复检工作的医疗器械检验机构应当在国务院药品监督管理部门规定的时间内作出复检结论。复检结论为最终检验结论。复检机构与初检机构不得为同一机构；相关检验项目只有一家有资质的检验机构的，复检时应当变更承办部门或者人员。复检机构名录由国务院药品监督管理部门公布。

第七十六条 对可能存在有害物质或者擅自改变医疗器械设计、原材料和生产工艺并存在安全隐患的医疗器械，按照医疗器械国家标准、行业标准规定的检验项目和检验方法无法检验的，医疗器械检验机构可以使用国务院药品监督管理部门批准的补充检验项目和检验方法进行检验；使用补充检验项目、检验方法得出的检验结论，可以作为负责药品监督管理的部门认定医疗器械质量的依据。

第七十七条 市场监督管理部门应当依照有关广告管理的法律、行政法规的规定，对医疗器械广告进行监督检查，查处违法行为。

第七十八条 负责药品监督管理的部门应当通过国务院药品监督管理部门在线政务服务平台依法及时公布医疗器械许可、备案、抽查检验、违法行为查处等日常监督管理信息。但是，不得泄露当事人的商业秘密。

负责药品监督管理的部门建立医疗器械注册人、备案人、生产经营企业、使用单位信用档案，对有不良信用记录的增加监督检查频次，依法加强失信惩戒。

第七十九条 负责药品监督管理的部门等部门应当公布本单位的联系方式，接受咨询、投诉、举报。负责药品监督管理的部门等部门接到与医疗器械监督管理有关的咨询，应当及时答复；接到投诉、举报,应当及时核实、处理、答复。对咨询、投诉、举报情况及其答复、核实、处理情况,应当予以记录、保存。

有关医疗器械研制、生产、经营、使用行为的举报经调查属实的,负责药品监督管理的部门等部门对举报人应当给予奖励。有关部门应当为举报人保密。

第八十条 国务院药品监督管理部门制定、调整、修改本条例规定的目录以及与医疗器械监督管理有关的规范,应当公开征求意见;采取听证会、论证会等形式,听取专家、医疗器械注册人、备案人、生产经营企业、使用单位、消费者、行业协会以及相关组织等方面的意见。

第七章 法律责任

第八十一条 有下列情形之一的,由负责药品监督管理的部门没收违法所得、违法生产经营的医疗器械和用于违法生产经营的工具、设备、原材料等物品;违法生产经营的医疗器械货值金额不足1万元的,并处5万元以上15万元以下罚款;货值金额1万元以上的,并处货值金额15倍以上30倍以下罚款;情节严重的,责令停产停业,10年内不受理相关责任人以及单位提出的医疗器械许可申请,对违法单位的法定代表人、主要负责人、直接负责的主管人员和其他责任人员,没收违法行为发生期间自本单位所获收入,并处所获收入30%以上3倍以下罚款,终身禁止其从事医疗器械生产经营活动:

(一)生产、经营未取得医疗器械注册证的第二类、第三类医疗器械;

(二)未经许可从事第二类、第三类医疗器械生产活动;

(三)未经许可从事第三类医疗器械经营活动。

有前款第一项情形、情节严重的,由原发证部门吊销医疗器械生产许可证或者医疗器械经营许可证。

第八十二条 未经许可擅自配置使用大型医用设备的,由县级以上人民政府卫生主管部门责令停止使用,给予警告,没收违法所得;违法所得不足1万元的,并处5万元以上10万元以下罚款;违法所得1万元以上的,并处违法所得10倍以上30倍以下罚款;情节严重的,5年内不受理相关责任人以及单位提出的大型医用设备配置许可申请,对违法单位的法定代表人、主要负责人、直接负责的主管人员和其他责任人员,没收违法行为发生期间自本单位所获收入,并处所获收入30%以上3倍以下罚款,依法给予处分。

第八十三条 在申请医疗器械行政许可时提供虚假资料或者采取其他欺骗手段的,不予行政许可,已经取得行政许可的,由作出行政许可决定的部门撤销行政许可,没收违法所得、违法生产经营使用的医疗器械,10年内不受理相关责任人以及单位提出的医疗器械许可申请;违法生产经营使用的医疗器械货值金额不足1万元的,并处5万元以上15万元以下罚款;货值金额1万元以上的,并处货值金额15倍以上30倍以下罚款;情节严重的,责令停产停业,对违法单位的法定代表人、主要负责人、直接负责的主管人员和其他责任人员,没收违法行为发生期间自本单位所获收入,并处所获收入30%以上3倍以下罚款,终身禁止其从事医疗器械生产经营活动。

伪造、变造、买卖、出租、出借相关医疗器械许可证件的,由原发证部门予以收缴或者吊销,没收违法所得;违法所得不足1万元的,并处5万元以上10万元以下罚款;违法所得1万元以上的,并处违法所得10倍以上20倍以下罚款;构成违反治安管理行为的,由公安机关依法予以治安管理处罚。

第八十四条 有下列情形之一的,由负责药品监督管理的部门向社会公告单位和产品名称,责令限期改正;逾期不改正的,没收违法所得、违法生产经营的医疗器械;违法生产经营的医疗器械货值金额不足1万元的,并处1万元以上5万元以下罚款;货值金额1万元以上的,并处货值金额

5倍以上20倍以下罚款；情节严重的，对违法单位的法定代表人、主要负责人、直接负责的主管人员和其他责任人员，没收违法行为发生期间自本单位所获收入，并处所获收入30%以上2倍以下罚款，5年内禁止其从事医疗器械生产经营活动：

（一）生产、经营未经备案的第一类医疗器械；

（二）未经备案从事第一类医疗器械生产；

（三）经营第二类医疗器械，应当备案但未备案；

（四）已经备案的资料不符合要求。

第八十五条 备案时提供虚假资料的，由负责药品监督管理的部门向社会公告备案单位和产品名称，没收违法所得、违法生产经营的医疗器械；违法生产经营的医疗器械货值金额不足1万元的，并处2万元以上5万元以下罚款；货值金额1万元以上的，并处货值金额5倍以上20倍以下罚款；情节严重的，责令停产停业，对违法单位的法定代表人、主要负责人、直接负责的主管人员和其他责任人员，没收违法行为发生期间自本单位所获收入，并处所获收入30%以上3倍以下罚款，10年内禁止其从事医疗器械生产经营活动。

第八十六条 有下列情形之一的，由负责药品监督管理的部门责令改正，没收违法生产经营使用的医疗器械；违法生产经营使用的医疗器械货值金额不足1万元的，并处2万元以上5万元以下罚款；货值金额1万元以上的，并处货值金额5倍以上20倍以下罚款；情节严重的，责令停产停业，直至由原发证部门吊销医疗器械注册证、医疗器械生产许可证、医疗器械经营许可证，对违法单位的法定代表人、主要负责人、直接负责的主管人员和其他责任人员，没收违法行为发生期间自本单位所获收入，并处所获收入30%以上3倍以下罚款，10年内禁止其从事医疗器械生产经营活动：

（一）生产、经营、使用不符合强制性标准或者不符合经注册或者备案的产品技术要求的医疗器械；

（二）未按照经注册或者备案的产品技术要求组织生产，或者未依照本条例规定建立质量管理体系并保持有效运行，影响产品安全、有效；

（三）经营、使用无合格证明文件、过期、失效、淘汰的医疗器械，或者使用未依法注册的医疗器械；

（四）在负责药品监督管理的部门责令召回后仍拒不召回，或者在负责药品监督管理的部门责令停止或者暂停生产、进口、经营后，仍拒不停止生产、进口、经营医疗器械；

（五）委托不具备本条例规定条件的企业生产医疗器械，或者未对受托生产企业的生产行为进行管理；

（六）进口过期、失效、淘汰等已使用过的医疗器械。

第八十七条 医疗器械经营企业、使用单位履行了本条例规定的进货查验等义务，有充分证据证明其不知道所经营、使用的医疗器械为本条例第八十一条第一款第一项、第八十四条第一项、第八十六条第一项和第三项规定情形的医疗器械，并能如实说明其进货来源的，收缴其经营、使用的不符合法定要求的医疗器械，可以免除行政处罚。

第八十八条 有下列情形之一的，由负责药品监督管理的部门责令改正，处1万元以上5万元以下罚款；拒不改正的，处5万元以上10万元以下罚款；情节严重的，责令停产停业，直至由原发证部门吊销医疗器械生产许可证、医疗器械经营许可证，对违法单位的法定代表人、主要负责人、直接负责的主管人员和其他责任人员，没收违法行为发生期间自本单位所获收入，并处所获收入30%以上2倍以下罚款，5年内禁止其从事医疗器械生产经营活动：

（一）生产条件发生变化、不再符合医疗器械质量管理体系要求，未依照本条例规定整改、停止生产、报告；

（二）生产、经营说明书、标签不符合本条例规定的医疗器械；

（三）未按照医疗器械说明书和标签标示要求运输、贮存医疗器械；

（四）转让过期、失效、淘汰或者检验不合格的在用医疗器械。

第八十九条 有下列情形之一的，由负责药品监督管理的部门和卫生主管部门依据各自职责责令改正，给予警告；拒不改正的，处1万元以上10万元以下罚款；情节严重的，责令停产停业，直至由原发证部门吊销医疗器械注册证、医疗器械生产许可证、医疗器械经营许可证，对违法单位的法定代表人、主要负责人、直接负责的主管人员和其他责任人员处1万元以上3万元以下罚款：

（一）未按照要求提交质量管理体系自查报告；

（二）从不具备合法资质的供货者购进医疗器械；

（三）医疗器械经营企业、使用单位未依照本条例规定建立并执行医疗器械进货查验记录制度；

（四）从事第二类、第三类医疗器械批发业务以及第三类医疗器械零售业务的经营企业未依照本条例规定建立并执行销售记录制度；

（五）医疗器械注册人、备案人、生产经营企业、使用单位未依照本条例规定开展医疗器械不良事件监测，未按照要求报告不良事件，或者对医疗器械不良事件监测技术机构、负责药品监督管理的部门、卫生主管部门开展的不良事件调查不予配合；

（六）医疗器械注册人、备案人未按照规定制定上市后研究和风险管控计划并保证有效实施；

（七）医疗器械注册人、备案人未按照规定建立并执行产品追溯制度；

（八）医疗器械注册人、备案人、经营企业从事医疗器械网络销售未按照规定告知负责药品监督管理的部门；

（九）对需要定期检查、检验、校准、保养、维护的医疗器械，医疗器械使用单位未按照产品说明书要求进行检查、检验、校准、保养、维护并予以记录，及时进行分析、评估，确保医疗器械处于良好状态；

（十）医疗器械使用单位未妥善保存购入第三类医疗器械的原始资料。

第九十条 有下列情形之一的，由县级以上人民政府卫生主管部门责令改正，给予警告；拒不改正的，处5万元以上10万元以下罚款；情节严重的，处10万元以上30万元以下罚款，责令暂停相关医疗器械使用活动，直至由原发证部门吊销执业许可证，依法责令相关责任人员暂停6个月以上1年以下执业活动，直至由原发证部门吊销相关人员执业证书，对违法单位的法定代表人、主要负责人、直接负责的主管人员和其他责任人员，没收违法行为发生期间自本单位所获收入，并处所获收入30%以上3倍以下罚款，依法给予处分：

（一）对重复使用的医疗器械，医疗器械使用单位未按照消毒和管理的规定进行处理；

（二）医疗器械使用单位重复使用一次性使用的医疗器械，或者未按照规定销毁使用过的一次性使用的医疗器械；

（三）医疗器械使用单位未按照规定将大型医疗器械以及植入和介入类医疗器械的信息记载到病历等相关记录中；

（四）医疗器械使用单位发现使用的医疗器械存在安全隐患未立即停止使用、通知检修，或者继续使用经检修仍不能达到使用安全标准的医疗器械；

（五）医疗器械使用单位违规使用大型医用设备，不能保障医疗质量安全。

第九十一条 违反进出口商品检验相关法律、行政法规进口医疗器械的，由出入境检验检疫机构依法处理。

第九十二条 为医疗器械网络交易提供服务的电子商务平台经营者违反本条例规定，未履行对入网医疗器械经营者进行实名登记，审查许可、注册、备案情况，制止并报告违法行为，停止提供网络交易平台服务等管理义务的，由负责药品监督管理的部门依照《中华人民共和国电子商务法》的规定给予处罚。

第九十三条 未进行医疗器械临床试验机构备案开展临床试验的，由负责药品监督管理的部门责令停止临床试验并改正；拒不改正的，该临床试验数据不得用于产品注册、备案，处5万元以上10万元以下罚款，并向社会公告；造成严重后果的，5年内禁止其开展相关专业医疗器械临床试验，并处10万元以上30万元以下罚款，由卫生主管部门对违法单位的法定代表人、主要负责人、直接负责的主管人员和其他责任人员，没收违法行为发生期间自本单位所获收入，并处所获收入30%以上3倍以下罚款，依法给予处分。

临床试验申办者开展临床试验未经备案的，由负责药品监督管理的部门责令停止临床试验，对临床试验申办者处5万元以上10万元以下罚款，并向社会公告；造成严重后果的，处10万元以上30万元以下罚款。该临床试验数据不得用于产品注册、备案，5年内不受理相关责任人以及单位提出的医疗器械注册申请。

临床试验申办者未经批准开展对人体具有较高风险的第三类医疗器械临床试验的，由负责药品监督管理的部门责令立即停止临床试验，对临床试验申办者处10万元以上30万元以下罚款，并向社会公告；造成严重后果的，处30万元以上100万元以下罚款。该临床试验数据不得用于产品注册，10年内不受理相关责任人以及单位提出的医疗器械临床试验和注册申请，对违法单位的法定代表人、主要负责人、直接负责的主管人员和其他责任人员，没收违法行为发生期间自本单位所获收入，并处所获收入30%以上3倍以下罚款。

第九十四条 医疗器械临床试验机构开展医疗器械临床试验未遵守临床试验质量管理规范的，由负责药品监督管理的部门责令改正或者立即停止临床试验，处5万元以上10万元以下罚款；造成严重后果的，5年内禁止其开展相关专业医疗器械临床试验，由卫生主管部门对违法单位的法定代表人、主要负责人、直接负责的主管人员和其他责任人员，没收违法行为发生期间自本单位所获收入，并处所获收入30%以上3倍以下罚款，依法给予处分。

第九十五条 医疗器械临床试验机构出具虚假报告的，由负责药品监督管理的部门处10万元以上30万元以下罚款；有违法所得的，没收违法所得；10年内禁止其开展相关专业医疗器械临床试验；由卫生主管部门对违法单位的法定代表人、主要负责人、直接负责的主管人员和其他责任人员，没收违法行为发生期间自本单位所获收入，并处所获收入30%以上3倍以下罚款，依法给予处分。

第九十六条 医疗器械检验机构出具虚假检验报告的，由授予其资质的主管部门撤销检验资质，10年内不受理相关责任人以及单位提出的资质认定申请，并处10万元以上30万元以下罚款；有违法所得的，没收违法所得；对违法单位的法定代表人、主要负责人、直接负责的主管人员和其他责任人员，没收违法行为发生期间自本单位所获收入，并处所获收入30%以上3倍以下罚款，依法给予处分；受到开除处分的，10年内禁止其从事医疗器械检验工作。

第九十七条 违反本条例有关医疗器械广告管理规定的，依照《中华人民共和国广告法》的规定给予处罚。

第九十八条 境外医疗器械注册人、备案人指定的我国境内企业法人未依照本条例规定履行相关义务的，由省、自治区、直辖市人民政府药品监督管理部门责令改正，给予警告，并处5万元以上10万元以下罚款；情节严重的，处10万元以上50万元以下罚款，5年内禁止其法定代表人、主要负责人、直接负责的主管人员和其他责任人员从事医疗器械生产经营活动。

境外医疗器械注册人、备案人拒不履行依据本条例作出的行政处罚决定的，10年内禁止其医疗器械进口。

第九十九条 医疗器械研制、生产、经营单位和检验机构违反本条例规定使用禁止从事医疗器械生产经营活动、检验工作的人员的，由负责药品监督管理的部门责令改正，给予警告；拒不改正的，责令停产停业直至吊销许可证件。

第一百条 医疗器械技术审评机构、医疗器械不良事件监测技术机构未依照本条例规定履行职责，致使审评、监测工作出现重大失误的，由负责药品监督管理的部门责令改正，通报批评，给予警告；造成严重后果的，对违法单位的法定代表人、主要负责人、直接负责的主管人员和其他责任人员，依法给予处分。

第一百零一条 负责药品监督管理的部门或者其他有关部门工作人员违反本条例规定，滥用职权、玩忽职守、徇私舞弊的，依法给予处分。

第一百零二条 违反本条例规定，构成犯罪的，依法追究刑事责任；造成人身、财产或者其他损害的，依法承担赔偿责任。

第八章 附 则

第一百零三条 本条例下列用语的含义：

医疗器械，是指直接或者间接用于人体的仪器、设备、器具、体外诊断试剂及校准物、材料以及其他类似或者相关的物品，包括所需要的计算机软件；其效用主要通过物理等方式获得，不是通过药理学、免疫学或者代谢的方式获得，或者虽然有这些方式参与但是只起辅助作用；其目的是：

（一）疾病的诊断、预防、监护、治疗或者缓解；
（二）损伤的诊断、监护、治疗、缓解或者功能补偿；
（三）生理结构或者生理过程的检验、替代、调节或者支持；
（四）生命的支持或者维持；
（五）妊娠控制；
（六）通过对来自人体的样本进行检查，为医疗或者诊断目的提供信息。

医疗器械注册人、备案人，是指取得医疗器械注册证或者办理医疗器械备案的企业或者研制机构。

医疗器械使用单位，是指使用医疗器械为他人提供医疗等技术服务的机构，包括医疗机构、计划生育技术服务机构、血站、单采血浆站、康复辅助器具适配机构等。

大型医用设备，是指使用技术复杂、资金投入量大、运行成本高、对医疗费用影响大且纳入目录管理的大型医疗器械。

第一百零四条 医疗器械产品注册可以收取费用。具体收费项目、标准分别由国务院财政、价格主管部门按照国家有关规定制定。

第一百零五条 医疗卫生机构为应对突发公共卫生事件而研制的医疗器械的管理办法，由国务院药品监督管理部门会同国务院卫生主管部门制定。

从事非营利的避孕医疗器械的存储、调拨和供应，应当遵守国务院卫生主管部门会同国务院药品监督管理部门制定的管理办法。

中医医疗器械的技术指导原则，由国务院药品监督管理部门会同国务院中医药管理部门制定。

第一百零六条 军队医疗器械使用的监督管理，依照本条例和军队有关规定执行。

第一百零七条 本条例自2021年6月1日起施行。

特种设备安全监察条例

(2003年3月11日中华人民共和国国务院令第373号公布 根据2009年1月24日《国务院关于修改〈特种设备安全监察条例〉的决定》修订)

第一章 总 则

第一条 为了加强特种设备的安全监察，防止和减少事故，保障人民群众生命和财产安全，促进经济发展，制定本条例。

第二条 本条例所称特种设备是指涉及生命安全、危险性较大的锅炉、压力容器（含气瓶，下同）、压力管道、电梯、起重机械、客运索道、大型游乐设施和场（厂）内专用机动车辆。

前款特种设备的目录由国务院负责特种设备安全监督管理的部门（以下简称国务院特种设备安全监督管理部门）制订，报国务院批准后执行。

第三条 特种设备的生产（含设计、制造、安装、改造、维修，下同）、使用、检验检测及其监督检查，应当遵守本条例，但本条例另有规定的除外。

军事装备、核设施、航空航天器、铁路机车、海上设施和船舶以及矿山井下使用的特种设备、民用机场专用设备的安全监察不适用本条例。

房屋建筑工地和市政工程工地用起重机械、场（厂）内专用机动车辆的安装、使用的监督管理，由建设行政主管部门依照有关法律、法规的规定执行。

第四条 国务院特种设备安全监督管理部门负责全国特种设备的安全监察工作，县以上地方负责特种设备安全监督管理的部门对本行政区域内特种设备实施安全监察（以下统称特种设备安全监督管理部门）。

第五条 特种设备生产、使用单位应当建立健全特种设备安全、节能管理制度和岗位安全、节能责任制度。

特种设备生产、使用单位的主要负责人应当对本单位特种设备的安全和节能全面负责。

特种设备生产、使用单位和特种设备检验检测机构，应当接受特种设备安全监督管理部门依法进行的特种设备安全监察。

第六条 特种设备检验检测机构，应当依照本条例规定，进行检验检测工作，对其检验检测结果、鉴定结论承担法律责任。

第七条 县级以上地方人民政府应当督促、支持特种设备安全监督管理部门依法履行安全监察职责，对特种设备安全监察中存在的重大问题及时予以协调、解决。

第八条 国家鼓励推行科学的管理方法，采用先进技术，提高特种设备安全性能和管理水平，增强特种设备生产、使用单位防范事故的能力，对取得显著成绩的单位和个人，给予奖励。

国家鼓励特种设备节能技术的研究、开发、示范和推广，促进特种设备节能技术创新和应用。

特种设备生产、使用单位和特种设备检验检测机构，应当保证必要的安全和节能投入。

国家鼓励实行特种设备责任保险制度，提高事故赔付能力。

第九条 任何单位和个人对违反本条例规定的行为，有权向特种设备安全监督管理部门和行政监察等有关部门举报。

特种设备安全监督管理部门应当建立特种设备安全监察举报制度，公布举报电话、信箱或者电子邮件地址，受理对特种设备生产、使用和检验检测违法行为的举报，并及时予以处理。

特种设备安全监督管理部门和行政监察等有关部门应当为举报人保密，并按照国家有关规定给予奖励。

第二章　特种设备的生产

第十条　特种设备生产单位，应当依照本条例规定以及国务院特种设备安全监督管理部门制订并公布的安全技术规范（以下简称安全技术规范）的要求，进行生产活动。

特种设备生产单位对其生产的特种设备的安全性能和能效指标负责，不得生产不符合安全性能要求和能效指标的特种设备，不得生产国家产业政策明令淘汰的特种设备。

第十一条　压力容器的设计单位应当经国务院特种设备安全监督管理部门许可，方可从事压力容器的设计活动。

压力容器的设计单位应当具备下列条件：

（一）有与压力容器设计相适应的设计人员、设计审核人员；

（二）有与压力容器设计相适应的场所和设备；

（三）有与压力容器设计相适应的健全的管理制度和责任制度。

第十二条　锅炉、压力容器中的气瓶（以下简称气瓶）、氧舱和客运索道、大型游乐设施以及高耗能特种设备的设计文件，应当经国务院特种设备安全监督管理部门核准的检验检测机构鉴定，方可用于制造。

第十三条　按照安全技术规范的要求，应当进行型式试验的特种设备产品、部件或者试制特种设备新产品、新部件、新材料，必须进行型式试验和能效测试。

第十四条　锅炉、压力容器、电梯、起重机械、客运索道、大型游乐设施及其安全附件、安全保护装置的制造、安装、改造单位，以及压力管道用管子、管件、阀门、法兰、补偿器、安全保护装置等（以下简称压力管道元件）的制造单位和场（厂）内专用机动车辆的制造、改造单位，应当经国务院特种设备安全监督管理部门许可，方可从事相应的活动。

前款特种设备的制造、安装、改造单位应当具备下列条件：

（一）有与特种设备制造、安装、改造相适应的专业技术人员和技术工人；

（二）有与特种设备制造、安装、改造相适应的生产条件和检测手段；

（三）有健全的质量管理制度和责任制度。

第十五条　特种设备出厂时，应当附有安全技术规范要求的设计文件、产品质量合格证明、安装及使用维修说明、监督检验证明等文件。

第十六条　锅炉、压力容器、电梯、起重机械、客运索道、大型游乐设施、场（厂）内专用机动车辆的维修单位，应当有与特种设备维修相适应的专业技术人员和技术工人以及必要的检测手段，并经省、自治区、直辖市特种设备安全监督管理部门许可，方可从事相应的维修活动。

第十七条　锅炉、压力容器、起重机械、客运索道、大型游乐设施的安装、改造、维修以及场（厂）内专用机动车辆的改造、维修，必须由依照本条例取得许可的单位进行。

电梯的安装、改造、维修，必须由电梯制造单位或者其通过合同委托、同意的依照本条例取得许可的单位进行。电梯制造单位对电梯质量以及安全运行涉及的质量问题负责。

特种设备安装、改造、维修的施工单位应当在施工前将拟进行的特种设备安装、改造、维修情况书面告知直辖市或者设区的市的特种设备安全监督管理部门，告知后即可施工。

第十八条　电梯井道的土建工程必须符合建筑工程质量要求。电梯安装施工过程中，电梯安装单位应当遵守施工现场的安全生产要求，落实现场安全防护措施。电梯安装施工过程中，施工现场的安全生产监督，由有关部门依照有关法律、行政法规的规定执行。

电梯安装施工过程中，电梯安装单位应当服从建筑施工总承包单位对施工现场的安全生产管理，并订立合同，明确各自的安全责任。

第十九条　电梯的制造、安装、改造和维修活动，必须严格遵守安全技术规范的要求。电梯制造单位委托或者同意其他单位进行电梯安装、改造、维修活动的，应当对其安装、改造、维修活动进行安全指导和监控。电梯的安装、改造、维修活动结束后，电梯制造单位应当按照安全技术规范的要求对电梯进行校验和调试，并对校验和调试的结果负责。

第二十条　锅炉、压力容器、电梯、起重机械、客运索道、大型游乐设施的安装、改造、维修以及场（厂）内专用机动车辆的改造、维修竣工后，安装、改造、维修的施工单位应当在验收后30日内将有关技术资料移交使用单位，高耗能特种设备还应当按照安全技术规范的要求提交能效测试报告。使用单位应当将其存入该特种设备的安全技术档案。

第二十一条　锅炉、压力容器、压力管道元件、起重机械、大型游乐设施的制造过程和锅炉、压力容器、电梯、起重机械、客运索道、大型游乐设施的安装、改造、重大维修过程，必须经国务院特种设备安全监督管理部门核准的检验检测机构按照安全技术规范的要求进行监督检验；未经监督检验合格的不得出厂或者交付使用。

第二十二条　移动式压力容器、气瓶充装单位应当经省、自治区、直辖市的特种设备安全监督管理部门许可，方可从事充装活动。

充装单位应当具备下列条件：

（一）有与充装和管理相适应的管理人员和技术人员；

（二）有与充装和管理相适应的充装设备、检测手段、场地厂房、器具、安全设施；

（三）有健全的充装管理制度、责任制度、紧急处理措施。

气瓶充装单位应当向气体使用者提供符合安全技术规范要求的气瓶，对使用者进行气瓶安全使用指导，并按照安全技术规范的要求办理气瓶使用登记，提出气瓶的定期检验要求。

第三章　特种设备的使用

第二十三条　特种设备使用单位，应当严格执行本条例和有关安全生产的法律、行政法规的规定，保证特种设备的安全使用。

第二十四条　特种设备使用单位应当使用符合安全技术规范要求的特种设备。特种设备投入使用前，使用单位应当核对其是否附有本条例第十五条规定的相关文件。

第二十五条　特种设备在投入使用前或者投入使用后30日内，特种设备使用单位应当向直辖市或者设区的市的特种设备安全监督管理部门登记。登记标志应当置于或者附着于该特种设备的显著位置。

第二十六条　特种设备使用单位应当建立特种设备安全技术档案。安全技术档案应当包括以下内容：

（一）特种设备的设计文件、制造单位、产品质量合格证明、使用维护说明等文件以及安装技术文件和资料；

（二）特种设备的定期检验和定期自行检查的记录；

（三）特种设备的日常使用状况记录；

（四）特种设备及其安全附件、安全保护装置、测量调控装置及有关附属仪器仪表的日常维护保养记录；

（五）特种设备运行故障和事故记录；

（六）高耗能特种设备的能效测试报告、能耗状况记录以及节能改造技术资料。

第二十七条 特种设备使用单位应当对在用特种设备进行经常性日常维护保养，并定期自行检查。

特种设备使用单位对在用特种设备应当至少每月进行一次自行检查，并作出记录。特种设备使用单位在对在用特种设备进行自行检查和日常维护保养时发现异常情况的，应当及时处理。

特种设备使用单位应当对在用特种设备的安全附件、安全保护装置、测量调控装置及有关附属仪器仪表进行定期校验、检修，并作出记录。

锅炉使用单位应当按照安全技术规范的要求进行锅炉水（介）质处理，并接受特种设备检验检测机构实施的水（介）质处理定期检验。

从事锅炉清洗的单位，应当按照安全技术规范的要求进行锅炉清洗，并接受特种设备检验检测机构实施的锅炉清洗过程监督检验。

第二十八条 特种设备使用单位应当按照安全技术规范的定期检验要求，在安全检验合格有效期届满前1个月向特种设备检验检测机构提出定期检验要求。

检验检测机构接到定期检验要求后，应当按照安全技术规范的要求及时进行安全性能检验和能效测试。

未经定期检验或者检验不合格的特种设备，不得继续使用。

第二十九条 特种设备出现故障或者发生异常情况，使用单位应当对其进行全面检查，消除事故隐患后，方可重新投入使用。

特种设备不符合能效指标的，特种设备使用单位应当采取相应措施进行整改。

第三十条 特种设备存在严重事故隐患，无改造、维修价值，或者超过安全技术规范规定使用年限，特种设备使用单位应当及时予以报废，并应当向原登记的特种设备安全监督管理部门办理注销。

第三十一条 电梯的日常维护保养必须由依照本条例取得许可的安装、改造、维修单位或者电梯制造单位进行。

电梯应当至少每15日进行一次清洁、润滑、调整和检查。

第三十二条 电梯的日常维护保养单位应当在维护保养中严格执行国家安全技术规范的要求，保证其维护保养的电梯的安全技术性能，并负责落实现场安全防护措施，保证施工安全。

电梯的日常维护保养单位，应当对其维护保养的电梯的安全性能负责。接到故障通知后，应当立即赶赴现场，并采取必要的应急救援措施。

第三十三条 电梯、客运索道、大型游乐设施等为公众提供服务的特种设备运营使用单位，应当设置特种设备安全管理机构或者配备专职的安全管理人员；其他特种设备使用单位，应当根据情况设置特种设备安全管理机构或者配备专职、兼职的安全管理人员。

特种设备的安全管理人员应当对特种设备使用状况进行经常性检查，发现问题的应当立即处理；情况紧急时，可以决定停止使用特种设备并及时报告本单位有关负责人。

第三十四条 客运索道、大型游乐设施的运营使用单位在客运索道、大型游乐设施每日投入使用前，应当进行试运行和例行安全检查，并对安全装置进行检查确认。

电梯、客运索道、大型游乐设施的运营使用单位应当将电梯、客运索道、大型游乐设施的安全注意事项和警示标志置于易于为乘客注意的显著位置。

第三十五条 客运索道、大型游乐设施的运营使用单位的主要负责人应当熟悉客运索道、大型游乐设施的相关安全知识，并全面负责客运索道、大型游乐设施的安全使用。

客运索道、大型游乐设施的运营使用单位的主要负责人至少应当每月召开一次会议，督促、检查客运索道、大型游乐设施的安全使用工作。

客运索道、大型游乐设施的运营使用单位，应当结合本单位的实际情况，配备相应数量的营救装备和急救物品。

第三十六条 电梯、客运索道、大型游乐设施的乘客应当遵守使用安全注意事项的要求，服从有关工作人员的指挥。

第三十七条 电梯投入使用后，电梯制造单位应当对其制造的电梯的安全运行情况进行跟踪调查和了解，对电梯的日常维护保养单位或者电梯的使用单位在安全运行方面存在的问题，提出改进建议，并提供必要的技术帮助。发现电梯存在严重事故隐患的，应当及时向特种设备安全监督管理部门报告。电梯制造单位对调查和了解的情况，应当作出记录。

第三十八条 锅炉、压力容器、电梯、起重机械、客运索道、大型游乐设施、场（厂）内专用机动车辆的作业人员及其相关管理人员（以下统称特种设备作业人员），应当按照国家有关规定经特种设备安全监督管理部门考核合格，取得国家统一格式的特种作业人员证书，方可从事相应的作业或者管理工作。

第三十九条 特种设备使用单位应当对特种设备作业人员进行特种设备安全、节能教育和培训，保证特种设备作业人员具备必要的特种设备安全、节能知识。

特种设备作业人员在作业中应当严格执行特种设备的操作规程和有关的安全规章制度。

第四十条 特种设备作业人员在作业过程中发现事故隐患或者其他不安全因素，应当立即向现场安全管理人员和单位有关负责人报告。

第四章 检验检测

第四十一条 从事本条例规定的监督检验、定期检验、型式试验以及专门为特种设备生产、使用、检验检测提供无损检测服务的特种设备检验检测机构，应当经国务院特种设备安全监督管理部门核准。

特种设备使用单位设立的特种设备检验检测机构，经国务院特种设备安全监督管理部门核准，负责本单位核准范围内的特种设备定期检验工作。

第四十二条 特种设备检验检测机构，应当具备下列条件：
（一）有与所从事的检验检测工作相适应的检验检测人员；
（二）有与所从事的检验检测工作相适应的检验检测仪器和设备；
（三）有健全的检验检测管理制度、检验检测责任制度。

第四十三条 特种设备的监督检验、定期检验、型式试验和无损检测应当由依照本条例经核准的特种设备检验检测机构进行。

特种设备检验检测工作应当符合安全技术规范的要求。

第四十四条 从事本条例规定的监督检验、定期检验、型式试验和无损检测的特种设备检验检测人员应当经国务院特种设备安全监督管理部门组织考核合格，取得检验检测人员证书，方可从事检验检测工作。

检验检测人员从事检验检测工作，必须在特种设备检验检测机构执业，但不得同时在两个以上检验检测机构中执业。

第四十五条 特种设备检验检测机构和检验检测人员进行特种设备检验检测，应当遵循诚信原则和方便企业的原则，为特种设备生产、使用单位提供可靠、便捷的检验检测服务。

特种设备检验检测机构和检验检测人员对涉及的被检验检测单位的商业秘密，负有保密义务。

第四十六条 特种设备检验检测机构和检验检测人员应当客观、公正、及时地出具检验检测结果、鉴定结论。检验检测结果、鉴定结论经检验检测人员签字后，由检验检测机构负责人签署。

特种设备检验检测机构和检验检测人员对检验检测结果、鉴定结论负责。

国务院特种设备安全监督管理部门应当组织对特种设备检验检测机构的检验检测结果、鉴定结论进行监督抽查。县以上地方负责特种设备安全监督管理的部门在本行政区域内也可以组织监督抽查，但是要防止重复抽查。监督抽查结果应当向社会公布。

第四十七条 特种设备检验检测机构和检验检测人员不得从事特种设备的生产、销售，不得以其名义推荐或者监制、监销特种设备。

第四十八条 特种设备检验检测机构进行特种设备检验检测，发现严重事故隐患或者能耗严重超标的，应当及时告知特种设备使用单位，并立即向特种设备安全监督管理部门报告。

第四十九条 特种设备检验检测机构和检验检测人员利用检验检测工作故意刁难特种设备生产、使用单位，特种设备生产、使用单位有权向特种设备安全监督管理部门投诉，接到投诉的特种设备安全监督管理部门应当及时进行调查处理。

第五章 监督检查

第五十条 特种设备安全监督管理部门依照本条例规定，对特种设备生产、使用单位和检验检测机构实施安全监察。

对学校、幼儿园以及车站、客运码头、商场、体育场馆、展览馆、公园等公众聚集场所的特种设备，特种设备安全监督管理部门应当实施重点安全监察。

第五十一条 特种设备安全监督管理部门根据举报或者取得的涉嫌违法证据，对涉嫌违反本条例规定的行为进行查处时，可以行使下列职权：

（一）向特种设备生产、使用单位和检验检测机构的法定代表人、主要负责人和其他有关人员调查、了解与涉嫌从事违反本条例的生产、使用、检验检测有关的情况；

（二）查阅、复制特种设备生产、使用单位和检验检测机构的有关合同、发票、账簿以及其他有关资料；

（三）对有证据表明不符合安全技术规范要求的或者有其他严重事故隐患、能耗严重超标的特种设备，予以查封或者扣押。

第五十二条 依照本条例规定实施许可、核准、登记的特种设备安全监督管理部门，应当严格依照本条例规定条件和安全技术规范要求对有关事项进行审查；不符合本条例规定条件和安全技术规范要求的，不得许可、核准、登记；在申请办理许可、核准期间，特种设备安全监督管理部门发现申请人未经许可从事特种设备相应活动或者伪造许可、核准证书的，不予受理或者不予许可、核准，并在1年内不再受理其新的许可、核准申请。

未依法取得许可、核准、登记的单位擅自从事特种设备的生产、使用或者检验检测活动的，特种设备安全监督管理部门应当依法予以处理。

违反本条例规定，被依法撤销许可的，自撤销许可之日起3年内，特种设备安全监督管理部门不予受理其新的许可申请。

第五十三条 特种设备安全监督管理部门在办理本条例规定的有关行政审批事项时，其受理、审查、许可、核准的程序必须公开，并应当自受理申请之日起30日内，作出许可、核准或者不予许可、核准的决定；不予许可、核准的，应当书面向申请人说明理由。

第五十四条 地方各级特种设备安全监督管理部门不得以任何形式进行地方保护和地区封锁，不得对已经依照本条例规定在其他地方取得许可的特种设备生产单位重复进行许可，也不得要求对依照本条例规定在其他地方检验检测合格的特种设备，重复进行检验检测。

第五十五条 特种设备安全监督管理部门的安全监察人员（以下简称特种设备安全监察人员）

应当熟悉相关法律、法规、规章和安全技术规范，具有相应的专业知识和工作经验，并经国务院特种设备安全监督管理部门考核，取得特种设备安全监察人员证书。

特种设备安全监察人员应当忠于职守、坚持原则、秉公执法。

第五十六条 特种设备安全监督管理部门对特种设备生产、使用单位和检验检测机构实施安全监察时，应当有两名以上特种设备安全监察人员参加，并出示有效的特种设备安全监察人员证件。

第五十七条 特种设备安全监督管理部门对特种设备生产、使用单位和检验检测机构实施安全监察，应当对每次安全监察的内容、发现的问题及处理情况，作出记录，并由参加安全监察的特种设备安全监察人员和被检查单位的有关负责人签字后归档。被检查单位的有关负责人拒绝签字的，特种设备安全监察人员应当将情况记录在案。

第五十八条 特种设备安全监督管理部门对特种设备生产、使用单位和检验检测机构进行安全监察时，发现有违反本条例规定和安全技术规范要求的行为或者在用的特种设备存在事故隐患、不符合能效指标的，应当以书面形式发出特种设备安全监察指令，责令有关单位及时采取措施，予以改正或者消除事故隐患。紧急情况下需要采取紧急处置措施的，应当随后补发书面通知。

第五十九条 特种设备安全监督管理部门对特种设备生产、使用单位和检验检测机构进行安全监察，发现重大违法行为或者严重事故隐患时，应当在采取必要措施的同时，及时向上级特种设备安全监督管理部门报告。接到报告的特种设备安全监督管理部门应当采取必要措施，及时予以处理。

对违法行为、严重事故隐患或者不符合能效指标的处理需要当地人民政府和有关部门的支持、配合时，特种设备安全监督管理部门应当报告当地人民政府，并通知其他有关部门。当地人民政府和其他有关部门应当采取必要措施，及时予以处理。

第六十条 国务院特种设备安全监督管理部门和省、自治区、直辖市特种设备安全监督管理部门应当定期向社会公布特种设备安全以及能效状况。

公布特种设备安全以及能效状况，应当包括下列内容：

（一）特种设备质量安全状况；

（二）特种设备事故的情况、特点、原因分析、防范对策；

（三）特种设备能效状况；

（四）其他需要公布的情况。

第六章 事故预防和调查处理

第六十一条 有下列情形之一的，为特别重大事故：

（一）特种设备事故造成30人以上死亡，或者100人以上重伤（包括急性工业中毒，下同），或者1亿元以上直接经济损失的；

（二）600兆瓦以上锅炉爆炸的；

（三）压力容器、压力管道有毒介质泄漏，造成15万人以上转移的；

（四）客运索道、大型游乐设施高空滞留100人以上并且时间在48小时以上的。

第六十二条 有下列情形之一的，为重大事故：

（一）特种设备事故造成10人以上30人以下死亡，或者50人以上100人以下重伤，或者5000万元以上1亿元以下直接经济损失的；

（二）600兆瓦以上锅炉因安全故障中断运行240小时以上的；

（三）压力容器、压力管道有毒介质泄漏，造成5万人以上15万人以下转移的；

（四）客运索道、大型游乐设施高空滞留100人以上并且时间在24小时以上48小时以下的。

第六十三条 有下列情形之一的,为较大事故:

(一) 特种设备事故造成 3 人以上 10 人以下死亡,或者 10 人以上 50 人以下重伤,或者 1000 万元以上 5000 万元以下直接经济损失的;

(二) 锅炉、压力容器、压力管道爆炸的;

(三) 压力容器、压力管道有毒介质泄漏,造成 1 万人以上 5 万人以下转移的;

(四) 起重机械整体倾覆的;

(五) 客运索道、大型游乐设施高空滞留人员 12 小时以上的。

第六十四条 有下列情形之一的,为一般事故:

(一) 特种设备事故造成 3 人以下死亡,或者 10 人以下重伤,或者 1 万元以上 1000 万元以下直接经济损失的;

(二) 压力容器、压力管道有毒介质泄漏,造成 500 人以上 1 万人以下转移的;

(三) 电梯轿厢滞留人员 2 小时以上的;

(四) 起重机械主要受力结构件折断或者起升机构坠落的;

(五) 客运索道高空滞留人员 3.5 小时以上 12 小时以下的;

(六) 大型游乐设施高空滞留人员 1 小时以上 12 小时以下的。

除前款规定外,国务院特种设备安全监督管理部门可以对一般事故的其他情形作出补充规定。

第六十五条 特种设备安全监督管理部门应当制定特种设备应急预案。特种设备使用单位应当制定事故应急专项预案,并定期进行事故应急演练。

压力容器、压力管道发生爆炸或者泄漏,在抢险救援时应当区分介质特性,严格按照相关预案规定程序处理,防止二次爆炸。

第六十六条 特种设备事故发生后,事故发生单位应当立即启动事故应急预案,组织抢救,防止事故扩大,减少人员伤亡和财产损失,并及时向事故发生地县以上特种设备安全监督管理部门和有关部门报告。

县以上特种设备安全监督管理部门接到事故报告,应当尽快核实有关情况,立即向所在地人民政府报告,并逐级上报事故情况。必要时,特种设备安全监督管理部门可以越级上报事故情况。对特别重大事故、重大事故,国务院特种设备安全监督管理部门应当立即报告国务院并通报国务院安全生产监督管理部门等有关部门。

第六十七条 特别重大事故由国务院或者国务院授权有关部门组织事故调查组进行调查。

重大事故由国务院特种设备安全监督管理部门会同有关部门组织事故调查组进行调查。

较大事故由省、自治区、直辖市特种设备安全监督管理部门会同有关部门组织事故调查组进行调查。

一般事故由设区的市的特种设备安全监督管理部门会同有关部门组织事故调查组进行调查。

第六十八条 事故调查报告应当由负责组织事故调查的特种设备安全监督管理部门的所在地人民政府批复,并报上一级特种设备安全监督管理部门备案。

有关机关应当按照批复,依照法律、行政法规规定的权限和程序,对事故责任单位和有关人员进行行政处罚,对负有事故责任的国家工作人员进行处分。

第六十九条 特种设备安全监督管理部门应当在有关地方人民政府的领导下,组织开展特种设备事故调查处理工作。

有关地方人民政府应当支持、配合上级人民政府或者特种设备安全监督管理部门的事故调查处理工作,并提供必要的便利条件。

第七十条 特种设备安全监督管理部门应当对发生事故的原因进行分析,并根据特种设备的管理和技术特点、事故情况对相关安全技术规范进行评估；需要制定或者修订相关安全技术规范的，应当及时制定或者修订。

第七十一条　本章所称的"以上"包括本数，所称的"以下"不包括本数。

第七章　法律责任

第七十二条　未经许可，擅自从事压力容器设计活动的，由特种设备安全监督管理部门予以取缔，处5万元以上20万元以下罚款；有违法所得的，没收违法所得；触犯刑律的，对负有责任的主管人员和其他直接责任人员依照刑法关于非法经营罪或者其他罪的规定，依法追究刑事责任。

第七十三条　锅炉、气瓶、氧舱和客运索道、大型游乐设施以及高耗能特种设备的设计文件，未经国务院特种设备安全监督管理部门核准的检验检测机构鉴定，擅自用于制造的，由特种设备安全监督管理部门责令改正，没收非法制造的产品，处5万元以上20万元以下罚款；触犯刑律的，对负有责任的主管人员和其他直接责任人员依照刑法关于生产、销售伪劣产品罪、非法经营罪或者其他罪的规定，依法追究刑事责任。

第七十四条　按照安全技术规范的要求应当进行型式试验的特种设备产品、部件或者试制特种设备新产品、新部件，未进行整机或者部件型式试验的，由特种设备安全监督管理部门责令限期改正；逾期未改正的，处2万元以上10万元以下罚款。

第七十五条　未经许可，擅自从事锅炉、压力容器、电梯、起重机械、客运索道、大型游乐设施、场（厂）内专用机动车辆及其安全附件、安全保护装置的制造、安装、改造以及压力管道元件的制造活动的，由特种设备安全监督管理部门予以取缔，没收非法制造的产品，已经实施安装、改造的，责令恢复原状或者责令限期由取得许可的单位重新安装、改造，处10万元以上50万元以下罚款；触犯刑律的，对负有责任的主管人员和其他直接责任人员依照刑法关于生产、销售伪劣产品罪、非法经营罪、重大责任事故罪或者其他罪的规定，依法追究刑事责任。

第七十六条　特种设备出厂时，未按照安全技术规范的要求附有设计文件、产品质量合格证明、安装及使用维修说明、监督检验证明等文件的，由特种设备安全监督管理部门责令改正；情节严重的，责令停止生产、销售，处违法生产、销售货值金额30%以下罚款；有违法所得的，没收违法所得。

第七十七条　未经许可，擅自从事锅炉、压力容器、电梯、起重机械、客运索道、大型游乐设施、场（厂）内专用机动车辆的维修或者日常维护保养的，由特种设备安全监督管理部门予以取缔，处1万元以上5万元以下罚款；有违法所得的，没收违法所得；触犯刑律的，对负有责任的主管人员和其他直接责任人员依照刑法关于非法经营罪、重大责任事故罪或者其他罪的规定，依法追究刑事责任。

第七十八条　锅炉、压力容器、电梯、起重机械、客运索道、大型游乐设施的安装、改造、维修的施工单位以及场（厂）内专用机动车辆的改造、维修单位，在施工前未将拟进行的特种设备安装、改造、维修情况书面告知直辖市或者设区的市的特种设备安全监督管理部门即行施工的，或者在验收后30日内未将有关技术资料移交锅炉、压力容器、电梯、起重机械、客运索道、大型游乐设施的使用单位的，由监督管理部门责令限期改正；逾期未改正的，处2000元以上1万元以下罚款。

第七十九条　锅炉、压力容器、压力管道元件、起重机械、大型游乐设施的制造过程和锅炉、压力容器、电梯、起重机械、客运索道、大型游乐设施的安装、改造、重大维修过程，以及锅炉清洗过程，未经国务院特种设备安全监督管理部门核准的检验检测机构按照安全技术规范的要求进行监督检验的，由特种设备安全监督管理部门责令改正，已经出厂的，没收违法生产、销售的产品，已经实施安装、改造、重大维修或者清洗的，责令限期进行监督检验，处5万元以上20万元以下罚款；有违法所得的，没收违法所得；情节严重的，撤销制造、安装、改造或者维修单位已经取得的许可，并由工商行政管理部门吊销其营业执照；触犯刑律的，对负有责任的主管人员和其他直接责任人员依照刑法关于生产、销售伪劣产品罪或者其他罪的规定，依法追究刑事责任。

第八十条 未经许可，擅自从事移动式压力容器或者气瓶充装活动的，由特种设备安全监督管理部门予以取缔，没收违法充装的气瓶，处10万元以上50万元以下罚款；有违法所得的，没收违法所得；触犯刑律的，对负有责任的主管人员和其他直接责任人员依照刑法关于非法经营罪或者其他罪的规定，依法追究刑事责任。

移动式压力容器、气瓶充装单位未按照安全技术规范的要求进行充装活动的，由特种设备安全监督管理部门责令改正，处2万元以上10万元以下罚款；情节严重的，撤销其充装资格。

第八十一条 电梯制造单位有下列情形之一的，由特种设备安全监督管理部门责令限期改正；逾期未改正的，予以通报批评：

（一）未依照本条例第十九条的规定对电梯进行校验、调试的；

（二）对电梯的安全运行情况进行跟踪调查和了解时，发现存在严重事故隐患，未及时向特种设备安全监督管理部门报告的。

第八十二条 已经取得许可、核准的特种设备生产单位、检验检测机构有下列行为之一的，由特种设备安全监督管理部门责令改正，处2万元以上10万元以下罚款；情节严重的，撤销其相应资格：

（一）未按照安全技术规范的要求办理许可证变更手续的；

（二）不再符合本条例规定或者安全技术规范要求的条件，继续从事特种设备生产、检验检测的；

（三）未依照本条例规定或者安全技术规范要求进行特种设备生产、检验检测的；

（四）伪造、变造、出租、出借、转让许可证书或者监督检验报告的。

第八十三条 特种设备使用单位有下列情形之一的，由特种设备安全监督管理部门责令限期改正；逾期未改正的，处2000元以上2万元以下罚款；情节严重的，责令停止使用或者停产停业整顿：

（一）特种设备投入使用前或者投入使用后30日内，未向特种设备安全监督管理部门登记，擅自将其投入使用的；

（二）未依照本条例第二十六条的规定，建立特种设备安全技术档案的；

（三）未依照本条例第二十七条的规定，对在用特种设备进行经常性日常维护保养和定期自行检查的，或者对在用特种设备的安全附件、安全保护装置、测量调控装置及有关附属仪器仪表进行定期校验、检修，并作出记录的；

（四）未按照安全技术规范的定期检验要求，在安全检验合格有效期届满前1个月向特种设备检验检测机构提出定期检验要求的；

（五）使用未经定期检验或者检验不合格的特种设备的；

（六）特种设备出现故障或者发生异常情况，未对其进行全面检查、消除事故隐患，继续投入使用的；

（七）未制定特种设备事故应急专项预案的；

（八）未依照本条例第三十一条第二款的规定，对电梯进行清洁、润滑、调整和检查的；

（九）未按照安全技术规范要求进行锅炉水（介）质处理的；

（十）特种设备不符合能效指标，未及时采取相应措施进行整改的。

特种设备使用单位使用未取得生产许可的单位生产的特种设备或者将非承压锅炉、非压力容器作为承压锅炉、压力容器使用的，由特种设备安全监督管理部门责令停止使用，予以没收，处2万元以上10万元以下罚款。

第八十四条　特种设备存在严重事故隐患，无改造、维修价值，或者超过安全技术规范规定的使用年限，特种设备使用单位未予以报废，并向原登记的特种设备安全监督管理部门办理注销的，由特种设备安全监督管理部门责令限期改正；逾期未改正的，处5万元以上20万元以下罚款。

第八十五条　电梯、客运索道、大型游乐设施的运营使用单位有下列情形之一的，由特种设备安全监督管理部门责令限期改正；逾期未改正的，责令停止使用或者停产停业整顿，处1万元以上5万元以下罚款：

（一）客运索道、大型游乐设施每日投入使用前，未进行试运行和例行安全检查，并对安全装置进行检查确认的；

（二）未将电梯、客运索道、大型游乐设施的安全注意事项和警示标志置于易于为乘客注意的显著位置的。

第八十六条　特种设备使用单位有下列情形之一的，由特种设备安全监督管理部门责令限期改正；逾期未改正的，责令停止使用或者停产停业整顿，处2000元以上2万元以下罚款：

（一）未依照本条例规定设置特种设备安全管理机构或者配备专职、兼职的安全管理人员的；

（二）从事特种设备作业的人员，未取得相应特种作业人员证书，上岗作业的；

（三）未对特种设备作业人员进行特种设备安全教育和培训的。

第八十七条　发生特种设备事故，有下列情形之一的，对单位，由特种设备安全监督管理部门处5万元以上20万元以下罚款；对主要负责人，由特种设备安全监督管理部门处4000元以上2万元以下罚款；属于国家工作人员的，依法给予处分；触犯刑律的，依照刑法关于重大责任事故罪或者其他罪的规定，依法追究刑事责任：

（一）特种设备使用单位的主要负责人在本单位发生特种设备事故时，不立即组织抢救或者在事故调查处理期间擅离职守或者逃匿的；

（二）特种设备使用单位的主要负责人对特种设备事故隐瞒不报、谎报或者拖延不报的。

第八十八条　对事故发生负有责任的单位，由特种设备安全监督管理部门依照下列规定处以罚款：

（一）发生一般事故的，处10万元以上20万元以下罚款；

（二）发生较大事故的，处20万元以上50万元以下罚款；

（三）发生重大事故的，处50万元以上200万元以下罚款。

第八十九条　对事故发生负有责任的单位的主要负责人未依法履行职责，导致事故发生的，由特种设备安全监督管理部门依照下列规定处以罚款；属于国家工作人员的，并依法给予处分；触犯刑律的，依照刑法关于重大责任事故罪或者其他罪的规定，依法追究刑事责任：

（一）发生一般事故的，处上一年年收入30%的罚款；

（二）发生较大事故的，处上一年年收入40%的罚款；

（三）发生重大事故的，处上一年年收入60%的罚款。

第九十条　特种设备作业人员违反特种设备的操作规程和有关的安全规章制度操作，或者在作业过程中发现事故隐患或者其他不安全因素，未立即向现场安全管理人员和单位有关负责人报告的，由特种设备使用单位给予批评教育、处分；情节严重的，撤销特种设备作业人员资格；触犯刑律的，依照刑法关于重大责任事故罪或者其他罪的规定，依法追究刑事责任。

第九十一条　未经核准，擅自从事本条例所规定的监督检验、定期检验、型式试验以及无损检测等检验检测活动的，由特种设备安全监督管理部门予以取缔，处 5 万元以上 20 万元以下罚款；有违法所得的，没收违法所得；触犯刑律的，对负有责任的主管人员和其他直接责任人员依照刑法关于非法经营罪或者其他罪的规定，依法追究刑事责任。

第九十二条 特种设备检验检测机构，有下列情形之一的，由特种设备安全监督管理部门处 2 万元以上 10 万元以下罚款；情节严重的，撤销其检验检测资格：

（一）聘用未经特种设备安全监督管理部门组织考核合格并取得检验检测人员证书的人员，从事相关检验检测工作的；

（二）在进行特种设备检验检测中，发现严重事故隐患或者能耗严重超标，未及时告知特种设备使用单位，并立即向特种设备安全监督管理部门报告的。

第九十三条 特种设备检验检测机构和检验检测人员，出具虚假的检验检测结果、鉴定结论或者检验检测结果、鉴定结论严重失实的，由特种设备安全监督管理部门对检验检测机构没收违法所得，处 5 万元以上 20 万元以下罚款，情节严重的，撤销其检验检测资格；对检验检测人员处 5000 元以上 5 万元以下罚款，情节严重的，撤销其检验检测资格，触犯刑律的，依照刑法关于中介组织人员提供虚假证明文件罪、中介组织人员出具证明文件重大失实罪或者其他罪的规定，依法追究刑事责任。

特种设备检验检测机构和检验检测人员，出具虚假的检验检测结果、鉴定结论或者检验检测结果、鉴定结论严重失实，造成损害的，应当承担赔偿责任。

第九十四条 特种设备检验检测机构或者检验检测人员从事特种设备的生产、销售，或者以其名义推荐或者监制、监销特种设备的，由特种设备安全监督管理部门撤销特种设备检验检测机构和检验检测人员的资格，处 5 万元以上 20 万元以下罚款；有违法所得的，没收违法所得。

第九十五条 特种设备检验检测机构和检验检测人员利用检验检测工作故意刁难特种设备生产、使用单位，由特种设备安全监督管理部门责令改正；拒不改正的，撤销其检验检测资格。

第九十六条 检验检测人员，从事检验检测工作，不在特种设备检验检测机构执业或者同时在两个以上检验检测机构中执业的，由特种设备安全监督管理部门责令改正，情节严重的，给予停止执业 6 个月以上 2 年以下的处罚；有违法所得的，没收违法所得。

第九十七条 特种设备安全监督管理部门及其特种设备安全监察人员，有下列违法行为之一的，对直接负责的主管人员和其他直接责任人员，依法给予降级或者撤职的处分；触犯刑律的，依照刑法关于受贿罪、滥用职权罪、玩忽职守罪或者其他罪的规定，依法追究刑事责任：

（一）不按照本条例规定的条件和安全技术规范要求，实施许可、核准、登记的；

（二）发现未经许可、核准、登记擅自从事特种设备的生产、使用或者检验检测活动不予取缔或者不依法予以处理的；

（三）发现特种设备生产、使用单位不再具备本条例规定的条件而不撤销其原许可，或者发现特种设备生产、使用违法行为不予查处的；

（四）发现特种设备检验检测机构不再具备本条例规定的条件而不撤销其原核准，或者对其出具虚假的检验检测结果、鉴定结论或者检验检测结果、鉴定结论严重失实的行为不予查处的；

（五）对依照本条例规定在其他地方取得许可的特种设备生产单位重复进行许可，或者对依照本条例规定在其他地方检验检测合格的特种设备，重复进行检验检测的；

（六）发现有违反本条例和安全技术规范的行为或者在用的特种设备存在严重事故隐患，不立即处理的；

（七）发现重大的违法行为或者严重事故隐患，未及时向上级特种设备安全监督管理部门报告，或者接到报告的特种设备安全监督管理部门不立即处理的；

（八）迟报、漏报、瞒报或者谎报事故的；

（九）妨碍事故救援或者事故调查处理的。

第九十八条 特种设备的生产、使用单位或者检验检测机构，拒不接受特种设备安全监督管理部门依法实施的安全监察的，由特种设备安全监督管理部门责令限期改正；逾期未改正的，责令停产停业整顿，处2万元以上10万元以下罚款；触犯刑律的，依照刑法关于妨害公务罪或者其他罪的规定，依法追究刑事责任。

特种设备生产、使用单位擅自动用、调换、转移、损毁被查封、扣押的特种设备或者其主要部件的，由特种设备安全监督管理部门责令改正，处5万元以上20万元以下罚款；情节严重的，撤销其相应资格。

第八章 附 则

第九十九条 本条例下列用语的含义是：

（一）锅炉，是指利用各种燃料、电或者其他能源，将所盛装的液体加热到一定的参数，并对外输出热能的设备，其范围规定为容积大于或者等于30L的承压蒸汽锅炉；出口水压大于或者等于0.1MPa（表压），且额定功率大于或者等于0.1MW的承压热水锅炉；有机热载体锅炉。

（二）压力容器，是指盛装气体或者液体，承载一定压力的密闭设备，其范围规定为最高工作压力大于或者等于0.1MPa（表压），且压力与容积的乘积大于或者等于2.5MPa·L的气体、液化气体和最高工作温度高于或者等于标准沸点的液体的固定式容器和移动式容器；盛装公称工作压力大于或者等于0.2MPa（表压），且压力与容积的乘积大于或者等于1.0MPa·L的气体、液化气体和标准沸点等于或者低于60℃液体的气瓶；氧舱等。

（三）压力管道，是指利用一定的压力，用于输送气体或者液体的管状设备，其范围规定为最高工作压力大于或者等于0.1MPa（表压）的气体、液化气体、蒸汽介质或者可燃、易爆、有毒、有腐蚀性、最高工作温度高于或者等于标准沸点的液体介质，且公称直径大于25mm的管道。

（四）电梯，是指动力驱动，利用沿刚性导轨运行的箱体或者沿固定线路运行的梯级（踏步），进行升降或者平行运送人、货物的机电设备，包括载人（货）电梯、自动扶梯、自动人行道等。

（五）起重机械，是指用于垂直升降或者垂直升降并水平移动重物的机电设备，其范围规定为额定起重量大于或者等于0.5t的升降机；额定起重量大于或者等于1t，且提升高度大于或者等于2m的起重机和承重形式固定的电动葫芦等。

（六）客运索道，是指动力驱动，利用柔性绳索牵引箱体等运载工具运送人员的机电设备，包括客运架空索道、客运缆车、客运拖牵索道等。

（七）大型游乐设施，是指用于经营目的，承载乘客游乐的设施，其范围规定为设计最大运行线速度大于或者等于2m/s，或者运行高度距地面高于或者等于2m的载人大型游乐设施。

（八）场（厂）内专用机动车辆，是指除道路交通、农用车辆以外仅在工厂厂区、旅游景区、游乐场所等特定区域使用的专用机动车辆。

特种设备包括其所用的材料、附属的安全附件、安全保护装置和与安全保护装置相关的设施。

第一百条 压力管道设计、安装、使用的安全监督管理办法由国务院另行制定。

第一百零一条 国务院特种设备安全监督管理部门可以授权省、自治区、直辖市特种设备安全监督管理部门负责本条例规定的特种设备行政许可工作，具体办法由国务院特种设备安全监督管理部门制定。

第一百零二条 特种设备行政许可、检验检测，应当按照国家有关规定收取费用。

第一百零三条 本条例自2003年6月1日起施行。1982年2月6日国务院发布的《锅炉压力容器安全监察暂行条例》同时废止。

突发公共卫生事件应急条例

（2003年5月9日中华人民共和国国务院令第376号公布，根据2011年1月8日中华人民共和国国务院令第588号《国务院关于废止和修改部分行政法规的决定》修订）

第一章 总 则

第一条 为了有效预防、及时控制和消除突发公共卫生事件的危害，保障公众身体健康与生命安全，维护正常的社会秩序，制定本条例。

第二条 本条例所称突发公共卫生事件（以下简称突发事件），是指突然发生，造成或者可能造成社会公众健康严重损害的重大传染病疫情、群体性不明原因疾病、重大食物和职业中毒以及其他严重影响公众健康的事件。

第三条 突发事件发生后，国务院设立全国突发事件应急处理指挥部，由国务院有关部门和军队有关部门组成，国务院主管领导人担任总指挥，负责对全国突发事件应急处理的统一领导、统一指挥。

国务院卫生行政主管部门和其他有关部门，在各自的职责范围内做好突发事件应急处理的有关工作。

第四条 突发事件发生后，省、自治区、直辖市人民政府成立地方突发事件应急处理指挥部，省、自治区、直辖市人民政府主要领导人担任总指挥，负责领导、指挥本行政区域内突发事件应急处理工作。

县级以上地方人民政府卫生行政主管部门，具体负责组织突发事件的调查、控制和医疗救治工作。

县级以上地方人民政府有关部门，在各自的职责范围内做好突发事件应急处理的有关工作。

第五条 突发事件应急工作，应当遵循预防为主、常备不懈的方针，贯彻统一领导、分级负责、反应及时、措施果断、依靠科学、加强合作的原则。

第六条 县级以上各级人民政府应当组织开展防治突发事件相关科学研究，建立突发事件应急流行病学调查、传染源隔离、医疗救护、现场处置、监督检查、监测检验、卫生防护等有关物资、设备、设施、技术与人才资源储备，所需经费列入本级政府财政预算。

国家对边远贫困地区突发事件应急工作给予财政支持。

第七条 国家鼓励、支持开展突发事件监测、预警、反应处理有关技术的国际交流与合作。

第八条 国务院有关部门和县级以上地方人民政府及其有关部门，应当建立严格的突发事件防范和应急处理责任制，切实履行各自的职责，保证突发事件应急处理工作的正常进行。

第九条 县级以上各级人民政府及其卫生行政主管部门，应当对参加突发事件应急处理的医疗卫生人员，给予适当补助和保健津贴；对参加突发事件应急处理作出贡献的人员，给予表彰和奖励；对因参与应急处理工作致病、致残、死亡的人员，按照国家有关规定，给予相应的补助和抚恤。

第二章 预防与应急准备

第十条 国务院卫生行政主管部门按照分类指导、快速反应的要求，制定全国突发事件应急预案，报请国务院批准。

省、自治区、直辖市人民政府根据全国突发事件应急预案，结合本地实际情况，制定本行政区域的突发事件应急预案。

第十一条 全国突发事件应急预案应当包括以下主要内容：

（一）突发事件应急处理指挥部的组成和相关部门的职责；

（二）突发事件的监测与预警；

（三）突发事件信息的收集、分析、报告、通报制度；

（四）突发事件应急处理技术和监测机构及其任务；

（五）突发事件的分级和应急处理工作方案；

（六）突发事件预防、现场控制，应急设施、设备、救治药品和医疗器械以及其他物资和技术的储备与调度；

（七）突发事件应急处理专业队伍的建设和培训。

第十二条 突发事件应急预案应当根据突发事件的变化和实施中发现的问题及时进行修订、补充。

第十三条 地方各级人民政府应当依照法律、行政法规的规定，做好传染病预防和其他公共卫生工作，防范突发事件的发生。

县级以上各级人民政府卫生行政主管部门和其他有关部门，应当对公众开展突发事件应急知识的专门教育，增强全社会对突发事件的防范意识和应对能力。

第十四条 国家建立统一的突发事件预防控制体系。

县级以上地方人民政府应当建立和完善突发事件监测与预警系统。

县级以上各级人民政府卫生行政主管部门，应当指定机构负责开展突发事件的日常监测，并确保监测与预警系统的正常运行。

第十五条 监测与预警工作应当根据突发事件的类别，制定监测计划，科学分析、综合评价监测数据。对早期发现的潜在隐患以及可能发生的突发事件，应当依照本条例规定的报告程序和时限及时报告。

第十六条 国务院有关部门和县级以上地方人民政府及其有关部门，应当根据突发事件应急预案的要求，保证应急设施、设备、救治药品和医疗器械等物资储备。

第十七条 县级以上各级人民政府应当加强急救医疗服务网络的建设，配备相应的医疗救治药物、技术、设备和人员，提高医疗卫生机构应对各类突发事件的救治能力。

设区的市级以上地方人民政府应当设置与传染病防治工作需要相适应的传染病专科医院，或者指定具备传染病防治条件和能力的医疗机构承担传染病防治任务。

第十八条 县级以上地方人民政府卫生行政主管部门，应当定期对医疗卫生机构和人员开展突发事件应急处理相关知识、技能的培训，定期组织医疗卫生机构进行突发事件应急演练，推广最新知识和先进技术。

第三章 报告与信息发布

第十九条 国家建立突发事件应急报告制度。

国务院卫生行政主管部门制定突发事件应急报告规范，建立重大、紧急疫情信息报告系统。

有下列情形之一的，省、自治区、直辖市人民政府应当在接到报告1小时内，向国务院卫生行政主管部门报告：

（一）发生或者可能发生传染病暴发、流行的；

（二）发生或者发现不明原因的群体性疾病的；

（三）发生传染病菌种、毒种丢失的；

（四）发生或者可能发生重大食物和职业中毒事件的。

国务院卫生行政主管部门对可能造成重大社会影响的突发事件，应当立即向国务院报告。

第二十条 突发事件监测机构、医疗卫生机构和有关单位发现有本条例第十九条规定情形之一的，应当在2小时内向所在地县级人民政府卫生行政主管部门报告；接到报告的卫生行政主管部门应当在2小时内向本级人民政府报告，并同时向上级人民政府卫生行政主管部门和国务院卫生行政主管部门报告。

县级人民政府应当在接到报告后2小时内向设区的市级人民政府或者上一级人民政府报告；设区的市级人民政府应当在接到报告后2小时内向省、自治区、直辖市人民政府报告。

第二十一条 任何单位和个人对突发事件，不得隐瞒、缓报、谎报或者授意他人隐瞒、缓报、谎报。

第二十二条 接到报告的地方人民政府、卫生行政主管部门依照本条例规定报告的同时，应当立即组织力量对报告事项调查核实、确证，采取必要的控制措施，并及时报告调查情况。

第二十三条 国务院卫生行政主管部门应当根据发生突发事件的情况，及时向国务院有关部门和各省、自治区、直辖市人民政府卫生行政主管部门以及军队有关部门通报。

突发事件发生地的省、自治区、直辖市人民政府卫生行政主管部门，应当及时向毗邻省、自治区、直辖市人民政府卫生行政主管部门通报。

接到通报的省、自治区、直辖市人民政府卫生行政主管部门，必要时应当及时通知本行政区域内的医疗卫生机构。

县级以上地方人民政府有关部门，已经发生或者发现可能引起突发事件的情形时，应当及时向同级人民政府卫生行政主管部门通报。

第二十四条 国家建立突发事件举报制度，公布统一的突发事件报告、举报电话。

任何单位和个人有权向人民政府及其有关部门报告突发事件隐患，有权向上级人民政府及其有关部门举报地方人民政府及其有关部门不履行突发事件应急处理职责，或者不按照规定履行职责的情况。接到报告、举报的有关人民政府及其有关部门，应当立即组织对突发事件隐患、不履行或者不按照规定履行突发事件应急处理职责的情况进行调查处理。

对举报突发事件有功的单位和个人，县级以上各级人民政府及其有关部门应当予以奖励。

第二十五条 国家建立突发事件的信息发布制度。

国务院卫生行政主管部门负责向社会发布突发事件的信息。必要时，可以授权省、自治区、直辖市人民政府卫生行政主管部门向社会发布本行政区域内突发事件的信息。

信息发布应当及时、准确、全面。

第四章 应急处理

第二十六条 突发事件发生后，卫生行政主管部门应当组织专家对突发事件进行综合评估，初步判断突发事件的类型，提出是否启动突发事件应急预案的建议。

第二十七条 在全国范围内或者跨省、自治区、直辖市范围内启动全国突发事件应急预案，由国务院卫生行政主管部门报国务院批准后实施。省、自治区、直辖市启动突发事件应急预案，由省、自治区、直辖市人民政府决定，并向国务院报告。

第二十八条 全国突发事件应急处理指挥部对突发事件应急处理工作进行督察和指导，地方各级人民政府及其有关部门应当予以配合。

省、自治区、直辖市突发事件应急处理指挥部对本行政区域内突发事件应急处理工作进行督察和指导。

第二十九条　省级以上人民政府卫生行政主管部门或者其他有关部门指定的突发事件应急处理专业技术机构，负责突发事件的技术调查、确证、处置、控制和评价工作。

第三十条　国务院卫生行政主管部门对新发现的突发传染病，根据危害程度、流行强度，依照《中华人民共和国传染病防治法》的规定及时宣布为法定传染病；宣布为甲类传染病的，由国务院决定。

第三十一条　应急预案启动前，县级以上各级人民政府有关部门应当根据突发事件的实际情况，做好应急处理准备，采取必要的应急措施。

应急预案启动后，突发事件发生地的人民政府有关部门，应当根据预案规定的职责要求，服从突发事件应急处理指挥部的统一指挥，立即到达规定岗位，采取有关的控制措施。

医疗卫生机构、监测机构和科学研究机构，应当服从突发事件应急处理指挥部的统一指挥，相互配合、协作，集中力量开展相关的科学研究工作。

第三十二条　突发事件发生后，国务院有关部门和县级以上地方人民政府及其有关部门，应当保证突发事件应急处理所需的医疗救护设备、救治药品、医疗器械等物资的生产、供应；铁路、交通、民用航空行政主管部门应当保证及时运送。

第三十三条　根据突发事件应急处理的需要，突发事件应急处理指挥部有权紧急调集人员、储备的物资、交通工具以及相关设施、设备；必要时，对人员进行疏散或者隔离，并可以依法对传染病疫区实行封锁。

第三十四条　突发事件应急处理指挥部根据突发事件应急处理的需要，可以对食物和水源采取控制措施。

县级以上地方人民政府卫生行政主管部门应当对突发事件现场等采取控制措施，宣传突发事件防治知识，及时对易受感染的人群和其他易受损害的人群采取应急接种、预防性投药、群体防护等措施。

第三十五条　参加突发事件应急处理的工作人员，应当按照预案的规定，采取卫生防护措施，并在专业人员的指导下进行工作。

第三十六条　国务院卫生行政主管部门或者其他有关部门指定的专业技术机构，有权进入突发事件现场进行调查、采样、技术分析和检验，对地方突发事件的应急处理工作进行技术指导，有关单位和个人应当予以配合；任何单位和个人不得以任何理由予以拒绝。

第三十七条　对新发现的突发传染病、不明原因的群体性疾病、重大食物和职业中毒事件，国务院卫生行政主管部门应当尽快组织力量制定相关的技术标准、规范和控制措施。

第三十八条　交通工具上发现根据国务院卫生行政主管部门的规定需要采取应急控制措施的传染病病人、疑似传染病病人，其负责人应当以最快的方式通知前方停靠点，并向交通工具的营运单位报告。交通工具的前方停靠点和营运单位应当立即向交通工具营运单位行政主管部门和县级以上地方人民政府卫生行政主管部门报告。卫生行政主管部门接到报告后，应当立即组织有关人员采取相应的医学处置措施。

交通工具上的传染病病人密切接触者，由交通工具停靠点的县级以上各级人民政府卫生行政主管部门或者铁路、交通、民用航空行政主管部门，根据各自的职责，依照传染病防治法律、行政法规的规定，采取控制措施。

涉及国境口岸和入出境的人员、交通工具、货物、集装箱、行李、邮包等需要采取传染病应急控制措施的，依照国境卫生检疫法律、行政法规的规定办理。

第三十九条 医疗卫生机构应当对因突发事件致病的人员提供医疗救护和现场救援，对就诊病人必须接诊治疗，并书写详细、完整的病历记录；对需要转送的病人，应当按照规定将病人及其病历记录的复印件转送至接诊的或者指定的医疗机构。

医疗卫生机构内应当采取卫生防护措施，防止交叉感染和污染。

医疗卫生机构应当对传染病病人密切接触者采取医学观察措施，传染病病人密切接触者应当予以配合。

医疗机构收治传染病病人、疑似传染病病人，应当依法报告所在地的疾病预防控制机构。接到报告的疾病预防控制机构应当立即对可能受到危害的人员进行调查，根据需要采取必要的控制措施。

第四十条 传染病暴发、流行时，街道、乡镇以及居民委员会、村民委员会应当组织力量，团结协作，群防群治，协助卫生行政主管部门和其他有关部门、医疗卫生机构做好疫情信息的收集和报告、人员的分散隔离、公共卫生措施的落实工作，向居民、村民宣传传染病防治的相关知识。

第四十一条 对传染病暴发、流行区域内流动人口，突发事件发生地的县级以上地方人民政府应当做好预防工作，落实有关卫生控制措施；对传染病病人和疑似传染病病人，应当采取就地隔离、就地观察、就地治疗的措施。对需要治疗和转诊的，应当依照本条例第三十九条第一款的规定执行。

第四十二条 有关部门、医疗卫生机构应当对传染病做到早发现、早报告、早隔离、早治疗，切断传播途径，防止扩散。

第四十三条 县级以上各级人民政府应当提供必要资金，保障因突发事件致病、致残的人员得到及时、有效的救治。具体办法由国务院财政部门、卫生行政主管部门和劳动保障行政主管部门制定。

第四十四条 在突发事件中需要接受隔离治疗、医学观察措施的病人、疑似病人和传染病病人密切接触者在卫生行政主管部门或者有关机构采取医学措施时应当予以配合；拒绝配合的，由公安机关依法协助强制执行。

第五章 法律责任

第四十五条 县级以上地方人民政府及其卫生行政主管部门未依照本条例的规定履行报告职责，对突发事件隐瞒、缓报、谎报或者授意他人隐瞒、缓报、谎报的，对政府主要领导人及其卫生行政主管部门主要负责人，依法给予降级或者撤职的行政处分；造成传染病传播、流行或者对社会公众健康造成其他严重危害后果的，依法给予开除的行政处分；构成犯罪的，依法追究刑事责任。

第四十六条 国务院有关部门、县级以上地方人民政府及其有关部门未依照本条例的规定，完成突发事件应急处理所需要的设施、设备、药品和医疗器械等物资的生产、供应、运输和储备的，对政府主要领导人和政府部门主要负责人依法给予降级或者撤职的行政处分；造成传染病传播、流行或者对社会公众健康造成其他严重危害后果的，依法给予开除的行政处分；构成犯罪的，依法追究刑事责任。

第四十七条 突发事件发生后，县级以上地方人民政府及其有关部门对上级人民政府有关部门的调查不予配合，或者采取其他方式阻碍、干涉调查的，对政府主要领导人和政府部门主要负责人依法给予降级或者撤职的行政处分；构成犯罪的，依法追究刑事责任。

第四十八条 县级以上各级人民政府卫生行政主管部门和其他有关部门在突发事件调查、控制、医疗救治工作中玩忽职守、失职、渎职的，由本级人民政府或者上级人民政府有关部门责令改正、通报批评、给予警告；对主要负责人、负有责任的主管人员和其他责任人员依法给予降级、撤职的行政处分；造成传染病传播、流行或者对社会公众健康造成其他严重危害后果的，依法给予开除的行政处分；构成犯罪的，依法追究刑事责任。

第四十九条　县级以上各级人民政府有关部门拒不履行应急处理职责的，由同级人民政府或者上级人民政府有关部门责令改正、通报批评、给予警告；对主要负责人、负有责任的主管人员和其他责任人员依法给予降级、撤职的行政处分；造成传染病传播、流行或者对社会公众健康造成其他严重危害后果的，依法给予开除的行政处分；构成犯罪的，依法追究刑事责任。

第五十条　医疗卫生机构有下列行为之一的，由卫生行政主管部门责令改正、通报批评、给予警告；情节严重的，吊销《医疗机构执业许可证》；对主要负责人、负有责任的主管人员和其他直接责任人员依法给予降级或者撤职的纪律处分；造成传染病传播、流行或者对社会公众健康造成其他严重危害后果，构成犯罪的，依法追究刑事责任：

（一）未依照本条例的规定履行报告职责，隐瞒、缓报或者谎报的；
（二）未依照本条例的规定及时采取控制措施的；
（三）未依照本条例的规定履行突发事件监测职责的；
（四）拒绝接诊病人的；
（五）拒不服从突发事件应急处理指挥部调度的。

第五十一条　在突发事件应急处理工作中，有关单位和个人未依照本条例的规定履行报告职责，隐瞒、缓报或者谎报，阻碍突发事件应急处理工作人员执行职务，拒绝国务院卫生行政主管部门或者其他有关部门指定的专业技术机构进入突发事件现场，或者不配合调查、采样、技术分析和检验的，对有关责任人员依法给予行政处分或者纪律处分；触犯《中华人民共和国治安管理处罚法》，构成违反治安管理行为的，由公安机关依法予以处罚；构成犯罪的，依法追究刑事责任。

第五十二条　在突发事件发生期间，散布谣言、哄抬物价、欺骗消费者，扰乱社会秩序、市场秩序的，由公安机关或者工商行政管理部门依法给予行政处分；构成犯罪的，依法追究刑事责任。

第六章　附　则

第五十三条　中国人民解放军、武装警察部队医疗卫生机构参与突发事件应急处理的，依照本条例的规定和军队的相关规定执行。

第五十四条　本条例自公布之日起施行。

中华人民共和国进出口关税条例

（2003年10月29日国务院第26次常务会议通过，2003年11月23日中华人民共和国国务院令第392号公布，根据2011年1月8日中华人民共和国国务院令第588号《国务院关于废止和修改部分行政法规的决定》第一次修订，根据2013年12月7日中华人民共和国国务院令第645号《国务院关于修改部分行政法规的决定》第二次修订，根据2016年2月6日中华人民共和国国务院令第666号《国务院关于修改部分行政法规的决定》第三次修订，根据2017年3月1日中华人民共和国国务院令第676号《国务院关于修改和废止部分行政法规的决定》第四次修订）

第一章　总　则

第一条　为了贯彻对外开放政策，促进对外经济贸易和国民经济的发展，根据《中华人民共和国海关法》(以下简称《海关法》)的有关规定，制定本条例。

第二条 中华人民共和国准许进出口的货物、进境物品，除法律、行政法规另有规定外，海关依照本条例规定征收进出口关税。

第三条 国务院制定《中华人民共和国进出口税则》(以下简称《税则》)、《中华人民共和国进境物品进口税税率表》(以下简称《进境物品进口税税率表》)，规定关税的税目、税则号列和税率，作为本条例的组成部分。

第四条 国务院设立关税税则委员会，负责《税则》和《进境物品进口税税率表》的税目、税则号列和税率的调整和解释，报国务院批准后执行；决定实行暂定税率的货物、税率和期限；决定关税配额税率；决定征收反倾销税、反补贴税、保障措施关税、报复性关税以及决定实施其他关税措施；决定特殊情况下税率的适用，以及履行国务院规定的其他职责。

第五条 进口货物的收货人、出口货物的发货人、进境物品的所有人，是关税的纳税义务人。

第六条 海关及其工作人员应当依照法定职权和法定程序履行关税征管职责，维护国家利益，保护纳税人合法权益，依法接受监督。

第七条 纳税义务人有权要求海关对其商业秘密予以保密，海关应当依法为纳税义务人保密。

第八条 海关对检举或者协助查获违反本条例行为的单位和个人，应当按照规定给予奖励，并负责保密。

第二章 进出口货物关税税率的设置和适用

第九条 进口关税设置最惠国税率、协定税率、特惠税率、普通税率、关税配额税率等税率。对进口货物在一定期限内可以实行暂定税率。

出口关税设置出口税率。对出口货物在一定期限内可以实行暂定税率。

第十条 原产于共同适用最惠国待遇条款的世界贸易组织成员的进口货物，原产于与中华人民共和国签订含有相互给予最惠国待遇条款的双边贸易协定的国家或者地区的进口货物，以及原产于中华人民共和国境内的进口货物，适用最惠国税率。

原产于与中华人民共和国签订含有关税优惠条款的区域性贸易协定的国家或者地区的进口货物，适用协定税率。

原产于与中华人民共和国签订含有特殊关税优惠条款的贸易协定的国家或者地区的进口货物，适用特惠税率。

原产于本条第一款、第二款和第三款所列以外国家或者地区的进口货物，以及原产地不明的进口货物，适用普通税率。

第十一条 适用最惠国税率的进口货物有暂定税率的，应当适用暂定税率；适用协定税率、特惠税率的进口货物有暂定税率的，应当从低适用税率；适用普通税率的进口货物，不适用暂定税率。

适用出口税率的出口货物有暂定税率的，应当适用暂定税率。

第十二条 按照国家规定实行关税配额管理的进口货物，关税配额内的，适用关税配额税率；关税配额外的，其税率的适用按照本条例第十条、第十一条的规定执行。

第十三条 按照有关法律、行政法规的规定对进口货物采取反倾销、反补贴、保障措施的，其税率的适用按照《中华人民共和国反倾销条例》、《中华人民共和国反补贴条例》和《中华人民共和国保障措施条例》的有关规定执行。

第十四条 任何国家或者地区违反与中华人民共和国签订或者共同参加的贸易协定及相关协定，对中华人民共和国在贸易方面采取禁止、限制、加征关税或者其他影响正常贸易的措施的，对原产于该国家或者地区的进口货物可以征收报复性关税，适用报复性关税税率。

征收报复性关税的货物、适用国别、税率、期限和征收办法，由国务院关税税则委员会决定并公布。

第十五条 进出口货物，应当适用海关接受该货物申报进口或者出口之日实施的税率。

进口货物到达前，经海关核准先行申报的，应当适用装载该货物的运输工具申报进境之日实施的税率。

转关运输货物税率的适用日期，由海关总署另行规定。

第十六条 有下列情形之一，需缴纳税款的，应当适用海关接受申报办理纳税手续之日实施的税率：

（一）保税货物经批准不复运出境的；

（二）减免税货物经批准转让或者移作他用的；

（三）暂时进境货物经批准不复运出境，以及暂时出境货物经批准不复运进境的；

（四）租赁进口货物，分期缴纳税款的。

第十七条 补征和退还进出口货物关税，应当按照本条例第十五条或者第十六条的规定确定适用的税率。

因纳税义务人违反规定需要追征税款的，应当适用该行为发生之日实施的税率；行为发生之日不能确定的，适用海关发现该行为之日实施的税率。

第三章 进出口货物完税价格的确定

第十八条 进口货物的完税价格由海关以符合本条第三款所列条件的成交价格以及该货物运抵中华人民共和国境内输入地点起卸前的运输及其相关费用、保险费为基础审查确定。

进口货物的成交价格，是指卖方向中华人民共和国境内销售该货物时买方为进口该货物向卖方实付、应付的，并按照本条例第十九条、第二十条规定调整后的价款总额，包括直接支付的价款和间接支付的价款。

进口货物的成交价格应当符合下列条件：

（一）对买方处置或者使用该货物不予限制，但法律、行政法规规定实施的限制、对货物转售地域的限制和对货物价格无实质性影响的限制除外；

（二）该货物的成交价格没有因搭售或者其他因素的影响而无法确定；

（三）卖方不得从买方直接或者间接获得因该货物进口后转售、处置或者使用而产生的任何收益，或者虽有收益但能够按照本条例第十九条、第二十条的规定进行调整；

（四）买卖双方没有特殊关系，或者虽有特殊关系但未对成交价格产生影响。

第十九条 进口货物的下列费用应当计入完税价格：

（一）由买方负担的购货佣金以外的佣金和经纪费；

（二）由买方负担的在审查确定完税价格时与该货物视为一体的容器的费用；

（三）由买方负担的包装材料费用和包装劳务费用；

（四）与该货物的生产和向中华人民共和国境内销售有关的，由买方以免费或者以低于成本的方式提供并可以按适当比例分摊的料件、工具、模具、消耗材料及类似货物的价款，以及在境外开发、设计等相关服务的费用；

（五）作为该货物向中华人民共和国境内销售的条件，买方必须支付的、与该货物有关的特许权使用费；

（六）卖方直接或者间接从买方获得的该货物进口后转售、处置或者使用的收益。

第二十条 进口时在货物的价款中列明的下列税收、费用，不计入该货物的完税价格：

（一）厂房、机械、设备等货物进口后进行建设、安装、装配、维修和技术服务的费用；

（二）进口货物运抵境内输入地点起卸后的运输及其相关费用、保险费；

（三）进口关税及国内税收。

第二十一条 进口货物的成交价格不符合本条例第十八条第三款规定条件的，或者成交价格不能确定的，海关经了解有关情况，并与纳税义务人进行价格磋商后，依次以下列价格估定该货物的完税价格：

（一）与该货物同时或者大约同时向中华人民共和国境内销售的相同货物的成交价格；

（二）与该货物同时或者大约同时向中华人民共和国境内销售的类似货物的成交价格；

（三）与该货物进口的同时或者大约同时，将该进口货物、相同或者类似进口货物在第一级销售环节销售给无特殊关系买方最大销售总量的单位价格，但应当扣除本条例第二十二条规定的项目；

（四）按照下列各项总和计算的价格：生产该货物所使用的料件成本和加工费用，向中华人民共和国境内销售同等级或者同种类货物通常的利润和一般费用，该货物运抵境内输入地点起卸前的运输及其相关费用、保险费；

（五）以合理方法估定的价格。

纳税义务人向海关提供有关资料后，可以提出申请，颠倒前款第（三）项和第（四）项的适用次序。

第二十二条 按照本条例第二十一条第一款第（三）项规定估定完税价格，应当扣除的项目是指：

（一）同等级或者同种类货物在中华人民共和国境内第一级销售环节销售时通常的利润和一般费用以及通常支付的佣金；

（二）进口货物运抵境内输入地点起卸后的运输及其相关费用、保险费；

（三）进口关税及国内税收。

第二十三条 以租赁方式进口的货物，以海关审查确定的该货物的租金作为完税价格。

纳税义务人要求一次性缴纳税款的，纳税义务人可以选择按照本条例第二十一条的规定估定完税价格，或者按照海关审查确定的租金总额作为完税价格。

第二十四条 运往境外加工的货物，出境时已向海关报明并在海关规定的期限内复运进境的，应当以境外加工费和料件费以及复运进境的运输及其相关费用和保险费审查确定完税价格。

第二十五条 运往境外修理的机械器具、运输工具或者其他货物，出境时已向海关报明并在海关规定的期限内复运进境的，应当以境外修理费和料件费审查确定完税价格。

第二十六条 出口货物的完税价格由海关以该货物的成交价格以及该货物运至中华人民共和国境内输出地点装载前的运输及其相关费用、保险费为基础审查确定。

出口货物的成交价格，是指该货物出口时卖方为出口该货物应当向买方直接收取和间接收取的价款总额。

出口关税不计入完税价格。

第二十七条 出口货物的成交价格不能确定的，海关经了解有关情况，并与纳税义务人进行价格磋商后，依次以下列价格估定该货物的完税价格：

（一）与该货物同时或者大约同时向同一国家或者地区出口的相同货物的成交价格；

（二）与该货物同时或者大约同时向同一国家或者地区出口的类似货物的成交价格；

（三）按照下列各项总和计算的价格：境内生产相同或者类似货物的料件成本、加工费用，通常的利润和一般费用，境内发生的运输及其相关费用、保险费；

（四）以合理方法估定的价格。

第二十八条 按照本条例规定计入或者不计入完税价格的成本、费用、税收，应当以客观、可量化的数据为依据。

第四章 进出口货物关税的征收

第二十九条 进口货物的纳税义务人应当自运输工具申报进境之日起14日内，出口货物的纳税义务人除海关特准的外，应当在货物运抵海关监管区后、装货的24小时以前，向货物的进出境地海关申报。进出口货物转关运输的，按照海关总署的规定执行。

进口货物到达前，纳税义务人经海关核准可以先行申报。具体办法由海关总署另行规定。

第三十条 纳税义务人应当依法如实向海关申报，并按照海关的规定提供有关确定完税价格、进行商品归类、确定原产地以及采取反倾销、反补贴或者保障措施等所需的资料；必要时，海关可以要求纳税义务人补充申报。

第三十一条 纳税义务人应当按照《税则》规定的目录条文和归类总规则、类注、章注、子目注释以及其他归类注释，对其申报的进出口货物进行商品归类，并归入相应的税则号列；海关应当依法审核确定该货物的商品归类。

第三十二条 海关可以要求纳税义务人提供确定商品归类所需的有关资料；必要时，海关可以组织化验、检验，并将海关认定的化验、检验结果作为商品归类的依据。

第三十三条 海关为审查申报价格的真实性和准确性，可以查阅、复制与进出口货物有关的合同、发票、账册、结付汇凭证、单据、业务函电、录音录像制品和其他反映买卖双方关系及交易活动的资料。

海关对纳税义务人申报的价格有怀疑并且所涉关税数额较大的，经直属海关关长或者其授权的隶属海关关长批准，凭海关总署统一格式的协助查询账户通知书及有关工作人员的工作证件，可以查询纳税义务人在银行或者其他金融机构开立的单位账户的资金往来情况，并向银行业监督管理机构通报有关情况。

第三十四条 海关对纳税义务人申报的价格有怀疑的，应当将怀疑的理由书面告知纳税义务人，要求其在规定的期限内书面作出说明、提供有关资料。

纳税义务人在规定的期限内未作说明、未提供有关资料的，或者海关仍有理由怀疑申报价格的真实性和准确性的，海关可以不接受纳税义务人申报的价格，并按照本条例第三章的规定估定完税价格。

第三十五条 海关审查确定进出口货物的完税价格后，纳税义务人可以以书面形式要求海关就如何确定其进出口货物的完税价格作出书面说明，海关应当向纳税义务人作出书面说明。

第三十六条 进出口货物关税，以从价计征、从量计征或者国家规定的其他方式征收。

从价计征的计算公式为：

应纳税额=完税价格×关税税率

从量计征的计算公式为：

应纳税额=货物数量×单位税额

第三十七条 纳税义务人应当自海关填发税款缴款书之日起15日内向指定银行缴纳税款。纳税义务人未按期缴纳税款的，从滞纳税款之日起，按日加收滞纳税款万分之五的滞纳金。

海关可以对纳税义务人欠缴税款的情况予以公告。

海关征收关税、滞纳金等，应当制发缴款凭证，缴款凭证格式由海关总署规定。

第三十八条 海关征收关税、滞纳金等，应当按人民币计征。

进出口货物的成交价格以及有关费用以外币计价的，以中国人民银行公布的基准汇率折合为人民币计算完税价格；以基准汇率币种以外的外币计价的，按照国家有关规定套算为人民币计算完税价格。适用汇率的日期由海关总署规定。

第三十九条 纳税义务人因不可抗力或者在国家税收政策调整的情形下，不能按期缴纳税款的，经依法提供税款担保后，可以延期缴纳税款，但是最长不得超过6个月。

第四十条 进出口货物的纳税义务人在规定的纳税期限内有明显的转移、藏匿其应税货物以及其他财产迹象的，海关可以责令纳税义务人提供担保；纳税义务人不能提供担保的，海关可以按照《海关法》第六十一条的规定采取税收保全措施。

纳税义务人、担保人自缴纳税款期限届满之日起超过3个月仍未缴纳税款的，海关可以按照《海关法》第六十条的规定采取强制措施。

第四十一条 加工贸易的进口料件按照国家规定保税进口的，其制成品或者进口料件未在规定的期限内出口的，海关按照规定征收进口关税。

加工贸易的进口料件进境时按照国家规定征收进口关税的，其制成品或者进口料件在规定的期限内出口的，海关按照有关规定退还进境时已征收的关税税款。

第四十二条 暂时进境或者暂时出境的下列货物，在进境或者出境时纳税义务人向海关缴纳相当于应纳税款的保证金或者提供其他担保的，可以暂不缴纳关税，并应当自进境或者出境之日起6个月内复运出境或者复运进境；需要延长复运出境或者复运进境期限的，纳税义务人应当根据海关总署的规定向海关办理延期手续：

（一）在展览会、交易会、会议及类似活动中展示或者使用的货物；
（二）文化、体育交流活动中使用的表演、比赛用品；
（三）进行新闻报道或者摄制电影、电视节目使用的仪器、设备及用品；
（四）开展科研、教学、医疗活动使用的仪器、设备及用品；
（五）在本款第（一）项至第（四）项所列活动中使用的交通工具及特种车辆；
（六）货样；
（七）供安装、调试、检测设备时使用的仪器、工具；
（八）盛装货物的容器；
（九）其他用于非商业目的的货物。

第一款所列暂时进境货物在规定的期限内未复运出境的，或者暂时出境货物在规定的期限内未复运进境的，海关应当依法征收关税。

第一款所列可以暂时免征关税范围以外的其他暂时进境货物，应当按照该货物的完税价格和其在境内滞留时间与折旧时间的比例计算征收进口关税。具体办法由海关总署规定。

第四十三条 因品质或者规格原因，出口货物自出口之日起1年内原状复运进境的，不征收进口关税。

因品质或者规格原因，进口货物自进口之日起1年内原状复运出境的，不征收出口关税。

第四十四条 因残损、短少、品质不良或者规格不符原因，由进出口货物的发货人、承运人或者保险公司免费补偿或者更换的相同货物，进出口时不征收关税。被免费更换的原进口货物不退运出境或者原出口货物不退运进境的，海关应当对原进出口货物重新按照规定征收关税。

第四十五条 下列进出口货物，免征关税：

（一）关税税额在人民币50元以下的一票货物；

(二) 无商业价值的广告品和货样；

(三) 外国政府、国际组织无偿赠送的物资；

(四) 在海关放行前损失的货物；

(五) 进出境运输工具装载的途中必需的燃料、物料和饮食用品。

在海关放行前遭受损坏的货物，可以根据海关认定的受损程度减征关税。

法律规定的其他免征或者减征关税的货物，海关根据规定予以免征或者减征。

第四十六条 特定地区、特定企业或者有特定用途的进出口货物减征或者免征关税，以及临时减征或者免征关税，按照国务院的有关规定执行。

第四十七条 进口货物减征或者免征进口环节海关代征税，按照有关法律、行政法规的规定执行。

第四十八条 纳税义务人进出口减免税货物的，除另有规定外，应当在进出口该货物之前，按照规定持有关文件向海关办理减免税审批手续。经海关审查符合规定的，予以减征或者免征关税。

第四十九条 需由海关监管使用的减免税进口货物，在监管年限内转让或者移作他用需要补税的，海关应当根据该货物进口时间折旧估价，补征进口关税。

特定减免税进口货物的监管年限由海关总署规定。

第五十条 有下列情形之一的，纳税义务人自缴纳税款之日起1年内，可以申请退还关税，并应当以书面形式向海关说明理由，提供原缴款凭证及相关资料：

(一) 已征进口关税的货物，因品质或者规格原因，原状退货复运出境的；

(二) 已征出口关税的货物，因品质或者规格原因，原状退货复运进境，并已重新缴纳因出口而退还的国内环节有关税收的；

(三) 已征出口关税的货物，因故未装运出口，申报退关的。

海关应当自受理退税申请之日起30日内查实并通知纳税义务人办理退还手续。纳税义务人应当自收到通知之日起3个月内办理有关退税手续。

按照其他有关法律、行政法规规定应当退还关税的，海关应当按照有关法律、行政法规的规定退税。

第五十一条 进出口货物放行后，海关发现少征或者漏征税款的，应当自缴纳税款或者货物放行之日起1年内，向纳税义务人补征税款。但因纳税义务人违反规定造成少征或者漏征税款的，海关可以自缴纳税款或者货物放行之日起3年内追征税款，并从缴纳税款或者货物放行之日起按日加收少征或者漏征税款万分之五的滞纳金。

海关发现海关监管货物因纳税义务人违反规定造成少征或者漏征税款的，应当自纳税义务人应缴纳税款之日起3年内追征税款，并从应缴纳税款之日起按日加收少征或者漏征税款万分之五的滞纳金。

第五十二条 海关发现多征税款的，应当立即通知纳税义务人办理退还手续。

纳税义务人发现多缴税款的，自缴纳税款之日起1年内，可以以书面形式要求海关退还多缴的税款并加算银行同期活期存款利息；海关应当自受理退税申请之日起30日内查实并通知纳税义务人办理退还手续。

纳税义务人应当自收到通知之日起3个月内办理有关退税手续。

第五十三条 按照本条例第五十条、第五十二条的规定退还税款、利息涉及从国库中退库的，按照法律、行政法规有关国库管理的规定执行。

第五十四条 报关企业接受纳税义务人的委托，以纳税义务人的名义办理报关纳税手续，因报关企业违反规定而造成海关少征、漏征税款的，报关企业对少征或者漏征的税款、滞纳金与纳税义务人承担纳税的连带责任。

报关企业接受纳税义务人的委托，以报关企业的名义办理报关纳税手续的，报关企业与纳税义务人承担纳税的连带责任。

除不可抗力外，在保管海关监管货物期间，海关监管货物损毁或者灭失的，对海关监管货物负有保管义务的人应当承担相应的纳税责任。

第五十五条 欠税的纳税义务人，有合并、分立情形的，在合并、分立前，应当向海关报告，依法缴清税款。纳税义务人合并时未缴清税款的，由合并后的法人或者其他组织继续履行未履行的纳税义务；纳税义务人分立时未缴清税款的，分立后的法人或者其他组织对未履行的纳税义务承担连带责任。

纳税义务人在减免税货物、保税货物监管期间，有合并、分立或者其他资产重组情形的，应当向海关报告。按照规定需要缴税的，应当依法缴清税款；按照规定可以继续享受减免税、保税待遇的，应当到海关办理变更纳税义务人的手续。

纳税义务人欠税或者在减免税货物、保税货物监管期间，有撤销、解散、破产或者其他依法终止经营情形的，应当在清算前向海关报告。海关应当依法对纳税义务人的应缴税款予以清缴。

第五章 进境物品进口税的征收

第五十六条 进境物品的关税以及进口环节海关代征税合并为进口税，由海关依法征收。

第五十七条 海关总署规定数额以内的个人自用进境物品，免征进口税。

超过海关总署规定数额但仍在合理数量以内的个人自用进境物品，由进境物品的纳税义务人在进境物品放行前按照规定缴纳进口税。

超过合理、自用数量的进境物品应当按照进口货物依法办理相关手续。

国务院关税税则委员会规定按货物征税的进境物品，按照本条例第二章至第四章的规定征收关税。

第五十八条 进境物品的纳税义务人是指，携带物品进境的入境人员、进境邮递物品的收件人以及以其他方式进口物品的收件人。

第五十九条 进境物品的纳税义务人可以自行办理纳税手续，也可以委托他人办理纳税手续。接受委托的人应当遵守本章对纳税义务人的各项规定。

第六十条 进口税从价计征。

进口税的计算公式为：

进口税税额＝完税价格×进口税税率

第六十一条 海关应当按照《进境物品进口税税率表》及海关总署制定的《中华人民共和国进境物品归类表》《中华人民共和国进境物品完税价格表》对进境物品进行归类、确定完税价格和确定适用税率。

第六十二条 进境物品，适用海关填发税款缴款书之日实施的税率和完税价格。

第六十三条 进口税的减征、免征、补征、追征、退还以及对暂准进境物品征收进口税参照本条例对货物征收进口关税的有关规定执行。

第六章 附　则

第六十四条 纳税义务人、担保人对海关确定纳税义务人、确定完税价格、商品归类、确定原产地、适用税率或者汇率、减征或者免征税款、补税、退税、征收滞纳金、确定计征方式以及确定纳税地点有异议的,应当缴纳税款,并可以依法向上一级海关申请复议。对复议决定不服的,可以依法向人民法院提起诉讼。

第六十五条 进口环节海关代征税的征收管理,适用关税征收管理的规定。

第六十六条 有违反本条例规定行为的,按照《海关法》《中华人民共和国海关行政处罚实施条例》和其他有关法律、行政法规的规定处罚。

第六十七条 本条例自2004年1月1日起施行。1992年3月18日国务院修订发布的《中华人民共和国进出口关税条例》同时废止。

中华人民共和国海关行政处罚实施条例

(2004年9月1日国务院第62次常务会议通过,2004年9月19日中华人民共和国国务院令第420号公布,自2004年11月1日起施行)

第一章 总 则

第一条 为了规范海关行政处罚,保障海关依法行使职权,保护公民、法人或者其他组织的合法权益,根据《中华人民共和国海关法》(以下简称海关法)及其他有关法律的规定,制定本实施条例。

第二条 依法不追究刑事责任的走私行为和违反海关监管规定的行为,以及法律、行政法规规定由海关实施行政处罚的行为的处理,适用本实施条例。

第三条 海关行政处罚由发现违法行为的海关管辖,也可以由违法行为发生地海关管辖。

2个以上海关都有管辖权的案件,由最先发现违法行为的海关管辖。

管辖不明确的案件,由有关海关协商确定管辖,协商不成的,报请共同的上级海关指定管辖。

重大、复杂的案件,可以由海关总署指定管辖。

第四条 海关发现的依法应当由其他行政机关处理的违法行为,应当移送有关行政机关处理;违法行为涉嫌犯罪的,应当移送海关侦查走私犯罪公安机构、地方公安机关依法办理。

第五条 依照本实施条例处以警告、罚款等行政处罚,但不没收进出境货物、物品、运输工具的,不免除有关当事人依法缴纳税款、提交进出口许可证件、办理有关海关手续的义务。

第六条 抗拒、阻碍海关侦查走私犯罪公安机构依法执行职务的,由设在直属海关、隶属海关的海关侦查走私犯罪公安机构依照治安管理处罚的有关规定给予处罚。

抗拒、阻碍其他海关工作人员依法执行职务的,应当报告地方公安机关依法处理。

第二章 走私行为及其处罚

第七条 违反海关法及其他有关法律、行政法规,逃避海关监管,偷逃应纳税款、逃避国家有关进出境的禁止性或者限制性管理,有下列情形之一的,是走私行为:

(一)未经国务院或者国务院授权的机关批准,从未设立海关的地点运输、携带国家禁止或者限制进出境的货物、物品或者依法应当缴纳税款的货物、物品进出境的;

(二)经过设立海关的地点,以藏匿、伪装、瞒报、伪报或者其他方式逃避海关监管,运输、携带、邮寄国家禁止或者限制进出境的货物、物品或者依法应当缴纳税款的货物、物品进出境的;

(三)使用伪造、变造的手册、单证、印章、账册、电子数据或者以其他方式逃避海关监管,擅自将海关监管货物、物品、进境的境外运输工具，在境内销售的；

（四）使用伪造、变造的手册、单证、印章、账册、电子数据或者以伪报加工贸易制成品单位耗料量等方式，致使海关监管货物、物品脱离监管的；

（五）以藏匿、伪装、瞒报、伪报或者其他方式逃避海关监管，擅自将保税区、出口加工区等海关特殊监管区域内的海关监管货物、物品，运至区外的；

（六）有逃避海关监管，构成走私的其他行为的。

第八条 有下列行为之一的，按走私行为论处：

（一）明知是走私进口的货物、物品，直接向走私人非法收购的；

（二）在内海、领海、界河、界湖，船舶及所载人员运输、收购、贩卖国家禁止或者限制进出境的货物、物品，或者运输、收购、贩卖依法应当缴纳税款的货物，没有合法证明的。

第九条 有本实施条例第七条、第八条所列行为之一的，依照下列规定处罚：

（一）走私国家禁止进出口的货物的，没收走私货物及违法所得，可以并处100万元以下罚款；走私国家禁止进出境的物品的，没收走私物品及违法所得，可以并处10万元以下罚款；

（二）应当提交许可证件而未提交但未偷逃税款，走私国家限制进出境的货物、物品的，没收走私货物、物品及违法所得，可以并处走私货物、物品等值以下罚款；

（三）偷逃应纳税款但未逃避许可证件管理，走私依法应当缴纳税款的货物、物品的，没收走私货物、物品及违法所得，可以并处偷逃应纳税款3倍以下罚款。

专门用于走私的运输工具或者用于掩护走私的货物、物品，2年内3次以上用于走私的运输工具或者用于掩护走私的货物、物品，应当予以没收。藏匿走私货物、物品的特制设备、夹层、暗格，应当予以没收或者责令拆毁。使用特制设备、夹层、暗格实施走私的，应当从重处罚。

第十条 与走私人通谋为走私人提供贷款、资金、账号、发票、证明、海关单证的，与走私人通谋为走私人提供走私货物、物品的提取、发运、运输、保管、邮寄或者其他方便的，以走私的共同当事人论处，没收违法所得，并依照本实施条例第九条的规定予以处罚。

第十一条 报关企业、报关人员和海关准予从事海关监管货物的运输、储存、加工、装配、寄售、展示等业务的企业，构成走私犯罪或者1年内有2次以上走私行为的，海关可以撤销其注册登记、取消其报关从业资格。

第三章 违反海关监管规定的行为及其处罚

第十二条 违反海关法及其他有关法律、行政法规和规章但不构成走私行为的，是违反海关监管规定的行为。

第十三条 违反国家进出口管理规定，进出口国家禁止进出口的货物的，责令退运，处100万元以下罚款。

第十四条 违反国家进出口管理规定，进出口国家限制进出口的货物，进出口货物的收发货人向海关申报时不能提交许可证件的，进出口货物不予放行，处货物价值30%以下罚款。

违反国家进出口管理规定，进出口属于自动进出口许可管理的货物，进出口货物的收发货人向海关申报时不能提交自动许可证明的，进出口货物不予放行。

第十五条 进出口货物的品名、税则号列、数量、规格、价格、贸易方式、原产地、启运地、运抵地、最终目的地或者其他应当申报的项目未申报或者申报不实的，分别依照下列规定予以处罚，有违法所得的，没收违法所得：

（一）影响海关统计准确性的，予以警告或者处1000元以上1万元以下罚款；

（二）影响海关监管秩序的，予以警告或者处1000元以上3万元以下罚款；

（三）影响国家许可证件管理的，处货物价值5%以上30%以下罚款；

（四）影响国家税款征收的，处漏缴税款30%以上2倍以下罚款；

（五）影响国家外汇、出口退税管理的，处申报价格10%以上50%以下罚款。

第十六条 进出口货物收发货人未按照规定向报关企业提供所委托报关事项的真实情况，致使发生本实施条例第十五条规定情形的，对委托人依照本实施条例第十五条的规定予以处罚。

第十七条 报关企业、报关人员对委托人所提供情况的真实性未进行合理审查，或者因工作疏忽致使发生本实施条例第十五条规定情形的，可以对报关企业处货物价值10%以下罚款，暂停其6个月以内从事报关业务或者执业；情节严重的，撤销其报关注册登记、取消其报关从业资格。

第十八条 有下列行为之一的，处货物价值5%以上30%以下罚款，有违法所得的，没收违法所得：

（一）未经海关许可，擅自将海关监管货物开拆、提取、交付、发运、调换、改装、抵押、质押、留置、转让、更换标记、移作他用或者进行其他处置的；

（二）未经海关许可，在海关监管区以外存放海关监管货物的；

（三）经营海关监管货物的运输、储存、加工、装配、寄售、展示等业务，有关货物灭失、数量短少或者记录不真实，不能提供正当理由的；

（四）经营保税货物的运输、储存、加工、装配、寄售、展示等业务，不依照规定办理收存、交付、结转、核销等手续，或者中止、延长、变更、转让有关合同不依照规定向海关办理手续的；

（五）未如实向海关申报加工贸易制成品单位耗料量的；

（六）未按照规定期限将过境、转运、通运货物运输出境，擅自留在境内的；

（七）未按照规定期限将暂时进出口货物复运出境或者复运进境，擅自留在境内或者境外的；

（八）有违反海关监管规定的其他行为，致使海关不能或者中断对进出口货物实施监管的。

前款规定所涉货物属于国家限制进出口需要提交许可证件，当事人在规定期限内不能提交许可证件的，另处货物价值30%以下罚款；漏缴税款的，可以另处漏缴税款1倍以下罚款。

第十九条 有下列行为之一的，予以警告，可以处物品价值20%以下罚款，有违法所得的，没收违法所得：

（一）未经海关许可，擅自将海关尚未放行的进出境物品开拆、交付、投递、转移或者进行其他处置的；

（二）个人运输、携带、邮寄超过合理数量的自用物品进出境未向海关申报的；

（三）个人运输、携带、邮寄超过规定数量但仍属自用的国家限制进出境物品进出境，未向海关申报但没有以藏匿、伪装等方式逃避海关监管的；

（四）个人运输、携带、邮寄物品进出境，申报不实的；

（五）经海关登记准予暂时免税进境或者暂时免税出境的物品，未按照规定复带出境或者复带进境的；

（六）未经海关批准，过境人员将其所带物品留在境内的。

第二十条 运输、携带、邮寄国家禁止进出境的物品进出境，未向海关申报但没有以藏匿、伪装等方式逃避海关监管的，予以没收，或者责令退回，或者在海关监管下予以销毁或者进行技术处理。

第二十一条 有下列行为之一的，予以警告，可以处10万元以下罚款，有违法所得的，没收违法所得：

（一）运输工具不经设立海关的地点进出境的；

（二）在海关监管区停留的进出境运输工具，未经海关同意擅自驶离的；

（三）进出境运输工具从一个设立海关的地点驶往另一个设立海关的地点，尚未办结海关手续又未经海关批准，中途改驶境外或者境内未设立海关的地点的；

（四）进出境运输工具到达或者驶离设立海关的地点，未按照规定向海关申报、交验有关单证或者交验的单证不真实的。

第二十二条 有下列行为之一的，予以警告，可以处5万元以下罚款，有违法所得的，没收违法所得：

（一）未经海关同意，进出境运输工具擅自装卸进出境货物、物品或者上下进出境旅客的；

（二）未经海关同意，进出境运输工具擅自兼营境内客货运输或者用于进出境运输以外的其他用途的；

（三）未按照规定办理海关手续，进出境运输工具擅自改营境内运输的；

（四）未按照规定期限向海关传输舱单等电子数据、传输的电子数据不准确或者未按照规定期限保存相关电子数据，影响海关监管的；

（五）进境运输工具在进境以后向海关申报以前，出境运输工具在办结海关手续以后出境以前，不按照交通主管部门或者海关指定的路线行进的；

（六）载运海关监管货物的船舶、汽车不按照海关指定的路线行进的；

（七）进出境船舶和航空器，由于不可抗力被迫在未设立海关的地点停泊、降落或者在境内抛掷、起卸货物、物品，无正当理由不向附近海关报告的；

（八）无特殊原因，未将进出境船舶、火车、航空器到达的时间、停留的地点或者更换的时间、地点事先通知海关的；

（九）不按照规定接受海关对进出境运输工具、货物、物品进行检查、查验的。

第二十三条 有下列行为之一的，予以警告，可以处3万元以下罚款：

（一）擅自开启或者损毁海关封志的；

（二）遗失海关制发的监管单证、手册等凭证，妨碍海关监管的；

（三）有违反海关监管规定的其他行为，致使海关不能或者中断对进出境运输工具、物品实施监管的。

第二十四条 伪造、变造、买卖海关单证的，处5万元以上50万元以下罚款，有违法所得的，没收违法所得；构成犯罪的，依法追究刑事责任。

第二十五条 进出口侵犯中华人民共和国法律、行政法规保护的知识产权的货物的，没收侵权货物，并处货物价值30%以下罚款；构成犯罪的，依法追究刑事责任。

需要向海关申报知识产权状况，进出口货物收发货人及其代理人未按照规定向海关如实申报有关知识产权状况，或者未提交合法使用有关知识产权的证明文件的，可以处5万元以下罚款。

第二十六条 报关企业、报关人员和海关准予从事海关监管货物的运输、储存、加工、装配、寄售、展示等业务的企业，有下列情形之一的，责令改正，给予警告，可以暂停其6个月以内从事有关业务或者执业：

（一）拖欠税款或者不履行纳税义务的；

（二）报关企业出让其名义供他人办理进出口货物报关纳税事宜的；

（三）损坏或者丢失海关监管货物，不能提供正当理由的；

（四）有需要暂停其从事有关业务或者执业的其他违法行为的。

第二十七条 报关企业、报关人员和海关准予从事海关监管货物的运输、储存、加工、装配、寄售、展示等业务的企业，有下列情形之一的，海关可以撤销其注册登记、取消其报关从业资格：

（一）1年内3人次以上被海关暂停执业的；

(二）被海关暂停从事有关业务或者执业，恢复从事有关业务或者执业后 1 年内再次发生本实施条例第二十六条规定情形的；

（三）有需要撤销其注册登记或者取消其报关从业资格的其他违法行为的。

第二十八条　报关企业、报关人员非法代理他人报关或者超出海关准予的从业范围进行报关活动的，责令改正，处 5 万元以下罚款，暂停其 6 个月以内从事报关业务或者执业；情节严重的，撤销其报关注册登记、取消其报关从业资格。

第二十九条　进出口货物收发货人、报关企业、报关人员向海关工作人员行贿的，撤销其报关注册登记、取消其报关从业资格，并处 10 万元以下罚款；构成犯罪的，依法追究刑事责任，并不得重新注册登记为报关企业和取得报关从业资格。

第三十条　未经海关注册登记和未取得报关从业资格从事报关业务的，予以取缔，没收违法所得，可以并处 10 万元以下罚款。

第三十一条　提供虚假资料骗取海关注册登记、报关从业资格的，撤销其注册登记、取消其报关从业资格，并处 30 万元以下罚款。

第三十二条　法人或者其他组织有违反海关法的行为，除处罚该法人或者组织外，对其主管人员和直接责任人员予以警告，可以处 5 万元以下罚款，有违法所得的，没收违法所得。

第四章　对违反海关法行为的调查

第三十三条　海关发现公民、法人或者其他组织有依法应当由海关给予行政处罚的行为的，应当立案调查。

第三十四条　海关立案后，应当全面、客观、公正、及时地进行调查、收集证据。

海关调查、收集证据，应当按照法律、行政法规及其他有关规定的要求办理。

海关调查、收集证据时，海关工作人员不得少于 2 人，并应当向被调查人出示证件。

调查、收集的证据涉及国家秘密、商业秘密或者个人隐私的，海关应当保守秘密。

第三十五条　海关依法检查走私嫌疑人的身体，应当在隐蔽的场所或者非检查人员的视线之外，由 2 名以上与被检查人同性别的海关工作人员执行。

走私嫌疑人应当接受检查，不得阻挠。

第三十六条　海关依法检查运输工具和场所，查验货物、物品，应当制作检查、查验记录。

第三十七条　海关依法扣留走私犯罪嫌疑人，应当制发扣留走私犯罪嫌疑人决定书。对走私犯罪嫌疑人，扣留时间不超过 24 小时，在特殊情况下可以延长至 48 小时。

海关应当在法定扣留期限内对被扣留人进行审查。排除犯罪嫌疑或者法定扣留期限届满的，应当立即解除扣留，并制发解除扣留决定书。

第三十八条　下列货物、物品、运输工具及有关账册、单据等资料，海关可以依法扣留：

（一）有走私嫌疑的货物、物品、运输工具；

（二）违反海关法或者其他有关法律、行政法规的货物、物品、运输工具；

（三）与违反海关法或者其他有关法律、行政法规的货物、物品、运输工具有牵连的账册、单据等资料；

（四）法律、行政法规规定可以扣留的其他货物、物品、运输工具及有关账册、单据等资料。

第三十九条　有违法嫌疑的货物、物品、运输工具无法或者不便扣留的，当事人或者运输工具负责人应当向海关提供等值的担保，未提供等值担保的，海关可以扣留当事人等值的其他财产。

第四十条　海关扣留货物、物品、运输工具以及账册、单据等资料的期限不得超过 1 年。因案件调查需要，经直属海关关长或者其授权的隶属海关关长批准，可以延长，延长期限不得超过 1

年。但复议、诉讼期间不计算在内。

第四十一条 有下列情形之一的，海关应当及时解除扣留：

（一）排除违法嫌疑的；

（二）扣留期限、延长期限届满的；

（三）已经履行海关行政处罚决定的；

（四）法律、行政法规规定应当解除扣留的其他情形。

第四十二条 海关依法扣留货物、物品、运输工具、其他财产以及账册、单据等资料，应当制发海关扣留凭单，由海关工作人员、当事人或者其代理人、保管人、见证人签字或者盖章，并可以加施海关封志。加施海关封志的，当事人或者其代理人、保管人应当妥善保管。

海关解除对货物、物品、运输工具、其他财产以及账册、单据等资料的扣留，或者发还等值的担保，应当制发海关解除扣留通知书、海关解除担保通知书，并由海关工作人员、当事人或者其代理人、保管人、见证人签字或者盖章。

第四十三条 海关查问违法嫌疑人或者询问证人，应当个别进行，并告知其权利和作伪证应当承担的法律责任。违法嫌疑人、证人必须如实陈述、提供证据。

海关查问违法嫌疑人或者询问证人应当制作笔录，并当场交其辨认，没有异议的，立即签字确认；有异议的，予以更正后签字确认。

严禁刑讯逼供或者以威胁、引诱、欺骗等非法手段收集证据。

海关查问违法嫌疑人，可以到违法嫌疑人的所在单位或者住处进行，也可以要求其到海关或者海关指定的地点进行。

第四十四条 海关收集的物证、书证应当是原物、原件。收集原物、原件确有困难的，可以拍摄、复制，并可以指定或者委托有关单位或者个人对原物、原件予以妥善保管。

海关收集物证、书证，应当开列清单，注明收集的日期，由有关单位或者个人确认后签字或者盖章。

海关收集电子数据或者录音、录像等视听资料，应当收集原始载体。收集原始载体确有困难的，可以收集复制件，注明制作方法、制作时间、制作人等，并由有关单位或者个人确认后签字或者盖章。

第四十五条 根据案件调查需要，海关可以对有关货物、物品进行取样化验、鉴定。

海关提取样品时，当事人或者其代理人应当到场；当事人或者其代理人未到场的，海关应当邀请见证人到场。提取的样品，海关应当予以加封，并由海关工作人员及当事人或者其代理人、见证人确认后签字或者盖章。

化验、鉴定应当交由海关化验鉴定机构或者委托国家认可的其他机构进行。

化验人、鉴定人进行化验、鉴定后，应当出具化验报告、鉴定结论，并签字或者盖章。

第四十六条 根据海关法有关规定，海关可以查询案件涉嫌单位和涉嫌人员在金融机构、邮政企业的存款、汇款。

海关查询案件涉嫌单位和涉嫌人员在金融机构、邮政企业的存款、汇款，应当出示海关协助查询通知书。

第四十七条 海关依法扣留的货物、物品、运输工具，在人民法院判决或者海关行政处罚决定作出之前，不得处理。但是，危险品或者鲜活、易腐、易烂、易失效、易变质等不宜长期保存的货物、物品以及所有人申请先行变卖的货物、物品、运输工具，经直属海关关长或者其授权的隶属海关关长批准，可以先行依法变卖，变卖所得价款由海关保存，并通知其所有人。

第四十八条 当事人有权根据海关法的规定要求海关工作人员回避。

第五章 海关行政处罚的决定和执行

第四十九条 海关作出暂停从事有关业务，暂停报关执业，撤销海关注册登记，取消报关从业资格，对公民处 1 万元以上罚款，对法人或者其他组织处 10 万元以上罚款，没收有关货物、物品、走私运输工具等行政处罚决定之前，应当告知当事人有要求举行听证的权利；当事人要求听证的，海关应当组织听证。

海关行政处罚听证办法由海关总署制定。

第五十条 案件调查终结，海关关长应当对调查结果进行审查，根据不同情况，依法作出决定。

对情节复杂或者重大违法行为给予较重的行政处罚，应当由海关案件审理委员会集体讨论决定。

第五十一条 同一当事人实施了走私和违反海关监管规定的行为且二者之间有因果关系的，依照本实施条例对走私行为的规定从重处罚，对其违反海关监管规定的行为不再另行处罚。

同一当事人就同一批货物、物品分别实施了 2 个以上违反海关监管规定的行为且二者之间有因果关系的，依照本实施条例分别规定的处罚幅度，择其重者处罚。

第五十二条 对 2 个以上当事人共同实施的违法行为，应当区别情节及责任，分别给予处罚。

第五十三条 有下列情形之一的，应当从重处罚：

（一）因走私被判处刑罚或者被海关行政处罚后在 2 年内又实施走私行为的；

（二）因违反海关监管规定被海关行政处罚后在 1 年内又实施同一违反海关监管规定的行为的；

（三）有其他依法应当从重处罚的情形的。

第五十四条 海关对当事人违反海关法的行为依法给予行政处罚的，应当制作行政处罚决定书。

对同一当事人实施的 2 个以上违反海关法的行为，可以制发 1 份行政处罚决定书。

对 2 个以上当事人分别实施的违反海关法的行为，应当分别制发行政处罚决定书。

对 2 个以上当事人共同实施的违反海关法的行为，应当制发 1 份行政处罚决定书，区别情况对各当事人分别予以处罚，但需另案处理的除外。

第五十五条 行政处罚决定书应当依照有关法律规定送达当事人。

依法予以公告送达的，海关应当将行政处罚决定书的正本张贴在海关公告栏内，并在报纸上刊登公告。

第五十六条 海关作出没收货物、物品、走私运输工具的行政处罚决定，有关货物、物品、走私运输工具无法或者不便没收的，海关应当追缴上述货物、物品、走私运输工具的等值价款。

第五十七条 法人或者其他组织实施违反海关法的行为后，有合并、分立或者其他资产重组情形的，海关应当以原法人、组织作为当事人。

对原法人、组织处以罚款、没收违法所得或者依法追缴货物、物品、走私运输工具的等值价款的，应当以承受其权利义务的法人、组织作为被执行人。

第五十八条 罚款、违法所得和依法追缴的货物、物品、走私运输工具的等值价款，应当在海关行政处罚决定规定的期限内缴清。

当事人按期履行行政处罚决定、办结海关手续的，海关应当及时解除其担保。

第五十九条 受海关处罚的当事人或者其法定代表人、主要负责人应当在出境前缴清罚款、违法所得和依法追缴的货物、物品、走私运输工具的等值价款。在出境前未缴清上述款项的，应当向海关提供相当于上述款项的担保。未提供担保，当事人是自然人的，海关可以通知出境管理机关阻止其出境；当事人是法人或者其他组织的，海关可以通知出境管理机关阻止其法定代表人或者主要负责人出境。

第六十条 当事人逾期不履行行政处罚决定的，海关可以采取下列措施：

（一）到期不缴纳罚款的，每日按罚款数额的3%加处罚款；

（二）根据海关法规定，将扣留的货物、物品、运输工具变价抵缴，或者以当事人提供的担保抵缴；

（三）申请人民法院强制执行。

第六十一条 当事人确有经济困难，申请延期或者分期缴纳罚款的，经海关批准，可以暂缓或者分期缴纳罚款。

当事人申请延期或者分期缴纳罚款的，应当以书面形式提出，海关收到申请后，应当在10个工作日内作出决定，并通知申请人。海关同意当事人暂缓或者分期缴纳的，应当及时通知收缴罚款的机构。

第六十二条 有下列情形之一的，有关货物、物品、违法所得、运输工具、特制设备由海关予以收缴：

（一）依照《中华人民共和国行政处罚法》第二十五条、第二十六条规定不予行政处罚的当事人携带、邮寄国家禁止进出境的货物、物品进出境的；

（二）散发性邮寄国家禁止、限制进出境的物品进出境或者携带数量零星的国家禁止进出境的物品进出境，依法可以不予行政处罚的；

（三）依法应当没收的货物、物品、违法所得、走私运输工具、特制设备，在海关作出行政处罚决定前，作为当事人的自然人死亡或者作为当事人的法人、其他组织终止，且无权利义务承受人的；

（四）走私违法事实基本清楚，但当事人无法查清，自海关公告之日起满3个月的；

（五）有违反法律、行政法规，应当予以收缴的其他情形的。

海关收缴前款规定的货物、物品、违法所得、运输工具、特制设备，应当制发清单，由被收缴人或者其代理人、见证人签字或者盖章。被收缴人无法查清且无见证人的，应当予以公告。

第六十三条 人民法院判决没收的走私货物、物品、违法所得、走私运输工具、特制设备，或者海关决定没收、收缴的货物、物品、违法所得、走私运输工具、特制设备，由海关依法统一处理，所得价款和海关收缴的罚款，全部上缴中央国库。

第六章 附 则

第六十四条 本实施条例下列用语的含义是：

"设立海关的地点"，指海关在港口、车站、机场、国界孔道、国际邮件互换局（交换站）等海关监管区设立的卡口，海关在保税区、出口加工区等海关特殊监管区域设立的卡口，以及海关在海上设立的中途监管站。

"许可证件"，指依照国家有关规定，当事人应当事先申领，并由国家有关主管部门颁发的准予进口或者出口的证明、文件。

"合法证明"，指船舶及所载人员依照国家有关规定或者依照国际运输惯例所必须持有的证明其运输、携带、收购、贩卖所载货物、物品真实、合法、有效的商业单证、运输单证及其他有关证明、文件。

"物品"，指个人以运输、携带等方式进出境的行李物品，邮寄进出境的物品，包括货币、金银等。超出自用、合理数量的，视为货物。

"自用",指旅客或者收件人本人自用、馈赠亲友而非为出售或者出租。

"合理数量",指海关根据旅客或者收件人的情况、旅行目的和居留时间所确定的正常数量。

"货物价值",指进出口货物的完税价格、关税、进口环节海关代征税之和。

"物品价值",指进出境物品的完税价格、进口税之和。

"应纳税款",指进出口货物、物品应当缴纳的进出口关税、进口环节海关代征税之和。

"专门用于走私的运输工具",指专为走私而制造、改造、购买的运输工具。

"以上""以下""以内""届满",均包括本数在内。

第六十五条 海关对外国人、无国籍人、外国企业或者其他组织给予行政处罚的,适用本实施条例。

第六十六条 国家禁止或者限制进出口的货物目录,由国务院对外贸易主管部门依照《中华人民共和国对外贸易法》的规定办理;国家禁止或者限制进出境的物品目录,由海关总署公布。

第六十七条 依照海关规章给予行政处罚的,应当遵守本实施条例规定的程序。

第六十八条 本实施条例自2004年11月1日起施行。1993年2月17日国务院批准修订、1993年4月1日海关总署发布的《中华人民共和国海关法行政处罚实施细则》同时废止。

中华人民共和国进出口商品检验法实施条例

(2005年8月31日中华人民共和国国务院令第447号公布,根据2013年7月18日《国务院关于废止和修改部分行政法规的决定》第一次修订,根据2016年2月6日《国务院关于修改部分行政法规的决定》第二次修订,根据2017年3月1日《国务院关于修改和废止部分行政法规的决定》第三次修订,根据2019年3月2日《国务院关于修改和废止部分行政法规的决定》第四次修订)

第一章 总 则

第一条 根据《中华人民共和国进出口商品检验法》(以下简称商检法)的规定,制定本条例。

第二条 海关总署主管全国进出口商品检验工作。

海关总署设在省、自治区、直辖市以及进出口商品的口岸、集散地的出入境检验检疫局及其分支机构(以下简称出入境检验检疫机构),管理所负责地区的进出口商品检验工作。

第三条 海关总署应当依照商检法第四条规定,制定、调整必须实施检验的进出口商品目录(以下简称目录)并公布实施。

目录应当至少在实施之日30日前公布;在紧急情况下,应当不迟于实施之日公布。

海关总署制定、调整目录时,应当征求国务院对外贸易主管部门等有关方面的意见。

第四条 出入境检验检疫机构对列入目录的进出口商品以及法律、行政法规规定须经出入境检验检疫机构检验的其他进出口商品实施检验(以下称法定检验)。

出入境检验检疫机构对法定检验以外的进出口商品,根据国家规定实施抽查检验。

第五条 进出口药品的质量检验、计量器具的量值检定、锅炉压力容器的安全监督检验、船舶(包括海上平台、主要船用设备及材料)和集装箱的规范检验、飞机(包括飞机发动机、机载设备)的适航检验以及核承压设备的安全检验等项目,由有关法律、行政法规规定的机构实施检验。

第六条 进出境的样品、礼品、暂时进出境的货物以及其他非贸易性物品,免予检验。但是,法律、行政法规另有规定的除外。

列入目录的进出口商品符合国家规定的免予检验条件的，由收货人、发货人或者生产企业申请，经海关总署审查批准，出入境检验检疫机构免予检验。

免予检验的具体办法，由海关总署商有关部门制定。

第七条 法定检验的进出口商品，由出入境检验检疫机构依照商检法第七条规定实施检验。

海关总署根据进出口商品检验工作的实际需要和国际标准，可以制定进出口商品检验方法的技术规范和标准。

进出口商品检验依照或者参照的技术规范、标准以及检验方法的技术规范和标准，应当至少在实施之日6个月前公布；在紧急情况下，应当不迟于实施之日公布。

第八条 出入境检验检疫机构根据便利对外贸易的需要，对进出口企业实施分类管理，并按照根据国际通行的合格评定程序确定的检验监管方式，对进出口商品实施检验。

第九条 出入境检验检疫机构对进出口商品实施检验的内容，包括是否符合安全、卫生、健康、环境保护、防止欺诈等要求以及相关的品质、数量、重量等项目。

第十条 出入境检验检疫机构依照商检法的规定，对实施许可制度和国家规定必须经过认证的进出口商品实行验证管理，查验单证，核对证货是否相符。

实行验证管理的进出口商品目录，由海关总署商有关部门后制定、调整并公布。

第十一条 进出口商品的收货人或者发货人可以自行办理报检手续，也可以委托代理报检企业办理报检手续；采用快件方式进出口商品的，收货人或者发货人应当委托出入境快件运营企业办理报检手续。

第十二条 进出口商品的收货人或者发货人办理报检手续，应当依法向出入境检验检疫机构备案。

第十三条 代理报检企业接受进出口商品的收货人或者发货人的委托，以委托人的名义办理报检手续的，应当向出入境检验检疫机构提交授权委托书，遵守本条例对委托人的各项规定；以自己的名义办理报检手续的，应当承担与收货人或者发货人相同的法律责任。

出入境快件运营企业接受进出口商品的收货人或者发货人的委托，应当以自己的名义办理报检手续，承担与收货人或者发货人相同的法律责任。

委托人委托代理报检企业、出入境快件运营企业办理报检手续的，应当向代理报检企业、出入境快件运营企业提供所委托报检事项的真实情况；代理报检企业、出入境快件运营企业接受委托人的委托办理报检手续的，应当对委托人所提供情况的真实性进行合理审查。

第十四条 海关总署建立进出口商品风险预警机制，通过收集进出口商品检验方面的信息，进行风险评估，确定风险的类型，采取相应的风险预警措施及快速反应措施。

海关总署和出入境检验检疫机构应当及时向有关方面提供进出口商品检验方面的信息。

第十五条 出入境检验检疫机构工作人员依法执行职务，有关单位和个人应当予以配合，任何单位和个人不得非法干预和阻挠。

第二章 进口商品的检验

第十六条 法定检验的进口商品的收货人应当持合同、发票、装箱单、提单等必要的凭证和相关批准文件，向报关地的出入境检验检疫机构报检；通关放行后20日内，收货人应当依照本条例第十八条的规定，向出入境检验检疫机构申请检验。法定检验的进口商品未经检验的，不准销售，不准使用。

进口实行验证管理的商品，收货人应当向海关报关地的出入境检验检疫机构申请验证。出入境检验检疫机构按照海关总署的规定实施验证。

第十七条 法定检验的进口商品、实行验证管理的进口商品，海关按照规定办理海关通关手续。

第十八条 法定检验的进口商品应当在收货人报检时申报的目的地检验。

大宗散装商品、易腐烂变质商品、可用作原料的固体废物以及已发生残损、短缺的商品，应当在卸货口岸检验。

对前两款规定的进口商品，海关总署可以根据便利对外贸易和进出口商品检验工作的需要，指定在其他地点检验。

第十九条 除法律、行政法规另有规定外，法定检验的进口商品经检验，涉及人身财产安全、健康、环境保护项目不合格的，由出入境检验检疫机构责令当事人销毁，或者出具退货处理通知单，办理退运手续；其他项目不合格的，可以在出入境检验检疫机构的监督下进行技术处理，经重新检验合格的，方可销售或者使用。当事人申请出入境检验检疫机构出证的，出入境检验检疫机构应当及时出证。

出入境检验检疫机构对检验不合格的进口成套设备及其材料，签发不准安装使用通知书。经技术处理，并经出入境检验检疫机构重新检验合格的，方可安装使用。

第二十条 法定检验以外的进口商品，经出入境检验检疫机构抽查检验不合格的，依照本条例第十九条的规定处理。

实行验证管理的进口商品，经出入境检验检疫机构验证不合格的，参照本条例第十九条的规定处理或者移交有关部门处理。

法定检验以外的进口商品的收货人，发现进口商品质量不合格或者残损、短缺，申请出证的，出入境检验检疫机构或者其他检验机构应当在检验后及时出证。

第二十一条 对属于法定检验范围内的关系国计民生、价值较高、技术复杂的以及其他重要的进口商品和大型成套设备，应当按照对外贸易合同约定监造、装运前检验或者监装。收货人保留到货后最终检验和索赔的权利。

出入境检验检疫机构可以根据需要派出检验人员参加或者组织实施监造、装运前检验或者监装。

第二十二条 国家对进口可用作原料的固体废物的国外供货商、国内收货人实行注册登记制度，国外供货商、国内收货人在签订对外贸易合同前，应当取得海关总署或者出入境检验检疫机构的注册登记。国家对进口可用作原料的固体废物实行装运前检验制度，进口时，收货人应当提供出入境检验检疫机构或者检验机构出具的装运前检验证书。

对价值较高，涉及人身财产安全、健康、环境保护项目的高风险进口旧机电产品，应当依照国家有关规定实施装运前检验，进口时，收货人应当提供出入境检验检疫机构或者检验机构出具的装运前检验证书。

进口可用作原料的固体废物、国家允许进口的旧机电产品到货后，由出入境检验检疫机构依法实施检验。

第二十三条 进口机动车辆到货后，收货人凭出入境检验检疫机构签发的进口机动车辆检验证单以及有关部门签发的其他单证向车辆管理机关申领行车牌证。在使用过程中发现有涉及人身财产安全的质量缺陷的，出入境检验检疫机构应当及时作出相应处理。

第三章 出口商品的检验

第二十四条 法定检验的出口商品的发货人应当在海关总署统一规定的地点和期限内，持合同等必要的凭证和相关批准文件向出入境检验检疫机构报检。法定检验的出口商品未经检验或者经检验不合格的，不准出口。

出口商品应当在商品的生产地检验。海关总署可以根据便利对外贸易和进出口商品检验工作的需要，指定在其他地点检验。

出口实行验证管理的商品，发货人应当向出入境检验检疫机构申请验证。出入境检验检疫机构按照海关总署的规定实施验证。

第二十五条　在商品生产地检验的出口商品需要在口岸换证出口的，由商品生产地的出入境检验检疫机构按照规定签发检验换证凭单。发货人应当在规定的期限内持检验换证凭单和必要的凭证，向口岸出入境检验检疫机构申请查验。经查验合格的，由口岸出入境检验检疫机构签发货物通关单。

第二十六条　法定检验的出口商品、实行验证管理的出口商品，海关按照规定办理海关通关手续。

第二十七条　法定检验的出口商品经出入境检验检疫机构检验或者经口岸出入境检验检疫机构查验不合格的，可以在出入境检验检疫机构的监督下进行技术处理，经重新检验合格的，方准出口；不能进行技术处理或者技术处理后重新检验仍不合格的，不准出口。

第二十八条　法定检验以外的出口商品，经出入境检验检疫机构抽查检验不合格的，依照本条例第二十七条的规定处理。

实行验证管理的出口商品，经出入境检验检疫机构验证不合格的，参照本条例第二十七条的规定处理或者移交有关部门处理。

第二十九条　出口危险货物包装容器的生产企业，应当向出入境检验检疫机构申请包装容器的性能鉴定。包装容器经出入境检验检疫机构鉴定合格并取得性能鉴定证书的，方可用于包装危险货物。

出口危险货物的生产企业，应当向出入境检验检疫机构申请危险货物包装容器的使用鉴定。使用未经鉴定或者经鉴定不合格的包装容器的危险货物，不准出口。

第三十条　对装运出口的易腐烂变质食品、冷冻品的集装箱、船舱、飞机、车辆等运载工具，承运人、装箱单位或者其代理人应当在装运前向出入境检验检疫机构申请清洁、卫生、冷藏、密固等适载检验。未经检验或者经检验不合格的，不准装运。

第四章　监督管理

第三十一条　出入境检验检疫机构根据便利对外贸易的需要，可以对列入目录的出口商品进行出厂前的质量监督管理和检验。

出入境检验检疫机构进行出厂前的质量监督管理和检验的内容，包括对生产企业的质量保证工作进行监督检查，对出口商品进行出厂前的检验。

第三十二条　国家对进出口食品生产企业实施卫生注册登记管理。获得卫生注册登记的出口食品生产企业，方可生产、加工、储存出口食品。获得卫生注册登记的进出口食品生产企业生产的食品，方可进口或者出口。

实施卫生注册登记管理的进口食品生产企业，应当按照规定向海关总署申请卫生注册登记。

实施卫生注册登记管理的出口食品生产企业，应当按照规定向出入境检验检疫机构申请卫生注册登记。

出口食品生产企业需要在国外卫生注册的，依照本条第三款规定进行卫生注册登记后，由海关总署统一对外办理。

第三十三条 出入境检验检疫机构根据需要，对检验合格的进出口商品加施商检标志，对检验合格的以及其他需要加施封识的进出口商品加施封识。具体办法由海关总署制定。

第三十四条 出入境检验检疫机构按照有关规定对检验的进出口商品抽取样品。验余的样品，出入境检验检疫机构应当通知有关单位在规定的期限内领回；逾期不领回的，由出入境检验检疫机构处理。

第三十五条 进出口商品的报检人对出入境检验检疫机构作出的检验结果有异议的，可以自收到检验结果之日起 15 日内，向作出检验结果的出入境检验检疫机构或者其上级出入境检验检疫机构以至海关总署申请复验，受理复验的出入境检验检疫机构或者海关总署应当自收到复验申请之日起 60 日内作出复验结论。技术复杂，不能在规定期限内作出复验结论的，经本机构负责人批准，可以适当延长，但是延长期限最多不超过 30 日。

第三十六条 海关总署或者出入境检验检疫机构根据进出口商品检验工作的需要，可以指定符合规定资质条件的国内外检测机构承担出入境检验检疫机构委托的进出口商品检测。被指定的检测机构经检查不符合规定要求的，海关总署或者出入境检验检疫机构可以取消指定。

第三十七条 在中华人民共和国境内设立从事进出口商品检验鉴定业务的检验机构，应当依法办理工商登记，并符合有关法律、行政法规、规章规定的注册资本、技术能力等条件，经海关总署和有关主管部门审核批准，获得许可，方可接受委托办理进出口商品检验鉴定业务。

第三十八条 对检验机构的检验鉴定业务活动有异议的，可以向海关总署或者出入境检验检疫机构投诉。

第三十九条 海关总署、出入境检验检疫机构实施监督管理或者对涉嫌违反进出口商品检验法律、行政法规的行为进行调查，有权查阅、复制当事人的有关合同、发票、账簿以及其他有关资料。出入境检验检疫机构对有根据认为涉及人身财产安全、健康、环境保护项目不合格的进出口商品，经本机构负责人批准，可以查封或者扣押，但海关监管货物除外。

第四十条 海关总署、出入境检验检疫机构应当根据便利对外贸易的需要，采取有效措施，简化程序，方便进出口。

办理进出口商品报检、检验、鉴定等手续，符合条件的，可以采用电子数据文件的形式。

第四十一条 出入境检验检疫机构依照有关法律、行政法规的规定，签发出口货物普惠制原产地证明、区域性优惠原产地证明、专用原产地证明。

出口货物一般原产地证明的签发，依照有关法律、行政法规的规定执行。

第四十二条 出入境检验检疫机构对进出保税区、出口加工区等海关特殊监管区域的货物以及边境小额贸易进出口商品的检验管理，由海关总署另行制定办法。

第五章 法律责任

第四十三条 擅自销售、使用未报检或者未经检验的属于法定检验的进口商品，或者擅自销售、使用应当申请进口验证而未申请的进口商品的，由出入境检验检疫机构没收违法所得，并处商品货值金额5%以上20%以下罚款；构成犯罪的，依法追究刑事责任。

第四十四条 擅自出口未报检或者未经检验的属于法定检验的出口商品，或者擅自出口应当申请出口验证而未申请的出口商品的，由出入境检验检疫机构没收违法所得，并处商品货值金额5%以上20%以下罚款；构成犯罪的，依法追究刑事责任。

第四十五条 销售、使用经法定检验、抽查检验或者验证不合格的进口商品，或者出口经法定检验、抽查检验或者验证不合格的商品的，由出入境检验检疫机构责令停止销售、使用或者出口，没收违法所得和违法销售、使用或者出口的商品，并处违法销售、使用或者出口的商品货值金额等值以上 3 倍以下罚款；构成犯罪的，依法追究刑事责任。

第四十六条 进出口商品的收货人、发货人、代理报检企业或者出入境快件运营企业、报检人员不如实提供进出口商品的真实情况，取得出入境检验检疫机构的有关证单，或者对法定检验的进出口商品不予报检，逃避进出口商品检验的，由出入境检验检疫机构没收违法所得，并处商品货值金额 5% 以上 20% 以下罚款。

进出口商品的收货人或者发货人委托代理报检企业、出入境快件运营企业办理报检手续，未按照规定向代理报检企业、出入境快件运营企业提供所委托报检事项的真实情况，取得出入境检验检疫机构的有关证单的，对委托人依照前款规定予以处罚。

代理报检企业、出入境快件运营企业、报检人员对委托人所提供情况的真实性未进行合理审查或者因工作疏忽，导致骗取出入境检验检疫机构有关证单的结果的，由出入境检验检疫机构对代理报检企业、出入境快件运营企业处 2 万元以上 20 万元以下罚款。

第四十七条 伪造、变造、买卖或者盗窃检验证单、印章、标志、封识、货物通关单或者使用伪造、变造的检验证单、印章、标志、封识、货物通关单，构成犯罪的，依法追究刑事责任；尚不够刑事处罚的，由出入境检验检疫机构责令改正，没收违法所得，并处商品货值金额等值以下罚款。

第四十八条 擅自调换出入境检验检疫机构抽取的样品或者出入境检验检疫机构检验合格的进出口商品的，由出入境检验检疫机构责令改正，给予警告；情节严重的，并处商品货值金额 10% 以上 50% 以下罚款。

第四十九条 进口或者出口国家实行卫生注册登记管理而未获得卫生注册登记的生产企业生产的食品的，由出入境检验检疫机构责令停止进口或者出口，没收违法所得，并处商品货值金额 10% 以上 50% 以下罚款。

已获得卫生注册登记的进出口食品生产企业，经检查不符合规定要求的，由海关总署或者出入境检验检疫机构责令限期整改；整改仍未达到规定要求或者有其他违法行为，情节严重的，吊销其卫生注册登记证书。

第五十条 进口可用作原料的固体废物，国外供货商、国内收货人未取得注册登记，或者未进行装运前检验的，按照国家有关规定责令退货；情节严重的，由出入境检验检疫机构并处 10 万元以上 100 万元以下罚款。

已获得注册登记的可用作原料的固体废物的国外供货商、国内收货人违反国家有关规定，情节严重的，由出入境检验检疫机构撤销其注册登记。

进口国家允许进口的旧机电产品未按照规定进行装运前检验的，按照国家有关规定予以退货；情节严重的，由出入境检验检疫机构并处 100 万元以下罚款。

第五十一条 提供或者使用未经出入境检验检疫机构鉴定的出口危险货物包装容器的，由出入境检验检疫机构处 10 万元以下罚款。

提供或者使用经出入境检验检疫机构鉴定不合格的包装容器装运出口危险货物的，由出入境检验检疫机构处 20 万元以下罚款。

第五十二条 提供或者使用未经出入境检验检疫机构适载检验的集装箱、船舱、飞机、车辆等运载工具装运易腐烂变质食品、冷冻品出口的，由出入境检验检疫机构处 10 万元以下罚款。

提供或者使用经出入境检验检疫机构检验不合格的集装箱、船舱、飞机、车辆等运载工具装运易腐烂变质食品、冷冻品出口的，由出入境检验检疫机构处 20 万元以下罚款。

第五十三条 擅自调换、损毁出入境检验检疫机构加施的商检标志、封识的，由出入境检验检疫机构处 5 万元以下罚款。

第五十四条 从事进出口商品检验鉴定业务的检验机构超出其业务范围,或者违反国家有关规定,扰乱检验鉴定秩序的,由出入境检验检疫机构责令改正,没收违法所得,可以并处 10 万元以下罚款,海关总署或者出入境检验检疫机构可以暂停其 6 个月以内检验鉴定业务;情节严重的,由海关总署吊销其检验鉴定资格证书。

第五十五条 代理报检企业、出入境快件运营企业违反国家有关规定,扰乱报检秩序的,由出入境检验检疫机构责令改正,没收违法所得,可以处 10 万元以下罚款,海关总署或者出入境检验检疫机构可以暂停其 6 个月以内代理报检业务。

第五十六条 出入境检验检疫机构的工作人员滥用职权,故意刁难当事人的,徇私舞弊,伪造检验结果的,或者玩忽职守,延误检验出证的,依法给予行政处分;违反有关法律、行政法规规定签发出口货物原产地证明的,依法给予行政处分,没收违法所得;构成犯罪的,依法追究刑事责任。

第五十七条 出入境检验检疫机构对没收的商品依法予以处理所得价款、没收的违法所得、收缴的罚款,全部上缴国库。

第六章 附 则

第五十八条 当事人对出入境检验检疫机构、海关总署作出的复验结论不服、处罚决定不服的,可以依法申请行政复议,也可以依法向人民法院提起诉讼。

当事人逾期不履行处罚决定,又不申请行政复议或者向人民法院提起诉讼的,作出处罚决定的机构可以申请人民法院强制执行。

第五十九条 出入境检验检疫机构实施法定检验、经许可的检验机构办理检验鉴定业务,按照国家有关规定收取费用。

第六十条 本条例自 2005 年 12 月 1 日起施行。1992 年 10 月 7 日国务院批准、1992 年 10 月 23 日原国家进出口商品检验局发布的《中华人民共和国进出口商品检验法实施条例》同时废止。

国务院关于加强食品等产品安全监督管理的特别规定

(2007 年 7 月 26 日中华人民共和国国务院令第 503 号公布,自公布之日起施行)

第一条 为了加强食品等产品安全监督管理,进一步明确生产经营者、监督管理部门和地方人民政府的责任,加强各监督管理部门的协调、配合,保障人体健康和生命安全,制定本规定。

第二条 本规定所称产品除食品外,还包括食用农产品、药品等与人体健康和生命安全有关的产品。

对产品安全监督管理,法律有规定的,适用法律规定;法律没有规定或者规定不明确的,适用本规定。

第三条 生产经营者应当对其生产、销售的产品安全负责,不得生产、销售不符合法定要求的产品。

依照法律、行政法规规定生产、销售产品需要取得许可证照或者需要经过认证的,应当按照法定条件、要求从事生产经营活动。不按照法定条件、要求从事生产经营活动或者生产、销售不符合法定要求产品的,由农业、卫生、质检、商务、工商、药品等监督管理部门依据各自职责,没收违法所得、产品和用于违法生产的工具、设备、原材料等物品，货值金额不足5000元的，并处5万元罚款；货值金额5000元以上不足1万元的，并处10万元罚款；货值金额1万元以上的，并处货值金额10倍以上20倍以下的罚款；造成严重后果的，由原发证部门吊销许可证照；构成非法经营罪或者生产、销售伪劣商品罪等犯罪的，依法追究刑事责任。

生产经营者不再符合法定条件、要求，继续从事生产经营活动的，由原发证部门吊销许可证照，并在当地主要媒体上公告被吊销许可证照的生产经营者名单；构成非法经营罪或者生产、销售伪劣商品罪等犯罪的，依法追究刑事责任。

依法应当取得许可证照而未取得许可证照从事生产经营活动的，由农业、卫生、质检、商务、工商、药品等监督管理部门依据各自职责，没收违法所得、产品和用于违法生产的工具、设备、原材料等物品，货值金额不足1万元的，并处10万元罚款；货值金额1万元以上的，并处货值金额10倍以上20倍以下的罚款；构成非法经营罪的，依法追究刑事责任。

有关行业协会应当加强行业自律，监督生产经营者的生产经营活动；加强公众健康知识的普及、宣传，引导消费者选择合法生产经营者生产、销售的产品以及有合法标识的产品。

第四条 生产者生产产品所使用的原料、辅料、添加剂、农业投入品，应当符合法律、行政法规的规定和国家强制性标准。

违反前款规定，违法使用原料、辅料、添加剂、农业投入品的，由农业、卫生、质检、商务、药品等监督管理部门依据各自职责没收违法所得，货值金额不足5000元的，并处2万元罚款；货值金额5000元以上不足1万元的，并处5万元罚款；货值金额1万元以上的，并处货值金额5倍以上10倍以下的罚款；造成严重后果的，由原发证部门吊销许可证照；构成生产、销售伪劣商品罪的，依法追究刑事责任。

第五条 销售者必须建立并执行进货检查验收制度，审验供货商的经营资格，验明产品合格证明和产品标识，并建立产品进货台账，如实记录产品名称、规格、数量、供货商及其联系方式、进货时间等内容。从事产品批发业务的销售企业应当建立产品销售台账，如实记录批发的产品品种、规格、数量、流向等内容。在产品集中交易场所销售自制产品的生产企业应当比照从事产品批发业务的销售企业的规定，履行建立产品销售台账的义务。进货台账和销售台账保存期限不得少于2年。销售者应当向供货商按照产品生产批次索要符合法定条件的检验机构出具的检验报告或者由供货商签字或者盖章的检验报告复印件；不能提供检验报告或者检验报告复印件的产品，不得销售。

违反前款规定的，由工商、药品监督管理部门依据各自职责责令停止销售；不能提供检验报告或者检验报告复印件销售产品的，没收违法所得和违法销售的产品，并处货值金额3倍的罚款；造成严重后果的，由原发证部门吊销许可证照。

第六条 产品集中交易市场的开办企业、产品经营柜台出租企业、产品展销会的举办企业，应当审查入场销售者的经营资格，明确入场销售者的产品安全管理责任，定期对入场销售者的经营环境、条件、内部安全管理制度和经营产品是否符合法定要求进行检查，发现销售不符合法定要求产品或者其他违法行为的，应当及时制止并立即报告所在地工商行政管理部门。

违反前款规定的，由工商行政管理部门处以1000元以上5万元以下的罚款；情节严重的，责令停业整顿；造成严重后果的，吊销营业执照。

第七条 出口产品的生产经营者应当保证其出口产品符合进口国（地区）的标准或者合同要求。法律规定产品必须经过检验方可出口的，应当经符合法律规定的机构检验合格。

出口产品检验人员应当依照法律、行政法规规定和有关标准、程序、方法进行检验，对其出具的检验证单等负责。

出入境检验检疫机构和商务、药品等监督管理部门应当建立出口产品的生产经营者良好记录和不良记录，并予以公布。对有良好记录的出口产品的生产经营者，简化检验检疫手续。

出口产品的生产经营者逃避产品检验或者弄虚作假的，由出入境检验检疫机构和药品监督管理部门依据各自职责，没收违法所得和产品，并处货值金额 3 倍的罚款；构成犯罪的，依法追究刑事责任。

第八条 进口产品应当符合我国国家技术规范的强制性要求以及我国与出口国（地区）签订的协议规定的检验要求。

质检、药品监督管理部门依据生产经营者的诚信度和质量管理水平以及进口产品风险评估的结果，对进口产品实施分类管理，并对进口产品的收货人实施备案管理。进口产品的收货人应当如实记录进口产品流向。记录保存期限不得少于 2 年。

质检、药品监督管理部门发现不符合法定要求产品时，可以将不符合法定要求产品的进货人、报检人、代理人列入不良记录名单。进口产品的进货人、销售者弄虚作假的，由质检、药品监督管理部门依据各自职责，没收违法所得和产品，并处货值金额 3 倍的罚款；构成犯罪的，依法追究刑事责任。进口产品的报检人、代理人弄虚作假的，取消报检资格，并处货值金额等值的罚款。

第九条 生产企业发现其生产的产品存在安全隐患，可能对人体健康和生命安全造成损害的，应当向社会公布有关信息，通知销售者停止销售，告知消费者停止使用，主动召回产品，并向有关监督管理部门报告；销售者应当立即停止销售该产品。销售者发现其销售的产品存在安全隐患，可能对人体健康和生命安全造成损害的，应当立即停止销售该产品，通知生产企业或者供货商，并向有关监督管理部门报告。

生产企业和销售者不履行前款规定义务的，由农业、卫生、质检、商务、工商、药品等监督管理部门依据各自职责，责令生产企业召回产品、销售者停止销售，对生产企业并处货值金额 3 倍的罚款，对销售者并处 1000 元以上 5 万元以下的罚款；造成严重后果的，由原发证部门吊销许可证照。

第十条 县级以上地方人民政府应当将产品安全监督管理纳入政府工作考核目标，对本行政区域内的产品安全监督管理负总责，统一领导、协调本行政区域内的监督管理工作，建立健全监督管理协调机制，加强对行政执法的协调、监督；统一领导、指挥产品安全突发事件应对工作，依法组织查处产品安全事故；建立监督管理责任制，对各监督管理部门进行评议、考核。质检、工商和药品等监督管理部门应当在所在地同级人民政府的统一协调下，依法做好产品安全监督管理工作。

县级以上地方人民政府不履行产品安全监督管理的领导、协调职责，本行政区域内一年多次出现产品安全事故、造成严重社会影响的，由监察机关或者任免机关对政府的主要负责人和直接负责的主管人员给予记大过、降级或者撤职的处分。

第十一条 国务院质检、卫生、农业等主管部门在各自职责范围内尽快制定、修改或者起草相关国家标准，加快建立统一管理、协调配套、符合实际、科学合理的产品标准体系。

第十二条 县级以上人民政府及其部门对产品安全实施监督管理，应当按照法定权限和程序履行职责，做到公开、公平、公正。对生产经营者同一违法行为，不得给予 2 次以上罚款的行政处罚；对涉嫌构成犯罪、依法需要追究刑事责任的，应当依照《行政执法机关移送涉嫌犯罪案件的规定》，向公安机关移送。

农业、卫生、质检、商务、工商、药品等监督管理部门应当依据各自职责对生产经营者进行监督检查，并对其遵守强制性标准、法定要求的情况予以记录，由监督检查人员签字后归档。监督检查记录应当作为其直接负责主管人员定期考核的内容。公众有权查阅监督检查记录。

第十三条 生产经营者有下列情形之一的，农业、卫生、质检、商务、工商、药品等监督管理部门应当依据各自职责采取措施，纠正违法行为，防止或者减少危害发生，并依照本规定予以处罚：

（一）依法应当取得许可证照而未取得许可证照从事生产经营活动的；

（二）取得许可证照或者经过认证后，不按照法定条件、要求从事生产经营活动或者生产、销售不符合法定要求产品的；

（三）生产经营者不再符合法定条件、要求继续从事生产经营活动的；

（四）生产者生产产品不按照法律、行政法规的规定和国家强制性标准使用原料、辅料、添加剂、农业投入品的；

（五）销售者没有建立并执行进货检查验收制度，并建立产品进货台账的；

（六）生产企业和销售者发现其生产、销售的产品存在安全隐患，可能对人体健康和生命安全造成损害，不履行本规定的义务的；

（七）生产经营者违反法律、行政法规和本规定的其他有关规定的。

农业、卫生、质检、商务、工商、药品等监督管理部门不履行前款规定职责、造成后果的，由监察机关或者任免机关对其主要负责人、直接负责的主管人员和其他直接责任人员给予记大过或者降级的处分；造成严重后果的，给予其主要负责人、直接负责的主管人员和其他直接责任人员撤职或者开除的处分；其主要负责人、直接负责的主管人员和其他直接责任人员构成渎职罪的，依法追究刑事责任。

违反本规定，滥用职权或者有其他渎职行为的，由监察机关或者任免机关对其主要负责人、直接负责的主管人员和其他直接责任人员给予记过或者记大过的处分；造成严重后果的，给予其主要负责人、直接负责的主管人员和其他直接责任人员降级或者撤职的处分；其主要负责人、直接负责的主管人员和其他直接责任人员构成渎职罪的，依法追究刑事责任。

第十四条 农业、卫生、质检、商务、工商、药品等监督管理部门发现违反本规定的行为，属于其他监督管理部门职责的，应当立即书面通知并移交有权处理的监督管理部门处理。有权处理的部门应当立即处理，不得推诿；因不立即处理或者推诿造成后果的，由监察机关或者任免机关对其主要负责人、直接负责的主管人员和其他直接责任人员给予记大过或者降级的处分。

第十五条 农业、卫生、质检、商务、工商、药品等监督管理部门履行各自产品安全监督管理职责，有下列职权：

（一）进入生产经营场所实施现场检查；

（二）查阅、复制、查封、扣押有关合同、票据、账簿以及其他有关资料；

（三）查封、扣押不符合法定要求的产品，违法使用的原料、辅料、添加剂、农业投入品以及用于违法生产的工具、设备；

（四）查封存在危害人体健康和生命安全重大隐患的生产经营场所。

第十六条 农业、卫生、质检、商务、工商、药品等监督管理部门应当建立生产经营者违法行为记录制度，对违法行为的情况予以记录并公布；对有多次违法行为记录的生产经营者，吊销许可证照。

第十七条 检验检测机构出具虚假检验报告，造成严重后果的，由授予其资质的部门吊销其检验检测资质；构成犯罪的，对直接负责的主管人员和其他直接责任人员依法追究刑事责任。

第十八条 发生产品安全事故或者其他对社会造成严重影响的产品安全事件时，农业、卫生、质检、商务、工商、药品等监督管理部门必须在各自职责范围内及时作出反应，采取措施，控制事态发展，减少损失，依照国务院规定发布信息，做好有关善后工作。

第十九条 任何组织或者个人对违反本规定的行为有权举报。接到举报的部门应当为举报人保密。举报经调查属实的，受理举报的部门应当给予举报人奖励。

农业、卫生、质检、商务、工商、药品等监督管理部门应当公布本单位的电子邮件地址或者举报电话;对接到的举报,应当及时、完整地进行记录并妥善保存。举报的事项属于本部门职责的,应当受理,并依法进行核实、处理、答复;不属于本部门职责的,应当转交有权处理的部门,并告知举报人。

第二十条 本规定自公布之日起施行。

中华人民共和国食品安全法实施条例

(2009年7月20日中华人民共和国国务院令第557号公布,根据2016年2月6日《国务院关于修改部分行政法规的决定》修订,2019年3月26日国务院第42次常务会议修订通过)

第一章 总 则

第一条 根据《中华人民共和国食品安全法》(以下简称食品安全法),制定本条例。

第二条 食品生产经营者应当依照法律、法规和食品安全标准从事生产经营活动,建立健全食品安全管理制度,采取有效措施预防和控制食品安全风险,保证食品安全。

第三条 国务院食品安全委员会负责分析食品安全形势,研究部署、统筹指导食品安全工作,提出食品安全监督管理的重大政策措施,督促落实食品安全监督管理责任。县级以上地方人民政府食品安全委员会按照本级人民政府规定的职责开展工作。

第四条 县级以上人民政府建立统一权威的食品安全监督管理体制,加强食品安全监督管理能力建设。

县级以上人民政府食品安全监督管理部门和其他有关部门应当依法履行职责,加强协调配合,做好食品安全监督管理工作。

乡镇人民政府和街道办事处应当支持、协助县级人民政府食品安全监督管理部门及其派出机构依法开展食品安全监督管理工作。

第五条 国家将食品安全知识纳入国民素质教育内容,普及食品安全科学常识和法律知识,提高全社会的食品安全意识。

第二章 食品安全风险监测和评估

第六条 县级以上人民政府卫生行政部门会同同级食品安全监督管理等部门建立食品安全风险监测会商机制,汇总、分析风险监测数据,研判食品安全风险,形成食品安全风险监测分析报告,报本级人民政府;县级以上地方人民政府卫生行政部门还应当将食品安全风险监测分析报告同时报上一级人民政府卫生行政部门。食品安全风险监测会商的具体办法由国务院卫生行政部门会同国务院食品安全监督管理等部门制定。

第七条 食品安全风险监测结果表明存在食品安全隐患,食品安全监督管理等部门经进一步调查确认有必要通知相关食品生产经营者的,应当及时通知。

接到通知的食品生产经营者应当立即进行自查,发现食品不符合食品安全标准或者有证据证明可能危害人体健康的,应当依照食品安全法第六十三条的规定停止生产、经营,实施食品召回,并报告相关情况。

第八条 国务院卫生行政、食品安全监督管理等部门发现需要对农药、肥料、兽药、饲料和饲料添加剂等进行安全性评估的，应当向国务院农业行政部门提出安全性评估建议。国务院农业行政部门应当及时组织评估，并向国务院有关部门通报评估结果。

第九条 国务院食品安全监督管理部门和其他有关部门建立食品安全风险信息交流机制，明确食品安全风险信息交流的内容、程序和要求。

第三章 食品安全标准

第十条 国务院卫生行政部门会同国务院食品安全监督管理、农业行政等部门制定食品安全国家标准规划及其年度实施计划。国务院卫生行政部门应当在其网站上公布食品安全国家标准规划及其年度实施计划的草案，公开征求意见。

第十一条 省、自治区、直辖市人民政府卫生行政部门依照食品安全法第二十九条的规定制定食品安全地方标准，应当公开征求意见。省、自治区、直辖市人民政府卫生行政部门应当自食品安全地方标准公布之日起30个工作日内，将地方标准报国务院卫生行政部门备案。国务院卫生行政部门发现备案的食品安全地方标准违反法律、法规或者食品安全国家标准的，应当及时予以纠正。

食品安全地方标准依法废止的，省、自治区、直辖市人民政府卫生行政部门应当及时在其网站上公布废止情况。

第十二条 保健食品、特殊医学用途配方食品、婴幼儿配方食品等特殊食品不属于地方特色食品，不得对其制定食品安全地方标准。

第十三条 食品安全标准公布后，食品生产经营者可以在食品安全标准规定的实施日期之前实施并公开提前实施情况。

第十四条 食品生产企业不得制定低于食品安全国家标准或者地方标准要求的企业标准。食品生产企业制定食品安全指标严于食品安全国家标准或者地方标准的企业标准的，应当报省、自治区、直辖市人民政府卫生行政部门备案。

食品生产企业制定企业标准的，应当公开，供公众免费查阅。

第四章 食品生产经营

第十五条 食品生产经营许可的有效期为5年。

食品生产经营者的生产经营条件发生变化，不再符合食品生产经营要求的，食品生产经营者应当立即采取整改措施；需要重新办理许可手续的，应当依法办理。

第十六条 国务院卫生行政部门应当及时公布新的食品原料、食品添加剂新品种和食品相关产品新品种目录以及所适用的食品安全国家标准。

对按照传统既是食品又是中药材的物质目录，国务院卫生行政部门会同国务院食品安全监督管理部门应当及时更新。

第十七条 国务院食品安全监督管理部门会同国务院农业行政等有关部门明确食品安全全程追溯基本要求，指导食品生产经营者通过信息化手段建立、完善食品安全追溯体系。

食品安全监督管理等部门应当将婴幼儿配方食品等针对特定人群的食品以及其他食品安全风险较高或者销售量大的食品的追溯体系建设作为监督检查的重点。

第十八条 食品生产经营者应当建立食品安全追溯体系，依照食品安全法的规定如实记录并保存进货查验、出厂检验、食品销售等信息，保证食品可追溯。

第十九条 食品生产经营企业的主要负责人对本企业的食品安全工作全面负责，建立并落实本企业的食品安全责任制，加强供货者管理、进货查验和出厂检验、生产经营过程控制、食品安全自查等工作。食品生产经营企业的食品安全管理人员应当协助企业主要负责人做好食品安全管理工作。

第二十条 食品生产经营企业应当加强对食品安全管理人员的培训和考核。食品安全管理人员应当掌握与其岗位相适应的食品安全法律、法规、标准和专业知识，具备食品安全管理能力。食品安全监督管理部门应当对企业食品安全管理人员进行随机监督抽查考核。考核指南由国务院食品安全监督管理部门制定、公布。

第二十一条 食品、食品添加剂生产经营者委托生产食品、食品添加剂的，应当委托取得食品生产许可、食品添加剂生产许可的生产者生产，并对其生产行为进行监督，对委托生产的食品、食品添加剂的安全负责。受托方应当依照法律、法规、食品安全标准以及合同约定进行生产，对生产行为负责，并接受委托方的监督。

第二十二条 食品生产经营者不得在食品生产、加工场所贮存依照本条例第六十三条规定制定的名录中的物质。

第二十三条 对食品进行辐照加工，应当遵守食品安全国家标准，并按照食品安全国家标准的要求对辐照加工食品进行检验和标注。

第二十四条 贮存、运输对温度、湿度等有特殊要求的食品，应当具备保温、冷藏或者冷冻等设备设施，并保持有效运行。

第二十五条 食品生产经营者委托贮存、运输食品的，应当对受托方的食品安全保障能力进行审核，并监督受托方按照保证食品安全的要求贮存、运输食品。受托方应当保证食品贮存、运输条件符合食品安全的要求，加强食品贮存、运输过程管理。

接受食品生产经营者委托贮存、运输食品的，应当如实记录委托方和收货方的名称、地址、联系方式等内容。记录保存期限不得少于贮存、运输结束后2年。

非食品生产经营者从事对温度、湿度等有特殊要求的食品贮存业务的，应当自取得营业执照之日起30个工作日内向所在地县级人民政府食品安全监督管理部门备案。

第二十六条 餐饮服务提供者委托餐具饮具集中消毒服务单位提供清洗消毒服务的，应当查验、留存餐具饮具集中消毒服务单位的营业执照复印件和消毒合格证明。保存期限不得少于消毒餐具饮具使用期限到期后6个月。

第二十七条 餐具饮具集中消毒服务单位应当建立餐具饮具出厂检验记录制度，如实记录出厂餐具饮具的数量、消毒日期和批号、使用期限、出厂日期以及委托方名称、地址、联系方式等内容。出厂检验记录保存期限不得少于消毒餐具饮具使用期限到期后6个月。消毒后的餐具饮具应当在独立包装上标注单位名称、地址、联系方式、消毒日期和批号以及使用期限等内容。

第二十八条 学校、托幼机构、养老机构、建筑工地等集中用餐单位的食堂应当执行原料控制、餐具饮具清洗消毒、食品留样等制度，并依照食品安全法第四十七条的规定定期开展食堂食品安全自查。

承包经营集中用餐单位食堂的，应当依法取得食品经营许可，并对食堂的食品安全负责。集中用餐单位应当督促承包方落实食品安全管理制度，承担管理责任。

第二十九条 食品生产经营者应当对变质、超过保质期或者回收的食品进行显著标示或者单独存放在有明确标志的场所，及时采取无害化处理、销毁等措施并如实记录。

食品安全法所称回收食品，是指已经售出，因违反法律、法规、食品安全标准或者超过保质期等原因，被召回或者退回的食品，不包括依照食品安全法第六十三条第三款的规定可以继续销售的食品。

第三十条 县级以上地方人民政府根据需要建设必要的食品无害化处理和销毁设施。食品生产经营者可以按照规定使用政府建设的设施对食品进行无害化处理或者予以销毁。

第三十一条 食品集中交易市场的开办者、食品展销会的举办者应当在市场开业或者展销会举办前向所在地县级人民政府食品安全监督管理部门报告。

第三十二条 网络食品交易第三方平台提供者应当妥善保存入网食品经营者的登记信息和交易信息。县级以上人民政府食品安全监督管理部门开展食品安全监督检查、食品安全案件调查处理、食品安全事故处置确需了解有关信息的，经其负责人批准，可以要求网络食品交易第三方平台提供者提供，网络食品交易第三方平台提供者应当按照要求提供。县级以上人民政府食品安全监督管理部门及其工作人员对网络食品交易第三方平台提供者提供的信息依法负有保密义务。

第三十三条 生产经营转基因食品应当显著标示，标示办法由国务院食品安全监督管理部门会同国务院农业行政部门制定。

第三十四条 禁止利用包括会议、讲座、健康咨询在内的任何方式对食品进行虚假宣传。食品安全监督管理部门发现虚假宣传行为的，应当依法及时处理。

第三十五条 保健食品生产工艺有原料提取、纯化等前处理工序的，生产企业应当具备相应的原料前处理能力。

第三十六条 特殊医学用途配方食品生产企业应当按照食品安全国家标准规定的检验项目对出厂产品实施逐批检验。

特殊医学用途配方食品中的特定全营养配方食品应当通过医疗机构或者药品零售企业向消费者销售。医疗机构、药品零售企业销售特定全营养配方食品的，不需要取得食品经营许可，但是应当遵守食品安全法和本条例关于食品销售的规定。

第三十七条 特殊医学用途配方食品中的特定全营养配方食品广告按照处方药广告管理，其他类别的特殊医学用途配方食品广告按照非处方药广告管理。

第三十八条 对保健食品之外的其他食品，不得声称具有保健功能。

对添加食品安全国家标准规定的选择性添加物质的婴幼儿配方食品，不得以选择性添加物质命名。

第三十九条 特殊食品的标签、说明书内容应当与注册或者备案的标签、说明书一致。销售特殊食品，应当核对食品标签、说明书内容是否与注册或者备案的标签、说明书一致，不一致的不得销售。省级以上人民政府食品安全监督管理部门应当在其网站上公布注册或者备案的特殊食品的标签、说明书。

特殊食品不得与普通食品或者药品混放销售。

第五章 食品检验

第四十条 对食品进行抽样检验，应当按照食品安全标准、注册或者备案的特殊食品的产品技术要求以及国家有关规定确定的检验项目和检验方法进行。

第四十一条 对可能掺杂掺假的食品，按照现有食品安全标准规定的检验项目和检验方法以及依照食品安全法第一百一十一条和本条例第六十三条规定制定的检验项目和检验方法无法检验的，国务院食品安全监督管理部门可以制定补充检验项目和检验方法，用于对食品的抽样检验、食品安全案件调查处理和食品安全事故处置。

第四十二条 依照食品安全法第八十八条的规定申请复检的，申请人应当向复检机构先行支付复检费用。复检结论表明食品不合格的，复检费用由复检申请人承担；复检结论表明食品合格的，复检费用由实施抽样检验的食品安全监督管理部门承担。

复检机构无正当理由不得拒绝承担复检任务。

第四十三条 任何单位和个人不得发布未依法取得资质认定的食品检验机构出具的食品检验信

息，不得利用上述检验信息对食品、食品生产经营者进行等级评定，欺骗、误导消费者。

第六章　食品进出口

第四十四条　进口商进口食品、食品添加剂，应当按照规定向出入境检验检疫机构报检，如实申报产品相关信息，并随附法律、行政法规规定的合格证明材料。

第四十五条　进口食品运达口岸后，应当存放在出入境检验检疫机构指定或者认可的场所；需要移动的，应当按照出入境检验检疫机构的要求采取必要的安全防护措施。大宗散装进口食品应当在卸货口岸进行检验。

第四十六条　国家出入境检验检疫部门根据风险管理需要，可以对部分食品实行指定口岸进口。

第四十七条　国务院卫生行政部门依照食品安全法第九十三条的规定对境外出口商、境外生产企业或者其委托的进口商提交的相关国家（地区）标准或者国际标准进行审查，认为符合食品安全要求的，决定暂予适用并予以公布；暂予适用的标准公布前，不得进口尚无食品安全国家标准的食品。

食品安全国家标准中通用标准已经涵盖的食品不属于食品安全法第九十三条规定的尚无食品安全国家标准的食品。

第四十八条　进口商应当建立境外出口商、境外生产企业审核制度，重点审核境外出口商、境外生产企业制定和执行食品安全风险控制措施的情况以及向我国出口的食品是否符合食品安全法、本条例和其他有关法律、行政法规的规定以及食品安全国家标准的要求。

第四十九条　进口商依照食品安全法第九十四条第三款的规定召回进口食品的，应当将食品召回和处理情况向所在地县级人民政府食品安全监督管理部门和所在地出入境检验检疫机构报告。

第五十条　国家出入境检验检疫部门发现已经注册的境外食品生产企业不再符合注册要求的，应当责令其在规定期限内整改，整改期间暂停进口其生产的食品；经整改仍不符合注册要求的，国家出入境检验检疫部门应当撤销境外食品生产企业注册并公告。

第五十一条　对通过我国良好生产规范、危害分析与关键控制点体系认证的境外生产企业，认证机构应当依法实施跟踪调查。对不再符合认证要求的企业，认证机构应当依法撤销认证并向社会公布。

第五十二条　境外发生的食品安全事件可能对我国境内造成影响，或者在进口食品、食品添加剂、食品相关产品中发现严重食品安全问题的，国家出入境检验检疫部门应当及时进行风险预警，并可以对相关的食品、食品添加剂、食品相关产品采取下列控制措施：

（一）退货或者销毁处理；

（二）有条件地限制进口；

（三）暂停或者禁止进口。

第五十三条　出口食品、食品添加剂的生产企业应当保证其出口食品、食品添加剂符合进口国家（地区）的标准或者合同要求；我国缔结或者参加的国际条约、协定有要求的，还应当符合国际条约、协定的要求。

第七章　食品安全事故处置

第五十四条　食品安全事故按照国家食品安全事故应急预案实行分级管理。县级以上人民政府食品安全监督管理部门会同同级有关部门负责食品安全事故调查处理。

县级以上人民政府应当根据实际情况及时修改、完善食品安全事故应急预案。

第五十五条 县级以上人民政府应当完善食品安全事故应急管理机制，改善应急装备，做好应急物资储备和应急队伍建设，加强应急培训、演练。

第五十六条 发生食品安全事故的单位应当对导致或者可能导致食品安全事故的食品及原料、工具、设备、设施等，立即采取封存等控制措施。

第五十七条 县级以上人民政府食品安全监督管理部门接到食品安全事故报告后，应当立即会同同级卫生行政、农业行政等部门依照食品安全法第一百零五条的规定进行调查处理。食品安全监督管理部门应当对事故单位封存的食品及原料、工具、设备、设施等予以保护，需要封存而事故单位尚未封存的应当直接封存或者责令事故单位立即封存，并通知疾病预防控制机构对与事故有关的因素开展流行病学调查。

疾病预防控制机构应当在调查结束后向同级食品安全监督管理、卫生行政部门同时提交流行病学调查报告。

任何单位和个人不得拒绝、阻挠疾病预防控制机构开展流行病学调查。有关部门应当对疾病预防控制机构开展流行病学调查予以协助。

第五十八条 国务院食品安全监督管理部门会同国务院卫生行政、农业行政等部门定期对全国食品安全事故情况进行分析，完善食品安全监督管理措施，预防和减少事故的发生。

第八章 监督管理

第五十九条 设区的市级以上人民政府食品安全监督管理部门根据监督管理工作需要，可以对由下级人民政府食品安全监督管理部门负责日常监督管理的食品生产经营者实施随机监督检查，也可以组织下级人民政府食品安全监督管理部门对食品生产经营者实施异地监督检查。

设区的市级以上人民政府食品安全监督管理部门认为必要的，可以直接调查处理下级人民政府食品安全监督管理部门管辖的食品安全违法案件，也可以指定其他下级人民政府食品安全监督管理部门调查处理。

第六十条 国家建立食品安全检查员制度，依托现有资源加强职业化检查员队伍建设，强化考核培训，提高检查员专业化水平。

第六十一条 县级以上人民政府食品安全监督管理部门依照食品安全法第一百一十条的规定实施查封、扣押措施，查封、扣押的期限不得超过30日；情况复杂的，经实施查封、扣押措施的食品安全监督管理部门负责人批准，可以延长，延长期限不得超过45日。

第六十二条 网络食品交易第三方平台多次出现入网食品经营者违法经营或者入网食品经营者的违法经营行为造成严重后果的，县级以上人民政府食品安全监督管理部门可以对网络食品交易第三方平台提供者的法定代表人或者主要负责人进行责任约谈。

第六十三条 国务院食品安全监督管理部门会同国务院卫生行政等部门根据食源性疾病信息、食品安全风险监测信息和监督管理信息等，对发现的添加或者可能添加到食品中的非食品用化学物质和其他可能危害人体健康的物质，制定名录及检测方法并予以公布。

第六十四条 县级以上地方人民政府卫生行政部门应当对餐具饮具集中消毒服务单位进行监督检查，发现不符合法律、法规、国家相关标准以及相关卫生规范等要求的，应当及时调查处理。监督检查的结果应当向社会公布。

第六十五条 国家实行食品安全违法行为举报奖励制度，对查证属实的举报，给予举报人奖励。举报人举报所在企业食品安全重大违法犯罪行为的，应当加大奖励力度。有关部门应当对举报人的信息予以保密，保护举报人的合法权益。食品安全违法行为举报奖励办法由国务院食品安全监督管理部门会同国务院财政等有关部门制定。

食品安全违法行为举报奖励资金纳入各级人民政府预算。

第六十六条　国务院食品安全监督管理部门应当会同国务院有关部门建立守信联合激励和失信联合惩戒机制，结合食品生产经营者信用档案，建立严重违法生产经营者黑名单制度，将食品安全信用状况与准入、融资、信贷、征信等相衔接，及时向社会公布。

第九章　法律责任

第六十七条　有下列情形之一的，属于食品安全法第一百二十三条至第一百二十六条、第一百三十二条以及本条例第七十二条、第七十三条规定的情节严重情形：

（一）违法行为涉及的产品货值金额2万元以上或者违法行为持续时间3个月以上；

（二）造成食源性疾病并出现死亡病例，或者造成30人以上食源性疾病但未出现死亡病例；

（三）故意提供虚假信息或者隐瞒真实情况；

（四）拒绝、逃避监督检查；

（五）因违反食品安全法律、法规受到行政处罚后1年内又实施同一性质的食品安全违法行为，或者因违反食品安全法律、法规受到刑事处罚后又实施食品安全违法行为；

（六）其他情节严重的情形。

对情节严重的违法行为处以罚款时，应当依法从重从严。

第六十八条　有下列情形之一的，依照食品安全法第一百二十五条第一款、本条例第七十五条的规定给予处罚：

（一）在食品生产、加工场所贮存依照本条例第六十三条规定制定的名录中的物质；

（二）生产经营的保健食品之外的食品的标签、说明书声称具有保健功能；

（三）以食品安全国家标准规定的选择性添加物质命名婴幼儿配方食品；

（四）生产经营的特殊食品的标签、说明书内容与注册或者备案的标签、说明书不一致。

第六十九条　有下列情形之一的，依照食品安全法第一百二十六条第一款、本条例第七十五条的规定给予处罚：

（一）接受食品生产经营者委托贮存、运输食品，未按照规定记录保存信息；

（二）餐饮服务提供者未查验、留存餐具饮具集中消毒服务单位的营业执照复印件和消毒合格证明；

（三）食品生产经营者未按照规定对变质、超过保质期或者回收的食品进行标示或者存放，或者未及时对上述食品采取无害化处理、销毁等措施并如实记录；

（四）医疗机构和药品零售企业之外的单位或者个人向消费者销售特殊医学用途配方食品中的特定全营养配方食品；

（五）将特殊食品与普通食品或者药品混放销售。

第七十条　除食品安全法第一百二十五条第一款、第一百二十六条规定的情形外，食品生产经营者的生产经营行为不符合食品安全法第三十三条第一款第五项、第七项至第十项的规定，或者不符合有关食品生产经营过程要求的食品安全国家标准的，依照食品安全法第一百二十六条第一款、本条例第七十五条的规定给予处罚。

第七十一条　餐具饮具集中消毒服务单位未按照规定建立并遵守出厂检验记录制度的，由县级以上人民政府卫生行政部门依照食品安全法第一百二十六条第一款、本条例第七十五条的规定给予处罚。

第七十二条　从事对温度、湿度等有特殊要求的食品贮存业务的非食品生产经营者，食品集中交易市场的开办者、食品展销会的举办者，未按照规定备案或者报告的，由县级以上人民政府食品安全监督管理部门责令改正，给予警告；拒不改正的，处1万元以上5万元以下罚款；情节严重的，责令停产停业，并处5万元以上20万元以下罚款。

第七十三条 利用会议、讲座、健康咨询等方式对食品进行虚假宣传的，由县级以上人民政府食品安全监督管理部门责令消除影响，有违法所得的，没收违法所得；情节严重的，依照食品安全法第一百四十条第五款的规定进行处罚；属于单位违法的，还应当依照本条例第七十五条的规定对单位的法定代表人、主要负责人、直接负责的主管人员和其他直接责任人员给予处罚。

第七十四条 食品生产经营者生产经营的食品符合食品安全标准但不符合食品所标注的企业标准规定的食品安全指标的，由县级以上人民政府食品安全监督管理部门给予警告，并责令食品经营者停止经营该食品，责令食品生产企业改正；拒不停止经营或者改正的，没收不符合企业标准规定的食品安全指标的食品，货值金额不足1万元的，并处1万元以上5万元以下罚款，货值金额1万元以上的，并处货值金额5倍以上10倍以下罚款。

第七十五条 食品生产经营企业等单位有食品安全法规定的违法情形，除依照食品安全法的规定给予处罚外，有下列情形之一的，对单位的法定代表人、主要负责人、直接负责的主管人员和其他直接责任人员处以其上一年度从本单位取得收入的1倍以上10倍以下罚款：

（一）故意实施违法行为；

（二）违法行为性质恶劣；

（三）违法行为造成严重后果。

属于食品安全法第一百二十五条第二款规定情形的，不适用前款规定。

第七十六条 食品生产经营者依照食品安全法第六十三条第一款、第二款的规定停止生产、经营，实施食品召回，或者采取其他有效措施减轻或者消除食品安全风险，未造成危害后果的，可以从轻或者减轻处罚。

第七十七条 县级以上地方人民政府食品安全监督管理等部门对有食品安全法第一百二十三条规定的违法情形且情节严重，可能需要行政拘留的，应当及时将案件及有关材料移送同级公安机关。公安机关认为需要补充材料的，食品安全监督管理等部门应当及时提供。公安机关经审查认为不符合行政拘留条件的，应当及时将案件及有关材料退回移送的食品安全监督管理等部门。

第七十八条 公安机关对发现的食品安全违法行为，经审查没有犯罪事实或者立案侦查后认为不需要追究刑事责任，但依法应当予以行政拘留的，应当及时作出行政拘留的处罚决定；不需要予以行政拘留但依法应当追究其他行政责任的，应当及时将案件及有关材料移送同级食品安全监督管理等部门。

第七十九条 复检机构无正当理由拒绝承担复检任务的，由县级以上人民政府食品安全监督管理部门给予警告，无正当理由1年内2次拒绝承担复检任务的，由国务院有关部门撤销其复检机构资质并向社会公布。

第八十条 发布未依法取得资质认定的食品检验机构出具的食品检验信息，或者利用上述检验信息对食品、食品生产经营者进行等级评定，欺骗、误导消费者的，由县级以上人民政府食品安全监督管理部门责令改正，有违法所得的，没收违法所得，并处10万元以上50万元以下罚款；拒不改正的，处50万元以上100万元以下罚款；构成违反治安管理行为的，由公安机关依法给予治安管理处罚。

第八十一条 食品安全监督管理部门依照食品安全法、本条例对违法单位或者个人处以30万元以上罚款的，由设区的市级以上人民政府食品安全监督管理部门决定。罚款具体处罚权限由国务院食品安全监督管理部门规定。

第八十二条 阻碍食品安全监督管理等部门工作人员依法执行职务，构成违反治安管理行为的，由公安机关依法给予治安管理处罚。

第八十三条 县级以上人民政府食品安全监督管理等部门发现单位或者个人违反食品安全法第一百二十条第一款规定，编造、散布虚假食品安全信息，涉嫌构成违反治安管理行为的，应当将相关情况通报同级公安机关。

第八十四条 县级以上人民政府食品安全监督管理部门及其工作人员违法向他人提供网络食品交易第三方平台提供者提供的信息的，依照食品安全法第一百四十五条的规定给予处分。

第八十五条 违反本条例规定，构成犯罪的，依法追究刑事责任。

第十章 附 则

第八十六条 本条例自 2019 年 12 月 1 日起施行。

中华人民共和国国境卫生检疫法实施细则

（1989 年 2 月 10 日国务院批准，1989 年 3 月 6 日卫生部令第 2 号发布。根据 2010 年 4 月 24 日《国务院关于修改〈中华人民共和国国境卫生检疫法实施细则〉的决定》第一次修订，根据 2016 年 2 月 6 日《国务院关于修改部分行政法规的决定》第二次修订，根据 2019 年 3 月 2 日《国务院关于修改部分行政法规的决定》第三次修订）

第一章 一般规定

第一条 根据《中华人民共和国国境卫生检疫法》（以下称《国境卫生检疫法》）的规定，制定本细则。

第二条 《国境卫生检疫法》和本细则所称：

"查验"指国境卫生检疫机关（以下称卫生检疫机关）实施的医学检查和卫生检查。

"染疫人"指正在患检疫传染病的人，或者经卫生检疫机关初步诊断，认为已经感染检疫传染病或者已经处于检疫传染病潜伏期的人。

"染疫嫌疑人"指接触过检疫传染病的感染环境，并且可能传播检疫传染病的人。

"隔离"指将染疫人收留在指定的处所，限制其活动并进行治疗，直到消除传染病传播的危险。

"留验"指将染疫嫌疑人收留在指定的处所进行诊察和检验。

"就地诊验"指一个人在卫生检疫机关指定的期间，到就近的卫生检疫机关或者其他医疗卫生单位去接受诊察和检验；或者卫生检疫机关、其他医疗卫生单位到该人员的居留地，对其进行诊察和检验。

"运输设备"指货物集装箱。

"卫生处理"指隔离、留验和就地诊验等医学措施，以及消毒、除鼠、除虫等卫生措施。

"传染病监测"指对特定环境、人群进行流行病学、血清学、病原学、临床症状以及其他有关影响因素的调查研究，预测有关传染病的发生、发展和流行。

"卫生监督"指执行卫生法规和卫生标准所进行的卫生检查、卫生鉴定、卫生评价和采样检验。

"交通工具"指船舶、航空器、列车和其他车辆。

"国境口岸"指国际通航的港口、机场、车站、陆地边境和国界江河的关口。

第三条 卫生检疫机关在国境口岸工作的范围，是指为国境口岸服务的涉外宾馆、饭店、俱乐部，为入境、出境交通工具提供饮食、服务的单位和对入境、出境人员、交通工具、集装箱和货物实施检疫、监测、卫生监督的场所。

第四条 入境、出境的人员、交通工具和集装箱，以及可能传播检疫传染病的行李、货物、邮包等，均应当按照本细则的规定接受检疫，经卫生检疫机关许可，方准入境或者出境。

第五条 卫生检疫机关发现染疫人时，应当立即将其隔离，防止任何人遭受感染，并按照本细则第八章的规定处理。

卫生检疫机关发现染疫嫌疑人时，应当按照本细则第八章的规定处理。但对第八章规定以外的其他病种染疫嫌疑人，可以从该人员离开感染环境的时候算起，实施不超过该传染病最长潜伏期的就地诊验或者留验以及其他的卫生处理。

第六条 卫生检疫机关应当阻止染疫人、染疫嫌疑人出境，但是对来自国外并且在到达时受就地诊验的人，本人要求出境的，可以准许出境；如果乘交通工具出境，检疫医师应当将这种情况在出境检疫证上签注，同时通知交通工具负责人采取必要的预防措施。

第七条 在国境口岸以及停留在该场所的入境、出境交通工具上，所有非因意外伤害而死亡并死因不明的尸体，必须经卫生检疫机关查验，并签发尸体移运许可证后，方准移运。

第八条 来自国内疫区的交通工具，或者在国内航行中发现检疫传染病、疑似检疫传染病，或者有人非因意外伤害而死亡并死因不明的，交通工具负责人应当向到达的国境口岸卫生检疫机关报告，接受临时检疫。

第九条 在国内或者国外检疫传染病大流行的时候，国务院卫生行政部门应当立即报请国务院决定采取下列检疫措施的一部或者全部：

（一）下令封锁陆地边境、国界江河的有关区域；
（二）指定某些物品必须经过消毒、除虫，方准由国外运进或者由国内运出；
（三）禁止某些物品由国外运进或者由国内运出；
（四）指定第一入境港口、降落机场。对来自国外疫区的船舶、航空器，除因遇险或者其他特殊原因外，没有经第一入境港口、机场检疫的，不准进入其他港口和机场。

第十条 入境、出境的集装箱、货物、废旧物等物品在到达口岸的时候，承运人、代理人或者货主，必须向卫生检疫机关申报并接受卫生检疫。对来自疫区的、被传染病污染的以及可能传播检疫传染病或者发现与人类健康有关的啮齿动物和病媒昆虫的集装箱、货物、废旧物等物品，应当实施消毒、除鼠、除虫或者其他必要的卫生处理。

集装箱、货物、废旧物等物品的货主要求在其他地方实施卫生检疫、卫生处理的，卫生检疫机关可以给予方便，并按规定办理。

海关凭卫生检疫机关签发的卫生处理证明放行。

第十一条 入境、出境的微生物、人体组织、生物制品、血液及其制品等特殊物品的携带人、托运人或者邮递人，必须向卫生检疫机关申报并接受卫生检疫，凭卫生检疫机关签发的特殊物品审批单办理通关手续。未经卫生检疫机关许可，不准入境、出境。

第十二条 入境、出境的旅客、员工个人携带或者托运可能传播传染病的行李和物品，应当接受卫生检查。卫生检疫机关对来自疫区或者被传染病污染的各种食品、饮料、水产品等应当实施卫生处理或者销毁，并签发卫生处理证明。

海关凭卫生检疫机关签发的卫生处理证明放行。

第十三条 卫生检疫机关对应当实施卫生检疫的邮包进行卫生检查和必要的卫生处理时，邮政部门应予配合。未经卫生检疫机关许可，邮政部门不得运递。

第十四条 卫生检疫单、证的种类、式样和签发办法，由海关总署规定。

第二章 疫情通报

第十五条 在国境口岸以及停留在国境口岸的交通工具上，发现检疫传染病、疑似检疫传染病，或者有人非因意外伤害而死亡并死因不明时，国境口岸有关单位以及交通工具的负责人，应当立即向卫生检疫机关报告。

第十六条 卫生检疫机关发现检疫传染病、监测传染病、疑似检疫传染病时，应当向当地卫生行政部门和卫生防疫机构通报；发现检疫传染病时，还应当用最快的办法向国务院卫生行政部门报告。

当地卫生防疫机构发现检疫传染病、监测传染病时，应当向卫生检疫机关通报。

第十七条 在国内或者国外某一地区发生检疫传染病流行时，国务院卫生行政部门可以宣布该地区为疫区。

第三章 卫生检疫机关

第十八条 卫生检疫机关根据工作需要，可以设立派出机构。卫生检疫机关的设立、合并或者撤销，按照有关规定执行。

第十九条 卫生检疫机关的职责：

（一）执行《国境卫生检疫法》及其实施细则和国家有关卫生法规；

（二）收集、整理、报告国际和国境口岸传染病的发生、流行和终息情况；

（三）对国境口岸的卫生状况实施卫生监督；对入境、出境的交通工具、人员、集装箱、尸体、骸骨以及可能传播检疫传染病的行李、货物、邮包等实施检疫查验、传染病监测、卫生监督和卫生处理；

（四）对入境、出境的微生物、生物制品、人体组织、血液及其制品等特殊物品以及能传播人类传染病的动物，实施卫生检疫；

（五）对入境、出境人员进行预防接种、健康检查、医疗服务、国际旅行健康咨询和卫生宣传；

（六）签发卫生检疫证件；

（七）进行流行病学调查研究，开展科学实验；

（八）执行海关总署、国务院卫生行政部门指定的其他工作。

第二十条 国境口岸卫生监督员的职责：

（一）对国境口岸和停留在国境口岸的入境、出境交通工具进行卫生监督和卫生宣传；

（二）在消毒、除鼠、除虫等卫生处理方面进行技术指导；

（三）对造成传染病传播、啮齿动物和病媒昆虫扩散、食物中毒、食物污染等事故进行调查，并提出控制措施。

第二十一条 卫生检疫机关工作人员、国境口岸卫生监督员在执行任务时，应当穿着检疫制服，佩戴检疫标志；卫生检疫机关的交通工具在执行任务期间，应当悬挂检疫旗帜。

检疫制服、标志、旗帜的式样和使用办法由海关总署会同有关部门制定，报国务院审批。

第四章 海港检疫

第二十二条 船舶的入境检疫，必须在港口的检疫锚地或者经卫生检疫机关同意的指定地点实施。

检疫锚地由港务监督机关和卫生检疫机关会商确定，报国务院交通运输主管部门和海关总署备案。

第二十三条 船舶代理应当在受入境检疫的船舶到达以前，尽早向卫生检疫机关通知下列事项：

（一）船名、国籍、预定到达检疫锚地的日期和时间；

（二）发航港、最后寄港；

（三）船员和旅客人数；

（四）货物种类。

港务监督机关应当将船舶确定到达检疫锚地的日期和时间尽早通知卫生检疫机关。

第二十四条 受入境检疫的船舶，在航行中，发现检疫传染病、疑似检疫传染病，或者有人非因意外伤害而死亡并死因不明的，船长必须立即向实施检疫港口的卫生检疫机关报告下列事项：

（一）船名、国籍、预定到达检疫锚地的日期和时间；

（二）发航港、最后寄港；

（三）船员和旅客人数；

（四）货物种类；

（五）病名或者主要症状、患病人数、死亡人数；

（六）船上有无船医。

第二十五条 受入境检疫的船舶，必须按照下列规定悬挂检疫信号等候查验，在卫生检疫机关发给入境检疫证前，不得降下检疫信号。

昼间在明显处所悬挂国际通语信号旗：

（一）"Q"字旗表示：本船没有染疫，请发给入境检疫证；

（二）"QQ"字旗表示：本船有染疫或者染疫嫌疑，请即刻实施检疫。

夜间在明显处所垂直悬挂灯号：

（一）红灯三盏表示：本船没有染疫，请发给入境检疫证；

（二）红、红、白、红灯四盏表示：本船有染疫或者染疫嫌疑，请即刻实施检疫。

第二十六条 悬挂检疫信号的船舶，除引航员和经卫生检疫机关许可的人员外，其他人员不准上船，不准装卸行李、货物、邮包等物品，其他船舶不准靠近；船上的人员，除因船舶遇险外，未经卫生检疫机关许可，不准离船；引航员不得将船引离检疫锚地。

第二十七条 申请电讯检疫的船舶，首先向卫生检疫机关申请卫生检查，合格者发给卫生证书。该证书自签发之日起12个月内可以申请电讯检疫。

第二十八条 持有效卫生证书的船舶在入境前24小时，应当向卫生检疫机关报告下列事项：

（一）船名、国籍、预定到达检疫锚地的日期和时间；

（二）发航港、最后寄港；

（三）船员和旅客人数及健康状况；

（四）货物种类；

（五）船舶卫生证书的签发日期和编号、除鼠证书或者免予除鼠证书的签发日期和签发港，以及其他卫生证件。

经卫生检疫机关对上述报告答复同意后，即可进港。

第二十九条 对船舶的入境检疫，在日出后到日落前的时间内实施；凡具备船舶夜航条件，夜间可靠离码头和装卸作业的港口口岸，应实行24小时检疫。对来自疫区的船舶，不实行夜间检疫。

第三十条 受入境检疫船舶的船长，在检疫医师到达船上时，必须提交由船长签字或者有船医附签的航海健康申报书、船员名单、旅客名单、载货申报单，并出示除鼠证书或者免予除鼠证书。

在查验中，检疫医师有权查阅航海日志和其他有关证件；需要进一步了解船舶航行中卫生情况时，检疫医师可以向船长、船医提出询问，船长、船医必须如实回答。用书面回答时，须经船长签字和船医附签。

第三十一条 船舶实施入境查验完毕以后，对没有染疫的船舶，检疫医师应当立即签发入境检疫证；如果该船有受卫生处理或者限制的事项，应当在入境检疫证上签注，并按照签注事项办理。对染疫船舶、染疫嫌疑船舶，除通知港务监督机关外，对该船舶还应当发给卫生处理通知书，该船舶上的引航员和经卫生检疫机关许可上船的人员应当视同员工接受有关卫生处理，在卫生处理完毕以后，再发给入境检疫证。

船舶领到卫生检疫机关签发的入境检疫证后，可以降下检疫信号。

第三十二条 船舶代理应当在受出境检疫的船舶启航以前，尽早向卫生检疫机关通知下列事项：

（一）船名、国籍、预定开航的日期和时间；

（二）目的港、最初寄港；

（三）船员名单和旅客名单；

（四）货物种类。

港务监督机关应当将船舶确定开航的日期和时间尽早通知卫生检疫机关。

船舶的入境、出境检疫在同一港口实施时，如果船员、旅客没有变动，可以免报船员名单和旅客名单；有变动的，报变动船员、旅客名单。

第三十三条 受出境检疫的船舶，船长应当向卫生检疫机关出示除鼠证书或者免予除鼠证书和其他有关检疫证件。检疫医师可以向船长、船医提出有关船员、旅客健康情况和船上卫生情况的询问，船长、船医对上述询问应当如实回答。

第三十四条 对船舶实施出境检疫完毕以后，检疫医师应当按照检疫结果立即签发出境检疫证，如果因卫生处理不能按原定时间启航，应当及时通知港务监督机关。

第三十五条 对船舶实施出境检疫完毕以后，除引航员和经卫生检疫机关许可的人员外，其他人员不准上船，不准装卸行李、货物、邮包等物品。如果违反上述规定，该船舶必须重新实施出境检疫。

第五章 航空检疫

第三十六条 航空器在飞行中，不得向下投掷或者任其坠下能传播传染病的任何物品。

第三十七条 实施卫生检疫机场的航空站，应当在受入境检疫的航空器到达以前，尽早向卫生检疫机关通知下列事项：

（一）航空器的国籍、机型、号码、识别标志、预定到达时间；

（二）出发站、经停站；

（三）机组和旅客人数。

第三十八条 受入境检疫的航空器，如果在飞行中发现检疫传染病、疑似检疫传染病，或者有人非因意外伤害而死亡并死因不明时，机长应当立即通知到达机场的航空站，向卫生检疫机关报告下列事项：

（一）航空器的国籍、机型、号码、识别标志、预定到达时间；

（二）出发站、经停站；

（三）机组和旅客人数；

（四）病名或者主要症状、患病人数、死亡人数。

第三十九条 受入境检疫的航空器到达机场以后，检疫医师首先登机。机长或者其授权的代理人，必须向卫生检疫机关提交总申报单、旅客名单、货物仓单和有效的灭蚊证书，以及其他有关检疫证件；对检疫医师提出的有关航空器上卫生状况的询问，机长或者其授权的代理人应当如实回答。在检疫没有结束之前，除经卫生检疫机关许可外，任何人不得上下航空器，不准装卸行李、货物、邮包等物品。

第四十条　入境旅客必须在指定的地点，接受入境查验，同时用书面或者口头回答检疫医师提出的有关询问。在此期间，入境旅客不得离开查验场所。

第四十一条　对入境航空器查验完毕以后，根据查验结果，对没有染疫的航空器，检疫医师应当签发入境检疫证；如果该航空器有受卫生处理或者限制的事项，应当在入境检疫证上签注，由机长或者其授权的代理人负责执行；对染疫或者有染疫嫌疑的航空器，除通知航空站外，对该航空器应当发给卫生处理通知单，在规定的卫生处理完毕以后，再发给入境检疫证。

第四十二条　实施卫生检疫机场的航空站，应当在受出境检疫的航空器起飞以前，尽早向卫生检疫机关提交总申报单、货物仓单和其他有关检疫证件，并通知下列事项：

（一）航空器的国籍、机型、号码、识别标志、预定起飞时间；

（二）经停站、目的站；

（三）机组和旅客人数。

第四十三条　对出境航空器查验完毕以后，如果没有染疫，检疫医师应当签发出境检疫证或者在必要的卫生处理完毕以后，再发给出境检疫证；如果该航空器因卫生处理不能按原定时间起飞，应当及时通知航空站。

第六章　陆地边境检疫

第四十四条　实施卫生检疫的车站，应当在受入境检疫的列车到达之前，尽早向卫生检疫机关通知下列事项：

（一）列车的车次，预定到达的时间；

（二）始发站；

（三）列车编组情况。

第四十五条　受入境检疫的列车和其他车辆到达车站、关口后，检疫医师首先登车，列车长或者其他车辆负责人，应当口头或者书面向卫生检疫机关申报该列车或者其他车辆上人员的健康情况，对检疫医师提出有关卫生状况和人员健康的询问，应当如实回答。

第四十六条　受入境检疫的列车和其他车辆到达车站、关口，在实施入境检疫而未取得入境检疫证以前，未经卫生检疫机关许可，任何人不准上下列车或者其他车辆，不准装卸行李、货物、邮包等物品。

第四十七条　实施卫生检疫的车站，应当在受出境检疫列车发车以前，尽早向卫生检疫机关通知下列事项：

（一）列车的车次，预定发车的时间；

（二）终到站；

（三）列车编组情况。

第四十八条　应当受入境、出境检疫的列车和其他车辆，如果在行程中发现检疫传染病、疑似检疫传染病，或者有人非因意外伤害而死亡并死因不明的，列车或者其他车辆到达车站、关口时，列车长或者其他车辆负责人应当向卫生检疫机关报告。

第四十九条　受入境、出境检疫的列车，在查验中发现检疫传染病或者疑似检疫传染病，或者因受卫生处理不能按原定时间发车，卫生检疫机关应当及时通知车站的站长。如果列车在原停车地点不宜实施卫生处理，站长可以选择站内其他地点实施卫生处理。在处理完毕之前，未经卫生检疫机关许可，任何人不准上下列车，不准装卸行李、货物、邮包等物品。

为了保证入境直通列车的正常运输，卫生检疫机关可以派员随车实施检疫，列车长应当提供方便。

第五十条 对列车或者其他车辆实施入境、出境检疫完毕后，检疫医师应当根据检疫结果分别签发入境、出境检疫证，或者在必要的卫生处理完毕后，再分别签发入境、出境检疫证。

第五十一条 徒步入境、出境的人员，必须首先在指定的场所接受入境、出境查验，未经卫生检疫机关许可，不准离开指定的场所。

第五十二条 受入境、出境检疫的列车以及其他车辆，载有来自疫区、有染疫或者染疫嫌疑或者夹带能传播传染病的病媒昆虫和啮齿动物的货物，应当接受卫生检查和必要的卫生处理。

第七章　卫生处理

第五十三条 卫生检疫机关的工作人员在实施卫生处理时，必须注意下列事项：

（一）防止对任何人的健康造成危害；

（二）防止对交通工具的结构和设备造成损害；

（三）防止发生火灾；

（四）防止对行李、货物造成损害。

第五十四条 入境、出境的集装箱、行李、货物、邮包等物品需要卫生处理的，由卫生检疫机关实施。

入境、出境的交通工具有下列情形之一的，应当由卫生检疫机关实施消毒、除鼠、除虫或者其他卫生处理：

（一）来自检疫传染病疫区的；

（二）被检疫传染病污染的；

（三）发现有与人类健康有关的啮齿动物或者病媒昆虫，超过国家卫生标准的。

第五十五条 由国外起运经过中华人民共和国境内的货物，如果不在境内换装，除发生在流行病学上有重要意义的事件，需要实施卫生处理外，在一般情况下不实施卫生处理。

第五十六条 卫生检疫机关对入境、出境的废旧物品和曾行驶于境外港口的废旧交通工具，根据污染程度，分别实施消毒、除鼠、除虫，对污染严重的实施销毁。

第五十七条 入境、出境的尸体、骸骨托运人或者代理人应当申请卫生检疫，并出示死亡证明或者其他有关证件，对不符合卫生要求的，必须接受卫生检疫机关实施的卫生处理。经卫生检疫合格后，方准运进或者运出。

对因患检疫传染病而死亡的病人尸体，必须就近火化，不准移运。

第五十八条 卫生检疫机关对已在到达本口岸前的其他口岸实施卫生处理的交通工具不再重复实施卫生处理。但有下列情形之一的，仍需实施卫生处理：

（一）在原实施卫生处理的口岸或者该交通工具上，发生流行病学上有重要意义的事件，需要进一步实施卫生处理的；

（二）在到达本口岸前的其他口岸实施的卫生处理没有实际效果的。

第五十九条 在国境口岸或者交通工具上发现啮齿动物有反常死亡或者死因不明的，国境口岸有关单位或者交通工具的负责人，必须立即向卫生检疫机关报告，迅速查明原因，实施卫生处理。

第六十条 国际航行船舶的船长，必须每隔6个月向卫生检疫机关申请一次鼠患检查，卫生检疫机关根据检查结果实施除鼠或者免予除鼠，并且分别发给除鼠证书或者免予除鼠证书。该证书自签发之日起6个月内有效。

第六十一条 卫生检疫机关只有在下列之一情况下，经检查确认船舶无鼠害的，方可签发免予除鼠证书：

（一）空舱；

（二）舱内虽然装有压舱物品或者其他物品，但是这些物品不引诱鼠类，放置情况又不妨碍实施鼠患检查。

对油轮在实舱时进行检查，可以签发免予除鼠证书。

第六十二条 对船舶的鼠患检查或者除鼠，应当尽量在船舶空舱的时候进行。如果船舶因故不宜按期进行鼠患检查或者蒸熏除鼠，并且该船又开往便于实施鼠患检查或者蒸熏除鼠的港口，可以准许该船原有的除鼠证书或者免予除鼠证书的有效期延长1个月，并签发延长证明。

第六十三条 对国际航行的船舶，按照国家规定的标准，应当用蒸熏的方法除鼠时，如果该船的除鼠证书或者免予除鼠证书尚未失效，除该船染有鼠疫或者鼠疫嫌疑外，卫生检疫机关应当将除鼠理由通知船长。船长应当按照要求执行。

第六十四条 船舶在港口停靠期间，船长应当负责采取下列的措施：

（一）缆绳上必须使用有效的防鼠板，或者其他防鼠装置；

（二）夜间放置扶梯、桥板时，应当用强光照射；

（三）在船上发现死鼠或者捕获到鼠类时，应当向卫生检疫机关报告。

第六十五条 在国境口岸停留的国内航行的船舶如果存在鼠患，船方应当进行除鼠。根据船方申请，也可由卫生检疫机关实施除鼠。

第六十六条 国务院卫生行政部门认为必要时，可以要求来自国外或者国外某些地区的人员在入境时，向卫生检疫机关出示有效的某种预防接种证书或者健康证明。

第六十七条 预防接种的有效期如下：

（一）黄热病疫苗自接种后第10日起，10年内有效。如果前次接种不满10年又经复种，自复种的当日起，10年内有效；

（二）其他预防接种的有效期，按照有关规定执行。

第八章 检疫传染病管理

第一节 鼠 疫

第六十八条 鼠疫的潜伏期为6日。

第六十九条 船舶、航空器在到达时，有下列情形之一的，为染有鼠疫：

（一）船舶、航空器上有鼠疫病例的；

（二）船舶、航空器上发现有感染鼠疫的啮齿动物的；

（三）船舶上曾经有人在上船6日以后患鼠疫的。

第七十条 船舶在到达时，有下列情形之一的，为染有鼠疫嫌疑：

（一）船舶上没有鼠疫病例，但曾经有人在上船后6日以内患鼠疫的；

（二）船上啮齿动物有反常死亡，并且死因不明的。

第七十一条 对染有鼠疫的船舶、航空器应当实施下列卫生处理：

（一）对染疫人实施隔离。

（二）对染疫嫌疑人实施除虫，并且从到达时算起，实施不超过6日的就地诊验或者留验。在此期间，船上的船员除因工作需要并且经卫生检疫机关许可外，不准上岸。

（三）对染疫人、染疫嫌疑人的行李、使用过的其他物品和卫生检疫机关认为有污染嫌疑的物品，实施除虫，必要时实施消毒。

（四）对染疫人占用过的部位和卫生检疫机关认为有污染嫌疑的部位，实施除虫，必要时实施消毒。

（五）船舶、航空器上有感染鼠疫的啮齿动物，卫生检疫机关必须实施除鼠。如果船舶上发现只有未感染鼠疫的啮齿动物，卫生检疫机关也可以实施除鼠。实施除鼠可以在隔离的情况下进行。对船舶的除鼠应当在卸货以前进行。

（六）卸货应当在卫生检疫机关的监督下进行，并且防止卸货的工作人员遭受感染，必要时，对卸货的工作人员从卸货完毕时算起，实施不超过6日的就地诊验或者留验。

第七十二条　对染有鼠疫嫌疑的船舶，应当实施本细则第七十一条第（二）至第（六）项规定的卫生处理。

第七十三条　对没有染疫的船舶、航空器，如果来自鼠疫疫区，卫生检疫机关认为必要时，可以实施下列卫生处理：

（一）对离船、离航空器的染疫嫌疑人，从船舶、航空器离开疫区的时候算起，实施不超过6日的就地诊验或者留验；

（二）在特殊情况下，对船舶、航空器实施除鼠。

第七十四条　对到达的时候载有鼠疫病例的列车和其他车辆，应当实施下列卫生处理：

（一）本细则第七十一条第（一）、第（三）、第（四）、第（六）项规定的卫生处理；

（二）对染疫嫌疑人实施除虫，并且从到达时算起，实施不超过6日的就地诊验或者留验；

（三）必要时，对列车和其他车辆实施除鼠。

第二节　霍　乱

第七十五条　霍乱潜伏期为5日。

第七十六条　船舶在到达的时候载有霍乱病例，或者在到达前5日以内，船上曾经有霍乱病例发生，为染有霍乱。

船舶在航行中曾经有霍乱病例发生，但是在到达前5日以内，没有发生新病例，为染有霍乱嫌疑。

第七十七条　航空器在到达的时候载有霍乱病例，为染有霍乱。

航空器在航行中曾经有霍乱病例发生，但在到达以前该病员已经离去，为染有霍乱嫌疑。

第七十八条　对染有霍乱的船舶、航空器，应当实施下列卫生处理：

（一）对染疫人实施隔离；

（二）对离船、离航空器的员工、旅客，从卫生处理完毕时算起，实施不超过5日的就地诊验或者留验；从船舶到达时算起5日内，船上的船员除因工作需要，并且经卫生检疫机关许可外，不准上岸；

（三）对染疫人、染疫嫌疑人的行李，使用过的其他物品和有污染嫌疑的物品、食品实施消毒；

（四）对染疫人占用的部位，污染嫌疑部位，实施消毒；

（五）对污染或者有污染嫌疑的饮用水，应当实施消毒后排放，并在储水容器消毒后再换清洁饮用水；

（六）人的排泄物、垃圾、废水、废物和装自霍乱疫区的压舱水，未经消毒，不准排放和移下；

（七）卸货必须在卫生检疫机关监督下进行，并且防止工作人员遭受感染，必要时，对卸货工作人员从卸货完毕时算起，实施不超过5日的就地诊验或者留验。

第七十九条 对染有霍乱嫌疑的船舶、航空器应当实施下列卫生处理：

（一）本细则第七十八条第（二）至第（七）项规定的卫生处理；

（二）对离船、离航空器的员工、旅客从到达时算起，实施不超过5日的就地诊验或者留验。在此期间，船上的船员除因工作需要，并经卫生检疫机关许可外，不准离开口岸区域；或者对离船、离航空器的员工、旅客，从离开疫区时算起，实施不超过5日的就地诊验或者留验。

第八十条 对没有染疫的船舶、航空器，如果来自霍乱疫区，卫生检疫机关认为必要时，可以实施下列卫生处理：

（一）本细则第七十八条第（五）、第（六）项规定的卫生处理；

（二）对离船、离航空器的员工、旅客，从离开疫区时算起，实施不超过5日的就地诊验或者留验。

第八十一条 对到达时载有霍乱病例的列车和其他车辆应当实施下列卫生处理：

（一）按本细则第七十八条第（一）、第（三）、第（四）、第（五）、第（七）项规定的卫生处理；

（二）对染疫嫌疑人从到达时算起，实施不超过5日的就地诊验或者留验。

第八十二条 对来自霍乱疫区的或者染有霍乱嫌疑的交通工具，卫生检疫机关认为必要时，可以实施除虫、消毒；如果交通工具载有水产品、水果、蔬菜、饮料及其他食品，除装在密封容器内没有被污染外，未经卫生检疫机关许可，不准卸下，必要时可以实施卫生处理。

第八十三条 对来自霍乱疫区的水产品、水果、蔬菜、饮料以及装有这些制品的邮包，卫生检疫机关在查验时，为了判明是否被污染，可以抽样检验，必要时可以实施卫生处理。

第三节 黄热病

第八十四条 黄热病的潜伏期为6日。

第八十五条 来自黄热病疫区的人员，在入境时，必须向卫生检疫机关出示有效的黄热病预防接种证书。

对无有效的黄热病预防接种证书的人员，卫生检疫机关可以从该人员离开感染环境的时候算起，实施6日的留验，或者实施预防接种并留验到黄热病预防接种证书生效时为止。

第八十六条 航空器到达时载有黄热病病例，为染有黄热病。

第八十七条 来自黄热病疫区的航空器，应当出示在疫区起飞前的灭蚊证书；如果在到达时不出示灭蚊证书，或者卫生检疫机关认为出示的灭蚊证书不符合要求，并且在航空器上发现活蚊，为染有黄热病嫌疑。

第八十八条 船舶在到达时载有黄热病病例，或者在航行中曾经有黄热病病例发生，为染有黄热病。

船舶在到达时，如果离开黄热病疫区没有满6日，或者没有满30日并且在船上发现埃及伊蚊或者其他黄热病媒介，为染有黄热病嫌疑。

第八十九条 对染有黄热病的船舶、航空器，应当实施下列卫生处理：

（一）对染疫人实施隔离；

（二）对离船、离航空器又无有效的黄热病预防接种证书的员工、旅客，实施本细则第八十五条规定的卫生处理；

（三）彻底杀灭船舶、航空器上的埃及伊蚊及其虫卵、幼虫和其他黄热病媒介，并且在没有完成灭蚊以前限制该船与陆地和其他船舶的距离不少于400米；

（四）卸货应当在灭蚊以后进行，如果在灭蚊以前卸货，应当在卫生检疫机关监督下进行，并且采取预防措施，使卸货的工作人员免受感染，必要时，对卸货的工作人员，从卸货完毕时算起，实施6日的就地诊验或者留验。

第九十条 对染有黄热病嫌疑的船舶、航空器，应当实施本细则第八十九条第（二）至第（四）项规定的卫生处理。

第九十一条 对没有染疫的船舶、航空器，如果来自黄热病疫区，卫生检疫机关认为必要时，可以实施本细则第八十九条第（三）项规定的卫生处理。

第九十二条 对到达的时候载有黄热病病例的列车和其他车辆，或者来自黄热病疫区的列车和其他车辆，应当实施本细则第八十九条第（一）、第（四）项规定的卫生处理；对列车、车辆彻底杀灭成蚊及其虫卵、幼虫；对无有效黄热病预防接种证书的员工、旅客，应当实施本细则第八十五条规定的卫生处理。

第四节 就地诊验、留验和隔离

第九十三条 卫生检疫机关对受就地诊验的人员，应当发给就地诊验记录簿，必要的时候，可以在该人员出具履行就地诊验的保证书以后，再发给其就地诊验记录簿。

受就地诊验的人员应当携带就地诊验记录簿，按照卫生检疫机关指定的期间、地点，接受医学检查；如果就地诊验的结果没有染疫，就地诊验期满的时候，受就地诊验的人员应当将就地诊验记录簿退还卫生检疫机关。

第九十四条 卫生检疫机关应当将受就地诊验人员的情况，用最快的方法通知受就地诊验人员的旅行停留地的卫生检疫机关或者其他医疗卫生单位。

卫生检疫机关、医疗卫生单位遇有受就地诊验的人员请求医学检查时，应当视同急诊给予医学检查，并将检查结果在就地诊验记录簿上签注；如果发现其患检疫传染病或者监测传染病、疑似检疫传染病或者疑似监测传染病时，应当立即采取必要的卫生措施，将其就地诊验记录簿收回存查，并且报告当地卫生防疫机构和签发就地诊验记录簿的卫生检疫机关。

第九十五条 受留验的人员必须在卫生检疫机关指定的场所接受留验；但是有下列情形之一的，经卫生检疫机关同意，可以在船上留验：

（一）船长请求船员在船上留验的；

（二）旅客请求在船上留验，经船长同意，并且船上有船医和医疗、消毒设备的。

第九十六条 受留验的人员在留验期间如果出现检疫传染病的症状，卫生检疫机关应当立即对该人员实施隔离，对与其接触的其他受留验的人员，应当实施必要的卫生处理，并且从卫生处理完毕时算起，重新计算留验时间。

第九章 传染病监测

第九十七条 入境、出境的交通工具、人员、食品、饮用水和其他物品以及病媒昆虫、动物，均为传染病监测的对象。

第九十八条 传染病监测内容是：

（一）首发病例的个案调查；

（二）暴发流行的流行病学调查；

（三）传染源调查；

（四）国境口岸内监测传染病的回顾性调查；

（五）病原体的分离、鉴定，人群、有关动物血清学调查以及流行病学调查；

（六）有关动物、病媒昆虫、食品、饮用水和环境因素的调查；

（七）消毒、除鼠、除虫的效果观察与评价；

（八）国境口岸以及国内外监测传染病疫情的收集、整理、分析和传递；

（九）对监测对象开展健康检查和对监测传染病病人、疑似病人、密切接触人员的管理。

第九十九条 卫生检疫机关应当阻止患有严重精神病、传染性肺结核病或者有可能对公共卫生造成重大危害的其他传染病的外国人入境。

第一百条 受入境、出境检疫的人员，必须根据检疫医师的要求，如实填报健康申明卡，出示某种有效的传染病预防接种证书、健康证明或者其他有关证件。

第一百零一条 卫生检疫机关对国境口岸的涉外宾馆、饭店内居住的入境、出境人员及工作人员实施传染病监测，并区别情况采取必要的预防、控制措施。

对来自检疫传染病和监测传染病疫区的人员，检疫医师可以根据流行病学和医学检查结果，发给就诊方便卡。

卫生检疫机关、医疗卫生单位遇到持有就诊方便卡的人员请求医学检查时，应当视同急诊给予医学检查；如果发现其患检疫传染病或者监测传染病，疑似检疫传染病或者疑似监测传染病，应当立即实施必要的卫生措施，并且将情况报告当地卫生防疫机构和签发就诊方便卡的卫生检疫机关。

第一百零二条 凡申请出境居住1年以上的中国籍人员，必须持有卫生检疫机关签发的健康证明。中国公民出境、入境管理机关凭卫生检疫机关签发的健康证明办理出境手续。

凡在境外居住1年以上的中国籍人员，入境时必须向卫生检疫机关申报健康情况，并在入境后1个月内到就近的卫生检疫机关或者县级以上的医院进行健康检查。公安机关凭健康证明办理有关手续。健康证明的副本应当寄送到原入境口岸的卫生检疫机关备案。

国际通行交通工具上的中国籍员工，应当持有卫生检疫机关或者县级以上医院出具的健康证明。健康证明的项目、格式由海关总署统一规定，有效期为12个月。

第一百零三条 卫生检疫机关在国境口岸内设立传染病监测点时，有关单位应当给予协助并提供方便。

第十章 卫生监督

第一百零四条 卫生检疫机关依照《国境卫生检疫法》第十八条、第十九条规定的内容，对国境口岸和交通工具实施卫生监督。

第一百零五条 对国境口岸的卫生要求是：

（一）国境口岸和国境口岸内涉外的宾馆、生活服务单位以及候船、候车、候机厅（室）应当有健全的卫生制度和必要的卫生设施，并保持室内外环境整洁、通风良好；

（二）国境口岸有关部门应当采取切实可行的措施，控制啮齿动物、病媒昆虫，使其数量降低到不足为害的程度。仓库、货场必须具有防鼠设施；

（三）国境口岸的垃圾、废物、污水、粪便必须进行无害化处理，保持国境口岸环境整洁卫生。

第一百零六条 对交通工具的卫生要求是：

（一）交通工具上的宿舱、车厢必须保持清洁卫生，通风良好；

（二）交通工具上必须备有足够的消毒、除鼠、除虫药物及器械，并备有防鼠装置；

（三）交通工具上的货舱、行李舱、货车车厢在装货前或者卸货后应当进行彻底清扫，有毒物品和食品不得混装，防止污染；

（四）对不符合卫生要求的入境、出境交通工具，必须接受卫生检疫机关的督导立即进行改进。

第一百零七条 对饮用水、食品及从业人员的卫生要求是：

（一）国境口岸和交通工具上的食品、饮用水必须符合有关的卫生标准；

（二）国境口岸内的涉外宾馆，以及向入境、出境的交通工具提供饮食服务的部门，必须取得卫生检疫机关发放的卫生许可证；

（三）国境口岸内涉外的宾馆和入境、出境交通工具上的食品、饮用水从业人员应当持有有效健康证明；

第一百零八条 国境口岸有关单位和交通工具负责人应当遵守下列事项：

（一）遵守《国境卫生检疫法》和本细则及有关卫生法规的规定；

（二）接受卫生监督员的监督和检查，并为其工作提供方便；

（三）按照卫生监督员的建议，对国境口岸和交通工具的卫生状况及时采取改进措施。

第十一章 罚 则

第一百零九条 《国境卫生检疫法》和本细则所规定的应当受行政处罚的行为是指：

（一）应当受入境检疫的船舶，不悬挂检疫信号的；

（二）入境、出境的交通工具，在入境检疫之前或者在出境检疫之后，擅自上下人员，装卸行李、货物、邮包等物品的；

（三）拒绝接受检疫或者抵制卫生监督，拒不接受卫生处理的；

（四）伪造或者涂改检疫单、证、不如实申报疫情的；

（五）瞒报携带禁止进口的微生物、人体组织、生物制品、血液及其制品或者其他可能引起传染病传播的动物和物品的；

（六）未经检疫的入境、出境交通工具，擅自离开检疫地点，逃避查验的；

（七）隐瞒疫情或者伪造情节的；

（八）未经卫生检疫机关实施卫生处理，擅自排放压舱水，移下垃圾、污物等控制的物品的；

（九）未经卫生检疫机关实施卫生处理，擅自移运尸体、骸骨的；

（十）废旧物品、废旧交通工具，未向卫生检疫机关申报，未经卫生检疫机关实施卫生处理和签发卫生检疫证书而擅自入境、出境或者使用、拆卸的；

（十一）未经卫生检疫机关检查，从交通工具上移下传染病病人造成传染病传播危险的。

第一百一十条 具有本细则第一百零九条所列第（一）至第（五）项行为的，处以警告或者100元以上5000元以下的罚款；

具有本细则第一百零九条所列第（六）至第（九）项行为的，处以1000元以上1万元以下的罚款；

具有本细则第一百零九条所列第（十）、第（十一）项行为的，处以5000元以上3万元以下的罚款。

第一百一十一条 卫生检疫机关在收取罚款时，应当出具正式的罚款收据。罚款全部上交国库。

第十二章 附 则

第一百一十二条 国境卫生检疫机关实施卫生检疫的收费标准，由海关总署会同国务院财政、物价部门共同制定。

第一百一十三条 本细则自发布之日起施行。

中华人民共和国传染病防治法实施办法

(1991年10月4日国务院批准，1991年12月6日卫生部令第17号公布，自公布之日起施行)

第一章 总 则

第一条 根据《中华人民共和国传染病防治法》(以下简称《传染病防治法》)的规定，制定本办法。

第二条 国家对传染病实行预防为主的方针，各级政府在制定社会经济发展规划时，必须包括传染病防治目标，并组织有关部门共同实施。

第三条 各级政府卫生行政部门对传染病防治工作实施统一监督管理。

受国务院卫生行政部门委托的其他有关部门卫生主管机构，在本系统内行使《传染病防治法》第三十二条第一款所列职权。

军队的传染病防治工作，依照《传染病防治法》和本办法中的有关规定以及国家其他有关规定，由中国人民解放军卫生主管部门实施监督管理。

第四条 各级各类卫生防疫机构按照专业分工承担传染病监测管理的责任和范围，由省级政府卫生行政部门确定。

铁路、交通、民航、厂(场)矿的卫生防疫机构，承担本系统传染病监测管理工作，并接受本系统上级卫生主管机构和省级政府卫生行政部门指定的卫生防疫机构的业务指导。

第五条 各级各类医疗保健机构承担传染病防治管理的责任和范围，由当地政府卫生行政部门确定。

第六条 各级政府对预防、控制传染病作出显著成绩和贡献的单位和个人，应当给予奖励。

第二章 预 防

第七条 各级政府应当组织有关部门，开展传染病预防知识和防治措施的卫生健康教育。

第八条 各级政府组织开展爱国卫生活动。

铁路、交通、民航部门负责组织消除交通工具的鼠害和各种病媒昆虫的危害。

农业、林业部门负责组织消除农田、牧场及林区的鼠害。

国务院各有关部委消除钉螺危害的分工，按照国务院的有关规定办理。

第九条 集中式供水必须符合国家《生活饮用水卫生标准》。

各单位自备水源，未经城市建设部门和卫生行政部门批准，不得与城镇集中式供水系统连接。

第十条 地方各级政府应当有计划地建设和改造公共卫生设施。

城市应当按照城市环境卫生设施标准修建公共厕所、垃圾粪便的无害化处理场和污水、雨水排放处理系统等公共卫生设施。

农村应当逐步改造厕所，对粪便进行无害化处理，加强对公共生活用水的卫生管理，建立必要的卫生管理制度。饮用水水源附近禁止有污水池、粪堆(坑)等污染源。禁止在饮用水水源附近洗刷便器和运输粪便的工具。

第十一条 国家实行有计划的预防接种制度。

中华人民共和国境内的任何人均应按照有关规定接受预防接种。

各省、自治区、直辖市政府卫生行政部门可以根据当地传染病的流行情况，增加预防接种项目。

第十二条 国家对儿童实行预防接种证制度。

适龄儿童应当按照国家有关规定，接受预防接种。适龄儿童的家长或者监护人应当及时向医疗保健机构申请办理预防接种证。

托幼机构、学校在办理入托、入学手续时，应当查验预防接种证，未按规定接种的儿童应当及时补种。

第十三条 各级各类医疗保健机构的预防保健组织或者人员，在本单位及责任地段内承担下列工作：

（一）传染病疫情报告和管理；

（二）传染病预防和控制工作；

（三）卫生行政部门指定的卫生防疫机构交付的传染病防治和监测任务。

第十四条 医疗保健机构必须按照国务院卫生行政部门的有关规定，严格执行消毒隔离制度，防止医院内感染和医源性感染。

第十五条 卫生防疫机构和从事致病性微生物实验的科研、教学、生产等单位必须做到：

（一）建立健全防止致病性微生物扩散的制度和人体防护措施；

（二）严格执行实验操作规程，对实验后的样品、器材、污染物品等，按照有关规定严格消毒后处理。

（三）实验动物必须按照国家有关规定进行管理。

第十六条 传染病的菌（毒）种分为下列三类：

一类：鼠疫耶尔森氏菌、霍乱弧菌，天花病毒、艾滋病病毒。

二类：布氏菌、炭疽菌、麻风杆菌，肝炎病毒、狂犬病毒、出血热病毒、登革热病毒，斑疹伤寒立克次体。

三类：脑膜炎双球菌、链球菌、淋病双球菌、结核杆菌、百日咳嗜血杆菌、白喉棒状杆菌、沙门氏菌、志贺氏菌、破伤风梭状杆菌，钩端螺旋体、梅毒螺旋体，乙型脑炎病毒、脊髓灰质炎病毒、流感病毒、流行性腮腺炎病毒、麻疹病毒、风疹病毒。

国务院卫生行政部门可以根据情况增加或者减少菌（毒）种的种类。

第十七条 国家对传染病菌（毒）种的保藏、携带、运输实行严格管理：

（一）菌（毒）种的保藏由国务院卫生行政部门指定的单位负责。

（二）一、二类菌（毒）种的供应由国务院卫生行政部门指定的保藏管理单位供应。三类菌（毒）种由设有专业实验室的单位或者国务院卫生行政部门指定的保藏管理单位供应。

（三）使用一类菌（毒）种的单位，必须经国务院卫生行政部门批准；使用二类菌（毒）种的单位必须经省级政府卫生行政部门批准；使用三类菌（毒）种的单位，应当经县级政府卫生行政部门批准。

（四）一、二类菌（毒）种，应派专人向供应单位领取，不得邮寄；三类菌（毒）种的邮寄必须持有邮寄单位的证明，并按照菌（毒）种邮寄与包装的有关规定办理。

第十八条 对患有下列传染病的病人或者病原携带者予以必要的隔离治疗，直至医疗保健机构证明其不具有传染性时，方可恢复工作：

（一）鼠疫、霍乱；

（二）艾滋病、病毒性肝炎、细菌性和阿米巴痢疾、伤寒和副伤寒、炭疽、斑疹伤寒、麻疹、百日咳、白喉、脊髓灰质炎、流行性脑脊髓膜炎、猩红热、流行性出血热、登革热、淋病、梅毒；

（三）肺结核、麻风病、流行性腮腺炎、风疹、急性出血性结膜炎。

第十九条 从事饮水、饮食、整容、保育等易使传染病扩散工作的从业人员，必须按照国家有关规定取得健康合格证后方可上岗。

第二十条 招用流动人员二百人以上的用工单位，应当向当地政府卫生行政部门指定的卫生防疫机构报告，并按照要求采取预防控制传染病的卫生措施。

第二十一条 被甲类传染病病原体污染的污水、污物、粪便，有关单位和个人必须在卫生防疫人员的指导监督下，按照下列要求进行处理：

（一）被鼠疫病原体污染

1. 被污染的室内空气、地面、四壁必须进行严格消毒，被污染的物品必须严格消毒或者焚烧处理；

2. 彻底消除鼠疫疫区内的鼠类、蚤类；发现病鼠、死鼠应当送检；解剖检验后的鼠尸必须焚化；

3. 疫区内啮齿类动物的皮毛不能就地进行有效的消毒处理时，必须在卫生防疫机构的监督下焚烧。

（二）被霍乱病原体污染

1. 被污染的饮用水，必须进行严格消毒处理；

2. 污水经消毒处理后排放；

3. 被污染的食物要就地封存，消毒处理；

4. 粪便消毒处理达到无害化；

5. 被污染的物品，必须进行严格消毒或者焚烧处理。

第二十二条 被伤寒和副伤寒、细菌性痢疾、脊髓灰质炎、病毒性肝炎病原体污染的水、物品、粪便，有关单位和个人应当按照下列要求进行处理：

（一）被污染的饮用水，应当进行严格消毒处理；

（二）污水经消毒处理后排放；

（三）被污染的物品，应当进行严格消毒处理或者焚烧处理；

（四）粪便消毒处理达到无害化。

死于炭疽的动物尸体必须就地焚化，被污染的用具必须消毒处理，被污染的土地、草皮消毒后，必须将10厘米厚的表层土铲除，并在远离水源及河流的地方深埋。

第二十三条 出售、运输被传染病病原体污染或者来自疫区可能被传染病病原体污染的皮毛、旧衣物及生活用品等，必须按照卫生防疫机构的要求进行必要的卫生处理。

第二十四条 用于预防传染病的菌苗、疫苗等生物制品，由各省、自治区、直辖市卫生防疫机构统一向生物制品生产单位订购，其他任何单位和个人不得经营。

用于预防传染病的菌苗、疫苗等生物制品必须在卫生防疫机构监督指导下使用。

第二十五条 凡从事可能导致经血液传播传染病的美容、整容等单位和个人，必须执行国务院卫生行政部门的有关规定。

第二十六条 血站（库）、生物制品生产单位，必须严格执行国务院卫生行政部门的有关规定，保证血液、血液制品的质量，防止因输入血液、血液制品引起病毒性肝炎、艾滋病、疟疾等疾病的发生。任何单位和个人不准使用国务院卫生行政部门禁止进口的血液和血液制品。

第二十七条 生产、经营、使用消毒药剂和消毒器械、卫生用品、卫生材料、一次性医疗器材、隐形眼镜、人造器官等必须符合国家有关标准，不符合国家有关标准的不得生产、经营和使用。

第二十八条 发现人畜共患传染病已在人、畜间流行时，卫生行政部门与畜牧兽医部门应当深入疫区，按照职责分别对人、畜开展防治工作。

传染病流行区的家畜家禽，未经畜牧兽医部门检疫不得外运。

进入鼠疫自然疫源地捕猎旱獭应按照国家有关规定执行。

第二十九条　狂犬病的防治管理工作按照下列规定分工负责：

（一）公安部门负责县以上城市养犬的审批与违章养犬的处理，捕杀狂犬、野犬。

（二）畜牧兽医部门负责兽用狂犬病疫苗的研制、生产和供应；对城乡经批准的养犬进行预防接种、登记和发放"家犬免疫证"；对犬类狂犬病的疫情进行监测和负责进出口犬类的检疫、免疫及管理。

（三）乡（镇）政府负责辖区内养犬的管理，捕杀狂犬、野犬。

（四）卫生部门负责人用狂犬病疫苗的供应、接种和病人的诊治。

第三十条　自然疫源地或者可能是自然疫源地的地区计划兴建大型建设项目时，建设单位在设计任务书批准后，应当向当地卫生防疫机构申请对施工环境进行卫生调查，并根据卫生防疫机构的意见采取必要的卫生防疫措施后，方可办理开工手续。

兴建城市规划内的建设项目，属于在自然疫源地和可能是自然疫源地范围内的，城市规划主管部门在核发建设工程规划许可证明中，必须有卫生防疫部门提出的有关意见及结论。建设单位在施工过程中，必须采取预防传染病传播和扩散的措施。

第三十一条　卫生防疫机构接到在自然疫源地和可能是自然疫源地范围内兴办大型建设项目的建设单位的卫生调查申请后，应当及时组成调查组到现场进行调查，并提出该地区自然环境中可能存在的传染病病种、流行范围、流行强度及预防措施等意见和结论。

第三十二条　在自然疫源地或者可能是自然疫源地内施工的建设单位，应当设立预防保健组织负责施工期间的卫生防疫工作。

第三十三条　凡在生产、工作中接触传染病病原体的工作人员，可以按照国家有关规定申领卫生防疫津贴。

第三章　疫情报告

第三十四条　执行职务的医疗保健人员、卫生防疫人员为责任疫情报告人。

责任疫情报告人应当按照本办法第三十五条规定的时限向卫生行政部门指定的卫生防疫机构报告疫情，并做疫情登记。

第三十五条　责任疫情报告人发现甲类传染病和乙类传染病中的艾滋病、肺炭疽的病人、病原携带者和疑似传染病病人时，城镇于六小时内，农村于十二小时内，以最快的通讯方式向发病地的卫生防疫机构报告，并同时报出传染病报告卡。

责任疫情报告人发现乙类传染病病人、病原携带者和疑似传染病病人时，城镇于十二小时内，农村于二十四小时内向发病地的卫生防疫机构报出传染病报告卡。

责任疫情报告人在丙类传染病监测区内发现丙类传染病病人时，应当在二十四小时内向发病地的卫生防疫机构报出传染病报告卡。

第三十六条　传染病暴发、流行时，责任疫情报告人应当以最快的通讯方式向当地卫生防疫机构报告疫情。接到疫情报告的卫生防疫机构应当以最快的通讯方式报告上级卫生防疫机构和当地政府卫生行政部门，卫生行政部门接到报告后，应当立即报告当地政府。

省级政府卫生行政部门接到发现甲类传染病和发生传染病暴发、流行的报告后，应当于六小时内报告国务院卫生行政部门。

第三十七条　流动人员中的传染病病人、病原携带者和疑似传染病病人的传染病报告、处理由诊治地负责，其疫情登记、统计由户口所在地负责。

第三十八条 铁路、交通、民航、厂（场）矿的卫生防疫机构，应当定期向所在地卫生行政部门指定的卫生防疫机构报告疫情。

第三十九条 军队的传染病疫情，由中国人民解放军卫生主管部门根据军队有关规定向国务院卫生行政部门报告。

军队的医疗保健和卫生防疫机构，发现地方就诊的传染病病人、病原携带者、疑似传染病病人时，应当按照本办法第三十五条的规定报告疫情，并接受当地卫生防疫机构的业务指导。

第四十条 国境口岸所在地卫生行政部门指定的卫生防疫机构和港口、机场、铁路卫生防疫机构和国境卫生检疫机关在发现国境卫生检疫法规定的检疫传染病时，应当互相通报疫情。

发现人畜共患传染病时，卫生防疫机构和畜牧兽医部门应当互相通报疫情。

第四十一条 各级政府卫生行政部门指定的卫生防疫机构应当对辖区内各类医疗保健机构的疫情登记报告和管理情况定期进行核实、检查、指导。

第四十二条 传染病报告卡片邮寄信封应当印有明显的"红十字"标志及写明××卫生防疫机构收的字样。

邮电部门应当及时传递疫情报告的电话或者信卡，并实行邮资总付。

第四十三条 医务人员未经县级以上政府卫生行政部门批准，不得将就诊的淋病、梅毒、麻风病、艾滋病病人和艾滋病病原携带者及其家属的姓名、住址和个人病史公开。

第四章 控　制

第四十四条 卫生防疫机构和医疗保健机构传染病的疫情处理实行分级分工管理。

第四十五条 艾滋病的监测管理按照国务院有关规定执行。

第四十六条 淋病、梅毒病人应当在医疗保健机构、卫生防疫机构接受治疗。尚未治愈前，不得进入公共浴池、游泳池。

第四十七条 医疗保健机构或者卫生防疫机构在诊治中发现甲类传染病的疑似病人，应当在二日内作出明确诊断。

第四十八条 甲类传染病病人和病原携带者以及乙类传染病中的艾滋病、淋病、梅毒病人的密切接触者必须按照有关规定接受检疫、医学检查和防治措施。

前款以外的乙类传染病病人及病原携带者的密切接触者，应当接受医学检查和防治措施。

第四十九条 甲类传染病疑似病人或者病原携带者的密切接触者，经留验排除是病人或者病原携带者后，留验期间的工资福利待遇由所属单位按出勤照发。

第五十条 发现甲类传染病病人、病原携带者或者疑似病人的污染场所，卫生防疫机构接到疫情报告后，应立即进行严格的卫生处理。

第五十一条 地方各级政府卫生行政部门发现本地区发生从未有过的传染病或者国家已宣布消除的传染病时，应当立即采取措施，必要时，向当地政府报告。

第五十二条 在传染病暴发、流行区域、当地政府应当根据传染病疫情控制的需要，组织卫生、医药、公安、工商、交通、水利、城建、农业、商业、民政、邮电、广播电视等部门采取下列预防、控制措施：

（一）对病人进行抢救、隔离治疗；

（二）加强粪便管理，清除垃圾、污物；

（三）加强自来水和其他饮用水的管理，保护饮用水源；

（四）消除病媒昆虫、钉螺、鼠类及其他染疫动物；

（五）加强易使传染病传播扩散活动的卫生管理；

（六）开展防病知识的宣传；

（七）组织对传染病病人、病原携带者、染疫动物密切接触人群的检疫、预防服药、应急接种等；

（八）供应用于预防和控制疫情所必需的药品、生物制品、消毒药品、器械等；

（九）保证居民生活必需品的供应。

第五十三条 县级以上政府接到下一级政府关于采取《传染病防治法》第二十五条规定的紧急措施报告时，应当在二十四小时内作出决定。下一级政府在上一级政府作出决定前，必要时，可以临时采取《传染病防治法》第二十五条第一款第（一）、（四）项紧急措施，但不得超过二十四小时。

第五十四条 撤销采取《传染病防治法》第二十五条紧急措施的条件是：

（一）甲类传染病病人、病原携带者全部治愈，乙类传染病病人、病原携带者得到有效的隔离治疗；病人尸体得到严格消毒处理；

（二）污染的物品及环境已经过消毒等卫生处理；有关病媒昆虫、染疫动物基本消除；

（三）暴发、流行的传染病病种，经过最长潜伏期后，未发现新的传染病病人，疫情得到有效的控制。

第五十五条 因患鼠疫、霍乱和炭疽病死亡的病人尸体，由治疗病人的医疗单位负责消毒处理，处理后应当立即火化。

患病毒性肝炎、伤寒和副伤寒、艾滋病、白喉、炭疽、脊髓灰质炎死亡的病人尸体，由治疗病人的医疗单位或者当地卫生防疫机构消毒处理后火化。

不具备火化条件的农村、边远地区，由治疗病人的医疗单位或者当地卫生防疫机构负责消毒后，可选远离居民点五百米以外、远离饮用水源五十米以外的地方，将尸体在距地面两米以下深埋。

民族自治地方执行前款的规定，依照《传染病防治法》第二十八条第三款的规定办理。

第五十六条 医疗保健机构、卫生防疫机构经县级以上政府卫生行政部门的批准可以对传染病病人尸体或者疑似传染病病人的尸体进行解剖查验。

第五十七条 卫生防疫机构处理传染病疫情的人员，可以凭当地政府卫生行政部门出具的处理疫情证明及有效的身份证明，优先在铁路、交通、民航部门购票，铁路、交通、民航部门应当保证售给最近一次通往目的地的车、船、机票。

交付运输的处理疫情的物品应当有明显标志，铁路、交通、民航部门应当保证用最快通往目的地的交通工具运出。

第五十八条 用于传染病监督控制的车辆，其标志由国务院卫生行政部门会同有关部门统一制定。任何单位和个人不得阻拦依法执行处理疫情任务的车辆和人员。

第五章 监 督

第五十九条 地方各级政府卫生行政部门、卫生防疫机构和受国务院卫生行政部门委托的其他有关部门卫生主管机构推荐的传染病管理监督员，由省级以上政府卫生行政部门聘任并发给证件。

省级政府卫生行政部门聘任的传染病管理监督员，报国务院卫生行政部门备案。

第六十条 传染病管理监督员执行下列任务：

（一）监督检查《传染病防治法》及本办法的执行情况；

（二）进行现场调查，包括采集必需的标本及查阅、索取、翻印复制必要的文字、图片、声象资料等，并根据调查情况写出书面报告；

（三）对违法单位或者个人提出处罚建议；

（四）执行卫生行政部门或者其他有关部门卫生主管机构交付的任务；

（五）及时提出预防和控制传染病措施的建议。

第六十一条 各级各类医疗保健机构内设立的传染病管理检查员，由本单位推荐，经县级以上政府卫生行政部门或受国务院卫生行政部门委托的其他部门卫生主管机构批准并发给证件。

第六十二条 传染病管理检查员执行下列任务：

（一）宣传《传染病防治法》及本办法，检查本单位和责任地段的传染病防治措施的实施和疫情报告执行情况；

（二）对本单位和责任地段的传染病防治工作进行技术指导；

（三）执行卫生行政部门和卫生防疫机构对本单位及责任地段提出的改进传染病防治管理工作的意见；

（四）定期向卫生行政部门指定的卫生防疫机构汇报工作情况，遇到紧急情况及时报告。

第六十三条 传染病管理监督员、传染病管理检查员执行任务时，有关单位和个人必须给予协助。

第六十四条 传染病管理监督员的解聘和传染病管理检查员资格的取消，由原发证机关决定，并通知其所在单位和个人。

第六十五条 县级以上政府卫生行政部门和受国务院卫生行政部门委托的部门，可以成立传染病技术鉴定组织。

第六章 罚 则

第六十六条 有下列行为之一的，由县级以上政府卫生行政部门责令限期改正，可以处五千元以下的罚款；情节较严重的，可以处五千元以上二万元以下的罚款，对主管人员和直接责任人员由其所在单位或者上级机关给予行政处分：

（一）集中式供水单位供应的饮用水不符合国家规定的《生活饮用水卫生标准》的；

（二）单位自备水源未经批准与城镇供水系统连接的；

（三）未按城市环境卫生设施标准修建公共卫生设施致使垃圾、粪便、污水不能进行无害化处理的；

（四）对被传染病病原体污染的污水、污物、粪便不按规定进行消毒处理的；

（五）对被甲类和乙类传染病病人、病原携带者、疑似传染病病人污染的场所、物品未按照卫生防疫机构的要求实施必要的卫生处理的；

（六）造成传染病的医源性感染、医院内感染、实验室感染和致病性微生物扩散的；

（七）生产、经营、使用消毒药剂和消毒器械、卫生用品、卫生材料、一次性医疗器材、隐形眼镜、人造器官等不符合国家卫生标准，可能造成传染病的传播、扩散或者造成传染病的传播、扩散的；

（八）准许或者纵容传染病病人、病原携带者和疑似传染病病人，从事国务院卫生行政部门规定禁止从事的易使该传染病扩散的工作的；

（九）传染病病人、病原携带者故意传播传染病，造成他人感染的；

（十）甲类传染病病人、病原携带者或者疑似传染病病人，乙类传染病中艾滋病、肺炭疽病人拒绝进行隔离治疗的；

（十一）招用流动人员的用工单位，未向卫生防疫机构报告并未采取卫生措施，造成传染病传播、流行的；

（十二）违章养犬或者拒绝、阻挠捕杀违章犬，造成咬伤他人或者导致人群中发生狂犬病的。

前款所称情节较严重的，是指下列情形之一：

（一）造成甲类传染病、艾滋病、肺炭疽传播危险的；

（二）造成除艾滋病、肺炭疽之外的乙、丙类传染病暴发、流行的；

（三）造成传染病菌（毒）种扩散的；

（四）造成病人残疾、死亡的；

（五）拒绝执行《传染病防治法》及本办法的规定，屡经教育仍继续违法的。

第六十七条 在自然疫源地和可能是自然疫源地的地区兴建大型建设项目未经卫生调查即进行施工的，由县级以上政府卫生行政部门责令限期改正，可以处二千元以上二万元以下的罚款。

第六十八条 单位和个人出售、运输被传染病病原体污染和来自疫区可能被传染病病原体污染的皮毛、旧衣物及生物用品的，由县级以上政府卫生行政部门责令限期进行卫生处理，可以处出售金额一倍以下的罚款；造成传染病流行的，根据情节，可以处相当出售金额三倍以下的罚款，危害严重，出售金额不满二千元的，以二千元计算；对主管人员和直接责任人员由所在单位或者上级机关给予行政处分。

第六十九条 单位和个人非法经营、出售用于预防传染病菌苗、疫苗等生物制品的，县级以上政府卫生行政部门可以处相当出售金额三倍以下的罚款，危害严重，出售金额不满五千元的，以五千元计算；对主管人员和直接责任人员由所在单位或者上级机关根据情节，可以给予行政处分。

第七十条 有下列行为之一的单位和个人，县级以上政府卫生行政部门报请同级政府批准，对单位予以通报批评；对主管人员和直接责任人员由所在单位或者上级机关给予行政处分。

（一）传染病暴发、流行时，妨碍或者拒绝执行政府采取紧急措施的；

（二）传染病暴发、流行时，医疗保健人员、卫生防疫人员拒绝执行各级政府卫生行政部门调集其参加控制疫情的决定的；

（三）对控制传染病暴发、流行负有责任的部门拒绝执行政府有关控制疫情决定的；

（四）无故阻止和拦截依法执行处理疫情任务的车辆和人员的。

第七十一条 执行职务的医疗保健人员、卫生防疫人员和责任单位，不报、漏报、迟报传染病疫情的，由县级以上政府卫生行政部门责令限期改正，对主管人员和直接责任人员由其所在单位或者上级机关根据情节，可以给予行政处分。

个体行医人员在执行职务时，不报、漏报、迟报传染病疫情的，由县级以上政府卫生行政部门责令限期改正，限期内不改的，可以处一百元以上五百元以下罚款；对造成传染病传播流行的，可以处二百元以上二千元以下罚款。

第七十二条 县级政府卫生行政部门可以作出处一万元以下罚款的决定；决定处一万元以上罚款的，须报上一级政府卫生行政部门批准。

受国务院卫生行政部门委托的有关部门卫生主管机构可以作出处二千元以下罚款的决定；决定处二千元以上罚款的，须报当地县级以上政府卫生行政部门批准。

县级以上政府卫生行政部门在收取罚款时，应当出具正式的罚款收据。罚款全部上缴国库。

第七章 附 则

第七十三条 《传染病防治法》及本办法的用语含义如下：

传染病病人、疑似传染病病人：指根据国务院卫生行政部门发布的《中华人民共和国传染病防治法规定管理的传染病诊断标准》，符合传染病病人和疑似传染病病人诊断标准的人。

病原携带者：指感染病原体无临床症状但能排出病原体的人。

暴发：指在一个局部地区，短期内，突然发生多例同一种传染病病人。

流行：指一个地区某种传染病发病率显著超过该病历年的一般发病率水平。

重大传染病疫情：指《传染病防治法》第二十五条所称的传染病的暴发、流行。

传染病监测：指对人群传染病的发生、流行及影响因素进行有计划地、系统地长期观察。

疫区：指传染病在人群中暴发或者流行，其病原体向周围传播时可能波及的地区。

人畜共患传染病：指鼠疫、流行性出血热、狂犬病、钩端螺旋体病、布鲁氏菌病、炭疽、流行性乙型脑炎、黑热病、包虫病、血吸虫病。

自然疫源地：指某些传染病的病原体在自然界的野生动物中长期保存并造成动物间流行的地区。

可能是自然疫源地：指在自然界中具有自然疫源性疾病存在的传染源和传播媒介，但尚未查明的地区。

医源性感染：指在医学服务中，因病原体传播引起的感染。

医院内感染：指就诊患者在医疗保健机构内受到的感染。

实验室感染：指从事实验室工作时，因接触病原体所致的感染。

消毒：指用化学、物理、生物的方式杀灭或者消除环境中的致病性微生物。

卫生处理：指消毒、杀虫、灭鼠等卫生措施以及隔离、留验、就地检验等医学措施。

卫生防疫机构：指卫生防疫站、结核病防治研究所（院）、寄生虫病防治研究所（站）、血吸虫病防治研究所（站）、皮肤病性病防治研究所（站）、地方病防治研究所（站）、鼠疫防治站（所）、乡镇预防保健站（所）及与上述机构专业相同的单位。

医疗保健机构：指医院、卫生院（所）、门诊部（所）、疗养院（所）、妇幼保健院（站）及与上述机构业务活动相同的单位。

第七十四条 省、自治区、直辖市政府可以根据《传染病防治法》和本办法制定实施细则。

第七十五条 本办法由国务院卫生行政部门负责解释。

第七十六条 本办法自发布之日起施行。

中华人民共和国国境口岸卫生监督办法

(1981年12月30日国务院批准，1982年2月4日卫生部、交通部、中国民用航空总局、铁道部发布，根据2011年1月8日中华人民共和国国务院令第588号《国务院关于废止和修改部分行政法规的决定》第一次修订，根据2019年3月2日中华人民共和国国务院令第709号《国务院关于废止和修改部分行政法规的决定》第二次修订)

第一章 总 则

第一条 为了加强国境口岸和国际航行交通工具的卫生监督工作，改善国境口岸和交通工具的卫生面貌，控制和消灭传染源，切断传播途径，防止传染病由国外传入和由国内传出，保障人民身体健康，制定本办法。

第二条 本办法适用于对外开放的港口、机场、车站、关口（下称国境口岸）和停留在这些处所的国际航行的船舶、飞机和车辆（下称交通工具）。

第二章　国境口岸的卫生要求

第三条 国境口岸应当建立卫生清扫制度，消灭蚊蝇滋生场所，设置污物箱，定期进行清理，保持环境整洁。

第四条 国境口岸的生活垃圾应当日产日清，设置的固定垃圾场，应当定期清除；生活污水不得任意排放，应当做到无害化处理，以防止污染环境和水源。

第五条 对国境口岸的建筑物，有关部门应当采取切实可行的措施，控制病媒昆虫、啮齿动物，使其数量降低到不足为害的程度。

第六条 候船室、候机室、候车室、候检室应当做到地面整洁、墙壁无尘土、窗明几净、通风良好，并备有必要的卫生设施。

第七条 国境口岸的餐厅、食堂、厨房、小卖部应当建立和健全卫生制度，经常保持整洁，做到墙壁、天花板、桌椅清洁无尘土；应当有防蚊、防蝇、防鼠和冷藏设备，做到室内无蚊、无蝇、无鼠、无蟑螂。

第八条 国境口岸的厕所和浴室应当有专人管理，及时打扫，保持整洁，做到无蝇、无臭味。

第九条 国境口岸的仓库、货场应当保持清洁、整齐；发现鼠类有反常死亡时，应当及时向卫生检疫机关或地方卫生防疫部门报告。

第十条 做好国境口岸水源保护，在水源周围直径30米内，不得修建厕所、渗井等污染水源设施。

第三章　交通工具的卫生要求

第十一条 交通工具上必须备有急救药物、急救设备及消毒、杀虫、灭鼠药物。必要时，船舶上还需安排临时隔离室。

第十二条 交通工具上的病媒昆虫和啮齿动物的防除：

（一）船舶、飞机、列车上，应当备有足够数量有效的防鼠装置；保持无鼠或鼠类数量保持不足为害的程度。

（二）应当保持无蚊、无蝇、无其他有害昆虫，一旦发现应当采取杀灭措施。

第十三条 交通工具上的厕所、浴室必须保持整洁，无臭味。

第十四条 交通工具上的粪便、垃圾、污水处理的卫生要求：

（一）生活垃圾应当集中放在带盖的容器内，禁止向港区、机场、站区随意倾倒，应当由污物专用车（船）集中送往指定地点进行无害化处理。必要时，粪便、污水须经过卫生处理后方能排放；

（二）来自鼠疫疫区交通工具上的固体垃圾必须进行焚化处理，来自霍乱疫区交通工具上的粪便、压舱水、污水，必要时实施消毒。

第十五条 交通工具的货舱、行李车、邮政车和货车的卫生要求：

（一）货舱、行李车、邮政车、货车应当消灭蚊、蝇、蟑螂、鼠等病媒昆虫和有害动物及其滋生条件；在装货前或卸货后应当进行彻底清扫，做到无粪便、垃圾；

（二）凡装载有毒物品和食品的货车，应当分开按指定地点存放，防止污染，货物卸空后应当进行彻底洗刷；

（三）来自疫区的行李、货物，要严格检查，防止带有病媒昆虫和啮齿动物。

第十六条 交通工具上的客舱、宿舱、客车的卫生要求：

（一）客舱、宿舱和客车应当随时擦洗，保持无垃圾尘土，通风良好；

（二）卧具每次使用后必须换洗。卧具上不得有虱子、跳蚤、臭虫等病媒昆虫。

第四章　食品、饮用水及从业人员的卫生要求

第十七条　供应国境口岸和交通工具上的食品必须符合《中华人民共和国食品安全法》[①] 的规定和食品安全标准。

第十八条　凡供应国境口岸和交通工具上的饮用水必须符合我国规定的"生活饮用水卫生标准"。供应饮用水的运输工具、储存容器及输水管道等设备都应当经常冲洗干净，保持清洁。

第十九条　供应食品、饮用水的从业人员的卫生要求：

（一）患有肠道传染病的患者或带菌者，以及活动性结核病、化脓性渗出性皮肤病患者，不得从事食品和饮用水供应工作；

（二）从事食品、饮用水供应工作的人员，应当每年进行一次健康检查，新参加工作的人员，应当首先进行健康检查，经检查合格者，发给健康证；

（三）从事食品、饮用水供应工作的人员，要养成良好卫生习惯，工作时要着装整洁，严格遵守卫生操作制度。

第五章　国境口岸和交通工具的负责人的责任

第二十条　国境口岸和交通工具的负责人在卫生工作方面的责任是：

（一）应当经常抓好卫生工作，接受卫生监督人员的监督和检查，并为其开展工作提供方便条件；

（二）应当模范地遵守本办法和其他卫生法令、条例和规定；

（三）应当按照卫生监督人员的建议，对国境口岸和交通工具的不卫生状况，及时采取措施，加以改进；

（四）在发现检疫传染病和监测传染病时，应当向国境卫生检疫机关或地方防疫部门报告，并立即采取防疫措施。

第六章　卫生监督机关的职责

第二十一条　国境口岸卫生检疫机关对国境口岸和交通工具进行卫生监督，其主要职责是：

（一）监督和指导国境口岸有关部门和交通工具的负责人对病媒昆虫、啮齿动物进行防除；

（二）对停留在国境口岸出入国境的交通工具上的食品、饮用水实施检验，并对运输、供应、贮存设施等系统进行卫生监督；

（三）对国境口岸和交通工具上的所有非因意外伤害致死的尸体，实施检查、监督和卫生处理；

（四）监督国境口岸有关部门和交通工具的负责人对粪便、垃圾、污水进行清除和无害化处理；

（五）对与检疫传染病、监测传染病有流行病学意义的环境因素实施卫生监督；

（六）监督国境口岸周围内采取防蚊措施的执行；

（七）开展卫生宣传教育，普及卫生知识，提高国境口岸和交通工具上的人员遵守和执行本办法的自觉性。

第二十二条　国境口岸卫生检疫机关设国境口岸卫生监督员1至5名，执行卫生监督任务，发给统一式样的执法证件。

第二十三条　国境口岸卫生监督员持其证件，有权对国境口岸和交通工具的负责人，进行卫生

[①]　《中华人民共和国食品卫生管理条例》的规定已被现行法律《中华人民共和国食品安全法》的规定替代。

监督、检查和技术指导；配合有关部门，对卫生工作情况不良或引起传染病传播的单位或个人，提出改进意见，协同有关部门采取必要措施，进行处理。

第七章　奖励和惩罚

第二十四条　国境口岸卫生检疫机关，对贯彻执行本办法和国家有关卫生法令、条例、规定，作出显著成绩的单位和个人，应当给予表扬和奖励。

第二十五条　国境口岸卫生检疫机关，对违犯本办法和有关卫生法令、条例、规定的单位和个人，应当根据不同情况，给予警告、罚款，直至提请司法机关依法惩处。

第八章　附　则

第二十六条　本办法自发布之日起施行。

海关总署令

中华人民共和国海关对我国兼营国际国内运输船舶的监管规定

(1986年7月3日海关总署〔1986〕署货字第671号文发布，自1986年9月1日起施行)

第一条 为了加强对我国船舶进出境的管理，便利兼营船舶的运输，特制定本规定。

第二条 本规定所称"兼营船舶"系指：我国经营国际运输兼营国内运输的船舶和我国经营国内运输兼营国际运输的船舶。

第三条 我国兼营船舶的船方或其代理人应向船公司所在地海关书面申请并办理兼营船舶登记手续，经海关核准并签发海关监管签证簿（以下简称签证簿）后，才能兼营国际或国内运输。

第四条 兼营船舶的航行、停泊期间，必须随带签证簿以备海关核查。

第五条 兼营船舶在经营国际运输期间，海关按《中华人民共和国海关对国际航行船舶和所载货物监管办法》进行监管。

第六条 兼营船舶在经营国内运输期间，不得擅自驶往国外。

兼营船舶来往国内外，船方或其代理人应提前24小时通过港务机关向抵达港海关或驶离港海关预报和确报抵离港时间，未办清结关手续，不得擅自离港。

第七条 兼营船舶在卸完进口货物和办完船员携带进口自用物品验放手续后，才能申请改为经营国内运输，由海关在签证簿上批注签章。

兼营船舶在卸完国内运输货物后，才能申请改为经营国际运输，由海关在签证簿上批注签章。

第八条 兼营船舶在经营国内运输期间使用的进口船舶用物料、燃料、烟、酒，不得享受国际航行船舶的免税优惠。

船方或其代理人应在船舶申报改为经营国内运输的同时，在签证簿内向海关报明留存船上的进口船用物料、燃料、烟、酒的名称，如情况正常、数量合理，经海关核准可免税留船继续使用，对超出自用合理数量部分，海关予以征税，如需调拨或作价出售给其他非国际航行船舶，均应事前书面报经海关核准，并照章补征进口税。

第九条 经海关结关改为经营国内运输的船舶，如需再改航国外、经营国际运输时，船方或其代理人应在装出口货物或无货出口结关开航前24小时前向海关提出书面申请，并交验签证簿。

第十条 兼营船舶船员从国外携带进口的自用物品，按《海关对我国际运输工具服务人员进出境行李物品的管理规定》办理。

第十一条 兼营船舶连续经营国内运输满1年，即视作不再经营国际运输业务，船方或其代理人应在期满后1个月内将签证簿交原登记海关注销。

第十二条 海关对兼营船舶进行监管时，船方应予支持和配合。兼营船舶进出设关港口，海关认为必要时，得对其进行检查。

第十三条 兼营船及其船员有违反本办法及其他海关法规的行为，由海关依法进行处理。

第十四条　本办法自 1986 年 9 月 1 日起实施。

中华人民共和国海关对国际航行船舶船员自用和船舶备用烟、酒的管理规定

(1988 年 10 月 27 日海关总署令第 2 号发布，自 1988 年 12 月 1 日起施行)

第一条　为加强海关对进出境国际航行船舶船员自用和船舶备用烟、酒的管理，照顾船员和船舶的合理需要，根据《中华人民共和国海关法》，制定本规定。

第二条　国际航行船舶（以下简称船舶）进境时，船舶负责人应在《船员自用和船舶备用物品、货币、金银清单》（见附件 1）中如实填写烟、酒的类别、数量，向海关申报。

第三条　船舶每航次挂港期间，从进境之日起，在港停留每十天准予船舶外留备用香烟三千支、酒五瓶；准予每一外籍船员外留自用香烟四百支、酒一瓶（不含啤酒类饮料）。外籍船员携带上岸的烟、酒每次不得超过香烟四十支、酒一瓶，累计总数不得超出上述本人外留数量。中国籍船员按照《海关对我国际运输工具服务人员进出境行李物品的管理规定》规定的限量予以外留，并必须经海关办理征免税手续后，方准携带上岸。

第四条　不属本规定第三条核准外留的烟、酒，应全部集中储存，由船舶负责人在《船员自用和船舶备用烟、酒加封清单》（见附件 2）上列明，向海关申报。海关在清单上签注，并对烟、酒实施加封。船舶负责人有责任为海关加封烟、酒提供方便。

第五条　因特殊原因，船员、船舶外留的烟、酒不敷实际需要的，可由船舶负责人向海关提出书面申请，经海关审核批准后，在海关监管下启封及重封，并在《船员自用和船舶备用烟、酒加封清单》上相应变更封存烟、酒的数量。

第六条　船舶之间互相调拨的烟、酒，应当由船舶负责人或其代理人开列清单，报经海关核准后，在海关监管下办理调拨及重封手续，海关在《船员自用和船舶备用烟、酒加封清单》上签注。

第七条　船舶在我港口免税店购买的烟、酒，应在送货上船前由船舶负责人持免税店发票清单向海关申报，办理加封手续。海关变更《船员自用和船舶备用烟、酒加封清单》中关于烟、酒的封存数量。

第八条　开往我境内下一个岸口的船舶，其加封的烟、酒不得擅自启封，由本口岸海关将《船员自用和船舶备用烟、酒加封清单》作关封由船舶负责人负责带交下一口岸海关。由下一口岸海关依照本规定继续监管。直驶境外港口的船舶，结关离境后可自行启封。

第九条　对我兼营国际运输的船舶，在经营国际航运期间，海关按本规定对烟、酒加封留存；在改营国内运输期间，海关按《中华人民共和国海关对我国兼营国内运输船舶的监管规定》办理。

第十条　对违反本规定的行为，海关依据《中华人民共和国海关法》及有关法规进行处理。

第十一条　本规定自一九八八年十二月一日起实施。

附件：1. 船员自用和船舶备用物品、货币、金银清单（略）
　　　2. 船员自用和船舶备用烟、酒加封清单（略）

边民互市贸易管理办法

(海关总署、对外贸易经济合作部制定，1996年3月29日海关总署令第56号发布，自1996年4月1日起施行。根据2010年11月26日海关总署令第198号《海关总署关于修改部分规章的决定》修改)

第一条　为了促进边境地区居民互市贸易的健康发展，繁荣边境经济，加强海关监督管理，根据《中华人民共和国海关法》和其他有关法律、法规制定本办法。

第二条　边民互市贸易是指边境地区边民在我国陆路边境20公里以内，经政府批准的开放点或指定的集市上、在不超过规定的金额或数量范围内进行的商品交换活动。

开展边民互市贸易应符合以下条件：

（一）互市地点应设在陆路、界河边境线附近；

（二）互市地点应由边境省、自治区人民政府批准；

（三）边民互市贸易区（点）应有明确的界线；

（四）边民互市贸易区（点）的海关监管设施符合海关要求。

第三条　我国边境地区的居民和对方国家边民可进入边民互市贸易区（点）从事互市贸易。

我国边境地区的商店、供销社等企业，如在边民互市贸易区（点）设立摊位，从事商品交换活动的，按照边境贸易进行管理。

第四条　边境地区居民携带物品进出边民互市贸易区（点）或从边境口岸进出境时，应向海关如实申报物品的品种、数量和金额，并接受海关监管和检查。

第五条　边民通过互市贸易进口的生活用品（列入边民互市进口商品不予免税清单的除外），每人每日价值在人民币8000元以下的，免征进口关税和进口环节税。超过人民币8000元的，对超出部分按照规定征收进口关税和进口环节税。

第六条　边境双方居民和从事商品交换活动的企业均不得携带或运输国家禁止进出境物品出入边民互市贸易区（点）。

国家限制进出口和实行许可证管理的商品，按国家有关规定办理。

第七条　对具备封闭条件并与对方国家连接的边民互市场所，对方居民携带物品进境时，应向驻区监管的海关申报并接受海关监管。

第八条　对当地未设海关机构的，省、自治区政府可商直属海关委托地方有关部门代管，地方政府应加强管理，并制定实施细则商海关同意后实施，海关应给予指导并会同当地政府不定期检查管理情况。

第九条　各级海关要加强对边民互市贸易的管理，严厉打击利用边民互市贸易进行走私违法的活动。对违反《海关法》和本办法规定的，海关按照《海关法》和《中华人民共和国海关行政处罚实施条例》进行处理。

第十条　本办法由海关总署负责解释。

第十一条　本办法自一九九六年四月一日起施行。

中华人民共和国海关关于境内公路承运海关监管货物的运输企业及其车辆的管理办法

（2001年9月27日海关总署令第88号发布，根据2004年11月30日海关总署令第121号《海关总署关于修改〈中华人民共和国海关关于境内公路承运海关监管货物的运输企业及其车辆、驾驶员的管理办法〉的决定》第一次修正，根据2015年4月28日海关总署令第227号《海关总署关于修改部分规章的决定》第二次修正，根据2017年12月20日海关总署令第235号《海关总署关于修改部分规章的决定》第三次修正，根据2018年5月29日海关总署令第240号《海关总署关于修改部分规章的决定》第四次修正）

第一章 总 则

第一条 为加强对承运海关监管货物的境内运输企业及其车辆的管理，根据《中华人民共和国海关法》（以下简称《海关法》）及其他相关法规，制定本办法。

第二条 本办法所指的境内运输企业、车辆，是指依据本办法经海关注册登记，在境内从事海关监管货物运输的企业、车辆。

第三条 运输企业、车辆应当向主管地的直属海关或者隶属海关（以下简称主管海关）申请办理注册登记手续。

第四条 海关对运输企业、车辆的注册登记资料实行计算机联网管理。

第二章 注册登记

第五条 承运海关监管货物的运输企业，应当具备以下资格条件：

（一）具有企业法人资格；

（二）取得与运输企业经营范围相一致的工商核准登记。

第六条 运输企业办理注册登记时，应当向海关提交《承运海关监管货物境内运输企业注册登记申请表》。

第七条 海关对运输企业的资格条件及递交的有关证件进行审核，合格的，颁发《境内公路运输企业载运海关监管货物注册登记证书》（以下简称注册登记证书）。

注册登记证书有效期为其营业执照上注明的营业期限。

第八条 承运海关监管货物的车辆应为厢式货车或集装箱拖头车，经海关批准也可以为散装货车。上述车辆应当具备以下条件：

（一）用于承运海关监管货物的车辆，必须为运输企业的自有车辆，其机动车辆行驶证的车主列名必须与所属运输企业名称一致。

（二）厢式货车的厢体必须与车架固定一体，无暗格，无隔断，具有施封条件，车厢连接的螺丝均须焊死，车厢两车门之间须以钢板相卡，保证施封后无法开启；

有特殊需要，需加开侧门的，须经海关批准，并符合海关监管要求。

（三）集装箱拖头车必须承运符合国际标准的集装箱。

（四）散装货车只能承运不具备加封条件的大宗散装货物，如矿砂、粮食及超大型机械设备等。

第九条 办理车辆注册登记时，应当向海关提交下列文件：

（一）《承运海关监管货物境内运输车辆注册登记申请表》；

（二）公安交通管理部门核发的《机动车行驶证》复印件；

（三）车辆彩色照片（要求：前方左侧面45°，能清楚显示车牌号码，车头及车厢侧面喷写企业名称）。

主管海关可以通过网络共享获取前款规定材料的，无须另行提交。

第十条 海关对车辆监管条件及相关文件进行审核，合格的，颁发《中华人民共和国海关境内汽车载运海关监管货物载货登记簿》（以下简称《汽车载货登记簿》）。

车辆注册有效期为其机动车行驶证上注明的强制报废期。

第十一条 《注册登记证书》《汽车载货登记簿》等相关证件需更新的，可凭原件向注册地海关申请换发新证、簿；如上述证、簿损毁、遗失或被盗的，经注册地海关审核情况属实的，予以补发。

第十二条 运输企业、车辆不再从事海关监管货物运输业务的，应向注册地海关交回《注册登记证书》《汽车载货登记簿》等相关证件，办理手续。

第十三条 车辆更换（包括更换车辆、更换发动机、更换车辆牌照号码）、改装车体等，应按本办法规定重新办理注册登记手续。

第三章 海关监管

第十四条 运输企业在从事海关监管货物运输时，应如实填报交验汽车载货登记簿；货物运抵目的地后，必须向目的地海关办理汽车载货登记簿的核销手续。

第十五条 运输企业应将承运的海关监管货物完整、及时地运抵指定的海关监管作业场所，并确保海关封志完好无损，未经海关许可，不得开拆。

第十六条 汽车载货登记簿由车辆固定使用。

第十七条 实施卫星定位管理的车辆，卫星定位管理系统配套使用的身份证（IC）卡与汽车载货登记簿具有同等效力。

第十八条 运输企业应妥善保管海关核发的有关证、簿，不得转借、涂改、故意损毁。

第十九条 承运海关监管货物的车辆应按海关指定的路线和要求行驶，并在海关规定的时限内运抵目的地海关。不得擅自改变路线、在中途停留并装卸货物。

第二十条 遇特殊情况，车辆在运输途中出现故障，需换装其他运输工具时，应立即通知附近海关，在海关监管下换装，附近海关负责及时将换装情况通知货物出发地和目的地海关。

第二十一条 海关监管货物在运输途中发生丢失、短少或损坏等情事的，除不可抗力外，运输企业应当承担相应的纳税义务及其他法律责任。

第四章 法律责任

第二十二条 运输企业发生走私违规情事的，由海关按《中华人民共和国海关法》和《中华人民共和国海关行政处罚实施条例》的有关规定进行处罚。构成犯罪的，依法追究刑事责任。

第二十三条 运输企业有下列情形之一的，由海关责令改正，可以给予警告：

（一）承运海关监管货物的车辆不按照海关指定的路线或范围行进的；

（二）承运海关监管货物的车辆到达或者驶离设立海关的地点，未按照规定向海关如实填报交验汽车载货登记簿或者办理核销手续的；

（三）承运海关监管货物的车辆在运输途中出现故障，不能继续行驶，需换装其他运输工具时，不向附近海关或货物主管海关报明情况而无正当理由的；

（四）不按照规定接受海关对车辆及其所载货物进行查验的；

（五）遗失、损毁、涂改、转借海关核发的载货登记簿等相关证件，妨碍海关监管工作或者影响办理海关有关手续的；

（六）未经海关许可，擅自更换车辆（车辆发动机、车牌号码），改装车厢、车体的；

（七）运输企业出让其名义供他人承运海关监管货物的。

第二十四条 运输企业有下列情形之一的，可以给予警告、暂停其 6 个月以内从事有关业务：

（一）有走私行为的；

（二）1 年内有 3 次以上重大违反海关监管规定行为的；

（三）管理不善致使保管的海关监管货物多次发生损坏或者丢失的；

（四）未经海关许可，擅自开启或损毁海关加施于车辆的封志的；

（五）未经海关许可，对所承运的海关监管货物进行开拆、调换、改装、留置、转让、更换标志、移作他用或进行其他处理的；

（六）有其他需要暂停从事有关业务情形的。

第二十五条 运输企业有下列情形之一的，海关可以撤销其注册登记或者停止其从事有关业务：

（一）构成走私犯罪被司法机关依法处理的；

（二）1 年内有 2 次以上走私行为的；

（三）因违反规定被海关暂停从事有关业务，恢复从事有关业务后 1 年内再次发生违反本办法规定的暂停从事有关业务情形的；

（四）其他需要撤销其注册登记或者停止从事有关业务的情形。

第二十六条 运输企业注册有效期届满未延续的，海关应当依照有关规定办理注销手续。

第二十七条 运输企业被工商行政管理部门吊销营业执照或被交通运输管理部门取消道路货物运输资格的，海关注销其承运海关监管货物运输资格。

第五章 附 则

第二十八条 生产型企业自有车辆，需承运本企业海关监管货物的，按照本办法管理。

第二十九条 承运过境货物境内段公路运输的境内运输企业及其车辆，比照本办法管理。

第三十条 本办法所规定的文书由海关总署另行制定并且发布。

第三十一条 本办法由海关总署负责解释。

第三十二条 本办法自 2005 年 1 月 1 日起实施。原《中华人民共和国海关关于在广东地区载运海关监管货物的境内汽车运输企业及其车辆的管理办法》（署监〔2001〕19 号）、《中华人民共和国海关对境内汽车载运海关监管货物的管理办法》（〔1989〕署货字第 950 号）、《中华人民共和国海关总署关于对〈中华人民共和国海关对境内汽车载运海关监管货物的管理办法〉适用范围问题的批复》（署监一〔1990〕958 号）和《关于转发〈来往港澳货运汽车分流管理工作会议纪要〉的通知》（〔1990〕署监一第 345 号）同时废止。

中华人民共和国海关关于转关货物监管办法

（2001年9月30日海关总署令第89号发布，根据2014年3月13日海关总署令第218号《海关总署关于修改部分规章的决定》第一次修正，根据2017年12月20日海关总署令第235号《海关总署关于修改部分规章的决定》第二次修正，根据2018年5月29日海关总署令第240号《海关总署关于修改部分规章的决定》第三次修正)

第一章 总 则

第一条 为了加强对转关货物的监管，方便收发货人办理海关手续，根据《中华人民共和国海关法》制定本办法。

第二条 转关货物是海关监管货物，海关对进出口转关货物施加海关封志。

对商业封志完好的内支线船舶和铁路承运的转关货物，海关可以不施加海关封志。

可以办理转关手续的进出口货物范围由海关总署另行确定并且发布。

第三条 转关货物应当由已经在海关注册登记的承运人承运。海关对转关限定路线范围，限定途中运输时间，承运人应当按海关要求将货物运抵指定的场所。

海关根据工作需要，可以派员押运转关货物，货物收发货人或者其代理人、承运人应当提供方便。

第四条 转关货物的指运地或启运地应当设有经海关批准的海关监管作业场所。转关货物的存放、装卸、查验应当在海关监管作业场所内进行。特殊情况需要在海关监管作业场所以外存放、装卸、查验货物的，应当向海关事先提出申请，海关按照规定监管。

第五条 海关对转关货物的查验，由指运地或者启运地海关实施。进、出境地海关认为必要时也可以查验或者复验。

第六条 转关货物未经海关许可，不得开拆、提取、交付、发运、调换、改装、抵押、质押、留置、转让、更换标记、移作他用或者进行其他处置。

第七条 转关货物的收发货人或者代理人，可以采取以下三种方式办理转关手续：

（一）在指运地或者启运地海关以提前报关方式办理；

（二）在进境地或者启运地海关以直接填报转关货物申报单的直转方式办理；

（三）以由境内承运人或者其代理人统一向进境地或者启运地海关申报的中转方式办理。

第八条 转关货物申报的电子数据与书面单证具有同等的法律效力。对确因填报或者传输错误的数据，符合进出口货物报关单修改和撤销管理相关规定的，可以进行修改或者撤销。对海关已经决定查验的转关货物，不再允许修改或者撤销申报内容。

广东省内公路运输的《进境汽车载货清单》或者《出境汽车载货清单》视同转关申报书面单证，具有法律效力。

第九条 转关货物运输途中因交通意外等原因需要更换运输工具或者驾驶员的，承运人或者驾驶员应当通知附近海关；附近海关核实同意后，监管换装并书面通知进境地、指运地海关或者出境地、启运地海关。

第十条 转关货物在国内储运中发生损坏、短少、灭失情事时，除不可抗力外，承运人、货物所有人、存放场所负责人应承担税赋责任。

第二章　进口转关货物的监管

第十一条　转关货物应当自运输工具申报进境之日起14天内向进境地海关办理转关手续，在海关限定期限内运抵指运地海关之日起14天内，向指运地海关办理报关手续。逾期按照规定征收滞报金。

第十二条　进口转关货物，按货物到达指运地海关之日的税率和汇率征税。提前报关的，其适用的税率和汇率是指运地海关接收到进境地海关传输的转关放行信息之日的税率和汇率。如果货物运输途中税率和汇率发生重大调整的，以转关货物运抵指运地海关之日的税率和汇率计算。

第十三条　提前报关的转关货物，进口货物收货人或者其代理人在进境地海关办理进口货物转关手续前，向指运地海关录入《进口货物报关单》电子数据，指运地海关提前受理电子申报，货物运抵指运地海关监管作业场所后，办理转关核销和接单验放等手续。

第十四条　提前报关的转关货物，其收货人或者代理人向指运地海关填报录入《进口货物报关单》后，计算机自动生成《进口转关货物申报单》并传输至进境地海关。

第十五条　提前报关的转关货物收货人或者代理人，应当向进境地海关提供《进口转关货物申报单》编号，并提交下列单证办理转关手续：

（一）《中华人民共和国海关境内汽车载运海关监管货物载货登记簿》（以下简称《汽车载货登记簿》）或《船舶监管簿》；

（二）提货单。

广东省内公路运输的，还应当交验《进境汽车载货清单》。

第十六条　提前报关的进口转关货物应当在电子数据申报之日起的5日内，向进境地海关办理转关手续。超过期限仍未到进境地海关办理转关手续的，指运地海关撤销提前报关的电子数据。

第十七条　直转的转关货物，货物收货人或者代理人在进境地录入转关申报数据，直接办理转关手续。

第十八条　直转的转关货物，货物收货人或者代理人应凭以下单证向进境地海关办理转关手续：

（一）《进口转关货物申报单》；广东省内公路运输的，交验《进境汽车载货清单》；

（二）《汽车载货登记簿》或者《船舶监管簿》。

第十九条　具有全程提运单、需换装境内运输工具的中转转关货物，收货人或者其代理人向指运地海关办理进口报关手续后，由境内承运人或者其代理人，批量办理货物转关手续。

第二十条　中转的转关货物，运输工具代理人应当凭以下单证向进境地海关办理转关手续：

（一）《进口转关货物申报单》；

（二）进口中转货物的按指运地目的港分列的舱单；

以空运方式进境的中转货物，提交联程运单。

第三章　出口转关货物的监管

第二十一条　出口提前报关的转关货物，由货物发货人或者其代理人在货物未运抵启运地海关监管作业场所前，向启运地海关填报录入《出口货物报关单》电子数据，启运地海关提前受理电子申报。货物应当于电子数据申报之日起5日内，运抵启运地海关监管作业场所，办理转关和验放等手续。超过期限的，启运地海关撤销提前报关的电子数据。

第二十二条　出口直转的转关货物，由货物发货人或者其代理人在货物运抵启运地海关监管作业场所后，向启运地海关填报录入《出口货物报关单》电子数据，启运地海关受理电子申报，办理转关和验放等手续。

第二十三条　提前报关和直转的出口转关货物，其发货人或者代理人应当在启运地填报录入《出口货物报关单》，在启运地海关办理出口通关手续后，计算机自动生成《出口转关货物申报单》数据，传送至出境地海关。

第二十四条　提前报关和直转的出口转关货物发货人或者代理人应当凭以下单证在启运地海关办理出口转关手续：

（一）《出口货物报关单》；

（二）《汽车载货登记簿》或者《船舶监管簿》；

（三）广东省内公路运输的，还应当递交《出境汽车载货清单》。

第二十五条　提前报关和直转的出口转关货物到达出境地后，发货人或者代理人应当凭《汽车载货登记簿》或者《船舶监管簿》和启运地海关签发的《出口货物报关单》和《出口转关货物申报单》或者《出境汽车载货清单》（广东省内公路运输），向出境地海关办理转关货物的出境手续。

第二十六条　具有全程提运单、需换装境内运输工具的出口中转货物，发货人向启运地海关办理出口报关手续后，由承运人或者其代理人按照出境运输工具分列舱单，批量办理货物转关手续。

第二十七条　出口中转货物，其发货人或者代理人向启运地海关办理出口通关手续后，运输工具代理人应当凭以下单证向启运地海关办理转关手续：

（一）《出口转关货物申报单》；

（二）按出境运输工具分列的舱单；

（三）《汽车载货登记簿》或者《船舶监管簿》。

经启运地海关核准后，签发《出口货物中转通知书》。出境地海关验核上述单证，办理中转货物的出境手续。

第二十八条　对需运抵出境地后才能确定出境运输工具，或者原定的运输工具名称、航班（次）、提单号发生变化的，可以在出境地补录或者修改相关数据，办理出境手续。

第四章　核　销

第二十九条　进口转关货物在运抵指运地海关监管作业场所后，指运地海关方可办理转关核销。

对于进口大宗散装转关货物分批运输的，在第一批货物运抵指运地海关监管作业场所后，指运地海关办理整批货物的转关核销手续，发货人或者代理人同时办理整批货物的进口报关手续。指运地海关按规定办理余下货物的验放。最后一批货物到齐后，指运地海关完成整批货物核销。

第三十条　出口转关货物在运抵出境地海关监管作业场所后，出境地海关方可办理转关核销。货物实际离境后，出境地海关核销清洁舱单并且反馈启运地海关，启运地海关凭以签发有关报关单证明联。

第三十一条　转关工具未办结转关核销的，不得再次承运转关货物。

第五章　附　则

第三十二条　本办法下列用语的含义是：

（一）转关货物系指：

1. 由进境地入境，向海关申请转关、运往另一设关地点办理进口海关手续的货物；

2. 在启运地已办理出口海关手续运往出境地，由出境地海关监管放行的货物。

（二）进境地：指货物进入关境的口岸。

（三）出境地：指货物离开关境的口岸。

（四）指运地：指进口转关货物运抵报关的地点。

（五）启运地：指出口转关货物报关发运的地点。

（六）承运人：指经海关核准，承运转关货物的企业。

第三十三条 本办法所规定的文书由海关总署另行制定并且发布。

第三十四条 本办法由海关总署负责解释。

第三十五条 本办法自 2001 年 10 月 15 日起实施。原《海关总署关于发布〈中华人民共和国海关广东地区陆路转关运输货物监管办法〉的通知》（署监〔2001〕21 号）、《海关总署关于发布〈中华人民共和国海关关于长江沿线进出口转关运输货物监管办法〉的通知》（署监〔2001〕22 号）、《关于发布〈中华人民共和国海关关于转关运输货物监管办法〉的通知》（署监一〔1992〕1377 号）同时废止。

中华人民共和国海关对进出境快件监管办法

（2003 年 11 月 18 日海关总署令第 104 号发布，根据 2006 年 3 月 28 日海关总署令第 147 号公布的《海关总署关于修改〈中华人民共和国海关对进出境快件监管办法〉的决定》第一次修正，根据 2010 年 11 月 26 日海关总署令第 198 号《海关总署关于修改部分规章的决定》第二次修正，根据 2018 年 5 月 29 日海关总署令第 240 号《海关总署关于修改部分规章的决定》第三次修正）

第一章 总 则

第一条 为加强海关对进出境快件的监管，便利进出境快件通关，根据《中华人民共和国海关法》及其他有关法律、行政法规，制定本办法。

第二条 本办法所称进出境快件是指进出境快件运营人以向客户承诺的快速商业运作方式承揽、承运的进出境货物、物品。

第三条 本办法所称进出境快件运营人（以下简称运营人）是指在中华人民共和国境内依法注册，在海关登记备案的从事进出境快件运营业务的国际货物运输代理企业。

第四条 运营人不得承揽、承运《中华人民共和国禁止进出境物品表》所列物品，如有发现，不得擅作处理，应当立即通知海关并协助海关进行处理。

未经中华人民共和国邮政部门批准，运营人不得承揽、承运私人信件。

第五条 运营人不得以任何形式出租、出借、转让本企业的进出境快件报关权，不得代理非本企业承揽、承运的货物、物品的报关。

第六条 未经海关许可，未办结海关手续的进出境快件不得移出海关监管场所，不得进行装卸、开拆、重换包装、更换标记、提取、派送和发运等作业。

第二章 运营人登记

第七条 运营人申请办理进出境快件代理报关业务的，应当按照海关对国际货物运输代理企业的注册管理规定在所在地海关办理登记手续。

第八条 运营人在所在地海关办理登记手续应具备下列条件：

（一）内资国际货物运输代理企业及其分支机构已经获得国务院对外贸易主管部门或者其委托

的备案机构办理的《国际货运代理企业备案表》；外商投资国际货物运输代理企业已经获得国务院对外贸易主管部门颁发的《外商投资企业批准证书》，获准经营进出境快件业务；外商投资国际货物运输代理企业分公司已经获得国务院对外贸易主管部门的批准文件，获准经营进出境快件业务。

（二）已经领取工商行政管理部门颁发的《企业法人营业执照》，准予或者核定其经营进出境快件业务。

（三）已经在海关办理报关企业注册登记手续。

（四）具有境内、外进出境快件运输网络和二个以上境外分支机构或代理人。

（五）具有本企业专用进出境快件标识、运单，运输车辆符合海关监管要求并经海关核准备案。

（六）具备实行电子数据交换方式报关的条件。

（七）快件的外包装上应标有符合海关自动化检查要求的条形码。

（八）与境外合作者（包括境内企业法人在境外设立的分支机构）的合作运输合同或协议。

第九条　进出境快件运营人不再具备本《办法》第八条所列条件之一或者在一年内没有从事进出境快件运营业务的，海关注销该运营人从事进出境快件报关的资格。

第三章　进出境快件分类

第十条　本办法将进出境快件分为文件类、个人物品类和货物类三类。

第十一条　文件类进出境快件是指法律、法规规定予以免税且无商业价值的文件、单证、票据及资料。

第十二条　个人物品类进出境快件是指海关法规规定自用、合理数量范围内的进出境的旅客分离运输行李物品、亲友间相互馈赠物品和其他个人物品。

第十三条　货物类进出境快件是指第十一条、第十二条规定以外的快件。

第四章　进出境快件监管

第十四条　进出境快件通关应当在经海关批准的专门监管场所内进行，如因特殊情况需要在专门监管场所以外进行的，需事先征得所在地海关同意。

运营人应当在海关对进出境快件的专门监管场所内设有符合海关监管要求的专用场地、仓库和设备。

对进出境快件专门监管场所的管理办法，由海关总署另行制定。

第十五条　进出境快件通关应当在海关正常办公时间内进行，如需在海关正常办公时间以外进行的，需事先征得所在地海关同意。

第十六条　进境快件自运输工具申报进境之日起十四日内，出境快件在运输工具离境 3 小时之前，应当向海关申报。

第十七条　运营人应向海关传输或递交进出境快件舱单或清单，海关确认无误后接受申报；运营人需提前报关的，应当提前将进出境快件运输和抵达情况书面通知海关，并向海关传输或递交舱单或清单，海关确认无误后接受预申报。

第十八条　海关查验进出境快件时，运营人应派员到场，并负责进出境快件的搬移、开拆和重封包装。

海关对进出境快件中的个人物品实施开拆查验时，运营人应通知进境快件的收件人或出境快件的发件人到场，收件人或发件人不能到场的，运营人应向海关提交其委托书，代理收/发件人的义务，并承担相应法律责任。

海关认为必要时，可对进出境快件予以径行开验、复验或者提取货样。

第十九条 除另有规定外，运营人办理进出境快件报关手续时，应当按本办法第十一条、第十二条、第十三条分类规定分别向海关提交有关报关单证并办理相应的报关、纳税手续。

第二十条 文件类进出境快件报关时，运营人应当向海关提交《中华人民共和国海关进出境快件 KJ1 报关单》、总运单（副本）和海关需要的其他单证。

第二十一条 个人物品类进出境快件报关时，运营人应当向海关提交《中华人民共和国海关进出境快件个人物品申报单》、每一进出境快件的分运单、进境快件收件人或出境快件发件人身份证件影印件和海关需要的其他单证。

第二十二条 货物类进境快件报关时，运营人应当按下列情形分别向海关提交报关单证：

对关税税额在《中华人民共和国进出口关税条例》规定的关税起征数额以下的货物和海关规定准予免税的货样、广告品，应提交《中华人民共和国海关进出境快件 KJ2 报关单》、每一进境快件的分运单、发票和海关需要的其他单证。

对应予征税的货样、广告品（法律、法规规定实行许可证件管理的、需进口付汇的除外），应提交《中华人民共和国海关进出境快件 KJ3 报关单》、每一进境快件的分运单、发票和海关需要的其他单证。

第二十三条 对第二十条、第二十一条、第二十二条规定以外的货物，按照海关对进口货物通关的规定办理。

第二十四条 货物类出境快件报关时，运营人应按下列情形分别向海关提交报关单证：

对货样、广告品（法律、法规规定实行许可证件管理的、应征出口关税的、需出口收汇的、需出口退税的除外），应提交《中华人民共和国海关进出境快件 KJ2 报关单》、每一出境快件的分运单、发票和海关需要的其他单证。

对上述以外的其他货物，按照海关对出口货物通关的规定办理。

第五章 进出境专差快件

第二十五条 进出境专差快件是指运营人以专差押运方式承运进出境的空运快件。

第二十六条 运营人从事进出境专差快件经营业务，除应当按本办法第二章有关规定办理登记手续外，还应当将进出境专差快件的进出境口岸、时间、路线、运输工具航班、专差本人的详细情况、标志等向所在地海关登记。如有变更，应当于变更前 5 个工作日向所在地海关登记。

对符合上述条件的，所在地海关核发《中华人民共和国海关进出境专差快件登记证书》。运营人凭以办理进出境专差快件报关业务。

第二十七条 进出境专差快件应按行李物品方式托运，使用专用包装，并在总包装的显著位置标注运营人名称和"进出境专差快件"字样。

第六章 法律责任

第二十八条 违反本办法有走私违法行为的，海关按照《中华人民共和国海关法》《中华人民共和国海关行政处罚实施条例》等有关法律、行政法规进行处理；构成犯罪的，依法追究刑事责任。

第七章 附　则

第二十九条 本办法所规定的文书由海关总署另行制定并且发布。

第三十条 本办法由海关总署负责解释。

第三十一条 本办法自二〇〇四年一月一日起施行。

中华人民共和国海关对用于装载海关监管货物的集装箱和集装箱式货车车厢的监管办法

(2004年1月29日海关总署令第110号公布，根据2010年11月26日海关总署令第198号《海关总署关于修改部分规章的决定》第一次修正，根据2018年5月29日海关总署令第240号《海关总署关于修改部分规章的决定》第二次修正)

第一章 总 则

第一条 为规范海关对用于装载海关监管货物的集装箱和集装箱式货车车厢的监管，根据《中华人民共和国海关法》第三十九条规定，制定本办法。

第二条 用于装载海关监管货物的集装箱和集装箱式货车车厢（以下简称"集装箱和集装箱式货车车厢"），应当按照海关总署规定的要求和标准制造、改装和维修，并在集装箱和集装箱式货车车厢指定位置上安装海关批准牌照。

第三条 本办法下列用语的含义：

"营运人"是指对集装箱和集装箱式货车车厢实际控制使用者，不论其是否为该集装箱或者集装箱式货车车厢的所有人。

"承运人"是指承载集装箱和集装箱式货车车厢进出境的运输工具的负责人。

"申请人"是指申请办理海关批准牌照的制造或者维修集装箱和集装箱式货车车厢的工厂。

第四条 集装箱和集装箱式货车车厢应当接受海关监管。不符合海关总署规定标准或者未安装海关批准牌照的集装箱和集装箱式货车车厢，不得用于装载海关监管货物。

境内制造、改装和维修集装箱和集装箱式货车车厢的工厂，应当接受海关检查。

第五条 承载集装箱或者集装箱式货车车厢的运输工具在进出境时，承运人、营运人或者其代理人应当向海关如实申报并递交载货清单（舱单）。载货清单（舱单）上应当列明运输工具名称、航（班）次号或者集装箱式货车车牌号、国籍、卸货港口，集装箱箱号或者集装箱式货车车厢号、尺寸、总重、自重，以及箱（厢）体内装载货物的商品名称、件数、重量，经营人、收发货人、提（运）单或者装货单号等有关内容。

第六条 营运人或者其代理人应当按照海关规定向海关传输相关载货清单（舱单）的电子数据。

第七条 经国务院交通主管部门批准，国际集装箱班轮公司可以在境内沿海港口之间调运其周转空箱及租用空箱。国际集装箱班轮公司或者其代理人凭交通主管部门的批准文件和自制的集装箱调运清单，向调出地和调入地海关申报。调运清单内容应当包括：承运集装箱原进境船舶名称、航（班）次号、日期，承运调运空箱的船舶名称、航（班）次号、集装箱箱号、尺寸、目的口岸、箱体数量等，并向调出地和调入地海关传输相关的电子数据。

其他运输方式在境内调拨或者运输的空集装箱，不需再办理海关手续。

第八条 用于承运装载海关监管货物的厢体与车辆不可分隔的厢式货车，其营运人或者承运人应按照《中华人民共和国海关关于境内公路承运海关监管货物的运输企业及其车辆的管理办法》的有关规定办理海关手续。

第九条 未经海关许可，任何人不得擅自开启或者损毁集装箱和集装箱式货车车厢上的海关封志、更改、涂抹箱（厢）号、取出或者装入货物、将集装箱或者集装箱式货车车厢及其所载货物移离海关监管场所。

第二章 集装箱制造核准

第十条 境内制造的集装箱可以申请我国海关批准牌照，也可以向加入联合国《一九七二年集装箱关务公约》的境外有关国家当局申请外国海关的批准牌照。

境外制造的集装箱，可以申请我国海关的批准牌照。

第十一条 海关总署授权中国船级社统一办理集装箱我国海关批准牌照。

第十二条 中国船级社应当按照本办法的要求签发批准证明书。

（一）境内制造的集装箱的所有人申请我国海关批准牌照的，中国船级社按照海关总署规定的标准，对集装箱图纸进行审查，并按照规定进行实体检验，检验合格的，核发《按定型设计批准证明书》或者《按制成以后批准证明书》。

（二）境外制造的集装箱的所有人申请我国海关批准牌照的，制造厂或者所有人应当提交集装箱有关图纸，经中国船级社审查并现场确认后核发《按制成以后批准证明书》。

第十三条 集装箱的海关批准牌照申请人在取得《按定型设计批准证明书》或者《按制成以后批准证明书》后，应当在经批准的集装箱上按照本办法规定安装中国船级社核发的海关批准牌照，并在箱体外部规定位置标示序列号。

第十四条 海关对中国船级社检验的集装箱有权进行复验，并可以随时对中国船级社办理海关批准牌照的情况进行核查。发现签发批准牌照管理不善的，海关将视情决定是否停止授权其签发海关批准牌照。

第三章 集装箱式货车车厢的制造或者改装

第十五条 海关总署授权中国船级社统一办理在境内装载海关监管货物的集装箱式货车车厢的海关批准牌照。

中国船级社按照海关总署规定的标准，对申请海关批准牌照的集装箱式货车车厢的图纸进行审查，并按照规定对集装箱式货车车厢进行实体检验，检验合格的，核发《集装箱式货车车厢批准证明书》。

第十六条 集装箱式货车车厢的海关批准牌照申请人在取得《集装箱式货车车厢批准证明书》后，应当在经批准的集装箱式货车车厢上按照本办法规定安装中国船级社核发的海关批准牌照，并在厢体外部规定位置标示序列号。

第四章 集装箱和集装箱式货车车厢的维修

第十七条 未经海关许可，任何人不得擅自改变集装箱和集装箱式货车车厢的结构。维修后的集装箱和集装箱式货车车厢结构应保持原状，如发生箱（厢）体特征变更的，集装箱和集装箱式货车车厢的所有人或者申请人必须拆除海关批准牌照，同时应当向中国船级社提出书面检验申请，并重新办理海关批准牌照。

第十八条 海关可以随时对维修工厂维修的安装海关批准牌照的集装箱和集装箱式货车车厢进行核查。

第五章 对集装箱和集装箱式货车车厢的监管

第十九条 集装箱和集装箱式货车车厢投入运营时，应当安装海关批准牌照。集装箱和集装箱式货车车厢外部标示的序列号应当与安装的海关批准牌照所标记的序列号一致。

第二十条 集装箱和集装箱式货车车厢序列号变更的，应当重新申请检验并办理海关批准牌照。序列号模糊不清以及破损的集装箱和集装箱式货车车厢，不得装载海关监管货物。

第二十一条 集装箱和集装箱式货车车厢作为货物进出口时，无论其是否装载货物，有关收发货人或者其代理人应当按照进出口货物向海关办理报关手续。

第二十二条 境内生产的集装箱及我国营运人购买进口的集装箱在投入国际运输前，营运人应当向其所在地海关办理登记手续。

境内生产的集装箱已经办理出口及国内环节税出口退税手续的，不在海关登记；已经登记的，予以注销。

第二十三条 承运海关监管货物的运输企业在集装箱式货车车厢获得《集装箱式货车车厢批准证明书》后，应当按照《中华人民共和国海关关于境内公路承运海关监管货物的运输企业及其车辆的管理办法》的规定向其所在地海关申请办理车辆注册。

第二十四条 本办法第二十二条第一款和第二十三条所述集装箱和集装箱式货车车厢报废时，营运人凭登记或者注册资料向所在地海关办理注销手续。

第二十五条 符合本办法规定的集装箱和集装箱式货车车厢，无论其是否装载货物，海关准予暂时进境和异地出境，营运人或者其代理人无须对箱（厢）体单独向海关办理报关手续。

第二十六条 暂时进境的集装箱和集装箱式货车车厢应于入境之日起6个月内复运出境。如因特殊情况不能按期复运出境的，营运人应当向暂时进境地海关提出延期申请，经海关核准后可以延期，但延长期最长不得超过3个月，逾期应按规定向海关办理进口及纳税手续。

对于已经按本办法第二十二条第一款规定在海关登记的集装箱，进出境时不受前款规定的期限限制。

第六章 附 则

第二十七条 违反本办法规定，构成走私或者违反海关监管规定行为的，由海关依照《中华人民共和国海关法》和《中华人民共和国海关行政处罚实施条例》的有关规定予以处理；构成犯罪的，依法追究刑事责任。

第二十八条 本办法所规定的文书由海关总署另行制定并且发布。

第二十九条 本办法由海关总署负责解释。

第三十条 本办法施行后向海关申请注册登记的运输企业，其承运海关监管货物的集装箱式货车车厢应符合海关总署规定标准。

本办法施行前在海关注册登记的运输企业，其承运海关监管货物的集装箱式货车车厢应于2008年5月运输企业年审时起符合海关总署规定标准。

第三十一条 本办法自2004年3月1日起施行。1984年1月1日施行的《中华人民共和国海关对进出口集装箱和所载货物监管办法》（〔83〕署货字第699号）、1986年7月22日施行的《中华人民共和国海关对用于运输海关加封货物的国际集装箱核发批准牌照的管理办法》（〔86〕署货字第566号）同时废止。

中华人民共和国海关关于来往香港、澳门公路货运企业及其车辆的管理办法

(2004年8月27日海关总署令第118号公布，根据2010年11月26日海关总署令第198号《海关总署关于修改部分规章的决定》第一次修正，根据2018年5月29日海关总署令第240号《海关总署关于修改部分规章的决定》第二次修正)

第一章 总 则

第一条 为规范对来往港澳公路货运企业及其车辆的管理，根据《中华人民共和国海关法》及其他相关法律、行政法规，制定本办法。

第二条 本办法下列用语的含义是：

（一）来往港澳公路货运企业（以下简称货运企业），是指依照本办法规定在海关备案的从事来往港澳公路货物运输业务的企业，包括专业运输企业和生产型企业；

（二）来往港澳公路货运车辆（以下简称货运车辆），是指依照本办法规定在海关备案的来往港澳公路货运车辆，包括专业运输企业的车辆和生产型企业的自用车辆。

第三条 海关对货运企业、车辆实行联网备案管理。

货运企业、车辆的备案、变更备案、注销备案、年审等业务以及相关后续管理工作，由进出境地的直属海关或者其授权的隶属海关按照本办法的规定办理。

第二章 备案管理

第四条 货运企业备案时，应当向进出境地的直属海关或者其授权的隶属海关提交下列文件：

（一）《来往香港/澳门货运企业备案申请表》；

（二）政府主管部门的批准文件。

第五条 车辆备案时，应当向进出境地的直属海关或者其授权的隶属海关提交下列文件：

（一）《来往香港/澳门货运车辆备案登记表》；

（二）《来往香港/澳门货运车辆海关验车记录表》（以下简称验车记录表）或者公安交通车检部门出具的验车报告；

（三）公安交通车管部门核发的《车辆及驾驶人员进出境批准通知书》海关联；

（四）公安交通车管部门核发的《机动车辆行驶证》（以下简称《行驶证》）复印件；

（五）符合海关要求的车辆彩色照片（包括车辆左前侧面45度角拍摄并可明显看见油箱和粤港/澳两地车牌以及后侧面45度角拍摄并可明显看见粤港/澳两地车牌）。

在香港/澳门地区办理车辆登记证明文件的进出境车辆（以下简称港/澳籍车辆），应当同时提交境外有关政府管理机构签发的车辆登记文件复印件；在内地办理车辆登记证明文件的进出境车辆（以下简称内地籍车辆），应当同时提交《机动车辆登记证书》复印件。

港/澳籍车辆，应当同时提交《来往香港/澳门车辆备案临时进境验车申报表》（以下简称《临时进境验车申报表》）。

第六条 货运车辆应当为集装箱式货车或者集装箱牵引车，并应当符合下列条件：

（一）车辆的类型、牌名、车身颜色、发动机号码、车身号码、车辆牌号等应当与公安交通车管部门核发的证件所列内容相符；

（二）集装箱式货车的车厢监管标准应当按照海关总署的有关规定执行；如有特殊需要加开侧门的，应当经海关批准，并符合海关监管要求；

（三）车辆的油箱和备用轮胎等装备以原车出厂时的标准配置为准，不得擅自改装或者加装。

第七条 经海关批准，散装货车可以作为来往香港/澳门的货运车辆，用于承运不具备施封条件的超大型机械设备或者鲜活水产品等散装货物。

第八条 经海关备案的货运企业，海关核发《来往香港/澳门货运企业备案登记证》（以下简称《货运企业备案登记证》）。

经海关备案的货运车辆，海关核发《来往香港/澳门车辆进出境签证簿》（以下简称《签证簿》）和用于证明载运进出境货物实际情况的通关证件。

第九条 《货运企业备案登记证》《签证簿》和通关证件需要更新的，可以凭原件向备案海关申请换发；发生损毁或者灭失的，应当及时向海关报告，经备案海关审核情况属实的，予以补发。

第十条 海关对货运企业、车辆实行年审制度。年审时，海关应当重点审核企业当年度的守法状况。

第十一条 货运企业年审时需提交下列文件：

（一）《来往香港/澳门货运企业年检报告书》；

（二）《货运企业备案登记证》；

（三）政府主管部门批准企业成立或者延期的批准文件。

第十二条 货运车辆年审时需提交下列文件：

（一）《来往香港/澳门车辆年检报告书》；

（二）《签证簿》；

（三）公安交通车管部门核发准予延期的《批准通知书》海关联。

第十三条 车辆需进行车体、厢体改装的，应当向备案海关申请，经海关同意，按照本办法第六条和《中华人民共和国海关对装载海关监管货物的集装箱及集装箱式货车车厢的监管办法》的规定办理。

改装后的车辆经备案海关重新检验认可后，海关收回原车辆的《签证簿》和通关证件，注销原车辆的备案资料，按照本办法第五条的规定重新予以核准备案，签发新的《签证簿》和通关证件。

第十四条 货运企业出现变更企业名称、通行口岸或者更换车辆等情况的，应当持政府有关主管部门的批准文件及相关资料，到备案海关办理变更备案手续。

第十五条 货运企业、车辆在备案有效期内暂停或者停止进出境营运业务的，应当向海关报告，海关收回《签证簿》和通关证件，对有关备案资料作暂停或者注销处理。

港/澳籍车辆在办结海关手续并已出境后，海关予以办理暂停或者注销手续。

第三章　海关监管

第十六条 货运车辆应当按照海关指定的路线和规定的时限，将所承运的货物完整地运抵指定的监管场所，并确保承运车辆、海关封志、海关监控设备及装载货物的箱（厢）体完好无损。

第十七条 货运车辆进出境时，企业应当按照海关规定如实申报，交验单证，并接受海关监管和检查。

承运海关监管货物的车辆从一个设立海关地点驶往另一个设立海关地点的，企业应当按照海关监管要求，办理转关手续。

第十八条 海关检查进出境车辆及查验所载货物时，驾驶员应当到场，并根据海关的要求开启车门，搬移货物，开拆和重封货物包装。

第十九条 港/澳籍进出境车辆进境后,应当在3个月内复出境;特殊情况下,经海关同意,可以在车辆备案有效期内予以适当延期。

第二十条 已进境的港/澳籍车辆,包括集装箱牵引架、集装箱箱体,未经海关同意并办结报关纳税手续,不得在境内转让或者移作他用。

第二十一条 进出境车辆的备用物料和驾驶员携带的物品,应当限于旅途自用合理数量部分;超出自用合理数量,应当向海关如实申报。

第二十二条 未经海关许可,任何人不得拆装运输工具上的海关监控设备,包括海关电子关锁、车载收发信装置等。特殊情况需要拆装的,应当报经备案海关同意;监控设备拆装后,应当报请备案海关验核。

第二十三条 货运企业应当妥善保管《签证簿》和通关证件,不得转借或者转让他人,不得涂改或者故意损坏。

第二十四条 集装箱牵引车承运的集装箱应当符合海关总署规定的标准要求。

第二十五条 因特殊原因,车辆在境内运输海关监管货物途中需要更换的,货运企业应当立即报告附近海关,在海关监管下更换。附近海关应当及时将更换情况通知货物进境地和指运地海关或者启运地和出境地海关。

第二十六条 海关监管货物在境内运输途中,发生损坏或者灭失的,货运企业应当立即向附近海关报告。除不可抗力外,货运企业应当承担相应的税款及其他法律责任。

第四章 法律责任

第二十七条 违反本办法规定,构成走私或者违反海关监管规定行为的,由海关依照《中华人民共和国海关法》《中华人民共和国海关行政处罚实施条例》等有关法律、行政法规的规定予以处理;构成犯罪的,依法追究刑事责任。

第五章 附 则

第二十八条 驻港、澳部队的车辆的管理按照国家有关规定办理。

第二十九条 本办法所规定的文书由海关总署另行制定并且发布。

第三十条 本办法由海关总署负责解释。

第三十一条 本办法自2004年10月1日起施行。《中华人民共和国海关对来往香港、澳门汽车及所载货物监管办法》(〔1988〕署货字第6号)同时废止。

中华人民共和国海关进出口货物查验管理办法

(2005年12月28日海关总署令第138号公布,根据2010年11月26日海关总署令第198号公布的《海关总署关于修改部分规章的决定》修改)

第一条 为了规范海关对进出口货物的查验,依法核实进出口货物的状况,根据《中华人民共和国海关法》以及其他有关法律、行政法规的规定,制定本办法。

第二条 本办法所称进出口货物查验(以下简称查验),是指海关为确定进出口货物收发货人向海关申报的内容是否与进出口货物的真实情况相符,或者为确定商品的归类、价格、原产地等,依法对进出口货物进行实际核查的执法行为。

第三条 查验应当由2名以上海关查验人员共同实施。查验人员实施查验时，应当着海关制式服装。

第四条 查验应当在海关监管区内实施。

因货物易受温度、静电、粉尘等自然因素影响，不宜在海关监管区内实施查验，或者因其他特殊原因，需要在海关监管区外查验的，经进出口货物收发货人或者其代理人书面申请，海关可以派员到海关监管区外实施查验。

第五条 海关实施查验可以彻底查验，也可以抽查。按照操作方式，查验可以分为人工查验和机检查验，人工查验包括外形查验、开箱查验等方式。

海关可以根据货物情况以及实际执法需要，确定具体的查验方式。

第六条 海关在对进出口货物实施查验前，应当通知进出口货物收发货人或者其代理人到场。

第七条 查验货物时，进出口货物收发货人或者其代理人应当到场，负责按照海关要求搬移货物，开拆和重封货物的包装，并如实回答查验人员的询问以及提供必要的资料。

第八条 因进出口货物所具有的特殊属性，容易因开启、搬运不当等原因导致货物损毁，需要查验人员在查验过程中予以特别注意的，进出口货物收发货人或者其代理人应当在海关实施查验前声明。

第九条 实施查验时需要提取货样、化验，以进一步确定或者鉴别进出口货物的品名、规格等属性的，海关依照《中华人民共和国海关化验管理办法》等有关规定办理。

第十条 查验结束后，查验人员应当如实填写查验记录并签名。查验记录应当由在场的进出口货物收发货人或者其代理人签名确认。进出口货物收发货人或者其代理人拒不签名的，查验人员应当在查验记录中予以注明，并由货物所在监管场所的经营人签名证明。查验记录作为报关单的随附单证由海关保存。

第十一条 有下列情形之一的，海关可以对已查验货物进行复验：

（一）经初次查验未能查明货物的真实属性，需要对已查验货物的某些性状做进一步确认的；

（二）货物涉嫌走私违规，需要重新查验的；

（三）进出口货物收发货人对海关查验结论有异议，提出复验要求并经海关同意的；

（四）其他海关认为必要的情形。

复验按照本办法第六条至第十条的规定办理，查验人员在查验记录上应当注明"复验"字样。

已经参加过查验的查验人员不得参加对同一票货物的复验。

第十二条 有下列情形之一的，海关可以在进出口货物收发货人或者其代理人不在场的情况下，对进出口货物进行径行开验：

（一）进出口货物有违法嫌疑的；

（二）经海关通知查验，进出口货物收发货人或者其代理人届时未到场的。

海关径行开验时，存放货物的海关监管场所经营人、运输工具负责人应当到场协助，并在查验记录上签名确认。

第十三条 对于危险品或者鲜活、易腐、易烂、易失效、易变质等不宜长期保存的货物，以及因其他特殊情况需要紧急验放的货物，经进出口货物收发货人或者其代理人申请，海关可以优先安排查验。

第十四条 进出口货物收发货人或者其代理人违反本办法的，海关依照《中华人民共和国海关法》《中华人民共和国海关行政处罚实施条例》等有关规定予以处理。

第十五条 海关在查验进出口货物时造成被查验货物损坏的，由海关按照《中华人民共和国海关法》《中华人民共和国海关行政赔偿办法》的规定承担赔偿责任。

第十六条 查验人员在查验过程中，违反规定，利用职权为自己或者他人谋取私利，索取、收受贿赂，滥用职权，故意刁难，拖延查验的，按照有关规定处理。

第十七条 海关在监管区内实施查验不收取费用。对集装箱、货柜车或者其他货物加施海关封志的，按照规定收取封志工本费。

因查验而产生的进出口货物搬移、开拆或者重封包装等费用，由进出口货物收发货人承担。

在海关监管区外查验货物，进出口货物收发货人或者其代理人应当按照规定向海关交纳规费。

第十八条 本办法下列用语的含义：

外形查验，是指对外部特征直观、易于判断基本属性的货物的包装、唛头和外观等状况进行验核的查验方式。

开箱查验，是指将货物从集装箱、货柜车箱等箱体中取出并拆除外包装后，对货物实际状况进行验核的查验方式。

机检查验，是指以利用技术检查设备为主，对货物实际状况进行验核的查验方式。

抽查，是指按照一定比例有选择地对一票货物中的部分货物验核实际状况的查验方式。

彻底查验，是指逐件开拆包装、验核货物实际状况的查验方式。

第十九条 本办法由海关总署负责解释。

第二十条 本办法自2006年2月1日起施行。

中华人民共和国海关珠澳跨境工业区珠海园区管理办法

（2007年3月8日海关总署令第160号发布，根据2010年3月15日海关总署令第189号《海关总署关于修改〈中华人民共和国海关珠澳跨境工业区珠海园区管理办法〉的决定》第一次修正，根据2017年12月20日海关总署令第235号《海关总署关于修改部分规章的决定》第二次修正，根据2018年5月29日海关总署令第240号《海关总署关于修改部分规章的决定》第三次修正，根据2018年11月23日海关总署令第243号《海关总署关于修改部分规章的决定》第四次修正）

第一章　总　则

第一条 为了规范海关对珠澳跨境工业区珠海园区（以下简称珠海园区）的监管，根据《中华人民共和国海关法》（以下简称《海关法》）和其他有关法律、行政法规的规定，制定本办法。

第二条 珠海园区是经国务院批准设立的海关特殊监管区域。珠海园区实行保税区政策，与中华人民共和国关境内的其他地区（以下称区外）之间进出货物在税收方面实行出口加工区政策。

第三条 海关在珠海园区派驻机构，依照本办法对进出珠海园区的货物、物品、运输工具以及珠海园区内企业、场所实施监管。

第四条 珠海园区实行封闭式管理。珠海园区与区外以及澳门园区之间，应当设置符合海关监管要求的围网隔离设施、卡口、视频监控系统以及其他海关监管所需的设施。

珠海园区和澳门园区之间设立专用口岸通道，用于两个园区的货物、物品、运输工具以及人员进出。珠海园区和区外之间设立进出区卡口通道，用于珠海园区与区外之间的货物、物品、运输工具以及人员进出。

第五条 珠海园区内不得建立商业性生活消费设施。除安全保卫人员和企业值班人员外，其他人员不得在珠海园区居住。

第六条 珠海园区可以开展以下业务：

（一）加工制造；

（二）检测、维修、研发；

（三）储存进出口货物以及其他未办结海关手续货物；

（四）国际转口贸易；

（五）国际采购、分销和配送；

（六）国际中转；

（七）商品展示、展销；

（八）经海关批准的其他加工和物流业务。

第七条 珠海园区内企业（以下简称区内企业）应当具有法人资格。特殊情况下，经珠海园区主管海关核准，区外法人企业可以依法在园区内设立分支机构。

第八条 区内企业应当依据《中华人民共和国会计法》以及国家有关法律、行政法规的规定，设置符合海关监管要求的账簿、报表，记录本企业的财务状况和有关进出珠海园区货物、物品的库存、转让、转移、销售、加工、使用和损耗等情况，如实填写有关单证、账册，凭合法、有效凭证记账并且进行核算。

第九条 海关对区内企业实行电子账册监管制度和计算机联网管理制度，电子账册的备案、核销等作业按有关规定执行。

珠海园区行政管理机构或者其经营主体应当在海关指导下通过"电子口岸"平台建立供海关、区内企业以及其他相关部门进行电子数据交换和信息共享的计算机公共信息平台。

区内企业应当建立符合海关联网监管要求的计算机管理系统，按照海关规定的认证方式，提供符合海关查阅格式的电子数据并且与海关信息系统联网。

第十条 有下列情形之一的，区内企业应当在情况发生之日起5个工作日内书面报告海关，并且办理相关手续：

（一）遭遇不可抗力的；

（二）海关监管货物被盗窃的；

（三）区内企业分立、合并、破产的。

第十一条 法律、行政法规禁止进出口的货物、物品，不得进出珠海园区。

第二章　对珠海园区与境外之间进出货物的监管

第十二条 海关对珠海园区与境外之间进出的货物实行备案制管理，但法律、行政法规另有规定的货物除外。珠海园区与境外之间进出的货物，由货物的收发货人或者代理人填写进出境货物备案清单，向海关备案。

对于珠海园区与境外之间进出的货物，区内企业提出书面申请并且经海关批准的，可以办理集中申报手续，但法律、行政法规和规章另有规定的除外。

第十三条 珠海园区与境外之间进出的货物应当按照规定向海关办理相关手续。

第十四条 珠海园区与境外之间进出的货物，不实行进出口配额、许可证件管理，但法律、行政法规和规章另有规定的除外。

第十五条 从境外进入珠海园区的货物，除法律、行政法规另有规定外，按照以下规定征收进口关税和进口环节税：

（一）珠海园区生产性的基础设施建设项目所需的机器、设备和其他物资，予以免税；

（二）区内企业自用的生产、管理设备和自用合理数量的办公用品及其所需的维修零配件，建设生产厂房、仓储设施所需的物资、设备，予以免税；

（三）珠海园区行政管理机构自用合理数量的管理设备和办公用品及其所需的维修零配件，予以免税；

（四）区内企业为加工出口产品所需的原材料、零部件、元器件、包装物料，予以保税；

（五）转口货物、在珠海园区储存的货物和展览品、样品，予以保税；

（六）上述规定范围外的货物或者物品从境外进入珠海园区，应当依法纳税。

本条前款规定的从境外免税进入珠海园区的货物出区进入区外的，海关按照货物进口的有关规定办理手续；需要征税的，按照货物出区时的实际状态征税；属于配额、许可证件管理商品的，区内企业或者区外收货人还应当取得进口配额、许可证件。海关对有关进口许可证件电子数据进行系统自动比对验核。

从珠海园区运往境外的货物免征出口关税，但法律、行政法规另有规定的除外。

第三章　对珠海园区与区外之间进出货物的监管

第十六条　珠海园区内货物运往区外视同进口，海关按照货物进口的有关规定办理手续。需要征税的，按照货物出区时的实际状态征税；属于配额、许可证件管理商品的，区内企业或者区外收货人还应当取得进口配额、许可证件。海关对有关进口许可证件电子数据进行系统自动比对验核。

以一般贸易方式经珠海园区进入区外，并且获得香港或者澳门签证机构签发的 CEPA 优惠原产地证书的货物，可以按照规定享受 CEPA 零关税优惠。

第十七条　区内企业在加工生产过程中产生的边角料、废品，以及加工生产、储存、运输等过程中产生的包装物料，区内企业提出书面申请并且经海关批准的，可以运往区外，海关按出区时的实际状态征税。属于进口配额、许可证件管理商品的，免领进口配额、许可证件；属于列入《禁止进口废物目录》的废物以及其他危险废物需出区进行处置的，有关企业凭珠海园区行政管理机构以及所在地的市级环保部门批件等材料，向海关办理出区手续。

区内企业在加工生产过程中产生的残次品内销出区的，海关按内销时的实际状态征税。属于进口配额、许可证件管理的，企业应当取得进口配额、许可证件。海关对有关进口许可证件电子数据进行系统自动比对验核。

第十八条　珠海园区内货物运往区外的，由区内企业、区外收货人或者其代理人向海关办理申报手续。

第十九条　区内企业跨关区配送货物或者异地企业跨关区到珠海园区提取货物的，可以在珠海园区主管海关办理申报手续，也可以按照规定在异地企业所在地海关办理申报手续。

第二十条　区内企业需要将模具、原材料、半成品等运往区外进行加工的，应当在开展外发加工前，凭承揽加工合同或者协议、区内企业签章确认的承揽企业生产能力状况等材料，向珠海园区主管海关办理外发加工手续。

委托区外企业加工的期限不得超过合同或者协议有效期，加工完毕后的货物应当按期运回珠海园区。在区外开展外发加工产生的边角料、废品、残次品、副产品不运回珠海园区的，海关应当按照实际状态征税。区内企业凭出区时委托区外加工申请书以及有关单证，向海关办理验放核销手续。

第二十一条　经珠海园区主管海关批准，区内企业可以在区外进行商品展示，也可以承接区外商品的展示，并且比照海关对暂时进出境货物的有关规定办理进出区手续。

第二十二条　在珠海园区内使用的机器、设备、模具和办公用品等海关监管货物，区内企业或者珠海园区行政管理机构向珠海园区主管海关提出书面申请，并且经珠海园区主管海关核准、登记后，可以运往区外进行检测、维修。区内企业将模具运往区外进行检测、维修的，应当留存模具所生产产品的样品或者图片资料。

运往区外进行检测、维修的机器、设备、模具和办公用品等，不得在区外用于加工生产和使用，并且应当自运出之日起 60 日内运回珠海园区。因特殊情况不能如期运回的，区内企业或者珠海园区行政管理机构应当在期限届满前 7 日内，以书面形式向海关申请延期，延长期限不得超过 30 日。

检测、维修完毕运回珠海园区的机器、设备、模具和办公用品等应当为原物。有更换新零件、配件或者附件的，原零件、配件或者附件应当一并运回区内。对在区外更换的国产零件、配件或者附件，需要退税的，由企业按照出口货物的有关规定办理手续。

第二十三条　货物从区外进入珠海园区视同出口，海关按照货物出口的有关规定办理手续。属于出口应税商品的，按照有关规定进行征税；属于配额、许可证件管理商品的，区内企业或者区外发货人还应当向海关出具出口配额、许可证件。

境内区外货物、设备以出口报关方式进入园区的，其出口退税按照国家有关规定办理。境内区外货物、设备属于原进口货物、设备的，原已缴纳的关税、进口环节海关代征税海关不予退还。

第二十四条　区内企业运往区外进行外发加工的货物，加工生产过程中使用国内料件并且属于出口应税商品的，加工产品运回区内时，所使用的国内料件应当按规定缴纳出口关税。

从区外运到区内供区内企业自用并且不再出区的物资，区内企业应当向海关提供有关物资清单，经海关批准放行。

第二十五条　对于珠海园区与区外之间进出的货物，企业提出书面申请并且经海关批准的，可以办理集中申报手续，并且适用每次货物进出时海关接受该货物申报之日实施的税率、汇率，但法律、行政法规和规章另有规定的除外。集中申报的期限不得超过 30 日，并且不得跨年度办理。

第四章　对珠海园区内货物的监管

第二十六条　珠海园区内货物可以在区内自由流转。区内企业之间转让、转移货物的，双方企业应当及时将转让、转移货物的品名、数量、金额等有关事项向海关备案。

第二十七条　区内企业可以将本企业加工生产的产品转入其他海关特殊监管区域以及区外加工贸易企业进一步加工后复出口，海关参照出口加工区货物出区深加工结转的有关规定实施监管。

第二十八条　区内企业自开展业务之日起，应当每年向珠海园区主管海关办理报核手续，珠海园区主管海关应当自受理报核申请之日起 30 日内予以核销。区内企业有关账册、原始单证应当自核销结束之日起至少保留 3 年。

第二十九条　因不可抗力造成珠海园区内货物损坏、灭失的，区内企业应当及时书面报告珠海园区主管海关，并且提供保险、灾害鉴定部门的有关证明。经珠海园区主管海关核实确认后，按照以下规定处理：

（一）货物灭失，或者虽未灭失但完全失去使用价值的，海关依法办理核销和免税手续；

（二）进境货物损坏，失去原使用价值但可以再利用的，区内企业可以向海关办理退运手续。要求运往区外的，由区内企业提出申请，并且经珠海园区主管海关核准后，按照出区时的实际状态办理海关手续；

（三）区外进入珠海园区的货物损坏，失去原使用价值但可以再利用，并且向区外出口企业进行退换的，可以退换为与损坏货物同一品名、规格、数量、价格的货物，并且向珠海园区主管海关办理退运手续。

需要退运到区外的货物，区内企业向珠海园区主管海关提出退运申请，提供注册地税务主管部门证明其货物未办理出口退税或者所退税款已退还税务主管部门的证明材料和出口单证，并且经珠海园区主管海关批准的，可以办理退运手续；属于已经办理出口退税手续并且所退税款未退还税务主管部门的，按照本条第一款第（二）项的有关规定办理。

第三十条 因保管不善等非不可抗力因素造成货物损坏、灭失的，按照以下规定办理：

（一）对于从境外进入珠海园区的货物，区内企业应当按照一般贸易进口货物的规定，以货物进入珠海园区时海关接受申报之日适用的税率、汇率，依法向海关缴纳损毁、灭失货物原价值的进口环节税；

（二）对于从区外进入珠海园区的货物，区内企业应当重新缴纳出口退还的国内环节有关税款，海关根据有关单证办理核销手续。

第三十一条 区内企业生产属于被动配额管理的出口产品，应当事先报经有关部门批准。

第三十二条 海关对于珠海园区与其他海关特殊监管区域或者海关保税监管场所之间流转的保税货物，实行继续保税监管。

货物从未实行国内货物入区（仓）环节出口退税制度的海关特殊监管区域或者海关保税监管场所转入珠海园区的，按照货物实际离境的有关规定办理申报手续。

第五章 对进出珠海园区运输工具和个人携带货物、物品的监管

第三十三条 运输工具和个人进出珠海园区的，应当经由海关指定的专用通道，并且接受海关监管和检查。

第三十四条 货运车辆、非货运车辆进出珠澳跨境工业区专用口岸通道的，应当经主管部门批准，并且按照《中华人民共和国海关关于来往香港、澳门公路货运企业及其车辆和驾驶员的管理办法》（以下简称《港澳车辆管理办法》）向珠海园区主管海关办理备案手续。

澳门车辆进出珠澳跨境工业区专用口岸通道的，申请人应当在报经主管部门批准后，凭主管部门批文、车主/企业、汽车、驾驶员等有关资料向珠海园区主管海关申请备案，并且提供海关认可的担保，海关签发《来往澳门汽车进出境签证本》。

第三十五条 港/澳籍货运车辆、非货运车辆以及澳门车辆从珠澳跨境工业区专用口岸通道进境后，应当在3个月内复出境；特殊情况下，经珠海园区主管海关同意，可以在车辆备案有效期内予以延期，延长期限不得超过3个月。

第三十六条 对于从珠澳跨境工业区专用口岸通道进境的货运车辆，海关按照港澳车辆管理办法及其有关规定进行监管。

对于从珠澳跨境工业区专用口岸通道进境的非货运车辆、澳门车辆，海关比照港澳车辆管理办法及其有关规定进行监管。

第三十七条 进境的港/澳籍货运车辆、非货运车辆可以从珠海园区进入珠海市区或者从珠海市区进入珠海园区。

从珠澳跨境工业区专用口岸通道进入珠海园区的澳门车辆，不得从珠海园区进入区外。

第三十八条 经珠澳跨境工业区专用口岸通道进出珠海园区、澳门园区人员携带的行李物品，应当以自用合理为限，海关按照进出境旅客行李物品监管的有关规定进行监管。

进出珠澳跨境工业区专用口岸通道车辆的备用物料和驾驶员携带的行李物品，应当以旅途需要为限，超出旅途需要的，海关不予放行。

第三十九条 珠海园区与区外之间进出的下列货物，经海关批准，可以由区内企业指派专人携带或者自行运输：

（一）价值 1 万美元以下的小额货物；
（二）因品质不合格复运区外退换的货物；
（三）已办理进口纳税手续的货物；
（四）企业不要求出口退税的货物；
（五）其他经海关批准的货物。

第六章 附 则

第四十条 除国际中转货物和其他另有规定的货物外，珠海园区与境外之间进出的货物，列入海关进出口统计。珠海园区与区外之间进出的货物，列入海关单项统计。

区内企业之间转让、转移的货物，以及珠海园区与其他海关特殊监管区域或者海关保税监管场所之间流转的货物，不列入海关统计。

第四十一条 本办法下列用语含义：

澳门园区，是指经国务院批准设立的珠澳跨境工业区的澳门园区。

货运车辆，是指依照港澳车辆管理办法规定在海关备案，从事来往粤澳公路货物运输的粤澳两地牌照车辆。

非货运车辆，是指经主管部门批准，并且按照规定在海关备案、来往粤澳的粤澳两地牌照商务车辆、私人小汽车。

澳门车辆，是指在珠海园区投资设厂的境外商户的澳门籍货运车辆和私人小汽车，以及澳门专业货运公司的货运车辆。

第四十二条 海关对珠海园区管理的其他事项，由拱北海关比照本办法以及国家有关规定予以处理。

第四十三条 违反本办法，构成走私行为、违反海关监管规定行为或者其他违反《海关法》行为的，由海关依照《海关法》和《中华人民共和国海关行政处罚实施条例》的有关规定予以处理；构成犯罪的，依法追究刑事责任。

第四十四条 本办法由海关总署负责解释。

第四十五条 本办法自 2007 年 4 月 8 日起施行。

中华人民共和国海关进出境运输工具舱单管理办法

(2008 年 3 月 28 日海关总署令第 172 号发布，根据 2017 年 12 月 20 日海关总署令第 235 号《海关总署关于修改部分规章的决定》第一次修正，根据 2018 年 5 月 29 日海关总署令第 240 号《海关总署关于修改部分规章的决定》第二次修正)

第一章 总 则

第一条 为了规范海关对进出境运输工具舱单的管理，促进国际贸易便利，保障国际贸易安全，根据《中华人民共和国海关法》（以下简称《海关法》）以及有关法律、行政法规的规定，制定本办法。

第二条 本办法所称进出境运输工具舱单（以下简称舱单）是指反映进出境运输工具所载货物、物品及旅客信息的载体，包括原始舱单、预配舱单、装（乘）载舱单。

进出境运输工具载有货物、物品的，舱单内容应当包括总提（运）单及其项下的分提（运）单信息。

第三条　海关对进出境船舶、航空器、铁路列车以及公路车辆舱单的管理适用本办法。

第四条　进出境运输工具负责人、无船承运业务经营人、货运代理企业、船舶代理企业、邮政企业以及快件经营人等舱单电子数据传输义务人（以下统称"舱单传输人"）应当按照海关备案的范围在规定时限向海关传输舱单电子数据。

海关监管作业场所经营人、理货部门、出口货物发货人等舱单相关电子数据传输义务人应当在规定时限向海关传输舱单相关电子数据。

对未按照本办法规定传输舱单及相关电子数据的，海关可以暂不予办理运输工具进出境申报手续。

因计算机故障等特殊情况无法向海关传输舱单及相关电子数据的，经海关同意，可以采用纸质形式在规定时限向海关递交有关单证。

第五条　海关以接受原始舱单主要数据传输的时间为进口舱单电子数据传输时间；海关以接受预配舱单主要数据传输的时间为出口舱单电子数据传输的时间。

第六条　舱单传输人、海关监管作业场所经营人、理货部门、出口货物发货人应当向其经营业务所在地直属海关或者经授权的隶属海关备案，并提交《备案登记表》。

在海关备案的有关内容如果发生改变的，舱单传输人、海关监管作业场所经营人、理货部门、出口货物发货人应当凭书面申请和有关文件向海关办理备案变更手续。

第七条　舱单传输人可以书面向海关提出为其保守商业秘密的要求，并具体列明需要保密的内容。

海关应当按照国家有关规定承担保密义务，妥善保管舱单传输人及相关义务人提供的涉及商业秘密的资料。

第二章　进境舱单的管理

第八条　原始舱单电子数据传输以前，运输工具负责人应当将运输工具预计抵达境内目的港的时间通知海关。

运输工具抵港以前，运输工具负责人应当将运输工具确切的抵港时间通知海关。

运输工具抵达设立海关的地点时，运输工具负责人应当向海关进行运输工具抵港申报。

第九条　进境运输工具载有货物、物品的，舱单传输人应当在下列时限向海关传输原始舱单主要数据：

（一）集装箱船舶装船的24小时以前，非集装箱船舶抵达境内第一目的港的24小时以前；

（二）航程4小时以下的，航空器起飞前；航程超过4小时的，航空器抵达境内第一目的港的4小时以前；

（三）铁路列车抵达境内第一目的站的2小时以前；

（四）公路车辆抵达境内第一目的站的1小时以前。

舱单传输人应当在进境货物、物品运抵目的港以前向海关传输原始舱单其他数据。

海关接受原始舱单主要数据传输后，收货人、受委托报关企业方可向海关办理货物、物品的申报手续。

第十条　海关发现原始舱单中列有我国禁止进境的货物、物品，可以通知运输工具负责人不得装载进境。

第十一条　进境运输工具载有旅客的，舱单传输人应当在下列时限向海关传输原始舱单电子数据：

（一）船舶抵达境内第一目的港的 2 小时以前；

（二）航程在 1 小时以下的，航空器抵达境内第一目的港的 30 分钟以前；航程在 1 小时至 2 小时的，航空器抵达境内第一目的港的 1 小时以前；航程在 2 小时以上的，航空器抵达境内第一目的港的 2 小时以前；

（三）铁路列车抵达境内第一目的站的 2 小时以前；

（四）公路车辆抵达境内第一目的站的 1 小时以前。

第十二条 海关接受原始舱单主要数据传输后，对决定不准予卸载货物、物品或者下客的，应当以电子数据方式通知舱单传输人，并告知不准予卸载货物、物品或者下客的理由。

海关因故无法以电子数据方式通知的，应当派员实地办理本条第一款规定的相关手续。

第十三条 理货部门或者海关监管作业场所、旅客通关类、邮件类场所经营人应当在进境运输工具卸载货物、物品完毕后的 6 小时以内以电子数据方式向海关提交理货报告。

需要二次理货的，经海关同意，可以在进境运输工具卸载货物、物品完毕后的 24 小时以内以电子数据方式向海关提交理货报告。

第十四条 海关应当将原始舱单与理货报告进行核对，对二者不相符的，以电子数据方式通知运输工具负责人。运输工具负责人应当在卸载货物、物品完毕后的 48 小时以内向海关报告不相符的原因。

第十五条 原始舱单中未列名的进境货物、物品，海关可以责令原运输工具负责人直接退运。

第十六条 进境货物、物品需要分拨的，舱单传输人应当以电子数据方式向海关提出分拨货物、物品申请，经海关同意后方可分拨。

分拨货物、物品运抵海关监管作业场所、旅客通关类、邮件类场所时，相关场所经营人应当以电子数据方式向海关提交分拨货物、物品运抵报告。

在分拨货物、物品拆分完毕后的 2 小时以内，理货部门或者相关场所经营人应当以电子数据方式向海关提交分拨货物、物品理货报告。

第十七条 货物、物品需要疏港分流的，海关监管作业场所、旅客通关类、邮件类场所经营人应当以电子数据方式向海关提出疏港分流申请，经海关同意后方可疏港分流。

疏港分流完毕后，相关场所经营人应当以电子数据方式向海关提交疏港分流货物、物品运抵报告。

第十八条 疏港分流货物、物品提交运抵报告后，海关即可办理货物、物品的查验、放行手续。

第十九条 进境运输工具载有旅客的，运输工具负责人或者旅客通关类场所经营人应当在进境运输工具下客完毕后 3 小时以内向海关提交进境旅客及其行李物品结关申请，并提供实际下客人数、托运行李物品提取数量以及未运抵行李物品数量。经海关核对无误的，可以办理结关手续；原始舱单与结关申请不相符的，运输工具负责人或者旅客通关类场所经营人应当在进境运输工具下客完毕后 24 小时以内向海关报告不相符的原因。

运输工具负责人或者旅客通关类场所经营人应当将无人认领的托运行李物品转交海关处理。

第三章 出境舱单的管理

第二十条 以集装箱运输的货物、物品，出口货物发货人应当在货物、物品装箱以前向海关传输装箱清单电子数据。

第二十一条 出境运输工具预计载有货物、物品的，舱单传输人应当在办理货物、物品申报手续以前向海关传输预配舱单主要数据。

海关接受预配舱单主要数据传输后，舱单传输人应当在下列时限向海关传输预配舱单其他数据：

（一）集装箱船舶装船的 24 小时以前，非集装箱船舶在开始装载货物、物品的 2 小时以前；

（二）航空器在开始装载货物、物品的 4 小时以前；

（三）铁路列车在开始装载货物、物品的 2 小时以前；

（四）公路车辆在开始装载货物、物品的 1 小时以前。

出境运输工具预计载有旅客的，舱单传输人应当在出境旅客开始办理登机（船、车）手续的 1 小时以前向海关传输预配舱单电子数据。

第二十二条　出境货物、物品运抵海关监管作业场所、旅客通关类、邮件类场所时，相关场所经营人应当以电子数据方式向海关提交运抵报告。

运抵报告提交后，海关即可办理货物、物品的查验、放行手续。

第二十三条　舱单传输人应当在运输工具开始装载货物、物品的 30 分钟以前向海关传输装载舱单电子数据。

装载舱单中所列货物、物品应当已经海关放行。

第二十四条　舱单传输人应当在旅客办理登机（船、车）手续后、运输工具上客以前向海关传输乘载舱单电子数据。

第二十五条　海关接受装（乘）载舱单电子数据传输后，对决定不准予装载货物、物品或者上客的，应当以电子数据方式通知舱单传输人，并告知不准予装载货物、物品或者上客的理由。

海关因故无法以电子数据方式通知的，应当派员实地办理本条第一款规定的相关手续。

第二十六条　运输工具负责人应当在运输工具驶离设立海关的地点的 2 小时以前将驶离时间通知海关。

对临时追加的运输工具，运输工具负责人应当在运输工具驶离设立海关的地点以前将驶离时间通知海关。

第二十七条　运输工具负责人应当在货物、物品装载完毕或者旅客全部登机（船、车）后向海关提交结关申请，经海关办结手续后，出境运输工具方可离境。

第二十八条　出境运输工具驶离装货港的 6 小时以内，海关监管作业场所经营人或者理货部门应当以电子数据方式向海关提交理货报告。

第二十九条　海关应当将装载舱单与理货报告进行核对，对二者不相符的，以电子数据方式通知运输工具负责人。运输工具负责人应当在装载货物、物品完毕后的 48 小时以内向海关报告不相符的原因。

海关应当将乘载舱单与结关申请进行核对，对二者不相符的，以电子数据方式通知运输工具负责人。运输工具负责人应当在出境运输工具结关完毕后的 24 小时以内向海关报告不相符的原因。

第四章　舱单变更的管理

第三十条　已经传输的舱单电子数据需要变更的，舱单传输人可以在原始舱单和预配舱单规定的传输时限以前直接予以变更，但是货物、物品所有人已经向海关办理货物、物品申报手续的除外。

舱单电子数据传输时间以海关接受舱单电子数据变更的时间为准。

第三十一条　在原始舱单和预配舱单规定的传输时限后，有下列情形之一的，舱单传输人可以向海关办理变更手续：

（一）货物、物品因不可抗力灭失、短损，造成舱单电子数据不准确的；

（二）装载舱单中所列的出境货物、物品，因装运、配载等原因造成部分或者全部货物、物品退关或者变更运输工具的；

（三）大宗散装货物、集装箱独立箱体内载运的散装货物的溢短装数量在规定范围以内的；

（四）其他客观原因造成传输错误的。

第三十二条 按照本办法第三十七条的规定处理后，需要变更舱单电子数据的，舱单传输人应当按照海关的要求予以变更。

第三十三条 舱单传输人向海关申请变更货物、物品舱单或者旅客舱单时，应当提交《舱单变更申请表》和加盖有舱单传输人公章的正确舱单。

第五章 附 则

第三十四条 本办法下列用语的含义是：

"原始舱单"，是指舱单传输人向海关传输的反映进境运输工具装载货物、物品或者乘载旅客信息的舱单。

"预配舱单"，是指反映出境运输工具预计装载货物、物品或者乘载旅客信息的舱单。

"装（乘）载舱单"，是指反映出境运输工具实际配载货物、物品或者载有旅客信息的舱单。

"提（运）单"，是指用以证明货物、物品运输合同和货物、物品已经由承运人接收或者装载，以及承运人保证据以交付货物、物品的单证。

"总提（运）单"，是指由运输工具负责人、船舶代理企业所签发的提（运）单。

"分提（运）单"，是指在总提（运）单项下，由无船承运业务经营人、货运代理人或者快件经营人等企业所签发的提（运）单。

"运抵报告"，是指进出境货物运抵海关监管作业场所时，海关监管作业场所经营人向海关提交的反映货物实际到货情况的记录，以及进出境物品运抵旅客通关类、邮件类场所时，相关场所经营人向海关提交的反映物品实际到货情况的记录。

"理货报告"，是指海关监管作业场所、旅客通关类、邮件类场所经营人或者理货部门对进出境运输工具所载货物、物品的实际装卸情况予以核对、确认的记录。

"疏港分流"，是指为防止货物、物品积压、阻塞港口，根据港口行政管理部门的决定，将相关货物、物品疏散到其他海关监管作业场所、旅客通关类、邮件类场所的行为。

"分拨"，是指海关监管作业场所、旅客通关类、邮件类场所经营人将进境货物、物品从一场所运至另一场所的行为。

"装箱清单"，是指反映以集装箱运输的出境货物、物品在装箱以前的实际装载信息的单据。

"以上""以下""以内"，均包括本数在内。

第三十五条 舱单中的提（运）单编号2年内不得重复。

自海关接受舱单等电子数据之日起3年内，舱单传输人、海关监管作业场所、旅客通关类、邮件类场所经营人、理货部门应当妥善保管纸质舱单、理货报告、运抵报告以及相关账册等资料。

第三十六条 本办法中下列舱单等电子数据的格式，由海关总署另行制定：

（一）原始舱单（包括主要数据和其他数据）；

（二）理货报告；

（三）分拨货物、物品申请；

（四）分拨货物、物品理货报告；

（五）疏港分流申请；

（六）疏港分流货物、物品运抵报告；

（七）装箱清单；

（八）预配舱单（包括主要数据和其他数据）；

（九）运抵报告；

（十）装（乘）载舱单。

第三十七条 违反本办法，构成走私行为、违反海关监管规定行为或者其他违反海关法行为的，由海关依照《海关法》和《中华人民共和国海关行政处罚实施条例》的有关规定予以处理；构成犯罪的，依法追究刑事责任。

第三十八条 本办法所规定的文书由海关总署另行制定并且发布。

第三十九条 本办法由海关总署负责解释。

第四十条 本办法自2009年1月1日起施行。1999年2月1日海关总署令第70号公布的《中华人民共和国海关舱单电子数据传输管理办法》同时废止。

中华人民共和国海关进出境运输工具监管办法

（2010年11月1日海关总署令第196号公布，根据2018年5月29日海关总署令第240号《海关总署关于修改部分规章的决定》修正）

第一章 总 则

第一条 为了规范海关对进出境运输工具的监管，保障进出境运输工具负责人和进出境运输工具服务企业的合法权益，根据《中华人民共和国海关法》，制定本办法。

第二条 本办法所称进出境运输工具是指用于载运人员、货物、物品进出境的各种船舶、航空器、铁路列车、公路车辆和驮畜。

第三条 海关对经营性进出境运输工具的监管适用本办法，对非经营性进出境运输工具的监管比照本办法管理。

第四条 除经国务院或者国务院授权的机关批准外，进出境运输工具应当通过设立海关的地点进境或者出境，在海关监管场所停靠、装卸货物、物品和上下人员。

由于不可抗力原因，进出境运输工具被迫在未设立海关的地点或者在非海关监管场所停靠、降落或者抛掷、起卸货物、物品以及上下人员的，进出境运输工具负责人应当立即报告附近海关。附近海关应当对运输工具及其所载的货物、物品实施监管。

第五条 进境运输工具在进境以后向海关申报以前，出境运输工具在办结海关手续以后出境以前，应当按照交通运输主管机关规定的路线行进；交通运输主管机关没有规定的，由海关指定。

进境运输工具在进境申报以后出境以前，应当按照海关认可的路线行进。

第六条 进出境运输工具到达或者驶离设立海关的地点时，进出境运输工具负责人应当采用申报单形式向海关申报。

第七条 进境的境外运输工具和出境的境内运输工具，未向海关办理手续并缴纳关税，不得转让或者移作他用。

运输工具作为货物以租赁或其他贸易方式进出口的，除按照本办法办理进出境运输工具进境或者出境手续外，还应当按照有关规定办理进出境运输工具进出口报关手续。

第二章　备案管理

第八条　进出境运输工具、进出境运输工具负责人和进出境运输工具服务企业应当在经营业务所在地的直属海关或者经直属海关授权的隶属海关备案。

海关对进出境运输工具、进出境运输工具负责人以及进出境运输工具服务企业的备案实行全国海关联网管理。

第九条　进出境运输工具、进出境运输工具负责人和进出境运输工具服务企业在海关办理备案的，应当按不同运输方式分别提交《进出境国际航行船舶备案表》《进出境航空器备案表》《进出境铁路列车备案表》《进出境公路车辆备案表》《运输工具负责人备案表》《运输工具服务企业备案表》，并同时提交上述备案表随附单证栏中列明的材料。

运输工具服务企业相关管理办法，由海关总署另行制定。

第十条　《运输工具备案表》《运输工具负责人备案表》和《运输工具服务企业备案表》的内容发生变更的，进出境运输工具负责人、进出境运输工具服务企业应当在海关规定的时限内凭《备案变更表》和有关文件向备案海关办理备案变更手续。

进出境运输工具负责人、进出境运输工具服务企业可以主动申请撤销备案，海关也可以依法撤销备案。

第十一条　海关对在海关备案的进出境运输工具服务企业和进出境运输工具所有企业、经营企业实施分类管理，具体办法由海关总署另行制定。

第三章　运输工具管理

第一节　进境监管

第十二条　进境运输工具负责人应当在规定时限将运输工具预计抵达境内目的港和预计抵达时间以电子数据形式通知海关。

因客观条件限制，经海关批准，公路车辆负责人可以采用电话、传真等方式通知海关。

进境运输工具抵达设立海关的地点以前，运输工具负责人应当将进境时间、抵达目的港的时间和停靠位置通知海关。

第十三条　进境运输工具抵达设立海关的地点时，运输工具负责人应当按不同运输方式向海关申报，分别提交《中华人民共和国海关船舶进境（港）申报单》《中华人民共和国海关航空器进境（港）申报单》《中华人民共和国海关铁路列车进境申报单》《中华人民共和国海关公路车辆进境（港）申报单》，以及上述申报单中列明应当交验的其他单证。

进境运输工具负责人也可以在运输工具进境前提前向海关办理申报手续。

第十四条　进境运输工具抵达监管场所时，监管场所经营人应当通知海关。

第十五条　海关接受进境运输工具申报时，应当审核申报单证。

进境运输工具在向海关申报以前，未经海关同意，不得装卸货物、物品，除引航员、口岸检查机关工作人员外不得上下人员。

第二节　停留监管

第十六条　进出境运输工具到达设立海关的地点时，应当接受海关监管和检查。

海关检查进出境运输工具时，运输工具负责人应当到场，并根据海关的要求开启舱室、房间、车门；有走私嫌疑的，并应当开拆可能藏匿走私货物、物品的部位，搬移货物、物料。

海关认为必要时，可以要求进出境运输工具工作人员进行集中，配合海关实施检查。

海关检查完毕后，应当按规定制作《检查记录》。

第十七条 海关认为必要的，可以派员对进出境运输工具值守，进出境运输工具负责人应当为海关人员提供方便。

海关派员对进出境运输工具值守的，进出境运输工具装卸货物、物品以及上下人员应当征得值守海关人员同意。

第十八条 进出境运输工具负责人应当在进出境运输工具装卸货物的1小时以前通知海关；航程或者路程不足1小时的，可以在装卸货物以前通知海关。

海关可以对进出境运输工具装卸货物实施监装监卸。

进出境运输工具装卸货物、物品完毕后，进出境运输工具负责人应当向海关递交反映实际装卸情况的交接单据和记录。

第十九条 进出境运输工具在海关监管场所停靠期间更换停靠地点的，进出境运输工具负责人应当事先通知海关。

第三节 境内续驶监管

第二十条 进出境运输工具在境内从一个设立海关的地点驶往另一个设立海关的地点的，进出境运输工具负责人应当按照本章第四节的有关规定办理驶离手续。

第二十一条 进出境运输工具在境内从一个设立海关的地点驶往另一个设立海关的地点的，应当符合海关监管要求，驶离地海关应当制发关封。进出境运输工具负责人应当妥善保管关封，抵达另一设立海关的地点时提交目的地海关。

未经驶离地海关同意，进出境运输工具不得改驶其他目的地；未办结海关手续的，不得改驶境外。

第二十二条 进出境运输工具在境内从一个设立海关的地点驶往另一个设立海关的地点时，海关可以派员随运输工具实施监管，进出境运输工具负责人应当为海关人员提供方便。

第二十三条 进出境运输工具在境内从一个设立海关的地点驶往另一个设立海关的地点抵达目的地以后，应当按照本章第一节的有关规定办理抵达手续。

第四节 出境监管

第二十四条 出境运输工具离开设立海关的地点驶往境外的2小时以前，运输工具负责人应当将驶离时间以电子数据形式通知海关。对临时出境的运输工具，运输工具负责人可以在其驶离设立海关的地点以前将驶离时间通知海关。

因客观条件限制，经海关批准，公路车辆负责人可以在车辆出境前采用电话、传真等方式通知海关。

第二十五条 运输工具出境时，运输工具负责人应当按不同运输方式向海关申报，分别提交《中华人民共和国海关船舶出境（港）申报单》《中华人民共和国海关航空器出境（港）申报单》《中华人民共和国海关铁路列车出境申报单》《中华人民共和国海关公路车辆出境（港）申报单》，以及上述申报单中列明应当交验的其他单证。

第二十六条 出境运输工具负责人在货物、物品装载完毕或者旅客全部登机（船、车）以后，应当向海关提交结关申请。海关审核无误的，制发《结关通知书》。

海关制发《结关通知书》以后，非经海关同意，出境运输工具不得装卸货物、上下旅客。

第二十七条 出境运输工具驶离海关监管场所时，监管场所经营人应当通知海关。

第二十八条　进出境运输工具在办结海关出境或者续驶手续后的 24 小时未能驶离的，运输工具负责人应当重新办理有关手续。

第四章　物料管理

第二十九条　经运输工具负责人申请，海关核准后，进出境运输工具可以添加、起卸、调拨下列物料：

（一）保障进出境运输工具行驶、航行的轻油、重油等燃料；

（二）供应进出境运输工具工作人员和旅客的日常生活用品、食品；

（三）保障进出境运输工具及所载货物运输安全的备件、垫舱物料和加固、苫盖用的绳索、篷布、苫网等；

（四）海关核准的其他物品。

第三十条　进出境运输工具需要添加、起卸物料的，物料添加单位或者接受物料起卸单位应当向海关申报，并提交以下单证：

（一）《中华人民共和国海关运输工具起卸/添加物料申报单》；

（二）添加、起卸物料明细单以及合同、发票等相关单证。

境外运输工具在我国境内添加、起卸物料的，应当列入海关统计。

第三十一条　进出境运输工具之间调拨物料的，接受物料的进出境运输工具负责人应当在物料调拨完毕后向海关提交运输工具物料调拨清单。

第三十二条　进出境运输工具添加、起卸、调拨物料的，应当接受海关监管。

第三十三条　进出境运输工具添加、起卸、调拨的物料，运输工具负责人免予提交许可证件，海关予以免税放行；添加、起卸国家限制进出境或者涉及国计民生的物料超出自用合理数量范围的，应当按照进出口货物的有关规定办理海关手续。

第三十四条　除下列情况外，进出境运输工具使用过的废弃物料应当复运出境：

（一）运输工具负责人声明废弃的物料属于《自动进口类可用作原料的废物目录》和《限制进口类可用作原料的废物目录》列明，且接收单位已经办理进口手续的。

（二）不属于《自动进口类可用作原料的废物目录》和《限制进口类可用作原料废物目录》目录范围内的供应物料，以及进出境运输工具产生的清舱污油水、垃圾等，且运输工具负责人或者接受单位能够自卸下进出境运输工具之日起 30 天内依法作无害化处理的。

前款第（一）、（二）项所列物项未办理合法手续或者未在规定时限内依法作无害化处理的，海关可以责令退运。

第三十五条　进出境运输工具负责人应当将进口货物全部交付收货人。经海关核准，同时符合下列条件的扫舱地脚，可以免税放行：

（一）进口货物为散装货物；

（二）进口货物的收货人确认运输工具已经卸空；

（三）数量不足 1 吨，且不足进口货物重量的 0.1%。

前款规定的扫舱地脚涉及许可证件管理的，进出境运输工具负责人免于提交许可证件。

第五章　运输工具工作人员携带物品管理

第三十六条　进出境运输工具工作人员携带物品进出境的，应当向海关申报并接受海关监管。

第三十七条　进出境运输工具工作人员携带的物品，应当以服务期间必需和自用合理数量为限。

运输工具工作人员不得为其他人员托带物品进境或者出境。

第三十八条 进出境运输工具工作人员需携带物品进入境内使用的，应当向海关办理手续，海关按照有关规定验放。

第六章 附 则

第三十九条 违反本办法，构成走私行为、违反海关监管规定行为或者其他违反海关法行为的，由海关依照《海关法》和《中华人民共和国海关行政处罚实施条例》的有关规定予以处理；构成犯罪的，依法追究刑事责任。

第四十条 本办法下列用语的含义是：

运输工具负责人，是指进出境运输工具的所有企业、经营企业，船长、机长、汽车驾驶员、列车长，以及上述企业或者人员授权的代理人。

运输工具服务企业，是指为进出境运输工具提供本办法第二十九条规定的物料或者接受运输工具（包括工作人员及所载旅客）消耗产生的废、旧物品的企业。

扫舱地脚，是指经进口货物收货人确认进出境运输工具已经卸空，但因装卸技术等原因装卸完毕后，清扫进出境运输工具剩余的进口货物。

运输工具工作人员，是指在进出境运输工具上从事驾驶、服务，且具有相关资格证书的人员以及实习生。

第四十一条 经海关总署批准只使用运输工具电子数据通关的，申报单位应当将纸质单证至少保存3年。

第四十二条 海关对驮畜的监管办法另行制定。

海关对来往香港、澳门小型船舶和公路车辆的监管，另按照有关规定执行。

第四十三条 本办法所列文书格式由海关总署另行制定公告。

第四十四条 本办法由海关总署负责解释。

第四十五条 本办法自2011年1月1日起施行。1974年9月10日外贸部"〔1974〕贸关货233号"发布的《中华人民共和国海关对国际民航机监管办法》、1990年3月15日海关总署令第11号发布的《中华人民共和国海关对国际铁路联运进出境列车和所载货物、物品监管办法》、1991年8月23日海关总署令第24号发布的《中华人民共和国海关对进出境国际航行船舶及其所载货物、物品监管办法》同时废止。

国际航行船舶出入境检验检疫管理办法

（2002年12月31日国家质量监督检验检疫总局令第38号公布，根据2018年3月6日国家质量监督检验检疫总局令第196号《国家质量监督检验检疫总局关于废止和修改部分规章的决定》第一次修正，根据2018年4月28日海关总署令第238号《海关总署关于修改部分规章的决定》第二次修正，根据2018年5月29日海关总署令第240号《海关总署关于修改部分规章的决定》第三次修正）

第一章 总 则

第一条 为加强国际航行船舶出入境检验检疫管理，便利国际航行船舶进出我国口岸，根据

《中华人民共和国国境卫生检疫法》及其实施细则、《中华人民共和国进出境动植物检疫法》及其实施条例、《中华人民共和国进出口商品检验法》及其实施条例以及《国际航行船舶进出中华人民共和国口岸检查办法》的规定，制定本办法。

第二条　本办法所称国际航行船舶（以下简称船舶）是指进出中华人民共和国国境口岸的外国籍船舶和航行国际航线的中华人民共和国国籍船舶。

第三条　海关总署主管船舶进出中华人民共和国国境口岸（以下简称口岸）的检验检疫工作。主管海关负责所辖地区的船舶进出口岸的检验检疫和监督管理工作。

第四条　国际航行船舶进出口岸应当按照本办法规定实施检验检疫。

第二章　入境检验检疫

第五条　入境的船舶必须在最先抵达口岸的指定地点接受检疫，办理入境检验检疫手续。

第六条　船方或者其代理人应当在船舶预计抵达口岸 24 小时前（航程不足 24 小时的，在驶离上一口岸时）向海关申报，填报入境检疫申报书。如船舶动态或者申报内容有变化，船方或者其代理人应当及时向海关更正。

第七条　受入境检疫的船舶，在航行中发现检疫传染病、疑似检疫传染病，或者有人非因意外伤害而死亡并死因不明的，船方必须立即向入境口岸海关报告。

第八条　海关对申报内容进行审核，确定以下检疫方式，并及时通知船方或者其代理人。

（一）锚地检疫；

（二）电讯检疫；

（三）靠泊检疫；

（四）随船检疫。

第九条　海关对存在下列情况之一的船舶应当实施锚地检疫：

（一）来自检疫传染病疫区的；

（二）来自动植物疫区，国家有明确要求的；

（三）有检疫传染病病人、疑似检疫传染病病人，或者有人非因意外伤害而死亡并死因不明的；

（四）装载的货物为活动物的；

（五）发现有啮齿动物异常死亡的；

（六）废旧船舶；

（七）未持有有效的《除鼠/免予除鼠证书》的；

（八）船方申请锚地检疫的；

（九）海关工作需要的。

第十条　持有我国海关签发的有效《交通工具卫生证书》，并且没有第九条所列情况的船舶，经船方或者其代理人申请，海关应当实施电讯检疫。

船舶在收到海关同意电讯检疫的批复后，即视为已实施电讯检疫。船方或者其代理人必须在船舶抵达口岸 24 小时内办理入境检验检疫手续。

第十一条　对未持有有效《交通工具卫生证书》，且没有第九条所列情况或者因天气、潮水等原因无法实施锚地检疫的船舶，经船方或者其代理人申请，海关可以实施靠泊检疫。

第十二条　海关对旅游船、军事船、要人访问所乘船舶等特殊船舶以及遇有特殊情况的船舶，如船上有病人需要救治、特殊物资急需装卸、船舶急需抢修等，经船方或者其代理人申请，可以实施随船检疫。

第十三条　接受入境检疫的船舶，必须按照规定悬挂检疫信号，在海关签发入境检疫证书或者通知检疫完毕以前，不得解除检疫信号。除引航员和经海关许可的人员外，其他人员不准上船；不准装卸货物、行李、邮包等物品；其他船舶不准靠近；船上人员，除因船舶遇险外，未经海关许可，不得离船；检疫完毕之前，未经海关许可，引航员不得擅自将船舶引离检疫锚地。

第十四条 办理入境检验检疫手续时，船方或者其代理人应当向海关提交《航海健康申报书》《总申报单》《货物申报单》《船员名单》《旅客名单》《船用物品申报单》《压舱水报告单》及载货清单，并应检验检疫人员的要求提交《除鼠/免予除鼠证书》《交通工具卫生证书》《预防接种证书》《健康证书》以及《航海日志》等有关资料。

第十五条 海关实施登轮检疫时，应当在船方人员的陪同下，根据检验检疫工作规程实施检疫查验。

第十六条 海关对经检疫判定没有染疫的入境船舶，签发《船舶入境卫生检疫证》；对经检疫判定染疫、染疫嫌疑或者来自传染病疫区应当实施卫生除害处理的或者有其他限制事项的入境船舶，在实施相应的卫生除害处理或者注明应当接受的卫生除害处理事项后，签发《船舶入境检疫证》；对来自动植物疫区经检疫判定合格的船舶，应船舶负责人或者其代理人要求签发《运输工具检疫证书》；对须实施卫生除害处理的，应当向船方出具《检验检疫处理通知书》，并在处理合格后，应船方要求签发《运输工具检疫处理证书》。

第三章 出境检验检疫

第十七条 出境的船舶在离境口岸接受检验检疫，办理出境检验检疫手续。

第十八条 出境的船舶，船方或者其代理人应当在船舶离境前4小时内向海关申报，办理出境检验检疫手续。已办理手续但出现人员、货物的变化或者因其他特殊情况24小时内不能离境的，须重新办理手续。

船舶在口岸停留时间不足24小时的，经海关同意，船方或者其代理人在办理入境手续时，可以同时办理出境手续。

第十九条 对装运出口易腐烂变质食品、冷冻品的船舱，必须在装货前申请适载检验，取得检验证书。未经检验合格的，不准装运。

装载植物、动植物产品和其他检疫物出境的船舶，应当符合国家有关动植物防疫和检疫的规定，取得《运输工具检疫证书》。对需实施除害处理的，作除害处理并取得《运输工具检疫处理证书》后，方可装运。

第二十条 办理出境检验检疫手续时，船方或者其代理人应当向海关提交《航海健康申报书》《总申报单》《货物申报单》《船员名单》《旅客名单》及载货清单等有关资料（入境时已提交且无变动的可免于提供）。

第二十一条 经审核船方提交的出境检验检疫资料或者经登轮检验检疫，符合有关规定的，海关签发《交通工具出境卫生检疫证书》，并在船舶出口岸手续联系单上签注。

第四章 检疫处理

第二十二条 对有下列情况之一的船舶，应当实施卫生除害处理：

（一）来自检疫传染病疫区；
（二）被检疫传染病或者监测传染病污染的；
（三）发现有与人类健康有关的医学媒介生物，超过国家卫生标准的；
（四）发现有动物一类、二类传染病、寄生虫病或者植物危险性病、虫、杂草的或者一般性病虫害超过规定标准的；

（五）装载散装废旧物品或者腐败变质有碍公共卫生物品的；

（六）装载活动物入境和拟装运活动物出境的；

（七）携带尸体、棺柩、骸骨入境的；

（八）废旧船舶；

（九）海关总署要求实施卫生除害处理的其他船舶。

第二十三条 对船上的检疫传染病染疫人应当实施隔离，对染疫嫌疑人实施不超过该检疫传染病潜伏期的留验或者就地诊验。

第二十四条 对船上的染疫动物实施退回或者扑杀、销毁，对可能被传染的动物实施隔离。发现禁止进境的动植物、动植物产品和其他检疫物的，必须作封存或者销毁处理。

第二十五条 对来自疫区且国家明确规定应当实施卫生除害处理的压舱水需要排放的，应当在排放前实施相应的卫生除害处理。对船上的生活垃圾、泔水、动植物性废弃物，应当放置于密封有盖的容器中，在移下前应当实施必要的卫生除害处理。

第二十六条 对船上的伴侣动物，船方应当在指定区域隔离。确实需要带离船舶的伴侣动物、船用动植物及其产品，按照有关检疫规定办理。

第五章 监督管理

第二十七条 海关对航行或者停留于口岸的船舶实施监督管理，对卫生状况不良和可能导致传染病传播或者病虫害传播扩散的因素提出改进意见，并监督指导采取必要的检疫处理措施。

第二十八条 海关接受船方或者其代理人的申请，办理《除鼠/免予除鼠证书》（或者延期证书）、《交通工具卫生证书》等有关证书。

第二十九条 船舶在口岸停留期间，未经海关许可，不得擅自排放压舱水、移下垃圾和污物等，任何单位和个人不得擅自将船上自用的动植物、动植物产品及其他检疫物带离船舶。船舶在国内停留及航行期间，未经许可不得擅自启封动用海关在船上封存的物品。

第三十条 海关对船舶上的动植物性铺垫材料进行监督管理，未经海关许可不得装卸。

第三十一条 船舶应当具备并按照规定使用消毒、除虫、除鼠药械及装置。

第三十二条 来自国内疫区的船舶，或者在国内航行中发现检疫传染病、疑似检疫传染病，或者有人非因意外伤害而死亡死因不明的，船舶负责人应当向到达口岸海关报告，接受临时检疫。

第三十三条 海关对从事船舶食品、饮用水供应的单位以及从事船舶卫生除害处理的单位实行许可管理；对从事船舶代理、船舶物料服务的单位实行备案管理。其从业人员应当按照海关的要求接受培训和考核。

第六章 附 则

第三十四条 航行港澳小型船舶的检验检疫按照海关总署的有关规定执行。

第三十五条 往来边境地区的小型船舶、停靠非对外开放口岸的船舶以及国际海运过鲜船舶的检验检疫参照本办法执行。

第三十六条 违反本办法规定的，按照国家有关法律法规的规定处罚。

第三十七条 本办法由海关总署负责解释。

第三十八条 本办法自2003年3月1日起施行。原国家动植物检疫局1995年5月8日发布的《国际航行船舶进出中华人民共和国口岸动植物检疫实施办法》（试行）和原国家商品检验局1994年12月29日发布的《装运出口商品船舱检验管理办法》同时废止。其他有关规定与本办法不一致的，以本办法为准。

供港澳蔬菜检验检疫监督管理办法

（2009年9月10日国家质量监督检验检疫总局第120号令公布，根据2018年3月6日国家质量监督检验检疫总局令第196号《国家质量监督检验检疫总局关于废止和修改部分规章的决定》第一次修正，根据2018年4月28日海关总署令第238号《海关总署关于修改部分规章的决定》第二次修正，根据2018年5月29日海关总署令第240号《海关总署关于修改部分规章的决定》第三次修正）

第一章 总 则

第一条 为规范供港澳蔬菜检验检疫监督管理工作，保障供港澳蔬菜的质量安全和稳定供应，根据《中华人民共和国食品安全法》及其实施条例、《中华人民共和国进出口商品检验法》及其实施条例、《中华人民共和国进出境动植物检疫法》及其实施条例、《国务院关于加强食品等产品安全监督管理的特别规定》等法律、法规的规定，制定本办法。

第二条 本办法适用于供港澳新鲜和保鲜蔬菜的检验检疫监督管理工作。

第三条 海关总署主管全国供港澳蔬菜检验检疫监督管理工作。

主管海关负责所辖区域供港澳蔬菜检验检疫监督管理工作。

第四条 海关对供港澳蔬菜种植基地（以下简称种植基地）和供港澳蔬菜生产加工企业（以下简称生产加工企业）实施备案管理。种植基地和生产加工企业应当向海关备案。

第五条 种植基地、生产加工企业或者农民专业合作经济组织对供港澳蔬菜质量安全负责，种植基地和生产加工企业应当依照我国法律、法规、规章和食品安全标准从事种植、生产加工活动，建立健全从种植、加工到出境的全过程的质量安全控制体系和质量追溯体系，保证供港澳蔬菜符合香港或者澳门特别行政区的相关检验检疫要求。香港或者澳门特别行政区没有相关检验检疫要求的，应当符合内地相关检验检疫要求。

第六条 海关对供港澳蔬菜种植、生产加工过程进行监督，对供港澳蔬菜进行抽检。

第七条 海关对供港澳蔬菜建立风险预警与快速反应制度。

第二章 种植基地备案与管理

第八条 主管海关对种植基地实施备案管理。非备案基地的蔬菜不得作为供港澳蔬菜的加工原料，海关总署另有规定的小品种蔬菜除外。

第九条 种植基地、生产加工企业或者农民专业合作经济组织（以下简称种植基地备案主体）应当向种植基地所在地海关申请种植基地备案。

对实施区域化管理的种植基地，可以由地方政府有关部门向海关推荐备案。

第十条 申请备案的种植基地应当具备以下条件：

（一）有合法用地的证明文件；

（二）土地固定连片，周围具有天然或者人工的隔离带（网），符合各地海关根据实际情况确定的土地面积要求；

（三）土壤和灌溉用水符合国家有关标准的要求，周边无影响蔬菜质量安全的污染源；

（四）有专门部门或者专人负责农药等农业投入品的管理，有专人管理的农业投入品存放场所；

有专用的农药喷洒工具及其他农用器具；

（五）有完善的质量安全管理体系，包括组织机构、农业投入品使用管理制度、有毒有害物质监控制度等；

（六）有植物保护基本知识的专职或者兼职管理人员；

（七）有农药残留检测能力。

第十一条 种植基地备案由其备案主体向基地所在地海关提出书面申请，提交以下材料：

（一）供港澳蔬菜种植基地备案申请表；

（二）种植基地示意图、平面图；

（三）种植基地负责人或者经营者身份证复印件。

第十二条 种植基地备案主体提交材料齐全的，海关应当受理备案申请。

种植基地备案主体提交材料不齐全的，海关应当当场或者在接到申请后5个工作日内一次性书面告知种植基地备案主体补正，以申请单位补正资料之日为受理日期。

海关受理申请后，应当根据本办法第十条和第十一条的规定进行审核。审核工作应当自受理之日起10个工作日内完成。符合条件的，予以备案，按照"省（自治区、直辖市）行政区划代码+SC+五位数字"的规则进行备案编号，发放备案证书。不符合条件的，不予备案，海关书面通知种植基地备案主体。

第十三条 种植基地负责人发生变更的，应当自变更之日起30日内向种植基地所在地海关申请办理种植基地备案变更手续。

第十四条 种植基地备案主体应当建立供港澳蔬菜生产记录制度，如实记载下列事项：

（一）使用农业投入品的名称、来源、用法、用量、使用日期和农药安全间隔期；

（二）植物病虫害的发生和防治情况；

（三）收获日期和收获量；

（四）产品销售及流向。

生产记录应当保存2年。禁止伪造生产记录。

第十五条 种植基地负责人应当依照香港、澳门特别行政区或者内地食品安全标准和有关规定使用农药、肥料和生长调节剂等农业投入品，禁止采购或者使用不符合香港、澳门特别行政区或者内地食品安全标准的农业投入品。

第十六条 种植基地负责人应当为其生产的每一批供港澳蔬菜原料出具供港澳蔬菜加工原料证明文件。

第三章 生产加工企业备案与管理

第十七条 海关对生产加工企业实施备案管理。

第十八条 申请备案的生产加工企业应当具备以下条件：

（一）企业周围无影响蔬菜质量安全的污染源，生产加工用水符合国家有关标准要求；

（二）厂区有洗手消毒、防蝇、防虫、防鼠设施，生产加工区与生活区隔离。生产加工车间面积与生产加工能力相适应，车间布局合理，排水畅通，地面用防滑、坚固、不透水的无毒材料修建；

（三）有完善的质量安全管理体系，包括组织机构、产品溯源制度、有毒有害物质监控制度等；

（四）蔬菜生产加工人员符合食品从业人员的健康要求；

（五）有农药残留检测能力。

第十九条 生产加工企业向其所在地海关提出书面申请，提交以下材料：

（一）供港澳蔬菜生产加工企业备案申请表；
（二）生产加工企业厂区平面图、车间平面图、工艺流程图、关键工序及主要加工设备照片；
（三）生产加工用水的水质检测报告。

第二十条　生产加工企业提交材料齐全的，海关应当受理备案申请。

生产加工企业提交材料不齐全的，海关应当当场或者在接到申请后5个工作日内一次性书面告知生产加工企业补正，以生产加工企业补正资料之日为受理日期。

海关受理申请后，应当根据本办法第十八条和第十九条的规定进行审核。审核工作应当自受理之日起10个工作日内完成。符合条件的，予以备案，按照"省（自治区、直辖市）行政区划代码+GC+五位数字"的规则进行备案编号，发放备案证书。不符合条件的，不予备案，海关书面通知生产加工企业。

第二十一条　生产加工企业厂址或者办公地点发生变化的，应当向其所在地海关申请办理生产加工企业备案变更手续。

生产加工企业法定代表人、企业名称、生产车间变化的，应当重新申请生产加工企业的备案。

生产加工企业备案证书的有效期为4年。生产加工企业应当在备案资格有效期届满30日前向所在地海关提出备案延续申请。海关按照本办法第十八条和第十九条的要求进行审核。审查合格的，予以延续；审查不合格的，不予延续。

第二十二条　生产加工企业应当建立供港澳蔬菜原料进货查验记录制度，核查进厂原料随附的供港澳蔬菜加工原料证明文件；属于另有规定的小品种蔬菜，应当如实记录进厂原料的名称、数量、供货者名称及联系方式、进货日期等内容。进货查验记录应当真实，保存期限不得少于2年。

第二十三条　生产加工企业应当建立出厂检验记录制度，依照香港、澳门特别行政区或者内地食品安全标准对其产品进行检验。如实记录出厂产品的名称、规格、数量、生产日期、生产批号、购货者名称及联系方式等内容，检验合格后方可出口。出厂检验记录应当真实，保存期限不得少于2年。

用于检测的设备应当符合计量器具管理的有关规定。

第二十四条　生产加工企业应当在其供港澳蔬菜的运输包装和销售包装的标识上注明以下内容：生产加工企业名称、地址、备案号、产品名称、生产日期和批次号等。

第四章　检验检疫

第二十五条　生产加工企业应当保证供港澳蔬菜符合香港、澳门特别行政区或者内地的相关检验检疫要求，对供港澳蔬菜进行检测，检测合格后报检人向所在地海关报检，报检时应当提交供港澳蔬菜加工原料证明文件、出货清单以及出厂合格证明。

第二十六条　海关依据香港、澳门特别行政区或者内地的相关检验检疫要求对供港澳蔬菜进行抽检。

海关根据监管和抽检结果，签发《出境货物换证凭单》等有关检验检疫证单。

第二十七条　生产加工企业应当向海关申领铅封，并对装载供港澳蔬菜的运输工具加施铅封，建立台账，实行核销管理。

海关根据需要可以派员或者通过视频等手段对供港澳蔬菜进行监装，并对运输工具加施铅封。

海关将封识号和铅封单位记录在《出境货物换证凭单》或者其他单证上。

供港澳蔬菜需经深圳或者珠海转载到粤港或者粤澳直通货车的，应当在口岸海关指定的场所进行卸装，并重新加施铅封。海关对该过程实施监管，并将新铅封号记录在原单证上。

第二十八条　出境口岸海关对供港澳蔬菜实施分类查验制度。未经海关监装和铅封的，除核查铅封外，还应当按规定比例核查货证，必要时可以进行开箱抽查检验。经海关实施监装和铅封的，在出境口岸核查铅封后放行。

供港澳蔬菜经出境口岸海关查验符合要求的，准予放行；不符合要求的，不予放行，并将有关情况书面通知生产加工企业所在地海关。

第二十九条 供港澳蔬菜出货清单或者《出境货物换证凭单》实行一车/柜一单制度。

第五章 监督管理

第三十条 供港澳蔬菜应当来自备案的种植基地和生产加工企业。未经备案的种植基地及其生产加工企业不得从事供港澳蔬菜的生产加工和出口。

第三十一条 种植基地所在地海关对备案的种植基地进行监督管理，生产加工企业所在地海关对备案的生产加工企业进行监督管理。

海关应当建立备案的种植基地和生产加工企业监督管理档案。监督管理包括日常监督检查、年度审核等形式。

备案种植基地、生产加工企业的监督频次由海关根据实际情况确定。

第三十二条 海关对备案的种植基地实施日常监督检查，主要内容包括：

（一）种植基地周围环境状况；
（二）种植基地的位置和种植情况；
（三）具体种植品种和种植面积；
（四）生产记录；
（五）病虫害防治情况；
（六）有毒有害物质检测记录；
（七）加工原料证明文件出具情况以及产量核销情况。

根据需要，海关可以对食品安全相关项目进行抽检。

第三十三条 海关对备案的生产加工企业实施日常监督检查，主要内容包括：

（一）生产区域环境状况；
（二）进货查验记录和出厂检验记录；
（三）加工原料证明文件查验情况；
（四）标识和封识加施情况；
（五）质量安全自检自控体系运行情况；
（六）有毒有害物质监控记录。

根据需要，海关可以对食品安全相关项目进行抽检。

第三十四条 种植基地备案主体和备案的生产加工企业应当于每年12月底前分别向其所在地海关提出年度审核申请。

海关次年1月底前对其所辖区域内备案种植基地和备案生产加工企业的基本情况进行年度审核。

第三十五条 种植基地有下列情形之一的，海关应当责令整改以符合要求：

（一）周围环境有污染源的；
（二）发现检疫性有害生物的；
（三）存放香港、澳门特别行政区或者内地禁用农药的；
（四）违反香港、澳门特别行政区或者内地规定以及基地安全用药制度，违规使用农药的；
（五）蔬菜农药残留或者有毒有害物质超标的；

（六）种植基地实际供货量超出基地供货能力的。

第三十六条 生产加工企业有下列情形之一的，海关应当责令整改以符合要求：

（一）质量管理体系运行不良的；

（二）设施设备与生产能力不能适应的；

（三）进货查验记录和出厂检验记录不全的；

（四）违反规定收购非备案基地蔬菜作为供港澳蔬菜加工原料的；

（五）标识不符合要求的；

（六）产品被检出含有禁用农药、有毒有害物质超标或者携带检疫性有害生物的；

（七）生产加工企业办公地点发生变化后30天内未申请变更的；

（八）被港澳有关部门通报产品质量安全不合格的。

第三十七条 种植基地有下列行为之一的，海关取消备案：

（一）隐瞒或者谎报重大疫情的；

（二）拒绝接受海关监督管理的；

（三）使用香港、澳门特别行政区或者内地禁用农药的；

（四）蔬菜农药残留或者有毒有害物质超标1年内达到3次的；

（五）蔬菜农药残留与申报或者农药施用记录不符的；

（六）种植基地备案主体更名、种植基地位置或者面积发生变化、周边环境有较大改变可能直接或者间接影响基地种植产品质量安全的以及有其他较大变更情况的，未按规定及时进行变更或者重新申请备案的；

（七）1年内未种植供港澳蔬菜原料的；

（八）种植基地实际供货量超出基地供货能力1年内达到3次的；

（九）逾期未申请年审或者备案资格延续的；

（十）年度审核不合格的，责令限期整改，整改后仍不合格的。

第三十八条 生产加工企业有下列行为之一的，海关取消备案：

（一）整改后仍不合格的；

（二）隐瞒或者谎报重大质量安全问题的；

（三）被港澳有关部门通报质量安全不合格1年内达到3次的；

（四）违反规定收购非备案基地蔬菜作为供港澳蔬菜加工原料1年内达到3次的；

（五）企业法定代表人和企业名称发生变化、生产车间地址变化或者有其他较大变更情况的，未按规定及时进行变更的；

（六）1年内未向香港、澳门出口蔬菜的；

（七）逾期未申请年审或者备案资格延续的。

第三十九条 备案种植基地所在地海关和备案生产加工企业所在地海关应当加强协作。备案种植基地所在地海关应当将种植基地监管情况定期通报备案生产加工企业所在地海关；备案生产加工企业所在地海关应当将备案生产加工企业对原料证明文件核查情况、原料和成品质量安全情况等定期通报备案种植基地所在地海关。

海关总署应当对主管海关的配合协作情况进行督察。

第四十条 备案种植基地所在地海关根据海关总署疫病疫情监测计划和有毒有害物质监控计划，对备案种植基地实施病虫害疫情监测和农药、重金属等有毒有害物质监控。

第四十一条 生产加工企业所在地海关可以向生产加工企业派驻检验检疫工作人员，对生产加工企业的进厂原料、生产加工、装运出口等实施监督。

第四十二条 海关应当建立生产加工企业违法行为记录制度，对违法行为的情况予以记录；对于存在违法行为并受到行政处罚的，海关可以将其列入违法企业名单并对外公布。

第四十三条 生产加工企业发现其不合格产品需要召回的，应当按照有关规定主动召回。

第六章 法律责任

第四十四条 供港澳蔬菜运输包装或者销售包装上加贴、加施的标识不符合要求的，由海关责令改正，并处1000元以上1万元以下的罚款。

第四十五条 对供港澳蔬菜在香港、澳门特别行政区发生质量安全事件隐瞒不报并造成严重后果的生产加工企业，没有违法所得的，由海关处以1万元以下罚款；有违法所得的，由海关处以3万元以下罚款。

第四十六条 有其他违反相关法律、法规行为的，海关依照相关法律、法规规定追究其法律责任。

第七章 附　则

第四十七条 本办法所称的种植基地，是指供港澳蔬菜的种植场所。

本办法所称的生产加工企业，是指供港澳新鲜和保鲜蔬菜的收购、初级加工的生产企业。

本办法所称的小品种蔬菜，是指日供港澳蔬菜量小，不具备种植基地备案条件的蔬菜。

第四十八条 本办法由海关总署负责解释。

第四十九条 本办法自2009年11月1日起施行。国家质检总局2002年4月19日发布的《供港澳蔬菜检验检疫管理办法》（国家质检总局第21号令）同时废止。

进出口商品复验办法

（2005年6月1日国家质量监督检验检疫总局令第77号公布，根据2018年4月28日海关总署令第238号《海关总署关于修改部分规章的决定》第一次修正，根据2018年5月29日海关总署令第240号《海关总署关于修改部分规章的决定》第二次修正）

第一章 总　则

第一条 为了加强进出口商品检验工作，规范进出口商品复验行为，维护对外贸易有关各方的合法权益，根据《中华人民共和国进出口商品检验法》及其实施条例的规定，制定本办法。

第二条 进出口商品的报检人（以下简称报检人）对海关作出的检验结果有异议的，应当按照法律法规的规定申请复验。

第三条 海关总署统一管理全国的进出口商品的复验工作，进出口商品复验工作由受理的海关负责组织实施。

第四条 复验工作应当遵循公正、公开、公平的原则。

第二章 申请与受理

第五条 报检人对主管海关作出的检验结果有异议的，可以向作出检验结果的主管海关或者其上一级海关申请复验，也可以向海关总署申请复验。

报检人对同一检验结果只能向同一海关申请一次复验。

第六条 报检人申请复验，应当自收到海关的检验结果之日起 15 日内提出。

因不可抗力或者其他正当理由不能申请复验的，申请期限中止。从中止的原因消除之日起，申请期限继续计算。

第七条 报检人申请复验，应当保证（持）原报检商品的质量、重量、数量符合原检验时的状态，并保留其包装、封识、标志。

第八条 报检人申请复验，应当按照规定如实填写复验申请表。

第九条 海关自收到复验申请之日起 15 日内，对复验申请进行审查并作出如下处理：

（一）复验申请符合本办法规定的，予以受理，并向申请人出具《复验申请受理通知书》。

（二）复验申请内容不全或者随附证单资料不全的，向申请人出具《复验申请材料补正告知书》，限期补正。逾期不补正的，视为撤销申请。

（三）复验申请不符合本办法规定的，不予受理，并出具《复验申请不予受理通知书》，书面通知申请人并告之理由。

第十条 复验申请人应当按照规定交纳复验费用。

复验结论认定属原检验的海关责任的，复验费用由原海关负担。

第三章　组织实施

第十一条 海关受理复验后，应当在 5 日内组成复验工作组，并将工作组名单告知申请人。

复验工作组人数应当为 3 人或者 5 人。

第十二条 复验申请人认为复验工作组成员与复验工作有利害关系或者有其他因素可能影响复验公正性的，应当在收到复验工作组成员名单之日起 3 日内，向受理复验的海关申请该成员回避并提供相应证据材料。

受理复验的海关应当在收到回避申请之日起 3 日内作出回避或者不予回避的决定。

第十三条 作出原检验结果的海关应当向复验工作组提供原检验记录和其他有关资料。

复验申请人有义务配合复验工作组的复验工作。

第十四条 复验工作组应当制定复验方案并组织实施：

（一）审查复验申请人的复验申请表、有关证单及资料。经审查，若不具备复验实施条件的，可书面通知申请人暂时中止复验并说明理由。经申请人完善重新具备复验实施条件后，应当从具备条件之日起继续复验工作。

（二）审查原检验依据的标准、方法等是否正确，并应当符合相关规定。

（三）核对商品的批次、标记、编号、质量、重量、数量、包装、外观状况，按照复验方案规定取制样品。

（四）按照操作规程进行检验。

（五）审核、提出复验结果，并对原检验结果作出评定。

第十五条 受理复验的海关应当自受理复验申请之日起 60 日内作出复验结论。技术复杂，不能在规定期限内作出复验结论的，经本机关负责人批准，可以适当延长，但是延长期限最多不超过 30 日。

第十六条 复验申请人对复验结论不服的，可以依法申请行政复议或者依法提起行政诉讼。

第十七条 在复验过程中抽取的样品，应当按照关于检验样品的有关规定妥善处理。

第十八条 海关工作人员应当严格遵守国家法律法规的规定，并按照本办法规定做好复验工作。

第四章 附 则

第十九条 进口商品的发货人或者出口商品的收货人对海关作出的检验结果有异议的,可以参照本办法的有关规定办理。

第二十条 本办法所规定的文书由海关总署另行制定并且发布。

第二十一条 本办法由海关总署负责解释。

第二十二条 本办法自 2005 年 10 月 1 日起施行,原国家进出口商品检验局 1993 年 6 月 1 日发布的《进出口商品复验办法》同时废止。

进境动植物检疫审批管理办法

(2002 年 8 月 2 日国家质量监督检验检疫总局令第 25 号公布,根据 2015 年 11 月 25 日国家质量监督检验检疫总局令第 170 号《国家质量监督检验检疫总局关于修改〈进境动植物检疫审批管理办法〉的决定》修订,根据 2018 年 4 月 28 日海关总署令第 238 号《海关总署关于修改部分规章的决定》第一次修正,根据 2018 年 5 月 29 日海关总署令第 240 号《海关总署关于修改部分规章的决定》第二次修正)

第一章 总 则

第一条 为进一步加强对进境动植物检疫审批的管理工作,防止动物传染病、寄生虫病和植物危险性病虫杂草以及其他有害生物的传入,根据《中华人民共和国进出境动植物检疫法》(以下简称进出境动植物检疫法)及其实施条例的有关规定,制定本办法。

第二条 本办法适用于对进出境动植物检疫法及其实施条例以及国家有关规定需要审批的进境动物(含过境动物)、动植物产品和需要特许审批的禁止进境物的检疫审批。

海关总署根据法律法规的有关规定以及国务院有关部门发布的禁止进境物名录,制定、调整并发布需要检疫审批的动植物及其产品名录。

第三条 海关总署统一管理本办法所规定的进境动植物检疫审批工作。海关总署或者海关总署授权的其他审批机构(以下简称审批机构)负责签发《中华人民共和国进境动植物检疫许可证》(以下简称《检疫许可证》)和《中华人民共和国进境动植物检疫许可证申请未获批准通知单》(以下简称《检疫许可证申请未获批准通知单》)。

各直属海关(以下简称初审机构)负责所辖地区进境动植物检疫审批申请的初审工作。

第二章 申 请

第四条 申请办理检疫审批手续的单位(以下简称申请单位)应当是具有独立法人资格并直接对外签订贸易合同或者协议的单位。

过境动物的申请单位应当是具有独立法人资格并直接对外签订贸易合同或者协议的单位或者其代理人。

第五条 申请单位应当在签订贸易合同或者协议前,向审批机构提出申请并取得《检疫许可证》。

过境动物在过境前,申请单位应当向海关总署提出申请并取得《检疫许可证》。

第六条 申请单位应当按照规定如实填写并提交《中华人民共和国进境动植物检疫许可证申请表》（以下简称《检疫许可证申请表》），需要初审的，由进境口岸初审机构进行初审；加工、使用地不在进境口岸初审机构所辖地区内的货物，必要时还需由使用地初审机构初审。

申请单位应当向初审机构提供下列材料：

（一）申请单位的法人资格证明文件（复印件）；

（二）输入动物需要在临时隔离场检疫的，应当填写《进境动物临时隔离检疫场许可证申请表》；

（三）输入动物肉类、脏器、肠衣、原毛（含羽毛）、原皮、生的骨、角、蹄、蚕茧和水产品等由海关总署公布的定点企业生产、加工、存放的，申请单位需提供与定点企业签订的生产、加工、存放的合同；

（四）办理动物过境的，应当说明过境路线，并提供输出国家或者地区官方检疫部门出具的动物卫生证书（复印件）和输入国家或者地区官方检疫部门出具的准许动物进境的证明文件；

（五）因科学研究等特殊需要，引进进出境动植物检疫法第五条第一款所列禁止进境物的，必须提交书面申请，说明其数量、用途、引进方式、进境后的防疫措施、科学研究的立项报告及相关主管部门的批准立项证明文件。

第三章 审核批准

第七条 初审机构对申请单位检疫审批申请进行初审的内容包括：

（一）申请单位提交的材料是否齐全，是否符合本办法第四条、第六条的规定；

（二）输出和途经国家或者地区有无相关的动植物疫情；

（三）是否符合中国有关动植物检疫法律法规和部门规章的规定；

（四）是否符合中国与输出国家或者地区签订的双边检疫协定（包括检疫协议、议定书、备忘录等）；

（五）进境后需要对生产、加工过程实施检疫监督的动植物及其产品，审查其运输、生产、加工、存放及处理等环节是否符合检疫防疫及监管条件，根据生产、加工企业的加工能力核定其进境数量；

（六）可以核销的进境动植物产品，应当按照有关规定审核其上一次审批的《检疫许可证》的使用、核销情况。

第八条 初审合格的，由初审机构签署初审意见。同时对考核合格的动物临时隔离检疫场出具《进境动物临时隔离检疫场许可证》。对需要实施检疫监管的进境动植物产品，必要时出具对其生产加工存放单位的考核报告。由初审机构将所有材料上报海关总署审核。

初审不合格的，将申请材料退回申请单位。

第九条 同一申请单位对同一品种、同一输出国家或者地区、同一加工、使用单位一次只能办理1份《检疫许可证》。

第十条 海关总署或者初审机构认为必要时，可以组织有关专家对申请进境的产品进行风险分析，申请单位有义务提供有关资料和样品进行检测。

第十一条 海关总署根据审核情况，自初审机构受理申请之日起二十日内签发《检疫许可证》或者《检疫许可证申请未获批准通知单》。二十日内不能作出许可决定的，经海关总署负责人批准，可以延长十日，并应当将延长期限的理由告知申请单位。

第四章 许可单证的管理和使用

第十二条 《检疫许可证申请表》、《检疫许可证》和《检疫许可证申请未获批准通知单》由海关总署统一印制和发放。

《检疫许可证》由海关总署统一编号。

第十三条 《检疫许可证》的有效期分别为3个月或者一次有效。除对活动物签发的《检疫许可证》外，不得跨年度使用。

第十四条 按照规定可以核销的进境动植物产品，在许可数量范围内分批进口、多次报检使用《检疫许可证》的，进境口岸海关应当在《检疫许可证》所附检疫物进境核销表中进行核销登记。

第十五条 有下列情况之一的，申请单位应当重新申请办理《检疫许可证》：

（一）变更进境检疫物的品种或者超过许可数量百分之五以上的；

（二）变更输出国家或者地区的；

（三）变更进境口岸、指运地或者运输路线的。

第十六条 有下列情况之一的，《检疫许可证》失效、废止或者终止使用：

（一）《检疫许可证》有效期届满未延续的，海关总署应当依法办理注销手续；

（二）在许可范围内，分批进口、多次报检使用的，许可数量全部核销完毕的，海关总署应当依法办理注销手续；

（三）国家依法发布禁止有关检疫物进境的公告或者禁令后，海关总署可以撤回已签发的《检疫许可证》；

（四）申请单位违反检疫审批的有关规定，海关总署可以撤销已签发的《检疫许可证》。

第十七条 申请单位取得许可证后，不得买卖或者转让。口岸海关在受理报检时，必须审核许可证的申请单位与检验检疫证书上的收货人、贸易合同的签约方是否一致，不一致的不得受理报检。

第五章 附 则

第十八条 申请单位违反本办法规定的，由海关依据有关法律法规的规定予以处罚。

第十九条 海关总署可以授权直属海关对其所辖地区进境动植物检疫审批申请进行审批，签发《检疫许可证》或者出具《检疫许可证申请未获批准通知单》。

第二十条 海关及其工作人员在办理进境动植物检疫审批工作时，必须遵循公开、公正、透明的原则，依法行政，忠于职守，自觉接受社会监督。

海关工作人员违反法律法规及本办法规定，滥用职权，徇私舞弊，故意刁难的，由其所在单位或者上级机构按照规定查处。

第二十一条 本办法由海关总署负责解释。

第二十二条 本办法自2002年9月1日起施行。

进出口化妆品检验检疫监督管理办法

（2011年8月10日国家质量监督检验检疫总局令第143号公布，根据2018年4月28日海关总署令第238号《海关总署关于修改部分规章的决定》第一次修正，根据2018年5月29日海关总署令第240号《海关总署关于修改部分规章的决定》第二次修正，根据2018年11月23日海关总署令第243号《海关总署关于修改部分规章的决定》第三次修正）

第一章 总 则

第一条 为保证进出口化妆品的安全卫生质量，保护消费者身体健康，根据《中华人民共和国进出口商品检验法》及其实施条例、《化妆品卫生监督条例》和《国务院关于加强食品等产品安全监督管理的特别规定》等法律、行政法规的规定，制定本办法。

第二条 本办法适用于列入海关实施检验检疫的进出境商品目录及有关国际条约、相关法律、行政法规规定由海关检验检疫的化妆品（包括成品和半成品）的检验检疫及监督管理。

第三条 海关总署主管全国进出口化妆品检验检疫监督管理工作。

主管海关负责所辖区域进出口化妆品检验检疫监督管理工作。

第四条 进出口化妆品生产经营者应当依照法律、行政法规和相关标准从事生产经营活动，保证化妆品安全，对社会和公众负责，接受社会监督，承担社会责任。

第二章 进口化妆品检验检疫

第五条 主管海关根据我国国家技术规范的强制性要求以及我国与出口国家（地区）签订的协议、议定书规定的检验检疫要求对进口化妆品实施检验检疫。

我国尚未制定国家技术规范强制性要求的，可以参照海关总署指定的国外有关标准进行检验。

第六条 进口化妆品由口岸海关实施检验检疫。海关总署根据便利贸易和进口检验工作的需要，可以指定在其他地点检验。

第七条 海关对进口化妆品的收货人实施备案管理。进口化妆品的收货人应当如实记录进口化妆品流向，记录保存期限不得少于2年。

第八条 进口化妆品的收货人或者其代理人应当按照海关总署相关规定报检，同时提供收货人备案号。

其中首次进口的化妆品应当符合下列要求：

（一）国家实施卫生许可的化妆品，应当取得国家相关主管部门批准的进口化妆品卫生许可批件，海关对进口化妆品卫生许可批件电子数据进行系统自动比对验核。

（二）国家实施备案的化妆品，应当凭备案凭证办理报检手续。

（三）国家没有实施卫生许可或者备案的化妆品，应当提供下列材料：

1. 具有相关资质的机构出具的可能存在安全性风险物质的有关安全性评估资料；

2. 在生产国家（地区）允许生产、销售的证明文件或者原产地证明。

（四）销售包装化妆品成品除前三项外，还应当提交中文标签样张和外文标签及翻译件。

（五）非销售包装的化妆品成品还应当提供包括产品的名称、数/重量、规格、产地、生产批号和限期使用日期（生产日期和保质期）、加施包装的目的地名称、加施包装的工厂名称、地址、联系方式。

第九条 进口化妆品在取得检验检疫合格证明之前，应当存放在海关指定或者认可的场所，未经海关许可，任何单位和个人不得擅自调离、销售、使用。

第十条 海关受理报检后，对进口化妆品进行检验检疫，包括现场查验、抽样留样、实验室检验、出证等。

第十一条 现场查验内容包括货证相符情况、产品包装、标签版面格式、产品感官性状、运输工具、集装箱或者存放场所的卫生状况。

第十二条 进口化妆品成品的标签标注应当符合我国相关的法律、行政法规及国家技术规范的强制性要求。海关对化妆品标签内容是否符合法律、行政法规规定要求进行审核，对与质量有关的内容的真实性和准确性进行检验。

第十三条 进口化妆品的抽样应当按照国家有关规定执行，样品数量应当满足检验、复验、备查等使用需要。以下情况，应当加严抽样：

（一）首次进口的；
（二）曾经出现质量安全问题的；
（三）进口数量较大的。

抽样时，海关应当出具印有序列号、加盖检验检疫业务印章的《抽/采样凭证》，抽样人与收货人或者其代理人应当双方签字。

样品应当按照国家相关规定进行管理，合格样品保存至抽样后4个月，特殊用途化妆品合格样品保存至证书签发后一年，不合格样品应当保存至保质期结束。涉及案件调查的样品，应当保存至案件结束。

第十四条 需要进行实验室检验的，海关应当确定检验项目和检验要求，并将样品送具有相关资质的检验机构。检验机构应当按照要求实施检验，并在规定时间内出具检验报告。

第十五条 进口化妆品经检验检疫合格的，海关出具《入境货物检验检疫证明》，并列明货物的名称、品牌、原产国家（地区）、规格、数/重量、生产批号/生产日期等。进口化妆品取得《入境货物检验检疫证明》后，方可销售、使用。

进口化妆品经检验检疫不合格，涉及安全、健康、环境保护项目的，由海关责令当事人销毁，或者出具退货处理通知单，由当事人办理退运手续。其他项目不合格的，可以在海关的监督下进行技术处理，经重新检验检疫合格后，方可销售、使用。

第十六条 免税化妆品的收货人在向所在地直属海关申请备案时，应当提供本企业名称、地址、法定代表人、主管部门、经营范围、联系人、联系方式、产品清单等相关信息。

第十七条 离境免税化妆品应当实施进口检验，可免于加贴中文标签，免于标签的符合性检验。在《入境货物检验检疫证明》上注明该批产品仅用于离境免税店销售。

首次进口的离境免税化妆品，应当提供供货人出具的产品质量安全符合我国相关规定的声明、国外官方或者有关机构颁发的自由销售证明或者原产地证明、具有相关资质的机构出具的可能存在安全性风险物质的有关安全性评估资料、产品配方等。

海关总署对离岛免税化妆品实施检验检疫监督管理，具体办法另行制定。

第三章　出口化妆品检验检疫

第十八条 出口化妆品生产企业应当保证其出口化妆品符合进口国家（地区）标准或者合同要求。进口国家（地区）无相关标准且合同未有要求的，可以由海关总署指定相关标准。

第十九条 海关总署对出口化妆品生产企业实施备案管理。具体办法由海关总署另行制定。

第二十条 出口化妆品由产地海关实施检验检疫，口岸海关实施口岸查验。

口岸海关应当将查验不合格信息通报产地海关，并按规定将不合格信息上报上级海关。

第二十一条 出口化妆品生产企业应当建立质量管理体系并持续有效运行。海关对出口化妆品生产企业质量管理体系及运行情况进行日常监督检查。

第二十二条 出口化妆品生产企业应当建立原料采购、验收、使用管理制度，要求供应商提供原料的合格证明。

出口化妆品生产企业应当建立生产记录档案，如实记录化妆品生产过程的安全管理情况。

出口化妆品生产企业应当建立检验记录制度，依照相关规定要求对其出口化妆品进行检验，确保产品合格。

上述记录应当真实，保存期不得少于2年。

第二十三条 出口化妆品的发货人或者其代理人应当按照海关总署相关规定报检。其中首次出口的化妆品应当提供以下文件：

（一）出口化妆品生产企业备案材料；

（二）自我声明。声明企业已经取得化妆品生产许可证，且化妆品符合进口国家（地区）相关法规和标准的要求，正常使用不会对人体健康产生危害等内容；

（三）销售包装化妆品成品应当提交外文标签样张和中文翻译件。

第二十四条　海关受理报检后，对出口化妆品进行检验检疫，包括现场查验、抽样留样、实验室检验、出证等。

第二十五条　现场查验内容包括货证相符情况、产品感官性状、产品包装、标签版面格式、运输工具、集装箱或者存放场所的卫生状况。

第二十六条　出口化妆品的抽样应当按照国家有关规定执行，样品数量应当满足检验、复验、备查等使用需要。

抽样时，海关应当出具印有序列号、加盖检验检疫业务印章的《抽/采样凭证》，抽样人与发货人或者其代理人应当双方签字。

样品应当按照国家相关规定进行管理，合格样品保存至抽样后 4 个月，特殊用途化妆品合格样品保存至证书签发后一年，不合格样品应当保存至保质期结束。涉及案件调查的样品，应当保存至案件结束。

第二十七条　需要进行实验室检验的，海关应当确定检验项目和检验要求，并将样品送具有相关资质的检验机构。检验机构应当按照要求实施检验，并在规定时间内出具检验报告。

第二十八条　出口化妆品经检验检疫合格，进口国家（地区）对检验检疫证书有要求的，应当按照要求同时出具有关检验检疫证书。

出口化妆品经检验检疫不合格的，可以在海关的监督下进行技术处理，经重新检验检疫合格的，方准出口。不能进行技术处理或者技术处理后重新检验仍不合格的，不准出口。

第二十九条　来料加工全部复出口的化妆品，来料进口时，能够提供符合拟复出口国家（地区）法规或者标准的证明性文件的，可免于按照我国标准进行检验；加工后的产品，按照进口国家（地区）的标准进行检验检疫。

第四章　非贸易性化妆品检验检疫

第三十条　化妆品卫生许可或者备案用样品、企业研发和宣传用的非试用样品，进口报检时应当由收货人或者其代理人提供样品的使用和处置情况说明及非销售使用承诺书，入境口岸海关进行审核备案，数量在合理使用范围的，可免于检验。收货人应当如实记录化妆品流向，记录保存期限不得少于 2 年。

第三十一条　进口非试用或者非销售用的展品，报检时应当提供展会主办（主管）单位出具的参展证明，可以免予检验。展览结束后，在海关监督下作退回或者销毁处理。

第三十二条　携带、邮寄进境的个人自用化妆品（包括礼品），需要在入境口岸实施检疫的，应当实施检疫。

第三十三条　外国及国际组织驻华官方机构进口自用化妆品，进境口岸所在地海关实施查验。符合外国及国际组织驻华官方机构自用物品进境检验检疫相关规定的，免于检验。

第五章　监督管理

第三十四条　报检人对检验结果有异议而申请复验的，按照国家有关规定进行复验。

第三十五条　海关对进出口化妆品的生产经营者实施分类管理制度。

第三十六条　海关对进口化妆品的收货人、出口化妆品的生产企业和发货人实施诚信管理。对有不良记录的，应当加强检验检疫和监督管理。

第三十七条 海关总署对进出口化妆品安全实施风险监测制度，组织制定和实施年度进出口化妆品安全风险监控计划。主管海关根据海关总署进出口化妆品安全风险监测计划，组织对本辖区进出口化妆品实施监测并上报结果。

主管海关应当根据进出口化妆品风险监测结果，在风险分类的基础上调整对进出口化妆品的检验检疫和监管措施。

第三十八条 海关总署对进出口化妆品建立风险预警与快速反应机制。进出口化妆品发生质量安全问题，或者国内外发生化妆品质量安全问题可能影响到进出口化妆品安全时，海关总署和主管海关应当及时启动风险预警机制，采取快速反应措施。

第三十九条 海关总署可以根据风险类型和程度，决定并公布采取以下快速反应措施：

（一）有条件地限制进出口，包括严密监控、加严检验、责令召回等；

（二）禁止进出口，就地销毁或者作退运处理；

（三）启动进出口化妆品安全应急预案。

主管海关负责快速反应措施的实施工作。

第四十条 对不确定的风险，海关总署可以参照国际通行做法在未经风险评估的情况下直接采取临时性或者应急性的快速反应措施。同时，及时收集和补充有关信息和资料，进行风险评估，确定风险的类型和程度。

第四十一条 进口化妆品存在安全问题，可能或者已经对人体健康和生命安全造成损害的，收货人应当主动召回并立即向所在地海关报告。收货人应当向社会公布有关信息，通知销售者停止销售，告知消费者停止使用，做好召回记录。收货人不主动召回的，主管海关可以责令召回。必要时，由海关总署责令其召回。

出口化妆品存在安全问题，可能或者已经对人体健康和生命安全造成损害的，出口化妆品生产企业应当采取有效措施并立即向所在地海关报告。

主管海关应当将辖区内召回情况及时向海关总署报告。

第四十二条 海关对本办法规定必须经海关检验的进出口化妆品以外的进出口化妆品，根据国家规定实施抽查检验。

第六章 法律责任

第四十三条 未经海关许可，擅自将尚未经海关检验合格的进口化妆品调离指定或者认可监管场所，有违法所得的，由海关处违法所得3倍以下罚款，最高不超过3万元；没有违法所得的，处1万元以下罚款。

第四十四条 将进口非试用或者非销售用的化妆品展品用于试用或者销售，有违法所得的，由海关处违法所得3倍以下罚款，最高不超过3万元；没有违法所得的，处1万元以下罚款。

第四十五条 不履行退运、销毁义务的，由海关处以1万元以下罚款。

第四十六条 海关工作人员泄露所知悉的商业秘密的，依法给予行政处分，有违法所得的，没收违法所得；构成犯罪的，依法追究刑事责任。

第四十七条 进出口化妆品生产经营者、检验检疫工作人员有其他违法行为的，按照相关法律、行政法规的规定处理。

第七章 附 则

第四十八条 本办法下列用语的含义是：

（一）化妆品是指以涂、擦、散布于人体表面任何部位（表皮、毛发、指趾甲、口唇等）或者口腔黏膜、牙齿，以达到清洁、消除不良气味、护肤、美容和修饰目的的产品；

（二）化妆品半成品是指除最后一道"灌装"或者"分装"工序外，已完成其他全部生产加工工序的化妆品；

（三）化妆品成品包括销售包装化妆品成品和非销售包装化妆品成品；

（四）销售包装化妆品成品是指以销售为主要目的，已有销售包装，与内装物一起到达消费者手中的化妆品成品；

（五）非销售包装化妆品成品是指最后一道接触内容物的工序已经完成，但尚无销售包装的化妆品成品。

第四十九条 本办法由海关总署负责解释。

第五十条 本办法自2012年2月1日起施行。原国家出入境检验检疫局2000年4月1日施行的《进出口化妆品监督检验管理办法》（局令21号）同时废止。

进出境中药材检疫监督管理办法

（2015年10月21日国家质量监督检验检疫总局令第169号公布，根据2018年4月28日海关总署令第238号《海关总署关于修改部分规章的决定》第一次修正，根据2018年5月29日海关总署令第240号《海关总署关于修改部分规章的决定》第二次修正，根据2018年11月23日海关总署令第243号《海关总署关于修改部分规章的决定》第三次修正）

第一章 总 则

第一条 为加强进出境中药材检疫监督管理工作，防止动植物疫病疫情传入传出国境，保护农、林、牧、渔业生产和人体健康，保护生态安全，根据《中华人民共和国进出境动植物检疫法》及其实施条例等法律法规的规定，制定本办法。

第二条 本办法所称中药材是指药用植物、动物的药用部分，采收后经初加工形成的原料药材。

第三条 本办法适用于申报为药用的进出境中药材检疫及监督管理。

申报为食用的进出境中药材检验检疫及监督管理按照海关总署有关进出口食品的规定执行。

第四条 海关总署统一管理全国进出境中药材检疫及监督管理工作。

主管海关负责所辖地区的进出境中药材检疫及监督管理工作。

第五条 海关总署对进出境中药材实施用途申报制度。中药材进出境时，企业应当向主管海关申报预期用途，明确"药用"或者"食用"。

申报为"药用"的中药材应为列入《中华人民共和国药典》药材目录的物品。申报为"食用"的中药材应为国家法律、行政法规、规章、文件规定可用于食品的物品。

第六条 海关总署对进出境中药材实施风险管理；对向中国境内输出中药材的境外生产、加工、存放单位（以下简称境外生产企业）实施注册登记管理；按照输入国家或者地区的要求对出境中药材生产、加工、存放单位（以下简称出境生产企业）实施注册登记管理；对进出境中药材生产、经营企业实行诚信管理等。

第七条 进出境中药材企业应当依照法律、行政法规和有关标准从事生产、加工、经营活动，承担防疫主体责任，对社会和公众负责，保证进出境中药材安全，主动接受监督，承担社会责任。

第二章 进境检疫监管

第八条 海关总署对进境中药材实施检疫准入制度，包括产品风险分析、监管体系评估与审查、确定检疫要求、境外生产企业注册登记以及进境检疫等。

第九条 海关总署对首次向中国输出中药材的国家或者地区进行产品风险分析、监管体系评估，对已有贸易的国家和地区进行回顾性审查。

海关总署根据风险分析、评估审查结果，与输出国家或者地区主管部门协商确定向中国输出中药材的检疫要求，商签有关议定书，确定检疫证书。

海关总署负责制定、调整并在海关总署网站公布允许进境中药材的国家或者地区名单以及产品种类。

第十条 海关总署根据风险分析的结果，确定需要实施境外生产、加工、存放单位注册登记的中药材品种目录，并实施动态调整。注册登记评审程序和技术要求由海关总署另行制定、发布。

海关总署对列入目录的中药材境外生产企业实施注册登记。注册登记有效期为4年。

第十一条 境外生产企业应当符合输出国家或者地区法律法规的要求，并符合中国国家技术规范的强制性要求。

第十二条 输出国家或者地区主管部门在境外生产企业申请向中国注册登记时，需对其进行审查，符合本办法第十条、第十一条相关规定后，向海关总署推荐，并提交下列中文或者中英文对照材料：

（一）所在国家或者地区相关的动植物疫情、兽医卫生、公共卫生、植物保护、企业注册管理等方面的法律法规，所在国家或者地区主管部门机构设置和人员情况及法律法规执行等方面的书面资料；

（二）申请注册登记的境外生产企业名单；

（三）所在国家或者地区主管部门对其推荐企业的防疫、卫生控制实际情况的评估结论；

（四）所在国家或者地区主管部门对其推荐的企业符合中国法律法规要求的声明；

（五）企业注册申请书，厂区、车间、仓库的平面图、工艺流程图、动物或者植物检疫防控体系文件、防疫消毒处理设施照片、废弃物和包装物无害化处理设施照片等。

第十三条 海关总署收到推荐材料并经书面审查合格后，经与输出国家或者地区主管部门协商，可以派员到输出国家或者地区对其监管体系进行评估，对申请注册登记的境外生产企业进行检查。

经检查符合要求的申请企业，予以注册登记。

第十四条 已取得注册登记需延续的境外生产企业，由输出国家或者地区主管部门在有效期届满6个月前，按本办法第十二条规定向海关总署提出申请。海关总署可以派员到输出国家或者地区对其监管体系进行回顾性审查，并对申请的境外生产企业进行检查。

对回顾性审查符合要求的国家或者地区，经检查符合要求的境外生产企业，予以注册登记，有效期延长4年。

第十五条 进境中药材需办理进境动植物检疫审批的，货主或者其代理人应当在签订贸易合同前，按照进境动植物检疫审批管理办法的规定取得《中华人民共和国进境动植物检疫许可证》。

第十六条 海关总署可以根据实际需要，并商输出中药材国家或者地区政府主管部门同意，派员到输出国家或者地区进行预检。

第十七条 中药材进境前或者进境时，货主或者其代理人应当凭下列材料，向进境口岸海关报检：

（一）输出国家或者地区官方出具的符合海关总署要求的检疫证书；

（二）原产地证明、贸易合同、提单、装箱单、发票。

第十八条 海关对货主或者其代理人提交的相关单证进行审核，符合要求的，受理报检。

无输出国家或者地区政府动植物检疫机构出具的有效检疫证书，需要注册登记未按要求办理注册登记的，或者未依法办理检疫审批手续的，海关可以根据具体情况，作退回或者销毁处理。

第十九条 对进境中药材，海关按照中国法律法规规定和国家强制性标准要求，进境动植物检疫许可证列明的要求，以及本办法第九条确定的检疫要求实施检疫。

第二十条 进境口岸海关应当按照下列规定实施现场检疫：

（一）查询启运时间和港口、途经国家或者地区、装载清单等，核对单证是否真实有效，单证与货物的名称、数（重）量、输出国家或者地区、唛头、标记、境外生产企业名称、注册登记号等是否相符；

（二）包装是否完好，是否带有动植物性包装、铺垫材料，并符合《中华人民共和国进出境动植物检疫法》及其实施条例、进境货物木质包装检疫监督管理办法的规定；

（三）中药材有无腐败变质现象，有无携带有害生物、动物排泄物或者其他动物组织等，有无携带动物尸体、土壤及其他禁止进境物。

第二十一条 现场查验有下列情形之一的，海关签发检疫处理通知书，并作相应检疫处理：

（一）属于法律法规禁止进境的、带有禁止进境物的、货证不符的、发现严重腐败变质的作退回或者销毁处理；

（二）对包装破损的，由货主或者其代理人负责整理完好，方可卸离运输工具。海关对受污染的场地、物品、器具进行检疫处理；

（三）带有有害生物、动物排泄物或者其他动物组织等的，按照有关规定进行检疫处理；

（四）对受到病虫害污染或者疑似受到病虫害污染的，封存有关货物，对被污染的货物、装卸工具、场地进行消毒处理。

第二十二条 现场检疫中发现病虫害、病虫为害症状，或者根据相关工作程序需进行实验室检疫的，海关应当对进境中药材采样，并送实验室。

第二十三条 中药材在取得检疫合格证明前，应当存放在海关认可的地点，未经海关许可，任何单位和个人不得擅自调离、销售、加工。

《进境动植物检疫许可证》列明该产品由目的地海关实施检疫、加工监管，口岸海关验证查验并做外包装消毒处理后，出具《入境货物调离通知单》，收货人或者其代理人在规定时限内向目的地海关申请检疫。未经检疫，不得销售、加工。

需要进境检疫审批的进境中药材应当在检疫审批许可列明的指定企业中存放和加工。

第二十四条 进境中药材经检疫合格，海关出具入境货物检验检疫证明后，方可销售、使用或者在指定企业存放、加工。入境货物检验检疫证明均应列明货物的名称、原产国家或者地区、数/重量、生产批号/生产日期、用途等。

第二十五条 检疫不合格的，海关签发检疫处理通知书，由货主或者其代理人在海关的监督下，作除害、退回或者销毁处理，经除害处理合格的准予进境。

需要由海关出证索赔的，海关按照规定签发相关检疫证书。

第二十六条 装运进境中药材的运输工具和集装箱应当符合安全卫生要求。需要实施防疫消毒处理的，应当在进境口岸海关的监督下实施防疫消毒处理。未经海关许可，不得将进境中药材卸离运输工具、集装箱或者运递。

第二十七条 境内货主或者其代理人应当建立中药材进境和销售、加工记录制度，做好相关记录并至少保存 2 年。同时应当配备中药材防疫安全管理人员，建立中药材防疫管理制度。

第三章 出境检疫监管

第二十八条 出境中药材应当符合中国政府与输入国家或者地区签订的检疫协议、议定书、备忘录等规定，以及进境国家或者地区的标准或者合同要求。

第二十九条 出境生产企业应当达到输入国家或者地区法律法规的相关要求，并符合中国有关法律法规规定。

第三十条 出境生产企业应当建立完善的防疫体系和溯源管理制度。

出境生产企业应当建立原料、包装材料等进货采购、验收记录、生产加工记录、出厂检验记录、出入库记录等，详细记录出境中药材生产加工全过程的防疫管理和产品溯源情况。

上述记录应当真实，保存期限不得少于 2 年。

出境生产企业应当配备检疫管理人员，明确防疫责任人。

第三十一条 输入国家或者地区要求对向其输出中药材的出境生产企业注册登记的，海关实行注册登记。注册登记有效期为 4 年。

第三十二条 出境生产企业申请注册登记时，应当提交下列材料：

（一）《出境中药材生产企业检疫注册登记申请表》；

（二）厂区平面图，并提供重点区域的照片或者视频资料；

（三）产品加工工艺。

第三十三条 所在地直属海关对出境生产企业的申请，应当根据下列情况分别作出处理：

（一）申请材料齐全、符合法定形式或者申请人按照要求提交全部补正申请材料的，应当受理申请；

（二）申请材料存在可以当场更正的错误的，应当允许申请人当场更正；

（三）申请材料不齐全或者不符合法定形式的，应当当场或者在 5 个工作日内一次告知申请人需要补正的全部内容，逾期不告知的，自收到申请材料之日起即为受理。

直属海关受理或者不予受理申请，应当出具加盖本行政机关专用印章和注明日期的书面凭证。

第三十四条 直属海关应当在受理申请后组成评审组，对提出申请的出境生产企业进行现场评审。评审组应当在现场评审结束后及时向直属海关提交评审报告。

第三十五条 直属海关应当自受理申请之日起 20 日内对申请人的申请事项作出是否准予注册登记的决定；准予注册登记的，颁发注册登记证。

直属海关自受理申请之日起 20 日内不能作出决定的，经直属海关负责人批准，可以延长 10 日，并应当将延长期限的理由告知申请人。

第三十六条 注册登记出境生产企业变更企业名称、法定代表人、产品种类、存放、生产加工能力等，应当在变更后 30 日内向直属海关提出书面申请，填写《出境中药材生产企业检疫注册登记申请表》，并提交与变更内容相关的资料。

变更企业名称、法定代表人的，由直属海关审核有关资料后，直接办理变更手续。

变更产品种类或者生产能力的，由直属海关审核有关资料并组织现场评审，评审合格后，办理变更手续。

企业迁址的，应当重新向直属海关申请办理注册登记手续。

第三十七条 需要向境外推荐注册的，直属海关应当将通过初审的出境生产企业名单上报海关总署。海关总署组织评估，统一向输入国家或者地区主管部门推荐并办理有关手续。

第三十八条 出境中药材的货主或者其代理人应当向中药材生产企业所在地海关报检，报检时，需如实申报产品的预期用途，并提交以下材料：

（一）合同、发票、装箱单；

（二）生产企业出具的出厂合格证明；

（三）产品符合进境国家或者地区动植物检疫要求的书面声明。

第三十九条 海关应当按照本办法第二十八条规定对出境中药材实施检疫监管。

出境中药材经检疫合格或者经除害处理合格的，海关应当按照规定出具有关检疫证单，准予出境。

检疫不合格又无有效方法作除害处理的，不准出境。

第四十条 海关可以根据海关总署相关要求，结合所辖地区中药材出境情况、输入国家或者地区要求、生产企业管理能力和水平、生产企业的诚信度，以及风险监测等因素，在风险分析的基础上，对辖区出境中药材和生产企业实施分类管理。

第四章 监督管理

第四十一条 海关对进出境中药材的生产、加工、存放过程实施检疫监督。

第四十二条 海关总署对进出境中药材实施动植物疫病疫情监测。

主管海关在监测中发现问题时，应当及时按规定处置和报告。

第四十三条 进境中药材的货主或者其代理人和出境中药材生产企业应当建立疫情信息报告制度和应急处置方案。发现疫情信息应当及时向海关报告并积极配合海关进行疫情处置。

第四十四条 海关总署根据获得的风险信息，在风险分析的基础上，发布风险预警信息通报，并决定对相关产品采取以下控制措施：

（一）有条件地限制进境或者出境，包括严密监控、加严检疫等；

（二）禁止进境或者出境，就地销毁或者作退运处理；

（三）撤销生产企业注册登记资格；

（四）启动有关应急处置预案。

主管海关负责组织实施风险预警及控制措施。

第四十五条 海关总署可以参照国际通行做法，对不确定的风险直接发布风险预警通告，并采取本办法第四十四条规定的控制措施。同时及时收集和补充有关信息和资料，进行风险分析。

第四十六条 进出境中药材疫情风险已消除或者降低到可接受的程度时，海关总署应当及时解除风险预警通报或者风险预警通告以及控制措施。

第四十七条 海关对中药材进出境检疫中发现的疫情，特别是重大疫情，应当按照进出境重大动植物疫情应急处置预案进行处置。

第四十八条 海关应当将进出境中药材的货主或者其代理人以及境内外生产企业纳入诚信管理。

第五章 法律责任

第四十九条 进出境中药材货主或者其代理人，有下列违法行为之一的，海关应当按照《中华人民共和国动植物检疫法》第四十条，《中华人民共和国动植物检疫法实施条例》第五十九条之规定，予以处罚：

（一）未报检或者未依法办理检疫审批手续或者未按检疫审批的规定执行的；

（二）报检的中药材与实际不符的。

第五十条 有下列违法行为之一的，海关应当按照《中华人民共和国动植物检疫法实施条例》第六十条之规定，予以处罚：

（一）未经海关许可擅自将进境中药材卸离运输工具或者运递的；

（二）擅自开拆、损毁动植物检疫封识或者标志的。

第五十一条 有下列违法行为之一的，依法追究刑事责任；尚不构成犯罪或者犯罪情节显著轻微依法不需要判处刑罚的，海关应当按照《中华人民共和国动植物检疫法实施条例》第六十二条之规定，予以处罚：

（一）引起重大动植物疫情的；

（二）伪造、变造检验检疫单证、印章、标志、封识的。

第五十二条 海关工作人员在对进出境中药材实施检疫和监督管理工作中滥用职权，故意刁难当事人的，徇私舞弊，伪造检验检疫结果的，或者玩忽职守，延误检验检疫出证的，依法给予行政处分；构成犯罪的，依法追究刑事责任。

第六章 附 则

第五十三条 进出境中药材涉及野生或者濒危保护动物、植物的，应当符合我国或者相关国家或者地区有关法律法规要求。

第五十四条 以国际快递、邮寄和旅客携带方式进出境中药材的，应当符合相关规定。

第五十五条 过境中药材的检疫按照《中华人民共和国进出境动植物检疫法》及其实施条例办理。

第五十六条 本办法由海关总署负责解释。

第五十七条 本办法自2015年12月1日起施行。

进出境粮食检验检疫监督管理办法

（2016年1月20日国家质量监督检验检疫总局令第177号公布，根据2018年4月28日海关总署令第238号《海关总署关于修改部分规章的决定》第一次修正，根据2018年5月29日海关总署令第240号《海关总署关于修改部分规章的决定》第二次修正，根据2018年11月23日海关总署令第243号《海关总署关于修改部分规章的决定》第三次修正）

第一章 总 则

第一条 根据《中华人民共和国进出境动植物检疫法》及其实施条例、《中华人民共和国食品安全法》及其实施条例、《中华人民共和国进出口商品检验法》及其实施条例、《农业转基因生物安全管理条例》、《国务院关于加强食品等产品安全监督管理的特别规定》等法律法规的规定，制定本办法。

第二条 本办法适用于进出境（含过境）粮食检验检疫监督管理。

本办法所称粮食，是指用于加工、非繁殖用途的禾谷类、豆类、油料类等作物的籽实以及薯类的块根或者块茎等。

第三条 海关总署统一管理全国进出境粮食检验检疫监督管理工作。

主管海关负责所辖区域内进出境粮食的检验检疫监督管理工作。

第四条 海关总署及主管海关对进出境粮食质量安全实施风险管理，包括在风险分析的基础上，组织开展进出境粮食检验检疫准入，包括产品携带有害生物风险分析、监管体系评估与审查、确定检验检疫要求、境外生产企业注册登记等。

第五条 进出境粮食收发货人及生产、加工、存放、运输企业应当依法从事生产经营活动，建立并实施粮食质量安全控制体系和疫情防控体系，对进出境粮食质量安全负责，诚实守信，接受社会监督，承担社会责任。

第二章 进境检验检疫

第一节 注册登记

第六条 海关总署对进境粮食境外生产、加工、存放企业（以下简称境外生产加工企业）实施注册登记制度。

境外生产加工企业应当符合输出国家或者地区法律法规和标准的相关要求，并达到中国有关法律法规和强制性标准的要求。

实施注册登记管理的进境粮食境外生产加工企业，经输出国家或者地区主管部门审查合格后向海关总署推荐。海关总署收到推荐材料后进行审查确认，符合要求的国家或者地区的境外生产加工企业，予以注册登记。

境外生产加工企业注册登记有效期为4年。

需要延期的境外生产加工企业，由输出国家或者地区主管部门在有效期届满6个月前向海关总署提出延期申请。海关总署确认后，注册登记有效期延长4年。必要时，海关总署可以派出专家到输出国家或者地区对其监管体系进行回顾性审查，并对申请延期的境外生产加工企业进行抽查。

注册登记的境外生产加工企业向中国输出粮食经检验检疫不合格，情节严重的，海关总署可以撤销其注册登记。

第七条 向我国出口粮食的境外生产加工企业应当获得输出国家或者地区主管部门的认可，具备过筛清杂、烘干、检测、防疫等质量安全控制设施及质量管理制度，禁止添加杂质。

根据情况需要，海关总署组织专家赴境外实施体系性考察，开展疫情调查，生产、加工、存放企业检查及预检监装等工作。

第二节 检验检疫

第八条 海关总署对进境粮食实施检疫准入制度。

首次从输出国家或者地区进口某种粮食，应当由输出国家或者地区官方主管机构向海关总署提出书面申请，并提供该种粮食种植及储运过程中发生有害生物的种类、为害程度及防控情况和质量安全控制体系等技术资料。特殊情况下，可以由进口企业申请并提供技术资料。海关总署可以组织开展进境粮食风险分析、实地考察及对外协商。

海关总署依照国家法律法规及国家技术规范的强制性要求等，制定进境粮食的具体检验检疫要求，并公布允许进境的粮食种类及来源国家或者地区名单。

对于已经允许进境的粮食种类及相应来源国家或者地区，海关总署将根据境外疫情动态、进境疫情截获及其他质量安全状况，组织开展进境粮食具体检验检疫要求的回顾性审查，必要时派专家赴境外开展实地考察、预检、监装及对外协商。

第九条 进境粮食应当从海关总署指定的口岸入境。指定口岸条件及管理规范由海关总署制定。

第十条 海关总署对进境粮食实施检疫许可制度。进境粮食货主应当在签订贸易合同前，按照《进境动植物检疫审批管理办法》等规定申请办理检疫审批手续，取得《中华人民共和国进境动植物检疫许可证》（以下简称《检疫许可证》），并将国家粮食质量安全要求、植物检疫要求及《检疫许可证》中规定的相关要求列入贸易合同。

因口岸条件限制等原因，进境粮食应当运往符合防疫及监管条件的指定存放、加工场所（以下简称指定企业），办理《检疫许可证》时，货主或者其代理人应当明确指定场所并提供相应证明文件。

未取得《检疫许可证》的粮食，不得进境。

第十一条 海关按照下列要求，对进境粮食实施检验检疫：

（一）中国政府与粮食输出国家或者地区政府签署的双边协议、议定书、备忘录以及其他双边协定确定的相关要求；

（二）中国法律法规、国家技术规范的强制性要求和海关总署规定的检验检疫要求；

（三）《检疫许可证》列明的检疫要求。

第十二条 货主或者其代理人应当在粮食进境前向进境口岸海关报检，并按要求提供以下材料：

（一）粮食输出国家或者地区主管部门出具的植物检疫证书；

（二）产地证书；

（三）贸易合同、提单、装箱单、发票等贸易凭证；

（四）双边协议、议定书、备忘录确定的和海关总署规定的其他单证。

进境转基因粮食的，还应当取得《农业转基因生物安全证书》。海关对《农业转基因生物安全证书》电子数据进行系统自动比对验核。

鼓励货主向境外粮食出口商索取由输出国家或者地区主管部门，或者由第三方检测机构出具的品质证书、卫生证书、适载证书、重量证书等其他单证。

第十三条 进境粮食可以进行随航熏蒸处理。

现场查验前，进境粮食承运人或者其代理人应当向进境口岸海关书面申报进境粮食随航熏蒸处理情况，并提前实施通风散气。未申报的，海关不实施现场查验；经现场检查，发现熏蒸剂残留物，或者熏蒸残留气体浓度超过安全限量的，暂停检验检疫及相关现场查验活动；熏蒸剂残留物经有效清除且熏蒸残留气体浓度低于安全限量后，方可恢复现场查验活动。

第十四条 使用船舶装载进境散装粮食的，海关应当在锚地对货物表层实施检验检疫，无重大异常质量安全情况后船舶方可进港，散装粮食应当在港口继续接受检验检疫。

需直接靠泊检验检疫的，应当事先征得海关的同意。

以船舶集装箱、火车、汽车等其他方式进境粮食的，应当在海关指定的查验场所实施检验检疫，未经海关同意不得擅自调离。

第十五条 海关应当对进境粮食实施现场检验检疫。现场检验检疫包括：

（一）货证核查。核对证单与货物的名称、数（重）量、出口储存加工企业名称及其注册登记号等信息。船舶散装的，应当核查上一航次装载货物及清仓检验情况，评估对装载粮食的质量安全风险；集装箱装载的，应当核查集装箱箱号、封识等信息。

（二）现场查验。重点检查粮食是否水湿、发霉、变质，是否携带昆虫及杂草籽等有害生物，是否有混杂粮谷、植物病残体、土壤、熏蒸剂残渣、种衣剂污染、动物尸体、动物排泄物及其他禁止进境物等。

（三）抽取样品。根据有关规定和标准抽取样品送实验室检测。

（四）其他现场查验活动。

第十六条 海关应当按照相关工作程序及标准，对现场查验抽取的样品及发现的可疑物进行实验室检测鉴定，并出具检验检疫结果单。

实验室检测样品应当妥善存放并至少保留3个月。如检测异常需要对外出证的，样品应当至少保留6个月。

第十七条 进境粮食有下列情形之一的，应当在海关监督下，在口岸锚地、港口或者指定的检疫监管场所实施熏蒸、消毒或者其他除害处理：

（一）发现检疫性有害生物或者其他具有检疫风险的活体有害昆虫，且可能造成扩散的；

（二）发现种衣剂、熏蒸剂污染、有毒杂草籽超标等安全卫生问题，且有有效技术处理措施的；

（三）其他原因造成粮食质量安全受到危害的。

第十八条 进境粮食有下列情形之一的，作退运或者销毁处理：

（一）未列入海关总署进境准入名单，或者无法提供输出粮食国家或者地区主管部门出具的《植物检疫证书》等单证的，或者无《检疫许可证》的；

（二）有毒有害物质以及其他安全卫生项目检测结果不符合国家技术规范的强制性要求，且无法改变用途或者无有效处理方法的；

（三）检出转基因成分，无《农业转基因生物安全证书》，或者与证书不符的；

（四）发现土壤、检疫性有害生物以及其他禁止进境物且无有效检疫处理方法的；

（五）因水湿、发霉等造成腐败变质或者受到化学、放射性等污染，无法改变用途或者无有效处理方法的；

（六）其他原因造成粮食质量安全受到严重危害的。

第十九条 进境粮食经检验检疫后，海关签发入境货物检验检疫证明等相关单证；经检验检疫不合格的，由海关签发《检验检疫处理通知书》、相关检验检疫证书。

第二十条 海关对进境粮食实施检疫监督。进境粮食应当在具备防疫、处理等条件的指定场所加工使用。未经有效的除害处理或加工处理，进境粮食不得直接进入市场流通领域。

进境粮食装卸、运输、加工、下脚料处理等环节应当采取防止撒漏、密封等防疫措施。进境粮食加工过程应当具备有效杀灭杂草籽、病原菌等有害生物的条件。粮食加工下脚料应当进行有效的热处理、粉碎或者焚烧等除害处理。

海关应当根据进境粮食检出杂草等有害生物的程度、杂质含量及其他质量安全状况，并结合拟指定加工、运输企业的防疫处理条件等因素，确定进境粮食的加工监管风险等级，并指导与监督相关企业做好疫情控制、监测等安全防控措施。

第二十一条 进境粮食用作储备、期货交割等特殊用途的，其生产、加工、存放应当符合海关总署相应检验检疫监督管理规定。

第二十二条 因科研、参展、样品等特殊原因而少量进境未列入海关总署准入名单内粮食的，应当按照有关规定提前申请办理进境特许检疫审批并取得《检疫许可证》。

第二十三条 进境粮食装卸、储存、加工涉及不同海关的，各相关海关应当加强沟通协作，建立相应工作机制，及时互相通报检验检疫情况及监管信息。

对于分港卸货的进境粮食，海关应当在放行前及时相互通报检验检疫情况。需要对外方出证的，相关海关应当充分协商一致，并按相关规定办理。

对于调离进境口岸的进境粮食，口岸海关应当在调离前及时向指运地海关开具进境粮食调运联系单。

第二十四条 境外粮食需经我国过境的，货主或者其代理人应当提前向海关总署或者主管海关提出申请，提供过境路线、运输方式及管理措施等，由海关总署组织制定过境粮食检验检疫监管方案后，方可依照该方案过境，并接受主管海关的监督管理。

过境粮食应当密封运输，杜绝撒漏。未经主管海关批准，不得开拆包装或者卸离运输工具。

第三章 出境检验检疫

第一节 注册登记

第二十五条 输入国家或者地区要求中国对向其输出粮食生产、加工、存放企业（以下简称出境生产加工企业）注册登记的，直属海关负责组织注册登记，并向海关总署备案。

第二十六条 出境粮食生产加工企业应当满足以下要求：

（一）具有法人资格，在工商行政管理部门注册，持有《企业法人营业执照》；

（二）建立涉及本企业粮食业务的全流程管理制度并有效运行，各台账记录清晰完整，能准确反映入出库粮食物流信息，具备可追溯性，台账保存期限不少于 2 年；

（三）具有过筛清杂、烘干、检测、防疫等质量安全控制设施以及有效的质量安全和溯源管理体系；

（四）建立有害生物监控体系，配备满足防疫需求的人员，具有对虫、鼠、鸟等的防疫措施及能力；

（五）不得建在有碍粮食卫生和易受有害生物侵染的区域。仓储区内不得兼营、生产、存放有毒有害物质。库房和场地应当硬化、平整、无积水。粮食分类存放，离地、离墙，标识清晰。

第二节 检验检疫

第二十七条 装运出境粮食的船舶、集装箱等运输工具的承运人、装箱单位或者其代理人，应当在装运前向海关申请清洁、卫生、密固等适载检验。未经检验检疫或者检验检疫不合格的，不得装运。

第二十八条 货主或者其代理人应当在粮食出境前向储存或者加工企业所在地海关报检，并提供贸易合同、发票、自检合格证明等材料。

贸易方式为凭样成交的，还应当提供成交样品。

第二十九条 海关按照下列要求对出境粮食实施现场检验检疫和实验室项目检测：

（一）双边协议、议定书、备忘录和其他双边协定；

（二）输入国家或者地区检验检疫要求；

（三）中国法律法规、强制性标准和海关总署规定的检验检疫要求；

（四）贸易合同或者信用证注明的检疫要求。

第三十条 对经检验检疫符合要求，或者通过有效除害或者技术处理并经重新检验检疫符合要求的，海关按照规定签发《出境货物换证凭单》。输入国家或者地区要求出具检验检疫证书的，按照国家相关规定出具证书。输入国家或者地区对检验检疫证书形式或者内容有新要求的，经海关总署批准后，方可对证书进行变更。

经检验检疫不合格且无有效除害或者技术处理方法的，或者虽经过处理但经重新检验检疫仍不合格的，海关签发《出境货物不合格通知单》，粮食不得出境。

第三十一条 出境粮食检验有效期最长不超过 2 个月；检疫有效期原则定为 21 天，黑龙江、吉林、辽宁、内蒙古和新疆地区冬季（11月至次年2月底）可以酌情延长至 35 天。超过检验检疫有效期的粮食，出境前应当重新报检。

第三十二条 产地与口岸海关应当建立沟通协作机制，及时通报检验检疫情况等信息。

出境粮食经产地检验检疫合格后，出境口岸海关按照相关规定查验，重点检查货证是否相符、是否感染有害生物等。查验不合格的，不予放行。

出境粮食到达口岸后拼装的，应当重新报检，并实施检疫。出境粮食到达口岸后因变更输入国家或者地区而有不同检验检疫要求的，应当重新报检，并实施检验检疫。

第四章 风险及监督管理

第一节 风险监测及预警

第三十三条 海关总署对进出境粮食实施疫情监测制度，相应的监测技术指南由海关总署制定。

海关应当在粮食进境港口、储存库、加工厂周边地区、运输沿线粮食换运、换装等易洒落地段等，开展杂草等检疫性有害生物监测与调查。发现疫情的，应当及时组织相关企业采取应急处置措施，并分析疫情来源，指导企业采取有效的整改措施。相关企业应当配合实施疫情监测及铲除措施。

根据输入国家或者地区的检疫要求，海关应当在粮食种植地、出口储存库及加工企业周边地区开展疫情调查与监测。

第三十四条 海关总署对进出境粮食实施安全卫生项目风险监控制度，制定进出境粮食安全卫生项目风险监控计划。

第三十五条 海关总署及主管海关建立粮食质量安全信息收集报送系统，信息来源主要包括：

（一）进出境粮食检验检疫中发现的粮食质量安全信息；

（二）进出境粮食贸易、储存、加工企业质量管理中发现的粮食质量安全信息；

（三）海关实施疫情监测、安全卫生项目风险监控中发现的粮食质量安全信息；

（四）国际组织、境外政府机构、国内外行业协会及消费者反映的粮食质量安全信息；

（五）其他关于粮食质量安全风险的信息。

第三十六条 海关总署及主管海关对粮食质量安全信息进行风险评估，确定相应粮食的风险级别，并实施动态的风险分级管理。依据风险评估结果，调整进出境粮食检验检疫管理及监管措施方案、企业监督措施等。

第三十七条 进出境粮食发现重大疫情和重大质量安全问题的，海关总署及主管海关依照相关规定，采取启动应急处置预案等应急处置措施，并发布警示通报。当粮食安全风险已不存在或者降低到可接受的水平时，海关总署及主管海关应当及时解除警示通报。

第三十八条 海关总署及主管海关根据情况将重要的粮食安全风险信息向地方政府、农业和粮食行政管理部门、国外主管机构、进出境粮食企业等相关机构和单位进行通报，并协同采取必要措施。粮食安全信息公开应当按照相关规定程序进行。

第二节 监督管理

第三十九条 拟从事进境粮食存放、加工业务的企业可以向所在地主管海关提出指定申请。

主管海关按照海关总署制定的有关要求，对申请企业的申请材料、工艺流程等进行检验评审，核定存放、加工粮食种类、能力。

从事进境粮食储存、加工的企业应当具备有效的质量安全及溯源管理体系，符合防疫、处理等质量安全控制要求。

第四十条 海关对指定企业实施检疫监督。

指定企业、收货人及代理人发现重大疫情或者公共卫生问题时,应当立即向所在地海关报告,海关应当按照有关规定处理并上报。

第四十一条 从事进出境粮食的收发货人及生产、加工、存放、运输企业应当建立相应的粮食进出境、接卸、运输、存放、加工、下脚料处理、发运流向等生产经营档案,做好质量追溯和安全防控等详细记录,记录至少保存2年。

第四十二条 进境粮食存在重大安全质量问题,已经或者可能会对人体健康或者农林牧渔业生产生态安全造成重大损害的,进境粮食收货人应当主动召回。采取措施避免或者减少损失发生,做好召回记录,并将召回和处理情况向所在地海关报告。

收货人不主动召回的,由直属海关发出责令召回通知书并报告海关总署。必要时,海关总署可以责令召回。

第四十三条 海关总署及主管海关根据质量管理、设施条件、安全风险防控、诚信经营状况,对企业实施分类管理。针对不同级别的企业,在粮食进境检疫审批、进出境检验检疫查验及日常监管等方面采取相应的检验检疫监管措施。具体分类管理规范由海关总署制定。

第五章 法律责任

第四十四条 有下列情形之一的,由海关按照《进出境动植物检疫法实施条例》规定处5000元以下罚款:

(一)未报检的;

(二)报检的粮食与实际不符的。

有前款第(二)项所列行为,已取得检疫单证的,予以吊销。

第四十五条 进境粮食未依法办理检疫审批手续或者未按照检疫审批规定执行的,由海关按照《进出境动植物检疫法实施条例》规定处5000元以下罚款。

第四十六条 擅自销售、使用未报检或者未经检验的列入必须实施检验的进出口商品目录的进出境粮食,由海关按照《进出口商品检验法实施条例》规定,没收非法所得,并处商品货值金额5%以上20%以下罚款。

第四十七条 进出境粮食收发货人生产、加工、存放、运输企业未按照本办法第四十一条的规定建立生产经营档案并做好记录的,由海关责令改正,给予警告;拒不改正的,处3000元以上1万元以下罚款。

第四十八条 有下列情形之一的,由海关按照《进出境动植物检疫法实施条例》规定,处3000元以上3万元以下罚款:

(一)未经海关批准,擅自将进境、过境粮食卸离运输工具,擅自将粮食运离指定查验场所的;

(二)擅自开拆过境粮食的包装,或者擅自开拆、损毁动植物检疫封识或者标志的。

第四十九条 列入必须实施检验的进出口商品目录的进出境粮食收发货人或者其代理人、报检人员不如实提供进出境粮食真实情况,取得海关有关证单,或者不予报检,逃避检验,由海关按照《进出口商品检验法实施条例》规定,没收违法所得,并处商品货值金额5%以上20%以下罚款。

第五十条 伪造、变造、买卖或者盗窃检验证单、印章、标志、封识、货物通关单或者使用伪造、变造的检验证单、印章、标志、封识,尚不够刑事处罚的,由海关按照《进出口商品检验法实施条例》规定,责令改正,没收违法所得,并处商品货值金额等值以下罚款。

第五十一条 有下列违法行为之一,尚不构成犯罪或者犯罪情节显著轻微依法不需要判处刑罚的,由海关按照《进出境动植物检疫法实施条例》规定,处2万元以上5万元以下的罚款:

（一）引起重大动植物疫情的；
（二）伪造、变造动植物检疫单证、印章、标志、封识的。

第五十二条 依照本办法规定注册登记的生产、加工、存放单位，进出境的粮食经检疫不合格，除依照本办法有关规定作退回、销毁或者除害处理外，情节严重的，由海关按照《进出境动植物检疫法实施条例》规定，注销注册登记。

第五十三条 擅自调换海关抽取的样品或者海关检验合格的进出境粮食的，由海关按照《进出口商品检验法实施条例》规定，责令改正，给予警告；情节严重的，并处商品货值金额10%以上50%以下罚款。

第五十四条 提供或者使用未经海关适载检验的集装箱、船舱、飞机、车辆等运载工具装运出境粮食的，由海关按照《进出口商品检验法实施条例》规定，处10万元以下罚款。

提供或者使用经海关检验不合格的集装箱、船舱、飞机、车辆等运载工具装运出境粮食的，由海关按照《进出口商品检验法实施条例》规定，处20万元以下罚款。

第五十五条 有下列情形之一的，由海关处3000元以上1万元以下罚款：
（一）进境粮食存在重大安全质量问题，或者可能会对人体健康或农林牧渔业生产生态安全造成重大损害的，没有主动召回的；
（二）进境粮食召回或者处理情况未向海关报告的；
（三）进境粮食未在海关指定的查验场所卸货的；
（四）进境粮食有本办法第十七条所列情形，拒不做有效的检疫处理的。

第五十六条 有下列情形之一的，由海关处3万元以下罚款：
（一）进出境粮食未按规定注册登记或者在指定场所生产、加工、存放的；
（二）买卖、盗窃动植物检疫单证、印章、标识、封识，或者使用伪造、变造的动植物检疫单证、印章、标识、封识的；
（三）使用伪造、变造的输出国家或者地区官方检疫证明文件的；
（四）拒不接受海关检疫监督的。

第五十七条 海关工作人员滥用职权，故意刁难，徇私舞弊，伪造检验检疫结果，或者玩忽职守，延误检验出证，依法给予行政处分；构成犯罪的，依法追究刑事责任。

第六章 附 则

第五十八条 进出境用作非加工而直接销售粮食的检验检疫监督管理，由海关总署另行规定。

第五十九条 以边贸互市方式的进出境小额粮食，参照海关总署相关规定执行。

第六十条 本办法由海关总署负责解释。

第六十一条 本办法自2016年7月1日起施行。国家质检总局2001年12月发布的《出入境粮食和饲料检验检疫管理办法》（国家质检总局令第7号）同时废止。此前进出境粮食检验检疫监管规定与本办法不一致的，以本办法为准。

进出境转基因产品检验检疫管理办法

(2004年5月24日国家质量监督检验检疫总局令第62号公布，根据2018年3月6日国家质量监督检验检疫总局令第196号《国家质量监督检验检疫总局关于废止和修改部分规章的决定》第一次修正，根据2018年4月28日海关总署令第238号《海关总署关于修改部分规章的决定》第二次修正，根据2018年11月23日海关总署令第243号《海关总署关于修改部分规章的决定》第三次修正)

第一章 总 则

第一条 为加强进出境转基因产品检验检疫管理，保障人体健康和动植物、微生物安全，保护生态环境，根据《中华人民共和国进出口商品检验法》《中华人民共和国食品安全法》《中华人民共和国进出境动植物检疫法》及其实施条例、《农业转基因生物安全管理条例》等法律法规的规定，制定本办法。

第二条 本办法适用于对通过各种方式（包括贸易、来料加工、邮寄、携带、生产、代繁、科研、交换、展览、援助、赠送以及其他方式）进出境的转基因产品的检验检疫。

第三条 本办法所称"转基因产品"是指《农业转基因生物安全管理条例》规定的农业转基因生物及其他法律法规规定的转基因生物与产品。

第四条 海关总署负责全国进出境转基因产品的检验检疫管理工作，主管海关负责所辖地区进出境转基因产品的检验检疫以及监督管理工作。

第五条 海关总署对过境转移的农业转基因产品实行许可制度。其他过境转移的转基因产品，国家另有规定的按相关规定执行。

第二章 进境检验检疫

第六条 海关总署对进境转基因动植物及其产品、微生物及其产品和食品实行申报制度。

第七条 货主或者其代理人在办理进境报检手续时，应当在《入境货物报检单》的货物名称栏中注明是否为转基因产品。申报为转基因产品的，除按规定提供有关单证外，还应当取得法律法规规定的主管部门签发的《农业转基因生物安全证书》或者相关批准文件。海关对《农业转基因生物安全证书》电子数据进行系统自动比对验核。

第八条 对列入实施标识管理的农业转基因生物目录（国务院农业行政主管部门制定并公布）的进境转基因产品，如申报是转基因的，海关应当实施转基因项目的符合性检测，如申报是非转基因的，海关应进行转基因项目抽查检测；对实施标识管理的农业转基因生物目录以外的进境动植物及其产品、微生物及其产品和食品，海关可根据情况实施转基因项目抽查检测。

海关按照国家认可的检测方法和标准进行转基因项目检测。

第九条 经转基因检测合格的，准予进境。如有下列情况之一的，海关通知货主或者其代理人作退货或者销毁处理：

（一）申报为转基因产品，但经检测其转基因成分与《农业转基因生物安全证书》不符的；

（二）申报为非转基因产品，但经检测其含有转基因成分的。

第十条 进境供展览用的转基因产品，须凭法律法规规定的主管部门签发的有关批准文件进境，展览期间应当接受海关的监管。展览结束后，所有转基因产品必须作退回或者销毁处理。如因特殊原因，需改变用途的，须按有关规定补办进境检验检疫手续。

第三章 过境检验检疫

第十一条 过境转基因产品进境时，货主或者其代理人须持规定的单证向进境口岸海关申报，经海关审查合格的，准予过境，并由出境口岸海关监督其出境。对改换原包装及变更过境线路的过境转基因产品，应当按照规定重新办理过境手续。

第四章 出境检验检疫

第十二条 对出境产品需要进行转基因检测或者出具非转基因证明的，货主或者其代理人应当提前向所在地海关提出申请，并提供输入国家或者地区官方发布的转基因产品进境要求。

第十三条 海关受理申请后，根据法律法规规定的主管部门发布的批准转基因技术应用于商业化生产的信息，按规定抽样送转基因检测实验室作转基因项目检测，依据出具的检测报告，确认为转基因产品并符合输入国家或者地区转基因产品进境要求的，出具相关检验检疫单证；确认为非转基因产品的，出具非转基因产品证明。

第五章 附 则

第十四条 对进出境转基因产品除按本办法规定实施转基因项目检测和监管外，其他检验检疫项目内容按照法律法规和海关总署的有关规定执行。

第十五条 承担转基因项目检测的实验室必须通过国家认证认可监督管理部门的能力验证。

第十六条 对违反本办法规定的，依照有关法律法规的规定予以处罚。

第十七条 本办法由海关总署负责解释。

第十八条 本办法自公布之日起施行。

保税区检验检疫监督管理办法

（2005年1月12日国家质量监督检验检疫总局令第71号公布，根据2018年4月28日海关总署令第238号《海关总署关于修改部分规章的决定》第一次修正，根据2018年5月29日海关总署令第240号《海关总署关于修改部分规章的决定》第二次修正，根据2018年11月23日海关总署令第243号《海关总署关于修改部分规章的决定》第三次修正）

第一章 总 则

第一条 为加强和规范保税区检验检疫监督管理工作，促进国家经济贸易的快速健康发展，根据《中华人民共和国进出口商品检验法》及其实施条例、《中华人民共和国进出境动植物检疫法》及其实施条例、《中华人民共和国国境卫生检疫法》及其实施细则、《中华人民共和国食品安全法》及其他有关法律法规，制定本办法。

第二条 本办法适用于对进出保税区，法律法规规定应当实施检验检疫的货物及其包装物、铺垫材料、运输工具、集装箱（以下简称应检物）的检验检疫及监督管理工作。

第三条 海关总署统一管理全国保税区的检验检疫监督管理工作。主管海关对进出保税区的应检物实施检验检疫和监督管理。

第四条 进出保税区的应检物需要办理检验检疫审批手续的，应当按照检验检疫法律法规的规定办理审批手续。

第五条 应检物进出保税区时，收发货人（货主）或者其代理人应当按照有关规定向主管海关办理报检手续，主管海关按照国家有关法律、法规、规章以及相关的规定实施检验检疫。

第六条 海关按照简便、有效的原则对进出保税区的应检物实施检验检疫。

第二章　输入保税区应检物的检验检疫

第七条 从境外进入保税区的应检物，属于卫生检疫范围的，由海关实施卫生检疫；应当实施卫生处理的，在海关的监督下，依法进行卫生处理。

第八条 从境外进入保税区的应检物，属于动植物检疫范围的，由海关实施动植物检疫；应当实施动植物检疫除害处理的，在海关的监督下，依法进行除害处理。

第九条 海关对从境外进入保税区的可以用作原料的固体废物、旧机电产品、成套设备实施检验和监管，对在保税区内存放的货物不实施检验。

第十条 保税区内企业从境外进入保税区的仓储物流货物以及自用的办公用品、出口加工所需原材料、零部件免予实施强制性产品认证。

第三章　输出保税区应检物的检验检疫

第十一条 从保税区输往境外的应检物，海关依法实施检验检疫。

第十二条 从保税区输往非保税区的应检物，除法律法规另有规定的，不实施检疫。

第十三条 从保税区输往非保税区的应检物，属于实施食品卫生监督检验和商品检验范围的，海关实施检验。对于集中入境分批出区的货物，可以分批报检，分批检验；符合条件的，可以于入境时集中报检，集中检验，经检验合格的出区时分批核销。

第十四条 按照本办法第九条的规定在入境时已经实施检验的保税区内的货物，输往非保税区的，不实施检验。

从非保税区进入保税区的货物，又输往非保税区的，不实施检验。

第十五条 从保税区输往非保税区的应检物，列入强制性产品认证目录的，应当取得相应的认证证书，其产品上应当加贴强制性产品认证标志。海关对相应认证证书电子数据进行系统自动比对验核。

第十六条 从非保税区进入保税区后不经加工直接出境的，已取得产地海关签发的检验检疫合格证明的，保税区海关不再实施检验检疫。超过检验检疫有效期、变更输入国家或地区并又有不同检验检疫要求、改换包装或重新拼装、已撤销报检的，应当按规定重新报检。

第十七条 保税区内企业加工出境产品，符合有关规定的，可以向海关申请签发普惠制原产地证书或者一般原产地证书、区域性优惠原产地证书、专用原产地证书等。

第四章　经保税区转口的应检物的检验检疫

第十八条 经保税区转口的动植物、动植物产品和其他检疫物，入境报检时应当提供输出国家或者地区政府部门出具的官方检疫证书；转口动物的，还应当取得海关总署签发的《动物过境许可证》，并在入境报检时提供输入国家或者地区政府部门签发的允许进境的证明。

第十九条 经保税区转口的应检物，在保税区短暂仓储，原包装转口出境并且包装密封状况良好，无破损、撒漏的，入境时仅实施外包装检疫，必要时进行防疫消毒处理。

第二十条　经保税区转口的应检物，由于包装不良以及在保税区内经分级、挑选、刷贴标签、改换包装形式等简单加工的原因，转口出境的，海关实施卫生检疫、动植物检疫以及食品卫生检验。

第二十一条　转口应检物出境时，除法律法规另有规定和输入国家或者地区政府要求入境时出具我国海关签发的检疫证书或者检疫处理证书的以外，一般不再实施检疫和检疫处理。

第五章　监督管理

第二十二条　保税区内从事加工、储存出入境动植物产品的企业应当符合有关检验检疫规定。

第二十三条　保税区内从事加工、储存出境食品的企业应当办理出口食品生产企业卫生注册登记，输入国家或者地区另有要求的，还应当符合输入国家或者地区的要求；加工、存储入境食品的企业应当按照食品企业通用卫生规范要求接受海关的监督管理。

第二十四条　保税区内设立检验检疫查验场地以及检疫熏蒸、消毒处理场所应当符合检验检疫有关要求。

第二十五条　海关按照有关法律法规规定对保税区实施疫情监测，对进出保税区的动植物及其产品的生产、加工、存放和调离过程实施检疫监督。

第二十六条　保税区内企业之间销售、转移进出口应检物，免予实施检验检疫。

第二十七条　入境动植物及其产品已经办理检疫审批的，需要变更审批事项的，应当申请变更检疫审批手续。

第六章　附　则

第二十八条　保税仓库、保税物流园区等区域的检验检疫和监督管理参照本办法执行。

第二十九条　对违反本办法规定的行为，海关依照有关法律法规规定予以行政处罚。

第三十条　本办法由海关总署负责解释。

第三十一条　本办法自2005年3月1日起施行。原中华人民共和国动植物检疫局1998年4月10日发布的《保税区动植物检疫管理办法》同时废止。

进口涂料检验监督管理办法

(2002年4月19日国家质检总局令第18号公布，根据2018年4月28日海关总署令第238号《海关总署关于修改部分规章的决定》第一次修正，根据2018年5月29日海关总署令第240号《海关总署关于修改部分规章的决定》第二次修正)

第一章　总　则

第一条　为了保护我国人民居住环境，保障人体健康，根据《中华人民共和国进出口商品检验法》及其实施条例、《中华人民共和国货物进出口管理条例》的有关规定，制定本办法。

第二条　本办法所称涂料是指《商品名称及编码协调制度》中编码为3208项下和3209项下的商品。

第三条　海关总署主管全国进口涂料的检验监管工作。主管海关负责对进口涂料实施检验。

第四条　国家对进口涂料实行登记备案和专项检测制度。

第五条 海关总署指定涂料专项检测实验室（以下简称专项检测实验室）和进口涂料备案机构（以下简称备案机构）。

专项检测实验室根据技术法规的要求，负责进口涂料的强制性控制项目的专项检测工作，出具进口涂料专项检测报告。

备案机构负责受理进口涂料备案申请，确认专项检测结果等事宜。

第二章 登记备案

第六条 进口涂料的生产商、进口商或者进口代理商（以下称备案申请人）根据需要，可以向备案机构申请进口涂料备案。

第七条 备案申请应当在涂料进口至少2个月前向备案机构提出，同时备案申请人应当提交以下资料：

（一）《进口涂料备案申请表》；

（二）进口涂料生产商对其产品中有害物质含量符合中华人民共和国国家技术规范要求的声明；

（三）关于进口涂料产品的基本组成成分、品牌、型号、产地、外观、标签及标记、分装厂商和地点、分装产品标签等有关材料（以中文文本为准）。

第八条 备案机构接到备案申请后，对备案申请人的资格及提供的材料进行审核，在5个工作日内，向备案申请人签发《进口涂料备案申请受理情况通知书》。

第九条 备案申请人收到《进口涂料备案申请受理情况通知书》后，受理申请的，由备案申请人将被检样品送指定的专项检测实验室，备案申请人提供的样品应当与实际进口涂料一致，样品数量应当满足专项检测和留样需要；未受理申请的，可按照《进口涂料备案申请受理情况通知书》的要求进行补充和整改后，可重新提出申请。

第十条 专项检测实验室应当在接到样品15个工作日内，完成对样品的专项检测及进口涂料专项检测报告，并将报告提交备案机构。

第十一条 备案机构应当在收到进口涂料专项检测报告3个工作日内，根据有关规定及专项检测报告进行审核，经审核合格的签发《进口涂料备案书》；经审核不合格的，书面通知备案申请人。

第十二条 《进口涂料备案书》有效期为2年。当有重大事项发生，可能影响涂料性能时，应当对进口涂料重新申请备案。

第十三条 有下列情形之一的，由备案机构吊销《进口涂料备案书》，并且在半年内停止其备案申请资格：

（一）涂改、伪造《进口涂料备案书》；

（二）经海关检验，累计两次发现报检商品与备案商品严重不符；

（三）经海关抽查检验，累计3次不合格的。

第十四条 备案机构定期将备案情况报告海关总署。海关总署通过网站（http://www.customs.gov.cn）等公开媒体公布进口涂料备案机构、专项检测实验室、已备案涂料等信息。

第三章 进口检验

第十五条 对已经备案的涂料，海关接受报检后，按照以下规定实施检验：

（一）核查《进口涂料备案书》的符合性。核查内容包括品名、品牌、型号、生产厂商、产地、标签等。

（二）专项检测项目的抽查。同一品牌涂料的年度抽查比例不少于进口批次的10%，每个批次抽查不少于进口规格型号种类的10%，所抽取样品送专项检测实验室进行专项检测。

第十六条 对未经备案的进口涂料，海关接受报检后，按照有关规定抽取样品，并由报检人将样品送专项检测实验室检测，海关根据专项检测报告进行符合性核查。

第十七条 按照第十五条及第十六条规定检验合格的进口涂料，海关签发入境货物检验检疫证明。

第十八条 按照第十五条及第十六条规定检验不合格的进口涂料，主管海关出具检验检疫证书，并报海关总署。对专项检测不合格的进口涂料，收货人须将其退运出境或者按照有关部门要求妥善处理。

第四章 附 则

第十九条 本办法所规定的文书由海关总署另行制定并且发布。

第二十条 本办法由海关总署负责解释。

第二十一条 本办法自2002年5月20日起施行。

进出口煤炭检验管理办法

（2006年6月26日国家质量监督检验检疫总局令第90号公布，根据2018年4月28日海关总署令第238号《海关总署关于修改部分规章的决定》修正）

第一章 总 则

第一条 为规范进出口煤炭检验工作，保护人民健康和安全，保护环境，提高进出口煤炭质量和促进煤炭贸易发展，根据《中华人民共和国进出口商品检验法》（以下简称商检法）及其实施条例等相关法律法规的规定，制定本办法。

第二条 本办法适用于进出口煤炭的检验和监督管理。

第三条 海关总署主管全国进出口煤炭的检验监管工作。

主管海关按照职能分工对进出口煤炭实施检验和监督管理。

第四条 海关对进口煤炭实施口岸检验监管的方式。

第二章 进口煤炭检验

第五条 进口煤炭由卸货口岸海关检验。

第六条 进口煤炭的收货人或者其代理人应当在进口煤炭卸货之前按照海关总署相关规定向卸货口岸主管海关报检。

进口煤炭应当在口岸主管海关的监督下，在具备检验条件的场所卸货。

第七条 海关对进口煤炭涉及安全、卫生、环保的项目及相关品质、数量、重量实施检验，并在10个工作日内根据检验结果出具证书。

未经检验或者检验不合格的进口煤炭不准销售、使用。

第八条 对进口煤炭中发现的质量问题，主管海关应当责成收货人或者其代理人在监管下进行有效处理；发现安全、卫生、环保项目不合格的，按照商检法实施条例有关规定处理，并及时上报海关总署。

第三章 监督管理

第九条 口岸海关按照相关国家技术规范的强制性要求对本口岸进出口煤炭的除杂、质量验收等情况进行监督管理。

第十条 海关应当根据便利对外贸易的需要，采取有效措施，简化程序，方便进出口。

办理进出口煤炭报检和检验监管等手续，符合条件的，可以采用电子数据文件的形式。

第十一条 主管海关应当及时将收集到的国内外反映强烈的进出口煤炭安全、卫生、环保质量问题向海关总署报告。

海关总署对进口煤炭涉及安全、卫生、环保问题严重的情况发布预警通报。

第十二条 海关对伪造、涂改、冒用《出境货物换证凭单》及其他违反商检法有关规定的行为，依照商检法有关规定进行处理。

第十三条 海关及其工作人员履行职责时，应当遵守法律，维护国家利益，依照法定职权和法定程序严格执法，接受监督。

海关工作人员应当定期接受业务培训和考核，经考核合格，方可上岗执行职务。

海关工作人员应当忠于职守，文明服务，遵守职业道德，不得滥用职权，谋取私利。

第十四条 海关工作人员违反商检法规定，泄露所知悉的商业秘密的，依法给予行政处分，有违法所得的，没收违法所得；构成犯罪的，依法追究刑事责任。

海关工作人员滥用职权，故意刁难的，徇私舞弊，伪造检验结果的，或者玩忽职守，延误检验出证的，依法给予行政处分；构成犯罪的，依法追究刑事责任。

第四章 附 则

第十五条 本办法由海关总署负责解释。

第十六条 本办法自 2006 年 8 月 1 日起施行，原国家出入境检验检疫局发布的《出口煤炭检验管理办法》（国家检验检疫局第 18 号令）同时废止。

进口棉花检验监督管理办法

（2013 年 1 月 18 日国家质量监督检验检疫总局令第 151 号公布，根据 2018 年 4 月 28 日海关总署令第 238 号《海关总署关于修改部分规章的决定》第一次修正，根据 2018 年 5 月 29 日海关总署令第 240 号《海关总署关于修改部分规章的决定》第二次修正）

第一章 总 则

第一条 为了加强进口棉花检验监督管理，提高进口棉花质量，维护正常贸易秩序，根据《中华人民共和国进出口商品检验法》（以下简称商检法）及其实施条例的规定，制定本办法。

第二条 本办法适用于进口棉花的检验监督管理。

第三条 海关总署主管全国进口棉花的检验监督管理工作。

主管海关负责所辖地区进口棉花的检验监督管理工作。

第四条 国家对进口棉花的境外供货企业（以下简称境外供货企业）实施质量信用管理，对境外供货企业可以实施登记管理。

第五条 海关依法对进口棉花实施到货检验。

第二章 境外供货企业登记管理

第六条 为了便利通关，境外供货企业按照自愿原则向海关总署申请登记。

第七条 申请登记的境外供货企业（以下简称申请人）应当具备以下条件：

（一）具有所在国家或者地区合法经营资质；

（二）具有固定经营场所；

（三）具有稳定供货来源，并有相应质量控制体系；

（四）熟悉中国进口棉花检验相关规定。

第八条 申请人申请登记时应当向海关总署提交下列书面材料：

（一）进口棉花境外供货企业登记申请表（以下简称登记申请表）；

（二）合法商业经营资质证明文件复印件；

（三）组织机构图及经营场所平面图；

（四）质量控制体系的相关材料；

（五）质量承诺书。

以上材料应当提供中文或者中外文对照文本。

第九条 境外供货企业可以委托代理人申请登记。代理人申请登记时，应当提交境外供货企业的委托书。

第十条 海关总署对申请人提交的申请，应当根据下列情形分别作出处理：

（一）申请材料不齐全或者不符合法定形式的，应当当场或者自收到申请材料之日起5个工作日内一次告知申请人需要补正的全部内容；逾期不告知的，自收到申请材料之日起即为受理；

（二）申请材料齐全、符合规定形式，或者申请人按照海关总署的要求提交全部补正材料的，应当受理；

（三）申请人自被告知之日起20个工作日内未补正申请材料，视为撤销申请；申请人提供的补正材料仍不符合要求的，不予受理，并书面告知申请人。

第十一条 受理当事人提交的申请后，海关总署应当组成评审组，开展书面评审，必要时开展现场评审。上述评审应当自受理之日起3个月内完成。

第十二条 经审核合格的，海关总署应当对境外供货企业予以登记，颁发《进口棉花境外供货企业登记证书》（以下简称登记证书）并对外公布。

第十三条 经审核不合格的，海关总署对境外供货企业不予登记，并书面告知境外供货企业。

第十四条 登记证书有效期为3年。

第十五条 不予登记的境外供货企业自不予登记之日起2个月后方可向海关总署重新申请登记。

第十六条 已登记境外供货企业的名称、经营场所或者法定代表人等登记信息发生变化的，应当及时向海关总署申请变更登记，提交本办法第八条规定的登记申请表及变更事项的证明材料，海关总署应当自收到变更登记材料之日起30个工作日内作出是否予以变更登记的决定。

第十七条 需要延续有效期的，已登记境外供货企业应当在登记证书有效期届满3个月前向海关总署申请复查换证，复查换证时提交本办法第八条规定的材料，海关总署应当在登记证书有效期届满前作出是否准予换证的决定。

到期未申请复查换证的，海关总署予以注销。

第三章 质量信用管理

第十八条 海关总署对境外供货企业实行质量信用管理。直属海关根据进口棉花的实际到货质量和境外供货企业的履约情况，对境外供货企业的质量信用进行评估，并上报海关总署。

第十九条 按照质量信用，境外供货企业分为 A、B、C 三个层级：

（一）A 级：境外供货企业自获得海关总署登记后即列为 A 级；

（二）B 级：A 级境外供货企业发生本办法第二十条所列情形之一的降为 B 级；

（三）C 级：未获得海关总署登记的境外供货企业默认为 C 级；B 级境外供货企业发生本办法第二十条所列情形之一的降为 C 级。

第二十条 登记境外供货企业进口的同合同、同发票、同规格的棉花发生下列情形之一的，海关应当对该境外供货企业的质量信用进行评估并作相应调整：

（一）等级降级幅度在 2 级及以上的棉包数量超过总包数 20% 的；

（二）长度降级幅度在 1/16 英寸（约 1.58 毫米）及以上的棉包数量超过总包数 20% 的；

（三）马克隆值不合格的棉包数量超过总包数 60% 的；

（四）到货重量短少率超过 3%，未及时赔偿的；

（五）货物中发生严重油污、水渍、霉变、板结的棉包数量超过总包数的 5% 的；

（六）货物包装发生影响运输、搬运、装卸的严重破损，破损棉包数量超过总包数 20% 的；

（七）混有异性纤维、棉短绒、废棉和危害性杂物，经核查对企业造成严重损失的。

第二十一条 进口棉花发生本办法第二十条所列情形时，海关应当将有关检验结果告知收货人，收货人应当及时书面通知境外供货企业。未经海关允许，收货人不得销售、使用该批进口棉花。海关应当及时将进口棉花的检验情况及相关证明材料上报直属海关。

第二十二条 直属海关对检验情况及相关证明材料进行审核，初步评估确定境外供货企业的质量信用层级，并将评估结果及理由书面告知境外供货企业。

第二十三条 境外供货企业对初步评估结果有异议的，应当自收到书面通知之日起 15 个工作日内，向作出评估结果的直属海关提出书面申辩，并提交相关证明材料。经复核，原评估结果有误的，予以更正。

无异议或者期限届满未申辩的，直属海关确定最终评估结果，书面告知境外供货企业，同时上报海关总署。

第二十四条 海关总署根据评估结果及时调整境外供货企业质量信用层级，并通知主管海关及相关单位。

第二十五条 实施质量信用评估过程中发生复验、行政复议或者行政诉讼的，应当暂停评估。待复验、行政复议或者行政诉讼结束后，继续组织评估。

第二十六条 海关总署对获得登记的境外供货企业质量信用层级按下列方式进行动态调整：

（一）A 级境外供货企业进口的棉花发生本办法第二十条所列情形的，境外供货企业的质量信用层级由 A 级降为 B 级；

（二）自直属海关书面通知境外供货企业质量信用层级之日起 5 个月内，从 B 级境外供货企业进口的棉花发生本办法第二十条所列情形的，境外供货企业的质量信用层级由 B 级降为 C 级；如未发生本办法第二十条所列情形的，质量信用层级由 B 级升为 A 级；

（三）自直属海关书面通知境外供货企业质量信用层级之日起 5 个月内，从 C 级境外供货企业进口的棉花未发生本办法第二十条所列情形的，境外供货企业（不含未在海关总署登记的企业）的质量信用层级由 C 级升为 B 级。

第四章 进口检验

第二十七条 进口棉花的收货人或者其代理人应当向入境口岸海关报检。

第二十八条　海关根据境外供货企业的质量信用层级，按照下列方式对进口棉花实施检验：

（一）对A级境外供货企业的棉花，应当在收货人报检时申报的目的地检验，由目的地海关按照检验检疫行业标准实施抽样检验；

（二）对B级境外供货企业的棉花，应当在收货人报检时申报的目的地检验，由目的地海关实施两倍抽样量的加严检验；

（三）对C级境外供货企业的棉花，海关在入境口岸实施两倍抽样量的加严检验。

第二十九条　实施进口棉花现场检验工作的场所应当具备以下条件：

（一）具有适合棉花存储的现场检验场地；

（二）配备开箱、开包、称重、取样等所需的设备和辅助人员；

（三）其他检验工作所需的通用现场设施。

第三十条　海关对进口棉花实施现场查验。查验时应当核对进口棉花批次、规格、标记等，确认货证相符；查验包装是否符合合同等相关要求，有无包装破损；查验货物是否存在残损、异性纤维、以次充好、掺杂掺假等情况。对集装箱装载的，检查集装箱铅封是否完好。

第三十一条　海关按照相关规定对进口棉花实施数重量检验、品质检验和残损鉴定，并出具证书。

第三十二条　进口棉花的收货人或者发货人对海关出具的检验结果有异议的，可以按照《进出口商品复验办法》的规定申请复验。

第五章　监督管理

第三十三条　境外供货企业质量控制体系应当持续有效。

海关总署可以依法对境外供货企业实施现场核查。

第三十四条　收货人应当建立进口棉花销售、使用记录以及索赔记录，海关可以对其记录进行检查，发现未建立记录或者记录不完整的，书面通知收货人限期整改。

第三十五条　主管海关应当建立质量信用评估和检验监管工作档案。海关总署对质量信用评估和检验监管工作进行监督检查。

第三十六条　已登记境外供货企业发生下列情形之一的，海关总署撤销其登记。境外供货企业自撤销之日起6个月后方可向海关总署重新申请登记。

（一）提供虚假材料获取登记证书的；

（二）在海关总署组织的现场检查中被发现其质量控制体系无法保证棉花质量的；

（三）C级已登记境外供货企业发生本办法第二十条所列情形的；

（四）不接受监督管理的。

第六章　法律责任

第三十七条　收货人发生下列情形之一的，有违法所得的，由海关处违法所得3倍以下罚款，最高不超过3万元；没有违法所得的，处1万元以下罚款：

（一）书面通知限期整改仍未建立进口棉花销售或者使用记录以及索赔记录的；

（二）不如实提供进口棉花的真实情况造成严重后果的；

（三）不接受监督管理的。

第三十八条　有其他违反相关法律、行政法规行为的，海关依照相关法律、行政法规追究其法律责任。

第三十九条　海关的工作人员滥用职权，故意刁难当事人，徇私舞弊，伪造检验检疫结果的，或者玩忽职守，延误出证的，按照《中华人民共和国进出口商品检验法实施条例》第五十六条规定依法给予行政处分；构成犯罪的，依法追究刑事责任。

第七章　附　则

第四十条　进口棉花的动植物检疫、卫生检疫按照法律法规及相关规定执行。

第四十一条　香港、澳门和台湾地区的棉花供货企业的登记管理和质量信用评估管理按照本办法执行。

第四十二条　从境外进入保税区、出口加工区等海关特殊监管区域的进口棉花，按照相关规定执行。

第四十三条　本办法由海关总署负责解释。

第四十四条　本办法自 2013 年 2 月 1 日起施行。

进口旧机电产品检验监督管理办法

（2015 年 11 月 23 日国家质量监督检验检疫总局令第 171 号公布，根据 2017 年 2 月 27 日国家质量监督检验检疫总局令第 187 号《国家质量监督检验检疫总局关于修改〈进口旧机电产品检验监督管理办法〉的决定》修订，根据 2018 年 4 月 28 日海关总署令第 238 号《海关总署关于修改部分规章的决定》第一次修正，根据 2018 年 5 月 29 日海关总署令第 240 号《海关总署关于修改部分规章的决定》第二次修正，根据 2018 年 11 月 23 日海关总署令第 243 号《海关总署关于修改部分规章的决定》第三次修正）

第一章　总　则

第一条　为了规范进口旧机电产品的检验监督管理工作，根据《中华人民共和国进出口商品检验法》及其实施条例以及中华人民共和国缔结或者参加的双边或者多边条约、协定和其他具有条约性质的文件的有关规定，制定本办法。

第二条　本办法适用于国家允许进口的，在中华人民共和国境内销售、使用的旧机电产品的检验监督管理。

本办法所称旧机电产品是指具有下列情形之一的机电产品：

（一）已经使用（不含使用前测试、调试的设备），仍具备基本功能和一定使用价值的；

（二）未经使用，但是超过质量保证期（非保修期）的；

（三）未经使用，但是存放时间过长，部件产生明显有形损耗的；

（四）新旧部件混装的；

（五）经过翻新的。

第三条　海关总署主管全国进口旧机电产品检验监督管理工作。

主管海关负责所辖地区进口旧机电产品检验监督管理工作。

第四条　进口旧机电产品应当符合法律法规对安全、卫生、健康、环境保护、防止欺诈、节约能源等方面的规定，以及国家技术规范的强制性要求。

第五条　进口旧机电产品应当实施口岸查验、目的地检验以及监督管理。价值较高、涉及人身财产安全、健康、环境保护项目的高风险进口旧机电产品，还需实施装运前检验。

需实施装运前检验的进口旧机电产品清单由海关总署制定并在海关总署网站上公布。

进口旧机电产品的装运前检验结果与口岸查验、目的地检验结果不一致的，以口岸查验、目的地检验结果为准。

第六条 旧机电产品的进口商应当诚实守信，对社会和公众负责，对其进口的旧机电产品承担质量主体责任。

第二章 装运前检验

第七条 需实施装运前检验的进口旧机电产品，其收、发货人或者其代理人应当按照海关总署的规定申请主管海关或者委托检验机构实施装运前检验。

海关总署不予指定检验机构从事进口旧机电产品装运前检验。

装运前检验应当在货物启运前完成。

第八条 收、发货人或者其代理人申请海关实施装运前检验的，海关可以根据需要，组织实施或者派出检验人员参加进口旧机电产品装运前检验。

第九条 进口旧机电产品装运前检验应当按照国家技术规范的强制性要求实施。

装运前检验内容包括：

（一）对安全、卫生、健康、环境保护、防止欺诈、能源消耗等项目作出初步评价；

（二）核查产品品名、数量、规格（型号）、新旧、残损情况是否与合同、发票等贸易文件所列相符；

（三）是否包括、夹带禁止进口货物。

第十条 检验机构接受委托实施装运前检验的，应当诚实守信，按照本办法第九条以及海关总署的规定实施装运前检验。

第十一条 海关或者检验机构应当在完成装运前检验工作后，签发装运前检验证书，并随附装运前检验报告。

检验证书及随附的检验报告应当符合以下要求：

（一）检验依据准确、检验情况明晰、检验结果真实；

（二）有统一、可追溯的编号；

（三）检验报告应当包含检验依据、检验对象、现场检验情况、装运前检验机构及授权签字人签名等要求；

（四）检验证书不应含有检验报告中检验结论及处理意见为不符合本办法第四条规定的进口旧机电产品；

（五）检验证书及随附的检验报告文字应当为中文，若出具中外文对照的，以中文为准；

（六）检验证书应当有明确的有效期限，有效期限由签发机构根据进口旧机电产品情况确定，一般为半年或一年。

工程机械的检验报告除满足上述要素外，还应当逐台列明名称、HS 编码、规格型号、产地、发动机号/车架号、制造日期（年）、运行时间（小时）、检测报告、维修记录、使用说明书核查情况等内容。

第三章 进口旧机电产品检验

第十二条 进口旧机电产品运抵口岸后，收货人或者其代理人应当凭合同、发票、装箱单、提单等资料向海关办理报检手续。需实施装运前检验的，报检前还应当取得装运前检验证书。

第十三条 口岸海关对进口旧机电产品实施口岸查验。

实施口岸查验时，应当对报检资料进行逐批核查。必要时，对进口旧机电产品与报检资料是否相符进行现场核查。

口岸查验的其他工作按口岸查验的相关规定执行。

第十四条 目的地海关对进口旧机电产品实施目的地检验。

第十五条 海关对进口旧机电产品的目的地检验内容包括：一致性核查，安全、卫生、环境保护等项目检验。

（一）一致性核查：

1. 核查产品是否存在外观及包装的缺陷或者残损；

2. 核查产品的品名、规格、型号、数量、产地等货物的实际状况是否与报检资料及装运前检验结果相符；

3. 对进口旧机电产品的实际用途实施抽查，重点核查特殊贸易方式进口旧机电产品的实际使用情况是否与申报情况一致。

（二）安全项目检验：

1. 检查产品表面缺陷、安全标识和警告标记；

2. 检查产品在静止状态下的电气安全和机械安全；

3. 检验产品在运行状态下的电气安全和机械安全，以及设备运行的可靠性和稳定性。

（三）卫生、环境保护项目检验：

1. 检查产品卫生状况，涉及食品安全项目的食品加工机械及家用电器是否符合相关强制性标准；

2. 检测产品在运行状态下的噪声、粉尘含量、辐射以及排放物是否符合标准；

3. 检验产品是否符合我国能源效率有关限定标准。

（四）对装运前检验发现的不符合项目采取技术和整改措施的有效性进行验证，对装运前检验未覆盖的项目实施检验；必要时对已实施的装运前检验项目实施抽查。

（五）其他项目的检验依照同类机电产品检验的有关规定执行。

第十六条 经目的地检验，涉及人身财产安全、健康、环境保护项目不合格的，由海关责令收货人销毁、退运；其他项目不合格的，可以在海关的监督下进行技术处理，经重新检验合格的，方可销售或者使用。

经目的地检验不合格的进口旧机电产品，属成套设备及其材料的，签发不准安装使用通知书。经技术处理，并经海关重新检验合格的，方可安装使用。

第四章 监督管理

第十七条 海关对进口旧机电产品收货人及其代理人、进口商及其代理人、装运前检验机构及相关活动实施监督管理。

第十八条 检验机构应当对其所出具的装运前检验证书及随附的检验报告的真实性、准确性负责。

海关在进口旧机电产品检验监管工作中，发现检验机构出具的检验证书及随附的检验报告存在违反本办法第十一条规定，情节严重或引起严重后果的，可以发布警示通报并决定在一定时期内不予认可其出具的检验证书及随附的检验报告，但最长不得超过3年。

第十九条 进口旧机电产品的进口商应当建立产品进口、销售和使用记录制度，如实记录进口旧机电产品的品名、规格、数量、出口商和购货者名称及联系方式、交货日期等内容。记录应当真实，保存期限不得少于2年。

海关可以对本辖区内进口商的进口、销售和使用记录进行检查。

第二十条 海关对进口旧机电产品检验监管过程中发现的质量安全问题依照风险预警及快速反应的有关规定进行处置。

第二十一条 海关工作人员在履行进口旧机电产品检验监管职责中，对所知悉的商业秘密负有保密义务。

海关履行进口旧机电产品检验监管职责，应当遵守法律，维护国家利益，依照法定职权和法定程序严格执法，接受监督。

第五章 法律责任

第二十二条 擅自销售、使用未报检或者未经检验的进口旧机电产品，由海关按照《中华人民共和国进出口商品检验法实施条例》没收违法所得，并处进口旧机电产品货值金额5%以上20%以下罚款；构成犯罪的，依法追究刑事责任。

第二十三条 销售、使用经法定检验、抽查检验或者验证不合格的进口旧机电产品，由海关按照《中华人民共和国进出口商品检验法实施条例》责令停止销售、使用，没收违法所得和违法销售、使用的进口旧机电产品，并处违法销售、使用的进口旧机电产品货值金额等值以上3倍以下罚款；构成犯罪的，依法追究刑事责任。

第二十四条 擅自调换海关抽取的样品或者海关检验合格的进口旧机电产品的，由海关按照《中华人民共和国进出口商品检验法实施条例》责令改正，给予警告；情节严重的，并处旧机电产品货值金额10%以上50%以下罚款。

第二十五条 进口旧机电产品的收货人、代理报检企业或者报检人员不如实提供进口旧机电产品的真实情况，取得海关的有关单证，或者对法定检验的进口旧机电产品不予报检，逃避进口旧机电产品检验的，由海关按照《中华人民共和国进出口商品检验法实施条例》没收违法所得，并处进口旧机电产品货值金额5%以上20%以下罚款。

第二十六条 进口国家允许进口的旧机电产品未按照规定进行装运前检验的，按照国家有关规定予以退货；情节严重的，由海关按照《中华人民共和国进出口商品检验法实施条例》并处100万元以下罚款。

第二十七条 伪造、变造、买卖、盗窃或者使用伪造、变造的海关出具的装运前检验证书及检验报告，构成犯罪的，依法追究刑事责任；尚不够刑事处罚的，由海关按照《中华人民共和国进出口商品检验法实施条例》责令改正，没收违法所得，并处商品货值金额等值以下罚款。

第二十八条 海关工作人员在履行进口旧机电产品检验监管职责中应当秉公执法、忠于职守，不得滥用职权、玩忽职守、徇私舞弊；违法失职的，依法追究责任。

第六章 附　则

第二十九条 经特殊监管区进口的旧机电产品，按照本办法执行。

第三十条 进口旧机电产品涉及的动植物检疫和卫生检疫工作，按照进出境动植物检疫和国境卫生检疫法律法规的规定执行。

第三十一条 进口国家禁止进口的旧机电产品，应当予以退货或者销毁。

第三十二条 本办法由海关总署负责解释。

第三十三条 本办法自2016年1月1日起施行。国家质量监督检验检疫总局于2002年12月31日发布的《进口旧机电产品检验监督管理办法》和2003年8月18日发布的《进口旧机电产品检验监督程序规定》同时废止。

进口汽车检验管理办法

(1999年11月22日国家出入境检验检疫局令第1号发布，根据2018年4月28日海关总署令第238号《海关总署关于修改部分规章的决定》第一次修正，根据2018年5月29日海关总署令第240号《海关总署关于修改部分规章的决定》第二次修正)

第一条　为加强进口汽车检验管理工作，根据《中华人民共和国进出口商品检验法》（以下简称《商检法》）及其实施条例，制定本办法。

第二条　海关总署主管全国进口汽车检验监管工作，进口汽车入境口岸海关负责进口汽车入境检验工作，用户所在地海关负责进口汽车质保期内的检验管理工作。

第三条　对转关到内地的进口汽车，视通关所在地为口岸，由通关所在地海关按照本办法负责检验。

第四条　进口汽车的收货人或者代理人在货物运抵入境口岸后，应当凭合同、发票、提（运）单、装箱单等单证以及有关技术资料向口岸海关报检。

第五条　进口汽车入境口岸海关对进口汽车的检验包括：一般项目检验、安全性能检验和品质检验。

第六条　一般项目检验。在进口汽车入境时逐台核查安全标志，并进行规格、型号、数量、外观质量、随车工具、技术文件和零备件等项目的检验。

第七条　安全性能检验。按国家有关汽车的安全环保等法律法规、强制性标准和《进出口汽车安全检验规程》（SN/T0792—1999）实施检验。

第八条　品质检验。品质检验及其标准、方法等应在合同或合同附件中明确规定，进口合同无规定或规定不明确的，按《进出口汽车品质检验规程》（SN/T0791—1999）检验。

整批第一次进口的新型号汽车总数大于300台（含300台，按同一合同、同一型号、同一生产厂家计算）或总值大于一百万美元（含一百万美元）的必须实施品质检验。

批量总数小于300台或总值小于一百万美元的新型号进口汽车和非首次进口的汽车，海关视质量情况，对品质进行抽查检验。

品质检验的情况应抄报海关总署及有关主管海关。

第九条　海关对进口汽车的检验，可采取海关自检、与有关单位共同检验和认可检测单位检验等方式，由海关签发有关检验单证。

第十条　对大批量进口汽车，外贸经营单位和收用货主管单位应在对外贸易合同中约定在出口国装运前进行预检验、监造或监装，海关可根据需要派出检验人员参加或者组织实施在出口国的检验。

第十一条　经检验合格的进口汽车，由口岸海关签发"入境货物检验检疫证明"，并一车一单签发"进口机动车辆随车检验单"。

对进口汽车实施品质检验的，"入境货物检验检疫证明"须加附"品质检验报告"。

经检验不合格的，海关出具检验检疫证书，供有关部门对外索赔。

第十二条　进口汽车的销售单位凭海关签发的"进口机动车辆随车检验单"等有关单证到当地工商行政管理部门办理进口汽车国内销售备案手续。

第十三条　用户在国内购买进口汽车时必须取得海关签发的"进口机动车辆随车检验单"和购

车发票。在办理正式牌证前，到所在地海关登检、换发"进口机动车辆检验证明"，作为到车辆管理机关办理正式牌证的依据。

第十四条 经登记的进口汽车，在质量保证期内，发现质量问题，用户应向所在地海关申请检验出证。

第十五条 各直属海关根据工作需要可委托或指定经考核符合条件的汽车检测线承担进口汽车安全性能的检测工作，并报海关总署备案。海关总署对实施进口汽车检验的检测线的测试和管理能力进行监督抽查。

第十六条 海关对未获得进口安全质量许可证书或者虽然已获得进口安全质量许可证书但未加贴检验检疫安全标志的、未按本办法检验登记的进口汽车，按《商检法》及《商检法实施条例》的有关规定处理。

第十七条 进口摩托车等其他进口机动车辆由收货人所在地海关参照本办法负责检验。

第十八条 各直属海关每半年将进口汽车质量分析报海关总署，并于7月15日和次年1月15日以前报出。

第十九条 本办法由海关总署负责解释。

第二十条 本办法自2000年1月1日起施行。原国家商检局下发的《国家商检局关于贯彻全国进出口汽车检验工作会议精神的通知》（国检检〔1990〕468号文）和《国家商检局关于启用新的"进口机动车辆随车检验单"和统一制作"进口车辆检验专用章"的通知》（国检检〔1994〕30号文）同时废止。

进出口玩具检验监督管理办法

（2009年3月2日国家质量监督检验检疫总局令第111号公布，根据2015年11月23日国家质量监督检验检疫总局令第173号《国家质量监督检验检疫总局关于修改〈进出口玩具检验监督管理办法〉的决定》修订，根据2018年4月28日海关总署令第238号《海关总署关于修改部分规章的决定》第一次修正，根据2018年5月29日海关总署令第240号《海关总署关于修改部分规章的决定》第二次修正，根据2018年11月23日海关总署令第243号《海关总署关于修改部分规章的决定》第三次修正）

第一章 总 则

第一条 为规范进出口玩具的检验监管工作，加强对进出口玩具的管理，保护消费者人身健康和安全，根据《中华人民共和国进出口商品检验法》及其实施条例和《国务院关于加强食品等产品安全监督管理的特别规定》等有关规定，制定本办法。

第二条 海关总署主管全国进出口玩具检验监督管理工作。

主管海关负责辖区内进出口玩具的检验监督管理工作。

第三条 本办法适用于列入必须实施检验的进出口商品目录（以下简称目录）以及法律、行政法规规定必须实施检验的进出口玩具的检验和监督管理。海关和从事进出口玩具的生产、经营企业应当遵守本办法。

海关对目录外的进出口玩具按照海关总署的规定实施抽查检验。

第四条 进口玩具按照我国国家技术规范的强制性要求实施检验。

出口玩具按照输入国家或者地区的技术法规和标准实施检验，如贸易双方约定的技术要求高于技术法规和标准的，按照约定要求实施检验。输入国家或者地区的技术法规和标准无明确规定的，按照我国国家技术规范的强制性要求实施检验。

政府间已签订协议的，应当按照协议规定的要求实施检验。

第五条 海关总署对存在缺陷可能导致儿童伤害的进出口玩具的召回实施监督管理。

第二章 进口玩具的检验

第六条 进口玩具的收货人或者其代理人在办理报检时，应当按照《出入境检验检疫报检规定》如实填写入境货物报检单，提供有关单证。对列入强制性产品认证目录的进口玩具还应当取得强制性产品认证证书。海关对强制性产品认证证书电子数据进行系统自动比对验核。

第七条 海关对列入强制性产品认证目录内的进口玩具，按照《进口许可制度民用商品入境验证管理办法》的规定实施验证管理。

对未列入强制性产品认证目录内的进口玩具，报检人已提供进出口玩具检测实验室（以下简称玩具实验室）出具的合格的检测报告的，海关对报检人提供的有关单证与货物是否符合进行审核。

对未能提供检测报告或者经审核发现有关单证与货物不相符的，应当对该批货物实施现场检验并抽样送玩具实验室检测。

第八条 进口玩具经检验合格的，海关出具检验证明。

第九条 进口玩具经检验不合格的，由海关出具检验检疫处理通知书。涉及人身财产安全、健康、环境保护项目不合格的，由海关责令当事人退货或者销毁；其他项目不合格的，可以在海关的监督下进行技术处理，经重新检验合格后，方可销售或者使用。

第十条 在国内市场销售的进口玩具，其安全、使用标识应当符合我国玩具安全的有关强制性要求。

第三章 出口玩具的检验

第十一条 出口玩具报检时，报检人应当如实填写出境货物报检单，除按照《出入境检验检疫报检规定》提供相关材料外，还需提供产品质量安全符合性声明。

出口玩具首次报检时，还应当提供玩具实验室出具的检测报告以及海关总署规定的其他材料等。

第十二条 海关根据本办法第四条的规定对出口玩具实施检验。

出口玩具应当由产地海关实施检验。出口玩具经检验合格的，产地海关出具换证凭单。出口玩具经检验不合格的，出具不合格通知单。

第十三条 出口玩具经产地海关检验合格后，发货人应当在规定的期限内向口岸海关申请查验。

未能在检验有效期内出口或者在检验有效期内变更输入国家或者地区且检验要求不同的，应当重新向海关报检。

第十四条 出口玩具生产、经营企业应当建立完善的质量安全控制体系及追溯体系，加强对玩具成品、部件或者部分工序分包的质量控制和管理，建立并执行进货检查验收制度，审验供货商、分包商的经营资格，验明产品合格证明和产品标识，并建立产品及高风险原材料的进货台账，如实记录产品名称、规格、数量、供货商、分包商及其联系方式、进货时间等内容。

第四章 监督管理

第十五条 海关对出口玩具生产企业实施分类管理。

第十六条　海关应当对出口玩具生产、经营企业实施监督管理，监督管理包括对企业质量保证能力的检查以及对质量安全重点项目的检验。

第十七条　主管海关对具有下列情形之一的玩具生产、经营企业实施重点监督管理：

（一）企业安全质量控制体系未能有效运行的；

（二）发生国外预警通报或者召回、退运事件经主管海关调查确属企业责任的；

（三）出口玩具经抽批检验连续2次，或者6个月内累计3次出现安全项目检验不合格的；

（四）进口玩具在销售和使用过程中发现存在安全质量缺陷，或者发生相关安全质量事件，未按要求主动向海关总署或者主管海关报告和配合调查的；

（五）违反检验检疫法律法规规定受到行政处罚的。

第十八条　对实施重点监督管理的企业，海关对该企业加严管理，对该企业的进出口产品加大抽查比例，期限一般为6个月。

第十九条　海关总署对玩具实验室实施监督管理。玩具实验室应当通过中国合格评定国家认可委员会（CNAS）的资质认可并获得海关总署指定。

海关总署对出现检测责任事故的玩具实验室，暂停其检测资格，责令整改，整改合格后，方可恢复；情节严重的，取消其指定实验室资格。

第二十条　进出口玩具的收货人或者发货人对海关出具的检验结果有异议的，可以按照《进出口商品复验办法》的规定申请复验。

第二十一条　海关总署对进出口玩具的召回实施监督管理。

进入我国国内市场的进口玩具存在缺陷的，进口玩具的经营者、品牌商应当主动召回；不主动召回的，由海关总署责令召回。

进口玩具的经营者、品牌商和出口玩具生产经营者、品牌商获知其提供的玩具可能存在缺陷的，应当进行调查，确认产品质量安全风险，同时在24小时内报告所在地主管海关。实施召回时应当制作并保存完整的召回记录，并在召回完成时限期满后15个工作日内，向海关总署和所在地直属海关提交召回总结。

已经出口的玩具在国外被召回、通报或者出现安全质量问题的，其生产经营者、品牌商应当向主管海关报告相关信息。

第五章　法律责任

第二十二条　擅自销售未经检验的进口玩具，或者擅自销售应当申请进口验证而未申请的进口玩具的，由海关没收违法所得，并处货值金额5%以上20%以下罚款。

第二十三条　擅自出口未经检验的出口玩具的，由海关没收违法所得，并处货值金额5%以上20%以下罚款。

第二十四条　擅自销售经检验不合格的进口玩具，或者出口经检验不合格的玩具的，由海关责令停止销售或者出口，没收违法所得和违法销售或者出口的玩具，并处违法销售或者出口的玩具货值金额等值以上3倍以下罚款。

第二十五条　进出口玩具的收货人、发货人、代理报检企业、快件运营企业、报检人员未如实提供进出口玩具的真实情况，取得海关的有关证单，或者逃避检验的，由海关没收违法所得，并处货值金额5%以上20%以下罚款。

进出口玩具的收货人或者发货人委托代理报检企业、出入境快件运营企业办理报检手续，未按照规定向代理报检企业、出入境快件运营企业提供所委托报检事项的真实情况，取得海关的有关证单的，对委托人依照前款规定予以处罚。

代理报检企业、出入境快件运营企业、报检人员对委托人所提供情况的真实性未进行合理审查或者因工作疏忽，导致骗取海关有关证单的结果的，由海关对代理报检企业、出入境快件运营企业处 2 万元以上 20 万元以下罚款。

第二十六条 伪造、变造、买卖或者盗窃检验检疫证单、印章、封识或者使用伪造、变造的检验检疫证单、印章、封识，由海关责令改正，没收违法所得，并处货值金额等值以下罚款；构成犯罪的，依法追究刑事责任。

第二十七条 擅自调换海关抽取的样品或者海关检验合格的进出口玩具的，由海关责令改正，给予警告；情节严重的，并处货值金额 10% 以上 50% 以下罚款。

第二十八条 擅自调换、损毁海关加施的标志、封识的，由海关处 5 万元以下罚款。

第二十九条 我国境内的进出口玩具生产企业、经营者、品牌商有下列情形之一的，海关可以给予警告或者处 3 万元以下罚款：

（一）对出口玩具在进口国家或者地区发生质量安全事件隐瞒不报并造成严重后果的；
（二）对应当向海关报告玩具缺陷而未报告的；
（三）对应当召回的缺陷玩具拒不召回的。

第三十条 海关的工作人员滥用职权，故意刁难当事人的，徇私舞弊，伪造检验检疫结果的，或者玩忽职守，延误出证的，依法给予行政处分，没收违法所得；构成犯罪的，依法追究刑事责任。

第三十一条 违反本办法规定，构成犯罪的，依法追究刑事责任。

第六章 附　则

第三十二条 本办法所称质量安全重点项目是指海关在对输入国家或者地区技术法规和标准、企业产品质量安全历史数据和产品通报召回等信息进行风险评估的基础上，确定的产品质量安全高风险检验项目。

本办法所称产品抽批检验是指海关根据出口产品生产企业分类管理类别，对报检的出口产品按照规定的比例实施现场检验和抽样送实验室检测。

第三十三条 本办法由海关总署负责解释。

第三十四条 本办法自 2009 年 9 月 15 日起施行。

出入境邮轮检疫管理办法

(2016 年 10 月 25 日国家质量监督检验检疫总局令第 185 号公布，根据 2018 年 4 月 28 日海关总署令第 238 号《海关总署关于修改部分规章的决定》第一次修正，根据 2018 年 5 月 29 日海关总署令第 240 号《海关总署关于修改部分规章的决定》第二次修正)

第一章 总　则

第一条 为了规范出入境邮轮检疫监管工作，防止疫病疫情传播，促进邮轮经济发展，根据《中华人民共和国国境卫生检疫法》及其实施细则、《中华人民共和国动植物检疫法》及其实施条例、《中华人民共和国食品安全法》及其实施条例、《中华人民共和国传染病防治法》及其实施办法、《突发公共卫生事件应急条例》《国际航行船舶进出中华人民共和国口岸检查办法》等法律法规的规定，制定本办法。

第二条　本办法适用于对进出中华人民共和国国境口岸的外国籍邮轮和航行国际航线的中华人民共和国籍邮轮及相关经营、服务单位的检疫监督管理。

第三条　海关总署统一管理全国出入境邮轮检疫监管工作。

主管海关负责所辖口岸的出入境邮轮检疫监管工作。

第二章　风险管理

第四条　海关对出入境邮轮实施风险管理。

第五条　海关总署根据邮轮卫生状况、运营方及其代理人检疫风险控制能力、信用等级、现场监管情况及其他相关因素，制定邮轮检疫风险评估技术方案，确定邮轮检疫风险等级划分标准。

第六条　邮轮运营方负责建立并运行邮轮公共卫生安全体系，包括：

（一）食品安全控制计划；

（二）饮用水安全控制计划；

（三）娱乐用水安全控制计划；

（四）医学媒介生物监测计划；

（五）邮轮公共场所卫生制度；

（六）废弃物管理制度；

（七）胃肠道疾病的监测与控制体系；

（八）突发公共卫生事件应对工作机制。

第七条　邮轮运营方负责建立邮轮有害生物综合管理措施（IPM）计划，开展相关监测、防治和报告工作，控制有害生物扩散。

第八条　邮轮运营方或者其代理人按照自愿原则，可以向母港所在地海关提出风险评估申请，申请时应当提交以下资料：

（一）邮轮检疫风险评估申请书；

（二）邮轮的通风系统、生活用水供应系统、饮用水净化系统、污水处理系统的结构图。

第九条　海关总署负责组织邮轮风险评估工作，确定邮轮检疫风险等级，并对外公布。

主管海关根据风险等级确定邮轮检疫方式、卫生监督内容及频次并实施动态分类管理。

第三章　入境检疫查验

第十条　在邮轮入境前24小时或者离开上一港口后，邮轮负责人或者其代理人应当向入境口岸海关申报，提交沿途寄港、靠泊计划、人员健康情况、《船舶免予卫生控制措施/卫生控制措施证书》等信息。

如申报内容有变化，邮轮负责人或者其代理人应当及时向海关更正。

第十一条　入境邮轮应当依法接受检疫查验。

邮轮负责人或者其代理人应当向最先到达的入境口岸海关申请办理入境检疫手续，经海关准许，方可入境。

接受入境检疫的邮轮，在检疫完成以前，未经海关许可，不准上下人员，不准装卸货物、行李、邮包等物品。

第十二条　入境邮轮应当按照规定悬挂检疫信号，在指定地点等候检疫。在海关签发入境检疫证书或者通知检疫完毕之前，不得解除检疫信号。

检验检疫人员登轮检疫时，邮轮负责人或者其代理人应当配合开展工作。

第十三条 海关根据入境邮轮申报信息及邮轮检疫风险等级确定检疫方式，及时通知邮轮负责人或者其代理人，检疫方式有：

（一）靠泊检疫；

（二）随船检疫；

（三）锚地检疫；

（四）电讯检疫。

第十四条 有下列情形之一的，海关可以对入境邮轮实施随船检疫：

（一）首次入境，且入境前4周内停靠过海关总署公告、警示通报列明的发生疫情国家或者地区；

（二）首次入境，且公共卫生体系风险不明的；

（三）为便利通关需要，邮轮负责人或者其代理人申请，海关认为有必要的。

参加随船检疫人员应当为邮轮检疫在岗人员，且具有医学专业背景或者接受过系统性船舶卫生检疫业务培训的。

第十五条 有下列情形之一的，海关应当对入境邮轮实施锚地检疫：

（一）来自检疫传染病受染地区，邮轮上报告有疑似检疫传染病病例，且根据要求需对密切接触者采取集中隔离观察的；

（二）海关总署公告、警示通报有明确要求的；

（三）海关总署评定检疫风险较高的；

（四）有本办法第十四条第一款第（一）（二）项规定的情形而未实施随船检疫的；

（五）邮轮负责人或者其代理人申请，海关认为有必要的。

第十六条 邮轮经风险评估，检疫风险较低的，经邮轮负责人或者其代理人申请，海关可以实施电讯检疫。

第十七条 有本办法第十四条、第十五条、第十六条规定以外的其他情形或者在紧急情况下，海关对邮轮实施靠泊检疫。

第十八条 海关工作人员对入境邮轮实施的检疫查验内容包括：

（一）在登轮前，检查邮轮是否悬挂检疫信号；

（二）核查《船舶免于卫生控制措施证书/船舶卫生控制措施证书》、食品从业人员健康证明、来自黄热病疫区交通工具上船员和旅客的预防接种证书；

（三）检查邮轮医疗设施、航海日志、医疗日志，询问船员、旅客的健康监测情况，可以要求邮轮运营方或者其代理人签字确认；

（四）检查食品饮用水安全、医学媒介生物控制、废弃物处置和卫生状况；

（五）检查公共卫生安全体系其他相关内容。

第十九条 完成入境检疫后，对未发现染疫的邮轮，检验检疫人员应当立即签发《船舶入境卫生检疫证》；对需要实施检疫处理措施的邮轮，经检疫处理合格后，予以签发《船舶入境检疫证》。

邮轮负责人收到《船舶入境卫生检疫证》或者《船舶入境检疫证》，方可解除入境邮轮检疫信号，准予人员上下、货物装卸等。

第二十条 入境旅客、邮轮员工及其他人员应当接受检疫。

入境邮轮在中国境内停留期间，旅客、邮轮员工及其他人员不得将动植物、动植物产品和其他检疫物带离邮轮；需要带离时，应当向口岸海关申报。

第四章 出境检疫查验

第二十一条 出境邮轮在离港前4个小时，邮轮负责人或者其代理人应当向出境口岸海关申报邮轮出境检疫信息。

第二十二条　海关对出境邮轮实施检疫，未完成检疫事项的邮轮不得出境。

出境检疫完毕后，海关工作人员对出境邮轮应当签发《交通工具出境卫生检疫证书》。

海关可以根据风险评估情况确定是否实施登轮检疫。

第二十三条　对邮轮实施出境检疫完毕后，除引航员和经海关许可的人员外，其他人员不得上下邮轮，不准装卸行李、邮包、货物等物品。违反上述规定，该邮轮必须重新实施出境检疫。

出境检疫完毕后超过 24 小时仍未开航的出境邮轮，应当重新实施出境检疫。

第五章　检疫处理

第二十四条　有下列情形之一的，邮轮运营方应当按照海关要求，组织实施检疫处理：

（一）海关总署发布公告或者警示通报等有明确要求的；

（二）发现存在与人类健康有关的医学媒介生物或者有毒有害物质的；

（三）发现有《中华人民共和国进出境动植物检疫法》第十八条规定的名录中所列病虫害的；

（四）法律、法规规定的其他应当实施检疫处理的情形。

邮轮上泔水、动植物性废弃物及其存放场所、容器应当实施检疫处理。

检疫处理工作应当由获得许可的检疫处理单位实施并接受海关监督。

第二十五条　邮轮上有禁止进境的动植物、动植物产品和其他检疫物的，在中国境内停留期间，不得卸离或者带离邮轮。发现有害生物扩散风险或者潜在风险的，邮轮运营方应当主动采取防范措施，并及时向海关报告。

第二十六条　经检疫处理合格的，且需下一港跟踪的邮轮，出发港海关应当及时将有关信息报送至下一港海关。

第六章　突发公共卫生事件处置

第二十七条　发生下列情形之一，邮轮负责人或者其代理人应当及时采取有效的应急处置措施，立即向口岸海关进行突发公共卫生事件报告：

（一）航行途中有人员发生疑似传染病死亡或者不明原因死亡的；

（二）发现传染病受染人或者疑似受染人，且可能构成公共卫生风险的；

（三）航行过程中 6 小时内出现 6 例及以上的消化道疾病病例，或者邮轮上有 1% 及以上的船员或者旅客患消化道疾病的；

（四）邮轮航行途中 24 小时内出现 2‰ 以上的船员或者旅客患呼吸道传染病的；

（五）发生群体性不明原因疾病的；

（六）邮轮负责人或者其代理人认为应当报告的其他情形。

第二十八条　突发公共卫生事件报告内容应当包括：

（一）事件的基本情况，包括启运港、靠泊港和沿途寄港、停靠日期、病名或者主要症状、总人数、患病人数、死亡人数等；

（二）患病人员的监测日志、医疗记录和调查记录等；

（三）邮轮上所采取的应急处置措施及所取得的效果；

（四）法律法规要求的其他信息和资料。

第二十九条　邮轮发生突发公共卫生事件时，应当遵循统一指挥、职责明确、科学高效、反应及时、优先救治的原则。海关应当对人员医疗救治工作给予检疫便利。

第三十条　邮轮运营方应当建立完善的突发公共卫生事件处置能力，包括配备具有处置突发事件能力的专业人员、建立应急处置预案、定期开展培训和演练等。

发生突发公共卫生事件时，邮轮运营方及其代理人应当配合海关做好应急处置工作。

第三十一条 海关应当建立突发公共卫生事件的应急处置机制，做好联防联控工作，定期开展培训和演练，指导、协调邮轮运营方做好邮轮突发公共卫生事件的现场处置工作。

第三十二条 邮轮发生突发公共卫生事件时，应当依法对受染人员实施隔离，隔离期限根据医学检查结果确定；对疑似受染人员依法实施就地诊验或者留验，就地诊验或者留验期限自该人员离开感染环境的时候算起，不超过该传染病的最长潜伏期。

邮轮上发生突发公共卫生事件时，邮轮运营方可以提出申请，经海关同意，在邮轮上实施隔离留验；对不具备隔离留验条件的，应当转送至指定医疗机构。

第七章　监督管理

第三十三条 海关总署可以根据邮轮检疫风险等级确定监督管理的重点、方式和频次。

海关可以以抽查、专项检查、全项目检查等方式进行监管。必要时，可以实施采样检测。

第三十四条 检验检疫人员按照下列要求对出入境邮轮实施卫生监督：

（一）公共卫生安全管理制度是否完善；

（二）食品饮用水安全；

（三）客舱、甲板、餐厅、酒吧、影剧院、游泳池、浴池等公共场卫生状况是否保持良好；

（四）是否保持无感染源或者污染源，包括无医学媒介生物和宿主，并确保医学媒介生物控制措施的有效运行；

（五）保持废弃物密闭储存，或者具备无害化处理能力；

（六）保留完整规范的医疗记录、药品消耗及补充记录；

（七）是否建立完善的压舱水排放报告机制。

第三十五条 中国籍邮轮上的食品生产经营单位、公共场所应当取得海关颁发的国境口岸卫生许可证后方可从事生产经营活动。

第三十六条 检验检疫人员按照下列要求对出入境邮轮食品安全实施监督管理：

（一）邮轮上的食品从业人员应当持有有效的健康证明，并经过职业培训，能够按照食品安全控制要求进行操作；

（二）邮轮运营方应当向持有有效国境口岸卫生许可证的食品生产经营单位采购食品或者餐饮服务；

（三）应当建立食品进货查验制度，并保存相关档案。

第三十七条 海关对境外直供邮轮的进境食品，可以参照过境检疫模式进行监管：

（一）境外直供邮轮的动植物源性食品和水果的入境口岸、运输路线、出境口岸等相关事项，应当向配送地直属海关备案。

（二）境外直供邮轮的动植物源性食品和水果应当使用集装箱装载，按照规定的路线运输，集装箱在配送邮轮前不得开箱。

（三）境外直供邮轮食品在配送时应当接受开箱检疫。开箱时，应当由检验检疫人员现场监督，经查验铅封、核对货物种类和数量、实施检疫后方可配送邮轮。

境外直供邮轮食品不得用于其他用途。

第三十八条 对经监督管理不合格的邮轮，海关应当通知邮轮负责人或者其代理人进行整改，整改符合要求后，邮轮方可出入境。

第八章 法律责任

第三十九条 根据《中华人民共和国国境卫生检疫法》及其实施细则所规定的应当受行政处罚的行为是指：

（一）应当接受入境检疫的船舶，不悬挂检疫信号的；

（二）入境、出境的交通工具，在入境检疫之前或者在出境检疫之后，擅自上下人员，装卸行李、货物、邮包等物品的；

（三）拒绝接受检疫或者抵制卫生监督，拒不接受卫生处理的；

（四）伪造或者涂改检疫单、证、不如实申报疫情的；

（五）未经检疫的入境、出境交通工具，擅自离开检疫地点，逃避查验的；

（六）隐瞒疫情或者伪造情节的；

（七）未经检疫处理，擅自排放压舱水，移下垃圾、污物等控制的物品的；

（八）未经检疫处理，擅自移运尸体、骸骨的；

（九）未经海关检查，从交通工具上移下传染病病人造成传染病传播危险的。

具有第（一）至第（四）项行为的，由海关处以警告或者100元以上5000元以下的罚款。

具有第（五）至第（八）项行为的，处以1000元以上1万元以下的罚款。

具有第（九）项行为的，处以5000元以上3万元以下的罚款。

第四十条 违反本办法，有下列情况之一的，由海关视情节轻重给予警告，或者处以3万元以下罚款。

（一）邮轮负责人或者其代理人未按照本办法第十条、第二十一条规定履行申报义务；

（二）邮轮运营方或者邮轮上食品生产经营单位向未持有有效国境口岸卫生许可证的食品生产经营单位采购食品的；

（三）中国籍邮轮上食品生产经营单位、公共场所未取得有效国境口岸卫生许可证，从事生产经营活动的；

（四）食品、饮用水及公共场所不符合相关法律法规及卫生标准要求，邮轮运营方拒不整改的；

（五）发生突发公共卫生事件时，邮轮运营方或者其代理人未按照海关要求及时报告或者未按照本办法第二十九条、第三十条规定实施卫生处理、除害处理、封存或者销毁处理的；

（六）邮轮运营方或者其代理人、邮轮上的食品从业人员违反本办法第二十七条、第二十八条规定的。

第四十一条 违反国境卫生检疫规定，引起检疫传染病传播或者有引起检疫传染病传播严重危险，构成犯罪的，依法追究刑事责任；尚不构成犯罪或者犯罪情节显著轻微依法不需要判处刑罚的，由海关处5000元以上3万元以下罚款。

第四十二条 有下列违法行为之一的，依法追究刑事责任；尚不构成犯罪或者犯罪情节显著轻微依法不需要判处刑罚的，由海关处2万元以上5万元以下的罚款：

（一）引起重大动植物疫情的；

（二）伪造、变造动植物检疫单证、印章、标志、封识的。

引起重大动植物疫情危险，情节严重的依法追究刑事责任。

第九章 附 则

第四十三条 定班客轮可以参照本办法实施管理。

第四十四条 本办法由海关总署负责解释。

第四十五条 本办法自 2017 年 1 月 1 日起施行。

出入境特殊物品卫生检疫管理规定

（2015 年 1 月 21 日国家质量监督检验检疫总局令第 160 号公布，根据 2016 年 10 月 18 日国家质量监督检验检疫总局令第 184 号《国家质量监督检验检疫总局关于修改和废止部分规章的决定》第一次修正，根据 2018 年 4 月 28 日海关总署令第 238 号《海关总署关于修改部分规章的决定》第二次修正，根据 2018 年 5 月 29 日海关总署令第 240 号《海关总署关于修改部分规章的决定》第三次修正，根据 2018 年 11 月 23 日海关总署令第 243 号《海关总署关于修改部分规章的决定》第四次修正）

第一章 总 则

第一条 为了规范出入境特殊物品卫生检疫监督管理，防止传染病传入、传出，防控生物安全风险，保护人体健康，根据《中华人民共和国国境卫生检疫法》及其实施细则、《艾滋病防治条例》、《病原微生物实验室生物安全管理条例》和《人类遗传资源管理暂行办法》等法律法规规定，制定本规定。

第二条 本规定适用于入境、出境的微生物、人体组织、生物制品、血液及其制品等特殊物品的卫生检疫监督管理。

第三条 海关总署统一管理全国出入境特殊物品的卫生检疫监督管理工作；主管海关负责所辖地区的出入境特殊物品卫生检疫监督管理工作。

第四条 出入境特殊物品卫生检疫监督管理遵循风险管理原则，在风险评估的基础上根据风险等级实施检疫审批、检疫查验和监督管理。

海关总署可以对输出国家或者地区的生物安全控制体系进行评估。

第五条 出入境特殊物品的货主或者其代理人，应当按照法律法规规定和相关标准的要求，输入、输出以及生产、经营、使用特殊物品，对社会和公众负责，保证特殊物品安全，接受社会监督，承担社会责任。

第二章 检疫审批

第六条 直属海关负责辖区内出入境特殊物品的卫生检疫审批（以下简称特殊物品审批）工作。

第七条 申请特殊物品审批应当具备下列条件：

（一）法律法规规定须获得相关部门批准文件的，应当获得相应批准文件；

（二）具备与出入境特殊物品相适应的生物安全控制能力。

第八条 入境特殊物品的货主或者其代理人应当在特殊物品交运前向目的地直属海关申请特殊物品审批。

出境特殊物品的货主或者其代理人应当在特殊物品交运前向其所在地直属海关申请特殊物品审批。

第九条 申请特殊物品审批的，货主或者其代理人应当按照以下规定提供相应材料：

（一）《入/出境特殊物品卫生检疫审批申请表》；

（二）出入境特殊物品描述性材料，包括特殊物品中英文名称、类别、成分、来源、用途、主要销售渠道、输出输入的国家或者地区、生产商等；

（三）入境用于预防、诊断、治疗人类疾病的生物制品、人体血液制品，应当提供国务院药品监督管理部门发给的进口药品注册证书；

（四）入境、出境特殊物品含有或者可能含有病原微生物的，应当提供病原微生物的学名（中文和拉丁文）、生物学特性的说明性文件（中英文对照件）以及生产经营者或者使用者具备相应生物安全防控水平的证明文件；

（五）出境用于预防、诊断、治疗的人类疾病的生物制品、人体血液制品，应当提供药品监督管理部门出具的销售证明；

（六）出境特殊物品涉及人类遗传资源管理范畴的，应当取得人类遗传资源管理部门出具的批准文件，海关对有关批准文件电子数据进行系统自动比对验核；

（七）使用含有或者可能含有病原微生物的出入境特殊物品的单位，应当提供与生物安全风险等级相适应的生物安全实验室资质证明，BSL-3级以上实验室必须获得国家认可机构的认可；

（八）出入境高致病性病原微生物菌（毒）种或者样本的，应当提供省级以上人民政府卫生主管部门的批准文件。

第十条 申请人为单位的，首次申请特殊物品审批时，除提供本规定第九条所规定的材料以外，还应当提供下列材料：

（一）单位基本情况，如单位管理体系认证情况、单位地址、生产场所、实验室设置、仓储设施设备、产品加工情况、生产过程或者工艺流程、平面图等；

（二）实验室生物安全资质证明文件。

申请人为自然人的，应当提供身份证复印件。

出入境病原微生物或者可能含有病原微生物的特殊物品，其申请人不得为自然人。

第十一条 直属海关对申请人提出的特殊物品审批申请，应当根据下列情况分别作出处理：

（一）申请事项依法不需要取得特殊物品审批的，应当即时告知申请人不予受理。

（二）申请事项依法不属于本单位职权范围的，应当即时作出不予受理的决定，并告知申请人向有关行政机关或者其他直属海关申请。

（三）申请材料存在可以当场更正的错误的，应当允许申请人当场更正。

（四）申请材料不齐全或者不符合法定形式的，应当当场或者自收到申请材料之日起5日内一次性告知申请人需要补正的全部内容。逾期不告知的，自收到申请材料之日起即为受理。

（五）申请事项属于本单位职权范围，申请材料齐全、符合法定形式，或者申请人按照本单位的要求提交全部补正申请材料的，应当受理行政许可申请。

第十二条 直属海关对申请材料应当及时进行书面审查。并可以根据情况采取专家资料审查、现场评估、实验室检测等方式对申请材料的实质内容进行核实。

第十三条 申请人的申请符合法定条件、标准的，直属海关应当自受理之日起20日内签发《入/出境特殊物品卫生检疫审批单》（以下简称《特殊物品审批单》）。

申请人的申请不符合法定条件、标准的，直属海关应当自受理之日起20日内作出不予审批的书面决定并说明理由，告知申请人享有依法申请行政复议或者提起行政诉讼的权利。

直属海关20日内不能作出审批或者不予审批决定的，经本行政机关负责人批准，可以延长10日，并应当将延长期限的理由告知申请人。

第十四条 《特殊物品审批单》有效期如下：

（一）含有或者可能含有高致病性病原微生物的特殊物品，有效期为3个月。

(二) 含有或者可能含有其他病原微生物的特殊物品，有效期为 6 个月。

(三) 除上述规定以外的其他特殊物品，有效期为 12 个月。

《特殊物品审批单》在有效期内可以分批核销使用。超过有效期的，应当重新申请。

第三章 检疫查验

第十五条 入境特殊物品到达口岸后，货主或者其代理人应当凭《特殊物品审批单》及其他材料向入境口岸海关报检。

出境特殊物品的货主或者其代理人应当在出境前凭《特殊物品审批单》及其他材料向其所在地海关报检。

报检材料不齐全或者不符合法定形式的，海关不予入境或者出境。

第十六条 受理报检的海关应当按照下列要求对出入境特殊物品实施现场查验，并填写《入/出境特殊物品卫生检疫现场查验记录》：

(一) 检查出入境特殊物品名称、成分、批号、规格、数量、有效期、运输储存条件、输出/输入国和生产厂家等项目是否与《特殊物品审批单》的内容相符；

(二) 检查出入境特殊物品包装是否安全无破损，不渗、不漏，存在生物安全风险的是否具有符合相关要求的生物危险品标识。

入境口岸查验现场不具备查验特殊物品所需安全防护条件的，应当将特殊物品运送到符合生物安全等级条件的指定场所实施查验。

第十七条 对需实验室检测的入境特殊物品，货主或者其代理人应当按照口岸海关的要求将特殊物品存放在符合条件的储存场所，经检疫合格后方可移运或者使用。口岸海关不具备检测能力的，应当委托有相应资质的实验室进行检测。

含有或者可能含有病原微生物、毒素等生物安全危害因子的入境特殊物品的，口岸海关实施现场查验后应当及时电子转单给目的地海关。目的地海关应当实施后续监管。

第十八条 邮寄、携带的出入境特殊物品，未取得《特殊物品审批单》的，海关应当予以截留并出具截留凭证，截留期限不超过 7 天。

邮递人或者携带人在截留期限内取得《特殊物品审批单》后，海关按照本规定第十六条规定进行查验，经检疫查验合格的予以放行。

第十九条 携带自用且仅限于预防或者治疗疾病用的血液制品或者生物制品出入境的，不需办理卫生检疫审批手续，出入境时应当向海关出示医院的有关证明；允许携带量以处方或者说明书确定的一个疗程为限。

第二十条 口岸海关对经卫生检疫符合要求的出入境特殊物品予以放行。有下列情况之一的，由口岸海关签发《检验检疫处理通知书》，予以退运或者销毁：

(一) 名称、批号、规格、生物活性成分等与特殊物品审批内容不相符的；

(二) 超出卫生检疫审批的数量范围的；

(三) 包装不符合特殊物品安全管理要求的；

(四) 经检疫查验不符合卫生检疫要求的；

(五) 被截留邮寄、携带特殊物品自截留之日起 7 日内未取得《特殊物品审批单》的，或者取得《特殊物品审批单》后，经检疫查验不合格的。

口岸海关对处理结果应当做好记录、归档。

第四章 监督管理

第二十一条 出入境特殊物品单位，应当建立特殊物品安全管理制度，严格按照特殊物品审批的用途生产、使用或者销售特殊物品。

出入境特殊物品单位应当建立特殊物品生产、使用、销售记录。记录应当真实，保存期限不得少于2年。

第二十二条　海关对出入境特殊物品实施风险管理，根据出入境特殊物品可能传播人类疾病的风险对不同风险程度的特殊物品划分为不同的风险等级，并采取不同的卫生检疫监管方式。

出入境特殊物品的风险等级及其对应的卫生检疫监管方式由海关总署统一公布。

第二十三条　需实施后续监管的入境特殊物品，其使用单位应当在特殊物品入境后30日内，到目的地海关申报，由目的地海关实施后续监管。

第二十四条　海关对入境特殊物品实施后续监管的内容包括：

（一）使用单位的实验室是否与《特殊物品审批单》一致；

（二）入境特殊物品是否与《特殊物品审批单》货证相符。

第二十五条　在后续监管过程中发现下列情形的，由海关撤回《特殊物品审批单》，责令其退运或者销毁：

（一）使用单位的实验室与《特殊物品审批单》不一致的；

（二）入境特殊物品与《特殊物品审批单》货证不符的。

海关对后续监管过程中发现的问题，应当通报原审批的直属海关。情节严重的应当及时上报海关总署。

第二十六条　海关工作人员应当秉公执法、忠于职守，在履行职责中，对所知悉的商业秘密负有保密义务。

第五章　法律责任

第二十七条　违反本规定，有下列情形之一的，由海关按照《中华人民共和国国境卫生检疫法实施细则》第一百一十条规定处以警告或者100元以上5000元以下的罚款：

（一）拒绝接受检疫或者抵制卫生检疫监督管理的；

（二）伪造或者涂改卫生检疫单、证的；

（三）瞒报携带禁止进口的微生物、人体组织、生物制品、血液及其制品或者其他可能引起传染病传播的动物和物品的。

第二十八条　违反本规定，有下列情形之一的，有违法所得的，由海关处以3万元以下的罚款：

（一）以欺骗、贿赂等不正当手段取得特殊物品审批的。

（二）未经海关许可，擅自移运、销售、使用特殊物品的。

（三）未向海关报检或者提供虚假材料，骗取检验检疫证单的。

（四）未在相应的生物安全等级实验室对特殊物品开展操作的或者特殊物品使用单位不具备相应等级的生物安全控制能力的；未建立特殊物品使用、销售记录或者记录与实际不符的。

（五）未经海关同意，擅自使用需后续监管的入境特殊物品的。

第二十九条　出入境特殊物品的货主或者其代理人拒绝、阻碍海关及其工作人员依法执行职务的，依法移送有关部门处理。

第三十条　海关工作人员徇私舞弊、滥用职权、玩忽职守，违反相关法律法规的，依法给予行政处分；情节严重，构成犯罪的，依法追究刑事责任。

第三十一条　对违反本办法，引起检疫传染病传播或者有引起检疫传染病传播严重危险的，依照《中华人民共和国刑法》的有关规定追究刑事责任。

第六章 附 则

第三十二条 本规定下列用语的含义：

微生物是指病毒、细菌、真菌、放线菌、立克次氏体、螺旋体、衣原体、支原体等医学微生物菌（毒）种及样本以及寄生虫、环保微生物菌剂。

人体组织是指人体细胞、细胞系、胚胎、器官、组织、骨髓、分泌物、排泄物等。

人类遗传资源是指含有人体基因组，基因及其产物的器官、组织、细胞、血液、制备物、重组脱氧核糖核酸（DNA）构建体等遗传材料及相关的信息资料。

生物制品是指用于人类医学、生命科学相关领域的疫苗、抗毒素、诊断用试剂、细胞因子、酶及其制剂以及毒素、抗原、变态反应原、抗体、抗原-抗体复合物、核酸、免疫调节剂、微生态制剂等生物活性制剂。

血液是指人类的全血、血浆成分和特殊血液成分。

血液制品是指各种人类血浆蛋白制品。

出入境特殊物品单位是指从事特殊物品生产、使用、销售、科研、医疗、检验、医药研发外包的法人或者其他组织。

第三十三条 进出口环保用微生物菌剂卫生检疫监督管理按照《进出口环保用微生物菌剂环境安全管理办法》（环境保护部、国家质检总局令第10号）的规定执行。

第三十四条 进出境特殊物品应当实施动植物检疫的，按照进出境动植物检疫法律法规的规定执行。

第三十五条 本规定由海关总署负责解释。

第三十六条 本规定自2015年3月1日起施行，国家质检总局2005年10月17日发布的《出入境特殊物品卫生检疫管理规定》（国家质检总局令第83号）同时废止。

出入境尸体骸骨卫生检疫管理办法

（2017年3月9日国家质量监督检验检疫总局令第189号公布，根据2018年4月28日海关总署令第238号《海关总署关于修改部分规章的决定》第一次修正，根据2018年5月29日海关总署令第240号《海关总署关于修改部分规章的决定》第二次修正）

第一章 总 则

第一条 为了规范国境口岸入出境尸体、骸骨卫生检疫工作，防止传染病传入传出，根据《中华人民共和国国境卫生检疫法》及其实施细则、《中华人民共和国传染病防治法》及其实施办法等法律法规的规定，制定本办法。

第二条 海关总署统一管理全国入出境尸体、骸骨卫生检疫工作。

主管海关负责所辖地区的入出境尸体、骸骨卫生检疫工作。

第三条 本办法所称入出境尸体、骸骨包括：

（一）需要入境或者出境进行殡葬的尸体、骸骨；

（二）入出境及过境途中死亡人员的尸体、骸骨。

因医学科研需要，由境外运进或者由境内运出的尸体、骸骨，按照出入境特殊物品管理。

除上述情形外，不得由境内运出或者由境外运入尸体和骸骨。

第四条 海关对入出境尸体、骸骨实施卫生检疫工作包括：材料核查、现场查验、检疫处置、签发卫生检疫证书等。符合卫生检疫要求的，准予入出境。

第二章 申　报

第五条 尸体、骸骨入境前，托运人或者其代理人应当向入境口岸海关申报，按照要求提供以下材料：

（一）尸体、骸骨入出境卫生检疫申报单；

（二）死者身份证明（如：护照、海员证、通行证、身份证或者使领馆等相关部门出具的证明）；

（三）出境国家或者地区官方机构签发的死亡报告或者医疗卫生部门签发的死亡诊断书；

（四）入殓证明；

（五）防腐证明；

（六）托运人或者其代理人身份证明（如：护照、通行证或者身份证等）。

第六条 需要运送尸体、骸骨出境的，托运人或者其代理人应当取得国务院殡葬主管部门认可的从事国际运尸服务单位出具的尸体、骸骨入出境入殓证明、防腐证明和尸体、骸骨入出境卫生监管申报单。

第七条 需要运送尸体、骸骨出境的，原则上应当从入殓地所在口岸出境。尸体、骸骨出境前，托运人或者其代理人应当向出境口岸海关申报，并按照要求提供以下材料：

（一）尸体、骸骨入出境卫生检疫申报单；

（二）死者有效身份证明；

（三）县级及以上医疗机构出具的死亡证明书或者公安、司法部门出具的死亡鉴定书或者其他相应的公证材料；

（四）本办法第六条所列证明文件；

（五）托运人或者其代理人身份证明。

第八条 需要从异地口岸运送尸体、骸骨出境的，托运人或者其代理人应当向入殓地所在地海关申请检疫查验，检疫查验合格的，海关签发《尸体/棺柩/骸骨入/出境卫生检疫证书》。

运送尸体、骸骨出境时，托运人或者其代理人应当凭下列材料向出境口岸海关申报：

（一）死者有效身份证明；

（二）托运人或者其代理人身份证明。

第九条 在入出境或者过境途中发生人员死亡，需要运送尸体入境的，托运人或者其代理人应当向海关申报并提交以下材料：

（一）尸体、骸骨入出境卫生检疫申报单；

（二）死者有效身份证明；

（三）有效死亡证明或者由公安机关出具的死亡鉴定书。

第十条 从事运送尸体、骸骨入出境的单位应当取得国务院殡葬主管部门准予从事国际运尸业务的证明文件。

托运人或者代理人运送尸体、骸骨入出境的，应当委托符合本条第一款规定的单位从事运尸业务。

尸体、骸骨入出境时，应当提供运送尸体、骸骨入出境的单位的法人证书及国务院殡葬主管部门准予从事国际运尸业务的证明文件等资料。

第三章　现场查验

第十一条　入境尸体、骸骨由入境口岸海关进行材料核查并实施现场查验；出境尸体、骸骨由入殓地海关进行材料核查并实施现场查验，出境口岸海关负责在出境现场核查是否与申报内容相符，检查外部包装是否完整、破损、渗漏等。

第十二条　疑似或者因患检疫传染病、炭疽、国家公布按甲类传染病管理的疾病以及国务院规定的其他新发烈性传染病死亡的尸体、骸骨，禁止入出境。

因患检疫传染病而死亡的尸体，必须就近火化。

第十三条　口岸海关对入出境尸体、骸骨实施现场查验，填写入出境尸体、骸骨现场查验工作记录。

第十四条　海关对未入殓尸体的现场查验内容包括：

（一）检查尸体腐烂程度，所有腔道、孔穴是否用浸泡过消毒、防腐药剂的棉球堵塞，有无体液外流；

（二）对死因不明的尸体，注意检查有否皮疹（斑疹、丘疹、疱疹、脓疱）、表皮脱落、溃疡、渗液、出血点和色素沉着，异常排泄物、分泌物、腔道出血等现象；

（三）对入出境或者过境途中死亡人员的尸体，口岸海关应当实施检疫，并根据检疫结果及申报人要求采取相应的处理及卫生控制措施，未经海关许可不得移运。

第十五条　海关对已入殓尸体的棺柩现场查验内容包括：

（一）检查入出境棺柩包装是否密闭，有无破损、渗漏及异味。棺柩若无渗液、漏气等特殊原因或者无流行病学意义，原则上不开棺检疫查验。

（二）出境棺柩的现场查验应当在尸体入殓时同时进行，要求尸体经防腐处理，包装密闭无破损、渗漏及异味。

第十六条　海关对骸骨的现场查验内容包括：

（一）检查骸骨的包装容器是否密闭，有无渗漏；

（二）包装容器非密闭的，检查骸骨是否干爽，是否带肌腱，有无异味、病媒昆虫等。

第十七条　根据申报材料核查、流行病学调查以及现场查验情况，对需要进一步调查死亡原因的尸体，海关可以采取标本送有资质的实验室进行检验。

第四章　检疫处置

第十八条　海关发现有下列情况之一的，可以判定为卫生检疫查验不合格：

（一）外部包装不密闭、破损，有渗漏、异味及病媒昆虫的；

（二）入出境尸体未经防腐处理、包装入殓的；

（三）入境途中死亡且死因不明的。

第十九条　对卫生检疫查验不合格的尸体、骸骨，海关按照以下规定进行检疫处置：

（一）禁止入出境的尸体、骸骨，必须就地火化后，以骨灰的形式入出境；

（二）有渗液、漏气的棺柩，必须进行卫生处理，托运人或者其代理人应当采取改换包装、重新防腐处理、冷冻运输等措施；

（三）骸骨的包装容器不密闭，有异味散发、渗漏或者病媒昆虫的，必须进行卫生处理，并更换包装；

（四）入出境途中不明原因死亡的，应当进行死因鉴定。无法作出死因鉴定的，尸体及棺柩一并火化，以骨灰的形式入出境；

（五）无死亡报告或者死亡医学诊断书的尸体，且托运人或者其代理人未能在规定期限内补交的，按照死因不明处置，以骨灰的形式入出境；

（六）经卫生处理后仍不符合卫生检疫要求的应当就近火化，以骨灰的形式入出境。

有前款规定情形应当火化但是托运人或者其代理人不同意火化的，禁止入出境。

第二十条 尸体、骸骨符合入出境卫生检疫要求的，海关签发《尸体/棺柩/骸骨入/出境卫生检疫证书》，准予入出境。

第二十一条 对入境后再出境的尸体、骸骨，出境口岸海关应当查验入境口岸海关签发的《尸体/棺柩/骸骨入/出境卫生检疫证书》及相关材料。

第五章 附 则

第二十二条 本办法下列用语的含义：

尸体是指人死亡后的遗体及以殡葬为目的的人体器官组织。

棺柩是指盛放有尸体的固定形态的坚固密闭容器。

骸骨是指以殡葬为目的的人体骨骼。

第二十三条 本办法由海关总署负责解释。

第二十四条 本办法自2017年5月1日起施行。

国境口岸突发公共卫生事件出入境检验检疫应急处理规定

(2003年11月7日国家质量监督检验检疫总局令第57号公布，根据2018年4月28日海关总署令第238号《海关总署关于修改部分规章的决定》修正)

第一章 总 则

第一条 为有效预防、及时缓解、控制和消除突发公共卫生事件的危害，保障出入境人员和国境口岸公众身体健康，维护国境口岸正常的社会秩序，依据《中华人民共和国国境卫生检疫法》及其实施细则和《突发公共卫生事件应急条例》，制定本规定。

第二条 本规定所称突发公共卫生事件（以下简称突发事件）是指突然发生，造成或可能造成出入境人员和国境口岸公众健康严重损害的重大传染病疫情、群体性不明原因疾病、重大食物中毒以及其他严重影响公众健康的事件，包括：

（一）发生鼠疫、霍乱、黄热病、肺炭疽、传染性非典型肺炎病例的；

（二）乙类、丙类传染病较大规模的暴发、流行或多人死亡的；

（三）发生罕见的或者国家已宣布消除的传染病等疫情的；

（四）传染病菌种、毒种丢失的；

（五）发生临床表现相似的但致病原因不明且有蔓延趋势或可能蔓延趋势的群体性疾病的；

（六）中毒人数10人以上或者中毒死亡的；

（七）国内外发生突发事件，可能危及国境口岸的。

第三条 本规定适用于在涉及国境口岸和出入境人员、交通工具、货物、集装箱、行李、邮包等范围内，对突发事件的应急处理。

第四条 国境口岸突发事件出入境检验检疫应急处理，应当遵循预防为主、常备不懈的方针，贯彻统一领导、分级负责、反应及时、措施果断、依靠科学、加强合作的原则。

第五条 海关对参加国境口岸突发事件出入境检验检疫应急处理作出贡献的人员应给予表彰和奖励。

第二章 组织管理

第六条 海关建立国境口岸突发事件出入境检验检疫应急指挥体系。

第七条 海关总署统一协调、管理国境口岸突发事件出入境检验检疫应急指挥体系，并履行下列职责：

（一）研究制订国境口岸突发事件出入境检验检疫应急处理方案；

（二）指挥和协调全国海关做好国境口岸突发事件出入境检验检疫应急处理工作，组织调动本系统的技术力量和相关资源；

（三）检查督导全国海关有关应急工作的落实情况，督察各项应急处理措施落实到位；

（四）协调与国家相关行政主管部门的关系，建立必要的应急协调联系机制；

（五）收集、整理、分析和上报有关情报信息和事态变化情况，为国家决策提供处置意见和建议；向全国海关传达、部署上级机关有关各项命令；

（六）鼓励、支持和统一协调开展国境口岸突发事件出入境检验检疫监测、预警、反应处理等相关技术的国际交流与合作。

海关总署成立国境口岸突发事件出入境检验检疫应急处理专家咨询小组，为应急处理提供专业咨询、技术指导，为应急决策提供建议和意见。

第八条 直属海关负责所辖区域内的国境口岸突发事件出入境检验检疫应急处理工作，并履行下列职责：

（一）在本辖区组织实施国境口岸突发事件出入境检验检疫应急处理预案；

（二）调动所辖关区的力量和资源，开展应急处置工作；

（三）及时向海关总署报告应急工作情况、提出工作建议；

（四）协调与当地人民政府及其卫生行政部门以及口岸管理部门、边检等相关部门的联系。

直属海关成立国境口岸突发事件出入境检验检疫应急处理专业技术机构，承担相应工作。

第九条 隶属海关应当履行下列职责：

（一）组建突发事件出入境检验检疫应急现场指挥部，根据具体情况及时组织现场处置工作；

（二）与直属海关突发事件出入境检验检疫应急处理专业技术机构共同开展现场应急处置工作，并随时上报信息；

（三）加强与当地人民政府及其相关部门的联系与协作。

第三章 应急准备

第十条 海关总署按照《突发公共卫生事件应急条例》的要求，制订全国国境口岸突发事件出入境检验检疫应急预案。

主管海关根据全国国境口岸突发事件出入境检验检疫应急预案，结合本地口岸实际情况，制订本地国境口岸突发事件出入境检验检疫应急预案，并报上一级海关和当地政府备案。

第十一条 海关应当定期开展突发事件出入境检验检疫应急处理相关技能的培训，组织突发事件出入境检验检疫应急演练，推广先进技术。

第十二条 海关应当根据国境口岸突发事件出入境检验检疫应急预案的要求，保证应急处理人员、设施、设备、防治药品和器械等资源的配备、储备，提高应对突发事件的处理能力。

第十三条 海关应当依照法律、行政法规、规章的规定，开展突发事件应急处理知识的宣传教育，增强对突发事件的防范意识和应对能力。

第四章 报告与通报

第十四条 海关总署建立国境口岸突发事件出入境检验检疫应急报告制度，建立重大、紧急疫情信息报告系统。

有本规定第二条规定情形之一的，直属海关应当在接到报告1小时内向海关总署报告，并同时向当地政府报告。

海关总署对可能造成重大社会影响的突发事件，应当及时向国务院报告。

第十五条 隶属海关获悉有本规定第二条规定情形之一的，应当在1小时内向直属海关报告，并同时向当地政府报告。

第十六条 海关总署和主管海关应当指定专人负责信息传递工作，并将人员名单及时向所辖系统内通报。

第十七条 国境口岸有关单位和个人发现有本规定第二条规定情形之一的，应当及时、如实地向所在口岸的海关报告，不得隐瞒、缓报、谎报或者授意他人隐瞒、缓报、谎报。

第十八条 接到报告的海关应当依照本规定立即组织力量对报告事项调查核实、确证，采取必要的控制措施，并及时报告调查情况。

第十九条 海关总署应当将突发事件的进展情况，及时向国务院有关部门和直属海关通报。

接到通报的直属海关，应当及时通知本关区内的有关隶属海关。

第二十条 海关总署建立突发事件出入境检验检疫风险预警快速反应信息网络系统。

主管海关负责将发现的突发事件通过网络系统及时向上级报告，海关总署通过网络系统及时通报。

第五章 应急处理

第二十一条 突发事件发生后，发生地海关经上一级海关批准，应当对突发事件现场采取下列紧急控制措施：

（一）对现场进行临时控制，限制人员出入；对疑为人畜共患的重要疾病疫情，禁止病人或者疑似病人与易感动物接触；

（二）对现场有关人员进行医学观察，临时隔离留验；

（三）对出入境交通工具、货物、集装箱、行李、邮包等采取限制措施，禁止移运；

（四）封存可能导致突发事件发生或者蔓延的设备、材料、物品；

（五）实施紧急卫生处理措施。

第二十二条 海关应当组织专家对突发事件进行流行病学调查、现场监测、现场勘验，确定危害程度，初步判断突发事件的类型，提出启动国境口岸突发事件出入境检验检疫应急预案的建议。

第二十三条 海关总署国境口岸突发事件出入境检验检疫应急预案应当报国务院批准后实施；主管海关的国境口岸突发事件出入境检验检疫应急预案的启动，应当报上一级海关批准后实施，同时报告当地政府。

第二十四条 国境口岸突发事件出入境检验检疫技术调查、确证、处置、控制和评价工作由直属海关应急处理专业技术机构实施。

第二十五条 根据突发事件应急处理的需要，国境口岸突发事件出入境检验检疫应急处理指挥体系有权调集海关人员、储备物资、交通工具以及相关设施、设备；必要时，海关总署可以依照

《中华人民共和国国境卫生检疫法》第六条的规定，提请国务院下令封锁有关的国境或者采取其他紧急措施。

第二十六条 参加国境口岸突发事件出入境检验检疫应急处理的工作人员，应当按照预案的规定，采取卫生检疫防护措施，并在专业人员的指导下进行工作。

第二十七条 出入境交通工具上发现传染病病人、疑似传染病病人，其负责人应当以最快的方式向当地口岸海关报告，海关接到报告后，应当立即组织有关人员采取相应的卫生检疫处置措施。

对出入境交通工具上的传染病病人密切接触者，应当依法予以留验和医学观察；或依照卫生检疫法律、行政法规的规定，采取控制措施。

第二十八条 海关应当对临时留验、隔离人员进行必要的检查检验，并按规定作详细记录；对需要移送的病人，应当按照有关规定将病人及时移交给有关部门或机构进行处理。

第二十九条 在突发事件中被实施留验、就地诊验、隔离处置、卫生检疫观察的病人、疑似病人和传染病病人密切接触者，在海关采取卫生检疫措施时，应当予以配合。

第六章 法律责任

第三十条 在国境口岸突发事件出入境检验检疫应急处理工作中，口岸有关单位和个人有下列情形之一的，依照有关法律法规的规定，予以警告或者罚款，构成犯罪的，依法追究刑事责任：

（一）向海关隐瞒、缓报或者谎报突发事件的；

（二）拒绝海关进入突发事件现场进行应急处理的；

（三）以暴力或其他方式妨碍海关应急处理工作人员执行公务的。

第三十一条 海关未依照本规定履行报告职责，对突发事件隐瞒、缓报、谎报或者授意他人隐瞒、缓报、谎报的，对主要负责人及其他直接责任人员予以行政处分；构成犯罪的，依法追究刑事责任。

第三十二条 突发事件发生后，海关拒不服从上级海关统一指挥，贻误采取应急控制措施时机或者违背应急预案要求拒绝上级海关对人员、物资的统一调配的，对单位予以通报批评；造成严重后果的，对主要负责人或直接责任人员予以行政处分，构成犯罪的，依法追究刑事责任。

第三十三条 突发事件发生后，海关拒不履行出入境检验检疫应急处理职责的，对上级海关的调查不予配合或者采取其他方式阻碍、干涉调查的，由上级海关责令改正，对主要负责人及其他直接责任人员予以行政处分；构成犯罪的，依法追究刑事责任。

第三十四条 海关工作人员在突发事件应急处理工作中滥用职权、玩忽职守、徇私舞弊的，对主要负责人及其他直接责任人员予以行政处分；构成犯罪的，依法追究刑事责任。

第七章 附 则

第三十五条 本规定由海关总署负责解释。

第三十六条 本规定自发布之日起施行。

国境口岸食品卫生监督管理规定

(2006年3月1日国家质量监督检验检疫总局令第88号公布，根据2015年11月25日国家质量监督检验检疫总局令第174号《国家质量监督检验检疫总局关于修改〈出入境口岸食品卫生监督管理规定〉的决定》修订，根据2018年4月28日海关总署令第238号《海关总署关于修改部分规章的决定》第一次修正，根据2018年5月29日海关总署令第240号《海关总署关于修改部分规章的决定》第二次修正)

第一章 总 则

第一条 为加强国境口岸食品卫生监督管理，保证国境口岸食品卫生安全，保障公众健康，根据《中华人民共和国国境卫生检疫法》及其实施细则、《中华人民共和国食品安全法》及其实施条例等有关法律法规的规定，制定本规定。

第二条 本规定适用于对在国境口岸从事食品生产经营单位以及为出入境交通工具提供食品、饮用水服务的口岸食品生产经营单位（以下简称食品生产经营单位）的卫生监督管理。

第三条 海关总署主管全国国境口岸食品卫生监督管理工作。

主管海关负责本辖区国境口岸食品卫生监督管理工作。

第四条 海关对食品生产经营单位实行卫生许可管理。

海关对口岸食品卫生监督管理实行风险分析和分级管理。

第五条 主管海关按照国家有关食品卫生标准对国境口岸食品进行卫生监督管理。尚未制定国家标准的，可以按照相关标准进行卫生监督管理。

第二章 食品生产经营单位的许可管理

第六条 食品生产经营单位在新建、扩建、改建时应当接受其所在地海关的卫生监督。

第七条 食品生产经营单位从事口岸食品生产经营活动前，应当向其所在地海关申请办理《中华人民共和国国境口岸卫生许可证》（以下简称《卫生许可证》）。

第八条 申请《卫生许可证》的食品生产经营单位应当具备以下卫生条件：

（一）具备与食品生产经营活动相适应的经营场所、卫生环境、卫生设施及设备；

（二）餐饮业应当制定符合餐饮加工、经营过程卫生安全要求的操作规范以及保证所加工、经营餐饮质量的管理制度和责任制度；

（三）具有健全的卫生管理组织和制度；

（四）从业人员未患有有碍食品卫生安全的传染病；

（五）从业人员具备与所从事的食品生产经营工作相适应的食品卫生安全常识。

第九条 食品生产经营单位在申请办理《卫生许可证》时，须向海关提交以下材料：

（一）《卫生许可证》申请书；

（二）生产经营场所平面图和生产工艺流程图；

（三）生产原料组成成分、生产设备资料、卫生设施和产品包装材料说明；

（四）食品生产单位提交生产用水卫生检验报告；

（五）产品卫生标准、产品标识，生产产品的卫生检验结果以及安全卫生控制措施。

第十条 主管海关按规定要求对申请材料进行审核，确定材料是否齐全、是否符合有关规定要求，作出受理或者不受理的决定，并出具书面凭证。对提交的材料不齐全或者不规范的，应当当场或者在受理后 5 日内一次告知申请人补正。逾期不告知的，自收到申请材料之日起即为受理。

主管海关受理食品生产经营单位申请后，对申请材料进行审核，并按照海关总署的规定进行现场卫生许可考核及量化评分。

主管海关根据材料审核、现场考核及评分的结果，自受理之日起 20 日内，对食品生产经营单位作出准予许可或者不予许可的决定，并应当自作出决定之日起 10 日内向申请人颁发或者送达卫生许可证件。

《卫生许可证》有效期为 4 年。食品生产经营单位需要延续《卫生许可证》有效期的，应当在《卫生许可证》期满前 30 日内向主管海关提出申请。

第十一条 在《卫生许可证》有效期内，食品生产经营单位变更生产经营项目、变更法人、变更单位名称、迁移厂址、改建、扩建、新建项目时，应当向作出卫生许可决定的海关申报。

第十二条 食品生产经营单位在停业时，应当到作出卫生许可决定的海关办理注销手续，缴销《卫生许可证》。

第十三条 取得《卫生许可证》的食品生产经营单位在向异地食品生产经营单位提供食品及食品用产品时，可到该地的海关备案。

第三章　从业人员卫生管理

第十四条 从业人员每年必须进行健康检查，取得健康证明。新参加工作和临时参加工作的从业人员上岗前必须进行健康检查。

第十五条 海关负责监督、指导和协助本口岸食品生产经营单位的人员培训和考核工作。

从业人员应当具备食品卫生常识和食品法律、法规知识。

第四章　食品卫生监督管理

第十六条 食品生产经营单位应当健全本单位的食品卫生管理制度，配备专职或者兼职的食品卫生管理人员，加强对所生产经营食品的检验工作。

第十七条 食品生产经营单位应当建立进货检查验收制度。采购食品及原料时，应当按照国家有关规定索取检验合格证或者化验单，查阅卫生许可证。

向出入境交通工具提供食品的单位应当建立进货检查验收制度，同时应当建立销售食品及原料单位的卫生档案。海关定期对采购的食品及原料进行抽查，并对其卫生档案进行审核。

卫生档案应当包括下列资料：

（一）营业执照（复印件）；

（二）生产许可证（复印件）；

（三）卫生许可证（复印件）；

（四）使用进口原材料者，需提供进口食品卫生证书（复印件）；

（五）供货合同或者意向书；

（六）相关批次的检验合格证或者化验单；

（七）产品清单及其他需要的有关资料。

第十八条 海关根据法律、法规、规章以及卫生规范的要求对食品生产经营单位进行监督检查，监督检查主要包括：

（一）卫生许可证、从业人员健康证及卫生知识培训情况；

（二）卫生管理组织和管理制度情况；

（三）环境卫生、个人卫生、卫生设施、设备布局和工艺流程情况；

（四）食品生产、采集、收购、加工、贮存、运输、陈列、供应、销售等情况；

（五）食品原料、半成品、成品等的感官性状及食品添加剂使用情况以及索证情况；

（六）食品卫生检验情况；

（七）对食品的卫生质量、餐具、饮具及盛放直接入口食品的容器进行现场检查，进行必要的采样检验；

（八）供水的卫生情况；

（九）使用洗涤剂和消毒剂的卫生情况；

（十）医学媒介生物防治情况。

第十九条　海关对食品生产经营单位进行日常卫生监督，应当由 2 名以上口岸卫生监督员根据现场检查情况，规范填写评分表。评分表须经被监督单位负责人或者有关人员核实无误后，由口岸卫生监督员和被监督单位负责人或者有关人员共同签字，修改之处由被监督单位负责人或者有关人员签名或者印章覆盖。被监督单位负责人或者有关人员拒绝签字的，口岸卫生监督员应当在评分表上注明拒签事由。

第二十条　海关应当根据食品卫生检验的有关规定采集样品，并及时送检。采样时应当向被采样单位或者个人出具采样凭证。

第二十一条　向出入境交通工具供应食品、饮用水的食品生产经营单位，供应食品、饮用水前应当向海关申报，经海关对供货产品登记记录、相关批次的检疫合格证和检验报告以及其他必要的有关资料等审核无误后，方可供应食品和饮用水。

第二十二条　航空食品生产经营单位应当积极推行生产企业良好操作规范（GMP）、危害分析与关键控制点（HACCP）等质量控制与保证体系，提高食品卫生安全水平。

第五章　风险分析与分级管理

第二十三条　海关依照有关法律、行政法规和标准的规定，结合现场监督情况，对国境口岸食品实行风险分析和分级管理。

第二十四条　海关应当组织技术力量，对口岸食源性疾病发生、流行以及分布进行监测，对口岸食源性疾病流行趋势进行预测，并提出预防控制对策，开展风险分析。

第二十五条　海关根据对口岸食品生产经营单位进行卫生许可审查和日常卫生监督检查的结果，对不同类型的食品生产经营单位实施分级管理。

在确保口岸食品安全的基础上，可以依据风险分析，分级分类管理的原则，采用随机抽查的方式进行监督检查，监督频次应当符合以下要求：

（一）卫生许可审查和日常卫生监督检查均为良好的单位，评为 A 级单位，海关对 A 级单位监督频次每 6 个月不少于 1 次；

（二）卫生许可审查和日常卫生监督检查有一个良好的，评为 B 级单位，海关对 B 级单位监督频次每 3 个月不少于 1 次；

（三）卫生许可审查和日常卫生监督检查均为一般的，评为 C 级单位，海关对 C 级单位监督频次每月不少于 1 次；

（四）卫生许可审查结论为差，或者卫生许可审查结论为良好，但是日常卫生监督较差的，评为 D 级单位，海关对 D 级单位不予卫生许可，或者次年不予续延卫生许可；

（五）未开展量化分级管理的食品生产经营单位监督频次每 2 个月不少于 1 次。

第二十六条 海关对不同级别的单位进行动态监督管理，根据风险分析和日常监督情况，每年1次进行必要的升级或者降级调整。

第二十七条 主管海关应当根据海关总署发布的食品预警通报，及时采取有效的措施，防止相关食品向国境口岸及出入境交通工具供应。

第二十八条 国境口岸发生食物中毒、食品污染、食源性疾患等事故时，海关应当启动《国境口岸食物中毒应急处理预案》，及时处置，并根据预案要求向相关部门通报。

第六章 罚 则

第二十九条 口岸食品生产经营单位有下列情况之一的，海关依照《中华人民共和国国境卫生检疫法》及其实施细则、《中华人民共和国食品安全法》及其实施条例等法律法规的相关规定予以行政处罚：

（一）未取得《卫生许可证》或者伪造《卫生许可证》从事食品生产经营活动的；

（二）涂改、出借《卫生许可证》的；

（三）允许未取得健康证明的从业人员上岗的，或者对患有有碍食品卫生安全的传染病的从业人员不按规定调离的；

（四）拒不接受海关卫生监督的；

（五）其他违反法律法规或者有关规定的。

第三十条 从业人员有下列情况之一的，由海关依照《中华人民共和国国境卫生检疫法》及其实施细则、《中华人民共和国食品安全法》及其实施条例等法律法规的相关规定予以行政处罚：

（一）未取得健康证明而从事食品生产经营活动的；

（二）伪造体检报告的；

（三）其他违反法律法规或者有关规定的。

第三十一条 海关工作人员滥用职权，徇私舞弊，玩忽职守的，根据情节轻重，给予行政处分或者依法追究刑事责任。

第七章 附 则

第三十二条 本规定由海关总署负责解释。

第三十三条 本规定自2006年4月1日起施行。

出入境快件检验检疫管理办法

(2001年9月17日质量监督检验检疫总局令第3号公布，根据2018年4月28日海关总署令第238号《海关总署关于修改部分规章的决定》第一次修正，根据2018年5月29日海关总署令第240号《海关总署关于修改部分规章的决定》第二次修正，根据2018年11月23日海关总署令第243号《海关总署关于修改部分规章的决定》第三次修正)

第一章 总 则

第一条 为加强出入境快件的检验检疫管理，根据《中华人民共和国进出口商品检验法》《中华人民共和国进出境动植物检疫法》《中华人民共和国国境卫生检疫法》《中华人民共和国食品安全法》等有关法律法规的规定，制定本办法。

第二条 本办法所称出入境快件，是指依法经营出入境快件的企业（以下简称快件运营人），在特定时间内以快速的商业运输方式承运的出入境货物和物品。

第三条 依据本办法规定应当实施检验检疫的出入境快件包括：

（一）根据《中华人民共和国进出境动植物检疫法》及其实施条例和《中华人民共和国国境卫生检疫法》及其实施细则、以及有关国际条约、双边协议规定应当实施动植物检疫和卫生检疫的；

（二）列入海关实施检验检疫的进出境商品目录内的；

（三）属于实施进口安全质量许可制度、出口质量许可制度以及卫生注册登记制度管理的；

（四）其他有关法律法规规定应当实施检验检疫的。

第四条 海关总署统一管理全国出入境快件的检验检疫工作。

主管海关负责所辖地区出入境快件的检验检疫和监督管理工作。

第五条 快件运营人不得承运国家有关法律法规规定禁止出入境的货物或物品。

第六条 对应当实施检验检疫的出入境快件，未经检验检疫或者经检验检疫不合格的，不得运递。

第二章 报 检

第七条 快件运营人应按有关规定向海关办理报检手续。

第八条 快件运营人在申请办理出入境快件报检时，应提供报检单、总运单、每一快件的分运单、发票等有关单证，并应当符合下列要求：

（一）输入动物、动物产品、植物种子、种苗及其他繁殖材料的，应当取得相应的检疫审批许可证和检疫证明；

（二）因科研等特殊需要，输入禁止进境物的，应当取得海关总署签发的特许审批证明；

（三）属于微生物、人体组织、生物制品、血液及其制品等特殊物品的，应当取得相关审批；

（四）属于实施进口安全质量许可制度、出口质量许可证制度和卫生注册登记制度管理的，应提供有关证明。

第九条 入境快件到达海关监管区时，快件运营人应及时向所在地海关办理报检手续。

出境快件在其运输工具离境4小时前，快件运营人应向离境口岸海关办理报检手续。

第十条 快件运营人可以通过电子数据交换（EDI）的方式申请办理报检，海关对符合条件的，应予受理。

第三章 检验检疫及处理

第十一条 海关对出入境快件应以现场检验检疫为主，特殊情况的，可以取样作实验室检验检疫。

第十二条 海关对出入境快件实行分类管理：

A类：国家法律法规规定应当办理检疫许可证的快件；

B类：属于实施进口安全质量许可制度、出口质量许可制度以及卫生注册登记制度管理的快件；

C类：样品、礼品、非销售展品和私人自用物品；

D类：以上三类以外的货物和物品。

第十三条 入境快件的检验检疫：

（一）对A类快件，按照国家法律法规和相关检疫要求实施检疫。

（二）对 B 类快件，实施重点检验，审核进口安全质量许可证或者卫生注册证，查看有无进口安全质量许可认证标志或者卫生注册标志。无进口安全质量许可证、卫生注册证或者无进口安全质量许可标志或者卫生注册标志的，作暂扣或退货处理，必要时进行安全、卫生检测。

（三）对 C 类快件，免予检验，应实施检疫的，按有关规定实施检疫。

（四）对 D 类快件，按 1%～3% 的比例进行抽查检验。

第十四条 出境快件的检验检疫：

（一）对 A 类快件，依据输入国家或者地区和中国有关检验规定实施检疫。

（二）对 B 类快件，实施重点检验，审核出口质量许可证或者卫生注册证，查看有无相关检验检疫标志、封识。无出口质量许可证、卫生注册证或者相关检验检疫标志、封识的，不得出境。

（三）对 C 类快件，免予检验，物主有检疫要求的，实施检疫。

（四）对 D 类快件，按 1%～3% 的比例进行抽查检验。

第十五条 入境快件经检疫发现被检疫传染病病原体污染的或者带有动植物检疫危险性病虫害的以及根据法律法规规定须作检疫处理的，海关应当按规定实施卫生、除害处理。

第十六条 入境快件经检验不符合法律、行政法规规定的强制性标准或者其他必须执行的检验标准的，必须在海关的监督下进行技术处理。

第十七条 入境快件经检验检疫合格的，签发有关单证，予以放行；经检验检疫不合格但经实施有效检验检疫处理，符合要求的，签发有关单证，予以放行。

第十八条 入境快件有下列情形之一的，由海关作退回或者销毁处理，并出具有关证明：

（一）未取得检疫审批并且未能按规定要求补办检疫审批手续的；

（二）按法律法规或者有关国际条约、双边协议的规定，须取得输出国官方出具的检疫证明文件或者有关声明，而未能取得的；

（三）经检疫不合格又无有效方法处理的；

（四）本办法第二十二条所述的入境快件不能进行技术处理或者经技术处理后，重新检验仍不合格的；

（五）其他依据法律法规的规定须作退回或者销毁处理的。

第十九条 出境快件经检验检疫合格的，签发相关单证，予以放行。经检验检疫不合格的，不准出境。

第二十条 海关对出入境快件需作进一步检验检疫处理的，可以予以封存，并与快件运营人办理交接手续。封存期一般不得超过 45 日。

第二十一条 对出入境快件作出退回或者销毁处理的，海关应当办理有关手续并通知快件运营人。

第二十二条 快件运营人应当配合检验检疫工作，向海关提供有关资料和必要的工作条件、工作用具等，必要时应当派出人员协助工作。

第四章 附 则

第二十三条 对通过邮政出入境的邮寄物的检疫管理适用《进出境邮寄物检疫管理办法》。

第二十四条 对违反本办法规定的，依照有关法律法规的规定予以处罚。

第二十五条 本办法由海关总署负责解释。

第二十六条 本办法自 2001 年 11 月 15 日起施行。

出口烟花爆竹检验管理办法

（1999年12月2日国家出入境检验检疫局令第9号发布，根据2018年4月28日海关总署令第238号《海关总署关于修改部分规章的决定》修正）

第一条 为加强出口烟花爆竹的检验管理工作，保证出口烟花爆竹的质量，保障公共安全和人身安全，促进对外贸易的发展，根据《中华人民共和国进出口商品检验法》及其实施条例，制定本办法。

第二条 海关总署统一管理全国出口烟花爆竹检验和监督管理工作，主管海关负责所辖地区出口烟花爆竹的检验和监督管理工作。

第三条 出口烟花爆竹的检验和监督管理工作采取产地检验与口岸查验相结合的原则。

第四条 主管海关对出口烟花爆竹的生产企业实施登记管理制度。生产企业登记管理的条件与程序按《出口烟花爆竹生产企业登记细则》办理。

主管海关将已登记的生产企业名称、登记代码等情况应当及时报海关总署备案。登记代码标记按照《出口烟花爆竹生产企业登记代码标记编写规定》确定。

第五条 出口烟花爆竹的生产企业应当按照《联合国危险货物建议书规章范本》和有关法律、法规的规定生产、储存出口烟花爆竹。

第六条 出口烟花爆竹的生产企业在申请出口烟花爆竹的检验时，应当向海关提交《出口烟花爆竹生产企业声明》。

第七条 出口烟花爆竹的检验应当严格执行国家法律法规规定的标准，对进口国以及贸易合同高于我国法律法规规定标准的，按其标准进行检验。

第八条 海关对首次出口或者原材料、配方发生变化的烟花爆竹应当实施烟火药剂安全稳定性能检测。对长期出口的烟花爆竹产品，每年应当进行不少于一次的烟火药剂安全性能检验。

第九条 盛装出口烟花爆竹的运输包装，应当标有联合国规定的危险货物包装标记和出口烟花爆竹生产企业的登记代码标记。

海关应当对出口烟花爆竹运输包装进行使用鉴定，以及检查其外包装标识的名称、数量、规格、生产企业登记代码等与实际是否一致。经检查上述内容不一致的，不予放行。

第十条 凡经检验合格的出口烟花爆竹，由海关在其运输包装明显部位加贴验讫标志。

第十一条 各口岸与内地海关应当密切配合、共同把关，加强出口烟花爆竹检验管理和质量情况等信息交流。

第十二条 主管海关每年应当对所辖地区出口烟花爆竹质量情况进行分析并书面报告海关总署，海关总署对各关出口烟花爆竹的检验、管理工作和质量情况进行监督抽查。

第十三条 对违反本办法规定的，根据《中华人民共和国进出口商品检验法》及其实施条例的有关规定予以行政处罚。

第十四条 本办法所规定的文书由海关总署另行制定并且发布。

第十五条 本办法由海关总署负责解释。

第十六条 本办法自2000年1月1日起实施。

中华人民共和国进口食品境外生产企业注册管理规定

(2021年4月12日海关总署令第248号公布，自2022年1月1日起实施)

第一章 总 则

第一条 为加强进口食品境外生产企业的注册管理，根据《中华人民共和国食品安全法》及其实施条例、《中华人民共和国进出口商品检验法》及其实施条例、《中华人民共和国进出境动植物检疫法》及其实施条例、《国务院关于加强食品等产品安全监督管理的特别规定》等法律、行政法规的规定，制定本规定。

第二条 向中国境内出口食品的境外生产、加工、贮存企业（以下统称进口食品境外生产企业）的注册管理适用本规定。

前款规定的进口食品境外生产企业不包括食品添加剂、食品相关产品的生产、加工、贮存企业。

第三条 海关总署统一负责进口食品境外生产企业的注册管理工作。

第四条 进口食品境外生产企业，应当获得海关总署注册。

第二章 注册条件与程序

第五条 进口食品境外生产企业注册条件：

（一）所在国家（地区）的食品安全管理体系通过海关总署等效性评估、审查；

（二）经所在国家（地区）主管当局批准设立并在其有效监管下；

（三）建立有效的食品安全卫生管理和防护体系，在所在国家（地区）合法生产和出口，保证向中国境内出口的食品符合中国相关法律法规和食品安全国家标准；

（四）符合海关总署与所在国家（地区）主管当局商定的相关检验检疫要求。

第六条 进口食品境外生产企业注册方式包括所在国家（地区）主管当局推荐注册和企业申请注册。

海关总署根据对食品的原料来源、生产加工工艺、食品安全历史数据、消费人群、食用方式等因素的分析，并结合国际惯例确定进口食品境外生产企业注册方式和申请材料。

经风险分析或者有证据表明某类食品的风险发生变化的，海关总署可以对相应食品的境外生产企业注册方式和申请材料进行调整。

第七条 下列食品的境外生产企业由所在国家（地区）主管当局向海关总署推荐注册：肉与肉制品、肠衣、水产品、乳品、燕窝与燕窝制品、蜂产品、蛋与蛋制品、食用油脂和油料、包馅面食、食用谷物、谷物制粉工业产品和麦芽、保鲜和脱水蔬菜以及干豆、调味料、坚果与籽类、干果、未烘焙的咖啡豆与可可豆、特殊膳食食品、保健食品。

第八条 所在国家（地区）主管当局应当对其推荐注册的企业进行审核检查，确认符合注册要求后，向海关总署推荐注册并提交以下申请材料：

（一）所在国家（地区）主管当局推荐函；

（二）企业名单与企业注册申请书；

（三）企业身份证明文件，如所在国家（地区）主管当局颁发的营业执照等；

（四）所在国家（地区）主管当局推荐企业符合本规定要求的声明；

（五）所在国家（地区）主管当局对相关企业进行审核检查的审查报告。

必要时，海关总署可以要求提供企业食品安全卫生和防护体系文件，如企业厂区、车间、冷库的平面图，以及工艺流程图等。

第九条 本规定第七条所列食品以外的其他食品境外生产企业，应当自行或者委托代理人向海关总署提出注册申请并提交以下申请材料：

（一）企业注册申请书；

（二）企业身份证明文件，如所在国家（地区）主管当局颁发的营业执照等；

（三）企业承诺符合本规定要求的声明。

第十条 企业注册申请书内容应当包括企业名称、所在国家（地区）、生产场所地址、法定代表人、联系人、联系方式、所在国家（地区）主管当局批准的注册编号、申请注册食品种类、生产类型、生产能力等信息。

第十一条 注册申请材料应当用中文或者英文提交，相关国家（地区）与中国就注册方式和申请材料另有约定的，按照双方约定执行。

第十二条 所在国家（地区）主管当局或进口食品境外生产企业应当对提交材料的真实性、完整性、合法性负责。

第十三条 海关总署自行或者委托有关机构组织评审组，通过书面检查、视频检查、现场检查等形式及其组合，对申请注册的进口食品境外生产企业实施评估审查。评审组由2名以上评估审查人员组成。

进口食品境外生产企业和所在国家（地区）主管当局应当协助开展上述评估审查工作。

第十四条 海关总署根据评估审查情况，对符合要求的进口食品境外生产企业予以注册并给予在华注册编号，书面通知所在国家（地区）主管当局或进口食品境外生产企业；对不符合要求的进口食品境外生产企业不予注册，书面通知所在国家（地区）主管当局或进口食品境外生产企业。

第十五条 已获得注册的企业向中国境内出口食品时，应当在食品的内、外包装上标注在华注册编号或者所在国家（地区）主管当局批准的注册编号。

第十六条 进口食品境外生产企业注册有效期为5年。

海关总署在对进口食品境外生产企业予以注册时，应当确定注册有效期起止日期。

第十七条 海关总署统一公布获得注册的进口食品境外生产企业名单。

第三章 注册管理

第十八条 海关总署自行或者委托有关机构组织评审组，对进口食品境外生产企业是否持续符合注册要求的情况开展复查。评审组由2名以上评估审查人员组成。

第十九条 在注册有效期内，进口食品境外生产企业注册信息发生变化的，应当通过注册申请途径，向海关总署提交变更申请，并提交以下材料：

（一）注册事项变更信息对照表；

（二）与变更信息有关的证明材料。

海关总署评估后认为可以变更的，予以变更。

生产场所迁址、法定代表人变更或者所在国家（地区）授予的注册编号改变的应当重新申请注册，在华注册编号自动失效。

第二十条 进口食品境外生产企业需要延续注册的，应当在注册有效期届满前3至6个月内，通过注册申请途径，向海关总署提出延续注册申请。

延续注册申请材料包括：

（一）延续注册申请书；

（二）承诺持续符合注册要求的声明。

海关总署对符合注册要求的企业予以延续注册，注册有效期延长5年。

第二十一条 已注册进口食品境外生产企业有下列情形之一的，海关总署注销其注册，通知所在国家（地区）主管当局或进口食品境外生产企业，并予以公布：

（一）未按规定申请延续注册的；

（二）所在国家（地区）主管当局或进口食品境外生产企业主动申请注销的；

（三）不再符合本规定第五条第（二）项要求的。

第二十二条 进口食品境外生产企业所在国家（地区）主管当局应当对已注册企业实施有效监管，督促已注册企业持续符合注册要求，发现不符合注册要求的，应当立即采取控制措施，暂停相关企业向中国出口食品，直至整改符合注册要求。

进口食品境外生产企业自行发现不符合注册要求时，应当主动暂停向中国出口食品，立即采取整改措施，直至整改符合注册要求。

第二十三条 海关总署发现已注册进口食品境外生产企业不再符合注册要求的，应当责令其在规定期限内进行整改，整改期间暂停相关企业食品进口。

所在国家（地区）主管当局推荐注册的企业被暂停进口的，主管当局应当监督相关企业在规定期限内完成整改，并向海关总署提交书面整改报告和符合注册要求的书面声明。

自行或者委托代理人申请注册的企业被暂停进口的，应当在规定期限内完成整改，并向海关总署提交书面整改报告和符合注册要求的书面声明。

海关总署应当对企业整改情况进行审查，审查合格的，恢复相关企业食品进口。

第二十四条 已注册的进口食品境外生产企业有下列情形之一的，海关总署撤销其注册并予以公告：

（一）因企业自身原因致使进口食品发生重大食品安全事故的；

（二）向中国境内出口的食品在进境检验检疫中被发现食品安全问题，情节严重的；

（三）企业食品安全卫生管理存在重大问题，不能保证其向中国境内出口食品符合安全卫生要求的；

（四）经整改后仍不符合注册要求的；

（五）提供虚假材料、隐瞒有关情况的；

（六）拒不配合海关总署开展复查与事故调查的；

（七）出租、出借、转让、倒卖、冒用注册编号的。

第四章 附 则

第二十五条 国际组织或者向中国境内出口食品的国家（地区）主管当局发布疫情通报，或者相关食品在进境检验检疫中发现疫情、公共卫生事件等严重问题的，海关总署公告暂停该国家（地区）相关食品进口，在此期间不予受理该国家（地区）相关食品生产企业注册申请。

第二十六条 本规定中所在国家（地区）主管当局指进口食品境外生产企业所在国家（地区）负责食品生产企业安全卫生监管的官方部门。

第二十七条 本规定由海关总署负责解释。

第二十八条 本规定自2022年1月1日起施行。2012年3月22日原国家质量监督检验检疫总局令第145号公布，根据2018年11月23日海关总署令第243号修改的《进口食品境外生产企业注册管理规定》同时废止。

中华人民共和国进出口食品安全管理办法

(2021年4月12日海关总署令第249号公布,自2022年1月1日起实施)

第一章 总 则

第一条 为了保障进出口食品安全,保护人类、动植物生命和健康,根据《中华人民共和国食品安全法》(以下简称《食品安全法》)及其实施条例、《中华人民共和国海关法》《中华人民共和国进出口商品检验法》及其实施条例、《中华人民共和国进出境动植物检疫法》及其实施条例、《中华人民共和国国境卫生检疫法》及其实施细则、《中华人民共和国农产品质量安全法》和《国务院关于加强食品等产品安全监督管理的特别规定》等法律、行政法规的规定,制定本办法。

第二条 从事下列活动,应当遵守本办法:
(一)进出口食品生产经营活动;
(二)海关对进出口食品生产经营者及其进出口食品安全实施监督管理。
进出口食品添加剂、食品相关产品的生产经营活动按照海关总署相关规定执行。

第三条 进出口食品安全工作坚持安全第一、预防为主、风险管理、全程控制、国际共治的原则。

第四条 进出口食品生产经营者对其生产经营的进出口食品安全负责。
进出口食品生产经营者应当依照中国缔结或者参加的国际条约、协定,中国法律法规和食品安全国家标准从事进出口食品生产经营活动,依法接受监督管理,保证进出口食品安全,对社会和公众负责,承担社会责任。

第五条 海关总署主管全国进出口食品安全监督管理工作。
各级海关负责所辖区域进出口食品安全监督管理工作。

第六条 海关运用信息化手段提升进出口食品安全监督管理水平。

第七条 海关加强进出口食品安全的宣传教育,开展食品安全法律、行政法规以及食品安全国家标准和知识的普及工作。
海关加强与食品安全国际组织、境外政府机构、境外食品行业协会、境外消费者协会等交流与合作,营造进出口食品安全国际共治格局。

第八条 海关从事进出口食品安全监督管理的人员应当具备相关专业知识。

第二章 食品进口

第九条 进口食品应当符合中国法律法规和食品安全国家标准,中国缔结或者参加的国际条约、协定有特殊要求的,还应当符合国际条约、协定的要求。
进口尚无食品安全国家标准的食品,应当符合国务院卫生行政部门公布的暂予适用的相关标准要求。
利用新的食品原料生产的食品,应当依照《食品安全法》第三十七条的规定,取得国务院卫生行政部门新食品原料卫生行政许可。

第十条 海关依据进出口商品检验相关法律、行政法规的规定对进口食品实施合格评定。
进口食品合格评定活动包括:向中国境内出口食品的境外国家(地区)〔以下简称境外国家

（地区）］食品安全管理体系评估和审查、境外生产企业注册、进出口商备案和合格保证、进境动植物检疫审批、随附合格证明检查、单证审核、现场查验、监督抽检、进口和销售记录检查以及各项的组合。

第十一条 海关总署可以对境外国家（地区）的食品安全管理体系和食品安全状况开展评估和审查，并根据评估和审查结果，确定相应的检验检疫要求。

第十二条 有下列情形之一的，海关总署可以对境外国家（地区）启动评估和审查：

（一）境外国家（地区）申请向中国首次输出某类（种）食品的；

（二）境外国家（地区）食品安全、动植物检疫法律法规、组织机构等发生重大调整的；

（三）境外国家（地区）主管部门申请对其输往中国某类（种）食品的检验检疫要求发生重大调整的；

（四）境外国家（地区）发生重大动植物疫情或者食品安全事件的；

（五）海关在输华食品中发现严重问题，认为存在动植物疫情或者食品安全隐患的；

（六）其他需要开展评估和审查的情形。

第十三条 境外国家（地区）食品安全管理体系评估和审查主要包括对以下内容的评估、确认：

（一）食品安全、动植物检疫相关法律法规；

（二）食品安全监督管理组织机构；

（三）动植物疫情流行情况及防控措施；

（四）致病微生物、农兽药和污染物等管理和控制；

（五）食品生产加工、运输仓储环节安全卫生控制；

（六）出口食品安全监督管理；

（七）食品安全防护、追溯和召回体系；

（八）预警和应急机制；

（九）技术支撑能力；

（十）其他涉及动植物疫情、食品安全的情况。

第十四条 海关总署可以组织专家通过资料审查、视频检查、现场检查等形式及其组合，实施评估和审查。

第十五条 海关总署组织专家对接受评估和审查的国家（地区）递交的申请资料、书面评估问卷等资料实施审查，审查内容包括资料的真实性、完整性和有效性。根据资料审查情况，海关总署可以要求相关国家（地区）的主管部门补充缺少的信息或者资料。

对已通过资料审查的国家（地区），海关总署可以组织专家对其食品安全管理体系实施视频检查或者现场检查。对发现的问题可以要求相关国家（地区）主管部门及相关企业实施整改。

相关国家（地区）应当为评估和审查提供必要的协助。

第十六条 接受评估和审查的国家（地区）有下列情形之一，海关总署可以终止评估和审查，并通知相关国家（地区）主管部门：

（一）收到书面评估问卷12个月内未反馈的；

（二）收到海关总署补充信息和材料的通知3个月内未按要求提供的；

（三）突发重大动植物疫情或者重大食品安全事件的；

（四）未能配合中方完成视频检查或者现场检查、未能有效完成整改的；

（五）主动申请终止评估和审查的。

前款第一、二项情形，相关国家（地区）主管部门因特殊原因可以申请延期，经海关总署同意，按照海关总署重新确定的期限递交相关材料。

第十七条 评估和审查完成后，海关总署向接受评估和审查的国家（地区）主管部门通报评估和审查结果。

第十八条 海关总署对向中国境内出口食品的境外生产企业实施注册管理，并公布获得注册的企业名单。

第十九条 向中国境内出口食品的境外出口商或者代理商（以下简称"境外出口商或者代理商"）应当向海关总署备案。

食品进口商应当向其住所地海关备案。

境外出口商或者代理商、食品进口商办理备案时，应当对其提供资料的真实性、有效性负责。

境外出口商或者代理商、食品进口商备案名单由海关总署公布。

第二十条 境外出口商或者代理商、食品进口商备案内容发生变更的，应当在变更发生之日起60日内，向备案机关办理变更手续。

海关发现境外出口商或者代理商、食品进口商备案信息错误或者备案内容未及时变更的，可以责令其在规定期限内更正。

第二十一条 食品进口商应当建立食品进口和销售记录制度，如实记录食品名称、净含量/规格、数量、生产日期、生产或者进口批号、保质期、境外出口商和购货者名称、地址及联系方式、交货日期等内容，并保存相关凭证。记录和凭证保存期限不得少于食品保质期满后6个月；没有明确保质期的，保存期限为销售后2年以上。

第二十二条 食品进口商应当建立境外出口商、境外生产企业审核制度，重点审核下列内容：

（一）制定和执行食品安全风险控制措施情况；

（二）保证食品符合中国法律法规和食品安全国家标准的情况。

第二十三条 海关依法对食品进口商实施审核活动的情况进行监督检查。食品进口商应当积极配合，如实提供相关情况和材料。

第二十四条 海关可以根据风险管理需要，对进口食品实施指定口岸进口，指定监管场地检查。指定口岸、指定监管场地名单由海关总署公布。

第二十五条 食品进口商或者其代理人进口食品时应当依法向海关如实申报。

第二十六条 海关依法对应当实施入境检疫的进口食品实施检疫。

第二十七条 海关依法对需要进境动植物检疫审批的进口食品实施检疫审批管理。食品进口商应当在签订贸易合同或者协议前取得进境动植物检疫许可。

第二十八条 海关根据监督管理需要，对进口食品实施现场查验，现场查验包括但不限于以下内容：

（一）运输工具、存放场所是否符合安全卫生要求；

（二）集装箱号、封识号、内外包装上的标识内容、货物的实际状况是否与申报信息及随附单证相符；

（三）动植物源性食品、包装物及铺垫材料是否存在《进出境动植物检疫法实施条例》第二十二条规定的情况；

（四）内外包装是否符合食品安全国家标准，是否存在污染、破损、湿浸、渗透；

（五）内外包装的标签、标识及说明书是否符合法律、行政法规、食品安全国家标准以及海关总署规定的要求；

（六）食品感官性状是否符合该食品应有性状；

（七）冷冻冷藏食品的新鲜程度、中心温度是否符合要求、是否有病变、冷冻冷藏环境温度是否符合相关标准要求、冷链控温设备设施运作是否正常、温度记录是否符合要求，必要时可以进行蒸煮试验。

第二十九条 海关制定年度国家进口食品安全监督抽检计划和专项进口食品安全监督抽检计划，并组织实施。

第三十条 进口食品的包装和标签、标识应当符合中国法律法规和食品安全国家标准；依法应当有说明书的，还应当有中文说明书。

对于进口鲜冻肉类产品，内外包装上应当有牢固、清晰、易辨的中英文或者中文和出口国家（地区）文字标识，标明以下内容：产地国家（地区）、品名、生产企业注册编号、生产批号；外包装上应当以中文标明规格、产地（具体到州/省/市）、目的地、生产日期、保质期限、储存温度等内容，必须标注目的地为中华人民共和国，加施出口国家（地区）官方检验检疫标识。

对于进口水产品，内外包装上应当有牢固、清晰、易辨的中英文或者中文和出口国家（地区）文字标识，标明以下内容：商品名和学名、规格、生产日期、批号、保质期限和保存条件、生产方式（海水捕捞、淡水捕捞、养殖）、生产地区（海洋捕捞海域、淡水捕捞国家或者地区、养殖产品所在国家或者地区）、涉及的所有生产加工企业（含捕捞船、加工船、运输船、独立冷库）名称、注册编号及地址（具体到州/省/市）、必须标注目的地为中华人民共和国。

进口保健食品、特殊膳食用食品的中文标签必须印制在最小销售包装上，不得加贴。

进口食品内外包装有特殊标识规定的，按照相关规定执行。

第三十一条 进口食品运达口岸后，应当存放在海关指定或者认可的场所；需要移动的，必须经海关允许，并按照海关要求采取必要的安全防护措施。

指定或者认可的场所应当符合法律、行政法规和食品安全国家标准规定的要求。

第三十二条 大宗散装进口食品应当按照海关要求在卸货口岸进行检验。

第三十三条 进口食品经海关合格评定合格的，准予进口。

进口食品经海关合格评定不合格的，由海关出具不合格证明；涉及安全、健康、环境保护项目不合格的，由海关书面通知食品进口商，责令其销毁或者退运；其他项目不合格的，经技术处理符合合格评定要求的，方准进口。相关进口食品不能在规定时间内完成技术处理或者经技术处理仍不合格的，由海关责令食品进口商销毁或者退运。

第三十四条 境外发生食品安全事件可能导致中国境内食品安全隐患，或者海关实施进口食品监督管理过程中发现不合格进口食品，或者发现其他食品安全问题的，海关总署和经授权的直属海关可以依据风险评估结果对相关进口食品实施提高监督抽检比例等控制措施。

海关依照前款规定对进口食品采取提高监督抽检比例等控制措施后，再次发现不合格进口食品，或者有证据显示进口食品存在重大安全隐患的，海关总署和经授权的直属海关可以要求食品进口商逐批向海关提交有资质的检验机构出具的检验报告。海关应当对食品进口商提供的检验报告进行验核。

第三十五条 有下列情形之一的，海关总署依据风险评估结果，可以对相关食品采取暂停或者禁止进口的控制措施：

（一）出口国家（地区）发生重大动植物疫情，或者食品安全体系发生重大变化，无法有效保证输华食品安全的；

（二）进口食品被检疫传染病病原体污染，或者有证据表明能够成为检疫传染病传播媒介，且无法实施有效卫生处理的；

（三）海关实施本办法第三十四条第二款规定控制措施的进口食品，再次发现相关安全、健康、环境保护项目不合格的；

（四）境外生产企业违反中国相关法律法规，情节严重的；

（五）其他信息显示相关食品存在重大安全隐患的。

第三十六条 进口食品安全风险已降低到可控水平时，海关总署和经授权的直属海关可以按照以下方式解除相应控制措施：

（一）实施本办法第三十四条第一款控制措施的食品，在规定的时间、批次内未被发现不合格的，在风险评估基础上可以解除该控制措施；

（二）实施本办法第三十四条第二款控制措施的食品，出口国家（地区）已采取预防措施，经海关总署风险评估能够保障食品安全、控制动植物疫情风险，或者从实施该控制措施之日起在规定时间、批次内未发现不合格食品的，海关在风险评估基础上可以解除该控制措施；

（三）实施暂停或者禁止进口控制措施的食品，出口国家（地区）主管部门已采取风险控制措施，且经海关总署评估符合要求的，可以解除暂停或者禁止进口措施。恢复进口的食品，海关总署视评估情况可以采取本办法第三十四条规定的控制措施。

第三十七条 食品进口商发现进口食品不符合法律、行政法规和食品安全国家标准，或者有证据证明可能危害人体健康，应当按照《食品安全法》第六十三条和第九十四条第三款规定，立即停止进口、销售和使用，实施召回，通知相关生产经营者和消费者，记录召回和通知情况，并将食品召回、通知和处理情况向所在地海关报告。

第三章 食品出口

第三十八条 出口食品生产企业应当保证其出口食品符合进口国家（地区）的标准或者合同要求；中国缔结或者参加的国际条约、协定有特殊要求的，还应当符合国际条约、协定的要求。

进口国家（地区）暂无标准，合同也未作要求，且中国缔结或者参加的国际条约、协定无相关要求的，出口食品生产企业应当保证其出口食品符合中国食品安全国家标准。

第三十九条 海关依法对出口食品实施监督管理。出口食品监督管理措施包括：出口食品原料种植养殖场备案、出口食品生产企业备案、企业核查、单证审核、现场查验、监督抽检、口岸抽查、境外通报核查以及各项的组合。

第四十条 出口食品原料种植、养殖场应当向所在地海关备案。

海关总署统一公布原料种植、养殖场备案名单，备案程序和要求由海关总署制定。

第四十一条 海关依法采取资料审查、现场检查、企业核查等方式，对备案原料种植、养殖场进行监督。

第四十二条 出口食品生产企业应当向住所地海关备案，备案程序和要求由海关总署制定。

第四十三条 境外国家（地区）对中国输往该国家（地区）的出口食品生产企业实施注册管理且要求海关总署推荐的，出口食品生产企业须向住所地海关提出申请，住所地海关进行初核后报海关总署。

海关总署结合企业信用、监督管理以及住所地海关初核情况组织开展对外推荐注册工作，对外推荐注册程序和要求由海关总署制定。

第四十四条 出口食品生产企业应当建立完善可追溯的食品安全卫生控制体系，保证食品安全卫生控制体系有效运行，确保出口食品生产、加工、贮存过程持续符合中国相关法律法规、出口食品生产企业安全卫生要求；进口国家（地区）相关法律法规和相关国际条约、协定有特殊要求的，还应当符合相关要求。

出口食品生产企业应当建立供应商评估制度、进货查验记录制度、生产记录档案制度、出厂检验记录制度、出口食品追溯制度和不合格食品处置制度。相关记录应当真实有效，保存期限不得少于食品保质期期满后 6 个月；没有明确保质期的，保存期限不得少于 2 年。

第四十五条 出口食品生产企业应当保证出口食品包装和运输方式符合食品安全要求。

第四十六条 出口食品生产企业应当在运输包装上标注生产企业备案号、产品品名、生产批号和生产日期。

进口国家（地区）或者合同有特殊要求的，在保证产品可追溯的前提下，经直属海关同意，出口食品生产企业可以调整前款规定的标注项目。

第四十七条 海关应当对辖区内出口食品生产企业的食品安全卫生控制体系运行情况进行监督检查。监督检查包括日常监督检查和年度监督检查。

监督检查可以采取资料审查、现场检查、企业核查等方式，并可以与出口食品境外通报核查、监督抽检、现场查验等工作结合开展。

第四十八条 出口食品应当依法由产地海关实施检验检疫。

海关总署根据便利对外贸易和出口食品检验检疫工作需要，可以指定其他地点实施检验检疫。

第四十九条 出口食品生产企业、出口商应当按照法律、行政法规和海关总署规定，向产地或者组货地海关提出出口申报前监管申请。

产地或者组货地海关受理食品出口申报前监管申请后，依法对需要实施检验检疫的出口食品实施现场检查和监督抽检。

第五十条 海关制定年度国家出口食品安全监督抽检计划并组织实施。

第五十一条 出口食品经海关现场检查和监督抽检符合要求的，由海关出具证书，准予出口。进口国家（地区）对证书形式和内容要求有变化的，经海关总署同意可以对证书形式和内容进行变更。

出口食品经海关现场检查和监督抽检不符合要求的，由海关书面通知出口商或者其代理人。相关出口食品可以进行技术处理的，经技术处理合格后方准出口；不能进行技术处理或者经技术处理仍不合格的，不准出口。

第五十二条 食品出口商或者其代理人出口食品时应当依法向海关如实申报。

第五十三条 海关对出口食品在口岸实施查验，查验不合格的，不准出口。

第五十四条 出口食品因安全问题被国际组织、境外政府机构通报的，海关总署应当组织开展核查，并根据需要实施调整监督抽检比例、要求食品出口商逐批向海关提交有资质的检验机构出具的检验报告、撤回向境外官方主管机构的注册推荐等控制措施。

第五十五条 出口食品存在安全问题，已经或者可能对人体健康和生命安全造成损害的，出口食品生产经营者应当立即采取相应措施，避免和减少损害发生，并向所在地海关报告。

第五十六条 海关在实施出口食品监督管理时发现安全问题的，应当向同级政府和上一级政府食品安全主管部门通报。

第四章 监督管理

第五十七条 海关总署依照《食品安全法》第一百条规定，收集、汇总进出口食品安全信息，建立进出口食品安全信息管理制度。

各级海关负责本辖区内以及上级海关指定的进出口食品安全信息的收集和整理工作，并按照有关规定通报本辖区地方政府、相关部门、机构和企业。通报信息涉及其他地区的，应当同时通报相关地区海关。

海关收集、汇总的进出口食品安全信息，除《食品安全法》第一百条规定内容外，还包括境外食品技术性贸易措施信息。

第五十八条　海关应当对收集到的进出口食品安全信息开展风险研判，依据风险研判结果，确定相应的控制措施。

第五十九条　境内外发生食品安全事件或者疫情疫病可能影响到进出口食品安全的，或者在进出口食品中发现严重食品安全问题的，直属海关应当及时上报海关总署；海关总署根据情况进行风险预警，在海关系统内发布风险警示通报，并向国务院食品安全监督管理、卫生行政、农业行政部门通报，必要时向消费者发布风险警示通告。

海关总署发布风险警示通报的，应当根据风险警示通报要求对进出口食品采取本办法第三十四条、第三十五条、第三十六条和第五十四条规定的控制措施。

第六十条　海关制定年度国家进出口食品安全风险监测计划，系统和持续收集进出口食品中食源性疾病、食品污染和有害因素的监测数据及相关信息。

第六十一条　境外发生的食品安全事件可能对中国境内造成影响，或者评估后认为存在不可控风险的，海关总署可以参照国际通行做法，直接在海关系统内发布风险预警通报或者向消费者发布风险预警通告，并采取本办法第三十四条、第三十五条和第三十六条规定的控制措施。

第六十二条　海关制定并组织实施进出口食品安全突发事件应急处置预案。

第六十三条　海关在依法履行进出口食品安全监督管理职责时，有权采取下列措施：

（一）进入生产经营场所实施现场检查；

（二）对生产经营的食品进行抽样检验；

（三）查阅、复制有关合同、票据、账簿以及其他有关资料；

（四）查封、扣押有证据证明不符合食品安全国家标准或者有证据证明存在安全隐患以及违法生产经营的食品。

第六十四条　海关依法对进出口企业实施信用管理。

第六十五条　海关依法对进出口食品生产经营者以及备案原料种植、养殖场开展稽查、核查。

第六十六条　过境食品应当符合海关总署对过境货物的监管要求。过境食品过境期间，未经海关批准，不得开拆包装或者卸离运输工具，并应当在规定期限内运输出境。

第六十七条　进出口食品生产经营者对海关的检验结果有异议的，可以按照进出口商品复验相关规定申请复验。

有下列情形之一的，海关不受理复验：

（一）检验结果显示微生物指标超标的；

（二）复验备份样品超过保质期的；

（三）其他原因导致备份样品无法实现复验目的的。

第五章　法律责任

第六十八条　食品进口商备案内容发生变更，未按照规定向海关办理变更手续，情节严重的，海关处以警告。

食品进口商在备案中提供虚假备案信息的，海关处 1 万元以下罚款。

第六十九条　境内进出口食品生产经营者不配合海关进出口食品安全核查工作，拒绝接受询问、提供材料，或者答复内容和提供材料与实际情况不符的，海关处以警告或者 1 万元以下罚款。

第七十条　海关在进口预包装食品监管中，发现进口预包装食品未加贴中文标签或者中文标签不符合法律法规和食品安全国家标准，食品进口商拒不按照海关要求实施销毁、退运或者技术处理的，海关处以警告或者 1 万元以下罚款。

第七十一条　未经海关允许，将进口食品提离海关指定或者认可的场所的，海关责令改正，并处 1 万元以下罚款。

第七十二条 下列违法行为属于《食品安全法》第一百二十九条第一款第三项规定的"未遵守本法的规定出口食品"的，由海关依照《食品安全法》第一百二十四条的规定给予处罚：

（一）擅自调换经海关监督抽检并已出具证单的出口食品的；

（二）出口掺杂掺假、以假充真、以次充好的食品或者以不合格出口食品冒充合格出口食品的；

（三）出口未获得备案出口食品生产企业生产的食品的；

（四）向有注册要求的国家（地区）出口未获得注册出口食品生产企业生产食品的或者出口已获得注册出口食品生产企业生产的注册范围外食品的；

（五）出口食品生产企业生产的出口食品未按照规定使用备案种植、养殖场原料的；

（六）出口食品生产经营者有《食品安全法》第一百二十三条、第一百二十四条、第一百二十五条、第一百二十六条规定情形，且出口食品不符合进口国家（地区）要求的。

第七十三条 违反本办法规定，构成犯罪的，依法追究刑事责任。

第六章 附 则

第七十四条 海关特殊监管区域、保税监管场所、市场采购、边境小额贸易和边民互市贸易进出口食品安全监督管理，按照海关总署有关规定执行。

第七十五条 邮寄、快件、跨境电子商务零售和旅客携带方式进出口食品安全监督管理，按照海关总署有关规定办理。

第七十六条 样品、礼品、赠品、展示品、援助等非贸易性的食品，免税经营的食品，外国驻中国使领馆及其人员进出境公用、自用的食品，驻外使领馆及其人员公用、自用的食品，中国企业驻外人员自用的食品的监督管理，按照海关总署有关规定办理。

第七十七条 本办法所称进出口食品生产经营者包括：向中国境内出口食品的境外生产企业、境外出口商或者代理商、食品进口商、出口食品生产企业、出口商以及相关人员等。

本办法所称进口食品的境外生产企业包括向中国出口食品的境外生产、加工、贮存企业等。

本办法所称进口食品的进出口商包括向中国出口食品的境外出口商或者代理商、食品进口商。

第七十八条 本办法由海关总署负责解释。

第七十九条 本办法自 2022 年 1 月 1 日起施行。2011 年 9 月 13 日原国家质量监督检验检疫总局令第 144 号公布并根据 2016 年 10 月 18 日原国家质量监督检验检疫总局令第 184 号以及 2018 年 11 月 23 日海关总署令第 243 号修改的《进出口食品安全管理办法》、2000 年 2 月 22 日原国家检验检疫局令第 20 号公布并根据 2018 年 4 月 28 日海关总署令第 238 号修改的《出口蜂蜜检验检疫管理办法》、2011 年 1 月 4 日原国家质量监督检验检疫总局令第 135 号公布并根据 2018 年 11 月 23 日海关总署令第 243 号修改的《进出口水产品检验检疫监督管理办法》、2011 年 1 月 4 日原国家质量监督检验检疫总局令第 136 号公布并根据 2018 年 11 月 23 日海关总署令第 243 号修改的《进出口肉类产品检验检疫监督管理办法》、2013 年 1 月 24 日原国家质量监督检验检疫总局令第 152 号公布并根据 2018 年 11 月 23 日海关总署令第 243 号修改的《进出口乳品检验检疫监督管理办法》、2017 年 11 月 14 日原国家质量监督检验检疫总局令第 192 号公布并根据 2018 年 11 月 23 日海关总署令第 243 号修改的《出口食品生产企业备案管理规定》同时废止。

中华人民共和国海关进出口货物商品归类管理规定

(2021年9月18日海关总署令第252号公布,自2021年11月1日起实施)

第一条 为了规范进出口货物的商品归类,保证商品归类的准确性和统一性,根据《中华人民共和国海关法》(以下简称《海关法》)、《中华人民共和国进出口关税条例》(以下简称《关税条例》)以及其他有关法律、行政法规的规定,制定本规定。

第二条 本规定所称的商品归类,是指在《商品名称及编码协调制度公约》商品分类目录体系下,以《中华人民共和国进出口税则》为基础,按照《进出口税则商品及品目注释》《中华人民共和国进出口税则本国子目注释》以及海关总署发布的关于商品归类的行政裁定、商品归类决定的规定,确定进出口货物商品编码的行为。

进出口货物相关的国家标准、行业标准等可以作为商品归类的参考。

第三条 进出口货物收发货人或者其代理人(以下简称收发货人或者其代理人)对进出口货物进行商品归类,以及海关依法审核确定商品归类,适用本规定。

第四条 进出口货物的商品归类应当遵循客观、准确、统一的原则。

第五条 进出口货物的商品归类应当按照收发货人或者其代理人向海关申报时货物的实际状态确定。以提前申报方式进出口的货物,商品归类应当按照货物运抵海关监管区时的实际状态确定。法律、行政法规和海关总署规章另有规定的,依照有关规定办理。

第六条 由同一运输工具同时运抵同一口岸并且属于同一收货人、使用同一提单的多种进口货物,按照商品归类规则应当归入同一商品编码的,该收货人或者其代理人应当将有关商品一并归入该商品编码向海关申报。法律、行政法规和海关总署规章另有规定的,依照有关规定办理。

第七条 收发货人或者其代理人应当依照法律、行政法规以及其他相关规定,如实、准确申报其进出口货物的商品名称、规格型号等事项,并且对其申报的进出口货物进行商品归类,确定相应的商品编码。

第八条 海关在审核确定收发货人或者其代理人申报的商品归类事项时,可以依照《海关法》和《关税条例》的规定行使下列权力,收发货人或者其代理人应当予以配合:

(一)查阅、复制有关单证、资料;

(二)要求收发货人或者其代理人提供必要的样品及相关商品资料,包括外文资料的中文译文并且对译文内容负责;

(三)组织对进出口货物实施化验、检验。

收发货人或者其代理人隐瞒有关情况,或者拖延、拒绝提供有关单证、资料的,海关可以依法审核确定进出口货物的商品归类。

第九条 必要时,海关可以要求收发货人或者其代理人补充申报。

第十条 收发货人或者其代理人向海关提供的资料涉及商业秘密、未披露信息或者保密商务信息,要求海关予以保密的,应当以书面方式向海关提出保密要求,并且具体列明需要保密的内容。收发货人或者其代理人不得以商业秘密为理由拒绝向海关提供有关资料。

海关按照国家有关规定承担保密义务。

第十一条 必要时,海关可以依据《中华人民共和国进出口税则》《进出口税则商品及品目注释》《中华人民共和国进出口税则本国子目注释》和国家标准、行业标准,以及海关化验方法等,对进出口货物的属性、成分、含量、结构、品质、规格等进行化验、检验,并将化验、检验结果作为商品归类的依据。

第十二条 海关对进出口货物实施取样化验、检验的,收发货人或者其代理人应当到场协助,负责搬移货物,开拆和重封货物的包装,并按照海关要求签字确认。

收发货人或者其代理人拒不到场,或者海关认为必要时,海关可以径行取样,并通知货物存放场所的经营人或者运输工具负责人签字确认。

第十三条 收发货人或者其代理人应当及时提供化验、检验样品的相关单证和技术资料,并对其真实性和有效性负责。

第十四条 除特殊情况外,海关技术机构应当自收到送检样品之日起 15 日内作出化验、检验结果。

第十五条 除特殊情况外,海关应当在化验、检验结果作出后的 1 个工作日内,将相关信息通知收发货人或者其代理人。收发货人或者其代理人要求提供化验、检验结果纸本的,海关应当提供。

第十六条 其他化验、检验机构作出的化验、检验结果与海关技术机构或者海关委托的化验、检验机构作出的化验、检验结果不一致的,以海关认定的化验、检验结果为准。

第十七条 收发货人或者其代理人对化验、检验结果有异议的,可以在收到化验、检验结果之日起 15 日内向海关提出书面复验申请,海关应当组织复验。

已经复验的,收发货人或者其代理人不得对同一样品再次申请复验。

第十八条 海关发现收发货人或者其代理人申报的商品归类不准确的,按照商品归类的有关规定予以重新确定,并且按照报关单修改和撤销有关规定予以办理。

收发货人或者其代理人发现其申报的商品归类需要修改的,应当按照报关单修改和撤销有关规定向海关提出申请。

第十九条 海关对货物的商品归类审核确定前,收发货人或者其代理人要求放行货物的,应当按照海关事务担保的有关规定提供担保。

国家对进出境货物有限制性规定,应当提供许可证件而不能提供的,以及法律、行政法规规定不得担保的其他情形,海关不得办理担保放行。

第二十条 收发货人或者其代理人就其进出口货物的商品归类提出行政裁定、预裁定申请的,应当按照行政裁定、预裁定管理的有关规定办理。

第二十一条 海关总署可以依据有关法律、行政法规规定,对进出口货物作出具有普遍约束力的商品归类决定,并对外公布。

进出口相同货物,应当适用相同的商品归类决定。

第二十二条 作出商品归类决定所依据的法律、行政法规以及其他相关规定发生变化的,商品归类决定同时失效。

商品归类决定失效的,应当由海关总署对外公布。

第二十三条 海关总署发现商品归类决定需要修改的,应当及时予以修改并对外公布。

第二十四条 海关总署发现商品归类决定存在错误的,应当及时予以撤销并对外公布。

第二十五条 因商品归类引起退税或者补征、追征税款以及征收滞纳金的,依照有关法律、行政法规以及海关总署规章的规定办理。

第二十六条 违反本规定,构成走私行为、违反海关监管规定行为或者其他违反《海关法》行为的,由海关依照《海关法》《中华人民共和国海关行政处罚实施条例》等有关规定予以处理;构成犯罪的,依法追究刑事责任。

第二十七条 本规定所称商品编码是指《中华人民共和国进出口税则》商品分类目录中的编码。

同一商品编码项下其他商品编号的确定，按照相关规定办理。

第二十八条 本规定由海关总署负责解释。

第二十九条 本规定自 2021 年 11 月 1 日起施行。2007 年 3 月 2 日海关总署令第 158 号公布、2014 年 3 月 13 日海关总署令第 218 号修改的《中华人民共和国海关进出口货物商品归类管理规定》，2008 年 10 月 13 日海关总署令第 176 号公布的《中华人民共和国海关化验管理办法》同时废止。

海关总署公告

关于在粤港地区实施来往香港公路车辆快速通关改革

(海关总署公告2007年第58号)

为适应区域经济发展的要求,进一步简化海关手续,提高粤港地区跨境公路运输通关效率,海关总署决定在粤港地区实施来往香港公路车辆快速通关改革,现将有关事项公告如下:

一、来往香港公路车辆快速通关是指从事来往香港公路货物运输业务的承运人或其代理人,在车辆进境前或出口货物报关单申报前,向海关申报载货清单电子数据,海关应用卫星定位管理设备和电子封志等监控手段实施途中监控,实现对车辆及其所载货物在公路口岸自动快速核放的一种通关方式。

二、经海关备案并使用海关认可的卫星定位管理设备和电子封志的车辆,其承运人或其代理人可选择来往香港公路车辆快速通关方式办理,具体包括以下三种:

(一)进出口货物收发货人或其代理人在车辆及所载货物运抵指运地或启运地海关监管场所前,向海关申报货物进出口的,按转关提前报关方式办理;

(二)进出口货物收发货人或其代理人在车辆及所载货物运抵指运地或启运地海关监管场所后,向海关申报货物进出口的,按直转方式办理;

(三)过境货物采用过境方式办理。

三、选择来往香港公路车辆快速通关方式的承运人或其代理人,在车辆抵达海关监管场所卡口通道时,应将纸质载货清单投入单证申报箱供海关核查,海关卡口控制与联网管理系统进行自动核放。正常情况下,海关人员不在相关纸质单证上批注、盖章;异常情况下,按海关提示操作。

四、选择来往香港公路车辆快速通关方式的承运人或其代理人,应当在车辆进境前或出口货物报关单申报前向海关申报载货清单电子数据,并在车辆抵达进境地或启运地海关监管场所1小时前进行车次确认,同一车次应当只对应一份载货清单。

五、承运人或其代理人未进行车次确认或车次提前确认不足1小时的,禁止入境或进入启运地海关监管场所。特殊情况经海关批准对车辆做滞后处理的,要求车辆等待至1小时之后,由海关对载货清单电子数据进行人工审核、放行操作。

六、已作车次确认的车辆抵达进境地或启运地海关监管场所前,承运人或其代理人如对载货清单进行修改,必须重新办理车次确认,海关重新计算载货清单提前申报时间。

七、自载货清单电子数据申报之日起超过5日,如该载货清单所对应的货物未运抵进境地或启运地海关监管场所办理手续,载货清单电子数据将被自动撤销。

八、除海关特准外,车辆经进境地海关放行后,指运地海关方可办理进口货物报关单接单手续。

对涉税货物,必须在车辆进境后,方可办理进口货物报关单接单手续。

车辆运抵指运地或启运地海关监管场所后方可办理进出口货物放行手续。

对采用转关提前报关方式的，同一车次对应的货物报关单，应一次性办理报关单接单手续。

九、进出口货物运抵进境地或出口启运地海关监管场所前，且海关尚未受理审核相对应的进出口货物报关单的，承运人或其代理人可自行修改或者撤销载货清单电子数据，但必须重新办理车次确认，海关重新计算载货清单提前申报时间。

十、货物已运抵进境地或启运地海关监管场所，或海关已办理了相对应的进出口货物报关单接单手续，承运人或其代理人如需修改纸质载货清单的，应向海关提出书面申请，经海关审核同意后，方可修改，提前向海关申报载货清单的时间将从修改载货清单电子数据后重新计算。其中：

（一）承运进口货物时，在车辆离开进境地海关前，向进境地海关申请；离开进境地海关后，向指运地海关申请。

（二）承运出口货物时，向启运地海关申请；

（三）承运过境货物时，向进境地海关申请。

十一、货物入境后、运抵指运地海关监管场所前；出口货物的车辆启运后、运抵出境地海关监管场所前，承运人或其代理人如确需作废纸质载货清单电子数据的，应向海关提出书面申请，经海关审核同意后，方可作废，并重新申报载货清单电子数据。如对应的出口货物报关单已通过海关审核的，须在撤销对应的出口货物报关单后，方可办理纸质载货清单的作废手续。其中：

（一）承运进口货物或过境货物时，向进境地海关申请；

（二）承运出口货物时，向启运地海关申请。

货物运抵指运地或出境地海关监管场所后，海关不接受承运人或其代理人作废纸质载货清单的申请。

十二、转关提前报关、直转方式下，海关对含有《中华人民共和国海关关于转关货物监管办法》（海关总署令第89号）附件1《限制转关物品清单》范围物品的载货清单不接受申报。

过境方式下，海关对含有《中华人民共和国海关对过境货物监管办法》（海关总署令第38号）规定禁止过境货物的载货清单不接受申报。

十三、来往香港公路车辆快速通关方式下，来往内地与香港的货运车辆使用的纸质载货清单为《内地海关及香港海关陆路进/出境载货清单》。纸质载货清单必须经海关确认后方可打印，内容应与向海关申报的载货清单电子数据完全一致。

十四、对同一车次载运多个集装箱或使用多个电子封志的，所施加的全部电子封志号应在载货清单上列明。

十五、进口货物运抵指运地海关监管场所后，因故需要退运的，需经书面申请及指运地海关核准，按转关货物的退运方式办理。

十六、出口货物运抵出境地海关监管场所后，因故需要退运的，需经书面申请及出境地海关核准，按转关货物的退运方式办理。

十七、对因电脑系统故障，货物在进境地或启运地海关无法按来往香港公路车辆快速通关方式通关的，承运人或其代理人应当改按转关方式办理。承运人或其代理人必须在电脑系统恢复正常后的一个工作日内，向海关补预录入相应的载货清单电子数据。

十八、选择来往香港公路车辆快速通关方式的承运人或其代理人，应当按海关要求将货物运抵指定的场所。货物运输途中因交通意外等原因需更换运输工具或驾驶员的，承运人或其代理人应及时报告附近海关。经附近海关核实同意后，监管换装并通知进境地、指运地或启运地、出境地海关。

十九、本公告中未明确事项按《中华人民共和国海关关于转关货物监管办法》等有关规定办理。

二十、本公告适用于广东省内具备来往香港公路车辆快速通关条件的各类监管区域或场所。

二十一、本公告由海关总署负责解释。

二十二、本公告自2007年11月10日起施行。

特此公告。

二〇〇七年十一月一日

关于调整进出境个人邮递物品管理措施有关事宜

（海关总署公告2010年第43号）

为进一步规范对进出境个人邮递物品的监管，照顾收件人、寄件人合理需要，现就有关事项公告如下：

一、个人邮寄进境物品，海关依法征收进口税，但应征进口税税额在人民币50元（含50元）以下的，海关予以免征。

二、个人寄自或寄往港、澳、台地区的物品，每次限值为800元人民币；寄自或寄往其他国家和地区的物品，每次限值为1000元人民币。

三、个人邮寄进出境物品超出规定限值的，应办理退运手续或者按照货物规定办理通关手续。但邮包内仅有一件物品且不可分割的，虽超出规定限值，经海关审核确属个人自用的，可以按照个人物品规定办理通关手续。

四、邮运进出口的商业性邮件，应按照货物规定办理通关手续。

五、本公告内容自2010年9月1日起实行。原《海关总署关于调整进出境邮件中个人物品的限值和免税额的通知》（署监〔1994〕774号）同时废止。

特此公告。

二〇一〇年七月二日

关于增列海关监管方式代码的公告

（海关总署公告2014年第12号）

为促进跨境贸易电子商务零售进出口业务发展，方便企业通关，规范海关管理，实现贸易统计，决定增列海关监管方式代码，现将有关事项公告如下：

一、增列海关监管方式代码"9610"，全称"跨境贸易电子商务"，简称"电子商务"，适用于境内个人或电子商务企业通过电子商务交易平台实现交易，并采用"清单核放、汇总申报"模式办理通关手续的电子商务零售进出口商品（通过海关特殊监管区域或保税监管场所一线的电子商务零售进出口商品除外)。

二、以"9610"海关监管方式开展电子商务零售进出口业务的电子商务企业、监管场所经营企业、支付企业和物流企业应当按照规定向海关备案,并通过电子商务通关服务平台实时向电子商务通关管理平台传送交易、支付、仓储和物流等数据。

上述规定自2014年2月10日起实施。

特此公告。

海关总署

2014年1月24日

关于增列海关监管方式代码的公告

(海关总署公告2014年第57号)

为促进跨境贸易电子商务进出口业务发展,方便企业通关,规范海关管理,实施海关统计,决定增列海关监管方式代码,现将有关事项公告如下:

一、增列海关监管方式代码"1210",全称"保税跨境贸易电子商务",简称"保税电商"。适用于境内个人或电子商务企业在经海关认可的电子商务平台实现跨境交易,并通过海关特殊监管区域或保税监管场所进出的电子商务零售进出境商品[海关特殊监管区域、保税监管场所与境内区外(场所外)之间通过电子商务平台交易的零售进出口商品不适用该监管方式]。

"1210"监管方式用于进口时仅限经批准开展跨境贸易电子商务进口试点的海关特殊监管区域和保税物流中心(B型)。

二、以"1210"海关监管方式开展跨境贸易电子商务零售进出口业务的电子商务企业、海关特殊监管区域或保税监管场所内跨境贸易电子商务经营企业、支付企业和物流企业应当按照规定向海关备案,并通过电子商务平台实时传送交易、支付、仓储和物流等数据。

上述规定自2014年8月1日起实施。

特此公告。

海关总署

2014年7月30日

关于启用新快件通关系统相关事宜的公告

(海关总署公告2016年第19号)

为规范海关对进出境快件监管,加大信息化技术运用,提高通关效率,方便进出境快件通关,海关总署决定,自2016年6月1日起,正式启用新版快件通关管理系统(以下简称新快件系统),

原快件通关管理系统中的报关功能同时停止使用。现就相关事宜公告如下：

一、新快件系统适用于文件类进出境快件（以下简称 A 类快件）、个人物品类进出境快件（以下简称 B 类快件）和低值货物类进出境快件（以下简称 C 类快件）报关。其中：

A 类快件是指无商业价值的文件、单证、票据和资料（依照法律、行政法规以及国家有关规定应当予以征税的除外）。

B 类快件是指境内收寄件人（自然人）收取或者交寄的个人自用物品（旅客分离运输行李物品除外）。

C 类快件是指价值在 5000 元人民币（不包括运、保、杂费等）及以下的货物（涉及许可证件管制的，需要办理出口退税、出口收汇或者进口付汇的除外）。

二、A 类快件报关时，快件运营人应当向海关提交 A 类快件报关单（格式详见附件）、总运单（复印件）和海关需要的其他单证。

B 类快件报关时，快件运营人应当向海关提交 B 类快件报关单（格式详见附件）、每一进出境快件的分运单、进境快件收件人或出境快件发件人身份证影印件和海关需要的其他单证。B 类快件的限量、限值、税收征管等事项应当符合海关总署关于邮递进出境个人物品相关规定。

C 类快件报关时，快件运营人应当向海关提交 C 类快件报关单（格式详见附件）、代理报关委托书或者委托报关协议、每一进出境快件的分运单、发票和海关需要的其他单证，并按照进出境货物规定缴纳税款。进出境 C 类快件的监管方式为"一般贸易"或者"货样广告品 A"，征免性质为"一般征税"，征减免税方式为"照章征税"。

快件运营人按照上述规定提交复印件（影印件）的，海关可要求快件运营人提供原件验核。

三、通过快件渠道进出境的其他货物、物品，应当按照海关对进出境货物、物品的现行规定办理海关手续。

四、自本公告施行之日起，《中华人民共和国海关对进出境快件监管办法》（海关总署令第 104 号公布，第 147 号、第 198 号修改）第十条、第十一条、第十二条、第十三条暂停执行；《海关总署关于进境 KJ3 类快件的申报规范和快件渠道进出境个人物品监管有关问题的公告》（海关总署 2009 年第 39 号公告）、《海关总署关于对中华人民共和国海关进出境快件报关单申报内容进行调整的公告》（海关总署 2010 年第 41 号公告）同时废止。

特此公告。

附件：快件报关单打印格式（略）

海关总署
2016 年 3 月 9 日

关于增列海关监管方式代码的公告

（海关总署公告 2016 年第 75 号）

为促进跨境贸易电子商务进出口业务发展，方便企业通关，规范海关管理，实施海关统计，决定增列海关监管方式代码，现将有关事项公告如下：

一、增列海关监管方式代码"1239",全称"保税跨境贸易电子商务A",简称"保税电商A"。适用于境内电子商务企业通过海关特殊监管区域或保税物流中心（B型）一线进境的跨境电子商务零售进口商品。

二、天津、上海、杭州、宁波、福州、平潭、郑州、广州、深圳、重庆等10个城市开展跨境电子商务零售进口业务暂不适用"1239"监管方式。

上述规定自2016年12月1日起实施。

特此公告。

海关总署
2016年12月5日

关于机检查验正常放行货物查验记录签字有关问题的公告

（海关总署公告2017年第39号）

为进一步优化货物通关流程，简化监管查验作业环节，海关总署将取消收发货人在机检查验正常放行（即机检查验未见异常无须转人工查验）货物的《海关货物查验记录单》上签字确认的相关要求，现将有关事项公告如下：

一、对于机检查验正常放行货物，在机检查验结束后，可由海关监管作业场所经营人或运输工具负责人在《海关货物查验记录单》上签字，海关不再限定由收发货人或其代理人签字确认。

二、可采取现场签字或事后集中签字的方式在上述《海关货物查验记录单》上签字确认，事后集中签字不得晚于机检查验完成后5个工作日。

三、本公告自2017年9月1日起执行。

特此公告。

海关总署
2017年8月31日

关于启动实施TIR公约试点有关事项的公告

（海关总署公告2018年第30号）

为推动《国际公路运输公约》（《TIR公约》）落地实施，推进国际道路运输便利化，提升进出口陆路运输货物通关效率，海关总署决定启动TIR运输试点，现将有关事项公告如下：

一、TIR运输是指持有由《TIR公约》缔约国担保、发证机构发放的TIR证的运输工具负责人（以下称TIR证持证人），根据《TIR公约》规定的TIR运输程序，将TIR证列明的货物从启运地海关运至目的地海关的行为。

二、从事 TIR 运输的车辆（以下称 TIR 运输车辆）应当取得 TIR 运输车辆批准证明书，并悬挂 TIR 标识牌。

TIR 运输期间，TIR 运输车辆批准证明书应当在其列明的有效期内。

三、我国 TIR 运输的担保、发证机构为中国道路运输协会（以下简称中国道协）。

我国 TIR 运输车辆批准证明书发证机构为交通运输部公路科学研究所汽车运输研究中心。

四、我国 TIR 运输试点口岸为霍尔果斯口岸、伊尔克什坦口岸、二连浩特公路口岸、满洲里公路口岸、绥芬河口岸。

五、TIR 证持证人开始 TIR 运输前，应当通过 TIR 电子预申报系统，向海关申报 TIR 证电子数据，并在收到海关接受的反馈信息后，按照《TIR 证使用手册》（详见附件）有关要求填制 TIR 证。

六、TIR 运输车辆到达海关监管作业场所后，TIR 证持证人应当向海关交验 TIR 证、TIR 运输车辆批准证明书。

其中，TIR 证向启运地海关交验之日，应当在 TIR 证首页显示的 TIR 有效日期之内。

七、经启运地海关验核有关材料无误、施加海关封志，并完成相关 TIR 运输海关手续后，TIR 证持证人方可开始 TIR 运输。

经出境地、进境地海关验核有关材料及海关封志无误，并完成相关 TIR 运输海关手续后，TIR 证持证人方可继续 TIR 运输。

经目的地海关验核有关材料及海关封志无误，并完成相关 TIR 运输海关手续后，TIR 证持证人方可结束 TIR 运输。

八、不具备加封条件的长大笨重货物，TIR 证持证人应当在开始 TIR 运输前，将包装单、照片、绘图等辨认所载货物所需的材料附在 TIR 证首页内侧上。

九、TIR 运输期间发生货物装卸的，相关监管作业场所经营人应当按照现行海关监管货物境内运输管理规定，向海关传输装载信息、到货信息等。

十、TIR 运输货物因故不再运往目的地，或经海关验核 TIR 证号无效，需要中止 TIR 运输的，TIR 证持证人应当按照现行进出口或过境货物管理规定，向海关申请办理相关手续。

十一、邻国的出境地海关未予结关或结关手续不当，进境地海关要求 TIR 证持证人补办相关手续的，TIR 证持证人应当返回邻国的出境地海关补办相关手续。

十二、TIR 证持证人应当遵守我国进出口货物和过境货物的相关禁限规定，配合海关检查查验作业，并按照海关要求做好相关情况说明工作。TIR 运输货物不得包括 HS 编码为 22.07.10、22.08、24.02.10、24.02.20、24.03.11 和 24.03.19 六类酒精和烟草产品。

TIR 证存在非中文方式填制内容的，TIR 证持证人须提供相关翻译文件及真实性的承诺书。

TIR 运输过程中遇有突发情况的，TIR 证持证人应当立即向海关报告。

十三、TIR 证持证人需变更 TIR 证有关内容的，应当在划去有误之处、补上所需内容、签章确认无讹后，交海关验核无误并加盖"验讫章"。

十四、TIR 运输发生未按规定时限过境运输出境等违反相关规定情形，涉及进出口税费及滞纳金的，TIR 证持证人应当按照现行规定，向海关缴纳进出口税费及滞纳金。

十五、TIR 运输货物损毁或者灭失的，除不可抗力外，TIR 证持证人应当承担相应的纳税义务和法律责任。

TIR 运输货物，由于毁坏、丢失、被窃等特殊原因，不能继续完成 TIR 作业的，TIR 证持证人应向海关办理 TIR 作业结束和进口报关手续；因不可抗力遭受毁坏或灭失而不能继续完成 TIR 作业的，海关根据其受损状况，减征或免征关税和进口环节税。

十六、中国道协收到海关委托其向 TIR 证持证人发出的违规通知（通知包括 TIR 证号码、海关接受 TIR 证的日期、发出通知的原因，以及 TIR 证相应凭单复印件等信息）后，应当在 3 个月内通知相应的 TIR 证持证人或直接责任人。

中国道协收到海关发出的索赔声明（声明包括 TIR 证号码、需缴纳的进出口税费及滞纳金的款项计算明细、索赔原因、基本情况说明，以及 TIR 证相应凭单复印件等信息）后，应当在声明发出之日起 3 个月内将要求款项交至指定账户。

十七、本公告未尽事宜，按照《TIR 公约》和现行国内法律法规办理。

本公告内容自 2018 年 5 月 1 日起施行。

特此公告。

附件：TIR 证使用手册（略）

海关总署
2018 年 4 月 16 日

关于发布进出境舱单水运、空运货物舱单电子报文格式 V1.2 的公告

（海关总署公告 2018 年第 40 号）

为进一步完善进出境水运和空运货物舱单电子报文格式标准，根据海关总署 2017 年第 56 号公告，我署制定了进出境舱单水运、空运货物舱单电子报文格式 V1.2 版，主要变更了进出境水运、空运"原始舱单"、"预配舱单"报文格式，具体包括：《中国海关进出境水运、空运货物舱单报文 XML Schema》《中国海关进出境舱单水运、空运货物舱单报文格式 V1.2 制定说明》《中国海关进出境舱单水运、空运货物舱单报文格式变更说明》（详见附件 1-3）。以上资料可在海关总署门户网站公告栏下载。

本公告自 2018 年 6 月 1 日起执行。海关总署公告 2010 年第 77 号同时废止。

特此公告。

附件：1. 中国海关进出境水运、空运货物舱单报文 XML Schema（略）
2. 中国海关进出境舱单水运、空运货物舱单报文格式 V1.2 制定说明（略）
3. 中国海关进出境舱单水运、空运货物舱单报文格式变更说明（略）

海关总署
2018 年 5 月 14 日

关于试点实施 TIR 公约有关事项

(海关总署公告 2018 年第 42 号)

为加快推进《国际公路运输公约》(《TIR 公约》)在我国落地实施,海关总署决定扩大 TIR 运输试点范围,进一步明确可以从事 TIR 运输的承运人及其车辆,现将有关事项公告如下:

一、在原中华人民共和国海关总署 2018 年 30 号公告明确的霍尔果斯口岸、伊尔克什坦口岸、二连浩特公路口岸、满洲里公路口岸、绥芬河口岸试点范围基础上,增加大连港口岸为我国 TIR 运输试点口岸。

二、对同我国签有双边汽车运输协定的国家,其承运人及车辆在符合协定规定的情形下,可以按照公约规定从事 TIR 运输活动。

本公告内容自 2018 年 5 月 18 日起施行。

特此公告。

海关总署
2018 年 5 月 14 日

关于调整水空运进出境运输工具及货运舱单管理有关事项的公告

(海关总署公告 2018 年第 93 号)

2018 年 5 月 29 日,海关总署公布了《海关总署关于修改部分规章的决定》(海关总署令第 240 号),对《中华人民共和国海关进出境运输工具监管办法》和《中华人民共和国海关进出境运输工具舱单管理办法》(以下简称《舱单办法》)有关规定作出修改。现就水、空运进出境运输工具及货运舱单管理有关事项公告如下:

一、在《舱单办法》第二条第二款中所提"总提(运)单"和"分提(运)单",对于船舶运输即总提单和分提单。总提单是指由运输工具负责人、船舶代理企业签发的提单(即 MASTER B/L),分提单是指在总提单项下,由无船承运业务经营人签发的提单(即 HOUSE B/L)。

二、关于备案

(一)境内无法人资格企业备案。

境内无法人资格的船舶运输企业,应当委托已在海关备案的境内船舶代理企业向海关传输舱单。

(二)分支机构备案。

舱单传输人在境内有分支机构的,分支机构应当将分支机构地址、联系人和电话在经营业务所在地直属海关或其授权的隶属海关备案。

三、过境、转运、通运货物信息传输

(一)过境货物,舱单及相关电子数据传输人应当按照《舱单办法》规定传输进出境舱单及相关电子数据。

（二）转运货物，舱单传输人应当按照《舱单办法》规定向海关传输原始舱单、预配舱单、装载舱单以及理货报告等电子数据。

（三）通运货物，舱单及相关电子数据传输人暂不传输舱单及相关电子数据。

四、负责传输电子数据的企业应当严格按照海关总署有关规章及《海关总署关于水空运进出境运输工具及其载运货物、物品舱单申报传输时限的规定》（见附件）时限向海关传输运输工具及舱单电子数据。

五、出口货物采取边运抵边装船的，经海关船边实际验核后，即视为货物运抵，并向海关传输运抵报告。运抵报告传输后，货物、物品应当在3日内装载完毕。

六、同一船舶载有集装箱货物和非集装箱货物进境的，舱单传输人应当按照《舱单办法》第九条第（一）项规定的集装箱船舶和非集装箱船舶传输时限分别传输原始舱单数据。

七、舱单传输人应当向海关传输调拨进出境空箱电子数据；空箱未按报送数据实际装卸的，舱单传输人应当按照相关规定办理空箱的电子数据变更手续。

八、本公告自发布之日起施行。海关总署公告2008年第97号和第101号同时废止。

特此公告。

附件：海关总署关于水空运进出境运输工具及其载运货物、物品舱单申报传输时限的规定

海关总署
2018年7月13日

附件

海关总署关于水空运进出境运输工具及其载运货物、物品舱单申报传输时限的规定

一、进出境船舶（包括来往香港、澳门小型船舶）及其载运货物、物品舱单

（一）进出境船舶负责人应当在下列时限，以电子数据形式向海关申报运输工具动态：

1. 预报动态。

载有货物、物品的进出境船舶，应当在原始舱单或预配舱单主要数据传输以前；

未载有货物、物品的进出境船舶，应当在抵、离港之前。

2. 确报动态。

进境确报动态应当在进境船舶抵港以前；

出境确报动态应当在出境船舶驶离时。

3. 抵港报。

进境船舶抵达锚地或直接靠泊时；

出境船舶不设置（无）抵港报。

4.《中华人民共和国海关船舶进境（港）申报单》电子数据，在进境船舶驶达锚地或直接靠泊时；

《中华人民共和国海关船舶出境（港）申报单》电子数据，在出境船舶驶离锚地或直接离泊时。

（二）舱单传输人应当在下列时限，以电子数据形式向海关传输进出口货物、物品舱单电子数据：

1. 进境集装箱船舶，在货物、物品开始装船的 24 小时以前；经境外港口转运的集装箱货物、物品，在最后一个境外转运港装船的 24 小时以前。

出境集装箱船舶，在货物、物品装船的 24 小时以前。

2. 进境非集装箱船舶，在抵达境内第一目的港的 24 小时以前；航程 24 小时以内的，抵达境内第一目的港前。

出境非集装箱船舶，在开始装载货物、物品的 2 小时以前。

3. 进境船舶同时装载集装箱、非集装箱货物和物品的，应当按照第 1、2 项分别传输；

出境船舶同时装载集装箱、非集装箱货物和物品的，应当按照第 1、2 项分别传输。

4. 进境客货班轮（航程 24 小时以下），在开始装载货物、物品的 2 小时以前；

出境客货班轮，在开始装载货物、物品的 2 小时以前。

5. 进境的其他短途船舶（航程 24 小时以下），在开始装载货物、物品的 4 小时以前；

出境的其他短途船舶（航程 24 小时以下），在开始装载货物、物品的 4 小时以前。

6. 调拨进境的空箱，在船舶抵达目的港以前；

调拨出境的空箱，在空箱装船的 2 小时以前。

7. 货物、物品在境内港口转运时，应当在进境船舶抵达卸货港前；

转运出境的货物、物品，在转运出境装船 2 小时以前。

二、进出境航空器及其载运货物、物品舱单

（一）进出境航空器负责人应当在下列时限，以电子数据形式向海关申报运输工具动态：

1. 进境"当日飞行计划"在航空器预计抵达境内第一目的港当日零时前；

出境"当日飞行计划"在航空器预计驶离出发港当日零时前。

2. 进境航程超过 4 小时的，"预报动态"在航空器抵达境内第一目的港的 4 小时以前；进境航程在 4 小时以内的，"预报动态"在航空器起飞时；

出境"预报动态"在航空器驶离设立海关地点的 2 小时以前。

3. 进境"确报动态"在航空器抵达境内第一目的港的 30 分钟以内；

出境"确报动态"在航空器驶离设立海关地点后 30 分钟以内。

4. 《中华人民共和国海关航空器进境（港）总申报单》电子数据，在进境航空器抵达境内第一目的港的 30 分钟以内；

《中华人民共和国海关航空器出境（港）总申报单》电子数据，在出境航空器驶离设立海关地点前 30 分钟以内。

5. 进出境"航班取消"在"当日飞行计划"后、"确报动态"前发送。

（二）舱单传输人应在下列时限，以电子数据形式向海关传输进出口货物、物品舱单电子数据：

进境航程 4 小时以下的，航空器起飞前；航程超过 4 小时的，航空器抵达境内第一目的港的 4 小时以前。

出境航空器在开始装载货物、物品的 4 小时以前。

关于修订跨境电子商务统一版信息化系统企业接入报文规范的公告

(海关总署公告2018年第113号)

根据关检融合需求,现将跨境电子商务统一版信息化系统企业申报数据项接入报文规范修订事宜公告如下:

一、报文修订情况详见下表:

序号	中文名称	英文名称	数据格式	是否必填	说明	变更内容
进口清单表体					
1	商品规格型号	gmodel	C..510	是	填写品名、牌名、规格、型号、成份、含量、等级等,满足海关归类、审价、监管要求	由 C..250 扩充为 C..510
2	贸易国	tradeCountry	C3	否	按海关规定的《国别(地区)代码表》选择填报相应的贸易国(地区)代码。	新增填制要求
进口电子订单表头					
3	订购人电话	buyerTelephone	C..30	是	海关监管对象的电话,要求实际联系电话	新增填制要求
进口电子订单表体					
4	商品规格型号	gmodel	C..510	是	满足海关归类、审价以及监管的要求为准。包括:品名、牌名、规格、型号、成份、含量、等级等	新增填制要求
进口运单表头					
5	订单编号	orderNo	C..60	是	交易平台的订单编号,同一交易平台应唯一。	新增填制要求

修订后的报文规范和经过海关验证的传输协议及接入服务产品参见《海关跨境统一版系统企业对接报文规范(试行)》(详见附件1)。

二、企业对于其向海关所申报及传输的电子数据承担法律责任,电子单证数据使用数字签名技术。具体如下表所示:

表1 进口业务单证责任主体

序号	业务单证	责任主体	数字签名
1	进口清单	电商企业或其代理人	是
2	电子订单	电商企业或电商平台或受委托的快件运营人、邮政企业	是
3	支付单	支付企业或受委托的快件运营人、邮政企业	是

续表

序号	业务单证	责任主体	数字签名
4	运单	物流企业	是
5	运单状态	物流企业	是
6	撤销申请单	电商企业或其代理人	是
7	退货申请单	电商企业或其代理人	是
8	入库明细单	海关监管作业场所经营企业	是

表2　出口业务单证责任主体

序号	业务单证	责任主体	数字签名
1	出口清单	电商企业或其代理人	是
2	电子订单	电商企业或电商平台	是
3	收款单	电商企业	是
4	运单	物流企业	是
5	运抵单	海关监管作业场所经营企业	是
6	离境单	物流企业	是
7	清单总分单	电商企业或其代理人	是
8	撤销申请单	电商企业或其代理人	是
9	汇总申请单	电商企业或其代理人	是

企业数字签名的技术要求及密码产品选型参见《海关跨境统一版系统密码产品选型和使用指南》(详见附件2)，请企业根据实际业务配置。

三、支持提供跨境统一版系统清单录入功能。电子商务企业或其代理人可登录"互联网+海关"一体化网上办事服务平台使用"跨境电子商务"功能进行清单录入、修改、申报、查询等操作。

四、有关跨境统一版系统企业用户操作手册及企业对接报文标准等附件文档，如有变更将通过"互联网+海关"一体化网上办事服务平台"文档资料"栏目及时发布。

本公告自2018年9月30日起施行，海关总署2018年第56号公告同时废止。

以上事宜可咨询海关服务热线：12360。

特此公告。

附件：1. 海关跨境统一版系统企业对接报文规范（试行）（略）
　　　2. 海关跨境统一版系统密码产品选型和使用指南（略）

海关总署
2018年9月4日

关于升级新版快件通关管理系统相关事宜的公告

(海关总署公告2018年第119号)

为实现快件领域关检融合，优化进出境快件监管，提高快件通关效率，海关总署决定于2018年9月25日对新版快件通关管理系统（以下简称新快件系统）进行升级，现将相关事宜公告如下：

一、海关总署2016年第19号公告中的文件类进出境快件（简称A类快件）、个人物品类进出境快件（简称B类快件）分类不变；对低值货物类进出境快件（简称C类快件）范围进行调整，C类快件是指价值在5000元人民币（不包括运、保、杂费等）及以下的货物，但符合以下条件之一的除外：

（一）涉及许可证件管制的；

（二）需要办理出口退税、出口收汇或者进口付汇的；

（三）一般贸易监管方式下依法应当进行检验检疫的；

（四）货样广告品监管方式下依法应当进行口岸检疫的。

二、升级后的新快件系统适用于A、B、C类快件报关。

三、A、B、C类快件通关环节检验检疫有关系统停止使用。

四、快件运营人应当如实向海关申报，并按照海关要求提供相关材料。

本公告自2018年9月25日起实施。

特此公告。

海关总署

2018年9月21日

关于调整部分进口矿产品监管方式的公告

(海关总署公告2018年第134号)

为进一步改善营商环境、压缩口岸通关时长，根据进口铁矿监管方式改革试行情况，经风险评估，决定将部分进口矿产品监管方式调整为"先放后检"。现就有关事项公告如下：

一、"先放"指进口矿产品经现场检验检疫（包括放射性检测、外来夹杂物检疫、数重量鉴定、外观检验以及取制样等）符合要求后，即可提离海关监管作业场所；"后检"指进口矿产品提离后实施实验室检测并签发证书。

二、对进口铁矿、锰矿、铬矿、铅矿及其精矿，锌矿及其精矿，采取"先放后检"监管方式。

三、现场检验检疫中如发现货物存在放射性超标、疑似或掺杂固体废物、货证不一致、外来夹杂物等情况，不适用"先放后检"监管方式。

四、海关完成合格评定并签发证书后，企业方可销售、使用进口矿产品。

五、监管中发现存在安全、卫生、环保、贸易欺诈等重大问题的，海关将依法依规进行处置，并适时调整监管方式。

本公告自发布之日起施行。

特此公告。

海关总署
2018 年 10 月 19 日

关于启用进出境邮递物品信息化管理系统有关事宜的公告

（海关总署公告 2018 年第 164 号）

为进一步严密进出境邮件监管，提高邮件通关效率，海关总署决定自 2018 年 11 月 30 日起在全国海关推广使用进出境邮递物品信息化管理系统（以下简称"信息系统"）。现就有关事宜公告如下：

一、海关总署与中国邮政集团公司通过建立总对总对接的方式实现进出境邮件全国联网传输数据。

二、邮政企业负责采集邮件面单电子数据并向海关信息系统传输，面单信息包括收寄件人名称，收寄国家（地区）及具体地址，内件品名、数量、重量、价格（含币种）等。

进出境邮件面单数据不完整的，由邮政企业通知境内收寄件人办理补充申报手续。

三、进出境邮递物品所有人应当承担邮寄进出境物品的申报责任。

出境邮件的寄件人为申报主体；进境邮件以寄件人在邮件面单填写信息为申报内容，境内收件人可以补充邮件的有关申报内容，并对补充信息的真实性负责。

四、收件人或者寄件人可以自行向海关办理物品的通关手续，也可以委托代理人办理。

五、收件人或者寄件人声明放弃的邮件、在规定期限内未办理海关手续或者无人认领的邮件，以及无法投递又无法退回的进境邮件，由海关按照《中华人民共和国海关法》的规定处理。

六、海关通过信息系统向邮政企业发送对邮件的处置结果，邮政企业应当按照海关反馈的处置结果对邮件进行相应的业务处置。

七、邮政企业办理邮件总包的进境、出境、转关手续，应当向海关传输总包路单等相关电子数据。

本公告内容自 2018 年 11 月 30 日起施行。

特此公告。

海关总署
2018 年 11 月 8 日

关于实时获取跨境电子商务平台企业支付相关原始数据有关事宜的公告

(海关总署公告2018年第165号)

为进一步规范跨境电子商务零售进口业务的监管工作，根据《中华人民共和国电子商务法》有关规定，现将海关实时获取跨境电子商务平台企业支付相关原始数据有关事宜公告如下：

一、参与跨境电子商务零售进口业务的跨境电商平台企业应当向海关开放支付相关原始数据，供海关验核。

二、上述开放数据包括订单号、商品名称、交易金额、币制、收款人相关信息、商品展示链接地址、支付交易流水号、验核机构、交易成功时间以及海关认为必要的其他数据。

三、跨境电子商务零售进口统一版信息化系统原始数据实时获取方案详见附件。

本公告自2019年1月1日起执行。

特此公告。

附件：跨境电子商务零售进口统一版信息化系统原始数据实时获取方案（略）

海关总署
2018年11月8日

关于实时获取跨境电子商务平台企业支付相关原始数据接入有关事宜的公告

(海关总署公告2018年第179号)

为做好海关总署2018年165号公告执行工作，现就海关实时获取跨境电子商务平台企业支付相关原始数据企业接入有关事宜公告如下：

一、支付相关原始数据的接口文档及接入方式参见《海关跨境电商进口统一版信息化系统平台数据实时获取接口（试行）》（详见附件）。有关接口如有变更将通过"互联网+海关"一体化网上办事服务平台"文档资料"栏目及时发布。

二、跨境电子商务平台使用数字签名技术向海关提供数据，并对所提数据承担法律责任。

本公告自2019年1月1日起施行。

特此公告。

附件：海关跨境电商进口统一版信息化系统平台数据实时获取接口（试行）（略）

海关总署
2018年12月3日

关于全面开展舱单及相关电子数据变更作业无纸化

(海关总署公告 2018 年第 180 号)

为配合全国海关通关一体化改革，进一步便利进出境物流，海关总署决定全面开展舱单及相关电子数据变更作业无纸化。现将有关事项公告如下：

一、舱单传输人、舱单相关电子数据传输人可通过手工录入或报文导入的方式，向海关办理舱单及相关电子数据变更手续，无须提交纸质单证资料。

因海关管理需要，或者因系统故障等原因无法正常传输相关数据的，舱单传输人、舱单相关电子数据传输人应予提供纸质单证资料。

二、部分舱单及相关电子数据数据项调整如下：

(一) 在水空运《原始舱单数据项》《预配舱单数据项》《装载舱单数据项》《理货报告数据项和分拨货物、物品理货报告数据项》《运抵报告数据项和分拨、分流运抵报告数据项》《分拨货物、物品申请数据项和疏港分流申请数据项》《出口落装申请数据项》《出口落装改配申请数据项》中，增加"变更原因描述""变更申请联系人姓名""变更申请联系人电话"数据项。

(二) 在公路《原始舱单数据项》《预配舱单数据项》《运抵报告数据项》《理货报告数据项》《落货申请数据项》《落货改配申请数据项》中，增加"变更原因描述""变更申请联系人姓名""变更申请联系人电话"数据项。

(三) 在铁路《原始舱单数据项》《预配舱单数据项》《理货报告数据项》《运抵报告数据项》《运单归并数据项》《运单分票数据项》《进境货物准入申请数据项》《出境货物准出申请数据项》《铁路准入（出）到货信息数据项》《铁路准出离港信息数据项》中，增加"变更原因描述""变更申请联系人姓名""变更申请联系人电话"数据项。

三、"变更原因描述""变更申请联系人姓名""变更申请联系人电话"数据项填制规范如下：

(一) "变更原因描述"，填写舱单或舱单相关电子数据的变更原因及需要说明的情况，使用中文表述，最大长度支持 1024 位字符。

(二) "变更申请联系人姓名"，填写提交变更申请的企业联系人姓名，使用中文或英文表述，最大长度支持 50 位字符。

(三) "变更申请联系人电话"，填写变更申请联系人的联系电话，最大长度支持 50 位字符。

本公告自 2019 年 1 月 1 日起施行。

特此公告。

海关总署

2018 年 12 月 3 日

关于调整进出境舱单水运、空运货物舱单电子报文格式的公告

(海关总署公告2018年第182号)

为进一步完善进出境水运和空运货物舱单电子报文格式标准，根据海关总署2018年第120号公告，现调整进出境舱单水运、空运货物舱单电子报文格式，主要变更了进出境水运"水运国际转运准单"报文格式，具体包括：《中国海关进出境水运、空运货物舱单报文 XML Schema》《中国海关进出境舱单水运、空运货物舱单报文格式调整说明》《中国海关进出境舱单水运、空运货物舱单报文格式变更说明》（详见附件1-3）。以上资料可在海关总署门户网站公告栏下载。

特此公告。

附件：1.《中国海关进出境水运、空运货物舱单报文 XML Schema》（略）
2.《中国海关进出境舱单水运、空运货物舱单报文格式调整说明》（略）
3.《中国海关进出境舱单水运、空运货物舱单报文格式变更说明》（略）

海关总署
2018年12月3日

关于全面推行转关作业无纸化的公告

(海关总署公告2018年第193号)

为进一步规范和简化转关货物海关监管手续，海关总署决定全面推行转关作业无纸化，现将有关事项公告如下：

一、转关作业无纸化是指海关运用信息化技术，对企业向海关申报的转关申报单或者汽车载货清单电子数据进行审核、放行、核销，无须收取纸质单证、签发纸质关封、签注相关监管簿，实现全流程无纸化管理的转关作业方式。

企业无须再以纸质提交转关申报单或者汽车载货清单，交验《汽车载货登记簿》《中国籍国际航行船舶进出境（港）海关监管簿》《司机签证簿》。

海关需要验核相关纸质单证资料的，企业应当按照要求提供。

二、承运转关货物的厢式货车车厢或者集装箱箱门施加有完整商业封志的，企业应当在转关申报单或者汽车载货清单电子数据"关锁号"数据项中填入商业封志号，并在"关锁个数"数据项中填入商业封志个数。

承运转关货物的厢式货车车厢或者集装箱箱门施加有安全智能锁的，企业应当在转关申报单或者汽车载货清单电子数据"安全智能锁号"数据项中填入安全智能锁号。

三、转关货物的收发货人或其代理人、承运人或其代理人，以及监管作业场所经营人，凭海关转关货物电子放行信息，办理转关货物的提货和发运手续。

进口转关货物运抵指运地海关监管作业场所、出口转关货物运抵启运地海关监管作业场所后，监管作业场所经营人应当向海关申报转关运抵报告电子数据。

四、出口转关货物运抵出境地海关监管作业场所后，出境运输工具名称、航次（班）、提/运单号待定或者已发生变化时，企业可以向海关申请将相关电子数据数据项变更为实际出境的运输工具名称、航次（班）、提/运单号。

五、转关申报单或者汽车载货清单已通过系统放行后，无法修改变更转关电子数据或者因故不开展转关运输的，企业应当向海关申请办理转关退运或者作废手续。

六、如遇网络故障或其他不可抗力因素，企业无法向海关申报转关货物电子数据的，经海关同意，可以凭相关纸质单证材料办理转关手续；待故障排除后，企业应当及时向海关补充传输相关电子数据。

本公告自 2019 年 1 月 1 日起施行。

海关总署
2018 年 12 月 10 日

关于跨境电子商务零售进出口商品有关监管事宜的公告

（海关总署公告 2018 年第 194 号）

为做好跨境电子商务零售进出口商品监管工作，促进跨境电子商务健康有序发展，根据《中华人民共和国海关法》《中华人民共和国进出境动植物检疫法》《中华人民共和国进出口商品检验法》《中华人民共和国电子商务法》等法律法规和《商务部 发展改革委 财政部 海关总署 税务总局 市场监管总局关于完善跨境电子商务零售进口监管有关工作的通知》（商财发〔2018〕486 号）等国家有关跨境电子商务零售进出口相关政策规定，现就海关监管事宜公告如下：

一、适用范围

（一）跨境电子商务企业、消费者（订购人）通过跨境电子商务交易平台实现零售进出口商品交易，并根据海关要求传输相关交易电子数据的，按照本公告接受海关监管。

二、企业管理

（二）跨境电子商务平台企业、物流企业、支付企业等参与跨境电子商务零售进口业务的企业，应当依据海关报关单位注册登记管理相关规定，向所在地海关办理注册登记；境外跨境电子商务企业应委托境内代理人（以下称跨境电子商务企业境内代理人）向该代理人所在地海关办理注册登记。

跨境电子商务企业、物流企业等参与跨境电子商务零售出口业务的企业，应当向所在地海关办理信息登记；如需办理报关业务，向所在地海关办理注册登记。

物流企业应获得国家邮政管理部门颁发的《快递业务经营许可证》。直购进口模式下，物流企业应为邮政企业或者已向海关办理代理报关登记手续的进出境快件运营人。

支付企业为银行机构的，应具备银保监会或者原银监会颁发的《金融许可证》；支付企业为非银行支付机构的，应具备中国人民银行颁发的《支付业务许可证》，支付业务范围应当包括"互联网支付"。

（三）参与跨境电子商务零售进出口业务并在海关注册登记的企业，纳入海关信用管理，海关根据信用等级实施差异化的通关管理措施。

三、通关管理

（四）对跨境电子商务直购进口商品及适用"网购保税进口"（监管方式代码1210）进口政策的商品，按照个人自用进境物品监管，不执行有关商品首次进口许可批件、注册或备案要求。但对相关部门明令暂停进口的疫区商品和对出现重大质量安全风险的商品启动风险应急处置时除外。

适用"网购保税进口A"（监管方式代码1239）进口政策的商品，按《跨境电子商务零售进口商品清单（2018版）》尾注中的监管要求执行。

（五）海关对跨境电子商务零售进出口商品及其装载容器、包装物按照相关法律法规实施检疫，并根据相关规定实施必要的监管措施。

（六）跨境电子商务零售进口商品申报前，跨境电子商务平台企业或跨境电子商务企业境内代理人、支付企业、物流企业应当分别通过国际贸易"单一窗口"或跨境电子商务通关服务平台向海关传输交易、支付、物流等电子信息，并对数据真实性承担相应责任。

直购进口模式下，邮政企业、进出境快件运营人可以接受跨境电子商务平台企业或跨境电子商务企业境内代理人、支付企业的委托，在承诺承担相应法律责任的前提下，向海关传输交易、支付等电子信息。

（七）跨境电子商务零售出口商品申报前，跨境电子商务企业或其代理人、物流企业应当分别通过国际贸易"单一窗口"或跨境电子商务通关服务平台向海关传输交易、收款、物流等电子信息，并对数据真实性承担相应法律责任。

（八）跨境电子商务零售商品进口时，跨境电子商务企业境内代理人或其委托的报关企业应提交《中华人民共和国海关跨境电子商务零售进出口商品申报清单》（以下简称《申报清单》），采取"清单核放"方式办理报关手续。

跨境电子商务零售商品出口时，跨境电子商务企业或其代理人应提交《申报清单》，采取"清单核放、汇总申报"方式办理报关手续；跨境电子商务综合试验区内符合条件的跨境电子商务零售商品出口，可采取"清单核放、汇总统计"方式办理报关手续。

《申报清单》与《中华人民共和国海关进（出）口货物报关单》具有同等法律效力。

按照上述第（六）至（八）条要求传输、提交的电子信息应施加电子签名。

（九）开展跨境电子商务零售进口业务的跨境电子商务平台企业、跨境电子商务企业境内代理人应对交易真实性和消费者（订购人）身份信息真实性进行审核，并承担相应责任；身份信息未经国家主管部门或其授权的机构认证的，订购人与支付人应当为同一人。

（十）跨境电子商务零售商品出口后，跨境电子商务企业或其代理人应当于每月15日前（当月15日是法定节假日或者法定休息日的，顺延至其后的第一个工作日），将上月结关的《申报清单》依据清单表头同一收发货人、同一运输方式、同一生产销售单位、同一运抵国、同一出境关别，以及清单表体同一最终目的国、同一10位海关商品编码、同一币制的规则进行归并，汇总形成《中华人民共和国海关出口货物报关单》向海关申报。

允许以"清单核放、汇总统计"方式办理报关手续的，不再汇总形成《中华人民共和国海关出口货物报关单》。

（十一）《申报清单》的修改或者撤销，参照海关《中华人民共和国海关进（出）口货物报关单》修改或者撤销有关规定办理。

除特殊情况外，《申报清单》《中华人民共和国海关进（出）口货物报关单》应当采取通关无纸化作业方式进行申报。

四、税收征管

（十二）对跨境电子商务零售进口商品，海关按照国家关于跨境电子商务零售进口税收政策征收关税和进口环节增值税、消费税，完税价格为实际交易价格，包括商品零售价格、运费和保险费。

（十三）跨境电子商务零售进口商品消费者（订购人）为纳税义务人。在海关注册登记的跨境电子商务平台企业、物流企业或申报企业作为税款的代收代缴义务人，代为履行纳税义务，并承担相应的补税义务及相关法律责任。

（十四）代收代缴义务人应当如实、准确向海关申报跨境电子商务零售进口商品的商品名称、规格型号、税则号列、实际交易价格及相关费用等税收征管要素。

跨境电子商务零售进口商品的申报币制为人民币。

（十五）为审核确定跨境电子商务零售进口商品的归类、完税价格等，海关可以要求代收代缴义务人按照有关规定进行补充申报。

（十六）海关对符合监管规定的跨境电子商务零售进口商品按时段汇总计征税款，代收代缴义务人应当依法向海关提交足额有效的税款担保。

海关放行后30日内未发生退货或修撤单的，代收代缴义务人在放行后第31日至第45日内向海关办理纳税手续。

五、场所管理

（十七）跨境电子商务零售进出口商品监管作业场所必须符合海关相关规定。跨境电子商务监管作业场所经营人、仓储企业应当建立符合海关监管要求的计算机管理系统，并按照海关要求交换电子数据。其中开展跨境电子商务直购进口或一般出口业务的监管作业场所应按照快递类或者邮递类海关监管作业场所规范设置。

（十八）跨境电子商务网购保税进口业务应当在海关特殊监管区域或保税物流中心（B型）内开展。除另有规定外，参照本公告规定监管。

六、检疫、查验和物流管理

（十九）对需在进境口岸实施的检疫及检疫处理工作，应在完成后方可运至跨境电子商务监管作业场所。

（二十）网购保税进口业务：一线入区时以报关单方式进行申报，海关可以采取视频监控、联网核查、实地巡查、库存核对等方式加强对网购保税进口商品的实货监管。

（二十一）海关实施查验时，跨境电子商务企业或其代理人、跨境电子商务监管作业场所经营人、仓储企业应当按照有关规定提供便利，配合海关查验。

（二十二）跨境电子商务零售进出口商品可采用"跨境电商"模式进行转关。其中，跨境电子商务综合试验区所在地海关可将转关商品品名以总运单形式录入"跨境电子商务商品一批"，并需随附转关商品详细电子清单。

（二十三）网购保税进口商品可在海关特殊监管区域或保税物流中心（B型）间流转，按有关规定办理流转手续。以"网购保税进口"（监管方式代码1210）海关监管方式进境的商品，不得转入适用"网购保税进口A"（监管方式代码1239）的城市继续开展跨境电子商务零售进口业务。网购保税进口商品可在同一区域（中心）内的企业间进行流转。

七、退货管理

（二十四）在跨境电子商务零售进口模式下，允许跨境电子商务企业境内代理人或其委托的报关企业申请退货，退回的商品应当符合二次销售要求并在海关放行之日起30日内以原状运抵原监管作业场所，相应税款不予征收，并调整个人年度交易累计金额。

在跨境电子商务零售出口模式下，退回的商品按照有关规定办理有关手续。

（二十五）对超过保质期或有效期、商品或包装损毁、不符合我国有关监管政策等不适合境内销售的跨境电子商务零售进口商品，以及海关责令退运的跨境电子商务零售进口商品，按照有关规定退运出境或销毁。

八、其他事项

（二十六）从事跨境电子商务零售进出口业务的企业应向海关实时传输真实的业务相关电子数据和电子信息，并开放物流实时跟踪等信息共享接口，加强对海关风险防控方面的信息和数据支持，配合海关进行有效管理。

跨境电子商务企业及其代理人、跨境电子商务平台企业应建立商品质量安全等风险防控机制，加强对商品质量安全以及虚假交易、二次销售等非正常交易行为的监控，并采取相应处置措施。

跨境电子商务企业不得进出口涉及危害口岸公共卫生安全、生物安全、进出口食品和商品安全、侵犯知识产权的商品以及其他禁限商品，同时应当建立健全商品溯源机制并承担质量安全主体责任。鼓励跨境电子商务平台企业建立并完善进出口商品安全自律监管体系。

消费者（订购人）对于已购买的跨境电子商务零售进口商品不得再次销售。

（二十七）海关对跨境电子商务零售进口商品实施质量安全风险监测，责令相关企业对不合格或存在质量安全问题的商品采取风险消减措施，对尚未销售的按货物实施监管，并依法追究相关经营主体责任；对监测发现的质量安全高风险商品发布风险警示并采取相应管控措施。海关对跨境电子商务零售进口商品在商品销售前按照法律法规实施必要的检疫，并视情发布风险警示。

（二十八）跨境电子商务平台企业、跨境电子商务企业或其代理人、物流企业、跨境电子商务监管作业场所经营人、仓储企业发现涉嫌违规或走私行为的，应当及时主动告知海关。

（二十九）涉嫌走私或违反海关监管规定的参与跨境电子商务业务的企业，应配合海关调查，开放交易生产数据或原始记录数据。

海关对违反本公告，参与制造或传输虚假交易、支付、物流"三单"信息、为二次销售提供便利、未尽责审核消费者（订购人）身份信息真实性等，导致出现个人身份信息或年度购买额度被盗用、进行二次销售及其他违反海关监管规定情况的企业依法进行处罚。对涉嫌走私或违规的，由海关依法处理；构成犯罪的，依法追究刑事责任。对利用其他公民身份信息非法从事跨境电子商务零售进口业务的，海关按走私违规处理，并按违法利用公民信息的有关法律规定移交相关部门处理。对不涉嫌走私违规、首次发现的，进行约谈或暂停业务责令整改；再次发现的，一定时期内不允许其从事跨境电子商务零售进口业务，并交由其他行业主管部门按规定实施查处。

（三十）在海关注册登记的跨境电子商务企业及其境内代理人、跨境电子商务平台企业、支付企业、物流企业等应当接受海关稽核查。

（三十一）本公告有关用语的含义：

"跨境电子商务企业"是指自境外向境内消费者销售跨境电子商务零售进口商品的境外注册企业（不包括在海关特殊监管区域或保税物流中心内注册的企业），或者境内向境外消费者销售跨境电子商务零售出口商品的企业，为商品的货权所有人。

"跨境电子商务企业境内代理人"是指开展跨境电子商务零售进口业务的境外注册企业所委托的境内代理企业，由其在海关办理注册登记，承担如实申报责任，依法接受相关部门监管，并承担民事责任。

"跨境电子商务平台企业"是指在境内办理工商登记，为交易双方（消费者和跨境电子商务企业）提供网页空间、虚拟经营场所、交易规则、信息发布等服务，设立供交易双方独立开展交易活动的信息网络系统的经营者。

"支付企业"是指在境内办理工商登记，接受跨境电子商务平台企业或跨境电子商务企业境内代理人委托为其提供跨境电子商务零售进口支付服务的银行、非银行支付机构以及银联等。

"物流企业"是指在境内办理工商登记，接受跨境电子商务平台企业、跨境电子商务企业或其代理人委托为其提供跨境电子商务零售进出口物流服务的企业。

"消费者（订购人）"是指跨境电子商务零售进口商品的境内购买人。

"国际贸易'单一窗口'"是指由国务院口岸工作部际联席会议统筹推进，依托电子口岸公共平台建设的一站式贸易服务平台。申报人（包括参与跨境电子商务的企业）通过"单一窗口"向海关等口岸管理相关部门一次性申报，口岸管理相关部门通过电子口岸平台共享信息数据、实施职能管理，将执法结果通过"单一窗口"反馈申报人。

"跨境电子商务通关服务平台"是指由电子口岸搭建，实现企业、海关以及相关管理部门之间数据交换与信息共享的平台。

适用"网购保税进口"（监管方式代码1210）进口政策的城市：天津、上海、重庆、大连、杭州、宁波、青岛、广州、深圳、成都、苏州、合肥、福州、郑州、平潭、北京、呼和浩特、沈阳、长春、哈尔滨、南京、南昌、武汉、长沙、南宁、海口、贵阳、昆明、西安、兰州、厦门、唐山、无锡、威海、珠海、东莞、义乌等37个城市（地区）。

（三十二）本公告自2019年1月1日起施行，施行时间以海关接受《申报清单》申报时间为准，未尽事宜按海关有关规定办理。海关总署公告2016年第26号同时废止。

境内跨境电子商务企业已签订销售合同的，其跨境电子商务零售进口业务的开展可延长至2019年3月31日。

特此公告。

海关总署
2018年12月10日

关于跨境电子商务企业海关注册登记管理有关事宜的公告

（海关总署公告2018年第219号）

为进一步规范海关跨境电子商务监管工作，根据《中华人民共和国海关报关单位注册登记管理规定》、《商务部 发展改革委 财政部 海关总署 税务总局 市场监管总局关于完善跨境电子商务零售进口监管有关工作的通知》（商财发〔2018〕486号）等相关规定，现将参与跨境电子商务的企业海关注册登记管理有关事项公告如下：

一、跨境电子商务支付企业、物流企业应当按照海关总署2018年第194号公告的规定取得相关资质证书，并按照主管部门相关规定，在办理海关注册登记手续时提交相关资质证书。

二、在本公告实施之日前，已办理海关注册登记或信息登记的跨境电子商务物流企业、或仅办理海关信息登记的参与跨境电子商务进口业务的平台企业、支付企业，应当于2019年3月31日前按照规定办理海关注册登记或补充提交资质证书等手续。逾期未按规定办理的，其海关跨境电子商务企业信息不再有效。

本公告自 2019 年 1 月 1 日起施行，海关总署公告 2018 年第 27 号同时废止。

特此公告。

海关总署
2018 年 12 月 29 日

关于调整出口危险货物包装生产企业代码的公告

(海关总署公告 2019 年第 15 号)

为保障出口危险货物的运输安全，加强出口危险货物包装检验监管，现对出口危险货物包装生产企业代码进行调整。有关事项公告如下：

一、出口危险货物包装应带有联合国规定的危险货物包装标记，该标记应包括生产企业代码。海关对出口危险货物包装生产企业实施代码管理，代码应体现生产企业所在区域的直属海关信息。

二、生产企业代码由大写英文字母 C（代表"Customs"）和六位阿拉伯数字组成，前两位阿拉伯数字代表企业所在区域的直属海关（直属海关代码表见附件），后四位阿拉伯数字 0001—9999 代表生产企业。如：C230003 中，"23"代表南京海关，"0003"代表南京海关编列的顺序号为 0003 的关区内企业。

三、本公告发布前已获得代码的企业，在 2019 年 6 月 30 日前可按原代码申请《出入境货物包装性能检验结果单》，但需于 6 月 30 日前完成代码的变更工作。2019 年 7 月 1 日起，海关不再受理原代码的包装性能检验申请。

本公告自发布之日起实施。

特此公告。

附件：直属海关代码表（略）

海关总署
2019 年 1 月 10 日

关于扩大实施 TIR 公约试点有关事项的公告

(海关总署公告 2019 年第 41 号)

为进一步推动《国际公路运输公约》（《TIR 公约》）在我国扩大实施，海关总署决定在现有试点口岸基础上，增加吉木乃口岸、巴克图口岸、阿拉山口口岸、都拉塔口岸为我国 TIR 运输试点口岸。试点实施《TIR 公约》的其他事项仍按照海关总署公告 2018 年第 30 号、2018 年第 42 号施行。

本公告内容自 2019 年 3 月 25 日起施行。

特此公告。

海关总署
2019 年 3 月 8 日

关于已取消行政审批事项相关事宜的公告

（海关总署公告 2019 年第 43 号）

《国务院关于取消和下放一批行政许可事项的决定》（国发〔2019〕6 号）取消了"小型船舶往来香港、澳门进行货物运输备案""长江驳运船舶转运海关监管的进出口货物审批""承运境内海关监管货物的运输企业、车辆注册"等三项海关行政审批事项。上述行政审批事项取消后，企业需要开展有关业务的，应当通过海关相关信息化系统办理有关手续。

特此公告。

海关总署
2019 年 3 月 8 日

关于全面实施 TIR 公约的公告

（海关总署公告 2019 年第 90 号）

为推动落实《国际道路运输公约》（TIR 公约），海关总署决定在前期试点的基础上，全面实施 TIR 公约。其他事项按照海关总署公告 2018 年第 30 号、2018 年第 42 号、2019 年第 41 号施行。

本公告内容自 2019 年 6 月 25 日起施行。

特此公告。

海关总署
2019 年 5 月 15 日

关于调整水空运舱单管理相关事项的公告

(海关总署公告 2019 年第 144 号)

为确保"两步申报"业务改革顺利推进，切实加强海关对水运和空运进出境舱单的管理，规范数据申报，简化数据填制要求，保证数据准确，有效实施安全准入和风险防控机制，现就有关事项公告如下：

一、相关物流企业应当严格按照《中华人民共和国海关进出境运输工具舱单管理办法》（海关总署令第 172 号公布，根据海关总署令第 235、240 号修改）以及关于进出境舱单电子数据传输时限相关公告的规定，向海关传输舱单及相关电子数据。

已具备统一社会信用代码的企业，经海关备案后使用统一社会信用代码向海关传输舱单电子数据。

二、海关对舱单电子数据传输时限进行严格检查，对超过时限传输舱单电子数据的物流企业，按照相关规定予以处罚。

三、部分水运、空运舱单数据项传输要求作如下调整：

（一）《原始舱单数据项》（填制条件和填制规范见附件 1、附件 14、附件 15）。

1．"运输工具抵达关境内第一个目的港代码""运输工具抵达关境内第一个目的港的日期和时间""货物托运的地点或者国家代码""货物海关状态代码"调整为"主要数据"的"必填项"，"其他数据"的"｛75｝"项。

2．"收货人联系号码"对应的"通讯方式类别代码"、"通知人联系号码"对应的"通讯方式类别代码"调整为"主要数据"的"条件项"。

3．"更改原因代码"的数据项名称调整为"变更原因代码"，填制条件调整为"主要数据"和"其他数据"的"条件项"。

4．"收货人地址（街道、邮箱）""发货人地址（街道、邮箱）""通知人地址（街道、邮箱）"的数据项名称分别调整为"收货人地址""发货人地址""通知人地址"。

5．"国家代码"的数据项名称调整为"国家（地区）代码"。

6．删除"货物体积"、"托运货物价值"、"金额类型代码"、"途经的国家代码"、"前一海关单证类型代码"、"前一海关单证号"、"码头作业指令代码"、"中间承运人标识"、"中间承运人联系号码"、第 40 项"通讯方式类别代码"、"收货人代码"、第 44 项"城市名称"、第 45 项"省份代码"、第 46 项"省份名称"、第 47 项"邮政编码"、"收货人具体联系人名称"、"收货人具体联系人联系号码"、第 53 项"通讯方式类别代码"、"发货人代码"、第 57 项"城市名称"、第 58 项"省份代码"、第 59 项"省份名称"、第 60 项"邮政编码"、"拆箱人代码"、"货物交付目的地地址（街道，邮箱）"、第 66 项"城市名称"、第 67 项"省份代码"、第 68 项"省份名称"、第 69 项"邮政编码"、第 70 项"国家代码"、"通知人代码"、第 74 项"城市名称"、第 75 项"省份代码"、第 76 项"省份名称"、第 77 项"邮政编码"、"货物描述补充信息"、"海关手续代码"、"原产地代码"、"唯一托运编号"等数据项。

（二）《预配舱单数据项》（填制条件和填制规范见附件 2、附件 14、附件 15）。

1．"货物托运的地点或者国家代码""货物海关状态代码"调整为"主要数据"的"必填项"，

"其他数据"的"｛310｝"项。

2. "发货人联系号码"对应的"通讯方式类别代码"调整为"主要数据"的"必填项"。

3. "更改原因代码"的数据项名称调整为"变更原因代码",填制条件调整为"主要数据"和"其他数据"的"条件项"。

4. "收货人地址（街道、邮箱）""发货人地址（街道、邮箱）""通知人地址（街道、邮箱）"的数据项名称分别调整为"收货人地址""发货人地址""通知人地址"。

5. "国家代码"的数据项名称调整为"国家（地区）代码"。

6. 删除"运输工具抵达关境外第一个停靠港代码"、"运输工具抵达关境外第一个停靠港的日期和时间"、"运输工具启运日期和时间"、"货物体积"、"托运货物价值"、"金额类型代码"、"到达卸货地时间"、"途经的国家代码"、"前一海关单证类型代码"、"前一海关单证号"、"码头作业指令代码"、"中间承运人标识"、"中间承运人联系号码"、第40项"通讯方式类别代码"、"收货人代码"、第44项"城市名称"、第45项"省份代码"、第46项"省份名称"、第47项"邮政编码"、"收货人具体联系人名称"、"收货人具体联系人联系号码"、第53项"通讯方式类别代码"、"发货人代码"、第57项"城市名称"、第58项"省份代码"、第59项"省份名称"、第60项"邮政编码"、"拼箱人代码"、"货物交付目的地地址（街道，邮箱）"、第66项"城市名称"、第67项"省份代码"、第68项"省份名称"、第69项"邮政编码"、第70项"国家代码"、"通知人代码"、第74项"城市名称"、第75项"省份代码"、第76项"省份名称"、第77项"邮政编码"、"货物描述补充信息"、"海关手续代码"、"原产地代码"、"唯一托运编号"等数据项。

（三）《装载舱单数据项》（填制条件和填制规范见附件3、附件14、附件15）。

删减"封志号码,类型和施加封志人""货物简要描述"等数据项。

（四）《理货报告数据项和分拨货物、物品理货报告数据项》（填制条件和填制规范见附件4、附件14、附件15）。

删除"理货责任人名称"、"理货责任人联系号码"、第11项"通讯方式类别代码"、"船长/大副名称"、"船长/大副联系号码"、第14项"通讯方式类别代码"、"船舶贝位"、"残损类型代码"、"残损类型"、"残损范围代码"、"残损范围"、"残损程度"、"货物体积"等数据项。

（五）《运抵报告数据项和分拨货物、物品理货报告数据项》（填制条件和填制规范见附件5、附件14、附件15）。

删除"货物描述补充信息""唛头"等数据项。

（六）《分拨货物、物品申请数据项和疏港分流申请数据项》（填制条件和填制规范见附件6、附件14、附件15）。

删除"分提运单号""集装箱（器）编号""集装箱（器）尺寸和类型""重箱或者空箱标识代码""封志号码,类型和施加封志人""特种箱标记代码""设备交接单号""进出场目的""货物体积"等数据项。

（七）《出口落装改配申请数据项》（填制条件和填制规范见附件9、附件14、附件15）。

删除"托运货物序号""货物包装种类""货物件数""货物简要描述""货物描述补充信息""货物毛重""危险品编号""唛头""海关手续代码""海关税则6位编号""原产地代码""唯一托运编号"等数据项。

（八）《装箱清单数据项》（填制条件和填制规范见附件13、附件14、附件15）。

1. "收货人地址（街道、邮箱）"和"通知人地址（街道、邮箱）"的数据项名称分别调整为"收货人地址"和"通知人地址"。

2. 删除"封志号码,类型和施加封志人"、"收货人代码"、第20项"城市名称"、第21项

"省份代码"、第22项"省份名称"、第23项"邮政编码"、第24项"国家代码"、"收货人具体联系人名称"、"收货人具体联系人联系号码"、第29项"通讯方式类别代码"、"拼箱人代码"、"通知人代码"、第34项"城市名称"、第35项"省份代码"、第36项"省份名称"、第37项"邮政编码"、第38项"国家代码"、"货物描述补充信息"、"唯一托运编号"等数据项。

四、《原始舱单数据项》《预配舱单数据项》中"货物简要描述"数据项填报应当完整、准确,提(运)单下各项货物、物品名称应当在"货物简要描述"数据项中逐一填写。海关对"货物简要描述"的内容实施负面清单管理(负面清单见附件16),不符合海关相关要求的,作自动退单处理。

五、本公告自2019年11月15日起施行。海关总署公告2017年第56号同时废止。

特此公告。

附件: 1. 原始舱单数据项(略)
2. 预配舱单数据项(略)
3. 装载舱单数据项(略)
4. 理货报告数据项和分拨货物、物品理货报告数据项(略)
5. 运抵报告数据项和分拨、分流运抵报告数据项(略)
6. 分拨货物、物品申请数据项和疏港分流申请数据项(略)
7. 出口直接改配申请数据项(略)
8. 出口落装申请数据项(略)
9. 出口落装改配申请数据项(略)
10. 国际转运准单数据项(略)
11. 进口改靠港申请数据项(略)
12. 空集装箱调运申请数据项(略)
13. 装箱清单数据项(略)
14. 中华人民共和国海关进出境船舶载运货物舱单数据项填制规范(略)
15. 中华人民共和国海关进出境航空器载运货物舱单数据项填制规范(略)
16. 负面清单(略)

海关总署
2019年9月12日

关于调整进口大宗商品重量鉴定监管方式的公告

(海关总署公告2019年第159号)

为深入贯彻落实国务院"放管服"改革要求,进一步优化口岸营商环境,提高贸易便利化水平,海关总署决定对进口大宗商品重量鉴定监管方式进行优化。现就有关事项公告如下:

一、将现行由海关对进口大宗商品逐批实施重量鉴定调整为海关依企业申请实施;必要时,海关依职权实施。

二、进口大宗商品收货人或者代理人需海关出具重量证书的,向海关提出申请,海关依企业申请实施重量鉴定并出具重量证书;进口大宗商品收货人或者代理人不需要海关出具重量证书的,海关不再实施重量鉴定。

三、进口大宗商品收货人或者代理人应如实向海关申报重量,海关对申报情况实施抽查验证。

本公告自 2019 年 11 月 1 日起施行。

特此公告。

海关总署

2019 年 10 月 17 日

关于进一步规范进口机动车环保项目检验的公告

(海关总署公告 2019 年第 168 号)

为进一步加强生态环境保护,打好污染防治攻坚战,推进进口机动车节能减排,确保进口机动车符合国家环保标准,根据《中华人民共和国进出口商品检验法》《中华人民共和国大气污染防治法》,海关总署决定进一步规范进口机动车环保项目检验。现将有关事宜公告如下:

一、各地海关按照《汽油车污染物排放限值及测量方法(双怠速法及简易工况法)》(GB18285-2018)、《柴油车污染物排放限值及测量方法(自由加速法及加载减速法)》(GB3847-2018)要求,实施进口机动车环保项目外观检验、车载诊断系统检查,并按不低于同车型进口数量1%的比例实施排气污染物检测。海关对监测到环保风险信息需通过型式试验实施风险评估的车型,可按现阶段环保达标标准开展型式试验。

二、进口企业应提前解除影响环保检测的运输模式或功能锁定状态。无法手动切换两驱驱动模式的全时四驱车和适时四驱等车辆,不能实施简易工况法或加载减速法检测的,可按双怠速法或自由加速法实施检测。

三、进口企业应承担遵守国家环保法律法规的主体责任,确保进口机动车符合国家环保技术规范的强制性要求。进口企业的相关车型应符合机动车和非道路移动机械环保信息公开要求。对列入强制性产品认证目录的机动车应完成环保项目型式试验,取得强制性产品认证证书。对最大设计总质量不超 3500kg 的 M1、M2 类和 N1 类车辆,应符合轻型汽车燃料消耗量标识管理规定。

四、进口企业获知机动车因设计、生产缺陷或不符合规定的环境保护耐久性要求导致排放大气污染物超过标准的,环保信息公开与进口机动车不符的,在实施环保召回或环保信息公开修改的同时,应当及时向海关总署报告相应风险消减措施。

本公告自 2019 年 11 月 1 日起实施。

特此公告。

海关总署

2019 年 10 月 28 日

关于调整进出境水运和空运货物舱单电子报文格式的公告

(海关总署公告2019年第171号)

为确保"两步申报"业务改革顺利推进，切实加强海关对水运和空运进出境舱单的管理，根据海关总署2019年第144号公告，我署变更了进出境水运和空运货物舱单电子报文格式，主要包括"原始舱单""预配舱单""装载舱单""理货报告""运抵报告""出口落装改配申请""分拨申请""分流申请"等报文格式，具体见《中国海关进出境水运和空运货物舱单报文格式XML Schema》《中国海关进出境水运和空运货物舱单报文格式制定说明》《中国海关进出境水运和空运货物舱单报文格式变更说明》（附件1-3）。以上资料可在海关总署门户网站公告栏下载。

本公告自2019年11月15日起施行。

特此公告。

附件：1. 中国海关进出境水运和空运货物舱单报文格式XML Schema（略）
      2. 中国海关进出境水运和空运货物舱单报文格式制定说明（略）
      3. 中国海关进出境水运和空运货物舱单报文格式变更说明（略）

海关总署
2019年11月4日

关于修订市场采购贸易监管办法及其监管方式有关事宜的公告

(海关总署公告2019年第221号)

为促进市场采购贸易的健康稳定发展，规范对市场采购贸易的管理，根据《中华人民共和国海关法》《中华人民共和国进出口商品检验法》《中华人民共和国进出境动植物检疫法》《中华人民共和国食品安全法》以及其他有关法律、行政法规，现就市场采购贸易方式出口商品海关监管有关事宜公告如下：

一、市场采购贸易方式，是指在经认定的市场集聚区采购商品，由符合条件的经营者办理出口通关手续的贸易方式。

市场采购贸易方式单票报关单的货值最高限额为15万美元。

以下出口商品不适用市场采购贸易方式：

（一）国家禁止或限制出口的商品；

（二）未经市场采购商品认定体系确认的商品；

（三）贸易管制主管部门确定的其他不适用市场采购贸易方式的商品。

二、从事市场采购贸易的对外贸易经营者，应当向市场集聚区所在地商务主管部门办理市场采购贸易经营者备案登记，并按照海关相关规定在海关办理进出口货物收发货人备案。

三、对外贸易经营者对其代理出口商品的真实性、合法性承担责任。经市场采购商品认定体系确认的商品信息应当通过市场综合管理系统与海关实现数据联网共享。对市场综合管理系统确认的商品，海关按照市场采购贸易方式实施监管。

四、每票报关单所对应的商品清单所列品种在5种以上的可以按以下方式实行简化申报：

（一）货值最大的前5种商品，按货值从高到低在出口报关单上逐项申报；

（二）其余商品以《中华人民共和国进出口税则》中"章"为单位进行归并，每"章"按价值最大商品的税号作为归并后的税号，货值、数量等也相应归并。

有下列情形之一的商品不适用简化申报：

1. 需征收出口关税的；
2. 实施检验检疫的；
3. 海关另有规定不适用简化申报的。

五、市场采购贸易出口商品应当在采购地海关申报，对于转关运输的市场采购贸易出口商品，由出境地海关负责转关运输的途中监管。

六、需在采购地实施检验检疫的市场采购贸易出口商品，其对外贸易经营者应建立合格供方、商品质量检查验收、商品溯源等管理制度，提供经营场所、仓储场所等相关信息，并在出口申报前向采购地海关提出检验检疫申请。

七、对外贸易经营者应履行产品质量主体责任，对出口市场在生产、加工、存放过程等方面有监管或官方证书要求的农产品、食品、化妆品，应符合相关法律法规规定或双边协议要求。

八、本公告中的采购地海关是指市场集聚区所在地的主管海关。

本公告中的市场集聚区是指经国家商务主管等部门认定的各类从事专业经营的商品城、专业市场和专业街。

九、市场采购海关监管方式代码为"1039"，全（简）称"市场采购"。

十、市场采购出口商品实施海关统计。

本公告事宜自发布之日起执行，海关总署2014年第54号公告、原国家质检总局2012年第31号公告同时废止。

特此公告。

海关总署
2019年12月27日

关于不再验核《外商投资企业批准证书》的公告

（海关总署公告2019年第226号）

为保证《外商投资法》及《外商投资法实施条例》的实施，商务主管部门自2020年1月1日不再颁发《外商投资企业批准证书》。外商投资国际货物运输代理企业在申请办理进出境快件代理报关业务以及外商投资进出口货物收发货人在向海关办理注销手续时，海关不再验核《外商投资企业批准证书》。

本公告自2020年1月1日起施行。

海关总署
2019年12月27日

关于新型冠状病毒肺炎疫情期间海关查验货物时收发货人可免于到场的公告

(海关总署公告2020年第24号)

为保障新型冠状病毒肺炎疫情防控期间（以下简称疫情期间）进出境货物的快速验放，减少人员聚集，有效防止疫情传播，现就疫情期间海关货物查验时收发货人可免于到场事宜公告如下：

一、收发货人在收到海关货物查验通知后，可选择以下方式，不到场协助海关实施查验：

（一）委托存放货物的海关监管作业场所经营人、运输工具负责人等到场。

（二）通过电子邮件、电子平台等方式告知海关无法到场，海关在收发货人不到场的情况下实施查验。

二、因进出境货物具有特殊属性，需海关查验人员予以特别注意的，收发货人或其代理人应当在海关实施查验前声明。需要收发货人提供相关材料配合海关查验的，收发货人可通过电子邮件等方式向海关发送相关材料的扫描件（盖章）。

三、海关对相关货物完成查验后，由存放货物的海关监管作业场所经营人、运输工具负责人在查验记录上签名确认。

特此公告。

海关总署
2020年2月11日

关于调整进口棉花监管方式的公告

(海关总署公告2020年第43号)

为深入推进"放管服"改革，进一步改善口岸营商环境，提升贸易便利化水平，海关总署决定对进口棉花品质检测监管方式进行优化。现就有关事项公告如下：

一、将现行由海关对进口棉花逐批实施抽样检测调整为依企业申请实施；必要时，海关可实施监督检验。

二、进口棉花收货人或代理人需海关出具棉花品质证书的向海关提出申请，海关在对进口棉花实施现场检验检疫合格后实施现场抽样、实验室检测、出具品质证书。

三、进口棉花收货人或代理人不需要海关出具棉花品质证书的，海关在对进口棉花实施现场检验检疫合格后直接放行。

本公告自 2020 年 4 月 5 日起施行。

特此公告。

海关总署

2020 年 3 月 26 日

关于全面推广跨境电子商务出口商品退货监管措施有关事宜的公告

(海关总署公告 2020 年第 44 号)

为进一步优化营商环境、促进贸易便利化，帮助企业积极应对新冠肺炎疫情影响，使跨境电子商务商品出得去、退得回，推动跨境电子商务出口业务健康快速发展，海关总署决定全面推广跨境电子商务出口商品退货监管措施。现将有关事宜公告如下：

一、跨境电子商务出口企业、特殊区域［包括海关特殊监管区域和保税物流中心（B 型）］内跨境电子商务相关企业或其委托的报关企业（以下简称"退货企业"）可向海关申请开展跨境电子商务零售出口、跨境电子商务特殊区域出口、跨境电子商务出口海外仓商品的退货业务。

二、申请开展退货业务的跨境电子商务出口企业、特殊区域内跨境电子商务相关企业应当建立退货商品流程监控体系，应保证退货商品为原出口商品，并承担相关法律责任。

三、退货企业可以对原《中华人民共和国海关出口货物报关单》、《中华人民共和国海关跨境电子商务零售出口申报清单》或《中华人民共和国海关出境货物备案清单》所列全部或部分商品申请退货。

四、跨境电子商务出口退货商品可单独运回也可批量运回，退货商品应在出口放行之日起 1 年内退运进境。

五、退货企业应当向海关如实申报，接受海关监管，并承担相应的法律责任。

本公告自发布之日起实施。

海关总署

2020 年 3 月 27 日

关于跨境电子商务零售进口商品退货有关监管事宜的公告

(海关总署公告 2020 年第 45 号)

为进一步优化营商环境、促进贸易便利化，帮助企业积极应对新冠肺炎疫情影响，优化跨境电子商务零售进口商品退货监管，推动跨境电子商务健康快速发展，根据国家有关跨境电子商务零售进口相关政策规定，现将跨境电子商务零售进口商品退货海关监管事宜公告如下：

一、在跨境电子商务零售进口模式下，跨境电子商务企业境内代理人或其委托的报关企业（以下简称"退货企业"）可向海关申请开展退货业务。跨境电子商务企业及其境内代理人应保证退货商品为原跨境电商零售进口商品，并承担相关法律责任。

二、退货企业可以对原《中华人民共和国海关跨境电子商务零售进口申报清单》（以下简称《申报清单》）内全部或部分商品申请退货。

三、退货企业在《申报清单》放行之日起30日内申请退货，并且在《申报清单》放行之日起45日内将退货商品运抵原海关监管作业场所、原海关特殊监管区域或保税物流中心（B型）的，相应税款不予征收，并调整消费者个人年度交易累计金额。

四、退货企业应当向海关如实申报，接受海关监管，并承担相应的法律责任。

五、海关总署2018年194号公告有关内容与本公告不一致的以本公告为准。

本公告自发布之日起实施。

海关总署
2020年3月28日

关于调整进出境铁路列车及其所载货物、物品舱单电子数据申报传输有关事项的公告

（海关总署公告2020年第68号）

为进一步加强海关对进出境铁路列车及其所载货物、物品的管理，规范有关数据申报传输，根据《中华人民共和国海关进出境运输工具监管办法》（海关总署令第196号公布，根据海关总署令第240号修改，以下简称《运输工具监管办法》）及《中华人民共和国海关进出境运输工具舱单管理办法》（海关总署令第172号公布，根据海关总署令第235号、第240号修改，以下简称《舱单管理办法》），现就进出境铁路列车及其所载货物、物品舱单电子数据申报传输的有关事项公告如下：

一、进出境铁路列车负责人、海关监管作业场所经营人等相关铁路物流企业，应当按照《运输工具监管办法》《舱单管理办法》，在经营业务所在地的直属海关或者经直属海关授权的隶属海关办理相关备案手续，完成备案后，企业即可向海关申报传输电子数据。

二、相关铁路物流企业应当按照《运输工具监管办法》《舱单管理办法》以及本公告关于申报传输时限、数据项、填制规范的规定，向海关申报传输进出境铁路列车的动态信息和申报单证、舱单及舱单相关电子数据。

三、进出境铁路列车未装载货物、物品的，海关不要求申报传输舱单及舱单相关电子数据，相关铁路物流企业只需申报传输进出境铁路列车的动态信息和申报单证。

四、进出境铁路列车负责人或货运代理企业可根据需要，向海关申请舱单归并和舱单分票。

申请归并的舱单应当为同一进出境口岸、同一进出境日期、同一车次、同一境内收发货人、同一合同、同一品名。

五、进境铁路列车载有过境货物的，铁路货运代理企业应当在原始舱单其他数据传输时限前告知进境铁路列车负责人，并由进境铁路列车负责人按照规定向海关传输原始舱单其他数据。

六、启用铁路舱单后，报关单、转关单有关栏目的填制规范要求变更如下，其他栏目填制规范要求不变：

（一）出口货物报关单中的"运输工具名称"免于填报。

（二）报关单、转关单中的"提运单号"填报运单号。

七、本公告自2020年7月1日起施行。海关总署公告2018年第160号同时废止。

特此公告。

附件：1. 海关总署关于进出境铁路列车申报传输时限的规定（略）
2. 原始舱单数据项（略）
3. 预配舱单数据项（略）
4. 装载舱单数据项（略）
5. 理货报告数据项（略）
6. 运抵报告数据项（略）
7. 舱单归并申请数据项（略）
8. 舱单分票申请数据项（略）
9. 中华人民共和国海关进出境铁路舱单数据项填制规范（略）
10. 铁路列车进境计划表数据项（略）
11. 铁路列车进出境确报动态数据项（略）
12. 铁路列车进境申报单数据项（略）
13. 铁路列车出境申报单数据项（略）
14. 中华人民共和国海关进出境铁路列车数据项填制规范（略）

海关总署

2020年5月19日

关于调整进口铁矿检验监管方式的公告

（海关总署公告2020年第69号）

为深入推进"放管服"改革，进一步优化口岸营商环境，提升贸易便利化水平，海关总署决定对进口铁矿品质检验监管方式进行优化。现就有关事项公告如下：

一、将现行由海关对进口铁矿逐批实施抽样品质检验调整为依企业申请实施；必要时，海关实施监督检验、开展有毒有害元素含量监测。

二、进口铁矿收货人或者代理人需海关出具进口铁矿品质证书的，向海关提出申请，海关对进口铁矿实施现场检验检疫合格后实施现场抽样、实验室检测、出具品质证书。

三、进口铁矿收货人或者代理人不需要海关出具进口铁矿品质证书的，海关在对进口铁矿实施现场检验检疫合格后直接放行。

四、本公告第二、三条中"现场检验检疫"包括现场放射性检测、外来夹杂物检疫处理、疑似或掺杂固体废物排查。

本公告自2020年6月1日起施行。

特此公告。

海关总署
2020 年 5 月 20 日

关于开展跨境电子商务企业对企业出口监管试点的公告

(海关总署公告 2020 年第 75 号)

为贯彻落实党中央国务院关于加快跨境电子商务（以下简称"跨境电商"）新业态发展的部署要求，充分发挥跨境电商稳外贸保就业等积极作用，进一步促进跨境电商健康快速发展，现就跨境电商企业对企业出口（以下简称"跨境电商 B2B 出口"）试点有关监管事宜公告如下：

一、适用范围

（一）境内企业通过跨境电商平台与境外企业达成交易后，通过跨境物流将货物直接出口送达境外企业（以下简称"跨境电商 B2B 直接出口"）；或境内企业将出口货物通过跨境物流送达海外仓，通过跨境电商平台实现交易后从海外仓送达购买者（以下简称"跨境电商出口海外仓"）；并根据海关要求传输相关电子数据的，按照本公告接受海关监管。

二、增列海关监管方式代码

（二）增列海关监管方式代码"9710"，全称"跨境电子商务企业对企业直接出口"，简称"跨境电商 B2B 直接出口"，适用于跨境电商 B2B 直接出口的货物。

（三）增列海关监管方式代码"9810"，全称"跨境电子商务出口海外仓"，简称"跨境电商出口海外仓"，适用于跨境电商出口海外仓的货物。

三、企业管理

（四）跨境电商企业、跨境电商平台企业、物流企业等参与跨境电商 B2B 出口业务的境内企业，应当依据海关报关单位注册登记管理有关规定，向所在地海关办理注册登记。

开展出口海外仓业务的跨境电商企业，还应当在海关开展出口海外仓业务模式备案。

四、通关管理

（五）跨境电商企业或其委托的代理报关企业、境内跨境电商平台企业、物流企业应当通过国际贸易"单一窗口"或"互联网+海关"向海关提交申报数据、传输电子信息，并对数据真实性承担相应法律责任。

（六）跨境电商 B2B 出口货物应当符合检验检疫相关规定。

（七）海关实施查验时，跨境电商企业或其代理人、监管作业场所经营人应当按照有关规定配合海关查验。海关按规定实施查验，对跨境电商 B2B 出口货物可优先安排查验。

（八）跨境电商 B2B 出口货物适用全国通关一体化，也可采用"跨境电商"模式进行转关。

五、其他事项

（九）本公告有关用语的含义：

"跨境电商 B2B 出口"是指境内企业通过跨境物流将货物运送至境外企业或海外仓，并通过跨境电商平台完成交易的贸易形式。

"跨境电商平台"是指为交易双方提供网页空间、虚拟经营场所、交易规则、信息发布等服务，设立供交易双方独立开展交易活动的信息网络系统。包括自营平台和第三方平台，境内平台和境外平台。

（十）在北京海关、天津海关、南京海关、杭州海关、宁波海关、厦门海关、郑州海关、广州海关、深圳海关、黄埔海关开展跨境电商B2B出口监管试点。根据试点情况及时在全国海关复制推广。

（十一）本公告自2020年7月1日起施行，未尽事宜按海关有关规定办理。

特此公告。

海关总署

2020年6月12日

关于进一步推进运输工具进出境监管作业无纸化的公告

（海关总署公告2020年第91号）

为贯彻落实"放管服"改革要求，优化口岸营商环境、促进物流便利化，海关总署决定进一步推进运输工具进出境监管领域作业无纸化，进出境运输工具负责人、进出境运输工具服务企业可向海关提交电子数据办理相关手续。现将有关事项公告如下：

一、备案及相关手续

进出境运输工具负责人、进出境运输工具服务企业办理相关企业及运输工具备案、备案变更、备案撤（注）销手续，以及来往港澳公路货运企业及公路车辆年审、验车手续的，可向海关提交电子数据办理相关手续，无须提交备案登记表、备案变更表、年审报告书、验车记录表、临时进境验车申报表等纸质单证资料及相关随附单证。

海关以电子方式向进出境运输工具负责人、进出境运输工具服务企业反馈办理结果，不再核发《船舶进出境（港）海关监管簿》《中国籍兼营船舶海关监管签证簿》《来往港澳小型船舶登记备案证书》《来往港澳小型船舶进出境（港）海关监管簿》《来往香港/澳门货运企业备案登记证》《来往香港/澳门车辆进出境签证簿》等纸质证簿。

二、进出境相关手续

进出境运输工具负责人、进出境运输工具服务企业办理进出境、境内续驶手续，以及物料添加/起卸/调拨、沿海空箱调运、兼营运输工具改营、运输工具结关等手续的，可向海关提交电子数据办理相关手续，无须提交纸质单证资料及相关随附单证，无须交验纸质证簿。其中：

（一）进出境运输工具负责人办理境内续驶手续的，海关以电子方式反馈相关手续办理结果，不再制发纸质关封。

（二）进出境运输工具须实施登临检查的，海关以电子方式向运输工具负责人发送运输工具登临检查通知。

三、其他事宜

因海关监管需要，或者因系统故障等原因无法正常传输相关电子数据的，进出境运输工具负责人、进出境运输工具服务企业应提供纸质单证资料。

本公告自 2020 年 12 月 1 日起施行。

特此公告。

海关总署
2020 年 8 月 11 日

关于扩大跨境电子商务企业对企业出口监管试点范围的公告

(海关总署公告 2020 年第 92 号)

为进一步贯彻落实党中央国务院关于做好"六稳"工作、落实"六保"任务的部署要求，加快跨境电子商务新业态发展，海关总署决定进一步扩大跨境电子商务企业对企业出口（以下简称"跨境电商 B2B 出口"）监管试点范围。现将有关事项公告如下：

在现有试点海关基础上，增加上海、福州、青岛、济南、武汉、长沙、拱北、湛江、南宁、重庆、成都、西安等 12 个直属海关开展跨境电商 B2B 出口监管试点，试点工作有关事项按照海关总署公告 2020 年第 75 号执行。

本公告自 2020 年 9 月 1 日起施行。

特此公告。

海关总署
2020 年 8 月 13 日

关于进一步调整水空运进出境运输工具监管相关事项的公告

(海关总署公告 2020 年第 107 号)

为贯彻落实"放管服"改革要求，优化口岸营商环境、促进物流便利化，海关总署决定进一步规范和精简水空运进出境运输工具电子数据申报要求，现就有关事项公告如下：

一、关于申报时限、数据项、填制规范

相关企业应当严格按照有关规定，以及本公告关于水空运进出境运输工具申报时限、数据项、填制规范（见附件 1 至 15）的要求，向海关申报水空运进出境运输工具电子数据。

二、关于简化进出境船舶境内续驶申报

进出境船舶在办理进境申报手续时，应规范填报航次摘要、船上非旅客人员名单、船上非旅客人员物品清单数据项；境内续驶时相关情况如无变化，则无须填报。

三、关于调整境内沿海港口空箱调运申报

国际集装箱班轮公司在境内沿海港口之间调运其周转空箱及租用空箱的，运输工具负责人只需向调出地海关申报沿海空箱调运申报单电子数据，无须再向调入地海关申报。

四、关于推行进出境运输工具电子结关

进出境运输工具在货物、物品装卸完毕或者旅客全部完成上下以后，运输工具负责人应当向海关提交结关申请；海关审核无误的，反馈运输工具结关电子通知，准予运输工具驶离。

进出境运输改营境内运输、进境后停驶等仅进境（港）的运输工具，在货物、物品卸载完毕或者旅客全部下船（机）以后，运输工具负责人应当向海关提交运输工具结关电子申请；海关审核无误的，反馈运输工具结关电子通知，准予运输工具解除海关监管。

以租赁或其他贸易方式进口的运输工具，在运输工具完成报关放行手续以后，运输工具负责人应当向海关提交运输工具结关电子申请；海关审核无误的，反馈运输工具结关电子通知，准予运输工具解除海关监管。

五、关于简化短途定期客运航线船舶申报

航程在4小时以内的进出境水路定期客运航线船舶，运输工具负责人无须向海关申报每航次的抵港航行计划、抵港预报动态、进境预申报单、离港航行计划，仅需向海关申报每航次的抵港确报、离港确报及进境（港）申报单、出境（港）申报单等电子数据，并在每日航班开航前申报进出境（港）当日航行计划、在每日最后一次出境（港）航次执行后提交结关申请电子数据。

本公告自2020年12月1日起施行。海关总署公告2018年第127号同时废止。

特此公告。

附件：1. 海关总署关于水空运进出境运输工具申报时限的规定（略）
　　　2. 水运进出境运输工具备案数据项（略）
　　　3. 水运进出境运输工具动态数据项（略）
　　　4. 水运进出境运输工具申报单数据项（略）
　　　5. 水运进出境运输工具供退物料申报数据项（略）
　　　6. 水运进出境运输工具结关申请数据项（略）
　　　7. 水运进出境运输工具国内沿海空箱调运申报单数据项（略）
　　　8. 水运进出境运输工具卫生证书申请数据项（略）
　　　9. 水运进出境运输工具删改申请数据项（略）
　　　10. 水运进出境运输工具数据项填制规范（略）
　　　11. 空运进出境运输工具备案数据项（略）
　　　12. 空运进出境运输工具动态数据项（略）
　　　13. 空运进出境运输工具申报单数据项（略）
　　　14. 空运进出境运输工具结关申请数据项（略）
　　　15. 空运进出境运输工具数据项填制规范（略）

海关总署

2020年9月15日

关于调整进口原油检验监管方式的公告

(海关总署公告2020年第110号)

为深入推进"放管服"改革,进一步优化口岸营商环境,提升贸易便利化水平,海关总署决定将进口原油检验监管方式调整为"先放后检"。现就有关事项公告如下:

一、"先放"是指进口原油经海关现场检查(信息核查、取制样等)符合要求后,企业即可开展卸货、转运工作;"后检"是指对进口原油开展实验室检测并进行合格评定。

二、实施"先放后检"的进口原油经海关检验合格、出具证单后,企业方可销售、使用。

三、检验监管中发现存在安全、卫生、环保、贸易欺诈等重大问题的,海关将依法进行处置,并适时调整检验监管方式。

本公告自2020年10月1日起施行。

特此公告。

海关总署

2020年9月21日

关于调整公路进出境运输工具及货运舱单管理有关事项的公告

(海关总署公告2020年第113号)

为切实加强公路进出境运输工具及货运舱单管理,进一步规范相关电子数据申报传输要求,现就有关事项公告如下:

一、关于数据项、填制规范

相关企业应当严格按照有关规定,以及本公告关于公路进出境运输工具及货运舱单电子数据的数据项、填制规范(见附件1至13)的要求,向海关申报传输公路进出境运输工具和货运舱单电子数据。

二、关于货物运输批次号

货物运输批次号是公路运输工具载运货物、物品进出境的标识号。同一公路运输工具一次进出境时可对应多份总运单,并使用同一货物运输批次号;同一总运单项下的货物、物品,需多辆公路运输工具载运时,应当使用同一货物运输批次号,并同时进出境。

三、关于舱单传输单元

舱单及相关电子数据传输人应当以总运单为单元,一次性传输原始舱单或预配舱单的主要电子数据和其他电子数据。

四、关于进境承运确报

进境承运确报增加"途经国或途经地区""司乘人员人数""司乘人员健康状况""是否有预防

接种"数据项。

运输工具负责人应当以进境承运确报电子数据方式一次性传输运输工具预、确报及公路车辆进境申报单电子数据。运输工具进境承运确报电子数据需删除时，应当以货物运输批次号为单元进行删除。

五、关于出境承运确报

运输工具负责人应当以出境承运确报电子数据方式一次性传输装载舱单电子数据、运输工具出境确报、公路车辆出境申报单电子数据。运输工具出境承运确报电子数据需删除时，应当以货物运输批次号为单元进行删除。

六、关于过境货物

舱单及相关电子数据传输人应当按照有关规章规定传输过境货物舱单及相关电子数据。

七、关于集中申报货物

集中申报货物凭清单进出境时，舱单及相关电子数据传输人应当按照有关规章规定传输进出境舱单及相关电子数据。

八、关于跨境快速通关货物

舱单及相关电子数据传输人应当按照有关规章规定传输跨境快速通关货物舱单及相关电子数据。

九、关于空载运输工具

未载有货物、物品进出境的运输工具，或仅载有暂时进出境空集装箱的运输工具，海关不要求传输舱单及相关电子数据，只需一次性申报公路车辆进出境申报单及确报电子数据。

十、关于海关货物通关代码

RD01 是指公路口岸进出境直通模式，适用于承运需在口岸海关办结海关手续，不在口岸海关监管作业场所装卸货物（集装箱）的进出境运输工具（载运非贸货物的进出境运输工具不适用RD01）。

RD02 是指公路口岸进出境直通转关模式，适用于承运需在口岸海关办理转关手续，但不在口岸海关监管作业场所装卸货物（集装箱）的进出境运输工具。

RD03 是指公路口岸进境卸货模式，适用于承运需在口岸海关监管作业场所卸货并办结海关手续的进境货物的运输工具。

RD04 是指公路口岸进境卸货转关模式，适用于承运需在口岸海关监管作业场所卸货并办理转关手续的进出境货物的运输工具。

RD05 是指公路口岸进境掏箱模式，适用于承运需在口岸海关监管作业场所掏箱办结海关手续，并以散装货物方式提离海关监管作业场所的进境集装箱货物的运输工具。

RD06 是指公路口岸进境掏箱转关模式，适用于承运需在口岸海关监管作业场所掏箱办理转关手续，并以散装货物方式提离海关监管作业场所的进境集装箱货物的运输工具。

RD07 是指公路口岸进境卸箱模式，适用于承运需在口岸海关监管作业场所卸箱办结海关手续，并继续以集装箱货物方式提离海关监管作业场所的进境集装箱货物的运输工具。

RD08 是指公路口岸进境卸箱转关模式，适用于承运需在口岸海关监管作业场所卸箱办理转关手续，并继续以集装箱货物方式提离海关监管作业场所的进境集装箱货物的运输工具。

RD09 是指跨境快速通关模式，适用于承运跨境快速通关货物（非过境货物）的运输工具。

RD10 是指进出境空车模式，适用于未承运货物、物品及集装箱的运输工具。

RD11 是指暂时进出境空集装箱公路直通模式，适用于承运不在口岸海关监管作业场所卸箱的暂时进出境空集装箱的运输工具。

RD12 是指暂时进境空集装箱公路口岸卸箱模式，适用于承运需在口岸海关监管作业场所卸箱的暂时进境空集装箱的运输工具。

RD13 是指非贸方式公路口岸直通模式，适用于承运使用进出口货物报关单（含备案制清单）、转关申报单以外方式申报的进出境货物、物品，需在口岸海关办结海关手续，不在口岸海关监管作业场所装卸的进出境运输工具。

RD14 是指出境散装货物公路口岸装车模式，适用于承运需在口岸海关监管作业场所装载散装货物，办结海关手续后载运散装货物出境的运输工具。

RD15 是指出境集装箱货物公路口岸装车模式，适用于承运需在口岸海关监管作业场所装载集装箱货物，办结海关手续后载运集装箱货物出境的运输工具。

RD16 是指过境货物跨境快速通关模式，适用于采取跨境快速通关方式承运过境货物的运输工具。

RD17 是指整车、暂时进出境车辆通关模式，适用于按照货物办理进出口或暂时进出境通关手续，并采取自驾方式进出境的公路运输工具。

RD18 是指边民互市货物公路口岸直通模式，适用于载运边民互市货物从境外进入边民互市区域或从边民互市区域驶出境外的进出境运输工具。

十一、关于海关反馈信息

海关接收到原始舱单、预配舱单等电子数据后，以总运单为单元向舱单传输人反馈接受传输、不接受传输及原因等审核结果。

舱单及相关电子数据传输人应当按照海关反馈的不接受传输的原因进行核查、更正，并重新传输舱单数据。

海关以总运单为单元通知舱单传输人不准予卸载的，该总运单所列货物均不得卸载。

十二、关于预配舱单自动清理

海关对于超过申报时间 1 个月且未传输进出境确报电子数据、未实际进出境、未向海关传输运抵报告、理货报告等舱单相关电子数据，也未向海关办理货物、物品申报手续的预配舱单电子数据自动清理。

本公告自 2020 年 12 月 1 日起施行，海关总署公告 2013 年第 67 号、2014 年第 7 号同时废止。

特此公告。

附件：1. 原始舱单数据项（略）
2. 进境承运确报数据项（略）
3. 预配舱单数据项（略）
4. 出境承运确报（装载舱单）数据项（略）
5. 理货报告数据项（略）
6. 运抵报告数据项（略）
7. 落装申请数据项（略）
8. 落装改配申请数据项（略）
9. 装箱清单数据项（略）
10. 公路进出境运输工具货运舱单数据项填制规范（略）

11. 进出境公路车辆备案数据项（略）
12. 进出境挂车备案数据项（略）
13. 公路进出境运输工具备案数据项填制规范（略）

海关总署
2020 年 9 月 30 日

关于发布进出境公路运输工具货运舱单电子传输报文格式 V1.1 的公告

（海关总署公告 2020 年第 120 号）

为切实加强公路进出境运输工具及货运舱单管理，进一步规范相关电子数据申报传输要求，根据海关总署 2020 年第 113 号公告，我署对进出境公路运输工具货运舱单电子传输报文中部分数据项进行调整，制定了中国海关进出境公路运输工具货运舱单报文格式 V1.1 版，具体包括：《中国海关进出境公路运输工具货运舱单报文 V1.1 XML Schema》《中国海关进出境公路运输工具货运舱单报文格式 V1.1 制定说明》（详见附件 1、2）。以上资料可在海关总署门户网站公告栏下载。

本公告自 2020 年 12 月 1 日起施行。海关总署 2014 年第 3 号、2018 年第 217 号公告同时废止。

特此公告。

附件：1. 中国海关进出境公路运输工具货运舱单报文 V1.1 XML Schema（略）
2. 中国海关进出境公路运输工具货运舱单报文格式 V1.1 制定说明（略）

海关总署
2020 年 11 月 27 日

关于进出口危险化学品及其包装检验监管有关问题的公告

（海关总署公告 2020 年第 129 号）

根据《危险化学品安全管理条例》（国务院令第 591 号）规定，海关负责对进出口危险化学品及其包装实施检验。现就有关问题公告如下：

一、海关对列入国家《危险化学品目录》（最新版）的进出口危险化学品实施检验。

二、进口危险化学品的收货人或者其代理人报关时，填报事项应包括危险类别、包装类别（散装产品除外）、联合国危险货物编号（UN 编号）、联合国危险货物包装标记（包装 UN 标记）（散装产品除外）等，还应提供下列材料：

（一）《进口危险化学品企业符合性声明》（样式见附件 1）；

（二）对需要添加抑制剂或稳定剂的产品，应提供实际添加抑制剂或稳定剂的名称、数量等情况说明；

（三）中文危险公示标签（散装产品除外，下同）、中文安全数据单的样本。

三、出口危险化学品的发货人或者其代理人向海关报检时，应提供下列材料：

（一）《出口危险化学品生产企业符合性声明》（样式见附件2）；

（二）《出境货物运输包装性能检验结果单》（散装产品及国际规章豁免使用危险货物包装的除外）；

（三）危险特性分类鉴别报告；

（四）危险公示标签（散装产品除外，下同）、安全数据单样本，如是外文样本，应提供对应的中文翻译件；

（五）对需要添加抑制剂或稳定剂的产品，应提供实际添加抑制剂或稳定剂的名称、数量等情况说明。

四、危险化学品进出口企业应当保证危险化学品符合以下要求：

（一）我国国家技术规范的强制性要求（进口产品适用）；

（二）有关国际公约、国际规则、条约、协议、议定书、备忘录等；

（三）输入国家或者地区技术法规、标准（出口产品适用）；

（四）海关总署以及原质检总局指定的技术规范、标准。

五、进出口危险化学品检验的内容包括：

（一）产品的主要成分/组分信息、物理及化学特性、危险类别等是否符合本公告第四条的规定。

（二）产品包装上是否有危险公示标签（进口产品应有中文危险公示标签），是否随附安全数据单（进口产品应附中文安全数据单）；危险公示标签、安全数据单的内容是否符合本公告第四条的规定。

六、对进口危险化学品所用包装，应检验包装型式、包装标记、包装类别、包装规格、单件重量、包装使用状况等是否符合本公告第四条的规定。

七、对出口危险化学品的包装，应按照海运、空运、公路运输及铁路运输出口危险货物包装检验管理规定、标准实施性能检验和使用鉴定，分别出具《出境货物运输包装性能检验结果单》《出境危险货物运输包装使用鉴定结果单》。

八、用作食品、食品添加剂的进出口危险化学品，应符合食品安全相关规定。

九、本公告自2021年1月10日起实施，原质检总局2012年第30号公告同时废止。

特此公告。

附件：1. 进口危险化学品企业符合性声明
      2. 出口危险化学品生产企业符合性声明

海关总署
2020年12月18日

附件1

进口危险化学品企业符合性声明

(要素)

　　(企业名称)申报的(商品名称)(HS 编码:_____,化学品正式名称:_____,联合国 UN 编号:_____),产品的危险化学品危险种类为_____,共___(桶/袋/箱等)_____(吨/千克),使用包装 UN 标记_____,从_____国家(或地区)进口至中国。

　　以上申报货物的危险特性与其要求的包装类别相一致,符合联合国《关于危险货物运输的建议书 规章范本》等国际规章要求,危险公示标签和安全数据单符合中华人民共和国法律、行政法规、规章的规定以及国家标准、行业标准的要求。

　　上述内容真实无误,本企业对以上声明愿意承担相应的法律责任。

　　特此声明。

法定代表人或其授权人(签字):

企业(盖章):

年　月　日

附件2

出口危险化学品生产企业符合性声明

(要素)

　　(企业名称)申报的(商品名称)(HS 编码:___,化学品正式名称:_____,联合国 UN 编号:...),共___(桶/袋/箱等)_____(吨/千克),包装 UN 标记_____,出口至___国家(或地区),与提交的危险化学品分类鉴别报告(报告编号:_____)检测的产品一致,并经自我检验合格。

　　以上申报货物的安全数据单及危险公示标签符合联合国《全球化学品统一分类和标签制度》(GHS)基本要求,使用包装符合联合国《关于危险货物运输的建议书 规章范本》(TDG)的相关要求。

　　上述内容真实无误,本企业对以上声明愿意承担相应的法律责任。

　　特此声明。

法定代表人或其授权人(签字):

企业(盖章):

年　月　日

关于明确来往香港、澳门小型船舶监管有关事项的公告

(海关总署公告2020年第139号)

　　为进一步加强和规范海关对来往香港、澳门小型船舶(以下简称"小型船舶")的监管,现对有关事项公告如下:

一、本公告所称小型船舶，是指经交通运输部或者其授权部门批准，专门来往于内地和香港、澳门之间，在境内注册从事货物运输的机动或者非机动船舶。

二、海关在珠江口大铲岛、珠海湾仔、珠江口外桂山岛、香港以东大三门岛，设有小型船舶海关中途监管站（以下简称"中途监管站"），负责小型船舶中途监管。

三、除来往于香港与深圳赤湾、蛇口、妈湾、盐田港、大铲湾的小型船舶外，其余小型船舶进出境时，应当接受指定中途监管站的中途监管和登临检查。

（一）来往于香港、澳门与珠江水域的小型船舶，由大铲岛中途监管站负责；

（二）来往于香港、澳门与磨刀门水道的小型船舶，由湾仔中途监管站负责；

（三）来往于香港、澳门与珠江口、磨刀门水道以西，广东、广西、海南沿海各港口的小型船舶，由桂山岛中途监管站负责；

（四）来往于香港、澳门与珠江口以东，广东、福建及以北沿海各港口的小型船舶，由大三门岛中途监管站负责；

（五）来往于澳门与深圳赤湾、蛇口、妈湾、盐田港、大铲湾的小型船舶，由湾仔中途监管站负责。

四、小型船舶在香港、澳门装配机器零件或者添装船用燃料、物料和公用物品，应当按照有关规定办理进口手续。

五、小型船舶不得同船装载进出口货物与非进出口货物。

六、中途监管站可对进境小型船舶所载货物、舱室施加封志，必要时可派员随小型船舶监管至目的港，船舶负责人或者其代理人应当提供便利。

七、小型船舶其他进出境手续按照《中华人民共和国海关进出境运输工具监管办法》以及相关水运运输工具监管规定办理。

本公告自发布之日起实施。

特此公告。

海关总署
2020 年 12 月 30 日

关于实施铁路进出境快速通关业务模式的公告

（海关总署公告 2021 年第 5 号）

为进一步畅通向西开放的国际物流大通道，促进中欧班列发展，提高境内段铁路进出口货物转关运输通行效率和便利化水平，海关总署决定推广实施铁路快速通关（以下简称"快通"）业务模式。现将有关事宜公告如下：

一、铁路运营企业（以下简称"运营企业"）可根据自身需要申请开展快通业务，并由进出境铁路列车负责人按照规定向海关传输铁路舱单电子数据。

海关通过对铁路舱单电子数据进行审核、放行、核销，实现对铁路列车所载进出口货物转关运输监管，无须运营企业另行申报并办理转关手续。

二、进出境铁路列车负责人应当按照《中华人民共和国海关进出境运输工具舱单管理办法》

（海关总署令第 172 号公布，根据海关总署令第 235 号、第 240 号修改）、《海关总署关于调整进出境铁路列车及其所载货物、物品舱单电子数据申报传输有关事项的公告》（海关总署公告 2020 年第 68 号）以及本公告规定，向海关传输原始舱单、预配舱单、进出境快速通关信息、进出境快速通关载运信息、进出境快速通关指运（启运）到货信息等铁路舱单电子数据。

三、关于进境快通业务。

（一）运营企业应当在原始舱单电子数据传输时限前，告知进出境铁路列车负责人相关电子数据信息。未能按规定告知进出境铁路列车负责人的，不允许开展进境快通业务。

（二）进出境铁路列车负责人应当在原始舱单电子数据入库后、铁路列车进境前，向海关传输进境快速通关信息电子数据。未能按规定向海关传输的，不允许开展进境快通业务。

（三）原始舱单电子数据理货正常的，进境快通货物方可装载提离进境地。

（四）进出境铁路列车负责人应当在进境快通货物装载完毕后、提离进境地时，向海关传输进境快速通关载运信息电子数据。

（五）舱单相关电子数据传输人应当在进境快通货物运抵指运地时，向海关传输进境快速通关指运到货信息电子数据。

（六）进境快通货物运抵指运地后，因运输途中产生货物短损，或经海关查验后确认货物实际件数、重量有误等符合舱单变更条件情形的，进出境铁路列车负责人可向指运地海关申请修改原始舱单电子数据相关信息。

四、关于出境快通业务。

（一）运营企业应当在预配舱单电子数据传输时限前，告知进出境铁路列车负责人相关电子数据信息。未能按规定告知进出境铁路列车负责人的，不允许开展出境快通业务。

（二）进出境铁路列车负责人应当在预配舱单电子数据入库后，向海关传输出境快速通关信息电子数据。未能按规定向海关传输的，不允许开展出境快通业务。

（三）舱单相关电子数据传输人应当在出境快通货物运抵启运地时，向海关传输出境快速通关启运到货信息电子数据。

（四）预配舱单电子数据已被放行的，出境快通货物方可装运提离启运地。

（五）进出境铁路列车负责人应当在出境快通货物提离启运地时，向海关传输出境快速通关载运信息电子数据。

（六）进出境铁路列车负责人应当在出境快通货物运抵出境地时，向海关传输运抵报告电子数据。

（七）进出境铁路列车负责人应当在预配舱单电子数据运抵正常后，向海关传输出境快通货物的装载舱单电子数据。

五、进出境快通货物可根据需要，向海关申请办理舱单归并和舱单分票手续。

六、铁路列车所载进出口货物属于禁止限制开展转关业务货物的，不允许开展快通业务。

七、铁路列车所载进出口货物不允许开展快通业务的，进出境铁路列车负责人应当向海关申请删除进出境快速通关信息、进出境快速通关载运信息、进出境快速通关指运（启运）到货信息等铁路舱单电子数据。

八、如遇网络故障或其他不可抗力因素，无法向海关传输快通业务相关电子数据的，经海关同意，可以凭相关纸质单证材料办理转关手续；待故障排除后，企业应当及时向海关补充传输相关数据。

本公告内容自 2021 年 6 月 15 日起施行。

特此公告。

附件：1. 进出境快速通关运营企业提前告知数据项（略）
2. 进出境快速通关信息数据项（略）
3. 进出境快速通关载运信息数据项（略）
4. 进出境快速通关指运（启运）到货信息数据项（略）
5. 中华人民共和国海关铁路进出境快速通关数据项填制规范（略）

海关总署
2021 年 1 月 14 日

关于调整必须实施检验的进出口商品目录的公告

（海关总署公告 2021 年第 39 号）

根据《中华人民共和国进出口商品检验法》及其实施条例，海关总署决定对必须实施检验的进出口商品目录进行调整，现公告如下：

一、对涉及机电产品、金属材料、化工品、仿真饰品等 234 个 10 位海关商品编号取消监管条件"A"，海关对相关商品不再实施进口商品检验。

二、对涉及进口再生原料的 8 个 10 位海关商品编号增设监管条件"A"，海关对相关商品实施进口商品检验。

三、对涉及出口钢坯、生铁的 24 个 10 位海关商品编号增设海关监管条件"B"，海关对相关商品实施出口商品检验。

本公告自 2021 年 6 月 10 日起实施，调整后的监管要求见附件。

特此公告。

附件：必须实施检验的进出口商品目录调整表（略）

海关总署
2021 年 6 月 1 日

关于在全国海关复制推广跨境电子商务企业对企业出口监管试点的公告

（海关总署公告 2021 年第 47 号）

为认真落实全国深化"放管服"改革着力培养和激发市场主体活力电视电话会议精神，进一步促进跨境电子商务（以下简称"跨境电商"）健康有序发展，助力企业更好开拓国际市场，经研究，决定复制推广跨境电商企业对企业（以下简称"跨境电商B2B"）出口监管试点。现将有关事项公告如下：

在现有试点海关基础上，在全国海关复制推广跨境电商B2B出口监管试点。跨境电商企业、跨境电商平台企业、物流企业等参与跨境电商B2B出口业务的境内企业，应当依据海关报关单位备案有关规定，向所在地海关办理备案。其他有关事项按照海关总署公告2020年第75号、第92号执行。海关总署公告2020年第75号和第92号中与本公告内容不一致的，以本公告内容为准。

本公告自2021年7月1日起施行。

特此公告。

海关总署
2021年6月22日

关于对定居证明等证明事项实施告知承诺制的公告

（海关总署公告2021年第56号）

按照《国务院办公厅关于全面推行证明事项和涉企经营许可事项告知承诺制的指导意见》（国办发〔2020〕42号）的文件精神，海关总署对"定居证明""法人或其他组织注册登记证明""常驻人员身份证件""快件收发件人身份证件影印件"等证明事项实施告知承诺制。

行政相对人可自行选择以原有提交证明的方式办理，或以告知承诺制的方式办理。选择以告知承诺制方式办理的，行政相对人免予提交指定的证明，并须填写及签署告知承诺书，办理相关业务时将告知承诺书与该业务规定要求的其他书面材料一并提交海关。海关对行政相对人的承诺情况开展事中、事后核查，行政相对人应予配合。

本公告中"定居证明"指《中华人民共和国海关对进出境旅客行李物品监管办法》（海关总署令第9号公布，根据海关总署令第198号、235号修改）第二十条中"中华人民共和国政府主管部门签发的定居证明或者批准文件"、《中华人民共和国海关对中国籍旅客进出境行李物品的管理规定》（海关总署令第58号公布，根据海关总署令第198号、235号修改）第六条中"中华人民共和国有关主管部门签发的定居证明"。

本公告中"法人或其他组织注册登记证明"指《中华人民共和国海关对常驻机构进出境公用物品监管办法》（海关总署令第115号公布，根据海关总署令第193号、198号、235号、240号修改，以下简称《海关对常驻机构进出境公用物品监管办法》）第四条中"主管部门颁发的注册证明"。

本公告中"常驻人员身份证件"指《海关对常驻机构进出境公用物品监管办法》第五条中"本机构所有常驻人员的有效身份证件"。

本公告中"快件收发件人身份证件影印件"指海关总署公告2016年第19号（关于启用新快件通关系统相关事宜的公告）第二条中"进境快件收件人或出境快件发件人身份证影印件"。

告知承诺书格式文本及有关办事指南可从中华人民共和国海关总署官方网站及办理该业务的海关现场等处获取，申请人可自行打印、填写。

本公告自发布之日起施行。

特此公告。

附件：1. 定居证明证明事项告知承诺书（略）
　　　2. 法人或其他组织注册登记证明证明事项告知承诺书（略）
　　　3. 常驻人员身份证件证明事项告知承诺书（略）
　　　4. 快件收发件人身份证件影印件证明事项告知承诺书（略）
　　　5. 定居证明告知承诺制办事指南（略）
　　　6. 法人或其他组织注册登记证明告知承诺制办事指南（略）
　　　7. 常驻人员身份证件告知承诺制办事指南（略）
　　　8. 快件收发件人身份证件影印件告知承诺制办事指南（略）

海关总署
2021 年 7 月 13 日

关于全面推广跨境电子商务零售进口退货中心仓模式的公告

（海关总署公告 2021 年第 70 号）

为落实《国务院关于做好自由贸易试验区第六批改革试点经验复制推广工作的通知》（国函〔2020〕96 号）要求，便捷跨境电子商务零售进口商品退货，海关总署决定全面推广"跨境电子商务零售进口退货中心仓模式"（以下简称退货中心仓模式）。现将有关事项公告如下：

一、退货中心仓模式是指在跨境电商零售进口模式下，跨境电商企业境内代理人或其委托的海关特殊监管区域内仓储企业（以下简称退货中心仓企业）可在海关特殊监管区域内设置跨境电商零售进口商品退货专用存储地点，将退货商品的接收、分拣等流程在原海关特殊监管区域内开展的海关监管制度。

二、本公告适用于海关特殊监管区域内开展的跨境电子商务网购保税零售进口（监管方式代码 1210）商品的退货。

三、申请设置退货中心仓并据此开展退货管理业务的退货中心仓企业，其海关信用等级不得为失信企业。

四、退货中心仓企业开展退货业务时，应划定专门区位，配备与海关联网的视频监控系统，使用计算机仓储管理系统（WMS）对退货中心仓内商品的分拣、理货等作业进行信息化管理，并按照海关规定的方式与海关信息化监管系统联网，向海关报送能够满足监管要求的相关数据，接受海关监管。

五、退货中心仓企业应当建立退货流程监控体系、商品溯源体系和相关管理制度，保证退货商品为原出区域商品，向海关如实申报，接受海关监管，并承担相应法律责任。

六、退货中心仓企业在退货中心仓内完成退货商品分拣后：对于符合退货监管要求的商品，按现行规定向海关信息化监管系统正式申报退货；对于不符合退货监管要求的商品，由退货中心仓企业复运出区域进行相应处置。

七、退货中心仓企业应注重安全生产，做好退货风险防控，从退货揽收、卡口入区域、消费者管理等方面完善管理制度，规范操作，遵守区域管理制度并配合海关强化对退货中心仓内商品的实货监管。

八、本公告自发布之日起施行，未尽事宜，按海关现行规定执行。

特此公告。

海关总署
2021 年 9 月 10 日

关于调整必须实施检验的进出口商品目录的公告

（海关总署公告2021 年第 81 号）

根据《中华人民共和国进出口商品检验法》及其实施条例，海关总署决定对必须实施检验的进出口商品目录进行调整，现公告如下：

对涉及出口化肥的 29 个 10 位海关商品编号增设海关监管条件"B"，海关对相关商品实施出口商品检验。

本公告自 2021 年 10 月 15 日起实施，调整后的监管要求见附件。

特此公告。

附件：必须实施检验的进出口商品目录调整表（略）

海关总署
2021 年 10 月 11 日

其 他

查检邮件中夹带外币或外币票据暂行处理办法

(政务院批准 1950年9月1日中国人民银行、邮电部发布)

第一条 为严格执行外汇管理，防止利用国内或国际邮件夹带外币或外币票据互相转让流通及私营外汇等情事，特制定本办法。

第二条 本办法所称外币指一切外国币券，所称外币票据系指各种以外币支付之汇票、支票、旅行支票、期票及其他付款凭证等。

第三条 本办法所指邮件之查检工作，应由各地海关或公安机关执行之；其查获外币及外币及外币票据之存兑事宜，由中国人民银行总行授权各地中国银行办理之，无中国银行机构设立之地区则由人民银行办理之。

第四条 在本国境内互寄或寄往国外之由件中，如夹带外币一经查获，应报由司法机关一律全部没收之。

第五条 在本国境内互寄或寄往国外之邮件中，如夹带外币票据一经查获，应由主管检查机关视其情节轻重，报由司法机关令其存兑，处以罚金或予以没收。

第六条 由国外寄至国内邮件中，如夹带外币或外币票据，一经发现，可由各该邮局暂时代为保管，俟与收件人联系后，持向中国银行换取外汇存单或按牌价兑换人民币，予以发还。

第七条 经主管检查机关查获应予没收之外币或外币票据，应交由各相关邮局，随时解送所在地之中国银行或人民银行，按牌价折合人民币，由中行或人行签发国库局抬头支票，由各该邮局送交当地国库换取收据，再由邮局将收据备函寄交寄件人（无中行或人行设立之地区，可由各相关邮局解送附近没有中行或人行地区之邮局代办解库手续，俟取得国库收据后，仍交由各相关邮局处理之）。

第八条 所有经主管检查机关查获应予没收外币或外币票据之相关邮件，应由各该邮局于邮件内加盖"内装外币、外币票据已被主管机关查扣"戳记后，随时封发或投递，不得稽延积压，并由各该邮局通知寄件人。

第九条 凡中国银行或国内经人民银行指定经营外汇业务之银行，基于正当外汇业务所开国外付款之票据，或国外银行所开国内中国银行及指定银行之票据，可不受本办法第五条及第六条条文之限制。

第十条 凡查获应予没收之外币票据属于抬头人性质者，应由主管检查机关移送司法机关，勒令寄件人签妥空白背书或重开支票之手续。

第十一条 凡无中国银行或人民银行机构设立之边远或乡村地区，其持有外币或外币票据拟寄递到附近地区中国银行或人民银行存兑者，经当地区级以上政府证明后，可不受本办法第四条及第五条条文之限制。

第十二条 本办法自发布之日起实行。

进出境邮寄物检疫管理办法

(国质检联〔2001〕34号)

第一章 总 则

第一条 为做好进出境邮寄物的检疫工作，防止传染病、寄生虫病、危险性病虫杂草及其他有害生物随邮寄物传入、传出国境，保护我国农、林、牧、渔业生产安全和人体健康，根据《中华人民共和国进出境动植物检疫法》及其实施条例、《中华人民共和国国境卫生检疫法》及其实施细则、《中华人民共和国邮政法》及其实施细则等有关法律、法规的规定，制定本办法。

第二条 本办法适用于通过邮政进出境的邮寄物（不包括邮政机构和其他部门经营的各类快件）的检疫管理。

第三条 本办法所称邮寄物是指通过邮政寄递的下列物品：

（一）进境的动植物、动植物产品及其他检疫物；

（二）进出境的微生物、人体组织、生物制品、血液及其制品等特殊物品；

（三）来自疫区的、被检疫传染病污染的或者可能成为检疫传染病传播媒介的邮包；

（四）进境邮寄物所使用或携带的植物性包装物、铺垫材料；

（五）其他法律法规、国际条约规定需要实施检疫的进出境邮寄物。

第四条 国家质量监督检验检疫总局（以下简称国家质检总局）统一管理全国进出境邮寄物的检疫工作，国家质检总局设在各地的出入境检验检疫机构（以下简称检验检疫机构）负责所辖地区进出境邮寄物的检疫和监管工作。

第五条 检验检疫机构可根据工作需要在设有海关的邮政机构或场地设立办事机构或定期派人到现场进行检疫。邮政机构应提供必要的工作条件，并配合检验检疫机构的工作。

检验检疫机构对邮寄物的检疫应结合海关的查验程序进行，原则上同一邮寄物不得重复开拆、查验。

第六条 依法应实施检疫的进出境邮寄物，未经检验检疫机构检疫，不得运递。

第二章 检疫审批

第七条 邮寄进境植物种子、苗木及其繁殖材料，收件人须事先按规定向有关农业或林业主管部门办理检疫审批手续，因特殊情况无法事先办理的，收件人应向进境口岸所在地直属检验检疫局申请补办检疫审批手续。

邮寄进境植物产品需要办理检疫审批手续的，收件人须事先向国家质检总局或经其授权的进境口岸所在地直属检验检疫局申请办理检疫审批手续。

第八条 因科研、教学等特殊需要，需邮寄进境《中华人民共和国禁止携带、邮寄进境的动物、动物产品和其他检疫物名录》和《中华人民共和国进境植物检疫禁止进境物名录》所列禁止进境物的，收件人须事先按有关规定向国家质检总局申请办理特许检疫审批手续。

第九条 邮寄《中华人民共和国禁止携带、邮寄进境动物、动物产品和其他检疫物名录》以外的动物产品，收件人须事先向国家质检总局或经其授权的进境口岸所在地直属检验检疫局申请办理检疫审批手续。

第十条 邮寄物属微生物、人体组织、生物制品、血液及其制品等特殊物品的，收件人或寄件人须向进出境口岸所在地直属检验检疫局申请办理检疫审批手续。

第三章 进出境检疫

第十一条 邮寄物进境后，由检验检疫机构实施现场检疫。

第十二条 现场检疫时，检验检疫机构应审核单证并对包装物进行检疫。需拆包查验时，由检验检疫机构的工作人员进行拆包、重封，邮政工作人员应在场给予必要的配合。重封时，应加贴检验检疫封识。

第十三条 检验检疫机构需作进一步检疫的进境邮寄物，由检验检疫机构同邮政机构办理交接手续后予以封存，并通知收件人。封存期一般不得超过 45 日，特殊情况需要延长期限的，应当告知邮政机构及收件人。

邮寄物在检验检疫机构查验和封存期间发生部分或全部丢失，或因非工作需要发生损毁的，由检验检疫机构按照有关规定负责赔偿或处理。

第十四条 出境邮寄物中含有微生物、人体组织、生物制品、血液及其制品等特殊物品的，寄件人应当向所在地检验检疫机构申报，并接受检疫。

第十五条 对输入国有要求或物主有检疫要求的出境邮寄物，由寄件人提出申请，检验检疫机构按有关规定实施检疫。

第四章 检疫放行与处理

第十六条 检验检疫机构对来自疫区或者被检疫传染病污染的进出境邮寄物实施卫生处理，并签发有关单证。

第十七条 进境邮寄物经检疫合格或经检疫处理合格的，由检验检疫机构在邮件显著位置加盖检验检疫印章放行，由邮政机构运递。

第十八条 进境邮寄物有下列情况之一的，由检验检疫机构作退回或销毁处理：

（一）未按规定办理检疫审批或未按检疫审批的规定执行的；
（二）单证不全的；
（三）经检疫不合格又无有效方法处理的；
（四）其他需作退回或销毁处理的。

第十九条 对进境邮寄物作退回处理的，检验检疫机构应出具有关单证，注明退回原因，由邮政机构负责退回寄件人；作销毁处理的，检验检疫机构应出具有关单证，并与邮政机构共同登记后，由检验检疫机构通知寄件人。

第二十条 出境邮寄物经检验检疫机构检疫合格的，由检验检疫机构出具有关单证，由邮政机构运递。

第五章 附 则

第二十一条 对违反本办法的，依照有关法律法规规定予以处罚。

第二十二条 本办法由国家质检总局负责解释。

第二十三条 本办法自 2001 年 8 月 1 日起施行。

进口医疗器械检验监督管理办法

(国家质量监督检验检疫总局令第95号发布,自2007年12月1日起施行)

第一章 总 则

第一条 为加强进口医疗器械检验监督管理,保障人体健康和生命安全,根据《中华人民共和国进出口商品检验法》(以下简称商检法)及其实施条例和其他有关法律法规规定,制定本办法。

第二条 本办法适用于:

(一)对医疗器械进口单位实施分类管理;

(二)对进口医疗器械实施检验监管;

(三)对进口医疗器械实施风险预警及快速反应管理。

第三条 国家质量监督检验检疫总局(以下简称国家质检总局)主管全国进口医疗器械检验监督管理工作,负责组织收集整理与进口医疗器械相关的风险信息、风险评估并采取风险预警及快速反应措施。

国家质检总局设在各地的出入境检验检疫机构(以下简称检验检疫机构)负责所辖地区进口医疗器械检验监督管理工作,负责收集与进口医疗器械相关的风险信息及快速反应措施的具体实施。

第二章 医疗器械进口单位分类监管

第四条 检验检疫机构根据医疗器械进口单位的管理水平、诚信度、进口医疗器械产品的风险等级、质量状况和进口规模,对医疗器械进口单位实施分类监管,具体分为三类。

医疗器械进口单位可以根据条件自愿提出分类管理申请。

第五条 一类进口单位应当符合下列条件:

(一)严格遵守商检法及其实施条例、国家其他有关法律法规以及国家质检总局的相关规定,诚信度高,连续5年无不良记录;

(二)具有健全的质量管理体系,获得ISO9000质量体系认证,具备健全的质量管理制度,包括进口报检、进货验收、仓储保管、质量跟踪和缺陷报告等制度;

(三)具有2名以上经检验检疫机构培训合格的质量管理人员,熟悉相关产品的基本技术、性能和结构,了解我国对进口医疗器械检验监督管理;

(四)代理或者经营实施强制性产品认证制的进口医疗器械产品的,应当获得相应的证明文件;

(五)代理或者经营的进口医疗器械产品质量信誉良好,2年内未发生由于产品质量责任方面的退货、索赔或者其他事故等;

(六)连续从事医疗器械进口业务不少于6年,并能提供相应的证明文件;

(七)近2年每年进口批次不少于30批;

(八)收集并保存有关医疗器械的国家标准、行业标准及医疗器械的法规规章及专项规定,建立和保存比较完善的进口医疗器械资料档案,保存期不少于10年;

(九)具备与其进口的医疗器械产品相适应的技术培训和售后服务能力,或者约定由第三方提供技术支持;

(十)具备与进口医疗器械产品范围与规模相适应的、相对独立的经营场所和仓储条件。

第六条 二类进口单位应当具备下列条件：

（一）严格遵守商检法及其实施条例、国家其他有关法律法规以及国家质检总局的相关规定，诚信度较高，连续3年无不良记录；

（二）具有健全的质量管理体系，具备健全的质量管理制度，包括进口报检、进货验收、仓储保管、质量跟踪和缺陷报告等制度；

（三）具有1名以上经检验检疫机构培训合格的质量管理人员，熟悉相关产品的基本技术、性能和结构，了解我国对进口医疗器械检验监督管理的人员；

（四）代理或者经营实施强制性产品认证制度的进口医疗器械产品的，应当获得相应的证明文件；

（五）代理或者经营的进口医疗器械产品质量信誉良好，1年内未发生由于产品质量责任方面的退货、索赔或者其他事故等；

（六）连续从事医疗器械进口业务不少于3年，并能提供相应的证明文件；

（七）近2年每年进口批次不少于10批；

（八）收集并保存有关医疗器械的国家标准、行业标准及医疗器械的法规规章及专项规定，建立和保存比较完善的进口医疗器械资料档案，保存期不少于10年；

（九）具备与其进口的医疗器械产品相适应的技术培训和售后服务能力，或者约定由第三方提供技术支持；

（十）具备与进口医疗器械产品范围与规模相适应的、相对独立的经营场所。

第七条 三类进口单位包括：

（一）从事进口医疗器械业务不满3年的进口单位；

（二）从事进口医疗器械业务已满3年，但未提出分类管理申请的进口单位；

（三）提出分类申请，经考核不符合一、二类进口单位条件，未列入一、二类分类管理的进口单位。

第八条 申请一类进口单位或者二类进口单位的医疗器械进口单位（以下简称申请单位），应当向所在地直属检验检疫局提出申请，并提交以下材料：

（一）书面申请书，并有授权人签字和单位盖章；

（二）法人营业执照、医疗器械经营企业许可证；

（三）质量管理体系认证证书、质量管理文件；

（四）质量管理人员经检验检疫机构培训合格的证明文件；

（五）近2年每年进口批次的证明材料；

（六）遵守国家相关法律法规以及提供资料真实性的承诺书（自我声明）。

第九条 直属检验检疫局应当在5个工作日内完成对申请单位提交的申请的书面审核。申请材料不齐的，应当要求申请单位补正。

申请一类进口单位的，直属检验检疫局应当在完成书面审核后组织现场考核，考核合格的，将考核结果和相关材料报国家质检总局。国家质检总局对符合一类进口单位条件的申请单位进行核准，并定期对外公布一类进口单位名单。

申请二类进口单位的，直属检验检疫局完成书面审核后，可以自行或者委托进口单位所在地检验检疫机构组织现场考核。考核合格的，由直属检验检疫局予以核准并报国家质检总局备案，直属检验检疫局负责定期对外公布二类进口单位名单。

第三章 进口医疗器械风险等级及检验监管

第十条 检验检疫机构按照进口医疗器械的风险等级、进口单位的分类情况，根据国家质检总局的相关规定，对进口医疗器械实施现场检验，以及与后续监督管理（以下简称监督检验）相结合的检验监管模式。

第十一条 国家质检总局根据进口医疗器械的结构特征、使用形式、使用状况、国家医疗器械分类的相关规则以及进口检验管理的需要等，将进口医疗器械产品分为：高风险、较高风险和一般风险三个风险等级。

进口医疗器械产品风险等级目录由国家质检总局确定、调整，并在实施之日前60日公布。

第十二条 符合下列条件的进口医疗器械产品为高风险等级：

（一）植入人体的医疗器械；

（二）介入人体的有源医疗器械；

（三）用于支持、维持生命的医疗器械；

（四）对人体有潜在危险的医学影像设备及能量治疗设备；

（五）产品质量不稳定，多次发生重大质量事故，对其安全性有效性必须严格控制的医疗器械。

第十三条 符合下列条件的进口医疗器械产品为较高风险等级：

（一）介入人体的无源医疗器械；

（二）不属于高风险的其他与人体接触的有源医疗器械；

（三）产品质量较不稳定，多次发生质量问题，对其安全性有效性必须严格控制的医疗器械。

第十四条 未列入高风险、较高风险等级的进口医疗器械属于一般风险等级。

第十五条 进口高风险医疗器械的，按照以下方式进行检验管理：

（一）一类进口单位进口的，实施现场检验与监督检验相结合的方式，其中年批次现场检验率不低于50%；

（二）二、三类进口单位进口的，实施批批现场检验。

第十六条 进口较高风险医疗器械的，按照以下方式进行检验管理：

（一）一类进口单位进口的，年批次现场检验率不低于30%；

（二）二类进口单位进口的，年批次现场检验率不低于50%；

（三）三类进口单位进口的，实施批批现场检验。

第十七条 进口一般风险医疗器械的，实施现场检验与监督检验相结合的方式进行检验管理，其中年批次现场检验率分别为：

（一）一类进口单位进口的，年批次现场检验率不低于10%；

（二）二类进口单位进口的，年批次现场检验率不低于30%；

（三）三类进口单位进口的，年批次现场检验率不低于50%。

第十八条 根据需要，国家质检总局对高风险的进口医疗器械可以按照对外贸易合同约定，组织实施监造、装运前检验和监装。

第十九条 进口医疗器械进口时，进口医疗器械的收货人或者其代理人（以下简称报检人）应当向报关地检验检疫机构报检，并提供下列材料：

（一）报检规定中要求提供的单证；

（二）属于《实施强制性产品认证的产品目录》内的医疗器械，应当提供中国强制性认证证书；

（三）国务院药品监督管理部门审批注册的进口医疗器械注册证书；

（四）进口单位为一、二类进口单位的，应当提供检验检疫机构签发的进口单位分类证明文件。

第二十条 口岸检验检疫机构应当对报检材料进行审查，不符合要求的，应当通知报检人；经审查符合要求的，签发《入境货物通关单》，货物办理海关报关手续后，应当及时向检验检疫机构申请检验。

第二十一条 进口医疗器械应当在报检人报检时申报的目的地检验。

对需要结合安装调试实施检验的进口医疗器械，应当在报检时明确使用地，由使用地检验检疫机构实施检验。需要结合安装调试实施检验的进口医疗器械目录由国家质检总局对外公布实施。

对于植入式医疗器械等特殊产品，应当在国家质检总局指定的检验检疫机构实施检验。

第二十二条 检验检疫机构按照国家技术规范的强制性要求对进口医疗器械进行检验；尚未制定国家技术规范的强制性要求的，可以参照国家质检总局指定的国外有关标准进行检验。

第二十三条 检验检疫机构对进口医疗器械实施现场检验和监督检验的内容可以包括：

（一）产品与相关证书一致性的核查；

（二）数量、规格型号、外观的检验；

（三）包装、标签及标志的检验，如使用木质包装的，须实施检疫；

（四）说明书、随机文件资料的核查；

（五）机械、电气、电磁兼容等安全方面的检验；

（六）辐射、噪声、生化等卫生方面的检验；

（七）有毒有害物质排放、残留以及材料等环保方面的检验；

（八）涉及诊断、治疗的医疗器械性能方面的检验；

（九）产品标识、标志以及中文说明书的核查。

第二十四条 检验检疫机构对实施强制性产品认证制度的进口医疗器械实行入境验证，查验单证，核对证货是否相符，必要时抽取样品送指定实验室，按照强制性产品认证制度和国家规定的相关标准进行检测。

第二十五条 进口医疗器械经检验未发现不合格的，检验检疫机构应当出具《入境货物检验检疫证明》。

经检验发现不合格的，检验检疫机构应当出具《检验检疫处理通知书》，需要索赔的应当出具检验证书。涉及人身安全、健康、环境保护项目不合格的，或者可以技术处理的项目经技术处理后经检验仍不合格的，由检验检疫机构责令当事人销毁，或者退货并书面告知海关，并上报国家质检总局。

第四章 进口捐赠医疗器械检验监管

第二十六条 进口捐赠的医疗器械应当未经使用，且不得夹带有害环境、公共卫生的物品或者其他违禁物品。

第二十七条 进口捐赠医疗器械禁止夹带列入我国《禁止进口货物目录》的物品。

第二十八条 向中国境内捐赠医疗器械的境外捐赠机构，须由其或者其在中国的代理机构向国家质检总局办理捐赠机构及其捐赠医疗器械的备案。

第二十九条 国家质检总局在必要时可以对进口捐赠的医疗器械组织实施装运前预检验。

第三十条 接受进口捐赠医疗器械的单位或者其代理人应当持相关批准文件向报关地的检验检疫机构报检，向使用地的检验检疫机构申请检验。

检验检疫机构凭有效的相关批准文件接受报检，实施口岸查验，使用地检验。

第三十一条 境外捐赠的医疗器械经检验检疫机构检验合格并出具《入境货物检验检疫证明》后，受赠人方可使用；经检验不合格的，按照商检法及其实施条例的有关规定处理。

第五章 风险预警与快速反应

第三十二条 国家质检总局建立对进口医疗器械的风险预警机制。通过对缺陷进口医疗器械等信息的收集和评估，按照有关规定发布警示信息，并采取相应的风险预警措施及快速反应措施。

第三十三条 检验检疫机构需定期了解辖区内使用的进口医疗器械的质量状况，发现进口医疗器械发生重大质量事故，应及时报告国家质检总局。

第三十四条 进口医疗器械的制造商、进口单位和使用单位在发现其医疗器械中有缺陷的应当向检验检疫机构报告，对检验检疫机构采取的风险预警措施及快速反应措施应当予以配合。

第三十五条 对缺陷进口医疗器械的风险预警措施包括：

（一）向检验检疫机构发布风险警示通报，加强对缺陷产品制造商生产的和进口单位进口的医疗器械的检验监管；

（二）向缺陷产品的制造商、进口单位发布风险警示通告，敦促其及时采取措施，消除风险；

（三）向消费者和使用单位发布风险警示通告，提醒其注意缺陷进口医疗器械的风险和危害；

（四）向国内有关部门、有关国家和地区驻华使馆或者联络处、有关国际组织和机构通报情况，建议其采取必要的措施。

第三十六条 对缺陷进口医疗器械的快速反应措施包括：

（一）建议暂停使用存在缺陷的医疗器械；

（二）调整缺陷进口医疗器械进口单位的分类管理的类别；

（三）停止缺陷医疗器械的进口；

（四）暂停或者撤销缺陷进口医疗器械的国家强制性产品认证证书；

（五）其他必要的措施。

第六章 监督管理

第三十七条 检验检疫机构每年对一、二类进口单位进行至少一次监督审核，发现下列情况之一的，可以根据情节轻重对其作降类处理：

（一）进口单位出现不良诚信记录的；

（二）所进口的医疗器械存在重大安全隐患或者发生重大质量问题的；

（三）经检验检疫机构检验，进口单位年进口批次中出现不合格批次达10%；

（四）进口单位年进口批次未达到要求的；

（五）进口单位有违反法律法规其他行为的。

降类的进口单位必须在12个月后才能申请恢复原来的分类管理类别，且必须经过重新考核、核准、公布。

第三十八条 进口医疗器械出现下列情况之一的，检验检疫机构经本机构负责人批准，可以对进口医疗器械实施查封或者扣押，但海关监管货物除外：

（一）属于禁止进口的；

（二）存在安全卫生缺陷或者可能造成健康隐患、环境污染的；

（三）可能危害医患者生命财产安全，情况紧急的。

第三十九条 国家质检总局负责对检验检疫机构实施进口医疗器械检验监督管理人员资格的培训和考核工作。未经考核合格的人员不得从事进口医疗器械的检验监管工作。

第四十条 用于科研及其他非作用于患者目的的进口旧医疗器械，经国家质检总局及其他相关部门批准后，方可进口。

经原厂再制造的进口医疗器械，其安全及技术性能满足全新医疗器械应满足的要求，并符合国家其他有关规定的，由检验检疫机构进行合格评定后，经国家质检总局批准方可进口。

禁止进口前两款规定以外的其他旧医疗器械。

第七章　法律责任

第四十一条　擅自销售、使用未报检或者未经检验的属于法定检验的进口医疗器械，或者擅自销售、使用应当申请进口验证而未申请的进口医疗器械的，由检验检疫机构没收违法所得，并处商品货值金额5%以上20%以下罚款；构成犯罪的，依法追究刑事责任。

第四十二条　销售、使用经法定检验、抽查检验或者验证不合格的进口医疗器械的，由检验检疫机构责令停止销售、使用，没收违法所得和违法销售、使用的商品，并处违法销售、使用的商品货值金额等值以上3倍以下罚款；构成犯罪的，依法追究刑事责任。

第四十三条　医疗器械的进口单位进口国家禁止进口的旧医疗器械的，按照国家有关规定予以退货或者销毁。进口旧医疗器械属机电产品的，情节严重的，由检验检疫机构并处100万元以下罚款。

第四十四条　检验检疫机构的工作人员滥用职权，故意刁难的，徇私舞弊，伪造检验结果的，或者玩忽职守，延误检验出证的，依法给予行政处分；构成犯罪的，依法追究刑事责任。

第八章　附　则

第四十五条　本办法所指的进口医疗器械，是指从境外进入到中华人民共和国境内的，单独或者组合使用于人体的仪器、设备、器具、材料或者其他物品，包括所配套使用的软件，其使用旨在对疾病进行预防、诊断、治疗、监护、缓解，对损伤或者残疾进行诊断、治疗、监护、缓解、补偿，对解剖或者生理过程进行研究、替代、调节，对妊娠进行控制等。

本办法所指的缺陷进口医疗器械，是指不符合国家强制性标准的规定的，或者存在可能危及人身、财产安全的不合理危险的进口医疗器械。

本办法所指的进口单位是指具有法人资格，对外签订并执行进口医疗器械贸易合同或者委托外贸代理进口医疗器械的中国境内企业。

第四十六条　从境外进入保税区、出口加工区等海关监管区域供使用的医疗器械，以及从保税区、出口加工区等海关监管区域进入境内其他区域的医疗器械，按照本办法执行。

第四十七条　用于动物的进口医疗器械参照本办法执行。

第四十八条　进口医疗器械中属于锅炉压力容器的，其安全监督检验还应当符合国家质检总局其他相关规定。属于《中华人民共和国进口计量器具型式审查目录》内的进口医疗器械，还应当符合国家有关计量法律法规的规定。

第四十九条　本办法由国家质检总局负责解释。

第五十条　本办法自2007年12月1日起施行。

机电产品进口管理办法

（中华人民共和国商务部、中华人民共和国海关总署、国家质量监督检验检疫总局令2008第7号）

第一章　总　则

第一条　为促进对外贸易健康发展，贯彻国家产业政策，维护市场秩序，依据《中华人民共和国对外贸易法》《中华人民共和国海关法》及《中华人民共和国货物进出口管理条例》等相关法律、行政法规，制定本办法。

第二条 本办法所称机电产品（含旧机电产品），是指机械设备、电气设备、交通运输工具、电子产品、电器产品、仪器仪表、金属制品等及其零部件、元器件。机电产品的具体范围见附件。

本办法所称旧机电产品是指具有下列情形之一的机电产品：（一）已经使用（不含使用前测试、调试的设备），仍具备基本功能和一定使用价值的；（二）未经使用，但超过质量保证期（非保修期）的；（三）未经使用，但存放时间过长，部件产生明显有形损耗的；（四）新旧部件混装的；（五）经过翻新的。

第三条 本办法适用于将机电产品进口到中华人民共和国关境内的行为。

第四条 进口机电产品应当符合我国有关安全、卫生和环境保护等法律、行政法规和技术标准等的规定。

第五条 商务部负责全国机电产品进口管理工作。国家机电产品进出口办公室设在商务部。

各省、自治区、直辖市和计划单列市、沿海开放城市、经济特区机电产品进出口办公室和国务院有关部门机电产品进出口办公室（简称为地方、部门机电办）受商务部委托，负责本地区、本部门机电产品进口管理工作。

第六条 国家对机电产品进口实行分类管理，即分为禁止进口、限制进口和自由进口三类。

基于进口监测需要，对部分自由进口的机电产品实行进口自动许可。

第二章 禁止进口

第七条 有下列情形之一的机电产品，禁止进口：

（一）为维护国家安全、社会公共利益或者公共道德，需要禁止进口的；

（二）为保护人的健康或者安全，保护动物、植物的生命或者健康，保护环境，需要禁止进口的；

（三）依照其他法律、行政法规的规定，需要禁止进口的；

（四）根据中华人民共和国所缔结或者参加的国际条约、协定的规定，需要禁止进口的。

第八条 商务部会同海关总署、质检总局等相关部门制定、调整并公布《禁止进口机电产品目录》。

国家根据旧机电产品对国家安全、社会公共利益以及安全、卫生、健康、环境保护可能产生危害的程度，将超过规定制造年限的旧机电产品，合并列入上述目录。

第三章 限制进口

第九条 有下列情形之一的机电产品，限制进口：

（一）为维护国家安全、社会公共利益或者公共道德，需要限制进口的；

（二）为保护人的健康或者安全，保护动物、植物的生命或者健康，保护环境，需要限制进口的；

（三）为建立或者加快建立国内特定产业，需要限制进口的；

（四）为保障国家国际金融地位和国际收支平衡，需要限制进口的；

（五）依照其他法律、行政法规的规定，需要限制进口的；

（六）根据中华人民共和国所缔结或者参加的国际条约、协定的规定，需要限制进口的。

第十条 商务部会同海关总署、质检总局制定、调整并公布《限制进口机电产品目录》。限制进口的机电产品，实行配额、许可证管理。

第十一条 国家限制进口的旧机电产品称为重点旧机电产品。

商务部会同海关总署、质检总局制定、调整并公布《重点旧机电产品进口目录》。

重点旧机电产品进口实行进口许可证管理。

第十二条 《限制进口机电产品目录》及《重点旧机电产品进口目录》至迟应当在实施前21天公布。在紧急情况下，应当不迟于实施之日公布。

第十三条 实行配额管理的限制进口机电产品，依据国务院颁布的有关进口货物配额管理办法的规定实施管理。

第十四条 实行进口许可证管理的机电产品，地方、部门机电办核实进口单位的申请材料后，向商务部提交。商务部审核申请材料，并在20日内决定是否签发《中华人民共和国进口许可证》（以下简称《进口许可证》）。进口单位持《进口许可证》按海关规定办理通关手续。

进口重点旧机电产品，进口单位持《进口许可证》和国家检验检疫机构签发的《入境货物通关单》（在备注栏标注"旧机电产品进口备案"字样）按海关规定办理通关手续。

第十五条 商务部会同海关总署制定并公布《机电产品进口许可管理实施办法》，商务部会同海关总署、质检总局制定并公布《重点旧机电产品进口管理办法》。

第四章 进口自动许可

第十六条 为了监测机电产品进口情况，国家对部分自由进口的机电产品实行进口自动许可。

第十七条 商务部会同海关总署制定、调整并公布《进口自动许可机电产品目录》。

《进口自动许可机电产品目录》至迟应当在实施前21天公布。

第十八条 进口实行进口自动许可的机电产品，进口单位应当在办理海关报关手续前，向商务部或地方、部门机电办申领《中华人民共和国进口自动许可证》（以下简称《进口自动许可证》），并持《进口自动许可证》按海关规定办理通关手续。

进口列入进口自动许可机电产品目录的旧机电产品（不含重点旧机电产品），进口单位持《进口自动许可证》和国家检验检疫机构签发的《入境货物通关单》（在备注栏标注"旧机电产品进口备案"字样）按海关规定办理通关手续。

第十九条 商务部会同海关总署制定并公布《机电产品进口自动许可实施办法》。

第五章 进口监控与监督

第二十条 商务部负责对全国机电产品进口情况进行统计、分析与监测。

地方、部门机电办应当依照国家统计制度的规定，及时向商务部报送本地区、本部门机电产品进口统计数据和资料。

第二十一条 经监测，如机电产品进口出现异常情况，商务部应当及时通知有关部门，并依法进行调查。

第二十二条 商务部及地方、部门机电办可以对限制进口的机电产品的进口情况依法进行检查。进口单位应当配合与协助检查，检查部门应当为进口单位保守商业秘密。

第二十三条 进口单位不得从事下列行为：

（一）进口属于禁止进口管理的机电产品，或者未经批准、许可进口属于限制进口管理的机电产品；

（二）超出批准、许可的范围进口属于限制进口管理的机电产品；

（三）伪造、变造或者买卖机电产品进口证件（包括《进口许可证》《进口自动许可证》，下同）；

（四）以欺骗或者其他不正当手段获取机电产品进口证件；

（五）非法转让机电产品进口证件；

（六）未按法定程序申请进口；

（七）其他违反法律、行政法规有关进口机电产品规定的行为。

第六章 法律责任

第二十四条 进口单位有第二十三条规定的行为之一并构成犯罪的，依法追究刑事责任，尚不构成犯罪的，由公安、海关等具有行政处罚权的行政机关依法对相关当事人作出处理。

第二十五条 进口单位对国家行政机关作出的有关行政决定或行政处罚决定不服的，可依法申请行政复议或者提起行政诉讼。

第二十六条 进口管理工作人员玩忽职守、徇私舞弊、滥用职权的，根据情节轻重，由相应的行政主管部门按有关规定给予处罚；构成犯罪的，依法追究刑事责任。

第七章 附 则

第二十七条 下列情形，从以下规定：

（一）加工贸易项下进口的作价设备，适用本办法。

（二）加工贸易项下进口外商提供的不作价设备，除旧加工设备需要办理入境检验检疫手续外，免于办理机电产品进口证件。海关监管不作价设备，监管期限为5年。监管期满后，设备留在原企业继续使用的，经企业申请海关可解除监管，企业免于办理机电产品进口证件和入境检验检疫手续；监管期内，原设备使用单位申请提前解除监管，或监管期满后设备不再由原企业使用的，适用本办法。

加工贸易项下进口机电产品用于内销、内销产品或者留作自用的，适用本办法。

（三）外商投资企业进口机电产品用于国内销售或用于加工后国内销售的和外商投资额外以自有资金进口新机电产品，以及进口旧机电产品的，适用本办法。

外商投资企业在投资额内进口新机电产品，经过使用，未到海关监管年限，企业要求提前解除监管并在境内自用或转内销的，适用本办法，并参照进口时的状态办理相关手续，海关凭相应的机电产品进口证件和检验检疫证明办理解除监管手续。

（四）从境外进入海关特殊监管区域或海关保税监管场所及海关特殊监管区域或海关保税监管场所之间进出的机电产品，免于办理进口证件，但属于旧机电产品的，必须办理检验检疫手续，由海关监管；从海关特殊监管区域和海关保税监管场所进入（境内）区外的机电产品，适用本办法。

从境内海关特殊监管区外进入海关特殊监管区域，供区内企业使用和供区内基础设施建设项目所需的机器设备转出区外的，如属于旧机电产品，不适用本办法。

（五）租赁贸易、补偿贸易等贸易方式进口机电产品的，适用本办法。

（六）无偿援助、捐赠或者经济往来赠送等方式进口机电产品的，适用本办法。

第二十八条 有下列情形之一的，不适用本办法：

（一）外商投资企业在投资总额内作为投资和自用进口新机电产品的；

（二）加工贸易项下为复出口而进口机电产品的；

（三）由海关监管，暂时进口后复出口或暂时出口后复进口的；

（四）进口机电产品货样、广告物品、实验品的，每批次价值不超过5000元人民币的；

（五）其他法律、行政法规另有规定的。

第二十九条 依据我国法律、法规或者我国与有关国际金融组织、外国政府贷款国达成的协议的规定，经国际招标后中标的机电产品的进口依照本办法执行。

第三十条 国家禁止以任何方式进口列入《禁止进口旧机电产品目录》中的旧机电产品。禁止进口机电产品不得进入海关特殊监管区域和海关保税监管场所。列入《禁止进口机电产品目录》，属中国生产并出口的机电产品，如需进入出口加工区进行售后维修的，需报商务部审核，具体办法另行制定。

我国驻外机构或者境外企业（中方控股，下同）在境外购置的机电产品需调回自用的，适用本办法。对列入《禁止进口机电产品目录》的旧机电产品，我国驻外机构或者境外企业在境外购置时为新品的，可调回自用。

第三十一条 本办法由商务部、海关总署、质检总局负责解释。以往有关规定凡与本办法不一致的，以本办法为准。

第三十二条 本办法自二○○八年五月一日起施行。原《机电产品进口管理办法》（外经贸部、海关总署、质检总局2001年第10号令）、《机电产品自动进口许可管理实施细则》（外经贸部2001年第25号令）、《关于加强旧机电产品进口的通知》（国经贸机〔1997〕877号）、《关于加强旧机电产品进口管理的补充通知》（国经贸机〔1998〕555号）、《关于进一步明确加工贸易项下外商提供的不作价进口设备解除海关监管有关问题的通知》（署法发2001年420号）、《关于进一步明确加工贸易项下外商提供的不作价进口设备解除海关监管有关问题的通知》（署法发2002年348号）、《关于"不作价设备"解除监管问题的紧急通知》（署法发〔2002〕1号）、《海关总署办公厅关于明确加工贸易项下进口旧机电产品管理有关问题的通知》（署办法〔2002〕211号）、《关于重申进口旧机电产品有关管理的通知》（国质检联2001年42号）、《关于进口机电产品备案与办理进口许可工作的衔接问题的通知》质检办检联〔2003〕279号同时废止。

附件：机电产品范围

附件

机电产品范围

商品类别	海关商品编号
一、金属制品	7307~7326、7412~7419、75072、7508、7609~7616、7806、7907、8007、810192~810199、810292~810299、81039、81043、81049、81059、8106009、81079、81089、81099、8110009、8111009、811219、811299、82~83章
二、机械及设备	84章
三、电器及电子产品	85章
四、运输工具	86~89章（8710除外）
五、仪器仪表	90章
六、其他 （含磨削工具用磨具、玻壳、钟表及其零件、电子乐器、运动枪支、飞机及车辆用坐具、医用家具、办公室用金属家具、各种灯具及照明装置、儿童带轮玩具、带动力装置的玩具及模型、健身器械及游艺设备、打火机等）	680421、6804221、6804301、6805、7011、91章、9207、93031~93033、9304、93052、93059、93061~93063、94011~94013、9402、94031、94032、9405、9501、95031、95038、95041、95043、95049、95069、9508、9613

有机产品认证管理办法

(2013年11月15日国家质量监督检验检疫总局令第155号公布，根据2015年8月25日《国家质量监督检验检疫总局关于修改部分规章的决定》修订)

第一章 总 则

第一条 为了维护消费者、生产者和销售者合法权益，进一步提高有机产品质量，加强有机产品认证管理，促进生态环境保护和可持续发展，根据《中华人民共和国产品质量法》《中华人民共和国进出口商品检验法》《中华人民共和国认证认可条例》等法律、行政法规的规定，制定本办法。

第二条 在中华人民共和国境内从事有机产品认证以及获证有机产品生产、加工、进口和销售活动，应当遵守本办法。

第三条 本办法所称有机产品，是指生产、加工和销售符合中国有机产品国家标准的供人类消费、动物食用的产品。

本办法所称有机产品认证，是指认证机构依照本办法的规定，按照有机产品认证规则，对相关产品的生产、加工和销售活动符合中国有机产品国家标准进行的合格评定活动。

第四条 国家认证认可监督管理委员会（以下简称国家认监委）负责全国有机产品认证的统一管理、监督和综合协调工作。

地方各级质量技术监督部门和各地出入境检验检疫机构（以下统称地方认证监管部门）按照职责分工，依法负责所辖区域内有机产品认证活动的监督检查和行政执法工作。

第五条 国家推行统一的有机产品认证制度，实行统一的认证目录、统一的标准和认证实施规则、统一的认证标志。

国家认监委负责制定和调整有机产品认证目录、认证实施规则，并对外公布。

第六条 国家认监委按照平等互利的原则组织开展有机产品认证国际合作。

开展有机产品认证国际互认活动，应当在国家对外签署的国际合作协议内进行。

第二章 认证实施

第七条 有机产品认证机构（以下简称认证机构）应当依法取得法人资格，并经国家认监委批准后，方可从事批准范围内的有机产品认证活动。

认证机构实施认证活动的能力应当符合有关产品认证机构国家标准的要求。

从事有机产品认证检查活动的检查员，应当经国家认证人员注册机构注册后，方可从事有机产品认证检查活动。

第八条 有机产品生产者、加工者（以下统称认证委托人），可以自愿委托认证机构进行有机产品认证，并提交有机产品认证实施规则中规定的申请材料。

认证机构不得受理不符合国家规定的有机产品生产产地环境要求，以及有机产品认证目录外产品的认证委托人的认证委托。

第九条 认证机构应当自收到认证委托人申请材料之日起10日内，完成材料审核，并作出是否受理的决定。对于不予受理的，应当书面通知认证委托人，并说明理由。

认证机构应当在对认证委托人实施现场检查前5日内，将认证委托人、认证检查方案等基本信息报送至国家认监委确定的信息系统。

第十条 认证机构受理认证委托后，认证机构应当按照有机产品认证实施规则的规定，由认证检查员对有机产品生产、加工场所进行现场检查，并应当委托具有法定资质的检验检测机构对申请认证的产品进行检验检测。

按照有机产品认证实施规则的规定，需要进行产地（基地）环境监（检）测的，由具有法定资质的监（检）测机构出具监（检）测报告，或者采信认证委托人提供的其他合法有效的环境监（检）测结论。

第十一条 符合有机产品认证要求的，认证机构应当及时向认证委托人出具有机产品认证证书，允许其使用中国有机产品认证标志；对不符合认证要求的，应当书面通知认证委托人，并说明理由。

认证机构及认证人员应当对其作出的认证结论负责。

第十二条 认证机构应当保证认证过程的完整、客观、真实，并对认证过程作出完整记录，归档留存，保证认证过程和结果具有可追溯性。

产品检验检测和环境监（检）测机构应当确保检验检测、监测结论的真实、准确，并对检验检测、监测过程作出完整记录，归档留存。产品检验检测、环境监测机构及其相关人员应当对其作出的检验检测、监测报告的内容和结论负责。

本条规定的记录保存期为5年。

第十三条 认证机构应当按照认证实施规则的规定，对获证产品及其生产、加工过程实施有效跟踪检查，以保证认证结论能够持续符合认证要求。

第十四条 认证机构应当及时向认证委托人出具有机产品销售证，以保证获证产品的认证委托人所销售的有机产品类别、范围和数量与认证证书中的记载一致。

第十五条 有机配料含量（指重量或者液体体积，不包括水和盐，下同）等于或者高于95%的加工产品，应当在获得有机产品认证后，方可在产品或者产品包装及标签上标注"有机"字样，加施有机产品认证标志。

第十六条 认证机构不得对有机配料含量低于95%的加工产品进行有机认证。

第三章 有机产品进口

第十七条 向中国出口有机产品的国家或者地区的有机产品主管机构，可以向国家认监委提出有机产品认证体系等效性评估申请，国家认监委受理其申请，并组织有关专家对提交的申请进行评估。

评估可以采取文件审查、现场检查等方式进行。

第十八条 向中国出口有机产品的国家或者地区的有机产品认证体系与中国有机产品认证体系等效的，国家认监委可以与其主管部门签署相关备忘录。

该国家或者地区出口至中国的有机产品，依照相关备忘录的规定实施管理。

第十九条 未与国家认监委就有机产品认证体系等效性方面签署相关备忘录的国家或者地区的进口产品，拟作为有机产品向中国出口时，应当符合中国有机产品相关法律法规和中国有机产品国家标准的要求。

第二十条 需要获得中国有机产品认证的进口产品生产商、销售商、进口商或者代理商（以下统称进口有机产品认证委托人），应当向经国家认监委批准的认证机构提出认证委托。

第二十一条 进口有机产品认证委托人应当按照有机产品认证实施规则的规定，向认证机构提交相关申请资料和文件，其中申请书、调查表、加工工艺流程、产品配方和生产、加工过程中使用的投入品等认证申请材料、文件，应当同时提交中文版本。申请材料不符合要求的，认证机构应当不予受理其认证委托。

认证机构从事进口有机产品认证活动应当符合本办法和有机产品认证实施规则的规定，认证检查记录和检查报告等应当有中文版本。

第二十二条 进口有机产品申报入境检验检疫时，应当提交其所获中国有机产品认证证书复印件、有机产品销售证复印件、认证标志和产品标识等文件。

第二十三条 各地出入境检验检疫机构应当对申报的进口有机产品实施入境验证，查验认证证书复印件、有机产品销售证复印件、认证标志和产品标识等文件，核对货证是否相符。不相符的，不得作为有机产品入境。

必要时，出入境检验检疫机构可以对申报的进口有机产品实施监督抽样检验，验证其产品质量是否符合中国有机产品国家标准的要求。

第二十四条 自对进口有机产品认证委托人出具有机产品认证证书起30日内，认证机构应当向国家认监委提交以下书面材料：

（一）获证产品类别、范围和数量；
（二）进口有机产品认证委托人的名称、地址和联系方式；
（三）获证产品生产商、进口商的名称、地址和联系方式；
（四）认证证书和检查报告复印件（中外文版本）；
（五）国家认监委规定的其他材料。

第四章 认证证书和认证标志

第二十五条 国家认监委负责制定有机产品认证证书的基本格式、编号规则和认证标志的式样、编号规则。

第二十六条 认证证书有效期为1年。

第二十七条 认证证书应当包括以下内容：

（一）认证委托人的名称、地址；
（二）获证产品的生产者、加工者以及产地（基地）的名称、地址；
（三）获证产品的数量、产地（基地）面积和产品种类；
（四）认证类别；
（五）依据的国家标准或者技术规范；
（六）认证机构名称及其负责人签字、发证日期、有效期。

第二十八条 获证产品在认证证书有效期内，有下列情形之一的，认证委托人应当在15日内向认证机构申请变更。认证机构应当自收到认证证书变更申请之日起30日内，对认证证书进行变更：

（一）认证委托人或者有机产品生产、加工单位名称或者法人性质发生变更的；
（二）产品种类和数量减少的；
（三）其他需要变更认证证书的情形。

第二十九条 有下列情形之一的，认证机构应当在30日内注销认证证书，并对外公布：

（一）认证证书有效期届满，未申请延续使用的；
（二）获证产品不再生产的；
（三）获证产品的认证委托人申请注销的；
（四）其他需要注销认证证书的情形。

第三十条 有下列情形之一的,认证机构应当在15日内暂停认证证书,认证证书暂停期为1至3个月,并对外公布:
(一)未按照规定使用认证证书或者认证标志的;
(二)获证产品的生产、加工、销售等活动或者管理体系不符合认证要求,且经认证机构评估在暂停期限内能够能采取有效纠正或者纠正措施的;
(三)其他需要暂停认证证书的情形。

第三十一条 有下列情形之一的,认证机构应当在7日内撤销认证证书,并对外公布:
(一)获证产品质量不符合国家相关法规、标准强制要求或者被检出有机产品国家标准禁用物质的;
(二)获证产品生产、加工活动中使用了有机产品国家标准禁用物质或者受到禁用物质污染的;
(三)获证产品的认证委托人虚报、瞒报获证所需信息的;
(四)获证产品的认证委托人超范围使用认证标志的;
(五)获证产品的产地(基地)环境质量不符合认证要求的;
(六)获证产品的生产、加工、销售等活动或者管理体系不符合认证要求,且在认证证书暂停期间,未采取有效纠正或者纠正措施的;
(七)获证产品在认证证书标明的生产、加工场所外进行了再次加工、分装、分割的;
(八)获证产品的认证委托人对相关方重大投诉且确有问题未能采取有效处理措施的;
(九)获证产品的认证委托人从事有机产品认证活动因违反国家农产品、食品安全管理相关法律法规,受到相关行政处罚的;
(十)获证产品的认证委托人拒不接受认证监管部门或者认证机构对其实施监督的;
(十一)其他需要撤销认证证书的情形。

第三十二条 有机产品认证标志为中国有机产品认证标志。

中国有机产品认证标志标有中文"中国有机产品"字样和英文"ORGANIC"字样。图案如下:

第三十三条 中国有机产品认证标志应当在认证证书限定的产品类别、范围和数量内使用。
认证机构应当按照国家认监委统一的编号规则,对每枚认证标志进行唯一编号(以下简称有机码),并采取有效防伪、追溯技术,确保发放的每枚认证标志能够溯源到其对应的认证证书和获证产品及其生产、加工单位。

第三十四条 获证产品的认证委托人应当在获证产品或者产品的最小销售包装上,加施中国有机产品认证标志、有机码和认证机构名称。
获证产品标签、说明书及广告宣传等材料上可以印制中国有机产品认证标志,并可以按照比例放大或者缩小,但不得变形、变色。

第三十五条 有下列情形之一的,任何单位和个人不得在产品、产品最小销售包装及其标签上标注含有"有机""ORGANIC"等字样且可能误导公众认为该产品为有机产品的文字表述和图案:

（一）未获得有机产品认证的；

（二）获证产品在认证证书标明的生产、加工场所外进行了再次加工、分装、分割的。

第三十六条 认证证书暂停期间，获证产品的认证委托人应当暂停使用认证证书和认证标志；认证证书注销、撤销后，认证委托人应当向认证机构交回认证证书和未使用的认证标志。

第五章 监督管理

第三十七条 国家认监委对有机产品认证活动组织实施监督检查和不定期的专项监督检查。

第三十八条 地方认证监管部门应当按照各自职责，依法对所辖区域的有机产品认证活动进行监督检查，查处获证有机产品生产、加工、销售活动中的违法行为。

各地出入境检验检疫机构负责对外资认证机构、进口有机产品认证和销售，以及出口有机产品认证、生产、加工、销售活动进行监督检查。

地方各级质量技术监督部门负责对中资认证机构、在境内生产加工且在境内销售的有机产品认证、生产、加工、销售活动进行监督检查。

第三十九条 地方认证监管部门的监督检查的方式包括：

（一）对有机产品认证活动是否符合本办法和有机产品认证实施规则规定的监督检查；

（二）对获证产品的监督抽查；

（三）对获证产品认证、生产、加工、进口、销售单位的监督检查；

（四）对有机产品认证证书、认证标志的监督检查；

（五）对有机产品认证咨询活动是否符合相关规定的监督检查；

（六）对有机产品认证和认证咨询活动举报的调查处理；

（七）对违法行为的依法查处。

第四十条 国家认监委通过信息系统，定期公布有机产品认证动态信息。

认证机构在出具认证证书之前，应当按要求及时向信息系统报送有机产品认证相关信息，并获取认证证书编号。

认证机构在发放认证标志之前，应当将认证标志、有机码的相关信息上传到信息系统。

地方认证监管部门通过信息系统，根据认证机构报送和上传的认证相关信息，对所辖区域内开展的有机产品认证活动进行监督检查。

第四十一条 获证产品的认证委托人以及有机产品销售单位和个人，在产品生产、加工、包装、贮藏、运输和销售等过程中，应当建立完善的产品质量安全追溯体系和生产、加工、销售记录档案制度。

第四十二条 有机产品销售单位和个人在采购、贮藏、运输、销售有机产品的活动中，应当符合有机产品国家标准的规定，保证销售的有机产品类别、范围和数量与销售证中的产品类别、范围和数量一致，并能够提供与正本内容一致的认证证书和有机产品销售证的复印件，以备相关行政监管部门或者消费者查询。

第四十三条 认证监管部门可以根据国家有关部门发布的动植物疫情、环境污染风险预警等信息，以及监督检查、消费者投诉举报、媒体反映等情况，及时发布关于有机产品认证区域、获证产品及其认证委托人、认证机构的认证风险预警信息，并采取相关应对措施。

第四十四条 获证产品的认证委托人提供虚假信息、违规使用禁用物质、超范围使用有机认证标志，或者出现产品质量安全重大事故的，认证机构5年内不得受理该企业及其生产基地、加工场所的有机产品认证委托。

第四十五条 认证委托人对认证机构的认证结论或者处理决定有异议的，可以向认证机构提出申诉，对认证机构的处理结论仍有异议的，可以向国家认监委申诉。

第四十六条　任何单位和个人对有机产品认证活动中的违法行为，可以向国家认监委或者地方认证监管部门举报。国家认监委、地方认证监管部门应当及时调查处理，并为举报人保密。

第六章　罚　则

第四十七条　伪造、冒用、非法买卖认证标志的，地方认证监管部门依照《中华人民共和国产品质量法》、《中华人民共和国进出口商品检验法》及其实施条例等法律、行政法规的规定处罚。

第四十八条　伪造、变造、冒用、非法买卖、转让、涂改认证证书的，地方认证监管部门责令改正，处3万元罚款。

违反本办法第四十条第二款的规定，认证机构在其出具的认证证书上自行编制认证证书编号的，视为伪造认证证书。

第四十九条　违反本办法第八条第二款的规定，认证机构向不符合国家规定的有机产品生产产地环境要求区域或者有机产品认证目录外产品的认证委托人出具认证证书的，责令改正，处3万元罚款；有违法所得的，没收违法所得。

第五十条　违反本办法第三十五条的规定，在产品或者产品包装及标签上标注含有"有机""ORGANIC"等字样且可能误导公众认为该产品为有机产品的文字表述和图案的，地方认证监管部门责令改正，处3万元以下罚款。

第五十一条　认证机构有下列情形之一的，国家认监委应当责令改正，予以警告，并对外公布：

（一）未依照本办法第四十条第二款的规定，将有机产品认证标志、有机码上传到国家认监委确定的信息系统的；

（二）未依照本办法第九条第二款的规定，向国家认监委确定的信息系统报送相关认证信息或者其所报送信息失实的；

（三）未依照本办法第二十四条的规定，向国家认监委提交相关材料备案的。

第五十二条　违反本办法第十四条的规定，认证机构发放的有机产品销售证数量，超过获证产品的认证委托人所生产、加工的有机产品实际数量的，责令改正，处1万元以上3万元以下罚款。

第五十三条　违反本办法第十六条的规定，认证机构对有机配料含量低于95%的加工产品进行有机认证的，地方认证监管部门责令改正，处3万元以下罚款。

第五十四条　认证机构违反本办法第三十条、第三十一条的规定，未及时暂停或者撤销认证证书并对外公布的，依照《中华人民共和国认证认可条例》第六十条的规定处罚。

第五十五条　认证委托人有下列情形之一的，由地方认证监管部门责令改正，处1万元以上3万元以下罚款：

（一）未获得有机产品认证的加工产品，违反本办法第十五条的规定，进行有机产品认证标识标注的；

（二）未依照本办法第三十三条第一款、第三十四条的规定使用认证标志的；

（三）在认证证书暂停期间或者被注销、撤销后，仍继续使用认证证书和认证标志的。

第五十六条　认证机构、获证产品的认证委托人拒绝接受国家认监委或者地方认证监管部门监督检查的，责令限期改正；逾期未改正的，处3万元以下罚款。

第五十七条　进口有机产品入境检验检疫时，不如实提供进口有机产品的真实情况，取得出入境检验检疫机构的有关证单，或者对法定检验的有机产品不予报检，逃避检验的，由出入境检验检疫机构依照《中华人民共和国进出口商检检验法实施条例》第四十六条的规定处罚。

第五十八条 有机产品认证活动中的其他违法行为,依照有关法律、行政法规、部门规章的规定处罚。

第七章 附 则

第五十九条 有机产品认证收费应当依照国家有关价格法律、行政法规的规定执行。

第六十条 出口的有机产品,应当符合进口国家或者地区的要求。

第六十一条 本办法所称有机配料,是指在制造或者加工有机产品时使用并存在(包括改性的形式存在)于产品中的任何物质,包括添加剂。

第六十二条 本办法由国家质量监督检验检疫总局负责解释。

第六十三条 本办法自 2014 年 4 月 1 日起施行。国家质检总局 2004 年 11 月 5 日公布的《有机产品认证管理办法》(国家质检总局第 67 号令)同时废止。

新食品原料安全性审查管理办法

(经 2013 年 2 月 5 日中华人民共和国卫生部部务会审议通过,2013 年 5 月 31 日国家卫生和计划生育委员会令第 1 号公布,自 2013 年 10 月 1 日起施行。2017 年 12 月 5 日经国家卫生计生委主任会议讨论通过,2017 年 12 月 26 日中华人民共和国国家卫生和计划生育委员会令 第 18 号公布,自 2017 年 12 月 26 日起施行)

第一条 为规范新食品原料安全性评估材料审查工作,根据《中华人民共和国食品安全法》及其实施条例的有关规定,制定本办法。

第二条 新食品原料是指在我国无传统食用习惯的以下物品:

(一)动物、植物和微生物;

(二)从动物、植物和微生物中分离的成分;

(三)原有结构发生改变的食品成分;

(四)其他新研制的食品原料。

第三条 新食品原料应当具有食品原料的特性,符合应当有的营养要求,且无毒、无害,对人体健康不造成任何急性、亚急性、慢性或者其他潜在性危害。

第四条 新食品原料应当经过国家卫生计生委安全性审查后,方可用于食品生产经营。

第五条 国家卫生计生委负责新食品原料安全性评估材料的审查和许可工作。

国家卫生计生委新食品原料技术审评机构(以下简称审评机构)负责新食品原料安全性技术审查,提出综合审查结论及建议。[1]

第六条 拟从事新食品原料生产、使用或者进口的单位或者个人(以下简称申请人),应当提出申请并提交以下材料:

(一)申请表;

(二)新食品原料研制报告;

(三)安全性评估报告;

(四)生产工艺;

(五)执行的相关标准(包括安全要求、质量规格、检验方法等);

（六）标签及说明书；

（七）国内外研究利用情况和相关安全性评估资料；

（八）有助于评审的其他资料。

另附未启封的产品样品1件或者原料30克。

第七条 申请进口新食品原料的，除提交第六条规定的材料外，还应当提交以下材料：

（一）出口国（地区）相关部门或者机构出具的允许该产品在本国（地区）生产或者销售的证明材料；

（二）生产企业所在国（地区）有关机构或者组织出具的对生产企业审查或者认证的证明材料。

第八条 申请人应当如实提交有关材料，反映真实情况，对申请材料内容的真实性负责，并承担法律责任。

第九条 申请人在提交本办法第六条第一款第二项至第六项材料时，应当注明其中不涉及商业秘密，可以向社会公开的内容。

第十条 国家卫生计生委受理新食品原料申请后，向社会公开征求意见。

第十一条 国家卫生计生委自受理新食品原料申请之日起60日内，应当组织专家对新食品原料安全性评估材料进行审查，作出审查结论。

第十二条 审查过程中需要补充资料的，应当及时书面告知申请人，申请人应当按照要求及时补充有关资料。

根据审查工作需要，可以要求申请人现场解答有关技术问题，申请人应当予以配合。

第十三条 审查过程中需要对生产工艺进行现场核查的，可以组织专家对新食品原料研制及生产现场进行核查，并出具现场核查意见，专家对出具的现场核查意见承担责任。省级卫生监督机构应当予以配合。

参加现场核查的专家不参与该产品安全性评估材料的审查表决。

第十四条 新食品原料安全性评估材料审查和许可的具体程序按照《行政许可法》《卫生行政许可管理办法》等有关法律法规规定执行。

第十五条 审评机构提出的综合审查结论，应当包括安全性审查结果和社会稳定风险评估结果。[1]

第十六条 国家卫生计生委根据新食品原料的安全性审查结论，对符合食品安全要求的，准予许可并予以公告；对不符合食品安全要求的，不予许可并书面说明理由。

对与食品或者已公告的新食品原料具有实质等同性的，应当作出终止审查的决定，并书面告知申请人。

第十七条 根据新食品原料的不同特点，公告可以包括以下内容：

（一）名称；

（二）来源；

（三）生产工艺；

（四）主要成分；

（五）质量规格要求；

（六）标签标识要求；

（七）其他需要公告的内容。

第十八条 有下列情形之一的，国家卫生计生委应当及时组织对已公布的新食品原料进行重新审查：

（一）随着科学技术的发展，对新食品原料的安全性产生质疑的；
（二）有证据表明新食品原料的安全性可能存在问题的；
（三）其他需要重新审查的情形。

对重新审查不符合食品安全要求的新食品原料，国家卫生计生委可以撤销许可。

第十九条 新食品原料生产单位应当按照新食品原料公告要求进行生产，保证新食品原料的食用安全。

第二十条 食品中含有新食品原料的，其产品标签标识应当符合国家法律、法规、食品安全标准和国家卫生计生委公告要求。

第二十一条 违反本办法规定，生产或者使用未经安全性评估的新食品原料的，按照《食品安全法》的有关规定处理。

第二十二条 申请人隐瞒有关情况或者提供虚假材料申请新食品原料许可的，国家卫生计生委不予受理或者不予许可，并给予警告，且申请人在一年内不得再次申请该新食品原料许可。

以欺骗、贿赂等不正当手段通过新食品原料安全性审查并取得许可的，国家卫生计生委应当撤销许可，且申请人在三年内不得再次申请新食品原料许可。[1]

第二十三条 本办法下列用语的含义：

实质等同，是指如某个新申报的食品原料与食品或者已公布的新食品原料在种属、来源、生物学特征、主要成分、食用部位、使用量、使用范围和应用人群等方面相同，所采用工艺和质量要求基本一致，可以视为它们是同等安全的，具有实质等同性。

第二十四条 本办法所称的新食品原料不包括转基因食品、保健食品、食品添加剂新品种。转基因食品、保健食品、食品添加剂新品种的管理依照国家有关法律法规执行。

第二十五条 本办法自 2017 年 12 月 26 日起施行。

商品煤质量管理暂行办法

（国家发改委、环保部、商务部、海关总署、工商总局、质检总局联合令第 16 号，自 2015 年 1 月 1 日起施行）

第一章 总 则

第一条 为贯彻落实国务院《大气污染防治行动计划》，强化商品煤全过程质量管理，提高终端用煤质量，推进煤炭高效清洁利用，改善空气质量，根据《中华人民共和国煤炭法》《中华人民共和国产品质量法》《中华人民共和国环境保护法》《中华人民共和国大气污染防治法》《中华人民共和国对外贸易法》《中华人民共和国进出口商品检验法》等相关法律法规，制定本办法。

第二条 在中华人民共和国境内从事商品煤的生产、加工、储运、销售、进口、使用等活动，适用本办法。

第三条 商品煤是指作为商品出售的煤炭产品。不包括坑口自用煤以及煤泥、矸石等副产品。企业远距离运输的自用煤，同样适用本办法。

第四条 煤炭管理及有关部门在各自职责范围内负责建立煤炭质量管理制度并组织实施。

第二章 质量要求

第五条 煤炭生产、加工、储运、销售、进口、使用企业是商品煤质量的责任主体，分别对各环节商品煤质量负责。

第六条 商品煤应当满足下列基本要求：

(一) 灰分 (A_d) 褐煤≤30%，其他煤种≤40%。

(二) 硫分 ($S_{t,d}$) 褐煤≤1.5%，其他煤种≤3%。

(三) 其他指标 汞 (Hg_d) ≤0.6μg/g，砷 (As_d) ≤80μg/g，磷 (P_d) ≤0.15%，氯 (Cl_d) ≤0.3%，氟 (F_d) ≤200μg/g。

第七条 在中国境内远距离运输（运距超过600公里）的商品煤除在满足第六条要求外，还应当同时满足下列要求：

(一) 褐煤

发热量 ($Q_{net,ar}$) ≥16.5MJ/kg，灰分 (A_d) ≤20%，硫分 ($S_{t,d}$) ≤1%。

(二) 其他煤种

发热量 ($Q_{net,ar}$) ≥18MJ/kg，灰分 (A_d) ≤30%，硫分 ($S_{t,d}$) ≤2%。

本条中运距是指（国产商品煤）从产地到消费地距离或（境外商品煤）从货物进境口岸到消费地距离。

第八条 对于供应给具备高效脱硫、废弃物处理、硫资源回收等设施的化工、电力及炼焦等用户的商品煤，可适当放宽其商品煤供应和使用的含硫标准，具体办法由国家煤炭管理部门商有关部门制定。

第九条 京津冀及周边地区、长三角、珠三角限制销售和使用灰分 (A_d) ≥16%、硫分 ($S_{t,d}$) ≥1%的散煤。

第十条 生产、销售和进口的煤炭应按照《商品煤标识》(GB/T25209-2010) 进行标识，标识内容应与实际煤质相符。

第十一条 不符合本办法要求的商品煤，不得进口、销售和远距离运输。煤炭进口检验及其监管，按《进出口商品检验法》等有关法律法规执行。

第十二条 承运企业对不同质量的商品煤应当"分质装车、分质堆存"。在储运过程中，不得降低煤炭的质量。

第十三条 煤炭生产、加工、储运、销售、进口、使用企业均应制定必要的煤炭质量保证制度，建立商品煤质量档案。

第三章 监督管理

第十四条 煤炭管理部门及有关部门在各自职责范围内依法对煤炭质量实施监管。煤炭生产、加工、储运、销售、进口、使用企业应当接受监管。

第十五条 煤炭管理部门及有关部门依法对辖区内的商品煤质量进行抽检，并将抽检结果通报国家发展改革委（国家能源局）等相关部门。

第十六条 煤炭管理部门及有关部门对煤炭生产、加工、储运、销售、使用企业实行分类管理。

第十七条 口岸检验检疫机构对本口岸进口商品煤的质量进行监督管理。每半年进行一次进口商品煤质量分析，上报国家质量监督检验检疫部门，抄送国家发展改革委（国家能源局）、商务部等相关管理部门。

第十八条 任何企业和个人对违反本办法的行为，均可向有关部门举报。有关部门应当及时调查处理，并为举报人保密。

第四章 法律责任

第十九条 商品煤质量达不到本办法要求的,责令限期整改,并予以通报;构成有关法律法规规定的违法行为的,依据有关法律法规予以处罚。

第二十条 采取掺杂使假、以次充好等违法手段进行经营的,依据相关法律法规予以处罚;构成犯罪的,由司法机关依法追究刑事责任。

第二十一条 对拒绝、阻碍有关部门监督检查、取证的,依法予以处罚;构成犯罪的,由司法机关依法追究刑事责任。

第二十二条 有关工作人员滥用职权、玩忽职守或者徇私舞弊的,依法予以行政处分;构成犯罪的,由司法机关依法追究刑事责任。

第五章 附 则

第二十三条 本办法由国家发展改革委(国家能源局)会同有关部门负责解释。各地区及相关企业可根据本办法制定更严格的标准和实施细则。

第二十四条 本办法自 2015 年 1 月 1 日起施行。

保健食品注册与备案管理办法

(2016 年 2 月 26 日国家食品药品监督管理总局令第 22 号公布,根据 2020 年 10 月 23 日国家市场监督管理总局令第 31 号修订)

第一章 总 则

第一条 为规范保健食品的注册与备案,根据《中华人民共和国食品安全法》,制定本办法。

第二条 在中华人民共和国境内保健食品的注册与备案及其监督管理适用本办法。

第三条 保健食品注册,是指市场监督管理部门根据注册申请人申请,依照法定程序、条件和要求,对申请注册的保健食品的安全性、保健功能和质量可控性等相关申请材料进行系统评价和审评,并决定是否准予其注册的审批过程。

保健食品备案,是指保健食品生产企业依照法定程序、条件和要求,将表明产品安全性、保健功能和质量可控性的材料提交市场监督管理部门进行存档、公开、备查的过程。

第四条 保健食品的注册与备案及其监督管理应当遵循科学、公开、公正、便民、高效的原则。

第五条 国家市场监督管理总局负责保健食品注册管理,以及首次进口的属于补充维生素、矿物质等营养物质的保健食品备案管理,并指导监督省、自治区、直辖市市场监督管理部门承担的保健食品注册与备案相关工作。

省、自治区、直辖市市场监督管理部门负责本行政区域内保健食品备案管理,并配合国家市场监督管理总局开展保健食品注册现场核查等工作。

市、县级市场监督管理部门负责本行政区域内注册和备案保健食品的监督管理,承担上级市场监督管理部门委托的其他工作。

第六条 国家市场监督管理总局行政受理机构(以下简称受理机构)负责受理保健食品注册和

接收相关进口保健食品备案材料。

省、自治区、直辖市市场监督管理部门负责接收相关保健食品备案材料。

国家市场监督管理总局保健食品审评机构（以下简称审评机构）负责组织保健食品审评，管理审评专家，并依法承担相关保健食品备案工作。

国家市场监督管理总局审核查验机构（以下简称查验机构）负责保健食品注册现场核查工作。

第七条 保健食品注册申请人或者备案人应当具有相应的专业知识，熟悉保健食品注册管理的法律、法规、规章和技术要求。

保健食品注册申请人或者备案人应当对所提交材料的真实性、完整性、可溯源性负责，并对提交材料的真实性承担法律责任。

保健食品注册申请人或者备案人应当协助市场监督管理部门开展与注册或者备案相关的现场核查、样品抽样、复核检验和监督管理等工作。

第八条 省级以上市场监督管理部门应当加强信息化建设，提高保健食品注册与备案管理信息化水平，逐步实现电子化注册与备案。

第二章 注 册

第九条 生产和进口下列产品应当申请保健食品注册：

（一）使用保健食品原料目录以外原料（以下简称目录外原料）的保健食品；

（二）首次进口的保健食品（属于补充维生素、矿物质等营养物质的保健食品除外）。

首次进口的保健食品，是指非同一国家、同一企业、同一配方申请中国境内上市销售的保健食品。

第十条 产品声称的保健功能应当已经列入保健食品功能目录。

第十一条 国产保健食品注册申请人应当是在中国境内登记的法人或者其他组织；进口保健食品注册申请人应当是上市保健食品的境外生产厂商。

申请进口保健食品注册的，应当由其常驻中国代表机构或者由其委托中国境内的代理机构办理。

境外生产厂商，是指产品符合所在国（地区）上市要求的法人或者其他组织。

第十二条 申请保健食品注册应当提交下列材料：

（一）保健食品注册申请表，以及申请人对申请材料真实性负责的法律责任承诺书；

（二）注册申请人主体登记证明文件复印件；

（三）产品研发报告，包括研发人、研发时间、研制过程、中试规模以上的验证数据，目录外原料及产品安全性、保健功能、质量可控性的论证报告和相关科学依据，以及根据研发结果综合确定的产品技术要求等；

（四）产品配方材料，包括原料和辅料的名称及用量、生产工艺、质量标准，必要时还应当按照规定提供原料使用依据、使用部位的说明、检验合格证明、品种鉴定报告等；

（五）产品生产工艺材料，包括生产工艺流程简图及说明，关键工艺控制点及说明；

（六）安全性和保健功能评价材料，包括目录外原料及产品的安全性、保健功能试验评价材料，人群食用评价材料；功效成分或者标志性成分、卫生学、稳定性、菌种鉴定、菌种毒力等试验报告，以及涉及兴奋剂、违禁药物成分等检测报告；

（七）直接接触保健食品的包装材料种类、名称、相关标准等；

（八）产品标签、说明书样稿；产品名称中的通用名与注册的药品名称不重名的检索材料；

（九）3个最小销售包装样品；

（十）其他与产品注册审评相关的材料。

第十三条　申请首次进口保健食品注册，除提交本办法第十二条规定的材料外，还应当提交下列材料：

（一）产品生产国（地区）政府主管部门或者法律服务机构出具的注册申请人为上市保健食品境外生产厂商的资质证明文件；

（二）产品生产国（地区）政府主管部门或者法律服务机构出具的保健食品上市销售一年以上的证明文件，或者产品境外销售以及人群食用情况的安全性报告；

（三）产品生产国（地区）或者国际组织与保健食品相关的技术法规或者标准；

（四）产品在生产国（地区）上市的包装、标签、说明书实样。

由境外注册申请人常驻中国代表机构办理注册事务的，应当提交《外国企业常驻中国代表机构登记证》及其复印件；境外注册申请人委托境内的代理机构办理注册事项的，应当提交经过公证的委托书原件以及受委托的代理机构营业执照复印件。

第十四条　受理机构收到申请材料后，应当根据下列情况分别作出处理：

（一）申请事项依法不需要取得注册的，应当即时告知注册申请人不受理；

（二）申请事项依法不属于国家市场监督管理总局职权范围的，应当即时作出不予受理的决定，并告知注册申请人向有关行政机关申请；

（三）申请材料存在可以当场更正的错误的，应当允许注册申请人当场更正；

（四）申请材料不齐全或者不符合法定形式的，应当当场或者在5个工作日内一次告知注册申请人需要补正的全部内容，逾期不告知的，自收到申请材料之日起即为受理；

（五）申请事项属于国家市场监督管理总局职权范围，申请材料齐全、符合法定形式，注册申请人按照要求提交全部补正申请材料的，应当受理注册申请。

受理或者不予受理注册申请，应当出具加盖国家市场监督管理总局行政许可受理专用章和注明日期的书面凭证。

第十五条　受理机构应当在受理后3个工作日内将申请材料一并送交审评机构。

第十六条　审评机构应当组织审评专家对申请材料进行审查，并根据实际需要组织查验机构开展现场核查，组织检验机构开展复核检验，在60个工作日内完成审评工作，并向国家市场监督管理总局提交综合审评结论和建议。

特殊情况下需要延长审评时间的，经审评机构负责人同意，可以延长20个工作日，延长决定应当及时书面告知申请人。

第十七条　审评机构应当组织对申请材料中的下列内容进行审评，并根据科学依据的充足程度明确产品保健功能声称的限定用语：

（一）产品研发报告的完整性、合理性和科学性；

（二）产品配方的科学性，及产品安全性和保健功能；

（三）目录外原料及产品的生产工艺合理性、可行性和质量可控性；

（四）产品技术要求和检验方法的科学性和复现性；

（五）标签、说明书样稿主要内容以及产品名称的规范性。

第十八条　审评机构在审评过程中可以调阅原始资料。

审评机构认为申请材料不真实、产品存在安全性或者质量可控性问题，或者不具备声称的保健功能的，应当终止审评，提出不予注册的建议。

第十九条　审评机构认为需要注册申请人补正材料的，应当一次告知需要补正的全部内容。注册申请人应当在3个月内按照补正通知的要求一次提供补充材料；审评机构收到补充材料后，审评时间重新计算。

注册申请人逾期未提交补充材料或者未完成补正，不足以证明产品安全性、保健功能和质量可控性的，审评机构应当终止审评，提出不予注册的建议。

第二十条 审评机构认为需要开展现场核查的，应当及时通知查验机构按照申请材料中的产品研发报告、配方、生产工艺等技术要求进行现场核查，并对下线产品封样送复核检验机构检验。

查验机构应当自接到通知之日起30个工作日内完成现场核查，并将核查报告送交审评机构。

核查报告认为申请材料不真实、无法溯源复现或者存在重大缺陷的，审评机构应当终止审评，提出不予注册的建议。

第二十一条 复核检验机构应当严格按照申请材料中的测定方法以及相关说明进行操作，对测定方法的科学性、复现性、适用性进行验证，对产品质量可控性进行复核检验，并应当自接受委托之日起60个工作日内完成复核检验，将复核检验报告送交审评机构。

复核检验结论认为测定方法不科学、无法复现、不适用或者产品质量不可控的，审评机构应当终止审评，提出不予注册的建议。

第二十二条 首次进口的保健食品境外现场核查和复核检验时限，根据境外生产厂商的实际情况确定。

第二十三条 保健食品审评涉及的试验和检验工作应当由国家市场监督管理总局选择的符合条件的食品检验机构承担。

第二十四条 审评机构认为申请材料真实，产品科学、安全、具有声称的保健功能，生产工艺合理、可行和质量可控，技术要求和检验方法科学、合理的，应当提出予以注册的建议。

审评机构提出不予注册建议的，应当同时向注册申请人发出拟不予注册的书面通知。注册申请人对通知有异议的，应当自收到通知之日起20个工作日内向审评机构提出书面复审申请并说明复审理由。复审的内容仅限于原申请事项及申请材料。

审评机构应当自受理复审申请之日起30个工作日内作出复审决定。改变不予注册建议的，应当书面通知注册申请人。

第二十五条 审评机构作出综合审评结论及建议后，应当在5个工作日内报送国家市场监督管理总局。

第二十六条 国家市场监督管理总局应当自受理之日起20个工作日内对审评程序和结论的合法性、规范性以及完整性进行审查，并作出准予注册或者不予注册的决定。

第二十七条 现场核查、复核检验、复审所需时间不计算在审评和注册决定的期限内。

第二十八条 国家市场监督管理总局作出准予注册或者不予注册的决定后，应当自作出决定之日起10个工作日内，由受理机构向注册申请人发出保健食品注册证书或者不予注册决定。

第二十九条 注册申请人对国家市场监督管理总局作出不予注册的决定有异议的，可以向国家市场监督管理总局提出书面行政复议申请或者向法院提出行政诉讼。

第三十条 保健食品注册人转让技术的，受让方应当在转让方的指导下重新提出产品注册申请，产品技术要求等应当与原申请材料一致。

审评机构按照相关规定简化审评程序。符合要求的，国家市场监督管理总局应当为受让方核发新的保健食品注册证书，并对转让方保健食品注册予以注销。

受让方除提交本办法规定的注册申请材料外，还应当提交经公证的转让合同。

第三十一条 保健食品注册证书及其附件所载明内容变更的，应当由保健食品注册人申请变更并提交书面变更的理由和依据。

注册人名称变更的，应当由变更后的注册申请人申请变更。

第三十二条 已经生产销售的保健食品注册证书有效期届满需要延续的，保健食品注册人应当在有效期届满6个月前申请延续。

获得注册的保健食品原料已经列入保健食品原料目录，并符合相关技术要求，保健食品注册人申请变更注册，或者期满申请延续注册的，应当按照备案程序办理。

第三十三条 申请变更国产保健食品注册的，除提交保健食品注册变更申请表（包括申请人对申请材料真实性负责的法律责任承诺书）、注册申请人主体登记证明文件复印件、保健食品注册证书及其附件的复印件外，还应当按照下列情形分别提交材料：

（一）改变注册人名称、地址的变更申请，还应当提供该注册人名称、地址变更的证明材料；

（二）改变产品名称的变更申请，还应当提供拟变更后的产品通用名与已经注册的药品名称不重名的检索材料；

（三）增加保健食品功能项目的变更申请，还应当提供所增加功能项目的功能学试验报告；

（四）改变产品规格、保质期、生产工艺等涉及产品技术要求的变更申请，还应当提供证明变更后产品的安全性、保健功能和质量可控性与原注册内容实质等同的材料、依据及变更后3批样品符合产品技术要求的全项目检验报告；

（五）改变产品标签、说明书的变更申请，还应当提供拟变更的保健食品标签、说明书样稿。

第三十四条 申请延续国产保健食品注册的，应当提交下列材料：

（一）保健食品延续注册申请表，以及申请人对申请材料真实性负责的法律责任承诺书；

（二）注册申请人主体登记证明文件复印件；

（三）保健食品注册证书及其附件的复印件；

（四）经省级市场监督管理部门核实的注册证书有效期内保健食品的生产销售情况；

（五）人群食用情况分析报告、生产质量管理体系运行情况的自查报告以及符合产品技术要求的检验报告。

第三十五条 申请进口保健食品变更注册或者延续注册的，除分别提交本办法第三十三条、第三十四条规定的材料外，还应当提交本办法第十三条第一款（一）、（二）、（三）、（四）项和第二款规定的相关材料。

第三十六条 变更申请的理由依据充分合理，不影响产品安全性、保健功能和质量可控性的，予以变更注册；变更申请的理由依据不充分、不合理，或者拟变更事项影响产品安全性、保健功能和质量可控性的，不予变更注册。

第三十七条 申请延续注册的保健食品的安全性、保健功能和质量可控性符合要求的，予以延续注册。

申请延续注册的保健食品的安全性、保健功能和质量可控性依据不足或者不再符合要求，在注册证书有效期内未进行生产销售的，以及注册人未在规定时限内提交延续申请的，不予延续注册。

第三十八条 接到保健食品延续注册申请的市场监督管理部门应当在保健食品注册证书有效期届满前作出是否准予延续的决定。逾期未作出决定的，视为准予延续注册。

第三十九条 准予变更注册或者延续注册的，颁发新的保健食品注册证书，同时注销原保健食品注册证书。

第四十条 保健食品变更注册与延续注册的程序未作规定的，可以适用本办法关于保健食品注册的相关规定。

第三章　注册证书管理

第四十一条 保健食品注册证书应当载明产品名称、注册人名称和地址、注册号、颁发日期及有效期、保健功能、功效成分或者标志性成分及含量、产品规格、保质期、适宜人群、不适宜人群、注意事项。

保健食品注册证书附件应当载明产品标签、说明书主要内容和产品技术要求等。

产品技术要求应当包括产品名称、配方、生产工艺、感官要求、鉴别、理化指标、微生物指标、功效成分或者标志性成分含量及检测方法、装量或者重量差异指标（净含量及允许负偏差指标）、原辅料质量要求等内容。

第四十二条 保健食品注册证书有效期为5年。变更注册的保健食品注册证书有效期与原保健食品注册证书有效期相同。

第四十三条 国产保健食品注册号格式为：国食健注G+4位年代号+4位顺序号；进口保健食品注册号格式为：国食健注J+4位年代号+4位顺序号。

第四十四条 保健食品注册有效期内，保健食品注册证书遗失或者损坏的，保健食品注册人应当向受理机构提出书面申请并说明理由。因遗失申请补发的，应当在省、自治区、直辖市市场监督管理部门网站上发布遗失声明；因损坏申请补发的，应当交回保健食品注册证书原件。

国家市场监督管理总局应当在受理后20个工作日内予以补发。补发的保健食品注册证书应当标注原批准日期，并注明"补发"字样。

第四章 备 案

第四十五条 生产和进口下列保健食品应当依法备案：

（一）使用的原料已经列入保健食品原料目录的保健食品；

（二）首次进口的属于补充维生素、矿物质等营养物质的保健食品。

首次进口的属于补充维生素、矿物质等营养物质的保健食品，其营养物质应当是列入保健食品原料目录的物质。

第四十六条 国产保健食品的备案人应当是保健食品生产企业，原注册人可以作为备案人；进口保健食品的备案人，应当是上市保健食品境外生产厂商。

第四十七条 备案的产品配方、原辅料名称及用量、功效、生产工艺等应当符合法律、法规、规章、强制性标准以及保健食品原料目录技术要求的规定。

第四十八条 申请保健食品备案，除应当提交本办法第十二条第（四）、（五）、（六）、（七）、（八）项规定的材料外，还应当提交下列材料：

（一）保健食品备案登记表，以及备案人对提交材料真实性负责的法律责任承诺书；

（二）备案人主体登记证明文件复印件；

（三）产品技术要求材料；

（四）具有合法资质的检验机构出具的符合产品技术要求全项目检验报告；

（五）其他表明产品安全性和保健功能的材料。

第四十九条 申请进口保健食品备案的，除提交本办法第四十八条规定的材料外，还应当提交本办法第十三条第一款（一）、（二）、（三）、（四）项和第二款规定的相关材料。

第五十条 市场监督管理部门收到备案材料后，备案材料符合要求的，当场备案；不符合要求的，应当一次告知备案人补正相关材料。

第五十一条 市场监督管理部门应当完成备案信息的存档备查工作，并发放备案号。对备案的保健食品，市场监督管理部门应当按照相关要求的格式制作备案凭证，并将备案信息表中登载的信息在其网站上公布。

国产保健食品备案号格式为：食健备G+4位年代号+2位省级行政区域代码+6位顺序编号；进

口保健食品备案号格式为：食健备 J+4 位年代号+00+6 位顺序编号。

第五十二条 已经备案的保健食品，需要变更备案材料的，备案人应当向原备案机关提交变更说明及相关证明文件。备案材料符合要求的，市场监督管理部门应当将变更情况登载于变更信息中，将备案材料存档备查。

第五十三条 保健食品备案信息应当包括产品名称、备案人名称和地址、备案登记号、登记日期以及产品标签、说明书和技术要求。

第五章 标签、说明书

第五十四条 申请保健食品注册或者备案的，产品标签、说明书样稿应当包括产品名称、原料、辅料、功效成分或者标志性成分及含量、适宜人群、不适宜人群、保健功能、食用量及食用方法、规格、贮藏方法、保质期、注意事项等内容及相关制定依据和说明等。

第五十五条 保健食品的标签、说明书主要内容不得涉及疾病预防、治疗功能，并声明"本品不能代替药物"。

第五十六条 保健食品的名称由商标名、通用名和属性名组成。

商标名，是指保健食品使用依法注册的商标名称或者符合《商标法》规定的未注册的商标名称，用以表明其产品是独有的、区别于其他同类产品。

通用名，是指表明产品主要原料等特性的名称。

属性名，是指表明产品剂型或者食品分类属性等的名称。

第五十七条 保健食品名称不得含有下列内容：

（一）虚假、夸大或者绝对化的词语；

（二）明示或者暗示预防、治疗功能的词语；

（三）庸俗或者带有封建迷信色彩的词语；

（四）人体组织器官等词语；

（五）除""之外的符号；

（六）其他误导消费者的词语。

保健食品名称不得含有人名、地名、汉语拼音、字母及数字等，但注册商标作为商标名、通用名中含有符合国家规定的含字母及数字的原料名除外。

第五十八条 通用名不得含有下列内容：

（一）已经注册的药品通用名，但以原料名称命名或者保健食品注册批准在先的除外；

（二）保健功能名称或者与表述产品保健功能相关的文字；

（三）易产生误导的原料简写名称；

（四）营养素补充剂产品配方中部分维生素或者矿物质；

（五）法律法规规定禁止使用的其他词语。

第五十九条 备案保健食品通用名应当以规范的原料名称命名。

第六十条 同一企业不得使用同一配方注册或者备案不同名称的保健食品；不得使用同一名称注册或者备案不同配方的保健食品。

第六章 监督管理

第六十一条 国家市场监督管理总局应当及时制定并公布保健食品注册申请服务指南和审查细则，方便注册申请人申报。

第六十二条 承担保健食品审评、核查、检验的机构和人员应当对出具的审评意见、核查报告、检验报告负责。

保健食品审评、核查、检验机构和人员应当依照有关法律、法规、规章的规定，恪守职业道德，按照食品安全标准、技术规范等对保健食品进行审评、核查和检验，保证相关工作科学、客观和公正。

第六十三条　参与保健食品注册与备案管理工作的单位和个人，应当保守在注册或者备案中获知的商业秘密。

属于商业秘密的，注册申请人和备案人在申请注册或者备案时应当在提交的资料中明确相关内容和依据。

第六十四条　市场监督管理部门接到有关单位或者个人举报的保健食品注册受理、审评、核查、检验、审批等工作中的违法违规行为后，应当及时核实处理。

第六十五条　除涉及国家秘密、商业秘密外，市场监督管理部门应当自完成注册或者备案工作之日起 20 个工作日内根据相关职责在网站公布已经注册或者备案的保健食品目录及相关信息。

第六十六条　有下列情形之一的，国家市场监督管理总局根据利害关系人的请求或者依据职权，可以撤销保健食品注册证书：

（一）行政机关工作人员滥用职权、玩忽职守作出准予注册决定的；
（二）超越法定职权或者违反法定程序作出准予注册决定的；
（三）对不具备申请资格或者不符合法定条件的注册申请人准予注册的；
（四）依法可以撤销保健食品注册证书的其他情形。

注册人以欺骗、贿赂等不正当手段取得保健食品注册的，国家市场监督管理总局应当予以撤销。

第六十七条　有下列情形之一的，国家市场监督管理总局应当依法办理保健食品注册注销手续：

（一）保健食品注册有效期届满，注册人未申请延续或者国家食品药品监管总局不予延续的；
（二）保健食品注册人申请注销的；
（三）保健食品注册人依法终止的；
（四）保健食品注册依法被撤销，或者保健食品注册证书依法被吊销的；
（五）根据科学研究的发展，有证据表明保健食品可能存在安全隐患，依法被撤回的；
（六）法律、法规规定的应当注销保健食品注册的其他情形。

第六十八条　有下列情形之一的，市场监督管理部门取消保健食品备案：

（一）备案材料虚假的；
（二）备案产品生产工艺、产品配方等存在安全性问题的；
（三）保健食品生产企业的生产许可被依法吊销、注销的；
（四）备案人申请取消备案的；
（五）依法应当取消备案的其他情形。

第七章　法律责任

第六十九条　保健食品注册与备案违法行为，食品安全法等法律法规已有规定的，依照其规定。

第七十条　注册申请人隐瞒真实情况或者提供虚假材料申请注册的，国家市场监督管理总局不予受理或者不予注册，并给予警告；申请人在 1 年内不得再次申请注册该保健食品；构成犯罪的，依法追究刑事责任。

第七十一条 注册申请人以欺骗、贿赂等不正当手段取得保健食品注册证书的,由国家市场监督管理总局撤销保健食品注册证书,并处1万元以上3万元以下罚款。被许可人在3年内不得再次申请注册;构成犯罪的,依法追究刑事责任。

第七十二条 有下列情形之一的,由县级以上人民政府市场监督管理部门处以1万元以上3万元以下罚款;构成犯罪的,依法追究刑事责任。

(一)擅自转让保健食品注册证书的;

(二)伪造、涂改、倒卖、出租、出借保健食品注册证书的。

第七十三条 市场监督管理部门及其工作人员对不符合条件的申请人准予注册,或者超越法定职权准予注册的,依照食品安全法第一百四十四条的规定予以处理。

市场监督管理部门及其工作人员在注册审评过程中滥用职权、玩忽职守、徇私舞弊的,依照食品安全法第一百四十五条的规定予以处理。

第八章 附 则

第七十四条 申请首次进口保健食品注册和办理进口保健食品备案及其变更的,应当提交中文材料,外文材料附后。中文译本应当由境内公证机构进行公证,确保与原文内容一致;申请注册的产品质量标准(中文本),必须符合中国保健食品质量标准的格式。境外机构出具的证明文件应当经生产国(地区)的公证机构公证和中国驻所在国使领馆确认。

第七十五条 本办法自2016年7月1日起施行。2005年4月30日公布的《保健食品注册管理办法(试行)》(原国家食品药品监督管理局令第19号)同时废止。

特殊医学用途配方食品注册管理办法

(2016年3月7日国家食品药品监督管理总局令第24号公布 自2016年7月1日期施行)

第一章 总 则

第一条 为规范特殊医学用途配方食品注册行为,加强注册管理,保证特殊医学用途配方食品质量安全,根据《中华人民共和国食品安全法》等法律法规,制定本办法。

第二条 在中华人民共和国境内生产销售和进口的特殊医学用途配方食品的注册管理,适用本办法。

第三条 特殊医学用途配方食品注册,是指国家食品药品监督管理总局根据申请,依照本办法规定的程序和要求,对特殊医学用途配方食品的产品配方、生产工艺、标签、说明书以及产品安全性、营养充足性和特殊医学用途临床效果进行审查,并决定是否准予注册的过程。

第四条 特殊医学用途配方食品注册管理,应当遵循科学、公开、公平、公正的原则。

第五条 国家食品药品监督管理总局负责特殊医学用途配方食品的注册管理工作。

国家食品药品监督管理总局行政受理机构(以下简称受理机构)负责特殊医学用途配方食品注册申请的受理工作。

国家食品药品监督管理总局食品审评机构(以下简称审评机构)负责特殊医学用途配方食品注册申请的审评工作。

国家食品药品监督管理总局审核查验机构(以下简称核查机构)负责特殊医学用途配方食品注

册审评过程中的现场核查工作。

第六条 国家食品药品监督管理总局组建由食品营养、临床医学、食品安全、食品加工等领域专家组成的特殊医学用途配方食品注册审评专家库。

第七条 国家食品药品监督管理总局应当加强信息化建设，提高特殊医学用途配方食品注册管理信息化水平。

第二章 注 册

第一节 申请与受理

第八条 特殊医学用途配方食品注册申请人（以下简称申请人）应当为拟在我国境内生产并销售特殊医学用途配方食品的生产企业和拟向我国境内出口特殊医学用途配方食品的境外生产企业。

申请人应当具备与所生产特殊医学用途配方食品相适应的研发、生产能力，设立特殊医学用途配方食品研发机构，配备专职的产品研发人员、食品安全管理人员和食品安全专业技术人员，按照良好生产规范要求建立与所生产食品相适应的生产质量管理体系，具备按照特殊医学用途配方食品国家标准规定的全部项目逐批检验的能力。

研发机构中应当有食品相关专业高级职称或者相应专业能力的人员。

第九条 申请特殊医学用途配方食品注册，应当向国家食品药品监督管理总局提交下列材料：

（一）特殊医学用途配方食品注册申请书；
（二）产品研发报告和产品配方设计及其依据；
（三）生产工艺资料；
（四）产品标准要求；
（五）产品标签、说明书样稿；
（六）试验样品检验报告；
（七）研发、生产和检验能力证明材料；
（八）其他表明产品安全性、营养充足性以及特殊医学用途临床效果的材料。

申请特定全营养配方食品注册，还应当提交临床试验报告。

申请人应当对其申请材料的真实性负责。

第十条 受理机构对申请人提出的特殊医学用途配方食品注册申请，应当根据下列情况分别作出处理：

（一）申请事项依法不需要进行注册的，应当即时告知申请人不受理；
（二）申请事项依法不属于国家食品药品监督管理总局职权范围的，应当即时作出不予受理的决定，并告知申请人向有关行政机关申请；
（三）申请材料存在可以当场更正的错误的，应当允许申请人当场更正；
（四）申请材料不齐全或者不符合法定形式的，应当当场或者在5个工作日内一次告知申请人需要补正的全部内容，逾期不告知的，自收到申请材料之日起即为受理；
（五）申请事项属于国家食品药品监督管理总局职权范围，申请材料齐全、符合法定形式，或者申请人按照要求提交全部补正申请材料的，应当受理注册申请。

受理机构受理或者不予受理注册申请，应当出具加盖国家食品药品监督管理总局行政许可受理专用章和注明日期的书面凭证。

第二节 审查与决定

第十一条 审评机构应当对申请材料进行审查，并根据实际需要组织对申请人进行现场核查、对试验样品进行抽样检验、对临床试验进行现场核查和对专业问题进行专家论证。

第十二条 核查机构应当自接到审评机构通知之日起20个工作日内完成对申请人的研发能力、生产能力、检验能力等情况的现场核查，并出具核查报告。

核查机构应当通知申请人所在地省级食品药品监督管理部门参与现场核查，省级食品药品监督管理部门应当派员参与现场核查。

第十三条 审评机构应当委托具有法定资质的食品检验机构进行抽样检验。

检验机构应当自接受委托之日起30个工作日内完成抽样检验。

第十四条 核查机构应当自接到审评机构通知之日起40个工作日内完成对临床试验的真实性、完整性、准确性等情况的现场核查，并出具核查报告。

第十五条 审评机构可以从特殊医学用途配方食品注册审评专家库中选取专家，对审评过程中遇到的问题进行论证，并形成专家意见。

第十六条 审评机构应当自收到受理材料之日起60个工作日内根据核查报告、检验报告以及专家意见完成技术审评工作，并作出审查结论。

审评过程中需要申请人补正材料的，审评机构应当一次告知需要补正的全部内容。申请人应当在6个月内一次补正材料。补正材料的时间不计算在审评时间内。

特殊情况下需要延长审评时间的，经审评机构负责人同意，可以延长30个工作日，延长决定应当及时书面告知申请人。

第十七条 审评机构认为申请材料真实，产品科学、安全，生产工艺合理、可行和质量可控，技术要求和检验方法科学、合理的，应当提出予以注册的建议。

审评机构提出不予注册建议的，应当向申请人发出拟不予注册的书面通知。申请人对通知有异议的，应当自收到通知之日起20个工作日内向审评机构提出书面复审申请并说明复审理由。复审的内容仅限于原申请事项及申请材料。

审评机构应当自受理复审申请之日起30个工作日内作出复审决定。改变不予注册建议的，应当书面通知注册申请人。

第十八条 国家食品药品监督管理总局应当自受理申请之日起20个工作日内对特殊医学用途配方食品注册申请作出是否准予注册的决定。

现场核查、抽样检验、复审所需要的时间不计算在审评和注册决定的期限内。

对于申请进口特殊医学用途配方食品注册的，应当根据境外生产企业的实际情况，确定境外现场核查和抽样检验时限。

第十九条 国家食品药品监督管理总局作出准予注册决定的，受理机构自决定之日起10个工作日内颁发、送达特殊医学用途配方食品注册证书；作出不予注册决定的，应当说明理由，受理机构自决定之日起10个工作日内发出特殊医学用途配方食品不予注册决定，并告知申请人享有依法申请行政复议或者提起行政诉讼的权利。

特殊医学用途配方食品注册证书有效期限为5年。

第二十条 特殊医学用途配方食品注册证书及附件应当载明下列事项：

（一）产品名称；

（二）企业名称、生产地址；

（三）注册号及有效期；

（四）产品类别；

（五）产品配方；

（六）生产工艺；

（七）产品标签、说明书。

特殊医学用途配方食品注册号的格式为：国食注字 TY+4 位年号+4 位顺序号，其中 TY 代表特殊医学用途配方食品。

第三节　变更与延续注册

第二十一条　申请人需要变更特殊医学用途配方食品注册证书及其附件载明事项的，应当向国家食品药品监督管理总局提出变更注册申请，并提交下列材料：

（一）特殊医学用途配方食品变更注册申请书；

（二）变更注册证书及其附件载明事项的证明材料。

第二十二条　申请人变更产品配方、生产工艺等可能影响产品安全性、营养充足性以及特殊医学用途临床效果的事项，国家食品药品监督管理总局应当进行实质性审查，并在本办法第十八条规定的期限内完成变更注册工作。

申请人变更企业名称、生产地址名称等不影响产品安全性、营养充足性以及特殊医学用途临床效果的事项，国家食品药品监督管理总局应当进行核实，并自受理之日起 10 个工作日内作出是否准予变更注册的决定。

第二十三条　国家食品药品监督管理总局准予变更注册申请的，向申请人换发注册证书，原注册号不变，证书有效期不变；不予批准变更注册申请的，应当作出不予变更注册决定。

第二十四条　特殊医学用途配方食品注册证书有效期届满，需要继续生产或者进口的，应当在有效期届满 6 个月前，向国家食品药品监督管理总局提出延续注册申请，并提交下列材料：

（一）特殊医学用途配方食品延续注册申请书；

（二）特殊医学用途配方食品质量安全管理情况；

（三）特殊医学用途配方食品质量管理体系自查报告；

（四）特殊医学用途配方食品跟踪评价情况。

第二十五条　国家食品药品监督管理总局根据需要对延续注册申请进行实质性审查，并在本办法第十八条规定的期限内完成延续注册工作。逾期未作决定的，视为准予延续。

第二十六条　国家食品药品监督管理总局准予延续注册的，向申请人换发注册证书，原注册号不变，证书有效期自批准之日起重新计算；不批准延续注册申请的，应当作出不予延续注册决定。

第二十七条　有下列情形之一的，不予延续注册：

（一）注册人未在规定时间内提出延续注册申请的；

（二）注册产品连续 12 个月内在省级以上监督抽检中出现 3 批次以上不合格的；

（三）企业未能保持注册时生产、检验能力的；

（四）其他不符合法律法规以及产品安全性、营养充足性和特殊医学用途临床效果要求的情形。

第二十八条　特殊医学用途配方食品变更注册与延续注册程序，本节未作规定的，适用本章第一节、第二节的相关规定。

第三章　临床试验

第二十九条　特定全营养配方食品需要进行临床试验的，由申请人委托符合要求的临床试验机构出具临床试验报告。临床试验报告应当包括完整的统计分析报告和数据。

第三十条　临床试验应当按照特殊医学用途配方食品临床试验质量管理规范开展。

特殊医学用途配方食品临床试验质量管理规范由国家食品药品监督管理总局发布。

第三十一条　申请人组织开展多中心临床试验的，应当明确组长单位和统计单位。

第三十二条 申请人应当对用于临床试验的试验样品和对照样品的质量安全负责。

用于临床试验的试验样品应当由申请人生产并经检验合格，生产条件应当符合特殊医学用途配方食品良好生产规范。

第四章　标签和说明书

第三十三条 特殊医学用途配方食品的标签，应当依照法律、法规、规章和食品安全国家标准的规定进行标注。

第三十四条 特殊医学用途配方食品的标签和说明书的内容应当一致，涉及特殊医学用途配方食品注册证书内容的，应当与注册证书内容一致，并标明注册号。

标签已经涵盖说明书全部内容的，可以不另附说明书。

第三十五条 特殊医学用途配方食品标签、说明书应当真实准确、清晰持久、醒目易读。

第三十六条 特殊医学用途配方食品标签、说明书不得含有虚假内容，不得涉及疾病预防、治疗功能。生产企业对其提供的标签、说明书的内容负责。

第三十七条 特殊医学用途配方食品的名称应当反映食品的真实属性，使用食品安全国家标准规定的分类名称或者等效名称。

第三十八条 特殊医学用途配方食品标签、说明书应当按照食品安全国家标准的规定在醒目位置标示下列内容：

（一）请在医生或者临床营养师指导下使用；

（二）不适用于非目标人群使用；

（三）本品禁止用于肠外营养支持和静脉注射。

第五章　监督检查

第三十九条 特殊医学用途配方食品生产企业应当按照批准注册的产品配方、生产工艺等技术要求组织生产，保证特殊医学用途配方食品安全。

特殊医学用途配方食品生产企业提出的变更注册申请未经批准前，应当严格按照已经批准的注册证书及其附件载明的内容组织生产，不得擅自改变生产条件和要求。

特殊医学用途配方食品生产企业提出的变更注册申请经批准后，应当严格按照变更后的特殊医学用途配方食品注册证书及其附件载明的内容组织生产。

第四十条 参与特殊医学用途配方食品注册申请受理、技术审评、现场核查、抽样检验、临床试验等工作的人员和专家，应当保守注册中知悉的商业秘密。

申请人应当按照国家有关规定对申请材料中的商业秘密进行标注并注明依据。

第四十一条 有下列情形之一的，国家食品药品监督管理总局根据利害关系人的请求或者依据职权，可以撤销特殊医学用途配方食品注册：

（一）工作人员滥用职权、玩忽职守作出准予注册决定的；

（二）超越法定职权作出准予注册决定的；

（三）违反法定程序作出准予注册决定的；

（四）对不具备申请资格或者不符合法定条件的申请人准予注册的；

（五）食品生产许可证被吊销的；

（六）依法可以撤销注册的其他情形。

第四十二条 有下列情形之一的，国家食品药品监督管理总局应当依法办理特殊医学用途配方食品注册注销手续：

（一）企业申请注销的；
（二）有效期届满未延续的；
（三）企业依法终止的；
（四）注册依法被撤销、撤回，或者注册证书依法被吊销的；
（五）法律法规规定应当注销注册的其他情形。

第六章　法律责任

第四十三条　申请人隐瞒真实情况或者提供虚假材料申请注册的，国家食品药品监督管理总局不予受理或者不予注册，并给予警告；申请人在1年内不得再次申请注册。

第四十四条　被许可人以欺骗、贿赂等不正当手段取得注册证书的，由国家食品药品监督管理总局撤销注册证书，并处1万元以上3万元以下罚款；申请人在3年内不得再次申请注册。

第四十五条　伪造、涂改、倒卖、出租、出借、转让特殊医学用途配方食品注册证书的，由县级以上食品药品监督管理部门责令改正，给予警告，并处1万元以下罚款；情节严重的，处1万元以上3万元以下罚款。

第四十六条　注册人变更不影响产品安全性、营养充足性以及特殊医学用途临床效果的事项，未依法申请变更的，由县级以上食品药品监督管理部门责令改正，给予警告；拒不改正的，处1万元以上3万元以下罚款。

注册人变更产品配方、生产工艺等影响产品安全性、营养充足性以及特殊医学用途临床效果的事项，未依法申请变更的，由县级以上食品药品监督管理部门依照食品安全法第一百二十四条第一款的规定进行处罚。

第四十七条　食品药品监督管理部门及其工作人员对不符合条件的申请人准予注册，或者超越法定职权准予注册的，依照食品安全法第一百四十四条的规定给予处理。

食品药品监督管理部门及其工作人员在注册审批过程中滥用职权、玩忽职守、徇私舞弊的，依照食品安全法第一百四十五条的规定给予处理。

第七章　附　则

第四十八条　特殊医学用途配方食品，是指为满足进食受限、消化吸收障碍、代谢紊乱或者特定疾病状态人群对营养素或者膳食的特殊需要，专门加工配制而成的配方食品，包括适用于0月龄至12月龄的特殊医学用途婴儿配方食品和适用于1岁以上人群的特殊医学用途配方食品。

第四十九条　适用于0月龄至12月龄的特殊医学用途婴儿配方食品包括无乳糖配方食品或者低乳糖配方食品、乳蛋白部分水解配方食品、乳蛋白深度水解配方食品或者氨基酸配方食品、早产或者低出生体重婴儿配方食品、氨基酸代谢障碍配方食品和母乳营养补充剂等。

第五十条　适用于1岁以上人群的特殊医学用途配方食品，包括全营养配方食品、特定全营养配方食品、非全营养配方食品。

全营养配方食品，是指可以作为单一营养来源满足目标人群营养需求的特殊医学用途配方食品。

特定全营养配方食品，是指可以作为单一营养来源满足目标人群在特定疾病或者医学状况下营养需求的特殊医学用途配方食品。常见特定全营养配方食品有：糖尿病全营养配方食品，呼吸系统疾病全营养配方食品，肾病全营养配方食品，肿瘤全营养配方食品，肝病全营养配方食品，肌肉衰减综合征全营养配方食品，创伤、感染、手术及其他应激状态全营养配方食品，炎性肠病全营养配方食品，食物蛋白过敏全营养配方食品，难治性癫痫全营养配方食品，胃肠道吸收障碍、胰腺炎全营养配方食品，脂肪酸代谢异常全营养配方食品，肥胖、减脂手术全营养配方食品。

非全营养配方食品，是指可以满足目标人群部分营养需求的特殊医学用途配方食品，不适用于作为单一营养来源。常见非全营养配方食品有：营养素组件（蛋白质组件、脂肪组件、碳水化合物组件），电解质配方，增稠组件，流质配方和氨基酸代谢障碍配方。

第五十一条　医疗机构配制供病人食用的营养餐不适用本办法。

第五十二条　本办法自2016年7月1日起施行。

邮电部、海关总署关于办理国际特快专递信函业务和使用详情单的联合通知

（1991年7月18日）

为加强邮局与海关的协调配合，便于特快专递信函与其他特快邮件相区别，做好信函的收寄和传递工作，并正确使用国际特快专递邮件详情单（以下简称"详情单"），现将有关事项通知如下：

一、具有现时通信意义的信函可作为国际特快专递邮件寄递。一九九一年九月一日起寄件人交寄特快专递的信函时，须使用特快专递信函专用信封交寄（专用信封规格见附件一）。在九月一日前，可暂由邮局在装有信函的封套上加盖"信函"戳记，以示区别。

二、信函内不得装寄文件资料、印刷品或其他物品。凡在信函中夹寄上述物品的，邮局不能以信函收寄，只能作为"文件资料"或"物品"类特快邮件收寄。若发现明显以信函方式寄递上述物品的，应退回原寄局重新办理。凡作为信函交寄的国际特快专递邮件，详情单C1签条位置内不填注任何内容。

三、邮局收寄国际特快信函时，应将国际特快邮件详情单第三联（海关存联）撕下，不送交海关。海关对国际特快信函不予查验。为方便海关对出口特快专递物品的查验，邮局在会同海关查验时，应由邮局将信函剔出，海关复核无误后，径予放行。

四、互换局向境外封发国际特快邮件时，应在海关监管下将信函和妥为验关的其他特快邮件一并封成国际特快专递邮件总包后发运。

五、对寄自境外的进口特快专递邮件的邮袋和总包，应在海关监管下进行处理。邮局和海关会同查验时，邮局应将寄进的特快信函剔出（仅限封套上标有外文信函字样并未贴有C1签条也未随附C2/CP3报关单的特快邮件）。海关对剔出的特快信函复核无误后，不予查验，径予放行。

六、寄递国际特快邮件所使用的详情单，其左下角的C1位置取代以前另外加贴的C1绿色验关签条。详情单第三联（海关存联），作为向我国海关申报的出口国际特快邮件报关单，代替另填的C2/CP3报关单。海关自八月一日起，对出口的邮政国际特快专递邮件，凭详情单查验放行，验放戳记加盖在C1位置。需特殊向海关申报的贸易性快递邮件，仍向海关填报关单，交形式发票。

七、邮局在收寄国际特快邮件时，对于"文件资料"和"物品"类邮件应要求寄件人在C1位置内勾出邮件种类并详细注明物品的名称、数量和价值。不按此要求办理的不予收寄。

八、详情单第三联应按下述规定处理。"信函"类邮件详情单第三联由收寄人员撕下，废弃不用。设关局营业窗口收寄的"文件资料"和"物品"类邮件的详情单第三联，在窗口验关时由海关留存。非窗口验关邮件，详情单第三联仍随邮件寄发，由办理验放手续的海关留存。

请各地海关和邮局自文到后做好有关各项准备工作，一九九一年八月一日起依照本通知办理。

附件：1. 国际特快专递信函专用信封规格（略）
      2. 国际特快邮件详情单规格（略）

国务院关于边境贸易有关问题的通知

（国发〔1996〕2号）

为了鼓励我国边境地区积极发展与我国毗邻国家间的边境贸易与经济合作，国家近年来先后制定了一系列有关扶持、鼓励边境贸易和边境地区发展对外经济合作的政策措施。这些政策措施有力地促进了我国边境地区经济发展，对增强民族团结，繁荣、稳定边疆，巩固和发展我国同周边国家的睦邻友好关系，起到了积极作用。随着我国改革的不断深化和进一步扩大开放，这些政策措施需要按照建立社会主义市场经济体制的总体要求，作出必要的调整、规范和完善。现就有关问题通知如下：

一、关于边境贸易管理形式

根据我国开展边境贸易的实际情况，参照国际通行规则，目前对我国边境贸易按以下两种形式进行管理：

（一）边民互市贸易，系指边境地区边民在边境线20公里以内、经政府批准的开放点或指定的集市上，在不超过规定的金额或数量范围内进行的商品交换活动。边民互市贸易由外经贸部、海关总署统一制定管理办法，由各边境省、自治区人民政府具体组织实施。

（二）边境小额贸易，系指沿陆地边境线经国家批准对外开放的边境县（旗）、边境城市辖区内（以下简称边境地区）经批准有边境小额贸易经营权的企业，通过国家指定的陆地边境口岸，与毗邻国家边境地区的企业或其他贸易机构之间进行的贸易活动。边境地区已开展的除边民互市贸易以外的其他各类边境贸易形式，今后均统一纳入边境小额贸易管理，执行边境小额贸易的有关政策。边境小额贸易的管理办法由外经贸部商国务院有关部门制定。

二、关于边境贸易进口关税和进口环节税收问题

边民通过互市贸易进口的商品，每人每日价值在人民币1000元以下的，免征进口关税和进口环节税；超过人民币1000元的，对超出部分按法定税率照章征税。由海关总署据此调整有关监管规定。

边境小额贸易企业通过指定边境口岸进口原产于毗邻国家的商品，除烟、酒、化妆品以及国家规定必须照章征税的其他商品外，"九五"前3年（1996至1998年），进口关税和进口环节税按法定税率减半征收。

除边境贸易以外，与原苏联、东欧国家及其他周边国家的易货贸易和经济技术合作项下进口的产品，一律按全国统一的进口税收政策执行。

三、关于边境小额贸易的进出口管理问题

边境小额贸易企业经营权，根据外经贸部统一规定的经营资格、条件以及在核定的企业总数内，由各边境省、自治区自行审批。边境小额贸易企业名录须报外经贸部核准，并抄报国务院有关

部门备案。未按规定批准并报备案的企业，一律不得经营边境小额贸易。开展边境小额贸易原则上不受贸易方式和经营分工限制。

允许边境省、自治区各指定 1 至 2 家边境小额贸易企业，通过指定边境口岸，经营向我国陆地边境毗邻国家出口边境地区自产的国家指定公司联合统一经营的商品，以及进口国家实行核定公司经营的进口商品。经营企业名单需报经外经贸部核准。

边境小额贸易企业凡出口国家实行配额、许可证管理的出口商品，除实行全国统一招标、统一联合经营的商品和军民通用化学品及易制毒化学品外，可免领配额、许可证，但要接受外经贸部和国家计委的宏观管理。在外经贸部切块下达的指标内，海关凭企业出口合同和各边境省、自治区外经贸管理部门下达的文件验放。

国家计委、国家经贸委（国家机电产品进出口办公室）每年根据上年度边境小额贸易进口情况和国内市场供求情况，专项给各边境地区下达一定数额的边境小额贸易进口配额。在核准的配额内，由外经贸部授权各边境省、自治区外经贸管理部门发放进口许可证。边境小额贸易企业凡进口国家实行配额管理的进口商品，海关凭边境省、自治区发放的配额证明和进口许可证放行。对边境小额贸易企业经营实行特定管理和登记管理的进口商品，也要适当简化手续，具体办法由国家计委、国家经贸委（国家机电产品进出口办公室）分别商有关部门制定下达。

四、关于与边境地区毗邻国家经济技术合作项下进出口商品的管理问题

边境地区经外经贸部批准有对外经济技术合作经营权的企业（以下简称边境地区外经企业），通过与毗邻国家边境地区经济合作进口的商品，执行边境小额贸易的进口税收政策。其承包工程和劳务合作项下换回的物资可随项目进境，不受经营分工的限制。边境地区外经企业与毗邻国家劳务合作及工程承包项下带出的设备材料和劳务人员自用的生活用品，在合理范围内，不受出口配额和经营分工的限制，并免领出口许可证。

对边境地区外经企业与边境地区毗邻国家经济技术合作项下进出口的商品，海关凭外经贸主管部门的批准文件验放，具体管理办法由外经贸部和海关总署联合制定下达。

五、关于加强边境贸易管理问题

各边境省、自治区人民政府要按照国务院和有关部门的统一规定，制定具体实施办法，指定边境贸易主管部门，切实加强对本省、自治区边境贸易和经济合作的领导与管理，促进边境贸易健康发展。

国务院各有关部门要根据本通知的有关规定，抓紧制定配套的管理办法，积极支持边境贸易和边境地区对外经济合作的发展。外经贸部要会同有关部门及时研究、制定全国性的边境贸易和经济合作政策及宏观管理措施。海关在加强服务的同时，要加大监管力度，严厉打击走私活动，保证边境贸易政策的执行。

本通知自 1996 年 4 月 1 日起执行，过去有关规定凡与本通知不符的，以本通知为准。

外经贸部、海关总署关于印发《边境小额贸易和边境地区对外经济技术合作管理办法》的通知

([1996] 外经贸政发第222号)

黑龙江省、吉林省、辽宁省、甘肃省、内蒙古自治区、新疆维吾尔自治区、新疆生产建设兵团、广西壮族自治区、云南省、西藏自治区外经贸委（厅、局），哈尔滨、长春、大连、乌鲁木齐、呼和浩特、满洲里、南宁、昆明、拉萨海关：

发展边境贸易和边境地区对外经济技术合作，对促进我国边境地区经济发展，增强民族团结，繁荣、稳定边疆及巩固和发展我国同周边国家的睦邻友好关系，具有重要意义。为鼓励我国边境地区积极开展与我国毗邻国家的边境小额贸易和对外经济技术合作，促进边境贸易健康、稳定发展，根据《国务院关于边境贸易有关问题的通知》（国发[1996] 2号）的精神，对外贸易经济合作部和海关总署联合制定了《边境小额贸易和边境地区对外经济技术合作管理办法》现印发给你们，请遵照执行。

附件：《边境小额贸易和边境地区对外经济技术合作管理办法》

对外贸易经济合作部
海关总署
1996年3月29日

附件

边境小额贸易和边境地区对外经济技术合作管理办法

一、总则

第一条 为加强对我国边境小额贸易和边境地区对外经济技术合作的规范管理，维护边境小额贸易和边境地区对外经济技术合作的正常经营秩序，促进边境贸易健康、稳定发展，根据《国务院关于边境贸易有关问题的通知》，特制定本办法。

第二条 本办法所指可以开展边境小额贸易和边境地区对外经济技术合作项目的地区（以下简称边境地区）系指我国与毗邻国家有陆地接壤的边境县（市、旗）和经国务院批准的边境开放城市的辖区。

第三条 全国性的边境贸易和边境地区经济技术合作政策及宏观管理措施，由对外贸易经济合作部（以下简称外经贸部）会同国务院有关部门研究制定。

二、边境小额贸易

第四条 本办法所指边境小额贸易系指我国边境地区经批准有边境小额贸易经营权的企业（以下简称边境小额贸易企业），通过国家指定的陆地边境口岸，与毗邻国家边境地区的企业或其他贸易机构之间进行的贸易活动。

第五条 边境小额贸易企业通过指定边境口岸进口原产地于我国毗邻国家的产品，除烟、酒、

化妆品以及国家规定必须照章征税的其他商品外,"九五"前3年(1996至1998年),进口关税和进口环节税按法定税率减半征收。国家规定必须照章征税的商品品种由海关总署公布下达。

第六条 边境小额贸易企业,在外经贸部核定的总数内,根据外经贸部制定的条件,由各边境省、自治区外经贸主管部门自行审批,报外经贸部核准,并由外经贸部抄送海关总署及国务院有关部门备案。

第七条 边境小额贸易企业总数的核定依据以下原则:

(一)外经贸部将根据各边境省、自治区边境地区的国民生产总值和进出口贸易额及边境地区的实际情况,核定各边境省、自治区边境小额贸易企业总数;

(二)已在边境地区工商行政管理部门登记注册,并已经外经贸部批准获得进出口经营权的外贸公司、易货贸易公司、边贸公司和自营进出口的生产企业,均可在批准的经营范围内经营边境小额贸易。

第八条 边境小额贸易企业首先应是在边境地区工商行政管理部门登记注册的企业法人,并具备以下条件:

(一)注册资金不得少于50万元人民币;

(二)须有固定的营业场所和开展边贸必备的设施和资金;

(三)有健全的组织机构和适应经营边贸的业务人员。

第九条 各边境省、自治区边境小额贸易企业须通过以企业注册地为主及相毗邻的经国家批准正式对外开放的陆路边境口岸开展边境小额贸易(经国务院批准的江山、企沙、石头埠及果子山4个边地贸过货口岸包括在内)。

第十条 各边境省、自治区可指定1-2家有经营实绩或经营能力的边境小额贸易企业,通过指定边境口岸,经营向本省、自治区毗邻国家出口边境地区自产的国家组织统一联合经营的出口商品,以及进口国家核定公司经营的进口商品,经营企业名单报外经贸部核准,并由外经贸部抄送海关总署及国务院有关部门。

第十一条 除国家规定实行统一联合经营和核定公司经营的进出口商品外,开展边境小额贸易可不受贸易方式和经营分工的限制。经批准享有边境小额贸易经营权的企业,均可经营除第十条以外的进出口业务。

第十二条 边境小额贸易企业出口统一联合经营的出口商品、实行配额招标的出口商品、军民通用化品、易制毒化学品及我在国际多、双边协议中承诺限量出口的商品,原则上按国家制定的现行办法办理。

各边境省、自治区属边境地区自产的国家统一联合经营的出口商品的品种及年度出口配额,1996年由外经贸部根据其前三年的生产数量、出口实绩和增长率进行核定下达,以后参照上年的出口量和增长率核定下达。

关于边境小额贸易中涉及出口配额招标商品将在招标管理办法中另行规定。

第十三条 边境小额贸易企业经营出口除上述以外的配额、许可证管理商品,免领配额、许可证,但要接受外经贸部和国家计划委员会的宏观管理,在外经贸部下达的指标内,海关凭边境小额贸易企业出口合同及各边境省、自治区外经贸主管部门下达的文件验放。

第十四条 边境小额贸易企业不得以任何形式允许其他企业以本企业名义经营边境小额贸易。

第十五条 边境小额贸易企业不得通过边境口岸进口第三国的商品及经营向第三国出口业务。

第十六条 为及时掌握和了解边境小额贸易进出口情况,各边境省、自治区外经贸主管部门应加强边境小额贸易进出口情况的统计、上报工作,须将本省区每季度边境小额贸易进出口情况上报外经贸部,并于每年1月底以前将上年边境小额贸易进出口情况汇总上报外经贸部。

第十七条 边境小额贸易享受一般贸易出口退税政策，并按一般贸易出口退税办法办理出口退税手续。

三、边境地区对外经济技术合作

第十八条 本办法所指边境地区对外经济技术合作系指我国边境地区经外经贸部批准有对外经济技术合作经营权的企业（以下简称边境地区外经企业），与我国毗邻国家边境地区开展的承包工程和劳务合作项目。

第十九条 边境地区外经企业须报外经贸部审批。边境地区外经企业的审批依据以下原则：

（一）已经外经贸部批准的边境地区外经公司，均可开展与毗邻国家边境地区的承包工程和劳务合作业务；

（二）经国家批准的一类边境口岸所在边境地区，可选择一家边境小额贸易企业，报外经贸部批准后，开展与毗邻国家边境地区的承包工程和劳务合作业务。

第二十条 边境地区外经企业同毗邻国家边境地区签订的承包工程和劳务合作的合同须报外经贸主管部门备案，并申领《在毗邻国家开展承包工程和劳务合作进出口物品批准书》（以下简称《批准书》）。

第二十一条 单项承包工程项目金额在 100 万美元（含 100 万）以下单项劳务合作项目在 100 人（含 100 人）以下的合同，报边境省、自治区外经贸主管部门备案，由其核发《批准书》。边境省、自治区外经贸主管部门每月将上述合同汇总后报外经贸部备案。

单项承包工程项目金额在 100 万美元以上或单项劳务合作项目在 100 人以上合同、由各边境省、自治区外经贸主管部门报外经贸部备案，由外经贸部核发《批准书》。

备案材料包括中外文合同及合同备案表各一式两份。

第二十二条 边境地区外经企业与毗邻国家边境地区开展承包工程和劳务合作项下带出的设备、材料和劳务人员自用生活物品、除涉及实行配额招标的出口商品、军民通用化学品、易制毒化学品及我在国际多、双边协议中承诺限量出口的商品外，以合理范围内，不受经营分工和出口配额的限制，并免领出口许可证。海关凭按本办法第二十一条规定经外经贸主管部门备案的合同及其设备、材料、物品清单和《批准书》验放。

第二十三条 承包工程和劳务合作项下带出的设备、材料和劳务人员自用物品，如涉及实行配额招标的出口商品、军民通用化学品、易制毒化学品及我在国际多、双边协议中承诺限量出口的商品，其合同不论金额大小，一律报外经贸部审批。海关凭经外经贸部批准的合同及其设备、材料、物品清单、《批准书》和出口许可证验放。

第二十四条 边境地区外经企业与毗邻国家边境地区开展承包工程和劳务合作项下换回的原产于毗邻国家的物资，不受经营分工的限制，按项目合同规定的品种和数量进境。

开展承包工程和劳务合作项下换回的原产于毗邻国家的物资，不受经营分工的限制，按项目合同规定的品种和数量进境。海关凭有关外经贸主管部门批准备案的合同和《批准书》验放。

第二十五条 边境地区外经贸企业毗邻国家边境地区开展承包工程和劳务合作项下进出境的货物，应从指定的边境口岸进出。

第二十六条 边境地区外经企业与毗邻国家边境地区开展承包工程和劳务合作项下换回的原产于毗邻国家的物资，执行边境小额贸易的进口税收政策。

每批（次）物资进境时，边境地区外经企业须持有关外经贸主管部门批准备案的合同及《批准书》，向其项目备案（主管地）海关申请办理减税手续，经海关审批后，在核定的数量内签发减税证明书，通知进口地海关凭以验放。进口地海关应在《批准书》背面的有关项目栏内予以签注每批（次）实际进口品种、数量。在达到合同规定的品种和数量后，海关停止办理有关货物进口手续。

四、附则

第二十七条 对违反《海关法》及本办法规定的边境小额贸易企业和边境地区外经企业，外经贸部将视情节轻重给予必要的处分直至取消其边境小额贸易经营权或对外经济技术合作经营权；海关将依照《海关法》和《海关行政处罚实施细则》进行处理。

第二十八条 各边境省、自治区人民政府应根据国家有关规定，结合本地区的实际情况，制定具体实施办法；各边境省、自治区外经贸主管部门应指定机构，负责统一指导和协调管理本省、自治区的边境贸易和边境地区对外经济技术合作业务；各边境省、自治区外经贸主管部门和各级海关要切实加强对边境贸易和边境地区对外经济技术合作的管理。坚决打击走私和违法经营活动，维护边境贸易的正常经营秩序。

第二十九条 本办法由外经贸部、海关总署负责解释。

第三十条 本办法自1996年4月1日起执行。过去有关规定与本办法规定不一致的，以本办法为准。

附件：1-1 边境县（市、旗）、边境开放城市名单（略）
   1-2 《在毗邻国家开展承包工程、劳务合作进出口物品批准书》样本（略）
   1-3 《对毗邻国家承包工程、劳务合作项目合同备案表》样本（略）

交通运输部关于在上海试行中资非五星旗国际航行船舶沿海捎带的公告

（2013年第55号）

为推动上海国际航运中心和中国（上海）自由贸易试验区建设，根据我国相关法律法规和规定，我部决定，允许中资航运公司利用全资或控股拥有的非五星旗国际航行船舶，经营以上海港为国际中转港的外贸进出口集装箱在国内对外开放港口与上海港之间的捎带业务（以下称"试点捎带业务"）。现将有关事项公告如下：

一、自本公告公布之日起，拟开展试点捎带业务的中资航运公司经向我部办理备案手续，可利用其全资或控股拥有的非五星旗国际航行船舶，开展相关业务。

二、本公告所称"中资航运公司"，指注册在境内，依据《中华人民共和国国际海运条例》取得《国际班轮运输经营资格登记证》、从事国际海上运输业务的企业法人。

三、中资航运公司申请试点捎带业务，应向交通运输部提交备案申请。备案申请的材料和程序如下：

（一）《中资非五星旗国际航行船舶试点沿海捎带业务备案申请表》（见附件一）。

（二）中资航运公司的《工商营业执照》《国际船舶运输经营许可证》《国际班轮运输经营资格登记证》复印件。

（三）中资航运公司拟开展试点捎带业务船舶的《国籍证书》（Certificate of Registry）、《入级证》（Certificate of Classification），以及船舶所有权关系证明材料。

如船舶为中资航运公司通过境外独资投资企业间接拥有的，还需提供中资航运公司投资该境外独资企业的证明文件、该境外独资投资企业全资或控股拥有船舶的证明，以及中资航运公司租赁船舶的证明文件。

四、交通运输部自收到上述齐备、有效的备案材料后，出具《中资非五星旗国际航行船舶试点沿海捎带业务备案证明书》（见附件2）。

五、中资航运公司不得擅自将经备案批准开展试点业务船舶转租他人。一旦转租，自船舶租赁合同生效之日起，船舶自动丧失开展试点业务的资格。

六、除依照本公告备案的船舶外，其他任何非五星旗船舶，不得承运中国港口间的集装箱货物，包括不得承运在国内一港装船、经国内另一港中转出境，或者经国内一港中转入境、在国内另一港卸船的外贸集装箱货物。如违反本条规定，将依据《中华人民共和国国际海运条例》第四十五条等规定予以处罚。

特此公告。

附件：1. 中资非五星旗国际航行船舶试点沿海捎带业务备案申请表
      2. 中资非五星旗国际航行船舶试点沿海捎带业务备案证明书

交通运输部
2013年9月27日

附件1

中资非五星旗国际航行船舶试点沿海捎带业务备案申请表

申请人名称	
《国际班轮运输经营资格登记证》号：MOC-ML	
《国际船舶运输经营许可证》号：MOC-MT	
申请人地址	
备案事项	列明备案事项内容，如挂靠港口、航线、投入船舶等

申请单位盖章
年　月　日

附件 2

中资非五星旗国际航行船舶试点沿海捎带业务备案证明书

登记证号：交水 CR（201 ） 号
申请人名称：
《国际船舶运输经营许可证》号：MOC-MT
《国际班轮运输经营资格登记证》号：MOC-ML
根据《交通运输部关于在上海试行中资非五星旗国际航行船舶沿海捎带的公告》及有关规定，本机关对申请人申请的下列事项予以备案： 接受×××公司拥有和经营的"××××""××××"轮等×艘中资非五星旗国际航行船舶在下列港口与上海港（以上海港为国际中转港）间试点开展外贸进出口集装箱捎带业务： 申请人不得擅自将经备案批准开展试点业务船舶转租他人。一旦转租，自船舶租赁合同生效之日起，船舶自动丧失开展试点业务的资格。 附：从事试点捎带业务中资非五星旗国际航行船舶清单 　　　　　　　　　　　　　　　　　　　　　　　　　登记机关盖章 　　　　　　　　　　　　　　　　　　　　　　　　　年　　月　　日
本备案证书有效期至　　　　　　年　　月　　日

附

从事试点捎带业务中资非五星旗国际航行船舶清单

序号	船名	船舶所有人及经营人	载箱量（TEU）	船旗	船籍港	IMO 编号
1						
2						

关于印发《无法投递又无法退回邮件管理办法》的通知

（国邮发〔2014〕12 号）

各省、自治区、直辖市邮政管理局，中国邮政集团公司：

《无法投递又无法退回邮件管理办法》已经 2013 年 12 月 31 日第 155 次局长办公会议审议通过，自发布之日起施行。现将《无法投递又无法退回邮件管理办法》印发给你们，请结合实际认真贯彻执行。

国家邮政局
2014 年 1 月 14 日

无法投递又无法退回邮件管理办法

第一条 为了保护通信自由和通信秘密，保护用户合法权益，根据《中华人民共和国邮政法》及相关规定，制定本办法。

第二条 邮政企业寄递的无法投递又无法退回的信件和其他邮件的保管、处理及销毁等适用本办法，法律法规另有规定的除外。

第三条 邮政企业对无法投递的邮件，应当退回寄件人。

邮件无法投递的情形包括：

（一）收件人地址书写不详或者错误；

（二）原书地址无该收件人；

（三）收件人迁移新址不明；

（四）收件人是已经撤销的单位，且无代收单位或个人；

（五）收件人死亡，且无承继人或代收人；

（六）收件人拒收邮件或者拒付应付的费用；

（七）邮件保管期满收件人仍未领取；

（八）其他原因导致邮件无法投递。

第四条 邮件无法投递，且具有下列情形之一的，作为无法投递又无法退回邮件处理：

（一）寄件人地址不详；

（二）寄件人声明抛弃；

（三）邮件退回后寄件人拒收或者拒绝支付有关费用；

（四）邮件保管期满寄件人仍未领取。

第五条 国家邮政局负责监督本办法在全国范围内的施行。各省、自治区、直辖市邮政管理局（以下简称省级邮政管理机构）在国家邮政局的领导下，负责监督本办法在本地区的施行。

第六条 各省、自治区、直辖市邮政公司（以下简称省级邮政企业）应当设立或指定具体处理无法投递又无法退回邮件工作的内部机构，执行本地区无法投递又无法退回邮件的保管、核实和处理工作。

省级邮政企业应当将无法投递又无法退回邮件处理的内部机构报省级邮政管理机构备案。

第七条 省级邮政企业应当对经过确认的无法投递又无法退回邮件按照时间顺序予以分类登记保管。

无法投递又无法退回邮件的保管期限分别为：

（一）平常信件和给据国际信件自登记保管之日起不少于六个月；

（二）平常印刷品自登记保管之日起不少于十日；

（三）给据国内信件自登记保管之日起不少于六个月且自用户交寄之日起不少于一年；

（四）其他给据国内邮件自用户交寄之日起不少于一年；

（五）其他给据国际邮件自用户交寄之日起不少于一百八十日。

对于不宜长期保存或发生泄漏造成污染的无法投递又无法退回邮件，省级邮政企业在登记注明后可视实际情况处理。

第八条 省级邮政企业应当安排专门的场地对无法投递又无法退回邮件进行保管，并应将场地地点、面积等信息报省级邮政管理部门备案。

第九条 无法投递又无法退回邮件在保管期限内，且在法定邮件查询期限内的，遇用户出具相关交寄邮件证明查询给据邮件，邮政企业应当予以投交或退回，相关资费按物价管理部门规定的标准执行；已按照本办法第七条规定提前处理的除外，但应向用户提供书面说明。

法定邮件查询期限届满的无法投递又无法退回邮件，可不再接受用户查询。

第十条 无法投递又无法退回的邮件在保管期限内，邮政企业应妥善保管，不得泄露用户的通信秘密；不得抽拿、隐匿；不得私自开拆处理和销毁。

第十一条 无法投递又无法退回的信件，自省级邮政企业确认超过保管期限又无人认领的，由省级邮政企业在省级邮政管理机构的监督下销毁。

省级邮政企业拟销毁无法投递又无法退回信件的，应当提前十个工作日向省级邮政管理机构报送关于销毁无法投递又无法退回信件的申请书，申请书应当注明拟销毁的无法投递又无法退回信件的数量、保管时间，以及预定的销毁时间、销毁地点、销毁费用等内容，并附拟销毁的无法投递又无法退回信件的登记保管时间的证明资料。

第十二条 省级邮政管理机构收到省级邮政企业关于销毁无法投递又无法退回信件的申请书后，应当审查申请书内容及其所附拟销毁的无法投递又无法退回信件的登记保管时间的证明资料是否完备。

申请书内容及其所附拟销毁的无法投递又无法退回信件的登记保管时间的证明资料完备的，省级邮政管理机构应当按照审定的销毁时间，派员到场监督销毁。监督销毁人员不得少于二人。

省级邮政企业不得在没有省级邮政管理机构监督的情况下销毁无法投递又无法退回信件。

申请书内容及其所附拟销毁的无法投递又无法退回信件的登记保管时间的证明资料不完备的，省级邮政管理机构应当自受理之日起五个工作日内通知省级邮政企业补报相关资料。

省级邮政管理机构及其受理、审查、监督销毁人员，不得泄露用户的通信秘密。

第十三条 省级邮政企业应当委托具有保密资质的单位销毁无法投递又无法退回信件。

接受委托的单位，应书面承诺保守因销毁工作而接触到的有关商业秘密和用户的通信秘密。

第十四条 省级邮政企业对确认超过保管期限的无法投递又无法退回的其他邮件，应当由两名以上工作人员共同开拆处理，逐项登记处理情况。

省级邮政企业对无法投递又无法退回的其他邮件的处理情况，应当按季度报省级邮政管理机构备案。备案信息应当包括本季度处理无法投递又无法退回的其他邮件的详细清单、各件邮件的处理情况、处理结果、处理费用和处理人员等内容。

第十五条 省级邮政企业对从无法投递又无法退回的其他邮件中开拆出的货币和物品，按下列规定处理：

（一）人民币现金，金银饰品和外币兑换的人民币现金，国内现行有效邮票销售所得价款，以及其他各类可变卖物品交当地相关部门收购（变卖）所得价款，扣除无法投递又无法退回邮件的处理费用和应付邮资后，按照政府非税收入管理和国库集中收缴管理有关规定，上缴中央国库。

（二）存款单、存折、银行票据凭证应以给据邮件形式寄往签发该单证的银行业金融机构的法人机构或外资银行的境内主报告行处理。

（三）户口迁移证、护照、居民身份证和其他证书、证件应以给据邮件形式寄往证件制作机构或证件签发机构处理。

（四）其他不能变卖的物品，以及第（二）、第（三）项中因签发该单证或证书的机构撤销、调整而无法寄达的单证或者证书，根据具体情况依法处理。

第十六条 无法投递又无法退回邮件的处理费用包括保管费用、销毁费用、变卖交易费用等。

第十七条 省级邮政企业开拆处理无法投递又无法退回的其他邮件的内件以及转送相关机构处理时，应做好记录和交接工作。

第十八条 无法投递又无法退回的进境国际邮递物品交海关依照《中华人民共和国海关法》的

规定处理。

第十九条 省级邮政企业集中处理本地区无法投递又无法退回邮件工作确有困难的,经省级邮政管理机构书面同意,市(地)级邮政企业可以在市(地)级邮政管理机构的监督下,参照本办法开展本市(地)无法投递又无法退回邮件的保管、处理及销毁工作。

第二十条 中国邮政集团公司和省级邮政企业应加强对无法投递又无法退回邮件的内部管理。无法投递又无法退回邮件的处理情况,应当纳入向邮政管理机构提交的年度自查结果。

第二十一条 国家邮政局和省级邮政管理机构应当对邮政企业保管、核实和处理无法投递又无法退回邮件的情况加强日常监督检查,检查结果纳入邮政普遍服务年度监管报告。

第二十二条 本办法自发布之日起施行。

关于发布《进口食品接触产品检验监管工作规范》的公告

(国家质量监督检验检疫总局公告 2016 年第 31 号)

为规范和加强进口食品接触产品检验监管工作,保障进口食品接触产品质量安全,根据《中华人民共和国进出口商品检验法》和《中华人民共和国食品安全法》等法律法规,制定《进口食品接触产品检验监管工作规范》。现予发布,自 2016 年 4 月 10 日起施行。

特此公告。

附件:进口食品接触产品检验监管工作规范(略)

质检总局
2016 年 3 月 28 日

质检总局 环境保护部 商务部关于公布进口铜精矿中有毒有害元素限量的公告

(质检总局 环境保护部 商务部〔2017〕106 号)

为保障人民健康和安全,保护环境安全,维护国家利益,根据《中华人民共和国进出口商品检验法》及其实施条例等法律的规定,质检总局、环境保护部、商务部决定对进口铜精矿(HS 编码为 2603000010 和 2603000090)中有毒有害元素限量予以明确。现将有关事项公告如下:

一、铜精矿产品是指含铜矿石经浮选或其他方法选矿得到的含铜量不小于 13% 的供冶炼铜用的精矿产品。

二、进口铜精矿中有限量要求的有毒有害元素包括铅、砷、氟、镉、汞,具体要求如下:

铅(Pb)不得大于 6.00%;

砷(As)不得大于 0.50%;

氟（F）不得大于 0.10%；

镉（Cd）不得大于 0.05%；

汞（Hg）不得大于 0.01%。

三、铜精矿中铅、砷、氟、镉、汞元素的化学成分仲裁分析方法按 GB/T 3884.5、GB/T 3884.6、GB/T 3884.7、GB/T 3884.9、GB/T 3884.11 的规定进行。

四、本公告自发布之日起实施。

原质检总局、商务部和环保总局《关于公布进口铜精矿中砷等有害元素限量的公告》（2006 年第 49 号）同时废止。

特此公告。

质检总局　环境保护部　商务部
2017 年 12 年 2 日

财政部　发展改革委　工业和信息化部　生态环境部　农业农村部　商务部　人民银行　海关总署　税务总局　市场监管总局　药监局　密码局　濒管办关于调整扩大跨境电子商务零售进口商品清单的公告

（财政部公告 2019 年第 96 号）

为落实国务院关于调整扩大跨境电子商务零售进口商品清单的要求，促进跨境电子商务零售进口的健康发展，现将《跨境电子商务零售进口商品清单（2019 年版）》予以公布，自 2020 年 1 月 1 日起实施。

本清单实施后，《财政部等 13 个部门关于调整跨境电子商务零售进口商品清单的公告（2018 年第 157 号）》所附的清单同时废止。

附件：跨境电子商务零售进口商品清单（2019 年版）（略）

财政部　发展改革委　工业和信息化部　生态环境部
农业农村部　商务部　人民银行　海关总署　税务总局
市场监管总局　药监局　密码局　濒管办
2019 年 12 月 24 日

农业农村部　海关总署公告第 470 号

为防止动植物疫病及有害生物传入和防范外来物种入侵，保护我国农林牧渔业生产安全、生态安全和公共卫生安全,根据《中华人民共和国生物安全法》《中华人民共和国动物防疫法》《中华人民共和国进出境动植物检疫法》《中华人民共和国种子法》等法律法规,农业农村部会同海关总署对《中华人民共和国禁止携带、邮寄进境的动植物及其产品名录》(农业部、国家质量监督检验检疫总局公告第1712号)进行了修订完善,形成了新的《中华人民共和国禁止携带、寄递进境的动植物及其产品和其他检疫物名录》(以下简称《名录》),现予以发布。

《名录》自发布之日起生效,适用于进(过)境旅客、进境交通运输工具司乘人员、自境外进入边民互市或海关特殊监管区域内的人员、享有外交特权和豁免权的人员随身携带或分离托运,以及邮递、快件和跨境电商直购进口等寄递方式进境的动植物及其产品和其他检疫物。原《中华人民共和国禁止携带、邮寄进境的动植物及其产品名录》(农业部、国家质量监督检验检疫总局公告第1712号)同时废止。

农业农村部和海关总署将在风险评估的基础上,对《名录》实施动态调整。

特此公告。

附件:中华人民共和国禁止携带、寄递进境的动植物及其产品和其他检疫物名录

农业农村部　海关总署
2021年10月20日

附件

中华人民共和国禁止携带、寄递进境的动植物及其产品和其他检疫物名录[1]

一、动物及动物产品类

(一)活动物(犬、猫除外[2])。包括所有的哺乳动物、鸟类、鱼类、甲壳类、两栖类、爬行类、昆虫类和其他无脊椎动物,动物遗传物质。

(二)(生或熟)肉类(含脏器类)及其制品。

(三)水生动物产品。干制,熟制,发酵后制成的食用酱汁类水生动物产品除外。

(四)动物源性乳及乳制品。包括生乳、巴氏杀菌乳、灭菌乳、调制乳、发酵乳,奶油、黄油、奶酪、炼乳等乳制品。

(五)蛋及其制品。包括鲜蛋、皮蛋、咸蛋、蛋液、蛋壳、蛋黄酱等蛋源产品。

(六)燕窝。经商业无菌处理的罐头装燕窝除外。

(七)油脂类,皮张,原毛类,蹄(爪)、骨、牙、角类及其制品。经加工处理且无血污、肌肉和脂肪等的蛋壳类、蹄(爪)骨角类、贝壳类、甲壳类等工艺品除外。

(八)动物源性饲料、动物源性中药材、动物源性肥料。

二、植物及植物产品类

(九)新鲜水果、蔬菜。

(十)鲜切花。

(十一)烟叶。

(十二)种子、种苗及其他具有繁殖能力的植物、植物产品及材料。

三、其他检疫物类

(十三)菌种、毒种、寄生虫等动植物病原体,害虫及其他有害生物,兽用生物制品,细胞、

器官组织、血液及其制品等生物材料及其他高风险生物因子。

（十四）动物尸体、动物标本、动物源性废弃物。

（十五）土壤及有机栽培介质。

（十六）转基因生物材料。

（十七）国家禁止进境的其他动植物、动植物产品和其他检疫物。

注：1. 通过携带或寄递方式进境的动植物及其产品和其他检疫物，经国家有关行政主管部门审批许可，并具有输出国家或地区官方机构出具的检疫证书，不受此名录的限制。

2. 具有输出国家或地区官方机构出具的动物检疫证书和疫苗接种证书的犬、猫等宠物，每人仅限携带或分离托运一只。具体检疫要求按相关规定执行。

3. 法律、行政法规、部门规章对禁止携带、寄递进境的动植物及其产品和其他检疫物另有规定的，按相关规定办理。